KB168749

문예신서
229

폴 리쾨르

삶의 의미들

프랑수아 도스

이봉지 / 한택수 / 선미라 / 김지혜 옮김

東文選

폴 리쾨르

삶의 의미들

François Dosse

PAUL RICŒUR

Les sens d'une vie

차 례

IV. 스트라스부르: 1948-1956

V. 대학 중심부의 이단자: 1957-1964

VI. 의심의 대가들과 맞서: 1960-1970

VII. 낭테르대학에서의 모험: 1965-1970

VIII. 침묵: 미국으로의 우회: 1970-1985

IX. 공 인

X. 도시 속의 한 철학자

감사의 말

1994-1997년 사이 나와의 대담에 참여하여 증언해 주신 다음의 모든 분들께 감사를 드린다. 폴 리쾨르의 지적 전기라 할 수 있는 이 책의 구성에 있어 그들의 증언은 매우 중요한 자료가 되었다.

올리비에 아벨, 조엘 아피샤르, 카트린 오다르, 프랑수아 아주비, 제프리 바라쉬, 르노 바르바라, 앙리 바르톨리, 장 보베로, 폴 보샹, 미셸 베르트랑, 장 미셸 베스니에, 샤를 블랑셰, 알랭 블랑시, 앙리 드 생블랑카, 앙리 블로셰, 라쉬드 부베그라, 슬리만 부케첨, 가브리엘 불라드, 도미니크 부렐, 피에르 부레츠, 제럴드 C. 브라우어, 데이비드 브렌트, 스타니슬라스 브르통, 알랭 브리고디오, 앙리 브로쉬에, 롤랑 캉피쉬, 장 카르보니에, 도로테 카잘리스, 모니크 카스티요, 라파엘 셀리스, 자크 콜레트, 피에르 콜랭, 장 코닐, 장 클로드 코케, 폴 코르세, 피에르 쿠르티알, 장 프랑수아 쿠르틴, 프랑수아즈 다스튀르, 마르셀 다비드, 르네 다비드, 미레이유 델브라치오, 알렉스 데르잔스키, 자크 데리다, 자크 데비에즈, 뱅상 데콩브, 장 뤽 도므나크, 장 마리 도므나크(故), 테레즈 뒤플로, 미켈 뒤프렌(故), 앙드레 뒤마(故), 앙리 뒤메리, 앙드레 앙크르베, 피에르 앙크르베, 장 클로드 에슬랭, 마리 루이즈 파브르, 장 마르크 페리, 엔니오 플로리스, 에티엔 푀이유, 주느비에브 프레스, 폴 프레스(故), 디디에 프랑크, 피에르 프뤼숑, 모리스 드 강디약, 앙투안 가라퐁, 피에르 가르니롱, 클로드 제프레, 뤼스 지아르, 피에르 지젤, 롤랑 괴첼, 장 그라니에, 장 그레쉬, 장 그롱댕, 클로드 그뤼종, 파스칼 그뤼종, 미셸 아르, 장 피에르 아멜, 앙리 하츠펠트, 라디슬라프 헤다네크, 미셸 앙리, 장 프랑수아 에루아르, 프랑수아즈 오크 마티오, 딕 하워드, 사뮈엘 이즈셀렉, 클로드 앵베르, 앙드레 자코브, 마들렌 장 경, 도미니크 자니코, 그웬돌린 자르체크, 도메니코 저볼리노, 장 피에르 조쉬아, 리처드 커니, 피터 켐프, 장 자크 크리스, 피에르 장 라바리에르, 조르주 라비카, 앙드레 라코크, 장 라드리에르, 폴 라드리에르, 오데트 라푸크리에르, 필리프 드 라라, 마르크 드 로네, 프랑수아 라봉데스, 세르주 르보비치, 폴 앙드레 르조르(故), 마르크 리엔하르트, 다니엘 린덴베르크, 자크 로샤르, 안 마르셀, 티에리 마르셰스, 장 뤽 마리옹, 프랑수아 마르티, 자크 모리, 장 마리 메이외르, 로제 멜(故), 솔랑주 메르시에 조자, 자크 메를로퐁티, 올리비에 몽쟁, 드니 뮐러, 장 뤽 낭시, 티에리 파코, 뤽 파레트, 이르지 펙카르, 데이비드 펠라우어, 기 프티드망주, 장 뤽 프티, 베르나르 피생보노, 장 픽크, 자크 푸졸, 자크 풀랭, 베르나르 퀴엘, 베르나르 켈크주, 프랑스 케레(故), 찰스 리건, 르네 레몽, 미리암 르보 달론, 마르크 리시르, 미셸 로카르, 조엘 로망, 레미 롱체프스키, 장 마르크 생, 알랭 소당, 장 루이 슐레겔, 모니크 슈네데르, 자크 세다, 카트린 드 셴, 루이 시몽, 요제프 시박, 얀 소콜, 로버트 D. 스위니, 자크 타미니오, 자크 텍시에, 크리스토프 테오발트, 폴 티보, 도리앙 티페노, 자비에 틸리에트, 알랭 투렌, 가브리엘 바아니앙, 폴 발라디에, 앙투안 베르고트, 미클로스 베토, 장 루이 비에이야르 바롱, 마리아 빌라 프티, 질베르 뱅상, 프랑수아 발, 베른하르트 발덴펠스, 에릭 베스트팔, 장 폴 빌렘, 미셸 비녹크, 하인츠 비스만.

또한 이 원고를 읽어 주는 수고를 마다하지 않으신 분들께도 감사를 드린다. 먼저 원고가 씌어지는 대로 한 장씩 읽어 줌으로써 보다 읽기 쉬운 문장으로 만드는 데 큰 도움을 준 플로랑스 도스에게 감사드린다. 그리고 많은 조언과 교정을 아끼지 않은 올리비에 아벨, 다니엘 베크몽, 장 미셸 베스니에, 피에르 부레츠, 크리스티앙 들라크루아, 프랑수아 제즈, 올리비에 몽쟁, 티에리 파코, 마르크 생 위페리에게도 감사드린다.

서 문

우리 사회는 다시 철학적 질문을 하기 시작하였다. 과학에 비해 말할 수 없이 뒤떨어진 케케묵은 학문이라고 철학을 비하하던 시대는 이제 지나갔다. 오늘날 사회에서 일고 있는 철학에 대한 집단적인 열광은 폐쇄적인 설명 체계의 해체라는 현상과 관련이 있다. 날로 더 많은 사람들이 단순히 여러 가지 질문들에 대해 대답하는 데 만족하지 않고, 전통 속에서 그 대답을 모색하려 하고 있다. 사람들은 카페에 모여 이러한 문제들에 대해 논의한다. 철학은 이제 거리로 나왔다. 심지어 어떤 사람들은 현실의 불안을 철학으로 치유하는 '맞춤철학' 진료소를 내기도 하였다.

현대 문명은 이제 사상사의 전통 속에서 세기말의 주요 문제들에 대한 설명을 찾는다. 이러한 기대에 따라 철학자상(像)도 달라졌다. 이제 더 이상 학파나 당파의 우두머리로서의 철학자는 요구되지 않는다. 그 대신 의미에 대한 개인적이고 집단적인 관심에 부응할 수 있는 보다 소박한 철학, 끊임없이 질문을 던지는 철학, 그리고 복수적인 철학에 대한 요구가 커졌다.

폴 리쾨르가 바로 이러한 철학자이다. 그는 30년대부터 자신의 철학적 사변을 사회 참여의 한 형태로 간주해 왔다. 그의 철학적 여정을 살펴보면, 우리는 그가 현대 사회의 주요 이슈들에 대해 끊임없이 개입해 왔음을 알 수 있다. 그는 철학의 길이라는 것이 매우 소박하면서도 또한 얼마나 중요한 것인지, 그리고 얼마나 길게 우회해야 하는 것인지, 또한 얼마나 진정한 지적 고행을 필요로 하는 것인지를 몸소 보여 준다. 여든이 넘은 고령이지만 리쾨르는 영원한 젊음을 증거한다. 평생을 세기와 함께한 그의 존재는 결코 부정되는 일이 없을 것이다. 만일 존재라는 것이 '여정의 인생' 이라면 대사상가라기보다는 여러 세대에 걸친 사람들에게 생각하는 방법을 가르쳐 준 스승인 리쾨르의 존재는 20세기의 한가운데, 그리고 사회의 한가운데에 위치한다.

폴 리쾨르의 지적 전기를 쓰는 것은 쉬운 일이 아니다. 그는 자신의 저작에서 개인사를 거의 드러내지 않았다. 내가 그에게 편지를 써서 도움을 요청하였을 때에도 그는 어떤 방식으로건 이 일에 개입하지 않겠다는 점을 분명히 하였다. 그래서 우리 사이에는 일종의 묵계가 이루어졌다. 즉 나는 이 책의 집필에 조금도 관여하지 않겠다는 그의 뜻을 전적으로 존중하여 철저하게 그것을 배제하기로 하였다. 그러므로 여기에 나타난 리쾨르의 초상화는 내가 한번도 만나 본 적이 없는 사람에 대한 인물화이다.

나는 그를 만날 수도 없었고, 또한 그의 개인 자료에 접근할 수도 없었다. 이와 같은 상황은 나 같은 역사가를 좌절시킬 수도 있었다. 어쩌면 그것이 더 나은 것이 아닐까? 그의 기념비적 저작들은 그것들 자체로 그 중요성을 충분히 증명할 수 있지 않을까? 역사가의 시각이 어떤 공헌을 할 수 있을까? 게다가 그 역사가는 아무런 자료도 가지고 있지 않은 터에? 이 긴 작업의 초기에 나타난 장애들은 정말이지 극복 불가능한 것으로 보였다. 그러나 나는 결코 그것들 때문에 포기해야 한다고는 생각해 본 적이 없다. 리쾨르의 저작들에 대한 나의 열광은 그 모든 것들보다 더 컸다. 그것은 내 작업의 과정 내내 결코 흔들리거나 부정되지 않았다. 나는 계속해서 나의 길을 갔고, 그것은 가장 합리적인 선택이었다.

성급한 독자들은 나의 작업이 단순히 유행에 야합하는 것이라고 생각할지도 모른다. 실제로 오늘날 점점 더 많은 사람들이 리쾨르에 대해 열중하고 있다. 그러나 실제에 있어 리쾨르에 대한 나의 열정은 내 연구의 논리적 귀결이다. 나는 70년대의 아날학파 역사가들의 과학만능주의적 담론에 불만을 가지고 있었다. 그래서 나는 졸작 《조각난 역사》[1]에서 역사란 무엇보다도 먼저 사람들의 역사이며, 따라서 사회 혹은 시대 정신을 드러낸다는 명분 아래 사건과 인간의 실제 경험을 컴퓨터 조작으로 환원시킬 수 없다는 점을 상기시키려고 하였다. 그 이후 나는 1952년에 출판된 리쾨르의 '역사에 있어서의 객관성과 주관성'(《역사와 진실》에 재수록됨)이라는 텍스트를 발견하였는데, 여기서 이미 리쾨르는 내가 표현하고 싶었던 것을 말하고 있었다. 《구조주의의 역사》[2]의 기본 관점은 리쾨르가 1969년에 이미 《해석의 충돌》에서, 그리고 《텍스트로부터 행동으로》에서 옹호한 관점들과 유사

---

1) 프랑수아 도스, 《조각난 역사: 아날학파에서 '신역사'로》, 라 데쿠베르트, 파리, 1987년 (한국어판: 김복래 역, 《조각난 역사: 아날학파의 신화에 대한 새로운 해부》, 푸른역사, 1997년).

하다. 구조주의의 패러다임의 해체가 유발한 논리적 궁지를 극복할 방법을 찾던 나는 자연스럽게 리쾨르에 의해 개척된 해석학적 방법에 대한 연구로 나아가게 되었다. 나는 거기서 한 패러다임의 생산적 풍요성과 그것의 한계를 판정할 수 있는 균형을 찾을 수 있었다. 그러나 이 선구자의 목소리는 60년대 내내 대중에게 알려지지 않았다. 그래서 나는 그 공적을 인정하고 싶었다. 그러나 리쾨르에 대한 심취의 근저에는 또한 내가 신봉하던 비판적 마르크시즘의 와해가 있었고, 또한 그럼에도 불구하고 회의주의나 냉소주의에 빠지기를 거부하는 나의 저항감, 그리고 우리의 세계와 우리를 이어 주고 매개해 줄 수 있는 강한 철학에 대한 요구가 있었다. 올리비에 아벨의 텔레비전 프로에 나타난 그의 얼굴은 나에게 빛을 발하는 듯이 보였다. 그 얼굴과 약속이라는 주제에 대한 그의 말과 그의 글 사이의 완전한 일치는 나에게 태산이라도 움직일 수 있는 힘을 주는 것 같았다.

이 역사적 재구성의 주인공은 도처에 존재하는 동시에, 다른 한편으로 어느곳에도 부재하고, 또한 파악하기 어렵다. 리쾨르의 개인적 자료를 열람할 수 없었기 때문에 나는 가능한 한 많은 자료를 모으기 위해, 그리고 그렇게 모아진 정보를 검증하여 텍스트와 대조하기 위해 광범위한 조사를 하여야 했다. 이렇게 하여 나는 전혀 고전적이 아닌, 그러나 리쾨르가 생각하는 개인의 정체성을 구성하는 방법에 부합하는 전기를 만들게 되었다. 나는 이 역사적 여정이 리쾨르의 정신의 열쇠나 신비를 제공하여 그의 저작의 보다 나은 이해를 가능케 할 총체적 전기라고는 결코 주장하지 않는다. 그러한 주장은 미망일 뿐이다. 모든 전기는 원래적으로 특정한 입장을 가질 수밖에 없으며, 전기 작가가 사용하는 분석 도구에 좌우될 수밖에 없다. 또한 새로운 질문과 자료가 나옴에 따라 새로이 씌어질 수밖에 없다. 그러므로 모든 전기는 편파적이고 부분적일 수밖에 없으며, 항상 새로운 해석의 여지를 남겨 놓는다.

그러므로 앞으로 독자가 읽게 될 것은 전기 이하인 동시에 전기 이상이다. 중심 줄거리는 물론 리쾨르 사상의 발자취이다. 그것은 리쾨르 사상의 수용, 즉 여러 다른 사람들의 시각 및 그것들과의 교차와 조우라는 관점에서 재구성된다. 리

---

2) 프랑수아 도스, 《구조주의의 역사》: 제1권 《기호의 세계》; 제2권 《백조의 노래》, 라 데쿠베르트, 파리, 1991년, 1992년(한국어판: 이봉지, 송기정(외) 역, 《구조주의의 역사 I: 기호의 세계: 50년대》, 동문선, 1998년).

쾨르는 이 이야기의 중심 인물이다. 그러나 그것은 빌헬름 샤프가 정의한 대로 '여러 가지 역사 속에 복잡하게 뒤얽힌 존재'로서의 인물이다. 그는 자주 주변으로 밀려난다. 이 지적 전기는 리쾨르의 여정과 교차한 여러 다른 시기 및 여러 다른 계통 사람들의 이야기도 함께 제시한다. 왜냐하면 폴 발라디에가 썼듯이 리쾨르는 '다른 사람들과의 만남을 통해서만 자신을 완성하고 자신을 증명하는 철학자'이기 때문이다. 이러한 만남의 실타래를 추적함으로써 우리는 텍스트상의 자취 이상의 것, 즉 그의 실존적 자취를 찾을 수 있다. 리쾨르의 진정한 정체성은 이러한 복수적 정체성을 통해서 파악된다. 자아의 생의 의미는 다른 사람의 시선 속에서 읽혀진다. 그러나 그것은 결코 거울에 반사되는 것과 같은 반영적 이미지가 아니라 끊임없이 재창조되고, 생성 과정에 있는 이미지로 정체성의 근원이 되는 텍스트의 세계이다. 그의 정체성은 또한 동(東)포모제의 포로수용소·샹봉·스트라스부르·소르본·뮈르 블랑 공동체·낭테르·시카고와 같은 그가 머물렀던 장소들에서, 그리고 가브리엘 마르셀을 중심으로 한 서클, 《사회그리스도교》지·《에스프리》지·현상학연구소 등과 같이 그가 속했던 그룹들에서도 추출된다. 이러한 그의 정체성은 복수적인 동시에 단수적이다. 즉 주위로부터 계속해서 다른 것을 흡수하였다는 점에서 그것은 복수적이며, 그럼에도 불구하고 계속해서 일관성을 유지하고 있었다는 점에서 단수적이다.

리쾨르의 이 지적 전기에는 나와의 대담을 허용해 준 1백70명의 증언에 의해 그려진 리쾨르의 다양한 초상화가 제시되어 있다. 역사가로서 필자의 입장은 리쾨르 개인의 조명에서 그 주위까지를 살피는 복수적인 연구로 나아갔다. 이러한 필자의 방법은 매우 리쾨르적이라고 할 수 있을 것이다. 이러한 조명 방식의 변화에 따라 진실의 문제도 달라졌다. 이제 중요한 것은 진실이냐 거짓이냐를 가려내는 것이 아니다. 왜냐하면 한 작품을 수용하는 방법은 매우 다양할 수 있지만, 그럼에도 불구하고 그것들은 모두 다 진실한 것이기 때문이다. 또한 우리는 이와 같은 작품의 역동성을 통하여 저자 자신이 알지 못했던 작품의 풍요성을 가장 잘 포착할 수 있다.

《시간과 이야기》에서 리쾨르가 지적한 바대로 역사가는 추상적 개념에 구체적인 살을 붙여서 이야기를 구성하고, 또한 역사적 문맥에 대한 끊임없는 고려를 통해 그 이야기의 유효성을 검증한다. 이러한 방법은 리쾨르 자신의 철학 저작의 이해에도 매우 적합한 방법으로 보인다. 그것은 통시성과 공시성의 두 가지 차원이다. 먼저 통시적 측면은 리쾨르 자신도 자주 언급하고 있는 것이다. 리쾨르에 의하면 그의 새로운 저작은 이전 저작의 나머지, 즉 이전의 저작에 포함시키지 않고 남겨둔 것들에서부터 시작한다. 다시 말하면 그때까지 손대지 않은 시추공들을 탐사함으로써 이전의 탐사를 연장하는 것이다. 이와 같은 통시적 연구는 작품의 내부적 일관성을 강조한다. 즉 그것은 그의 사상이 자신의 고유한 리듬에 의해 진화한 것이라는 점을 강조하며, 또한 하나하나의 저작의 의미를 커다란 하나의 건축물을 구성해 나가는 단계 중의 하나로 이해할 수 있게 한다. 두번째로 공시적 연구는 그 단계들을 당시의 지적 문맥에 연관시킨다. 이 차원은 리쾨르와 같은 철학자들을 이해하는 데 있어 필수적이다. 왜냐하면 그의 사상은 본질적으로 대화적이며, 또한 항상 시대가 던지는 질문들에 대해 열려 있었기 때문이다. 모든 사람들이 인정하듯이 리쾨르는 뛰어난 수용성과 겸손과 관대함을 지니고 있었다. 이 때문에 그는 다른 사람들의 의견에 귀를 귀울이는 철학자가 될 수 있었다. 그는 시대의 명령에 따르기 위해서라면 자신의 길과 멀리 떨어진 길들로 우회하기를 서슴지 않았다. 그의 사상에는 프랑스 사상사에 획을 그은 여러 주요 사상이 배어들어 있다. 물론 그는 결코 지배적인 사상을 맹목적으로 따르지 않았다. 그것들을 받아들이되 항상 비판적인 자세를 견지하였던 것이다. 혹자는 이러한 수용적 태도가 시간 낭비를 초래하였다고 비난할지도 모른다. 그러나 그와 같은 비난은 리쾨르가 상정한 철학자의 역할이란 바로 사회에서 행해지는 민주적 논쟁을 촉진할 수 있는 지식과 개념을 밝히는 데 있다는 점을 망각하는 것이다.

리쾨르의 사상은 무엇보다도 행동의 철학이다. 그것은 항상 보다 정의로운 사회, 그리고 집단적 행복을 창조할 수 있는 집합체를 향한 희망의 철학이다. 그러므로 이 사상의 궤적을 그려 보는 것은 20세기 후반부의 주요 논쟁거리가 되었던 대부분의 문제들을 살펴보는 것이기도 하다. 혹자는 보편성과 대화에 대한 리쾨르의 추구란 결국 결코 화해할 수 없는 것들을 중용이란 수단을 통해 억지로 화해시키려는 단순한 통합주의에 불과하다고 폄하한다. 그러나 리쾨르의 여정을 주의 깊게 살펴보면 이러한 관점이 얼마나 피상적이며 또한 본질에서 벗어나는 것인가를 알 수 있다. 그의 사상은 결코 논쟁적이거나 과장적이지 않다. 그러나 그것은 평화로워 보이는 겉모습과는 달리 극단의 사상이며, 또한 갈등의 사상이다. 장애물에 대한 반격과 반박 및 전략의 개념은 그의 철학의 주요한 특징들 중의 하나이다. 그는 갈등 상황에 있는 여러 입장들을 극단으로까지 추구하여 논리적 궁지에 몰아넣는다. 바로 여기서 사상이 태어난다. 그에게 있어 사고의 도약이란 결코 반대되는 입장들의 인위적인 종합을 통해서가 아니라 딜레마가 되는 항들을 바꿈으로써 얻어진다. 이러한 계속적인 도약을 통해 리쾨르는 개념들의 진정한 창조자가 될 수 있었으며, 이것은 그를 단순히 선생으로만 간주하는 피상적인 이미지와는 정반대되는 것이다. 물론 그는 비할 바 없이 훌륭한 선생이었으며, 이 점은 그의 지도를 받은 학생들의 열렬한 증언으로 확인된다. 그러나 동시에 그는 서술적 정체성(identité narrative), 동일성(mêmeté)과 그 자체성(ipséité)의 구별, 살아 있는 은유(métaphore vive), 사회적 개인(le socius)과 이웃(le prochain), 정치적 패러독스 등과 같은 여러 개념의 창조자이기도 하다.

리쾨르의 연구는 때때로 단절되기도 하였다. 그러나 본질적인 면에서는 결코 유행이나 실패에 양보하는 일이 없었다. 그의 연구의 기저에는 의미, 즉 이미 존재하는 의미, 그리고 토대가 되는 존재론이 아니라 확인되어야 할, 그리고 항상 새로 탐색되어야 할 의미에 대한 추구가 있었기 때문이다. 20세기의 비극적 상황을 거치면서 우리는 악의 차원을 고려하는 사상의 중요성을 알게 되었다. 그러나 이 사상은 반대로 우리에게 '얼마나 더 많은'(선이 있는가!), 그리고 태초에는 선이 우세하였음을 깨닫게 해주며, 또한 생명의 탄생에 대한 외경을 보여 준다.

한마디로 리쾨르는 실제적 지혜로 인도하는 길을 찾는 정의의 사람으로 정의될 수 있다. 그러므로 그의 여정을 따르는 것은 많은 공간적 이동과 시간적 이동을 상정한다. 리쾨르는 대륙 철학과 영미의 분석철학 사이의 선구적인 가교 역할을 하였다는 점에서 영미와 대륙을 이어 준다. 또한 전통을 중시함으로써 사상의 연속성을 증거한다. 물론 이때의 전통이란 살아 있는, 그리고 의미를 가진 전통일 경우에 국한되지만 말이다. 즉 전통은 기대 지평을 설정하는 데 일조한다. 그러므로 리쾨르는 모든 철학을 다 동원한다. 그에게 이전과 이후는 결코 단절된 것이 아니다. 따라서 그는 칸트적 보편주의와 아리스토텔레스적 특수주의 사이에서 긴장을 유지하는 입장을 견지함으로써 헤겔 후파(posthégélien) 혹은 후설 후파(post-husserlien)적 칸트주의자로 간주될 수 있었다. 즉 그의 모든 노력은 행위의 존재론의 성립에 의해 궁극적으로 합일될 수 있었던 것이다.

리쾨르의 프로테스탄트 신앙과 이성적이고 철학적인 엄정성을 조화시킨 방법은 필자에게 있어 하나의 수수께끼이다. 이 문제에 관한 한 정답은 존재하지 않는다. 다만 몇 가지 가정을 해볼 수 있을 뿐이다. 이에 대해 리쾨르는 정신분열 운운한 적이 있지만, 이 재담은 실제 그의 인격의 분열보다는 그의 유머 감각을 드러낼 뿐이다. 그에게는 때로는 이성의 요구가 전면에 나서기도 하고, 또 때로는 자신의 깊은 확신이 드러나기도 한다. 요컨대 그는 항상 이 둘 사이의 긴장을 어렵게 견뎌내었다. 젊은 시절부터 그는 철학이 프로테스탄트로서의 그의 신앙에 대한 위협이 된다는 것을 알고 있었다. 그리고 이러한 내적 대화는 그후에도 결코 중단된 적이 없었다. 심지어 이러한 긴장은 그로 하여금 불가지론 쪽으로 기울게도 하였다. 그것은 또한 그의 이중적 창조력의 동인이 되었다. 즉 그는 철학자이기 때문에 다른 신앙인들과 달랐고, 또한 신앙인이었기 때문에 다른 철학자들과 다르게 생각할 수 있었던 것이다. 그러나 그는 언제나 철학하는 그리스도교인이었으며, 결코 그리스도교 철학자가 아니었다. 그는 철학에서 뿐만 아니라 자신의 생에 대해서도 똑같은 엄정함을 요구하였다. 그에게 있어 이 두 영역은 자신의 존재에 있어 똑같이 중요한 것이었다. 그러므로 그는 이 둘을 분리시키지 않기 위하여 끊임없이 깨어 있어야 했다. 그는 항상 환원적인 딜레마를 뛰어넘기 위해 노력하였으며, 절대적 지식을 가지고 있다고 자부하는 초월적인 입장, 그리고 부정적인 입장에 대한 동조 유혹을 경계하였다. 이런 점에서 볼 때 그는 항상 경계를 걷는 사람이었다. 그는 이러한 활동을 통해 설명과 이해, 보편과 특수, 개념과 삶, 동일함과 다름, 단일성과 복수성 중에서 양자택일해서는 안 된다는 것을 보여 주었다. 또한 흔히들 **선험적으로** 서로 모순된다고 간주되는 입장들을 대화로써 연결시키고 다리 놓아 줄 중도적 길을 모색하였다.

시대의 요구에 귀 기울여 온 리쾨르의 여정은 그 자취를 따르는 사람에게 깊은 내면적 기쁨을 준다. 이 의미 충만한 삶의 이야기를 쓰는 것은 나에게 진정으로 생생한 열정을 불러일으켰다. 그러나 내가 이 글을 쓴 것은 결코 그를 이상화시키거나, 혹은 새로운 지도자상을 그리기 위해서가 아니다. 그와는 반대로 리쾨르의 의사소통적 지혜의 원천이 되는 리쾨르의 태도, 즉 자기 자신을 온전히 내어주는 태도를 함께 나누고자 함이다.

I

30년대

1
초기 수련기

모든 것은 세계적인 위기의 해에 나타난 계시로부터 시작되었다. 경제 공황의 해인 1929년 17세의 고등학생 폴 리쾨르는 렌고등학교의 철학 교사인 롤랑 달비에즈에게 매혹된다. 이 교사는 철학 교수자격시험에 통과한 엘리트로서 신토마스학파에 경도되어 있었다. 게다가 해군 장교 출신답게 후리후리한 키로 학생들을 굽어보는 근엄한 외양을 하고 있었다. 따라서 그의 생애와 취향은 전통적인 교육의 관점에서 보면 색다른 향취를 가지고 있었다. 롤랑 달비에즈는 고등학교 3학년에서부터 고등사범예비학교 2년간, 즉 1929년에서 1933년에 이르는 3년 동안에 걸쳐 폴 리쾨르에게 결정적인 영향을 끼쳤다. 이 만남을 통해 리쾨르에게는 철학에 대한 열정이 싹텄으며, 그것은 평생 동안 그를 떠나지 않았다. 그러나 이 기간 동안 철학의 영향은 아직 결정적인 것은 아니었던 것 같다. 왜냐하면 그는 대학에 들어가자 문학부에 등록하였기 때문이다. 그러나 그에 대해 '너무 철학적'이라고 지적한 교수들의 평가를 볼 때 그의 적성에는 의심의 여지가 없다.

롤랑 달비에즈는 리쾨르에게 특히 지워지지 않는 한 가지 영향을 각인시켰다. 리쾨르는 그의 여정 내내 자신의 확신을 흔드는 도전을 열정적으로 받아들였다. 이처럼 그의 길에 심어진 장애물을 극복하기 위해 자신의 모든 지적 능력을 총동원하는 능력은 바로 달비에즈의 충고에 힘입은 바 크다. 리쾨르는 말한다. "그는 우리에게 '여러분이 두려워하는 문제라고 해서 결코 회피하지 마십시오. 절대로 장애물을 피해서는 안 됩니다. 그것을 정면으로 직시해야 합니다' 라고 말했다."[1] 이 명령에 따라 리쾨르는 자신의 깊은 신앙심에 가장 결정적인 도전이 되는 것,

1) 폴 리쾨르, 〈나의 첫 철학 선생님〉, 마르그리트 레나, 《스승에 대한 경의》, 크리티테리옹, 파리, 1991년, 224쪽.

즉 철학적 합리화의 문제와 대면하게 된다. 이 명령은 그에게 항상 진실할 것을 요구하였다. 그러나 그 진실이란 성격이 다른 두 영역을 함께 아우르는 것이었으므로 항상 긴장을 자아내었다. 또한 이 명령을 따르는 것은 항상 자아 속에 타자, 즉 상대자의 존재를 인정하며 결코 이것을 회피할 수 없게 만드는 것이었다. 그 때문에 리쾨르에게 회피란 있을 수 없었다. 또한 어떠한 쉬운 논쟁 속에도 빠져들지 않았다. 다만 용감하게 그것에 직면할 뿐이었다.

달비에즈의 또 하나의 특징은 끊임없는 교육적 관심이었다. 그로부터 이어받은 논증과 꼼꼼한 논의에 대한 취향은 리쾨르의 교육자적 특징이 된다. "나는 질문에 대해 토론하는 기술에 매혹되었다"[2]고 리쾨르는 회상한다. 달비에즈는 수업 시간에 경험의 이름으로 데카르트 · 버클리 · 칸트 · 브룅스비크 등의 철학적 관념론의 명제들을 반박하였다. 여기서 그는 관념론을 희화적으로 그려 보였는데, 후에 리쾨르는 즐겁게 이것을 회상한다. "그가 관념론을 커다란 집게로 묘사하는 모습이 눈에 선합니다. 허공중에서 허우적거리다가 아무것도 잡지 못하고 자신에게로 되돌아오는 그런 집게 말입니다."[3]

달비에즈는 상당히 나이가 들어서 자크 마리탱의 저작들을 발견하였고, 그것을 통해 철학에 입문하였다. 그럼에도 불구하고 그는 매우 현대적인 사람이었다. 그는 프랑스에서 최초로 프로이트에 관한 학위 논문을 썼다.[4] 리쾨르는 스승 덕택으로 일찍부터 정신분석에 눈떴으며, 프로이트에 의해 발견된 무의식을 프랑스의 사변철학 전통에 도입함으로써 이를 변모시켰다. 그러나 이것은 결코 단순히 한 새로운 영역을 이전까지의 철학적 지식에 덧붙인 것에 불과한 것이 아니라 의식의 직접성이란 관념에 대한 경계심을 불러일으키는 보다 근본적인 변모였다. "내가 데카르트의 **코기토**의 직접성 · 합당성 · 명백성을 거부한 것은 나의 첫 철학 선생님의 영향 때문이었다."[5]

그러나 이처럼 중요한 유산에도 명암이 없었던 것은 아니다. 달비에즈 선생의 신토마스학파적 입장은 체계적인 (즉 교조적인) 철학을 중시하는 대신 철학사나 텍

2) 폴 리쾨르, 《반성록》, 《에스프리》, 파리, 1995년, 12쪽.
3) 폴 리쾨르, 프랑수아 아주비와 마르크 드 로네, 《비평과 확신》, 칼망 레비, 파리, 1995년, 17쪽.
4) 롤랑 달비에즈, 《정신분석적 방법과 프로이트주의》, 데클레 드 브로베르, 파리, 1936년.
5) 폴 리쾨르, 《반성록》, 앞의 책, 12쪽.

스트 분석에 소홀하였다. 이것은 울름 가의 고등사범학교 입학시험에는 좋은 방법이 아니었으며, 때문에 리쾨르는 시험에 떨어졌다. 그러나 그는 여기서 교훈을 얻었다. 그는 후에 교수가 되었을 때 매우 엄정하고 치밀한 철학사가가 되려고 노력하였을 뿐만 아니라 이후 모든 체계적인 정신에 대한 유혹으로부터 벗어나게 되었다. 이런 의미에서 우리는 토마스 학설이 그가 마르크스주의의 유혹에 빠지는 것을 막아 주었다고도 말할 수 있다. 즉 "그는 토마스주의자들의 체계적이고 교조적인 면에 저항할 수 있었던 것이다."[6] 울름 가의 고등사범학교 시험에 있어서 그의 또 다른 약점은 그가 가진 특수한 자질, 즉 수사학적인 겉치장과 언술의 연극적 효과를 무시하고 진실만을 추구하는 그의 태도였다. "그에게 질문이 주어졌을 때, 그는 진실만을 대답해야 한다고 생각했다. 그런 태도는 입학시험에서 좋은 점수를 받을 수 없었다."[7]

그럼에도 불구하고 그의 대학 생활은 성공적이었다. 1933년 그는 렌대학교에서 철학 교육으로 학사 학위를 받고, 이어 1934년에 〈라슐리에와 라뇨에 있어서의 신의 문제〉로 석사 학위를 받은 다음, 1935년 교수자격시험에 통과하였다. 시험 공부를 하는 동안 그는 평생을 함께할 친구인 로제 멜을 만나며, 이들은 후에 스트라스부르에서 재회한다. 사회그리스도교[8]의 열렬한 투사이자 지방 출신이라는 공통점을 가진 이들은 함께 시험을 준비하고, 또한 함께 파리에서 직업을 구하기로 합의하였다. 마침 기회가 좋았다. 나이 들어서 소명을 발견한 사람들을 교육하는 기관인 프로테스탄트 신학예비학교에서 철학 교수 1명을 구하고 있었던 것이다. 이들의 요청에 의해 교장은 두 사람을 다 고용하기로 하였다. 그러나 이들 두 사람이 모두 교수자격시험에 합격하는 바람에 그 계획은 무산되었다. 시험의 수석은 역사학자 장 피에르 베르낭의 동생인 자크 베르낭이었고, 리쾨르가 차석, 멜이 3등이었다.

리쾨르는 언제나 학교를 좋아했다. 항상 다른 곳을 그리워하며 애타게 방학을

---

6) 알렉스 데르잔스키, 스트라스부르 시절의 리쾨르의 제자, 《에스프리》지의 편집위원, 저자와의 대담.

7) 뤼스 지아르와의 대담.

8) 사회그리스도교 운동은 1890년경 토미 팔로, 빌프레도 모노, 게데옹 샤스탕과 같은 목사들과 경제학자인 샤를 지드와 에두아르 드 부아브에 의해 창시되었다. 이 운동은 같은 이름의 잡지를 출판하였다. 오늘날에는 《다른 시대》와 《사회그리스도교》가 이를 계승하고 있다.

기다리는 친구들과는 반대로 그는 어떻게 하면 학교에 좀더 머무를 수 있나를 생각하는 쪽이었다. 교수가 됨으로써 그는 지식의 전수를 위해 세워진 이 세계를 결코 떠나지 않고 언제나 머무를 수 있게 되었다. 교수자격시험에 통과하지 않았을 때도 그는 학사 학위 취득 후 1933-1934년에 걸쳐 생브리외고등학교에서 1주일에 18시간을 가르쳤다. 이와 같은 교육 기관에 대한 애착은 그의 비극적인 가정 환경을 보완해 주었다.

1913년 2월 27일, 발랑스에서 출생한 폴 리쾨르는 곧 '국가에서 보호하는 전쟁 고아'가 되었다. 발랑스고등학교의 영어 선생이던 그의 아버지 쥘 리쾨르는 1915년 9월 마른 전투에서 전사하였다. 처녀적 성이 파브르인 그의 어머니 플로랑스는 그가 출생한 지 얼마 안 되었을 때 사라졌다. 고아가 된 폴은 누나와 함께 조부모 및 노처녀인 오데트 고모에 의해 양육되었다. 현격한 세대차, 그리고 프로테스탄트식 경건주의적 가풍으로 인해 그는 매우 엄격한 환경에서 자라났다. 그러므로 학교는 그에게 있어 기분 전환의 장소나 다름없었다. 게다가 그는 별로 친구가 없었으며, 오로지 독서에 몰두하는 책벌레이기도 하였다. 새 학년이 되면 학교가 시작하기 전에 그는 선생들이 추천한 책들을 미리 읽었다. 그의 현실 도피는 종이 위에서 이루어졌다. 여행을 할 수 없었던 그는 방학 동안 몇 날 며칠이고 종일토록 지도를 베꼈다. 이와 같은 '오락' 덕택에 그는 "지리 과목의 척척박사"[9]가 되었다. 그에게 있어 고등학교는 다른 학생들과는 달리 고행과 고통의 장소가 아니라 문화적 나눔과 우애와 즐거움의 장소였다. 그러나 교사들은 학기초에 이미 교과목을 다 습득하고 와서 그들에게 이의를 제기하는 이 학생을 항상 좋게 생각한 것은 아니었다.

폴 리쾨르는 못말리는 아이였다. 그는 온몸을 잉크투성이로 만들어 고모를 절망시켰다. 심지어 등교길에 사고를 칠까 염려한 고모가 학교까지 그를 데리고 간 적도 있었다. 교정에 들어서자마자 가방을 내팽개치고 동급생들과 드잡이를 벌이기도 했다. 그는 천성적인 싸움꾼이었으며, 이러한 성향은 어른이 된 후에도 그대로 남아 있었다. 물론 그것이 지적 영역으로 옮아가기는 하였지만 말이다. 집안의 엄격한 분위기와 학교의 유희적 세계를 이어 주는 중간 단계는 책의 세계였다. 소년 리쾨르는 매우 일찍부터 고전문학 작품에 몰입하였다. 고등학교 1학년 때 라블

9) 테레즈 뒤플로, 폴 리쾨르의 조교, 저자와의 대담.

레와 몽테뉴와 파스칼을 읽은 후, 2 · 3학년에는 스탕달과 플로베르와 톨스토이에 열광하였다. 그러나 결정적인 만남은 도스토예프스키였다. "《죄와 벌》의 문제는 이후의 악에 대한 나의 사고를 결정지었다."[10] 이처럼 소년 시절의 폴 리쾨르는 놀기 좋아하는 짓궂은 학생이기도 하였으나, 반면에 매우 진지한 면도 가지고 있었다. 즉 그에게는 오락과 삶의 기쁨을 추구하는 경향과 어른의 문제를 자문하는 조숙한 사변 취향이 공존하고 있었던 것이다.

그의 조숙성에 대한 첫번째 기억은 그가 열한 살 때인 1923-1924년으로 거슬러 올라간다. 이때 그는 미국으로 이민 간 이탈리아 출신의 노동자들인 사코와 반체티를 돕기 위한 국제적 캠페인에 적극적인 관심을 가졌다. 그들은 1920년에 체포되어 충분한 증거도 없이 1921년 사형 선고를 받았다. 죄목은 같은 회사의 사무원 두 사람을 죽였다는 것이었다. 그러나 실제에 있어 그들은 자신들의 무정부주의적 정치 사상과 당시 미국을 휩쓸던 히스테리적인 외국인 혐오 때문에 유죄 선고를 받았다. 미국의 보호주의는 이 두 사람을 미국의 순수하고 전통적인 가치의 회복이라는 제단에 희생양으로 바치려 하였다. 그들의 사형 집행일은 1927년 8월 27일로 잡혀 있었다. "나는 극단적인 분노에 사로잡혀 있었다. 이러한 부정의는 내가 죄의식과 함께 내면화시킨 악에 대한 의식에 사회적이고 정치적인 차원을 부가하였다."[11] 이렇게 하여 그의 관심은 이제 사적인 영역에서 벗어나 외부 세계로 나아갔다. 그는 자신의 불행한 개인적 운명을 한탄하는 대신 타인에 대해 관심을 갖게 되었으며, 이것은 그의 정신적 성장에 매우 유익하였다.

그에게 있어 가장 중요한 문제인 혈통의 문제는 여전히 숨겨져 있었다. 이것에 관한 한 그는 백지 상태였다. 그것은 탐색할 수도 없는 기원의 결여였으며, 또한 진정한 시간적 심연이었다. 그리고 그의 개인적 존재의 수수께끼는 이러한 알 수 없는 기원으로부터 나왔다. 바로 이러한 결여, 이러한 존재하지 않는 장소에 대한 인식이 폴 리쾨르로 하여금 텍스트 속에서 실재에 도달하는 통로를 찾도록 만들었다. 반면에 그는 자기 자신의 과거를 돌아보기를 저어했다. 그것은 그가 이러한 탐색이 상처를 건드리게 된다는 것을 알고 있었기 때문이 아닐까? 의미를 만드는 것은 대리물인 텍스트이며, 정체성은 육체적이기보다는 텍스트적이다. 과거의 추

10) 폴 리쾨르, 알랭 뱅스탱의 방송, 프랑스 퀼튀르, 1994년 5월 17일.
11) 폴 리쾨르, 앞의 방송.

억을 돌아보는 것은 금지되어 있기 때문에 리쾨르는 범상치 않은 결의를 가지고 미래를 향하게 된다. 이와 같은 그의 존재 방식은 자신의 지적 저작과의 관계에서도 나타난다. "책이 완성되면 나는 곧 그 주제와 이별합니다. 나의 기억은 나의 책들에 의해 리듬이 지어집니다. 우리의 담론을 규제하는 것은 바로 이야기에 부재하는 것입니다."[12] 그러므로 리쾨르의 저작은 퇴적층과도 같이 층층이 쌓아 올려가며 구상된다. 즉 한 저작에서 대답되지 못하고 남겨진 문제들은 그 다음 저작의 출발점이 되는 것이다. 물론 이러한 저작들에는 그 전체를 관통하는 몇몇 중심 사상들이 분명히 존재한다. 그럼에도 불구하고 그의 텍스트에는 공통적으로 자기를 잊고, 또한 개인적인 정체성 대신 보다 넓은 집단적 정체성을 추구하는 태도가 드러난다. 이러한 태도는 종교적인 겸양일 뿐만 아니라 실존적 겸양이기도 하다. 리쾨르에 의하면 개인적 정체성은 텍스트적 세계라는 집단적 정체성 속에 포함된다. 폴 리쾨르에게 있어 혈통의 문제는 개인적인 정체성의 문제이기도 했다. 그러므로 그는 "바닷가 모래사장 끝에 그려진 그림과 같은 인간 모습"[13]의 멸실(滅失)의 문제를 새삼 제기할 필요조차 없었다. 왜냐하면 그것은 그가 평생 끊임없이 싸워 왔고 투쟁해 왔던 것, 즉 부재의 모습이었기 때문이다. 이 때문에 그는 충만한 의미, 혹은 완전한 의미를 찾으려는 모든 기도에 대해 명민한 비판력을 가지고 있었다. 그에 의하면 항상 새로운 해석을 위한 여지가 남아 있었다. 또한 정체성이란 항상 구성되는 과정중에 있는 것으로, 따라서 새로운 전개가 가능한 것이었다.

'국가에서 보호하는 전쟁 고아'들은 흔히 감상적이고 불안한 성격을 갖기가 쉽다. 그러나 리쾨르의 경우에는 결코 그렇지 않았다. 물론 리쾨르는 악의 문제를 매우 중요하게 생각하였다. 그러나 이 점 때문에 결코 그를 오해해서는 안 된다. 욥의 고통과 같은 부당한 고통은 끊임없이 신학적·철학적 성찰의 대상이 되어 왔다. 그러나 사도 바울이 말했듯이 이러한 부당한 고통은 태초에 악에 비해 선이 훨씬 많았다는 데 근거를 두고 있다. 태초의 창조주는 선하다. 따라서 선은 악에 선행한다. 리쾨르는 이것을 굳게 믿었다. 어린 시절, 그는 경탄의 시선으로 이 세상을 바라보았다. 어른이 되어서도 어린 시절에 가지고 있던 미래를 향해 열린 태

---

12) 폴 리쾨르, 올리비에 아벨의 방송, 〈개신교의 시간〉, 앙텐 2, 1991년 12월 15일.
13) 미셸 푸코, 《말과 사물》, 갈리마르, 파리, 1966년, 398쪽.

초의 과거에 대한 호기심을 그대로 간직하였다. "베르그송이 《도덕과 종교의 두 원천》의 마지막 부분에서 말했듯이 유일신인 창조주는 다른 여러 창조자들을 창조하였다. 우리는 미완성의 세계에 살고 있다. 이러한 미완성인 창조를 완성시키는 것은 우리들의 몫이며, 이를 통해 우리는 공동 창조자가 될 수 있다."[14] 이처럼 리쾨르는 자신의 결핍된 과거를 한탄하는 대신, 결코 완성될 수 없는 윤리적이고 정치적인 임무, 즉 세상에서 악을 줄이는 임무를 향해 나아갔다.

그의 저작은 매우 다양하다. 그러나 거기에는 전체를 관통하는 매우 중요한 하나의 내적 원동력이 있다. 이 점에 대해 뤼스 지아르는 성서에 나오는 네 개 강의 비유를 들어 설명한다. "나는 리쾨르를 항상 강으로 생각해 왔습니다. 반성적 철학이라는 샘에서 솟아나와 흘러내리는 동안 여러 지류의 물을 받아들이면서 바다로 흘러가는 그런 강 말입니다."[15] 물론 이 은유는 결코 리쾨르의 사상에 하나의 선 모양의 줄기가 있다는 것을 의미하는 것은 아니다. 그것은 단지 리쾨르 철학의 성숙기와 원숙기 사이에 근본적인 단절이 있다고 보는 관점에 대해 경계하는 역할을 할 뿐이다. 왜냐하면 그의 철학의 흐름은 연속적인 것이며, 또한 리쾨르는 언제나 한결같은 결의를 가지고 그것을 수행하였기 때문이다.

연구 영역이 달라짐에 따라 추론 형식도 달라진다. 리쾨르는 이 점을 명심하여 자신의 여러 연구 영역들을 엄격하게 구분하고, 각각의 영역의 특수성을 존중하였다. 세브르센터의 뤽 파레트[16]는 자신의 학생들에게 이렇게 당부한다. 리쾨르의 철학 저작을 읽을 때 어떻게 읽어도 좋지만 절대로 그의 여러 저작들을 뒤섞어서 이해해서는 안 된다. "즉 리쾨르가 시간이나 플롯에 대해 말하는 것과 똑같은 방법으로 예수에 대해 말했다"[17]고 주장해서는 안 된다는 것이다. 이 원칙은 독자에게 특수한 방법적 정신을 요구한다. 그것은 여러 영역을 뒤섞지 않으려는, 그리고 독자로 하여금 자신의 명제를 억지로 받아들이도록 강요하지 않으려는 리쾨르의 의도에 부합한다. 물론 리쾨르는 매우 훌륭한 교수였다. 그러나 그는 결코 억지로 유혹하여 학생을 끌려고 하지 않았다. 오직 행동하는 사고라는 지적인 힘만이 청중을 설득시킬 수 있을 것이었기 때문이다.

---

14) 폴 리쾨르, 자크 샹셀의 방송, 〈세기의 증인〉, 프랑스 앵테르, 1992년 12월 27일.
15) 뤼스 쥐아르와의 대담.
16) 뤽 파레트, 세브르센터 교수, 《오늘날의 신앙》 편집국장, 저자와의 대담.
17) 위의 대담.

이처럼 양보하기를 거부하고, 또한 사람들에 대해 소극적인 태도는 그의 독학 습관에 기인한다. 그러나 근엄하게 보이는 그의 이면에는 매우 자유롭고 웃기 좋아하는 정신이 숨어 있다. 그의 친구인 앙드레 뒤마는 "그가 존재한다는 것에 얼마나 감사하는지 모른다"고 말하며, 그를 "지성적이고, 남의 일을 잘 돌봐 주고, 또한 농담을 잘하는 사람"[18]으로 정의한다. 물론 그의 존재의 원동력은 사상이다. 그러나 이러한 사상은 타인과의 끊임없는 대화를 원하는 그의 의지에 의해 개화된다. 먼저 문화적인 차원의 경우, 그는 자신이 물려받은 문화적 유산을 다른 사람들에게 전해 주어야 한다는 의무감을 가지고 있었다. 또한 유머는 그의 소심함을 극복하고, 사람들 사이의 얼음을 깨는 역할을 하였다. 게다가 극심한 지적 긴장 때문에 그에게는 휴식이 필요하였다. 때때로 유머의 최하 단계로 간주되기도 하는 동음이의어 맞추기 놀이는 리쾨르에게 있어 존재와의 긴장 관계를 완화시켜 주는 원동력과도 같았다. "그와 전화로 얘기를 하다 보면 웃음보를 터뜨리지 않을 수가 없다. 그는 정말 잘 웃기니까."[19] 시시한 것을 가지고 웃기를 즐기는 그의 태도는 매우 세련된 사상의 다른 측면이기도 하다. 그것은 애써 도달한 제2의 순진함의 단계, 즉 죄 없는 순수함의 단계이며, 또한 고통스럽게 미로를 빠져 나온 후에 얻는 귀 기울임의 단계이다. 이러한 웃음은 결코 냉소적이거나 조소적이지 않다. 그것은 결코 이성의 이면이 아니다. 그것은 기회만 있으면 스스로를 세상에 내어주려고 항상 준비하고 있는 순수함, 즉 결코 소멸되지 않는 순수함의 자취인 것이다.

---

18) 앙드레 뒤마, 개신교 신학자, 파리 프로테스탄트 신학교 철학 교수 역임, 저자와의 대담. 최근 서거한 앙드레 뒤마는 지적 측면에서 뿐만 아니라 인간적 측면에서도 리쾨르와 매우 가까웠으며, 리쾨르에게 많은 영향을 끼쳤다.

19) 테레즈 뒤플로와의 대담.

2

가브리엘 마르셀 서클과 반성철학 계열

1934-1935년에 리쾨르는 동급생인 막심 샤스탱 덕택에 가브리엘 마르셀의 '금요회'에 소개되었다. 오후 5시에 마르셀의 집에는 20여 명의 철학 전공 학생들과 그들의 선배격인 몇몇 열성 참가자들이 모였다. 리쾨르는 곧 마르셀의 인격과 그가 제자들에게 요구하는 소크라테스적 대화에 매료되었다. 이 '금요회'의 가장 중요한 법칙은 결코 남의 사상을 인용하지 않는다는 것이었다. 참가자들은 항상 스스로 생각해 낸 것만을 얘기하여야 했다. 두번째의 법칙은 가능하면 항상 스스로의 경험으로부터 시작한다는 것이었다. 당시 교수자격시험을 준비하고 있던 리쾨르는 레옹 로뱅 · 앙리 브레이에나 레옹 브룅스비크와 같은 소르본대학교 교수들을 존경하였다. 그러나 그는 관료적인 대학의 분위기와는 대조적인 이러한 인간적인 장소에 출입하게 된 것을 매우 좋아하였다. '금요회'의 회원은 어떤 특정 주제에 대해 발표해야만 했다. 그 주제란 대체로 공통적인 경험에 기반한 것이며, 발표자는 그것을 철학적 관점에서 문제화시켜야만 하였다. 이때 리쾨르는 정의(justice)의 문제에 대해 발표한 적이 있는데 이 주제는 결코 그를 떠나지 않았으며, 1990년대에 들어 그의 중요한 주제로 재부상하였다. 이 유쾌한 우애의 장소는 리쾨르의 철학적 태도의 형성에 매우 중요한 역할을 하였다. 그는 여기서 대화에 대한 취미를 키웠다. 추론 자체를 위한 추론보다는 현실 문제를 염두에 둔 추론을 중요시하는 그의 태도 역시 여기에서 자라났다. 리쾨르는 이에 대해 다음과 같이 회상한다. "그가 우리 같은 학생들 및 젊은 연구자들을 위해 자택에서 행하던 강의에서 가장 인상적이었던 것은 적확한 사례, 엄밀한 설명, 그리고 간결하고 정확한 표현을 중시하던 분위기였다."[1)]

리쾨르는 이 회합에서 그가 평생 동안 통합하고 조화시키려고 노력하게 될 두 가지의 상이한 문제 제기 방식 사이에서 처음으로 긴장을 경험한다. 이러한 상이성은 때로는 매우 고통스러운 것이기도 하였다. 그럼에도 불구하고 그것은 리쾨르로 하여금 단순히 어떤 사람의 추종자가 되는 것을 막아 주었으며, 스스로의 사상을 발전시키도록 도와 주었다. 이 두 가지 중 하나는 마르셀의 영향이었다. 그는 마르셀의 저작인 《형이상학적 일기》[2]와 《존재와 소유》[3]를 읽었다. 그것은 그로 하여금 그리스도의 강생(incarnation), 기도, 신비의 문제로 이끌었다. 두번째는 후설의 영향이었다. 그는 같은 해에 역시 막심 샤스탱 덕택으로 현상학적 방법의 창시자이며 매우 관념적인 사상가인 후설의 《주된 이념》을 영역판으로 읽었다. 리쾨르는 후에 후설에 대한 연구로서 철학 연구를 시작한다. 또한 후설의 저서를 프랑스어로 번역함으로써 프랑스에 후설을 소개하는 데 중요한 공헌을 한다. 30년대의 리쾨르는 아직 이 두 철학이 정면으로 배치된다는 것을 분명히 깨닫지 못하고 있었다. 구체적인 것을 중요시하고 물자체(物自體)로 다가가고자 하는 태도는 양자에 공통적이었다. 그러나 "나는 처음에는 그것이 전혀 다른 전통에 속한다는 것을 알지 못하였고, 후에 점차적으로 그것을 깨닫게 되었다."[4] 리쾨르는 이렇게 하여 불연속적인 두 개의 논리 사이에 끼이게 되었다. 그러나 그는 둘 다에 대해 애착을 느꼈다. 서로 모순되는 논리들을 이루는 요소들을 끊임없이 구별해 내면서도 결코 어느 한쪽을 버리지 않는 그의 태도는 바로 이러한 상황에서 유래한다. 막다른 골목, 그리고 한계 상황에서 생겨나는 역설적인 힘은 바로 차이와 모순을 받아들이는 리쾨르의 의지를 반영한다. 그러나 이러한 받아들임은 결코 서로 상반되는 입장들이 가지고 있는 첨예한 문제점들을 간과하는 손쉬운 병합을 의미하는 것은 결코 아니다.

30년대의 가브리엘 마르셀은 각성자의 역할을 하였다. 그는 순응주의를 비판하고 추상화를 경계하며 '칸트, 혹은 데카르트가 말하기를……' 운운하는 것을 금지하였다. 또한 그의 주위에 있는 사람들로 하여금 항상 실제로 경험하고 사유한 것에 기반하여 개인적 창조를 이루기를 요구하였다. 그러나 희곡 작품을 쓰기도 한[5] 재기발랄한 마르셀의 성격은 리쾨르의 성격과 정반대이다. 마르셀은 예측 불

---

1) 폴 리쾨르, 〈가브리엘 마르셀에 있어서의 제1차 반성과 제2차 반성〉, 《프랑스철학회보》, 1984년 4-6월, 《독서 2》, 쇠이유, 파리, 1992년, 51쪽에 재수록.

2) 가브리엘 마르셀, 《형이상학적 일기》, 갈리마르, 파리, 1927년.

3) 가브리엘 마르셀, 《존재와 소유》, 오비에, 파리, 1935년.

4) 폴 리쾨르, 카테리나 폰 빌로우와의 대담, 프랑스 퀼튀르, 1993년 9월 13일.

허의 성격으로 갑자기 결정을 뒤집기도 하였다. 겁도 많아서, 심지어는 자기 그림자에 대해서조차 겁을 내며 항상 아프고 병약하며 주위 사람들에 대한 자신의 영향력을 사용하기를 즐겼다. 즉 "마르셀에게는 약간 여성적이고 충동적인 데가 있었던"[6] 것이다. 이러한 차이는 정치적인 면에서도 그대로 드러났다. 두 사람 모두 사회에 대해 첨예한 관심을 가지고 있었음에도 불구하고 마르셀은 리쾨르와 달리 결코 좌파 운동에 참여하지 않았다. 그러나 그들에게는 모든 교조적인 사상을 거부하며 실존에 기반을 둔 철학, 즉 제2차 세계대전 후 실존주의라는 이름으로 알려지게 될 철학을 중시한다는 공통점이 있었다. 또한 마르셀은 일찍이 리쾨르에게 외국에 대한 관심을 키워 주었다. 그는 1927년 플롱사의 '십자포화' 총서의 편집 책임자가 되어 영미 문학과 철학을 소개하였다. 그는 화이트헤드와 러셀의 명제에 대해 논의하였는데, 당시 이들은 프랑스에 전혀 알려져 있지 않았다. 그는 또한 이 총서를 통해 버지니아 울프 · 로저먼드 레만 · 올더스 헉슬리 · D. H. 로렌스 · E. M. 포스터 등의 작품들을 출간하였다.

파리 라틴구의 중심인 투르농 가 21번지에 자리잡은 마르셀의 '살롱'은, 니콜라 베르디에프와 자크 마리탱의 살롱과 함께 곧 그리스도교 지식인의 중심지 중의 하나가 되었다. 그곳에는 몇몇 저명 인사들이 출입하였다. 잔 들롬[7]과 잔 파랭 비알[8] 같은 제자들과 함께 사르트르 · 레비나스가 논의에 참가하였다. 잔 에르슈 · 피에르 부탕 및 화가 라피크, 그리고 작가인 미셸 뷔토르도 다녀갔다. 배우인 알랭 퀴니는 프랑수아 모리악의 권유로 오게 되었다. 그가 철학 공부를 시작하자 모리악은 가브리엘 마르셀을 추천하였던 것이다. 그는 곧 '금요회'의 정규 멤버가 되었다. 피에르 콜랭[9]의 경우도 마찬가지이다. 그리고 그는 1943년부터 1950년까지 그곳에 정규적으로 참석하였다.

1935년에 싹튼 마르셀과 리쾨르 사이의 존경과 우정은 1973년 마르셀이 죽던

---

5) 가브리엘 마르셀, 《신의 사람》, 그라세, 파리, 1925년; 《산봉우리 길》, 그라세, 파리, 1936년; 《목마름》, 데클레 드 브로베르, 파리, 1938년.

6) 에티엔 푀이유와의 대담.

7) 잔 들롬, 《의문의 사상》, PUF, 파리, 1954년.

8) 잔 파랭 비알, 《각자(覺者)이자 각성자(覺醒者)인 가브리엘 마르셀》, 라주 돔, 로잔, 1989년.

9) 피에르 콜랭, 파리 가톨릭대학 철학 교수.

해까지 지속되었다. 여러 가지 일로 인해 리쾨르는 투르농 가의 마르셀의 살롱으로부터 멀어졌다. 그럼에도 불구하고 그들은 서로 만났고, 또한 항상 소식을 주고받았다. "제 시아버지를 방문하면 항상 '리쾨르가 전화에 말하기를……' 혹은 '리쾨르를 만났는데……' 같은 말을 들었습니다. 심지어는 5,60년대에도 말입니다."[10] 마르셀의 말년의 절친한 친구인 예수회 신부 자비에 틸리에트는 마르셀이 "자주 리쾨르에 대해 말했으며, 후계자로 구이에와 리쾨르를 지명했는데 리쾨르는 결코 기대를 저버리지 않았다. 무슨 일이 있으면 결코 빠지는 법이 없었다"[11]고 회고한다.

삶의 측면에서도 마르셀과 리쾨르는 공통점을 가지고 있었다. 그들은 다같이 일찍이 비극을 맛보았다. 마르셀도 리쾨르와 마찬가지로 고모에 의해서 양육되었다. 그가 네 살 되던 해에 어머니가 사망했기 때문이다. 그러므로 그는 항상 죽음과 악의 문제에 대해 생각했다. "나는 내가 일고여덟 살이 되었을 때 고모와 산책하면서 나누었던 대화를 똑똑히 기억하고 있습니다. 고모는 죽은 사람들이 완전히 없어지는지, 아니면 어떤 방식으로건 존재하는지 알 수 없다고 말했습니다. 그래서 나는 외쳤지요. '후에 내가 크면 알아볼 거야' 라고 말이지요."[12] 죽음의 신비를 꿰뚫어보려는 이와 같은 불가능한 탐색은 가브리엘 마르셀로 하여금 지긋한 나이에 가톨릭으로 개종하게 만들었다. 실제로 그가 영세를 받은 것은 1929년 3월 23일, 즉 마흔이 다 된 나이였다. 그의 영적 궤적은 1927년에 출판된 그의 《형이상학적 일기》에서부터 나타난다. 가톨릭교도가 된 다음, 그는 자크 마리탱의 영향 아래 20년대 이래 눈부시게 발전하던 신토마스주의에 직면하게 되었다. 그의 개종은 브룅스비크의 영도 아래 소르본에서 연구되던 철학에 대한 그의 반감을 더욱 강화시켰다. "마르셀은 이같은 허황된 이상주의에 대해 '장학생과 부르주아의 형이상학' 이라고 말하기를 서슴지 않았다."[13] 그는 또한 불신자들을 도외시하는 토마스주의의 체계도 거부하였다. 그리고 이것 또한 하나의 내적 긴장을 자아내었다. "나는 너무도 마음속 깊이 불신자들의 태도를 이해할 수 있었기 때문에 그것에 대해 생각하고, 그들과의 대화 통로를 마련하려고 노력하지 않을 수가 없습

10) 안 마르셀과의 대담.
11) 자비에 틸리에트와의 대담.
12) 가브리엘 마르셀, 《인간의 존엄성과 그 실존적 토대》, 오비에, 파리, 1964년, 43쪽.
13) 에티엔 피이유, 〈1929년 가톨릭으로 개종한 철학자〉, 《가브리엘 마르셀》, 1988년 프랑스 국립도서관과 가브리엘 마르셀회가 공동 주최한 콜로키움, 프랑스국립도서관, 1989년, 104쪽.

니다. 말하자면 그들에게 우리 쪽으로 오는 통로를 열어 주고 싶은 것이지요."[14] 이와 같이 개종자의 안내인 노릇을 자임한 까닭에 그는 결코 교조적인 사상에 빠질 수 없었으며, 항상 대화를 향해 열려 있었다. 그러나 이러한 중에서도 항상 자신의 사상의 사변적 측면과 새로 받아들인 그리스도교 신앙과의 조화의 문제를 잊지 않았다. 그런데 1930년 당시 이성과 신앙을 화해시킬 수 있는 가장 좋은 사상적 틀은 토마스주의,[15] 다시 말하면 마리탱으로 간주되었다. 그는 뫼동에 있는 자크 마리탱과 라이사 마리탱의 집에서 일요일마다 열리는 회합에 참여하였다. 마르셀에 의하면 이러한 만남은 필요한 것이었다. 그러나 그는 모든 체계적 정신을 존중하되 결코 그것을 신봉하지 않았으며, 항상 거리를 두었다.

또한 가브리엘 마르셀은 그의 학생들에게 시대의 부름에 부응할 수 있는 행동의 철학을 가르쳤다. "다른 몇몇 철학자들과는 달리 내게는 시사적인 사건이 매우 중요하다."[16] 그는 철학자란 높은 곳에서 바라보는 고고한 자세를 버리고 시대의 사건에 적극적으로 참여해야 한다고 생각했다. 즉 "그는 감시자의 임무"[17]를 가지고 있는 것이다. 정치적인 면에 있어, 제1차 세계대전에서 큰 영향을 받은 그는 독일에 모든 책임을 전가하는 공식적인 해명에 만족하지 않았다. 그는 푸앵카레의 민족주의에 반대하는 알랭의 입장에 동조하였다. 그럼에도 불구하고 그는 평화주의를 신봉하지 않고 히틀러가 권력을 잡기 전부터 국가사회주의의 부상에 대해 경계하였다. 그러나 인민전선을 지지하지는 않았다. 그럼에도 불구하고 그는 게르니카의 폭격에 항의하여 1937년 3월 마리탱 · 무니에 · 모리악 등과 함께 바스크 민족옹호문에 서명하였다. 뮌헨 조약, 그리고 뒤이은 체코슬로바키아에 대한 양보에 충격을 받은 그는 페탱 원수 개인에 대한 "런던 방송의 원색적 비난"[18]을 비판하였다. 그럼에도 불구하고 그는 연합국이 승리하기를 바랐다. 그의 이러한 여러

---

14) 가브리엘 마르셀, 1929년 10월 23일자 편지, 에티엔 푀이유, 같은 논문, 105쪽에서 재인용.

15) 토마스주의란 토마스 아퀴나스의 학설에서 비롯한 철학 및 신학 유파이다. 고대 사상(아리스토텔레스)과 아랍 사상(아비센과 아베로에스), 그리고 1천 년간에 걸친 그리스도교 사상을 계승한 토마스주의는 철학자의 합리성과 신학자의 신앙을 성 토마스 아퀴나스의 《신학 강요》에 나타난 학설에 의거하여 종합하려고 하였다.

16) 가브리엘 마르셀, 《어떤 각성으로 나아가는가》, 갈리마르, 파리, 1971년, 265쪽.

17) 르네 레몽, 〈가브리엘 마르셀, 시대의 증인〉, 《가브리엘 마르셀》, 프랑스국립도서관 콜로키움, 앞의 책, 33쪽.

18) 같은 책, 36쪽.

입장들은 한마디로 말해 정의 실현 방법의 모색, 그리고 모든 정치적 · 종교적 배타성 및 불관용에 대한 증오로 요약될 수 있다. 따라서 후에 알제리 사태가 터졌을 때 그 자신은 알제리가 계속 프랑스의 식민지로 남아 있는 것을 선호하였지만, 알제리인들에 대한 고문 사실을 알게 되자 매우 분노하였다. "알렉이 쓴 소책자 《질문》을 읽으셨습니까? 끔찍합니다. 게다가 제가 어제 확실한 소식통으로부터 알게 된 사실은 상상을 초월합니다. 저는 모리악과 사르트르에게 편지를 써서 이 문제에 있어 저도 같은 입장이라고 했습니다. 침묵하는 것은 불의와 공모하는 것이라고 말이지요."[19] 이처럼 마르셀은 분노해야 할 때 분노할 줄 알았다. 이것은 리쾨르가 그를 알게 된 30년대에도 이미 잠재해 있었다. 따라서 그는 당시 매우 좌파적 성향이던 리쾨르와 화합할 수 있었고, 또한 그에게 도움을 줄 수 있었다. 즉 그는 리쾨르에게 철학적 분석과 정치적 참여를 연결시킬 수 있는 가능성을 보여주었던 것이다.

마르셀이 가톨릭에 귀의한 것은 결코 안전한 정착을 위한 것이 아니었다. 그것은 베르그송식의 비약을 통해 희생과 자유로 나아가는 상승적 움직임이었다. 마르셀에 의하면 그것은 칸트적 주체 이상의 것, 즉 하나의 육체가 존재를 헤쳐 나갈 때 가지는 갈망이다. 이 육체는 주체에게 존재의 즐거움, 즉 생에 대한 긍정을 가져다 준다. 리쾨르를 매혹시켰던 것은 바로 이러한 끝없고 힘들며 고통스럽고, 또한 항상 계속되는 탐구 작업이었다. 1984년 마르셀 10주기를 맞아 폴 리쾨르는 마르셀 사상의 탐구적 측면을 강조하였다. 리쾨르에 의하면 《형이상학적 일기》[20]에 수록된 초기 작업들, 즉 1913-1914년부터 시작하여 그후 10여 년간에 걸쳐 이루어진 작업들과 그후 작업들 사이에는 커다란 차이가 존재한다. '2차적' 반성이라는 개념의 도입과 함께 마르셀의 사상에 커다란 변화가 일어났던 것이다.

초기에 마르셀은 데카르트의 **코기토**에 반하여 지각을 옹호하였다. 그는 코기토에 대해 과격한 표현을 썼는데, 나중에는 이를 후회하게 되었다. 그에 의하면 지각은 주체를 참여로 이끈다. 그러므로 그는 1차적 반성을 중요시하였다. 그것은 경험의 영역을 "절대 존재의 양식"[21]인 신앙으로 이끌어 준다. 마르셀의 '굴착(forage)'

---

19) 가브리엘 마르셀, 1958년 3월 16일, 가스통 페사르에게 보낸 편지, 《가브리엘 마르셀-가스통 페사르, 서간집: 1934-1971》, 보센, 파리, 1985년, 405쪽.

20) 가브리엘 마르셀, 《형이상학적 일기》, 앞의 책.

이라는 메타포는 자신의 철학의 중심을 과거에 두고 또한 이 과거를 사상의 퇴적물, 즉 의미의 지층들이 층층이 쌓여서 이루어진 것으로 간주하였던 리쾨르의 철학하는 방식에 매우 잘 들어맞는 것이었다. 그러나 마르셀의 '굴착'은 하나의 위계적인 체계를 정립하는 것을 목표로 삼지 않는다. 반대로 지각을 존재론적 초월성과 대치시킴으로써 테스트하는 것을 목표로 삼는다. 이러한 변증법을 통하여 우리는 자아 속에 있는 타자와의 만남을 실현할 수 있다. "우리와 타인과의 만남이라는 경험을 설명해 줄 수 있는 것은 아무것도 없다……. 왜냐하면 만남이란 바로 유사성의 경험에 다름 아니기 때문이다."[22] 그러나 매개적 경험에 의해 형성된 간주체성(intersubjectivité)은 결코 차원의 상이성을 메워 주지는 못한다. 그러므로 "2차적 반성의 임무는 각 **차원의 경험**뿐만 아니라 이러한 매개적 **경험의 특질**까지도 찾아내는 데 있다."[23]

이처럼 매개와 그것을 달성하기 위해 필요한 '2차적 반성'을 강조함으로써 마르셀은 현존의 형이상학, 즉 단순한 사상의 즉자성에 함몰되지 않을 수 있었다. 리쾨르는 마르셀의 철학적 엄격성을 최대한 강조함으로써 그것이 단순한 실존적 잡담으로 간주되는 것을 방지하고자 한다. 마르셀은 2차적 반성을 제1차적 단계인 비판적 · 용해적 단계 다음에 오는 단계인 재생의 단계로 정의하였다. 리쾨르는 후에(60년대에) 이 개념을 해석학적 입장에서 사용한다. 마르셀에게 있어 직관은 일종의 '눈먼 직관'이다. 우리는 이것을 통해, 그리고 끊임없는 역사적 과정을 통해 함께 있는 존재, 즉 타인에게 도달할 수 있다. 그는 다음과 같이 데카르트에게 대꾸한다. "나는 존재하지 않는다. 나는 존재해야 한다."[24] 마르셀은 고대의 전통에 따라 철학적 문제 제기라는 필수적인 굴착 작업을 **메타**라고 정의하였으며, 이러한 마르셀의 철학 방식은 리쾨르를 안심시켰다. 왜냐하면 리쾨르의 방식 역시 매우 우회적이었던 까닭이다. 그는 지름길, 즉 즉각적 관계를 탐구하는 방식이란 사람들을 현혹시킬 수는 있어도 결코 진리에로 나아갈 수 없다는 것을 알고 있었다. 따라서 그에게 있어 우회는 필연적이었다.

---

21) 가브리엘 마르셀, 같은 책, 152쪽.

22) 가브리엘 마르셀, 《존재론적 신비에 관한 입장과 구체적 접근 방식》, E. 라우베레르츠, 루뱅, 1949년, 61쪽.

23) 폴 리쾨르, 《가브리엘 마르셀에 있어서의 제1차 반성과 제2차 반성》, 앞의 논문, 65쪽.

24) 가브리엘 마르셀, 《인간의 존엄성과 그 실존적 토대》, 앞의 책, 120쪽.

마르셀과 리쾨르는 1967년 30년대의 만남을 재연하는 공식적인 만남을 가졌다. 6회에 걸친 이 면담은 프랑스 퀼튀르 라디오 방송에 의해 방송되었고, 후에 책으로 출판되었다.[25] 이 면담 덕택에 우리는 그들의 우정뿐만 아니라——"자네가 우리 집에 오던 때를 생각하면 감동스럽네"[26]——이들 두 철학자의 심층적 유사성을 보다 더 잘 알 수 있게 되었다. 그때 리쾨르는 마르셀이 《형이상학적 일기》에서 개진한 '지각'과 '수용'의 개념을 후에 메를로 퐁티에 의해 구체화된 인식의 현상학의 시초로 간주하였다. 또한 리쾨르는 구조주의의 전성기이던 1967년에 이르러 존재의 핵심을 육체에 두던 마르셀의 반성철학이 언어의 문제에 극단적으로 치중하는 구조주의에 대한 좋은 해독제 구실을 할 수 있다고 생각하였다.

리쾨르의 저작에는 지적 부채라는 주제가 반복적으로 등장한다. 그는 자신이 연구하는 주제에 대한 선행 연구자의 이름을 인용하기를 게을리 하지 않았다. 이 점에 있어서는 가브리엘 마르셀도 마찬가지였다. 그는 "항상 자신의 출처가 무엇인지를 (…) 밝히는 데 매우 신경을 썼고"[27] 또한 배은망덕이나 망각과 배반을 참지 못하였으며, "예수를 배반한 사람들 편에 서지 않으려고"[28] 극도로 조심하였다. 마르셀의 주제의 하나인 약속이라는 주제는 리쾨르의 성찰의 핵심적 기반 중의 하나였다. 그에게 있어 약속이란 시간을 초월하여 자신의 정체성을 유지할 수 있게 해주는 것이었다. "리쾨르에 대한 가브리엘 마르셀의 영향 중 특히 중요한 것은 약속이란 주제였다. 그것의 근원은 불성실에 관한 마르셀의 정치한 분석에까지 거슬러 올라간다."[29] 지적 부채를 인정하는 것은 바로 타자를 향해 나아가는 것을 말한다. 이것은 자신에 대해 겸손해지는 것, 즉 자신을 위에서 조망하는 심판자로 생각하지 않는 것이다. 이러한 태도는 리쾨르와 마르셀에 공통적으로 발견된다. 마르셀은 이에 대해 다음과 같이 말한다. "성찰하는 주체는 어느 정도 스스로로부터 떨어져 나와야 한다."[30] 리쾨르는 마르셀의 희곡에서 발견되는 적대 관계에 대한 이해에서 영감을 얻는다. 우리는 이러한 영향을 모순되는 사상들을 최대한

25) 가브리엘 마르셀, 《가브리엘 마르셀, 폴 리쾨르, 대담》, 오비에, 파리, 1968년.
26) 같은 책, 11쪽.
27) 같은 책, 24쪽.
28) 가브리엘 마르셀, 《존재와 소유》, 앞의 책, 30쪽.
29) 샤를 블랑셰와의 대담.
30) 가브리엘 마르셀, 《가브리엘 마르셀, 폴 리쾨르, 대담》, 앞의 책, 54쪽.

멀리까지 추적하는 리쾨르의 태도에서 감지할 수 있다. 그는 감정 이입 등을 통해 이러한 사상들에 완전히 몰두하며, 이를 통해 그것의 가장 좋은 점들을 취할 수 있었다. 끊임없이 질문하는 신소크라테스적 태도 역시 마르셀과의 교류에 영향받은 바 크다. 한편으로 '생에 대한 긍정,' 즉 희망의 근원인 인간의 신성성에 대한 믿음, 그리고 다른 한편으로 그와는 상극인 악과 어둠의 지배라는 모순 사이에서 끊임없이 질문하는 그의 태도 또한 마르셀의 영향의 하나로 볼 수 있다.

모순된 두 개의 차원을 "함께 포용"[31]하는 것은 결국 우리의 경험을 끊임없는 움직임 속에 위치시키는 것이다. 리쾨르는 말한다. "저는 '**존재한다**는 것은 **바로 길을 간다는 것**이다' 라는 당신의 말을 좋아합니다. 바로 그것이 희망이지요."[32] 그리고 이것이 바로 리쾨르의 현실 참여, 즉 세상일에 대한 관심, 그리고 구체적 경험으로부터 기대 지평을 도출해 내려는 그의 태도의 근원이 된다. 이렇게 볼 때 마르셀의 가르침은 매우 풍요롭다. 리쾨르는 여러 가지 다양한 영향을 받았지만 끝까지 마르셀에 대해 충실하였다. 이러한 충실성은 리쾨르의 최후 저작들, 특히 《타자 같은 자아》[33]에 점점 더 많이 나타나는 존재론에 관한 질문들에 대한 설명의 열쇠가 될 수 있다. 존재의 여정, 그리고 존재의 움직임은 그 존재의 뒤에 굳건히 존재하는 토대가 아니라 "약속의 땅"[34]으로 이해된다. 아리스토텔레스는 존재론을 철학적 도정의 끝에 있는 것으로 보았다. 마찬가지 방식으로 리쾨르에게 있어 존재론은 앞으로 형성되어야 할 것, 즉 하나의 열린 지평 혹은 관점이다. 이 '약속의 땅' 은 탐구하는 사고의 발길을 이끈다. 리쾨르의 철학은 마르셀의 스타일의 영향을 크게 받았다. 그런데 그 스타일이란 "**조금씩 조금씩** 혹은 **별 모양으로** 주제의 연쇄를 통하여 개개의 경험들에 구체적인 보편성을 부여하는"[35] 방식이다.

리쾨르는 마르셀에 대해 변함없는 충실성을 증명하였다. 그는 마르셀이 서거한 해인 1973년, 마르셀에게 바쳐진 스리지 콜로키움을 잔 파랭 비알과 함께 조직하였다. "그는 1973년 콜로키움을 완전히 책임졌던"[36] 것이다. 또한 1975년에는 마

---

31) 폴 리쾨르, 같은 책, 121쪽.

32) 폴 리쾨르, 같은 책, 127쪽.

33) 폴 리쾨르, 《타자 같은 자아》, 쇠이유, 파리, 1990년.

34) 장 그레쉬, 파리 가톨릭대학 철학대학장, 저자와의 대담.

35) 폴 리쾨르, 〈윤리학과 존재론의 사이에서: 자유〉, 《가브리엘 마르셀》, 프랑스국립도서관 콜로키움, 앞의 책 《독서 2》, 앞의 책 68쪽에 재수록.

르셀의 며느리인 안 마르셀이 주재하는 '가브리엘 마르셀회' 의 창립에도 관여하였으며, 1991년에는 앙리 구이에의 뒤를 이어 회장에 취임하였다. 1995년에는 회장직을 내놓았지만, 그것은 여든 살이 되면 모든 직위를 내놓기로 한 리쾨르 자신의 방침에 의한 것이었다. 그럼에도 불구하고 그는 여전히 회원 자격을 유지하였다. "나는 우리 회의 활동에 충실한 회원으로서 기꺼이 참여하겠습니다. 감사와 사랑의 감정 속에서 말입니다."[37] 가브리엘 마르셀과의 이러한 특수한 관계는 리쾨르에 있어 프랑스 반성철학의 영향의 심도를 드러낸다.

우리는 이미 1934년 렌대학교에서 발표한 그의 석사 논문인 〈라슐리에와 라뇨에 있어서의 신의 문제〉에 대해 언급한 바 있다. 1994년 11월 17일, 소르본대학교에서 개최된 쥘 라뇨 서거 1백 주년 기념학술대회에서 리쾨르는 〈쥘 라뇨에 있어서의 판단과 반성적 방법〉이라는 논문을 발표하였다. 19세기말, 방브의 미슐레고등학교 철학 선생이었던 쥘 라뇨는 판단 행위를 철학적 심리학의 한 원동력이라고 주장하였다. 그에 의하면 그것은 반성적 방법의 원천이며, 따라서 정신의 각성과 교육을 위해 모든 사변적 저술에 사용되어야 한다. 리쾨르는 그것을 단순히 칸트의 사상을 프랑스식으로 옮겨 놓은 것이라고는 생각하지 않았다. 그것은 프랑스 전통으로부터 나온 독특한 철학 방식으로 "멘 드 비랑으로부터 시작되어 라베송·부트루·라슐리에를 거쳐 브룅스비크로 내려오는 것이다."[38] 이러한 계열의 시원(始原)에는 데카르트가 있다. 유명한 데카르트의 **코기토**는 반성적 태도의 시발점이 된다. 그것은 또한 1967년의 대담에서 리쾨르가 마르셀을 공격하여 마르셀이 자기 비판을 하도록 만든 단 하나의 쟁점이기도 하였다. 리쾨르는 이 대담에서 마르셀이 기능주의에 대한 비판을 **코기토**에까지 확장하였다고 비난하였다. 이에 대해 마르셀은 "여보게, 그것은 어쩌면 내가 쓴 것들 중에서 수정해야 할 것들 가운데 하나인지도 모르네"[39]라고 잘못을 인정하였다.

폴 리쾨르에 의하면 쥘 라뇨는 자신의 반성적 사상의 한 부분인 스피노자적 입장, 그리고 앞에서 언급한 것과 같은 데카르트적 전통이라는 상이한 두 입장의 틈

---

36) 모리스 드 강디약과의 대담.

37) 폴 리쾨르, 1995년 2월 27일자의 편지, 《가브리엘 마르셀회보》, 제5호, 49쪽.

38) 폴 리쾨르, 〈쥘 라뇨에 있어서의 판단과 반성적 방법〉, 《프랑스철학회보》, 제4호, 1994년, 10-12월, 122쪽.

39) 가브리엘 마르셀, 《가브리엘 마르셀, 폴 리쾨르, 대담》, 앞의 책, 38쪽.

새에 끼여 있다. 그는 한편으로는 지각, 그리고 또 다른 한편으로는 판단 행위를 통한 확언이라는 두 가지 태도를 조화시킬 수 있는 중간적 입장을 탐색하였다. 반성적 분석은 판단이라는 형태로 지각 속에서 실천적 오성(悟性)을 인정함으로써 개개의 대상 속에 세계의 실재성을, 또한 개개의 관념 속에 보편적 관념을 회복시켜 줄 수 있어야 한다. 이 때문에 라뇨는 데카르트식의 분리는 불가능하다고 보았으며, 이것들의 결합 가능성을 스피노자에게서 찾았다. 같은 방식으로 그는 칸트식의 신앙과 지식의 분리 또한 반대하였다. 그는 "우리 사고의 형태와 우리 본성의 움직임의 절대적 가치에 부여된 동의의 중개를 통해 관념적 존재와 감각적 실재의 근원에 완벽의 실재성을 둠으로써 그 두 가지를 화해시키려"[40] 하였다. 라뇨는 생애 말년인 1894년 4월 2일 에밀 샤르티에(철학자 알랭)에게 보낸 편지에서 다음과 같은 말을 하였다. 이것은 마르셀과 리쾨르에게 있어서도 매우 중요한 것이었다. "우리의 존재 이유(raison d'être)와 우리의 증거를 둘 다 보존해야 한다. 적어도 우리 자신에게는 말이다."[41] 반성적 사상은 끊임없이 변화하고 움직인다. 결코 문제를 회피하지도 않고, 또한 단언을 통한 의미의 확정이라는 안정을 택하지도 않으면서 모색을 계속한다.

1934년, 오비에사에서 가브리엘 마르셀과 루이 라벨[42] · 르네 르 센[43]에 의해 '정신의 철학' 총서가 기획되었다. 후에 리쾨르는 의지의 철학에 관한 자신의 박사 논문을 이 총서의 하나로 출판한다. 이 총서는 정신적 실재론의 실증적 조류에 대항하여 반성적 전통을 제시하는 것을 목표로 한다. 이 세 철학자는 각기 다른 성향을 가지고 있다. 그러나 정신을 "지성과 의지의 모든 작용의 근원인 동시에 과학적 탐구와 예술적 창조 및 종교적 신앙 활동의 목적"[44]으로 본다는 점에서 서로 일치한다. 프랑스 반성철학 사조는 1995년 10월 소르본에서 개최된 콜로키움에서 다시 한 번 모인다. 리쾨르는 이 콜로키움의 마지막 순서인 원탁 토론을 주재

40) 폴 리쾨르, 《쥘 라뇨에 있어서의 판단과 반성적 방법》, 앞의 논문, 132쪽.

41) 같은 논문, 133쪽.

42) 루이 라벨(1883-1951), 소르본대학교 철학 교수 역임. 1941년부터 콜레주 드 프랑스 교수. 저서로는 《존재에 관하여》(1928), 《자아의 의식》(1933), 《총체적 현존》(1934), 《시간과 영원》(1945) 등이 있다.

43) 르네 르 센(1882-1954), 1942년 소르본대학교 철학 교수 역임. 정신철학 전공. 저서로는 《장애와 가치》(1934), 《일반 도덕론》(1942) 등이 있다.

44) 앙드레 A. 드보, 《가브리엘 마르셀회보》, 제4호, 1994년, 15쪽.

하였다. 이 콜로키움의 조직 책임자들은 자기네들끼리 농담삼아 이렇게 말하곤 하였다. "철학에도 파(派)가 있나?" 왜냐하면 이 콜로키움에는 '모리스 블롱델의 친구들' '가브리엘 마르셀회' 및 라벨협회의 회원들이 함께 참여하였기 때문이다. 리쾨르는 콜로키움의 마지막에서 "이 세 철학자는 존재의 철학자라기보다는 행동의 철학자라고 말함으로써"[45] 그들의 현재성을 강조하고 그들을 미라로 만들려는, 그리고 이 세 학회를 동일시하려는 시도에 대항하였다. 실제로 모리스 블롱델은 "사상이 행동을 비춰 준다는 점은 물론 인정한다……. 그러나 행동이 사상을 비춰 주는 측면이 더 크다"[46]고 주장하기도 하였다.

이 콜로키움에는 젊은 철학자들도 상당수 참여하여 반성철학 연구에 새로운 숨결을 불어넣었다. 장 크리스토프 고다르는 피히테와 라벨의 유사성을 지적하였다. 고다르에 의하면 이들은 다같이 자아의 현존을 전체 존재(l'être total)의 현존의 출발점으로 보았다. 또한 그는 이들이 **코기토**를 창조의 경험으로 간주하였다는 점을 강조하였다. 그러나 라벨의, 혹은 피히테의 자아는 분열되고 파악 불가능하며 그 자신과도 상치된다. 그러나 바로 이 "분열의 틈새"[47]가 "향상과 풍요"[48]를 보증해 주며, 또한 현실의 장에서 자유를 실현하게 해준다. 이러한 분열된 코기토로부터 비롯된 자유는 30년대의 리쾨르 철학의 길잡이 노릇을 하게 될 것이다.

45) 장 루이 비에이야르 바롱과의 대담.
46) 모리스 블롱델, 《사적 노트》, 세르프, 파리, 1961년, 97쪽.
47) 루이 라벨, 《행위론》, 오비에, 파리, 1992년, 200쪽.
48) 장 크리스토프 고다르, 《피히테와 라벨》, 미출간 발표 원고.

3

인격주의라는 제3의 길

다시 한 번 모든 것은 위기 상황 속에서 시작되었다. 1929년 겨울, 젊은 철학자 에마뉘엘 무니에는 새로운 잡지를 발간할 필요성을 느꼈다. 스물다섯 살의 그는 자기 자신이 피아노 없는 피아니스트 같다는 생각을 하였다. 그는 경제 위기의 이면에서 문명의 위기라는 더욱 일반적인 위기의 전조를 보았다. 또한 그가 나중에 '확립된 무질서' 라고 정의하게 될 현상을 타파해야 할 필요성을 느꼈다. 그의 새 잡지 《에스프리》는 후에 리쾨르의 지적 · 공적 참여의 주요 현장이 된다. 1932년 10월 《에스프리》의 창간호가 나왔을 때, 리쾨르의 나이는 채 스무 살이 되지 않았다. 따라서 그는 국외자적 입장에서 무니에의 명제들을 받아들였다. 그러나 잡지의 발기자들인 비정통파 가톨릭교도들에 대한 젊은 프로테스탄트 철학자 리쾨르의 공감은 즉각적인 것이었다. 이에 대해 리쾨르는 "무니에의 철학적 · 그리스도교적 성향은 나에게 친숙한 것이었다"[1]고 회상한다. 리쾨르가 무니에 및 그의 잡지에서 배운 것은 무엇보다도 참여적인 태도, 즉 현실 세계에 적극적으로 관여하고, 또한 대학 내의 전문가들 그룹 내에 고립되어 있는 철학을 개방시키려는 의지였다. 또한 리쾨르는 무니에 철학의 전투적인 성격에서 종교와 정치적 확신을 화해시킬 수 있는 가능성을 엿본다. "나는 그때까지 대학 공부와 청년 프로테스탄트 운동과 병치되어 있던 나의 정치적 입장을 나의 종교적 확신과 연결시키는 것을 무니에로부터 배웠다."[2]

《에스프리》의 창간은 후에 사람들이 "30년대의 정신"[3]이라고 부른 그 당시 지

---

1) 폴 리쾨르, 《반성록》, 앞의 책, 18쪽.

2) 같은 책.

3) 장 투샤르, 〈30년대의 정신〉, 《1789년 이후 프랑스의 정치적 제 경향》, 아셰트, 파리, 1960년.

식인들의 일반적인 흥분 상태 및 "30년대의 비순응주의"[4]적 세대와 관련이 있다. 이들 젊은 지식인들에게 있어 미국의 월 스트리트의 파산은 부수적인 현상에 불과했다. 그들의 고통의 주원인은 제1차 세계대전이 야기한 세대간의 단절이었다. 전쟁은 참전자들과 그 아래 세대들 사이에 건널 수 없는 도랑을 파놓았다. 참전자들은 아직 젊었지만 전쟁의 경험 때문에 만신창이가 되었고, 새로운 세대는 고아와도 같이 전쟁의 무게 아래 허덕였으며, 또한 윗세대들의 몰이해의 벽에 부딪혀 전혀 인정받지 못하고 있었다. 게다가 당시 프랑스는 전쟁 전의 신화적인 '아름다운 시절' 만 반추하는 무기력한 사회였다. 따라서 세대간의 갈등은 더욱 격렬한 양상을 띨 수밖에 없었다. "참전자들에 대한 우리의 증오는 끝이 없었다."[5] 공허감에 시달리던 젊은 지식인들은 정치적 측면만을 비판하는 데 그치지 않고 한걸음 더 나아가 사회의 지배적 가치 전체를 거부하였다.[6] 이들은 반(反)자본주의자, 반(反)공산주의자, 반(反)이성주의자인 동시에 반미(反美)주의자였다. 즉 30년대에는 대대적인 거부의 움직임이 일어났던 것이다. 극단적인 것으로는 《새질서》라는 잡지가 있다. 이 잡지는 "땅에 침을 뱉어서는 안 되는 것과 마찬가지로 투표를 해서는 안 된다"[7]라는 구호를 외치며 1936년 선거의 보이콧을 주장하였다. 물론 이들 지식인들이 모두 단일한 입장을 지녔던 것은 아니다. 실제로 《반응》《전투》와 같은 잡지의 신전통주의와 《새질서》의 정신주의, 《계획》의 테크노크라시주의, 그리고 《에스프리》의 인격주의 사이에는 상당한 입장 차이가 있다. 그럼에도 불구하고 이러한 시도들은 개인적 유물주의와 집단적 유물주의를 다같이 거부하고 '제3의 길' 을 찾는다는 점에서 공통점을 가지고 있다. 당시 학생이던 리쾨르는 집단에 대한 개인의 본질적 허약성을 깊이 인식하고 있었다. 또한 이것은 당시 유럽에서의 파시스트의 번창을 통해 일상적 현실이 되고 있기도 하였다. 그는 개인으로서의 인격(personne)을 상징으로 내세워 개인과 집단 사이의 중도를 모색하는 또 하나의 길, 즉 제3의 길을 표방하는 무니에를 추종하게 되었다. 왜냐하면 "개인으로서의 인간과 공동체의 결합은 (…) 유례없는 진보를 의미하였기"[8] 때문이다.

---

4) 장 루이 루베 델 벨, 《30년대의 비순응주의자들. 프랑스 정치 사상 쇄신 운동》, 쇠이유, 파리, 1969년.

5) 앙리 르페브르, 《잠과 휴식》, 라 네프, 파리, 1959년, 374쪽.

6) 피에르 앙드뢰, 《정신의 반란》, 키메, 파리, 1991년 참조.

7) 도미니크 아르두앵과 자비에 드 리냑, 〈투표하지 마시오〉, 《새질서》, 1936년 4월.

이러한 여러 시도들 중에서 오직 《에스프리》만이 유일하게 살아남았다. 이것은 많은 부분 이 잡지에 전력투구한 에마뉘엘 무니에의 개인적 노력에 기인한다. 그는 사르트르 · 레이몽 아롱 · 니장과 같은 해, 즉 1905년에 출생하였다. 그르노블의 약제사의 아들인 그는 고등학교에서 두각을 나타내었다. 부모의 강요에 못 이겨 의대에 진학하였지만 곧 절망에 빠져 "자살을 생각할 정도"[9]였다. 그러나 그는 용감하게 이를 이겨내고 철학 공부로 방향을 전환한다. 그는 이것을 "불가능하게 여겨졌던 갑작스런 용기가 솟아나 (…) 이 문제를 해결하였다"[10]고 표현하였다. 그러나 무니에는 소르본대학교를 견딜 수 없어 했다. "철학적 문제를 해부학 표본처럼 대하는, 그리고 자신들의 장래 경력을 마치 체계적으로 조립해야 할 기계처럼 생각하는 젊은이들의 객관적 태도에 진력이 났던"[11] 것이다. 그럼에도 불구하고 그는 1928년 7월의 철학 교사자격시험에 2등으로 합격한다. 이것은 1935년, 리쾨르가 받은 성적과 같은 것이었다. 그러나 무니에는 너무도 앞길이 뻔하고 편한 길을 택할 마음이 없었다. 항상 도정에 있는, 즉 항상 움직이는 존재가 되려면 안정되고 편안한 직선 코스를 이탈하여야만 하였다. 따라서 그는 잡지 《에스프리》를 창간했을 때 대학이라는 닻에서부터 풀려난 것을 자축하였다. "나는 오늘(1933년 2월 28일) 알게 되었다. 다시는 그 추잡한 기구 속에 들어가지 않으리라는 것을. 《에스프리》에서 시작된 과업을 나는 그 비참함까지도 포함하여 끝까지 밀고 나갈 것이다."[12]

에마뉘엘 무니에는 자신의 그리스도교 신앙에서 용기와 결단력을 얻었다. 그의 성공은 가톨릭 지식인들을 폐쇄적인 고립 상태로부터 벗어나게 한 데서 기인한다. 그들은 그 당시 사회가 점점 세속화되어 간다는 사실을 외면하고 진보주의자들로부터 거리를 두고 있었다. 무니에는 이들에게 문을 활짝 열 것을 요구하였다. 그는 당시의 지배적인 종교 행위를 "여자들과 노인들과 프티부르주아의 종교"[13]라고 비

---

8) 폴 리쾨르, 《반성록》, 앞의 책, 18쪽.

9) 폴 아르노, 《인격주의와 20세기의 정치적 · 도덕적 위기》, 1965년 엑스의 인문사회과학대학 박사 과정 학위 논문, 에마뉘엘 무니에 도서관, 샤트네 말라브리, 1988년, 38쪽.

10) 에마뉘엘 무니에, 여동생에게 보낸 1928년 2월 17일자 편지, 〈무니에와 그의 세대〉, 《전집》, 제4권, 쇠이유, 파리, 417쪽에 수록.

11) 에마뉘엘 무니에, 1928년 5월, 장 슈발리에에게 보낸 편지, 같은 책, 433쪽.

12) 에마뉘엘 무니에, 미셸 비녹크, 《〈에스프리〉지의 정치적 역사》, 쇠이유, 파리, 1975년, 27쪽에서 재인용.

난했다. 과거를 그리워하는 가톨릭 세력의 일단은 '프랑스 전선(Action française)'을 지지하면서 군대와 교회를 일치시키는 보수적 전통을 고집하였다. 그러나 상황은 변화하고 있었다. 가톨릭교도들이 고립으로부터 탈피할 수 있는 길이 열리고 있었던 것이다. 교황이 '프랑스 전선'을 금지함에 따라 많은 가톨릭교도들은 모라스의 영향에서 벗어났다. 1929년에는 그리스도교 청년들의 움직임이 생겨났다. 그리스도교 학생회와 그리스도교 노동청년회의 창립을 통해 《에스프리》는 중요한 공급과 수요층을 얻었다. 이제 가톨릭교도들은 세속적 · 공화적 · 민주적 기구들에 적응하기 시작하였다. 또한 그들은 불신자들과 함께 사회적인 협력 관계를 모색하게 되었다. 이것은 1901년 '시용(Sillon)'을 창설한 마르크 상니에가 제안한 것과 같은 방향이었다. 무니에가 자신의 사업을 기초한 것은 바로 이러한 입장, 즉 사회와의 대화 및 개방의 입장이었다. 그는 일체의 체계적 정신을 거부하였다. 그러므로 그의 사업에 대한 자크 마리탱의 지지는 많은 부분 오해의 산물이다. 즉 《에스프리》의 창간은 마리탱의 음성적 후원 아래 이루어졌다고 말할 수"[14] 있지만, 그럼에도 불구하고 마리탱의 토마스주의적 시각과 그리스도교도와 불신자 사이에 새로운 지적 교류의 장을 만들고자 한 무니에 사이에는 근본적인 입장 차이가 존재하였다. 그리고 이 차이는 곧 명백해진다.

무니에의 계획은 매우 야심찬 것이었다. 그것은 곧 가톨릭계의 무기력과 결별하고 새로운 **르네상스**의 길로 대오를 이끄는 것[15]이었다. 새로운 문명의 창조에 능동적으로 참여하려는 의지 및 르네상스란 표현은 젊은 학생 폴 리쾨르를 솔깃하게 하였다. 그것은 프로테스탄트인 리쾨르의 가족에게 친근한 개념인 '각성'의 촉구에 다름 아니었다. "무니에는 **각성**을 설교하였다. 종교적 공동체에서 쓰이는 표현을 보다 넓은 전체 문명의 차원으로 확대시킨 그런 각성을 말이다."[16] 무니에에게 있어 이와 같은 개인적 각성의 촉구는 그의 교육적 관심이 학교 제도 내적 교육에서 잡지 발간을 통한 개방적 교육으로 옮아간 것과 연관이 있다. 잡지 발간을 통해 그는 **실천**을 지향하는 20세기인의 교육자로 등장한다. "무니에는 무엇보다도 20세

---

13) 에마뉘엘 무니에, 〈그리스도교의 도전〉, 《전집》, 제3권, 앞의 책, 44쪽.
14) 미셸 비녹크, 《〈에스프리〉지의 정치적 역사》, 앞의 책, 38쪽.
15) 에마뉘엘 무니에, 〈새로운 르네상스〉, 《에스프리》, 제1호, 1932년 10월, 5-51쪽.
16) 폴 리쾨르, 〈에마뉘엘 무니에: 인격주의 철학〉, 《에스프리》, 1950년 12월, 《역사와 진실》, 쇠이유, 파리, 1964년, 138쪽에서 재인용.

기인의 교사이다. 이때의 교사란 인간성을 확립시키는 교사, 즉 사람을 일으켜 세우는 교사이다."[17] 그러나 무니에는 남을 설득하기 이전에 먼저 대화를 한다. '함께 생각하기' 는 잡지의 창간 과정에서부터 드러난다. 그의 잡지는 일정한 교조적 주의를 미리 확립해 놓고 시작된 것이 아니었다. 즉 그것은 이미 확립된 교조를 전파하기 위해 만들어진 것이 아니라 여러 가지 공통된 욕구를 가진 몇몇 사람들이 모여 공동으로 그 구체적인 형태를 잡아 나가는 작업이었다. "우리들에게 있어 인격주의란 일종의 암호에 불과하다……. 그러므로 인격주의는 학파를 구성하거나, 종교적 분파를 형성하거나, 닫힌 체계를 창조하는 것이 아니다. 그것은 일종의 의지 수렴의 장이다. 이들 의지들의 다양성을 다치지 않고, 다만 그것들이 효율적으로 역사 속에서 영향력을 행사할 방법을 찾아내는 데 도움을 주려고 할 뿐이다."[18] 《에스프리》는 처음부터 우정으로 뭉쳐진 일단의 젊은 그리스도교 청년 지식인들의 집단적 작업이었다. 이들 청년들, 즉 에마뉘엘 무니에 · 조르주 이자르 · 앙드레 들레아주 · 루이 에밀 갈레는 뫼동에 있는 자크 마리탱의 집에서 일요일마다 회동하던 사이였다. 1932년 《에스프리》의 창간은 결코 뜨거운 호응을 받았다고는 할 수 없었다. 가장 열렬한 반응은 《사회그리스도교》라는 좌파 프로테스탄트 잡지로부터 나왔다. 리쾨르가 제2차 세계대전 후부터 정기적으로 기고하게 될 이 잡지는 《에스프리》에 대해 다음과 같이 평하였다. "주요 기사들의 충실한 내용을 미루어 보건대 이 잡지는 현대의 주요 간행물 중의 하나가 되는 데 손색이 없다."[19]

이 잡지의 사상적 중심이 되는 인격주의란 용어는 1903년 샤를 르누비에가 자신의 철학에 대해 처음 사용한 것이다. 무니에는 이 행동의 철학이 극단적인 두 차원, 즉 첫째 유심론에 빠져 현실과 유리된 정신적 차원, 그리고 둘째 소유의 차원으로 축소되어 자신의 존재로부터 단절되어 있는 분열된 개인적 차원 사이의 끊어진 끈을 이어 줄 수 있다고 생각했다. "현실적 토대로부터 단절된 정신은 이 가혹한 세상 위에 떠도는 공허한 사상에 불과하다. 그것은 기껏해야 세상을 지켜보고, 일시적으로 위로나 할 수 있을 뿐이다."[20] 사람의 존재란 **선험적으로** 정의된

17) 장 라크루아, 〈교육자 무니에〉, 《에스프리》, 1950년 12월, 839쪽.
18) 에마뉘엘 무니에, 〈인격주의 선언〉, 1936년, 《전집》, 제1권, 앞의 책, 483쪽.
19) 《사회그리스도교》, 1932년 12월, 미셸 비녹크, 《〈에스프리〉지의 정치적 역사》, 앞의 책, 67쪽에서 재인용.

것이 아니다. 그것은 스스로의 자질을 쟁취해 나가야 한다. 그러지 않으면 두 가지의 장애물, 즉 자신의 내부에 침잠하는 것과 같은 세상 밖으로의 도피 및 세상 속에서 사물화(chosification)는 인간을 파멸시킬 수 있다. 이처럼 전혀 다른 두 세계의 긴장을 의식하고 '이들의 결합을 기도' 하는 것은 그리스도교의 해묵은 숙제이다. 그러나 30년대의 경우, 그 긴장은 특히 첨예하였다. 인간 회복을 위한 이 싸움에서 이들의 적은 바로 소유의 노예로서의 개인, 즉 부르주아 사회에 의해 찬양되고 칭송되는 개인의 개념이었다. 인류를 오직 이익이라는 목적만을 추구하게 만드는 경제 체제하에서 생산제일주의는 필연적으로 인간의 자아 상실을 초래한다. 이렇게 볼 때 인격이라는 개념은 항의와 절단이라는 가치를 가진다. "모든 인연은 나의 자유를 저해하고, 모든 일은 나를 짓누르며, 모든 관념은 나의 생각을 마비시킨다. 세상살이는 얼마나 어려운가! 세상을 회피하여도, 그리고 세상 속에 몰입하여도 스스로를 잃게 되니까. 절단, 그리고 새로운 도약, 이것들은 인격의 본질적 요소이다."[21]

인격주의는 곧 생명의 약동, 그리고 혁명과 급진의 개념과 연결된다. 그러나 여기에서의 혁명의 개념을 오해해서는 안 된다. 파시즘의 명제들은 곧 그 민중 선동적인 성격이 명백해졌다. 따라서 그것은 일고의 가치도 없는 것으로 거부되었다. 《에스프리》의 창간 발기문에는 개인주의적 유물론, 집단적 유물론, 그리고 가짜 유심론에 불과한 파시즘 등의 세 가지 적대 세력이 명백히 밝혀져 있다. 이 중에서 특히 파시즘은 거짓된 가치들로 충만하다. "우리는 파시즘이 오늘날 우리에게 제안된 여러 선택 중에서 가장 위험한 책임 회피라고 생각하며 이를 고발한다. 그것은 가짜 휴머니즘이며 가짜 유심론이다……."[22] 《에스프리》는 마르크시즘에도 동조하지 않았다. 왜냐하면 공산주의는 경제주의만을 강조하고 인간의 정신적 차원을 부정하는데, 이것은 인격을 강조하는 태도와는 양립할 수 없기 때문이다. 공산주의는 자본주의 사회와 마찬가지로 인간성의 개화보다는 집단적 인간만을 고려하는 익명성의 사회를 지향한다. 그러나 《에스프리》는 파시즘과 공산주의를 똑같이 취급하지는 않았다. 마르크시즘은 인간 소외를 고발하였으며, 이것은 인격주

---

20) 에마뉘엘 무니에, 《인격주의 선언》, 앞의 논문.

21) 에마뉘엘 무니에, 《인격주의》(1949), PUF, '크세주' 총서, 파리, 1985년, 59쪽.

22) 에마뉘엘 무니에, 〈파시즘의 거짓된 정신적 가치〉, 1933년 12월, 《인격주의적, 공동체적 혁명》, 《전집》, 앞의 책, 225쪽.

의에 시사하는 바가 상당하다. 그러나 그것의 영향에는 뚜렷한 한계가 있다. 왜냐하면 마르크시즘은 집단적 혁명을 지향하며, 이러한 혁명은 "개인적 인격을 부정하는 집단적 인간에 의해"[23] 이루어질 수 있다고 보기 때문이다.

무니에의 중도라는 것은 커뮤니케이션, 즉 타인과의 관계를 통해 정의된다. 유아독존적인 개인주의와는 정반대로 인격주의는 자아 중심성에서 벗어나기를 유도한다. "인격의 최초 경험은 바로 2인칭의 경험이다. **너**, 그리고 **그**를 통한 **우리**의 경험은 **나**에 선행하거나, 최소한 동시에 경험된다."[24] 인격주의에 고유한 대화적 특성, 즉 **타자**와의 관계에 의해 형성된 자아라는 자아의 특수한 존재 방식은 폴 리쾨르의 철학적 작업 전체를 관통하는 주경향이 된다. 무니에는 인격주의적 문명이란 인간과 사회라는 두 항 사이의 연결을 가능하게 하는 다섯 가지의 기본적 행위로 이루어진 공동체적 문명으로 정의한다. 그 다섯 행위란 "자신에서 벗어나기, 이해하기, 스스로 운명을 개척하기, 개인적 열정의 충동에 따라 자신을 내어주기, 자기 자신에게 충실하기"[25] 등이다. 이것은 또한 리쾨르의 주제의 주원천이기도 하다. 혹자는 리쾨르의 조신함을 그의 프로테스탄티즘의 탓으로 돌리기도 한다. 물론 틀린 얘기는 아니다. 그러나 그것은 인격주의의 영향을 감안하지 않은 것이다. 왜냐하면 무니에에 의하면 조신성은 인격주의의 한 요소이기 때문이다. "조신성(la pudeur)이란 외부적으로 표현되는 것 이상의 내면을 남겨 놓으려는 태도, 외부적 존재를 전존재로 간주하려는 기도에 저항하는 것을 말한다."[26] 리쾨르의 조심성, 결코 자신을 완전히 드러내지 않고 자신만의 비밀의 화원을 간직하려는 태도, 그리고 자신이 드러내 보이고 싶은 부분만 드러낼 수 있는 통제 가능한 자기 표현 수단인 텍스트에만 의지하는 태도 역시 이에 의해 설명될 수 있다. 마찬가지로 타인에 대한 청취와 독서를 게을리 하지 않은 리쾨르의 태도에서 우리는 "스스로를 잃음으로써만 인격을 되찾을 수 있다"[27]는 무니에의 영향을 감지할 수 있다. 인격주의란 결국 자아에 대한 집착과 자아 중심적 사고로부터의 탈피를 통해 인격의 완전한 개화를 이루려는 노력에 다름 아니기 때문이다. 타자에게로의 개

---

23) 〈인격주의 선언〉, 앞의 논문, 519쪽.
24) 에마뉘엘 무니에, 《인격주의》, 앞의 책, 33쪽.
25) 같은 책, 34-35쪽.
26) 같은 책 48쪽.
27) 같은 채, 53쪽.

방, 이것은 자아의 완전한 계발을 위한 첫 단계이다. 다음 단계는 타자에 의해 더욱 풍요해진 자아를 꾸준히 지켜 나가며 자신에 대한 충실을 계속적으로 유지하는 단계이다. 여기서도 우리는 무니에가 강조한 우정의 문화의 영향을 감지할 수 있는데, 실제로 무니에는 이 주장에 있어 가브리엘 마르셀을 인용하였다.[28] 내면적인 측면에서의 자기 자신에 대한 범시간적 충실, 그리고 행동적 측면에 있어서의 타자 존중이라는 두 가지 요구 사이의 변증법적 관계는 항상 긴장의 근원이 되었으며 극복해야 할 장애물이었다. 이 변증법은 여러 가지 중재에 의해서만 가능하다. 따라서 "주체는 대상의 중재에 의해서만 찾아질 수 있으며, 또한 강화될 수 있다는 점을 명심하여야 한다."[29] 즉 일견 상반된 여러 입장들을 함께 고려하기 위해서는 최적의 중재들이 필요하다는 것이다. 그리고 이것은 리쾨르 철학의 기본적 특성이기도 하다.

인격주의의 교육적 소명은 그리스도교, 특히 자비심과 "성인들의 공동체"[30]라는 신학적 미덕을 중심으로 한 '신성화(sanctification)' 의 주제와 관련이 있다. 그럼에도 불구하고 무니에는 그리스도교 철학자라는 호칭을 거부하였다. "그리스도교적 정치, 혹은 그리스도교적 사회 교의가 없는 것과 마찬가지로 그리스도교적 철학도 없기"[31] 때문이다. 장르의 혼동에 대한 거부, 즉 철학적 영역과 신학적 영역에 대한 분명한 구분은 리쾨르의 경우 그 엄정성이 더욱 두드러진다. 실제로 그는 1995년, '가브리엘 마르셀회' 의 집회에서 브룅스비크의 표현을 인용하여 자신을 '철학자의 그리스도교' 를 하는 사람이라고 주장하였다. 이것은 겸손과 동시에 책임감의 표현이다. 왜냐하면 '그리스도교 철학' 이란 말은 신으로부터의 낙하산식 보증과 자아의 폐쇄라는 개념을 내포하고 있기 때문이다.

1944년 무니에는《에스프리》의 역사를 회고하면서 실제적 정치 참여 이전인 1932년에서 1934년 사이에 '이론적' 첫 단계가 있었음을 밝혔다. 이렇게 볼 때《에스프리》편집진은 초창기부터 정치적 세례를 받은 셈이다. 그러나 미셸 비녹크는 진정한 변화는 1934년이 아니라 1936년, 즉《에스프리》가 인민전선과 스페인

---

28) 가브리엘 마르셀,《존재와 소유》, 앞의 책.

29) 에마뉘엘 무니에,《인격주의》, 앞의 책, 56쪽.

30) 에마뉘엘 무니에, 〈인격주의와 그리스도교〉, 1939년,《조건적 자유》, 쇠이유, 파리, 1946년,《전집》, 제1권, 앞의 책에 재인용.

31) 에마뉘엘 무니에, 〈실존주의적 관점과 그리스도교적 관점〉,《전집》, 제4권, 앞의 책, 360쪽.

의 공화정부를 지지하기 시작한 해에 일어났다고 본다. 정치적 참여의 이론을 정립함으로써 이 잡지의 노선에 영향을 미친 사람은 유대계 독일 철학자인 파울 루이스 란츠베르크였다.[32] 그는 1933년 독일에서 탈출하여 스페인에 잠시 머물렀던 적이 있다. 그는 당시 진행중인 역사적 비극을 몸소 증언함으로써 《에스프리》 편집진들을 창간 당시의 이상주의로부터 탈피시켰다. 란츠베르크는 현세계에서의 절대 추구를 경계하였다. 그에 의하면 불완전한 대의명분과 이견의 여지가 있는 싸움밖에는 우리에게 주어져 있지 않다. 그럼에도 불구하고 이것을 핑계로 세상을 회피하고 은둔할 수는 없다. 왜냐하면 정치적 참여를 거부하는 것은 인간 조건을 거부하는 것이기 때문이다. "역사적 행동이란 모두 불완전한 대의명분들 중에서의 선택이다. 왜냐하면 우리가 선택하는 것은 추상적인 원칙이나 이데올로기가 아니라 실제적인 여러 세력과 운동들이기 때문이다. 게다가 과거와 현재로부터 우리를 미래의 가능성으로 이끄는 것은 바로 이러한 실제적인 것들이다."[33] 란츠베르크는 참여의 불가피성을 증명하였다. 그에 의하면 불참여란 환상에 불과하다. 왜냐하면 불참여란 결국 현존하는 질서를 인정하는 것이기 때문이다. 그럼에도 불구하고 그는 상대적일 수밖에 없는 어느 한 입장을 선택하는 것의 위험성과 비극성에 대한 지적도 빠뜨리지 않았다.

이러한 행동 문화의 수용은 절대적인 선과 악이란 개념에 얽매여 참여와 파당짓기를 혼동하는 마니교적 사고로부터의 탈피와 함께 리쾨르의 매우 중요한 주제의 하나이다. 즉 역사에의 참여에 의해 집단적 운명에 연루된 인간의 책임 문제는 사변적 측면에서 리쾨르의 주요 주제였을 뿐만 아니라 실천적 측면에서도 그의 행위를 규제하였다. 그는 선택이 필요한 상황에서는 항상 분명한 입장 표현을 함으로써 이를 실천하였다. 그러나 그가 마니교적 사고를 비판하였다고 해서 그것이 바로 회의주의에 대한 옹호를 의미하는 것은 아니다. 그가 내려야 할 결정들은 결코 단순하지 않았으며, 시대의 변천에 따라 그것은 더욱 복합적인 성격을 띠게 되었다. 따라서 그는 정치적 참여의 선택이란 선과 악 사이에서의 선택이 아니라 덜 나쁜 것과 더 나쁜 것, 즉 짙은 회색과 옅은 회색 사이에서의 선택이라고 생각하였

---

32) 올리비에 몽쟁, 〈파울 루이스 란츠베르크: 인격주의와 신비주의〉, 《에스프리》, 제1권, 1983년, 29-36쪽.

33) 파울 루이스 란츠베르크, 〈개인적 참여에 관한 성찰〉, 《에스프리》, 1937년 11월, 미셸 비녹크, 《〈에스프리〉지의 정치적 역사》, 앞의 책, 128쪽에 재인용.

다. 이것은 바로 1937년 란츠베르크가 표명한 상대화의 개념과 일맥상통한다.

이처럼 리쾨르는 무니에로부터 많은 영향을 받았다. 그러나 그는 결코 맹목적인 추종자가 아니었다. 가브리엘 마르셀의 경우와 마찬가지로 리쾨르는 무니에와도 상당히 대등한 관계를 유지하였다. 물론 리쾨르의 학생 시절, 무니에는 그의 영혼의 지도자였으며, 그리스도교 **지식인**의 개혁에 있어 지렛대 역할을 담당한 영향력 있는 잡지의 탁월한 편집인이었다. 그러나 직관에 경도된 무니에의 입장은 철학적 엄정성이란 차원에서 리쾨르를 만족시킬 수 없었다. 뿐만 아니라 참여의 차원에 있어서도 무니에는 1936년 인민전선의 캠페인을 기화로 앙드레 필리프에게 자리를 내어준다. 그는 리쾨르에 대한 영향력을 제2차 세계대전 후에야 되찾게 된다. 즉 "이때부터 (제2차 세계대전까지) 앙드레 필리프의 영향이 무니에의 영향을 능가하였던"[34] 것이다.

---

34) 폴 리쾨르, 《반성록》, 앞의 책, 19쪽.

4

그리스도교도로서의 사회주의 운동 참여

"학생 시절인 1934년, 그리스도교 사회주의 운동 캠프에서 앙드레 필리프의 강연을 처음 들었을 때의 감동을 아직도 기억한다"[1]고 리쾨르는 회상한다. 행동가인 앙드레 필리프는 그리스도교 신앙을 모태로 한 확실한 신념들을 가지고 있었다.

1902년 가르〔프랑스 남부의 지명〕 지방의 퐁생테스프리에서 태어난 필리프는 마르세유고등학교의 철학 교사인 르네 르 센의 영향을 크게 받았다. 파리에서 그는 법학과 경제학을 공부하였다. 또한 국제노동자동맹 프랑스 지부〔프랑스 사회당의 옛 명칭〕에 가입하고 그리스도청년연맹, 즉 그 유명한 '연맹'에서 중요한 활동을 하였다. 그의 초기 저작은 영국 노동조합 운동[2]과 미국 노동자 운동[3]에 관한 것이었다. 1924년에 박사 학위를 받고, 1926년 정치경제 분야 교수자격시험에 1등으로 합격한 그는 리옹대학교에 부임하였다. 그곳에서 그는 열렬한 투쟁을 전개하였다. 마침내 그는 1936년 레옹 블룸의 영도 아래 인민전선이 승리한 선거에 사회당 후보로 출마하여 리옹의 제4선거구에서 국회의원으로 당선되었다. 당시 프랑스에서는 그리스도교 사회주의가 외국에서 들어온 이상한 현상이며, 극소수의 지지밖에는 얻지 못한다고 여겨지고 있었다. 따라서 이 정치적 성공은 매우 의미가 큰 것이었다. 그래서 "리쾨르는 앙드레 필리프가 당선되던 날 너무 기뻐서 울었다."[4] 실제로 이 성공은 사회주의적 성향과 그리스도교 신앙 사이의 화해가 이루어질 수도 있다는 가능성을 시사하는 것처럼 보였다. 다시 말하면, 영국이나 독일의 좌

---

1) 폴 리쾨르, 《앙드레 필리프》 서문, 오비에, 파리, 1971년, 27쪽.

2) 앙드레 필리프, 《길드사회주의와 노동조합주의》, PUF, 파리, 1923년; 《현대 영국》, 크리스, 파리, 1925년.

3) 앙드레 필리프, 《미국 노동자 문제》, 알캉, 파리, 1927년.

4) 앙드레 앙크르베와의 대담.

파와는 달리 프랑스의 정치적 전통 속에서 거의 토착화된 좌파 운동과 그리스도교를 연결시킬 수 있는 전망이 보였던 것이다.

1933년에서 1934년 사이 근무했던 첫번째 임지인 브르타뉴 지방의 생브리외에서부터 리쾨르는 청년 사회주의자 운동을 활발히 전개하였다. "나는 1936년 7월 14일의 인민전선 가두행진에 참여하였다. 나는 전후 상당한 역할을 하였던 인물인 앙드레 필리프의 영향을 받아 사회주의적 입장에 깊이 동조하였다."[5] 그러나 브르타뉴와 리옹의 거리는 멀었다. 그래서 그들은 사회주의 학생대회 등에서 겨우 만날 수 있었다. 앙드레 필리프는 이런 집회들에 연설을 하러 왔던 것이다. 필리프의 권유에 따라 그는 벨기에의 사회주의자 앙리 드 망을 알게 되었다. 필리프는 당시 《마르크시즘을 넘어서》[6]의 저자에 대해 열광적이었다. 이러한 태도는 그가 드 망의 사상들을 책을 통하여,[7] 또한 《에스프리》지의 정기적인 기고를 통하여[8] 프랑스에 전파한 데서 잘 드러난다. 드 망은 혁명의 정신적 동기가 물질적 이해만큼이나 중요하다는 관점을 취하였는데, 필리프 역시 같은 생각이었다. 사회주의적 방법은 물질적 수준 향상보다는 각 개인의 존엄성과 긍정적 자기 가치 추구에 주안점을 두고 있었다. 게다가 필리프는 드 망의 사상에서 국제노동자동맹 프랑스 지부의 게드주의〔쥘 게드(Jules Guesde; 1845-1922): 프랑스에서 마르크스주의 전파자로서 1880년에 프랑스사회노동자당을 설립하고, 부르주아지와의 연대를 주장한 장 조레스에 반대하다가 제1차 세계대전과 함께 통합사회당에 합류함. 게드주의는 부르주아지와의 연대를 거부한 그의 노선을 가리키는 것이다〕 전통을 비판할 수 있는 논리를 찾았다. 또한 어느 정도의 국유화와 부분적인 계획 경제를 도입하는 절충적 경제 체제 속에서 중산층의 역할을 증대시킬 수 있는 가능성을 그의 사상에서 찾았다. 리쾨르는 앙리 드 망과 마르크스의 저작을 읽으면서 사회주의자이자 프로테스탄트교도라는 자신의 두 가지 입장을 조화시키려 하였다. 그러나 그는 당시의 많은 그리스도교 사회주의자들과는 달리 성서 속에 사회주의적 입장이 천명되어 있다고는 보지 않았다. "나는 결코 그런 식의 혼동을 해본 적이 없다. 그것은 바로 앙드레 필리프의 덕택이었다."[9]

---

5) 폴 리쾨르, 《비평과 확신》, 앞의 책, 23쪽.
6) 앙리 드 망, 《마르크시즘을 넘어서》(1926), 쇠이유, 파리, 1974년.
7) 앙드레 필리프, 《앙리 드 망과 사회주의의 위기》, 강베르, 파리, 1928년.
8) 앙드레 필리프, 〈사회주의와 사회 계층〉, 《에스프리》, 1934년 2월.

리쾨르의 프로테스탄트주의는 오랜 뿌리를 가지고 있다. 조모는 베아른 출신이었고, 조부는 노르망디의 뤼느레 마을 출신이었는데 이 지방의 주민들은 일찍이 16세기의 종교개혁 때 개신교로 개종하였다. 수공업자였던 리쾨르의 증조부는 옷감을 직조하여 디에프의 시장에 내다팔았다. 전통적 수공업의 쇠퇴와 함께 리쾨르 집안은 몰락하여 일부는 프롤레타리아로 전락하고, 일부는 공직으로 진출하였다. 리쾨르의 조부는 후자에 속하였다. 그는 초등학교 교사가 되었던 것이다. "리쾨르 집안은 상당히 예외적인 경우에 속한다. 많은 디에프 출신 신교도들은 낭트 칙령이 폐지되자〔종교의 자유를 허용하는 낭트 칙령은 1598년 앙리 4세에 의해 공포되었으나 1685년 루이 14세에 의해 폐지되어 신교도들에 대한 가톨릭으로의 개종이 강요되었다. 이때 17-20만 명 정도의 신교도들이 외국으로 망명하였다〕 영국으로 망명하였지만, 리쾨르 일가는 끝까지 개신교와 프랑스 국적을 고수하였다. '모든 것에도 불구하고' 프랑스인으로 남았던 이들의 고집은 인생의 여러 사건들에 대처하는 리쾨르의 방식, 즉 포용적인 동시에 때로는 정면대결을 불사하는 태도를 이해하는 데 있어 상당히 중요하다."[10] 가톨릭이 지배적인 브르타뉴에서 청소년기를 보내면서 리쾨르는 사회주의에서 보편성을, 그리고 개신교에서 소수 집단으로서의 정체성을 찾았다.

30년대에 있어 사회주의적 성향의 그리스도교 세력은 사회그리스도교라는 흐름으로 모아졌으며, 앙드레 필리프와 리쾨르 또한 여기에 속하였다. 자유주의적 프로테스탄티즘에 근원을 둔 사회그리스도교 운동은 1880년경 프랑스 북부교회 소속 자유개신교회 목사인 토미 팔로의 설교와 당시 '님학파(école de Nîme)'의 주축이던 에두아르 드 부아브 · 오귀스트 파브르, 그리고 샤를 지드의 만남에 의해 탄생하였다. 이 운동의 요체는 그리스도의 왕국을 사회적 차원에서 실현한다는 데 있었다. 이들의 주목적은 빈곤과의 전쟁, 그리고 경쟁 체제로부터 협동 체제로의 전환이었다. 이것은 또한 이들 활동의 주요 주제이기도 하였다. 사회그리스도교의 신봉자들은 1886년 《사회그리스도교》라는 잡지를 창간하였다. 또한 1888년 10월 17, 18 양일간 창립 총회를 개최하였다. 이 운동에는 "양대 축이 있다. 그 첫째는 사회 문제를 그리스도교적으로 해결하려는 유토피아적이고 비판적인 계획

9) 폴 리쾨르, 《비평과 확신》, 앞의 책, 24쪽.
10) 일렉스 네트산스키와의 대담.

의 수립이며, 둘째는 이 계획을 실행할 수 있는 **지원 조직**의 설립이다."[11] 사회그리스도교의 태동기에 있어 티에리 팔로 · 엘리 구넬 및 빌프레드 모노 목사와 같은 주요 이론가들은 특히 협동단체(Solidarité)들을 조직하는 데 심혈을 기울였다. 이들 단체들은 다양한 활동을 하였다. 즉 도덕적 · 사회적 연맹 및 상호 부조 조합, 성경 공부반, 자선 식당, 대중 강연, 방학 캠프 등을 만들었다. 그러나 19세기 말의 '각성' 은 세월이 흐르면서 퇴색되었다. 그리하여 "사회그리스도교는 초기의 메시아적 입장을 견지하지 못하게 되었다."[12] 이와 같은 초기 이상의 점차적 퇴색과 함께 유럽에서의 파시즘의 확산에 대항하여 평화를 수호하는 데 기여할 수 있다고 믿었던 국제연맹의 무력이 드러남에 따라 30년대에 들어 사회그리스도교의 제2차 각성의 필요가 대두되게 되었다. 앙드레 필리프는 이러한 각성을 담당할 새로운 세대의 중심 인물로 활약하였으며, 이 역할은 제2차 세계대전 이후 폴 리쾨르에 의해 계승된다.

이러한 부흥 운동은 프랑스의 프로테스탄트 청년들에 대한 독일의 신학자 카를 바르트의 영향에 기인한 바 크다. 1928년 앙드레 필리프는 《사회그리스도교》에 기고한 글에서 사회가 적극적으로 그리스도교 왕국의 도래를 준비하고 있다는 구넬[13]의 명제에 대해 완곡한 방식으로 반대를 표명하였다. 앙드레 필리프는 이 명제에 내재하는 낙관주의를 비판하였다. 이러한 그의 입장은 영향력이 점증하고 있던 바르트의 사상에 기인하는 바 크다. 당시 유럽 사회의 위기는 커지고 있었으며, 이것은 1933년 히틀러가 권좌에 오른 후부터 명백해졌다. 이 시기에 바르트는 독일에서 나치의 야만에 대해 확고한 반대의 입장을 취하였다. 그의 입장의 장점은 그 정당성을 나치와 같은 정치적 차원에서가 아니라 종교적 차원의 신으로부터 부여받는다고 주장하는 데 있다. 그는 1934년 5월 31일, 바르멘의 비공식 교회회의에서 히틀러 총통에 대항하여 독일 고백교회를 재조직하였다. 이 '바르멘의 고백' 은 총통에 대한 충성의 맹세를 신학적 이유를 들어 거부한다는 점에서 일종의 저항 헌장의 역할을 하게 되었다. 이것은 정당성을 가진 권위로는 오직 계시와 신의 말씀만이 있다고 함으로써 스스로 역사의 운동 법칙을 구현한다는 나치

11) 장 보베로, 《위그노의 귀환》, 세르프, 파리, 라보와 피데스, 제네바, 1985년, 126쪽.

12) 같은 책, 149쪽.

13) 엘리 구넬: 1896년부터 《사회그리스도교》의 기고가로 활약하였다. 1910년부터 동 잡지의 편집장을 역임하다가 여든 살인 1945년 편집장직을 자크 마르탱에게 승계하였다.

의 주장을 반박하였다. 바르트는 1935년 봄, 독일에서 추방당하여 바젤로 피신하였다. 그곳에서 그는 히틀러에 대한 저항을 계속하였으며, 또한 자신의 주장들을 전파하였다.

젊었을 때 사회민주당의 열성당원이었던 바르트는 개신교의 자유주의 진영과 결별하였다. 그 진영이 자행하는 정부와의 타협을 받아들일 수 없었던 것이다. 1918년 그가 발표한 사도 바울의 《로마서》에 대한 주석은 즉각적인 성공을 거두었으며, 개신교 진영 전체를 동요시켰다. 여기서 그는 신과 계시 대신 사람과 교회를 중시하는 태도를 비판하였으며, 신을 "전체-타자(le Tout-Autre)"[14]로 재발견할 것을 주장하였다. 바르트는 루터로부터 두 개의 왕국 이론을 받아들였다. 그는 두 개의 세상, 즉 사회와 정치의 세속 세계와 신성의 세계 사이의 긴장이라는 개념을 설정하였다. 그에 의하면 이 두 세계 사이의 균열은 극복될 수 없다. 그러나 이것은 그리스도의 영지는 유일하며, 또한 그것은 세속 세계에의 참여를 권유한다는 사실에 의해 초월될 수 있다. 이처럼 두 세계 사이의 거리를 강조함으로써 그는 신의 말씀을 이 세계가 아닌 전혀 다른 세계에서 나오는 것으로 간주할 수 있었다. 따라서 그것은 현실의 점증하는 야만과 분리될 수 있는 동시에, 그것의 유일성에 대한 강조를 통하여 정치적 참여로 나아갈 수 있는 길을 터놓았다. 그리고 이것은 긴장 유발의 근원이 된다. 이 때문에 사람들은 바르트 주위에 형성된 신학 학파를 '변증법적'이라고 규정하였다. 바르트는 신의 능력과 인간의 무력함, 그리고 죄의 무게와 은총에 의한 해방을 동시에 확인하였다. 또한 타락과 영광이 긴밀히 연결되어 있음을 주장하였다. "따라서 바르트는 신은 숨김 속에서 스스로를 드러내고, 또한 드러남 속에서 숨는다고 말하게 된다."[15] 바르트는 종교개혁의 근원으로 돌아간다. 그리하여 도덕적 환상으로부터 탈피하고, 또한 살아 있는 신의 말씀인 예수 그리스도로 회귀함으로써 설교에 생명을 불어넣고자 하였다. 그의 첫 체계적 작품이 발표된 것은 1927년이며,[16] 1932년에는 그의 《교회교의학》의 제1권이 출판되었다. 이 책은 26권까지 출간되는데 전체 쪽수가 9천 쪽이 넘는 방대한 저작이다. 《교회교의학》의 중심은 그리스도 연구이며, 이것은 프로테스탄

---

14) 로제 멜, 《프로테스탄티즘: 어제-내일》, 뷔셰 샤스텔, 파리, 1974년, 101쪽.

15) 같은 책, 102쪽.

16) 카를 바르트, 《교의와 신의 말씀. 그리스도교 교의론 서론》(1927), 라보와 피데스, 제네바, 1953-1954년.

티즘의 특징인 신앙과 교회 조직의 분리를 강조하는 것을 목적으로 한다. 그것은 저항과 반란의 언어였다. 실제로 "나치즘은 바르트에게 있어서 그의 명제들에 대한 실험적 증거였다."[17] 정치와 신학을 엄격히 분리시키는 그의 태도는 곧 많은 프로테스탄트 젊은이들로부터 열광적인 호응을 받게 되었다.

앙드레 필리프도 그들 중의 하나였다. 1935년 9월 릴에서 열린 사회그리스도교대회에서 행한 그의 폐막 연설은 이전부터 그에게서 감지되던 카를 바르트의 영향을 여실히 드러내는 것이었다. 그것은 하느님과 카이사르와의 관계의 문제를 정면으로 제기하였다. 그리고 이 오래된 딜레마를 통하여 그리스도교도들의 세계 내적 위치에 대해 고찰하였다. 앙드레 필리프는 이상주의 · 유물론 및 값싼 양심의 만족을 취하는 율법제일주의적 도덕주의라는 세 가지 배반의 형태를 폭로하였다. "종파에 관계없이 모든 그리스도교 신앙의 요체는 절대자의 계시에 있다. 또한 인간은 결코 그 절대에 도달할 수 없다는 깨달음에 있다."[18] 필리프는 사회그리스도교에 바르트의 이론을 접목시키는 길을 열었다. 그는 바르트의 사상을 인간적 차원으로 풀이하였다. 청중들은 그의 연설에 매혹과 당혹을 함께 느꼈다. "우리는 그의 연설을 들으면서 자유주의 프로테스탄티즘과 바르트의 사상 사이에서 망설이고 있었다."[19] 로제 멜 역시 그때 리쾨르와 함께 릴의 청중 속에 있었다. "폴 리쾨르와 나는 1935년 릴의 사회그리스도교대회에서 재회하였다. 나는 노동자들 앞에서 행해진 앙드레 필리프의 연설에 대해 강렬한 기억을 간직하고 있다."[20] 로제 멜은 1934년 카를 바르트의 연설을 들은 적이 있다. 그는 그의 반(反)철학적 입장에 상당히 격렬하게 반대하였다. 그러나 바르트의 사상은 그에게 결정적인 영향을 미쳤다. 그리하여 그는 바르트주의에 완전히 심취하여 결국에는 철학을 버리고 신학을 택하게 된다.

앙드레 필리프는 이 연설에서 그리스도교의 사회적 성격을 확인하였다. 이를 위해 그는 우리는 이 세상에 있을 뿐이지 결코 이 세상에 **속하는** 것이 아니라는 예수 그리스도의 말을 인용하였다. 그는 개개인의 내면적 책임감과 소명 의식에 호소하였다. 또한 바르트의 구분을 차용하여 "우리에게 있어 신은 이 세상의 군주이

---

17) 로제 멜, 《프로테스탄티즘》, 앞의 책, 110쪽.
18) 앙드레 필리프, 《앙드레 필리프》, 앞의 책, 110쪽.
19) 폴 리쾨르, 《앙드레 필리프》 서문, 앞의 책, 110쪽.
20) 로제 멜과의 대담.

다. 만일 신이 군주라면 카이사르는 군주가 아니다"[21]라고 하였다. 이처럼 책임에 대한 경계를 획정함으로써 필리프는 파시스트 국가의 전체주의적 성격에 대한 경계심을 불러일으켰다. 또한 신의 절대 권위를 강조함으로써 국가 권력의 한계를 설정하였다. 그러나 이러한 그의 입장이 결코 세상으로부터의 도피를 의미하는 것은 아니다. 그는 그리스도교의 두 가지 소명을 구분하였다. 그 첫째는 절대 원칙을 증거하는 예언자의 소명이며, 둘째는 "매일의 사회적 현실에"[22] 부딪치며 자신의 책임을 수행하고 타협을 해야 하는 시민의 소명이다. 이 점에서 앙드레 필리프는 바르트와 구별된다. 바르트는 독일그리스도교 · 사회그리스도교와 같은 단어에서 '독일' '사회'와 같은 한정어를 제거할 것을 주장하였다. 왜냐하면 그에게 있어 그리스도교란 '전체-타자'인 신으로부터 나오기 때문이다. 이에 반하여 필리프는 다른 길을 제시하였다. 물론 그는 종교적 차원에서는 완전히 바르트적이었다. 그 역시 바르트와 마찬가지로 신앙에 관한 한 어떤 타협도 용납하지 않았던 것이다. 그러나 세속적 차원에서는 바르트와 달리 사회 · 정치적 타협을 허용하였다. 이와 같은 그의 관점은 사회그리스도교를 활성화하는 데 큰 기여를 하였다.

이와는 별도로 순수하고 엄정한 바르트주의 또한 사회그리스도교 외부에서, 그리고 사회그리스도교에 반대하고 논쟁을 거듭하며 발전해 나갔다. 1930년 《신앙과 생활》의 편집장에 취임한 피에르 모리는 이 잡지를 젊은 바르트주의자들 중심으로 편집하였다. 그리하여 "피에르 모리가 편집장에 임명된 뒤로 사회그리스도교도들은 더 이상 이 잡지에 기고할 수 없었다."[23] 또한 바르트주의 청년들은 1932년 《여기 그리고 지금》이라는 잡지를 창간하였다. 드니 드 루주몽 · 롤랑 드 퓌리 · 로제 예제퀴엘 · 앙리 코르뱅 등이 여기에 참가하였다. 《여기 그리고 지금》에는 《에스프리》와 마찬가지로 열렬한 인격주의적 성향이 드러난다. "우리는 개인주의자도, 집단주의자도 아니다. 우리는 인격주의자들이다."[24] 이 작은 그룹은 그 멤

21) 앙드레 필리프, 《앙드레 필리프》, 앞의 책, 41쪽.
22) 같은 책, 46쪽.
23) 앙드레 앙크르베, 〈1933년과 1939년 사이의 프랑스 정치 상황과 개신교도〉, 《제2차 세계대전 동안의 프랑스 개신교도》, 프랑스개신교역사협회, 파리, 1994년, 45쪽.
24) 《여기, 그리고 지금》, 베르트랑 레몽, 《신학자냐, 예언가냐? 1945년 이전의 프랑스인과 카를 바르트》, 라주 돔, 로산, 1985년, 63쪽.

버가 제한되어 있었다. 이 잡지의 발행소는 드니 드 루주몽의 집이었는데, 그는 앙드레 지드(샤를 지드의 조카)의 집에 기식하고 있었다. 이 잡지는 마지막 호인 1936년 1월호까지 총 11호가 발간되었다. 이 잡지의 논조는 신랄하였는데, 이것은 30년대의 비타협적 잡지에 공통적으로 나타나는 것이었다. 여기에서 현대 문명은 우상 숭배의 표현으로 간주되었다. 이 잡지의 발기문에는 그들의 신랄한 어조가 잘 드러난다. "우리는 좋은 행위를 전혀 하지 않았기 때문에 신의 분노 외에는 어떤 것도 기대할 수 없다……."[25] 이들 지식인들의 정신적 지주는 바로 카를 바르트였다. "우리는 이 시대의 예언자 중의 한 사람이 말한 것처럼 인간의 이성은 결코 그의 존재 이유가 될 수 없다고 믿는다."[26] 또한 다음의 문장에서 우리는 바르트의 '전혀 다른' 세상의 사상을 확인한다. "'우리가 여기 있다' 라고 말할 때, 우리의 대화 상대자는 인간들이 아니다."[27] 1934년 피에르 모리는 바르트를 1주일간 파리에 초대하였다. 이 기간 동안 바르트는 수많은 연설회와 회합을 가졌다. "4월 12일 목요일 저녁, 모리는 바르트와 프랑스학생연맹 소속 학생들과의 회합을 추진하였다. 강연회장은 맨 마지막 줄까지 청중으로 채워졌다."[28)]

앙드레 필리프는 사회그리스도교 세력과 바르트주의자들 사이의 싸움에 끼이려고 하지 않았다. 차라리 그는 바르트주의에서 좋은 점을 취하여 사회그리스도교를 쇄신하려고 하였다. 그리고 이러한 입장은 바로 폴 리쾨르의 입장이기도 하였다. 리쾨르는 자신이 열렬히 지지하는 이 두 사조 사이에서 갈팡질팡하고 있었던 것이다. 당시 고등학생이었던 앙드레 뒤마는 30년대 리쾨르가 했던 멋진 연설들을 기억한다. 그것은 샹티이 근처의 루아조 블뢰라는 개신교 학생 캠프에서 행해졌다. "그때 리쾨르는 예언자와 사회와의 관계라는 문제에 몰두해 있었다……. 무니에는 그에 대해 이렇게 말하곤 했다. '다른 사람들은 모두 습작을 하는 데 그치겠지만, 그는 제대로 된 작품을 만들어 낼 것이다' 라고 말이다."[29]

사회그리스도교 전통과 바르트주의를 결합하려는 필리프와 리쾨르의 입장은 루터와 칼뱅을 함께 계승하는 혼합적 프로테스탄트주의 토양에 뿌리박고 있다.

---

25) 《여기, 그리고 지금》 선언, 앞의 책, 231쪽.
26) 같은 책, 232쪽.
27) 같은 책.
28) 베르트랑 레몽, 《신학자냐, 예언가냐?》, 앞의 책, 145쪽.
29) 앙드레 뒤마와의 대담.

필리프와 리쾨르는 먼저 개신교, 즉 칼뱅주의에 기초한다. 이런 의미에서 그들은 루터주의에 영향을 받은 정적주의(17세기 미겔 데 몰리노스에 의한 신비적 그리스도교의 교리. 외적 활동을 배제하고 마음의 평온을 통해 신과의 합일을 추구함)와는 다르다. 정적주의는 세상에 등을 돌리고 오직 구원의 메시지 및 복음의 설교, 그리고 성사의 전례를 강조한다. "루터는 사회개혁 임무에 대해서는 다소 소홀하였다. 그는 그것을 군주의 몫으로 돌렸다."[30] 반대로 칼뱅은 신의 은총에 의해 다시 태어난 신자들이 사회 내에서 자신의 영혼의 구제를 증거하고 능동적으로 사회의 개선과 변화에 참여할 것을 강조하였다. 이러한 입장 차이 때문에 칼뱅주의와 청교도 전통은 문화적 변화에 중요한 역할을 담당하였다. 이와는 반대로 루터주의는 사회정치적 순응주의의 성향이 짙었다. "이런 관점에서 볼 때 사회 윤리를 강조하고, 복음의 메시지를 사회적 책임으로 전환시키려는 리쾨르의 태도는 이론의 여지없이 칼뱅주의적 개신교 전통에 속해 있다. 그것은 책임과 연대 의식의 윤리이다."[31] 그러나 앙드레 필리프와 리쾨르는 칼뱅주의에서 자주 나타나는 정신적인 것과 유심론(唯心論)의 혼동은 받아들이지 않았다. 이러한 혼동 때문에 침례교도와 청교도들 사이에서는 갱생한 자들과 성령 충만한 자들만으로 구성된 성자의 교회라는 사상이 생겨나게 되었다. 이러한 사실은 크롬웰에 대한 마이클 월처의 연구에 설득력 있게 제시되어 있다.[32] 리쾨르는 개인 생활과 사회 생활의 전방위적 교화에 대한 칼뱅주의의 주장에 동의하지 않았다. 따라서 그는 두 개의 왕국에 대한 루터주의의 교리를 받아들임으로써 균형감을 획득할 수 있었다. 루터주의의 이원적 관점은 두 개 왕국, 즉 정신적 왕국과 지상의 왕국이 분명히 구별되는 것임을 강조한다. 카를 바르트의 주장은 바로 이러한 이원성을 상기시키는 것이었다. 그것은 또한 30년대의 젊은 프로테스탄트 학생들의 생각이었기도 하였다. 그들은 세상의 변화에 참여하기를 원하였지만, 그럼에도 불구하고 하느님의 왕국을 지상에 세우겠다고는 생각하지 않았다. 인간은 과오를 범할 수 있지만, 그럼에도 불구하고 완전을 향해 나아갈 수 있다는 생각 및 인간 행위의 절대화를 거부하고 그것의 불완전성을 인정하는 것은 리쾨르 철학의 주요 주제들이다. 그는 이처럼

---

30) 장 폴 빌렘과의 대담.

31) 위의 대담.

32) 마이클 월치, 《성자들의 혁명: 프로테스탄트 윤리와 정치적 합리성》, 블랭, 파리, 1988년.

자신의 영감의 근원을 30년대 칼뱅주의와 루터주의, 그리고 바르트주의로 이루어진 복합적인 토양에서 찾았다.

교사자격시험에 합격한 그는 활발하게 사회 활동에 참여하여 당시의 '비순응주의적' 잡지들에 논문을 발표하였다. 그는 《존재》라는 동인지적 성격의 잡지 창간에 참여하였다. 이 잡지는 1936년에서 1938년 사이 겨우 5호가 발간되었을 뿐이다. 인민전선 운동이 한창이던 시기에 발간된 창간호의 논조는 당시의 인습 타파 정신을 분명히 드러낸다. "한 세계가 무너진다. 더 이상 **존재**할 수 없고, 더 이상 **존재**하기를 원하지 않는 세계가. 몇몇 사람들은 아직도 살려고 발버둥친다. 그들은 **존재**하려고 하는가? **존재**란 단순히 배불리 먹고, 몸을 움직이며, 뇌를 발달시키는 것이 아니다."[33] 프로테스탄트 지식인들이 모여 만든 이 잡지는 정치적 입장 차이를 넘어 사람들을 결합시키려 하였다. "《존재》의 존재 이유는 신앙과 계시와 하느님의 말씀에 비하면 마르크스주의·민족주의 등 모든 이데올로기는 부차적일 뿐이라는 점을 드러내는 데 있었다."[34] 따라서 이 잡지에는 열렬한 사회주의자인 리쾨르에서부터 왕당파인 롤랑 드 퓌리에 이르기까지 매우 다르고 다양한 입장들이 표현되었다. 그리고 이를 통하여 "모든 사람들을 자신 안에서 형제되게 하시는 주님이신 예수 그리스도를 섬기려 한다"[35]는 점을 증명하였다. 프로테스탄티즘이라는 공통분모로 결속되어 있는 이 잡지의 정치적 입장 차이는 곧 분명히 드러난다.

이 잡지의 제4호에는 폴 라베르기스의 〈그리스도교도이기 때문에 왕당파이다〉라는 글과 폴 리쾨르의 〈사회주의와 그리스도교〉라는 글이 함께 실려 있다. 리쾨르는 이 글에서 라베르기스와는 정반대로 "그리스도교도이기 **때문에** 사회주의자이다"[36]라는 명제를 내세운다. 그는 여기서 그리스도교도로서의 소명이 국제노동자동맹 프랑스 지부 회원인 자신의 정치적 결정과 어떻게 연관되는지를 설명하였다. 그리스도교의 종교적 소명은 신자들에게 사회적 차원에서의 책무 또한 부과한다. 이러한 책무에 의하면 그리스도교도들은 자본주의를 거부할 수밖에 없다. 왜냐하면 그것은 "이기주의와 이해 관계의 극치이며, 인간이 서로 적대하는 정글

---

33) 《존재》, 제1호, 1936년 11월, 2쪽.
34) 피에르 쿠르티알, 저자에게 보낸 1995년 5월 2일자 편지.
35) 같은 편지.
36) 폴 리쾨르, 《존재》, 제4호, 1937년 3월 10일, 4쪽.

이기"[37] 때문이다. 그러나 그리스도교적 입장에서 자본주의를 단죄하는 것과 그를 대신할 대안적 해결책의 제시 사이에는 필연적 연결성이 없다. 즉 그리스도교도는 자신이 제시하는 대안적 체제가 자신의 종교적 확신에 의거한 것이라고 주장할 수 없는 것이다. 종교적 확신과 대안적 체제의 제시 사이에는 개인의 정치적 입장이라는 독단적 결정이 개입하기 때문이다. "우리에게 겸손이 필요한 곳이 바로 이 대목이다."[38] 여기서 우리는 파울 루이스 란츠베르크가 1937년에 정의한 상대적 가치로서의 참여라는 주제를 재발견한다. 폴 리쾨르는 사회주의를 주장하지만 대의명분의 불완전성의 위험, 즉 자신이 지지하는 대의명분이 불완전할 수 있다는 위험을 인정한다.[39] 또한 이익에 기초하지 않은 보다 정의로운 사회에 대한 갈망 또한 이러한 인정 위에서 이해한다. 이런 의미에서 두 가지의 참여, 즉 사회주의자로서, 그리고 그리스도교도로서의 참여는 결코 분리되어 있는 것이 아니다. 왜냐하면 그 동기는 모두 동일하기 때문이다. 그러므로 리쾨르는 다음과 같이 결론짓는다. "우리는 따라서 '그리스도교도이기 **때문에** 사회주의자이다' 라는 표현을 선호한다."[40]

이 잡지의 편집위원으로는 리쾨르 외에도 롤랑 드 퓌리 · 로베르 그라프 · 피에르 쿠르티알(이들은 후에 프랑스의 개신교 목사가 된다), 그리고 후에 작가로서 문명을 얻게 되는 마르크 베그브데르가 있었다.[41] 프로테스탄트주의와 현실 참여의 필요성에 대한 확신으로 뭉친 이들 지식인들은 종교적, 그리고 정치적 차원을 혼동하지 않으려 노력하였다. 이러한 이들의 의지는 프랑스의 그리스도교도들을 분열시킨 두 가지 사건에 대한 이들의 태도에서 뚜렷이 드러난다. 이러한 사건들을 당하여 《존재》의 편집진들은 한 목소리로 대처해 나갔던 것이다.

이 두 사건이란 모두 정치적 행위와 종교적 행위를 혼동하는 문제에 관한 것이었다. 이 두 차원의 분리는 바르트로부터 영향을 받은 것으로 좌익과 우익 모두에게 해당되는 것이었다. 먼저 좌익에 대한 비판으로는 예제퀴엘 목사의 경우가 있

---

37) 같은 책, 3쪽.

38) 같은 책.

39) 이러한 위험에 관해서는 폴 리쾨르, 〈위험〉, 《존재》, 제2호, 1936년 12월 10일자 참조.

40) 폴 리쾨르, 《존재》, 제4호, 4쪽.

41) 이외에도 로베르 라피트, 폴 라베르기스, 앙드레 라파르그, 로베르 부티티 등이 편집위원으로 활동하였나.

다. 예제퀴엘 목사는 1936년 8월 평화를 위한 모임의 축제와, 1936년 10월 브뤼셀에서 열린 이 모임의 총회에 참여하였다. 이들 모임에서 참여자들은 인민전선 정부로 하여금 스페인의 공화주의 정부를 도울 것을 촉구하였다. 《존재》가 비판한 것은 이러한 입장 표명 그 자체가 아니다. 왜냐하면 그리스도교도들은 정치적 참여를 해야 하기 때문이다. 그보다는 "교회의 역할은 한 정치 체제를 지지하거나, 비판하는 데 있지 않은데도"[42] 불구하고 예제퀴엘 목사가 자신의 영향력을 사용하여 개신교연맹을 여기에 끌어들인 점이다. 우익에 대한 비판으로는 '대의' 라는 이름의 복음화 운동의 경우가 대표적이다. 이 운동은 1936년 12월 '공산주의 대 그리스도교, 그리스도교 대 공산주의' 라는 교훈적인 제목 아래 파리에서 제13차 총회를 개최하였다. 1천여 명의 우익 청중이 운집한 이 총회는 공산주의에 대한 비판의 장이 되었다. 여기에 대해서도 이 잡지는 비판적 기사를 실었다. 정치 활동을 하는 것은 금지되어 있지 않지만 그런 식으로 "교회의 대의를 해쳐서는 안 된다"[43]라는 이유였다. 그러나 세속적 차원과 종교적 차원의 구분을 부르짖는 이 잡지의 입장은 독자를 모으지 못하였다. 극심한 갈등과 증가 일로에 있던 위기를 노정한 당시 정세는 완전한 정치 참여를 요구하였기 때문이었다. 원래 《존재》는 월간으로 발행될 예정이었으나, 실제로는 단지 첫 3호만이 월간으로 발행되었을 뿐이다. 1937년 3월부터 이 잡지는 정간되며, 1년 후에야 복간호이자 마지막 호인 제5호가 발간되었다. "재정 궁핍 때문에? 그렇다. 또한 긴박한 필요성이 없었기 때문이기도 하다. 우리는 상황을 명확히 하기 위하여 휴간하였다."[44]

리쾨르는 이 마지막 호에 '마르크스의 필요성' 에 대한 긴 논문을 실었다.[45] 여기에서 우리는 리쾨르가 마르크스의 저작을 깊이 이해하고 있다는 사실을 알 수 있다. 이 논문은 마르크스를 옹호하고 있다. 그럼에도 불구하고 리쾨르는 교조적 마르크스주의와 비판적 마르크스주의를 엄격하게 구분한다. 그는 교조적 마르크스주의를 거부한다. 왜냐하면 그것이 주장하는 궁극적 진실과 엄밀한 체계성은 환상에 불과하기 때문이다. 반면 그는 비판적 마르크스주의에 대해서는 호의적이었다. 그것은 그리스도교도들에게 영감의 원천이 될 수 있기 때문이다. 물론 어

---

42) 폴 리쾨르, 《존재》, 제3호, 1937년 1월 10일자, 4쪽.
43) 같은 책, 6쪽.
44) 《존재》, 제5호, 1938년 3월, 2쪽.
45) 같은 책, 6-11쪽.

떤 사회 이론도 그리스도교와 완전히 합일될 수 없다는 점을 감안해야 하지만 말이다. 리쾨르에 의하면 비판적 마르크스주의는 관념론으로부터 해방시킨다. "마르크스주의는 거만한 유심론에 대한 건강한 반작용이다. 그렇지만 그것 역시 정신주의적 경향을 가지고 있다."[46] 그것은 인간의 신성화를 방지하고 상대적 관점을 도입한다. 그렇지만 다른 한편으로 마르크스는 도식적으로 체계화함으로써 이러한 상대적 관점의 개방성을 스스로 저해한다. 모든 것을 오직 생산력과 하부 구조에 의거하여 도식화함으로써 다른 차원, 즉 상부 구조들을 하부 구조에 종속시켰을 뿐만 아니라 "당황스러울 정도로 경직된 체계"[47]를 수립하였다. 마르크스의 종교 비판에 대해서도 리쾨르는 일면의 진실을 인정한다. 물론 그 비판은 나중에 "그리스도교의 희화화"[48]가 되고 말았기는 하지만. 마르크스의 주장은 물질적 제약으로부터의 초월을 부르짖는 정신주의와 거리를 두려는 30년대의 개신교의 '각성'에 유용한 이론을 제공한다. 마르크스는 종교를 '인민의 마약'이라고 비난하였는데 이것은 정신주의가 가공의 행복을 지향하고, 기성 질서를 유지하기 위해 피압박자들을 위로하는 역할을 하기 때문이다. 리쾨르는 이러한 마르크스의 비판적 시각을 받아들였을 뿐만 아니라 한걸음 더 나아가 당면한 시사 문제를 거론한다. 그에 의하면 교회는 스페인 전쟁에 대해 큰 책임이 있다. "교회는 기존의 부정의에 대해 너무 호의적이다. 그리스도교를 국교로 하는 나라에서는 더욱 그렇다."[49] 리쾨르에 의하면 교조적 마르크스주의의 경직된 체계성은 헤겔에게서 비롯된 것이다. "나는 이같은 체계적 정신의 단순성을 헤겔의 유산이라고 본다."[50] 실재하는 것은 모두 합리적이라고 보는 헤겔의 논리주의는 절대적 진리라는 허황된 관념을 낳았다. 또한 그것은 역사의 흐름을 결정하는 논리적인 장치가 있다는 절대주의적 사고를 낳았다. 이것은 교조적 마르크스주의의 원천이 되는데, 리쾨르는 비판적 마르크스주의를 사용하여 이것에 대항하고자 하였다.

좌익, 그 중에서도 정신주의적 공산주의와의 조우는 극좌 성향의 잡지인 《신천

46) 《존재》, 제5호, 1938년 3월, 6쪽.
47) 같은 책, 7쪽.
48) 같은 책, 9쪽.
49) 같은 책, 11쪽.
50) 같은 책, 9쪽.

지》에 참여하는 과정에서 이루어졌다. 1935년 6월부터 리쾨르는 여기에 그의 초기 논문들을 발표하였다. 이 잡지는 당시 전체적인 분위기가 비순응적이었다는 점을 감안하더라도 상당히 파격적인 월간 잡지였다. 이 잡지의 표지에는 그리스도의 십자가와 함께 공산주의의 상징인 낫과 망치가 그려져 있었다. 게다가 이 상징은 회색 바탕에 소련과 프랑스만이 빨간색으로 칠해져 있는 지구본의 북반구 위에 꽂혀져 있었다. 이 표지는 큰 반향을 불러일으켰다. '혁명적 그리스도교도들의 기구'를 표방하는 이 잡지는 그 존재가 미미하였지만, 그럼에도 불구하고 바티칸 교황청의 분노를 사서 1936년 7월 금서 목록에 오르게 되었다. 어떻게 해서 이와 같이 이상한 잡지가 프랑스에서 태어날 수 있었던 것일까? 십자가와 칼, 즉 종교와 권력의 연합이 일반적인 것으로 간주되는 프랑스라는 풍토에서? 놀랍고 충격적인 이 잡지는 실제에 있어 전혀 다른 두 조류가 조우한 결과이다. 첫번째 조류는 무정부주의적 공산주의 성향을 가진 개신교 유파로서 1901년 앙리 트리코가 만든 《새시대》라는 잡지를 중심축으로 한다. 이 유파는 개신교 교회에서 추방되며, 이후 비신자인 무정부주의자들에게도 개방되었다. 1917년 10월의 러시아 혁명에 고무되어 그들은 자신들의 무정부주의적 신념에도 불구하고 투르의 총회 이후 프랑스 공산당에 가입하였다. "1927년 그들은 '정신주의적 공산주의 연합'을 설립하였으며, 기관지로 《신천지》를 창간하였다."[51] 그러나 공산주의라는 이유로 교회에서 추방되고, 또한 그리스도교도라는 이유로 볼셰비키-스탈린주의가 극성을 부리던 프랑스 공산당에서 축출된 이후, 이 유파는 더욱더 주변적인 위치로 밀려나게 되었다.

유럽에 파시즘이 창궐하고, 1934년 2월 6일의 시위(1934년 1월 7일부터 시작된 프랑스의 극우 정당인 '악시옹 프랑세즈'의 시위가 절정에 달한 날. 파리에서 15명이 사망하고, 2천 명 이상이 부상하였다. 이 시위에 굴복하여 급진파 수상인 달라디에가 사임하였다)에서 보듯이 프랑스에도 파시즘이 점증하자 그리스도교 사회주의 성향의 소규모 프로테스탄트 그룹이 볼셰비키즘에 대한 거부감에도 불구하고 이들과 함께 파시즘에 대항하기로 결정하였다. 폴 파시가 정신적 지주였던 이 그룹은 그의 민주주의적 신념 때문에 공산주의 운동과는 거리를 두고 있었으며, 자신들의 투쟁을 정의를 위한 투쟁으로 규정하고 있었다. 이렇게 그리스도교 사회주의자

51) 장 보베로, 《위그노의 귀환》, 앞의 책, 145쪽.

연합의 리더인 폴 파시와 정신주의적 공산주의의 리더인 앙리 트리코는 월간지 《신천지》를 중심으로 파시즘에 대항하여 공동전선을 펴게 되었다.

이 잡지는 원래 앙리 트리코를 비롯한 개신교 신자들에 의해 창간되었으나, 편집국장 이하 편집진 중에는 젊은 가톨릭 신자들이 많았다. 편집국장인 모리스 로드랭은 1901년 서민 가정에서 태어나 열다섯 살에 학업을 중단하고 전기기술자가 되었다. 1919년부터 프랑스 그리스도교 노동자동맹의 열렬한 투사가 되어 활동하였으며, 마르크 상니에의 책들을 읽었다. 이후 그는 노동자 생활을 청산하고, 파리 부주교인 샵탈 예하의 개인 비서가 되었다. 그럼에도 불구하고 그의 사회적 · 정치적 투쟁은 계속되었다. "그는 1927년 국제노동자동맹 프랑스 지부의 회원이 되었다. 그는 파리 16구에 있는 조그만 방에서 살고 있었기 때문에 16지구에 편입되어 쥘 모크·클로드 레비 스트로스 · 장 마리 노르만 · 피에르 브로솔레트 · 모리스 슈만 등과 함께 활동하였으며, 이들에게 복음서를 선물하였다."[52] 모리스 로드랭은 배금주의에 대항하여 투쟁하였으며,[53] 1933년 마리 프랑수아라는 가명으로 벨기에에서 《그리스도교도이기 때문에 사회주의자이다》라는 책을 출판하였다. 이 책의 제목은 앞에서 살펴보았듯이 잡지 《존재》에 실린 리쾨르 논문에도 인용되는 등 일종의 경구가 되었다. 혁명적 그리스도교를 표방하는 이 잡지의 영향력은 크지 않았다. 그러나 로드랭과 그의 그룹 덕택에 1935년 독자수가 2천 명에 달하였고, 그 중 정기 구독자가 5,6백 명이었다. 이 숫자는 결코 미미하다고 할 수 없었다.

《신천지》는 사회적 혁명을 통하여 그리스도와 노동자들을 결합시키기를 꿈꾸는 혁명적 그리스도교도들의 대변지를 자처하였다. 종파에 관한 한 이 잡지의 편집은 혼합적이었다. 물론 가장 큰 역할을 맡은 것은 모리스 로드랭으로, 그는 잡지의 4분의 1 가량을 혼자서 집필하였다. 그러나 잡지 기사의 반 가량을 쓰는 핵심 집필 그룹은 "개신교도 5명과 가톨릭교도 4명으로 구성되어 있었다."[54] 앙드레 필리프 역시 이들 중의 1명이었다. 1936년 국회의원으로 당선된 그는 독자의 범위 확대에 크게 기여하였던 것이다. 그러나 그는 이 그룹 중에서 온건파에 속했다. 그는 정치적 절대주의를 경계하였다. "우리는 악을 대치하려 한다. 그러나 선이 아

---

52) 아녜스 로슈포르 튀르캥, 《그리스도이기 때문에 사회주의자》, 세르프, 파리, 1986년, 17쪽.
53) 모리스 로드랭, 《사회 질서를 향하여》, 레니에, 파리, 1931년.
54) 아녜스 로슈포르 튀르캥, 《그리스도이기 때문에 사회주의자》, 앞의 책, 43쪽.

니라 보다 정도가 덜한 악으로 대치하려는 것이다. 한마디로 말하여 그리스도교는 이상의 절대성을 추구한다. 반면 우리는 현실적으로 이상을 상대화할 수밖에 없다."[55]

《신천지》 창간호에 대한 반응은 분노 그 자체였다. 십자가와 낫과 망치의 결합은 우상파괴론자의 냄새가 났기 때문이다. 심지어는 《사회그리스도교》마저도 "신성한 희생의 상징인 그리스도의 십자가와 극단적으로 무신론적인 정당의 상징들(낫과 망치)과의 결합"[56]에 대해 비난하였다. 에마뉘엘 무니에도 마찬가지 입장이었다. 그는 "십자가(…)와 세속적 체제의 상징인 낫과 망치를 함께 배치하는 것은 애국심과 신앙을 같은 차원에 두는 사람들과 마찬가지로 혼동을 야기시킨다"[57]고 주장하면서 이들의 순진성을 비판하였다. 그럼에도 불구하고 그는 이들에 대해 기본적으로 호의적이었다. 반면에 로마 쪽은 비난 일색이었다. "혁명적일지는 모르지만, 결코 가톨릭교도는 아니다"[58]는 것이 로마의 기본 입장이었다. 이러한 스캔들 때문에 처음에 이 잡지는 편집동인들의 제한된 영역 이외에서도 상당한 독자를 확보하였다. 그러나 또한 이 때문에 1936년 6월 바티칸의 금서 목록에 오르게 되는 부정적인 결과를 낳았다. 이후 독자수는 급격하게 감소하였다. 잡지는 커다란 재정적 타격을 입게 되었으며, 끝까지 이를 만회하지 못하였다.

폴 리쾨르는 1935년 6월 《신천지》의 제2호에 자신의 첫 논문을 발표하였다. 이 논문에는 벌써 그의 저작을 특징짓는 특유한 문체와 정치적 참여에 대한 강조가 나타난다. 실제로 이 논문은 참여에의 권유이다. 한 가톨릭 학생과 또 한 명의 개신교 학생, 즉 리쾨르 자신의 입장이 대비된 이 논문에서 리쾨르는 효과적인 혁명적 행위를 수행하기 위하여 필요한 조건들을 살펴보았다. 개신교 학생 리쾨르는 여러 문제점에도 불구하고 이데올로기가 필요하다고 보았다. 즉 반성적인 과정이 필요한 것이다. "세계를 이해하지 못하면 그 세계를 바꿀 수 없다……. 사회주의는 순진한 상상이 아니다."[59] 이론적 깊이는 행동하겠다는 내면적 결단을 이끌어

55) 앙드레 필리프, 《신천지》, 제1호, 1935년 5월.

56) 《사회그리스도교》, 1935년 4-5월, 아녜스 로슈포르 튀르캥, 《그리스도이기 때문에 사회주의자》, 앞의 책, 169쪽에서 재인용.

57) 에마뉘엘 무니에, 〈혁명적 그리스도교도〉, 《에스프리》, 1935년 6월, 423쪽.

58) 《로마의 평자(評者)》, 1935년 6월 2일.

59) 폴 리쾨르, 《신천지》, 제2호, 1935년 6월.

내어야 한다. “지성에의 호소는 결심, 즉 각 개인의 결단에의 호소에 의해 보완되어져야 한다.”[60] 교수자격시험을 막 통과한 풋내기 학자인 리쾨르는 자유 의사라는 주제가 1950년 학자로서의 공인을 의미하는 자신의 박사 논문, 즉 《의지의 철학》의 주제가 될 것임을 예감하였을까? 또한 이 논문에는 리쾨르의 저작을 관통하는 두 가지 전통, 즉 그리스도교와 마르크시즘이 병존한다. 한편으로 그는 마르크스주의적 전통에서 대중을 혁명적 사상의 보고로 간주하여 찬양한다. 그러나 그는 대중을 하나의 덩어리가 아니라 개인의 집합으로 본다는 점에서 기존의 마르크스주의와는 다소 입장을 달리한다. 그에 의하면 “미분화된 대중이란 기성 제도를 파괴하는 기계가 아니라 족쇄일 뿐”[61]이다. 다른 한편으로 사회적 참여가 열렬하고 힘찬 “신의 영광에 대한 개인적 증거”[62]가 되어야 한다는 점에서 그리스도교적이다.

《신천지》는 인민연합을 지지한다. 1936년의 선거에 즈음하여 인민전선 후보에 대한 지지를 호소하는 기사의 제목은 “그리스도의 왕국을 위해서 적색에 투표하라”[63]였다. 물론 이 잡지는 곧 레옹 블룸의 인민전선 정부에 대해 비판적 입장으로 선회하였지만, 그럼에도 불구하고 1936년 6월의 파업 때는 공장 점거와 같은 극단적인 투쟁까지 지지하였다. 《신천지》가 견지하던 인민전선 정부에 대한 이러한 비판적 지지 입장은 국제노동자동맹 프랑스 지부 중 좌익의 입장, 즉 ‘모든 것이 가능하다’고 주장하는 마르소 피베르의 입장과 유사하였다. 인민전선 정부의 모든 양보와 타협은 격렬한 비판을 받았다. 예를 들어 1937년초, 레옹 블룸이 자본의 해외 유출을 막기 위하여 사회개혁의 중지를 선언하자 이 잡지는 이것을 “자본에 대한 유화 정책”[64]이라고 규정하였다. 또한 “대기업의 발 밑에 엎드린” 정부, “굴복” “나약”[65] 등으로 정부를 공격하였다. 스페인의 공화 정부가 프랑코 장군의

60) 폴 리쾨르, 같은 책.
61) 같은 책.
62) 같은 책.
63) 모리스 로드랭, 《신천지》, 제11호, 1936년 4월.
64) 마르셀 카미나드, 《신천지》, 제22호, 1937년 4월.
65) 《신천치》, 아녜스 로슈포르 튀르캥, 《그리스도이기 때문에 사회주의자》, 앞의 책, 148쪽에서 재인용.

군부 쿠데타에 대항하기 위하여 원조를 요청하였을 때 《신천지》는 "스페인에 대포와 비행기를"[66]이라는 제목을 붙였다. 또한 프랑스 정부가 스페인 공화국이 압살당하는 것을 내버려둘 것인지를 질문하면서 "지금 정부의 회피적 태도는 범죄이다"[67]라고 비난하였다. 이 잡지의 어조는 피레네 산맥 반대편에서 일어나는 내전의 정치적 투쟁의 강도와 걸맞게 매우 격렬하다. P. R.이라고 서명된 '젊은 철학자의 짧은 논문: 사회주의에 의한 그리스도교'라는 리쾨르의 기사는 리쾨르로서는 예외적으로 매우 격렬한 어조를 띠고 있다. "보조금을 받는 자본주의의 엉터리 문인들은 어떻게 고통이 시인과 성자를 만드는가를 신파조로 읊어대기를 좋아한다……. 소련은 어떻게 행복과 기쁨으로부터 아름다운 노래가 나오는가를 보여 준다."[68] 스페인 문제는 리쾨르에게 분노와 무력감과 부끄러움을 불러일으켰다. 그리하여 그는 프랑코가 권좌에 있는 한 결코 스페인에 가지 않겠다고 친구들과 함께 맹세하였다. 그는 30년대의 이 서약에 평생 충실하였으며, 생애 후기에 이르러서야 겨우 피레네 산맥을 넘었다.

스페인 문제는 집필진 사이의 의견 차이를 드러내는 계기가 되었다. 모리스 로드랭은 자멸적인 평화의 길을 택한 프랑스 정부의 불명예스러운 선택을 비난하였다. 이에 반하여 앙드레 필리프는 레옹 블룸의 불개입주의 및 국내적으로는 급진 사회주의자들과, 그리고 국외적으로는 영국과의 연합을 유지하려는 정책을 변호하였다. 1938년 2월, 테루엘 전투에 대하여 리쾨르는 펜을 잡고 폭력에 대한 종교적 거부와 스페인 공화국을 구하기 위한 폭력의 인정이라는 두 가지 상반된 자신의 입장을 피력하였다. "테루엘에서 스페인 공화국은 무력으로 이겼다. 우리는 그것을 기뻐해 마지않는다."[69] 그는 전쟁을 단죄하는 동시에 그것을 조장하는 이율배반적인 입장을 인정한다. 그에 의하면 폭력에 의해 멸망하느냐, 아니면 폭력으로 이기느냐 중에서 양자택일해야만 한다. 이 비극적인 선택에 직면하여 리쾨르는 보다 높은 목적의 편에 선다. "우리는 인민, 즉 우리의 인민과 스페인 인민 곁에 있기로 결정했다. **물리적으로** 그들 곁에 있기로."[70]

---

66) 《신천지》, 제15호, 1936년 8-9월.
67) 같은 책.
68) 폴 리쾨르, 같은 책.
69) 폴 리쾨르, 《신천지》, 제31호, 1938년 2월.
70) 같은 책.

그러나 인민전선의 공과를 결산할 때가 오자 리쾨르는 다른 많은 사람들과는 달리 레옹 블룸의 정책을 비난하지 않았다. 그는 앙드레 필리프와 같은 노선에 서서 매우 냉철한 분석을 통해 인민전선의 지도자에게 부과되었던 제약을 가늠하였다. "개인적으로 나는 한순간도 그가 **인민을 배반**하였다고 생각지 않았다."[71] 그는 특히 국내적 상황과 국외적 상황의 상호 연관성을 강조한다. 실제로 이것 때문에 인민전선은 사회 정책에 많은 제약을 받았다. "전쟁의 법칙은 국민의 일치단결이다. 사회적 진보의 법칙은 계급 투쟁이다. 전자가 후자에 우선되면 사회보장은 흐려지고 사라진다. 지난 2년간의 역사가 그랬다."[72]

리쾨르는 또한 이 잡지에서 임금 문제도 다루었는데, 그것은 그에게 그다지 익숙하지 않은 문제였다. 1938년 봄, 인민전선은 막다른 골목에 몰려 있었다. 카미유 쇼탕이 이끄는 급진사회주의 정부는 제2차 프랑화 평가절하를 단행하지 않을 수 없었다. 따라서 1936년 6월의 파업 결과로 체결된 마티뇽 협정〔정부 · 고용주 · 노동조합의 3자 대표가 수상 관저인 마티뇽 궁에서 체결한 협약으로 7에서 15퍼센트의 임금 인상과 2주의 유급 휴가, 주당 40시간 노동 등의 내용을 골자로 한다〕에서 획득된 임금 인상은 점차적으로 상쇄되었다. 리쾨르는 이에 대하여 "우리는 계급 사이의 협조라는 것을 인정하지 않는다……. 현재에 있어 가장 중요한 문제는 **임금의 문제**이다"[73]라고 주장하였다. 그는 북부(노르) 지방의 제련공들의 예를 통하여 자신의 논리를 뒷받침하였는데, 이들은 자신들의 투쟁을 통하여 노동자들의 집단 행동 없는 의회 활동은 효과가 없다는 것을 보여 준 바 있다. 1938년 6월 레옹 블룸의 제2차 인민전선 정부가 단명하고 노동자의 기득권이 하나하나 잠식당하자 리쾨르는 노동자들에게 어떠한 새로운 희생도 받아들이지 말 것을 종용하였다. "대기업들과 투기를 분쇄하여야 한다. 이것은 기술의 문제가 아니라 **의지**의 문제이다."[74] 사회적 권리를 유지하려는 이 의지는 1938년 11월 30일 노동총동맹이 조직한 총파업의 실패에서 그 한계가 드러났다. 이 참담한 실패는 반동을 가속시켰다. 그러자 리쾨르는 정치 재조직을 구상하였다. 그는 반(反)자본주의 대연합을 이룰 수 있는 '건설적 사회주의' 정부를 재건설하기 위한 분발을 기대하였다. 리쾨

71) 폴 리쾨르, 《신천지》, 제38호, 1938년 10월.
72) 같은 책.
73) 같은 책, 제32호, 1938년 3월.
74) 같은 책, 제35호, 1938년 6월.

르는 앙리 드 망의 명제에 의거하여 사회주의를 비단 노동자뿐만 아니라 그 수가 날로 커져 가는 중간 계층까지 포함하는 보다 큰 개념으로 재정의하였다. 여기서 새로운 당면 과제가 생겨나는데, 그것은 노동자 계급을 원동력으로 하되 다른 계급도 포함하는 "건설적 전선"[75]을 설치하는 것이었다. 그러나 전쟁이 발발하자 더 시급한 문제가 생겨났고, 따라서 이러한 기대는 오랫동안 빛을 볼 수 없었다.

후에 리쾨르는 실패한 이 역사, 즉 《신천지》의 증명되지 못한 가능성들의 역사를 다시 읽으면서 변증법적 유물론의 세계관은 매혹적이기는 하지만 이제는 한물간 것이라고 본다. "현대의 새로운 《신학대전》(중세 스콜라철학의 대가 토마스 아퀴나스의 저작)을 통해 아리스토텔레스를 마르크스로 대치하려는 생각은 더 이상 유효하지 않은 구닥다리에 불과하다."[76] 그러나 이 신천지를 지나는 동안 리쾨르는 유물론 외에도 다른 영감을 받았고, 그것은 후에 다른 문맥에서 다른 형태로 나타났다. 즉 그것은 그의 지적 정체성을 구성한 집단인 전후의 《에스프리》 잡지를 통해, 그리고 1968년 5월 학생 운동에의 동조를 통하여 나타났던 것이다. 보다 정의롭고 인간적인 사회를 만들기 위해 항상 앞으로, 그리고 집단적 기대 지평을 향해 나아가려는 그의 확신은 결코 흔들리지 않았다. 비록 20세기의 비극적 역사는 순진한 환상들을 파괴하고, 그의 사상의 수정을 불가피하게 만들기는 했지만 철학자의 사회 참여라는 기본적 입장은 결코 변하지 않았다. 역사에 참여한다는 리쾨르의 의지는 끝까지 처음과 같이 항상 그대로 남아 있었던 것이다.

75) 폴 리쾨르, 《신천지》, 제46호, 1939년 6월.

76) 폴 리쾨르, 아녜스 로슈포르 튀르캥, 《그리스도이기 때문에 사회주의자》, 서문, 앞의 책, 1쪽.

5

평화주의와 그 한계

리쾨르가 처음으로 전쟁을 알게 된 것은 매우 어릴 때의 일이다. 1915년 샹파뉴 전선에서 그의 아버지가 전사하였던 것이다. 물론 아버지의 죽음의 충격은 즉각적이지 않았다. 폴 리쾨르는 그때 겨우 두 살이었으니까. 그러나 곧 이 희생에 대해 사람들이 부여하는 커다란 의미 때문에 문제가 생기기 시작하였다. 아버지는 조국을 되찾게 해준 영웅으로 칭송되었다. 따라서 어린 리쾨르는 아버지의 이름과 그가 몸바친 대의를 숭배할 수밖에 없었다. 그러나 이러한 이미지는 곧 무너졌다. 그리스도교 평화주의의 영향으로 그는 열 살에서 열두 살 사이에 프랑스도 전쟁 발발에 큰 책임이 있다는 것을 알게 되었기 때문이다. 또한 베르사유 조약(제1차 세계대전 휴전 조약)은 패전국의 참여 없이 체결된 매우 부당하고 끔찍한 조약이라는 것도 이해하였다. 이 조약에 의해 독일은 국토를 할양하고 소수파가 되었으며, 또한 경제 능력에 비해 과도한 배상금의 의무까지 지게 되었던 것이다. 리쾨르에게는 프랑스의 대의의 정당성에 대한 회의가 싹텄다. 최고로 정의롭던 국가에서 다음과 같은 세 가지 범죄를 저지른 국가가 되어 버린 것이다. 첫째 프랑스는 전쟁 발발에 대해 큰 책임이 있으며, 둘째 베르댕에서의 살육전 후에 전쟁을 중지하지 않았으며, 셋째 부당한 조약 체결을 주동한 범죄적 행동을 한 것이다. 리쾨르에게 있어 이러한 관점의 변화는 매우 괴로운 것이었다. 왜냐하면 그와 함께 영웅으로서의 아버지 이미지 또한 파괴되었기 때문이다. 그의 아버지는 이제 영웅이 아니라 부조리한 역사의 일개 희생물에 지나지 않게 된 것이다. 그리고 그의 아들인 리쾨르도 이 부조리에 참여한 셈이 된다. 왜냐하면 그는 그 때문에 일찍 아버지를 여의게 되었으니까. 게다가 아버지의 전사란 기껏 좋게 생각해 봐야 헛된 것이고, 나쁘게 생각하면 부정의한 대의를 위한 개죽음에 불과하였다. 이러한 사후 충격은 매우 중요한 결과를 낳았다. 그 때문에 그는 "나의 평화주의적 참여는 매우 열정적이었으며, 나는 결코 그것을 극복하지 못하였다"[1]고 회고하였다. 그의 절친한 친구인 앙드레 뒤마 목사 역시 비슷한 경우였다. 그는 1918년 6월 샤토 티에리 전투에서 아버지를 잃고, 그해 12월 유복자로 태어났다. 따라서 그는 "리쾨르를 보면 마치 내 자신을 보는 것 같다"[2]고 말하기도 한다.

리쾨르의 평화주의는 2,30년대의 프랑스 여론을 반영한다. 1914년에서 1918년 사이의 전쟁은 전사자와 전상자, 그리고 독가스 중독자와 영구 불구자들을 양산한 전례 없는 살육의 전쟁이었다. 따라서 프랑스인들은 집단적 안전보장이란 신화를 통해 스스로를 안심시키려 하였다. 그들은 그런 참혹함이 영원히 끝난 것이라고 믿으려 하였다. 그래서 그 '대전'의 잔학함이 다시는 재연되지 않을 것처럼 묘사하였다. 왜냐하면 그것은 '최후, 최종'의 것이었기 때문이다. 실제로 미국 대통령 우드로 윌슨의 제창에 의해 탄생한 국제연맹은 보다 개방적인 외교를 가능하게 함으로써 국제간의 당면 문제들을 협상에 의해 해결할 수 있다는 희망을 불러일으켰다. 독불 화해를 주장하는 아리스티드 브리앙은 좌익과 우익이 다같이 탐내는 정치가였다. 따라서 그는 간전기의 여러 정부를 거치며 기록적으로 긴 정치 생명을 유지할 수 있었다. 프랑스는 평화를 믿고자 하였고, 프랑스인들은 국경 바깥에서 일어나는 위기를 직시하지 않기 위하여, 그리고 파시즘과 나치의 장화 소리를 듣지 않기 위하여 시야를 프랑스 국내에만 고정시켰다. 1870년에서 1914년 사이, 알자스와 로렌의 회복을 염원하며 복수심에 불타 있던 프랑스인들은 일단 국토 회복이 이루어지자 평화주의로 돌아섰다. 30년대 프랑스의 일반적 분위기는 평화주의에 대해 매우 우호적이었는데, 작가 로맹 롤랑은 이러한 태도의 대표적 예이다.

리쾨르의 평화주의는 한편으로 장 보베로가 순수한 법률적 평화주의[3]라고 부른 것, 즉 엘리 구넬·빌프레드 모노와 같은 사회그리스도교 지도자들의 평화주의와 다른 한편으로 전면적 평화주의, 즉 양심적 병역 기피를 옹호하는 평화주의 사이에 위치한다. 그는 《신천지》가 표방하는 것과 같은 혁명적 평화주의의 옹호자였다. 즉 앙드레 필리프와 폴 리쾨르는 양심적 병역 기피를 주장하는 전면적 평화주

1) 폴 리쾨르, 찰스 리건과의 인터뷰, 《미국 프랑스철학협회보》, 노던일리노이대학교출판부, 제Ⅲ권, 제3호, 1991년 겨울, 160쪽.
2) 앙드레 뒤마와의 대담.
3) 장 보베로, 〈30년대의 세 평화주의〉, 《위그노의 귀환》, 앞의 책, 169-171쪽.

의자는 아니었던 것이다. 그럼에도 불구하고 그들은 이 때문에 법의 심판을 받게 된 병역기피자들의 대의와 정당성을 옹호하였다. 실제로 앙드레 필리프는 1932년 파리 군법회의에서 자크 마르탱이라는 양심적 병역기피자를 변호하였다. 그는 예수의 산상 수훈에서부터 시작하여 초기 그리스도교는 일관되게 군복무 및 전쟁을 규탄하였음을 상기시켰다. 그는 무죄를 주장하였다. 그것이 곧 "군대와 여러분 자신, 그리고 군법을 존중하는 것"[4]이다.

필리프와 리쾨르의 평화주의는 차라리 좌파 사회주의 혹은 무정부주의-노동조합운동의 입장에 가깝다. 이것은 1936년 4월 리쾨르가 기고한 기사에서 분명히 드러나는데, 여기서 그는 "대포 상인"[5]들을 공격하였다. 이것은 전쟁에서 이득을 보는 사람들에 대한 고전적인 비난의 하나로 리쾨르는 여기서 군축회의를 체계적으로 방해함으로써 범죄적 행위를 자행하는 국제무기시장의 존재를 부각시켰다. 따라서 그는 인민전선의 정책을 지지하며 무기 산업의 국유화를 주장한다. 더 나아가 그는 국가 기간 산업과 주요 금융 기관까지도 국유화되어야 한다고 본다. 요컨대 "성채는 한꺼번에 무너뜨려야"[6] 하는 것이다. 리쾨르는 또한 군대의 계급제도도 공격하였다. 1936년 3월, 베강 장군이 공산주의가 교육을 제도 내부에서부터 붕괴시킨다고 비난하였을 때, 그는 분연히 이에 반대하며 다음과 같이 질문하였다. "**군대를 위해서** 교육의 자유를 억압해야 하는가?"[7] 그는 자신이 반대하는 것이 군대 자체가 아니라 군국주의임을 천명하면서 군대가 지켜야 할 한계와 신성한 정교 분리 원칙을 상기시킨다. "국가의 공동선(共同善)인 정교 분리, 즉 국가의 여러 문제에 대하여 다양한 의견을 가진 사람들의 용기 있는 침묵을 파괴하는 사람은 바로 당신입니다. 이러한 공동선을 배반함으로써 당신은 조국을 배반하는 것입니다. 누가 진정으로 나쁜 프랑스인입니까?"[8]

물론 역사의 추이를 알고 있는 역사가들의 입장에서 볼 때, 30년대의 리쾨르의 주장들은 매우 순진한 것이다. 그러나 과거의 오류들을 판단함에 있어서 우리는 항상 당시의 불확실성 · 불투명성을 감안하여야 한다. 분명히 리쾨르는――그뿐만

4) 앙드레 필리프, 《앙드레 필리프》, 앞의 책, 162쪽.
5) 폴 리쾨르, 《신천지》, 제11호, 1936년 4월.
6) 같은 책.
7) 같은 책, 제10호, 1936년 3월.
8) 같은 책.

이 아니라 다른 많은 사람들도——베르사유 조약을 비열한 것으로 보는 입장과 자신이 견지하는 평화주의 때문에 현실을 직시하지 못하였다. 1936년 11월 피레네 산맥 너머에서 스페인 공화국을 겨냥하는 대포 소리가 요란한 가운데 그는 "군축 옹호론"[9]에 서명하였다. 그는 여기서 전면적이고 동시적이며 통제된 군축을 주장하였다. "나는 이 주장이 히틀러의 집권 이전뿐만 아니라 그가 독일의 주인이 된 지금에도 여전히 유효하다고 생각한다."[10] 이 주장을 뒷받침하기 위하여 그는 1933년에 출간된 레옹 블룸의 저서 《평화의 문제》를 인용한다. 여기서 블룸은 집단 안보의 확립이 군축의 선결 조건이라는 주장의 허구성을 공격한다. 리쾨르는 레옹 블룸의 관점을 채택하여 인민전선의 임무는 모든 국가들로 하여금 무기를 버리게 한 다음 협상을 하는 것이라고 주장한다. 그러나 나치즘이 대두하는 당시의 상황은 제1차 세계대전 이전과는 판이하게 달랐다. 따라서 문제 제기 또한 전혀 다른 방식으로 이루어져야 하였다.

그러나 리쾨르는 1939년에도 여전히 당시의 현실이 제국주의의 문제가 아니라는 사실을 직시하지 못하고 있었다. 제2차 세계대전 발발 직전에 그는 "프랑스는 어디로 가는가? 추락은 불가피한가?"[11]라는 제목의 기사를 썼다. 그것은 인민전선의 실패에 실망한 열혈당원의 당혹과 분노를 드러냄과 동시에 그가 조국의 앞날에 대해 절망하기 시작하였다는 것을 보여 준다. 그는 민주주의의 위선을 공격하고, 더 나아가 히틀러의 비난과 거듭되는 조약 침해를 어느 정도 정당화하기까지 한다. "민주주의는 금권 정치이다……. 나는 히틀러의 연설을 읽으면서 번민하였다. 그것은 그의 의도가 순수하기 때문이 아니다. 그러나 그는 준엄한 어조로——나는 순수한 어조라고 쓸까 하고도 생각하였다——민주 국가들에게 그들의 위선을 상기시켜 주었기 때문이다. 그들의 권리 주장은 결국 그들의 이해 관계를 지키고 무장 해제된 독일에 대한 가혹한 태도를 유지하는 것에 다름 아니다."[12] 특히 리쾨르는 이상의 부재를 비판하였다. 그는 프랑스의 운명이 이념이나 자기 방위적 목적이 아니라 부도덕한 권력을 지닌 모리배들의 손에 의해 위태롭게 되는 것을 받아들일 수 없었다. "이 이유는 앞의 이유보다 더욱더 화해의 정책을 펴나가

9) 폴 리쾨르, 《신천지》, 제17호, 1936년 11월.
10) 같은 책.
11) 같은 책, 제43호, 1939년 3월.
12) 같은 책.

야 할 이유가 된다. 인민의 활기와 생의 에너지에 관한 독일의 사상은 우리의 공허하고 위선적인 권리 사상에 비해 훨씬 의미가 있다."[13] 이러한 정치적 맹목성 때문에 그는 나치의 위험을 과소평가하였다. 후에 리쾨르는 이에 대해 "나는 이 점에 대해 내 자신을 질책한다"[14]고 말함으로써 스스로의 과오를 인정하였다. 그러나 리쾨르의 분석들은 리쾨르에 고유한 개인적인 오류라기보다는 당시 프랑스의 특징적인 태도, 즉 군사적인 파국을 극단적으로 두려워하는 나머지 국경 바깥의 상황을 외면한 채 프랑스 내부에만 시선을 파묻고 있는 프랑스인의 일반적 입장을 대변하는 것이다.

그러나 점차적으로 이런 상황으로부터 전환이 필요하다는 의식이 생겨났다. 이것의 결정적인 계기는 체코슬로바키아의 분할 점령이었다. 프랑스는 1938년 9월 뮌헨 회담에서 히틀러에 의한 체코슬로바키아 점령을 승인하였다. 프랑스 국내 여론은 친뮌헨파와 반(反)뮌헨파로 나누어졌다. 그러나 이러한 표면적인 찬반 여론 뒤에는 보다 복합적인 여러 감정들이 숨어 있었다. 프랑스 수상 달라디에는 뮌헨 회담 당시 전쟁의 불가피성을 인식하고 있었다. 그럼에도 불구하고 귀국시 그는 평화의 수호자로 열렬한 환영을 받았다. 프랑스인들은 대체로 친뮌헨파였다. 그들은 과거의 합의를 깨뜨림으로써 프랑스의 명예에 먹칠하였다. 그러나 그들은 잠정적으로 평화를 유지시킨 히틀러와의 협상 타결에 안도하였다. 《신천지》 역시 이러한 안도감과 되찾은 긴장 완화에 대한 믿음을 표명하였다. '기뻐하자, 평화가 보전되었다' 라는 제목의 기사에서 자크 무를로(모리스 로드랭의 가명)는 "뮌헨 회담의 합의는 우리에게 커다란 안도와 희망을 안겨 주었다. (…) 이것은 평화의 승리이며, 전쟁의 패배이다"[15]라고 썼다. 그러나 이 문제에 대한 《신천지》 편집진들의 의견은 나누어져 있었다. 모리스 로드랭 · 엘리에제 푸르니에 · 막심 르루아 등은 친뮌헨파로서, 내셔널리즘을 거부하고 마르소 피베르 중심의 혁명적 단체의 구성에 희망을 걸었다. 이들은 반(反)자본주의적 평화주의의 고전적인 논리를 전개하였으며, 전쟁에 관해 판단 착오를 일으켰다. 반대로 프랑스 사회당의 당원인 플뢰리 로망은 사회당의 반(反)뮌헨파적 입장을 옹호하였다. 그에 의하면 "당면한 투

---

13) 폴 리쾨르, 《신천지》, 제43호, 1939년 3월.

14) 폴 리쾨르, 1979년 8월 16일 아녜스 로슈포르 튀르캥에게 보낸 편지, 《그리스도교도이기 때문에 사회주의자》, 앞의 책, 91쪽.

15) 자크 무를로(모리스 로드랭), 《신천지》, 제38호, 1938년 10월.

쟁은 인민의 힘과 파시즘 사이의 투쟁"이었다.[16] 르네 데프레시스 역시 로드랭의 친뮌헨적 입장에 반발하였다. "우리 역사에 있어 뮌헨 회담은 독일의 승리일 뿐만 아니라 프랑스 파시즘의 반동적 행위로 기록될 것이다. 모스크바에 대항하느라 [공산주의의 확산을 두려워한 나머지] 민주주의와 자유까지도 자진 헌납한 사건으로 말이다."[17] 혁명적 그리스도교도들은 이처럼 이 사건의 의미에 대해 의견이 갈려 있었다. 이러한 상황은 대개의 다른 정치적 집단의 경우에도 마찬가지였다.

《에스프리》지의 경우에도 같은 망설임이 발견된다. 그러나 지도자인 에마뉘엘 무니에는 반뮌헨파였다. 그는 히틀러가 쉬데트 지방만으로 만족할 것이라는 생각이 잘못되었음을 지적하면서 단호한 태도를 요구하였다. "힘만이 폭력을 제압할 수 있다"[18]는 것이 그의 주장이었다. 그럼에도 불구하고 그의 단호함은 끝까지 일관적으로 견지되지 못하였다. 왜냐하면 그는 결론적으로 "군비 축소"[19]를 기반으로 보다 안정된 유럽을 만들 필요성을 역설하였기 때문이다. 뿐만 아니라 《에스프리》는 1938년 집필진 4명, 즉 모리스 드 강디약 · 로제 라브루스 · 마르셀 모레 · 베르나르 세랑퓌(프랑수아 고겔)의 이름으로 논단을 실었는데, 여기서 이들은 베르사유 조약과 푸앵카레 내각[1926년 7월 성립된 매우 보수적인 성격의 내각]의 정책에 반대하며 친뮌헨파적 입장을 천명하였다. "베르사유 조약 체제의 유럽에 반대하는 우리들로서는 오늘날 항의할 권리도, 의욕도 느끼지 않는다."[20] 이처럼 《에스프리》의 의견은 나누어져 있었다. 그러나 점차적으로 히틀러의 도발에 단호히 대처해야 할 필요성이 대두되었다. 이러한 입장을 구체화하기 위하여 이 잡지는 2개월에 한 번 《르 볼티죄르》(선발 보병)라는 정치적 성향의 정기 간행물을 창간하였다. 뮌헨 회담 개최일 저녁에 발간된 창간호는 단호하고 명철한 어조로 뮌헨 회담에서 드러난 정책의 직무 유기적 성격을 비판하였다. "전쟁이 최악의 것이라는 점을 인정한다. 그러나 여기에는 두 가지 단서가 있다. 그 첫째는 전쟁만큼이나 수치스럽고 파국적인 평화도 존재한다는 것……. 둘째는 유약함은 전쟁의 유혹을 증가시킨다는 점에서 치명적이며, 또한 회피적 태도는 더욱 나쁜 결과를

16) 플뢰리 로망, 〈파시즘의 위험과 우리의 평화주의〉, 《신천지》, 제42호, 1939년 3월.
17) 르네 데프레시스, 〈자크 무를로에게 보내는 답변〉, 《신천지》, 제39호, 1938년 11월.
18) 에마뉘엘 무니에, 〈배반의 익일〉, 《에스프리》, 1938년 10월.
19) 같은 책.
20) 미셸 비녹크, 《〈에스프리지〉의 정치적 역사》, 앞의 책, 179쪽에서 재인용.

초래한다는 것이다."[21]

개신교 진영 중 《신천지》는 친뮌헨파였다. 이에 반해 그리스도학생회 프랑스연맹의 기관지인 《씨뿌리는 사람》은 반뮌헨파적 입장을 분명히 하였다. 물론 모든 독자들이 이 입장에 동의하는 것은 아니었지만 말이다. 특히 쉬잔 드 디트리히[22]는 매우 격렬한 어조의 기사를 썼다. 그녀는 '오늘날 히틀러의 군화를 핥는' 프랑스 언론에 대해 분노하였다. 그녀는 또한 "프랑스와 영국의 동의하에 유럽에 깡패 정치가 성립하였다"[23]고 일갈하였다. 심지어는 1932년 양심에 의한 병역 기피로 군법회의에 회부되었던 자크 마르탱 목사마저도 쉬잔 드 디트리히에게 전적인 동의와 기쁨을 표시하는 편지를 썼다. "제가 이런 말을 하는 것에 놀라셨습니까? 그렇지만 저는 한번도 악 앞에서의 수동성과 비폭력을 혼동한 적이 없습니다."[24]

그러나 뮌헨 회담 당시의 모든 '비겁한 안심'에 대해 특히 무장이 잘되어 있었던 계파는 바로 개신교의 바르트주의였다. 바르트주의자인 피에르 모리가 이끄는 《신앙과 생활》이라는 잡지는 레지스탕스 정신을 예고한다. 이 잡지의 1939년 신년호에는 나치즘의 희생자인 한 독일 목사가 감옥에서 쓴 편지들이 게재되어 있었다. 나중에 이 사람의 신원은 디트리히 본회퍼로 밝혀졌다. 같은 호에는 카를 바르트가 나치의 주요 표적이 되어 있던 체코 친구 요제프 로마드카 교수에게 보내는 편지가 실렸다. 그것은 복음의 이름으로 무장 항거에 나갈 것을 촉구하는 내용이었다. "저는 후스의 아들들이 용기 없는 유럽인들에게 아직도 남자가 남아 있다는 사실을 보여 주리라는 희망을 간직하고 있습니다. 체코 군인들의 투쟁과 고통은 체코인뿐만 아니라 우리를 위한 투쟁이기도 합니다."[25] 그러므로 바르트주의 진영은 이 문제에 관한 한 정리할 것이 없었다. 그들의 입장은 분명하였다. 로제 멜 또한 뮌헨 회담 당시 같은 계열에 속해 있었다. "태초에 공포와 정신적 혼란, 커다란 두려움, 인간적 수치심이 있었다. 바로 1938년 9월이었다."[26] 피에르 모

---

21) 《르 볼티죄르》, 제1호, 1938년 9월 29일, 미셸 비녹크, 같은 책, 175쪽에서 재인용.

22) 쉬잔 드 디트리히(1891-1981): 개신교 신학자, 제네바의 세계교회회의의 국제 및 예배의 식분과 사무총장, 시마드의 창시자.

23) 쉬잔 드 디트리히, 로제 멜, 〈프랑스의 개신교 여론과 뮌헨 사건〉, 앙드레 앙크르베와 자크 푸졸, 《제2차 세계대전 동안의 프랑스 개신교도》, 앞의 책, 141쪽에서 재인용.

24) 자크 마르탱, 같은 책, 142쪽에서 로제 멜에 의해 인용.

25) 카를 바르트, 조제프 로마드카에게 보내는 1938년 9월 19일자 편지, 로제 멜, 같은 책 143쪽에서 재인용.

리의 아들인 자크는 '그리스도교와 국가' 라는 주제 아래, 1939년 부활절에 열린 그리스도학생회 총회에 대해 다음과 같이 회상한다. "나의 아버지는 약간 강경한 연설을 하였다. 물론 바르트적이었다. 거기에는 온갖 사람들이 다 있었다. 보이스카우트 운동에 열심인 장 주슬랭도 있었다. 그는 몽펠리에의 회의장이 떠나갈 듯한 소리로 물었다. "도대체 어떤 것이 정당한 전쟁이란 말입니까?" 그러자 나의 아버지가 대답하였다. "우리가 작년 9월에 당연히 치렀어야 하는 전쟁이 바로 그것입니다."[27]

이미 바르트주의의 영향을 크게 받고 있던 앙드레 필리프는 곧 반뮌헨파가 되어 《민중》《금요일》《마리안》 등의 잡지에 이 문제에 관해 분명한 입장을 밝히는 글들을 썼다. 폴 리쾨르로 하여금 평화주의적 입장에서 탈피하도록 도와 준 사람도 바로 그였다. 그는 평화주의적 입장과 베르사유 조약에 대한 반감 때문에 친뮌헨파적 성향을 보이던 리쾨르로 하여금 뮌헨 회담의 진짜 문제에 대해 눈을 뜰 수 있게 해주었다. "나는 독일인들이 당연히 되찾을 권리가 있는 것에 대해서는 물론 히틀러에게 양보해야 한다고 생각하였다. 그러나 앙드레 필리프는 이러한 나의 의견에 대해 경고하였다. 그는 그렇게 생각하지 않았던 것이다. 그는 반뮌헨파적 입장을 분명히 하였다. 그러나 나는 계속 망설이고 있었다."[28]

1935년 교수자격시험에 합격하자 리쾨르는 개신교도인 어릴 적 친구 시몬 르자와 결혼하였다. 그는 콜마르고등학교에 배정되어 아내와 함께 부임하였다. 동부라는 지리적 상황은 철학적 반향을 지닌다. 왜냐하면 그는 이미 독일 철학에 심취해 있었기 때문이다. 그는 후설에 몰두하고, 또한 하이데거를 읽기 시작하였다. 이를 위해 그는 콜마르고등학교의 한 동료의 도움으로 독일어를 배웠다. 다음으로 그는 군복무를 하여야 했는데 내무반 동료들과의 나이 차 때문에 더욱 고역일 것 같았다. 게다가 평화주의적 신념을 가진 그로서는 이 의무를 도저히 즐겁게 생각할 수가 없었다. 따라서 그는 "우울한 기분으로, 그리고 군인들에 대해 깊은 적대감을 가지고"[29] 병영으로 떠났다. 그는 상관으로부터 고문관 취급을 받았으며,

---

26) 로제 멜, 《씨뿌리는 사람》, 1938년 12월, 84쪽; 앙드레 앙크르베와 자크 푸졸, 《제2차 세계대전 동안의 프랑스 개신교도》, 앞의 책, 137쪽.

27) 자크 모리와의 대담.

28) 폴 리쾨르, 《비평과 확신》, 앞의 책, 29쪽.

"그들에게 반대하기 위해서"[30] 마르크스를 읽었다. 그러나 그는 바로 거기서 영원한 친구가 될 작가 폴 앙드레 르조르를 만났다. 그 역시 리쾨르와 마찬가지로 생시르사관학교에서 예비역 장교 훈련을 받고 있었다.

1937년 봄 훈련이 끝날 무렵 10여 명의 생도들이 모여 잡지를 만들 계획을 세웠다. 그곳에서 받은 교육을 재연하고, 그것을 비웃기 위한 목적이었다. "바로 그곳에서 나는 한 청년을 만났다. 그는 다른 중대에 소속되어 있었는데, 매우 우스운 장면 하나를 혼자서 다 썼다. 알아보니 그는 철학 교수자격시험에 통과하였다고 했다. 우리는 매우 친하게 열흘을 함께 보냈다. 그리고는 소식이 끊겼다."[31] 그때 폴 앙드레 르조르는 그들이 곧 독일의 포로가 되어 동포모제의 수용소에서 다시 만나게 될 줄은 상상조차 하지 못하였다.

군복무를 마친 리쾨르는 로리앙고등학교에 부임하여 1937년부터 1939년까지 가르쳤다. 이 기간 동안 그는 여름 방학을 이용하여 아내와 함께 뮌헨으로 갔다. 독일어 공부를 더하기 위해서였다. 1939년 여름, 그는 프레파유(루아르 아틀랑티크)에서 여름 휴가를 보내던 중 전쟁 발발 소식을 들었다. "나는 휴가중이었다. 덤불 속에 숨어서 이웃 사람의 라디오를 훔쳐듣고 있었는데, 거기서 나는 선전 포고 사실을 알게 되었다."[32] 예비역 장교인 리쾨르는 1939년 9월 징집되어 브르타뉴 연대, 즉 생말로 연대에 소속되었다. 그는 여기서 이 희한하고 긴 '이상한 전쟁,' 즉 전투 없는 전쟁 기간을 보내었다. 1940년 5월, 드디어 프랑스 영토에 대한 독일의 공격이 시작되었다. 그것은 우리가 익히 알고 있는 재난을 야기하였다. 프랑스 군대는 유럽에서 가장 강하다는 평판을 가지고 있었기 때문에 이 패배는 더욱 참담하였다. 프랑스 군대는 몇 주일 만에 괴멸당하였다. 이 "이상한 패배"[33]는 프랑스군의 대부분 군인들과 마찬가지로 리쾨르에게도 정신적 혼란을 초래하였다. 갑자기 그는 자신들이 경시하던 적의 힘을 깨닫게 된 것이었다. "나는 1940년의

29) 폴 리쾨르, 같은 책, 22쪽.

30) 같은 책.

31) 폴 앙드레 르조르와의 대담.

32) 폴 리쾨르, 1996년 1월 24일, '말로 하는 잡지' 라는 제목하에 퐁피두센터에서 가진 역사와 기억에 관한 발표.

33) 마르크 블로크, 《이상한 패배》(1940), 프랑 티뢰르, 파리, 1946년.

패배를 체험하면서 죄의식을 느꼈다."[34]

북부 군대의 후퇴, 어찌할 바를 모르고 남쪽으로 향하는 피난민들, 공습을 하며 날마다 수백 킬로미터씩 프랑스 영토로 진격하는 독일군을 피해 도망가는 민간인과 군인들의 대탈주 앞에서 그는 군비 축소를 위한 자신의 투쟁 기억을 되살리며 괴로워했다. 장교 리쾨르는 후퇴를 막고 패주를 저지하기 위해 싸우는 부대에 속해 있었다. 그는 결코 임무를 저버리지 않았고, 가능한 한 최선을 다해 끝까지 전투에 임하려 하였다. "우리는 독일군의 진격을 막으려 하였다. 나는 끝까지 저항한 공로로 우리 소대를 대표하여 육군 표창을 받았다."[35] 이러한 용기에도 불구하고 리쾨르의 소대는 독일군에게 포위당하였다. 대포도 공군의 지원도 없는 상태에서 사흘 동안 독일군의 공습을 받던 그들은 독일군으로부터 최후의 한 명까지 괴멸당하지 않으려면 항복하라는 권고를 받았다. "군 사제와 함께 우리는 참호에 쓰러져 있던 25 내지 30명의 부대원을 깨워서 항복하기로 결정하였다. 우리는 상당한 죄의식을 느꼈다."[36]

독일군의 포로가 된 장교 리쾨르는 그 직전에 배정받은 마르세유의 티에르고등학교 고등사범준비반 교수로 부임할 수 없게 되었다. 리쾨르와 함께 교수자격시험을 준비하였고, 또한 함께 그 시험에 합격한 바 있는 친구 로제 멜은 가까스로 포로가 되는 것을 면하였다. 프랑스 육군 제8군 참모진들과 함께 남쪽으로 피신한 그는 가르 지방에 도달할 수 있었다. 징집 해제 이후 로제 멜은 아내와 함께 보클뤼즈에 있는 부모님의 친구 집에서 2개월을 보내었다. 거기서 그는 교사들에게 보내는 교육부장관의 문서를 접하게 되었다. 거주하는 곳에서 가장 가까운 곳의 학구장과 연락하라는 내용이었다. 그래서 로제 멜은 엑스마르세유에 가서 '임시 교수 자격으로' 마르세유의 티에르고등학교에 배정받았다. "그 학교에 도착하여 교장을 만난 자리에서 나는 '임시 교수 자격'이 무슨 의미인지를 물어보았다. 그러자 그는 정식 교수 이름이 폴 리쾨르라고 대답하였다."[37]

행정당국은 리쾨르가 나치의 손아귀에서 벗어날 수 있기를 기대하고, 또 그렇게 생각하였다. 그러나 멜은 그것을 믿지 않았다. 왜냐하면 리쾨르에게는 굴을 파

34) 폴 리쾨르, 《비평과 확신》, 앞의 책, 30쪽.
35) 같은 책.
36) 같은 책, 31쪽.
37) 로제 멜과의 대담.

고, 파낸 흙을 감추는 것과 같은 점점 더 심해지는 감시를 따돌리는 재주가 없다고 생각하였기 때문이다. 로제 멜은 종전 이전에 리쾨르를 재회할 수 있으리라고 생각하지 않았다. 그래서 그는 1942년, 리모주의 학교에 정식 교사 자리를 제의받았을 때 그곳을 포기하고 마르세유에 남았다. "나는 리쾨르가 돌아오지 않을 것을 알고 있었다."[38] 실제로 리쾨르는 전쟁 포로가 되어 프랑스로부터 멀리 떨어진 동포모제로 이송되었다. 그리고 종전까지 그곳에 갇혀 있었다.

38) 로제 멜과의 대담.

II

수용소에서의 경험
1940-1945

6

동포모제에서의 포로 생활

포로가 된 리쾨르는 동물 수송용 기차를 타고 동쪽으로 달렸다. 독일 영토를 가로지른 기차는 1940년 6월 동포모제의 로에더리츠 역에 멈추었다. 리쾨르는 슈테틴(현재의 슈체친) 동쪽 1백여 킬로미터 지점에 있는 폴란드의 그로스본 수용소에 배치되었다. 포모제의 한적한 시골에 위치한 수용소는 기차역에서 몇백 미터밖에 떨어져 있지 않았다. 그는 여섯 개의 감시탑 아래 철조망으로 둘러싸인 15헥타르 넓이의 이 수용소에서 새로운 생을 시작하여야 했다. "감시탑과 철조망 안쪽에 목재 막사들이 늘어서 있었다. 각 막사에는 네 개씩의 방이 있었고, 각 방에는 48명이 거주하였다. 방에는 3층짜리 침대 여덟 개가 두 줄로 배치되어 있었다."[1] 거기서 포로들은 한 줄로 선 다음 점호를 하고, 자리를 옮겨 재편성된 다음 알몸 신체검사를 받아야 했다. 독일 감시병들은 포로들을 20명씩 조를 짰으며, 그 중 1명을 조장으로 삼았다.

그 지방의 토양은 매우 척박해서 농사에는 적합하지 않았지만 탈주에는 좋았다. 그러나 실제로 탈출에 성공한 사람은 별로 없었다. 몇몇은 도착하자마자 탈출을 위해 두더지가 될 생각을 하였다. 가을이 되어 수용인원이 너무 많아지자 독일 당국은 나이가 많은 포로들을 이송시켰다. 그 덕택에 두세 개의 막사가 비게 되었다. 이것은 조용함을 희구하는 지식인들에게는 횡재나 다름없었다. 11제곱미터의 공간에 40명이 빽빽이 들어차 있는 상황에서는 독서나 일을 할 수 있는 여유가 없었기 때문이다. 리쾨르가 예전에 훈련을 받을 때 '잡지'를 만드느라 만났던 폴 앙드레 르조르를 같은 방에서 다시 만난 것은 이런 사정에서였다.

---

1) 폴 앙드레 르조르, 《기억의 몫》, 페야르, 파리, 1933년, 22쪽.

사람들이 '지식인' 막사라고 부르는 37-5번 막사는 당연히 매우 지적인 분위기였다. 그곳에는 문학 교수자격시험에 합격한 육군 소위 자크 데비에즈도 있었다. 그는 랑 근처에서 퇴각 전투를 하다가 부대원들과 함께 포로가 되었다. "우리는 바보같이 독일군 초소와 맞닥뜨리는 바람에 체포되었다. 심지어 그들은 프랑스어로 우리를 불렀다. 나는 손을 들 필요조차 없었다."[2] 페르낭 랑그랑은 베르사유의 오슈고등학교 철학 교사였으며, 장 슈발리에는 영어 교사였다. 그 방의 대표는 정규병 장교로, 그 방에서 가장 높은 계급인 대위들 중에서 제일 연장자인 보르페르 대위였다. 이들 지식인 그룹은 한 방에 25명이라는 특별 대우를 받았다. 그 덕택에 그들은 약간의 공간과 고요를 누릴 수 있었다.

철학 교수자격을 가진 미켈 뒤프렌은 1940년 당시 이 '지식인' 그룹들과는 별도로 철조망 너머 수용소의 다른 지구에 있었다. 그러나 극적인 사태에 의해 이들 그룹에 끼이게 된다. 그것은 1942년 봄, 한 포로가 수용소의 모래흙에 굴을 파서 탈출을 시도한 사건이다. 이 포로는 독일군에 의해 사살되었다. 그러나 독일군은 이런 종류의 탈출 시도의 재발을 막기 위해서 모든 프랑스 포로들을 보다 단단한 토양 위에 세워진 다른 수용소로 이송하기로 결정하였다. 1942년 5월 프랑스 포로들은 90킬로미터 떨어진 아른스발데 캠프로 이동하고, 대신 그로스본에는 폴란드인들이 수용되었다. 물론 프랑스인들과 폴란드인들 사이의 교신은 금지되었지만, 그럼에도 불구하고 이 교환을 계기로 여러 애국적인 시위들이 벌어졌다. "프랑스인 환영위원회는 역 맞은편 막사에 붉은 이불과 흰 이불을 내걸었다. 폴란드 국기 대신이었다. 폴란드인들이 다가오자 환호성이 터져 나왔다."[3] 한편 폴란드인들은 장교 12명이 가슴에 흰 종이를 오려 알파벳 대문자 한 자씩을 붙이고 있었다. 12명이 나란히 서자 '프랑스 만세!' 라는 글이 되었다. 종이쪽지들이 두 진영 사이에 오갔으며, '드골 만세' '지로 만세' 와 같은 외침들이 터졌다. 폴란드인 중 한 명은 아코디언으로 프랑스 국가, 라 마르세예즈를 연주하기도 하였다.

그러나 그로스본의 모래와 땅굴과 두더지 흉내는 끝나 버렸다. 새로운 수용소에는 모든 것이 시멘트로 덮혀 있었던 것이다. 게다가 이송 과정은 무척 고통스러웠다. 독일 군인들이 매우 짜증이 나 "감시병들은 마치 짐승을 다루는 것처럼 우

2) 자크 데비에즈와의 대담.
3) 로제 이코르, 《얘야, 한번 들어 보렴》, 알뱅 미셸, 파리, 1975년, 321쪽.

리를 다루었다. 총개머리로 때리고, 총검으로 짐을 찔러 보았으며, 소리를 지르고 욕설을 퍼부었다."[4] 그로스본의 모래 평원 대신 아른스발데의 초록 벌판이 전개되었다. 경치는 훨씬 나았다. 경작된 농토 사이로 나무들이 바람에 흔들렸다. 정지된 풍경 속에서의 2년의 생활 후에 맛보는 움직임과 생의 느낌이었다. 아른스발데 수용소의 주거 조건은 좀더 쾌적하였다. 복도 바닥에는 사암이, 방에는 마루가 깔린 석조 병영 건물은 그로스본의 목조 건물보다 나았다. 그러나 감시병들의 의도는 프랑스인들의 운명을 개선하는 데 있지 않다는 것이 곧 분명히 드러났다. 아른스발데의 규칙은 보다 엄격하였다. "우리는 곧 그로스본을 그리워하기 시작하였다."[5] 그로스본에서는 11시에 소등하였지만, 여기서는 9시면 전기가 나갔다. 예전에는 매일 하던 샤워도 이제는 1주일에 한 번으로 제한되었다. 매일 한 번이던 점호도 세 번으로 늘어났다. 9헥타르 면적의 수용소는 여전히 붐볐다. 약 3천 명의 포로들이 1945년까지 함께 생활하여야만 했던 것이다.

1942년 5월 유명한 철학자의 **슈투브**(Stube)[6]가 생겨난 것은 바로 8명에서 15명 정도로 구성된 이 수용소의 한 방에서였다. 실제로 제3구역 205호실에는 폴 리쾨르 · 미켈 뒤프렌 · 페르낭 랑그랑 등 3명의 철학자와 영어학자 장 슈발리에, 물리학자 사비나스, 작가 로제 이코르, 문학 교수자격시험 통과자 자크 데비에즈가 배치되어 있었다. 대학인이 아닌 유일한 사람은 폴 앙드레 르조르였는데 "우리는 그가 우리보다 훨씬 교수답다고 주장하였다."[7] 이들 8명의 포로들은 지적 활동에 적합한 환경을 만들었다. 그들은 운 좋게도 독일 국방군 지휘 계열에 속해 있었다. 따라서 SS와 유대인 사냥을 피할 수 있었다. 로제 이코르는 유대인이었다.

이들 장교 포로들의 상황은 보통 포로들과는 비할 바 없이 좋은 것이었다. 물론 일반 프랑스 포로들의 조건 또한 다른 나라 포로들에 비해 나았다. 그로스본에서 그들은 러시아 포로수용소 바로 옆에 있었다. 1941년, 갑자기 이 수용소 건물에 사람들이 들어왔다. 로제 이코르는 자신의 노트에 이 당혹스런 상황에 대해 기록하였다. 러시아 포로들은 기차에서 내리기 전에 동물 운반 차량 속에서 아무런 음

4) 피에르 플라망, 《장교포로수용소 II D-II B》, 장교포로수용소친목회, 파리, 1956년, 25쪽.
5) 같은 책, 27쪽.
6) 내무반.
7) 자크 데비에즈와의 대담.

식도 먹지 못한 채 열흘 동안이나 갇혀 있었다. "그 결과 상당한 사람들이 굶어죽었다——허기진 그들의 동료들은 두 수레 분량의 시체들이 벌거벗겨진 채 짐승처럼 구덩이에 던져지는 것을 지켜보았다……. 매일같이 수많은 러시아 포로들이 매장되었다."[8] 이 러시아 포로수용소의 조건은 매우 혹독하였다. 그것은 4천 명의 포로 중에서 1천4백 명만이 살아남았다는 사실이 증명해 준다. 식량 부족이 극심하였기 때문에 식인 사건도 일어났다. 그러나 철조망 너머 제4구역에서 매일같이 벌어지는 잔혹한 상황들을 직접 목도하고서도 프랑스 포로들은 나치의 잔혹성의 진정한 실체를 알지 못하였다.

그로스본의 막사, 그리고 이어 아른스발데의 막사에서 포로들을 기다리는 것은 그들의 충실한 동반자, 즉 이였다. "그것들은 우리보다도 더 허기져 있었다. 우리는 곧 그들의 공격을 받았다."[9] 그것은 정말 대재난이었다. 이는 도처에서 번식하였다. 옷 사이사이, 그리고 몸 사이사이. 포로들에게는 강제노동이 부과되지 않았다. 따라서 그들은 시간을 마음대로 쓸 수 있었다. 그들의 적은 바로 권태와 무료함이었다. 그들은 신경쇠약에 걸릴 지경이었다. 특히 전쟁이 길어질 것이 분명해지자 신경쇠약을 이겨내는 방법을 찾는 것이 꼭 필요해졌다. 언젠가 프랑스로 돌아가 정상적인 생활을 할 수 있을지 어떨지 모르는 상태에서 의미 없는 생활을 하는 그들은 목적도, 기한도, 의미도 없는 긴 시간 앞에서 병이 날 지경이었다. 이러한 덧없는 시간의 악영향에 대항하기 위해 그들은 유머를 사용하였다. "우리들 사이에서 유행하던 다음과 같은 우스개가 이러한 상황을 잘 설명해 준다. '어머, 이렇게 만나게 되다니!' 작은 어항 속의 금붕어가 함께 사는 금붕어를 스쳐가면서 말했다. '그런데 너 다음 수요일에 뭐하니?'"[10]

매일의 생활은 전쟁 초기부터 끝까지 자질구레한 구속과 간섭과 결핍으로 가득 차 있었다. 그것은 그들에게 포로라는 처지를 일깨워 주기 위한 것이었다. 먼저 아침 6시에서 7시 사이의 기상과 이어 행해지는 유명한 점호가 있다. 점호는 원칙적으로 시간이 정해져 있었다. 그러나 조금만 수가 틀리면 시도때도없이 여러 번 점호가 거듭 시행되었고, 마당에서 1시간씩 기다리는 일도 있었다. 그 위에 더하

8) 로제 이코르, 《애야, 한번 들어 보렴》, 앞의 책, 313쪽.
9) 폴 앙드레 르조르, 《기억의 몫》, 앞의 책, 23쪽.
10) 로제 이코르, 《애야, 한번 들어 보렴》, 앞의 책, 112쪽.

여 수색이 있었다. 모든 포로들은 짐을 가지고 세관을 통과하듯이 검사를 받아야 하였다. 그동안 감시병들은 막사를 이 잡듯이 뒤졌다. 그러나 그 수색은 쓸데없는 짓이었다. 막사가 너무나 뒤죽박죽이었기 때문이다. “아우게이아스의 마굿간〔뒤죽박죽으로 유명함. 헤라클레스가 이곳을 청소하였다〕이나 넓은 모래밭을 제대로 검사할 수 있는 방법이 있겠는가?”[11] 게다가 시간별로, 구역별로 미리 정해서 행해지는 이러한 수색에는 머리를 쓰면 피해 갈 수 있는 방법이 얼마든지 있었다.

포로들은 삶의 조건을 향상시키기 위하여 여러 가지 꾀를 짜내었다. 물리학자 사비나스는 자기 방에 충분한 빛을 공급할 수 있는 방법을 고안해 내었다. 허가된 전구는 25와트짜리였다. 그 전구의 희미한 누런 불빛으로는 읽을 수도 쓸 수도 없었다. 그들은 마을의 암시장에서 80와트짜리 전구를 입수하였다. “병영이 닫히면 사비나스가 올라가서 25와트짜리 전구를 빼내고 80와트짜리로 갈아끼웠다.”[12] 스팀 난방관을 통해 보초가 지나간다는 신호가 들려오면 사비나스는 침대에서 일어나 80와트짜리 전구를 본래대로 바꾸어 끼웠다. 그는 전구를 식량 부족을 대비하여 콩을 비축해 놓은 철제 상자 속에 감추어 두었다. 막사 수색시 독일 감시병은 방 안을 샅샅이 뒤지지만 이 상자는 열었다 그냥 닫곤 하였다. 이렇게 해서 이 방 사람들은 저녁에 일을 할 수 있었다. 또한 독일군이 퓨즈를 빼놓을 때면 프랑스 전기기술자들은 보초가 등을 돌리자마자 자신들이 만든 사제 퓨즈로 갈아끼우곤 하였다. 그러나 창문에 종이를 붙이는 것만으로는 방 안의 불빛을 독일군에게 감출 수 없었다. 독일군은 근본적인 조치를 내렸다. “독일군이 퓨즈 사건을 알게 되자 그들은 자동 차단기를 내려 버렸다. 그래서 우리는 어둠 속에서 침대에 누워 얘기나 할 수밖에 없었다. 주제는 다양하였다. 스피노자 · 칸트 · 페탱 · 히틀러, 좋은 치즈, 나쁜 치즈, 그리고 야스퍼스까지 화제에 올랐다.”[13]

철학자의 방의 여덟 포로들은 일종의 ‘내무반-식사조’를 구성하고 있었다. 한 식구나 마찬가지로 방에서 함께 요리하여 식사를 해결하는 경제 단위였다. 그들은 슈빈에서 온 한 예비역 장교가 발명한 화덕을 이용하여 요리하였다. 그 때문에 화덕은 그들 사이에서 슈빈 혹은 슈비네트라고 불리었다. “그것은 큰 깡통 속에 구멍

11) 로제 이코르, 같은 책, 210쪽.
12) 폴 앙드레 르조르와의 대담.
13) 위의 대담.

을 뚫은 작은 깡통을 넣은 것으로 매우 불이 잘 붙었다."[14] 하루에 15분밖에 가스를 사용하지 못하였기 때문에 그들은 주로 슈비네트에 종이를 태워서 요리하였다.

그러나 노르망디 상륙 작전으로 독일 감시병들의 심기가 사나워지자 프랑스의 가족으로부터 오는 소포가 금지되었다. 더 이상 소포 포장지를 연료로 사용할 수 없게 되자 그 대신 나무를 구하여야 했는데, 그것은 엄격하게 금지되어 있었다. 이런 상황에서 어쩔 수 없이 "우리 방에 속해 있던 리쾨르는 (…) 군용 외투 밑에 내 허벅다리만큼이나 굵고 어깨까지 올라올 정도로 긴 말뚝을 가져왔다. 몇 주일치의 화덕 연료로 충분한 크기였다."[15]

그의 용맹은 이것이 처음이 아니었다. 실제로 1943년, 독일군은 막사를 수색하여 불법 반입물과 특히 침대 밑에 산더미같이 쌓여 있던 나무를 압수하였다. 포로들은 마당에 줄지어 서서 추위에 떨면서 점호를 기다리고 있었다. 그날 점호는 일종의 보복이었으므로 3,4시간이나 걸렸다. 독일군은 수레에 나무를 실어 놓았다. 얼마 후 몇몇 포로들이 수레에 다가가 나무를 집어 외투 속에 감추었다. "리쾨르도 배짱 좋게 장작을 외투 밑에 감추었다. 그가 돌아오려고 할 때 보초가 소리를 지르기 시작하였다. 리쾨르는 빨리 뛰기 시작하였다. 외투 밑에서 장작이 하나씩 떨어졌다. 그는 총을 맞을 수도 있었다. 그렇지만 상관하지 않았다."[16]

집에서 보내오는 소포는 중요한 음식 공급원이었다. 그들은 그것으로 배급 식량의 부족함을 달래었다. 또한 그들은 식당 당번병으로부터 남는 음식을 사들였다. 로제 이코르는 수용소 내에서 요리 전문가로 소문이 났다. 그는 특히 맛없는 수프 속에 든 감자를 건져내어 라드를 첨가해 감자볶음을 만들어 내는 것으로 유명했다. 다른 구역 사람들도 그에게 와서 조언을 구했다. 심지어 그는 "당근을 길이로 자르느냐, 넓이로 자르느냐, 그리고 채치느냐, 둥글썰기를 하느냐에 따라 맛이 어떻게 달라지는가"[17]에 대해 장황하게 설명하기도 하였다. 자크 데비에즈도 요리를 잘했다. 그는 항상 맛있는 음식을 만들어 낼 줄 알았다. 리쾨르는 요리 솜씨가 좋지 않았지만 자기 임무를 충실히 해내었다. 리쾨르의 당번 차례가 오면 방 식구들은 은근히 걱정이 되었지만 내색하지는 않았다. 예를 들어 마지막 식사 때

---

14) 자크 데비에즈와의 대담.
15) 로제 이코르, 《애야, 한번 들어 보렴》, 앞의 책, 236-237쪽.
16) 폴 앙드레 르조르와의 대담.
17) 로제 이코르, 《애야, 한번 들어 보렴》, 앞의 책, 129쪽.

는 음식이라고는 스웨덴 순무밖에 없었는데, 리쾨르가 그것을 태워 버렸다. "아무도 불평하지 않았다. 그렇지만 식사하는 동안 모두 차가운 침묵을 지켰다."[18)]

1944년 노르망디 상륙 작전이 감행되자 그들은 미구에 파리가 해방되면 그것을 어떻게 축하할 것인가를 논의하였다. 슈발리에는 미국 소포에 들어 있던 건포도를 사용하여 포도주를 만들겠다고 하였다. 모두들 이 제안에 대찬성을 표하였다. 1940년 이후, 술이라고는 마셔 보지 못하였던 것이다. 장 슈발리에는 정성스럽게 이 일을 수행하였다. 얼마 후, 물병으로부터 술 냄새가 풍겨 나오기 시작하였다. 감미로운 향기는 모두를 도취시켰다. 그러나 어느 되통스러운 사람이 이 행복을 끝장내었다. 술병이 넘어져 버린 것이다. 모두들 경악 속에서 기대가 물거품이 되는 것을 지켜보았고, 꽤 오랫동안 포도주 찌끼 냄새를 맡아야만 하였다. 이 되통스러운 짓을 범한 장본인은 바로 폴 리쾨르였다. "그 자리에서 그를 죽이지 않은 것은 우리 모두 그를 좋아하였기 때문이다. 그러나 정말 죽이고 싶을 지경이었다."[19)]

식량 부족은 평등을 낳았다. 사람들은 소포로 부쳐온 음식물 중 기본적인 음식을 같은 방 식구들과 나눠 먹었다. 배급받은 빵은 공평하게 나누어졌다. 그럼에도 불구하고 수용소의 포로들은 모두 허기에 시달렸다.

외부 소식은 편지를 통해 전달되었다. 그러나 그것은 매우 엄격하게 통제되었다. 포로들은 지정된 서식 용지를 사용하여 한 달에 편지 두 장과 엽서 두 장을 쓸 수 있었다. 필기 도구로는 단지 아닐린[20)] 연필만을 쓸 수 있었을 뿐이다. 편지가 수신인에게 도착하기까지는 3주일이 걸렸다. 그러므로 한 번 편지를 주고받으려면 2개월이 걸렸다. 소포는 무게 제한이 있었다. 소포 하나에 5킬로, 따라서 1개월에 도합 10킬로까지 받을 수 있었다. 반입 금지 물품이 매우 많았기 때문에 이를 속이기 위해 온갖 꾀를 다 짜내어야 했다. 소포는 음식물과 함께 책을 입수하는 통로였다. "우리는 수신인에게 필요한 것을 알릴 수 있었다. 나는 아내에게 소포에 햄과 초콜릿과 함께 한두 권의 책을 넣어 달라고 부탁하였다. 리쾨르도 마

18) 자크 데비에즈와의 대담.
19) 로제 이코르, 《얘야, 한번 들어 보렴》, 앞의 책, 385쪽.
20) 아닐린은 인디고 남빛 물감을 빼내고 난 후에 얻는 벤젠 부산물이다.

찬가지였다."[21]

리쾨르의 부주의는 여기서도 드러난다. 장교포로수용소 2D의 신문인 《모래 위의 글》의 '오락' 란에는 다음과 같은 유머러스한 기사가 실려 있다. "우리의 젊고 총명한 철학 교수 폴 리쾨르는 딴 데 정신을 파는 경향이 있다. 그는 검열관으로부터 백지 편지를 돌려받았다. 잊어버리고 내용을 쓰지 않았던 것이다. 리쾨르는 도인이다."[22] 실제로 유머는 낙담을 극복하는 데 중요한 역할을 하였다. 장교포로수용소 2D의 신문인 《모래 위의 글》에는 이러한 정신이 잘 나타나 있다. 거기에는 포모제의 겨울이 12월 21일에 시작하여 12월 20일에 끝나는 것으로 표현된다. 또한 여성에 대해서는 다음과 같이 정의되어 있다. "다정한, 사랑을 주는 동물, 수용소에는 멸종된 종."[23] 1941년 여름이 다가오자 이 신문은 그로스본의 숨은 매력을 찬양하였다. "리비에라의 찬양자들이여 슬퍼할지어다. 올해 여름, 쥐앙레팽〔프랑스 남부 리비에라 해안에 있는 여름 휴양지〕은 포모제의 리조트에 1등 자리를 내주었다. 구름 한점 없는 하늘 아래 그로스본 상 테름(어떤 불평분자의 표현처럼 상 튀른이 아니라)은 한창 때를 구가하고 있다. 〔상 테름 · 상 튀른은 각각 '온천 없는' '누추한 방이 없는' 을 의미한다. 프랑스의 온천 이름에 '앙 테름' 이라는 말이 붙는 것을 흉내낸 표현이다.〕 특히 당국은 손님들을 '붙들어두기' 위해 노력을 아끼지 않고 있다."[24] 이 글을 쓴 사람은 아마도 그후에도 여러 번의 '여름 휴가' 를 수용소에서 보내리라고는 예상하지 못하였을 것이다.

---

21) 미켈 뒤프렌과의 대담.
22) 《모래 위의 글》, 제20호, 1942년 2월 28일.
23) 같은 책, 제4호, 1941년 6월 1일.
24) 같은 책, 제5호, 1941년 6월 15일.

7
활발한 지적 · 문화적 활동

폴 앙드레 르조르가 훈련소에서 '잡지'를 만들던 때의 친구를 그로스본에서 재회하였을 때, 그들은 아직 같은 내무반에 속해 있지 않았다. 그러나 그는 즉시 폴 리쾨르의 니체 강연에 참석하였다. 강의는 야외의 모래 비탈에서 행해졌다. 모래 언덕 아래에 있는 석탄 창고에 기대어 선 강연자를 중심으로 청중들이 모래에 올라앉은 모습은 그리스식 계단 강당과 흡사하였다. 리쾨르는 강연 원고 없이 1시간 30분 동안 강의하였다. 그는 이 강연에서 진짜와 가짜 니체주의를 구분하였다. 그에 의하면 나치가 부당하게 인용하는 니체주의는 권력 의지 개념을 완전히 오해하고 있다. 권력 의지란 나치가 주장하는 것과는 전혀 다른 것이다. "그것은 매우 멋진 추억이었다."[1] 책도 없이, 그리고 메모도 없이 행해진 이러한 이데올로기의 도구화에 대한 비판적이고 반성적인 성찰은 매우 큰 인상을 남겼다.

다양한 주제에 대한 즉흥적인 강연들의 성공에 힘입어 수용소 내 대학이 창설되었다. 1940년 10월 15일 장교포로수용소 내 대학이 개교하였던 것이다. 하루 평균 2강좌가 개설되었고, '공식적인' 시험도 있었다. 대부분의 학과 강의가 개설되었다. 그러나 10여 명의 강사가 특히 눈에 띄었다. "리쾨르 중위는 초기 그리스에서부터 현대에 이르기까지의 철학사상사를 개괄하였다. 그는 메모에 의지하여 거의 즉흥적으로 강의하였다."[2] 수용소 대학의 초대 '총장'인 장 리뱅은 사회과학 강의를 하였고, 가론 교수는 종교학을, 리뱅에 이어 총장을 맡은 바티클 소령은 근대 및 현대사를, 앙잘베르 중위는 농촌 주거와 토지 구조에 대한 강의를 하였다.

그로스본 수용소는 그 지역 독일 장교들 사이에서 유명하였다. 그들은 그것을

1) 폴 앙드레 르조르와의 대담.
2) 피에르 플라망, 《장교포로수용소 II D-II B》, 앞의 책, 130쪽.

'지식인수용소' 라고 불렀다. 능률적인 행정을 위해 총장을 비롯하여 학장 · 학과장 및 교수단과 같은 행정 조직이 도입되었다. 수용소 대학에는 인문학 · 과학 · 법학의 세 개 단과대학이 있었다. 책은 주로 포로들의 집에서 소포로 배달되었다. 그러나 다른 경로로도 입수가 가능하였다. 쾨니히스베르크대학교로부터 도서 대출을 받을 수 있었으며, 금서 목록에 들지 않은 책들의 경우 독일인들에게 도서 주문을 요청할 수도 있었다. 또한 스웨덴을 통해 적십자에서도 책이 보내졌다. 그리하여 "수용소 내에 상당히 좋은 도서실이 만들어졌다."[3] 실제로 1943년에 이르러 수용소 내의 도서 총수는 2만 2천 권에 달하였고, 그 중에서 대학용이 1천6백 권이었다.

이들은 강의 이외에 개인적 집필과 연구도 하였다. 리쾨르는 뒤프렌과 함께 카를 야스퍼스의 모든 저작들에 대한 정독을 시작하였다. 이 연구는 1947년 이들의 공동 저작으로 출간되는데, 이 책의 대부분은 수용소에서 씌어졌다.[4] 리쾨르는 또한 후설의 《이념 I》의 독일어판 책 가장자리에(종이가 없어서) 프랑스어 번역을 하였다. 그것은 매우 위험한 일이었다. 왜냐하면 후설의 책은 금서 목록에 올라 있어서 수용소 내에서 금지되어 있었기 때문이다. 따라서 리쾨르가 입수한 책은 항상 침대 매트리스 밑에 감춰져 있었다. 이 번역 덕택에 전후 프랑스 독자들은 후설의 현상학에 접근할 수 있게 되었다. 이 독일어판 후설은 리쾨르에게 있어 일종의 유물이 되었다. 리쾨르가 훔친 하이데거의 《존재와 시간》 역시 그러하였는데, 그 책에는 수용소의 도장이 찍혀 있다. 이것들은 긴 영어 생활의 기념품들이다.

야스퍼스와 후설의 책 덕택에 리쾨르는 증오의 감정에서 자유로울 수 있었다. 그에게 있어 감시병들은 진정한 독일의 한갓 찰나적인 망령에 불과하였다. 진정한 독일은 이러한 철학적 저술 속에 담겨 있었다. "나에게 있어 감시병들은 존재하지 않는 것이나 마찬가지였다. 나는 책 속에서 살았다. 어린 시절에 그랬던 것처럼."[5] 그는 일상 생활을 완전히 무시할 수 있었다. 그리하여 그가 정규적으로 아내 시몬에게 보내는 노트에는 사건이나 행위, 그리고 그의 감정과 분노 등이 전혀

3) 미켈 뒤프렌과의 대담.
4) 미켈 뒤프렌과 폴 리쾨르, 《카를 야스퍼스와 실존의 철학》, 탕 프레장, 파리, 1947년.
5) 폴 리쾨르, 《비평과 확신》, 앞의 책, 37쪽.

나타나 있지 않았다. "일상 생활에 관한 것은 하나도 없었다……. 그것은 완전히 지적인 것이었다. 그것은 《의지와 무의지》의 스케치, 초고, 뼈대였다."[6] 리쾨르는 1940년에서 1945년 사이를 1930년에서 1935년 사이처럼 주로 공부에 바쳤다. 그는 벌써 이때부터 1950년에 박사 논문으로 통과된 의지에 관한 논문의 기본적 내용들을 써나가기 시작하였던 것이다. "폴은 나보다 훨씬 많이 공부하였다……. 그는 일하는 데 비상한 능력을 가졌다."[7]

아침 6시에 기상한 그는 곧 지붕 밑의 일종의 다락 같은 곳에 혼자 올라가 있기 일쑤였다. 심지어는 소포가 늦어져서 모두들 배고파하고, 많은 사람들이 기력이 없어서 침대에 누워 있을 때에도 리쾨르는 일을 계속하였다. 철학자 방에는 8명의 포로들이 사용하는 작은 식탁도 있었다. 사비나스는 거기서 야스퍼스를 공부하는 리쾨르 및 뒤프렌 곁에서 물리학 교수자격시험을 준비하였다. 모든 일상 생활은 철학적 관점에서 분석되었다. 폴 앙드레 르조르는 리쾨르의 의지에 관한 박사 논문 준비에 있어 실험 동물 노릇을 한 적이 있다. "1940년에서 1941년 사이의 겨울의 일이다. 어찌나 추웠던지 나는 침대에서 벌떡 일어나 나왔다. 그때 폴이 나에게 침대에서 어떻게 나오게 되었는지 물었다. 그래서 나는 '그냥, 자연스럽게'라고 대답했다. 그렇지만 그는 나에게 행동을 하기 전에 생각하였는지, 아니면 행동하고 생각하였는지를 집요하게 물었다. 그는 항상 그것에 몰두하고 있었던 것이다. 그는 존재 속에서 일어나는 것에 대해 면밀한 주의를 기울이고 있었다."[8]

미켈 뒤프렌은 리쾨르와 함께 야스퍼스에 대한 저작을 준비하는 동시에 미학에 관한 강의록을 썼다. 이것은 1952년에 통과된 미학적 현상학에 관한 그의 박사 학위 논문의 출발점이 되었다.[9] 또한 로제 이코르는 스탕달 · 지오노 · 마르탱 뒤 가르에 대한 연구를 하고 있었으며, 《사막에서》라는 소설을 썼다. 그는 이 원고를 위험한 귀향길에서 잃어버렸다. (그러나 프랑스에 돌아와 다시 쓰는 데 성공하였다.) 반면 폴 앙드레 르조르는 그의 첫 소설 원고 대부분을 보존할 수 있었으며, 그것은 1946년에 출판되었다.[10] 한 장의 집필이 끝날 때마다 그는 리쾨르에게 그것을 보

6) 찰스 리건과의 대담.
7) 미켈 뒤프렌과의 대담.
8) 폴 앙드레 르조르와의 대담.
9) 미켈 뒤프렌, 《미적 체험의 현상학》, PUF, 파리, 1953년.
10) 폴 앙드레 르조르, 《신장과 심장》, 플롱, 파리, 1946년.

여 주었으며, 그들은 함께 그것에 대해 열정적으로 토론하였다. "이 토론을 통해 나는 문제점을 정확히 파악할 수 있게 되었다."[11] 이 소설의 주제는 판단을 하려면 완전히 타인의 입장에 설 수 있어야 한다는 것이었다. "나는 이것을 증명하기 위해 허구적 인물을 사용하였다. 그러나 리쾨르는 철학자들을 통해 그것을 행하였다."[12] 폴 앙드레 르조르는 귀향의 대장정 과정에서 이 원고를 소중히 간직하였다. 리쾨르는 그에게 가브리엘 마르셀을 만나 보라고 하였다. 그는 마르셀이 이 소설의 주제인 존재의 특이성에 대해 흥미있어 할 것을 알았던 것이다. 그래서 르조르는 1945년 마르셀을 만났다. 마르셀은 이 원고를 그가 기획하는 '이삭' 총서에 포함시켜 출판해 주었을 뿐만 아니라 직접 서문까지 써주었다. 리쾨르 또한 1947년 4월 《에스프리》에 여기에 관한 긴 해설을 썼다. 이들 두 친구의 사상적 공통점은 여기에서도 드러난다. 실제로 리쾨르가 후에 철학적 관점에서 발전시켜 나간 주제들의 상당 부분이 여기에서 맹아 상태로 드러나 있다. "분열된 세계를 그리기 위해, 소설가는 스스로 분열되었다. 즉 그는 모욕당한 소설가가 되는 것을 선택하였던 것이다."[13] 그의 소설에서는 등장 인물들의 진실을 직접적으로 파악하기가 불가능하기 때문에 독자들은 재판관의 위치에 설 수 없다. 각각의 등장 인물들은 하나의 수수께끼이며, 의식은 항상 복수적이다. 그리고 자신에서 빠져나오려면 커뮤니케이션이 필수적이다. 이것들은 모두 리쾨르가 특히 중요시하는 주제이다. "복수성을 창조하는 것은 그것을 개관하는 것이 아니라 그것을 인정하고, 그것의 분열을 받아들이는 것이다."[14] 글쓰기는 해석의 자유를 허용하며, 소설가는 교훈을 주기를 거부한다. 창조자는 "우리에게 가치를 가르칠 수도 없고, 가르쳐서도 안 된다."[15] 르조르는 이 해설이 "범상하지 않은 이해력과 꼿꼿한 지성을 갖춘"[16] 사람으로부터 신진 작가가 받을 수 있는 가장 심오하고 사려 깊은 해설이라고 보았다.

이 학구적인 포로들은 장교포로수용소의 신문인 《모래 위의 글》에도 기고하였다. 르조르는 1941년 5월 1일자 신문에 조르주 뒤아멜과 《파스키에 가(家)》에 대

11) 폴 앙드레 르조르와의 대담.
12) 위의 대담.
13) 폴 리쾨르, 〈상호적 신비, 혹은 모욕당한 소설가〉, 《에스프리》, 1947년 4월, 691쪽.
14) 같은 책, 695쪽.
15) 같은 책, 698쪽.
16) 폴 앙드레 르조르와의 대담.

한 글을 썼으며, 그후 '예술과 비평' 이라는 난에 고정적으로 기고하였다. 1942년 2월 8일자 신문에는 리쾨르의 초상화 아래 '리쾨르를 아십니까?' 라는 긴 기사가 실렸다. 필자는 '학생의 정신' 이라고 되어 있다. 여기서 우리는 벌써 리쾨르 내부에 존재하는 시인과 학자 사이의 긴장, 즉 사물의 친근하고 정서적인 파악을 통해 학문적 인식을 풍부히 하려는 그의 의지를 엿볼 수 있다. 그리고 이러한 긴장은 이미 그의 언어에 드러나 있다.

수용소에서는 각자의 교파에 따른 종교 활동이 허용되었다. 리쾨르는 앙리 제르보 목사와 클로드 카리아주 목사를 중심으로 모인 개신교 신자들 중에서 가장 눈에 띄는 사람들 중의 하나였다. 포로 생활 초기부터 그들은 개신교 교회를 만들고, 장로회를 조직하였다. 리쾨르도 장로회 멤버 중의 하나였다. 60에서 80명 사이의 신자를 가진 이 작은 교회는 매우 활발한 활동을 하였다. 일요일 아침 예배 이외에도 장로회는 일요일 오후에 성경 공부반을 개설하였고, 매주 두 번씩 교리 공부반을 운영하였으며, 매일 저녁 기도 시간을 가졌다. 카를 바르트의 영향은 수용소 생활을 통해 더욱 커졌다. "장교포로수용소의 개신교 신자 중의 하나인 조스트 대위는 비밀리에 카를 바르트의 《교회교의학》을 번역하였다. 그것은 《로마서 해설》에 대한 최초의 프랑스어 번역이었다. 그것은 거의 7백 쪽에 달하는 방대한 저작이었다."[17] 이러한 집단적인 활동 덕택에 개신교 교회는 신자수가 적었음에도 불구하고 영향력이 컸다. 아른스발데 수용소에서는 1943년 11월 일반인들을 상대로 '개신교 교리 강요' 라는 강좌가 열렸으며, 리쾨르도 이에 참여하였다. 또한 개신교도들은 가톨릭 신자들과의 교류도 시도하였다. 물론 가톨릭 신자들은 이들에 대해 경계하는 태도를 보이기도 하였다. 그럼에도 불구하고 가톨릭 신부들과 개신교 목사들, 그리고 평신도들이 함께하는 공부 모임이 결성되었다.

수용소의 문화 활동은 글쓰기에만 국한되지 않았다. 음악 역시 활발하였다. 포로들은 축음기를 구해서 일종의 디스코텍을 만들었다. 특히 철학자의 방은 음악 해설로 명성이 높았다. 미리 정해진 프로그램에 따라 매주 한 번씩 음악감상회를 열었다. 그들은 돌아가며 한 명씩 이 감상회를 책임지고 개최하며, 또한 감상곡에 대한 발표 및 집단 토의를 주재하였다. "나는 베토벤의 제5교향곡을 소개한 적이 있다. 미켈 뒤프렌은 드뷔시의 《펠레아스》에 대한 매우 흥미있는 해설을 하였

---

17) 피에르 플리망, 《장교포로수용소 II D-II B》, 앞의 책, 635쪽.

다."[18] 철학자의 방에서는 거의 모두가 악기를 한 가지 이상 다룰 줄 알았다. 페르낭 랑그랑은 오랫동안 오보에를 연주해 왔고, 폴 리쾨르는 피아노를 약간 쳤다. 더 능숙하게 악기를 다루는 사람들은 자주 콘서트를 열었으며, 매번 1천 명 이상의 포로들이 이를 감상하였다. 수용소에서는 소형 영사기를 구입하여 영화도 상영하였다. 상영 횟수는 월 2,3회 정도였다. 연극도 상연되었다. 포로들은 환상으로나마 위로를 얻었다. "사람들은 무대 위의 가짜 여자들을 눈이 빠질 듯이 쳐다보았다."[19] 이러한 활동들 외에 스포츠도 있었다. 부지런한 사람들은 새벽 6시부터 체조를 하거나 조깅을 하러 나갔다. 또한 각 구역마다 스포츠팀이 있었고, 《모래 위의 글》에는 스포츠란이 있었다. 여기에는 제2구역의 '프랑스 스포츠' 팀과 제3구역의 '장교포로수용소 프랑스 스타디움' 팀의 체육대회 경기 스코어가 나와 있기도 하였다. 경기 종목은 축구 · 농구 · 럭비 등이었으며, 겨울에는 루지(소형 썰매 경기)와 스키 등이었다. 심지어 포로들은 스케이트장도 만들었다.

18) 피에르 플라망, 같은 책.
19) 로제 이코르, 《얘야, 한번 들어 보렴》, 앞의 책, 252쪽.

8

페탱 클럽에서 레지스탕스로

정치적 측면의 경우, 프랑스군의 패배를 체험한 포로들의 당혹은 매우 컸다. 그들은 준거의 혼란과 이상(理想)의 좌절과 함께 깊은 죄의식을 느꼈다. 전면적인 군축에 대한 자신들의 주장이 조국의 허약을 불러옴으로써 조국의 점령과 분열, 그리고 모욕에 일조하였을지도 모른다는 생각이 그것이었다. 나치의 위협에 대한 폄하, 뒤늦은 평화주의 등이 오류였다는 것이 분명해지면서 사람들은 죄의식을 느꼈다. 때문에 그들은 이러한 죄의식을 교묘하게 이용할 줄 알았던 구원자를 열렬히 지지하였다. 페탱은 바로 이런 구원자의 모습으로 나타났다. 프랑스 국내에서도 그랬지만 멀리 떨어진 포모제 평원에서는 더욱 그랬다. 여기서 페탱은 점령자들에게 무릎을 꿇지 않은 유일한 프랑스인으로 간주되었다. 제1차 세계대전 당시 베르댕 전투의 영웅이었던 그는 그러한 후광 덕택에 무너지는 조국을 그만큼이라도 보전한 인물이자 어쩌면 영원히 프랑스로부터 격리될지도 모를 이들 포로들에게 프랑스를 상징하는 인물로 칭송되었다. 1940년에는 어느 누구도 그들이 프랑스로 돌아갈 수 있을지 없을지를 알 수 없었다. 따라서 "당시 페탱의 인기는, 적어도 우리 수용소 내에서는 대단하였다"[1]고 로제 이코르는 쓰고 있다. 그러나 이코르는 원래 열렬한 사회주의 투사였으며, 프랑스와 독일 사이에 휴전 협정이 체결되기 이전부터 놀라운 명철성을 가지고 '런던의 장군'에 대해 이야기한 사람이었다. 이코르는 다른 사람들과는 달리 프랑스가 전쟁을 계속할 수 있었다고 주장하였다. 그러나 그의 노트에서조차 드골의 이름은 전쟁 패배로부터 1년 이상이 지난 1941년 10월 8일이 되어서야 나타나기 시작한다. 이 사실만 보아도 우리는 페탱에 대한 초기의 지지가 얼마나 강하였는지를 알 수 있다. 리쾨르도 여기에 있어

1) 로제 이코르, 《얘야, 한번 들어 보렴》, 앞의 책, 101쪽.

예외가 아니었다. "솔직히 말하자면 나는 1941년까지 다른 사람들과 마찬가지로 (선전 공작이 매우 활발하였으므로) 페탱주의의 몇몇 측면에 마음이 끌렸다. 어쩌면 조국의 쇠약에 일조하였다는 나의 죄책감이 공화국에 대한 나의 반감 속에 섞여 있었는지도 모르겠다."[2]

이러한 낙담과 모욕의 상황 속에서 단합되고 강한 프랑스를 만든다는 계획은 포로들에게 있어 위로와 함께 상황 반전에 대한 희망을 주었다. 이것은 특히 선전 공작이 난무하고 진실된 정보가 별로 전달되지 않는 수용소의 경우에는 더욱 그 강도가 심하였다. "우리가 프랑스와의 모든 접촉이 끊긴 채 장교포로수용소에 도착한 순간부터 그들은 독일 라디오를 틀어대었다."[3] 포로들은 오직 그 지역의 독일 신문과 《르 마탱》《시냘》《르 프티 파리지앵》과 같은 독일군 점령하에서 엄격한 검열을 통과한 친독일 성향의 프랑스 신문만을 접촉할 수 있었다. 따라서 어느 누구도 뛰어난 대중 선동 기술을 가진 이 체제의 선전 공작에서 벗어날 수 없었다. 전봇대 위에 설치된 거대한 확성기에서는 음악 방송 사이사이로 나치의 공식 뉴스가 계속적으로 흘러나왔다. 그것은 식당에서도 마찬가지였다. 그러나 포로들은 그 지역 신문인 《포모제 신문》에 실린 기사들의 행간을 읽어내기 시작하였다. 리쾨르도 그 신문을 열심히 읽었다. 하도 열중한 나머지 그가 신문을 읽을 때면 "그의 발을 밟아도, 의자를 옮겨도, 신문에서 눈을 떼지 않았다."[4] 신문 부고란의 사망자수 증가를 통해 그들은 나치에 대한 항전의 본격화를 알 수 있었다. 그들은 독일 국방군의 코뮈니케 속에서 숨은 의미를 해독하는 전문가가 되었다. 그러나 프랑스에서의 편지는 더욱 많은 것을 알려 주었다. 물론 편지는 개봉되고, 검열되며, 군데군데 검은 잉크로 지워졌다. 그러나 검열이 전문적이지 않던 초기에는 비유적인 표현이 검열되지 않고 통과되었으며, 이를 통해 몇몇 소식들이 포로들에게 전해졌다. 예를 들어 1940년 9월, 한 편지는 "바다는 초록 해초를 내던졌다"라는 표현을 사용하여 독일군의 영국 상륙 기도가 실패하였음을 전하였다. 1941년 1월, 영국의 끈질긴 항전은 "정말이지 우리의 관광객들은 바다에는 약한 것 같아"[5]라는 말로 표현되었다.

---

2) 폴 리쾨르, 《비평과 확신》, 앞의 책, 31쪽.
3) 피에르 플라망, 《장교포로수용소 II D-II B》, 앞의 책, 242쪽.
4) 폴 앙드레 르조르와의 대담.
5) 피에르 플라망, 《장교포로수용소 II D-II B》, 앞의 책, 255쪽.

그럼에도 불구하고 검열의 효과는 컸다. 그래서 대부분의 포로들은 페탱을 조국과 국가의 존속과 동일시하였다. 또한 그는 독일 감시병들 앞에서 그들이 의지할 수 있는 단 하나의 구원자로 간주되었다. 장교포로수용소의 신문인 《모래 위의 글》은 이러한 여론을 반영하며, 또한 조국 혁명이라는 주제를 널리 알림으로써 그것을 강화하는 데 일조하였다. 성 필리프 축일(5월 3일)을 목전에 둔 1941년 5월 1일, 페탱 원수의 축제가 열렸다. 페탱에게 보내는 연설은 매우 열광적이었다. "여기 있는 3천7백 명의 프랑스인들은 길고 힘든 유배 생활 속에서도 한시도 프랑스를 잊은 적이 없다. (…) 오늘 당신의 축일을 맞아 우리들은 페탱 원수, 당신에게 우리의 존경과 사랑을 보낸다. 당신이 불행한 조국을 위해 바친 많은 세월이 진정한 프랑스를 되찾음으로써 보상받기를 기원한다."[6] 이후에도 이 신문의 칼럼에는 페탱의 여러 정책을 찬양하는 글들이 실렸다. 청년 문제, 경제 문제, 질서의 유지, 진정한 가치로의 회귀 등과 같은 정책들에 관한 찬사는 오랫동안 계속되었다. 실제로 페탱의 이름이 더 이상 신문에 등장하지 않게 된 것은 전쟁 끝 무렵인 1944년의 일이었다. 그 이전까지 《모래 위의 글》은 계속하여 '일, 가족, 조국'을 모토로 하는 비시 정권의 정치 선전을 전파하였다.

수용소 내에는 페탱 지지 모임도 있었다. 1941년 12월, 그로스본 수용소의 프랑스 포로 대표인 방되르 대령에 의해 구성된 '페탱 원수 클럽'의 목적은 페탱의 국가 혁명 노선을 전파하고, 국민의 아버지이자 보호자인 프랑스의 국가 수반을 경배하는 데 있었다. 이 '페탱 클럽'은 수용소 조직을 편성하고, 여러 가지 활동에 필요한 장소들을 배정하는 기능도 하였다. 또한 그것은 조국으로부터 오는 소포 교환을 통해 소포를 받지 못하는 사람들을 돕는 등 포로들 사이의 상조회 역할도 하였다. 그러나 그것은 대독 협력과는 아무런 관계도 없었다. "우리에게 있어 그것은 프랑스 국기와도 같았다. 페탱의 사진이 걸려 있기는 하였지만 그것은 프랑스의 삼색기와 같은 의미였다."[7] 수용소의 포로들은 직무 정지된 채 갇혀 있는 군인들이었다. 따라서 나름대로 군 조직적 성격을 가지고 있었으며, 모든 종류의 대독 협력은 전 구성원에 의해 불명예로 간주되었다. 예를 들어 독일 민간인들과 함께 일하게 된 한 포로는 수용소 바깥에 나가 있을 때 독일 여자와 함께 잤다는

---

6) 《모래 위의 글》, 제3호, 1941년 5월 1일.
7) 폴 앙드레 르조르와의 대담.

이유로 수용소에 돌아와서 한 달 동안 감옥살이를 했다. 형기가 끝나 원래 소속되어 있던 방으로 돌아가려 하였지만 같은 방 동료들은 그를 받아들이지 않았다. 그는 배신자로 간주되었고, 복도에서 짚자리를 깔고 자야만 하였다.

페탱 클럽은 문화 활동의 장소이기도 하였다. 리쾨르가 수용소에서 자신의 첫 강의를 시작한 것도 바로 이 클럽 활동의 일환이었다. 1943년, 이 클럽은 본부를 아른스발데의 체육관에 두고 마당 쪽으로 난 체육관 창문을 프랑스 풍경과 국가혁명에 관한 포스터 및 페탱의 사진으로 장식하였다. 사람들은 이것을 '페탱 원수 클럽 진열창' 이라고 불렀다. 또한 이 클럽은 비시 정부의 문서들을 연구하는 모임을 만들고, 포로수용소 각 구역 및 각 층 대표들과 상시 연락 체제를 갖추었다. 페탱에 대한 숭배는 적어도 초기에는 빨리 프랑스로 돌아가고 싶다는, 수용소에서 풀려나고 싶다는 염원을 담고 있기도 하였다. 전쟁 전에는 반대되는 정치적 입장들로 분열되어 있던 포로들 사이에 진정한 합의가 이루어졌던 것이다. "포로 생활 초기에는 전적인 의견 통일이 이루어졌다. 거의 모두가 같은 의견이었던 것이다."[8]

장교포로수용소 대학의 초대 총장인 예비역 사령관 장 리뱅은 1900년 이전에 태어났다. 따라서 그는 나이를 감안하여 곧 귀국 조치되어 1940년 12월 프랑스로 돌아갈 수 있었다. 이 흥미로운 인물은 "일종의 수염난 소크라테스로, 잘난 척하고 연설을 많이 하며, 또한 연설할 때마다 난해한 철학 용어들을 섞어 썼다."[9] 그는 전쟁 전부터 적극적으로 정치 참여를 하였다. 《프랑스의 재통합》이라는 거창한 제목의 책을 썼으며, 1937년에는 〈프랑스인들에게 보내는 진실〉 〈신프랑스 연구〉 등의 팸플릿을 월간으로 발간하였다. 1937년에서 1938년 사이의 이념적 혼란 속에서 그는 정파의 차이를 넘어서 '프랑스 통합' 을 이룩하고자 하였다. 1938년 그가 '젊은 프랑스 클럽' 을 창안한 것도 이러한 의도에서였으며, 그것은 상당한 성공을 거두었다. "이들 모임에는 극우에서부터 무정부주의자들까지 모든 입장의 사람들이 다 모였다."[10] 준거 기준의 혼란 덕택에 이 클럽들은 지방에서 번창하였다.

8) 자크 데비에즈와의 대담.
9) 로제 이코르, 《애야, 한번 들어 보렴》, 앞의 책, 157쪽.
10) 피에르 라보리, 《비시 정권하에서의 프랑스 여론》, 쇠이유, 파리, 1990년, 77쪽.

고향에 돌아간 장 리뱅은 민족주의적 활동을 재개하였다. 페탱은 이 활동을 직접 지지해 주었다. 실제로 1941년 4-6월호로 발간된 《프랑스 통합》 재창간호에는 권두에 '국민 단결에서 프랑스 통합으로' 라는 페탱의 글이 실렸다. 다음으로는 페탱 원수의 1920년의 모습에 대한 피에르 드 콜롱비에의 글이 실렸으며, 장 리뱅 또한 '국가 혁명이란 무엇인가?' 란 글을 발표하였다. 이 재창간호에는 '포로들의 말' 이란 자료가 실렸는데, 그 중에는 폴 리쾨르의 '선전과 문화' 도 있었다. 이것은 리쾨르가 직접 쓴 것이 아니라 수용소 내에서 행해진 강연과 토론의 메모를 기초로 장 리뱅에 의해 다시 씌어진 것이었다. 그는 수용소의 동료들이 알지 못하는 가운데 이들 글들을 강연자들의 이름으로 발표하였던 것이다.

이 글은 전쟁 전과 전쟁 후의 리쾨르의 입장을 아는 사람들에게는 매우 놀라운 것이다. 그것은 결코 이 시기의 그의 정신 상태를 정확히 알려 주지 못한다. 재집필 과정에서의 조작이 너무 뚜렷하기 때문이다. 예를 들어 리쾨르처럼 투철한 개신교 신자가 프랑스를 '교회의 맏딸' 이라고 불렀을 리가 없다. 이와 같은 왜곡의 예들은 이 글 전체에 대한 의혹을 불러일으킨다. 이 글에서 필자는 '강한 국가' 를 주장하며 통제된 문화, 그리고 모든 것이 위로부터 아래로 전달되는 피라미드형 권력 구조를 가진 국가를 찬양하였다. 반대로 그는 상층의 경우 자유로운 문화를 주장하였다. 그러나 그것은 오직 사회적 엘리트에게만 국한된 것이었다. 이러한 논지의 기저에는 사회에 대한 이원적 시각이 깔려 있다. 즉 대중 문화는 통제되어야 하는 반면, 엘리트 문화는 높은 능력을 가지고 있으므로 "여론을 이끄는"[11] 임무를 가진다는 것이다. 이 글에 의하면 국가의 임무는 교육적이다. "개성이 지성과 등가적 위치를 갖는, 그리고 비판 정신 때문에 열정이 등한시되지 않는 남성적 교육을 추진하는 것이 국가의 임무이다."[12] 리뱅의 혼란스러운 기억에 의지하여 말로 행해진 강연과 토론을 재해석한 이 글은 그럼에도 불구하고 리쾨르가 잠시 동안 자신이 전쟁 전에 견지하였던 입장을 부인하였음을 보여 준다. 여기에서 우리는 예전의 이상에 대한 리쾨르의 깊은 죄의식을 감지할 수 있다. (그러나 리쾨르는 1942년부터 다시 이 이상을 열렬히 변호한다.) 실제로 리쾨르는 1940년에 자신이 분별을 잃었음을 인정하였다. "그리하여 1940년에 나는 제3공화국에 대한

---

11) 폴 리쾨르(그의 글이라고 주장됨), 《프랑스 통합》, 제1호, 1941년 4-6월, 58쪽.
12) 같은 책, 59쪽.

단죄를 국가 재건이라는 다소 유토피아적 비전 속에 포함시켰다. 이러한 재건은 자유와 권위를 결합하는 데 있었다."[13]

장 리뱅은 1941년 《프랑스 통합》 7-9월호에서 다시 한 번 포로들의 말을 자신의 방식, 즉 모라스적 입장에서 재해석하였다. 그는 여기에 우리가 앞에서 언급하였던 《존재》 1936년호에 실렸던 폴 리쾨르의 논문 〈위험〉을 재수록하였다. 또한 폴 리쾨르와 후에 《서프랑스 신문》의 사장이 될 루이 에스트랑쟁이 공동 집필한 것으로 주장된 〈젊은이와 사회 봉사의 의미〉라는 논문도 실렸다. 이 논문은 봉사의 정신을 소생시키려는 기도로, 여기에서도 우리는 조작의 냄새를 감지할 수 있다. 리쾨르도 후에 "나는 그것을 출판한 바가 없다"[14]고 말함으로써 이것을 확인하였다. 실제로 우리는 리쾨르가 국가적 사업에의 봉사라는 절대적인 신앙과도 같은 봉건적 가치들을 변호했으리라고는 상상하기 어렵다. 또한 "봉사란 젊은 국민들에게 있어 하나의 슬로건이다"라고 하거나, 삶과 사상을 유리시키는 "몇몇 관념적 철학의 유해성"[15]을 비난하였으리라고도 보기 어렵다. 물론 당시의 정신의 혼란은 매우 컸지만, 결코 그 정도까지는 아니었다. 19세기말의 랑글루아와 세뇨보스가 제시한 사료의 내부적 · 외부적 비판 방식[16]은 아직까지 유효하며, 이를 통해 우리는 장 리뱅의 조잡한 조작을 꿰뚫어 볼 수 있다. 그는 폴 리쾨르의 이름을 유용하였지만, 포모제의 수용소에 갇혀 있던 리쾨르는 자신이 파리에서 어떤 활약을 하고 있는지 전혀 알지 못하였다.

당시 상황에 대한 보다 나은 정보가 들어오자 포로들은 점차 마비 상태에서 벗어나 쏟아지는 선전 공작과 소문들에 대해 비판적인 거리를 갖게 되었다. 로제 이코르의 친구들인 트레외와 로제 파고스는 고등사범학교 졸업생이자 열렬한 사회주의자였는데, 이들은 매일 그날의 주요 사건들을 오후 4시에 알려 주는 행사를 가졌다. '구술 신문'이라고 불리던 이 행사는 곧 유명해져서 독일군측으로부

---

13) 폴 리쾨르, 〈몇몇 《포로들의 말》에 대한 메모〉, 1994년 10월 17일, 리쾨르가 l'IHTP 독자에게 제시한 미출간 원고. 이 글에서 리쾨르는 이 기사들의 작성 과정에 대해 설명하였다.

14) 같은 글.

15) 폴 리쾨르와 루이 에스트랑쟁, 《프랑스 통합》, 제2호, 1941년 7-9월, 163쪽, 169쪽.

16) 샤를 빅토르 랑글루아와 샤를 세뇨보스, 《역사 연구 서설》, 아셰트, 파리, 1898년; 키메, 파리, 1992년.

터 감시관이 파견되었다. 그러자 그들은 전략을 바꾸어 각 건물에서 1명씩의 대표를 파견하는 방식으로 보다 은밀하게 진행하였다.

그러나 획기적인 전기는 국제적인 상황 변화에 의해 마련되었다. 1942년 11월, 연합군이 북아프리카에 상륙하고 이에 대응하기 위해 독일군이 지금까지 페탱에 의해 통치되던 프랑스 남부를 점령한 사건이 바로 그것이다. 이제 프랑스는 완전히 점령당하였다. 비시 정부가 아니라 알제의 망명 정부가 정치적 정통성을 가지고 있다는 사실이 분명해진 것이다. "1942년 11월부터 오합지졸들은 다시 군인이 되었다."[17] 그때부터 수용소는 천지개벽을 하였고, 대부분의 포로들은 레지스탕스 쪽으로 돌아섰다. 전선으로부터 빅뉴스가 전해질 때마다 대위는 모든 내무반원에게 명령하였다. "예복 입고 차렷!" 이렇게 그들은 독일에 대한 전투에 경의를 표하였던 것이다. 1943년 비밀리에 라디오가 들어옴으로써 '구술 신문'은 전혀 다른 국면을 맞게 된다. 수용소의 신문은 이름이 ISF(Ils sont foutus; 그들은 끝장이다)로 바뀌었다. 라디오 덕택에 그들은 오후 7시에서 9시 30분까지 BBC 방송을 들을 수 있었으며, 이 방송을 토대로 ISF는 많을 때는 하루에 다섯 번까지 새로운 뉴스를 전파하였다. 포로들은 연합군의 전진과 독일에 대한 저항의 진전, 그리고 드골이라는 이름의 장군이 이끄는 자유 프랑스의 발견으로 인해 생기를 되찾았다. 비밀 라디오는 전선의 진전 상황을 알려 주었다. 내무반에서 포로들은 유럽과 아프리카 지도에 승전지들을 표시하였다.

수용소 내에서 레지스탕스와 부역자 간의 마찰이랄 것은 별로 없었다. 그러나 그들의 입장 전환을 촉진시킨 계기는 분명히 있었다. 그것은 아직 '페탱 클럽'이 건재하던 1943년에 고등사범학교 졸업생인 부비에를 중심으로 창설된 '자유 서클'이었다. 사회주의적 성향을 가진 이 서클의 지도자들은 후에 밀고당하여 독일군에 의해 박해를 당하게 된다. 리더인 부비에를 비롯하여 그들 중 많은 사람들이 뤼베크로 이송되었다. 이들이 떠난 자리는 곧 구용과 로제 이코르에 의해 메워졌다. 이 서클은 1936년의 인민전선에서 따온 강령을 채택하고, 호선 방식을 통하여 회원을 모집함으로써 5,6백 명의 회원을 확보하게 되었다. 비밀집회는 위장된 이름 아래 진행되었으며(예를 들어 '양봉 교육' 같은 이름으로), 1944년 7-8월부터 로제 이코르를 편집장으로 《튼튼한 유대》라는 신문을 발간하였다. 이 신

17) 로제 이코르, 《애아, 한번 들어 보렴》, 앞의 책, 302쪽.

문은 현재 한 장도 남아 있지 않다. 그것은 매 15일마다 발간되는 손으로 씌어진 6-8쪽 정도의 육필 신문이었다. 게다가 단지 몇 부만이 필사되어 회원들에게 돌려졌다가 다시 지도부로 돌아와 파기되었다. 보다 많은 사람들을 포섭하기 위하여 '자유 서클' 은 '공화국 드골주의위원회' 도 만들었다.

이처럼 1944년의 분위기 전환은 극적이었다. '페탱 클럽' 은 시대에 뒤떨어진 화석처럼 무력화되었다. 포로들은 다시 연합군의 승리의 리듬에 맞추어 살아가는 군인들이 되었다. 이러한 상황에서 1944년 7월 14일 수용소 내에서 애국 시위가 열렸다. 8월 24일 점호시에는 졸병과 장교들은 예복을 입고 정적 속에서 차렷 자세로 파리 해방을 축하하였다. 해방의 순간은 이제 멀지않았다.

9

귀국 대장정

1945년 1월, 포로들은 바르샤바 · 크라쿠프 · 우지의 해방 소식을 들었다. 러시아군들은 이 도시들을 해방시키고 서쪽, 즉 아른스발데 수용소 쪽으로 진군하고 있었다. 아른스발데 수용소는 이제 러시아군으로부터 1백여 킬로미터 정도밖에 떨어져 있지 않았다. 포모제의 수레 행렬이 서쪽으로 가는 길을 메우기 시작하였다. 피난민 행렬이었다. 그것은 바로 ISF, 즉 그들은 끝장났다(Ils sont foutus)의 명백한 증거였다. 그와 함께 수용소로부터의 철수 문제가 대두되었다. 어떻게 철수할 것인가? 걸어서, 말을 타고, 아니면 자동차로? 모두들 부산하게 출발을 준비하였다. 수레를 구하고, 가져갈 수 있는 것과 없는 것을 분류하였다.

1945년 1월 29일, 드디어 출발의 날이 밝았다. 오전 8시에 독일군은 장교포로 수용소 II B의 장교 및 병사 2천7여 명을 한데 모아 석 줄로 나누었다. 만일 자기 줄에서 이탈하면 경고 없이 사살한다는 위협도 빠뜨리지 않았다. 리쾨르가 속한 줄은 혹한과 심한 눈보라 속을 행군하기 시작하였다. 모두들 발목까지 눈에 빠졌다. 첫번째 숙영지는 25킬로미터 떨어진 플룅지히 마을이었다. 포로들은 그곳의 작은 교회에 차곡차곡 재어졌다. "나는 그 속에 몇 명이나 있었는지 모른다. 다만 내 수첩에는 이렇게 적혀 있을 뿐이다. '다리를 펼 수 없을 정도로 포개져 있었다…….' 나는 폴 앙드레 르조르와 함께 영구차 수레 손잡이 밑에 자리를 잡았다."[1] 이튿날의 행군은 육체적 피로가 견딜 수 없을 정도로 심해졌다는 것만 빼면 첫날과 다를 바 없었다. 로제 이코르는 목적지를 몇백 미터 앞두고 눈 위에 쓰러졌다가 동료들의 성화에 못이겨 가까스로 일어날 수 있었다. 기진맥진하여 사보브에 도착한 리쾨르와 그의 내무반 동료들은 숙영지로 예정된 헛간이 이미 만원이며,

---

1) 로제 이고르, 《얘야, 한번 들어 보렴》, 앞의 책, 398쪽.

따라서 다른 많은 사람들과 함께 바깥에서 밤을 지새워야 한다는 것을 알게 되었다. 그 소식을 듣고 장 슈발리에가 신경발작을 일으켰다. 그는 눈 위에 드러누워 고함을 치다가 죽은 사람처럼 뻣뻣해졌다. "사람들은 그를 어느 집으로 옮겼다. 이튿날 다른 사람들이 떠나갈 때 우리는 몇몇 환자들과 함께 그곳에 남았다."[2] 보초를 설득하여 내무반원들이 그 집으로 갈 수 있게 허락을 받아낸 것은 미켈 뒤프렌의 공로였다. 덕택에 그들은 폴란드 사람들이 엄청나게 큰 솥에 끓여 주는 수프를 먹고 기운을 차릴 수 있었다. 내무반원 전원은 병고 결근계를 내었다. 덕택에 그들은 나머지 군대들을 따라가지 않을 수 있었다. 군대는 목적지에 따라 3백에서 5백 킬로미터의 거리를 더 걸어가야 했다.

그곳의 헛간에 남은 사람들의 수는 경상 환자들을 포함하여 약 40명이었다. 이들은 러시아군을 기다렸다. 그러나 그들은 좀처럼 오지 않았다. 몇몇 사람들은 기운을 그러모아 길을 떠났다. 리쾨르의 내무반 사람들을 비롯한 12명의 프랑스 사람들이 끝까지 헛간에 남았다. 그러나 그들은 곧 그 헛간이 러시아군과 독일군의 최전선 사이에 끼여 있는 것을 알게 되었다. 대포 소리가 이러한 불안한 상황을 확인해 주었다. "우리는 이 상황이 위험하다고 판단하였다. 포탄이 헛간에 떨어지기라도 하면 다 타버릴 것이었기 때문이다. 물론 그 안에 있는 우리도 함께. 그래서 우리는 떠나기로 하였다."[3]

1945년 2월 8일, 이제는 6명으로 줄어든 리쾨르의 내무반팀에 4명이 보태어진 10명의 프랑스 포로들은 다시 길을 떠났다. 2킬로미터를 행군한 끝에 이들은 매우 좋아 보이는 커다란 농가들을 발견하였다. "우리는 피난 준비중이던 농가 아낙의 환영을 받았다."[4] 그들은 라드와 계란, 그리고 우유와 함께 푸짐한 식사를 하였다. "리쾨르는 소먹이를 잘 구해 왔다. 우리는 소에게 건초와 짚을 먹였고, 젖을 짰다. 젖 짜는 솜씨는 그저 그랬지만 덕택에 우유를 많이 얻을 수 있었다."[5] 이 좋은 피난처에서의 체류는 열흘간 계속되었다. 그러나 곧 상황이 미묘해졌다. 왜냐하면 클라인리코브 마을은 곧 군인들로 가득 차게 되었기 때문이다. 게다가 독일군 특무상사가 그들을 찾아와 훈계를 늘어놓기도 하였다. "그는 우리가 거기서

---

2) 자크 데비에즈와의 대담.
3) 로제 이코르, 《애야, 한번 들어 보렴》, 앞의 책, 408쪽.
4) 자크 데비에즈와의 대담.
5) 위의 대담.

왕자처럼 지내면서 농가에 끼치는 민폐를 아랑곳하지 않는다고 하였다. 그것은 맞는 말이었다."[6] 특무상사는 만일 자기가 권한이 있다면 그들을 모두 벽에 붙여 세우고 기관총으로 쏴 버리고 싶다고 하였다. 그 농담은 썰렁하였지만, 어쨌든 그들은 다시 길을 떠나기로 하였다. 길을 가다가 마주친 탱크 부대원들은 그들을 관광객이라고 부르면서 웃음을 터뜨렸다. 사실 그곳에서 프랑스 장교들이 누구의 호송도 받지 않고 돌아다니는 것은 이상하다 못해 비현실적이기까지 하였다.

그들은 게블러쇼프라는 마을에 도착하여 시장에게 거처를 부탁하였다. 그 문제를 의논하기 위해 마을회의가 열렸다. 결국 마을의 선술집 바닥에 짚자리를 깔고 자는 것으로 낙착이 되었다. 저녁 식사 시간에는 마을의 가정에 1명씩 배당되어 독일 가정의 보통 저녁 식사를 나누어 먹었다. 소시지 세 개와 빵 한 조각씩이었다. 선술집에 돌아온 그들은 각자의 경험을 얘기하였다. 리쾨르가 간 집에는 노인 1명과 여자 2명, 그리고 아이 2명이 있었다. "폴은 벽에 걸려 있는 지도를 가리켜 가며 그들에게 앞으로 일어날 일을 설명하였다. 그곳은 오데르 강으로부터 동쪽으로 60킬로미터 떨어져 있는 곳이었다. 그는 그들에게 말하였다. '당신들은 떠나게 될 것입니다. 전쟁에 졌으니까요. 일단 오데르 강을 건너가면 다시는 돌아오지 못할 것입니다. 이곳은 폴란드 영토가 될 테니까요.'"[7] 리쾨르 역시 떠나야만 하였다.

그들 일행은 러시아군과 독일군 사이에 갇혀서 어찌할 바를 몰랐다. 그래서 사정을 알 때까지 연못 뒤에 숨어 있었다. "폴과 미켈이 '자, 갑시다' 하고 말했다. 그것은 매우 위험하고 경솔한 짓이었다. 우리들은 그들이 돌아오기를 기다렸다."[8] 아무도 없다는 것을 확인하자 일행은 다시 출발하였다. 그러나 갑자기 경기관총을 든 군인 2명이 나무 뒤에서 나타났다. 그들은 다시 독일군의 포로가 되어 수용소에 갇히게 되었다. 크레코브의 수용소는 감시가 느슨하였다. 그렇지만 그것은 아무 소용이 없었다. 도망치는 것이 갇혀 있는 것보다 더 위험한 상황에서 감시탑 같은 것은 문제도 되지 않았던 것이다. 수용소에는 10개국 사람들이 뒤섞여 있었다. 막사 마룻바닥은 흙투성이였다. 그곳에서 그들은 다시 하릴없이 빈둥거리게

---

6) 자크 데비에즈와의 대담.
7) 폴 앙드레 르조르와의 대담.
8) 위의 대담.

되었다. 그러나 모두 다 그랬던 것은 아니다. "모두들 배고픔에 시달렸다. 그러나 리쾨르는 엎드려서 후설의 《이념》을 펴놓고 차분하게 보랏빛 아닐린 연필로 여백에 독일어로 메모를 하였다. 지금도 그 모습이 눈에 선하다. 리쾨르의 손은 아닐린 연필 때문에 온통 보랏빛이었다. 그는 깊은 생각에 잠길 때면 얼굴에 손을 대곤 하였는데, 그 바람에 얼굴에 연필이 묻었다. 물도 없었고, 또 1주일에 한 번밖에 면도를 할 수 없었기 때문에 그의 얼굴은 항상 보랏빛이었다. 참 가관이었다."[9]

크레코브 수용소에서의 생활은 길지 않았다. 그 다음의 여정은 매우 좋은 상황에서 이루어졌다. 그들은 전차로 슈테틴을 가로지른 다음 칸막이가 된 기차를 타고 서쪽으로 향하였다. 아른스발데 수용소의 동료들이 걸어서 독일 영토를 동서로 가로지른 것과 비교할 때 그것은 커다란 사치였다. 정치범 강제수용소인 베르겐벨젠 수용소에서 멀지않은 비젠도르프 수용소에 기차로 도착한 그들은 그곳에서 아른스발데 수용소의 동료들 중 일부와 재회하였다. "그들은 지쳐빠지고, 기진맥진하여 못 알아볼 정도였다. 더욱 참담하였던 것은 그들이 자신들의 고난에 대해 자랑스럽게 생각한다는 점이었다."[10] 프랑스 포로들은 베르겐 근처의 이곳에서 나치의 잔혹함에 대해, 그리고 독일 국방군과 SS의 차이에 대해 깊이 실감하였다. 그들은 비젠도르프에서 몇 달을 더 보내야만 했다. 수용소는 전쟁터 한복판이었다. 폭격으로 주위가 온통 불탔다. 포로들의 소개 문제가 다시 대두되었다. 그러나 결국 그들은 그곳에 남기로 결정이 되었다. 늙은 독일군 대위 1명과 감시병 60여 명이 포로들과 함께 남았다. 그러나 그것은 상징적인 것일 뿐 실제에 있어 포로들은 그들끼리 남겨진 셈이었다. "우리는 영국군에 의해 해방되었다. 그것은 우스울 정도로 간단하였다. 어느 날 영국군 소령이 운전사를 대동하고 나타나서 우리들에게 '당신들은 자유요' 라고 말하였다. 그리고는 기뻐하는 빛이 역력한 독일군 대위에게 '당신은 내 포로요' 라고 말하였다."[11] 독일군들은 수용소의 모든 권한을 포기하였다. 1945년 5월, 철도를 통한 프랑스로의 귀환이 이루어졌다. 1945년 5월 8일, 승리의 날에 릴에 도착한 귀환 포로들은 곧 파리로 갔다. 자크

9) 폴 앙드레 르조르와의 대담.
10) 로제 이코르, 《애야, 한번 들어 보렴》, 앞의 책, 422쪽.
11) 자크 데비에즈와의 대담.

데비에즈는 이렇게 회고한다. "나는 파리의 형 집으로 갔다. 그 다음날은 바로 큰 조카의 첫 영성체 날이었다. 조카는 나에게 '자크 삼촌, 첫 영성체 보시러 올 줄 알았어요' 라고 말했다. 아이들의 믿음이란!"[12]

리쾨르의 회고는 다음과 같다. "파리에 돌아와서 내가 제일 처음 방문한 사람은 가브리엘 마르셀이었다. 그는 마치 자기 아들을 맞는 것처럼 두 팔을 벌려 나를 맞았다."[13] 파리는 수복되고, 프랑스는 해방되었으며, 야만은 박멸되었다. 리쾨르에게 있어 한 시대가 종말을 고한 것이다. 그 시대의 것들 중에 그에게 남은 것은 야스퍼스와 후설에 관한 그의 저작뿐이었다.

12) 자크 데비에즈와의 대담.
13) 폴 리쾨르, 《비평과 확신》, 앞의 책, 35쪽.

III

성찰의 시간—르 샹봉
1945-1948

10

은거의 명소

리쾨르는 석방된 다음 파리에서 1주일을 머물렀다. 그동안 가족들이 그를 만나러 파리로 왔다. 파리에서 그는 앙드레 필리프와 같은 하숙집에 있었다. 필리프의 가족들은 그가 드골 장군과 함께 런던에 있는 동안 샹봉쉬르리뇽에 숨어 있었다. 필리프는 리쾨르에게 전쟁 기간 내내 평화주의적 레지스탕스의 본산이 된 샹봉을 열렬히 찬양하였다. 실제로 샹봉의 개신교 공동체 덕택에 수많은 유대인 어린이들이 게슈타포의 마수를 피해 그곳에 숨었다가 외국으로 피신할 수 있었다. 필리프는 리쾨르에게 1945년 여름 그곳에서 강의를 하도록 설득하였다. 필리프 역시 그의 아내와 세 아이들, 즉 장 폴·노엘·마르크와 함께 그곳에 정착하였다.

해발 1천 미터의 고(高)루아르의 한적한 이 마을에 도착한 리쾨르는 곧 그곳의 분위기에 매료되었다. 마치 수도원과도 같은 그곳의 분위기는 5년 동안이나 프랑스와 격리되어 있던 리쾨르가 서서히 재적응하는 데 매우 적합하였다. 게다가 그는 평화 속에서 철학 연구를 계속하고 싶었다. "5년간의 감금 생활을 정리할 필요가 있었다."[1] 그래서 그는 샹봉에 남기로 하였다. 이렇게 하여 리쾨르는 파리의 소란과 멀찍이 떨어져서 귀환 생활을 시작하게 되었다.

샹봉쉬르리뇽의 중등학교는 프랑스 중앙의 척박한 고원 지대에 솟은 버섯과도 같은 이상한 장소였다. 그 지방의 겨울은 무척 길었다. 거센 바람과 함께 눈보라가 치면 길과 철도는 쓰러진 나무들과 눈으로 뒤덮였다. 그 바람에 겨울이면 그곳은 오랫동안 외부 세계와 단절되었다. 큰 도시 또한 멀었다. 르퓌는 45킬로미터, 생테티엔은 65킬로미터, 그리고 발랑스는 75킬로미터나 떨어져 있었다. 산으로 둘러싸인 이 은거처에는 1891년 루이 콩트 목사가 '산 어린이 사업'이라는 단체를

---

1) 로세 벨과의 대담.

만든 이래 어린이를 환대하는 전통이 있었다. 그것은 생테티엔 교외의 서민 가정 어린이들을 이 지역 농부들의 가정에 맞이하여 시골에서 여름 방학을 보내게 하는 프로그램이었다. 이 전통 덕택에 이 마을에는 좋은 접객 시설이 있었다. 1937-1938학년도에 로제 다르시삭의 발의로 중등학교를 세워 초등학교 교육을 확장시키려는 계획이 실행되었다. 이 중등학교의 특기는 외국어 교육이었다. 곧 중등학교가 모습을 갖추기 시작하였다. 그러나 알자스 · 독일 · 중부 유럽 등지에서 피난민이 쇄도하는 바람에 그 규모가 예상 이상으로 커졌다. 학생수가 급격히 불어났다. 1939년에 40명이던 신(新)세벤학교는 1940년에는 1백50명, 1942년에는 3백명, 1943년에는 3백50명이 되었다. 1940년부터 초등학교 6학년에서〔프랑스의 학제는 5,3,4제이다. 따라서 우리나라의 초등학교 6학년은 중학교 과정에 포함되어 있다〕 고3 과정까지 모든 학년이 개설되었다. 또한 나치를 피해 온 탁월한 교사들을 받아들여 좋은 교육을 할 수 있었다. "쥘 이삭의 아들도 있었다. 그는 1943년 6학년인 나를 가르쳤다."[2]

1938년 시장인 샤를 기용은 마을 사람들에게 피난민을 맞을 준비를 독려하였다. 프랑스 개신교회 및 시마드〔la Cimade; 1939년 프랑스 남부의 강제수용소에 수용된 사람들을 돕기 위해 창설된 신구교 공동의 상호 부조 조직. 제2차 세계대전 기간 동안에는 나치에 대한 저항 활동과 유대인 구조 사업을 활발히 벌였다〕와 연계하여 샹봉의 앙드레 트로크메 목사와 에두아르 테이스 목사는 1940년부터 1944년 사이에 많은 활동을 하였다. 그들은 평화주의 운동, 국제화해 운동, 국제자원봉사회 및 퀘이커 교단의 도움을 받아 네트워크를 만들었다. 트로크메 목사는 마르세유에서 바뤼스 샬메르가 이끄는 퀘이커교도 대표들을 만났다. 이 자리에서 샬메르는 그에게 비시의 강제수용소에게 구출해 낸 유대인 어린이들을 유숙시켜 줄 것을 요청하였다.[3] 유대인 어린이의 도착을 알리는 메시지는 다음의 예처럼 암호화되어 있었다. "오늘 구약 성서에 관한 나의 영원한 책을 빨리 맡겨야 했다. 내일 집으로 다섯 권을 배달할 수 있을 것이다. 나는 내 교구민들이 이런 독서를 기꺼이 하려고 하는 것이 매우 자랑스럽다. 이 책은 마르세유의 출판사에서 나왔다. 아마도

---

2) 프랑수아 라봉데스와의 대담.

3) 미셸 팔스게, 〈피난민 수용〉, 피에르 볼, 《비바레 리뇽 고원, 피난민 수용과 레지스탕스 1939-1944년》, 샹봉쉬르리뇽에 관한 콜로키움, 산악역사협회, 1992년, 129-150쪽.

많이 찍어낼 것 같고, 샹봉의 친애하는 서점에 대한 나의 약속에 따라 나는 앞으로도 여기에 상당량을 더 맡길 수 있을 것 같다."[4] 이렇게 하여 수백 명의 피난민들이 이 고원을 거쳐서 나치의 마수에서 벗어날 수 있었다. 대체로 그 수는 5백 명에서 6백 명 정도로 보인다. 1943년 2월, 프랑스 개신교연합회 회장 마르크 보에녜는 샹봉의 두 담임목사의 체포 소식을 듣고 비시 경찰총장과의 긴급 면담을 요청하였다. 경찰총장은 이 요청서를 묵살하였지만, 그럼에도 불구하고 뵈그너는 1943년 3월 중순에 그들을 석방시킬 수 있었다. 그러나 트로크메 목사의 사촌인 다니엘 트로크메는 어린이 몇 명을 숨겨 준 것이 발각되어 체포되었으며, 결국 강제수용소에서 죽었다.

전쟁 기간 동안 중등학교는 교회의 부속 건물과 기차역 앞에 위치한 쓰지 않는 호텔과 몰 강가의 건물뿐만 아니라 때로는 난방이 되지 않는 지하실과 다락방까지 사용하였다. 전쟁이 끝나자 그들은 미국인들의 도움으로 마을 바깥에 교실과 기숙사를 갖춘 새 건물을 지었다. 회중파〔영국 등지에서 각지의 회중의 독립과 자치를 표방하는 제도〕 및 퀘이커위원회 대표인 하워드 쇼머 목사는 샹봉에 정착하여 역사와 경제를 가르치기로 결정하였다. 덕분에 그들은 미국의 도움을 받아 1946년 여름 스웨덴식 샬레 네 채를 지을 수 있었다. 그곳은 "고학년 학생과 미국 학생, 그리고 종교적 신념에 따라 징병을 기피하는 대신 공공 봉사를 하는 영국 퀘이커교도를 위한 캠프"[5] 장소로 사용되었다.

리쾨르는 이러한 공동체적 재건의 분위기 속에서 샹봉에 정착하였다. 그는 고3 학생들의 철학 강의를 담당하게 되었다. 1년간의 교사 생활 후에 그는 국립과학연구센터 연구원으로 선출되었다. 따라서 그는 반나절만 학교에 근무하면서 박사학위 논문과 후설의《이념 I》의 번역에 진력하였다. 샹봉중등학교의 분위기는 당시의 프랑스 교육의 전반적인 분위기와는 판이하게 달랐다. 그 중 중요한 것은 남녀 공학이었다. 당시에는 여학생과 남학생을 갈라 놓는 것이 불가침의 규칙이었음을 감안하면 그것은 파격적이었다. 마르크 뵈그너 후임으로 프랑스 개신교연합회 회장을 지낸 샤를 베스트팔의 아들인 에릭 베스트팔은 자신이 그 학교에 다니

4) 다니엘 퀴르테, 〈피난민과 함께, 전시 고(高)루아르 지방 고원에서〉, 16쪽, 산악역사협회, 고문서, 앙드레 앙크르베와 자크 푸졸, 《제2차 세계대전 동안의 프랑스 개신교도》, 앞의 책, 341쪽.
5) 올리비에 하스펠트, 《세브놀 중등학교 50주년. 르 샹봉》, 르 샹봉, 1989년, 43쪽.

던 때를 감개무량하게 회고한다. "소나무 숲 속에 자리잡은 남녀 공학의 학교, 시골 경치 속에 흩어져 있는 건물들, 이것들은 열예닐곱 살의 청소년들에게 있어 매우 매혹적인 것이었다."[6] 소년소녀들이 처음 느끼는 사랑의 느낌은 너무나 강렬하였다. 그래서 후에 유명한 배우가 될 델핀 세리그라는 샹봉의 아름다운 여학생은 퇴학당하기까지 하였다. "그것은 환상적이었다. 모든 남학생들이 파리처럼 나가떨어졌다."[7] 자유의 분위기가 이 공동체를 지배하였다. 그곳의 환경은 산책과 밤의 모임, 스포츠, 그리고 근방에 있는 메징크 산 등산에 적합하였다. 그곳의 사제 관계는 매우 밀접하였다. 그들은 학문적인 측면에서 뿐만 아니라 서로에 대한 사랑으로 단단히 맺어져 있었다. 교사들은 보수를 받지 않고 보충 수업을 하였고, 자신들의 전공 이외의 분야에 대해서도 학생들의 질문에 답해 주었다. 또한 문화행사를 마련하여 학생들을 집에 초대하였고, 학생들의 외출시 동반하기도 하였다. 샹봉의 목사인 프랑수아 드 센의 딸이자 후에 배우가 된 카트린 드 센 역시 샹봉의 학생이었다. 그녀는 당시의 모임들에 대해 다음과 같이 회상한다. "리쾨르 선생님이 피아노를 치던 것과 클로델의 작품을 낭독하던 것이 기억난다. 그는 말 속에 살과 피를 불어넣었고, 나를 문학으로 이끌었다. 그것은 일종의 활력의 전수였다. 그는 말을 먹고 살았고, 생을 먹고 살았다. 그리하여 우리들에게 그런 것들에 대한 욕망을 심어 주었다."[8] 카트린은 전쟁이 한창이던 시기에 샹봉으로 와서 중학교 3학년에 등록하였다. 그녀는 빨리 고등학교 3학년이 되어 리쾨르의 강의를 듣게 되기를 고대하였다. 그러나 그녀의 아버지는 파리로 전학을 시켜 보다 일반적인 고등학교 과정을 밟게 하였다. 샹봉에서 보낸 이 시기의 사진 앨범에 리쾨르는 카트린 드 센에게 두 개의 독일어 인용구를 써주었다. 그 하나는 릴케의 "여기에 있다는 것은 멋지고 찬란하다. 우리에게 있어 세상은 아직도 매혹으로 가득차 있다"는 말이었고, 다른 하나는 괴테의 "생의 모든 것은 좋다"였다. 이 두 구절은 샹봉에서 보낸 이 시기에 이들이 함께 경험한 행복과 함께 리쾨르의 철학적 배경을 잘 드러내 준다. 그는 생의 모든 시련에도 불구하고 평생토록 이러한 감사와 긍정을 간직하였던 것이다.[9]

---

6) 에릭 베스트팔과의 대담.
7) 장 피에르 아멜과의 대담.
8) 카트린 드 센과의 대담.

샹봉중등학교의 또 하나의 특징은 지리적 고립에도 불구하고 외부 세계에 대해 매우 개방적이었다는 점이다. 그곳에서 수행된 레지스탕스 활동 덕택에 그곳은 이미 현실 문제에 깊이 관여하고 있었다. 마을 밖에서, 그리고 프랑스 밖에서 일어나는 일들에 대한 첨예한 관심은 해방 후에도 여전하였다. 수학과 물리학 과목의 교사로 리쾨르와 함께 샹봉에서 재직하였으며, 후에 알자스 학교장이 되는 장 피에르 아멜은 매주 월요일 아침마다 '생생한 뉴스' 시간을 진행하였다. 그는 고등학교 2학년과 3학년 학생들을 체육관에 모아 놓고 시사 문제를 논평하였다. 전직 AFP 통신 기자였던 그는 이렇게 그의 기자 경험을 샹봉의 학생들과 나누었다. 학교 내의 많은 외국인들의 존재, 화해 운동, 그리고 두 목사의 평화주의 운동 등도 개방적인 분위기 조성에 일조하였다. 게다가 외국어는 모두 원어민들에 의해 교수되었다. 독일어는 독일과 합병되자마자 나치를 피해 고국을 떠나온 오스트리아 여선생이 담당하였다. 영어는 전쟁통에 오도가도 못하게 된 2명의 영국 여선생이, 그리고 이탈리아어는 이탈리아 출신인 트로크메 목사 부인이 담당하였다. 1970년 문화부 산하 연극국장에 취임하게 되는 에릭 베스트팔은 샹봉 학생이던 이 시절 학생 신문을 창간하였다. 이 신문의 이름은 《유유히 흐른다》(Ça file doucement)였는데, 그것은 이 마을에 들어오는 기차 노선의 이름, 즉 도립 철도(CFD; Chemin de fer départemental)의 첫 글자를 딴 것이었다. 모두들 학교에 대해 열광적이었다. 학생들은 1945년부터 시작된 건설 공사에 능동적으로 참여하였으며, 심지어는 여름방학 때 와서 자원 봉사를 하기도 하였다.

엄격한 규율에 대한 반작용이라고 할 수 있는 학생들에 의한 교사들 골탕먹이기는 프랑스 학교들의 일반적인 현상이었다. 그러나 샹봉의 경우 이것은 결코 교사들에 대한 공격이 아니라 그냥 장난에 불과하였다. 리쾨르는 강의를 하면서 왔다갔다하는 버릇이 있었다. 4월 1일, 학생들은 교실 안에 교묘하게 책상을 배치하여 미로를 만듦으로써 일단 교실에 들어오면 나갈 수 없도록 만들었다. 리쾨르가 교실에 들어오자마자 학생들은 교실 문을 닫아 버렸다. 2시간 동안 리쾨르는 교사용 책상에 기댈 수도 없이 계속 걸어다녀야만 하였다. "학생들은 그를 매우 좋아하

---

9) 리쾨르는 "여기에 있다는 것은 찬란하다"(릴케, 《두이노의 비가; 오르페우스에게 보내는 소네트 오비에》, 1943년)라는 릴케의 시구를 그의 박사 논문 《의지와 무의지》 중 결론 바로 앞의 장인 〈동의의 길〉에 삽입하였다. 이 인용구는 1948년 부활절에 샹봉에서 씌어진 것이다.

였다."[10] 샹봉의 중등학교는 몰 강 기슭에 있는 마을의 언덕 위에 있었다. 학생과 교사들은 이 언덕을 나막신을 신고 올라가야만 했다. 왜냐하면 1946년과 1947년에는 아직까지 신발 공급이 원활하지 않았기 때문이다. 따라서 등교 시간과 하교 시간에는 나막신 소리가 요란하였다. 물리화학 교사인 티소는 다른 교사들보다 더 규율에 엄격하였다. 그 바람에 그는 학생들의 짓궂은 장난의 대상이 되었다. "어느 날, 나는 우리 반의 반장으로서 지독한 짓을 저질렀다. 그의 나막신을 감춰 버린 것이었다. 그래서 그는 눈길을 양말 바람으로 걸어서 집으로 돌아가야 하였다."[11] 카트린 드 센과 그녀의 공범자는 자수를 하였고, 이들의 처벌 문제를 결정하기 위해 교사회의가 열렸다. "나는 거기서 리쾨르가 웃음을 참지 못하는 것을 보았다."[12] 숙의 끝에 이들에게는 건물 바닥 청소라는 상징적이고도 유용한 벌이 내려졌다.

종교적인 면에서는 어느 정도 제약이 가해졌다. 특히 기숙생들에게는 강제적이었다. 일요일과 목요일의 주일학교 외에 수요일 아침에 따로 예배 시간이 있었다. 프랑수아 라봉데스는 이렇게 회상한다. "커다란 자유의 분위기 속에서도 나는 지나친 종교 교육 때문에 고통을 받았다. 메이플라워호 같은 청교도적인 측면이 있었기 때문이다."[13] 그는 1942년 아홉 살에 샹봉에 와서 그곳에서 모든 중등학교 과정을 마치고 대학입학자격시험을 치렀다. 그후 그는 국립행정학교에 들어갔고, 1960년부터 참사원 회원이 되었으며, 조르주 퐁피두 대통령 시절에는 엘리제궁의 비서실에서 근무하기도 하였다. 샹봉의 두 목사의 청교도주의는 그 지역의 관습까지도 지배하였다. 춤이 금지되었고, 술 또한 엄격히 금지되었다. 그래서 일요일의 성체성사 때에도 포도주 대신 오렌지 주스가 사용되었다. 이들 목사들은 청십자가협회 회원이었는데, 이 협회에서는 절대로 술을 마시지 않는다는 서약을 하였기 때문이다. 연극 공연도 엄격한 검열을 거쳤다. 생테티엔의 장 다스테 극단이 공연하기 전에 열람위원회에서 연극 대본을 미리 읽었다. 이 과정에서 상연이 거부되기도 하였다. 예를 들어 리쾨르가 샹봉을 떠난 지 얼마 안 되어 18세기 영국 작가인 올리버 골드스미스의 희곡 《그녀들은 승리를 위해 몸을 숙인다》가 격론

---

10) 장 피에르 아멜과의 대담.
11) 카트린 드 센과의 대담.
12) 위의 대담.
13) 프랑수아 라봉데스와의 대담.

끝에 거부되었다.

전쟁 직후였던 관계로 근검절약은 모두의 생활 속에 배어 있었다. 물론 모두들 배부르게 먹기는 하였지만 학교 식당의 음식은 탄수화물 중심이었다. 그러나 1945년 여름 방학 때 동료인 리쾨르를 만나기 위해 샹봉에 왔던 미켈 뒤프렌은 포로수용소의 결핍에 견주어 볼 때 샹봉의 음식은 진수성찬이었다고 회상한다. "그곳에는 조그만 호텔이 있었는데 매 식사마다 토끼고기가 나왔다. 아내와 나는 닥치는 대로 먹어치웠다."[14] 교사들의 월급은 목사 월급과 같았기 때문에 많지 않았다.

그 대신 잦은 파티가 있어서 이러한 근검한 생활을 보충해 주었다. '교제 모임'이라는 모임이 있어서 교사의 배우자들이 정기적으로 모였고, 적어도 한 달에 한 번씩은 어떤 특정한 주제에 관한 자유 토론이 이루어졌다. 자주 파티가 열렸으며, 매우 즐거운 분위기였다. 날씨가 좋은 계절이면 캠프파이어도 하였다. "나는 그것에 대해 멋진 추억들을 가지고 있다."[15] 1948년에는 여자 기숙생들이 모두 수녀로 변장하기도 하였다.

1948년의 팸플릿에서 리쾨르는 이 학교의 목적을 다음과 같이 밝히고 있다. "지금 우리에게 있어 시급한 것은 여러 가지 모순으로 분열된 우리 문명과 문화의 구성원들을 **단결시킬** 유일한 수단은 그리스도교라는 점을 실제적으로 증명하는 것이다. 샹봉은 잘못된, 그리고 변덕스런 여론으로부터 충분한 거리를 두고 긴 안목에서 복음의 빛에 따른 **재통합**을 이룩하고, 교양과 교육의 새로운 균형을 **창조해 낼** 수 있는 장소이다……."[16] 리쾨르가 미국 퀘이커교도, 특히 그의 동료인 하워드 쇼머를 만난 곳은 바로 샹봉이었다. 쇼머는 후에 리쾨르를 미국 동부의 하버포드의 학교에 소개함으로써 그에게 미국 사회를 경험할 수 있는 기회를 마련해 주었다. 리쾨르는 퀘이커교도들과 교류하면서 그가 초기에 가졌던 평화주의를 되찾을 수 있었다. 이렇게 하여 리쾨르는 악과 집단적 죄의식이라는 주제를 전쟁 동안 샹봉에서 행해졌던 평화주의적 레지스탕스 운동이라는 관점에서 재조명할 수 있게 되었다.

리쾨르의 철학 수업은 평판이 좋았다. 1946-1947학년도에 그의 수업을 들었

---

14) 미켈 뒤프렌과의 대담.
15) 에릭 베스트팔과의 대담.
16) 폴 리쾨르, 〈세브놀 중등학교〉, 1948년 1월의 팸플릿.

던 학생 가운데 고3 과정을 재수하는 학생이 있었다. 이전에 수강한 철학 수업을 무척 지겨워하였던 이 학생은 리쾨르의 수업을 들으면서 비로소 철학이라는 대륙에 발을 들여놓게 되었음을 고백한다. "리쾨르는 질문할 때를 제외하고는 한시도 쉬지 않고 말하였다. 그는 쉬는 시간이라는 것을 몰랐고, 학생들은 쉬는 시간이 되어도 감히 쉬자고 말하지 못하였다. 그러나 수업이 재미있었기 때문에 괜찮았다."[17] 학생들의 나이와 출신은 상당히 다양하였다. 바칼로레아를 준비하는 열일곱 살 정도의 정상적인 학생 외에 '예비신'이라 불리는 스물다섯 살 가량의 미래의 신학자들 그룹이 있었다. 이들은 뒤늦게 신학 공부를 시작하였기 때문에 그제야 바칼로레아를 보게 된 것이었다. 후에 목사가 된 알랭 블랑시도 이런 학생 중의 하나였다. 그는 독일계 유대인으로 프랑스에 도망 와 있었다. 본명이 알랭 비엘쇼프스키인 그는 전쟁이 발발하자 형과 함께 체포되어 독일에서 추방되었다. 유대인 신분을 감추고 프로테스탄트 정신과 병원에서 간호사로 일하던 그는 목사로서의 소명을 깨닫게 되었다. 이때 그의 나이 열여섯이었다. 전쟁이 끝나자 그는 샹봉에 등록하고, 열아홉 살에 고3 수업을 들었다. "내게 있어 리쾨르는 하나의 발견이었다. 참으로 놀라웠다."[18] 리쾨르의 강의 덕택에 블랑시는 바칼로레아의 철학시험에서 16점을 받을 수 있었다. 대학에서 그는 신학과 철학을 복수 전공하였다. 그는 리쾨르의 수업을 빼곡히 기록한 2백 페이지짜리 노트 두 권을 거의 암기하다시피 하였으며, 그후로도 소중히 간직하였다.

리쾨르의 강의 내용 중에는 심리학이 상당 부분 포함되어 있었다. 이것은 그가 당시 준비중이던 의지에 대한 박사 학위 논문에 열중해 있었다는 것을 보여 준다. 물론 그의 강의 내용이 이 분야에 국한되어 있었던 것은 결코 아니었다. 그의 강의는 논증을 매우 중요시하였다. 이러한 논리 중시는 후에 발간될 그의 책들의 특징이기도 하다. "최초의 단계는 묘사적이고 현상적이다. 묘사는 주제에 따라 간단한 것에서 복잡한 것으로, 낮은 것에서 높은 것으로, 그리고 외부적인 것에서 내부적인 것으로 진행되었다."[19] 두번째 단계는 칸트식의 비평 단계이다. 마지막으로 공부하는 문제의 철학적 의미에 대한 종합이 이루어진다. 기억 · 상상력 · 시

17) 앙리 드 생 블랑카와의 대담.
18) 알랭 블랑시와의 대담.
19) 위의 대담.

간 등 주제가 무엇이든지간에 그는 문제를 순서적 단계에 의해, 또한 각 학생의 학습 진도에 맞추어 강의해 나갔다. 학생이 드디어 문제의 핵심을 이해하고, 그 문제에 내재한 모순을 해결하였다고 생각하는 순간 리쾨르는 그 문제가 완전히 뒤집힐 수 있음을, 다른 방식으로 제기될 수 있음을, 비이성적 양상을 띨 수 있음을 보여 주었다. "그것은 매우 충격적이었다. 우리가 정상에 도달하였다고 믿는 순간, 그는 우리에게 어떻게 그것이 전복될 수 있는지를 보여 주었다. 합리화 과정의 뒤에는 비합리화라는 정반대의 과정이 따르는 식이었다."[20]

상상력에 관한 그의 강의는 이러한 단계적 방식의 대표적인 케이스라고 할 수 있다. 첫번째 단계는 묘사만으로 이루어진다. 그것은 가장 낮은 것에서부터 시작된다. 즉 혼동과 매혹으로 특징지어지는 정신착란적 상상력의 작용인 착각의 단계이다. 이 단계에서 사람들은 헛것을 보게 되는데 대표적인 예로는 정신병 · 잠, 그리고 정신적 흥분 등이 있다. 두번째 단계는 욕망이나 두려움, 그리고 하이데거적 의미의 근심에 작용하는 상상, 즉 미래의 일을 미리 예상하는 상상이다. 세번째 단계에서 상상은 재생산과 관련된다. 그것은 상징과 관조로 나아간다. 네번째 단계는 창조적 상상이다. 이 단계에서 상상력은 현실에 기초하되 그것을 주체의 의지에 의해 생성된 계획을 수행하는 데 사용하며 과학의 추상화 작용, 예술의 미적 작용, 그리고 종교적 사랑 등이 이에 속한다.[21] 이러한 종합적 과정에서 검토 대상이 되는 문제의 모든 차원을 연결하는 시학이 창출된다. 여기서 우리가 원하는 것, 생각하는 것, 만드는 것, 그리고 사랑하는 것의 네 요소는 각각 사변형의 한 변을 이루는 식으로 서로 얽혀 하나의 종합을 이룬다. 이처럼 1947년 고3의 강의에서 벌써 리쾨르는 인간 행위의 가장 진보적인, 그리고 가장 복잡하고 창조적인 순간을 지향하는 철학자로서의 자신의 성향을 드러내고 있었다.

1948년 리쾨르는 스트라스부르대학교 교수직을 맡아 샹봉을 떠났다. 그러나 그는 이 학교의 이사직을 그대로 유지하는 등 그뒤로도 계속하여 인연을 이어갔다. 개교 20주년을 맞은 "1959년, 프랑스어 교사의 지도 아래 대규모 공연이 기획되었다."[22] 각 학급은 프랑스 역사의 한 장면을 무대에 올렸다. 리쾨르도 이 행사에

---

20) 알랭 블랑시와의 대담.

21) 알랭 블랑시의 강의 노트.

22) 올리비에 하스펠트, 《세브놀 중등학교의 50주년》, 앞의 책, 66쪽.

참석하였다. 그는 급속도로 진행되는 근대화에 발맞추어 교육을 개혁할 것을 주장하였다. 과학자 · 엔지니어 및 기술자가 더 필요하기 때문에 샹봉의 중등학교에서는 이러한 새로운 필요에 부응하는 동시에 현대과학과 고전인문학 사이의 균형을 맞추는 방안을 찾아야 하였다. 직업이 세분화되고 비인간화됨에 따라 미래의 과학자들에게 일반 교양을 제공해야 할 필요성은 더욱 커졌다. 뿐만 아니라 알제리 사태로 인해 제4공화국이 막을 내리게 된 시대적 상황을 감안할 때 공민 교육도 필요 불가결하였다. 왜냐하면 "프랑스인들의 공민 의식의 결여, 정치적 변덕, 새로운 지도자에 대한 열광 등은 부적절한 공민 교육의 결과이기 때문이다."[23] 또한 샹봉의 중등학교는 교파의 경계를 넘어 초교파적 소명에 부응하여야 했다. 그러나 이러한 야심찬 계획은 60년대 초반 중대한 난관에 봉착하였다. 독보적인 지도자였던 에두아르 테이스의 은퇴는 모순되는 두 경향의 갈등에서 빚어진 것이었다. 청교도적이며 경건주의적 경향의 사람들은 이 학교의 초기 이상을 견지하기를 요구하였다. 이에 반해 자유주의적 경향의 사람들은 사회의 일반적 변화에 대해 보다 개방적이었다. 이들은 샹봉의 학교가 사회로부터 절연된 채 고립된 섬이 되고 말 위험을 강조하였다. 이에 반해 보수적인 사람들은 학교의 특수성을 잃을 것을 두려워하였다.

1962년 6월, 리쾨르는 샹봉 중등학교의 향방에 대한 논쟁에 참여하였다. 그에 의하면 샹봉 중등학교에는 두 가지의 절대적 조건이 있다. 그 하나는 특수한 소명에 대한 충실성이며, 다른 하나는 현대 사회의 일반적 상황에 적응해 나가는 것이다. "문제는 전통적인 성격의 프로테스탄트상을 유지하는 것인데 오늘날 그것은 약해지고, 어쩌면 사라져 가는지도 모른다."[24] 리쾨르는 샹봉 중등학교가 학교의 미래에 대한 자신을 키우고 현재의 위기를 극복하는 데 있어 국제적인 활동에 진력해야 한다고 보았다. 또한 이러한 노력의 일환으로 제3세계를 비롯한 외부 세계에 대한 사회 활동을 촉진하여야 한다고 주장하였다.

---

23) 폴 리쾨르, 〈세브놀 중등학교〉, 20주년 기념호, 1959년 3월.

24) 폴 리쾨르, 〈세브놀 중등학교의 장래에 관한 1962년 6월 11일의 콜로키움〉, 《세브놀 중등학교 소식》, 1963년 특별호.

11

사르트르 및 실존주의의 승리

리쾨르가 샹봉쉬르리뇽에서 조용히 자신의 논문을 구상하고 있는 동안 사르트르는 철학 분야의 스타로 등장하였다. 그의 영향력은 학문으로서의 철학의 영역을 벗어난 광범위한 것이었다. 이러한 인기를 이용하여 그는 철학을 상아탑으로부터 도시의 거리로, 카페로 내려보내는 데 성공하였다. 실존주의는 전쟁이라는 긴 암흑의 세월을 거친 사람들이 느끼는 생의 갈증의 표현이 되었다. 시몬 드 보부아르의 지적대로 1945년 가을 실존주의는 모든 사람들의 입에 회자되었다. 실존주의라는 제목만 내걸면 사람들이 떼지어 몰려들었다.

1945년 10월 29일, '지금(Maintenant)' 클럽이 주최한 '실존주의는 휴머니즘이다' 라는 제목의 사르트르 강연에서는 문자 그대로 소동이 일어났다. 입구의 창구는 자리를 잡으려고 밀려드는 사람들 때문에 전혀 제구실을 못하였다. 사르트르는 지하철을 타고 혼자 강연장에 왔다. 그는 혼란한 강연장을 보고는 공산주의자들이 반대 데모를 하는 줄 알았다. 왜냐하면 '7만 5천 명의 총살자당(黨)' 은 사르트르의 철학을 '부르주아' 철학이라고 비난하였기 때문이다. 따라서 사르트르는 강연 초반에 이러한 비난에 대한 답변을 계획하고 있었다. 그러나 사르트르의 예상은 빗나갔다. 그것은 현대의 거장을 환호하기 위해 몰려든 그의 팬들이었다. 이들은 거장의 입으로부터 실존주의가 무엇인지 배우기를 원했다. 그것은 삶의 한 방식인가? 철학인가? 아니면 생제르맹데프레의 유행인가?

언론은 유례가 없는 이 문화적 사건을 대서특필하였다. 한 철학자 때문에 파리에서 "15명이 기절하고" "의자 30개가 부서졌다." 스타 탄생이었다. "회고해 볼 때 '지금' 클럽의 강연은 1945년 **최대의 사건**이었다."[1] 이 사건은 얼마 후 보리

1) 이니 고앙 솔랄, 《사르트르》, 갈리마르, 파리, 1985년, 331쪽.

스 비앙의 소설 《물거품의 나날들》에서 '장 솔 파르트르〔소설 속에서 장 폴 사르트르의 이름〕가 도끼로 길을 트면서' 연단을 향하여 천천히 나아가는 장면을 통해 후세에 길이 전해지게 되었다.

전후 지성계에 새로이 등장한 사르트르는 전쟁 전의 시대 및 전쟁 기간 동안의 타협과 단절하기를 원하는 민중의 열망을 대변하였다. 그는 이 시대 프랑스의 사상적 스승이 되었다. "레지스탕스의 인물도 아니고(물론 그가 참가를 원했기는 하지만), 그렇다고 해서 프랑스 해방에 기여하지도 않은 사르트르는 전쟁 말기의 인물이었다."[2] 그는 과거와 완전한 단절, 새출발, 그리고 재생에의 치열한 욕구를 표현하였다. "신은 죽었다. 절대적이고 신성한 법은 죽었다. 전쟁은 죽었다. 그리고 그와 함께 심약한 영혼들이 방패삼는 정당화와 알리바이도 사라졌다."[3]

소문은 삽시간에 퍼졌다. 하나의 사회 현상이 탄생하였다. 그것은 실존주의였다. 지도자와 옹호자와 비방자도 있었다. 상업적 목적의 해설서도 나왔다. 그것은 실존주의의 유행을 더욱 부채질하였다. 1948년 크리스틴 크로난은 《문외한을 위한 실존주의 소교리문답집》이라는 책을 출판하였다. 이제 실존주의는 일종의 종교가 되었다. 그런데 갑자기 나타난 이 철학은 도대체 어떤 것인가? 사르트르의 철학의 명제는 '실존은 본질에 선행한다'이다. 사르트르는 실존주의를 통하여 후설의 현상학을 소개하였다. 그는 1933년 독일에 체류할 때 후설의 저술들을 발견하였다. 그러나 《기묘한 전쟁 노트》에서 밝히고 있듯이 그는 1939년부터 후설의 명제에 하이데거의 철학을 접목시켰다. 사르트르의 《존재와 무》는 하이데거의 존재론과 후설의 현상학 사이의 잡종이다. 그러나 사르트르는 자신에게 특유한 방식으로 그것을 소화하여 무(無)에 최우선적 위치를 부여한다. 이러한 무화(無化)로부터 자유가 형성된다. 실존주의의 제1원칙은 인간 본성이 존재하지 않는다는 것, 즉 본성이 없다는 사실 그 자체가 바로 인간의 특성이라는 것이다. 이것은 페이퍼 나이프가 종이를 자르는 것이라는 그 특성, 즉 본질에 의해 규정되는 것과는 정반대이다. 이 때문에 인간은 자신의 존재에 완전히 책임을 져야 한다. 왜냐하면 "인간은 어쩔 수 없이 자유일 수밖에 없기"[4] 때문이다. 사르트르 철학의 인기는 이것

2) 폴 티보, 〈장 폴 사르트르: 권위자인가?〉, 《에스프리》, 1980년 7-8월, 《20세기 횡단》, 라데쿠베르트, 파리, 1988년, 163쪽에 재수록.

3) 장 폴 사르트르, 〈전쟁의 종말〉, 《상황 III》, 갈리마르, 파리, 1949년, 폴 티보, 앞의 논문 164쪽에서 재인용.

에 기인하는 것 같다. 프랑스인이 되찾은 자유와 사르트르의 자유의 개념은 전후 해방의 분위기 속에서 서로 밀접하게 연관되었던 것이다.

사르트르의 존재론은 존재를 둘로 나눈다. 그 첫째는 대자(對自; être-pour-soi), 즉 전반성적(préréflexif) 인간 의식이며, 둘째는 스스로에게도 투명하게 드러나지 않는 즉자(卽自; être-en-soi)이다. 인간의 비극은 항상 대자를 즉자, 즉 존재 자체로 환원시키려는 데 있다. 사르트르에 의하면 이러한 긴장으로부터 벗어나는 길은 단절의 능력, 즉 무(無)에 있다. "데카르트는 스토아학파를 본받아 인간을 고립시키는 이러한 무의 가능성을 자유라고 불렀다."[5] 그러므로 사르트르가 전개한 철학은 자유의 철학이다. 그는 인간이 자유를 제대로 사용하지 않는 것은 허위 의식(mauvaise foi)이 너무 많기 때문이라고 보았다. 손님 테이블을 향해 열심히, 그리고 친절하게 몸을 굽히는 빠른 동작의 카페 종업원의 예는 너무도 유명하다. 사르트르는 그가 무엇을 연기하는지 질문한다. "그는 카페 종업원 역할을 연기한다." 그의 존재는 그의 신분과 괴리된다. 이 바람에 그는 더욱더 자신의 직분에 매달리게 된다. 카페 종업원은 《존재와 무》에 나타난 사르트르 철학의 중심인 허위 의식에 대한 상징적 인물이 되었다. 이 책은 1943년에 처음 출간되었으나 1945년에 이르러 대중의 폭발적 인기를 얻게 되었다.

사르트르에게 있어 실존주의는 휴머니즘이다. 사르트르에게 있어 휴머니즘이라는 말은, 인간은 항상 자신의 바깥에 있으며 스스로의 경계를 초월하여 보다 넓은 인간의 세계에 자신을 투사함으로써만이 존재할 수 있다는 의미이다. 이처럼 스스로의 경계에서 빠져나올 수 있는 초월적 관계가 바로 '실존주의적 휴머니즘'의 본질이다. 사르트르는 자신의 철학에 하이데거의 영향이 지대하였음을 고백한다. 그러나 하이데거 자신은 사르트르를 제자로 인정하지 않았다. 그리하여 그는 1946년 장 보프레에게 《휴머니즘에 관한 편지》를 보낸다. 여기서 하이데거는 사르트르에 의한 자신의 철학의 휴머니즘적 해석을 거부한다. 이들의 철학에는 단순한 해석상의 오해가 아니라 보다 '근본적인 불일치' 가 존재하였다. 사르트르는 '무의 기원' 의 문제를 인간 현실 바깥에서 찾기를 거부하였다. 하이데거는 인간을 주체가 아니라 **현존재**(Dasein)[6]로 보았다. 그리고 **코기토**의 고고학 이론을 세

---

4) 장 폴 사르트르, 《실존주의는 휴머니즘이다》, 나젤, 파리, 1946년, 37쪽.
5) 장 폴 사르트르, 《존재와 무》, 갈리마르, 파리, 1943년, 59쪽.

우려 하였다. 이 고고학 속에서 인간은 중심적 위치를 잃고 더 이상 역사의 주체가 아니라 그 역사에 종속되는 주변적 존재가 되고 만다. 이에 반해 사르트르는 **코기토**로부터 모든 것을 추론해 가려는 데카르트적 기도를 계속한다. 즉 그는 의식의 개념을 재구성하여 실천적 주체의 자유라는 주제를 심화하였다.

사르트르는 실존주의를 크게 둘로 구분하였다. 먼저 가브리엘 마르셀과 카를 야스퍼스가 대표하는 그리스도교적 실존주의가 있다. 다음으로는 "하이데거 및 프랑스의 실존주의자들, 그리고 나 자신이 속하는 무신론적 실존주의"[7]가 있다. 이러한 이분법과 "신은 존재하지 않는다"[8]는 사르트르의 단호한 선언은 리쾨르의 동조를 이끌어 낼 수 없었다. 사르트르의 명제에 대한 리쾨르의 유보적 태도에는 여러 가지 이유가 있었다. 먼저 그는 무(無)를 인간적 차원으로 승화하여 높은 가치를 부여하는 사르트르의 입장에 동의하지 않았다. 게다가 철학의 영역과 신학의 영역을 구분하는 철학적 불가지론의 입장을 취하는 리쾨르로서는 사르트르가 철학적 추론 속에 투쟁적 무신론을 포함시키는 것을 용인할 수 없었다. 또한 그는 개념적이라기보다는 문학적인 사르트르의 추론 방식에 이질감을 느꼈다. 그러나 그 당시 리쾨르는 자신의 명제를 도출하는 데 골몰해 있었기 때문에 사르트르의 명제들에 대해 비판할 틈이 없었다. 게다가 그는 이론적인 논의라면 몰라도 정면에서 대놓고 논쟁을 벌이는 것은 좋아하지 않았다. 그 때문에 리쾨르는 《실존주의는 휴머니즘이다》가 출간된 지 10년이 지나고, 그것의 유행이 가라앉은 다음에야 비로소 자신과 사르트르의 기본적 입장 차이를 밝히는 논문을 쓰게 된다.[9]

무화시키는 행위를 무와 동일시하는 사르트르의 입장에 대한 리쾨르의 대답은 부정 그 자체의 핵심에 존재하는 (장 나베르에 의하면) '최초의 긍정' 이란 개념을

---

6) Dasein 혹은 '여기 있는 존재(être-là)' : 하이데거 이전에 이 개념은 '존재' 라는 말로 표현되었으며, 필연성 혹은 가능성과 대비되는 개념으로 사용되었다. 하이데거에 의해 이 개념은 현실과 직접적으로 교류하는 인간의 열린 순간을 의미하게 되었으며, 이것은 인간을 구성하는 중요한 한 요소이다. 따라서 이 개념을 통해 그는 주체(의식)와 대상(세계)을 대립시키는 형이상학적 사고 체계와 결별한다.

7) 장 폴 사르트르, 《실존주의는 휴머니즘이다》, 앞의 책, 17쪽.

8) 같은 책, 21쪽.

9) 폴 리쾨르, 〈부정과 원초적 긍정〉, 《변증법의 제 측면》, 데클레 드 브로베르, 파리, 1956년, 101-124쪽; 《역사와 진실》, 쇠이유, 파리, 1964년, 336-360쪽에 재수록.

통해 이루어진다. 왜냐하면 “부정은 항상 보다 원초적인 긍정의 이면일 뿐이기”[10] 때문이다. 사르트르에게 있어 인간의 존재론적 특징은 무에 있다. 자유는 무에 토대를 두고 있으며, 따라서 무는 모든 결정론에서 벗어난다. “자유란 자신의 무를 퍼뜨림으로써 자신의 과거와 결별하는 인간을 말한다.”[11] 그러므로 자유는 일체의 역사성, 일체의 정체성으로부터 단절된다. 리쾨르는 거부가 스스로의 기원이 될 수 있는지 자문한다. “부정은 그 자체로부터 시작될 수 있는가?”[12] 리쾨르는 존재의 유한성으로부터 무화의 행동이 시작되어 확산된다는 것을 부정하지 않는다. 그러나 그는 그것을 초월할 수 있는 길을 모색한다. 이때의 철학적 성찰은 소여(donnée)로부터 벗어나는 행위, 즉 거부와 각성의 행위 속에 들어 있는 원초적 긍정에 기반을 두어야 한다. 여기서 리쾨르는 한편에는 자유-무, 그리고 다른 한편에는 본질 속에서 화석화된 존재가 있다는 이분법을 거부한다. 그에 의하면 이러한 관점은 존재에 대한 환원적이고 빈곤한 개념을 내포한다. 왜냐하면 그것은 존재를 소여, 즉 사물과 동일시하기 때문이다. 사르트르는 이러한 등식을 상정해 놓고 나서, 그 다음 단계로 존재를 사물화로부터 구해 내려 한다. 왜냐하면 그에 의하면 무화(néantisation)에 직면한 존재는 이에 대항하여 스스로를 비사물화함으로써 자유를 실현하기 때문이다. 이와는 반대로 리쾨르는 존재의 문제를 열림이라는 관점에서 보려고 한다. 그에 의하면 무의 철학은 한 측면밖에 보여 주지 못하는 절름발이 철학이다. 그것은 총체적 행위 중에서 밝은 쪽, 즉 양의 부분을 제외하고 음, 즉 어두운 반쪽밖에는 보여 주지 못한다. 그런데 실제에 있어 양이 없다면 음, 즉 부정의 행위조차도 애초에 불가능하다. 이 양의 차원은 행위를 향해 있는데, 이때의 행위는 결코 탈퇴나 탈피의 행위가 아니라 참여의 행위이다. “부정과 부정적 경험에 대항하여 우리는 존재의 개념을 재탈환하여야 한다. 그 존재란 **형식**이기보다는 **행위**이며, 존재하고 또한 존재할 수 있게 하는 생기 있고 강력한 긍정이다.”[13]

마르셀에 대한 우정 또한 사르트르에 대한 리쾨르의 반감을 강화시켰다. 사르트르와 마르셀 사이의 관계는 비대칭적이었다. 사르트르는 마르셀을 특별히 높게

---

10) 폴 리쾨르, 《역사와 진실》, 앞의 책, 350쪽.
11) 장 폴 사르트르, 《존재와 무》, 앞의 책, 66쪽.
12) 폴 리쾨르, 《역사와 진실》, 앞의 책, 352쪽.
13) 같은 책, 360쪽.

평가하지 않은 데 반해, 마르셀은 사르트르에 대해 감탄하여 마지않았다. 그는 사르트르의 재능을 높이 평가하였으나 결코 그에게 동의하지는 않았다. 마르셀은 사르트르의 견해가 매우 유해하다고 생각하였다. "전후에 시아버지(마르셀)는 사르트르에 대한 강연 요청을 수없이 받았다. 그래서 시아버지는 '내가 꼭 반(反)사르트르 가루약을 팔러다니는 외판원 같구나' 라고 말하기도 했다."[14] 이처럼 리쾨르와 마르셀은 같은 편에 서서 무에 지고의 가치를 부여하는 태도 속에 숨은 허무주의에 대항하여 싸웠다. 왜냐하면 그러한 가치 부여는 결국 **아무것도 가치가 없다**로 나아가기 때문이다.

그들이 보기에 사르트르의 철학에는 결함이 있었으며, 그 때문에 그의 철학의 가치는 반감되었다. 그것은 유아독존적인 이탈, 즉 절대적인 개인화에 의해서만 주체의 존재가 가능하다는 그의 윤리학으로 그것은 하이데거의 윤리학과 마찬가지로 불가능한 것이었다. 이러한 방식으로는 타인에 대해 생각할 수 없다. 왜냐하면 사르트르가 말하듯이 "우리는 우리를 남에게 줌으로써 우리 자신을 잃기 때문이다."[15] 마르셀과 리쾨르에게 있어서 존재란 **함께하는 존재**이다. 이에 반해 유명한 사르트르의 명제는 "지옥, 그것은 타자이다"[16]라고 주장한다.

사르트르의 관점은 극단적인 개인주의이다. 즉 "사르트르의 시각은 결정적으로 개인주의적인"[17] 것이다. 따라서 그는 모든 형태의 대화주의, 혹은 상호 주체성에 등을 돌린다. 그에 의하면 의식은 즉자와 대자 사이의 변증법으로부터 형성되며, 여기에서 타자는 완전히 배제된다. 존재의 자유는 타자를 통해, 그리고 타자와 함께 생각되어지는 것이 아니라 타자의 지배력으로부터의 해방으로 간주된다. 하이데거와 사르트르의 공통점도 바로 여기에 있다. 즉 이들에게는 서로 다른 점도 있지만 그럼에도 불구하고 이들이 상정하는 주체가 약화된 주체이며, 그것에는 윤리적 차원이 없다는 공통점을 가진다.[18] 사르트르는 하이데거와 마찬가지로 반성적 철학과 완전히 결별하려 한다. 그에 의하면 의식은 스스로를 파악하지 못한다. 따라서 그것은 타자를 통하여야 한다. 그러나 그것은 스스로를 실현하기 위해서

---

14) 안 마르셀과의 대담.
15) 장 폴 사르트르, 알랭 르노, 《사르트르, 마지막 철학자》, 그라세, 파리, 1993년, 226쪽 인용.
16) 장 폴 사르트르, 《출구 없는 방》, 갈리마르, 파리, 1944년.
17) 알랭 르노, 《사르트르, 마지막 철학자》, 앞의 책, 212쪽.
18) 알랭 르노, 〈불가능한 윤리학〉, 《사르트르, 마지막 철학자》, 앞의 책, 153-233쪽.

가 아니라 스스로를 그것으로부터 단절시키는 경험을 하기 위해서이다. 왜냐하면 그 단절은 자유의 필수 조건이기 때문이다. 그러므로 "그것은 현존의 형이상학이 아니라 결여의 존재론이다."[19] 이런 관점에서 볼 때 사르트르에 대한 일반적인 이미지, 즉 그가 주체를 신격화하고 이에 지고의 가치를 부여한다는 일반적인 의견과는 정반대로 사르트르의 지평은 끊임없는 도피의 지평이다. 그리고 이러한 도피는 부재와 무, 그리고 밖을 향한 욕구의 절대화에서 그 원동력을 얻는다. 그러나 무에 대한 이러한 열망은 결코 하이데거의 '죽음을 향한 존재'가 아니다. 왜냐하면 죽음이란 모든 계획을 무화시키는 까닭에 결코 그 계획에 의미를 부여할 수 없기 때문이다. 즉 "죽음은 단번에 부조리 속으로 떨어지기"[20] 때문이다. 이처럼 무는 타자와의 모든 매개 관계에 영향을 미친다.

사르트르의 **코기토**에 있어 자아의 현존은 항상 연기되고, 또한 허위 의식에 의해 균열되어 있으며 부분적으로 부재한다. 이러한 허위 의식에 중심적 지위를 주는 회의주의적 태도 때문에 사르트르는 당시 비약적으로 발전하던 사회과학, 특히 인류학과 기호학의 동일체와 타자에 관한 성과를 받아들이지 못하였다. 사회과학의 발전에 대한 폐쇄적 태도 때문에 사르트르의 철학은 더 이상의 발전을 하지 못하였다. 이에 반해 메를로 퐁티의 작업은 개인의 무의식, 그리고 사회적 실천의 문제가 제기한 도전과 철학 사이의 통로로 작용할 수 있었다.

게다가 사르트르의 철학은 특히 연극을 통해 특징적으로 표출되었다. 1950년대 초, 즉 1951년 6월부터 1952년 3월까지 계속해서 상연된 그의 희곡 《악마와 선신》은 당시 연극계의 큰 이벤트였다. 그것은 루이 주베가 마지막으로 연출한 작품이었다. 대중의 환호에도 불구하고 암울한 분위기의 이 연극에 대한 의견은 엇갈렸다. 주인공 괴츠는 완전한 자유 의지에 의하여 악, 즉 악마를 선택하려고 한다. 그러나 그는 곧 그것의 어리석음을 깨닫는다. 그래서 하인리히 신부의 충고에 따라 선, 즉 선신 쪽으로 선회한다. 그러나 그는 그것도 역시 가소로운 것이며, 또한 사기성이 있음을 간파한다. 이 연극은 사회적 갈등과 전쟁으로 인해 만신창이

---

19) 조엘 로망, 〈프랑스 실존주의 찬양〉, 《50년대 철학의 제 문제》, 조르주퐁피두센터, 파리, 1989, 139쪽.

20) 장 폴 사르트르, 《존재와 무》, 앞의 책, 624쪽.

가 된 르네상스 시대의 독일을 배경으로 하고 있다. 당시 사회의 문제들로부터 단절된 주인공의 선택은 필연성을 결여하고 있다. 선과 악에서 의미를 찾으려던 그의 기도가 실패로 돌아간 후, 괴츠는 신을 포기하고 무신론을 선언하며 실천(praxis), 즉 귀족에 대한 농부들의 저항에 참여한다. 결국 주인공은 절대의 추구를 포기하고 "신은 죽었다……. 인간만이 존재한다"고 단언한다. 극한적 냉전 체제로 인하여 두 진영으로 양분되어 있던 1950년대초의 상황에서 이 연극의 메시지는 분명하다. 사르트르는 단번에 '넘을 수 없는 지평,' 즉 마르크시즘 및 RDR[21]의 실패 이후 당시 마르크시즘을 대표하던 공산주의 운동 조합편으로 분류되었다. 몇몇 사람은 특히 격렬한 어조로 이 연극을 비판하였다. "사람들은 '가소로운 신성모독'을 공격하였는데, 모리악은 '사르트르, 천명을 받은 무신론자'라고 그를 비꼬았으며, 티에리 몰니에는 '선신은 없다'라는 제목의 기사를 썼다."[22]

리쾨르는 이런 비판에 부화뇌동할 생각이 없었다. 그러나 그는 이 기회에 사르트르의 입장에 대한 자신의 철학적 거부감을 표출하고자 하였고, 그것은 《에스프리》지의 기고를 통해 이루어졌다. 이 기사에서 그는 평소와는 달리 상당히 강력한 어조로 이 연극에 대한 불쾌한 감정을 드러내었다. 그것은 '용납할 수 없을' 정도로 도가 지나쳐서 "몇몇 장면은 참을 수 없을 정도였다."[23] 그러나 리쾨르는 처음의 거부감에 머무르지 않고 이 작품을 면밀히 검토하여 그 핵심적 문제가 신앙에 있다는 것을 드러내었다. 그에 의하면 이 작품의 무신론은 잘못된 신과의 관계에 의해 생긴 것으로 이것의 이면에는 다른 문제, 즉 윤리와 정치의 문제가 있다. 선과 악의 허위성의 체험은 윤리적 문제에 도달하기 위한 필수적인 도정이다. 그에 의하면 이 연극은 신의 차원이 인간으로부터 인간성을 소외시킨다는 사르트르의 철학적 명제를 그대로 드러낸 것에 지나지 않는다.

리쾨르는 신앙과 허위 의식 사이의 경계가 모호함을 드러내는 괴츠의 논증을 그대로 따른다. "만일 신앙이 일종의 강화된 허위 의식에 불과하다면, 허위 의식의 가면을 벗어던지는 것은 곧 신앙의 불가능성을 보여 주는 것이다."[24] 그러나 리쾨

---

21) 민주혁명연합(Rassemblement démocratique révolutionnaire): 장 폴 사르트르, 다비드 루세, 폴 프레스, 조르주 알트망, 다니엘 베네디트, 장 프르누아, 베르나르 르포르, 샤를 롱삭, 로제 스테판 및 4명의 국회의원과 6명의 노동운동가를 발기인으로 하여 1948년에 결성되었다.

22) 아니 코앙 솔랄, 《사르트르》, 앞의 책, 416쪽.

23) 폴 리쾨르, 〈악마와 선신〉, 《에스프리》, 1951년 11월, 《독서 2》, 앞의 책, 137쪽에 재수록.

르는 이처럼 허위 의식과 신앙이 동일시되는 것을 보는 것은 리쾨르 자신을 비롯한 여러 관객들, 즉 "협잡과 구별되지 않는 그러한 신앙을 넘어설 수 있는 또 다른 고행을 열망하는"[25] 사람들에게 매우 고통스러운 일이라는 점을 지적한다.

24) 폴 리쾨르, 《독서 2》, 앞의 책, 148쪽.
25) 같은 책.

12

마르셀, 야스퍼스, 그리고 키에르케고르의 실존주의

전쟁 직후의 프랑스에서 실존주의는 사르트르와 등치되었다. 그의 성공 때문에 다음의 두 가지 현상이 가려졌다. 그 첫째는 실존을 표방하는 다양한 철학적 경향의 존재이며,[1] 다른 하나는 이 철학 사조가 제2차 세계대전 이전부터 존재하였다는 사실이다. 실제로 실존주의라는 용어는 1937년 카를 야스퍼스가 장 발에게 보낸 편지에서 이미 등장한다. "실존주의는 실존에 관한 철학의 죽음이다."[2] 반면 실존적인(existentiel)이라는 형용사는 19세기 중반으로까지 거슬러 올라가며, 키에르케고르의 저작에서 발견된다.[3] 이러한 여러 다양한 경향 때문에 "실존주의의 아종(亞種; sous-espèce)"[4]에 대한 검토가 요구된다.

대성공을 거둔 사르트르의 1945년 강연 이후, '지금' 클럽은 실존주의에 관한 저녁 모임을 개최하였다. 여기서 장 발은 '실존주의 소사(小史)'를 발표하였다. 이날의 회합에는 니콜라 베르디에프 · 조르주 귀르비치 · 에마뉘엘 레비나스 등 당시의 유명학자들이 "실존주의에 대한 키에르케고르 · 후설 · 하이데거 등의 다양한 영향을 분석"[5]하였다. 《에스프리》 역시 실존 사상에 관여하였으며, 에마뉘엘 무니

1) 에티엔 질송, 《존재와 본질》, 브랭, 파리, 1948년.

2) 카를 야스퍼스, 《프랑스철학협회보》, 1937년 12월 4일, 196쪽.

3) 쇠렌 키에르케고르(1813-1855): 덴마크 철학자. 불안을 인간의 근원적 경험으로 봄. 그것은 인간을 어떤 체계에도 환원될 수 없는 유일한 존재로 만들어 준다. 《이것이냐, 저것이냐》 《유혹자의 일기》 《공포와 전율》(1843) 《철학단상》 《불안의 개념》(1844) 《절망론》(1849) 《순간》(1855) 등 수많은 저작을 남겼다.

4) 자크 콜레트, 《실존주의》, PUF, '크세주' 총서, 파리, 1994년, 9쪽.

5) 아니 코앙 솔랄, 《사르트르》, 앞의 책, 342쪽.

에는 1946년 《실존주의 입문》[6]을 출간하였다. 1906년생인 모리스 드 강디약은 이러한 일반적인 열광의 분위기를 다음과 같이 회상한다. "키에르케고르 · 야스퍼스 · 가브리엘 마르셀 · 장 발 등에 관심을 가진 사람들이 매우 많았다."[7] 이 무렵 강디약은 《에스프리》에서 주관한 회합에서 리쾨르를 만났다. "그는 매우 진지한 인상이었지만, 그 근엄함은 상냥한 미소와 친절에 의해 완화되었다."[8]

가브리엘 마르셀의 금요 모임 외에 새로운 논의의 장소가 1946년 장 발의 발의로 생겨났다. '철학학교'가 바로 그것이다. 그 목적은 화석화된 틀로부터 탈피하여 융합과 만남의 장을 만드는 것이었다. 이를 위해 그들은 정기적으로 연사를 초빙하여 문학 · 철학 · 과학 분야의 접근을 꾀하였다. "미국으로부터 돌아오면서 파리에 철학의 다양한 경향들이 반영될 수 있는 전국적, 그리고 국제적 철학센터를 개설해야겠다는 생각을 하게 되었다."[9] 장 발은 1주일에 세 번이나 강연회를 개최할 수 있었다. 철학학교는 파리 지성계의 요충으로 등장하였으며, 이곳을 통해 에마뉘엘 레비나스는 사람들에게 널리 알려지게 되었다.

리쾨르는 샹봉에 머물면서 《에스프리》에서 주최하는 몇몇 회합에 참석하는 것 이외에는 파리에 오지 않았다. 그럼에도 불구하고 그는 자신의 철학적 작업을 통하여 전후의 여러 문제들에 긴밀히 관여하고 있었다. 그의 주요 문제는 어떻게 실존의 철학과 그리스도교적 신앙 사이의 대화 통로를 트는가 하는 것이었다. 이를 위해 리쾨르는 이 두 차원을 구별하고, "실존적 동기들의 공통적 근원"[10]을 인정해야 한다고 보았다. 여기서 리쾨르는 포괄적 사회학의 전통과 가까운 입장을 옹호하였다. 그에 의하면 묘사란 결코 묘사된 경험이 태어난 상황과 분리될 수 없다. 따라서 그리스도교 신앙은 실존적 사상의 외부, 혹은 주변에 있는 것이 아니라 그 근본에 자리잡고 있다. 리쾨르에 의하면 마르셀의 철학은 그리스도교 신앙이라는 초월적 차원과 현실의 구체적 경험과의 연결을 보여 준다. "계시에 의한 자력(磁

6) 에마뉘엘 무니에, 《실존주의 입문》, 드노엘, 파리, 1946년.
7) 모리스 드 강디약과의 대담.
8) 위의 대담.
9) 장 발, 《철학학교 노트》, 아르토, 파리, 1947년, 7쪽; 마리 안 레스쿠레, 《레비나스》, 플라마리옹, 파리, 1994년, 185쪽에서 재인용.
10) 폴 리쾨르, 〈존재의 철학을 통한 그리스도교 철학 문제의 쇄신〉, 제IV권, 장 부아세, 에드몽 로슈디외, P. 아르부스 바스티드, 자크 부아, 폴 리쾨르, 모리스 네제르, 《그리스도교 철학의 문제》, PUF, 파리, 1949년, 49쪽.

力)은 잘 드러나지 않으며, 그것은 마르셀이 그리스도교로 개종하기 이전에 이미 일어났다."[11] 실존철학과 그리스도교 신앙은 인간을 하나의 객관화된 소여가 아니라 하나의 소명, 즉 실현하여야 할 하나의 임무라고 본다는 공통점을 가지고 있다. 이러한 공통성이 실제로 실현되려면 이 두 영역의 경계 및 불연속성을 존중하는 동시에 종교적 포교의 범위를 "실존이 객관성을 초월하는 영역"[12]에까지 연장하여야 한다.

이를 위해 리쾨르는 신앙과 종교를 구별하여야 한다고 본다. 그는 철학의 역사를 학자와 철학자 및 이단을 파문하거나 화형시키는 신학적 교권주의와의 갈등이라는 관점에서 파악한다. "교회는 갈릴레이를 단죄하고, 스피노자를 파문시키고, 세르베를 화형시킨 기구이다."[13] 진리의 수호자를 자처하는 이러한 권위주의는 자유를 갈구하는 철학자들의 도전에 부딪쳤다. 실존주의는 신학과 철학의 공통점이라는 문제를 첨예하게 전면에 드러내었다. 이를 통해 그것은 신학을 독단주의의 위험으로부터 해방시킨다. 반면에 신학은 과도한 이성 중시의 문제점을 폭로함으로써 철학자로 하여금 자신의 체계의 자급자족성에 갇히지 않도록 해준다. 이러한 비판적 · 대화적 운동을 통해 그리스도교 신앙은 순수성을 되찾고, 철학적 이성은 임무에 충실하게 충분히 전개될 수 있다. 왜냐하면 "신앙은 철학자로 하여금 모든 것을 병합하려는 경향에 맞서 실존과 초월 사이의 변증법적 긴장을 유지할 수 있도록 도와 주기"[14] 때문이다. 리쾨르는 결코 그리스도교 철학의 원칙을 옹호하려 하지 않았다. 그보다는 그리스도교 신앙과 실존철학을 뚜렷이 구분되는 양극으로 유지하려 하였다.

그러나 다른 한편으로 리쾨르는 이러한 양극성을 문제삼기도 하였다. 악의 문제에 관한 실존주의 공헌은 낙관주의에 기초한 일체의 고찰을 무효화하였다는 데 있다. 한 개인이 악의 피해를 입을 때 그 악은 설명 불가능하며, 또한 부조리하다. 그런데 "사변적이 아닌 실존적인 모험으로 나를 이끌기 위해서라면 악은 설명 불가능해야 한다. 욥이 화를 내며 친구들의 '설명'을 거부한 것도 그 때문이다."[15] 실존주의는 의사소통의 가능성에 대해서도 회의적이다. 타자와의 관계는

11) 폴 리쾨르, 같은 책, 54쪽.
12) 같은 책, 58쪽.
13) 같은 책, 60쪽.
14) 같은 책, 66쪽.

비극성과 부조리를 내포할 수밖에 없으며, 또한 수많은 오해와 실패에 직면한다. 여기에 있어서도 (실존주의 덕택에) 그리스도교 신앙은 진정성을 회복할 수 있는데, 만일 그 대신 조화로운 해결책을 찾으며 그것을 신적 질서의 자연적 결과라고 주장한다면 그러한 진정성은 상실될 수도 있을 것이다.

사르트르가 실존주의를 그리스도교적 실존주의와 무신론적 실존주의로 나눈 것에 반대하여, 리쾨르는 모든 종류의 실존주의가 공통적으로 그리스도교적 배경을 가지고 있다고 주장하였다. "모든 실존주의의 근저에 있는 종교적 문제를 부정하기 어렵다."[16] 자유와 죽음 · 육체 · 시간 및 그외의 여러 문제에 관한 모든 현상학적 묘사는 그리스도교와 관련되어 있다. 물론 그것들은 동의일 수도 있고, 거부일 수도 있다. 그러나 어찌되었건 그러한 반응은 항상 그리스도교와의 관련하에서 이루어진다. 그럼에도 불구하고 리쾨르는 섣불리 무신론적 입장과 그리스도교적 입장 사이의 '화합'을 꾀하지는 않았다. 그에 의하면 실존주의는 그리스도교로 하여금 가장 기초적이고 근원적인 질문들을 보지 못하게 가로막는 과도한 유심론적 · 낙관적 접근법을 제거함으로써 그리스도교 신앙의 정화에 일조할 수 있다. 따라서 리쾨르에 의하면 실존주의는 이 두 영역의 분리와 혼동이라는 두 가지 장애물을 모두 회피할 수 있게 한다. 즉 그것은 종교적 확신과 철학적 문제 제기 사이의 대화의 장을 가능케 하는 것이다. 이와 같은 대화적 중재의 가능성 추구에 있어 리쾨르는 가브리엘 마르셀과 카를 야스퍼스의 사상으로부터 도움을 받는다.

실제로 그는 이 두 철학자의 비교 연구를 막 완성한 참이었으며, 그것은 1947년 포로수용소의 내무반 동료였던 폴 앙드레 르조르에 의해 출판되었다. 르조르는 파리 제7구에 있는 작은 출판사인 '현재출판사'에 취업하였다. 그는 전전에 이미 좌파 그리스도교도들에 의해 창설된 이 출판사에 간접적으로 관여하였다. 그는 《칠 *Sept*》이라는 잡지에 기고하였는데, 현재출판사는 이 잡지의 자회사였던 것이다. 전후에 그는 이 출판사의 확장에 동참하라는 권유를 받아들여 "현재의 예술가와 작가" 총서[17]를 새롭게 기획하였다. 리쾨르의 책은 이 총서의 하나로 그

---

15) 폴 리쾨르, 〈실존주의와 그리스도교 신앙에 관한 메모〉, 《복음화》, 제31호, 1951년, 148쪽.
16) 미켈 뒤프렌과 폴 리쾨르, 같은 책, 150쪽.
17) 이 총서에 포함된 최초 저작들은 위베르 지뉴의 《장 아누이》, 피에르 앙리 시몽의 《조르주 뒤아멜》, 조제 빈 덴 에슈의 《아르밍 살라크루》, 피에르 종글레의 《올더스 헉슬리》 등이다.

의 두번째 저작이다.[18] 첫번째 저작은 포로수용소 시절에 미켈 뒤프렌과 공동 저술한 야스퍼스 연구로 에마뉘엘 무니에의 '에스프리' 총서의 하나로 쇠이유출판사에서 출판되었다.[19] 리쾨르는 이 두 철학자에게서 철학적 신조와 종교적 신앙이 야스퍼스의 표현처럼 '사랑의 싸움'의 형태로 상호적으로 시험되고 있음을 발견한다. 가브리엘 마르셀은 "철학이란 '나는 존재한다' 라는 명제와의 관련하에서 '나는 믿는다'의 문제를 고찰하는 것"[20]이라고 본다. 마르셀에게 있어 철학자는 비역사적일 수 없다. 그는 그리스도교적 환경에 속해 있다. 그러므로 그것을 무시하거나, 그것을 자신과 무관한 것으로 치부할 수 없다. "자신을 단순히 철학자라고만 생각하는 철학자는 자신을 경험의 외부, 즉 인간적 차원 아래에 위치시킨다."[21] 즉 리쾨르의 표현대로 "그리스도교와 공존하는 구체적 철학 지식"[22]이 있다는 것이다. 마르셀은 신비라는 개념을 중심으로 이 두 영역이 동음이의적이라고 보는 반면, 야스퍼스는 철학적 신조와 종교적 신앙의 갈등과 대결적 측면을 보다 강조한다.

야스퍼스의 생각은 리쾨르가 대학 시절부터 느껴 왔던 긴장과 완전히 일치한다. 즉 그것은 이 두 영역 자체의 엄정성을 전혀 희생시키지 않으면서 상호적 영향에 의해 이 두 영역을 발전시키려는 그의 의도와 완전히 합치한다. 이러한 과정을 통해 긴장된 철학, 분열된 존재, 그리고 수많은 논리적 난점에 직면하는 비극적 과정이 생겨난다. 그의 철학은 극복될 수 없는 모순으로 점철되어 있다. 리쾨르는 이러한 과정을 잘 파악하였으며, 그것을 자신의 것으로 만들었다. 야스퍼스의 초월철학은 "분열이라는 말로 이해될 수 있다."[23] 신이 숨어 버렸기 때문에 인간은 자유롭고, 또한 책임을 져야 한다. 물론 싸움은 있지만 그것은 '사랑의 싸움'이기 때문에 대립되는 두 극단은 이 싸움에 의해 변모된다. 일종의 화해, 일종의 연결점이 생겨나기는 하지만 그것은 결코 하나의 체계로 고정되지 않는다. 일치 속의 모순에 대한 고찰을 통해 야스퍼스는 자신의 철학의 중심인 역설의 철학을 발견한다.

---

18) 폴 리쾨르, 《가브리엘 마르셀과 카를 야스퍼스》, 현재, 파리, 1948년.
19) 미켈 뒤프렌과 폴 리쾨르, 《카를 야스퍼스와 존재의 철학》, 쇠이유, 파리, 1947년.
20) 폴 리쾨르, 《가브리엘 마르셀과 카를 야스퍼스》, 앞의 책, 266쪽.
21) 가브리엘 마르셀, 《거부에서 혁신으로》, 갈리마르, 파리, 1940년, 109쪽.
22) 폴 리쾨르, 《가브리엘 마르셀과 카를 야스퍼스》, 앞의 책, 266쪽.
23) 미켈 뒤프렌과 폴 리쾨르, 《카를 야스퍼스와 존재의 철학》, 앞의 책, 381쪽.

"역설은 신비의 지적 덮개이다……. 역설은 겸손한 논리이다."[24] 이러한 역설의 사상이 경계적 요소(indécidable)로 사용된 것은 의미를 해체하기 위해서가 아니다. 그와는 정반대로 그것은 분열과 화해를 결합시키고, 상반되는 것들을 결합시키기 위해서이다. 이러한 역설의 사상은 존재, 즉 '길을 가는 존재(être en chemin)'의 개념으로 회귀한다. 잃어버린 어린이의 순박성은 다른 방식, 즉 그 자체가 하나의 새로운 근원이 됨으로써, 그리고 철학적 · 신학적 신조의 교차점에서 제2차적 순박성으로 발전함으로써 되찾아져야 한다. 무신론자에게는 부조리라는 용어로, 그리고 신자에게는 신비라는 용어로 역설을 해석함에 있어 야스퍼스는 자신의 사상을 극복할 수 없는 긴장 속에 위치시킴으로써 결코 모호성을 포기하지 않으려 한다. "이러한 중도(中道), 그것이 바로 야스퍼스이다."[25] 리쾨르는 이후 자신의 모든 작업에서 이러한 중도를 선택하였다. 그것은 이율배반적인 두 개의 극을 함께 생각할 수 있는 연결사를 창조할 수 있다고 생각되어졌다. 즉 반성적 철학은 잃어버린 직접성을 추구하였지만, 그럼에도 불구하고 결코 하나의 궁극적 종착점을 추구하지 않았던 것이다.

야스퍼스에 의하면 실존주의는 변증법적 방법과 경험이라는 양측면을 포괄하여야 한다. 즉 "어느쪽도 휴식의 지점은 될 수 없는"[26] 것이다. 실존철학은 문학과 변증법적 방법 사이의 긴장 상태를 유지하여야 한다. 즉 문학의 모든 주요 주제를 받아들이되 그 속에서 길을 잃지 말아야 하며, 또한 변증법적 방법을 사용하여 이러한 문학의 유혹에 저항하되 결코 하나의 체계를 형성함으로써 화석화되지 말아야 한다. 이처럼 끝까지 최종적인 결론에 도달하지 못함에도 불구하고 그것은 결코 절망을 의미하지 않는다. 그와는 정반대로 그것은 인생의 황혼에서 발견한 최후의 지혜에 대한 확신을 표현한다. "모든 보이는 것과 실존의 실패는 숨겨진 신성성에 대한 보호 기제이다."[27] 실패를 향한 이 까다로운 도정은 행동과 역사와 참여에의 정열을 거친 다음 마침내는 '말해질 수 없는 것(indicible)'으로 향한다. "세계의 정적에 대항할 수 있는 것은 침묵뿐이다."[28] 야스퍼스는 침묵의 극치를

24) 미켈 뒤프렌과 폴 리쾨르, 같은 책, 385-386쪽.
25) 같은 책, 393쪽.
26) 같은 책, 341쪽.
27) 폴 리쾨르, 《가브리엘 마르셀과 카를 야스퍼스》, 앞의 책, 430쪽.
28) 카를 야스퍼스, 《철학》, 제III권, 스프링어, 베를린, 233쪽.

숫자에서 찾는다. 이러한 침묵은 "듣는"[29] 철학자인 폴 리쾨르에게 있어서도 매우 중요하고 근본적인 요소이다.

야스퍼스는 결코 최종적일 수 없는 진실이라는 개념을 발전시킨다. "객관성의 승리는 곧 자유의 종말을 의미한다. 실존적 진리는 나 자신의 선택 속에 있다."[30] 그러므로 진리란 자아가 스스로에게 부과하는 자율적 작용과 분리될 수 없다. "야스퍼스는 항상 '나는 결코 나 자신을 창조하지 않았다' 고 말한다."[31] 여기서 실존과 초월 사이의 새로운 긴장이 야기된다. 이때의 경험은 현실의 경계 지역에 위치한 한계적 상황에서 이루어지는데, 이 지역은 실존적 긴장이 극도화되는 곳이다. 죽음도 이러한 경험의 하나이다. 야스퍼스는 철학적 전통이 영혼 불멸의 문제에만 경도되어 죽음의 진정한 의미를 숨기고 있는 것을 비판한다. 따라서 그는 "사후의 존속이라는 신기루를 파괴해야 한다"[32]고 주장한다. 죽음은 무(無)로 받아들여져야 하며, 이를 통해 죽음은 초월될 수 있다.

실존에 대한 태도 역시 두 개의 극단으로 이루어져 있는데, 창조적 긴장을 유지하려면 이 극단들은 그대로 유지되어야 한다. 이들 극단들로는 먼저 도전과 포기가 있으며, 이들 둘은 서로 반대됨과 동시에 서로 연결되어 있다. "왜냐하면 도전이란 결국 포기의 가능성을 의미하기 때문이다."[33] 포기는 또한 행복의 수용을 의미하며, 도전은 각성된 인간의 특질이기도 하다. 실존적 태도의 특징은 이 양극의 논리를 끝까지 추구함으로써 자유와 숙명의 역설을 백일하에 드러내려는 데 있다. 다음으로 전락과 상승이라는 양극 또한 다같이 절대를 드러내는 계시자 역할을 한다. 야스퍼스가 제시하는 세번째 대립항은 낮의 법과 밤의 정열이며, 이 둘은 서로 상대방 없이는 존재하지 못한다. 이러한 구체적인 대립항들의 짝에는 결코 합(synthèse)이 존재할 수 없다. 실존적 태도는 이러한 모순의 양극들을 끝까지 밀고 나간다. 그러나 이때 양극들 사이를 잇는 실은 결코 끊어지지 않는다. 즉 실존적 태도는 모순을 해결할 제3의 점을 찾거나, 혹은 이들 양극을 가운데로 모음으로써 어정쩡한 공통분모를 찾으려고 하지 않는다.

---

29) 모니크 슈네데르와의 대담.
30) 미켈 뒤프렌과 폴 리쾨르, 《카를 야스퍼스와 존재의 철학》, 앞의 책, 348쪽.
31) 같은 책, 351쪽.
32) 같은 책, 185쪽.
33) 같은 책, 272쪽.

이러한 대조적인 입장들 사이의 긴장을 유지하는 태도는 리쾨르의 철학적 태도, 즉 그의 추론 방식인 동시에 그가 세계와 맺는 관계의 방식이기도 하다. 이러한 실존적 요구와 겸손의 혼합은 분열된 존재, 그리고 겸손한 논리로 나아가게 한다. 리쾨르는 이러한 태도를 받아들였을 뿐만 아니라 그것을 발전시켜 자신의 특징으로 삼았다. 그러므로 우리는 리쾨르에 대한 야스퍼스의 유산이 매우 컸다고 말할 수 있다. 그것은 그가 포로수용소에 감금되어 있던 오랜 세월 동안 체득된 것이다. 그동안 리쾨르는 예외 앞에서 철학하기를 요구한 야스퍼스의 주장에 호응하였다. 게다가 전쟁 기간 동안 리쾨르에게 있어서 야스퍼스는 독일적인 예외를 체현하는 인물이었기도 하였다.

19세기 중반에 벌써 실존적 주제를 발전시킨 선구자적 철학자는 덴마크 철학자 쇠렌 키에르케고르로, 그는 흔히 실존주의의 아버지로 평가된다. 그가 프랑스에 소개된 것은 1938년에 출간된 장 발의 《키에르케고르 연구》를 통해서이다. 그러나 그가 본격적으로 프랑스 실존주의 사상에 등장한 것은 전후 《존재와 무》의 성공 이후이다. 리쾨르에게 키에르케고르의 저작은 두 가지 점에서 매우 중요하였다. 첫째로는 그것이 헤겔식의 체계화를 거부하고 비철학적인 것에 의한 질문을 허용하는 방식을 도입하였다는 점이다. 키에르케고르는 야스퍼스와 마찬가지로 역설을 사용하였다. 철학적으로 진지한 문제들을 조롱함으로써 그는 철학적 방식 자체에 대한 비판적 입장을 견지하였다. 또한 유머를 사용함으로써 그는 철학적 담론에 적당한 경계를 지을 수 있었다. "이런 점에서 그는 리쾨르만큼이나 반(反)독단적이었다."[34] 이러한 비판적 입장 때문에 키에르케고르는 철학적 담론이건 아니건 간에 모든 최종적 담론을 거부하였다. 왜냐하면 "항상 철학을 벗어나는 어떤 것이 존재하며, 그것에 대해서 우리는 결코 아무 말도 할 수 없기"[35] 때문이다. 즉 키에르케고르는 철학의 역할에 대해 보다 겸허한 관점을 가지고 있었다. 이에 대해 리쾨르는 "그는 새로운 사상의 시대, 즉 독일 관념론의 뒤를 잇는 탈철학의 시대를 열었다고 할 수 있다"[36]고 평가한다.

---

34) 미셸 베르트랑과의 대담.

35) 위의 대담.

36) 폴 리쾨르, 〈키에르케고르 이후에 철학하기〉, 《로잔의 철학과 신학》, 1963년, 《독서 2》, 앞의 책, 30쪽에 재수록.

키에르케고르는 철학과 신학 사이에 위치하며, 신앙을 중시한다는 점에서 리쾨르와 닮아 있다. 물론 이들 두 사람에게 있어 신앙이 철학과 결합하는 방식은 유사하지 않다. 리쾨르에게 있어 신앙의 차원은 매우 중요하며, 그것에는 약속의 개념 혹은 윤리학이 포함된다. 이에 반하여 키에르케고르에게 있어 신앙은 어떤 면에서 일종의 초월이라고 할 수 있다. 그에 의하면 종교적 단계에 도달하기 위해서는 아브라함을 따라 신앙의 결정적 도약을 하여야 한다. 인간은 절대적인 무엇, 즉 당위적인 존재를 목표로 하여야 한다. 야스퍼스도 얘기하였듯이 철학자는 예외적인 것, 즉 천재성을 철학의 비철학적 원천으로서 중시하여야 한다. 키에르케고르는 믿음의 영역과 행위의 영역, 그리고 인간의 유한성의 문제를 철학 속에 복권시켰다. 리쾨르는 키에르케고르에게서, 그리고 피에르 테브나즈[37]에게서 다음과 같은 또 하나의 중요한 확신을 발견하였다. "철학은 항상 비철학과 관련이 있다. 왜냐하면 철학은 그 자체의 고유한 대상을 가지고 있지 않기 때문이다. 즉 그것은 경험에 대해 고찰한다."[38] 그런데 이것은 모리스 메를로 퐁티의 중심적인 주제이기도 하다.

키에르케고르는 전후에 페르디낭 알키에에 의해 철학의 적, 즉 반(反)철학자라는 비난을 받았다.[39] 리쾨르는 키에르케고르가 철학의 안과 밖을 동시에 포괄하기 때문에 당혹스럽다는 점을 인정한다. "키에르케고르의 단절된 변증법은 체계 외적인 동시에 내적인 것으로 간주될 때에만 의미를 갖기"[40] 때문이다. 그러나 리쾨르는 바로 이러한 경계적 위치가 많은 잠재성을 가지고 있다고 생각한다. 게다가 그는 키에르케고르 철학에 있어서의 역설이 칸트의 경계의 개념과 비슷하다고 본다. 물론 키에르케고르는 비판철학의 가능성의 조건에 관한 칸트의 모든 인식론을 거부한다. 그러나 리쾨르는 키에르케고르가 새로운 비판, 즉 실존 비판을 실현하였다고 본다. 즉 그는 키에르케고르를 칸트 · 피히테 및 셸링의 철학적 전통의 논리적 계승자로 간주한다.

리쾨르는 체계에 대한 비판에 있어서도 키에르케고르의 편에 선다. 이 두 경우에 있어서 키에르케고르의 비판은 모두 외부로부터의 비판이 아니라 헤겔 사상의

---

37) 스위스의 프로테스탄트 신학자.
38) 폴 리쾨르, 〈키에르케고르 이후에 철학하기〉, 앞의 논문, 《독서 2》, 앞의 책, 34쪽.
39) 페르디낭 알키에, 《초현실주의 휴머니즘과 실존주의 휴머니즘》, 아르토, 파리, 1948년.
40) 자크 콜레트, 《키에르케고르와 비(非)철학》, 갈리마르, '텔' 총서, 파리, 1994년, 201쪽.

내부로부터, 즉 그의 사상을 심화함으로써 이루어진다. "이러한 헤겔과의 대립은 키에르케고르에 대한 이해의 일부분이다. 이 때문에 키에르케고르는 헤겔 없이는 완전히 이해될 수 없다."[41] 1963년에 발표된 연구를 통해 리쾨르는 키에르케고르를 망각으로부터 구해 낸다. 실제로 이 시기는 구조주의가 실존주의를 극복한 시대였다. 이제 실존주의는 유치한 사상으로 간주되었으며, 따라서 실존주의자들의 질문은 잊혀져 버렸다. 리쾨르의 연구는 한편으로 실존주의적 현상을 하나의 단일한 학파로 단순화시키려 한 전후의 경향에 맞서서 키에르케고르의 특이성을 회복시켰다. 다른 한편으로 그것은 합리주의와 대립한 실존주의의 유명한 양자택일론이 얼마나 키에르케고르의 철학을 잘못 이해하였는지를 드러내 주었다. 실제로 키에르케고르는 "존재한다는 것은 무엇인가?" 그리고 "생각한다는 것은 무엇인가?"라는 두 가지 질문에 동시에 대답하려 하였던 것이다. 리쾨르는 이러한 자신의 입장을 다음의 말로 요약하였다. "철학은 이 두 질문을 통합함으로써 살고, 분리함으로써 죽는다."[42]

리쾨르가 키에르케고르에게서 관심을 가졌던 또 하나의 측면은 악과 불안의 문제이다. 그것은 리쾨르 철학의 항구적인 특징으로서, 그는 나중에 이것을 철학과 신학의 두 학문 모두에 대한 도전이라고 하였다. 왜냐하면 철학과 신학은 결코 이것의 의미를 완전히 파악하지 못하기 때문이다. 먼저 철학의 경우 이해 가능하게 된 악은 그 의미를 잃는다. 왜냐하면 그것은 더 이상 악이 아니며 부조리, 혹은 터무니없는 것이 아니기 때문이다. 그러나 만일 철학이 악에 대한 이해를 돕지 못한다면 그것은 철학의 의무 불이행을 의미한다. 이러한 딜레마 속에서 리쾨르는 키에르케고르의 경계에 관한 고찰을 발견한다.[43] 그는 거기서 자신이 느끼는 것과 비슷한 죄의식을 발견하였다. 그 죄의식은 그가 유년 시절 경건주의적 교육을 받은 이래, 그리고 그가 죄를 매우 중시하는 칼뱅주의에 동참한 이래 계속하여 그를 짓눌러 왔었다. 그는 키에르케고르가 죄를 자연화하는(naturaliser) 경향으로부터 해방시켜 주었다고 본다. 즉 키에르케고르는 신앙과 죄를 윤리나 가치와는 다른 영역에 위치시켰다. "이제부터 죄는 미덕의 반대가 아니라 신앙의 반대인"[44] 것이다.

---

41) 폴 리쾨르, 〈키에르케고르 이후에 철학하기〉, 앞의 논문, 39쪽.

42) 같은 논문, 45쪽.

43) 쇠렌 키에르케고르, 《불안의 개념》(1844), 제7권, 로랑트, 파리, 1973년; 《죽음에 이르는 병》(1849), 제16권, 로랑트, 1971년.

키에르케고르는 실존 자체를 완전한 정신적 고독으로 보아 죄를 신 앞에서의 존재 방식으로 일반화시켰다. 이를 통해 그는 개인적인 죄의식으로부터의 해방을 꾀하였다. 신앙에 반대되는 부정의 상징인 죄는 변증법적으로만 극복될 수 있다. "죄는 하나의 입장,"[45] 즉 믿어야만 하는 하나의 역설이다. "신앙은 지식이 아니라 자유의 행위, 의지의 표현이다."[46] 이처럼 역사적 죄의식으로부터 해방된 인간은 논리적 연역이 아니라 스스로의 결정에 직면한다. 또한 자신이 살고 있는 시대만을 고려하기 때문에 원죄로부터 해방된다. 신앙의 의미를 찾는 데 있어 의지를 최우선시하는 이러한 태도는 리쾨르에게서도 분명하게 나타난다. 실제로 그는 전후의 시기에 의지에 관한 박사 논문을 쓰고 있던 중이었다.

하나의 개념으로서의 불안은 더 이상 개인적 죄의식에서가 아니라 인간 조건 자체에서 연유한다. 그것은 자유와 앎의 전단계이다. 키에르케고르에 대한 이 연구 이후의 리쾨르의 저작에는 키에르케고르에 대한 언급이 점점 줄어든다. 그리하여 1963년에 제기했던 총체적 담론으로서의 철학의 종말의 문제를 1985년에 다시 제기하였을 때,[47] 그는 키에르케고르를 전혀 인용하지 않았다. 이때 리쾨르는 "종교철학의 해석학적 재해석의 도식을 만들겠다는 의도"[48]를 가지고 있었으며, 이러한 관점에 의하면 철학은 종교를 초월한다. 물론 결코 종교를 없애지는 못하지만. 철학의 임무는 그리스도교적 경험이 어떤 식으로 생각되어질 수 있는가를 말하는 데에 있다. 그러나 그것은 결코 절대적 지식임을 주장하지는 않는다. 80년대에 이르러 리쾨르는 종교 사상을 해석학적으로 재고찰함에 있어 구체적 사상과 사변적 사상을 결합하려 하며, 이를 통해 "키에르케고르보다는 헤겔 쪽에 근접한"[49] 입장에 서게 된다.

---

44) 폴 리쾨르, 〈키에르케고르와 악〉, 《로잔의 철학과 신학》, 1963년, 《독서 2》, 앞의 책, 27쪽에 재수록.

45) 쇠렌 키에르케고르, 폴 리쾨르, 〈키에르케고르와 악〉, 《로잔의 철학과 신학》, 1963년, 《독서 2》, 앞의 책, 27쪽에 재수록.

46) 키에르케고르, 《철학 단상》(1844), 《전집》, 제7권, 로랑트, 파리, 1973년, 78쪽.

47) 폴 리쾨르, 〈헤겔 종교철학에서의 표상의 지위〉, 《신이란 무엇인가?》, 생루이스대학교출판부, 브뤼셀, 1985년, 185-206쪽.

48) 자크 콜레트, 《키에르케고르와 비철학》, 앞의 책, 201쪽.

49) 같은 책.

리쾨르에게 영향을 끼친 또 하나의 실존철학의 차원은 커뮤니케이션의 문제이다. 그는 가브리엘 마르셀과 카를 야스퍼스에게서 '너,' 즉 타자에 의해 형성되는 자아의 개념을 발견하였다. 자아는 유아독존적으로가 아니라 타자와의 관계에 의해 파악된다. "나의 조건 속에 침잠하여 그것을 심화하려고 하면 할수록 타자의 존재를 열망하게 된다."[50] 개인적 정체성은 타자를 배제한 채 생성되지는 않는다. 커뮤니케이션은 실존의 필수적 구조이며, 또한 존재의 근원적 존재 방식이다. 가브리엘 마르셀의 변증법은 대화의 변증법, 즉 자아와 상대방, 그리고 현실을 대표하는 제3자 사이의 3자 관계의 변증법이다. 이러한 사상의 핵심은 사랑의 인식론이다. 마르셀이 말하듯이 "어쩌면 사랑만이 실제적인 지식인지도 모르기"[51] 때문이다. 사랑의 역학은 인간인 '너'를 통해 지고의 **너**에게로 향하는 길을 제시한다. 그러므로 커뮤니케이션이란 신성한 **너**, 즉 신에 대한 신앙을 연습하는 것이다. 그것은 "신은 결코 **제3자**로 변하지 않는 **너**라는 것을 이해하는 것"[52]이다. 이것은 이미 독일계 유대인 철학자인 마르틴 부버가 1923년에 발전시킨 주제이기도 하다.[53]

야스퍼스의 역설적 의사 소통 개념은 리쾨르에게 더욱 큰 영향을 미쳤다. 그것은 바로 우리의 존재는 타인들의 협조에 의해서만 실현될 수 있다는 생각이다. 이것은 가장 적극적인 의미에서의 "자아의 정복"[54]의 핵심이다. 야스퍼스는 타자와의 커뮤니케이션의 객관적이고 경험적인 현실을 지적하는 데 그치지 않고, 그것의 실존적 의미를 추출해 낸다. 그 의미란 "자아 존재의 본원적인 출현에 있으며, 그 과정은 역설적인 방식으로 발현된다."[55] 그러므로 그것은 필수 불가결한 것이다. 진리 또한 커뮤니케이션의 지평에 속한다. 즉 야스퍼스는 진리란 소통적이라고 정의하며, 이를 강조하기 위해 그는 "함께하는 철학(symphilosophie)"[56]이라는 신조어를 만들어 낸다. 진리는 총체적 · 유일적 · 폐쇄적일 수 없다. 왜냐하면 그것은 커뮤니케이션을 통해 형성되며, 이 경우 그 경계는 매우 유동적이기 때문이다. 즉 "진정한 진리는 경계를 갖지 않는다."[57] 커뮤니케이션을 통해 우리는 총

50) 폴 리쾨르, 《가브리엘 마르셀과 카를 야스퍼스》, 앞의 책, 158쪽.
51) 가브리엘 마르셀, 《형이상학적 일기》, 갈리마르, 파리, 1927년, 63쪽.
52) 폴 리쾨르, 《가브리엘 마르셀과 카를 야스퍼스》, 앞의 책, 158쪽.
53) 마르틴 부버, 《나와 너》(1923), 오비에, 파리, 1969년.
54) 폴 리쾨르, 《가브리엘 마르셀과 카를 야스퍼스》, 앞의 책, 184쪽.
55) 카를 야스퍼스, 《철학》, 제II권, 스프링어, 베를린, 1932년, 51쪽.
56) 같은 책, 113쪽, 114쪽, 117쪽.

체화에 저항할 수 있으며, 또한 '사람들'이라는 일반적 주체 속에 함몰되지 않고 특수성을 유지할 수 있다. 그러므로 "커뮤니케이션을 통해 이 소통의 주체들 각자는 자유를 창조할 수 있다. 그러나 반대로 전체성의 획득에는 실패한다."[58] 이러한 의사 소통 행위는 저절로 되는 것이 아니다. 그것에는 의지와 각고의 노력과 타자를 향해 나아가려는 열정이 필요하다. 이러한 나아감은 대개 대결, 즉 또 다른 자유 의지와의 싸움의 양상을 띤다. 자아의 확립은 이러한 "사랑의 싸움"[59]을 통해 타자와 공동 작업을 통하여 이루어진다. 타자와의 사상의 교환은 창조로 나아갈 수 있는데, 실제로 리쾨르의 철학적 여정의 특징은 다른 철학자들과의 교류에 있다. 리쾨르에 대해 사람들은 절충주의 혹은 유행의 추종을 지적하였지만, 실제에 있어 그것은 야스퍼스가 정의한 실존의 대화 방식에 충실한 결과이다. "나는 타자의 중개에 의해 나 자신이 된다. 그러나 내가 그렇게 될 수 있는 것은 내가 이미 그 전에도 나 자신이었기 때문이다."[60] 이처럼 커뮤니케이션은 고독을 전제로 한다. 리쾨르는 자신의 참여에 대해 너무 몰입하지 않고 거리를 둔다. 왜냐하면 가브리엘 마르셀의 표현처럼 타자에 대해 항상 열려 있어야 하기 때문이다. 이처럼 고독은 커뮤니케이션의 필수 전제이다. 그러나 "타자는 내 존재 자체를 위해 필수적이다."[61]

실존주의 철학 중에서 야스퍼스·마르셀 계열의 입장은 매우 윤리적이었으며, '함께하는 존재'라는 개념의 원천이 되기도 하였다. 그러나 하이데거의 경우는 전혀 그렇지 않다. 뒤프렌과 리쾨르는 책의 마지막 부분에 있는 야스퍼스와 하이데거의 명제 비교를 통해 야스퍼스의 '이원적' 철학에 대한 명백한 지지를 밝힌다. 물론 하이데거와 야스퍼스는 인간이 사물과 다른 방식으로 존재하며, 인간의 본질은 실존에 있다고 보는 공통점을 가지고 있다. 그러나 이외에는 모든 것에 있어 서로 다르다. 가장 특징적인 차이는 하이데거가 초월성이라고 부르는 것에 있는데, 이것은 야스퍼스의 내재성(immanence)과 등가적이다. 야스퍼스는 인간적 현실과 초월성 사이에는 단절이 있다고 본다. 이에 반해 하이데거에게 있어 이 두

57) 카를 야스퍼스, 같은 책, 429쪽.
58) 폴 리쾨르, 《가브리엘 마르셀과 카를 야스퍼스》, 앞의 책, 194쪽.
59) 카를 야스퍼스, 《철학》, 제II권, 앞의 책, 65쪽.
60) 미켈 뒤프렌과 폴 리쾨르, 《카를 야스퍼스와 존재의 철학》, 앞의 책, 161쪽.
61) 같은 책, 163쪽.

차원은 서로 섞여 있다. 즉 그는 자유와 초월성, 그리고 초월성과 세계 내적 존재가 동일하다고 보는 것이다. "그러므로 하이데거의 철학은 일원적이며, 야스퍼스의 철학은 이원적이다."[62] 야스퍼스는 존재의 불확정성, 그리고 행동에 내재되어 있는 구체적 가치라는 두 차원 사이의 중간적 차원에 속하는 윤리학을 가능하게 한다. "도덕가치론(axiologie)은 이러한 중간적 차원에서 가능하다."[63] 불확정성과 구체적 상황 사이의 균형은 매우 불안정하다. 따라서 거기에 기초한 윤리학 또한 분열된 것일 수밖에 없다. 그것이 대상으로 하는 인간이 분열되어 있는 것과 마찬가지로. 이러한 윤리학은 위대한 도덕학자들의 작품과 비극 작가들의 작품에서 영감을 받는다. 리쾨르는 후에 윤리학과 도덕을 구별함으로써 이러한 탐색을 계승한다.

야스퍼스의 사상을 받아들인 이 시기는 리쾨르에게 결정적인 의미를 지니며, 야스퍼스는 리쾨르의 철학적 정체성의 한 부분을 구성한다. 물론 60년대부터 리쾨르는 야스퍼스를 별로 인용하지 않게 된다. 또한 가끔 인용하는 경우에도 그 목적은 주로 그와 하이데거의 사상을 대조시키는 데 있었다. 후에 리쾨르는 자신의 이러한 태도를 신랄하게 비판하였다. "나는 내가 야스퍼스의 그 이후 저작들을 무시한 것에 대해 매우 유감스럽게 생각한다. 나는 그때 당시 대부분의 프랑스 사람들처럼 하이데거에 빠져 있었다. 하이데거의 작품은 야스퍼스의 작품 위에 짙은 그림자를 드리웠었다."[64] 물론 야스퍼스는 하이데거에 대한 열광을 극복하기에 충분하지 않았는지 모른다. 그러나 다른 한편으로 리쾨르는 야스퍼스의 사상을 충분히 소화하였기 때문에 굳이 그의 작품을 인용할 필요가 없었다. 실제로 80년대에 들어 리쾨르는 야스퍼스 덕택에 매우 결정적인 점, 즉 윤리학의 형성이라는 점에 있어 하이데거로부터 거리를 둘 수 있게 되었다. 《존재와 시간》의 저자인 하이데거의 존재론은 너무도 압축적이고 꽉 짜인 것이었기 때문에 리쾨르가 그것으로부터 윤리학을 도출해 내는 것은 불가능하였다. 이에 반해 야스퍼스는 인간 존재를 구성하는 것이 무엇인가 하는 문제에 대해 지식 · 과학사, 그리고 세계사의 세 측면에서 질문하는 철학적 인류학을 형성하는 데 기여하였다. 또한 야스퍼스는 타

---

62) 미켈 뒤프렌과 폴 리쾨르, 같은 책, 371쪽.
63) 같은 책, 376쪽.
64) 폴 리쾨르, 기데리니 폰 빌로우와의 대담, 프랑스 컬뮈르, 1993년 9월 14일.

자성 · 육체 · 고통 및 모든 한계적 상황으로부터 개인적 정체성의 문제, 즉 '실존의 규명' 문제를 제기하였다. 그리하여 이러한 인류학은 형이상학으로 나아간다.[65] "나는 50년대에 얼마나 야스퍼스의 《철학》 3부작, 그 중에서도 특히 초월의 '암호'에 관한 장인 제3권의 마지막 장에 심취하였는지 모른다. 이러한 암호를 '해독'하는 것이 바로 철학인 동시에 시학이기도 한 초월철학의 완벽한 모델이 아니겠는가?"[66]

---

65) 카를 야스퍼스, 《철학》, 제I권 《철학적 세계 탐구》; 제II권 《조명과 존재》; 제III권 《형이상학》, 스피링어, 베를린, 1932년.

66) 폴 리쾨르, 《반성록》, 앞의 책, 25쪽.

13

메를로 퐁티의 현상학

1945년 모리스 메를로 퐁티의 《지각의 현상학》이 출간되었을 때 리쾨르는 곧바로 그 중요성을 인식하였다. 리쾨르는 당시 의지(le volontaire)에 관한 박사 논문을 집필중이었으며, 후설의 《이념 I》의 번역 또한 마무리 단계에 들어가 있었다. 따라서 메를로 퐁티가 이 책에서 발전시킨 명제들은 당시 리쾨르가 탐구하던 철학적 문제들의 연장선상에 있었다. 리쾨르가 볼 때 메를로 퐁티의 논증은 현상학적 작업의 다산성을 증명하는 탁월한 것이었다. 사르트르에 대한 리쾨르의 입장에는 약간의 반감이 있었던 데 반해 메를로 퐁티에 대한 감정은 즉각적인 감탄 그 자체였다. 그는 1945-1948년간 여러 번에 걸쳐 메를로 퐁티가 강의하던 리옹을 방문하였다. 뿐만 아니라 뤼뱅의 후설 자료실에서 연구하는 동안에도 그를 조우하였다. 또한 그는 자신의 박사 학위 논문 발표 직후, 즉 1951년 4월 후설 자료실의 책임자인 프란체스코수도회 소속 반 브레다 신부가 주관한 브뤼셀 국제현상학콜로키움에 메를로 퐁티와 함께 참가하였다. 의지에 관한 그의 박사 논문 주제는 메를로 퐁티의 저작 출간 이전에 선택된 것이다. 그러나 《지각의 현상학》 덕택에 리쾨르는 자신의 연구가 실천적인 면에서 현상학의 연장선에 있다는 사실을 알게 되었다. 메를로 퐁티의 연구는 지각 및 의도성의 문제에 집중되었기 때문에 인간의 행위 문제에 대해서는 아직 연구의 여지가 남아 있었다.

리쾨르는 경험이라는 변수를 도입함으로써 이분법, 특히 주체와 객체의 대립을 거부하려 노력하였는데, 이러한 노력은 《지각의 현상학》에도 그대로 드러난다. 즉 메를로 퐁티는 "주관성이란 세계의 내재적 속성이다"[1]는 것을 이해시키려 하였던 것이다. 그러므로 지각에 대한 새로운 관점이 필요하다. 즉 그것을 형성 과정에

---

1) 모리스 메를로 퐁티, 《지각의 현상학》(1945), 갈리마르, '텔' 총서, 파리, 1976년, 464쪽.

있는 것으로, 또한 우리의 인식 방식에 기생하는 화석화된 여러 이론의 매개 없이 즉각적으로 인식하여야 한다. 메를로 퐁티는 인식 주체와 인식되는 객체는 세계 내 존재의 내부적 역학 속에서 동시에 태어난다는 것을 보여 주었다. 이 연구는 후설의 본질적 환원, 즉 단순히 있는 것이 아니라 그 자체가 하나의 실존적 현상인 주위 세계를 통해 체험된 구체적 주체에 대한 추구의 연장선에 있다. 그러므로 메를로 퐁티는 "의식과 자연, 그리고 내부와 외부의 관계에 대한 이해"[2]를 목표로 하였다. 이것을 위해 그는 실재론과 관념론을 모두 거부하였다. 이를 통해 그는 오랫동안 무시되어 왔던 차원인 육체의 차원을 회복시켰다. 즉 육체는 의식과 세계가 공존하는 중간적 장소, 즉 '주체적 객체' 이며, 따라서 그것은 탁월한 철학적 질문의 장소이다.

메를로 퐁티의 두번째 공헌은 사회과학의 연구 성과와 발견을 포용함으로써 사회과학과 철학의 대화의 길을 텄다는 점이다. 이러한 태도는 리쾨르에 의해서도 적극적으로 수용되었다. 철학을 경험적 · 실증적 지식으로부터 단절시키기를 거부하는 것, 그리고 이 둘의 차이점을 밝히기 위해 경험적 지식의 입장에서 보는 것, 이것들은 리쾨르가 향후 계속적으로 견지하게 될 입장이다. 메를로 퐁티가 (코프카 · 쾰러 · 골드슈타인 등의) **게슈탈트 이론**을 섭렵한 방식은 리쾨르가 프로이트의 저작들을 접근하는 데 매우 유용한 지침을 제공하였다.

《지각의 현상학》의 목표는 "현대심리학의 성과들과 후설의 현상학"[3]을 수렴시키려는 데 있었다. 즉각적으로 체험된 경험은 매우 불투명하기 때문에 철학자는 부득이 심리학이라는 우회로를 택할 수밖에 없다는 것이다. 같은 이유로 리쾨르는 후에 정신분석이라는 우회로를 통하게 되며, 또한 메를로 퐁티의 예는 리쾨르의 확신, 즉 진실은 상호 침투에 의해 즉각적으로 밝혀지는 것이 아니라 매개들을 통해 단계적으로 드러나기 때문에 철학자는 우회할 수밖에 없다는 확신을 갖게 되는 데도 기여하였다.

메를로 퐁티의 질문의 근저에는 데카르트의 **코기토**가 있다. 물론 그의 '나는 생각한다' 는 고유한 육체(corps propre)를 통해 '나는 할 수 있다' 로 바뀌기는 한다. 그러나 하이데거의 경우 자아의 현존이 완전히 부정되는 극단적인 방식인 데 반

2) 모리스 메를로 퐁티, 같은 책, 488쪽.
3) 르노 바르바라, 《철학사전》, 플라마리옹, 'GF' 총서, 파리, 1994년, 515쪽.

해, 메를로 퐁티의 경우 "비데카르트적인 존재론은 데카르트의 질문들에 대한 꾸준한 재검토를 통해 이루어진다."[4] 그가 풀어야 할 문제는 육체성을 통한 자아의 형성, 즉 고유한 육체가 자신의 세계 내적 존재를 보여 주는 방식에 관한 것이다. 리쾨르는 메를로 퐁티에게서 또 하나의 중요한 차원을 발견한다. 그것은 커뮤니케이션의 차원으로 그는 그것의 중요성을 이미 가브리엘 마르셀과 야스퍼스에 대한 검토에서 밝힌 바 있다. 지각에 대한 메를로 퐁티식의 분석은 타자의 경험을 보다 잘 이해할 수 있게 해준다. 또한 그것은 커뮤니케이션의 문제를 보다 명확히 제기할 수 있게 한다. 그것은 자아의 내밀한 의식과 그 의식의 존재 조건인 육체적 삶이라는 익명적 · 중립적 경험 사이에서 이루어진다. 메를로 퐁티는 육체를 자신의 한 부분으로 받아들임으로써 "자아의 체현"[5]을 이루고자 한다. 이 때문에 그는 **코기토**의 개념을 보다 한정적인 의미, 즉 "자아의 현존이 아니라 자아에 대한 생각, 혹은 자아의 소유"[6]라는 의미로 사용한다.

《지각의 현상학》의 마지막 장인 제3장에서 메를로 퐁티는 후설의 초월적 자아학(égologie transcendantale)과 거리를 둔다. 그는 자아의 중심적 위치를 거부하며, 이를 통해 자아가 타자를 향해 개방될 수 있는 가능성을 열었다. "주체성은 자아의 변하지 않는 정체성이 아니다. 시간과 마찬가지로 주체성이 주체성이기 위해서는 타자를 향한 개방과 자아로부터의 탈출이 필수적이다."[7] 타자와의 관계가 형성되는 것은 지각의 덕택이다. 커뮤니케이션을 통해 실존과의 긍정적 관계가 이루어질 수 있다고 보는 메를로 퐁티의 생각은 심연과 무에 특권적 지위를 부여하고, 또한 자아와 타자를 대립적으로 보는 사르트르의 관점과 완전히 다르다. 메를로 퐁티에 의하면 주체성은 육체라는 매개를 통해 타자에게 접근할 수 있으며, 따라서 그것은 "종속적인 동시에 결정 불가능한(indécidable)"[8] 소통 창구이다. 이를 통해 그것은 결정 불가능성이라는 문제를 안고 있는 객관주의 및 주체의 종속적 성격을 무시하는 관념주의를 동시에 극복할 수 있다.

---

4) 마리아 빌라 프티, 〈현실의 조직〉, 《모리스 메를로 퐁티, 정신과 육체》, 오비에, 파리, 1988년, 91쪽.

5) 마리아 빌라 프티, 〈체현된 자아, 메를로 퐁티와 주체의 문제〉, 《메를로 퐁티, 언어의 철학》, 브랭, 파리, 1993년, 421쪽.

6) 르노 바르바라, 《철학사전》, 앞의 책, 413쪽.

7) 모리스 메를로 퐁티, 《지각의 현상학》, 앞의 책, 413쪽.

8) 같은 책, 459쪽.

리쾨르는 실존 문제에 대한 자신의 질문들이 현상학을 통해 해결될 수 있다는 가능성을 엿보았다. 따라서 그는 메를로 퐁티의 논증에 대해 비상한 관심을 보였다. 물론 그의 태도에는 약간의 주저가 있었다. 왜냐하면 그는 언제나 자신의 지지나 참여에 너무 몰입하는 것을 경계하였기 때문이다. 또한 당시 야스퍼스의 저작에 빠져 있던 리쾨르로서는 메를로 퐁티의 방식이 너무 내재성(immanence)에만 경도되어 있다고 생각하였다. "리쾨르가 얼마 전에 내게 고백한 바에 따르면, 그가 《의지의 철학》을 쓴 것은 자신이 너무 《지각의 현상학》에 빠져 있었기 때문에 거기서 빠져나오기 위해서였다."[9] 아마도 리쾨르는 메를로 퐁티가 상정하는 자유가 너무 우연적이라고 생각했는지도 모른다. 따라서 그는 의지를 통해 가치의 회복 및 또 다른 차원의 신뢰성, 즉 초월성과 보다 밀접하게 관련되는 또 다른 차원의 인류학을 모색하였는지도 모른다. 실제로 메를로 퐁티는 주체성을 시간성으로 파악함으로써 이미 이러한 두 차원의 포괄 가능성을 보여 주었다. "세계의 초월성은 그 내재성 자체에 포함되어 있다"[10]는 그의 주장은 바로 시간 및 의식과의 관계를 과거의 지평, 혹은 미래의 지평으로부터 움직일 수 있는 능력으로 본 데서 기인한다. 또한 의지에 관한 리쾨르의 박사 논문에는 실천적 장으로 나아가야 한다는 주장이 표명되어 있는데, 이것 또한 행위의 차원에 관한 메를로 퐁티의 사상과 배치되지 않는다. "진정한 철학은 세계를 보는 방법을 새로 배우는 것이다……. 우리는 우리의 운명을 우리 손에 거머쥔다. 우리는 반성에 의해, 또한 우리 인생을 거는 결정에 의해 우리의 역사를 책임지게 된다. 이 둘은 모두 실천을 통해 확인되는 격렬한 행위이다."[11]

이렇게 하여 메를로 퐁티는 리쾨르로 하여금 말해진 의미와 사물을 통해 드러나는 의미 사이에서 이루어지는 변증법에 주목하도록 이끌었다. 이것은 리쾨르로 하여금 점점 더 50년대에 비약적으로 발전하던 사회과학과 대화하도록 유도하였다. 그에 의하면 철학 사상은 과학의 성과를 원용할 수 있다. 모든 개별 과학은 각각 하나의 존재론을 내포하고 있다. 따라서 철학자는 이것들에 대한 고찰을

---

9) 기 프티드망주와의 대담.
10) 르노 바르바라, 《철학사전》, 앞의 책, 523쪽.
11) 모리스 메를로 퐁티, 《지각의 현상학》, 앞의 책, 1976년, XVI쪽.

통하여 관점을 재정립하고, 주체에게 있어서 그 관점들이 가지는 의미를 회복시킬 수 있다. "메를로 퐁티는 철학과 사회과학의 상보적 관계를 유지시키려는 매우 야심찬 계획을 가지고 있었다. 그래서 그는 모든 학문 분야를 섭렵하고자 하였다."[12] 그는 심리학을 탐구하였다는 점에서, 또한 그것의 기계적인 성격 및 모든 것을 사물화하는 경향에 대해 비판하였다는 점에서 선구자적이다. 뿐만 아니라 언어학의 성과를 도입하였다는 점에서도 선구자였다. 그는 일찍이 1951년부터 소쉬르의 저작이 현대언어학의 시초라고 보아 이에 대해 비상한 흥미를 보였다. "소쉬르는 기호가 그 자체로는 아무런 의미도 없으며, 개개의 기호는 의미를 표현하기보다는 그것과 다른 기호들 사이의 간극을 나타낸다는 점을 가르쳐 주었다."[13] 언어학을 철학적 성찰의 장에 포함시키자는 그의 주장은 반 브레다가 주관한 브뤼셀의 콜로키움에서 선포되었으며, 당시 리쾨르도 그곳에 참석하고 있었다. 리쾨르는 후에 언어의 여러 수준을 체계적으로 탐구하게 된다.

메를로 퐁티는 사회학과 철학 간의 대화도 장려하였다. 그는 학문간의 경계짓기 현상을 개탄하였다. "우리는 학문간의 분리 현상에 대항해 싸워야 한다. 그것은 철학뿐만 아니라 지식 일반의 발전에도 장애가 되기 때문이다."[14] 1950년대초 사회학계에서 가장 활발한 영역은 클로드 레비 스트로스로 대표되는 사회인류학 분야였다.[15] 메를로 퐁티는 레비 스트로스에게 접근하였다. 1952년에 콜레주 드 프랑스의 교수로 선출된 메를로 퐁티는 1960년 레비 스트로스에게 이곳의 교수직에 응모하라고 권하였으며, 또한 그의 선출에 상당한 도움을 주었다. 그는 1950년 레비 스트로스의 《마르셀 모스 입문》에 표명된 사상을 강력히 지지하였다. "사회적 현상은 사물도 사상도 아니다. 그것은 구조이다……. 구조는 사회의 깊이나 무게를 감소시키지 않는다. 그것은 그 자체가 구조들의 구조이다."[16] 메를로 퐁티는 사회과학의 성과를 보다 보편적 관점인 현상학적 관점에서 하나하나 검토하였다.

---

12) 뱅상 데콩브, 필자가 《구조주의의 역사》를 쓸 때 대담한 내용.

13) 모리스 메를로 퐁티, 〈언어의 현상학〉, 1951년 브뤼셀의 제1차 국제현상학콜로키움에서 발표한 논문, 《시느》, 파리, 갈리마르, 1960년, 49쪽에 재수록.

14) 모리스 메를로 퐁티, 《국제 사회학 노트》, 제10권, 1951년, 55-59쪽, 《시느》, 앞의 책, 127쪽에 재수록.

15) 프랑수아 도스, 《구조주의의 역사》, 앞의 책, 제1권 참조.

16) 모리스 메를로 퐁티, 〈마르셀 모스에서 클로드 레비 스트로스로〉, 《시느》, 앞의 책, 146-147쪽.

그리고 그 지식들을 철학적 관점에서 재정의하고, 주관적인 경험 및 일반적 의미라는 기준을 사용하여 과학적 발견과 그 가치적 측면이 양립할 수 있는가를 시험하였다. 메를로 퐁티가 보여 준 이러한 현상학적 생명력과 사회과학적 소양 및 친화력은 리쾨르에게 있어 하나의 모델로 작용하였음이 틀림없다. 그리하여 그는 후에 언어철학과 현상학, 또한 역사와 인식론, 그리고 정신분석학과 그것의 해석학적 이해의 접촉점에서 활동하게 된다.

실제로 사회과학과 철학 사이의 풍요한 대화가 존재한다는 사실은 프랑스의 지성계와 다른 나라의 지성계를 구별짓는 주요한 특징 중의 하나일 것이다. 리쾨르가 메를로 퐁티에게서 매력을 느낀 또 하나의 이유는, 그가 후설의 현상학의 계승자이기는 하지만 결코 독일적 전통의 철학적 원리를 프랑스에 수입하여 그대로 적용하지 않았다는 데 있다. 실제로 메를로 퐁티는 현상학과 프랑스 반성철학 전통, 즉 데카르트 · 멘 드 비랑 그리고 베르그송으로부터 라슐리에 · 라벨 · 나베르로 이어지는 철학 전통의 양자를 화해시키려 하였다. 메를로 퐁티와 리쾨르는 "이 프랑스 철학 전통을 공유하고 있었다."[17] 그들은 다같이 이들 두 철학 전통이 긴장 관계에 있기는 하나 그럼에도 불구하고 모순된다고는 생각하지 않았다. 따라서 그들은 그 두 가지를 함께 고려하려 하였으며, 자신들의 작업을 통해 이러한 시도의 정착에 기여하였다. 1961년 메를로 퐁티가 쉰세 살로 타계한 이후, 사람들은 메를로 퐁티를 한물 간 인물로 간주하게 되었다. 즉 구조주의의 성공으로 사회과학이 우세하게 되자 이를 중심으로 새로운 학문적 절단(coupure)이 일어나게 된 것이다. 그럼에도 불구하고 리쾨르는 여전히 메를로 퐁티의 저작을 참조하였다. "리쾨르는 결코 메를로 퐁티를 버리지 않았으며, 그것은 그의 훌륭한 점 중의 하나이다."[18] 프랑스 철학계에 있어 후설 · 하이데거 같은 독일 사상가들의 영향력은 너무도 컸다. 이 때문에 사람들은 프랑스적 현상학에 대해 간과하는 경향이 있었다.

고유한 육체(corps propre)에 중심적 위치를 부여하는 메를로 퐁티의 사상 역시 19세기초 멘 드 비랑[19]으로부터 시작하는 철학적 인류학의 전통에 그 뿌리를 두고

---

17) 르노 바르바라와의 대담.

18) 위의 대담.

19) 멘 드 비랑, 《사상의 분해에 관한 연구》(1804-1805), 《전집》, 제III권, 브랭, 파리, 1988년; 《심리학과 자연과학의 관계》(1813-1815), 《전집》, 제VIII권, 브랭, 파리, 1986년; 《인류학 신론》, 《전집》, 제X-2권, 브랭, 파리, 1989년.

있다. 실제로 멘 드 비랑은 심리학과 생리학이라는 두 개의 접근 통로가 결코 하나로 환원될 수 없다는 점을 보여 주었다. 즉 그것들은 내면과 외면에 대한 서로 다른 두 개의 양상이며, 그 때문에 1인칭 담론은 결코 3인칭 담론과 일치될 수 없다. 그러므로 멘 드 비랑은 내면적 의식 현상을 생리적 현상으로 환원하려 하지 않고, 다만 이 둘을 연결시키려 하였다. 이러한 통합에의 야심은 《인류학 신론(新論)》의 서론에 명확히 나타나 있다. "이 제목은 인류의 한 부분이나 한 측면만이 아니라 인간의 전부를 다루려는 나의 의도를 드러낸다."[20] 리쾨르는 멘 드 비랑이 육체의 철학의 제 범주들에 대한 이론을 도출하지 못하였다고 생각한다. 그럼에도 불구하고 그는 의지에 관한 자신의 박사 논문에서 그에 대해 경의를 표시한다. "시선은 보는 행위를 드러낸다. 여기에 있어 멘 드 비랑은 타의 추종을 불허한다."[21] 리쾨르에 의하면 멘 드 비랑이 개척한 길은 너무 짧아서 발전의 여지가 별로 없다는 단점을 가지고 있다. 그럼에도 불구하고 그는 멘 드 비랑의 고유한 육체 이론에 흥미를 가졌는데, 그는 "그것을 매우 일관성 있고 심도 있다고 생각하였다."[22]

리쾨르는 자신의 실존주의적 · 현상학적 배경에 대해서 충분히 인식하고 있었다. 그는 의지에 관한 자신의 박사 학위 논문의 기원에 대해 회고하면서 이를 다음과 같이 표현하였다. "나는 후설로부터 '본질적 분석'이란 방법론을 차용하였고, 가브리엘 마르셀에게서 그의 주체 개념, 즉 체현된 동시에 스스로의 욕망 및 능력과 거리를 둘 수 있는 주체의 개념을 차용하였다."[23]

《지각의 현상학》에 심취된 리쾨르는 메를로 퐁티와 교류하기를 원하였다. 물론 그는 가끔 메를로 퐁티를 만날 수 있었다. 그러나 그들은 각각 전후의 대표적인, 그러나 서로 대립되는 두 개의 지적 그룹에 속해 있었다. 제2차 세계대전 전에 메를로 퐁티는 《에스프리》의 샤르트르 주재 통신원이었다. 그러나 1945년 《현대》지가 새로 창간되자 그는 잡지사 내에서 사르트르의 분신 역할을 하였다. 그는 편집위원으로 활동하며 자주 사설을 썼다. 1952년까지 사르트르와 메를로 퐁티의 쌍두마차는 호흡이 잘 맞았다. 리쾨르의 독실한 그리스도교 신앙 및 《에스프리》에

---

20) 멘 드 비랑, 《인류학 신론》, 앞의 책, 1쪽.
21) 폴 리쾨르, 《의지의 철학》, 제14권, 《의지와 무의지》(1950), 오비에, 파리, 1988년, 318쪽.
22) 프랑수아 아주비와의 대담.
23) 폴 리쾨르, 《반성록》, 앞의 책, 24쪽.

서의 활발한 활동은 메를로 퐁티와의 긴밀한 교류를 방해하였다. 따라서 메를로 퐁티는 그와의 사이에 거리를 두었다. "메를로 퐁티는 그와의 접촉을 피하였다. 심지어 그는 리쾨르의 편지에 답장조차 하지 않았으며, 이 때문에 리쾨르는 슬퍼하였다."[24] 모리스 메를로 퐁티의 사촌인 과학철학자 자크 메를로 퐁티는 리쾨르와 낭테르대학교 동료가 되기 전에 그로부터 사촌 모리스의 전화번호를 묻는 전화를 받았다. "나는 이렇게 말했다. '당신이 폴 리쾨르니까 번호를 알려 드리는 겁니다. 다른 사람 같으면 안 알려 드렸을 겁니다.' 이것으로 미루어 보건대 두 사람은 별로 친하지 않았던 것 같다."[25] 메를로 퐁티가 리쾨르를 경원한 데는 사르트르의 입김도 작용하였을 것이다. 전후의 지성 풍토에서 《현대》지의 전투적인 무신론은 리쾨르를 제쳐놓는 데 한몫하였다. 게다가 "사르트르는 리쾨르를 현상학을 하는 사제"[26] 정도로 생각하고 있기도 하였다. 이러한 분파적 태도 때문에 그들 사이의 지적 근접성은 결코 인간적 친밀성으로 나아가지 못하였다. 이것은 리쾨르에게 상처를 남겼다. "어느 날 리쾨르가 우리에게 이렇게 말했다. 리쾨르의 젊은 시절, 즉 메를로 퐁티가 《현대》에 관여하던 시절에 있어 자신과 《현대》와의 관계는 고통스러운 것이었다고."[27] 종교 문제도 이들을 갈라 놓는 요인이었다. 가톨릭적 배경을 가진 메를로 퐁티는 결코 사르트르의 무신론적 관점을 공유하지 않았다. 그러나 전후에 그는 예전에 자신이 신봉하던 신토마스주의로부터 거리를 두고 있었다. 물론 그는 교권 반대주의를 드러내지 않았다. 그에게 있어 종교는 일종의 비밀의 화원이었던 것이다. "내 생각으로는 그의 이러한 태도는 어머니에 대한 존중심 때문이었던 것 같다. 그의 어머니는 독실한 가톨릭 신자였으며, 그는 어머니에 대해 특별한 존경심을 가지고 있었다."[28]

이들 두 사람은 그들이 속한 그룹 사이의 알력 때문에 인간적인 교류를 나누기 어려웠다. 뿐만 아니라 메를로 퐁티와 리쾨르는 장차 프랑스 현상학에 있어 두 개의 다른 경향을 대표하게 되며, 이것 역시 이들 사이의 거리를 심화하였다. 즉 메를로 퐁티는 고유한 육체(corps propre)와 육신(chair)의 문제에 중점을 두었던 반면,

24) 로제 멜과의 대담.
25) 자크 메를로 퐁티와의 대담.
26) 마르크 리시르와의 대담.
27) 위의 대담.
28) 자크 메를로 퐁티와의 대담.

리쾨르의 경우 의지에 대한 박사 논문을 집필하던 당시에는 아직까지 직접적인 육체의 문제를 다루고 있었지만 그 이후 그의 관점은 달라지게 된다. 즉 그에게 있어 육체의 문제는 텍스트적 육체를 매개로 하는 보다 추상적인 것으로 변화하게 된다.

14

사회민주주의를 위하여

제2차 세계대전 종전 직후의 리쾨르의 활동은 박사 논문 집필에만 국한되지 않았다. 그는 사회그리스도교의 개신교 그룹의 재조직 활동에 활발히 참여하였으며, 《에스프리》지 및 이 잡지의 편집장 에마뉘엘 무니에와 결정적으로 가까워졌다. 당시 무니에는 재능 있는 직업적 철학자를 구하고 있었다. 그는 전쟁중에 두 철학자 친구를 잃었던 것이다. 그 중 하나인 파울 루이스 란츠베르크는 오라니엔부르크의 강제수용소에서 죽었고, 장 고세는 브르타뉴에서 레지스탕스 활동을 하다 총살당하였다. 무니에 자신도 철학자였지만, 그는 본격적인 철학자라기보다는 사상 선동가적 성격이 강하였다. 따라서 그는 리쾨르에게 잡지일에 적극적으로 참여해 줄 것을 요청하였다. 그리고 "나(리쾨르)는 기꺼이 그것을 승낙하였다."[1)]

《에스프리》는 《현대》와 함께 전후의 양대 축을 이루는 잡지였다. 실제로 30년대와 비교해 볼 때 이 잡지의 부수 신장은 괄목할 만한 것이었다. 매호의 판매 부수는 대체적으로 1만에서 1만 3천 부에 달하였으며, 정기 구독자만도 5천 명이나 되었다.[2)] 이러한 발전은 이 잡지의 편집국이 자콥 거리에 있는 쇠이유출판사 사옥으로 이전하면서 더욱 가속화되었다. 1937년에 창설된 쇠이유출판사는 제2차 세계대전 전에 폴 플라망과 장 바르데가 이끌어 가고 있었는데, 그동안 겨우 3권의 책밖에 출판하지 못하는 등 출판계에서 매우 주변적인 위치에 머물러 있었다. 그러던 것이 해방의 활기와 더불어, 또한 '에스프리' 총서 덕택에 이 출판사는 파리의 주요 출판사 중의 하나로 부상하였다.

나치의 잔혹성이 하나하나 밝혀짐에 따라 많은 프랑스인들은 레지스탕스 활동

1) 폴 리쾨르, 《비평과 확신》, 앞의 책, 41쪽.
2) 미셸 비녹크, 《〈에스프리〉지의 정치적 역사》, 앞의 책, 242쪽 참조.

을 본받아 정치적 활동에 참여해야 한다는 당위성을 느끼게 되었다. 이러한 요구에 호응하여 1945년 10월 사회그리스도교 총회가 열렸다. 이것은 1938년 몽펠리에에서 총회가 열린 이래 7년 만의 일이었다. 그리스도교도들이 결코 정치로부터 등을 돌려서는 안 된다는 메시지는 7년 전과 같았다. 그러나 이번 총회에서 그것은 더욱 열렬히 수용되었다. 게다가 이 운동의 주요 지도자 중의 하나인 앙드레 필리프는 전쟁중에 런던에서 드골과 함께 활동하였으며, 종전 후에는 장관으로 재직중이었다. 사회그리스도교 총회는 프랑스 정부로 하여금 유엔에서의 비토권을 포기할 것을 요구하였다. 또한 강제 이주자의 이송 및 수용소의 폐쇄, 그리고 독일 국민의 도덕적 책임과 전범자들의 사법적 책임을 구별할 것을 요구하였다. 또한 알제리의 민족주의적 요구에 귀를 기울이라는 요구를 함으로써 같은 해에 알제리의 콩스탕틴에서 자행된 잔혹한 탄압에 대해서도 자신들의 입장을 분명히 표명하였다.[3] 로제 멜은 그리스도교도들의 정치 참여 필요성을 다음과 같이 역설하였다. "교회는 정치 바깥이나 정치 위에 존재할 수 없다……. 왜냐하면 주님의 말씀은 현실 세계에 전파되어야 하기 때문이다."[4]

1945-1946년간 혁명과 재생을 요구하는 목소리가 드높았다. 프랑스 사회는 이제 모든 것을 새로운 기초 위에서 재건해야 했으며, 또한 비시 정권의 찌꺼기를 정화해야 했기 때문이다. 새로운 세계를 만들기 위해 모든 계열의 지성인들이 변혁을 지지하는 글을 썼다. 리쾨르도 1946년 서구 문명 속에서의 그리스도교도의 역할을 정의하는 글을 썼다. 그는 이 글에서 문화란 무엇인가의 문제를 실존주의적 관점에서 접근하였다. 이에 의하면 문명이란 지리적 경계와 같은 자연적 조건 및 역사에 의해 규정되는 것이 아니다. 그것은 르낭에게 있어 국가의 개념과 마찬가지로 무엇보다도 먼저 귀속의 문제이다. "내가 나의 몸에 매여 있는 것과 마찬가지로 나는 하나의 문명에 속해 있다."[5] 그러나 그것은 결코 대대로 물려 주는 짐스런 족쇄가 아니다. 문명이란 자연이자 임무이며, 또한 인간의 행위에 의해 그 실현이 결정되는 미래이다. 그것은 집단적인 역사가 개인적인 창조성과 어우

3) 라울 크리스팽, 《참여하는 개신교도, 사회그리스도교 1945-1970년》, 레 제르제 에 레 마주, 파리, 1993년, 27쪽.

4) 로제 멜, 라울 크리스팽, 같은 책, 52쪽에서 재인용.

5) 폴 리쾨르, 〈그리스도교도와 서구 문명〉, 《사회그리스도교》, 제5호, 1946년, 424쪽.

러지는 장이기도 하다. 그러므로 문명의 고유한 가치는 각 문명 속에서 역사적으로 축적된 경험과 그 문명이 가진 창조적 역량의 합작품이다. 리쾨르는 오랜 역사를 가진 유럽 대륙이야말로 인간을 해방시키는 사회주의와 과거의 역사적 유산을 조화시킬 수 있는 장소라고 생각하였다. 이 때문에 유럽의 그리스도교도들은 특수한 임무를 진다. 즉 한편으로 그들이 속한 공동체의 가치를 고수하면서 다른 한편으로 행동을 통해 집단적 희망을 만들어 나가야 한다. 리쾨르는 이미 제2차 세계대전 전에 발전시킨 주제, 즉 그리스도교가 행동에 영감을 준다는 주제를 천착하여 "그리스도교는 문명에 이름을 붙여 준다"[6]고 주장하기에 이르렀다. 그에 의하면 그리스도교도들은 교회 내에 갇혀 있어서는 안 되며, 자신의 세기에 적극적으로 참여하고, 세속 단체에 가입하여 투쟁하여야 한다. 그러나 그리스도교도는 곧 장애에 봉착한다. 그가 활동하려는 세속 세계의 가치가 절망적으로 타락해 있다는 사실 때문이다. 그래서 그는 세속 사회와 격리된 순수한 종교 공동체 속에 침잠하려는 유혹을 느낀다. 그러나 그의 임무는 다른 곳에 있다. 즉 그는 이러한 긴장을 국외자가 아니라 당사자의 입장에서 받아들이고 세계에 등을 돌리지 말며, 절대로 절망하지 말아야 한다. 왜냐하면 "절망은 마지막이 아니라 마지막에서 두번째이기 때문이다."[7]

그러므로 나치즘의 경험 때문에 정치에서 등을 돌리는 일이 있어서는 안 된다. 만일 그 때문에 인간적 가치를 옹호하기를 그친다면 그것은 이미 죽은 히틀러가 다시 한 번 승리하는 꼴이 된다. 이러한 관점에서 볼 때 민주주의의 이상은 어느 때보다도 강조되어야 한다. "민주주의는 생성 과정중의, 그리고 투쟁 과정중의 사상이다. 그것은 이미 시작되어진 역사이며, 우리에게는 그것을 계속해 나갈 임무가 있다."[8] 리쾨르는 민주주의의 이상은 특정 역사적 문맥 속에 자리한다는 점, 그리고 그것은 단순히 하나의 준거적 이데올로기가 아니라 무엇보다도 먼저 하나의 "실천"[9]이라는 점을 상기시킨다. 그는 민주주의에 두 가지의 위험이 있다고 보았다. 그 첫째는 자본주의의 경제적 자유주의로, 그것은 경제 성장의 과실을 부르주아에게만 집중시킴으로써 다른 계층으로부터 그것을 빼앗는 것이다. 두번째는

---

6) 폴 리쾨르, 같은 책, 433쪽.
7) 같은 책, 436쪽.
8) 폴 리쾨르, 〈민주주의와 그리스도교 양심의 위기〉, 《사회그리스도교》, 제4호, 320쪽.
9) 같은 책, 322쪽.

전체주의의 위협이다. 리쾨르는 전체주의를 단순히 외부로부터 오는 위협으로 보지 않고, 자신의 책임을 회피하려는 개개인의 성향 속에 있는 내재적인 것으로 보았다. "전체주의의 위협이란 각 개인이 자신 속에서 책임 있고 능동적인 시민의 임무를 포기하는 것에 다름 아니다."[10] 리쾨르는 한나 아렌트의 연구가 알려지기 훨씬 이전에 이미 전체주의가 현대인의 질병의 표현임을 간파하였다. 그에 의하면 이러한 책임 회피와 전체주의적 악의 근저에는 몇 가지 원인이 있다. 즉 현재 진행중인 도시화, 그리고 그것이 초래하는 군중적 삶, 또한 영적 삶의 쇠퇴 및 그에 대신하여 나타난 정치에 대한 위험할 정도의 절대화 경향 등이 그것이다. 리쾨르는 이를 "사상 최초로 정치가 전부가 되었다"[11]고 표현한다. 그는 이외에도 여러 대중 조작 기제의 확산 역시 그 한 이유가 된다고 보았다.

1947년 당시 많은 지식인들은 소련을 진정한 민주주의 이상이 실현된 곳이라고 생각하였다. 당시 소련은 나치 독일과의 투쟁에서 승자인 동시에 순교자로 간주됨으로써 막강한 후광을 지니고 있었다. 그럼에도 불구하고 리쾨르는 공산주의의 유혹에 대해 경고하였다. 실제로 프랑스에는 사회당에 투표하는 사람이 30퍼센트나 되는 등 공산주의의 세력이 상당하였다. 리쾨르의 분석에 의하면 전체주의와의 투쟁에는 좌우가 문제되는 것이 아니다. 그것은 전통적인 정치 투쟁의 두 진영인 좌우 진영 각각에 내부적 분열을 불러일으킨다. 즉 우파는 자유주의적 우파와 전체주의적-파시스트적 우파로 나누어진다. 마찬가지로 좌파는 사회주의적 좌파와 전체주의적-공산주의적 좌파로 나누어진다. "공산주의는 우리의 희망과 타락을 동시에 함축한다. 그것은 '실제적' 자유, '노동적' 자유를 제정한다. 대신 우리는 그냥 자유, 그리고 심지어는 인간을 잃을 수도 있다."[12]

철저한 사회주의자인 리쾨르는 유럽에서 자유와 평등을 양립시킬 수 있는 진정한 시민민주주의의 실현을 위해서는 교육의 역할이 매우 중요하다고 생각하였다. 이러한 교육에 포함된 정치적 참여를 통해 전체주의의 위험을 방지할 수 있기 때문이다. 그러나 여기에도 조건이 있다. 확신의 윤리와 책임의 윤리 사이에서 동등한 거리를 유지하고, 또한 이러한 긴장 관계 속에서 가능성을 찾는 것이 바로 그

10) 폴 리쾨르, 같은 책, 325쪽.
11) 같은 책, 326쪽.
12) 같은 책, 328쪽.

것이다. "즉 '정치에 있어서의 그리스도교도적 스타일'이 존재한다는 것인데, 리쾨르에 의하면 이는 다음과 같이 요약된다. 그것은 정치를 삶 속에 적당히 자리매김하는 것이다. 그 자리는 높기는 하되 결코 지고의 자리여서는 안 된다. 정치 참여는 진지하게 이루어져야 하나 결코 광신적이어서는 안 되며, 또한 쓸데없는 비판에 경도되어서도, 반대로 천년왕국과도 같은 유토피아의 환상에 사로잡혀서도 안 된다."[13]

스스로 '7만 5천 명의 총살자당'이라고 규정한 정당에 대한 리쾨르의 태도는 사회그리스도교의 입장에 부응한다. 사회그리스도교도들은 반(反)공산주의와 공산주의 양자에 대해 똑같이 경계하였다. 사회그리스도교 운동의 지도자인 모리스 보주는 1948년 《맹인에게 보내는 편지》를 썼는데, 이것은 공산주의에 대한 두려움으로 전전긍긍하는 사람들을 겨냥한 것이었다. 그러나 이것이 곧 공산주의에의 경도를 의미하는 것은 결코 아니다. 그는 프랑스 사회당에 대한 과도한 참여를 억제하려 하였고, 또한 소련 및 동구에서 자행되는 자유의 침탈에 대해 명백하게 반대 입장을 밝혔다. 따라서 1949년 10월, 부다페스트에서 자행된 라즐로 라지크의 교수형에 대해 보주는 크게 분노하였으며, 이에 대해 다음과 같이 비판하였다. "피고가 자신의 혐의 내용보다 더 많이 고백하는 것, 자신이 저지를 수가 없는 범죄까지도 고백하는 것, 특히 자신의 행위에 대해 아무런 설명도 하지 않는 것……. 이런 것은 전대미문의 것이다."[14]

이러한 비타협적 정치적 입장은 튼튼하고 오래된 사회주의적 배경에 의해 가능한 것이다. 그러나 리쾨르가 속한 또 하나의 지적 동료 집단인 《에스프리》의 경우 사정은 상당히 달랐다. 《에스프리》는 프랑스 사회당에 크게 경도되었다. 무니에의 유명한 인격주의적 혁명은 실현 가능한 것처럼 보였다. 《에스프리》 그룹 중 많은 사람들은 젊은 시절의 마르크스의 사상과 프랑스 사회당을 그러한 혁명에 있어 필수 불가결한 수단이라고 간주하였다. 당시 이 동아리의 사람들은 노동 계층을 발견하였으며, "장래에는 교회와 프롤레타리아가 화해할 수 있을 것"[15]이라고 생각하였다. 몽튀클라르 신부 등에 의해 주장된 새로운 형태의 사도의 역할에는 노

13) 라울 크리스팽, 《참여하는 개신교도》, 앞의 책, 56쪽.
14) 모리스 보주, 라울 크리스팽, 같은 책, 63쪽에서 재인용.
15) 미셸 비녹크, 《〈에스프리〉지의 정치적 역사》, 앞의 책, 255쪽.

동자 신부와 남들과는 다른 생활이 중요한 요소였으며, 따라서 그것은 보다 노동 계층과 가까운 것으로 보였다. 그들은 종교적 · 사회적 차원이라는 이중적 차원에 참여하였으며, 따라서 공산주의의 유혹에 경도되기 쉬웠다. 《에스프리》 역시 이러한 조류에 동참하여 혁명을 위해 노력하였는데 당시, 즉 종전 직후에 있어 혁명이란 공산주의 혁명일 수밖에 없었다. "우리는 이 불가피한 혁명의 전개 방향을 알고 있다. 그것은 금전의 위력을 제거하고, 프롤레타리아를 없애며, 노동공화국을 설립하고, 새로운 대중 엘리트를 만들고 확립시키는 것이다. 혁명가라고 주장하는 사람이 이 모든 것을 원하지 않는다면 그는 거짓말을 하고 있는 것이다."[16] 일찍이 혁명적 그리스도교도의 대열에 합류하였으며, 또한 1930년대부터 사회주의 국제노동자동맹 프랑스 지부에 가입한 리쾨르는 이러한 개인적 이력 덕택에 《에스프리》의 편집진들과 매우 가까웠음에도 불구하고 그들의 순진한 주장들에 대해서는 일정한 거리를 유지할 수 있었다.

당시 지식인들은 전체주의의 위험에 대해 별로 주의를 기울이지 않았다. 따라서 이 문제에 관한 리쾨르의 명철성은 더욱 돋보인다. 그는 1947년에 발간된 메를로 퐁티의 저서 《휴머니즘과 공포》에 대한 논평을 통해 이에 대한 자신의 입장을 밝혔다. 리쾨르는 이 문제를 매우 중요하게 생각하였으며, 《사회그리스도교》와 《에스프리》에 각각 한 편씩 모두 두 편의 논문을 발표하였다.[17] 리쾨르는 기본적으로 메를로 퐁티의 저작을 보기 드문 훌륭한 저작이라고 평가하였다. 왜냐하면 그것은 마르크스주의를 당시의 취향에 맞추어 보려는 다양한 시도들과 확연히 구별되기 때문이었다. "메를로 퐁티 씨의 책은 이 점에서 뛰어난 예외이다. 그의 책은 혁명적 사상의 위대한 저작들 중의 하나로 평가될 수 있다."[18] 메를로 퐁티는 1936-1938년에 모스크바에서 진행된 재판들과 아르튀르 쾨슬러의 책 《영(零)과 무한》 및 《요가수행자와 인민위원》을 마르크시즘과 공포에 관한 전반적인 성찰의 출발점으로 삼았다. 그는 쾨슬러가 주장한 도덕의 화신인 요가수행자와 능률의 화신

---

16) 에마뉘엘 무니에, 〈혁명의 유아적 질병의 후유증〉, 《에스프리》, 1944년 12월.

17) 폴 리쾨르, 〈휴머니즘과 공포〉, 《에스프리》, 1948년, 《독서 2》, 앞의 책, 149-156쪽에 재수록; 〈요가수행자, 인민위원, 프롤레타리아 및 예언자〉, 《사회그리스도교》, 제1-2호, 1949년, 41-54쪽.

18) 폴 리쾨르, 〈요가수행자, 인민위원, 프롤레타리아 및 예언자〉, 앞의 논문, 41쪽.

인 인민위원 사이의 딜레마에 대해 이의를 제기한다. "우리는 꼭 인민위원과 요가 수행자 사이에서 택일해야만 하는가? 다시 말하면 우리는 인간을 위해 일하되 인간의 외부로부터, 그들을 수단으로 다루는 것, 혹은 인간에게 순전히 내적인 혁신만을 요구하는 것 사이에서 양자택일해야만 하는가?"[19] 메를로 퐁티는 이 딜레마를 허위로 간주하여 이를 거부한다. 그 대신 그는 역사에 대한 마르크스주의 철학에서 이것을 초월할 수 있는 방법을 찾는다. 그에게 있어 마르크스주의는 살아 있는 대화의 장으로 이를 통해 프롤레타리아는 인간적 가치를 실현할 수 있는 인물이 된다.

실존주의는 기계론 및 과학만능주의로부터 마르크스주의를 보호한다. "실존주의는 부단히 역사의 인간적 의미를 상기시킴으로써 마르크스주의에 대한 보다 나은 이해의 길을 제시한다."[20] 당시 마르크스주의는 사르트르에게 있어서와 마찬가지로 메를로 퐁티에게 있어서도 '우리 시대 최고의 지평'이었다. 그것은 다른 많은 역사철학들 중의 하나가 아니라 "유일한 역사철학이다. 따라서 그것을 포기하는 것은 역사적 이성을 포기하는 것과 같다. 그 다음에는 공상과 모험밖에는 남지 않는다."[21] 메를로 퐁티의 저작은 공산주의에 대한 내부적 이해의 시도이다. 그것은 자유 검토의 정신 속에서, 그러나 아무런 비방 의도도 없이 행해졌다. 그러나 이 책은 스탈린주의자의 격렬한 공격에 직면하였다. 그들은 스탈린 지배하의 실제적 공산주의 체제 내부에서 프롤레타리아가 인민위원으로 변할 수 있다는 메를로 퐁티의 경고를 받아들일 수 없었다. 왜냐하면 그들의 눈에는 스탈린이 인류해방의 이상을 구현하고 있는 것으로 보였기 때문이다. 리쾨르는 이 책이 "풍요한 대화를 촉발시킬 수 있는 지적이고 양심적인"[22] 책이라고 생각하였다. 따라서 그는 메를로 퐁티의 책에서 해결되지 못한, 그러나 그 입장의 과격성에 의해 촉발된 몇몇 질문들을 제기하였다. 첫째, 그는 마르크스주의의 적용에서 나타난 문제점들의 이론적 의미를 질문해 보아야 한다고 주장하였다. "마르크스주의가 타락하고, 또한 '프롤레타리아가 인민위원'으로 변질되는 것은 우연적인가, 아니면 필연적인가?"[23] 둘째, 마르크스주의 휴머니즘이 인민위원의 형태로 타락하는 것을 막는

---

19) 모리스 메를로 퐁티, 《휴머니즘과 공포》, 갈리마르, 파리, 1947년, 28쪽.
20) 폴 리쾨르, 《휴머니즘과 테러》, 앞의 논문, 《독서 2》, 앞의 책, 151쪽에 재수록.
21) 모리스 메를로 퐁티, 《휴머니즘과 테러》, 앞의 책, 165쪽.
22) 폴 리쾨르, 〈휴머니즘과 테러〉, 앞의 논문, 《독서 2》, 앞의 책, 153쪽에 재수록.

장치는 무엇인가? 셋째, 마르크스주의와 그리스도교의 관계는 어떠한가? 즉 마르크스주의는 교회가 가난한 사람들로 하여금 내세에서의 보다 나은 삶을 기대하도록 함으로써, 그리고 예언자들을 격리시킴으로써 점진적으로 인민의 아편으로 변질되었다고 주장하면서도 이에 적극적으로 대처하지 않고 그리스도교도들을 교회의 역사 내부에서 방황하도록 방치한다는 것이다.

리쾨르는 인민위원으로 변모하는 프롤레타리아와 요가수행자로 변모하는 예언자라는 인물들이 바로 당과 교회, 즉 구체적인 뿌리로부터 단절된 휴머니즘에 헌신하는 두 주체를 상징한다고 보았다. 여기서 리쾨르는 메를로 퐁티를 비판하였는데, 그에 의하면 메를로 퐁티는 요가수행자와 예언자를 혼동하는 우를 범하였다. 즉 "그는 예언자가 요가수행자와 정반대라는 점을 몰랐다"[24]는 것이다. 리쾨르에 의하면 요가수행자는 역사에 등을 돌리고 세상을 떠나 은둔하는, 헤겔이 비판한 '아름다운 영혼'과 유사한 인물인데 반해, 예언자는 당대의 역사에 개입하고 판단하며 정의로운 세계의 실현을 촉구할 뿐만 아니라 우상을 폭로하고 파괴할 것을 촉구하는 인물이다. 그러므로 프롤레타리아가 인민위원으로, 그리고 예언자가 요가수행자로 변질되는 이 과정을 차단하여야 한다. 이 이중적 변질에 대항하여 싸우는 데 있어 마르크스주의는 유용한 수단이며, 따라서 리쾨르는 마르크스주의가 탁월한 역사철학이라는 메를로 퐁티의 의견에 기꺼이 동의한다. 그러나 그는 역사를 단 하나의 종합적 체계 속에 포함시켜야 한다는 점에 대해서는 유보적인 태도를 보인다. 리쾨르는 유일성 및 총체성 지상주의에 대항하여 의미의 복수성 및 특수성을 존중할 것을 주장한다. 즉 "역사를 이해하는 데 있어 하나의 체계로 환원되지 않는 부분적이고 다양한 견해가 있을 수 있다"[25]는 것이다. 그럼에도 불구하고 리쾨르는 메를로 퐁티가 신공산주의의 분석에서 끌어낸 실천적 결론들을 받아들인다. "10월 혁명은 많은 범죄에도 불구하고 우리 모두에게 하나의 희망으로 남아 있다. 우리는 이 희망이 저해되고 배반당할 때마다 애도한다."[26] 이러한 입장은 진리와 희망을 양립시키기 위해 노력하는 좌익 투사들이 느끼는 불편함에 대한 대답이다. 따라서 리쾨르의 논문은 "실제로 많은 투사들이 기다리던 참

---

23) 폴 리쾨르, 〈요가수행자, 인민위원, 프롤레타리아 및 예언자〉, 앞의 논문, 48쪽.
24) 같은 논문, 52쪽.
25) 같은 논문, 53쪽.
26) 같은 논문, 54쪽.

고 서적"[27]과도 같았다.

소련 및 동구에서 일어나는 일들에 대한 비판적 입장은 50년대에 들어 그곳의 수용소에서 자행되는 기막힌 만행들이 밝혀짐에 따라 점점 더 단호해졌다. 《현대》의 1950년 1월호 사설에서 메를로 퐁티는 냉전의 한복판에서 명백한 어조로 소련의 강제노동수용소를 비판하였다. "만일 강제노동수용소의 수용인원이 1천만이나 되고, 소련의 최상층 사람들이 일반 자유노동자의 15배 내지 20배의 월급을 받고 그러한 생활 수준을 유지한다면 (…) 그것은 전체 체제가 변질되었으며, 또한 방향이 바뀌었다는 것을 의미한다."[28] 그러나 메를로 퐁티는 여전히 다른 나라들에 비하면 소련은 비교할 수 없을 정도로 양호하다고 보았으며, 소련을 그 사회가 지향하는 계획의 내부적 시각에서 평가하여야 한다고 생각하였다. 1952년에 이르러 그의 비판적인 시각은 더욱 확연해졌으며, 그 때문에 사르트르와 불화하게 되었다. 그후 그는 콜레주 드 프랑스의 교수직에 취임하였으며, 1955년에는 격렬하게 "사르트르와 극단적 볼셰비키즘"[29]을 비난하게 된다.

메를로 퐁티는 결국 사르트르와 결별하였다. 그럼에도 불구하고 리쾨르가 희망한 둘 사이의 교류는 이루어지지 못하였다. 레비 스트로스와의 교류 때문에 메를로 퐁티는 여전히 리쾨르와 가까워지지 못하였던 것이다. 1948년, 리쾨르는 박사학위 논문을 끝내고 스트라스부르대학교의 전임강사로 부임하게 되었다. 샹봉 공동체를 떠나 프랑스의 동쪽 변방에 자리잡게 된 것이다. 이와 함께 도시의 소란스러움에서 벗어난 조용한 사색의 시대는 끝나고 빠른 상승의 시대가 열린 것이다.

---

27) 라울 크리스팽, 《참여하는 개신교도》, 앞의 책, 77쪽.

28) 모리스 메를로 퐁티, 《현대》, 1950년 1월, 아니 코앙 솔랄, 《사르트르》, 앞의 책, 423쪽에서 재인용.

29) 모리스 메를로 퐁티, 〈사르트르와 극단적 볼셰비키즘〉, 《변증법의 모험》(1955), 갈리마르, '이데' 총서, 파리, 1977년, 142-295쪽.

IV

스트라스부르
1948-1956

15

비극의 20세기: 악과 죄의식

20세기, 전쟁에 대한 공포심은 절정에 달했다. 히틀러와 스탈린이 그것을 대표하는 두 중심 인물이다. 그들은 또한 역사가 더 많은 합리성과 행복의 추구를 위해서만 앞으로 나아가는 것이 아니라는, 그 비극의 화신이기도 하다. 막연한 낙관주의는 더 이상 시기에 걸맞지 않는다. 악이 인류의 역사를 좀먹는다는 명증이 벼락치듯 우리의 뇌리를 때렸다. 아우슈비츠 강제수용소를 겪은 후에 우리는 이전과 같은 방식으로 생각할 수는 없을 것이다.

카를 야스퍼스는 1945-1946년 겨울부터 구상한 독일인의 죄의식에 관한 문제를 단숨에 제기하고, 리쾨르는 그의 용기와 통찰력에 경의를 표한다.[1] 야스퍼스는 점령되고 분할된 그의 조국이 떠맡은 가장 커다란 질문인 책임 의식에 관한 질문에 부딪치게 된다. 그는 죄의식의 여러 형태를 구분짓고, 그에 따라 다른 성질의 책임 의식들을 구별하는데 네 개의 측면이 서로 중첩된다. 형사상의 죄의식이 유일하게 개별적인 단계에 위치한다. 두번째 단계에서 정치적 죄의식은 그들이 만든 정부를 통해 한 민족과 관련될 수 있는데, 이 경우에 죄의식은 집단적이다. 세번째 단계에서 도덕적 죄의식은 각 개인의 구체적인 행위에 관련되므로 집단적인 명목으로 이용될 수 없다. 마지막으로 네번째 단계에서 형이상학적인 의미의 죄의식은 또 다른 부분, 신과 관련된 부분을 반영한다. 야스퍼스는 죄의식의 두 가지 형태를 대립시키는데, 하나는 개별적인 경우에 속하고, 다른 하나는 집단적인 책임에 속하는 것이다. 리쾨르는 몇 가지 구분의 합당성에 대해 진정으로 동의하지 않지만, 야스퍼스의 질문을 자신의 것으로 삼는다. 야스퍼스의 질문이 30년대

---

1) 카를 야스퍼스, 《독일인의 죄의식》, 미뉘, 파리, 1948년. 1990년 피에르 비달 나케의 서문과 함께 재판됨.

에 움직이지 않던 프랑스인들과 서구 민주주의 국가에게 호소하기 때문에 더욱 그러하다. 야스퍼스는 1939-1945년 대참사를 1933년의 비폭력 때문에 우리 모두가 지불해야 할 대가라고 표현한다. 그렇기에 책임 의식에 관한 질문이 독일인들에 한정되지 않는다는 것은 쉽게 이해된다. 야스퍼스 분석의 장점은 바로 이중적 술책, 이중적 기도에 있다. 죄의식의 여러 가지 구분에 관한 그의 작업은 "안으로, 즉 독일을 향해서는 독일인들의 **죄의식을 심화**시키는 것을 목표로 하고, 밖으로, 외국으로, 즉 우리를 향해서는 **비난을 제한**하는 것을 목표로 한다. 그러한 이유 때문에 그의 작업은 모호한 상태를 유지해야 한다. 왜냐하면 그의 작업은 **반대로** 읽힐 우려가 있기 때문이다."[2]

이러한 구분을 초월해 아우슈비츠 강제수용소를 겪은 후에 사람들이 어떻게 생각하는지를 알려는 문제가 제기된다. "나는 아우슈비츠 강제수용소 이후에 사람들이 더 이상 생각하지 않는다고 말하지 않을 것이다. 나는 이러한 표현에 반대한다."[3] 그럼에도 불구하고 사건의 잔혹함이 역사성과의 관계를, 또한 그리스도교인에게는 신과의 관계를 다시 질문하게 하는 근본적인 재검토를 강요한다. 그러므로 나치들에 의해 범해진 계획적인 집단 학살이 요구하는 것은 자신에 대한 연구이다. 독일 신학자인 한스 요나스에 의해, 특히 1961년과 1984년 사이에 행해진 근본적인 고찰은 우리의 세계관 속에서 본질적인 변화를 제안한다. 그가 그의 책[4] 속에서 개진하는 논지는, 아우슈비츠 강제수용소가 드러내는 악의 극렬함이 의미의 작업을 통해 이 사건을 우리들의 인식 속에 통합시키려는 모든 기도를 불가능하게 하고, 웃음거리로 만든다는 것이다. 사실 그의 책 속에서 징계의 표현이나 증언의 어투를 찾아보기는 힘들다. 어떠한 죄도 그처럼 극단적으로 신으로부터 버림받은 인간의 완전한 고독을 정당화시킬 수 없다. 그렇기에 요나스는 신이 어떻게 그런 지경에 이르기까지 버려둘 수 있었을까를 알기 위한 질문을 던진다. 그리고 그는 새로운 근원 신화를 만들며, 신학적 재검토를 기도한다. 그는 악의 근원을 인간의 죄보다 앞에 위치시킨다. 창조 행위는 악의 위험을 배태하고 있다. 왜냐하

---

2) 폴 리쾨르, 〈독일인의 죄의식〉, 《사회그리스도교》, 1949년 3-4월. 《강의 1》에 재수록, 앞의 책, 154쪽.

3) 폴 리쾨르, 《세기의 파수꾼》, 라디오 방송 프랑스 앵테르의 자크 샹셀 프로그램, 1992년 12월 20일.

4) 한스 요나스, 《아우슈비츠 강제수용소 이후의 신의 개념》(1984), 리바주 포쉬, 파리, 1994년.

면 존재의 원천인 신성이 세상이 그의 간섭에서 벗어난 내재적 시간과 공간일 수 있도록 하기 위해 겉으로 드러나지 않기를, 물러서기를 원했기 때문이다. 창조는 더 이상 계시(啓示)로 시작되지 않고 반대로 신성의 엄폐, 물러섬, 사라짐으로 시작된다. 바로 거기에 신성이 스스로 모든 간섭의 가능성을 잘라 버렸기 때문에 악의 위험이 자리를 잡는다. 고전적인 시각을 완전히 전도시키는 한스 요나스는 그의 구원의 기다림에서조차 자신의 피조물에 종속된 신성을 본다. 인간은 더 이상 신의 시선 아래 있지 않다. 오히려 신성이 인간의 가호 아래 있으며, 책임의 모든 하중은 인간 편에 쏠리게 된다. "신의 이미지는 (…) 인간의 불확실한 보호 아래 놓이게 되고, 자신과 세상에 대해서 인간이 행한 것에 의해 이루어지거나 구원되거나 또는 타락된다."[5] 신이 갖는 속성 중에 한스 요나스가 포기하는 것은 선함이 아니라 절대적인 권능이다. 자신이 창조한 세상과의 관계 속에서 확고하고 냉정한 신은 근심 가득한 신으로, 고통스러워하는 신으로 변형된다. "신은 말을 하지 않는다. 그런데 나는 지금 말한다. 그가 관여하지 않았다면, 그것은 그가 그것을 원하지 않아서가 아니라 그가 그렇게 할 수 없었기 때문이다."[6] 그로부터 모든 신의론에 대한 포기가 초래되고, 위안 없는 종교가 자리한다. "아우슈비츠 포로수용소가 우리에게 강요하는 것은 단어들 사이 무한한 성격이다. 선과 악을 저울질할 수 없고, 그렇기에 더 이상 균형을 맞출 수도 없다."[7] 확고한 신에 대한 포기는 한스 요나스와 화이트헤드로부터 나온 신학 소송[8]과 공통되는, 변화하는 신성의 역사적 관점으로 귀착된다. 실천 이성 차원에서 얻어낼 교훈은 전능의 신학을 포기하는 만큼 절대 권력을 정치의 절대화 속으로 전이하는 것을 포기하는 것이다. 특히 정치는 신의 능력을 유사한 권력을 통해 인간에게 부여하는 것을 의미한다.

악이 강요하는 능력과 선함 사이의 딜레마는 물론 그리스 · 로마 시대까지 거슬러 올라간다. 그것은 "우주에서 신의 역할, 그의 악에 대한 지식을 포기하는 에피쿠로스 이래 지속된다. 신성한 것은 초연하다."[9] 장 피에르 조쉬아가 제공하는 사

5) 한스 요나스, 같은 책, 20쪽.
6) 같은 책, 34쪽.
7) 폴 리쾨르, 《현대》, 알랭 핑켈크로트의 프로그램, 프랑스 퀼튀르, 1995년 2월 11일.
8) 알프레드 노드 화이트헤드, 《소송과 현실》(1861-1947), 갈리마르, 파리, 1995년.
9) 장 피에르 조쉬아, 〈아우슈비츠 이후 신과 악〉, 《디다스칼리아》, XXIV권, 분책 1, 1994년, 88-89쪽; 〈아우슈비츠 이후 신을 다시 생각해야 하는가?〉, 《연구》, 1996년 1월, 67-73쪽.

고의 방향은 요나스의 그것과 약간 다르다. 물론 그는 어휘의 중세적 의미로 전능은 성서에 나타나지 않고, 점점 더 우리들의 유치한 근원에 대한 환상과 결부된다는 것을 인정한다. 하지만 그는 퇴보적인 요나스를 좇지 않는다. 오히려 그는 에베르하르트 융겔[10]과 함께 "사랑으로 인간의 재난을 초월해 있지 않으실 신의 의지적 고통"[11]의 길에 참여한다. 악의 절정으로 아유슈비츠는, 조수아에 따르면 포기를 내포하는 것이 아니라 세계의 시련으로 향하는 신학 고유의 내적 긴장을 강화시킨다. 악의 추문은 악의 운명성을 거부하고, 반대로 새로운 악의 극렬함에 대비하기 위해 항상 더욱 열렬히 매순간 경계를 늦추지 않는 것을 의미한다.

죄의식이 내포된 절대 권력의 포기와 모든 인간 관계의 보다 수평적 측면을 강조하는 배려는 리쾨르에게서 아주 깊고 오래된 움직임과 일치한다. 거기서 우리는 원죄, 구령(救靈)예정설, 그리고 죄의식의 개별화에 대한 아우구스티누스학파와 칼뱅교의 주장에 저항하는 리쾨르의 아주 개인적인 원천을 찾을 수 있다. 우리가 이미 보았듯이 그의 생명력의 획득은 아버지와 어머니의 부재를 바탕으로 이루어졌다. 누나는 결핵으로 죽고, 아직 사춘기 소년인 그는 아주 가깝게 느끼면서도 대응할 수 없는 운명 앞에서 깊은 고통을 맛본다. 그가 느낀 부당한 감정도 그의 종교적 확신을 전혀 훼손시키지 못한다. 하지만 그는 자신의 가족이 그러한 운명을 당연히 받아야 했다고 생각지 않는다. 그에게는 또한 살아가는 기쁨, 존재하는 갈망, 그리고 비극의 체험과 대조를 이루는 무관심이 필요하다. 부재에 바탕을 둔 이러한 긴장으로부터 그의 비원(秘苑)이 된 타협의 여지없는 불투명한 지역이 생겨난다. 올리비에 아벨이 리쾨르에게 철학적 주제로서 부재에 대해 연구할 것을 제안할 때, 그는 아주 예외적인 둘의 감정적 · 지적 동조에도 불구하고 단호한 거절에 부딪힌다. "토론의 여지가 없었다. 리쾨르는 어떻게 해서든 피하려 했다. 하지만 그것은 그에게서 여러 차례, 매번 조절되고 제한되기는 하지만 등장한 주제이다."[12]

프랑스 칼뱅파에 속하면서도 리쾨르는 죄의 주장에 대해 저항하며,[13] 죄와 본질적 불균형을 이루는 은총을 죄에 대립시키고, 사도 바울의 '얼마나 더'를 창조케

10) 에베르하르트 융겔, 《신, 세상의 재난》, 세르프, 파리, 1983년.

11) 장 피에르 조수아, 인용된 논문, 90쪽.

12) 올리비에 아벨과의 대담.

13) 죄의식의 테마는 플리머스교파(모든 형태의 교회 조직을 거부하고, 그러한 부재를 아주 죄의식을 느끼게 하는 주제로 보상하는 개신교의 한 분파) 할머니를 둔 리쾨르의 가정에서 더욱 강화된다.

한다. 하지만 전쟁에 의해 다시 제기된 잘못 · 타락 · 죄 · 악의 체험과 같은 칼뱅주의적인 모든 주제는 리쾨르를 사로잡는다. 그리고 리쾨르는 그것들을 철학적 질문의 특별한 대상으로 삼는다. 그것은 자기 자신과의 대립이며 싸움이고, 그는 죄의식의 바탕에 대한 아주 신중한 문제 제기를 통해 그 싸움에 들어선다. 그는 이 차원에서 죄의식에 대한 대가 지불 없이 믿음에 의한 의인(義認)을 주장하는 루터 쪽에 점점 더 가까워진다. 그리고 그는 이 세대의 프랑스 프로테스탄트들에게 죄의식의 강박관념으로부터의 탈출을 상징하는 바르트의 은총의 신학을 좇는다.

죄의식의 감정은 죄의 병리학이 "그리스도교의 선천성 병 중의 하나"[14]가 될 정도로 서구 사회에 의해 단단하게 유지되고 키워진다. 하지만 희생 제의(祭儀)가 서양의 전유물은 아니다. 이 감정은 모든 세기, 그리고 모든 문화 속에서 다양한 형태로 발견된다. 이 점에 대해 우리는 리타 바세와 함께 "그리스도교는 파괴할 수 없는 인간적 충동을 사용하게 했다"[15]고 말할 수 있다. 프로이트 작품을 통한 우회는 리쾨르에게 죄의식과 죄의식의 현실적 · 상상적 토대에 대한 질문의 성격을 띤다. 정신분석학을 이해한 덕분에 그는 자신이 우선 어느 정도 의지의 한계 내에 가둬 놓은 악에 대한 고찰에서 벗어날 수 있다. 악은 자유 또는 의지의 범주와는 다른 범주에 속한다. 칼뱅주의의 테두리를 벗어나기 위해서는 심도 있는 시추 작업이 필요하고, 그는 60년대에 그러한 작업을 완전히 실현하게 된다.

정신분석학이 가능케 하는 변화를 기다리는 동안 리쾨르는 죄의식에서 벗어나기 위한 다양한 방식을 질문한다. 죄책감으로부터 해방시키는 실제 범죄 행위를 범하는 것, 하지만 대상이 없는 이것은 자기 의인이다. 또는 좀더 빈번히 다른 사람들을 비난함으로써 벗어나는 방법도 있다. "자신을 비난하지 않기 위해 비난하고 고발하며 처벌하는 가혹하고 거만한 재판관에게서 병리학적 형태를 다시 발견한다."[16] 죄의식을 상상적 · 현실적 영역 사이에서 구별하는 것이 불가능한 것처럼 죄와 결백 사이의 관계도 마찬가지이다. "신은 욥의 요구에 다가서지 않는다. 그는 그것들을 판별하는 것을 거부한다. 그는 인간으로 하여금 유일하게 자신의 무죄를 증명하는 것을 포기하게 하는, 정의에 대한 무한한 요구처럼 세상 너머에 머

---

14) 앙투안 베르고트, 《빚과 욕망. 그리스도교의 두 축과 병리학적 일탈》, 쇠이유, 파리, 1978년, 64쪽.

15) 리타 바세, 《그리스도교 백과사전》, 세르프-라보와 피데스, 파리-제네바, 1995년, 269쪽.

16) 폴 리쾨르, 〈죄 없는 도덕 또는 도덕주의 없는 죄?〉, 《에스프리》, 제22호, 1954년, 310쪽.

묻다."[17] 역사적 차원만큼이나 개인적 차원에서 죄의식의 정확한 원인으로 거슬러 올라가는 길은 막혀 있는 듯하다. 하지만 그것이 관계 조직의 찢김에 뿌리내리고 있다는 것은 확신할 수 있다. 죄의식은 역설적으로 "주체가 무엇보다도 두려워하는 자폐"[18]를 불러일으킬 수 있다. 그로부터 생긴 소외감이 개인으로 하여금 자신을 학대하게 하고, 밖으로부터 온 죄를 짊어지게 하며, 죄의식의 이러한 적극적인 측면은 곧바로 자아도취적인 힘의 회복을 형성한다. 이 감정의 근원은 자아 형성의 연속적 층위 아래 점점 묻히게 된다. 죄의식은 "가슴을 갉아먹는 벌레나 감정적 상태, 또는 정확히 비난받아야 할 행동이나 의도적 유해 행위와 관계 없는 개인적 무능력의 막연한 감정처럼"[19] 나타난다. 리쾨르는 죄의식의 이러한 무게에 죄의식이 유발시키는 것보다 훨씬 본래적인 무구함의 비대칭을 대립시킨다. 철학적 · 성서적, 그리고 정신분석학적 연구가 죄의식의 운명성 · 자연성을 거부하기 위해 '회개의 침대에 눕지 않도록' 유도하기 위해 동원된다.

상징으로서 어린이에 대한 가치 부여가 이러한 죄의 문화와 대립에 도움이 될 수 있다. 어린이는 단순히 어느 나이, 유치함만을 의미하지 않는다. 어린이는 정신분석학자에 의하면 앞으로 받을 정신적 외상의 근원이다. 그는 나약한 사람들의 이미지와 결합되고, 성서에서 탄생의 행위 자체와 결부된다. 예수에게서 어린이는 정신적 삶의 영원한 새로움, 재창조로서 창조를 의미한다. 그런데 그리스도교인으로서 리쾨르가 1955년 정신분석학의 메시지로 간주한 것은 의사소통을 재개할 수 있는 능력이다. 이 당시부터 그는 라캉의 주장을 원용한다. "라캉은 우리에게 다른 면을 주목하게 한다. 그것은 자아와의 화해, 자아의 소유뿐만 아니라 다른 사람들과 대화에 들어가는 것을 말한다는 것이다."[20] 정신분석학과 신학적 관점의 밀접한 연결에서 매듭이 위치하는 곳은 권위의 행사와 죄의식의 차원이다. 상위 권력 기관으로서 교회의 권력은 독선적인 권력으로서 신경증 악화의 원천이다. 게다가 그것은 죄에 대한 설교를 통해 정신분석의 과정에서 나타나는 것과 같은 어린이 특유의 죄의식을 강화하고 확인하는 경향이 있다. 그러므로 리쾨

---

17) 리타 바세, 《그리스도교의 백과사전》, 앞의 책, 272쪽.

18) 같은 책, 275쪽.

19) 프랑수아즈 돌토, 《정신분석학의 위험을 무릅쓴 복음서》, 제2권, 들라르주, 파리, 1978년, 111쪽.

20) 폴 리쾨르, 〈어린이처럼 성인으로 사는 것〉, 《젊은 여인》, 제19-20호, 1955년, 66-67쪽.

르는 정신분석학자들의 관찰에 의거하여 '(자신의) 죄에 대한 개념의 무지를 벗길' 가능성을 얻는다. "우리 모두는 밀에 섞인 독보리처럼 선한 죄에 나쁜 죄의식을 끌고 다닌다."[21] 자아에 대한 작업은 가차없이 자아에 대한 비난과 존재의 공포에 이르게 하며, 진정한 현실적 죄에 가면 역할을 하는 죄의 신학을 떨칠 것을 목표로 한다. 리쾨르는 죄의 개념을 고집한다. "죄에 대한 설교는 없고, 면죄에 대한 설교만이 있다는 것을 재발견해야 한다."[22] 원죄의 문화에서 탈출이 가능한 것은 복음서와 정신분석학의 독서의 상호 기여 속에서이다.

50년대 중반 리쾨르는 병적인 세계에서 벗어나기 위해 에스나르 박사의 연구에 의존한다.[23] 오이디푸스 콤플렉스는 프로이트의 노선에서 구조적 순간을 형성한다. 하지만 프로이트의 이 점에 대해 의견을 달리하는 에스나르에 의하면, 어머니에 대한 욕망 및 아버지에 대한 증오와 관련된 오이디푸스의 범죄는 전혀 사실적이지 않다. 그것은 의미가 훗날 회고를 통해 정해지며, "훗날의 죄의식에 대한 능력"[24]을 야기하는 어린이 특유의 모호한 비극적 사건이다. 어린이의 근친상간과 부모 살해는 그러므로 "어른 중심의 은유"[25]에 지나지 않는다. 그렇다고 오이디푸스 콤플렉스의 효율성이 떨어지는 것은 아니다. 하지만 그것은 두 행동 연령, 어른의 그것과 어린이의 그것의 충격에 일치한다. 오이디푸스 콤플렉스는 비현실적·환상적 죄의식을 바탕으로 한다. 폴 리쾨르에게 에스나르 접근 방식의 관심은 임상의 차원에서 잘못의 비현실성을 밝히고, 이러한 논증을 죄의식의 병적인 세계와의 유사성에, 그가 '죄의 신화적·도덕적'이라 부르는 것에 연결시키는 데 있다. 그리스도교는 시원적인 금기를 다시 취했고, 불순의 원초적 구조에까지 퇴행했다. "유일한 차이는 개인적 가치에 대한 위협이 외적 위협으로 바뀌었다는 것이다."[26] 에스나르는 신화적·도덕적 죄를 죄 없는 도덕, 인간에 대한 신뢰에 바탕을 둔 불안 없는 도덕으로 대체할 것을 권한다. 이 해결책은 인간에게 고유한 긴장으로부터 탈출하는 형태를 띤다. 하지만 리쾨르는 논증의 "불충분"[27]을 강조

21) 폴 리쾨르, 같은 책, 70쪽.

22) 같은 책, 71쪽.

23) 앙젤로 에스나르, 《죄의 병적인 세계》, PUF, 파리, 1949년; 《죄 없는 도덕》, PUF, 파리, 1954년.

24) 앙젤로 에스나르, 《죄 없는 도덕》, 같은 책, 334쪽.

25) 같은 책, 334쪽.

26) 폴 리쾨르, 〈죄 없는 도덕과 도덕주의 없는 죄〉, 인용된 논문, 1954년, 299쪽.

하며, 그것을 채택하지 않는다. 에스나르 주장의 교정 관습은 리쾨르를 붙잡지 못한다. 하지만 그는 거기에서 반대로 행위의 근본으로 회귀하는, 자아의 고고학에 대한 환상에 대립되는 본질적 기여를 발견한다. 사실 자아의 고고학은 "유치하고 병적인 죄의식으로 향하는 퇴행의 위험한 경우"[28]이다. 고행과 자아 증오의 학습에 반해 리쾨르는 점점 더 "우리들의 존재를 형성하는 행위의 충동을 되찾기 위해 모든 원죄보다 좀더 본래적인"[29] 본래적 확신의 충동을 되찾을 때까지 연구할 것을 권한다.

리쾨르는 불균형, 비대칭의 존재론을 1948년과 1957년 사이 스트라스부르에 머무는 기간 동안 연구한다. 그것은 《의지의 철학》에 대한 그의 박사 논문을 보충하는 두 권의 책의 소재가 된다. 1960년에 출판된 《과오를 범하기 쉬운 인간》과 《악의 상징학》은 《유한성과 죄의식》의 공통된 제목 아래 《의지의 철학》의 2권을 형성한다. 그것의 목적은 행동하는 것과 괴로움을 겪는 것의 변증법에 내포된[30] 유한한 의지와 무한성의 축 사이에서 취해진 인간 조건에 고유한 긴장을 생각하는 것이다. 이러한 불균형이 인간의 착오 가능성과 악에 대한 취약성의 근원에 있다. 죄의식이 인간 조건을 구성하는 것으로서 검토되고, 대립되는 두 축 사이에 끼어든 매개가 건실하지 못한 것을 보이는 것은 이러한 의미에서이다. "개념의 원천을 당시 내가 많은 양의 학부 수업과 교수자격시험 강의를 할애한 칸트에게서 찾아야 한다는 것은 분명하다."[31]

그러므로 리쾨르가 과오를 범하기 쉬운 인간의 성격 속에서 인간에 대한 선이해를 추구하는 것은 인간의 자신과의 불일치, 유한과 무한 사이 긴장 속에서이다. 그는 불균형의 문제를 생각할 수 있게 하는 칸트적 · 초월적 조건의 연구 관점에 맥을 같이한다. 리쾨르는 초월적 상상력의 칸트적 접근을 실질적 차원으로 성격 · 행복 · 존경의 개념 둘레까지, 그리고 자아의 내면성과 타자에 대한 개방의 폭 사이에서 찢기는 감정의 수준까지 확대한다. 초월적 종합은 리쾨르에 의해 철학적

---

27) 폴 리쾨르, 같은 논문, 300쪽.
28) 같은 논문, 301쪽.
29) 같은 논문, 312쪽.
30) 폴 리쾨르, 《심사숙고한 끝에》, 앞의 책, 28쪽.
31) 같은 책, 28쪽.

인류학의 건설에 근본적인 단계로서 고찰된다. 그리고 리쾨르는 필수적인 이 단계를 건너뛰고, 그로 말미암아 "존재와 무의 환상적 존재론에"[32] 빠지는 사르트르의 입장을 그의 이름을 언급하지 않으면서 거부한다. 인간은 사물 속에 무한과 유한의 매개적 상황에 처해 있다. 초월성은 "단순한 초월적 사고가 이성의 수준까지 옮기는 것을 허락하지 않는 잉여분"[33]이 있을지라도 객관적 종합의 실현 조건이다. 실천 이성의 통과는 '나는 생각한다' 에서 '나는 원한다' 로의 이행을 전제한다.

리쾨르는 성격의 유한성을 인과 관계 영역의 제한된 개방으로서 생각한다. 성격은 밖으로부터 개인을 지배하는 운명이 아니다. 하지만 그것은 부여되고, 확고부동한 듯하다. "나의 성격은 모든 내 선택의 극단적으로 선택되지 않은 원인이다."[34] 행복 또한 주어진 경험, 자아와 상황의 독특한 일치로 단순화할 수 없다. 그것은 근본적으로 방향이며, 장애물의 제거이고, 의미의 새로운 지평을 발견하는 것이다. 부동성 속의 성격과 시간성 속에 새겨진 역동성, '어디로 향한' 것으로서 행복 사이 종합의 장소는 인격의 개념, 자아의 개념이다. "인간성은 객관성이 사물의 사물성이었듯이 사람의 인격이다."[35] 인격에 대한 취약하고 과오를 범하기 쉬운 종합은 존경의 개념을 중심으로 실현된다. 초월적 분석에 의해 시행된 감동적 영역과의 단절은 여분을 남겼다. 감정의 영역과 감정의 취약성의 통합을 통해 그 여분을 회복하는 것이 적합할 것이다. 그렇게 함으로써 개념과 형식주의의 엄격함을 위해 제외되었던 것을 깊이 있게 되찾을 수 있을 것이다. "비장감에 다시 떨어지지 않고, 이성의 수준에 머물 수 있는 '마음' 의 철학이 가능할까"[36]를 리쾨르는 자문한다. 그것이 전개되는 것은 의도성 속에서 느끼는 것과 인식하는 것이 연결될 때이다.

리쾨르는 인간 행동의 세 가지 중요한 측면, 즉 소유 · 권력 그리고 가치를 다시 취하면서 이것들의 중심에 취약성이 갈등처럼 발현되는 것을 보여 준다. 자아는 명확해지며, 객관화의 매개를 통해 또 다른 자아와 긴밀히 연결된다. 소유의 영역은 순수하게 인간적이며, 갖고 싶고 사용하고 싶은 재산을 형성하는 경제적 매개

32) 폴 리쾨르, 《의지의 철학》, 제2권 《유한성과 죄의식》(1960), 오비에, 파리, 1988년, 63쪽.
33) 같은 책, 63쪽.
34) 같은 책, 79쪽.
35) 같은 책, 87쪽.
36) 같은 책, 98쪽.

를 통한다. 소유의 인간화는 소유에 의해 보상되는 상실에 대한 두려움을 담고 있다. 자아는 자신의 것 속에서 형성된다. 하지만 자아는 자신의 배척과 상실을 가능하게 할 수 있는 타자와의 대립선, 분열을 만든다. 마찬가지로 권력의 단계에서도 나약한 이원성이 나타난다. 권위는 필요성이다. 그것은 정치의 본질 속에, 능력의 차별화 범주에 내포된다. 하지만 그것은 폭력으로 변화될 수 있다. 세번째 열정, 가치의 열정을 이끄는 존경과 인정의 추구는 존재하는 욕망처럼 역시 정당하다. 하지만 그것은 자아에 대한 존경이 단지 여론의 차원에만 관련될 때 내적 타락의 가능성과 직면한다. 감정의 세 가지 열정으로 된 세 가지 경우에서 사물·사람들, 그리고 존재에 연결되고자 하는 열망이 그들의 격정의 바탕에 있다. 하지만 **대립된 추론에 의해** 객관화의 움직임은 개인적 격정을 분할하고, 세상과 대립시킨다. 그로부터 인간 조건에 고유한 착오 가능성이 나온다. 과오를 범하기 쉬운 인간은 "도덕적 악의 **가능성**이 인간의 체질에 각인된다"[37]는 것을 의미한다. 리쾨르는 칸트적 세 가지 성질의 범주, 즉 현실과 부정과 한계를 계승한다. 그는 그것들을 본래적 확인, 존재론적 차이와 인간적 매개의 새로운 삼위일체로 변화시킨다. 이 새로운 삼위일체는 인식하다에서 행동하다를 지나 느끼다까지, 진전의 세 순간을 통과한다. 유한성은 거기에서 근원처럼 나타나는 것이 아니라 결과처럼 나타난다. "인간은 유한성의 슬픔 속에서 긍정의 기쁨이다."[38] 인간은 그러므로 특히 감정의 단계에서 드러난 찢김, 균열, 자아의 자아에 대한 불일치이다. "감정은 갈등이고, 인간을 본래적 갈등으로 드러낸다."[39] 이 상황은 착오 가능성의 조건을, 그러므로 악의 가능성을 넘을 수 없게 한다.

하지만 리쾨르는 곧바로 "죄의식은 죄의 동의어가 아니다"[40]라고 확신한다. 이러한 핵심적 질문에 맞선 리쾨르는 다양한 형태의 죄의식을 구별하고, 이중적 움직임을 묘사한다. 단절이 죄를 지은 인간을 부상시키고, 그는 두번째 단계로 '포로가 된 책임'[41]을 느낀다. 그것은 루터가 예속 의지라고 부른 것, 책임감과 포로 상태 사이의 긴장에 속한다. 악과 죄의 영역은 그러므로 인간 열정의 확신에 내재

37) 폴 리쾨르, 같은 책, 149쪽.
38) 같은 책, 156쪽.
39) 같은 책, 157쪽.
40) 폴 리쾨르, 《악의 상징학》(1960), 오비에, 파리, 1988년, 255쪽.
41) 같은 책, 256쪽.

한다. 그것의 구축은 생각할 수 없다. 그것의 의미를 분산시키지 않고 내재하는 대비를 완화시킬 수조차 없다. 하지만 리쾨르에 의하면 "악이 그렇게 **극단적**일지라도 선함만큼 **본질적**이지 않다."[42] 두 축은 여전히 유한성과 무한성의 피할 수 없는 긴장 속에, 하지만 비대칭적 배열 상태로 남아 있다. 악은 상호성의 관계 속에서 인간의 자유에 부딪혔을 때 이해될 수 있다.

악과 죄의식에 대한 사고 속에서 리쾨르는 50년대 중반에 막 출판된 장 나베르의 저서 《악에 대한 에세이》[43]를 아주 강렬한 열정으로 칭찬한다. "비평가가 책을 덮으면서 바로 이러한 책을 쓰고 싶었다고 말할 수 있는 책은 많지 않다. 한점의 후회나 질투 없이 저자에 대한 감사의 마음에서 우러나온 그러한 고백을 받아낼 수 있는 책은 드물다."[44] 1960년에 출판될 《의지의 철학》 2권의 서두에서 리쾨르는 "장 나베르의 저서에 대한 부채"[45]에 대해 꼭 말하고 싶어한다. 나베르는 악의 형성을 통해 자아에 의한 소유의 모든 회복과 대립되는 존재의 내적 찢김을 보인다. 반성적 방법은 악의 의미를 포화시키기 위해 회고하는 순간 아포리아에 부딪힌다. "사고는 이러한 단절, 본래적 절단으로 돌아설 수 없다."[46] 이러한 반성적 접근 방식은 한계에도 불구하고 악의 불가사의한 성격을 두드러지게 한다. 분석적 접근 방식이 악으로부터 돌아선다면, 그것이 존재의 의미마저 피한다고 말할 수 있다. 나베르는 자신이 증명이 불가능하다고 말한 것, 즉 도덕과 사유의 이중적 형태 아래서 이성주의의 한계를 넘거나 미치지 못하는 것의 통과를 실행한다. 의식은 그러므로 잘못된 행동의 생산적 인과 관계를 완전히 자신의 것으로 만들 수 없게 된다. 우리가 이미 언급했듯이 그것의 분석은 완전히 발생론적 연구를 벗어나는 근원의 방향으로 향한다. "회한의 경우 의무를 어겼다는 사실이 보다 본래적인 죄의식의 배경 위로 떠오르지 않는다면, 그것이 회한을 불러일으키기에 충분할까? 우리들의 행위는 그 죄의식을 결정하고, 위치를 정하며, 자아 의식에서 그것을 일깨운다. 하지만 그것들은 그렇게 함으로써 죄의식의 본질적 선행성을 밝

42) 폴 리쾨르, 같은 책, 306쪽.
43) 장 나베르, 《악에 대한 에세이》, PUF, 파리, 1955년; 오비에, 파리, 1970년에 재출판.
44) 폴 리쾨르, 〈악에 대한 에세이〉, 《에스프리》, 1959년; 《강의 2》, 앞의 책, 237쪽에 재수록.
45) 폴 리쾨르, 《유한성과 죄의식》, 앞의 책, 15쪽.
46) 장 나베르, 《악에 대한 에세이》(1955), 앞의 책, 59쪽.

힌다."[47]

나베르는 칸트적 성격의 엄격한 분석을 채택하면서 물리주의자의 객관주의에서 벗어나기를 권장한다. 그는 불순한 인과 관계의 개념을 제안하는데, 그것은 부차적인 인과 관계를 지적하기 위해서가 아니라 "그것이 극단적으로 다른 것이라는 것을 환기하기 위해서"[48]이다. 이 개념은 가능성의 분출과 그것이 자아로부터 얻는 지지 사이의 차이 또는 거리를 의미한다. 자아가 도덕성의 주체가 되고, 악이 본능 또는 반사적 행동과 다른 것은 가능성의 선택을 하기 때문이다. 악의 문제는 그러므로 여러 가지 가능성 사이에서 단호하게 취해지는 행위로부터 나온다. 악은 실천의 영역 밖에, 외면성의 상황에서 주어지지 않는다. 그리고 죄는 그것을 만들어 내는 행위의 내면성 속에서 고려된 악에 접근한다. 죄는 순간적인 실추 이상의 것을 유발한다는 면에서 존재의 총체성을 문제삼는다. 하지만 "순수 자아의 이익보다 도덕성의 요구를 절대적으로 중시하는 것을 거부한다."[49] 칸트는 감성이 주는 권유의 지배를 받는 합리적·도덕적 가치의 종속적 상황 속에서 악을 발견하면서 악을 이해하려 애썼다. 이성과 감성의 이원성 속에 갇힌 욕망을 왜곡시키는 것은 이러한 단계의 전도이다. 감각적 범주에 더욱 가치를 부여하는 경향은 인간의 조건 내에서 악에 대한 피할 수 없는 성향의 바탕을 이룬다."[50] 악의 이러한 비환원성은 나베르에 의해 다시 취해지고, 그는 악에 접근할 수 있는 유일한 길로서 "**악에 대한 인식 자체에 내재하는** 본래적 확신을 우리 내부에서 재생시키는 것"을 정의한다. "그러한 확신이 제기되면서 악에 대립된다."[51]

이성주의 고유의 자원으로 이성주의의 초월을 추구하는, 그러므로 철학의 영역에 머무는 나베르의 정직성은 유사한 접근 방식을 사용하는 리쾨르를 특히 사로잡는다. 나베르와 함께 리쾨르는 증언의 범주를 체험의 나약함과 기초가 되는 의식, 그리고 신학과 철학 사이 대립의 장소로 생각한다. "반성보다 증언이 앞섬은 종교적인 것이 철학적인 것에 준 선물이다."[52] 악의 비환원성을 주장했던 프랑스

47) 장 나베르, 같은 책, 69쪽.

48) 같은 책, 76쪽.

49) 같은 책, 94쪽.

50) 이마누엘 칸트, 〈극단적인 악〉, 《단순 이성의 한계 내에서 종교》, 파리, 1983년, 브랭 포쉬, 1994년, 65-93쪽.

51) 폴 리쾨르, 〈악에 대한 에세이〉, 인용된 논문, 《강의 2》, 245쪽에 재수록.

반성철학 계파가 상징하며, 어떠한 철학적 수단으로도 사라지게 할 수 없는 것은 근본적인 충동의 힘을 인정하는 것이다. 그리고 악과 죄의식에 대한 주제처럼 리쾨르에게 본질적인 주제와 관련해 나베르에게 부채를 인정하는 것이다. "우리는 악을 상징화할 수 있다. 그것을 생각할 수 있다. 하지만 순수한 개념으로 그것을 환원시킬 수는 없다."[53]

도전으로서 악과의 대립, 그리고 확실한 원천을 찾을 수 없는 죄의식과의 대립은 진리는 긴장 상태에 있다는 철학가의 확신을 공고히 한다. 진리는 피할 수 없는 갈등성의 범주에 포함되며, 그 안에서 두 개의 대립적인 축을 굳게 쥐는 것은 철학가의 책임이다. 초기 작업부터 리쾨르의 고유한 스타일은 그로부터 나오며, 비극의 커다란 몫이기도 하다. 물론 비극은 그의 생각 속에서 장르로 존재한다. 특히 그리스 비극은 그의 관심을 끈다. 하지만 좀더 본질적으로 "우리는 철학적 사고를 끊임없이 벗어나는 '아포리아,' 곤경 속에서 또한 비극을 다시 만나는 듯하다……. 우리는 또한 사상가가 분열되는 해석의 돌이킬 수 없는 갈등 속에서 비극을 다시 만난다."[54] 어떤 점에서든 리쾨르의 스타일이 우수적이고 병적이며, 고통과 푸념 속에서 자기 만족을 느끼기 때문에 그런 것은 아니다. 정반대로 긴장의 시기는 매번 항상 더 본래적인, 하지만 비극의 통과 덕택 때문에만 접근 가능한 확신의 충동 아래 아포리아에서 아포리아로 새로운 국면을 맞게 한다. 확신은 항상 깨진다. 원천에 대한 접근은 그것을 깨는 것을 통해서만 실행된다. 확신에 내재하는 빛은 비극적 경험 속에서 회절된다. 비극과의 직접적인 대립은 그의 활동 기간 동안 줄곧 지속적인 관심을 끈 두 가지 질문, 악과 시간을 둘러싸고 리쾨르에게서 다시 나타난다. "이 두 질문은 서로 밀접하게 얽혀 있다."[55]

시간적 존재로서 유한성과 무한성 사이에 끼인 인간의 착오 가능성은 악의 가능성의 조건들에 문을 연다. 시간은 성 아우구스티누스가 **이완**이라 부른 영혼에 고유한 긴장과 함께 이미 막연하게 예감한, 그리고 이미 더와 아직 아닌 것 사이 찢김인 인간의 착오 가능성의 범주를 제공한다. 죄의식에 대한 고찰은 그러므로 정당하다. 하지만 리쾨르는 원죄의 유폐적 개념을 언제나 주체를 선행하며, 축약

---

52) 폴 리쾨르, 《비판과 확신》, 앞의 책, 242쪽.
53) 장 루이 비에이야르 바롱과의 대담.
54) 올리비에 아벨, 〈리쾨르와 비극의 문제〉, 《신학과 종교 연구》, 68권, 1993년 3월, 365쪽.
55) 같은 책, 366쪽.

된 부채만이 있는 것은 아니라는 개념과 관련된 그에게 중요한 부채의 개념으로 대체하기를 원한다."[56] 리쾨르는 원죄의 개념이 신학적 메시지를 생물학적으로 설명된 표현들로 축소시키고, 단순히 자기 중심적 논리 관계에 제한될 위험이 있기 때문에 위험하기조차 하다고 생각한다. 특히 전쟁이 끝난 지 얼마 되지 않는 시기에 부채의 개념은 시간의 집단적 개념에 반향을 일으킨다. "부채는 여기서 **회복할 수 없는** 것과의 관계, 선조에게 빚진 생생한 기억, 그리고 후손들에게 빚진 가능한 세상이 된다."[57] 부채가 관계를 맺는 악과 시간 사이의 순환성으로부터 리쾨르는 다양한 형태의 비극성에 대한 표현을 생각한다.

그리스 비극은 각자 적법성을 갖지만 무한한 시각들을 등장시키기 때문에 더욱 그의 관심을 끈다. 그리스 비극은 의미를 추구하기 위해 진실을 자세히 검색한다. 철학가처럼 "오이디푸스 비극은 진리의 비극이다. 비극의 마지막 단어는 무의미로서 고통이 아니라, 의미의 발견으로서 고통이다."[58] 오이디푸스의 입장과 고통과 죽음을 선고받은, 지식에 대한 욕망 때문에 희생된 소크라테스의 입장 사이에도 유사의 가능성이 있을 것이다. 물론 철학은 운명과 악의 예정설, 나쁜 신의 지배에 바탕을 둔 비극적 관점을 극복하여야 했다. 하지만 리쾨르는 비극이 "일관성 있는 담론을 위해 원초적 긴장을 벗어 버리는 철학을, 그것으로 재충전시키는 미덕"[59]을 가질 수 없는지 자문한다.

리쾨르가 《악의 상징학》에서 실현하는 것은 바로 그리스 비극으로의 회귀이다.[60] 거기서 비극은 악한 신의 그것과 영웅의 그것, 두 종류의 위대함이 부딪히는 장소이다. 특히 영웅의 그것은 운명의 불가피성에 자유와 의지의 저항을 구현하며, 결국은 어쩔 수 없이 짓밟히게 된다. 비극적 감정과 슬픔은 극에 달한 열광으로부터, 급격한 변화의 지점으로부터 생겨난다. 비극의 무대는 영웅이 겪게 되는 시련의 지속적인 시간 동안에 펼쳐진다. 유예된 시간이 아직 불확실한, 아직 운명 전환의 가능성에 열려 있는 미래에 대한 환상을 준다. 구원은 비극의 외부에

---

56) 폴 리쾨르, 〈원죄, 의미의 연구〉, 《교회와 신학》, 파리 프로테스탄트신학대학 학기말 회보, 제23호, 1960년, 11-30쪽; 《해석의 갈등》, 쇠이유, 파리, 1969년, 265-282쪽.

57) 올리비에 아벨, 〈리쾨르와 비극의 문제〉, 인용된 논문, 367쪽.

58) 폴 리쾨르, 〈비극에 대하여〉, 《에스프리》, 1953년; 《강의 3》, 쇠이유, 파리, 1994년, 194쪽에 재수록.

59) 같은 책, 194쪽.

60) 폴 리쾨르, 〈악한 신과 존재의 비극적 관점〉, 《악의 상징학》, 앞의 책.

있지 않다. 그것은 피할 수 없는 결말에도 불구하고 진리의 매듭처럼 그 안에 머문다. 그것은 꼭 필요한 통과 절차이고, 아이스킬로스의 《아가멤논》에 유명한 합창곡이나 또는 카를 야스퍼스가 말하는 "비극적 지식"[61]처럼 '이해하기 위해 고통받는 것' 이다. 헤겔은 이미 자신의 변증법의 구성에서 비극적 영역에 중요한 위치를 부여했다. 하지만 그것은 초월의 가능성을 향한 한 단계에 불과하다. 반면에 리쾨르에게서 "비극은 본래의 거리두기를 표시한다. 현재에 대한 약간의 차이처럼, 현재에 간극처럼 비극은 발생하고, 비극은 발생했다."[62] 비극의 균열과 틈은 언제나 의미의 구성과 회복을 뒤흔든다. 그것이 제공하는 광경 덕택에 비극은 난관에, 회의적 지평에 묘한 육체적 형상을 제공할 수 있게 한다. 그것이 철학가로서, 신자로서 죄의식의 문제에 부딪힌 리쾨르를 가장 깊숙이 괴롭히는 불안에 가능한 답을 준다. 50년대 그의 철학의 첫번째 경향은 "비극적 · 논리적 사고"[63]라고 불릴 수 있을 것이다. 당시 그 사상은 갈등성 내에서가 아니면 어떠한 휴식도, 어떠한 위안도 얻을 수 없다. 이 영역은 행위, 행동하는 것, 비극의 가능성에 처해 있는 선택, 지켜지지 않은 약속, 지불되지 않은 부채, 기다림의 무한성과 자아의 유한성에 내재한다. 그때 비극은 존재의 시련이다. 그것은 한계의 학습이고, 측량할 수 없는 것의 경험이다. "그리스 비극의 힘은 지식의 한계를 인간의 경험에 내적 폭력으로, 극복할 수 없는 생생한 모순으로 보게 한 것이다. 리쾨르는 이 이완, 찢김을 받아들인다."[64]

비극적 영역은 그러므로 고통받는 불투명성에 맞서 눈을 뜨고 있는 것을, 그리고 행위 앞에서 책임감을 갖는 것을 허락한다. 그러므로 행동하는 것과 의지는 그들의 가능성을 전개하기 위해 원죄의 운명성을 뒤흔들 필요가 있다. 창조를 향한, 실천을 향한, 미래를 향한 이러한 긴장은 비극의 통과와 교훈 덕택에 생각할 수 있게 된다. 달리 말하면 진리는 치명적인 죄의식을 물러나게 하는 데 성공했기 때문에 시련으로부터 빠져나온 부서진 진리일 뿐이다.

---

61) 카를 야스퍼스, 《진리에 대하여》, 피퍼, 1947년, 915-960쪽.

62) 기 프티드망주, 〈폴 리쾨르, 비극의 기억〉, 《윤리와 책임감, 폴 리쾨르》, 라 브라코니에르, 뇌샤텔, 1994년, 88쪽.

63) 자비에 틸리에트, 〈사고와 상징. 폴 리쾨르의 철학적 기도〉, 《철학 자료집》, 1961년, 587쪽, 16번.

64) 기 프티드망주, 〈폴 리쾨르, 비극의 기억〉, 인용된 논문, 97쪽.

16

참회적 박애: 스트라스부르에서 《에스프리》

국경에 자리잡은 리쾨르는 다시 한 번 독일 언어에 더욱 가까워진다. 장 이폴리트의 뒤를 이어 임명된 리쾨르가 머문 스트라스부르는 지적인 측면에서 예외적인 도시이다. 알자스가 게르만의 세계에 흡수되었던 시절, 독일인들에게 대학의 꽃이었던 스트라스부르는 1918년부터 프랑스인들의 진열대가 되었다. 많은 교수들이 파리로 떠났음에도 불구하고 개방과 다영역성에 대한 전통이 그곳에서 굳건히 뿌리내렸다. 유명한 잡지 《연대기》도 1929년 그곳에서 창간되었다. 고전적인 대학의 구조에 신·구교 신학대학이 강한 영향을 미친다.

스트라스부르에서 보낸 이러한 시기는 "(그가) 겪었던 가장 아름답고 행복한 8년"[1]이 될 것이다. 스트라스부르에 도착할 때, 서른다섯 살의 폴 리쾨르는 이미 확고한 명성을 얻고 있다. 우정어린 주변 환경이 가득한 애정으로 철학자를 감싼다.

우선 가족이라는 소단위가 확대되었다. 전쟁 전에 태어난 장남과 차남, 장 폴과 마크, 그리고 리쾨르의 포로 시절에 태어난 노엘에 샹봉에서 태어난 올리비에와 스트라스부르에서 태어난 에티엔이 추가되었다. 리쾨르의 가족은 시의 교외 지역, 현 유럽의회 부근의 가르드포레스티에 가(街)에 작은 주택을 마련하였다. 그곳에서 그들은 따뜻하게 남들을 맞이할 수 있는 가정을 만든다. 부모와 아이들, 그리고 아주 종종 그들 각각의 친구들이 식탁을 중심으로 모인다. "이 몇 해 동안 나는 그의 아내와 다섯 아이로 구성된 그의 가족의 존재에 대해 강한 느낌을 받았다"고 도로테 카잘리스[2]는 회상한다. 그녀는 리쾨르의 가정에 남편과 함께 자주 식사하러 다녔다. 미래의 정신과 의사이며, 당시에 열여섯 살의 나이로 그 집의 또

1) 폴 리쾨르, 《비판과 확신》, 앞의 책, 38쪽.
2) 도로테 카잘리스와의 대담.

다른 단골 손님이었던 장 자크 크리스는 장남인 장 폴의 친구이다. 그들이 연방주의 보이스카우트의 단원으로 깊은 우정을 나눌 때, 장 자크 크리스는 바칼로레아를 준비하고 순찰대장을 맡는다. "내가 처음으로 폴 리쾨르를 본 것은 스트라스부르의 생폴 성당 근처에서이다. 타고 온 자전거를 아들 장 폴에게 던져 버리는 그를 보았다. 그 즉시 나는 그가 무척이나 젊다고 생각했다."[3] 장 자크 크리스와 몇몇의 친구들은 워낙 난잡하기 때문에 그들이 '리쾨르의 동굴' 이라 별명지은 그 집을 아주 종종 방문한다. 하지만 방문이 허용되지 않는 한 곳이 있는데, 리쾨르의 서재이다. 아무도 그곳에 들어가지 않는다.

집 분위기는 무척이나 명랑하다. 시몬 리쾨르가 어른과 아이 손님들을 맞이하는데, 그녀는 격의 없이 그들의 이름을 부르며, 그들의 문제를 걱정해 준다. "아직도 물건들과 아이들, 간소하지만 흥겨운 식사가 넘쳐난다는 인상을 갖고 있다. 그리고 리쾨르 씨는 그의 서재에서 나와 늘상 우리에게 인사하였다."[4] 일단 식탁에 앉으면 리쾨르는 그의 아들들의 어린 친구들과도 대화를 나눈다. 당시 장 자크 크리스의 가장 친한 친구이며, 신학부 학생인 롤랑 헬름링게르는 신학과 정치적인 문제들에 대해 리쾨르와 토론한다. "나에게는 약간 폭발적이며 더듬거리는 그의 말투와 안면 근육의 떨림이 인상적이었다."[5] 그의 앞에 있는 인물의 크기를 깨달음에 따라 장 자크 크리스는 엄청난 소심증에 사로잡히고, 그러한 아버지를 갖는다는 것이 그의 친구 장 폴에게 얼마나 어려운 일인지를 짐작한다. "우리들의 세계에서는 리쾨르의 동굴, 부친이라고 말했다."[6] 그의 아들 장 폴이 시험이 있을 때마다 벌을 받듯이 무엇인가를 금지당하는 것처럼 아버지의 권위는 대단하였다. 장 폴은 정말 극심한 공포증에 사로잡혔다. 그렇다고 그가 의과 공부에 성공하지 못하지는 않았으며, 정신분석학을 전공하여 마르세유 지역의 유명한 의사가 되었다. "그는 아버지를 무척이나 흠모했다."[7]

이 청소년들이 리쾨르와 맺는 관계는 신학적 토론에 국한되지 않는다. 일동을 크게 웃게 만든 알맹이 없이 손님들에게 차려낸 바나나 이야기처럼, 리쾨르는 일

---

3) 장 자크 크리스와의 대담.
4) 위의 대담.
5) 위의 대담.
6) 위의 대담.
7) 위의 대담.

화와 우스갯소리를 무척이나 좋아한다. "금속성의 웃음소리는 생기와 즐거움이 넘치고, 무척이나 짙었다."[8] 그가 이 젊은이들의 놀이에 참가하는 경우도 있다. 1951-1952년 장 자크 크리스가 의과대학 1년차일 때, 리쾨르는 그와 그의 아들 장 폴을 데리고 1주일 동안 보이스카우트 스키 캠프에 참가했다. 리쾨르는 시트 없이 이불만 갖춘 침대틀의 보잘것없는 숙소, 피난처를 보주 산맥에서 다시 접한다. "나는 요리와 설거지를 함께하며 모두와 쉽게 어울리는 그의 소박함과 상냥함에 놀랐다. 이따금 한구석에서 작업을 하면서도 그는 설거지를 하고, 카드놀이를 하며 잠자리를 정리했다. 그와 두 칸 떨어진 침대에서 누워 있던 나는 아침 기상 시간을 기억한다. 그는 곧바로 잠자리에서 일어나지 않고, 일어나야 한다는 사실 때문에 '빌어먹을' 이라고 외치곤 했다. 나는 그가 포로였던 시기를 생각했다."[9]

50년대, 이 시기에 장 자크 크리스와 그의 친구 장 폴 리쾨르는 장 폴의 목숨을 잃을 뻔하게 한 경솔함을 범한다. 등산애호가인 그들은 바다표범 가죽만으로 샤모니에서 체어마트에 이르는 1주일에 걸친 스키 탐험을 안내자 없이 나선다. 아직 해가 지지 않아서 첫번째 대피소에 도착한 그들은 좀더 멀리 가기로 마음먹지만, 3천4백40미터 높이의 정상에 도달해서는 위치와 방향 감각을 잃게 된다. 어둠이 내리자 장 폴은 산을 내려갈 수 있는지를 좀더 잘 살피기 위해 단체에서 멀어진다. "정상의 돌출부가 무너지면서 그는 눈사태에 휩쓸렸다. 농축 우유 튜브만을 남긴 채 그는 사라졌다."[10] 그룹에서 누군가가 구조를 청하러 떠나고, 나머지 사람들은 밤새 그 주변을 헛되이 뒤졌다. "우리는 그가 죽었다고 생각했다."[11] 정말 장 폴은 다른 부상 없이 발목만을 삔 채로 부러진 스키와 함께 눈더미 밑에 깔려 있었다. 그곳에서 나와 적어도 1시간 거리에 있는 대피소를 절뚝거리며 찾아올 수 있었다. 그런데 비상은 이미 걸려 있었다. 다음날 아침에 헬리콥터와 안내자들, 그리고 순찰대가 그 지역을 샅샅이 뒤졌다. "우리가 대피소에 있는 동안 그들은 우리를 눈사태 속에서 찾았다. 날씨가 점점 나빠졌기 때문에 우리는 구조대와 이틀 동안이나 갇혀 있었다."[12] 뒤이어 구조로 인한 비용을 지불해야 할 때, 젊은 대

8) 장 자크 크리스와의 대담.
9) 위의 대담.
10) 위의 대담.
11) 위의 대담.
12) 위의 대담.

학생들은 지불 능력이 없었다. 산악회와 타협을 하고 대부분의 비용을 지불한 사람은 리쾨르였으며, "안내자 없이 떠나서는 안 됐음에도 그는 아무도 탓하지 않았다."[13]

스트라스부르에서 리쾨르는 그와 함께 철학 교수자격시험을 준비했던 로제 멜을 만난다. 그는 리쾨르와 같은, 스트라스부르 중심에 위치한 프로테스탄트 상류사회가 출입하는 생폴 소교구에 속해 있다. 전쟁중에 로제 멜은 클레르몽페랑에 피난가 있던 스트라스부르대학교와 서신으로 신학 공부를 시작했다. 50년대에 그는 생폴 소교구에서 설교를 한다. "리쾨르는 나의 설교를 인정했다. 본인이 직접 나에게 그것을 말했다. 그는 내가 나름대로의 설교 방식을 가지고 있다고 생각했다."[14] 그 당시에 리쾨르는 논문 모음집인 《역사와 진실》을 로제 멜에게 헌사한다. 그들은 종종 일요일 오후를 함께 보내고, 멜은 리쾨르가 잡다한 물질적인 문제에 얼마나 무심한지를 회상한다. "그가 돈을 흘리고 다니는 것을 종종 보았다. 무엇을 산 다음 돌려받은 거스름돈을 그는 그냥 주머니에 넣었다. 이따금 주머니에서 무엇을 꺼내려 할 때, 그는 돈이 떨어지는 것을 알아채지 못했다."[15] 그의 덤벙거림은 마그리브에서 돌아올 때 그러했던 것처럼 이상한 일을 겪게 했다. 그는 시몬을 위하여 양탄자를 사서 어깨에서 허리로 비스듬히 메었다. 아침에 스트라스부르에 도착했을 때, 그는 돈이 한푼도 없다는 것을 알아챈다. 택시를 잡아탄 그는 돈을 가지고 올 때까지 양탄자를 담보로 잡아 조금만 기다려 주기를 운전사에게 요구한다. "그는 진정 철학을 삶으로 산 사람이다."[16]

리쾨르의 프로테스탄트 친구들 모임은 베를린에서 4년을 보낸 다음, 1950년 스트라스부르에 도착한 카잘리스 부부를 또한 포함한다. 생폴 교구의 신자인 카잘리스 가족은 그들이 '내부 프랑스인' 이라고 규정한, 즉 도시의 상류층이 총집합한 생폴 교구를 중심으로 한 모임을 곧바로 떠난다. 카잘리스 가족의 절친한 친구이고, 유대인이면서 개신교로 개종한 앙리 하츠펠트는 프로테스탄트 대학생들의 교목이다. 그는 50년대 어지러운 시기에 축제 공간에서 비관습적인 대중집회를 열

13) 장 자크 크리스와의 대담.
14) 로제 멜과의 대담.
15) 위의 대담.
16) 위의 대담.

거나 거리에서 데모를 하는 등, 은밀한 행동을 함께 일삼던 소그룹에 속한다. 리쾨르에게 보내는 편지에서 '산림지기(가르드포레스티에)의 거리' 라는 표현 대신 '밀엽꾼의 거리' 라고 쓴 도로테 카잘리스의 실수는 독립 행동자다운 측면에서 연유할 것이다. 이러한 비의도적인 행동이 좌익에 깊숙이 관여한 국경 부근의 프로테스탄트들의 망드렝(18세기 프랑스 강도)적 성향을 명확히 한다.

리쾨르는 특히 스트라스부르에서 활동적인 《에스프리》지의 그룹과 친구 관계를 형성한다. 대략 20여 명이 잡지를 중심으로 규칙적인 모임을 갖는다. 리쾨르의 친구이며, 그룹의 가장 활동적인 인물 중의 하나가 마르크스주의 철학자이고, 프랑스 공산당에 가까우며, 가톨릭 신자인 레미 롱체프스키이다. 그는 리쾨르를 아른스발데의 장교포로수용소에서 알았다. 스트라스부르에 있는 클레베르고등학교의 철학 선생이며, 마르시알 게루의 제자인 그는 대학 경력을 쌓기보다는 고등학교에서 가르치기를 선택했다. 노동조합과 정치적인 면에서 무척이나 활동적이고, 최소한의 강사료만으로도 여기저기에 강의하기를 기꺼워하는 롱체프스키도 산더미처럼 쌓인 답안지들로 짓눌렸다. "리쾨르는 채점할 답안지를 그에게 나누어 주기를 원했다. 물론 그러지는 않았지만, 이러한 점이 그의 너그러움을 잘 말해 준다."[17] 공산당원들과 가까운 롱체프스키는 노동자총연맹에서 투쟁하고, 그를 '스탈린적 교황주의' 라 비난하는 사람들에게 자신의 입장을 뚜렷이 한다. 그는 리쾨르가 장난삼아 약올리는 것을 허용한다. "레미, 네가 가톨릭 신자로서 마르크스적 전체주의를 받아들일 수 있다는 것을 나는 충분히 이해한다라고 리쾨르는 말했다."[18]

노동연구소의 아버지인 마르셀 다비드와 그의 아내 르네 또한 《에스프리》지 그룹에 속한다. 1920년 빌외르반에서 태어나 법역사를 공부한 그는 조르주 뒤비와 1940-1941년 역사 부분 교수자격시험을 준비했다. 하지만 시험을 2개월 앞두고 자신이 유대인이고, 비시 정권이 작성한 명단에 그의 이름이 올라 있기 때문에 시험을 치를 수 없다는 것을 알게 된다. 유대인 관련 사무국이 그가 공무원이 될 수 없다는 것을 알려 온다. 지하 운동을 통해 그는 레지스탕스 운동에 투신한다. 역시 유대인인 르네 다비드는 기적적으로 드랑시의 수용소에서 살아남게 된다. 제

17) 레미 롱체프스키와의 대담.
18) 위의 대담.

2차 세계대전이 끝남에 따라 그들은 가톨릭으로 개종하고, 종교적으로 결혼한다. "우리는 좌익 그리스도교인의 삶을 살았다. 노동신부 사건 당시인 1954년 교황청과 문제가 있으며, 스트라스부르에 머물고 있던 콩가르 신부를 알고 지냈다."[19] 앙리 하츠펠트와 법학자이며 롱체프스키의 절친한 친구인 라비뉴도 역시 이 그룹에 속한다. 조르주 뒤보는 이따금 찾아와 "바람둥이의 수다와 고집스런 몰레주의"[20]를 보여 준다. 그룹의 또 다른 축은 뒤보와 리쾨르의 제자인 앙드레 라코르너리이다. 리쾨르가 파리로 떠나기 얼마 전 연맹[21]의 전사무총장이며, 그의 절친한 친구인 목사 앙드레 뒤마가 1956년 스트라스부르에 도착해 대학 교목의 업무를 맡는다. 그는 은행가 베츠 또한 포함된 이 그룹에 적극적으로 참여한다. 이 그룹은 전혀 다른 인물들을 집결시키고, "바로 거기에서 폴 리쾨르는 우리 앞에서 구상하고 있다는 인상을 주기 때문에 더욱 감동적인 그의 사상을 우리로 하여금 즐기게 한다."[22]

대학 밖의 활동 중의 하나로 리쾨르는 훗날 스트라스부르의 주교가 될, 참사회원 레옹 아르튀르 엘싱게르가 주관한 스트라스부르의 한 '성서 교차로' 에 참가한다. 모임은 매달 보주 가의 치과 의사 집에서 열린다. "우리는 참석자 각자가 교대로 준비한 초안을 기초로 해서 성서 텍스트를 토론했다. 가톨릭 · 프로테스탄트 · 유대인 · 무신론자 · 불가지론자 등, 누구든 참가하기를 원하는 사람은 예외없이 거기에 올 수 있었다."[23] 우리는 이 연구 모임에서 프로테스탄트인 폴 리쾨르 · 앙리 하츠펠트 · 로제 멜, 가톨릭 신자인 마르셀 다비드 또는 레미 롱체프스키, 유대인인 앙드레 네에르, 그리고 마르크스주의 무신론자인 유명한 중세 전문가 클로드 카앙 또는 의사 클레인을 볼 수 있다.

이러한 신앙 사이의 근접성은 피날리 사건을 계기로 1953년 스트라스부르에서 밖으로 드러난다. 피날리 사건은 아주 민감한 사안이다. 제2차 세계대전중 2명의 유대인 어린이가 그들의 부모가 강제수용소로 끌려간 후, 스페인으로 인도되어 그들의 양부모에 의해 가톨릭으로 개종한다. 1953년 이스라엘에 정착한 아이들의

19) 마르셀 다비드와의 대담.
20) 마르셀 다비드, 《믿는 것 또는 바라는 것》, 에디시옹 우브리에르, 파리, 1981년, 164쪽.
21) '연맹' 은 프로테스탄트 고등학교 · 대학교의 젊은 학생들의 조직체이다.
22) 마르셀 다비드, 《믿는 것 또는 바라는 것》, 에디시옹 우브리에르, 앞의 책, 164쪽.
23) 같은 책, 163쪽.

숙부 · 숙모는 프랑스 법정에서 그들의 후견을 인정받고 아이들을 되찾으려 한다. 그런데 양부모들은 그들을 지키기 위해 어떤 대가도 지불하려 한다. 사건은 국제적 차원으로 비화되고, 사건의 감동적 측면이 사람들로 하여금 열정적인 입장 표명을 하게 한다. "《에스프리》의 친구들, 특히 앙리 이레네 마루는 여러 상황을 들어가며 유대인들의 주장을 강력하게 변호한다."[24] 유대인 출신 가톨릭으로서 양쪽의 입장을 고려하기에 좋은 위치에 있는 마르셀 다비드 역시 스트라스부르대학교의 대형 강의실에서 유대인들의 주장을 지지한다.

냉전 초기인 1948-1949년에 또 다른 사건이 국제적인 파문을 일으킨다. 가리 데이비스 사건이 바로 그것이다. 《에스프리》는 '냉전기의 미국인' 이라 불린 그에게 1949년 6월 특별호를 헌정한다. 1948년 9월 이래 사람들은 여권을 찢어 버린 후 '세계의 시민권' 을 요구하러 파리에 온, 전직 전투기 조종사에 대해 집요하게 이야기한다. 1948년 10월 22일, 에마뉘엘 무니에 · 알베르 카뮈 · 베르코르 · 자크 폴랑 · 레이몽 크노 · 앙드레 브르통 · 클로드 부르데 · 조르주 알트망 · 리처드 라이트 · 사제 피에르 등 많은 저명한 인사들에 의해 가리 데이비스를 중심으로 기자회견이 열린다. 커다란 집회가 12월에 플레옐 극장에서 이어진다. "2천여 명을 되돌려보낼 만큼 가득 찬 극장 전체가 가리 데이비스에게 끝없는 박수를 보냈다."[25] 이 투쟁은 진영의 형성을 거부하고, 전쟁을 배척하는 계기가 되며, 《에스프리》는 그 첨단에 서게 된다. 가리 데이비스는 프랑스와 독일을 연결하는 라인강의 다리 위에 침낭을 펼치려 스트라스부르에 왔다. "리쾨르는 가리 데이비스를 만나러 다리로 갔다. 놀라서 돌아온 그가 '레미, 대단한 사람이야!' 라고 나에게 말했다. 좀더 지난 후에 우리는 그것이 조작극이라는 것을 알았다."[26]

50년대에 좌익의 가톨릭과 프로테스탄트는 스트라스부르에서 공생 관계를 유지한다. 가톨릭과 프로테스탄트 학생들은 토론을 벌이며, 공통적인 활동을 한다. "프로테스탄트의 찻집에서 하나의 주제를 중심으로 이야기를 나누었다. 이따금 리쾨르도 토론에 참가했다. 프로테스탄트 학생들의 지도자로는 목사인 뒤마와 조르주 카잘리스가 있었다."[27] 당시 고등사범학교 문과시험 준비학급의 예비과정 학생

---

24) 마르셀 다비드, 같은 책, 168쪽.
25) 에마뉘엘 무니에, 〈평화는 선포됐는가〉, 《에스프리》, 1949년 1월.
26) 레미 롱체프스키와의 대담.
27) 장 마리 메이외르와의 대담.

이며, 롱체프스키의 역사학도인 사학자 장 마리 메이외르는 이렇게 회고한다. 교양 과정의 테두리 내에서 그는 목요일 오후 리쾨르가 담당한 몇 시간의 교양 강의에 참가한다. "스트라스부르에서 자전거를 타고 있는 그의 모습이 눈에 선하다. 그는 자전거를 타고 문과대학으로 출퇴근했다."[28] 장 마리 메이외르는 1953년 파리로 고등사범학교 문과시험 준비를 하러 떠나고, 1958-1959년에야 스트라스부르로 다시 돌아온다. 리쾨르는 이미 떠나고 없고, 그는《에스프리》그룹의 활동적인 부류들을 다시 만난다.

이러한 스트라스부르의 시절은 리쾨르가《에스프리》의 지식인들 모임에 참가하고, 인격주의 주장을 펼치는 데 중요한 시기를 형성한다. 철학적 작업이 고독한 투쟁에서 얻어짐에도 불구하고, 그는 "공통적 탐구의 영역"[29]을 정의내리기조차 한다. 몇 가지의 난점을 지적하면서, 리쾨르는 인격의 철학적 문제의 영역을 심화시킬 수 있는 가능성을 찾아낸다. 그는 잡지《에스프리》의 총회의 발표를 통해 여러 "전선"[30]을 열거한다. 전통적으로 잡지의 첫번째 참호는 철학과 정치 사이의 특별한 관계로 형성되는데, 리쾨르는 공통적 존재로 정의되는 윤리의 매개 덕택에 상호 기여하는 바가 있다는 것을 주목한다. 이 점에 관해 '파시즘이나 보수적 정치'에 부합될 수 있는 철학의 저항이 가장 적은 전선들을 지적하고 지나가는 것이 합당할 것이다. 리쾨르는 실존주의와 인격주의의 반성적인 노력을 한데 묶으려 애쓴다. 실존주의가 자유를 배타적으로 강조하는 데 비해, 인격주의는 "자유에 대한 **고찰의 출발점을 정의**하고, 그것을 가치와 역사 쪽으로 이동시키려 노력하는"[31] 것을 자기 몫으로 한다. 일찍부터 언급된 인류학과 역사를 통한 우회는 개인과 집단 간의 관계에 대한 단순한 변증법적인 열광보다 한층 단단한 인격의 인류학을 형성하려는 염려에 의해 고취된 훗날 연구에 대한 영감을 명확히 밝혀 준다. 그리고 이러한 탐구가 매개의 역할과 사회 속에 뿌리박은 투쟁의 원동력에 가치를 부여한다. 1948년, 이러한 연구는 "대략 실존주의와 마르크스주의의 교차점"[32]

28) 장 마리 메이외르와의 대담.
29) 폴 리쾨르,《에스프리》, 1948년 12월, 837-846쪽.
30) 같은 책, 838쪽.
31) 같은 책, 839쪽.
32) 같은 책, 843쪽.

에 위치한다. 하지만 이 실질적인 영역도 아직은 제한적인 요소를 지니고 있다. 존재론의 형성은 사고의 또 다른 두 축에 대한 문제 제기를 필요로 한다. 하나는 초월성에 관한 것이고, 다른 하나는 악에 대한 문제이다. "악에 합당한 자리를 부여하지 않는 인격에 대한 문제 제기는 사기일 뿐이다."[33] 악은 리쾨르가 선호하는 주제이며 그의 질문의 중심에 자리잡고, 그것의 의미를 만족시킬 수 없는 철학가에게 있어서 변경에 위치한다.

1950년 3월 22일, 에마뉘엘 무니에는 갑작스런 뇌출혈로 인해 마흔다섯 살의 나이에 사망한다. 리쾨르는 그의 친구이며, 대학 프로테스탄트연합회의 부회장인 가브리엘 불라드의 집에서 그의 부음을 접하게 된다. "부음을 접하자 리쾨르는 울먹였다. 그로 인해 자신이 얼마나 풍요로워졌는지를 말했다."[34] 리쾨르는 《에스프리》에 경의를 표하는 글을 싣는다. "에마뉘엘 무니에는 그의 둘레에 모인 어느 누구도 따라갈 수 없는, 인격이라는 테마에 대한 다영역적 감각을 가졌다. 그러나 그에게서 우리를 끄는 것은 다양하게 해석될 수 있는 하나의 주제보다 더 은밀한 무엇이다. 에마뉘엘 무니에를 다른 사람이 아닌 자신으로 만들고, 열려 있는 인간으로 만드는 것은 바로 아름다운 '윤리적' 미덕과 아름다운 '시학적' 미덕의 섬세한 결합이다.[35]

리쾨르의 《에스프리》 모험에의 참여는 장 마리 도므나크와 함께 쓴 〈대중과 개인〉[36]이라는 논문을 통해 놀랄 만하게 되풀이된다. 그들이 공통적으로 기여하는 바는 두 개의 개념 사이에 일반화되고 직접적인 대립을 복잡하게 변화시키는 것이다. 그들은 부르주아적 모형이 강요하는 대중 문화의 여러 측면을 묘사하고, 이러한 대중 문화를 문화적 목표로서 자아의 성취 욕구와 대립시킨다. 풍요로움 속에서의 독창성과 다양성이 익명에 의해 흡수되지 않도록 하는 것이 필요 불가결하다. 이 두 개념은 우리가 생각하듯이 그렇게 극단적으로 대립되지 않는다. 자아의 성취는 많은 경우 집단의 동원을 통해, 조직화된 집단의 존재에 의해 가능하다. 집단이라는 개념은 내재적으로 이분되는데, 집단화의 수단과 인간적 가치를 위한 반

---

33) 폴 리쾨르, 같은 책, 845쪽.

34) 가브리엘 불라드와의 대담.

35) 폴 리쾨르, 〈에마뉘엘 무니에: 인격주의 철학〉, 《에스프리》, 1950년 12월, 앞의 책 《역사와 진실》에 재수록됨, 163쪽.

36) 폴 리쾨르와 장 마리 도므나크, 〈대중과 개인〉, 《에스프리》, 제1호, 1951년, 9-18쪽.

발로 구분된다. 그리고 후자는 투쟁적 관점 속에 응집되며, '자아를 위한' 대중에 의해 고양된다. 그렇기 때문에 집단 문화의 움직임 속에 위치하면서도 집단화의 과정이 빠질 수 있는 위험을 고발하는 역설적인 입장이 가능한 것이다. "대중과 함께 있는다는 것, 대중과 함께 사고한다는 것은 무엇보다도 그들의 고통과 투쟁을 나누어 갖는 것을 의미한다."[37] 인격주의자와 대중운동가 사이에 상호 학습의 이중 과정이 거기에서 도출될 수 있다. 이렇게 정의된 길은 단순히 부합될 수 없는, 명확히 다른 두 관점이 만나는 극단에 위치하기 때문에 특히 어렵다.

---

37) 폴 리괴르와 장 마리 도므나크, 같은 책, 17쪽.

17

사회와 이웃

50년대에 리쾨르는 그리스도교 사회에 대한 충격적인 텍스트 〈사회와 이웃〉[1]을 쓴다. 이웃에 대한 사회학의 부재에 놀란 그는 이웃에 대한 사회학이 아니면 적어도 "이웃이라는 경계에서 출발한 사회학"[2]에 기반을 세우기 위해, 인간 관계의 사회학과 이웃 사랑의 신학 사이의 경계에 대해 질문하기로 결심한다. 그는 고전적인 그리스도교의 이웃 사랑에 만족할 수 없음을 보여 주려 한다. 그리고 그리스도교적 사랑 밖에 있는 것이 다른 세계, 즉 경제 · 사회 · 정치의 세계에 속하기 때문에 이웃에 관심을 갖지 않는다는 것을 받아들일 수 없다는 것을 또한 보여 주려 한다. 그러므로 리쾨르는 두 개의 세계, 두 개의 왕국으로의 분리를 직접적으로 질문하고, 예루살렘과 예리코를 잇는 길에서 강도를 만나 거지가 된 사람 앞에서 연민을 느끼는 선량한 사마리아 사람의 우화를 그의 사유의 출발점으로 삼는다. 예수가 질문의 요지를 바꾸었던 것처럼 리쾨르도 질문을 다시 던진다. 즉 중요한 것은 이웃으로 간주될 수 있는 마주 선 사람이 어떤 사람인지 아는 것이 아니다. 적대감 속에서도 구원의 태도를 가진 사람, 이웃처럼 행동한 것으로 보이는 사람이 누구인지를 아는 것이 중요하다. 이 우화에 관해 생각하면서 리쾨르는 이웃이 어떤 과학적 분야에 의해 한 장소, 한 민족, 한 인종에 지정할 수 있는, 객관화시킬 수 있는 일정한 범주의 구성원에 포함되지 않음을 보인다. 이러한 관점에서 "이웃의 사회학은 배제된다."[3]

---

1) 폴 리쾨르, 〈사회와 이웃〉, 《이웃에 대한 사랑》, 《정신적인 삶》의 단체 회보, 1954년; 《사회적 그리스도교》에 재수록됨, 제7-9호, 1960년 7월-9월; 그리고 《역사와 진실》, 앞의 책, 1955년에 재수록.

2) 폴 리쾨르, 〈사회와 이웃〉, 《역사와 진실》, 앞의 책, 99쪽.

3) 같은 책, 102쪽.

이웃을 무엇보다도 타인과의 만남 · 태도 · 행동 · 행위 · 실천으로 간주하는 예수의 전도된 해석에서 끌어낼 수 있는 모든 결론을 리쾨르는 공감한다. 현대 사회는 점점 더 이웃과 괴리된 **사회**를 강요하면서 사회적 · 제도적 매개를 통해 역설적으로 인간 관계를 앞세우는 경향이 있다. 이러한 추이로 "이웃과 **사회** 사이에서 선택해야 한다"[4]고 리쾨르는 한탄한다. 그리고 사마리아인 우화에 대한 고전적 해석의 불확실한 상태 속에 억제된 것이 있음을 지적한다. 그러므로 신화에 속하는 이웃과 역사와 현대성의 구현으로서 **사회** 사이에 분리된 세계가 존재할 것이다. 두 영역을 "똑같은 이웃 사랑의 두 측면"[5]으로 함께 생각하면서 리쾨르는 이러한 이분을 해결하려 도전한다. 그리스도교인으로서 사마리아인의 우화를 전래된 사고방식의 표현으로 억제할 수 없다면, 역사와 사회에 연루된 개인으로서 사회적 · 정치적 관계를 그리스도교의 세계와는 다른 세계의 부속물로 간주하며 저버릴 수도 없는 것이다. 그러므로 그는 자신의 아이들을 사랑하게 하는 것과 다른 이들의 아이를 사랑하게 하는 것은 같은 감정의 움직임이라고 단언한다. "내가 내 아이들을 사랑하는 것과 비행청소년들을 보살피는 것은 같은 감정에서이다. 첫번째 사랑이 본질적이고 주관적이며 배타적이라면, 두번째는 추상적이지만 보다 폭넓은 것이다."[6] 방법과 정도의 차이가 타인과의 관계를 지배하는 의도 전부를 문제삼지는 못한다. 현실 세계에 대한 참여와 두 세계, 속세와 정신 세계로의 구분을 거부하는 것은 리쾨르가 몸담고 있는 칼뱅주의 전통 바로 그것이다. 그렇게 함으로써 그리스도교인은 현대 사회의 변화의 추이를 감시할 수 있는 것이다. "멍청하게 기계와 기술 · 행정 체계 등"[7]을 범죄시하기보다는 이러한 것들이 어떻게 악의 도구로 사용되는지를 살펴야 한다. 리쾨르가 말하고자 하는 것은 복고적이고 자연주의적 태도가 아니다. 이웃에 대한 그의 사유는 **사회**에 이웃 사랑이라는 의미를 재충전하는 것이고, 아주 종종 기능적 관계의 익명화 속에 가려진 자아에 대한 접근을 다시 시도하는 것이다. 교조주의적인 몽상에서 깨어나야 한다고 말할 때의 칸트처럼, 리쾨르는 사회적 관계의 실추 속에서 기술적 · 제도적 미망에서 깨어남을 관찰할 수 있는 절호의 기회를 가질 수 있다고 생각한다. "이웃

4) 폴 리쾨르, 같은 책, 103쪽.
5) 같은 책, 104쪽.
6) 같은 책.
7) 같은 책, 108쪽.

의 테마는 사회적 관계에 대한 끊임없는 비판을 가능하게 한다."[8] 알몸이 된 사람에게 관심을 보인다는 의미에서 가깝다고 말할 수 있고, 유대인이 아니기 때문에 멀다고 볼 수 있는, 하지만 알지 못하는 이의 재앙에 마음을 쓰는 사마리아인은 그러므로 사회와 이웃의 관계에 가능한 새로운 변증법의 길을 제시하고 있다.

이 논증은 금세 많은 그리스도교인들, 프로테스탄트뿐만 아니라 가톨릭에게도 참고 텍스트가 된다. 이러한 관점에서 그는 "프랑스 프로테스탄트의 지적인 샛별"[9]의 위치를 확고히 한다. 기실 리쾨르는 전후 세대에게 진정한 등불이 되었다. 피에르 모리의 아들이며, 프랑스에 카를 바르트를 소개한 자크 모리는 1938-1940년 보르도에서 철학 공부를 한 후, 1946년 소교구 사제직을 시작한다. 그리스도교학생회의 사무총장으로 학생 운동에 적극적으로 가담한 그는, 스트라스부르에서 열린 그리스도교학생연합의 전후 첫 총회에서 "리쾨르와 엘륄이 우리들의 표본이 되었다"[10]고 회상한다. 학생 운동에 대한 리쾨르의 가장 커다란 영향은 사회와 이웃에 대한 그의 입장 표명에서 비롯되었다. 리쾨르의 입장은 통일주의연합 안에서 학생 운동 노선 재편성의 입장과 맞물렸고, 라 시마드[11]처럼 조직을 통해 좀 더 효과적으로 사회 문제에 개입하려는 욕구를 명확히 해주었다.

〈사회와 이웃〉 속에서의 얼마 되지 않은 관계와 오래된 관계, 가깝고 먼 관계 사이의 구분은 "경직화되지 않은 프로테스탄트 사회 출신인 나에게 신선한 공기를 제공하였다. 거기에서 나는 진정한 영감을 얻었다. 그것은 정말 드물게도 흠잡을 데 하나 없는 텍스트였다."[12] 사회학자 장 폴 빌렘은 그 나름대로 목사 사회에 관한 연구에서 사회와 이웃에 관한 테마가 사회 윤리에 관한 사고에 얼마나 많은 영감을 불러일으켰는지를 확인할 수 있었다. "그리스도교의 사랑이 같은 층의 이웃에 대한 사랑에 국한되지 않고, 대양을 넘어선 이웃에 대한 애덕이 있다는 사실을 독실한 일반 신도들에게 납득케 하는 이와 같은 표현들이 있다."[13] 이 점에 대

---

8) 폴 리쾨르, 같은 책, 109쪽.

9) 자크 모리와의 대담.

10) 위의 대담.

11) 라 시마드는 1939년에 창설되었다. 본래 목적은 프랑스 내부로 추방당한 알자스 · 로렌 지방 사람들을 돕는 일이었다. 스페인의 공화파와 반나치 독일인, 동유럽에서 망명한 사람들을 돕기 위해 프랑스 남부 지역의 수용소에 회원들을 파견하면서 활동 영역을 넓혀 갔다. 전쟁 후, 그리고 지금까지 라 시마드는 프랑스 영토 안에 이주한 사람들을 돕고 있다.

12) 질베르 뱅상과의 대담.

해 많은 목사들이 교회층과 운동권의 보다 많은 사람들을 위하여 리쾨르 작품의 중재자 겸 번역가의 역할을 맡았다.

이 텍스트가 불러일으킨 반향은 프로테스탄트 사회에 국한되지 않는다. 쇠이유에서 《에스프리》 총서로 출판된 것이 보다 많은 독자층을 보장한다는 사실 말고도 이 텍스트는 일련의 가톨릭 신자들에게 고통스런 전환을, 마음에서 우러나는 경탄을 상징했다. 폴 라드리에르가 바로 그 경우이다. 윤리사회학자가 되기 전에 그는 확고한 신학 교육을 받았다. 열일곱 살의 나이에 무신론의 사회에서 신을 생각한다는 의지에 직면한 그는 벨기에에 자리잡은 가톨릭 종교 단체, 성모마리아수도회에 들어간다. 그는 거기에서 2년의 철학 과정과 4년의 신학 과정을 포함한 6년의 스콜라적인 교육을 받는다. "신스콜라풍의 철학과 신학은 나로 하여금 지적으로 놀랄 만한 고뇌를 겪게 했다."[14]

폴 라드리에르가 자유를 호흡할 수 있는 탈출구로 무니에와 《에스프리》지를 발견하게 되는 것은, 점차 참을 수 없으리만큼 패쇄된 공간으로 느껴진 밀폐된 그곳에서이다. 폴 라드리에르는 《역사와 진실》, 특히 그때까지 그를 휩싸던 불안감에서 벗어나게 한 〈사회와 이웃〉을 미친 듯이 읽는다. "그 텍스트 속에서 내가 나 자신에게 제기했던 극단적인 질문들에 대한 대답을 찾았다. 특히 베네딕트회로 되돌아간다는 가정을 내가 왜 제쳐놓았는지 그 이유를 찾았다."[15] 그는 철학자로서 리쾨르에게서 신학적 감각과 현대적 질문을 제기하는 방식에 감탄한다. "그 당시 리쾨르는 나에게 변함없는 표본이었다. 그는 나의 형 장과 더불어 나를 철학에 입문시켰다."[16] 라드리에르는 수도회를 떠나 '연합'의 당원이며 바르트적 프로테스탄트인 여인과 결혼을 하고, 자신의 삶의 방식을 통해 사회에 대한 관심을 실현한다. 수도회와의 결별은 벨기에에서 프랑스로의 이주와 겹쳐진다. 그가 지닌 많은 학위들을 인정받지 못한 라드리에르는 사회과학 분야에 자리를 얻기 위해 처음부터 다시 시작해야 한다. 1969년 프랑스에 정착할 당시, 리쾨르에 의해 개진된 주제들에 대한 그의 친숙함이 오히려 경제인이며 고위공무원인 클로드 그뤼종과 스스럼없이 대할 수 있게 하고, 라드리에르는 그의 친구가 된다. 그뤼종은 라드리에

---

13) 장 폴 빌렘과의 대담.
14) 폴 라드리에르와의 대담.
15) 위의 대담.
16) 위의 대담.

르에게 있어서 바르트적 프로테스탄트의 정수를 구현한다. "나는 막스 베버가 말하고 있는 양태의 프로테스탄트의 모습, 극단적인 칼뱅주의 형상을 그뤼종에게서 찾았다."[17]

〈사회와 이웃〉은 프랑스 프로테스탄트의 또 다른 거물인 자크 엘륄의 지지를 얻지 못한다. 보르도 출신이며, 지방에 박혀 파리로 올라오기를 거부하는 엘륄은 자신의 지속적인 열정에 사로잡힌 저돌적이며 고집스런 논쟁가이다. 처음에 그는 마르크스주의를 신봉한다. 그는 1929년의 공황 후, 2년 동안 실업자가 된 그의 아버지를 보며 열일곱 살의 나이에 분개한다. 그는 법과대학에서 막스에 대해 이야기하는 것을 들은 후, 《자본론》의 독서에 심취한다. 얼마 후 친구들의 집에서 휴가를 보내며 일을 하고 있을 때, 하나의 사건이 그의 생을 바꾸고 그리스도교로의 개종을 야기시킨다. "부인할 수 없는 존재가 바로 여기에 있다는 것을 나는 갑작스럽게, 믿기지 않을 만큼 난폭하게 깨달았다. 그것이 나를 무척이나 당혹하게 했고, 나는 미치광이처럼 들판을 가로질러 뛰었다. 그 순간부터 끊이지 않는 논쟁이 시작되었다."[18] 아버지의 명령에 따라 선원이 되려는 꿈을 버리고 법과 교수가 된 그는 로마법의 전문가로서 보르도법과대학에서 강의를 한다. 프랑스 프로테스탄트의 가장 저명한 인사 중의 한 사람이 된 그는 프랑스 프로테스탄트연합의 활동에 개입하고, 프로테스탄트 파리신학대학 개혁의 주도자가 된다. 그는 보르도 지역에 많은 그룹을 창설하여 이끌며, 현대성에 대한 체계적인 비판을 개진하고, 그것이 정신적인 세계에 미치는 나쁜 영향을 설파한다. 카를 바르트에 의해 강하게 영향을 받은 그는 우상 숭배와 현대 사회 안의 거짓된 존재를 추방하려 끊임없이 노력한다. 그는 또한 키에르케고르에게서 자양을 얻는다. 그에게 있어서 키에르케고르주의자가 되는 것은 "삶을 생각하고, 생각한 바대로 사는 총체적인 태도를 갖는 것이다. 그것은 나를 둘러싸고 있고, 나의 그리스도교적인 믿음으로 읽어 나가기를 배우는 현실과 보석처럼 소유될 수 없는 그 그리스도교적인 신앙심 사이에 밀접한 관계를 갖는 총체적인 태도이기도 하다."[19]

---

17) 폴 라드리에르와의 대담.
18) 자크 엘륄, 〈선한 기쁨〉, 프랑스 퀼튀르, 1994년 7월 31일에 재방송.
19) 위의 방송.

엘륄의 아주 중요한 저서는 그로 하여금 미대륙에서 예외적인 명성을 얻게 한다. 하지만 프랑스에서 엘륄과 리쾨르는 같은 사상의 테두리 안에 머물면서도 전혀 다른 성격으로 인해 가까워지지 못한다. 엘륄은 리쾨르가 제시하는 이론이 그에게 부합되지 않음을 공개적으로 표명하기조차 한다. "엘륄은 법학자로서는 이상하게도 사랑이 제도를 매개로 하여 표현될 수 있다는 것을 받아들이지 못했다."[20] 원죄를 통하여 죄의식을 느끼게 하는 문화로부터 멀어지려는 리쾨르의 움직임과는 반대로 엘륄은 악의 준엄한 무게를 주장하며, 논쟁조로 리쾨르를 공박한다. "리쾨르의 주장은 인간의 타락과 악의 중대성을 최소화시키는 모든 주장들이 그러하듯이 예수 그리스도의 업적을 최소화시킨다."[21] 리쾨르가 죄에 대한 '얼마나 더' 용서받는지를 주장한다면, 엘륄은 죄의 무게만을 취한다. "카를 바르트의 설명과 다르게 리쾨르의 설명은 죄인이 아니라 죄를 정당화시키는 데 이른다."[22] 엘륄은 아담의 원초적 불복이 신을 닮으려는 인간의 발전으로 간주될 수 있다는 리쾨르의 주장을 받아들이지 않는다. 엘륄에 의하면 성서의 모든 것은 원죄에 귀결되고, "죄가 자유의 시대를 열어 준다라고 말하는 것은 불가능하다."[23]

리쾨르는 이러한 논쟁에 휩쓸리기를 좋아하지 않는다. 엘륄을 반박하기 위하여 펜을 드는 것은 그의 친구 로제 멜이다. 그는 윤리가 죄에 근원을 두고 있다는 생각에 이론의 여지가 없다는 것을 인정하면서, 엘륄이 원죄 이후 인간이 알게 되는 선이 신이 말하는 선과 전혀 공통된 것이 없다고 주장할 때의 그의 논증에는 공감하지 않는다. "성서 속의 그 어떤 증언도 이러한 해석을 가능하게 하지 않는다. 신은 인간이 얻은 지식을 아주 중요하게 생각하여, 율법의 증여를 통해 그의 지식을 안내한다."[24] 로제 멜은 죄의 경험을 통해 인간은 윤리에 도달할 수 있다는 리쾨르의 주장을 좇으며, 그 위대함은 본질적으로 나약하다는 것을 리쾨르처럼 덧붙인다. 인간의 의지는 악에 대한 집착 또는 거부를 포함할 수 있는 내적인 분열을 안고 있다. 그러므로 분열은 신과 세속의 두 범주에서 발생하는 것이 아니고, 인간 자신 속에 내포된다. 악의 소멸은 능동성의 소멸로 해석된다. "왜 인간이 선

---

20) 로제 멜과의 대담.
21) 자크 엘륄, 《바람과 행동》, 라보와 피데스, 제네바, 1964년, 37쪽.
22) 같은 책, 15쪽.
23) 같은 책, 53쪽, 주 1.
24) 로제 멜, 《인간의 권력》, 라주 놈, 로산, 1975년, 12쪽.

악의 판별을 하게 되면서 순진무구함 속에 잠들고 있던 신을 닮아 가고 있다는 주장을 심각하게 고려하지 않겠는가?"[25] 사랑 속에 합치를 포기하고, 비극적인 또 다른 자유로, 칸트가 정의하는 바대로 독자적인 선택 속에서의 자유로 옮아가는 것은 인간 조건에 내재해 있는 모호함을 포함한다. "선을 택하면서 인간은 또한 악을 선택하게 되고, 위대함을 드러내면서 인간은 그의 연약함을 나타내게 된다."[26]

독자성과 중재, 긴장된 상황에 대한 리쾨르의 주장과 이웃을 무엇보다도 태도의 문제라고 보는 그의 개념은 현대성에 대한 비판 속에서 그를 엘륄로부터 멀어지게 한다. 엘륄이 현대화의 도구들을 파괴해야 할 우상으로 간주하고 전면적으로 신랄하게 비난하는 데 비하여, 리쾨르는 인간의 점점 더 복잡화된 도구의 사용과 오용만을 비난한다.

---

25) 폴 리쾨르, 《의지의 철학》, 제2권, 《유한성과 죄의식》, 앞의 책, 237쪽.
26) 로제 멜, 《인간의 권력》, 앞의 책, 16쪽.

18

노동과/또는 말

사회에 대한 리쾨르의 참여는 《에스프리》지의 내적 논쟁의 범주에서, 1953년에 쓴 〈노동과 말〉[1]이라는 논문을 통해 확고해진다. 노동의 문명화된 개념에 관한 토론은 두 차원으로 전개된다. 한편으로 1950년 에마뉘엘 무니에가 사라진 후, 《에스프리》 구성원들 내부의 **지도권**에 대한 문제가 제기된다. 다른 한편으로 노동의 개념에 관한 고찰을 계기로 일단의 잡지 동인들은 《에스프리》지 노선의 전환을 꾀하고, 전후 지속되어 온 프랑스 공산당의 동반 관계에 종지부를 찍는다. 그때부터 장 마리 도므나크가 1957년 잡지의 집행부에 들어서며 착수하는 전환기의 준비 기간이 마련된다.

노동 문화를 정의하는 작업은 도시가 갖는 특성을 이유로 리옹과 그르노블에서 이루어진다. 그리스도교의 진보적 지식인들은 레지스탕스에서 시작된 단결된 힘으로 노동자들을 도울 수 있는 조직들의 탄생을 부추겼다. 《에스프리》를 중심으로 한 단체들은 리옹에서는 철학자 장 라크루아를 중심으로, 그르노블에서는 경제인 앙리 바르톨리를 중심으로 모임과 토론 · 사회 운동을 북돋운다. 지역에 관련된 문제가 우선적으로 다루어졌고, 앙리 바르톨리는 《에스프리》 그룹과는 별도로 가톨릭과 프로테스탄트를 통합하는 좀더 폭넓은 운동 단체인 '도시의 그리스도교인'을 창설한다. "공공 집회가 열릴 때마다 2백50명에서 5백 명에 이르는 사람들이 다양한 주제를 가지고 운집하였다."[2] 노동운동가, 노동조합원, 레지스탕스 시기의 프랑스 공산당원들과 폭넓은 관계를 맺고 있었던 앙리 바르톨리는 그르노블

---

1) 폴 리쾨르, 〈일과 말〉, 《에스프리》, 1953년 1월, 《역사와 진실》에 재수록됨, 앞의 책, 210-233쪽.

2) 앙리 바르톨리와의 대담.

에 도착하자마자 가톨릭 노동자 단체의 구성원들에 의해 노동총동맹과 프랑스 그리스도교노동자동맹, 그리고 또 다른 프랑스 노동조합인 노동자의 힘의 조합원들을 망라하는 새로운 조직체, 민중 해방 운동의 탄생에 참여할 것을 권유받았다. 바르톨리는 보통 경제에 관한 문제에 대한 자문을 요청받고, 노사위원회에서 발생하는 논쟁의 실마리를 구체적으로 풀어 가도록 돕는다. 이러한 경험을 고려하여 리옹대학교구는 그에게 노동을 주제로 하여 열리는 연말 총회에 참석할 것을 요구한다. 바르톨리는 "노동 문화를 향하여"[3]라는 제목하에 미래 지향적인 관점으로 행동 노선을 정의한다. 그의 관점은 소외에 대한 마르크스주의 비판과 인간은 노동을 통해서만이 세상을 재창조하는 신성한 작업을 추구할 수 있다는 슈뉘 신부의 신학적 주장으로부터 많은 영감을 받는다. 노동 문화의 테마는 이렇게 프랑스 동남부 지방에 머무는 진보적 그리스도교인들의 중심 과제로 던져진다.

리쾨르가 《에스프리》에 참여하는 것은 이러한 범주 속에서이다. 그가 토론에 참여하는 것은 바르톨리의 의견에 바탕을 두고, 그것의 정당성을 받아들이는 데 있다. 하지만 노동의 테마가 그 자체로는 충분하지 않고, 말의 영역이 첨가될 때에만이 해방을 가능하게 할 수 있다는 것을 보여 주기 위해서이다. 리쾨르의 참여는, 그가 전적으로 지지함에도 불구하고 노동 문화의 개념이 그에게 불러일으키는 일말의 불안감에서 출발한다. "노동자로서 인간의 발견 또는 재발견은 현대적 사고의 가장 획기적인 일들 중의 하나이다."[4] 그러나 그는 한낱 암호가 되어 버릴 수 있는 그것, 그 개념이 인간의 전부를 의미한다고 주장할 때 알맹이 없는 개념이 되어 버릴 수 있는 그것에 대해 저항한다. 그러므로 리쾨르는 말의 영역을 복원하려 한다. "말은 우리에게 노동의 영광을 정당화시키며, 반박하는 그 **다른 것**, 다른 것들 중의 다른 것일 터이다."[5] 훨씬 뒤늦게 미국의 분석철학을 발견하기 전인 1953년에 벌써 리쾨르는 언어의 실용적인 해석의 옹호자임을 자처한다. 그는 오스틴이 쓴 미래의 《말하는 것은 행하는 것이다》의 전주곡인 논문의 일부를 "행하는 것과 말하는 것"[6]이라고 제목 붙이면서 말과 실천 사이의 관계에 가치를 부여한다. 말은 모든 동작을 앞선다. 전자는 후자를 의미하는 능력이 있다. "말은 행

---

3) 앙리 바르톨리, 〈노동 문화를 향한 그리스도교인〉, 《에스프리》, 제7호, 1952년.
4) 폴 리쾨르, 〈노동과 말〉, 앞의 논문, 211쪽.
5) 같은 논문, 213쪽.
6) 같은 논문, 214쪽.

해야 하는 것이 포함된 의미이다."[7] 하지만 말은 노동을 앞선 충동일 뿐만 아니라 노동을 뒤따르는 반성적 되풀이기도 하다. 말은 노동의 의미에 대한 질문을 제기하기 위해 필요한 비평적 거리의 공간을 창출한다. 말은 또한 "노동의 세계를 침투하고, 넘쳐흐르는'[8] 인간들 사이에서 이루어지는 대화의 벡터이다. 그리고 말은 본래 타인에게 전달되는 말의 모호성 때문에 새로운 가능성을 열 수 있다. 하지만 리쾨르는 그렇다고 해서 노동 개념의 중요성을 축소시키지는 않는다. 그것은 허공을 향해 말하는 행위가 "햄릿이 **말! 말! 말!**이라며 **말하는** 것의 공허함을 표현하고 있듯이 얼마만큼의 무상성"[9]을 띠고 있기 때문이다. 그래서 그는 경제·사회 범주의 통치를 강요하는 것으로서 바르톨리가 노동 문화에 제기하는 정의를 그의 사유 속에서 다시 취한다. 이 개념은 황금만능주의에 대한 비판적 영역을 포함한다. 그것은 경제 구조의 합리화와 인간화를 위한 투쟁과 노동자들에 의한 기업 경영의 책임화, 그러므로 노동 현장에서의 진정한 민주주의를 내포한다. 바르톨리에 의해 정의된 우선적인 일들이 그러한 것들이다.

그러나 리쾨르는 인간 조건의 유일한 지평으로 노동에 대한 선언에 내재하는 신비화의 위험에 대해 경고한다. 노동 개념의 맹목적인 숭배 또는 우상으로의 변형은 결과적으로 인간보다는 전문적 기업에 대한 찬양을 야기하고, 인간적 영역을 부인하는 순수한 이윤 추구의 논리에 빠지게 한다. 19세기 서유럽에서 산업 혁명의 경험과 소련에서 스타하노프 운동이 리쾨르의 주장이 옳다는 것을 말해 주고 있다. 노동과 말의 변증법은 이러한 있을 수 있는 반발에서 벗어날 수 있다. 말은 테일러화된 노동의 단조로움을 깨고, 생산 과정의 총체적 관점에 접근하며, 조각난 노동[10]에 전체적인 의미를 줄 수 있는 능력을 가지고 있다. 더군다나 노동 문화는 그 가운데 여가가 차지하는 위치가 점점 더 커짐에 따라 말의 교환에 더 큰 중요성을 부여하고 있다. "여가는 노동과 동등한 자격으로 문화의 점점 더 중요한 과제가 될 것이다."[11] 노동은 창조를, 시학을, 즉 언어를 향한 듯하다. "그것이 인류의 모든 문화가 노동의 문화이면서 동시에 말의 문화일 것이라는 이유이다."[12]

---

7) 폴 리쾨르, 같은 논문.
8) 같은 논문, 219쪽.
9) 같은 논문, 223쪽.
10) 조르주 프리드만, 〈조각난 노동〉, 갈라마르, 파리, 1971년.
11) 폴 리쾨르, 〈노동과 말〉, 인용된 논문, 231쪽.

리쾨르의 뉘앙스 가득한 참여는 장 마리 도므나크로 하여금 재충전을 가능하게 한다. 그에 따르면 혁명적 관점은 이제 철 지난 것이고, 프랑스 사회에서 몇몇 가지의 내적인 변화를 인정해야 한다. 그리고 개혁을 통해 점차 소비 사회가 되어가는 사회의 변혁을 꾀하는 것이 타당하다. 리쾨르는 발표를 통해 노동 속의 창조적 인간에 부여된 신적인 측면을 떨쳐 버린다. "리쾨르는 적절하게 대답했다. 그에게는 심오한 사상과 아울러 지성의 민완함이 함께 존재한다. 그는 외교관이 논쟁의 수준에 떨어지지 않고 힘과 국가원수에 관한 문제들을 조정하듯이 사상을 다룬다."[13]

이 논쟁중에 몇몇 사람들은 리쾨르의 분석에 여러 가지 측면에서 공감을 하면서도 리쾨르보다는 앙리 바르톨리나 장 라크루아에 더 가깝다고 느꼈다. 스트라스부르에서 《에스프리》의 그룹 중에 마르셀 다비드가 그러한 경우이다. 의견 차이는 무엇보다도 노동 문화가 잡지에서 차지하는 위치에서 시작된다. 상반된 입장이 경직화되는 것은 결과적으로 노동과 말을 함께 사고하려는 리쾨르의 바람과는 반대된다. 말에 중요성을 부여하는 이들과 노동을 강조하는 사람들 사이의 대립은 점점 더 첨예화될 것이다. 《에스프리》지가 노동 문화의 테마에 할애하는 위치에 관하여 "바르톨리 · 프레스 · 라크루아, 그리고 나는 잡지의 전체적 경향이 그러한 관점을 지향할 것을 바랐다."[14] 그들은 이 점에 관해 장 마리 도므나크와 충돌하게 되는데, 도므나크는 이 개념이 총괄적인 영역을 갖지 않기 때문에 경제와 사회 전반을 다루는 잡지의 일부분 속에 위치해야 한다고 생각한다. 마르셀 다비드는 새로이 선출된 주간 알베르 베갱이 구현하는 이러한 노선에 대해 매우 비판적인 입장을 취한다. 베갱에게 있어서 "건강한 문화의 길로 나아가기 위해 진정으로 중요한 것은 예술가의 미래 지향적인 '외침,' 좀더 정확히 작가의 외침 그것이었다. 나는 문학이라는 척도로 얻어진 형태 속에서 그들의 의식을 위로하는 데 만족하는 부류에 속하지 않을 것이다."[15]

마르셀 다비드는 또 다른 길을 선택하기로 결심하고, 그의 모든 능력을 노동자

---

12) 폴 리쾨르, 같은 논문, 233쪽.
13) 장 마리 도므나크와의 대담.
14) 마르셀 다비드, 《믿는 것 또는 바라는 것》, 앞의 책, 156쪽.
15) 같은 책, 158쪽.

들을 교육하는 데 쏟아붓는다. 그의 입장은 노동자들의 입장을 대변하는 '노동자 중심주의'가 아니라 그들의 교육 수준을 높이는 것이다. 그가 1954년 첫 노동연구소를 창설하는 것은 이러한 목적을 실현하기 위해서이다. 노동조합 단체들과 긴밀한 관계를 유지하며 노동운동가를 육성하는 것이다. 그들은 노조전문대학을 거친 후에 대학보다 상위의 교육을 받을 수 있다. 스트라스부르에서 마르셀 다비드가 운영한 첫 연구소는 하나의 계파를 이루어, 지금은 12개 정도 같은 유형의 학교를 헤아릴 수 있다. 1954년, 마르셀 다비드는 연구소의 경영을 합리적으로 해나가기 위해 보좌관을 필요로 한다. 프로테스탄트 대학생 교목인 앙리 하츠펠트가 그 자리에 적합한 인물을 알고 있다고 말한다. "그가 다짜고짜 앙리 하츠펠트 자신이라고 말했을 때, 어리둥절한 나는 겨우 다음과 같이 대답했다. '목사인 네가 그러한 일에 관심이 있으리라고 생각해 본 적도 없고, 너에게 그 자리를 제안할 것을 꿈도 꾸지 못했다. 하지만 너의 생각이 그렇게 진지하다면 나는 누구보다도 대환영이다.'"[16] 최근에 출판한 작품 《횃불과 바람》[17]에서 그가 개진한 논문들을 보고 판단하건대 앙리 하츠펠트의 이러한 참여는 그리 놀랄 만한 일도 아니다. 그는 자신의 저서에서 그리스도교의 지배적 전통과는 반대로 심적 의도의 감찰이 아니라 행위의 효율성에 준거한 도덕에 의미를 부여하는 인간의 새로운 의식의 출현을 증명한다. "현실에 대한 인식이 선의만큼이나 진정한 도덕적 가치가 되기에 필요하지 않은지"[18]를 알기 위한 질문을 제기하게 된다. 앙리 하츠펠트는 제네바에서 신학을 공부했고, 파리에서 철학을 공부했다. 1949년에서 1956년 사이에 프로테스탄트 대학생의 교목인 그는 로제 멜 · 피에르 뷔르즐랭 · 조르주 구스도르프 · 카잘리스 부부 · 리쾨르, 생폴 교회의 목사인 피에르 루 등과 더불어 스트라스부르의 소규모 프로테스탄트 모임에 참가한다. 그는 마르셀 다비드가 설치한 노동연구소의 사무총장이 된다. 노동총동맹과 또 다른 프랑스 노동조합인 노동자의 힘, 그리고 프랑스 그리스도교노동자동맹을 위한 별도의 회기를 가지면서 연구소는 노사분쟁조종위원과 단체협약 · 사회보장제도에 관한 질문들에 개입하고, "법과대학의 학장인 알렉스 베유의 동의하에"[19] 조합지도자들에게 진정한

---

16) 마르셀 다비드, 《불가능한 일의 증인들》, 에디시옹 우브리에르, 파리, 1982년, 86쪽.
17) 앙리 하츠펠트, 《횃불과 바람》, 쇠이유, 파리, 1953년.
18) 같은 책, 47쪽.
19) 앙리 하츠펠트와의 대담.

법률적인 지식을 전달하는 데 성공한다. 냉전 시대의 사회적 상황은 자주 긴장되었고, 앙리 하츠펠트는 노동연구소의 노동총동맹 회기 참석자 명단을 얻으려는 경찰의 방문을 받게 된다. "나는 그러려면 법과대학 학장에게 문의하여야 한다는 핑계로 거절하였다."[20] 사실 회기 참가자들을 받아들인 스트라스부르 호텔에 문의하는 것으로 충분하였을 것이다.

하지만 말과 노동 사이의 논쟁이, 어쨌든 스트라스부르의 경우 진퇴유곡의 지경에 빠졌다고 말할 수는 없을 것이다. 게다가 마르셀 다비드는 1947-1949년경 노동자들을 상대로 한 그의 활동에 리쾨르를 끌어들였다. 그는 그들이 필요로 하는 범위 내에서 노사위원회를 조언하는 것을 목적으로 하는 '서클' 을 그르노블을 본보기로 하여 만들었다. "리쾨르는 나와 함께 공장에 갔다. 나는 그가 뷔가티에게 임금에 대하여 말하러 간 것을 기억한다."[21] 그들은 리쾨르의 2인승 자전거로 돌아왔다. 그리고 "자전거를 몰며 리쾨르는 철학에 대해 말하기 위해 나를 돌아보았다. 나는 그에게 말했다. 이봐, 앞을 보고 운전이나 해. 사고 나면 어쩌려고 그래."[22] 그들의 친근함은 노동연구소 초기 팀의 보조원으로 마르셀 다비드가 리쾨르를 무척이나 따르는, 《에스프리》 그룹의 일원인 앙드레 라코르너리를 선택한 것만을 보아도 알 수 있다.

노동자의 지도급에 대한 교육은 농민들과 관련된 차원으로 이어지고, 철학자 장 코닐과 함께 《에스프리》지가 관련된다. 농촌지도자육성연구소는 1957년 국립청년농민센터가 조직된 후, 그리스도교청년농민회의 협조로 1960년에 미셸 드바티스에 의해 창설되었다. 장 코닐은 미셸 드바티스와 함께 이 연구소의 창설에 협력하였다. "그들은 노동자의 세계보다는 마르크스주의에 의해 덜 영향을 받았다. 그리고 문제는 그들 각자의 경험에서 제기되었다."[23] 그는 1967년 견습에 관한 내용을 정리할 것을 부탁받고, 자신의 운영 구도를 채택하면서 이 단체를 이끌게 되었다. 이 단체의 독창성은 현실에 대한 직시에서 출발하여 좀더 폭넓은 (정치적 · 철학적) 사유에 다다르고, 마침내는 행동의 문제에 이르는 데 있다. "현실을 관찰하고, 생각하며, 행동에 관한 질문을 다르게 제기한다."[24]

---

20) 앙리 하츠펠트와의 대담.
21) 마르셀 다비드와의 대담.
22) 위의 대담.
23) 장 코닐과의 대담.

스트라스부르에서는 말과 노동에 대한 이중적 접근에 별다른 갈등이 없다. 하지만 그르노블과 리옹에서는 같은 방식으로 일이 진행되지 않는다. 장 라크루아와 앙리 바르톨리를 중심으로 뭉친 《에스프리》지 팀은 파리로부터 노동자 중심주의로 의심받고, 그것에 대해 몹시 불편해한다. "도므나크가 말하는 것과는 반대로 우리는 전혀 노동자 중심주의자들이 아니었다."[25] 게다가 몇 가지 오해가 불편한 심기를 오히려 가중시킨다. 노동 신부들이 바티칸으로부터 내쫓길 때, 바르톨리는 그들이 노동자들과 접하면서 배우게 된 것들을 말하기 위해 그 지역 지성인들의 이름으로 텍스트를 작성하여 로마에 보낸다. 프랑스 공산당에 가까우며, 레지스탕스 시절부터 공산주의자들에 의해 평가받은 바르톨리는 그럼에도 불구하고 50년대에 그르노블에서 구성된 자유수호위원회에 그들을 받아들이지 않는다. 이미 언급된 피날리 사건과 관련하여, 바르톨리는 《에스프리》지를 통하여 피날리 일가를 편든다. 그르노블의 편지함에 뿌려진 전단에서 그는 사기꾼이라고 비난받고, 프랑스 공산당의 잠수정으로 불린다. 그는 자신이 공산당에 소속된 것이 확실하다고 도경국장이 공개적으로 확인했다는 이야기를 접한다. "그 당시에 나는 명예훼손으로 고발할 생각을 가지고 있었다."[26] 하지만 법과대학 학장이 그를 만류하고, 학장 자신이 도경국장에게 해명을 요구한다. 그에 대해 도경국장은 정보국으로부터 정보를 받았다고 대답한다. 오해는 정보국 자체에서 생기게 되는데, 생마르탱데레스에서 열린 프랑스 공산당회의를 감시한 정보국은 바르톨리가 프랑스 공산당의 자유수호위원회 가입을 거절했다는 정보를 회의장 안과 주변 선술집 토론에서 수집하게 되었다. 공교롭게도 또 다른 정보부로 넘어간 서류에는 바르톨리가 프랑스 공산당회의에 참석한 것으로 통보되었다. "마침내 나는 프랑스 공산당회의에 참석한 것으로 보고되었고, 경찰국장은 문화훈장 심사위원의 명단에서 나를 제외시켰다."[27] 소문은 로마에까지 퍼져, 1954년 바르톨리가 《에스프리》지에 〈신앙의 조건〉이라는 논문을 실은 후 잡지 주간인 알베르 베갱은 피우스 12세에게 불려가 이 프랑스 공산당원을 경계하라는 경고를 받는다.

《에스프리》지의 내부에서 발생한 이 논쟁 뒤에는 집행부의 문제가 숨어 있다.

---

24) 장 코닐과의 대담
25) 앙리 바르톨리와의 대담.
26) 위의 대담.
27) 위의 대담.

무니에가 사라진 이후에 잡지 밖에서 초대된 주간의 영향력 아래에서 실질적으로 집행부를 책임진 것은 하나의 팀이다. "알베르 베갱이 이끌어 나간 것은 아니었고, 일종의 원로원이 구성되었다. 나는 원로 그룹에 의해 둘러싸이는 것을 거부했다."[28] 이 논쟁과 내적 갈등은 1957년 전환기에 이르러, 미니 쿠데타를 통해 도므나크의 주장이 승리하게 됨으로써 매듭지어진다.

28) 장 마리 도므나크와의 대담.

19

학교 논쟁

전쟁이 끝나자마자 리쾨르는 또 다른 전선, 학교 문제에 적극적으로 개입한다. 많은 프로테스탄트 교사들이 학교의 탈종교화를 강조하기 위해 1947년 결성되기를 원한다. "내 친구들이 리쾨르를 연합 모임에서 만났다. 그들은 프로테스탄트 교사연합회를 구성하는 데 무척이나 열성적이었다. 그리고 리쾨르를 반드시 참여시켜야만 했다."[1] 프로테스탄트교사연합회를 구성하는 회의가 1947년 당시 리쾨르가 교직에 몸담고 있는 샹봉쉬르리뇽에서 열린다. 새로운 연합회의 창단멤버들은 여러 동의 가건물과 야영에 자리를 잡고, 임시 회칙을 정하고 임원진을 선출한다. 리쾨르는 회장으로 선출된다. 그는 1명의 사범학교 교수와 초등학교 교사인 가브리엘 불라드의 보조를 받는다. 연합회가 초등 · 중등 · 대학[2]에서 일어나는 문제들을 종합하면서 폐쇄된 집단 의식을 넘어서고자 했기 때문에 세 단계의 교육 과정이 이렇게 각기 자신들의 대표를 내세운다. 《신앙 · 교육》이라는 계간지를 만들 것을 결정하고, 첫호가 1947년 12월에 발행된다. 창단 당시 연합회는 극히 일부의 교사들로 이루어진다. 하지만 빠른 시간 안에 가톨릭이 지배적인 국가에서 부족한 대로 자신의 자리를 만들어 간다. 그리고 3백 명의 회원과 5백여 명의 협회지 구독자를 헤아리게 된다.

목적은 프랑스에서 통용되는 정교 분리의 개념을 새롭게 하는 것이다. 프로테스탄트들은 정교 분리 전통의 맥을 이어간다. 그들은 제3공화국 초기의 정교 분리 투쟁의 선봉에 나섰었다. 그들의 투쟁은 학교에서 종교적인 모든 질문이 부재하리만큼 성공적이었다. "우리에게 중요한 것은 그리스도교적인 믿음에 대해서 아

1) 가브리엘 불라드와의 대담.
2) 나머지 임원진은 사무총장에 앙드레 베르트랑, 서기보에 장 아브나스와 임원들로 구성된다.

무것도 말하지 않는 회피적인 정교 분리 원칙에서 벗어나는 것이었다."[3] 프로테스탄트교사연합회는 학생과 교사가 그들의 견해 차이를 자유롭게 표현할 수 있는 대립적 정교 분리를 옹호한다. 왜냐하면 "회피적인 정교 분리는 리쾨르가 말하듯이 '메말라' 보였기 때문이다."[4]

일반인과 그리스도교인의 화해, 신을 믿는 이들과 보편적인 가치를 추구하기 위해 신을 믿지 않는 이들 사이의 화해는 제2차 세계대전이 끝남과 더불어 또 다른 기후를, 새로운 요청과 새로운 분열을 만든다. 정교 분리의 원칙이 이 당시에 확립된다. 서로의 문을 열고, 학내의 평화를 추구하는 신자와 비신자 사이의 대화의 시간이 도래했다. 하지만 양방간의 교류가 풍요로워지기 위해서는 각자의 깃발을 접지 말아야 한다. "리쾨르의 표현이 나에게는 충격적이었다. '우리는 노천에 선 그리스도교인이다.' 그리고 덧붙였다 '우리는 통풍을 두려워하지 않는다.' 한마디로 모든 것을 말해 주는 그 표현이 기막혔고, 나는 그 표현을 무척 좋아했다."[5] 프로테스탄트교사연합회는 매년 총회를 갖고, 리쾨르는 그의 다양한 활동에도 불구하고 총회에 참석한다. 그는 1947년에서 1960년까지 연합의 회장직을 맡았다. 늘 미소를 머금고 기지에 찬 리쾨르는 "자크 블롱델과 의기투합했다."[6] 후자는 클레르몽페랑대학교의 영어 교수였는데, 특히 회지의 책임을 맡았다. 몽벨리아르 근처의 글래에서 열린 총회에서 자크 블롱델은 큰 목소리로 "이제 여러분은 참사회원 멜의 연설을 듣겠습니다!"라고 알린다.[7] 리쾨르는 그가 익살스런 농담을 할 때마다 그 편을 들었다. 좀더 진지하게 자크 블롱델은 매번 연극의 밤을 조직했고, 회의 참석자들을 무대에 서게 했다. "총회에 참석하는 일이 무척이나 즐거웠다. 기쁨을 만끽할 수 있는 시간이었다."[8] 총회는 샹봉 · 스트라스브르 · 글래, 아주 종종 파리 지역에서, 그리고 비에브르에서 열렸다. 게다가 지평을 넓히기 위해 연합회는 2년마다 가톨릭이 지배적인 서유럽 국가에서 '라틴총회'를 열었다. 프로테

---

3) 가브리엘 불라드와의 대담.

4) 위의 대담.

5) 위의 대담, 리쾨르의 인용문에 대한 언급, "현대 그리스도교인은 그의 과제가 그리스도교인만의 거류지를 형성하는 것이 아니라는(…), 자신이 사는 시대의 총체적인 현실에 몸담는, '노천에 선' 그리스도교인이 되는 것임을 깨닫게 된다." 《믿음 · 교육》, 제27호, 1954년 6월, 51쪽.

6) 위의 대담.

7) 위의 대담.

8) 위의 대담.

스탄트가 소수 집단이며 유사한 문제에 봉착한 스페인 · 포르투갈 · 이탈리아 · 벨기에에서의 집회는 그들의 행동 관점을 풍요롭게 했다. 회지인 《신앙 · 교육》에 강하게 매달린 자크 블롱델은 회지의 영향력에 무척이나 집착했고, 사람들은 '그'의 잡지라고까지 놀려댔다. "리쾨르는 그를 약올렸다. 한번은 인쇄공의 잘못으로 인쇄가 안 된 페이지가 나왔다. 리쾨르가 블롱델에게 점잖게 말했다. '야, 이 페이지들이 가장 흥미로운데.'"[9)]

연합회의 주동 인물은 가브리엘 불라드였는데, 그는 1960년부터 연합회의 간사를 맡는다. 전통적 강의에 대해 반발한 그는 교수법의 차원에서 혁신적인 생망데의 드크롤리학교에 들어가고, 베르사유사범학교에 들어가 수학 강의법을 현대화시킨다. 개방된 정교 분리에 대한 투쟁은 이 시기에 그렇게 쉬운 일은 아니다. 전쟁이 끝나고 예전의 분리된 노선들이 다시 나타났다. 정교 분리주의자들은 그리스도교적 신앙에 대해 말하는 것을 원하지 않는다. "프로테스탄트 초등학교 교사들조차도 신앙을 갖지 않은 사람들만큼이나 교육과 신앙의 분리에 관해 완강하였다."[10)] 가브리엘 불라드는 "신앙과 교육이 분리된 학교에서 교직에 종사한다는 것이 자신의 믿음을 은폐시키는 것이 아니다"[11)]라는 것을 프로테스탄트 동료들에게 설득하기 위하여 연합회를 무기로 사용하기를 원할 정도로 교육과 신앙의 경직된 분리로 괴로워했다. 어느 날 그의 동료 중의 한 사람이 그가 학생들 앞에서 자신의 신앙에 대한 신념을 토로하는 것을 비난하고, 프로테스탄트 학교에 가서 강의할 것을 충고한다. 그는 우선 프로테스탄트 학교라는 것이 없다고 대답하고, 그 자신이 학교와 신앙의 분리에 대해 찬동하는 사람이라고 말한다. 허를 찔려 망연자실한 그의 동료에게 그는 학교에서 프로테스탄트 · 가톨릭 · 유대인을 제외시킨다면 학교는 더 이상 교육과 신앙의 분리를 주장할 수 없을 것이라고 설명한다.

전후 이 기간 동안에 리쾨르는 프로테스탄트교사연합회의 회장일 뿐만 아니라, 이 문제에 대한 《에스프리》의 연구 단체에 참여하기 때문에 새로운 어휘로 학교에 관한 질문을 던지기에 누구보다도 적합한 위치를 차지한다. 게다가 전후 임시

9) 가브리엘 불라드와의 대담.
10) 위의 대담.
11) 위의 대담.

국회의원인 그의 친구 앙드레 필리프가 공·사립교육관계연구위원회 의장직을 맡았다. 사회당과 그리스도교에 대한 그의 이중적 참여는 그로 하여금 레지스탕스 정신의 역동성 속에 종합화의 길을 찾게 했다. 공화국은 그 당시에 골육상쟁의 구습에서 벗어나 박애 정신을 추구한다. 하지만 드골 장군을 중심으로 한 프랑스 인민공화파, 국제노동자동맹 프랑스 지부, 그리고 프랑스 공산당의 3자 연합은 산산조각나고, 종파학교는 정치적으로 뜨거운 감자, 나약한 제3세력 내부에 정말 폭탄이 된다. 그리고 이러한 모험은 프랑스 인민공화파와 국제노동자동맹 프랑스 지부를 이간질하려는 프랑스 공산당에 의해 북돋아진다. 학교 문제로 인한 분리된 동반 관계에서 벗어날 수 있는 유일한 방법은 복지부동의 자세를 지니는 것이고, 변화를 추구하려는 의지에 반해 여론에 부응하는 깃털 전략을 내세우는 것이다. 공화국회의 의장인 앙리 쾨이유가 그러한 태도로 성공을 거두었다. '정교 분리주의자' 와 '성직자 지지파' 사이의 정면 투쟁은 사회주의 정치에서 점점 멀어지는 정부에서 그들의 정체성을 찾으려는 국제노동자동맹 프랑스 지부와 드골파의 득세로 인한 좌파의 소멸을 억제하려는 프랑스 인민공화파에 의해 확대된다.

이렇게 마비되고 회피를 일삼는 정국에서 프랑스 인민공화파는 자파 소속 보건부 장관 제르맹 푸앵소 샤뤼가 1948년 5월 22일 《관보》에 발행된 법령을 채택할 때, 논쟁에 불을 당길 수 있는 기회를 잃게 된다. "가정 문제를 위해 결성된 단체들이 자녀 교육에 어려움을 갖는 가족에게 배분되는 정부 보조금을 지원받는 자격을 갖게 되었다."[12] 프랑스 공산당은 사립학교의 감추어진 재정적인 술책을 고발하기 위해 이 기회를 포착하고, 법령 취소안을 제출한다. 프랑스 인민공화파와 국제노동자동맹 프랑스 지부 연합이 붕괴될 위험에 처하고, 아울러 제4공화국 체계를 지지하는 유일한 정치 세력이 무너질 위험에 처한다. 공산당의 안을 부결시키기 위한 당수회담이 이루어진다. 하지만 1949년 푸앵소 샤뤼 법령이 실행 명령 없이 서랍 속에서 잠자고 있을 때, 시립학교 재정 지원을 가결시키려는 일단의 시의원들의 제안이 도지사들의 강력한 반발에 부딪히면서 논쟁은 다시 시작된다.

이러한 격양된 정황 속에 에마뉘엘 무니에와 폴 프레스, 그리고 앙리 이레네 마루, 3자의 책임 아래 폭넓은 여론 조사가 《에스프리》에서 이루어진다. 이 여론 조

12) 미셸 비녹크, 《〈에스프리〉지의 정치적 역사》, 앞의 책, 348쪽.

사가 1949년 4-5월 '학교의 평화를 위한 제안' 이라는 제목하에 잡지 특별호 발행의 계기가 된다. "모든 것을 해결할 수 있는 **유일한** 해결책을 제안하려는 헛된 꿈이 없다……. 무엇보다도 상황을 인식하려는, 더 이상 논쟁거리가 되지 않는 것들을 밝히려는 것이다. (…) 모든 상황을 고려한 뒤에는 '승자' 도 '패자' 도 없을 것이다."[13] 《에스프리》의 지도자들은 양측간의 상호 이해의 필요성을 결론짓는다. 그들이 정교 분리에 대해 내리는 정의는 프로테스탄트교사연합회의 그것과 일치한다. "종교의 영향력에서 벗어난 학교는 중립적이지 않고 편파적이다."[14] 그들의 제안은 과거의 입장을 과감하게 청산한다는 입장을 띠고 있다. 가톨릭은 중세에 대한 향수를 포기해야만 하고, 정교 분리주의자들은 제3공화국의 투쟁적 교권주의를 버려야 할 것이다. 장 라크루아는 "새로운 권리를 만들어 내는 첫번째 기회가 될 수 있는"[15] 국립학교의 창설을 통해, 국가 소유의 교육 정책보다는 국가 책임하의 교육을 권고한다. 이러한 국립학교는 자율성과 긍정적인 정교 분리, 다양성의 원칙에 바탕을 두어야 한다.

리쾨르는 그 나름대로 프로테스탄트교사연합회지인 《신앙 · 교육》을 통해 1949년 7월 '《에스프리》의 학교 평화에 대한 제안' 을 발표한다. 그는 **현재 상태**의 교육 제도가 젊은이들의 분열을 지속시키는 한 바람직하지 않다는 사실을 주장한다. 그는 《에스프리》가 시행한 여론 조사의 결론을 환기시키면서, 프로테스탄트교사연합회의 테두리 안에서 이러한 기획을 토대로 한 단체 작업의 필요성을 역설한다. 그에 따르면 프로테스탄트들은 필요 불가결한 대화를 가능하게 할 수 있는 적합한 위치에 있다. 연합회는 "가톨릭 신도들의 입장을 정교 분리주의자들에게 설명하는 것을, 역으로 정교 분리주의자들의 입장을 가톨릭 신자들에게 설명하는 것을 도울 수 있다."[16] 이것은 현실적인 다수의 참여를 필요로 하는데, 리쾨르는 학교 사회 전체를 정신적 평화를 향해 나아가도록 하기 위해 열렬하게 참여를 호소한다.

또 다른 참고 자료가 새로운 종교와 교육 분리의 건설에 공헌했는데, 1944년 11월에서 1945년 2월 사이에 다듬어진 필리프위원회의 보고서가 바로 그것이다.

---

13) 미셸 비녹크, 같은 책, 349쪽.

14) 미셸 비녹크에 의해 인용됨, 같은 책, 350쪽.

15) 장 라크루아와 미셸 비녹크에 의해 인용된 글, 앞의 책, 351쪽.

16) 폴 리쾨르, 〈《에스프리》의 학교 평화를 위한 제안〉, 《믿음 · 교육》, 1949년 7월, 8쪽.

일찌감치 사장되었던 종합보고서가 《에스프리》의 여론 조사가 발표되는 시기에 새롭게 토론을 활성화시키는 데 공헌한다. 리쾨르가 1950년 그 보고서를 제출하게 되는데, 학교에 대한 문제가 1945년에는 레지스탕스에서 비롯된 정치적인 욕망에 휩쓸려 여론의 분열을 만들지 않았다면 "오늘날 모든 것이 왜소하다. 커다란 정치적인 구상의 부재로 민족 전체가 예전의 반목과 질시를 되풀이한다."[17)]

복지부동의 시기에 리쾨르의 개인적인 토론에 대한 기여는 두 가지 질문의 형태로 표현된다. 하나는 신자들에게 향하는데, 도덕을 바로 세우는 데 십계명으로 불충분하다는 것을 말하기 위해서이다. 리쾨르는 개인적인 삶의 영역으로 후퇴하는 경향을 비난하고, "교회를 중심으로 축소된 작은 도덕 집단과 초월적인 부름 없이 모든 인간 행위를 정치 · 사회적인 문제 둘레로 규합시키는 방대한 세상"[18)] 사이의 분리를 비난한다. 새로운 도덕의 기초가 만들어지는 것은 이렇듯이 깨진 도덕과 부서진 윤리 자체 내에서이다. 그런고로 리쾨르는 그리스도교의 모든 호교론에 대한 비난을 기도한다. 리쾨르는 그리스도교인을 상대로 그리스도교인의 도덕이 아니라 그 시기 가능한 최상의 도덕, "가치가 아닌 동기"[19)]를 제안한 사도 바울의 태도를 환기시킨다. 도덕주의가 아닌 도덕을 옹호하는 것이 그의 불변적인 태도이다. 학교의 평화는 이러한 대가, 일반적 도덕에 대한 개방으로 두 개의 도덕 사이의 분열을 초월할 때에만이 가능하다. 학교를 둘러싼 정교 분리주의자들과 신자들 사이의 공통적 계획 속에서 파괴된 도덕은 다시 규합될 수 있다.

정교 분리주의자들에게 메시지를 전달하면서, 리쾨르는 《에스프리》가 제안한 중요 내용 중의 하나인 학교의 국립화가 국유화가 아니라는 것을 자신의 생각에 포함시킨다. 학교에 관한 논쟁은 국가와 가정 사이의 선택이라는 잘못된 논리로 부패된다. 그는 중개 역할을 하며, 국민의 합일점을 이끌어 낼 수 있는 제3의 어휘, "국가와 가정 사이의 민족"[20)]을 주장한다. 국가와 가정의 그릇된 요구에 맞서 그는 교육 문제를 구현하는 민족을 옹호한다. 그것은 "프랑스인의 기질에 익숙하지 않은 대립"[21)]인 국가와 민족에 차별성을 갖게 한다는 것을 의미한다. 그 차별

---

17) 폴 리쾨르, 〈필리프위원회의 작업〉, 《믿음 · 교육》, 제10호, 1950년 1월, 1-2쪽.
18) 폴 리쾨르, 〈도덕의 절박함〉, 《믿음 · 교육》, 제20호, 1952년, 108-109쪽.
19) 폴 리쾨르, 같은 책, 114쪽.
20) 폴 리쾨르, 〈국가, 민족, 학교〉, 《믿음 · 교육》, 제23호, 1953년, 54쪽.
21) 같은 책, 56쪽.

성의 부재가 교육에 치명타를 가져온다. 민족은 함께 살아간다는 의지를 포용하고, 잠재적인 여러 민족의 존재 가능성 때문에 국가에 의해 늘 인정된 것은 아니다. 학교는 특별한 방식으로 민족의 가치와 살아 숨쉬는 문화적 전통을 표현한다. "민족은 다양하고 대립적인 문화적 흐름을 포용하므로 정교 분리의 입장을 취한다."[22] 그러므로 민족은 국가가 학부모나 교사들처럼 교육 경영의 또 다른 상대자들 곁에 개입할 수 있는 다양성을 이끌어 낸다. 그러한 다양성에 문을 열기 위하여 정교 분리주의자들은 국유화하지 않고 공립화하는 것이 가능하다는 것을 이해할 필요가 있고, 그것은 자코뱅의 중앙집권주의를 재고하며, 공화국과 종교계 사이의 전면적인 충돌을 포기할 때에만이 가능하다.

1954년 2월 12일, 이 주제에 관한 여론의 통일에 대한 바람이 이미 멀어졌다고 생각되는 시기에 리쾨르는 스트라스부르에서 학교에 대한 질문이 프로테스탄트에게 의미하는 바를 종합 · 정리한다. 그는 공립학교에 대한 그의 집착을 환기한다. "50년 전에 프랑스 프로테스탄트들은 종교가 분리된 학교를 설립하면서 역사적인 임무를 수행하였다."[23] 프로테스탄트 신도들의 임무는 정교 분리의 전통에 충실하는 것이고, 동시에 학교 문제로 찢어진 정신적 가족들 사이의 중재자 역할을 하는 것이다. 교육하는 사회로 만들어진 학교에서 사회 공동의 선을 위하여 비신자들과 함께 일하는 것이 바로 그리스도교인들의 책무이다. 리쾨르는 국가와의 관계에서 대학에 자율적인 위상을 부여하고, 대학을 제4의 문화적 권력으로, 교육하는 국가로 간주하자고 제안한다. 리쾨르의 제안은 1968년 5월 혁명에 앞서 대학이 겪는 진통과 관련해 리쾨르가 《에스프리》와 더불어 추구한 사유의 전주곡이다. 그는 사교육을 위해 1951년에 만들어진 마리 바랑제 법에 대한 프로테스탄트 교사들의 투쟁을 환기시키고, 교육에 관한 질문을 학교의 제도적 범주를 넘어선 교육학의 영역까지 확장시킨다. 여론의 합의에 바탕을 둔 교육 체계의 개혁이 더 이상 의제가 될 수 없다면, 학교 주변에서의 개입은 절망적으로 경직된 상황을 발전시키기 위하여 여러 교육 계층을 통해 가능하다. 리쾨르는 신앙 교육을 밑바닥부터 변화시킬 것을 권고하고, 진정한 행동 프로그램을 정의한다. 모든 과목의 교수법이 변화하고 있음을 지적하면서, 교리 문답 강의가 구태의연한 방식으로 시

---

22) 폴 리쾨르, 같은 책, 57쪽.
23) 폴 리쾨르, 〈프로테스탄트 외 교육 문제〉, 《믿음 · 교육》, 제27호, 1954년 6월, 49쪽.

행되고 있음에 놀라움을 금치 못한다. 기숙사와 학생 운동이 자유를 버려두지 않도록 하기 위한 중요한 공간을 또한 제공한다.

50년대 화해를 주장하는 프로테스탄트 신도들의 견해는 별다른 반응을 얻지 못하고, 대부분의 가톨릭 신자들은 국가의 후견에서 벗어난 사교육을 주장하면서도 재정적으로는 국가의 도움을 요구하는 모순적인 입장을 보인다. 이러한 분위기가 리쾨르로 하여금 1958년의 질문에 대해 강경한 노선을 선택하게 한다. 그 당시 그는 신경질적인 반응을 보이고, 가톨릭 주변의 반정교 분리 투쟁에 대해 강경하게 대처한다. 그리고 그는 4세기 이래 변화되지 않는 상황 속에서 프로테스탄트의 정체성은 "종교개혁의 단절 행위를 반복하는 것"[24]이라고 환기시킨다.

교수 신분 때문에 그는 더욱 노력을 아끼지 않고 이 분야에 적극적으로 개입한다. 게다가 그 자신이 알자스모젤이라는 특례 지역에서 교직을 맡고 있기 때문에 그의 개입은 상대적으로 민감한 장소에서 이루어진다. 리쾨르에게 있어서 국가라는 범주에서 벗어난 상황은 사라져야 할 시대착오적인 발상이다. 그것은 전체적인 체계를 밑바닥부터 개혁한다는 조건하에 한번쯤 손보아야 할 과거의 쓰레기이다. 게다가 그는 스트라스부르에서 자치주의 세력과 그들의 정체성과 관련된 폐쇄적인 성향으로 약간의 염증을 느낀다. "알자스 지방에서는 프로테스탄트 아니면 가톨릭이지, 둘 사이에 설 수는 없다. 성을 구분하듯이 프로테스탄트 아니면 구교이다."[25]

24) 폴 리쾨르, 같은 책, 7쪽.
25) 가브리엘 불라드와의 대담.

20

냉전 속의 제3의 길

전쟁이 끝나자마자 사람들은 또 다른 전쟁, 냉전을 말한다. 냉전은 두 초강대국, 우선 미국이 그리고 뒤이어 소련이 이미 히로시마에서 위력을 보인 원자탄을 보유함에 따라 더욱더 위험한 폭발의 위협으로 세계를 짓누른다. 미국과 소련 사이에 벌어진 힘겨룸이 잘못 빗나갈 위험에 대응할 수 있을 만큼 튼튼하고 지속적인 평화를 이룩하는 것이 급선무이다. 국제연합이 국제 사회에 평화를 보장하는 방파제를 구성하려는 희망을 잘 대변해 주었었다. 하지만 이 조직체도 냉전 기간 중에 몇몇 안건만을 만장일치로 통과시킬 뿐 옛 국제기구만큼이나 허약함을 드러낸다. 긴장은 급속도로 팽배해지고, 스탈린은 그의 전체주의 체제를 강요하기 위하여 폭력적인 수단을 되풀이한다. 코민포름을 통해 소련은 중부와 동부 유럽, 그리고 서유럽의 공산당들을 그의 통제 아래 넣는다. 미국은 그들 나름대로 세계의 **주도권**을 넓혀 가고, 필요한 경우에는 힘을 통하여 그들의 지도력을 강요한다. 서유럽은 마셜 플랜이라는 기치 아래 미국의 자본으로 재건된다. 미국의 원조는 주권의 제약이라는 반대급부를 통해 이루어진다. 이러한 상황에서 도출된 양극화 체계는 자유주의 국가의 친구들과 잔악한 공산 침략자들의 대립, 또는 국제주의 동무들과 제국주의 압제자들의 대립을 초래한다. 야다노프냐 트루먼이냐로 선택은 축소되지 않는가? 제한된 수이지만 어떤 이들은 그렇게 생각하지 않고, 대서양 진영 혹은 소비에트 진영의 선택이라는 딜레마에서 빠져나오려 한다. 국제 위기가 첨예화됨에 따라 중립주의의 입장은 점점 더 궁색해진다. 1948년에서 1949년 사이, 지구 전체의 운명을 가장 작은 인간적 · 기술적인 실수에 매달리게 한, 소련이 베를린 장벽을 설치한 기간이 바로 그러한 경우이다. 베를린에 이르는 육로를 통한 보급망이 차단된 까닭에 미국인들은 유일한 보급로인 항로를 연다. 그리고 단 한 대의 비행기라도 격추되는 경우에 공개적인 적대 행위로 간주하고, 선년선을 불사한다는 의지를 소련인들에게 표명한다. 베를린의 커다란 위기를 1년 동안 숨을 죽이고 관망한 전세계인들에게 평화에 대한 투쟁은 절대적인 당면 과제가 된다.

《에스프리》는 평화옹호론자들에게 이론적인 뒷받침을 제공하기 위하여 1949년 2월 평화주의에 헌정된 특별호를 발간한다. 무니에와 리쾨르는 이 특별호를 통해 예언주의와 정치를 연결시키고자 한다. 무니에에게 있어 예언주의는 정치적인 힘을 동반할 때에만이 효율적일 수 있고, 거꾸로 평화에 대한 정치적인 옹호는 즉각적인 목표를 초월하는 성찰을 통해서만이 가능하다. "정치적인 행위와 예언자적 행위는 각기 다른 기술을 필요로 하고, 전혀 다른 기질에 응답한다. 하지만 그 두 개가 서로 분리될 수 없다는 것이 우리가 갖는 통상적인 생각이다. 각자는 다른 것에 의지해서만이 내재적인 유혹에 저항할 수 있다."[1] 리쾨르는 30년대부터 집착해 온, 하지만 제2차 세계대전의 급박함 때문에 미루어 온 비폭력을 주제로 한 사유를 다시 시작하면서 유사한 방식으로 특별호를 통해 개입한다. 그는 세상을 회피하지 말고, 세상을 구현하기를 권고하는 《산상수훈》에 근거하여 역사 속에서 비폭력적 태도와 그것이 갖는 효율성을 대면시킨다. 폭력에 대한 거부가 어떠한 결과를 얻기 위해서는 폭력에 휩싸인 세상을 경험하는 것이 중요하다. 비폭력은 쾨슬러가 정의하는 바대로의 요가의 성격을 채택하는 것과, 역사의 변두리에 위치하는 것을 피해야 한다. "비폭력은 역사의 흐름과 관련된 행위가 기대될 때 가치 있는 태도가 될 수 있다."[2] 비폭력이 역사 속에 존재하는 것은 방어하는 가치에 영향을 미치는 불복종을 통해 개별적으로 가능하다. 그것은 또한 인도에서 간디가 그러하고, 미국에서 마틴 루터 킹이 그러한 것처럼 집단적인 방식으로 표현될 수 있으며, 대중 항거의 형태를 띨 수 있다. 하지만 그렇다고 해서 비폭력이 정치를 대신할 수 있는가? 그러므로 예언적인 영역과 정치적인 영역을 결합하려 하는 것이 합당하다. "비폭력주의자들이 오늘날 순수한 의미의 **정치적** 운동 속에서 **예언적** 핵심 구성원이 되어야 할 것 같다."[3] 사실 개인적인 실천의 차원에서 예언적 비폭력과 진보적 폭력은 상호 배타적이다. "뒤섞임을 배척하는 것이 비폭력 정신 그 자체이다."[4] 하지만 역사적인 맥락에서 그것들은 통일적인 논리를 통해

1) 에마뉘엘 무니에, 〈평화주의에 관한 몇 가지 의문점〉, 《에스프리》 1949년 2월, 미셸 비녹크의 앞의 책, 《〈에스프리〉지의 정치적 역사》에 인용됨, 281쪽.
2) 폴 리쾨르, 〈비폭력적 인간과 역사 속에서의 위치〉, 《에스프리》, 1949년 2월, 229쪽.
3) 같은 책, 233쪽.

결합될 수 있다. 평화를 위한 투쟁은 소비에트 진영 역시 그것을 즐겨 끄집어 내기 때문에 모호함을 띠게 된다. 그리고 프랑스 공산당은 다원적이고 개방적이면서도, 프랑스 공산당의 지도부에 의해 엄격하게 통제받는 평화 운동을 위한 동원에 참여한다. 많은 진보적인 지식인들이 이 국제적 대중 운동에 참여하며, 평화를 위한 투쟁에 가장 효율적인 듯한 이 운동은 1949년 4월 파리 집회에서 52개국의 대표들을 모이게 한다. 이 운동은 1950년 3월 원자무기의 절대 금지와 엄격한 국제적인 통제를 요구하는 스톡홀름 선언을 계기로 극에 달한다. 이 선언은 상당한 반응을 불러일으키는데, 몇 달 만에 소련에서 1억 1천5백만을 포함한 2억 7천3백만의 지지 서명을 얻는다. 공산주의자들의 측면에서도 평화를 추구하기 위한 투쟁을 지속시키려는 압력은 강하다. 하지만 이러한 정당한 목적이 소비에트 진영에 담보를 제공함으로써 오염된다.

몇몇 사람들은 쓰라린 경험을 통해 그것을 이해하게 된다. 1949년말 샤트네 말라브리 시에서 장 마리 도므나크는 무니에의 동의하에 평화 운동 지도자들의 바람대로 시의 관련 단체를 만드는데, 그가 이러한 경우에 속한다. 이 참여 덕택에 그는 평화 운동의 집행부에 들어가게 되고, 프랑스 공산당의 민주주의 보증인 역할을 한다. 그는 상임위원회에 들어간다. 하지만 유고슬라비아의 분열과 티토 원수의 축출은 모호함을 제거하고, 스탈린주의자들의 조작과 평화에 대한 입장 철회를 명확히 한다. 1949년 11월 《에스프리》는 얼마간 관망의 시간을 보낸 뒤, 유고슬라비아 사건에 입장을 표명한다. 특히 프랑수아 페즈토 · 베르코르, 그리고 장 카수의 논설을 통해 티토에 관한 프랑스 공산당의 입장을 반박한다. 파리의 유고슬라비아 대사관의 문정관은 《에스프리》의 대표단이 현장을 방문해 소련의 비난이 터무니없음을 확인해 줄 것을 요청한다. 장 바불렌 · 앙리 케플렉 · 장 마리 도므나크는 이러한 상황 속에서 유고슬라비아를 방문한다.[5] 《에스프리》는 1950년 2월 3편의 증언의 글을 발행하는데 그것들은 티토가 파시스트, 제국주의 첩자이고 반역자라는 우스꽝스런 논지를 반박한다. "그것은 프랑스 공산당의 집행부로는 참아내기 힘든 행위였다."[6] 장 카수와 장 마리 도므나크는 당시에 평화 운동이 내세우

---

4) 폴 리쾨르, 같은 책, 234쪽.
5) 미셸 비녹크의 《〈에스프리〉지의 정치적 역사》에서 얻어진 정보, 앞의 책, 286-287쪽.
6) 미셸 비녹크, 같은 책, 287쪽.

는 규약을 무시한 대가로 평화 운동에서 제명당하고, 샤트네 시의회에서 규탄을 받는다. 1950년 도므나크는 무니에의 시신 곁에서 평화의 전투원 대표단에 의해 그의 잘못된 생각을 버릴 것을 요구받는다. "사람들은 복음서의 이름으로 나를 규탄하기 위해, 우스운 일이지만 진보적인 그리스도교인인 은행가 스턴을 보내기조차 하였다."[7] 도므나크의 이러한 불상사가 평화를 위한 투쟁의 길이 얼마나 협소한지를 보여 주고, 극단적인 중립주의만이 유일하게 자신도 모르는 사이에 대립되는 두 진영 중의 어느 한쪽으로 치우치는 것을 피할 수 있다는 것을 보여 준다.

그것이 1951년, 한국에서의 전쟁으로 상황이 극단적으로 악화되던 시기에 몽벨리아르에서 개최된 사회그리스도교의 총회에서 리쾨르가 권장한 길이다. 그는 "두 체계의 평화적인 공존"[8]을 역설한다. 그것을 실현하기 위하여, 그는 두 거인 앞에서 대항할 수 있는 "온전한 제3세계 세력"[9]을 기대한다. 세계가 화염에 싸일 수 있다는 위험 때문에 사회와 정치가 위축될 때, 리쾨르는 일에 대한 우선 순위를 뒤집는다. 그는 빈곤에 대한 우선적인 투쟁과 사회 문제의 해결을 통해 정치에 역동성을 다시 불어넣으려 한다. "평화의 정치에 하나의 구호가 필요하다면, 나는 **예방 전쟁에서 예방 정의로**를 제안할 것이다."[10] 같은 해 1951년에 《에스프리》의 지면을 통하여 리쾨르는 여론의 진정한 정치적 각성을 호소한다. "우리나라의 여론은 용기를 잃고, 말이 없으며, 무기력하다……. 각 개인이 은밀한 패배주의에 자신을 조금씩 내맡기어 버렸다."[11] 그는 점점 더 조여 오는 세계의 양극화의 틈바구니 사이에 활로를 열기 위하여, 전에 볼 수 없던 단호한 태도로 고발과 화해의 이중적 노력을 동시에 행한다. 리쾨르는 두 진영에 신랄하고 가차없는 비난을 퍼부으며, 프랑스에 가장 가까운 "미국식 민주주의의 양심"[12]을 지닌 진영에 대해서도 경계와 비난을 늦추지 않는다. 그는 세상에 대해 이원론적인 시각을 갖는 십자군 정신에 사로잡힌 미국을, 그리고 자만에 빠져 있으며 선민 의식으로 가득한 그 미국을 신랄하게 고발한다. 그는 **미국식 삶의 방식** 뒤에서 "파시즘의 도래에 앞선

---

7) 장 마리 도므나크와의 대담.
8) 폴 리쾨르, 〈평화를 위한 노력〉, 《사회그리스도교》, 제5-6호, 1951년, 373쪽.
9) 같은 책, 377쪽.
10) 같은 책, 378쪽.
11) 폴 리쾨르, 〈문화의 평화적 공존을 위하여〉, 《에스프리》, 제3호, 1951년, 408쪽.
12) 같은 책, 409쪽.

모든 심리적인 여건"[13]을 담고 있는 대중적 정치의 실현을 엿본다. 인간 조건의 유일한 지평으로 설파되는 이러한 삶의 양식은 "미국식 종교"[14]라고 불릴 만큼 종교적인 색채를 띤다. 공포를 동반한 이러한 캠페인이 자아내는 해로운 영향에 대해, 1950년에 카를 바르트가 하듯이 불안에서 벗어나게 하는 교수법으로 대항해야 한다. 그리고 사회의 내재적 문제에 관심을 쏟고, 미국 사회 내부에서 비판에 힘쓰는 세력들에 의존해야 한다. 이러한 고발과 화해의 이중적 작업은 소비에트 문화를 또한 겨냥한다. "전쟁에 대한 유혹이 역사적인 사명감에 불타 있는 공산주의자들 쪽에서도 감돌기 때문이다."[15]

두 진영의 평화적 공존을 가능하게 하고, 그들에게 평화를 강요하게 할 수 있는 기구를 갖추도록 하기 위해서는 긴급하게 대처해야만 한다. 그런데 평화 운동은 평화를 진지하게 갈구하는 많은 회원들을 가지고 있음에도 한 진영에 속하기 때문에 이러한 위급함에 부응하지 못한다. 리쾨르가 군사적이고 외교적인 중립주의를 강요하기 위해 모을 수 있는 세력으로 보는 것은 공산주의와 진보주의, 그리고 비폭력주의의 3자 동맹을 통해서이다. 물론 스탈린주의가 팽배한 시기에 프랑스 공산당과 소련의 조직적인 관계를 고려하지 않은 이러한 제안은 간절한 소망으로 여겨질 뿐이다. 하지만 이 제안 뒤에는 그의 중립적인 경향을 굳건히 유지하면서, 평화를 위한 투쟁에 참여한 공산당 세력과의 접근을 추진하려는 희망을 버리지 않는 현실적인 목적이 있다. 기실 출발부터 프랑스 공산당의 계열에 포함되기를 거부하며, 평화를 위해 적극적으로 투쟁한다는 필요성에 확신을 가진 사회그리스도교는 20여 개의 단체(《에스프리》, 《그리스도교인의 증언》, 세계의 시민)에 힘입어, 1948년 사회그리스도교의 사무총장 모리스 보주가 이끄는 평화의 카르텔을 결성했다. 1951년에 이 카르텔은 더욱 폭이 넓어져 37개의 단체를 포함하고, 평화를 위한 자유 단체로 이름을 바꾼다. "전문은 두 진영 중의 어느 한쪽에 무조건적인 참여를 거부한다는 것을 시작부터 규정짓는다."[16] 리쾨르는 다른 이들과의 협의하에 사회그리스도교의 국제 노선을 정의하는 일을 맡는다. 1951년 몽

---

13) 폴 리쾨르, 같은 책, 410쪽.

14) 같은 책, 411쪽.

15) 같은 책, 413쪽.

16) 라울 크리스팽, 《참여적 프로테스탄트. 사회그리스도교, 1945-1970》, 앞의 책, 127쪽.

벨리아르총회 후에, 조르주 카잘리스와 에티엔 트로크메와의 연구를 통해 1953년 마르세유총회의 보고서를 작성하는 사람도 그이다. 그가 총회에 참석할 수 없음으로써 그의 보고서 "평화적 공존의 조건, 평화의 조건"[17]은 총회에서 에티엔 트로크메에 의해 소개된다. 그는 평화적 공존의 개념을 한층 심화시켜 평화로운 세계를 건설하는 도구로 만들고, 그 개념을 공산주의자들이 하는 선전적인 사용 방식에서 끌어낸다. 이 점에 관련해 평화는 동구권의 억압적인 체제에서 해방적일 수 있는데, 그것은 평화만이 유일하게 경찰 체계의 속박을 풀 수 있기 때문이다. 두 강대국 사이에서 세계가 단순히 이분됨으로써 가능한 평화적 공존의 형태는 거부되어야 한다. 그것은 서유럽의 자율적인 운명을 포기한다는 것을 기반으로 하고, 동구권에서 예속적인 상황을 받아들이고, 그리고 서유럽에서 비판적인 시민들을 진압하는 것을 전제로 한다. 그렇기 때문에 그것은 수치스럽고 치명적인 해결책이 될 것이다. 그러므로 지정학적인 상황으로 인해 "두 현대적 거인 사이에서 피할 수 없이 **중재자**의 역할"[18]을 맡게 되는 나라들은 무거운 책임을 지게 되며, 프랑스가 첫손에 꼽히게 된다. 평화적 공존의 논리는 역사에 대한 마르크스주의 시각의 표현이라기보다는, 반대로 인간 역사에 대한 종합적이고 전체적인 의미에 대한 믿음을 포기하는 것을 전제로 한다. 그리고 그것은 현금의 경험에 대한 최대의 존중과 "만들어 나갈 역사철학"[19]을 위하여 역사적 메시아 신앙을 재검토하는 것을 또한 전제로 한다.

리쾨르가 없는 가운데 열렸고, 리쾨르 보고서의 낭독을 뒤이은 5시간의 토론은 평화적 공존의 개념에 관한 실질적인 이견 대립을 보이지 않았다. 하지만 몇몇 참가자들은 그의 접근이 지나치게 철학적이고, 충분히 구체적이거나 정치적이지 못함을 지적하였다.

반대로 긍정적인 프랑스 인민공화파와 적대적인 프랑스 공산당을 제외하고는 모든 정치적인 집단을 분열시킨 유럽방위공동체(CED)에 대한 보고서에서 리쾨르는 입장을 표명해야만 했다. 유럽방위공동체는 1951년 장 모네의 바람에 따라 만들어진 석탄과 철의 유럽공동체(CECA)의 성공 이후, 통일된 유럽 건설의 과정에

---

17) 폴 리쾨르, 〈평화적 공존의 조건, 평화의 조건〉, 《사회그리스도교》, 제6-7호, 1953년, 297-307쪽.

18) 같은 책, 300쪽.

19) 같은 책, 306쪽.

결정적인 새로운 걸음을 실현하기를 원하는 좀더 연방적인 유럽 지지자들의 제안이다. 하지만 이 발의는 무수한 저항에 부딪히게 된다. 한편으로 그것은 독일의 재무장이라는 아주 민감한 부분을 건드리게 되고, 다른 한편으로 어제의 적이며 오늘의 동지인 독일과 일본이 자신들의 방어를 스스로 책임질 수 있기를 바라는, 한국전에 참가한 미국의 이익에 일치한다. 소련측에서는 유럽방위공동체에서 미국의 군국주의적 술책을 고발한다. 그러므로 유럽방위공동체의 다각적인 계획은 진정한 의미에서 시한폭탄의 성격을 띤다. 대부분의 정당들이 그러한 것처럼 사회그리스도교인들은 이 문제에 관해 상당히 분열된다. 리쾨르는 독일이 '한국화되지' 않고 언젠가 통일된 국가를 이루도록 하기 위해, 하나가 된 독일의 수호라는 이름으로 유럽방위공동체에 반대하는 입장을 그의 보고서에서 취한다. 그는 유럽의 방위라는 개념 속에서 허구적 결정 기관 뒤에 숨은 "미군 참모부에 대한 실질적인 종속"[20]이라는 술책을 폭로한다. 리쾨르의 보고서는 그러므로 서유럽 국가들에 의해 이미 채택된 유럽방위공동체 조약을 비준하지 말 것을 주장한다. 다양한 견해가 토론중에 표출되고, 조르주 라세르는 "우리들 각자의 내부에 철의 장막이 쳐져 있음"[21]을 결론짓는다.

유럽방위공동체는 두 친구인 폴 리쾨르와 앙드레 필리프를 대립시킨다. 후자는 그 안(案)이 만들어질 당시에 개인적 역할을 맡게 되었다. 그 안의 원천은 스트라스부르에서 열린 유럽이사회의 도중 처칠이 독일의 재무장을 권장한 1950년으로 거슬러 올라간다. 처칠이 강력한 반발에 부딪히자, 열렬한 유럽주의자인 앙드레 필리프는 막다른 골목에서 벗어나기 위해 유럽방위 장관의 지휘 아래에서, 유럽 국회의 통제를 받는 통일된 유럽 군대에 독일 군대를 통합시키도록 하는 수정안을 희망한다. "저녁식사 도중 개별적인 토론 끝에 처칠은 나의 수정안을 받아들였다."[22] 다음날 합의안이 준비되고, 찬성 85에 반대 5, 그리고 기권 27로 채택되고, 이러한 경향에 부응하여 국방부 장관 르네 플르방은 유럽방위공동체 창설안을 제기한다. 우리가 알다시피 4년 동안 프랑스에서는 불협화음이 지속되고, 공화국회 의장인 피에르 망데스 프랑스가 그 안을 의회에 상정했을 때인 1954년 그 안은 의

20) 폴 리쾨르, 같은 책, 302쪽.

21) 조르주 라세르와 미셸 빌쉬레저에 의해 인용됨, 〈공존의 조건에 대한 우리들의 토론〉, 《사회그리스도교》, 제6-7호, 1953년, 313쪽.

22) 앙드레 필리프, 《자신이 쓴 앙드레 필리프》, 오비에, 파리, 1971년, 196쪽.

회에 의해 폐기된다.[23] 유럽 사회주의 국가 통합을 위한 신봉자인 앙드레 필리프는 유럽방위공동체 안에 갖는 애착 때문에 사회그리스도교 집행부의 일원으로서 그의 직책을 일시적으로 사임한다. (2년 후에 그는 다시 집행부에 합류한다.) 로제 멜은 앙드레 필리프와 같은 입장을 취한다. "나는 오히려 앙드레 필리프를 좇았다. 게다가 나는 유럽방위공동체를 옹호하는 논문을 《신앙과 생활》에 실었다. 그런데 그로 인해 나는 유럽방위공동체에 전적으로 반대 입장을 표명하는 카를 바르트의 분노를 샀다. 그는 유럽인들은 독일인들의 재무장을 허락하면서 그들이 무엇을 하고 있는지를 모르고 있다고 말했다. 그에 대해 나는 다음과 같이 대답했다. '선생님, 하여튼 독일은 재무장을 할 것입니다. 한데 유럽과 관련 없는 독일의 무장은 나에게 더욱 위험해 보입니다.' 하지만 나는 그를 설득시키지 못했다."[24]

독일의 재무장에 관해 50년대초부터 깊이 관여했던 리쾨르는 그 당시에 바르트의 입장에 동조했고, 독일의 통일을 유지할 수 있는 타협책을 찾으려 애쓰고 있었다. 1951년 그는 《에스프리》의 동인들과 독일의 재무장에 반대하는 선언서에 서명한다. 이 텍스트의 초안을 작성한 사람들이 위원회를 구성하는데, 평화 운동 소속인 미셸 브뤼지에와 장 마리 도므나크가 간사를 맡는다. '독일 문제의 평화적 해결책을 위한 국제회의'를 조직하기 위한 국제적인 접촉이 이루어졌다. 냉전이 한창인 시기에 동·서유럽의 대표들을 한데 모이게 하려는 조직위원들의 의도는 온갖 장애에 부딪히게 된다. 각국 정부들은 양극 지배 체제에 정면으로 대립되는 시의에 적절하지 못한 이러한 제의에 냉담하게 반응하고, 그를 방해하기 위하여 여권을 압류한다. 그럼에도 불구하고 회의는 1952년 11월 8일 베를린에서 열리게 된다. 프랑스 대표단은 보고서 제출의 임무를 맡은 리쾨르와 장 바부렌, 프랑스 인민공화파 의원 앙리 부레, 신부 피에르 그로네스, 목사 트로크메, 그리고 몇몇 사람으로 구성된다. 대변인의 자격으로 행한 제안에서 리쾨르는 "소련으로부터 협상에 대한 진지한 의지와 실질적인 양보가 있을 수 있다"는 가정에서 출발하여, "서구와 동구 유럽에서 재무장의 준비 작업이 결정적이지 않다"[25]는 것을 단언한다. 이러한 분석에서 출발한 리쾨르는 통독 정부 구성에 공헌하려는 소련의 의지

---

23) 유럽방위공동체 조약은 1954년 8월 30일 투표에서 반대 3백19표 대 찬성 2백64표로 부결된다.

24) 로제 멜과의 대담.

25) 폴 리쾨르, 〈베를린회의〉, 《사회그리스도교》, 제60-61호, 1952년 12-1월, 626쪽.

를 좇을 것을 권장한다. 단 통독 정부를 구성하기에 앞서 자유 선거를 조성한다는 기본 관점에 관해 소련측의 양보를 얻어내기를 희망한다. 2백여 대표자들에 의해 채택된 최종 결정 사항은 리쾨르의 모든 입장을 받아들이지 않고, 양측으로부터 얼마만큼의 양보를 요구하는 것이다. 그러므로 결과는 상당히 완화되고, 특히 회의의 제안은 사장된 상태로 머물게 된다. 1952년에 상반되는 결과를 얻는다는 것은 놀라운 일이었을 것이다. 바르샤바 조약으로 파견된 군대에 의해 점령된 지역에서 자유 선거가 이루어지도록 소비에트 연합이 허용하는 것을 어떻게 상상할 수 있겠는가? 게다가 동베를린이 이 회의를 대하는 방식에는 모호한 점이 있다. "이 회의에서 상당한 자리를 차지한 동베를린의 언론이 발언 내용을 요약하는 지면에서 그들의 공식적인 입장에 일치하지 않는 거의 모든 것, 특히 폴 리쾨르와 니에몰레르 목사의 발언 내용을 삭제한 것이 유감스러웠다."[26] 철의 장막에도 불구하고 통일된 중립 국가로서의 독일에 대한 이상적인 시각이 배제된 상황에서, 믿을 만한 정치적인 안으로서 유럽방위공동체 계획안만이 남아 있었다. 프랑스의 거부가 그 계획안을 최종적으로 사장시키고, 유럽 건설의 새로운 걸음을 내딛게 한다. 유럽경제공동체의 탄생과 더불어 유럽 건설에 새로운, 하지만 결정적인 계기는 1957년에 마련된다.

그럼에도 불구하고 국제적인 상황의 분석 차원에서 심사숙고는 지속되고, 리쾨르는 또다시 1955년 4월 리옹에서 열린 사회그리스도교 총회에 보고서를 제출하는 책임을 맡게 된다. 1953년 이래 국제 상황은 약간의 변동이 있었다. 스탈린이 죽고, 흐루시초프는 평화 공존을 소련의 공식적인 대외 정책으로 하며 미국과의 관계에서 어느 정도의 화해를 원한다. 한국 전쟁이 끝나면서 새로운 강대국인 중국이 출현하게 되고, 둘만의 전쟁을 불가능하게 한다. 게다가 반둥 회담은 식민 주구로부터의 해방을 뒤로 하고, 양대 진영의 길 외에 또 다른 길을 찾는 일단의 국가들을 출현하게 한다. 비동맹이 미세하게나마 형태를 갖추고 믿을 만한 해결책을 대변하기 시작한다. 자신이 "거짓 평화"[27]라고 이름 붙인 것에 관해 리쾨르가 비판적인 태도로 개입하게 되는 것은 이러한 평온한 국제적 판도에서이다. 평화 공존은 두 초강대국의 핵무기 억제 능력에서 초래된 불운처럼 보인다. 공포에 근거

26) 장 마리 도므나크, 〈독일을 위한 협상 제안〉, 《에스프리》, 1952년 12월, 1005쪽.
27) 폴 리쾨르, 〈진정한 평화와 거짓 평화〉, 《사회그리스도교》, 제9-10호, 1955년.

한 이러한 균형은 "살아 있는 종족인 인간 전체에 대해 이제부터 두 초강대국 각자가 행사할 수 있는 생물학적인 책임 의식"[28]을 피할 수 없게 만든다. 공존을 불운으로 만드는 것이 바로 이러한 점이다. 이러한 공존은 두 가지 형태를 띨 수 있다. 하나는 이제까지 그러했듯이 두 영향권을 인정하고, 이러한 상태를 사실적으로 확인하는 것이다. 이러한 관점의 지평에서 역사는 고정되고, 부동성이 승리를 하게 된다. 하지만 공존을 실천하는 또 다른 방식이 존재하는데, 그것은 새로운 축의 출현을, 양대 진영과는 다른 새로운 목소리의 출현을 북돋우는 것이고, "역사의 이원론적인 시각이 아닌 다원적인 시각"[29]을 제시하는 것이다. 코민포름의 대열에 서기를 거부한 티토의 자세가 공존의 역동적인 개념에 속할 수 있다. 아시아나 아프리카에서 일고 있는 반식민주의 투쟁의 증가 또한 양극이 만드는 속박에서 벗어나는 길을 제시한다. "그러므로 탈식민화가 강대국간의 게임을 복잡하게 하고 어지럽힌다."[30] 이 점과 관련하여 최근 들어 식민지에서 벗어난 동아시아의 5개국 주도하에 열린 반둥 회담은, 레오폴드 세다르 상고르의 표현에 따르면 맑은 하늘에 날벼락이 내리는 꼴이다. 그것은 그것이 미국이든 소련이든 산업 세계의 확신을 뒤흔들어 놓고, 외교상의 뉴딜 정책을 대신하며 판도를 뒤바꾸어 놓는다. "반둥 회담은, 진실은 집요해서 사라지지 않고 세계는 그러한 만큼 양대 진영으로 갈리기를 원하지 않는다는 것을 우리에게 환기시킨다."[31]

중립주의는 그러므로 기권주의로 이해되지 말아야 한다. 그것은 위성 국가가 되는 것을 피하기 위한 투쟁이고, 역사에 나름대로 공헌하고자 하는 독창성의 표현이다. 진정한 평화와 진정한 공존은 그러므로 인간의 의지를 통해서이다. 그것들은 근본적으로 자발적인 성향을 띠고, 블록의 경직된 세력과 충돌하게 된다. 이제 미국의 자본주의나 소련의 공산주의라는 해결책을 따르지 않는, 평화를 짊어질 새로운 세계를 건설하는 일만이 남았다.

28) 폴 리쾨르, 같은 책, 468쪽.
29) 같은 책, 470쪽.
30) 같은 책, 474쪽.
31) 같은 책, 479쪽.

21

후설의 소개자

리쾨르는 스트라스부르에서 철학사 전공 조교수의 직책에 임명된다. 그 당시 지방 대학에서 이 과목은 오늘날 우리가 상상하기 힘든 가족적인 성격을 띤다. 철학 연구소는 대학 건물 내부가 아니라 괴테 가(街) 구석에 위치한 단독주택에 자리한다. 한 층은 심리학, 또 다른 한 층은 철학이 자리잡고 있는데, 4명의 교수가 수업을 담당한다. 학부는 도덕과 사회학 · 일반심리학 · 철학사 · 일반철학 등, 4개의 전공 분야로 나누어진다. 그의 동료로는 일반심리학의 줄리에트 부토니에, 도덕과 사회학의 조르주 뒤보, 조르주 캉길렘의 뒤를 이어 그와 같은 해에 임명된 조르주 구스도르프 등이 있다. 철학과 학생들은 최대 20여 명으로 제한된다. 강의는 조그만 사무실보다 크지 않은 강의실에서 이루어진다. "대략 15명이 녹색 식탁보가 깔린 테이블에 둘러앉아 강의를 받았다."[1] 그러한 여건 속에서 교수와 학생들 사이의 관계는 무척이나 수월했다. 반대로 이러한 소규모 대학 생활은 약간의 적대감과 잠재적인 갈등을 낳게 된다. 구스도르프와 리쾨르의 관계가 그러하다. "구스도르프가 없었다면 리쾨르는 스트라스부르에 머물렀을 것이다. 구스도르프가 없었다면 스트라스부르에서 그의 모든 경력을 마쳤을 것이라고 리쾨르는 몇 번이나 말했다."[2] 이미 커다란 업적을 쌓은 구스도르프는 리쾨르가 얻는 명성과 일에 대한 추진력에 질투를 느낀다. 이러한 이유로 스트라스부르에서 사람들은 "리쾨르가 선구적이고 부인될 수 없을 만큼 풍부한 노선을 따라가고 있으며, 그러한 의미로 작업을 하고 있다"[3]는 것을 이미 알고 있다. 구스도르프의 두려움을 완화시

1) 롤랑 괴첼과의 대담.
2) 로제 멜과의 대담.
3) 위의 대담.

키고 상황을 호전시키기 위하여 리쾨르는 그를 초대하는 등 최선을 다하지만, 그의 반복되는 거절에 부딪히게 된다. 게다가 리쾨르가 철학사의 직책을 맡고 있음으로써 형이상학과 도덕철학은 구스도르프의 전담 분야가 된다. 이러한 상황이 리쾨르에게 철학사에 대한 개인적인 지식을 견고히 할 수 있는 기회를 제공한다. "그리스, 근대 그리고 현대철학에 관한 나의 지식의 바탕은 이 기간 동안에 이루어진다."[4] 동시에 "그는 구스도르프의 강좌, 형이상학과 도덕에 관한 강좌를 맡고 싶어했다."[5] 대학 세계에서 전반적으로 격심한 시련을 겪은 개인적 감수성은 이 협소한 공간에서 가중된 시련을 되풀이하여 겪게 되고, 롤랑 괴첼과 같은 뛰어난 학생이 그의 고등 교육 과정을 폴 리쾨르, 그리고 앙드레 네에르와 이수하려 할 때 구스도르프는 그에 대해 확실히 질투를 느끼게 된다.

반대로 이러한 어려움은 학생들과의 밀도 높은 관계를 통해 보상받는다. 그들 중에 알렉스 데르잔스키는 정말 귀재이며, 박식한 사람이다. 철학 수업을 들으며 리쾨르와 친해진 그는 1958년 결혼 당시 "나는 그에게 증인이 되어 줄 것을 요구했고, 도므나크는 아내의 증인이 되었다"[6]라고 할 정도였다. 그로부터 결코 서로를 실망시킨 적인 없는 결탁이 생겨난다. 데르잔스키는 지금도 전화기를 싫어하는 리쾨르를 전화로 언제든지 부를 수 있는 드문 사람들 중의 하나이다.

철학사가로 리쾨르는 매년 수업의 각각을 한 저자에 전념하며, 방학 기간 동안에 그의 모든 작품을 읽는다. "나는 매년 한 철학가의 작품을 가능하면 완벽하게 읽어내는 것을 특별한 원칙으로 삼았다."[7] 하지만 그렇다고 해서 그가 연대기순으로 저자와 작품을 펼쳐 보이는 고전적인 철학사가가 되는 것은 아니다. 아카데믹한 지식으로 철학사가 그의 관심을 끄는 것은 아니다. 철학사는 오늘날 부딪히는 문제들을 현실화할 수 있는 능력으로만 가치를 갖는다. 그것은 리쾨르에 의해 "전통의 적응"[8]으로 이해된다. 리쾨르의 작품에 대한 강의는 한 문제 한 주제에서 출발하고, 그로부터 한 작가의 철학적 망이 짜이게 된다. "나는 철학사에 있어서 자유의 문제에 관한 리쾨르의 강의를 들었다."[9] 그는 상상력의 문제나 초월적 환원

---

4) 폴 리쾨르, 《심사숙고한 끝에》, 앞의 책, 27쪽.
5) 로제 멜과의 대담.
6) 알렉스 데르잔스키와의 대담.
7) 폴 리쾨르, 《심사숙고한 끝에》, 앞의 책, 27쪽.
8) 미리암 르보 달론과의 대담.

등을 또한 대상으로 삼는다. 그가 본질과 실체에 대한 개념을 중심으로 플라톤과 아리스토텔레스에 관한 그 유명한 강의를 하게 되는 것이 1953-1954년 스트라스부르에서이다. 그의 강의는 그가 무시할 수 없는 명성을 얻게 되는 소르본대학교 주변에서 복사되어 다량으로 배포되게 된다. 《유한성과 죄의식》을 준비하면서 그는 악과 그리스 비극에 관한 강의를 한다. 그가 훗날 자신을 '후기 헤겔적 칸트주의자' 라고 할 만큼 그에게 중요한 칸트의 작품에 관한 체계적인 연구를 시작하는 곳 또한 스트라스부르에서이다. 그는 또한 신학생들의 관심을 끈다. "나는 신학대학에 다니고 있었지만 그의 철학 강의를 들었다. 나는 철학과 페르시아 그리고 아랍의 신비신학에 매혹됐으며, 해석학자로서 리쾨르는 나의 관심을 끌었다"[10]라고 1967-1983년 샹봉쉬르리뇽의 철학 교수였던 슬리만 부케첸은 회상한다. 1995년 신교 신학대학의 학장인 마르크 리엔하르트는 당시 리쾨르와 같은 거리에 살고 있었다. 그는 리쾨르의 아들들과 축구를 하였다. 훗날 1953-1957년 그는 신학 강의에 등록했다. 그러나 대학에서 기회가 있을 때마다 리쾨르의 강의를 들었다. 동시에 그는 바젤에서 야스퍼스의 강의를 들었고, 몽펠리에에서 에메 포레스트의 강의를 듣는다. 하지만 리쾨르 철학 강의의 중요 내용은 50년대에 후설로 대변된다. "그는 학부 졸업반에서 현상학이라는 상당히 인상적이고 비중 있는 프로그램으로 강의를 했다. 그는 《이념 I》의 독일어 텍스트를 강의하면서 우리에게 번역을 시켰다."[11] 후설의 작품은 대학 철학연구소와 후설의 제자인 하우터가 몸담고 있는 신학대학 사이의 가교 역할을 한다. 1945년부터 스트라스부르에서 교의신학 교수로 일하고 있는 하우터는 1925년 후설의 현상학에 관한 작품을 출판하였다. "스트라스부르에는 후설을 내세우는 사조가 있었다."[12]

리쾨르는 프랑스에 후설을 소개하는 데 커다란 역할을 하게 되고, 그것이 그로 하여금 현상학에 익숙한 몇 대에 걸친 철학가들을 형성하게 한다. 1949년 잡지 《형이상학과 도덕》[13]에 〈후설과 역사의 의미〉에 관한 긴 논문을 발표한다. 그는 4만여 페이지의 원고에 해당하는 그 커다란 철학적 대양을, 30년대 후설의 작업이

9) 롤랑 괴첼과의 대담.
10) 슬리만 부케첸과의 대담.
11) 롤랑 괴첼과의 대담.
12) 마르크 리엔하르트와의 대담.

며 《위기》(유럽에서 학문의 위기와 초월적 현상학)를 구성하는 그것을 작품의 끝에서부터 공개적으로 접근한다. 후설은 나치라는 병에 사로잡히고, 격심한 혼란에 빠진 독일에서 의미를 다시 포착하려 한다. 물론 그는 역사성이라는 주제를 이미 다루었다. 하지만 당시의 위기가 극에 다다르고, 유대인 조상을 가진 후설이 그로 인해 개인적으로 희생된다. "역사의 비극 자체가 후설로 하여금 역사적으로 사고하게 했다."[14] 리쾨르는 초월적 현상학이 역사에 별다른 관심 영역을 두고 있지 않다는 것을 알고 있기 때문에 시대적 비극으로 인해 후설의 사고에 변화가 생긴다고 진단한다. 논리주의와 심리주의에 대한 후설의 이중적 거부가 처음에는 역사적 우연성에 대한 고찰을 염두에 두게 하지 않는다. 반대로 후설의 문제 제기는 "초월적 환원의 선결 작업을 통해 여기에 대한 우려를 애초부터 없애려는 듯하다."[15] 물론 시간성은 모든 경험을 통합하는 형태로 의식에 내재한다. 하지만 어떻게 그 많은 의식과 연결된 하나의 역사를 생각할 수 있을까? 그러기 위해 후설은 역사를 신학에 비교한다. 후설은 계몽주의의 전통에서 이성 · 자유 · 보편으로 고양된 하나의 유럽이라는 개념을 취한다. 그러므로 그의 역사에 대한 의미는 철학적 기능의 수행 속에 있다. "유럽의 위기는 방법론적인 궁핍뿐일 수 있다."[16]

유럽이 처한 대안의 위기를 바탕으로 후설은 객관주의가 낳는 유해한 효과를 지적하고, 지식의 무한한 임무가 가장 빛나는 영역인 물리 · 수학적인 지식으로 축소됨으로써 생기는 치명적인 효과를 지적한다. 거기에서 후설은 현상학과 역사성을 연결시키는 매듭을 만들고, 역사적 영역이 의식의 밖에 있는 것이 아니라 안에 있다고 생각한다. "왜냐하면 역사는 **우리의** 역사이고, 역사의 의미는 우리의 의미이기 때문이다."[17] 리쾨르는 비판적 철학과 존재론적 의도 사이의 연결 속에서, 후설에게서 "내재성의 차원에서 이미 완성된 반성적 철학"[18]이 집단적 차원으로 투영

13) 폴 리쾨르, 〈후설과 역사의 의미〉, 《형이상학과 도덕》, 제54호, 1949년, 280-316쪽. 역사를 주제를 다룬 이 호는 뤼시앵 페브르, 앙리 이레네 마루, 도미니크 파로디, 트란 뒤크 타오, 조르주 다비, 클로드 레비 스트로스, 그리고 레이몽 아롱 등의 논문을 또한 싣고 있다. 필진들의 이름을 통해 프랑스가 역사성에 부여하는 중요성을 느낄 수 있다.

14) 폴 리쾨르, 〈후설과 역사의 의미〉, 인용된 논문, 281쪽, 《현상학파에게》에 재수록됨, 브랭, 파리, 22쪽.

15) 같은 논문, 284쪽; 같은 책 25쪽.

16) 같은 논문, 292쪽; 같은 책 33쪽.

17) 같은 논문, 293쪽; 같은 책 34쪽.

18) 같은 논문, 299쪽; 같은 책 40쪽.

되고 있음을 찾아낸다. 비판적인 자신의 글을 통해 리쾨르는 관념의 역사, 그러니까 지나치게 현실을 벗어난 관념론의 팽배를 경고하고, 역사가들이 말하는 역사를 체계적으로 점검하기를 충고한다. 그러므로 그는 역사학을 통한 우회를 권장한다. 게다가 유일한 역사가 가정하는 너무 커다란 의미의 통일성에 모든 역사성에 고유한 예측 불가능성을 대립시킨다. 역사의 이러한 역설이 리쾨르 연구의 중심축의 하나가 될 것이며, 리쾨르는 역사성의 체제가 갖는 긴장감을 결코 떨쳐 버리지 않으려 애쓴다. 1949년 후설의 독서에서 이미 그는 그의 입장을 명확히 밝히고 있다. "관념의 낙관주의와 모호함의 비극은 책임감 있는 이들의 다양성과 생각하는 사건이 임무의 통일성과 의미의 도래의 이면을 이루는 역사의 구조를 가리킨다."[19)]

1950년에 리쾨르는 포로 시절에 작업하고, 샹봉쉬르리뇽에서 완성한 《이념 I, 현상학의 주된 이념》[20)]의 번역본을 출판한다. 종이 없이 독일어 텍스트의 여백에 어떠한 조건 속에서 리쾨르가 번역을 했는지는 이미 잘 알려져 있다. 그 번역본은 그러므로 더욱 전설적이고, 개인 서재에서 가장 값비싼 그의 기념물로 보관된다. 그런데 샹봉에 머물러 있을 당시에 다른 번역가가 같은 작품을 출판하지 않을까 염려했다. 하지만 "메를로 퐁티가 다른 것에 대해 완성되지 않았던 내 번역본을 펀들었다."[21)] 리쾨르는 이 번역본을 포로수용소 동료였던 미켈 뒤프렌에게 헌정한다. 《주된 이념》의 제1권은 1913년에 출판되고, 후설의 철학적 노정에서 이상주의자로의 탈바꿈을 형성한다. 후설의 협력자인 오이겐 핑크에 따르면, 《이념 I》에서 제기된 질문은 객관적인 의식을 위해 타당한 조건들에 대한 칸트적 질문이 아니라 세상의 원천에 대한 질문이다. "그것은 세상이 주체의 절대성 속에 포함되는 것을 보이는 철학이다."[22)] 통념적인 해석과는 반대로 한편으로 1900-1901년에 쓴 《논리 연구》에 나타나는 현실주의와 논리주의, 다른 한편으로 《주된 이념》의 이상주의와 초월적 주관성에 대한 찬양 사이에 리쾨르는 후설의 어떠한 단절이나 부인도 보지 않는다. 하지만 1907년과 1911년 사이에 후설은 주저 · 암중모색 · 재고의 아주 첨예한 과정을 겪고, 현상학적 문제 제기가 태동하는 것도 이 결정적인 단계에서이다. "진정한 유아론, 진정한 주관주의의 위협 아래 현상학은 태어

19) 폴 리쾨르, 같은 논문, 312쪽; 같은 책 53쪽.
20) 후설, 《현상학의 주된 이념》(1950), 갈리마르, '텔' 총서, 파리, 1985년.
21) 폴 리쾨르, 《비판과 확신》, 앞의 책, 37-38쪽.
22) 폴 리쾨르, 후설의 《주된 이념》의 역사 서문, 앞의 책, XXVIII쪽.

난다."[23] 현상학은 당시 진정한 금욕 정신을 구성하는 몇몇 과정을 수단으로 철학자들이 재검토한 심리학에 닻을 내린다. 현상학은 순수한 의식의 태도가 갖는 명확성을, 즉 자연적인 태도의 명확성을 재고한다. "시각 · 촉각 · 청각 등, 감지 능력의 여러 다른 형태에 따르면 형태를 지닌 사물들은 **그저 나를 위해 여기에 있다.**"[24] 그러한 심리적 착각과는 반대로 생각하는 철학자는 사물들의 근원에 다가서기 위해 현상학적인 환원을 시행한다. 첫번째 단계에서는 사물 그 자체에 돌아가는 것이, 사물들을 내재성 속에서 생각하는 것이 문제이다. 하지만 두번째 단계에서는 현상학자는 지향성 덕택에 되찾아진 초월성과의 관계를 다시 찾는다. 후설은 그의 옛 스승인 브렌타노에게서 빌린 지향성의 개념 덕분으로 순수 현상과 심리적 현상의 분리를 시행한다. 의식은 언제나 무엇에 대한 인식이다. 그러므로 의식은 지향성이다. "강한 의미로 **의식**을 성격짓고, 그리고 동시에 모든 경험의 유출을 의식의 유출로, 의식의 단위로 다루게 하는 것이 지향성이다."[25] 그럴 때 후설은 지식의 주체와 심리적 주체 사이의 매듭을 풀고, 심리적 회의주의를 본질의 추구와 변화에도 불구하고 항상 같은 상태를 유지하는 대상의 존재(또는 eidos)의 추구로 대체하면서 심리적 회의주의와 결별할 수 있다. 후설에 따르면 본질은 최초의 증여 속에서 자신을 자신에게 드러내는 '사물 자체'이다. 의미의 **미결 상태**(époché) 덕택으로 얻어지는 이러한 환원 작업은 자신이 무엇에 의해 겨냥된다는 의미 속에서 초월적 자아에 접근할 수 있게 한다.

《이념 I》을 통하여 후설은 외면성과 내면성이라는 전통적 딜레마에서 벗어나는 정신철학을 세우고자 한다. 이러한 현상학적 금욕 속에서 리쾨르는 존재론적 요구와 자아 초월의 몸짓, 그리고 주체를 자신의 밖으로 내미는 소외의 함정을 벗어나려는 노력이 이어지고 있음을 이해한다. "환원은 환상적인 세계에서 벗어나게 하기 때문에 첫번째 자유로운 몸짓이다. 그 몸짓을 통해 나는 내가 진정으로 **얻는** 세계를 겉보기에는 **잃는다.**"[26] 기실 인지를 통해 얻어진 사물은 그것이 갖는 비결정성 속에 복원되고, 절대적인 것으로 이해되기보다는 경험의 변화하는 흐름에 속하는 것으로 이해된다. 《이념 I》의 기술적인 언어 속에서 후설은 내면성과 외면성의 케

23) 후설, 같은 책, XXXIV쪽.
24) 같은 책, 87쪽, §27.
25) 같은 책, 283쪽, §84.
26) 폴 리쾨르, 앞의 책, 역자 서문, XX쪽.

케묵은 이원론을 의미(노에마)와 의미 증여 행위(노에시스) 사이의 구분으로 대체한다. 생각과 생각되는 것 사이의 관계는 "의식의 노에시스 · 노에마의 구조"[27]라는 어휘로 표현된다. 현상학적 연구가 겨냥하는 것은 순수한 현상들에 관한 진정한 학문을 형성하는 것이고, 이러한 의미에서 후설은 "시작의 시작"[28]으로 여겨지는 현상학을 추구하는 '시작되는 현실'이라는 명칭을 얻을 자격을 갖추기를 바란다. 연구의 과격함에 동조하는 리쾨르는 그 연구를 프랑스에 인식시키려 하지만, 수동적인 전달자의 입장에만 머무르지 않는다. 특히 그는 장래성 있는 이러한 출발을 프랑스의 사고 전통, 그리고 그 실존적인 지평과 양립시키는 데 성공한다.

1951년과 1854년 사이 리쾨르는 후설의 작품에 관한, 특히 현상학 일반에 관한 연구 논문을 거듭 발표한다. 반 브레다에 의해 브뤼셀에서 1951년에 조직된 현상학 국제학술회에 초대된 리쾨르는, 후설의 연구와 그가 막 소르본대학교에서 발표한 논문[29] 사이의 관계를 설명하는 '의지의 현상학의 방법과 임무'에 관한 발표를 하게 된다. 1952년, 그는 미간이었던 《이념 II》를 《현실의 총체적 구성에 관한 현상학적 연구》라는 제목으로 프랑스 사람들에게 소개한다. 리쾨르는 거기에서 《이념 I》에서 정의된 의도적 방법이 시험되고 있음을 이해하고, 후설의 접근 방법의 일관성이 회고적으로 설명되고 있음을 깨닫는다. 《이념 II》는 《이념 I》에 의해 시작된 움직임, 과학의 철학에서 인지의 현상학으로의 관심의 전이를 강조하고 있다. 후설이 처음으로 "그의 육체에 관한 학설"[30]을 정리하면서, 인지된 육체에서 인지하는 육체로의 이행을 실행하는 것이 《주된 이념》의 두번째 장에서이다. 게다가 후설은 《이념 I》의 유아주의에서 상호 주체성으로 옮겨 놓는 움직임을 시작한다. "객관성의 법적 유효성과 상호 주체성의 사실적 조건이 모두 후설에 의해 다루어졌다. 그러므로 그의 분석은 상호 주체성이 객관성 속에서 형성됨을 전제로 한다."[31] 후설이 분석하는 방식 속에서의 정신의 영역은 우리가 다가설 수 있는 현

27) 후설, 제4장, 335쪽.

28) 후설, 《주된 이념》, 앞의 책의 역자 서문에서 리쾨르에 의해 인용됨, 주 2, XXXVIII쪽.

29) 폴 리쾨르, 〈의지의 현상학의 방법과 임무〉, 《현상학의 현실적 문제》, 현상학국제학술회 보고서, 파리-브뤼셀, 1951년, 데클레 드 브루에르, 파리, 1952년, 110-140쪽, 앞의 책, 《현상학파에게》에 재수록, 59-86쪽.

30) 폴 리쾨르, 〈후설의 《이념 II》에서 분석과 문제〉, 《형이상학과 도덕》, 제57호, 1952년, 35쪽, 앞의 책, 《형상학파에게》에 재수록, 99쪽.

실의 범주이다. 그것은 정신에 대한 접근을 한편으로 객관화 움직임의 한계로서, 다른 한편으로 내면화 움직임의 한계로서 결합시킴으로써 가능하다. 개인의 인격을 형성하는 요소로서 종합적 심리 현상은 이렇듯이 "순수한 자아의 실현과 대상인 육체의 고양"[32]이 합치되는 이중적인 움직임의 교차점에 위치한다. 유아주의적 환원의 위험성이 후설로 하여금 상호 주체성의 단계를 심리 현상에 접근의 주된 통로로 가치를 부여하게 한다. 타인에 대한 인식이 이 단계에서 객관성의 문제를 해결하는 도구는 아니다. 하지만 타인은 정신적 단계의 형성의 문제를 해결하게 한다.

후설은 **정신**(Geist)을 본질에 환원할 수 없는 다른 것으로 정의한 다음, 이 두 개의 실체적 범주가 함께 생각될 수 있는 조건에 대해 질문한다. 정신은 본질을 토대로 한다. 하지만 본질은 기계적인, 위치가 정해진 인과 관계의 역할을 하지는 않는다. 이 점에 대해 후설은 "본질에 대한 정신의 존재론적인 우월성을 단언하"[33] 고자 한다. 체험된 감각과 《신경적 인간》에서 장 피에르 샹죄가 행한 방식으로의 신경 체계의 조직 사이에서 시행되는 모든 형태의 환원주의는 후설에 의해 배제되었고, 그는 의식의 노에시스적(의도적) 측면과 그가 **물질·질료**라 이름 붙인 감각·충동·감정에 관련되는 비노에시스적 측면 사이의 구분을 행한다. 후설이 정의하는 방식대로 정신의 매개 영역 속에서 리쾨르는 자신으로 하여금 현상학적 금욕을 존재론뿐만 아니라, 무니에의 인격주의에 연결 가능하게 하는 인격철학의 토대를 발견한다. "후설은 이렇듯이 인격과 존재, 구체적 주체 등의 철학의 원천에 자리잡고, 이러한 철학들은 초월적 생각과 경험적 심리학 사이에서 칸트에 의해 만들어진 간극을 메우려 한다."[34] 현상학적 프로그램에 대한 적응이 리쾨르의 철학적 도정에서 단절을 의미하는 것은 아니다. 더군다나 후설의 유산은 다원적이고, 독단론으로 변형될 수 없다. 리쾨르가 1953년 《에스프리》에서 강조하고 있는 것도 바로 이 다양함이다. 후설의 작품 그 자체가 풍부하고 분화되며 모색하기 때문에 "현상학은 거의가 후설주의의 이단의 역사이다."[35] 이 점에 관련하여 리쾨르는 현상학의 연구 내부에 세 개의 파벌을 구분한다. 첫째로 주체의 본질을 객관화

---

31) 폴 리쾨르, 같은 책, 41쪽; 105쪽.
32) 같은 책, 42쪽; 106쪽.
33) 같은 책, 70쪽; 134쪽.
34) 같은 책, 75쪽; 139쪽.

하는 조건을 접근하는 칸트적 비평 방식이 있다. 둘째로 《정신현상학》으로 대변되는 헤겔류의 현상학이 있다. 이 방향은 모순의 부정과 초월을 통해 중재와 절대적 지식으로의 이행에 특전을 부여한다. 이러한 이중적 맥락은 셋째로 존재론적 긴장을 야기하는데, 리쾨르는 인간에게 나타나는 것 외에는 더 이상 아무것도 없다고 여기는 후설에 의해 제시된 방향 덕택에 그 존재론적 긴장이 사라짐을 주목한다. 후설적 금욕은 그러므로 존재론을 회피하기 위한 엄청난 작업일 것이다. "그것은 절대가 없는 철학을 향한 행군이 아닐까?"[36)]

1954년, 리쾨르는 1929년 소르본대학교에서 개최되었으며, 《데카르트적 명상》이라는 제목으로 다시 집결된 후설의 강연에 대한 세심한 주석자가 된다. 데카르트 철학의 명소에서 열린 이 강연은 그의 유산을 계승하는 것을 천명하지만, 정신과 육체 사이에 데카르트에 의해 만들어진 이원론을 거부한다. 후설은 데카르트적 움직임을 극단화시키면서 다시 취한다. 그에 따르면 데카르트적 회의는 충분히 멀리까지 진전되지 못했다. 그는 "모든 객관적 외면성"을 다시 질문했어야 하고, "절대적 외면이 없는 주관성을 추출"[37)]했어야만 했다. 후설의 사고 과정은 그를 네번째 《명상》의 단계에서 초월적 이기주의론의 확립으로 이끈다. 당시 그는 독재론적 유폐의 위험을 감수한다. 이러한 이기주의론은 경험의 자동 발생 조건을 회복시키는 것이 문제되는 범주에서 후설의 관점에 발생론적 영역을 첨가시킨다. 후설이 다다르게 되는 독재론은 그러므로 "단순히 방법론적인 성격"[38)]을 가진 것으로 이해될 수 있다. 하지만 그는 단순한 이기주의론에서 출발하여 모두에게 공통된 세상이라는 불가능한 해명 속의 논리적 난점에 이르게 된다. 자아를 타인의 문제로 확장시키면서 이러한 논리적 난점에 가능한 탈출구를 제공하는 것이 다섯번째 《명상》이다. 그는 이 최후의 《데카르트적 명상》(그것 하나가 다른 네 권만큼이나 긴)에 후일의 독특한 연구를 덧붙인다.[39)] 리쾨르는 거기에서 결정적인 순간을, 후설이 자아를 타자·타인에 연결하는 질문을 제기하는 범주에서 초월적 현

35) 폴 리쾨르, 〈현상학에 대하여〉, 《에스프리》, 제21호, 1953년, 836쪽; 앞의 책 《현상학파에게》에 재수록, 156쪽.

36) 같은 책, 824쪽; 144쪽.

37) 폴 리쾨르, 〈후설의 《데카르트적 명상》에 관한 연구〉, 《루뱅의 철학지》, 제92호, 1954년, 76쪽; 앞의 책 《현상학파에게》에 재수록, 162쪽.

38) 나탈리 데프라즈, 《철학사전》, 플라마리옹, 'GF' 총서, 파리, 1994년, 346쪽.

39) 폴 리쾨르, 〈후설. 다섯번째 《데카르트적 명상》〉, 《현상학파에게》, 앞의 책, 197-225쪽.

상학의 전환점을 본다. 명확히 대조적인 두 요구에 대답하는 것이 문제된다. "타자를 **내** 속에 형성하는 것, 타자를 **타자**로 형성하는 것."[40] 자기 것으로 만들기와 거리두기의 이중적 과정은 후설에 의해 타자를 다른 자아로 간주하는 닮음을 통한 이해를 수단으로 실현된다. "이기주의론이 희생되지 않고 독재론이 극복될 수 있는 것"[41]은 바로 이러한 유사의 능력 덕택이다. 타자를 타자로 인식함 속에서 극복된 첫번째 어려움에 공통된 객관적 본질 형성의 필연성이라는 새로운 장애가 덧붙여진다. 여기까지 자신의 육체·살은 타자의 인식 속에 매개 역할을 한다. 하지만 자아에게 본질이라는 것이 타인에게도 본질이라는 것을 의미하는 또 다른 중재자를 찾아야만 했다. "여기에서 도입해야 하는 중개의 개념은 **관점**의 개념이다."[42]

사회과학의 목표와 부합되는 이 점에서 리쾨르는 공동체나 단체에서 출발한 사회학자나 인류학자의 접근 방식과 반대로, 독재론에서 공동체로 분석해 가는 현상학자의 접근 방식을 대립시킨다. 그래서 후설은 시리우스의 비행의 관점이 아니라 홀로 낯선 이, 즉 다른 이를 이해할 수 있는 자신의 육체로부터 시작된 정박 관점의 필요성을 세운다. 그러므로 현상학적 연구는 하나의 체계 속에 갇히지 않으며, 오히려 가능성의 장을 열고 "우리에게 가능한 의미"[43]의 체계만을 형성한다. 후설 언어의 전문적인 성격을 넘어, 그의 철학은 각자가 사고 속에서 자신에 회귀하는 데 갖는 권력과 보편화된 목표를 연결하게 하는 근본적으로 겸허한 자세를 취한다.

리쾨르가 프랑스에 후설의 현상학을 도입한 유일한 인물은 아니었다. 우리가 이미 인지에 관한 그의 주요 작품을 언급한 메를로 퐁티를 제외하더라도 50년대에 얼마간의 역할을 한 후설의 소개자가 있는데, 그는 베트남의 공산당원인 트란 뒤크 타오이다. 1917년에 태어나 하노이의 프랑스고등학교에서 교육을 받은 그는 루이르그랑고등학교에서 학업을 계속했으며, 울름의 파리고등사범학교에 들어갔다. 1943년 철학 교수자격증을 취득한 그는 열정적으로 후설의 연구에 뛰어든다. 공산당에 가입한 그는 인도차이나 전쟁이 한창일 때 월맹을 지지하고, 그 대가로

40) 폴 리쾨르, 같은 책, 199쪽.
41) 같은 책, 206쪽.
42) 같은 책, 214쪽.
43) 같은 책, 224쪽.

몇 개월의 감옥살이를 한다. 트란 뒤크 타오는 현상학과 마르크스주의를 양립시키려 애쓰며, 1951년 그의 첫 저서를 출판한다.[44] 메를로 퐁티와 롤랑 바르트가 그것을 퍼뜨릴 만큼 그 책은 얼마간의 반향을 일으킨다. 리쾨르는 《에스프리》[45]에 실린 현상학에 관한 그의 논문 속에서 그에 대한 찬사를 한다. 그는 거기에서 특히 후설의 기도를 소개하는 역사적이며 비판적인 탁월한 제1부를 칭찬한다. 트란 뒤크 타오는 현상학이 이상주의의 최후 형태, 하지만 현실에 대한 향수를 갖는 이상주의라는 것을 보이는 것을 목표로 삼는다. 그는 이 점과 관련해 마르크스주의 덕택에 현상학에 유물론적인 토대를 마련했다는 것을 자부한다. 물론 리쾨르는 이 점에 관해 그와 동의하지 않고, 반대로 마르크스주의 속에서 현상학을 '실현한다' 고 주장하는 그러한 기도의 헤아릴 수 없는 어려움을 보여 준다. 리쾨르는 베트남 철학자가 행위의 분석에 특별한 위치를 부여하는 것이 옳다고 간주한다. 하지만 그는 하나의 전체로 생각되어진 노동의 개념(이것은 《에스프리》 내부에서 논쟁에 부쳐진다)에 대한 과대평가를 비난한다. "타오는 현실적 노동의 구조가 언어의 모든 지향성을, 그것을 통해 논리적 이성의 모든 체계를 배태하고 있기를 바란다."[46]

프랑스에서 경청되는 철학자가 되기를 요청받은 트란 뒤크 타오는 하지만 다른 운명을 선택한다. 그의 조국이 1954년 제네바 회담을 계기로 독립을 쟁취한다. 그는 하노이로 떠나고, 그곳에서 1956년 역사대학의 학장을 맡는다. 곧바로 전체주의 성향을 드러내는 체계의 희생이 된 그는 가장 중대한 탄핵의 명목으로 '트로츠키파' 로 몰리어, 하노이에 도착한 지 2년 만에 강의를 금지당한다. 베트남 정부에 의해 무기력한 상태에 빠진 그는 겨우 목구멍 풀칠을 위한 번역 작업[47]에 매달린다. 그의 운명은 프랑스에서 비극적으로 끝을 맺는데, 그는 1992년 프랑스로 돌아온다. 장 투생 드상티는 트란 뒤크 타오를 쇠이유의 '철학 범주' 책임편집자인 티에리 마르셰스를 접촉하게 한다. 트란이 그에게 설명하기를, 80년대 중반부터 그는 고르바초프의 **페레스트로이카**를 찬성하였다. 그런데 소련에서 제일인자의 정계 은퇴는 베트남 공산당의 집행부에 변화를 야기했다. 그가 구현한 노선은

44) 트란 뒤크 타오, 《현상학과 변증법적 유물론》, 맹 탄, 파리, 1951년.
45) 폴 리쾨르, 〈현상학에 대하여〉, 인용된 논문.
46) 같은 논문, 833쪽; 같은 책 153쪽.
47) 티에리 마르세스의 간행되지 않은 사료에서 얻어진 정보, 〈트란 뒤크 타오의 종말〉.

갑작스럽게 비판을 받았다. "그들은 나를 재판하기 위해 프랑스에 보냈다."[48] 파리행 '편도' 항공권을 제공받은 그는 파리에서 프랑스공산당의 핵심분자들에 의해 구성된 재판에 회부된다. "모든 것이 규정에 따라 진행되었다. 발언권이 주어졌고, 나는 오랫동안 나의 입장을 변호해야만 했다. 하지만 결과는 이미 정해져 있었다……. 유죄가 인정되었고, 나는 배신자로 낙인찍혀 당에서 제명됐다. (…) 판결이 나자마자 나의 전재산이 압류되었고, 내가 **바람직하지 못한 인물**임을 알리는 편지를 베트남으로부터 받았다. 나는 돈 한푼 없고, 의지할 데 없으며, 나머지 생을 프랑스에서 옴짝달싹하지 못하는 채 거리로 나서게 되었다.[49] 공포를 바탕으로 한 체제에 의해 만들어진 편집병에서 나오는 표현인가, 아니면 정말 파리에서 한 베트남인을 겨냥한 모스크바의 소송이 있었는가? "그에게 있어 시간의 흐름이 50년대초에 멈추어진 만큼"[50] 아무도 무엇이 진실인지를 알 수 없다. 자신이 미행당하고 있다고 느끼는 트란 뒤크 타오는, 그가 전적으로 신뢰할 수 있는 드문 철학가 중의 한 사람인 리쾨르를 만날 의사를 표명한다. 티에리 마르셰스는 즉시 그의 면담을 촉구하기 위한 편지를 리쾨르에게 보내고, 면담에 이은 리쾨르의 답장을 받는다. "몇 주 전에 나는 타오를 만났고, 이 만남은 나를 당혹스럽게 하였다. 하여튼 공포와 거짓말로 왜곡된 보고서 속에서 나는 어느것이 꾸민 이야기이고, 어느것이 박해에 속하는 것인지를 모르겠다. (…) 나는 죽음의 위협을 받고 있는 한 인간이라는 인상을 받았다……. 나는 진정 우리가 무엇에 대해 책임이 있는지를 알지 못하겠다."[51] 얼마 후인 1993년 봄, 창백한 트란 뒤크 타오의 영상은 파리에서 사라졌다.

또 다른 후설의 중요한 소개자가 있다면, 그것은 진작부터 후설과 접촉을 한 에마뉘엘 레비나스이다. 그는 1928년에서 1929년 사이 프리부르앙브리고에서 후설의 마지막 강의를 듣는다. "나에게 현상학에 대한 전적인 모험이 시작되는 것이다."[52] 레비나스가 1927년 스트라스부르에서 철학부를 졸업할 때, 가브리엘 페페

48) 트란 뒤크 타오, 티에리 마르셰스에 의해 인용된 같은 책.
49) 같은 책.
50) 티에리 마르셰스, 〈트란 뒤크 타오의 종말〉, 앞의 책.
51) 폴 리쾨르의 편지, 같은 책.
52) 에마뉘엘 레비나스, 《에마뉘엘 레비나스》, 프랑수아 푸아리에, 라 마뉘팍튀르, 브장송, 1992년, 61쪽.

르가 후설을 읽을 것을 권한다. 당시에 그는 열정적으로 다른 많은 것들의 뒤를 잇는 새로운 철학적 구조로서가 아니라, "생각한다는 것의 새로운 가능성"[53]의 열림으로 《논리 연구》를 발견한다. 1929년에 그는 후설에 관한 논문 한 편을 쓰고,[54] 가브리엘 페페르와 《데카르트적 명상》의 번역에 착수한다. 게다가 그는 모리스 프라딘의 지도하에 〈후설의 현상학 속에서 직감의 이론〉[55]이라는 논문을 제출한다. 그가 독일에 후설의 강의를 들으러 가는 것은 바로 이 작업을 위해서이다. "신중하면서도 상냥하고 흠 잡을 데 없는 외모에, 세속을 떠난 것처럼 멀리 있는 듯하면서도 거만하지 않고, 확신 속에서도 조금은 불확실한 듯이 보이는 그 사람은 엄격함에 사로잡혀 있으면서도 열려 있고, 대담하며, 영원한 혁명처럼 끊임없이 다시 시작하는 그의 작품의 특성을 강조하였다."[56] 그는 후설의 가족과 친숙하게 되며, 후설의 부인에게 프랑스어를 가르친다. 레비나스는 1930년에 그의 박사학위 논문을 발표하고, 출판한다.[57] 그리고 장 발의 프랑스철학학회에 참여하며, 그는 30년대 파리에 현상학의 원칙들을 소개하는 첨병 중의 한 사람이 된다. 후설을 알기 위해 독일에 간 그는 도중에 하이데거를 만나게 되고, 그의 강의와 대담 · 세미나에 참석한다. "나는 하이데거가 칸트를 이야기하고, 카시러가 하이데거를 이야기하는 1929년 다보스의 그 유명한 만남에 참석할 수 있었다."[58] 하이데거에 대한 레비나스의 열광은 후설을 뒤로 미루어 놓게 하고, 그러한 연유로 새로운 세대 곁에 후설의 이론의 배포는 전쟁 이후 리쾨르에 의한 주석 작업을 통해 이루어진다.

---

53) 에마뉘엘 레비나스, 같은 책, 61쪽.

54) 에마뉘엘 레비나스, 〈후설의 《이념들》에 관해〉, 《프랑스와 외국의 철학 정기 간행물》, 1929년 3-4월.

55) 마리 안 레스쿠레에 의해 다시 취해진 정보, 《에마뉘엘 레비나스》, 플라마리옹, 파리, 1994년, 72쪽.

56) 에마뉘엘 레비나스, 《후설과 하이데거와 함께 존재를 발견하며》(1949), 브랭, 파리, 1988년, 126쪽.

57) 에마뉘엘 레비나스, 《후설의 현상학에서의 직관의 이론》, 알캉, 파리, 1930년.

58) 에마뉘엘 레비나스, 《에마뉘엘 레비나스》, 프랑수아 푸아리에와의 대담, 앞의 책, 65쪽.

22

논문: 의지

1950년 4월 29일 토요일, 리쾨르는 박사 학위 논문을 발표한다. 당시의 관행대로 논문은 1948년 봄 샹봉쉬르리뇽에서 완성된 의지의 철학에 관한 주논문과 후설의 《이념 I》의 번역과 소개로 이루어진 보조논문으로 구성된다. 심사위원은 장 발 · 장 이폴리트 · 르네 르 센 · M. 콜르빌, 그리고 M. 수리우로 구성된다. 리쾨르의 논문 발표에 관한 보고서에서 장 발은 심사위원을 대신해 논문 평가원인 장 이폴리트의 어휘를 빌려 후설의 번역 작업이 "매우 값진 작업"이고, "예외적으로 가치 있는 작업"[1]이라고 간주한다. 《의지의 철학》은 '탁월한 논문' 이며, "이렇게 만족스러운 논문이 오랫동안 발표되지 않았다"[2]고 평가된다. 물론 르네 르 센은 리쾨르에게 죄와 죄의 대상의 초월성에 대한 개진이 후일의 연구 과제로 남겨진 채 그의 연구에서 제외됐음을 비판한다. 이러한 영역들은 매우 밀접하게 연결되어 있어 인위적으로 분리할 수 없는 것이다. 그러한 지적에 동의하는 장 발은 덧붙여서, 리쾨르가 행한 키에르케고르 · 베르그송 · 데카르트에 대한 비판에 대해 그는 의견을 같이하지 않음을 밝힌다. 하지만 "심사위원 전원은 자신의 생각의 미묘한 차이를 좇는 유연하고 적확한 언어로, 겸손하면서도 단호하게 자신을 변호하는 리쾨르의 대가다운 능란한 솜씨를 평가함에 동의했다. 리쾨르에게 심사위원의 예외적으로 짧은 협의에 뒤이어 만장일치로 최우수 평점으로 박사 학위가 수여되었다."[3] 리쾨르에게는 그의 심사위원이었던 이들의 동료로 인정되는 순간이기도 하다.

---

1) 국립고문서관, 정리번호 À J[16] 7103.
2) 같은 책.
3) 국립고문서관, 같은 책.

그 당시 박사 학위 논문은 발표되기 전에 출판되어야 한다. 논문 작업의 막바지에 리쾨르는 르네 르 센이 '정신의 철학' 총서를 기획하는 출판사 오비에를 교섭하기 시작한다. 학술 분야의 출판 상태는 당시에 무척이나 형편없었다. 아주 제한된 원고에 제한된 독자, 그리고 판매는 느슨했다. 합리적인 판매가를 정하기 위해 오비에출판사는 리쾨르에게 저작권을 포기할 것과 소르본대학교에 기증되는 무료본과 홍보 담당들에게 보내질 20여 부로 만족할 것을 요구한다! 게다가 리쾨르는 그의 논문의 인쇄비를 확실히 마련하기 위해 1950년 40만 프랑에 달하는 거액에 관해 선불 지불을 약속한다. 이 금액은 리쾨르의 바람에 따라 홍보 담당에게 보내지는 논문 부수를 1백여 부까지 늘릴 수 있게 한다. 저자는 그에게 약정된 논문 중에 10여 부를 포로수용소 시절의 동료들에게 진실한 우정을 표현하기 위해 사용하는데, 그의 작품을 폴 앙드레 르조르 · 미켈 뒤프렌 · 페르낭 랑그랑 · 로제 이코르, 그리고 사비나스에게 보낼 것을 요구한다. 학위 논문은 논문 발표 시기인 1950년에 출판된다. 1951년 3월 5백80부 정도가 판매된 것을 고려할 때, 리쾨르의 논문은 이러한 대학 출판물로는 상대적으로 좋은 판매 부수를 기록한다. 하지만 곧 출판사는 판매 리듬이 감속된 것을 알리고, 서평이 적음을 우려한다. 리쾨르가 의미 있는 비평을 얻기 위해서는 《의지의 철학》 제2권이 출판되기를 기다려야 할 것이다.

주제로서 의지에 대한 선택은 리쾨르에게서 1939년으로 거슬러 올라간다. 그는 1939년 3월 2일 〈관심과 그것의 철학적 관련의 현상학적 연구〉[4]라는 제목하에 서부 지역 철학 동아리에서 논문을 발표한다. 관심에 대한 도입부에 해당하는 이 연구는 시선의 의지적인 방향을 고려하고 있다. 그가 뒤에 의지와 무의지 사이에 체계화시킬 변증법과 그 자신이 맥락을 잇고 있다고 밝히는 가브리엘 마르셀과 후설의 이중적 계통을 우리는 이 글에서 이미 파악할 수 있다. 관심은 대상에 대한 집착을 통한 수용성이며, 동시에 주체의 고유성을 통한 활동성이다. "관심은 이렇게 결정론과 자유를 연결시킬 그 무엇을 제공한다."[5] 발표의 후반부에서 리

4) 폴 리쾨르, 《서부 지역 철학 동아리지》, 제15호, 1940년 1-3월 로네오식 등사기로 등사됨, 1941년 4월 29일 출판됨.
5) 미켈 필리비드, 《리쾨르, 또는 희망에 따른 자유》, 세게르, 1971년, 43쪽.

쾨르는 대화가 두 사람의 관계가 아니라 세 사람 사이의 관계라는 사실을 주장하므로, 관계에 관한 그의 개략을 넘어설 수 있게 한 마르셀 가브리엘의 가르침을 환기한다. 더군다나 1950년에 그의 《의지의 철학》은 가브리엘 마르셀에게 헌정된다. 행동하는 철학에 참여한다는 리쾨르의 선택은 개신교에 깊이 뿌리내린 그의 소신의 영향을 받는다. "오래전부터 나는 예속 의지에 대한 루터의 논설 《그리스도교인의 자유에 관해》와 그를 에라스무스에 대립시켰던 커다란 토론에 흠뻑 빠졌었다."[6] 정치적 판도, 자유와 책임에 대한 질문에 참여, 그리고 예정설에 관한 칼뱅주의 유산의 무게 등이 또한 "매우 다원적으로 결정된"[7] 의지와 무의지의 대립의 선택에 공헌하였다.

순수하게 철학적인 측면에서, 리쾨르는 후설에게서 인지에 적용된 의식 활동의 현상학적인 분석이 의지의 방향으로 확장될 수 있음을 감지한다. 후설 자신이 그것에 대한 가능성을 강조했었다. "쉽게 이해되듯이 유사한 전개가 감정적·의지적인 영역과, 그리고 기뻐하거나 불쾌해하는 것, 단어의 모든 의미 속에서 맛보다, 바라다, 결심하다, 행동하다와 같은 경험적 영역에 적용된다. 이러한 모든 경험은 노에마 계열과 노에시스 계열의, 종종 많은 의도적인 층리를 포함한다."[8]

리쾨르는 의지라는 주제를 연구하기 위하여 후설의 방법(본질적 분석이라 불리는 본질에 대한 추구)을 차용하고, 의지와 무의지 사이의 상호성의 다양한 형태에 대한 묘사를 시행한다. 이러한 분야에 익숙한 연구는 비의지적 기반으로부터 의지의 성격 아래 놓인 표면적 현상에까지 진행되는 피라미드식의 설명적 계단을 구성하는 것이 일반적인 양태이다. 비의지 속에 이미 의지가 내재한다는 것을 전제하는 리쾨르는 밀접한 상호 관계를 맺고 있는 두 특성은 뗄 수 없다고 생각한다. "묘사가 이해되는 것은 바로 이 관계를 통해서이다."[9] 의지의 형태에 적용되는 의식이 갖는 지향성의 원칙은 리쾨르로 하여금 그의 논문을 구성하는 결정, 의사에 따른 움직임, 그리고 동의의 세 단계로 구별하게 한다. "나는 원한다"라고 말하는 것은, 첫째로 나는 결정한다, 둘째로 나는 나의 육체를 움직인다, 셋째로 나는 동

6) 폴 리쾨르, 《비판과 확신》, 앞의 책, 47쪽.
7) 같은 책, 47쪽.
8) 후설, 《주된 이념》, 앞의 책, 1985년, 329쪽, §95.
9) 폴 리쾨르, 《의지의 철학》, 제1권, 《의지와 무의지》, 앞의 책, 8쪽.
10) 같은 책, 10쪽.

의한다는 것을 의미한다.[10] 그러므로 그의 논문의 씨실을 구성하는 것은 세 짝이다. 선택과 드러남 속에서 감정의 묘사는 당연히 데카르트적인 맥락에 속하게 된다. 물론 이러한 묘사가 경험적 과학의 발견을 수용하려 하지만, 생물학이나 과학적 심리학의 내용을 넘어서는 것 또한 사실이다. 그것은 **코기토**의 총체적 경험에 이르고자 한다. "이러한 되찾음은 데카르트의 **코기토**에 속할 수 있다. 하지만 데카르트는 영혼과 육체를 예지의 이질적인 두 선으로 간주하면서 어려움을 가중시킨다."[11]

리쾨르로 하여금 끊임없이 질문을 던지게 하는 주요한 형태는 내적으로 파괴된 **코기토**의 그것이다. **코기토**에 내재하는 이 상처는 후설이 정의하는 대로 방법론적인 금욕과 경험의 정확한 횡단을 존중할 때에만이 접근 가능하다. 리쾨르가 자리잡고 있는 곳이 바로 실존주의와 현상학 사이의 긴장된 위치이고, 그들의 접근방법에 화해를 시도하는 것이다. "인간의 철학은 **코기토**의 척도에 따라 현상학에 의해 조탁된 객관성과 구현된 내 존재의 의미 사이에 생생한 긴장으로 보인다."[12] 의지와 무의지 사이의 관계를 갈등의 근원으로 특징짓기 위한 카를 야스퍼스의 역설의 형상을 그는 이렇게 다시 발견한다.

이러한 오랜 연구의 전형적인 특징은 역설적 존재론에서 "화해된 존재론"[13]으로 넘어가는 것을 가능하게 하는 더욱 폭넓은 연구의 성질을 일부 띠고 있는 것이다. 주체의 존재론을 형성하려는 시도는 리쾨르에게 있어 현실의 또 다른 범주를 전제하는 하나의 지평이다. 그의 논문에서 중단되었던 이러한 내용은 《의지의 철학》의 2권이 1960년 출판된 후에, 세번째 장을 형성하게 될 미래의 '의지의 시학'으로 미루어진다. 하지만 이 세번째 장은 리쾨르의 작업 전 과정에 영향을 미치면서도 본래의 형태 그대로 출판되지 않는다. 논문을 매듭짓는 다음의 말이 인간의 자유가 갖는 원동력, 그것의 근본적인 겸양, 그리고 초월성에 속하는 시적 영역 사이의 음역의 단절을 잘 그려 주고 있다. "원하는 것은 창조하는 것이 아니다."[14]

리쾨르는 의지와 무의지 사이의 관계에 대한 연구 속에서 세 가지 주된 이념을

11) 폴 리쾨르, 같은 책, 12쪽.
12) 같은 책, 20쪽.
13) 같은 책, 22쪽.
14) 같은 책, 456쪽.

체계적으로 살핀다. 그들 관계의 상호성과 갈등을 확인한 다음, 리쾨르는 두번째 단계에서 주관성이 그들의 공통된 척도라는 사실을 명확히 한다. "이 작품 전체는 주관성에 그의 특권을 회복시키는 코페르니쿠스적 최초 혁명의 한 측면일 뿐이다."[15] 세번째 단계에서 주관성 고유의 긴장은 화해 속에서 해결되는데, 동의의 형태가 그의 논문의 제3부를 한마디로 요약하는 화해의 최종적 표현이다. 리쾨르의 묘사적 여정은 각기 그들 나름대로의 장점을 갖지만, 종종 본질적인 것을 비켜가는 여러 다른 접근 방법들로부터 그를 구분시킨다. 이러한 본질적 탐구 내내 주요 적수로 겨냥된 것은 물론 자연주의적 환원주의이다. 물론 특히 비의식적이며 비의지적인 측면에서 인간의 객관화된 지식에 접근하기 위해 실험적 과학을 통한 우회는 전적으로 필요하다. "육체는 실험적 과학에 의해 다듬어진 경험적 대상으로 더욱 알려져 있다."[16] 그러나 이러한 상황은 철학가에게 또 다른 문제를 낳게 하는데, 이야기되는 주체가 내적 파괴의 위협을 받고 있기 때문에 그가 반성적 계보에 위치할 때 더욱 그러하다. 철학은 더 이상 과학의 그것이 아닌 주체를 문제시할 위험을 감수하고, "하지만 그럼에도 불구하고 그것이 마찬가지라는 것을 우리는 알고 있다."[17] 한편으로 같은 대상을 갖는 두 영역의 무한성에 전가시킬 수도 없고, 다른 한편으로 무작위로 다른 종류의 것을 뒤섞을 수도 없다.

리쾨르 논문의 주제는 "과학적 담론과 철학적 담론을 뒤섞는 모든 기도"[18]에 반대하는 것이다. 여기에서 우리는 지식의 여러 범주들을 변증법으로 발전시키고, 의미 생산이 가능한 방식으로 순환시키기 위하여 한계 · 경계 속에서 토대를 되찾으려는 지속적이고 칸트적이며 비판적인 리쾨르의 절대적 필요성을 다시 발견한다. 이러한 관계맺기는 각각의 탐구 영역을 한계짓는 음역의 불연속성 · 단절을 고려해야 한다. 반성적 철학은 실험적 과학을 통한 우회를 실행하면서 자신의 한계를 깨닫고, 마찬가지로 후자는 총체적인 **코기토**의 이해 덕택에 경험적 필요성이 보다 종합적인 영역으로 문을 열어야 한다는 것을 인식한다. "**코기토**에 대한 총

15) 폴 리쾨르, 같은 책, 33쪽.
16) 같은 책, 12쪽.
17) 같은 책, 16쪽.
18) G. 브렌트 매디슨, 〈리쾨르와 비철학〉, 《신학적 · 철학적 라발》, 라발대학교출판부, 라발, 1973년 10월, 227-241쪽.
19) 폴 리쾨르, 《의지와 무의지》, 앞의 책, 397쪽.

체적 경험이 필요성의 경험을 부분적이라고 말하게 한다."[19] 두 개의 수준 사이의 연결은 경험적 지식을 의미의 이해 차원에서 다시 취함으로써 실현된다. 하나의 종속적 수준은 실험적 과학이 권장하는 환원주의에 반한다. "《의지와 무의지》를 쓸 당시의 리쾨르의 입장이 그러하고, 번역에 대한 논쟁에서 그의 대답이 또한 그러하다. 그는 객관적인 언어의 축소된 유효성은 인정하지만, 전체주의적 주장은 받아들이지 않는다."[20] 리쾨르는 후설과 같은 방식으로 객관주의의 상승에 맞서 철학적 담론의 가치와 한계를 옹호한다. 리쾨르의 방법에 대해 주저하는 많은 주석자들이 말하는 것과는 반대로, 오만하게 객관적인 지식을 다시 취할 수 있는 능력을 가진 총체적 비전을 옹호하는 것이 아니라 반대로 "각 영역이 그것을 정의하는 요구의 끝까지 가는 것"[21]을 권하는 것이 문제된다.

리쾨르는 동기의 설명에 대한 사회학적 접근의 몇 가지 한계를 또한 파악한다. 사회학자들이 생명론, 그리고 배타적으로 생명에 대한 관심에 따른 욕구만을 파생시키는 경향과 단절한 것은 칭찬받을 만하다. "집단적 표현이라는 이름 아래 사회학자들은 낡아빠진 경험주의에 맞서 생명에 대한 근심 밖의 요구들이 인간에게 인간이라는 자격을 준다는 것을 환기시켰다."[22] 사회학자들의 이 문제에 대한 공헌은 결정적이다. 하지만 그들은 개인들의 감정적인 측면을 소홀히 하는 경향이 있다. 그런데 "사회가 개인을 침투하는 것"[23]은 그것을 통해서이다. 이러한 엇갈림이 사회학자들이 "동기 설명의 부재로 인해"[24] 재현과 의지 사이에 형성되는 관계를 벗어나는 것을 설명한다. 의지만이 뒤르켐 계열의 사회학자들이 옹호하는 정신물리학과 반대로 동기와 원인을 구별하게 한다.

리쾨르는 또한 관심과 숙고의 개념에 대하여 주지주의자와 비합리주의자를 대립시키는 딜레마 같은 거짓 딜레마를 추적한다. 리쾨르는 베르그송에 대한 자신의 부채를 인정하면서 자신이 그의 반주지주의라고 부른 것에 대해서는 일정한 거리를 취한다. 그는 삶과는 거리가 먼 낯선 사상의 측면에 설 이성과 결정의 근원인 심오한 자아를 분할한다. 그런데 그러한 분할은 생명론적이며 불투명한 접근 방

---

20) G. 브렌트 매디슨, 〈리쾨르와 비철학〉, 인용된 논문.

21) 폴 리쾨르, 〈인문과학 시대의 철학〉, 《철학 연구》, 제1호, 1966년 1월.

22) 폴 리쾨르, 《의지와 무의지》, 앞의 책, 117쪽.

23) 같은 책, 118쪽.

24) 같은 책.

식을 위해 관심이 나타내는 매개의 영역이 부족하다. "그것은 표면으로 오르는 아래로부터의 자아이다. 저항할 수 없는 솟아남에 자리를 내주고 부서지는 것은 겉껍데기이다."[25] 리쾨르는 베르그송의 이러한 관점에, 자유가 심오한 자아의 유출 쪽에 자리하는 것이 아니라 동기 부여의 다양성을 포용할 수 있는 관심의 원칙을 만드는 데 위치한다는 사실을 대립시킨다. 객관적인 지식에서 너무 멀어지는 모든 입장은 리쾨르의 비판 대상이 된다. 그래서 키에르케고르의 실존주의적 사상은 개인사의 첨예한 의미를 담을 수 있는 장점이 있으나, 그것은 "주관성이 객관성의 주변에 자리잡을 수 있다는 환상에 대한 부분적인 책임이 있다."[26] 경험적 지식에 할애된 의미도 그것들에 대한 비판적 동화에 다름 아니다. 그리고 리쾨르는 반사의 이론에 대한 비판에서 게슈탈트심리학의 입장을 부분적으로 다시 취한다. 이 점에 관해 메를로 퐁티는 그에 앞서서 프랑스에 바이츠사커와 골드슈타인의 연구를 소개했다.[27]

리쾨르는 60년대에 프로이트를 통한 긴 우회를 하기에 앞서, 그의 학위 논문에서 프로이트적인 정신분석과의 대립을 시도한다. 의식에 관련해 무의식을 위치시키는 그의 방식은 무의식의 독단론과 의식의 독단론의 실패 사이의 딜레마로 간주되는 것에서 탈출하는 것이다. 무의식의 독단론은 '무의식을 **생각하게** 하는 잘못과 오류를 범하'며, 의식의 독단론은 "의식이 지니고 있지 않은 투명성을 의식에 부여하는 잘못과 자존심에서 나오는 오류를 범한다."[28] 이러한 의식의 관념론은 인위적인 대립 상태 속에서 무의식의 실재론과 쌍을 이룬다. 여기서 또한 리쾨르의 근심은 프로이트적인 정신분석의 발견 덕택에 철학의 풍요로움을 증가시키는 것이다. 물론 후자가 환원주의적 상투 수단에 빠지지 않도록 경계를 게을리해서는 안 될 것이다.

1950년, 리쾨르는 정신분석으로부터 일정한 거리를 취한다. "나는 프로이트 학설의 **교의**에 의해, 특히 그의 방법론과 치료법에 대하여 빈의 심리학자가 완성한 무의식의 실재론에 의해 설득되지 않았다."[29] 그러므로 1965년 《프로이트에 대한

25) 베르그송, 《의식의 즉각적 여건에 관한 소고》, 알캉, 파리, 1889년, 126-127쪽.
26) 폴 리쾨르, 《의지와 무의지》, 앞의 책, 170쪽.
27) 모리스 메를로 퐁티, 《행위의 구조》, PUF, 파리, 1942년.
28) 폴 리쾨르, 《의지와 무의지》, 앞의 책, 352쪽.
29) 같은 책, 352-353쪽.

에세이》를 쓸 때 자신이 더 이상 적절하지 못하다고 간주하게 될, 그의 스승 달비에즈가 그에게 강의한 프로이트의 교리와 방법 사이의 구분을 그는 다시 참고로 한다. 하지만 그는 프로이트에 의해 세워진 인과 관계의 범주, 그리고 꿈과 실추된 행동의 해석에 프로이트가 펼쳐 보인 능력이 "물리나 생물학처럼 과학의 승리라는"[30] 것을 인정한다. 지금까지 이러한 현상이 정신적 무질서의 단순한 발현에 지나지 않는다고 간주되었음에도 불구하고 그렇다. 이 점에 대해 종종 의식의 부정으로 소개된 정신분석학적 치료는 반대로 "감정적 위축의 해소를 통해 **가능한 의지의 의식의 장을 확대시키는 방법**이다. 그것은 무의식에 대한 기억의 승리를 통해 치유한다."[31] 그것은 타자의 중개, 즉 해석가, 기억이 말해질 수 있게 한 사람, 전문 의사, 정신분석가, 그가 없이는 상처받은 추억을 다시 자신의 것으로 하는 것이 불가능한 사람의 중개를 제공한다. 의식이 성찰이라는 단순한 작업을 통해 자신을 투명하게 하는 것이 불가능한 이상 정신분석학의 기여는 정말 절대적이다. 하지만 리쾨르는 이상한 정신적 표상이 인과 관계를 통해 설명되어야 하는 것으로 간주되는 프로이트적인 '물리'를 공격한다. 그래서 "이 작품에서 우리는 줄곧 '형성된' 사상의 차원에서, 그러니까 의식의 차원에서 '표본 제작'을 상대로 싸웠다."[32]

그런데 무의식의 차원에서 리쾨르의 사정은 어떠했는가? 이 점에서 그의 스승 달비에즈가 무의식의, 그러니까 정신적 인과 관계의 실재론에 근거한 정신분석학 방법의 원칙을 채택할 때, 리쾨르는 그로부터 얼마간의 거리를 취한다. 이것은 자연과학과 인간에 대한 지식의 공통된 존재론에 대한 믿음을 내포하는 것일 터이다. 반대로 리쾨르는 극단적인 불연속성이 두 개의 다른 존재론에 속하는, 두 개의 다른 영역으로 나눈다고 생각한다. 그러나 그는 치유와 치료의 기능으로서 정신분석학의 한계 속에서 달비에즈를 다시 발견한다. "이 기능을 제외하고 프로이트학설의 영향은 부정적일 수 있다."[33] 이러한 한계 이론은 철학을 과학적 지식의 영역에 문을 열게 하고, 연구가로 하여금 모든 환원주의적 기고만장함에 대해 경계하게 하는 가치를 지닌다.

30) 폴 리쾨르, 같은 책, 359쪽.
31) 같은 책, 361쪽.
32) 같은 책, 371쪽.
33) 같은 책, 382쪽.

리쾨르가 행동하는 것에 대한 총체적인 사고에 문을 열었기 때문에 철학 교수들은 결정하는 행위 · 필요 · 기쁨 · 고통 · 선택 · 습관 · 감정 · 성격 · 무의식 · 동의 등에 대해 그가 취하는 체계적인 연구들을 소화해 내야 할 것이다……. 신학교에서 받은 토마스학파의 가르침 앞에서 강한 불만족을 느끼고, 1948-1951년 소르본대학교에서 대학 교육을 받은 생브리외교 성직자인 샤를 블랑셰가 그러한 경우에 속한다. "한편에서는 잠을 잤다. 내가 속한 다른 한편에서 그것은 열림에 대한 절대적인 욕구를 낳았다. 우리는 죽음으로부터 벗어나기를 원했다."[34] 이러한 정신 상태에서 그는 메를로 퐁티의 강의에 열정적으로 참석하고, 의지에 관한 리쾨르의 논문을 받는다. 1954년 브르타뉴에 돌아온 후 그는 디낭의 성 프란체스코회에서 철학 강의를 한다. "젊은 철학 선생에게 《의지와 무의지》 같은 책은 정말 값진 그 무엇이었다."[35]

34) 샤를 블랑셰와의 대담.
35) 위의 대담.

23

바르트적 각성. 로고스의 변경에 유지된 희망, 예언주의

전쟁이 끝난 후 나치의 잔인함에 맞서 저항의 길을 제시한 카를 바르트의 위엄은 절정에 달한다. 그는 이미 30년대에 프랑스에 몇 명의 추종자를 두었다. 하지만 그의 명성은 1945년부터, 특히 좌파 프로테스탄트들에게 정말로 알려진다. 그들에게 바르트는 그리스도교의 이름 아래 나치즘에 대한 투쟁을 구현한다.

카를 바르트는 20세기초 조금은 풀어진 자유주의 개신교와 극단적으로 단절한다. 그는 직관을 통해 신에 직접적으로 다가설 수 있다는 생각과 거리를 취하고, 슐라이어마허의 제자인 아돌프 폰 하르나크의 주장[1]에 대한 비판을 준비한다. 자유주의 신학에 따르면 복음서의 가장 단단한 핵심에 도달하기 위해서는 인간으로부터 출발해야 하고, 기본 텍스트들에 대한 역사적 · 비판적 작업을 추구해야 한다. 19세기 역사주의의 잠재된 낙관주의가 개신교를 지배했다. 그것은 역사적 · 비판적 주해 작업과, 체험과 결심을 통해 각 개인이 겪는 종교적 경험이 믿음의 원천 자체라는 확신을 결합시켰다. 정치적 자유주의는 권위적 정치 권력과 교회의 권력 사이에 근친상간적 관계뿐만 아니라 사회 변화의 개방을 야기시킨다. "복음서의 메시지는 인간이라는 파이를 변화시키는 효소이다."[2]

바르트에 따르면, 신과 인간 사이의 관계에서 진정한 코페르니쿠스적 혁명을 실현해야 한다. 중심에 위치해야 하는 것은 더 이상 인간이 아니라 신이다. 주도하는 것은 신이지, 그 반대가 아니다. 급격한 방향의 전환은 위기 상황의 결과물이다. 바르트는 위기 상황에서 종교개혁의 지도자인 루터와 칼뱅이 강조한 믿음과

---

1) 아돌프 폰 하르나크, 《그리스도교의 본질》(1900), 파리, 1907년.
2) 로세 멜, 《개신교, 어제와 오늘》, 뷔셰 샤스텔, 파리, 1974년, 98쪽.

종교, 내재적 영역과 초월적 영역의 단절에 대해 새롭게 강조할 필요성을 평가한다. 종교개혁의 창시자들이 주창한 단절의 움직임으로 돌아가는 이러한 각성은, 자유주의 신학이 담고 있던 인간에 대한 막연한 낙관주의를 결정적으로 소멸시킨 제1차 세계대전의 비극의 산물이다. 인간의 역사의 비극적인 면에 대한 고찰, 죄의 무게에 대한 재강조, 그리고 "완전한 대타자"[3]로서 다른 영역에 속하는 낯섦으로서 신에 대한 확신이 그로부터 생겨난다. 바르트는 인간에 대해 절망하는 서구 상황에 개입하고, 인간이 신이 아니라는 것을 확신하기 위해 역사적 현실을 바라본다. 그리고 두 세계의 단절을 다시 주장한다. 내재성과의 단절은 전후 두 세대, 제1차 세계대전과 제2차 세계대전의 세대들을 해방시킨다.

바르트는 20세기의 가장 심한 신학적 고행을 실천한다. 그는 자신의 《교회교의학》과 함께 믿음에 대한 확신을 다시 세운다. 그리고 인간이 신에 대해 말하는 것이 불가능하다고 확신하면서 겸손한 자세, 겸양의 필요성을 권장한다. "신학자로서 우리는 신에 대해 말해야 한다. 하지만 우리는 인간이다. 인간으로서 우리는 신에 대해 말할 수 없다. 우리는 이러한 이중적 상황을, 우리의 의무와 무기력함을 알아야 하고, 그것을 통해 신에게 영광을 돌려야 한다. 우리들이 느끼는 당혹스러움은 이것이다. 나머지는 어린아이 장난이다."[4] 신학적 질문은 그러므로 인간성 변경에서, 인간성의 한계에서 증명되지만 동시에 접근할 수 없는 신의 말씀에서, 건널 수 없는 틈 저편에서 제기된다. 바르트가 주장하는 이러한 분리는 멀어지면서 신과 더 강한 결합을 추구하는 변증법적 움직임의 출발점이다. 말씀을 통해 인간에게 먼저 다가오는 것은 신이다. "신에 대해 말하는 것과 인간에 대해 말하는 것은 극단적으로 다른 두 가지이다."[5] 인간의 유한성과 죄는 인간에게 감춰진 진리처럼 몸을 드러내는 신과의 건널 수 없는 거리를 형성한다. "신은 감추면서 드러내고, 드러내면서 감춘다고 바르트는 말할 것이다."[6]

바르트는 신과 인간의 역사를 혼돈하는 것을 공격하고, 자유주의 신학에 의해 실행된 무분별과 연결된 상대주의를 피하기 위해 한계의 의미를 환기시킨다. 그

3) 카를 바르트, 《로마서》(1922), 라보와 피데스, 제네바, 1972년, 42쪽.

4) 카를 바르트, 《신의 말과 인간의 말》, 주 세르, 파리, 1933년, 196쪽; 레 베르제 에 레 마주, 파리, 1966년.

5) 클라우스피터 블라제, 《20세기 신학》, 라주 돔, 로잔, 1995년, 58쪽.

6) 로제 멜, 《개신교》, 앞의 책, 102쪽.

는 자신의 생각을 세상으로의 복귀 쪽으로 바꾸면서 1956년 이러한 구별을 재검토한다.[7] 몇몇 좌파 바르트주의자들은 거기에서 분명한 전환점을 찾을 것이다. 1937-1938년 바젤의 프로테스탄트 신학대학에서 카를 바르트의 강의를 들으며 남편인 조르주를 알게 된 도로테 카잘리스가 그러한 경우이다. "우리에게 1956년의 텍스트는 무척 중요했다. 내 생각에 그것을 이해할 수 없는 완전한 대타자의 신학으로 만들면서 사람들은 바르트의 생각을 왜곡했다."[8] 그가 1916년부터 사회당에 입당한 것을 고려하면 그의 사회주의 참여는 오래된 일이다. 1945년 그는 '사회 문제'의 중요성과 그리스도교인의 인종 문제에 대한 부적절함을 재확인한다. 그는 1948년 헝가리 여행중 그리스도교와 공산주의 사이 건설적 대립에 대해 변론하고, "프로테스탄트 교회가 동·서 갈등에 참여하지 말 것을 촉구한다."[9]

예언과 정치의 변증법화는 바르트에게서 악이 역사적 결과를 지닌 영역이라는 생각의 단계를 거친다. 그러므로 그것은 단순한 개인적 윤리에 속하는 것이 아니라 제도에 속하며, 집단의 경계를 요구한다. "따라서 정치를 다시 생각하고, 경제를 다시 생각해야 한다. 이 모든 것이 바르트적이며 삶의 제도, 더불어 사는 것의 재형성을 내포한다."[10] 이러한 각성의 울림과 그것이 주는 개방성은 프로테스탄트들을 가톨릭에 대한 그들의 콤플렉스로부터 벗어나게 하는 교의론을 거친다. 교구라는 어휘가 놀랍게 확장되는 것은 바르트주의와 함께이다. "세벤에서는 성당에 간다고 했다."[11] 교구의 개념과 함께 사는 곳과 동시에 변화적 관점에서 종교를 실천하는 의미를 갖는 더불어 산다는 개념이 제시된다. 그리고 교구는 단순히 종교적 공동체에 제한되지 않고 교구 전구역의 주민들을 포함한다. 교구는 바로 그러한 바르트주의가 구현하는 세상에의 개입·참여의 의지를 표현한다.

동시대 대부분의 프로테스탄트처럼 리쾨르는 전후 바르트의 주장에 강한 영향을 받는다. 그가 1948년 '예언적 그리스도교'라는 이름으로 한 발표는 이러한 충

---

7) 카를 바르트, 《신의 인간성》, 라보와 피데스, 제네바, 1956년.

8) 도로테 카잘리스와의 대담.

9) 장 보베로, 〈교회와 국제 관계. 프로테스탄트 교회〉, 장 마리 메이외르, Ch. 피에트리, A. 보셰, M. 베나르, 《그리스도교 역사》, 12권, 데스클레 드 브루에르 페야르, 파리, 1990년, 289쪽.

10) 올리비에 아벨과의 대담.

11) 장 마르크 생과의 대담.

격을 아주 잘 드러낸다.[12] 리쾨르는 그리스도교인이 정치에 참여하는 방식을 정의하면서, 세상의 두 영역 사이에서 바르트적 참여와 단절의 이중적 움직임을 완전히 자신의 것으로 만든다. "한편으로 그리스도교도의 믿음은 세상과 정치 계획에 합류하는 것을 **내포**한다. 다른 한편으로 그리스도교적 믿음과 **확정된** 정치와는 필연적인 관계가 아니라 일종의 단절이 있다."[13] 참여는 종교에 대한 비판을 전제한다. 이러한 연마 작업은 바르트에 의해 아주 격렬하게 추진된다. 리쾨르는 도피의 형태를 취하는 종교적 삶을 언급할 때 그것을 다시 취한다. 게다가 그는 무죄에 반대하면서 신학과 정치 사이에 연속적인 선을 긋지 않는다. "그리스도교적 정치는 없다."[14] 정치와 교회의 혼돈과 분리라는 두 개의 암초를 피해야 한다. "이 두 악은 상관 관계가 있다."[15] 두 영역 사이에 본질적인 단절이 있기 때문에 그리스도교인은 매개를 수단으로, 믿음이 그에게 제공하는 영감의 원천이나 목표의 이름으로만 개입할 수 있다. 전쟁 후 세상이 겪는 역사적 위기와 쇠약기에, 그리스도교인은 그가 참여하는 세상으로부터 예언적 사명을 갖는다. 이 긴장은 적응을 배경으로 한 거절의 변증법 주변에 전개된다. 그것은 헤겔이나 바르트의 방식으로 확신을 괴롭히는 부정성의 관계를 통해 표현된다. "왜냐하면 역사를 차단하는 것을 부정하는 것은 실질적으로 또 다른 역사를 긍정하는 것이기 때문이다."[16]

리쾨르에게 끼친 바르트의 영향은 아주 깊다. 리쾨르가 탈신화 작업을 통해 바르트로부터 멀어질 때도 몇 가지 근본적인 사항은 변화하지 않는다. 우선 바르트가 주장하고, 리쾨르의 철학적 행위를 정의하는 듣는 자세이다. "진리 그 자체를 포착하려 할 때 인간은 반드시 실패한다. 왜냐하면 진리가 그에게 접근할 때 그는 해야 할 것을 하지 않기 때문이다. 그는 믿지 않는다. 믿지 않으면 듣지 못한다. (…) 믿는다면 신이 행하도록 내버려둬야 할 것이다. 하지만 종교적 분위기에서 인간은 신을 손에 넣으려 한다."[17] 1951년 10월 21일 프랑스 개신교총회에서 리쾨르는 듣기를 주제로 그리스도교인의 인간주의에 대해 발표한다. "그리스도교 철학

12) 폴 리쾨르, 〈예언적 그리스도교를 위하여〉, 《그리스도교인들과 정치》, 앙리 기유맹, 앙드레 망두즈, 폴 리쾨르, 앙리 우르댕, 다니엘 빌레, M.-I. 몽뤼클라르, 탕 프레장, 1948년.
13) 같은 책, 82쪽.
14) 같은 책, 85쪽.
15) 같은 책, 86쪽.
16) 같은 책, 98쪽.
17) 카를 바르트, 클라우스피터 블라제, 《20세기 신학》, 앞의 책, 73쪽에 인용됨.

가는 다른 신도들처럼 말씀을 듣는 사람이며, '인간주의'의 현장에서 그것을 실천하는 사람입니다."[18] 바르트주의로부터 취한 두번째 것은 사건과 관련되며, 폐쇄된 시스템과 너무 빠른 결과에 대한 기대로부터 지켜진 말씀에 부여된 중요성이다. 말씀은 지식과 현대성의 모험을 무시하지 않고, 반대로 "토론 · 식별 · 인내의 시간"[19] 속에서 항상 열려 있으며, 항상 모호한 의미를 준다.

다시 찾아야 하는 것은 이 말씀의 의미이며, 이러한 추구는 모든 호교론, 신의 외적인 논거를 통해 신을 증명하려는 모든 기도와 단절해야 한다. 그런데 종교는 바르트에 의하면 호교론적 신학 속에서 길을 잃었다. 계시로서 말씀에 대한 가치를 높이 부여하는 것은 바르트에게서 그리스도 연구로 귀결된다. 신이 인간에게 인간애를 주는 것은 그리스도를 통해서이다. 바르트에 의하면 진정한 종교는 믿음의 길을 되찾기 위해 종교에 대한 신랄한 비판을 가할 때 가능하다. 이 길은 계시의 명백한 실체인 십자가와 예수 그리스도의 길이다. '그리스도 연구의 중요성'과 "그리스도 연구에 대한 집중"[20]이 그래서 뒤따른다. 바르트는 모든 자연적 신학을 배척한다. 유일한 길은 강생하여 십자가에 못박히고, 부활하신 그리스도를 통해 이해된 계시의 길이다. "그리스도는 복음서의 내용일 뿐 아니라 성서의 이해(해석학)를 가능케 하는 열쇠이기도 하다."[21] 리쾨르는 그리스도 연구를 자신의 고유한 지평으로 삼는다. "성서가 '그리스도로 재연'이라고 부르는 마지막 일체성은 우리들의 역사에 내재한 시기가 아니다. 그것은 무엇보다도 일체성이 **아직** 오지 않았다는 것을 의미한다."[22] 이러한 그리스도적 관점에서 바르트의 가르침은 인간이 윤리를 수호하기 위하여 세상일에 전적으로 참여할 것을 권한다. 리쾨르의 '**사회**와 이웃'은 행동하는 것, 즉 멀 수 있는 이웃에 대한 관대한 행동을 높이 평가하는 그러한 노선과 함께한다. 리쾨르는 바르트처럼 모든 호교론을 거부하고, 증언의 실례적 가치를 선호한다. "지식인들의 복음화는 부추김이 아니라 무엇보다도 **교양 있는 그리스도교**인의 살아 있고, 항상 역설적인 증언이다."[23]

---

18) 폴 리쾨르, 〈그리스도교 인간주의에 대한 질문〉, 《신앙과 생활》, 제4호, 1951년, 326쪽.
19) 같은 책, 330쪽.
20) 앙리 부이야르, 《카를 바르트》, 제3권, 오비에, 파리, 1957년, 클라우스피터 블라제, 《20세기 신학》, 앞의 책, 84쪽.
21) 로제 멜, 《개신교》, 앞의 책, 111쪽.
22) 폴 리쾨르, 〈과학의 인간과 믿음의 인간〉, 《씨뿌리는 사람》, 제1호, 1953년, 22쪽.

바르트는 객관적 지식과 존재론적 지식을 다시 취하며, 키에르케고르의 계통을 좇는다. 신을 역사적·비판적 지식 속에서 단순한 중간적인 관객으로 객관화시킬 수 없다. 문제가 되는 것은 참여이다. 참여는 실존주의자들의 주장에 가까운 행동과 존재에 대한 호소이다. "키에르케고르 없이 바르트를 이해하지 못한다. 초기의 바르트는 키에르케고르이다."[24]

올리비에 아벨에 따르면 카를 바르트와 후설은 리쾨르의 여정에서 같은 위치를 차지하며, 근본적인 진리와 또한 극단적인 아포리아의 기능을 한다. "나는 바르트의 은총과 후설의 절대 복종을 같은 위치에 놓을 것이다."[25] 스스로 얻을 수 없는 은총처럼 인간이 다가설 수 없는 근본적인 증여에 대한 확신은 후설이 말하는 삶의 세계, 모든 행동의 땅, 그리고 문화적 다양성 이전의, 후설에게서 가장 중요한 층에 비견된다. 이 기반은 항상, 이미, 앞에 존재한다. 그것은 모든 객관화를 벗어난다. 이러한 이중적 난관은 구조적이다. 왜냐하면 그것은 항상 막연하고, 결코 의미가 충족되지 않으며, 접근할 수 없는 성격 때문에 빠져나가는 땅을 향한 해명의 움직임을 자극하기 때문이다. 존재론적 충동의 원천인 아포리아적 지평은 리쾨르 사상의 움직임과 일치한다. "절대 복종의 땅을 줄 수도, 자신에게 은총을 부여할 수도 없어야만 했다."[26] 반복되면서 희망의 원천이 된 것은 실패 그 자체이다.

그러므로 리쾨르는 50년대 프랑스에서 인 바르트 물결에 전적으로 참여한다. 1950년, 프랑스에 바르트를 소개한 피에르 모리는 프랑스 개신교회평의회 의장으로서 마르크 보에녜를 계승한다. 연합의 학생들은 집단으로 바르트에 동조한다. 1918년에 태어난 리쾨르의 친구이며 목사인 앙드레 뒤마가 그러한 경우이다. "우리에게 바르트는 진정한 해방을 상징했다. (…) 우리 주변의 모든 것들이 무너져 내릴 때, 우리는 《산상수훈》, 지복을 찬양하는 데 열중했다."[27] 바르트의 십자가에 대한 주장은 인간 능력의 한계에 대한 구원적 환기이다. 그것은 가능성을 얻기 위해 만들어진 "무능력 학교"[28]이다. 바르트는 앙드레 뒤마에 의하면 자유주의 신학

23) 폴 리쾨르, 〈오늘날 지식인의 복음화에 대한 고찰〉, 《복음지》, 제24호, 1950년, 45쪽.
24) 마르크 리엔하르트와의 대담.
25) 올리비에 아벨과의 대담.
26) 위의 대담.
27) 앙드레 뒤마와의 대담.
28) 위의 대담.

의 도덕주의로부터 벗어난다. 게다가 자신의 《교회교의학》과 함께 그는 자유주의적·문화적 주관성과 교황권에 대한 복종 사이의 양자택일로부터 벗어나게 했다. "그것은 탈출구였다. 그것은 리쾨르를 포함한 우리들의 많은 관심을 끌었다."[29)]

하지만 리쾨르가 바르트를 지지한다고 해서 그의 독창성이 신학자의 작업 속에 희석되는 것은 아니다. 그는 바르트가 "너무 의기양양하고 너무 헤겔적"[30)]이라고 간주하고 그로부터 멀어진다. 이러한 여정 속에서 그는 일찍부터 침묵으로 일관한다. 로제 멜은 리쾨르보다 더 오랫동안 확신에 찬 바르트주의자로 남는다. 그는 1934년부터 바르트의 강의를 듣고, 자신이 철학에서 신학으로 전환한 것을 그의 덕택으로 돌린다. "나는 '신이 우리들 내부에서 믿음을 만드신다면, 그것은 신이 신을 믿는 꼴이 된다. 믿을 수 없다' 라고 말한 리쾨르보다 덜 주저하였다. 그러한 사고는 리쾨르가 바로 카를 바르트의 사상의 인식론에 관심을 가졌다는 것을 보여 준다. 그리고 그는 이 문제와 관련해 나에게는 없는 주저함을 보였다."[31)]

리쾨르는 전후 프로테스탄트의 젊은 세대에 커다란 영향을 미친다. 1948년 스무 살의 다니엘 갈랑은 철학과 신학을 공부한 후, 1954년부터 1957년까지 연합의 사무총장직을 맡는다. 노동자 계층 출신인 그는 평화와 사회의 급진적 변화를 위하여 일찍부터 정치적으로 참여한다. 1950년, 당시 오베르빌리에의 한 노동자 계급을 위해 투쟁하는 목사 곁에서 견습을 하던 그는 평화의 운동 집회에 참석한다. 1952년 2월, 그는 독일의 재무장을 주제로 낭시에서 열린 평화의 전투원 모임에 또한 참석한다. "크리에겔 발리몽의 빼어난 웅변 (…) 리쾨르는 한 토론 그룹의 진행을 맡는다. 그는 슈만 정책의 건설적 대안, 즉 점령군이 철수하고 무장 해제된 중립국의 통일된 독일을 제안한다."[32)] 50년대 스트라스부르에서 리쾨르가 주재하는 《에스프리》 그룹의 일원인 다니엘 갈랑은 1952년 리드웨이 데모 때 2명의 부하와 함께 체포된 프랑스 공산당 지도자인 자크 뒤클로의 석방을 요구하는 전단을 배포한다.[33)] 동시에 그는 스트라스부르 문과대학에서 리쾨르의 강의를 듣는

29) 앙드레 뒤마와의 대담.

30) 위의 대담.

31) 로제 멜과의 대담.

32) 다니엘 갈랑, 《존속된 희망》, 르 상튀리옹, 파리, 1979년, 60-61쪽.

33) 이 전단을 25명이 서명하는데 자크 아트제, 앙리 하츠펠트, 뤼스 모리스, 폴 리쾨르, 레미 롱세프스키, 징 사팽이 그 안에 포함된다.

다. 갈랑에게 중요한 것은 후설의 소개자로서의 리쾨르가 아니다. 리쾨르가 강의를 통해 구현하고 갈랑에게 결정적인 영향을 미친 존재론적 내용, 세상에 존재하는 방식 또한 아니다. "나 자신과의 대화에서 나를 자극하고, 깨우치며, 지켜 준, 그리고 보호했다고 말할 수 있는 것은 **한 세대 프로테스탄트의 지도적 사상가인 폴 리쾨르**이다."[34] 리쾨르의 중요성은 1950년 리옹에서 열린 연합총회를 통해서 그에게 보여진다. 당시 총회의 주제는 현대 사회에서 어디로 향하는지를 묻는 문제였다. "세 번의 강연. 첫번째, 형편없다. 두번째, 지루함 자체이다. 마지막으로 리쾨르, 그는 1시간 이상을 말한다. 나는 아직도 그의 마지막 문장이 끝난 후 더해지는 침묵의 소리를 듣는다. 휴식, 그리고 형편없는 토론."[35] 1950년 4월 13일의 강연은 제목이 "행동하기 위해 인식하는 것"[36]이며, 행동을 위해 인식의 절대적 필요성을 말한 사도 바울을 계승한다. 리쾨르는 현대 사회의 탈종교화를 받아들이면서, 어떤 면에서 "세속적 행위에 그리스도교적 색채"[37]가 있을 수 있는지를 정의한다. 그는 20세기 그리스도교인들의 사회 참여 부재에 죄의식을 느껴 비판없이 공산주의 입장을 두둔하는 진보적 그리스도교인들이 빠질 수 있는 안일함을 경계한다. "나는 아직도 분명한 사안에 대해 공산주의자들과 부분적 협력을 할 수 있다고 생각한다. (…) 하지만 '진보적 그리스도교' 동지들에게 우리가 혼동 속에서 협력할 권리가 없음을 말하고자 한다."[38] 게다가 그는 그리스도교인들이 취해야 할 길은 개인적 영역으로 수축되거나, 사회의 갈등을 비켜 가는 것이 아님을 보이고 있다. 자유주의적 신학은 《산상수훈》의 범위를 개인 관계의 좁은 영역에 축소시키는 경향이 있었다. 그러므로 그리스도교적 삶의 진솔성이 증명되는 것은 사회적 · 정치적 참여를 통해서이다. 그는 젊은이들에게 개인적 연민과 공산당에의 참여 사이에 분리된 삶을 살지 말 것을 권한다. 그가 젊은이들에게 주는 조언은 장기적 관계의 절박성에 부응하고, 다니엘 갈랑이 강하게 느끼는 강박관념과 완전히 일치한다. 그 역시 내부 깊숙이 분열된 개인의 삶을 살고 싶어하지 않는다. "자신 속에서 사고와 행동, 믿음과 삶을 통일시키는 것. 자신의 정치에 대한

---

34) 다니엘 갈랑, 《존속된 희망》, 앞의 책, 66쪽.
35) 같은 책.
36) 폴 리쾨르, 〈행동하기 위해 인식하는 것〉, 《씨뿌리는 사람》, 7-8호, 1950년, 431-452쪽.
37) 같은 책, 433쪽.
38) 같은 책, 436쪽.

신학과 자신의 신학에 대한 정치를 갖는 것."[39] 옹호하는 가치와 복음서적인 요구 사이에 일치된 느낌은 행동 자체에서 솟아난다. 참여는 항상 우선한다. 그리고 인식은 참여에 당연한 결과로 부착된다. "인식하기 위해 또한 행동해야 한다."[40] 다니엘 갈랑은 특히 리쾨르의 발표로부터 역사적 측면에서 두 가지 소명을 얻는다. 하나는 책임 윤리에 가까운 정치의 소명이고, 다른 하나는 보완적이며 책임보다 더 신념에 찬 예언가의 소명이다. 특히 뒤에서 다시 이야기하겠지만 아주 혁신적인 것은 정치의 사상가이다. "정치에 고유한 악의 테마(…), 나는 그것을 진정으로 받아들이기 위해 6년을, 부다페스트에 소련 전차의 진입을, 그리고 포트사이드에 프랑스 공수부대의 낙하를 기다려야 했다. 그 뒤로 나는 교훈을 잊지 않았다."[41]

바르트가 주장하는 신과 인간 사회 사이의 단절, 넘을 수 없는, 그렇기에 고난과 희망의 원천인 그 간격, 리쾨르는 예언주의와 철학 사이의 관계를 생각하면서 그것을 다시 다룬다. 그는 또한 그것들을 구별하려는 염려 때문에 두 영역 사이 모든 형태의 혼동을 거부한다. "철학은 신의 문제를 해결할 수 없다."[42] 그렇다고 해서 두 영역이 연결되지 않는다고 말하는 것은 너무 간단할 것이다. 그들의 구별은 그들 사이 최선의 일치를 야기하는 금욕을 전제한다. 리쾨르는 프로테스탄트 철학가, 스위스의 바르트주의자인 피에르 테브나즈를 만난다. 그의 신학적 · 철학적 두 축을 이해하는 방식은 리쾨르의 연결과 구별의 이중적 근심과 통한다. 테브나즈는 스위스의 프랑스어권에서 발행되는 신학의 중요한 정기 간행물 《철학적 신학》이 1952년에 취한 결정적인 노선 변경의 주동자이다. 새로운 편집진은 두 영역이 어떻게 공통된 연구에 참여할 수 있을까를 묻는 대신에, "서로 명확히 구별되는 두 영역이 어떻게 서로에게 문제를 제기할 수 있을까"[43]를 추구하며 질문을 달리한다. 테브나즈의 에세이를 모아 출판한 두 권의 유작[44]에 부친 리쾨르의 서문은 그들 두 철학가의 입장이 밀접한 것을 밝히고 있다.

---

39) 다니엘 갈랑, 《존속된 희망》, 앞의 책, 70쪽.
40) 폴 리쾨르, 〈행동하기 위해 인식하는 것〉, 인용된 논문, 441쪽.
41) 다니엘 갈랑, 《존속된 희망》, 앞의 책, 68쪽.
42) 폴 리쾨르, 《개신교적 현존》, 올리비에 아벨의 프로그램, 앙텐 2, 1991년 12월 15일.
43) 베르트랑 레몽, 《신학자냐, 예언가냐? 1945년 이전의 프랑스인과 카를 바르트》, 라주 돔, 로잔, 1985년, 185쪽, 수 124.

테브나즈는 철학과 믿음 사이 살아 있는 특이한 형태의 관계를 옹호한다. 그는 개신교에서 제시되는 양자택일, 즉 오로지 믿음이라는 명목으로 **로고스**를 배척하는 입장과 자유주의 신학이 그러했듯이 "막연히 정신주의적 철학과 신앙 고백 없는 믿음"[45]을 조화시키려는 또 다른 입장 사이의 선택을 거부한다. 리쾨르는 테브나즈가 철학이 신에 대해, 더욱이 신의 시각에서 말할 책임을 갖지 않는다고 생각할 때 그와 공감한다. "철학이 신적인 것의 철학, 신적인 철학이 되는 것을 포기하고 무력감을 자백할 때 철학의 정직성에 이른다는 것을 보게 될 것이다."[46] 겸손한 이 입장은 매우 바르트적이다. 구별이 끝날 무렵 철학은 철학적 행위와 혼동하지 않고, 철학적 행위에 대한 부름으로 그 이전에 위치하는 신 **앞에** 선다. 리쾨르는 테브나즈의 철학이 갖는 프로테스탄트적 성격을 그리스도의 십자가의 가치가 갖는 중요성에 위치시킨다. 이것 역시 매우 바르트적이다. "순수한 사건으로 그리스도의 십자가는 철학적 신의 죽음, 철학적 신학의 종말을 알리면서, 그리고 절대가 없는 철학을 향해 지성을 자유롭게 하면서 인간의 지성을 감동시켰다."[47] 두 영역 사이의 매개로서, 그리고 계시의 선택된 장소로서 십자가의 중요성은 폴 리쾨르에게서 다시 나타난다.[48] 복음서의 증인이라는 사실이 그에게 부여하는 의미에 대해 묻는 올리비에 아벨에게 그는 이렇게 대답한다. "나에게 그것은 삶의 방식에 대한 선택이다. 하지만 나는 칸트를 염두에 두고 말할 수 있다. 그것은 십자가에 못박힌 예수의 삶이 보여 주는 모델이다. 복음서의 증언, 그것은 나에게 인간 사회의 노력과 실패에 대한 호감 섞인 시선이다. 그것은 인간 사회에 대한 그리스도의 연민과 관용의 시선이다."[49]

프로테스탄트 철학가의 임무는 그러므로 철학 목표를 탈절대화시키는 것이다.

---

44) 피에르 테브나즈, 《인간과 이성》, 제1권, 《이성과 자아 의식》; 제2권, 《이성과 역사》, 라 바코니에르, 뇌샤텔, 1956년; 폴 리쾨르의 서문, 〈개신교 철학가〉, 《에스프리》, 1957년 1월, 40-53쪽에 재수록, 《강의 3》, 앞의 책, 245-259쪽에 재수록.

45) 폴 리쾨르, 〈개신교 철학가, 피에르 테브나즈〉, 《강의 3》, 앞의 책, 246쪽.

46) 같은 책.

47) 같은 책, 247쪽.

48) 폴 리쾨르는 이 주제로 스타니슬라스 브르통의 저서 《말과 십자가》(데스클레 드 브루에르, 파리, 1981년)에 바쳐진 서문을 썼다, 〈이성, 신화, 십자가〉, 《열정과 이성으로 철학하기, 스타니슬라스 브르통》, 제롬 미용, 그르노블, 1990년; 《강의 3》, 앞의 책, 141-150쪽에 재수록.

49) 폴 리쾨르, 《개신교적 현존》, 앙텐 2, 1991년 12월 15일.

이러한 부정적 작업은 긍정적 시각 속에 포함되고, 반성성에 대한 작업과 데카르트가 부추긴 자아 의식으로 돌아가는 움직임의 시각에 포함된다. 테브나즈가 생각하는 철학의 세 단계는 리쾨르의 접근 방식과 유사하며, 그것을 잘 밝혀 주고 있다. '프로테스탄트적 믿음' 은 동기이고, '탈절대화' 는 목표이며, '반성적 분석' 은 길이다.[50] 테브나즈가 후설의 의도성에 대립되는 구심 운동을 통해 자신에 집중된 **코기토**를 변호할 때, 리쾨르는 그를 좇지 않는다. 하지만 한계 개념에 대한 매개로서 구상된 반성적 철학 속에서 그들은 다시 만난다. 거기에서 또다시 철학적 연구의 장으로 형성된 아포리아의 자취는 매우 바르트적이다. "한계는 인간의 극한을 의미한다. 그것은 인간에게 자신의 고유한 한계와 상황에 대한 의식을 가능하게 한다."[51] 철학적 행위는 절대를 포기함으로써 가능하다. 그리고 자신의 특수한 영역, 관계의 영역으로 돌아선다. 철학가의 책임은 그러므로 가능한 대화와 두 영역 사이 대화 형식의 조건들을 제정하는 것이다. "절대 없는 철학"[52]을 권장하는 것이 그것의 조건이다.

50년대에 리쾨르는 《에스프리》의 시평을 맡는다. 자신이 '철학의 변경' 이라고 이름 붙인 그 시평에서 리쾨르는 철학의 극한에 위치하는 작품들을 통해 철학적인 것을 비철학적인 것으로부터 분리시키는 한계를 질문한다.[53] 그것은 특히 리쾨르에게 자신이 다룬 두 작품의 저자인 앙드레 네에르에 대한 그의 부채를 인정하는 기회이다.[54] 네에르는 예언주의의 독창성, 유대 민족의 시간과 관련을 표현하는 그것의 특성, 그리고 예언자들이 히브리 전통을 구현한 수단인 불안하게 만드는 존재론적 힘을 환기시킨다. 분명 예언주의는 철학의 완전한 대타자이며, 외면성 자체이다. 그런데 반대로 예언주의의 독창성을 회복하는 것은 보편적인 것으로 향하는 조건 자체이며, 야스퍼스의 표현을 빌리면 '사랑스런 투쟁' 을 통해 의미 차원에서 **로고스**와 성서를 함께 생각하게 하는 것이다. 네에르 역시 성서적 전통과

---

50) 폴 리쾨르, 〈개신교 철학가, 피에르 테브나즈〉, 인용된 논문, 248쪽.

51) 같은 논문, 252쪽.

52) 같은 논문, 253쪽.

53) 폴 리쾨르, 〈철학과 예언주의 I〉, 《에스프리》, 1952년 11월, 760-775쪽; 《강의 3》, 앞의 책, 153-172쪽에 재수록; 〈철학과 예언주의 II〉, 《에스프리》, 1955년 12월, 1928-1939쪽, 《강의 3》, 앞의 책, 173-185쪽에 재수록.

54) 앙드레 네에르, 《아모스, 예언주의 논고》, 브랭, 파리, 1950년, 《예언주의의 본질》, PUF, 파리, 1955년.

철학적 전통, 성서의 신과 철학의 존재 사이 대화 속에서 한계를 존중하는 교차점에 위치한다. "우리는 그것을 통해 신이라기보다는 신적인 그리스인들의 존재와 역사적 관계 속에서 나타나기 때문에 존재하는 이스라엘연맹의 살아 있는 신 사이의 어렵고 역설적인 관계를 엿본다."[55]

55) 폴 리쾨르, 〈철학과 예언주의 II〉, 인용된 논문, 184쪽.

24
정치적 역설

1956년, 하나의 사건이 사회주의 투쟁에 어떠한 방식으로든 참여한 지식인들을 동요시킨다. 소련의 전차들이 부다페스트를 침범하고, 헝가리인들의 저항을 피로 진압한다. 같은 해 국제노동자동맹 프랑스지부(SFIO)의 총서기인 기 몰레가 이끄는 프랑스 정부는 터무니없는 수에즈 운하 파병에 참여하고, 그것은 초라한 실패와 지속적인 불신으로 막을 내린다. 불투명하고 절망적인 정치적 지평에 맞서 내적인 여론을 형성하려는 유혹이 크게 작용한다. 이러한 정치적 상황에서 리쾨르는 1957년 거의 홧김에 사상과 정치적 행위의 범주적 필요성을 보지하면서 현금의 절망적인 상태를 이해시키려는 목적으로 글을 쓴다.[1]

전차들이 부다페스트에 들어설 때, 리쾨르는 《에스프리》지의 매년 개최되는 총회에 참가한다. "페즈토가 새로운 소식들을 접하기 위하여 전화에 매달려 있었다."[2] 진행되고 있는 비극적 상황에 비추어 이 이틀은 무척이나 긴박하게 느껴졌다. 잡지의 편집장은 유명한 문학자[3]이며 무니에의 후계자인 알베르 베갱이다. 《에스프리》의 동인들은 1950년 당시 브라질에 있던 그를 불렀다. "그는 《에스프리》의 집행부를 맡게 되었으니 파리로 돌아와 달라는 전보를 받게 된다. 그는 하늘이 무너지는 인상을 받았었다."[4] 베갱은 1956년의 총회를 위한 발표문을 준비

---

1) 폴 리쾨르, 〈정치적 역설〉, 《에스프리》, 1957년 5월; 《역사와 진실》에 재수록됨, 앞의 책, 260-285쪽.

2) 장 코닐과의 대담.

3) 알베르 베갱은 1937년 《낭만적 영혼과 꿈》(조세 코르티, 파리, 1939)을 주제로 논문을 발표하였고, 《에스프리》의 집행부에 임면되기 전 《샤를 페기의 기도》(1944), 《레옹 블루아, 고통의 절대적 신앙》(1948), 《독일의 낭만주의》(1949), 《파스칼》(1953), 《베르나노스》(1954) 등을 출판하였다.

4) 장 코닐과의 대담.

했다. 그는 새로운 긴박한 상황 앞에서 총회를 포기하고, 역사 속에서 시인들의 힘에 대한 강연을 서둘러 준비한다. 베갱과의 우연한 만남을 통해 《에스프리》에 들어가게 된 철학자 장 코닐은 그의 강연 내용에 사로잡혔다. "대단했습니다. 불행하게도 남아 있는 자료가 없군요. 원래는 비서였던 테레즈 레옹이 속기로 받아 적게 되어 있는데, 그녀 역시 알베르 베갱의 강연에 심취된 바람에 손을 놓아 버렸어요."[5] 소련군의 부다페스트 침공이 갖는 상징적인 힘은 철의 장막 저편에서 벌어지고 있는 일에 대해 더 이상 환상을 품지 않고 있는 사람들에게도 충격을 주었다. 희망은 아주 사라진 것인가?

알베르 베갱은 《에스프리》에 논설을 싣는다. 그 글 속에서 인민민주주의 체제에 대한 비난은 마르크스주의에 대한 비판적 시선과 연결된다. "헝가리 국민들은 베를린과 포즈나인의 노동자들처럼 마르크스의 천재성이 정의한 경제적인 소외로 귀결되지 않는 억압 형태에 대해 분명히 봉기한 듯하다."[6] 그것은 반항의 성난 외침이다. 하지만 베갱은 벌어진 일에 대한 충분한 생각과 심층적 분석의 필요성을 말한다. 《에스프리》의 철학 그룹이 소집되고, 리쾨르는 모임이 정치에 대해 고찰하도록 유도한다. "돌아보는 곳마다 말 그대로 정치적 폐해와 부딪치게 됩니다. 부다페스트, 알제리 전쟁을 시작한 프랑스 정부, 수에즈 파병……."[7] 정치의 종말과 희망의 죽음을 알리는 듯하다. 이러한 상황에 대처하기 위해 1년에 걸친 집단적 고찰이 시작되고, '정치적 역설'이라는 텍스트에 이르게 된다. 철학적 사고의 시금석으로서 정치적 사건에 대한 참여는 리쾨르가 무니에에게서 물려받은 특성이다. 사고(思考)는 사건에 대한 지식인의 가능한 응수처럼 사건으로부터 생겨난다. "리쾨르는 항상 응수라는 어휘를 사용한다. 이 경우 비극적 사건에 대한 철학적 응수는 지식인들을 절망케 하거나, 더 이상 아무것도 기대할 수 없는 정치를 포기하게 한다."[8] 리쾨르의 참여의 중요성을 말해 주는 이 책은 "뒤늦게 알려졌고, 역설적으로 전체주의에 대한 비판이 현대 정치적 사고에 새로운 발전을 가능하게 한 70년대말에 읽히고 또 읽혔다."[9]

---

5) 장 코닐과의 대담.
6) 알베르 베갱, 〈부다페스트의 횃불〉, 《에스프리》, 1956년 12월.
7) 장 코닐과의 대담.
8) 위의 대담.
9) 올리비에 몽쟁, 《폴 리쾨르》, 쇠이유, 파리, 1995년, 89쪽.

부다페스트 사건이 급진성과 돌연성을 통해 다시 문제삼는 것이 리쾨르에게 깊은 충격을 주고, 반발하게 한다. "부다페스트 사건은 이 사건에 버금가는 모든 사건들처럼 무한한 위기 의식을 느끼게 한다. 그 사건은 우리에게 충격을 주었고, 예기치 않은 일로 물린 역사적 감수성의 측면, 중기적(中期的)인 정치적 계산 측면, 인간 존재의 정치적 구조에 대한 지속적인 고찰의 측면 등, 여러 측면에서 우리를 뒤흔들었다. 사건이 지니는 이러한 영향력들 가운데 하나에서 다른 하나로 언제나 왔다갔다해야 할 것이다."[10] 리쾨르는 정치 권력의 본질을 분석하는 데 있어서 역설의 개념을 발견적 도구로 삼는다. 정치 권력은 인간성을 구현하는 긍정적·자유주의적 영역과 권력에 대한 열정, 지배, 복종의 부정적 영역 사이에서 발생하는 긴장의 중심에 위치한다. 그래서 리쾨르는 "역설의 일반적 인류학적 범주"[11] 내에서 정치에 대한 고찰을 수용한다. 이러한 정치적 역설의 형태는 리쾨르로 하여금 국가가 구현하는 합리적 자유주의적 능력을 찬양하는 사상가들과 권력 속에서 거짓과 조작만을 보는 반대 경향 사이에서 철학적 전통이 권유하는 배타적 선택을 거부할 수 있게 한다. "두 철학적 사고의 스타일, 즉 아리스토텔레스·루소·헤겔과 함께 정치의 민족성을 지나치게 평가하는 하나와 '폭군'에 대한 플라톤적인 비판, '군주'에 대한 마키아벨리적인 예찬, 그리고 '정치적 소외'에 대한 마르크스적 비판에 따라 권력의 난폭성과 거짓을 강조하는 다른 하나를 대립시키려는 유혹에 저항해야 한다."[12] 정치는 이러한 두 가지 영역에서 생각되어야 한다. 역사적 재난은 극단적 사고가 국가적 합리성을 내부로부터 변질시키는 부정적 성격을 억누를 수 있도록, 대립적이고 넘어설 수 없는 이 두 영역을 연결시키는 것을 허락하지 않았다는 사실에 기인한다. 폴 리쾨르는 이 두 축을 서로 대칭적이라고 생각하지 않는다. 그는 권력이 구현하는 인간적 합리성의 이미지를 중시하면서 사도 바울의 '얼마나 더'를 정치에 적용한다. "부정성과 본래적 확언 사이의 비대칭성은 행동의 본질론에서 뗄 수 없다. 그것을 잊어서는 안 된다. 그것은 존재, 이 경우 '선하다'고 판단되는 존재의 선행성의 조건이다."[13] 리쾨르가 의지에 대한 환원주의적인 기도를 비난했듯이, 그는 특히 정치에서 생산의 사회적 관

---

10) 폴 리쾨르, 〈정치적 역설〉, 《역사와 진실》, 앞의 책, 1964년, 260쪽.
11) 필리버트 스크레탄, 《진실과 권력》, 인간시대, 로잔, 1968년, 143쪽.
12) 폴 리쾨르, 〈정치적 역설〉, 앞의 책, 262쪽.
13) 올리비에 몽겡, 《폴 리쾨르》, 앞의 책, 90-91쪽.

계의 반영만을 보는 경제학자들의 분석에 반해 정치 영역의 자율성을 다시 주장한다. 정치적 영역의 특수성에 대한 고려만이 정치를 활성화시키고 인류에 공헌하는 목적론을 되찾게 할 것이다. 이 최초의 충동, 접근할 수 없는 본래적 계약, 상징적 사회 계약이 인간 공동체, 더불어 사는 집단 의지를 형성한다. 하지만 거짓이 정치 속으로 스며드는 것 또한 역설적이지만 관념성과의 관계를 통해서이다. 그러나 "인간에 의한 인간의 착취가 뒤에 감춰진 위선이기 전에 법 앞의 평등, 만인 앞의 각자의 이상적 평등이 정치적 **진실**이다. 평등이 국가의 **현실성**을 띠게 한다."[14] 리쾨르는 정치적 소외, 권력의 열정과 연결된 악의 문제를 부정적 영역이 지나치게 평가되었다는 지적이 나올 정도로 정면으로 다룬다. "그는 정치를 악의 각도에서 접근한다. 그것은 매우 신교적인 시각이다."[15] 회복된 정치의 모호성, 긍정적 측면을 위한 비대칭성, 그리고 환원 가능성의 본래 의미가 내포하는 행동 차원의 경계가 정치적 철학의 조건 자체라는 것을 핑계로 반대할 수 있다. 리쾨르에게서 정치적 철학의 조건은 그것이 과도하게 팽창하는 것을 억제하는 데 필요한 과정을 생산해야 하는 국가의 합리성의 실용적 영역까지 개방되어 있다. 정치적 철학의 조건은 민주적이고 지속적이며 복합적인 경계를 필요로 한다. 그러한 관점에서 "정치의 중요한 문제는 **자유**이다. 국가가 합리성을 통해 자유를 **확립**하거나, 자유가 저항을 통해 권력의 열정을 **제한**한다."[16] 정치적 철학은 행동에 이를 뿐 아니라 정치적 쟁점의 부조리에 대한 견해에 저항할 수 있는 논증을 마련한다. 무의미가 실망한 많은 지식인들을 유혹한다. 그들은 비참여의 길을 택하여 몸을 도사리거나, 정치에서 벗어나 '악의에 찬' 권력으로부터 보호받는 과학적 탐구의 길을 선택한다. 정치의 역설적 현실성에 대한 강조는 이 영역만이 합리화하고 체계화시키며, 또한 통일화시키는 능력을 통해 모든 것을 가져올 수 있다고 생각하는 사람들에게서 이 영역의 절대화에 대한 경계이기도 하다.

클로드 르포르 · 코르넬리우스 카스토리아디스, 그리고 마르셀 고셰의 작업에서 자양을 얻고, 곧바로 전체주의와 맞부딪쳐 생각해야 했던 그 다음 세대에게 리

---

14) 폴 리쾨르, 〈정치적 역설〉, 앞의 책, 265-266쪽.
15) 폴 발라디에와의 대담.
16) 폴 리쾨르, 〈정치적 역설〉, 앞의 책, 285쪽.

쾨르의 이러한 분석은 여전히 현실성을 지니며, 놀라운 암시의 힘을 갖는다. 《에스프리》지의 현 편집장인 올리비에 몽쟁과 많은 다른 사람들의 경우가 그러하다. 그래서 미리암 르보 달론의 연구는 정확한 역사적 상황 속에서의 권력에 대한 고찰 쪽으로 진행된다. 1989년, 그녀는 엘렌 베드린의 지도 아래 프랑스 혁명에 대한 정치철학 논문을 발표한다. "리쾨르의 '정치적 역설'은 나에게 믿기지 않는 무엇, 일종의 계시였다."[17] 60년대말 알튀세의 틀에서 철학을 공부하고 1971년 교수자격시험에 합격한 미리암 르보 달론은 알튀세의 주장에 대해 침묵으로 일관하고, 정치에 관한 고찰에서 현상학적 차원의 영감에 의해 더욱 이끌림을 느낀다. 그녀는 메를로 퐁티와 리쾨르의 책을 발견하고 감동한다. "메를로 퐁티와 리쾨르는 공통적으로 정치의 문제를 역설의 형태로 생각한다."[18]

정치철학의 전문가가 된 미리암 르보 달론은 1988년 국제철학콜레주에서 한나 아렌트에 대한 심포지엄을 개최한다.[19] 그녀는 리쾨르에게 참가를 부탁하고, 리쾨르는 한나 아렌트와 아주 가깝다고 느끼기 때문에 더욱 기꺼이 부탁을 받아들인다. 리쾨르는 한나 아렌트를 시카고에서 만난 적이 있고, 그녀의 책 《현대 인간의 조건》이 1983년 프랑스에서 출판될 때 서문을 쓴 적이 있다. "내가 발표하는 시간에 리쾨르가 강의장으로 들어선다. 나는 완전히 겁에 질린다. 나의 발표는 스피노자와 아렌트, 지배 없는 정치, 그리고 세력과 권력 사이의 구별에 관한 것이다.[20] 나는 45분 정도 말한다. 리쾨르가 일어나 잘했어를 외친다. 환상적이었다. 내 생애에 가장 감동적인 순간 중의 한순간이었다.[21] 한나 아렌트에 헌정된 리쾨르의 폐회사는 권력과 폭력 사이의 구별을 주제로 삼는다.[22]

리쾨르와 한나 아렌트는 공통적으로 카를 야스퍼스의 작품과 특별한 관계를 맺고 있다. 아렌트는 야스퍼스에 대한 틈 없는 충성심과 단단한 우정을 갖고 있다. 1929년 발표된 〈아우구스티누스에서 사랑의 개념〉이라는 논문의 저자인 아렌트

---

17) 미리암 르보 달론과의 대담.

18) 위의 대담.

19) 미리암 르보 달론, 《한나 아렌트, 존재론과 정치》, 티에르스, 파리, 1989년.

20) 미리암 르보 달론, 〈아모르 문디, 인내와 정치〉, 《한나 아렌트, 존재론과 정치》, 앞의 책, 41-61쪽.

21) 미리암 르보 달론과의 대담.

22) 폴 리쾨르, 〈권력과 폭력〉, 미리암 르보 달론, 《한나 아렌트, 존재론과 정치》, 앞의 책, 141-159쪽, 《독서 1》, 앞의 책, 20-42쪽에 재수록.

는 20년대 마르부르크에서 하이데거의 가르침을 받았고, 불트만의 강의를 들었다. 유대인 지식인인 그녀는 망명 때문에 살아난다. 1933년과 1941년 사이 파리에서 머물렀고, 그후 구르스에서 수용된다. 그녀는 미국으로 떠나 자리를 잡고, 1951년 완전히 미국 시민이 된다. 그녀의 역사적 비극에 대한 개인적 체험은, 그녀로 하여금 나치와 스탈린 시스템의 의미를 더 잘 이해하기 위해 정치철학을 지향하도록 부추겼다. 그로부터 1945년과 1949년 사이 완성된 《전체주의의 기원》[23]이라는 제목의 3부작이 나온다. 아렌트가 전체주의라는 동일한 개념으로 나치주의와 스탈린주의에 대한 공동 분석을 행하는 3부가 출판될 때, 《전체주의의 기원》은 프랑스에서 커다란 반향을 불러일으킨다.

리쾨르는 한나 아렌트와 함께 과오를 범하기 쉬운 정치의 특성에 대한 연구로 자신의 학문적 접근을 확대시킨다. 그가 1957년 국가 권력의 차원에서 취급했던 정치의 모호성과 역설은 당시 대중 공간의 차원에서 또한 해석된다. 리쾨르는 이렇게 공간으로 표현되는 정치 공동체에 대한 아렌트의 개념을 받아들인다. 그는 그녀처럼 "현실, 즉 개방된 여론의 교환보다 우월하다고 생각되는 비평의 학문적인 척하는 태도"를 불신한다.[24]

리쾨르는 전통에 근거를 둔 권력의 정당성 부여를 방패막이삼고 있다고 아렌트를 비난하는 하버마스에 맞서 그녀의 편을 든다. "아렌트에게서 전통의 권위에 대해 말할 수 없다. **권위의 전통**만을 말할 수 있다."[25] 권위는 한나 아렌트의 핵심 개념들 중의 하나이며, 그녀는 고대 그리스가 아니라 고대 로마에서 권위의 실현을 본다. 그리스 철학자들이 권력의 철학적 정당화를 기도하는 데 실패한 이유는 그들이 시민들의 실제적 현실에서 출발하지 않았다는 사실에서 기인한다. 그러므로 권위의 개념에 대한 변론은 단순히 전이적이고 일시적인 권력의 특성에 부응한다. 그것은 정치적 행동에 정당성을 부여하며, 정치적 행동의 지속성 · 시간성을 보장한다. 권위는 이름이 불리거나 지시되지 않음에도 늘상 이미 거기에 있는 것이다. "내 생각에 권위에 대한 성찰은 서술적 아이덴티티에 대해 리쾨르가 말

---

23) 작품은 3부로 되어 있다. 제1권 《반유태주의》, 칼망 레비, 파리, 1973년; 제2권 《제국주의》, 페야르, 파리, 1982년; 제3권 《전체주의 시스템》, 쇠이유, 파리, 1972년; 모두 푸앵-쇠이유, 파리에서 재출판됨.

24) 폴 리쾨르, 〈권력과 폭력〉, 앞의 책, 35쪽.

25) 같은 책, 41쪽.

하는 것과 관계가 없지 않다."[26] 권위는 정말 서술적 자취 속에서 발현된다. 이 점에 있어서 권위는 항상 폭력과 동의 사이 긴장 속에 있는 권력을 지칭하기 위해 필요한 중재 개념이다. "한나 아렌트에게 행위는 역사를 부른다. 역사에 의해 밝혀지기 위해서보다는 망각에서 벗어나기 위해, 달리 말하면 이야기되기 위해 그러하다."[27] 역사는 리쾨르에게 그런 것처럼 아렌트에게 무엇보다도 이야기, 서술, 구술된 시간이며, 심리적인 내밀한 시간과 측정할 수 있고 통일된 우주적 시간 사이의 피할 수 없는 중재이다. "행동의 의미는 그 행동이 끝났을 때, 이야기할 수 있는 역사가 되었을 때에만이 드러난다."[28]

아렌트의 저서 《현대 인간의 조건》의 서문에서 리쾨르는 전통적 정치철학에 정반대 입장을 취하는 사상에 대한 그의 관심을 밝힌다. 그때까지 정치는 항상 지배·명령·복종 등의 어휘로 생각되어졌다. 아렌트에게서 리쾨르를 매료시킨 것은, 정치를 행위와 집단 속에서 수직적이 아닌 수평적 영역으로 위치시키기 위해 그녀가 행한 사고의 전환이다. "권력이 **위**에 있을 뿐 아니라 **함께**할 수 있는 것이라면, 그것은 개인만이 아니라 복수, 무리가 관련된 능력 있는 인간의 개념에서 근본적이다."[29] 경제를 통해 사적 영역과 공적 영역 사이의 차이를 지우려 했던 마르크스와는 반대로, 경제는 정치적 행위를 특징짓는 공적 공간으로부터 분리된 사적인 영역, 즉 가정과 연결되어야 한다고 아렌트는 생각한다. 그러므로 정치는 집단, 즉 **더불어 하는** 존재의 선택된 장소이다.

정치에 대한 고찰 속에서 리쾨르는 헤겔학파의 철학가인 에릭 베유의 작품을 또한 만난다. 리쾨르는 〈정치적 역설〉에 대한 자신의 텍스트를 출판하고 얼마 되지 않은 1957년, 《에스프리》지에서 에릭 베유의 《정치철학》[30]을 칭찬한다.[31] 에릭 베유는 분별력 있는 인간의 행위로서 정치에 대해 개진한다. 아주 헤겔적인 전통 속에서 역사성과 합리성을 일치시키는 것이다. 베유가 내리는 국가에 대한 정의는

26) 미리암 르보 달론과의 대담.

27) 조엘 로망, 〈역사의 철학 없이 정치를 생각하는 것: 아렌트와 메를로 퐁티〉, 《20세기의 횡단》, 라 데쿠베르트, 파리, 1988년, 71쪽.

28) 한나 아렌트, 《정치적 삶》, 갈리마르, 파리, 1974년, 31쪽.

29) 미리암 르보 달론과의 대담.

30) 에릭 베유, 《정치철학》, 브랭, 파리, 1956년.

31) 폴 리쾨르, 〈에릭 베유의 정치철학〉, 《에스프리》, 1957년 11월, 앞의 책, 《독서 1》, 95-114쪽에 재수록.

정치의 자율성을 보존한다. "국가는 역사적 공동체의 조직이다."[32]

베유는 현대 국가의 고유한 역설을 지적한다. 현대 국가는 자연을 지배하고, 계산된 합리성의 우월함을 강요하기 위한 투쟁 위에 세워진다. 현대 국가는 그 면에서 성공을 거둔다. 하지만 그러한 성공에도 불구하고 "현대 사회에서 개인은 만족을 느끼지 못한다."[33] 이 불만족은 자연을 지배하려는 노력을 왜 기울이는지 알지 못하는 데서 기인한다. 사람들은 더 이상 목적이 무엇인지, 역사적 발전 과정에 활기를 불어넣는 것이 무엇인지 알지 못한다. 이러한 불만족은 현대성의 원동력에 의해 대체되지 않은 것, 즉 사라지지 않는 성스러운 옛것의 표현이다. 역사적 공동체는 산업 사회에 저항하고, 개인이 느끼는 불편함은 모든 공동체를 참여시키는 집단 현상의 일부일 뿐이다. "아주 묘한 역설이 나타난다. 공동체가 기술적 경쟁 속으로 들어가야만 하는 것은 살아남기 위해서이다. 그런데 역사적 공동체는 이 게임 규칙을 받아들이면서 직업 사회의 와해를 초래한다."[34] 하지만 리쾨르는 공동체의 구현과 현실적이고 보편적인 것의 전달자로서 국가에 대한 에릭 베유의 정의에서 국가가 상징할 수 있고, 국가와 공존하는 폭력과 독재의 영역이 빠져 있음을 비난한다. "그것이 내가 다른 글에서 **정치적 역설**이라고 부른 것이다. 그런데 에릭 베유의 모든 분석은 이 역설을 다루지 않고 정치적 형식주의에 머문다."[35]

폴 리쾨르는 현대 국가에게 점차적으로 폭력을 감소시키고, 교육적 임무를 수행할 수 있는 능력을 공인하는 베유의 낙관주의를 함께한다. 그리고 리쾨르는 점점 더 계산적인 국가가 자신의 특별한 이익 때문에 세계 폭발의 위험을 제거시킬 수 있다는 그녀의 논리를 인정한다. 리쾨르는 베유와 대립하기보다는 그의 이론에 나베르의 《악에 대한 에세이》를 덧붙이면서 그 이론을 좇는다. 악에 대한 고찰이 정치철학을 두 방향으로 심화시킬 수 있기 때문이다. 한편으로 악에 대한 고찰은 악을 단순히 개인적 또는 우연적인 단계로 축소시키는 것을 넘어설 수 있다. 이때 악에 대한 고찰은 악의 효과를 역사적 현실의 단계에 위치시킨다. 악에 대한 고찰은 "정치철학에 반하는 국가에서 폭력과 이성의 합치를 주제화시킨다."[36] 다

---

32) 에릭 베유, 《독서 1》에 인용된 논문에서 리쾨르가 인용, 인용된 논문, 100쪽.
33) 에릭 베유, 《정치철학》, 앞의 책, 93쪽.
34) 폴 리쾨르, 〈에릭 베유의 정치철학〉, 앞의 책, 《독서 1》에 인용된 논문, 101쪽.
35) 같은 논문, 106쪽.
36) 같은 논문, 114쪽.

른 한편으로 악에 대한 고찰은 자아의 재생을 요구하는 정당화의 욕구를 감지할 수 있게 한다. 그런데 이 욕구가 "국가가 자신의 목적으로 명받은"[37] 합리적 자유의 원천이 될 수 있다.

37) 폴 리쾨르, 같은 논문.

25

현재의 역사

역사성의 고찰에 대한 리쾨르의 관심은 50년대 초반으로 거슬러 올라간다. 그는 직업 역사가들의 의기양양한 객관주의를 공격하고, 과학성에 대한 요구를 포기하지 않으면서 그들의 야망을 좀더 겸허하게 표현하도록 만든다.

철학 교육과 역사 교육 사이 연계 학습의 날 발표문에서 리쾨르는 역사가 혼합 인식론, 주관성과 객관성, 설명과 이해의 뒤얽힌 영역에 속한다는 것을 보여 주고 있다. 시간 속에 멀리 떨어진 동일자와 타자의 변증법, 현대 언어와 지난 상황의 대립으로 이해되는 "역사 언어는 필연적으로 **모호**하다."[1] 폴 리쾨르는 사실적인 것, 우연적인 것, 그리고 구조적 제약들을 살피면서 역사가의 기능, 그의 기도의 정당성, 그리고 인류 탐구의 정당성을 설명한다. "역사가가 자신의 본질적인 의도를 부인하고, 인간과 인간적 가치는 없고 구조와 세력 그리고 제도만이 있을 것이라는 역사에 대한 **잘못된 객관성의 유혹**에 빠질 때, 이 경고는 경종처럼 울린다."[2]

리쾨르는 역사가가 대상의 필연적 객관성과 자신의 주관성 사이 긴장 속에 자리잡고 있다는 것을 보이기 위해 일찍부터 역사가의 작업장에 뛰어든다. 역사가라는 직업을 규제하는 규칙들이 대부분 마르크 블로크가 그것에 대해 내린 정의를 근간으로 한 그의 설명을 뒷받침하고 있다. "역사가라는 직업, 마르크 블로크가 이 제목을 그의 《역사에 대한 예찬》에 덧붙였다는 것을 우리는 알고 있다. 안타깝게도 완성되지 못한 이 책이 우리 사고의 바탕을 깔기 위해 필요한 모든 것들을 담고 있다."[3]

---

1) 폴 리쾨르, 〈역사에서 객관성과 주관성〉, 《철학 교육과 역사 교육 사이 연계 학습의 날》, 세브르, 국제교육학센터, 1952년 12월; 앞의 책, 《역사와 진실》, 30쪽에 재수록.

2) 같은 책, 43쪽.

3) 같은 책, 25쪽.

리쾨르는 사료 편찬 작업에서 과학자적인 야망과 결부된 객관화의 지평과 과거의 부활을 실행할 수 있는 능력에 대한 직접성의 경험에서 비롯된 주관적 조망 사이에 점점 더 심해지는 잘못된 양자택일의 방식을 비난한다. 그의 목적은 역사가의 실제 작업이 영원히 완전하지 못한 객관성과 방법론적인 시각이 갖는 주관성 사이의 지속적인 긴장 속에서 이루어진다는 것을 보이는 것이다. 특히 후자는 좋은 주관성 '탐구적 자아' 와, 좋지 않은 주관성 '감동적인 자아' 로 나누어지면서 자신의 일부로부터 떨어져 나와야 한다. 다른 영역에서도 그렇지만 이 영역에서 리쾨르의 모든 노력은 진실의 탐구로 가는 통로가 필연적으로, 그리고 엄밀히 말해 우회로라는 것을 보이는 것이다. 역사는 물리학의 그것과 유사한 정정을 통해 전진한다. 역사가는 대상으로부터 그를 떼어 놓는 시간적 거리 때문에 대상과 관련해 외부적 위치에 있으며, 동시에 내면적 상황에 있다. 리쾨르는 진실에 대한 서약서를 규제하는 규칙들을 환기시킨다. 이 서약서가 투키디데스와 헤로도토스 이래 모든 역사적 탐구를 이끌고, 역사 기술의 첫번째 층, 즉 설명하려는 기도를 형성하는 방법론을 세운다. 이 첫번째 수준에서 사고의 주관성은 명료한 도표의 구성에 관련된다. 뤼시앵 페브르는 30년대초 콜레주 드 프랑스 취임 강의에서 역사는 창조된 것, 구성된 것들 편에 선다고 주장했다. 과거의 부활에 대한 미슐레의 견해는 대타자를 통한 진실한 재생과 감정적인 것의 직접성에 바탕을 둔다. 그와 반대로 리쾨르는 명확한 카테고리, 분명한 시리즈, 인과 관계의 추구, 이론에서 출발한 논리적 추론 등으로 과거를 분해하는 분석적 방식을 중시한다. 설명과 이해는 보완적인 관점을 제공한다.

역사적 객관성의 불완전함은 여러 측면에서 주관성의 강력한 참여를 필요로 한다. 첫째로 주관성은 분석 대상에 대한 역사가의 선택 개념 자체에 개입된다. 역사가는 명확하든 암시적이든, 어떠한 경우에도 그 선택을 피할 수 없다. 역사가는 사건과 사건을 이루는 요소들의 선정을 지배하는 중요성과 관련된 판단을 내린다. 둘째로 역사가는 자신이 강조하는 인과 관계를 통해 그 주관성을 드러낸다. 이 차원에서 역사가의 작업은 대부분의 경우 단순하다. 리쾨르는 인과 관계를 다른 범주들로부터 분리시키기 위해 페르낭 브로델의 방법론적으로 잘 무장된 연구 방식의 도움을 받는다. 그것은 특히 설명 구도를 담고 있는 서사로서, 역사적 담론이 전개되는 방식에 대한 특별한 관심으로 가능하다. 셋째로 역사적 주관성은 동일자와 타자를 대립시키는 시간적 거리 속에 개입된다. 여기서 역사가의 임무는 더 이상 존재하지 않는 것, 타자였던 것을 현대적인 어휘로 해석하고 이름 붙이는 것이다. 이 점에서 역사가는 언어와 대상 사이 일치의 불가능성에 부딪친다. 그렇기 때문에 역사가는 자신과 다른 현재로의 필수적인 전이를 약속하고, 그것이 현대인들에 의해 읽힐 수 있도록 하기 위한 상상력을 동원해야 한다. 역사적 상상력은 이해에 필수적인 발견적 수단으로서 개입된다. 주관성은 객관성에 접근하기 위해 필요한 안내인 역할을 한다. 마지막으로 역사적 대상의 인간적 측면이 주관성을 피할 수 없게 만든다. "결국 역사가 설명하고 이해하려는 것은 **인간**이다."[4] 역사가는 설명하려는 의지만큼이나 만남에 대한 기대에 의해 자극받는다. 정확성에 대한 그의 우려를 부추기는 것은 그가 이야기하고 있는 사람들의 믿음을 함께하는 것도 아니고, "다른 주관성 속으로의 이동"[5]인 시간적 전이 속에서 타자를 찾아 떠나는 정신분석학적 의미로 과거에 대한 작업을 하는 것도 아니다.

구조적 마르크스주의와 커다란 대립이 있기 훨씬 전에 루이 알튀세는 리쾨르의 논문에 대해 비평적인 방식으로 개입한다.[6] 알튀세는 폴 리쾨르의 발언을 레이몽 아롱의 주관주의에 대한 비판으로 생각한다. 아롱이 어떤 점에서 보편적으로 타당한 역사과학이 가능한지 알기 위해 질문을 제기할 때, 알튀세의 눈에 리쾨르는 역사과학 자체로부터 시작하는 장점을 갖는다. " 당신(리쾨르)은 아롱의 관점을 뒤집고 있으며, 비판적 전통으로 다시 돌아온다. (…) 관점의 전도는 중요하다. 그것이 아롱에 대한 당신의 비판을 결정짓는다."[7] 알튀세는 즉각적 지식과는 관계가 없는 역사적 지식의 전개에서, 그리고 과거의 부활을 가능하게 하는 회고적 환상에 대한 그의 비판에서, 역사학이 경험과학의 방법론과 비슷한 방법론을 전제로 한다는 사실 속에서 리쾨르를 좇는다. 알튀세는 리쾨르가 행한 두 가지 형태의 주관성의 구별을 특히 평가한다. 그리고 그는 그 점에서 아롱의 주장에 대한 리쾨르의 극단적인 반론을 찾는다. "아롱에 대한 당신의 비판이 극단에 도달하는 점은 좋은 주관성과 나쁜 주관성을 구별하는 것이다. 그 점에서 당신은 아롱의 역설

---

4) 폴 리쾨르, 같은 책, 31쪽.

5) 같은 책, 32쪽.

6) 루이 알튀세, 〈역사의 객관성에 대해(폴 리쾨르에게 보내는 편지)〉, 《철학 교육》, 제5-6호, 1953년 6-9월, 3-15쪽.

7) 같은 책, 4쪽.

의 핵심을 찌른다."[8] 알튀세는 이 구분에 이데올로기의 악행을 고발하고, 그것의 지배에서 벗어나기 위하여 과학에 속하는 것과 이데올로기에 속하는 것을 구별하는 자신만의 범주를 덧붙인다. 그리고 그렇게 함으로써 리쾨르의 이해 논리로부터 멀어진다. 얼마 동안 리쾨르를 따랐던 알튀세는 그가 아롱의 유혹과 수월함에 굴복한다고 생각하고 그로부터 멀어진다. 알튀세는 리쾨르가 객관성을 "대상의 일반적 이론에 따라"[9] 정의했어야 함에도 불구하고 역사가의 객관성을 유지하려는 의도를 다양한 방식 속에서 인정하는 것으로 만족하는 것을 비난한다. 이 단계에서 역사는 알튀세에게 단순히 경험과학과 같은 과정, 자연과학과 같은 인식론에 속한다. 객관적 관점 밖에서 역사는 이데올로기적 기만으로 전락할 것이다. 알튀세는 리쾨르가 역사적 언어의 모호성, 중요성 선택의 어려움, 역사적 객관성의 불완전성, 인과 관계의 상대성 등을 강조할 때 그를 격렬하게 비난한다. "이 모든 판단 속에서 당신은 분명히 인식론적 범주를 벗어나고, 아롱의 의도 자체를 다시 취한다."[10]

리쾨르는 어떠한 논쟁에도 휘말리기를 거부하며 대답하지 않는다. 그러나 알튀세의 비판은 점차 확대되어, 역사과학과 역사체험 사이의 극단적 인식론적 단절의 이름으로 지식의 객관주의적 · 과학주의적 개념을 강요하게 될 초기의 논쟁을 보여 준다. 알튀세 텍스트의 목표는 무엇보다도 전략적인데, 그것은 50년대초 전도가 유망한 철학가인 리쾨르를 설득하여 레이몽 아롱과 결별시키려는 것이다. 이와 관련해 알튀세가 벌인 공작은 가히 초현실적이다. 아롱은 리쾨르에 의해 단지 두 번 암시적으로, 그것도 칭찬하기 위해 언급된다. "레이몽 아롱의 책과 함께 최고에 도달한 철학적 비판의 대작업이 있은 후, 이제 어느것이 **좋은** 주관성이고 어느것이 **나쁜** 주관성인지 질문을 제기해야 한다." 그러니까 리쾨르는 자신의 사고를 아롱의 그것과의 연장선에 놓는다. 특히 같은 주제에 대해 역사가 앙리 이레네 마루[11]와 조화를 이룬다. 리쾨르는 몇몇 역사가들이 반복되는 현상, 커다란 부동의 구조적 기반 속에서 좀더 과학적인 가치를 갖는 객관화의 길을 찾기 위해 자신들 분야의 인간적 영역에서 멀어지는 경향을 고발한다. 지식사의 관점에서 패권을

8) 루이 알튀세, 같은 책, 5쪽.
9) 같은 책, 8쪽.
10) 같은 책, 12쪽.
11) 앙리 이레네 마루, 《역사적 지식에 대해》, 쇠이유, 파리, 1954년.

쥐고 있는 프랑스 역사학파인 아날학파가 취하는 방향이 그러하다. 1952년부터 리쾨르가 감지한 공허한 논쟁이 그것이다.

리쾨르는 알튀세와는 반대로 우리의 현존에 내재하는 시간의 의미를 되찾으려는 후설의 관점에서, 역사가 현실 참여의 역할을 갖도록 하기 위해 체계주의의 올가미에서 벗어나려 한다. 시간은 과학적 층과 이데올로기 층 사이에서 수직적으로 잘리지 않고, 과거의 지속적인 수정에 따라 장기적으로 잘린다. 현재의 질문과 관련하여 시사성은 일회적인 순간으로 축소되지 않고, "다시 기억된 미래의 실행"[12] 처럼 기간 속에 기록된다. 역사는 가능성의 장과 행위의 영역으로 문을 연다. 50년대에 아날학파가 변화하지 않는 것과 항시적인 것들을 찾기 위해 현대의 차가운 물 속으로 몸을 움츠리는 경향을 띠는 반면, 현재에 특별한 관심을 쏟는 것은 진보적 그리스도교 모임에서이다. 《프랑스에서 우익》이라는 르네 레몽의 연구와 같은 혁신적 연구가 그러하고, 1954년에 출판된 마루의 책 《역사적 지식에 대해》의 경우처럼 주관성의 중요성을 강조하는 역사적 작업을 고찰한 책들이 또한 그러하다.

1955년 《역사와 진실》의 출판은 긍정적인 반응을 불러일으킨다. 《신앙과 생활》에서 얀 크자르네키는 "활동하는 젊은 철학자들 중에 가장 뛰어난 철학자"이며, "어떻게 철학자이며 동시에 그리스도교인일 수 있을까"[13]라는 아주 어려운 질문에 맞서는 철학자라고 칭찬하며 리쾨르의 작품에 대한 긴 서평을 끝낸다. 《평론》에서 《역사와 진실》을 평한 사람은 루이 박스이다. 질문 방식에 대해 그는 리쾨르의 불안하고 무너지기 쉬운 시스템이 조금은 염려스럽지 않은지 자문한다. 그는 리쾨르가 "합리적인 철학자 · 신학자, 그리고 '현존하는 사상가' 에 의해 동시에 배척당할 위험을 감수하는 것은 아닌지"[14] 또한 자문한다. 철학자는 신화 위에 진실을 세울 수 없다고 반박할 것이고, 신학자는 계시가 순전히 인간적인 변증법 속에서 사라질 위험이 있다고 반박할 것이며, 사상가는 존재론적 긴장만이 중요하다고 반박할 것이다. 장 루이 뒤마는 《철학 연구》[15]에서 서로의 모순점은 피하면서 이 모든 요구들을 함께 다루려는 리쾨르의 야심을 칭찬한다. 개신교 교육연맹의 교사들은 그들이 잘 아는 웅변가 리쾨르의 산파술을 다시 보게 되는 것을 기뻐한다.[16]

---

12) 폴 리쾨르, 《시간과 이야기》, 쇠이유, 파리, 1985년, 푸앵-쇠이유, 1991년, 제3권, 68쪽.
13) 얀 크자르네키, 《신앙과 생활》, 1955년 12월, 555쪽.
14) 루이 박스, 《평론》, 제100-101호, 1955년 9월, 926쪽.
15) 장 루이 뒤마, 《철학 연구》, 1955년 9월, 528-529쪽.

이러한 몇 해 동안 리쾨르는 말과 행동을 달리하지 않았고, 복잡하고 불투명한 여러 문제와 관련하여 현재의 역사에 대한 자신의 개념을 적용한다. 1951년 《에스프리》에 출판된 리쾨르의 분석을 부추긴 이스라엘과 아랍의 문제가 그러한 경우이다.[17] 리쾨르는 앙드레 네에르가 《에스프리》에 게재된 논문[18]을 출판함으로써 이 민감한 주제에 개입할 계기를 마련한다. 리쾨르는 성서의 말씀이라는 명목으로 어떤 토론도 없이 이스라엘의 주권을 정당화시키는 태고의 전통으로부터 얻은 권리의 주장에 반발한다. 1948년 이스라엘 국가 창설의 우연성 뒤에는 이 국가를 성지인 팔레스타인 땅에 연결짓는 것의 본질이 있을 것이다. 이상하게도 모든 국가들 중에 이스라엘만이 절대성을 영토에 연결시키게 하는 '신지학'을 바탕으로 한다. 이스라엘 탄생을 천명한 직후 그 지역의 상황은 극적이다. 리쾨르는 다른 공동체들이 그러한 본질의 정당성을 인정할 수 있는지, 좀더 실질적인 차원에서 군사적 분규에 대한 정치적 해결이 가능한지에 대한 질문을 던진다. 리쾨르는 본질을 빙자한 앙드레 네에르의 권리 주장과 일정한 거리를 유지한다. "문제가 이렇게 제기되면 어떠한 **공통적** 해답도 얻을 수 없다. **다른 공동체**에게 유대 민족이 주장하는 본질은 신화이다. 그리스도교인에게 시온은 절대적으로 말해 지상에 존재하는 땅이나 왕국이 아니다. 시온은 더 이상 팔레스타인 땅이 아니다. 시온은 땅이 아닌 장소, 땅이 없는 왕국을 의미한다."[19] 그렇다고 신지학에 대한 믿음을 함께하는 사람들에 대한 동정이나 이해가 없는 것도 아니다. "오늘날 이스라엘은 **내** 기억 속의 이스라엘의 연속이다. 그리고 나는 지금 이스라엘과 다른 관계 속에 있다. 나는 예언자들의 후손을 학대한 국가들에 속한다."[20] 유대 민족에 대한 역사적 부채가 강대국들에 의해 지불돼야 한다. 그 부채는 인정과 죄의식 두 가지 측면에서이다. 그런데 유대인의 문제를 해결하면서 유럽은 폭력과 끊임없는 전쟁의 근원인 유대인과 아랍인의 문제를 만들었다. 그러므로 신지학적 분규가 지정학적 분규로 악화되는 것을 피해야 한다. 리쾨르는 이 지역에서의 불씨가 세계적 분쟁

---

16) 폴 그로잔, 《믿음 · 교육》, 1955년, 245-247쪽.

17) 폴 리쾨르, 〈이스라엘과 관련된 난처함〉, 《에스프리》, 1951년 6월, 《독서 1》, 앞의 책, 357-367쪽에 재수록됨.

18) 앙드레 네에르, 〈이스라엘에 대한 고찰〉, 《에스프리》, 1951년 2월.

19) 폴 리쾨르, 〈이스라엘과 관련된 난처함〉, 인용된 논문, 358쪽.

20) 같은 논문, 359-360쪽.

을 야기시키지 않도록 구체적인 수단들을 권장한다. 우선 1948년 조약으로 돌아가, 벤 구리옹의 독립 선언과 더불어 행해진 전쟁을 통해 이스라엘이 팔레스타인 난민들을 희생시켜 얻은 이권을 없애는 것이 합당하다. 강대국들은 통상 금지를 존중해야 하고, 이 분규를 블록 정치의 가입을 목적으로 이용해서도 안 되며, 그 지역에서 국가간의 균형을 유지하게 하고, 아랍 국가들로부터 이스라엘 국가의 존재 권리에 대한 승인을 얻어내야 한다. 그 지역에서 깨지기 쉬운 평화를 존중하게 하고, 두 공동체 사이의 대화의 끈을 잇기 위해 얼마나 많은 시간과 인내와 집요함이 필요한지 우리는 모두 알고 있다.

리쾨르는 50년대 유럽인들에게 수수께끼 같은 문제인 중국 혁명에 직접적으로 개입한다. 리쾨르는 당시 7억의 인구를 지닌 거대한 나라에서 발생하고 있는 일을 잘 이해하기 위해 1955년 가을 아르망 가티 · 미셸 레리스 · 장 뤼르사, 그리고 르네 뒤몽과 5주 동안 중국을 방문한다. 《에스프리》가 현지 조사를 위해 그를 파견한다. 그는 체제에 대한 확실한 답변보다는 많은 질문을 가지고 돌아온다. 그는 문화 혁명의 시위 세력인 홍위병에 의해 끌려간 수많은 지식인들의 상호 이해주의에 빠지지 않았으며, 그가 중국으로부터 이끌어 낸 결론의 지배적인 어조는 역설적인 상황을 바탕으로 '전반적으로 긍정적'이다. 리쾨르가 중국 사회에 행한 분석은 결국 고전적이다. 그의 분석은 긍정적인 측면과 부정적인 측면 두 가지로 나뉜다. 긍적적인 측면은 체제의 경제적 실현, 집단화의 점진성, 경제 계획의 예측된 성공이고, 부정적인 측면은 전체주의적으로 강압적인 힘을 사용하는 정치 권력과 관련된 것이다. 물론 공식적인 정보와 정보전달자만을 접할 수 있었지만, 그가 중국에서 가져온 증언과 분석은 진보적 지식인들이 갖는 '현실적 사실주의'의 세계에 대한 50년대 사고방식을 잘 보여 주고 있다. 이것은 부다페스트 이전에 이미 소련의 비전에 대한 열정의 감소를 초래한다.

리쾨르의 추론된 관찰은 중국 정치 권력이 그에게 소개하고 설명하고 싶었던 것을 반영한다. 그 자신도 정치 체제의 술책에 대해 의식하고 있다. "국가 기구에서 권력의 실재적 행사와 관련된 모든 것은 우리들의 시야를 벗어났고, 우리의 범위를 벗어나지 않을 수 없었다."[21] 그는 자신들의 목적에 체계적인 지지를 촉구하는

21) 폴 리쾨르, 〈중국 혁명의 확실성과 불확실성〉, 《에스프리》, 1956년 1월, 《독서 1》, 앞의 책, 316쪽에 재수록.

시스템의 교육에 대한 관심에 의해 감동을 받고 돌아온다. 그리고 오랫동안 성숙된 중국 혁명이 주는 교훈들을 보게 된다. "마오쩌둥은 농부들의 참을성을 배웠다."[22] 중국 공산당은 스탈린이 행한 강제 수용을 동반한 토지의 강제적 집단화와 달리, 중국 농부들과의 직접적인 충돌을 피했을 것이다. 중국에서 개인 소유에서 상호 부조 단체, 그리고 개인 소유가 인정되는 농업협동조합으로의 전이는 적어도 끔찍한 대약진 운동의 시기인 1958년까지 그들의 관습을 송두리째 버릴 필요가 없었던 농부들에 의해 긍정적으로 평가됐다. 리쾨르는 혼합 체계가 산업 분야에서처럼 농업 분야에서 지배적인 시기에 중국을 방문한다. 그리고 그는 소련이 한 체계에서 다른 한 체계로 변화한 방식과는 아주 대조적인 방식을 목격한다.

리쾨르가 인간적인 리듬을 유지한 사회주의로의 전이에 매료된다면, 정치적인 차원에서는 여전히 경계를 게을리 하지 않고 비타협적인 자세를 유지한다. 리쾨르는 정치의 은밀한 성격, 중국 공산당이 헌법에 언급되지 않은 것, 그리고 일당 독재를 고발한다. 그는 중국 체제가 모든 일에 관여하는 관료주의로 전락하지나 않을까, 자신이 농담삼아 '티토주의자의 두려움'이라고 부르는 두려움을 표현한다. "감성과 무책임이 독재의 독이 든 과일이지 않을까, 그리고 그것들이 천천히 역동적인 혁명을 타락시키는 것은 아닐까?"[23] 이 정치적 두려움은, 마르크스주의가 물리학이나 생물학과 같은 엄격성과 확실성을 갖는 사회적 역동성과 역사에 관한 실증적 학문이라고 말하는 베이징대학교의 동료나 중국 공산당 간부들의 말에 의해 가중되고 확실해진다. "나는 사회와 인간 전반에 걸쳐 적용된 과학주의의 단순한 성격을 염려하지 않을 수 없었다."[24] 그리고 변증법적 물질주의라는 유일한 합법적인 믿음을 강요하는 국가의 이름으로 모든 다른 종교에 가해지는 탄압 앞에 종교인이 갖는 두려움이 이에 더해진다. 그러므로 우리는 다원주의와 토론을 바탕으로 설립될 수 있는 민주주의로부터 멀리 떨어져 있다. 하지만 리쾨르는 몇 가지 조건들이 미래의 새로운 민주주의 건설에 낙관적일 수 있게 한다고 판단한다. 공산주의 장점 중의 하나는 인민의 문화적 수준을 향상시키는 것이고, "문화는 독재를 위한 시한폭탄이다."[25] 1989년 천안문 광장에 모인 대학생들이 무력으로 그것

22) 폴 리쾨르, 같은 책, 319쪽.
23) 같은 책, 331쪽.
24) 같은 책, 332쪽.
25) 같은 책, 337쪽.

을 표현했다. 하지만 여전히 전체주의적인 권력이 전차를 동원해 그들을 짓밟았다. 이 경우 리쾨르의 낙관주의는 역사적 사실을 통해 부인된다. 특히 그가 독재국가에 내재하는 위험의 전조들을 공산주의자들이 의식화를 통해 느낀다고 말할 때 그러하다. 중국인들의 교육적 감각이 그로 하여금 낙관적인 진단을 하게 한다. 가치가 발달된 것은 사실이지만, 그것은 교육적 감각을 개인의 효과적 조종을 위해 사용하려는 권력의 의도와 밀접한 관계를 맺고 있다. 권력은 또한 미래의 문화 혁명이 보여 주듯이 대중을 조종하기 위해 교육적 감각을 사용하고, 그것을 엄청난 규모의 규칙적인 살육에 활용한다.

리쾨르는 《사회그리스도교》[26]에서 중국에 대해 언급한다. 그에 따르면 서구는 정치적 차원에서 장제스(蔣介石)를 버리고 마오쩌둥의 중국을 인정해야 한다. 국제 사회 질문의 쟁점은 이것이다. 이 논문은 《에스프리》에서 이미 행한 경제적 수준과 정치적 수준 사이의 구별을 다시 취한다. 리쾨르는 새로운 중국에서 교육이 차지하는 위치를 다루기 위해 《파리-베이징》에 논문을 발표하는데, 그 논문은 《신앙 · 교육》에 재수록된다.[27] 그는 논문에서 중국 사회주의 건설에서 교육의 중요성을 다룬다. 단기적인 목표로 교육은 생산성의 향상을 꾀하지만, 장기적으로 새로운 인간의 출현을 목적으로 한다. 그는 또한 인민들의 문맹률 퇴치와 교육 수준의 놀랄 만한 향상에 환호를 보낸다. 리쾨르는 단순히 옛 중국과 새로운 중국의 화해를 소망한다. "나는 독창자, 가수, 무언극 배우, 곡예사와 같은 중국 배우들의 이미지가 내가 이 글에서 언급한 내 친구의 모습, 중국학교 선생님의 엄격한 얼굴에 그의 아름다움을 더하기를 바란다."[28]

돌아볼 때, 리쾨르의 중국에 대한 시선은 아주 순진해 보인다. 하지만 그는 지식인들 사회에서 오랫동안 중시될 분석의 오류를 대변한다. 그 분석에 따르면 사회주의 경제는 본질적으로 정치적 영역과 관련된 변질의 위험을 안고 있고, 국가의 관료주의화 과정으로 타락하기는 하지만 건강하다는 것이다. 우리는 이미 경제적인 것과 정치적인 것 사이의 단절이 갖는 발견적 가치를 보았다. 리쾨르가 그의 텍스트 〈정치적 역설〉 속에서 그것을 효과적으로 다루고 있다면, 그것은 국가 독

26) 폴 리쾨르, 〈중국에 대한 질문〉, 《사회그리스도교》, 제5-6호, 1956년, 319-335쪽.
27) 폴 리쾨르, 〈새로운 중국에서 교육〉, 《믿음 · 교육》, 제34호, 1956년, 25-30쪽.
28) 같은 책, 80쪽.

재가 문화든 경제든 모든 것을 취하는 전체주의 국가들의 경험과는 어울리지 않는다. 이 교훈은 70년대 실현된 전체주의 현상에 대한 다양한 연구들을 통해 좀 더 뒤에 진정으로 이해될 것이다.

V

대학 중심부의 이단자
1957-1964

26
명성 높은 교수: 소르본

모든 대학의 길은 파리로 통한다. 기꺼이 스트라스부르에 남았을 리쾨르도 예외는 아니다. 그는 장 이폴리트의 도움을 받아 소르본대학교에 지원한다. 하지만 교수협회는 1955년에 그보다 장 기통을 선택한다. 그 다음해 그는 베이에의 자리를 채우게 된다. 1956년, 리쾨르는 마침내 레이몽 아롱 · 조르주 귀르비치 · 블라디미르 장켈레비치 · 장 발 · 앙리 구이에 · 조르주 캉길렘 · 가스통 바슐라르 등, 유명인들만이 자리하고 있는 프랑스 대학의 으뜸인 소르본 철학부에 들어간다. 하지만 소르본대학교는 몇 가지 이유로 해서 그의 요망을 들어 주지 않는다. 그는 그때까지 언제나 존재론적인 욕구와 방법론적인 금욕 사이에서 지속적인 긴장에 휩싸인 분열된 연구자였다. 소르본대학교는 삶 속에서 완성된 대학 교수들을 재생산하는 곳이다. 리쾨르는 특이한 대학 교수이다. "프랑스 지식인 사회는 두 가지 유형의 예언자를 인정하는데, 하나는 아르콘(집정관)이고 다른 하나는 이교 창시자이다. 잘 알다시피 아르콘들은 심사위원석을 차지한다. 이교 창시자들은 대학교수자격시험을 통과할 생각은 하지 않고 아주 강한 상징적 힘을 지닌 사람들이다."[1] 리쾨르의 독창적인 지위는 두 유형 사이에서 긴장을 유지하는 것이다. 그는 실제로 소르본대학교에서 두 지위가 주는 이점들을 함께 누린다. 그는 한편으로 소르본대학교가 구현하는 아카데믹한 지식에 의해 축성된 교수의 이점을 누리고, 다른 한편으로 철학사의 현대적 접근을 대표한다. 현대적 질문 방식으로 무장한 그는 전혀 관례적이지 않은 박사 논문들을 지도한다.

입장 표명과 관련된 차원에서 그는 제도를 존중하지만 단순한 재생산 기계로 전락해 버릴 위험에 대한 날카롭고 비판적인 시각을 견지한다. 그는 기다림의 지평,

---

1) 하인츠 비스반과의 대담.

희망을 잃지 않는 유토피아를 향한다. 그는 자신의 모습 속에 지식인의 두 가지 형상, 제도가 구현하는 사상에서 나온 지식인의 형상과 드레퓌스 사건 당시 볼 수 있었던, 진정으로 권력에 대항하는 세력이며 국가의 이성에 맞서 사상과 정직성의 경계를 게을리 하지 않는 권력 밖의 시선을 지닌 지식인의 형상을 결합시킨다.

아카데미즘을 구현하는 소르본대학교는 리쾨르가 행복을 느낄 수 있는 장소가 아니다. 그가 학생들과의 대화와 동료들과의 공동 연구에 특별한 애착을 갖기에 더욱 그러하다. 소르본대학교에서는 그러한 것이 불가능하다. "나는 소르본대학교에서 편안함을 느끼지 못했다. (…) 스트라스부르에서 있던 학생들과의 관계를 찾을 수 없었다. 나에게 소르본은 스트라스부르의 부정적인 쪽이다."[2] 다른 교수들과의 관계에 대해서 그는 다음과 같이 말한다. "우리는 복도에서 지나칠 뿐이었다. 함께하는 연구도 없었고, 대립도 토론도 없었다. 지적인 황야를 걷는 기분이었다."[3]

하지만 소르본대학교에서 리쾨르의 명성은 즉시 퍼졌다. 교수로서의 자질, 강의하는 감각, 그리고 강의의 농도는 대형 강의실을 넘치게 했다. 1961년 리옹에서 온 프랑수아즈 다스튀르는 소르본대학교 철학부 졸업반에 등록한다. 그녀는 1962-1963년 사이 리쾨르의 강의를 빠지지 않고 듣는다. "리쾨르는 나에게 예외적인 교수였다. 강의는 대형 강의실에서 2시간에 걸쳐 진행됐다. 3백여 명이 넘었다. 산처럼 쌓인 망토들 사이에서 리쾨르가 강의했다. 너무 비좁았기 때문에 학생들은 옷을 벗어야 했다. 굉장했다. 매번 기절하는 학생이 생겼다. 학생들은 창에도 걸터앉았다. 열악한 조건에도 불구하고 나는 강의를 결코 빼먹지 않았다."[4] 리쾨르는 강의를 하기 전에 강의의 개요를 소개하는 인쇄물을 학생들에게 나누어준다. 학생들은 매번 강의를 위해 리쾨르가 준비하는 엄청난 양의 작업을 높이 평가한다. 그의 강의는 텍스트에 대한 충실하며 동시에 다양한 해석을 시도한다. 그는 단순히 다른 사람들의 사상을 소개하는 데 그치지 않고, 강의 내용을 언제나 자신의 주관적 시각에서 다시 해석하고 정리한다. 여기저기 들리는 소문과는 달리 리쾨르는 다른 사람들의 철학에 의지하지 않는다. 다른 사람이 추구한 길을

---

2) 폴 리쾨르, 《비판과 확신》, 앞의 책, 48쪽.
3) 같은 책, 49쪽.
4) 프랑수아즈 다스튀르와의 대담.

복구하고, 그의 말을 귀담아듣는 작업은 자신의 개인적 작업으로 즉시 이어진다. "리쾨르는 자신의 모습으로 화면을 가득 채우는 법이 없다. 그에게 자기도취증은 없다. 내가 만난 사람 중에 가장 덜 자아도취적인 사람이다. 그는 전혀 자서전적이지 않은 방식으로 표현하는 능력을 지니고 있다. 자신에 대해 말할 때조차 상호간의 관계를 통해 표현한다."[5] 가장 적용 범위가 넓은 리쾨르의 개념적 혁신 중의 하나인 서사적 정체성에 관한 혁신이 그의 개성과 완전히 부합된다. 그의 독창성은 감정적 · 직접적 관계가 아니라 다른 사람과의 관계, 그러면서도 언제나 지식이나 텍스트가 매개된 관계를 통해 형성된다. 그렇기 때문에 자신을 만들어 나아가기 위해 대화가 필요한 리쾨르는 소르본에서 만족을 느끼지 못한다. 그가 신입생일지라도 다른 사람의 이야기를 듣는 색다른 측면이 60년대초 그를 따르던 여학생들 중의 하나인 그웬돌린 자르체크의 열정을 자극한다. "내가 간직하고 있는 리쾨르의 얼굴, 현상학적인 얼굴이 아니라 사상가의 얼굴은 다른 사람의 작품을 음미하며 시간을 보낸 사람의 얼굴이다. (…) 토론이 그에게 가치가 있기 때문에 그는 토론한다. 토론은 그에게 있어 철학적 사유 방식이다."[6] 동시에 그웬돌린 자르체크는 명성이 절정에 달했고 신뢰받으며 인기 있는 리쾨르의 모습과 "아주 겸손하고 전혀 우쭐대지 않는"[7] 또 다른 모습의 대조로 놀란다.

물론 현상학과 후설에 관심을 갖는 모든 학생들이 그에게 몰려온다. 프랑수아즈 다스튀르도 리쾨르와 데리다의 강의를 듣고, 오히려 후설에 가까운 리쾨르와 하이데거에 대한 연구를 할 것을 결정한다. 그녀는 독일어를 완전하게 하기 위해 2년 동안 프랑스를 떠나 독일에서 공부한다. 뱅상 데콩브도 마찬가지로 1962-1963년 사이 후설에 대한 리쾨르의 강의를 듣는다. "오늘날 후설의 소개자로 레비나스를 말하는데, 나에게는 리쾨르였다. 후설은 리쾨르가 말하는 후설이었다."[8] 뱅상 데콩브는《철학 회보》를 위한 후설에 대한 강의의 인쇄물 복사를 맡는다. 참고 문헌을 다는 일을 포함해 엄청난 양의 작업이다. "리쾨르는 엄청난 작업을 했고, 강의를 열심히 준비했다. 이것이 나에게 아주 좋은 훈련이었다."[9] 리쾨르가

---

5) 프랑수아즈 다스튀르와의 대담.
6) 그웬돌린 자르체크와의 대담.
7) 위의 대담.
8) 뱅상 데콩브와의 대담.

자신의 《의지의 철학》에 대해 뒷날 말하려는 것이 이미 학생들에 의해 그렇게 느껴진다. 학생들은 그의 논문이 메를로 퐁티의 《지각의 현상학》과 유사한 특성을 띤다고 생각한다. "한편에는 지각이, 다른 한편에는 의지"[10]가 있다.

기 프티드망주는 소르본대학교에 등록하기 전, 이미 고등사범학교 준비반 1년차로서 1956년 스트라스부르에서 있었던 칸트의 《관습의 형이상학》에 대한 리쾨르의 수업을 들었다. "대단했다. 그의 수업은 명확함과 정치함 그리고 총체성의 극치였다. 그때부터 리쾨르의 수업을 잘 이해하고, 그가 다룬 주제가 시험에 출제되면 문제없다는 격언이 만들어졌다."[11] 프티드망주는 1963년과 1966년 사이 샹티이에 있는 예수회의 교육과 동시에 소르본에서 철학과 과정을 밟는다. "우리 세대에게 후설을 소개한 사람은 그이다. 그는 포로 상태에서 공부했던 것을 거의 외우고 있었다. 그것은 우리에게 놀라움이었다. 우리는 그에 의해 아주 명확한 방법과 개념적 확고함을 바탕으로 현상학에 입문했다."[12]

1961년 툴루즈에서 고등사범학교 준비반을 보낸 장 뤽 낭시 역시 리쾨르의 강의를 들었다. "소르본에서 대가라고 간주할 수 있는 사람은 리쾨르와 캉길렘뿐이다."[13] 그는 규범(정상)에 대한 강의로 시작하는 캉길렘을 통해 인식론을 배운다. 캉길렘은 수업중에 "사범(규범)학교가 무엇이냐? 정상적인 철도가 무엇이냐? 정상 온도가 무엇이냐?"[14] 등을 외친다. 하지만 그는 리쾨르를 석사 학위 지도교수로 선택한다. 그는 당시 철학과 종교 사이의 관계에 대해 깊이 흥미를 느낀다. "나는 늘 독실한 신자였다. 나는 헤겔의 종교철학에 대한 석사 논문을 쓰고 싶었다."[15] 그는 당시 자크 랑시에르가 참여한 가톨릭 단체 덕택에 헤겔에 입문했었다. 그는 리슐리외센터(그리스도교학생회)에서 예수회 수사인 조르주 모렐의 헤겔에 대한 강의를 들었다. "그가 나에게 헤겔을 발견하게 했다."[16] 리쾨르는 그의 논문을 지도할 것을 허락하고, 그를 후설의 텍스트 분석의 현상학 세미나에 초대한다.

---

9) 뱅상 데콩브와의 대담
10) 위의 대담.
11) 기 프티드망주와의 대담.
12) 위의 대담.
13) 장 뤽 낭시와의 대담.
14) 위의 대담.
15) 위의 대담.
16) 위의 대담.

뱅상 데콩브는 박사 준비과정 지도교수로 또한 리쾨르를 선택한다. 그는 구조주의와 관련된 문제, 사회의 기원이나 자연 신분에서 사회적 신분으로의 이동에 대한 토론에 관심을 갖는다. 그래서 그는 그의 논문에서 루소 · 프로이트 · 레비 스트로스의 주장을 검토하고, 1965년 자신의 작업을 발표한다. 당시 이미 낭테르로 옮긴 리쾨르는 소르본의 학생들을 계속 지도했다. 데콩브에게 지도교수로서 리쾨르의 선택은 장 뤽 낭시처럼 지적 근접성에서 온 선택이 아니다. 장 뤽 낭시는 리쾨르만이 현대적인 문제에 대한 비전통적인 방식의 연구를 지도할 것을 받아들인다는 것에 애착을 보인다. "누가 이것을 지도할 수 있을까? 프로이트와 레비 스트로스를 소개한 리쾨르였다……. 아주 드문 자유주의자였다. 여전히 그러하다."[17) 뱅상 데콩브가 자신이 지도하는 방향을 전혀 좇지 않는데도 불구하고 리쾨르는 그에게 자신의 논문을 개진할 것을 허락하고, 그의 주장이 영리하다고 평가한다. 대학가에서는 보기 드문 태도이다.

리쾨르의 명성은 소르본대학교 밖으로 퍼지고, 장 루이 비에이야르 바롱은 고등학교 졸업반 때부터, 그리고 앙리4세고등학교 고등사범학교 준비반 선생님인 에티엔 보른으로부터 그에 대한 이야기를 들었다고 술회한다. 시간의 질문에 대한 리쾨르의 관심은 멀리 거슬러 올라간다. 장 루이 비에이야르 바롱은 아직 고등사범학교 준비반 학생임에도 '시간의 영역과 시간의 흐름'이라는 제목이 붙은 시간에 대한 세미나에 참석한다. 운 좋게 시간에 대한 문제가 그의 파리고등사범학교 입학시험 주제로 출제된다. 리쾨르는 2년 동안 파리고등사범학교 입학시험 채점위원을 지낸다. "요청이 들어왔을 때 그는 무척 기뻤다. 2년 후 앙갚음을 했다고 생각했고, 계속하기에는 너무 부담스러웠다."[18)

소르본대학교에서 철학부의 또 다른 떠오르는 별인 자크 데리다 역시 확실한 성공을 맛본다. 그는 망스에서 중등 교육에 얼마간 몸담았고, 1959-1960년 임명 당시 젊은 조교이다. 특권적 지식 계급만이 머무는 명소에서 데리다는 철학부의 유일한 조교이며, 여러 교수들의 수업과 관련된다. 1년 후, 그는 특별히 리쾨르의 조교가 된다. 그렇다고 그것이 진정한 상보성이나 업무의 분담을 의미하는 것은

17) 장 뤽 낭시와의 대담.
18) 장 루이 비에이야르 바롱과의 대담.

아니다. "조교에게 그가 하고 싶어하는 것을 하게 내버려둔다. 긴밀한 협력 체제도 없었고, 교수들이 그것을 요구하지도 않았다."[19] 데리다가 강의를 한 카바예스라는 명칭이 붙은 교실에는 1백50여 명이 몰려든다. 30여 분 일찍 도착하지 않으면 복도에서 강의를 들어야 한다. 60년대초 이미 밑그림이 그려지기 시작한 그의 개인적 작업은 아직 강의에 제대로 반영되지 않는다. "당시 그는 후설을 공부했고, 아주 까다로웠으며, 아주 반인문과학적이었고 초월적이었다. 그러니까 데리다와 리쾨르 사이에서 사람들은 후설을 공부했다."[20]

데리다는 후설의 현상학을 소개하는 데 커다란 기여를 한다. 그는 1962년 후설의 《기하학의 기원》의 번역판을 긴 서문과 함께 출판한다.[21] 데리다는 리쾨르의 수업 시간에 몇 차례 초대된다. "그와 몇 가지에 대해 토론했다. 《기하학의 기원》의 주석에 그 흔적이 있다. 부인할 수 없는 빚이 있었다. 나는 그것을 인정했고, 오늘날까지도 그러한 마음을 지니고 있다."[22]

데리다는 몇 번에 걸쳐 후설에 대한 리쾨르의 번역과 주석 작업을 참조한다. 특히 1949년에 출판된 《위기》에 대한 논문은 특히 커다란 찬사의 대상이 된다. "후설의 철학에서 역사의 문제에 관해 우리는 특히 폴 리쾨르의 아주 빼어난 논문 〈후설과 역사의 의미〉를 참조한다."[23] 그는 몇 차례에 걸쳐 리쾨르의 《이념》의 번역에 대해 언급한다. "폴 리쾨르는 그에게서 '인식과 역사 사이 중개적 역할' 을 인정한다."[24] 칸트와 후설 사이 관계와 관련지어 데리다는 체계적으로 그들의 접근방식을 대치시킨 한 논문에서 리쾨르가 발전시킨 주장을 좇는다.[25] 리쾨르는 칸트에게서 근본적인 의사와 직관 사이의 구별이 후설에게는 존재하지 않는다고 지적한다. "그의 밀도 있는 논문에서 리쾨르는 후설주의를 칸트주의를 자극하는 잠재적 현상학의 성취와 존재론적 불안의 축소로 정의한다."[26] 현상학의 한계와 기초

---

19) 자크 데리다와의 대담.

20) 뱅상 데콩브와의 대담.

21) 후설, 《기하학의 기원》, 자크 데리다의 번역과 서문, PUF, 파리, 1962년, 1974년 재출판.

22) 자크 데리다와의 대담.

23) 자크 데리다, 후설, 《기하학의 기원》, 앞의 책, 8쪽, 주 2.

24) 같은 책, 150쪽.

25) 폴 리쾨르, 〈칸트와 후설〉, 《Kant-Studien》, Band 46, Heft I, 1954-1955년, 44-67쪽; 《현상학파에게》, 앞의 책, 227-250쪽에 재수록.

26) 자크 데리다, 후설, 《기하학의 기원》, 앞의 책, 153쪽.

를 제시한 칸트와 "그것을 작업한"[27] 후설 사이에 상보적 가능성이 있을 것이다.

리쾨르에 대한 참조는 리쾨르와 데리다의 앞으로의 길이 구별되기 전에, 그들의 대립이 불꽃을 튀기기 전에 확실한 관점의 일치를 보여 주고 있다. 게다가 리쾨르는 데리다에게 레비나스를 빠르게 접할 수 있게 한다. "레비나스의 죽음을 맞아 나는 정원을 거닐면서 그에게, 1962년 그가 《전체성과 무한》을 읽었다고 말했으며 중요성을 힘을 줘 강조했다고 환기시켰다."[28] 하지만 리쾨르와 데리다의 관계는 곧바로 벌어질 것이다. 리쾨르는 낭테르로 떠난다. 데리다는 1964-1965년 4년에 한정된 조교직을 끝낸다. 국립과학연구소와 파리고등사범학교의 전임강사직을 선택할 수 있었던 데리다는 파리고등사범학교를 택한다. 그는 1965년과 1970년 사이 가끔 현상학 세미나에 참가한다.

60년대초, 리쾨르는 소르본대학교와 아라고 가(街)에 위치한 파리 개신교 신학대학의 철학 교수 직책을 겸한다. 신학과 학생들은 거의 대부분 두 기관의 강의를 동시에 듣는다. 질베르 뱅상이 그러한 경우인데, 그는 1960년 철학과 신학 사이에서 주저한다. (그는 종교사회학을 택하게 될 것이다.) "나는 소르본대학교 리슐리외관의 꽉 들어찬 방청석을 기억한다."[29] 질베르 뱅상은 리쾨르가 프로이트에 대한 시론 《해석에 대하여》를 준비하기 위해 프로이트에 대한 체계적인 독서를 할 때 개설한 프로이트에 대한 초기 강의를 처음 듣는다. 그는 리쾨르의 지도하에 칼뱅의 작품에 은연중에 암시된 해석학에 관한 논문에 전력을 기울인다. 칼뱅에게서 그 분야가 명확하지 않기 때문에 그의 도전이 쉽지만은 않다. 뱅상은 칼뱅이 존재론과 신학 사이 단절에 대해 어떻게 신학적 초기 준비 작업을 하는지 보이려는 의도를 갖고 있다. "리쾨르는 예외적으로 주의 깊은 독자여서 주제 속으로 쉽게 들어가 내 작업을 실질적으로 이해했으며, 자신감을 심어 주었다."[30] 뱅상은 1975년에 시작한 연구의 논문을 1981년에 발표한다. 그는 성서 텍스트의 실제적인 독서를 통해 얻어진 신학적 문체에 대한 관심으로 칼뱅의 접근을 새롭게 한다.[31]

1958-1959년 철학자의 소명과 신학자의 소명 사이에 갈팡질팡하던 또 다른 학

---

27) 폴 리쾨르, 〈칸트와 후설〉, 인용된 논문, 67쪽.
28) 자크 데리다와의 대담.
29) 질베르 뱅상과의 대담.
30) 위의 대담.
31) 질베르 뱅상, 《칼뱅 작품에 나타난 윤리적 요구와 해석》, 라보와 피데스, 제네바, 1984년.

생이 소르본과 아라고 가의 리쾨르 강의를 듣는다. 리쾨르가 회원으로 있는 샤트네-말라브리에 있는 로빈슨 교단의 미래(1977-1980년)의 목사인 장 마르크 생이 그이다. 신학대학에서 리쾨르는 한 해는 '진리의 문제'에 대한 강의에, 다른 한 해는 '영혼'에 대한 강의에 몰두한다. 이 두 강의는 플라톤과 아리스토텔레스의 텍스트를 분석의 대상으로 삼는다. "몹시 놀라웠다. 강의가 끝날 무렵 나는 철학자가 될 뻔했다. 나는 또한 당시 인기 있던 소르본대학교의 강의도 들었다. 단순히 텍스트를 읽는 강의가 아니었다. 리쾨르 자신이 주석을 달며 새롭게 형성한 강의였다. 내 마음에 들었던 것은 사상가들을 이해할 수 있고, 거의 현존하는 동시대인으로 만드는 그의 능력이었다."[32] 교수인 리쾨르가 학생인 장 마르크 생에게 남긴 발자취는 지적인 영감뿐만 아니라 육체적으로 강한 인상을 포함한다. 장 마르크 생에게 리쾨르의 몸은 그가 하는 말과 결코 분리되지 않는다. "누군가 시는 근육의 쾌감을 가져다 준다고 말했다. 리쾨르에게는, 텍스트의 주석가로서 그의 연마 작업 속에는 이러한 것이 있다. 단어들은 발음하는 근육의 움직임 속에 뿌리박혀 있다. 이것이 나에게 강한 인상을 주었다. 많은 다른 철학과 교수들은 자신들이 다루고 있는 텍스트로부터 멀리 떨어져 있다. 반면에 리쾨르는 대화자인 저자와 함께 작업했다. 아주 놀라웠다. 그는 사상을 씹는다. 매번 리쾨르 강의를 마치고 나올 때마다 우리는 생각한다는 기분을 느꼈다. 예외적인 일이다. 엄청난 매력이었다."[33]

교수로서의 자질 외에, 리쾨르는 50년대말 파리 개신교 신학대학이 카를 바르트의 《교회교의학》에 의존하려는 경향을 보일 때 새로운 지적인 지평을 열어 준다. 바르트가 리쾨르에게 강한 영향을 준 것은 사실이지만, 철학적 지평을 폐쇄시키는 바르트의 계통학은 두 영역 사이의 대화에 위험한 요소로 작용할 수 있다. 이때가 리쾨르가 바르트와 거리를 취하고 불트만에 관심을 갖는 시기이다. "리쾨르를 통해 신학대학에서 허용되지 않는 신학자에 대해 말하는 것을 들었다. 그는 유일하게 대화자로서 불트만을 인용했다."[34] 아라고 가에서 불트만은 많은 사람들에 의해 철학적 범주에 속하는 쓸데없는 문제를 제기하는 위험한 인물로 간주

32) 장 마르크 생과의 대담.
33) 위의 대담.
34) 위의 대담.

된다. 루터파 교의론 교수인 테오발드 쉬스는 예외적인 인물이었다. 프랑스에서 초기 후설 연구가 중의 한 사람인 그는 루터 신학의 몇 가지 문제들을 후설의 현상학에 비추어 다시 생각하려고 했다. "존재론과 본질론에서 실존적인 것과 실존주의적인 것 사이의 차이에 대해 질문하던 그가 생각난다. 리쾨르를 제외하고 이러한 질문을 할 수 있는 사람은 그밖에 없었다."[35] 장 마르크 생에게 리쾨르는 문과 창을 열 수 있게 하고, 비전통적인 이론의 경험을 격려했으며, 진정한 발견을 향해 국경을 넘나드는 사람이 될 수 있게 했다. 1958-1959년 리쾨르가 맨 처음 그에게 파울 틸리히에 대해 말하고, 장 마르크 생은 훗날 그의 작품을 번역하게 될 것이다. 그의 강의 속에 정신분석학의 도입은 장 마르크 생으로 하여금 그의 스승이 하지 않은 것, 즉 프로이트파의 라캉주의 정신분석학자인 세실 보셰와 함께 임상을 거치게 했다.

리쾨르와 학생들 사이 관계는 소르본보다 신학대학에서 친밀한 가운데 더욱 수월하게 이루어진다. 직접적인 접촉이 가능하고, 리쾨르는 모든 간청에 응답한다. 독일과 영국에서 관습적으로 이루어지듯이, 학생들과 긴밀한 관계를 유지하는 교수들을 강의가 끝나고 학생들 가운데 한 명의 집에 초대하는 것이 아라고 가의 전통이기도 하다. 이러한 차원에서 리쾨르는 장 마르크 생의 방에서 소그룹의 학생들과 토론을 벌이게 된다. "나는 그가 한 놀라운 말들 중의 한 가지를 기억한다. 당시는 사람들이 중세 전투용 성이나 성당을 복원한다는 의미에서 전례의 복원을 꿈꿨던 시기였다. 리쾨르는 미소를 지으며, 교회에서 전례의 전통은 왕과 같아서 한번 머리가 잘리면 다시 붙일 수 없다고 말했다."[36]

리쾨르가 60년대초 후설을 소개한 거장 중의 한 사람이라면, 그는 또한 학생들에게 위대한 고전, 플라톤과 아리스토텔레스를 입문시킨 사람이다. 1953-1954년 스트라스부르에서 한 강의는 소르본 광장에서 가장 인기 있는 강의처럼 소문이 돌고, 강의 인쇄물은 사방으로 퍼져 나간다.[37] 이 강의에서 리쾨르는 본질·관념 쪽에 위치시킨 플라톤과, 단순히 물리적 세계에 관련된 것으로 생각되는 실체 쪽

35) 장 마르크 생과의 대담.

36) 위의 대담.

37) 폴 리쾨르, 《플라톤과 아리스토텔레스에서 존재, 본질과 실체》, 스트라스부르대학교에서 1953-1954년에 행한 강의, SEDES-CDU에서 재출판, 파리, 1982년.

에 위치시키는 아리스토텔레스의 고전적 대립에 뉘앙스를 준다. 그는 플라톤주의자들과 아리스토텔레스주의자들 사이 대립 속에서 생긴 명확하고 절대적인 대립과는 반대로, 존재로서 존재의 연구는 이 두 사상을 다른 방식을 통해 동일한 목적 속으로 끌어들인다는 것을 보여 준다.

리쾨르는 플라톤의 《편지 VII》와 《테아이테토스》에서 그의 철학적 접근 방식을 특징짓는 긴 여정을 다시 발견한다. 플라톤은 본질의 철학이 갖는 함정을 알리고, 철학을 희생을 전제한 노력 · 고행으로 소개한다. "본질은 항상 긴 '여정' 이다."[38] 이 무한한 탐구는 본질을 지평선에 비유한다. 우리가 향해야 할 지평선은 외양의 확실성에 대한 비판적 작업과 거짓된 학문에 대한 반박을 거쳐야 한다. 리쾨르에게서 특징적인 지적 고행은 플라톤이 궤변가의 초상과 대립시킨 철학자의 초상에서 이미 의무 사항으로 정의된다. "그것은 세속성에 대한 비난이다. 궤변가는 현실 속에서 편안함을 느낀다. 그는 정치가 그렇듯이 긴급한 상황이 필요로 하는 사람이다. 철학자는 반대로 인내를 지닌 사람이고, 길을 멀리 돌아갈 줄 아는 사람이다."[39]

중재의 철학자인 리쾨르는 플라톤 자신이 《메논》에서 다룬 과학과 본질 사이 '바른 견해' 를 가진 '중재자,' 필수 불가결한 접속자를 플라톤에게서 찾는다. '바른 견해' 란 학문적 논거의 엄격함을 통해 진실을 증명하기 전에 그 진실을 식별하는 근거이다. "바른 견해는 질문에 참여하는 것이고, 응답자가 될 수 있는 능력이다."[40] 경험과 학문적 개념 사이에서 찢기는 중간 부분이 '바른 견해' 이며, 영혼의 학문이 될 수 있는 능력이다. 그리고 그것이 실용적 기능에 귀착된다. 이러한 자격으로 그것은 정치의 좋은 안내자가 될 수 있다. 리쾨르는 정치적 역설을 생각하기 위해, 그리고 60년대 인문과학에 강요될 그 유명한 인식론적 단절의 남용을 피하기 위해 그것을 사용할 것이다.

리쾨르가 자신의 것으로 만든 모순적인 문체의 풍요로운 기반을 발견하는 것도 플라톤에게서이다. "플라톤은 항상 영혼에 두 가지 속성, 곤경과 탐구를 부여한다."[41] 리쾨르는 그것을 자신의 '탐구하는 자아' 의 근본적인 직업 윤리의 규칙으

---

38) 폴 리쾨르, 같은 책, 20쪽.
39) 같은 책, 24쪽.
40) 같은 책, 29쪽.
41) 같은 책, 28쪽.

로 삼는다. 그는 쇼트 사고, 마른 번개, 감정적 희열과 과장, 그리고 의미의 상실까지 진행되는 무한한 해체를 거부한다. 진실은 언제나 덮여 있으며, 증여이고 부재이다. 그것은 하나와 다수 사이 돌이킬 수 없는 갈등 주위를 맴돈다. "**하나-다수**의 갈등은 조종사 역할을 한다. 그것은 케케묵은 예비 과정이다. 그런데 아포리아는 하나-다수, 순간-휴식, 동일자와 타자 세 방향으로 발전된다."[42] 플라톤이 이미 철학자에게 하나뿐 아니라 다수에도 굴복하지 말 것을 경고했다. 리쾨르는 나선형의 모순적인 문체를 쓰면서 이러한 결점들을 피하게 된다. 나선형의 모순적인 문체는, 라캉이 완충점이라고 부르는 것 둘레에서 탐구가 매듭을 지을 때까지 그것을 움직이게 한다. "나선형, 비틀림의 문체가 리쾨르의 문체를 특징짓는 데 가장 적합할 것이다."[43]

진실의 이러한 개념은 모든 체계적인 잠금 장치, 하나 또는 다수에서 되찾은 활동의 정지에 대해 부정적이다. 철학적 행위 속에서 움직임의 변증법적 특성은 총체적 종합에 대한 주장을 다시 어쩔 수 없게 연기시킨다. 그것 또한 리쾨르가 플라톤의 《소피스테스》의 독서를 통해 끄집어 낸 교훈이다. "그러한 텍스트는 하나에 의한 최종적 통일을 의심하지 않게 하고, 플라톤 사상의 체계적인 특성에 대해 많은 회의를 품게 한다."[44]

리쾨르의 모순적인 문체는 결과적으로 나머지 것들을 절약할 수 있게 하는데, 그것은 주의력의 각 극의 끝점에 미치는 사고 움직임의 굴절로부터 시작된다. 매번 새로운 변증법적 전개가 여러 측면과 나머지 것들을 소홀히 하면, 리쾨르는 앞선 연구에서 소외되었던 것에 의해 활기를 띤 새로운 탐구를 위해 그것들을 다시 취한다. 그는 플라톤의 글에 나타나는 인과성의 분열 속에서 '나머지'에 할애된 중요한 위치를 되찾는다. 이러한 추론 방식은 "여러 가지 전개를 담고 있는 미완성의 존재론으로 귀착된다……. 플라톤은 몇 개의 대화만을 구성하려 했을 뿐이다."[45] 리쾨르의 모든 대화체 철학과 새로운 현대적 해석을 이끌어 내려는 그의 노력은 플라톤적 충동의 성격을 띤다.

플라톤에게 있어서 선과 신성의 변증법화 역시 리쾨르에게 단일성과 복수성을

---

42) 폴 리쾨르, 같은 책, 73쪽.
43) 올리비에 몽쟁, 《폴 리쾨르》, 앞의 책, 34쪽.
44) 폴 리쾨르, 《플라톤과 아리스토텔레스에서 존재, 본질과 실체》, 앞의 책, 65쪽.
45) 같은 책, 116쪽.

함께 생각하기 위한 영감의 원천을 형성한다. "선의 철학이 갖는 종교적 기능은 존재를 분할하면서 시작하는 철학에서 하나의 문제 제기를, 그로부터 플라톤에게서 '신성'의 모호함을 회복하는 것이다. 그것은 존재들의 다양성 속에 **널려 있고,** 동시에 마지막 구성 원칙의 단일성 속에 **집중되어** 있다."[46] 리쾨르가 해석학적, 그리고 분석적 긴 우회를 한 후 내린 능력 있는 인간에 대한 정의는 플라톤의 《소피스테스》의 완전한 존재로부터 멀지 않다. 리쾨르는 그 완전한 존재를 지칭하는 "행동하고 관조에 잠기는 힘"[47]이란 플라톤의 표현을 《타자 같은 자아》 속에서 다시 취한다.

플라톤과 아리스토텔레스의 대립은 철학적 토론을 플라톤의 본질 추구의 이상주의와 아리스토텔레스의 실체의 현실주의 사이 배타적 선택으로 축소·단순화하기 위해 강화되었다. 그런데 아리스토텔레스가 말하는 실체는 **우시아**(*ousia*; 변화 속에도 안정된 것)라고 불리는데, 이것이 대립을 복잡하게 만든다. 이 어휘는 '존재'에서 파생되었고, 그렇기 때문에 존재론적인 기원을 갖는 명칭이다. 하지만 아리스토텔레스의 생각과 플라톤의 생각 사이에 대립이 생기는 것을 확인할 수 있다. 아리스토텔레스는 플라톤을 극단적으로 비판한다. 그에 따르면 플라톤은 "감각적 현실을 절망하게 했고" "《파이돈》에 나온 말로 표현하자면 관념으로 도피했다."[48] 이 단계에서 리쾨르는 아리스토텔레스와 더욱 가까워지고, 시학과 윤리학 또는 시간에 대한 사고의 범주를 넘어 점점 더 그를 인용한다. 사실 리쾨르가 행한 긴 우회는 경험을 통한 이행이고, 아리스토텔레스적인 의미에서 실체의 통과이다. 그것은 "위를 통해서"가 아닌 "아래를 통한" 우회[49]이고, 세속을 통한 우회이다. 리쾨르에게서 아포리아의 기능은 아리스토텔레스가 사용한 것과 유사하다. "지성이 부딪히는 매듭을 찾아라."[50]

행동철학의 정립으로 생각을 기울인 리쾨르는 형태-물질이 이루는 전통적인 쌍이 "아리스토텔레스의 진정한 발견"[51]인 힘-행위의 쌍으로 대체된 것을 높이 평

---

46) 폴 리쾨르, 같은 책, 135쪽.
47) 같은 책, 138쪽.
48) 같은 책, 172쪽.
49) 같은 책, 203쪽.
50) 같은 책, 186쪽.
51) 같은 책, 211쪽.

가한다. 외부의 움직임이 생겨나는 기쁨의 변증법화, 즉 외부의 움직임을 만들고 그것으로부터 받아들이는 힘이 리쾨르에게서 주체의 본질적 그리고 구성적 관계 속에서 드러난다. 그의 철학적 탐구를 마무리짓는 작품의 제목으로 다시 쓰게 될 표현, 《타자 같은 자아》[52]가 이미 아리스토텔레스와 플라톤에 대한 강의에 담겨 있다. 아리스토텔레스적인 구별은 대화를 생각할 수 있게 하고, 변화의 가능한 조건을 제공한다. "가능성과 현실 사이에 힘이 존재한다."[53] 존재는 자신의 망설임을 축소시키고, 자신을 남과 다르게 만들어 나가는 행위에 대한 약속에 따라 더 또는 덜한 존재로서 정의된다. 행위와 힘 사이의 구별은 그러므로 "현실의 차별화의 존재론적 열쇠"[54]이다. 존재로서 존재의 보편성의 추구에서 분리된 존재론에 의존하지 않는 아리스토텔레스에게서, 리쾨르는 힘과 행위의 구별뿐만 아니라 힘보다 행위에 우선권을 부여한다는 사실에서 기인하는 독창성을 강조한다. 그는 그것으로부터 결정된 것과 비결정된 것을 함께 생각할 수 있게 하는 필수적이고 총괄적인 움직임을 받아들이고, 모든 종결의 기도를 무효화시킨다. "무엇인가가 되는 것, 진행중인 것은 자기 자신에게 충분하지 않다. 결정되고 완성됐으며, 절정에 도달한 것으로서 존재는 결정되지 않고 완성되지 않았으며, 어떤 형태의 완숙함을 향해 가고 있는 존재의 원칙이다. 아리스토텔레스의 철학적 유산이 여기에 있다."[55]

리쾨르는 지속적인 의미의 뒤집기 작업에서 매듭과 매듭을 뛰어넘는 모순적인 자신의 문제를 통해, 형이상학이 근본적으로 미완성된 아리스토텔레스의 생각과 유사한 움직임을 다시 찾는다. 존재론의 아버지인 아리스토텔레스는 결코 형이상학을 명확히 실현하지는 않았을 것이다. 그의 작업은 중단되었고, 마찬가지로 리쾨르의 존재론은 항상 약속된 땅이다.

52) 폴 리쾨르, 같은 책, 218쪽.
53) 같은 책, 219쪽.
54) 같은 책, 257쪽.
55) 같은 책, 250-251쪽.

27

하얀 담: 인격주의의 공동체

1957년, 지붕 위에 짐을 잔뜩 실은 고물 자동차가 울타리로 둘러싸인 훌륭한 저택의 정원 문을 지난다. 샤트네-말라브리에 있는 하얀 담의 공동체로 들어서는 '스트라스부르 출신 이주민' 리쾨르 가족이 도착한 것이다. 인격주의와 《에스프리》에 공통적인 지적 소속감을 갖는 몇 가족이 이곳에 살고 있다. 리쾨르가 자리를 잡을 당시 이 공동체는 에마뉘엘 무니에의 부인 · 폴레트 무니에 · 바부렌 · 마루 · 도므나크와 프레스 가족들을 포함한다.

이 집단 주거지는 전쟁 전에 형성됐다. 일상적 행위 속에서 다르게 살려는 의지를 표현하려는 무니에의 바람에 따른 것이다. 이 주거지는 개인의 사회 속의 참여에 대해 다른 비전을 가지고 있는 그의 투쟁을 잘 보여 준다. "무니에는 서민 아파트에서 익명으로, 또는 도시 소시민의 이기심 속에서 살아가기를 거부했다."[1] 그는 파리에서 10여 킬로미터 떨어진 주거지를 찾아 그의 친구들과 함께 좀더 공동체적이고 좀더 우정어린 다른 삶을 살고 싶다는 바람을 표현한다. 장 마리 수투와 폴 프레스가 파리 남쪽 변두리를 샅샅이 뒤져 샤트네-말라브리의 크고 아름다운 저택을 찾아낸다. '하얀 담'이라 불리는 소유지는 정원, 옛 귀족의 두 가옥, 그리고 입구에 있는 건물을 포함한다. 1764년 왕립사냥도감에 표시된, 아직 건축물이 없던 정원은 생제르맹 수도원 소유지의 일부였다. 그뒤 정원은 멘 공작부인의 소유지로 넘어갔다. 소공원이 1791-1792년 국가에 귀속됨에 따라 정원은 19세기초 파리 부르주아를 위한 별장터가 되었다. 무니에의 친구들이 1939년 1헥타르 반의 소유지를 살 때, 토지의 상속인인 모방 부인에게 지불한 비용(당시 돈으로 20만 프랑)은 현재 시가에 비해 극히 적다. 물론 큰 공사가 필요하고, 주변은 아직 시골이

---

1) 장 마리 도므나크와의 대담.

며, 정원은 채소밭 · 과수원과 녹지 공간으로 둘러싸여 있다. 본채에 붙은 작은 소작지 농가가 우유를 공급한다. 건물은 모두 합해 세 채이다. "입구에서 가장 멀리 떨어진 본채를 우리는 하얀 집이라고 부른다. 입구 왼쪽, 본채만큼 큰 집이 있는데 우리는 이것을 노란 집이라고 부른다. 마지막으로 입구 오른쪽에 관리인이 사는 작은 집이 있다."[2] 무니에의 첫번째 계획은 그곳에 정신 공동체를 세우는 것이다. 무니에는 그 계획의 재정 문제를 도와 줄 수 있는 스위스인 니클라우스, 그리고 그와 함께 심리-교수법 · 심리-임상학에 관련된 질문에 관심을 보이는 벨기에인 자크 르프랑크와 함께 《에스프리》 그룹 곁에 열넷에서 열여덟 살의 6-8명을 기숙시킬 수 있는 작은 교육관과 상담실을 지을 계획을 세운다. 주이앙조자스에서 1939년 7월에 열린 《에스프리》의 연례총회에 참석한 모든 사람들은 하얀 담을 방문한다. 첫 공사가 시작되고, 무니에는 7월 가족과 함께 노란 집 2층에 자리잡으려 한다. 그런데 전쟁이 이사를 중단시키고, 소유지는 버려진다. 독일인들은 건물을 징용하여 1943년 9월까지 부분적으로 사용한다.

이 소유지에 이사를 주동한 사람은 폴 프레스이다. 건물이 어찌됐는지 보러 온 그는 1940년 구지라는 사람을 관리인으로 고용한다. 관리인은 그곳에 젖소와 염소들을 키우고, 채소 재배를 시작한다. 1911년 생테티엔에서 태어나 1937-1939년 리옹의 가톨릭대학에서 조교수를 지낸 폴 프레스는, 1934년 열린 강연회에서 처음으로 무니에의 강의를 듣는다. 완전히 매료된 그는 장 라크루아와 더불어 리옹의 《에스프리》 그룹에 적극적으로 가담한다. 1938년 "나는 그를 만나러 가서, 그가 원하는 것이면 무엇이든지 도울 준비가 되어 있다고 말했다."[3] 그때부터 아주 친밀한 관계가 시작된다. 게다가 브뤼셀에 살고 있는 무니에가 파리에 올 때마다 가생디 가에 있는 폴 프레스의 집에 머물게 된다. 1943년 9월 폴 프레스는 디외르피에 있는 하숙집에 숨어 있는 무니에를 다시 만난다! 당시 《에스프리》는 1941년 8월부터 출판 금지되었고, 전쟁 후에 가능한 방향을 모색하기 위해 무니에를 중심으로 폴 프레스 · 장 라크루아 · 폴 플라망과 피에르 에마뉘엘이 모임을 갖는다. 하얀 담을 위한 1938-1939년 프로젝트는 르프랑크와 니클라우스가 참여를 포기함으로써 부분적으로 취소되고, 교육관과 상담실 관련 분야가 떨어져 나간

---

2) 폴 프레스, 〈하얀 담. 내 추억들〉, 타이핑되어 저자에게 넘겨진 텍스트.
3) 폴 프레스와의 대담.

다. 공동체를 세우려는 계획만이 살아남는다. 1945년 소르본대학교 종교사 교수로 임명된 역사학자 앙리 이레네 마루가 유일하게 정리된 무니에의 아파트 입주를 제안받고, 아내 그리고 세 자녀와 함께 하얀 담에 정착한다. 하얀 집의 1층은 "무니에의 요청에 따라 《에스프리》의 간사를 맡게 될 장 마리 도므나크를 위해"[4] 예약된다. 그는 1946년 아내 니콜과 맏아들 장 뤽을 데리고 들어온다. 폴과 시몬 프레스 부부, 그리고 아들 장이 2층을 차지한다. 무니에와 그의 아내 그리고 딸 안은 하얀 집 3층을 차지한다. 1947년 폴리테크니크 출신으로 《그리스도교인의 증언》 편집장이며 그리스도교학생신문의 전간사인 장 바부렌은 아내 자클린과 세 딸들을 데리고 노란 집에서 산다. 중심에 위치한 하얀 집이 《에스프리》 편집진의 회의실로 사용된다. "매일 아침 편집간사를 맡은 장 마리와 정치 그룹을 맡은 나는 에마뉘엘의 사무실에서 만난다."[5] 공식적으로 잡지사는 파리 자콥 가 27번지에 자리잡고 있다. 하지만 《에스프리》의 진앙지는 하얀 담이다. 샤트네에서 아침을 보내고 저녁에 지하철로 돌아올 때까지 그들 3명은 거의 함께 시간을 보낸다. 그리고 매주 일요일 《에스프리》의 편집위원회 정기 모임이 하얀 담에서 열린다. 게다가 가끔 일요일 오후 50여 명이 참석하는 더 큰 모임이 강의를 맡게 된 사람을 중심으로 열리고, 토론이 이어진다.

이러한 활동은 1950년까지 지적이며 우정어린 결합 속에서 지속된다. 그런데 에마뉘엘의 죽음이 유지되던 균형을 깨뜨린다. 1949년 여름 동안, 무니에는 이미 심장병 위험 증세를 보였다. 그는 1950년 3월 21일 갑작스럽게 떠난다. "나는 전날 저녁 그가 피곤해하는 것을 느꼈다. 나는 밤 11시쯤에 쓰레기를 버리러 밖으로 나왔다. 그날 밤 그의 방과 서재에 불이 켜져 있지 않아 나는 의아하게 생각했다. 그는 평소 밤 늦게까지 일을 했었다. 새벽 3시경 누가 문을 두드렸다. 그의 아내 폴레트가 겁에 질려 서 있었다. '에마뉘엘이 더 이상 움직이지 않아요. 숨도 쉬지 않구요.' 우리는 올라가서 의사를 불렀다. 의사는 우리가 예감한 대로 심장마비 또는 뇌졸중을 확인해 주었을 뿐이다."[6] 에마뉘엘 무니에는 비시 정권 당시 발레 뱅에서 갇혔을 때 벌였던 단식 투쟁의 아물지 않은 상처의 여파로 죽은 것 같다.

4) 폴 프레스, 〈하얀 담. 내 추억들〉, 앞의 책.
5) 같은 책.
6) 같은 책.

공동체가 그것을 만들고 카리스마를 지닌 지도자였던 무니에가 사라지고 난 후에도 버틸 수 있을까? 이러한 기도는 우정이 증오심으로 변하는 감정적 대립에 빠져들면서 일반적으로 급속도로 와해된다. 하얀 담은 그렇지 않았다. 슬픔에도 불구하고 공동체는 뭉쳐 있었다. 하지만 그것은 부재, 텅 빈 중심, 빛을 잃은 하얀 집을 중심으로 조직되면서 변화한다. "이곳은 죽음을 중심으로 존재했다. 많은 것들이 중심이 더 이상 존재하지 않는 변질된 공동체 때문이라는 사실로 설명된다."[7]

리쾨르 가족이 하얀 담, 노란 집의 수리된 1층에 도착하였을 때 무니에가 죽은 지 7년, 상황은 더욱 악화됐다. 장 마리 도므나크는 이미 언급했듯이 인격주의의 스승인 무니에의 가르침에 때묻지 않는 충성을 요구하는 잡지사의 고참, 도므나크 말대로 '상원' 들을 견디지 못한다. 알베르 베갱의 뒤를 성공적으로 이은 도므나크는 1957년 잡지사의 책임을 맡고, 고참들을 소외시킨다. 그는 잡지를 혁신하고 방향을 수정하기 위하여 좀더 젊은 세대에 의존한다. 편집위원회를 떠나 이진으로 물러서야 하는 사람들 가운데 잡지사에 가장 충성스러운 폴 프레스가 포함된다. 하얀 담의 공동체 생활은 그 결과로 고통을 받는다. 《에스프리》에 영향력을 상실한 프레스는 하얀 담의 소유지 경영과 에마뉘엘 무니에 친구 모임의 주도권을 행사하려 한다. "나의 아버지가 잡지사의 주도권을 잡고, 폴 프레스가 하얀 담의 주도권을 잡고 있는"[8] 상황이다. 리쾨르는 이러한 갈등 속에서 아주 강렬하고 풀리지 않는 대립으로 침식된 땅에 도착한다. 하얀 담은 이 갈등으로 구조화된다. "리쾨르가 이러한 상황에서 어떤 역할을 할지에 대한 질문이 즉각적으로 제기됐고, 열세 살의 어린 나이에도 불구하고 나도 그 질문을 감지했다."[9] 사람들은 리쾨르가 단호한 조치를 취해 만족스런 해결책을 가져다 줄 것이라고 초조하게 기다렸다. "리쾨르가 어떤 입장을 취하는가가 문제였다. 답은 간단하다. 그는 어떤 입장도 취하지 않았다."[10] 이러한 종류의 감정 대립에 불안감을 느끼고, 연합과 권력의 문제에 흥미를 느끼지 않는 리쾨르는 얼마만큼의 거리를 유지하면서 하얀 담 공동체에 합류했다. 그는 폴 프레스와 장 마리 도므나크 사이 시작된 대결의 와중에 끼어

7) 주느비에브 프레스와의 대담.
8) 장 뤽 도므나크와의 대담.
9) 위의 대담.
10) 위의 대담.

듣기를 피했다.

그는 지적인 차원에서 도므나크와 남다른 교류를 나눈다. 도므나크는 리쾨르가 도착할 때 그를 특별한 자질을 가진 가장 뛰어난 철학자라고 가족들에게 소개했다. 그는 리쾨르가 푸코보다 아주 월등하다고 생각했다. 그의 아들 장 뤽은, 그의 아버지가 리쾨르가 원하기만 한다면 지금 당장이라도 《에스프리》의 책임을 맡길 것이라고 말하는 것을 집에서 들었다고 술회한다. 하지만 리쾨르는 도므나크가 그에게 넘겨 줄 준비가 되어 있는 **리더**의 역할을 맡고 싶어하지 않았다. 그들의 지적인 관계가 두터운 것은 사실이다. 하지만 도므나크가 드골주의에 가담한 것은 좌파에 흔들림 없이 믿음을 보이는 리쾨르의 정서와 일치하지 않는다. 이 문제와 관련해 폴 프레스는 1960-1970년 사이 통일사회당에 가입하고, 1965년 샤트네 시의회 후보로 나가 3퍼센트 정도의 통상적인 득표율을 기록한다. 이러한 프레스가 오히려 리쾨르의 정치적 성향과 일치한다. 폴 프레스와의 관계는 그가 대학에서 경험심리학을 전공하고 있음에도 불구하고 이론적인 연장선을 찾지 못한다. 프레스에게 프로이트에 대한 연구를 비롯한 리쾨르의 작업들은 별로 중요하지 않았다. "내가 철학자가 아니어서 그런지 그의 책들은 나에게 무척 어렵다. 내가 그의 사상에 영향을 받았다고 말할 수는 없을 것이다."[11] 폴 프레스는 하얀 담의 모든 공사를 책임지고, 때로 은혜를 모르는 마름의 역할을 충실히 해낸다. 사적 회고담에서 그는 공동 생활이 일으키는 문제들을 감추지 않는다. "누군가가 공동체의 의무 사항을 어길 때마다 한바탕 소란이 일어난다."[12] 그는 정원의 딸기나무, 나무들, 그리고 화단의 관리에 까다로움을 보이는 관리인으로서 구성원 각각이 해야 할 일들을 조율한다.

하얀 담에서 적용되는 공통체 규칙들 중의 상당수가 가족들 각자의 자율성을 보장한다. 이러한 규칙들 중의 하나가 아이들의 교육에 연대적인 성격을 부여하는 것이다. "전체적으로 우리들 모두는 아이들을 체벌할 수 있는 권리를 가졌다."[13] 체벌 권한의 확대는 긍정적인 의미에서 감정적인 관계가 확장된 가족의 범주까지 넓어지는 것을 의미한다. 그래서 아이들은 그들의 부모 외에 모든 성인들을 숙부

---

11) 폴 프레스와의 대담.
12) 폴 프레스, 〈하얀 담. 내 추억들〉, 앞의 책.
13) 장 마리 도므나크와의 대담.

와 숙모라고 부른다. 성인이 된 지금까지도 도므나크나 프레스의 아이들은 리쾨르를 '폴 숙부' 라고 부른다.

이 공동체의 가장 놀라운 점은 어른들의 사회와는 별도로 어른들의 활동을 모방해서 만들어진 어린이들의 사회 형성이다. "우리는 멋지고 별난 세계를 만들었다."[14] 거의 같은 또래의 12명의 아이들이 '하얀 담 어린이 민주연합' 이라는 단체를 만든다. 나이가 많은 아이들이 무리의 우두머리 역할을 했다. 장 뤽 도므나크와 장 프레스는 포르투갈과 알제리 노동자를 위한 문자 교육 강의부터 모의 올림픽까지 온갖 활동을 조직한다. 큰 아이들은 어린아이들이 축구를 제외한 달리기 · 멀리뛰기 · 탁구 · 페탕크 등, 모든 종목에 참가하도록 부추겼다. "우리는 인격 주의의 3요소인 이념 · 스포츠, 그리고 외부로의 개방을 실천했다."[15] 그룹의 리더인 두 소년의 남성 우위론이 통솔에 대한 취향과 결부된다. "두 소년은 우리를 거칠게 다뤘다."[16] 그들은 이따금 저항에 부딪힌다. 그렇게 해서 무리에 포함된 여자아이들은 농구와 축구를 교대로 할 것을 억지로 얻어낸다. 샤트네 교구 어린이 클럽에서 하얀 담의 어린이들은 고약한 좌파로 통한다. 알제리 전쟁 당시 하얀 담의 모든 부모들이 알제리 독립을 위한 투쟁에 참가할 때, 하얀 담은 샤트네 주민들로부터 '붉은 성' 이라는 별명을 듣는다. 어린이 역시 단체의 기관지이며, "부모들의 이념을 자신들 나이에 맞게 재생시킨"[17] 신문을 갖춘다. 《하얀 담의 쑥덕공론》이라 불린 이 신문은 《에스프리》의 장비로 인쇄된다. 1960년 창간호는 장 뤽 도므나크가 회장, 장 프레스가 간사, 올리비에 리쾨르가 위원, 그리고 뱅상 도므나크가 회계를 맡은 집행위원회의 존재마저 표시하고 있다. 이 어린이 단체는 자신들을 매우 중요시하고, 1962년 단체는 사무실을 요구한다. "어른들은 어린이 단체에 마루네 지하창고를 제공한다."[18] 신문 발행을 위한 모임과 여러 사건에 대한 주제 토론이 그곳에서 열린다. 어린이들은 아버지들에게 정규적인 강의를 요구한다.

이렇게 살펴본 어린이들의 사회성은 눈부시고 혁신적이며, 1968년 젊은이들에

14) 장 뤽 도므나크와의 대담.
15) 위의 대담.
16) 주느비에브 프레스와의 대담.
17) 장 뤽 도므나크와의 대담.
18) 폴 프레스, 〈하얀 담. 내 추억들〉, 앞의 책.

의해 표현된 열망을 예고하는 공동체의 존재를 생각하게 할 수 있다. 하지만 부모 세계와 어린이 세계의 공존은 겉으로 보여지는 것처럼 긍정적으로만 작용한 것은 아니다. "나는 우리들 대부분이 지적으로 무력화된 것에 대한 책임이 '하얀 담 어린이 민주연합'에 있다고 생각한다."[19] 하얀 담의 어린이들은 개인적 정체성을 확고히 하기 위해 결별이 필요한 나이에도 부모들로부터 종속적인 위치에서 벗어나지 못한다. 오히려 부모들을 영웅시하고, 그 결과로 그들을 모방하는 것이 그들로 하여금 성인이 되어 자율적인 삶을 사는 것을 힘들게 만든다. "너무 완벽한 세계였다."[20] '하얀 담 어린이 민주연합'의 지적인 성공률은 그리 높지 않다. "그들을 계승한다는 것이 불가능하다는 느낌을 받았다."[21] 일찍 세상을 접했음에도 불구하고 무리들 중에 진정한 의미의 지적인 경력을 쌓은 사람은 거의 없었다. 자기 자신을 찾고 필연적인 결별을 실현하기까지 먼 길을 우회해야 했고, 대가를 지불해야 했다. 장 뤽 도므나크는 중국으로 하얀 담의 세계를 피해야 했다. 그는 '이념적 소외의 특별한 예'라는 글을 오랫동안 익명으로 발표한 후, 스물여덟에서 서른의 나이가 되어서야 자신의 이름으로 글을 썼다. 주느비에브 프레스는 자신의 개인적인 작품을 완성하기 위해 극좌 사상과 페미니즘을 통해 우회해야 했다. 담은 소유지를 보호하는 울타리를 초월해, 고치처럼 안전한 내부와 온갖 위험이 도사리는 외부를 경계짓는 넘기 힘든 상징적 방책을 환기시킨다. 남자아이들과 여자아이들 사이 관계에서, 형제 또는 사촌 감정은 공동체 밖에서 부딪히는 남녀 관계를 준비시키지 못한다. "우리는 공동체 안에서 너무 행복했기 때문에 밖으로 나가는 것이 힘들었다. 이것이 우리들의 사회화를 힘들게 만들었다."[22] 방학 동안에도 공동체와의 관계는 단지 지방으로 장소가 옮겨졌을 뿐 여전히 지배적이다. 장 뤽 도므나크는 대개 프레스 식구들의 초대를 받고, 제롬 바부렌을 포함한 몇몇은 프레파이에 있는 리쾨르 식구들과 보낸다.

가톨릭 구성원들이 대부분인 공동체 내에서 리쾨르의 개신교는 묘한 호기심을 자아낸다. 리쾨르의 가족 분위기는 덜 딱딱하고, 좀더 자유로우며, 훨씬 외부에 대해 개방적이다. 리쾨르의 아이들은 다른 아이들보다 더 많은 자유를 즐긴다. 모

19) 장 뤽 도므나크와의 대담.
20) 위의 대담.
21) 주느비에브 프레스와의 대담.
22) 장 뤽 도므나크와의 대담.

든 도덕주의와 구속을 강요하는 다른 형태에 대한 리쾨르의 깊은 반감이 이유일 것이다. 그리고 리쾨르는 작업에 전적으로 자신을 투자한다. 파리고등사범학교 입학을 준비하면서, 장 뤽 도므나크는 1시경 잠자리에 들 때나 밤 늦게 잠자리에서 깨어날 때 리쾨르의 서재에 언제나 불이 켜져 있던 것을 기억한다. "그는 위대한 작가에게 없어서는 안 될 작업에 필요한 육체적 힘을 가지고 있다. 쉬지 않고 12시간은 글을 쓸 수 있어야 한다."[23] 리쾨르의 자유주의는 그로 하여금 60년대 말 프랑스 사회를 뒤흔들 문제들에 관심을 갖게 한다. "그는 개신교 모임 내에서 이성간의 관계에 대해 어느 일요일 오후 강연을 했다. 우리 가톨릭 사회에서는 불가능한 일이었다."[24] 특히 리쾨르는 이 공동체 안에서 리쾨르가 아니려고 애쓴다. 유머 감각과 연결된 그의 겸손함은 특히 젊은 세대에 의해 높이 평가받는다. "리쾨르는 자신을 심각하게 생각하지 않았다. 농담을 좋아하는 타입이었다."[25] 주느비에브 프레스는 하얀 담의 문이 잘못해서 노란색으로 칠해졌던 순간을 기억한다. 그의 아버지 폴 프레스는 아연실색했다. "나는 여동생과 함께 있었다. 아마 열 살에서 열네 살 정도였다. 폴 아저씨와 마주쳤는데 아주 심각한 표정을 지으며 우리에게 다가왔다. '아가씨들 미안한데, 여기가 노란 담인가요?' 그는 아주 상냥한 타입이다. 친구들과 정원 구석으로 소풍을 갔던 것을 기억한다. 리쾨르는 장식을 한 정어리통을 가지고 나타났다. 이러한 익살꾼의 모습이 나에게는 산소를 호흡하는 느낌을 주었다."[26]

그러나 무엇보다도 그의 철학적 언어가 공동체 어린이들 중 드물게 지적으로 성공한 몇몇 어린이들을 도왔다. "친구들이 마오쩌둥을 추종할 때, 내가 중국어를 배운 것은 리쾨르 같은 사람들 덕이다. 그것은 분명하다."[27] 그가 파리고등사범학교 입학시험을 볼 때 리쾨르는 철학 심사위원에 속한다. 장 뤽 도므나크는 시험 본다는 말을 하고 그 이상을 요구하지 않는다. 리쾨르가 말했다. "얘야, 철학은 간단한 거야. 두 가지 문제가 있지. 하나와 다수, 그리고 동일자와 타자이지." 그리고 그는 발길을 돌렸다. 그뒤에 이 말은 나에게 커다란 도움을 주었다.[28] 주느비에

23) 장 뤽 도므나크와의 대담.
24) 주느비에브 프레스와의 대담.
25) 위의 대담.
26) 위의 대담.
27) 장 뤽 도므나크와의 대담.

브 프레스는 열다섯 이른 나이에 철학을 공부할 것을 결정하고, 훗날 소르본에 등록한다. "리쾨르는 진실한 말, 진실한 철학적 행동을 통해 긍정적인 면에서 지식인의 모습을 보여 준다. 그가 이곳에서 나를 구원한 이미지였을 것이다."[29]

스트라스부르에서처럼 리쾨르의 집에는 친구들이 모이고, 대학생들이 줄지어 드나든다. 그들 중에 부모가 샤트네에 사는 미셸 베르트랑이 리쾨르와 박사 학위 논문을 준비하고, 그의 집으로 아침식사를 하러 온다. "그리고 우리는 서재로 공부하러 갔다. 그와 가깝다는 느낌을 받았다. 그는 일을 심각하게 받아들이지 않고, 특히 자신을 중요하게 생각지 않는다. 그는 다른 사람에게 깊은 관심을 보이며, 특별한 청취 능력을 갖고 있다."[30] 올리비에 아벨 또한 그와 샤트네 이웃 고등학교 학생들이 정치나 성과 관련된 다양한 질문에 대한 그의 의견을 묻기 위해 어떻게 그를 보러 왔는지 이야기한다. 주변의 초대로 많은 시간을 빼앗긴 그는 젊은 세대들을 위해 맡을 수 있는 역할을 수행할 여가를 만들어 내지 못했다. 지성사 차원에서 언급될 몇 가지 이유는 뒤에서 다룰 것이다. 그 이유들은 대사상가의 역할을 맡는 데 리쾨르가 느끼는 거부감과 관련이 있다. 그는 대사상가라기보다 지도적 사상가이다. 꾸밈없는 겸손함, 주변 사람들과 직접적인 관계를 유지하려는 그의 바람, 자신의 말을 만들기보다는 다른 사람들의 말에 더욱 관심을 갖는 것, 그의 성격의 이러한 특질들이 그와 함께하려는 혹은 그러한 필요성을 느꼈을 많은 철학가들로 하여금 그럴 수 없게 만든 것을 설명해 준다. "우리 세대 파리고등사범학교 준비반에서 가장 뛰어났던 프랑수아 발메스와 같은 빼어난 철학가가 그러한 경우이다. 그의 천재성은 우리 아버지가 그에게 1967년《에스프리》의 계승을 제안했을 정도였다."[31] 유명한 교과서인 발메스 교과서를 지은 철학가의 아들인 장 뤽의 친구는 리쾨르가 그에게 관심을 보였다면 마오쩌둥 사상에 끌리지 않았을 것이다. 리쾨르가 60년대 새로운 세대의 중추 역할을 할 수 있었다면, 그들은 알튀세나 라캉의 손아귀에 빠져들지 않았을 것이다. 많은 젊은이들이 재기가 불가능한 명목 속으로 빠져들었다. 그리고 리쾨르는 한 세대의 대변인 · 지도자 역할을 할 수 없었고, 하기를 원하지 않았다.

---

28) 장 뤽 도므나크와의 대담.
29) 주느비에브 프레스와의 대담.
30) 미셸 베르트랑과의 대담.
31) 장 뤽 도므나크와의 대담.

28

1957년 전환점 이후의 《에스프리》

1957년 《에스프리》 팀의 내부에서, '항명'의 주범인 장 마리 도므나크의 표현을 빌리자면 '소규모 쿠데타'가 일어난다. 1946년 편집간사였던 그는 스물여덟 살의 너무 어린 나이 때문에 1950년 무니에를 계승할 수 없었다. 하지만 1957년 5월 알베르 베갱이 사라질 때 여전히 젊고(당시 그는 35세밖에 되지 않는다), 잡지의 베테랑인 도므나크는 《에스프리》의 책임을 맡을 때가 왔다는 것을 안다. 그는 20년 동안 《에스프리》의 책임을 맡는다! 1957년은 단순히 사람이 바뀌는 것이 아니라 '《에스프리》, 새로운 시리즈'라는 제목을 단 1957년 11월판이 명확히 표현하고 있듯이 실질적인 변화를 나타낸다. 도므나크는 1956년 이래 알베르 베갱 곁에서 잡지사의 공동 책임을 맡는다. 에마뉘엘 무니에의 부인 폴레트를 시작으로 폴 프레스·장 라크루아·앙리 이레네 마루·베르트랑 다스토르·앙리 바르톨리·마르셀 다비드 등 무니에의 최측근들이 《에스프리》의 집행위원회를 떠난다.[1]

장 마리 도므나크가 밀어붙인 급진적인 전환은 그럼에도 인격주의, 그리고 무엇보다도 무니에가 남긴 유산과 결별하지 않는다. "우리는 유산을 계승한다. 모든 재창조 작업은 원천으로 돌아간다. (…) 새로움은 원천에 대한 좀더 분명한 이해와 충실한 계승으로 가능하다."[2] 변화의 시작이다. 하지만 인격주의는 계속된다.

예전과의 차이는 노동자 계급 중심주의라고 지칭된 것과의 결별을 통해 느껴진다. 잡지는 국가 경영의 효율성에 관심의 초점을 맞추고, 이미 새로운 테크노크라시 이념이라 불리는 것에 참여한다. 계획경제 책임자들의 회합 명소가 된 클럽

1) 옛 팀에서 도므나크 곁에 남는 사람들은 폴 리쾨르, 장 리페르, 조르주 쉬페르, 올리비에 쉬브리옹, 베르나르 랑베르 등이다. 새로 합류한 사람들은 데스탄 드 베르니, 르네 퓌쇠, 장 코닐, 미셸 드바티스, 라비에와 몇몇 외국인이 있는데, 폴란드인 크라진스키와 영국인 달링이 그들이다.

2) 장 마리 도므나크, 〈《에스프리》, 새로운 시리즈〉, 《에스프리》, 1957년 11월, 468-485쪽.

장 물랭의 많은 회원들과 노동조합의 대표들, 그리고 대학 교수와 기자들이 《에스프리》에 정기적으로 글을 싣는다. 도므나크는 좀더 실용적이고 덜 예언적인 노선을 추구하며, 거추장스러운 신화를 벗어 버리고 인문과학을 통해 프랑스 사회를 현대적 모습 속에서 발견한다는 야망을 가지고 시작한다. 구체적인 분석을 실행하고, 결정된 사항들을 실천하기 위하여 모든 도구들을 동원하는 데 총노력을 기울인다. 이러한 리듬 속에서 "학자들의 시대는 테크노크라시 세대에 자리를 내주고 막을 내린다."[3] 그리스도교학생신문의 옛 구성원인 폴 티보는 잡지 외부의 자료 조사와 관련된 일의 책임을 맡는다. 알제리 전쟁을 제외하면 사회 문제를 다루는 데 있어 전반적으로 투쟁적인 사회 참여는 물러가고, 전문가에 대한 의뢰가 빈번해진다. 새로운 시기를 '소비 사회' 라고 부를 만큼 사회는 전혀 새로운 방향으로 변화한다. 《에스프리》도 증가된 여가에 대한 관심에 지면을 할애하고, 사회에 적응하지 못하는 사람과 노인 그리고 빈곤층을 도외시하는 개인주의에 부응한다……. 잡지는 도므나크가 부른 "희망하는 절망"[4]의 표현이어야 하고, 소비 시대에 별로 관심받지 못하는 창조성의 의미와 정신성의 위치를 명예 회복시켜야 한다. 전쟁 이후 《에스프리》의 편집진에 속하는, 석간지 《르 몽드》의 편집장 위베르 뵈브 메리 덕택에 《에스프리》와 《르 몽드》 사이에 친밀한 관계가 유지된다. 뵈브 메리는 "《에스프리》에 아주 정기적으로 글을 싣는다. 1959년 그는 민주주의에 대한 조사에도 참여한다."[5] 《르 몽드》의 많은 기자들이 《에스프리》에 글을 싣는다.[6] 새로운 활력에 힘입어 프랑스 전국학생연맹과 프랑스 그리스도교노동자연맹 출신의 진보적 그리스도교인들이 잡지에 관심을 갖는다. 몰레주의의 배척과 알제리 독립투쟁으로부터 생겨난 이들은 훗날 '제2의 좌파' 라고 불릴 것이다. 자크 쥘리아르와 미셸 비녹크가 이러한 경향을 대표한다. "1956년부터 《에스프리》에 완전히 매료됐다."[7] 그는 1962년 크리스토프 칼미라는 가명으로 첫번째 논문을 쓴다.

---

3) 올리비에 브르통, 《정신. 한 부재에서 다른 한 부재로, 또는 〈새로운 시리즈〉에서 〈문화와 정치를 바꾸는 것〉으로: 장 마리 도므나크(1957-1977)》, 박사 준비과정 논문, 1990년, 파리7대학교, 무니에 자료실.

4) 장 마리 도므나크, 올리비에 브르통에 의해 인용됨, 같은 책.

5) 레미 리펠, 《지식인 단체, 5공화국하의 지식인》, 칼망 레비, 파리, 1993년, 337쪽.

6) 장 라쿠튀르, 피에르 비앙송 퐁테, 앙드레 퐁텐, 장 플랑셰, 폴 파브라, 레이몽 바리옹, 클로드 쥘리앵 등이 그러한 경우에 속한다. 레미 리펠로부터 얻은 정보, 같은 책, 338쪽.

7) 미셸 비녹크, 〈내부에서 외부로〉, 《에스프리》, 제73호, 1983년 1월, 141쪽.

역사 교수자격시험에 합격하여 몽펠리에에서 자리를 얻은 미셸 비녹크는, 1961년 성탄절에 처음으로 도므나크를 면담할 기회를 갖는다. 폴 티보가 그를 맞이했고, 그는 3년 동안 몇 편의 시평을 쓴다. 그리고 우르술라수도회의 영화관에서 도므나크를 우연히 만난다. 그는 도므나크에게 자신을 소개한다. 그는 편집진에 합류됐고, 1965년부터 그의 이름으로 서평을 쓴다. 도므나크가 나에게 말했다. "젊은이가 필요해. 집행위원회에 들어와 보겠나." 이렇게 해서 1969년경 나는 나니엘 모테와 함께 들어갔다.[8]

도므나크는 훌륭히 계승 작업을 끝냈다. 하지만 가톨릭 고위층과 약간의 문제가 있었다. 1957년 2명의 추기경과 1명의 주교가 그를 소환한다. 그들은 《에스프리》가 본래의 모습을 되찾도록 그를 협박하고, 로마 교회청의 어조를 그대로 전달하고 싶어한다. 그들이 말했다. "편집장님, 로마가 당신을 처벌하려 하기 때문에 우리가 먼저 선수를 친 것입니다."[9] 장 마리 도므나크는 놀라서 무엇이 잘못되었는지 상세히 말해 달라고 묻는다. 그는 적어도 세 가지 '중요한 죄'를 범했다는 것을 알게 된다. 교계 제도에 대한 존경심 부족, 사교육에 대한 지원 부재, 무신론에도 가치가 있을 것이라는 믿음 등이 그것이다. 도므나크는 "그들의 비열함"[10]에 대해 정면으로 비난하지 않았던 것을 후회한다. 하지만 그는 나름대로 타개책을 준비했다. 그는 자신이 가톨릭 신자이기 때문에 고위층의 뜻에 따르지만, "《에스프리》는 가톨릭 잡지가 아니기 때문에 그럴 수 없고 개신교도인 폴 리쾨르에게 책임을 맡길 것"[11]이라고 명백히 밝힌다. 협박은 즉각적으로 효력을 발휘한다. 추기경은 자기의 주장을 거두어들인다. "훌륭한 개신교도보다 못된 가톨릭 신자가 낫다."[12] 리쾨르는 권력에 대한 취향을 전혀 갖지 않았음에도 파문을 피하기 위해 잡지사의 책임을 맡을 것을 받아들였다. "그의 태도는 용감했다. 하지만 그가 거절할 수 없었기 때문에 참담한 결과를 초래했을지 몰랐다. 잡지를 경영하는 것은, 아니라고 말할 줄 알아야 하는 것이다."[13]

---

8) 미셸 비녹크와의 대담.
9) 장 마리 도므나크와의 대담.
10) 장 마리 도므나크, 《에스프리》, 1976년 12월.
11) 장 마리 도므나크와의 대담.
12) 위의 내담.

추기경의 양보로 종교적 난관이 해결되자 정치적 상황이 잡지사 내부에 회오리바람을 일으킨다. 제4공화국이 1958년 5월 13일에 종식된다. 제4공화국이 알제리의 모래밭으로 사라지자 드골이 돌아오고, 새로운 공화국이 들어선다. 그런데 《에스프리》의 새 책임자인 도므나크는 알제리 사건을 취급하는 방식을 제외하고는 장군의 입장을 지지한다. "드골, 우리는 처음에 그를 애송이 독재자로 간주했다. 내가 그를 만난 것은 1954년 바레스에 대한 내 책이 출판되고서였다. 나는 매료됐다. 1957년경 나의 감춰진 드골주의는 그렇게 시작됐다. 나는 그가 권력에 오른 것을 보고 좋아했다."[14] 도므나크의 드골주의는 《에스프리》의 편집부를 끌어들이지 않지만, 잡지를 통해 감지될 정도의 회오리바람을 일으킨다. 1962년 10월 공화국의 대통령을 국민투표를 통해 선출하는 헌법 개정안에 대한 국민투표가 행해질 때 폴 티보는 찬성을 호소하고, 조르주 라보를 포함한 모든 좌익 세력은 반대표를 던질 것을 명령한다. 1964년 《에스프리》 클럽은 가스통 데페르를 지지하고, 프랑수아 미테랑을 지지하기를 거부한 장 마리 도므나크는 1965년 대통령 선거 2차 투표에서 백지투표를 한다. 1966년에 다시 그는 29명의 다른 좌익 유명인사들과 함께 드골의 신임을 확고히 한다.[15] 도므나크의 드골주의에 대한 지지는 리쾨르의 정치적 성향과 일치하지 않는다. 리쾨르는 완전히 결별을 하지는 않지만 1962년과 70년대 중반 사이 《에스프리》에 글을 적게 싣고, 분명한 거리를 취한다. "도므나크는 드골을 감정적으로 무척 흠모했으나 리쾨르는 그렇지 않았다. 그렇다고 리쾨르가 파시즘을 고발한 것도 아니었다."[16] 리쾨르는 여전히 《에스프리》의 대표적 철학자이며, 계속해서 단체 모임에 적극적으로 참여한다. 레비 스트로스와 폴 리쾨르 사이에 그 유명한 논쟁이 일어난 것은 1963년이다. (다시 이야기할 것이다.) 그리고 리쾨르에 의한 대학의 실태 조사가 행해진 것은 1964년이다. 그런데 그는 지적 논쟁의 첨예에 대한 그의 취향으로 너무 쉽게 동원된다. 1965년 프로이트에 대한 그의 글을 독설로 대하는 라캉과 알튀세파의 반대 시위

13) 장 마리 도므나크와의 대담.

14) 장 마리 도므나크, 레미 리펠과의 대담, 《지식인 단체…》, 레미 리펠, 앞의 책, 332쪽.

15) 올리비에 브르통, 《에스프리, 한 부재에서 다른…》, 앞의 책. 에마뉘엘 다스티에 드 라 비제리, 폴 마리 드 라 고르스, 피에르 에마뉘엘, 프랑수아 페루, 모리스 롤랑, 아르망 살라크루 등이 함께 서명한다.

16) 폴 티보와의 대담.

에 부딪힌 그는 쓰라림과 함께 커다란 고독을 맛본다. "그가 원했던 지지를 얻지 못한 《에스프리》에서도 그것은 마찬가지이다."[17]

1965년부터 1975년까지 10여 년 동안 리쾨르는 잡지와 얼마만큼의 거리를 취할 것이다. 그를 도므나크와 대립시키는 정치적 갈등이 한 이유였다면, 끊임없이 지적 논쟁의 최첨단에 서야 하는 것을 참지 못하는 것이 다른 이유였다. 도므나크는 리쾨르를 60대에 강경해진 지적 논쟁에서 지식 납품업자 취급을 한다. 그런데 "그는 동원되는 것을 아주 싫어하는 사람이다."[18] 그는 자신의 사상과 전력을 방어할 강한 필요성을 느낀다. 그리고 이유야 어쨌든 어떤 집단 투쟁에도 휘말리거나 희석되는 것을 원하지 않는다. "사람들은 그가 지나치게 필요하지 않다는 조건 속에서 역설적으로 그에게 많은 것을 요구할 수 있다."[19]

1967년 폴 티보는 도므나크의 책임하에 편집장에 오른다.[20] 알맹이 없는 사회를 만든 국가에 대한 더욱 신랄한 비난이 70년대를 특징짓는다. 당시는 협상과 투쟁이 자주 관리 문제를 부상시키기 위해 권력을 우회하는 제2전선의 시기이다. 《에스프리》의 일시적 사상의 커다란 원천은 이반 일리치의 주장이다. 이반 일리치는 잡지에 많은 글을 올리고, 쇠이유출판사는 "산업주의 · 생산주의와 돈의 신화"[21]를 비난하는 그의 저서들을 출판한다. 도므나크는 미셸 푸코 · 피에르 비달 나케와 더불어 제2전선 중의 하나인 감옥 문제에 열정적으로 참여한다. 1971년 그들은 모임과 지지 행동, 그리고 탄압 정치 강화와 형법 체제의 강화 반대 운동을 되풀이하는 감옥 정보 단체를 창설한다. 하지만 특히 《에스프리》는 소련의 알렉산드르 솔제니친의 추방으로부터 진정한 반전체주의 전선의 구성원 가운데 하나가 된다. "솔제니친의 추방은 드레퓌스 사건을 환기시킨다. 그것은 단지 법률상의 잘못이 아니라 한 민족의 명예에 대한 정부의 범죄 행위이다."[22] 전체주의 시스템의 비판과 반대파에 대한 지지는 《사회주의 또는 야만》과 대표적 인물인 코르넬리우스 카스토리아디스와 클로드 르포르의 주장으로 규합된다. 전혀 다른 사

17) 폴 티보와의 대담
18) 위의 대담.
19) 위의 대담.
20) 1968년 5월의 전이에 대해서는 뒤에서 다시 이야기할 것이다.
21) 장 마리 도므나크와 폴 티보, 〈일리치와 함께 전진하는 것〉, 《에스프리》, 426호, 1973년 7-8월, 1-16쪽.
22) 장 마리 도므나크, 〈솔제니친 또는 유럽의 운명〉, 《에스프리》, 433호, 1974년 3월, 392쪽.

상을 가진 두 계파 사이에 유익한 지적인 교환을 가능하게 한 사람은 노동자 출신이고, 프랑스 민주노동동맹 회원이며, 그룹 《사회주의 또는 야만》 출신인, 그리고 《에스프리》와 점점 더 정규적으로 협력하고 있는 다니엘 모테이다. "재미있는 것은 지식인 그룹들이 서로 의견 교환을 하기 위해 프롤레타리아, 르노 공장의 진짜 조립공인 모테와 같은 뛰어난 인물이 필요했다는 것이다."[23)]

1976년 《에스프리》가 프랑스 민주노동동맹과 로카르가 이끄는 제2좌파를 통합하는 더 커다란 시스템을 형성하는 구성원 중의 하나일 때, 도므나크는 특별한 마찰이 없었음에도 《에스프리》의 집행부를 떠난다. 그는 단지 새로운 세대에게 넘겨 줄 때가 됐다고 생각한다. "나는 항상 무니에가 그랬듯이 잡지는 세대와 관련된 일이라고 생각했다. 내 세대가 약간 더 오래 지속됐다."[24)] 폴 티보가 《에스프리》를 이끌어 갈 책임을 맡고, 올리비에 몽쟁이 새롭게 편집간사직을 맡게 된다. 잡지는 바람의 형태로 변화를 표시하는 '문화와 정치를 바꾸는 것'이라는 또 다른 부제를 달게 된다. 티보는 한편으로 고발적 자세, 다른 한편으로 현대 사회의 테크노크라시에 대한 단순한 집착이 형성하는 두 개의 암초를 피하고 싶어한다. "직업인의 실질적인 사회 동화와 사회적 이상에 대한 욕구 불만"[25)] 사이의 괴리는 사회에 의한 문화의 개량과 사회적 경험에 의해 극복된다. 폴 티보는 그를 둘러싼 젊은이들과 인격주의에 점점 더 거리를 유지하며, 1982년 《에스프리》 창간 50주년을 맞이하여 비판적인 입장을 공개적으로 드러낸다. 옛 구성원 중에 그의 노선을 좇는 사람은 리쾨르뿐이며, 리쾨르는 공식적인 자리에서 자신의 입장을 표시한다. "인격주의는 떠나고, 사람은 남을 것이다." "물론 나도 비슷한 말을 했지만 잘못 받아들여졌다. 하지만 결국 리쾨르도 이러한 유의 청산 작업에 동의한다고 말했다."[26)] 인격주의의 잔재에 대한 비판은 그때까지 《에스프리》의 커다란 좌표가 되었던 이반 일리치의 사상에 대한 거리두기로 표출된다. "일리치는, 무니에의 표현에 따르면 가치에 따라 방향을 정하는 인격주의의 마지막 보루였다."[27)] 일리

23) 폴 티보와의 대담.
24) 장 마리 도므나크, 〈또 만납시다〉, 《에스프리》, 제463호, 1976년 12월, 743쪽.
25) 폴 티보, 〈오늘〉, 《에스프리》, 1976년 12월, 760쪽, 레미 리펠, 《지식인 단체…》, 앞의 책에 의해 인용됨, 351쪽.
26) 폴 티보와의 대담.
27) 위의 대담.

치의 공동체적 자유주의처럼 무니에의 인격주의도 70년대 폴 티보에게 현실감을 주지 못한다. "개인적으로 나는 루이 뒤몽을 통해 그것으로부터 벗어났다. 그리고 나만이 아니다."[28] 티보를 매료시키는 것은 인도에 대한 분석이나 전체론이 아니라, 지적 배치의 중심에 19세기 역사학자이며 정치가인 토크빌을 재도입하는 《호모 히에라르쉬쿠스》[29] 서문 때문이다. 개인은 악의 없는 긍정적인 가치로 체험될 수 있다. "공동체 의식에 대해 반대하지 않는다. 하지만 끝났다. 우리는 개인주의가 사회 이상인 사회 속에 살고 있다."[30] 한 세대 전부가 이러한 새로운 바탕 위에 《에스프리》에서 함께 일한다.[31]

이념적인 재무장은 사회당에 가입한 뒤로 부차성에서 벗어난 제2좌파의 사회계획이 담고 있는 반전체주의에 대한 좀더 공격적이고 첨예한 태도와 관련이 있다. 《에스프리》는 후견 없이 자신의 길을 걷는다. 리쾨르가 잡지에 더욱 의욕적으로 글을 싣는 것은 더 이상 동원되거나 논쟁에서 소외될 염려가 없는 이러한 상황에서이다. "그는 어려움에서 벗어났다는 것을 깨닫자 더욱 편안함을 느꼈다. 게다가 그는 새로운 노선에 적극적으로 찬성하고 있었다."[32] 하지만 올리비에 아벨은 개신교의 자유주의에서 벗어나려는 욕구을 갖고 있는 리쾨르가 경험을 함께 하는 공간, 그리고 기다림의 공동적 지평으로 공동체적 지평을 여전히 품고 있었다고 반론을 편다. 그는 언제나 공통적 상상의 영역과 더불어 사는 계획을 가지고 있었다. 그리고 개인주의의 찬양에 부합하지 않고 사회주의적 공동 생활체로부터 《에스프리》를 벗어나게 하는 데 공헌한다.

---

28) 폴 티보와의 대담.

29) 루이 뒤몽, 《호모 히에라르쉬쿠스, 카스트 제도와 영향》, 갈리마르, 파리, 1967년.

30) 폴 티보와의 대담.

31) 1977년, 《에스프리》의 편집장은 폴 티보, 편집간사는 올리비에 몽쟁, 그리고 편집위원회는 크리스티앙 앙드장, 자크 카루, 장 마리 도므나크, 장 클로드 에슬랭, 자크 쥘리아르, 필리프 메이에, 장 피에르 리우, 알프레드 시몽으로 구성된다.

32) 폴 티보와의 대담.

29

루이 시몽의 매력 아래 마시 팔레조

하얀 담에 도착한 이래 폴 리쾨르는 매주 일요일 그의 아내와 함께 같은 장소인 마시 팔레조의 교회를 찾는다. 1961-1962년부터 이 소교구 교회의 목사는 루이 시몽이며, 그의 설교는 교구 밖의 신도들까지 불러들인다. 파리연합 대학생들의 교목이었던 그는 학생 단체와 함께 알제리 전쟁 말기의 열광을 맛보았다. 좌파인 그는 자주 관리형 노조의 회원이고, 팔레조에서 선거가 있을 경우 프랑스 공산당의 지지 명단에 오른다. 파리고등사범학교나 파리공과대학 출신과의 접촉은 그로 하여금 신학에 대한 소양을 완성하도록 부추겼다. "그 몇 해 동안 나는 밀도 있는 신학에 대한 소양을 쌓아야만 했다."[1] 팔레조에서 그의 명성은 무척 높아 명망 있는 신학자를 비롯해 이름 있는 많은 사람들이 그의 설교를 듣기 위해 파리를 가로지른다. 자크 모리(프랑스 개혁교회의 의장)·자크 보몽(라 시마드 사무총장)·자크 로샤르(사회그리스도교 사무총장)·목사 르네 크뤼즈(국제사면 단체 지도자)·엔니오 플로리스(북쪽 지방 개신교센터의 전지도자)·베르나르 피생보노(1970-1982년 라 시마드 회장), 안토니에 사는 카잘리스 가족을 비롯해 피에르 앙크르베·장 보베로·필리프 드 로베르와 같은 파리 개신교 신학대학 학생들과 폴 리쾨르·앙드레 앙크르베와 같은 교구 주민들이 그들이다.

일요일마다 많은 사람들이 팔레조 교회로 밀려들어 1백50명까지 이른다. "시몽의 설교는 보통 설교와는 달랐다. 그는 예외적이고 아주 독창적인 설교자였다."[2] 그의 설교는 항상 글로 씌어졌고, 양식화되었다. 거친 목구멍에서 나오는 소리로 발음되는 그의 설교는 특히 비판을 할 때 격렬한 열정과 시적인 힘을 드러낸다.

---

1) 루이 시몽과의 대담.
2) 베르나르 피생보노와의 대담.

"그것은 어쨌든 항상 우상 파괴적이었다."[3] 루이 시몽의 언어는 팔레조에서 예외적인 수준의 토론이 뒤따를 만큼 독특하고 참여적이다. 최고의 개신교 성서 주석가와 신학자들이 청중에 포함되어 있으니 토론이 예외적인 수준을 보이는 것은 어쩌면 당연한 일이다. 설교의 내용은 최후의 진실을 말하는 것이 아니라 논란의 여지가 있는 의견을 파악하고 개진하는 것이다.

그의 담론은 그리스도교인의 참여에 정치적 의미를 부여하려는 것이다. 그것은 정치 사설이 갖는 의미가 아니라 "사람들로 하여금 그들 스스로 참여할 수 있도록 하는 독서 방식이었다."[4] 루이 시몽의 설교는 신자들로 하여금 스스로를 정당화하는 것이 아니라 그들이 하는 것으로 인해 행복을 느끼도록 했을 것이다. "설교는 신자들이 일상적 행위 속에서 복음서 가까이에 있다고 확신할 수 있도록 그들의 짐을 덜어 주었다."[5] 행동과 언어의 이러한 유기적 결합이 시몽에 의해 사용된 해석학 방법과 마찬가지로 신자인 리쾨르의 입장과 잘 일치한다. 시몽에게 원전, 성서 텍스트는 그리스도의 말이 그랬듯이 청중과 독자들을 놀라게 하고 뒤흔드는 이야기였다. 그러므로 수 세기에 걸쳐 쌓인 먼지를 털어 버리는 것을 주저하지 말며, 본래의 힘을 되찾아야 할 것이다. 그는 본래의 놀람의 일부를 느끼게 만든다. "그는 텍스트의 먼지를 털어 버리고 원래의 청중들을 놀라게 했을, 그리고 얼마만큼은 지금의 우리를 놀라게 하는 것을 솟아오르게 하는 환상적인 기술을 가지고 있다. 그것이 그의 방법의 가장 강한 면이다."[6]

신학적 영감의 차원에서 시몽은 개신교 한 세대 전부에게 공통적인 리쾨르의 변화와 유사한 변화를 따른다. 1962-1963년 마시 팔레조에 도착할 당시 그는 불트만의 독서로 약간의 변화가 있기는 하지만 여전히 바르트의 가르침에 의해 깊이 영향을 받고 있다. 그의 설교는 인간이 신의 범주에 속할 수 없다는 바르트의 가르침에 따라, 신을 영접할 수 있다고 주장하는 종교를 극단적으로 비판한다. "종교에 반대하는 설교의 시기이다. 복음서가 종교에 대한 극단적인 대립을 통해서만 이해될 수 있기 때문에 나에게는 무척 중요했다."[7] 게다가 파리의 사제단원

---

3) 루이 시몽과의 대담.
4) 위의 대담.
5) 위의 대담.
6) 베르나르 피생보노와의 대담.

으로는 처음으로 보지라르 가에 있는 개신교 문헌 수집 및 연구센터의 연구팀을 불트만의 저서들을 위해 가동시킨다. 이 비판적 단계는 파리 개신교 신학대학의 많은 학생들의 지지와 열정을 이끌어 낸다. 60년대초 피에르 앙크르베는 소르본 대학교에서 고전문학 강의를 듣고, 동시에 아라고 가의 신학 학업 과정을 좇는다. 보지라르 가에 살고 있는 그는 당연히 팔레조의 루이 시몽에게 합류한다. 그들은 특별한 관계를 유지하고, 매주 일요일 함께 점심식사를 한다. 1962년, 신학부 3학년에 등록한 피에르 앙크르베는 한 교구에서 실습을 해야 한다. 그는 당연히 마시 팔레조를 선택한다. "나는 거기에서 설교도 했고, 리쾨르는 나를 격려했다. 바벨탑을 주제로 한 설교였다."[8] 피에르 앙크르베는 철학보다는 언어학·사어, 벤베니스트의 가르침에 의해 더욱 이끌린다. 그는 아라고 가에서 《유한성과 죄의식》의 범주에서 위대한 신화에 대해 리쾨르가 한 강의에 열광한 나머지 소르본대학교에서 리쾨르의 강의를 듣기로 결정한다. 리쾨르가 학생들을 언어철학과 프로이트에 입문시키는 강의를 하기 때문에, 그는 강의를 통해 개인적 흥미 분야를 심화·연장시킨다. "그는 개신교 신학대학에서 가장 먼저 정신분석학 강의를 했다. 대단했다. 그는 우리에게 말했다. '목사들을 정신분석학자로 만들려는 것이 아니다. 단지 그들의 역할이 끝나고 정신분석학자의 역할이 시작되는 순간을 이해했으면 한다. 그러므로 늘 남의 말을 듣기만 하지 말고, 다른 사람이 당신들의 말을 듣게 하는 순간을 알아야 한다.'"[9]

바르트의 단계 이후 루이 시몽은 나치즘에 저항한 독일 신학자 디트리히 본회퍼의 주장을 바탕으로 종교에 대한 비판을 첨예화한다. 히틀러를 제거하려는 기도에 참가했던 본회퍼는 1945년 4월 9일 히틀러의 명령으로 감옥에서 처형당했다. 루이 시몽은 그에게서 그리스도 안에서 신의 계시를 확실히 재확인하며, 바르트의 가르침을 좇고, 동시에 불트만의 해석학에 열려 있는 사람을 발견한다. 앙드레 뒤마가 높이 평가한 중간적 입장은 그 자신도 바르트주의에서 점차 벗어나고 있는 리쾨르에 의해 공유된다. 본회퍼는 믿음을 통한 너무 쉬운 의인(義認)을 피하기 위해 인간의 책임, 이 세상에서의 행동이 나타내는 판별을 주장한다. 정치적

7) 루이 시몽과의 대담.
8) 피에르 앙크르베와의 대담.
9) 위의 대담.

참여는 본회퍼 주장의 지평에 있다. 그리고 이러한 절대적 필요성이 루이 시몽을 매료시킨다. "신앙은 사람을 위로한다. 그리고 복음서는 새로운 세계를 세우기 위해 인간을 자극해야 한다."[10] 《저항과 복종》[11]이라는 제목으로 출판된, 본회퍼의 감옥에서 쓴 편지는 시몽의 설교에 강한 영향을 미친다. 현대성이 성인의 탄생을 가져온다는 그의 주장은 "그리스도교인의 생각을 깊이 전환하게"[12] 만든다. 본회퍼는 세속화되는 신앙의 도정을 자유의 표현으로 정의하며 비종교적 그리스도교라는 처방을 제시한다. "그리스도교인이게 하는 것은 종교적 행위가 아니다. 그것은 세상의 삶 속에서 신이 겪는 고통에 참여하는 것이다."[13] 신자인 리쾨르는 이 입장과 완전히 생각을 같이한다. 그리고 이러한 입장은 그의 유명한 텍스트인 〈사회와 이웃〉에서 반향을 일으키며, 의심의 대가인 마르크스 · 프로이트 · 니체를 필연적으로 통과하는 60년대의 철학적 소신에 영향을 미친다. "리쾨르가 첫번째보다는 이 단계를 좋아했다는 것을 안다."[14]

루이 시몽은 60년대말 논쟁의 급증과 함께 당시에 세상의 신학이라 불리는 것에 영감을 받은 설교의 세번째 단계로 들어간다. 본회퍼가 주창한 노선을 끝까지 밀고 가면서, 이 단계에서는 직접적인 복음 관계를 권장하기 위해 교회를 없앨 수 있다는 것을 보인다. 그리스도와 세상의 중재되지 않은 직접적인 관계는 더 이상 부차적인 방식으로 교회를 필요로 하지 않는다. 모든 것이 교회로부터 세워진다고 생각하기를 멈추는 순간이다. "일반적으로 우선 그리스도와 교회의 관계를 정립한다. 그리고 세상을 위한 계획을 세운다. 그것을 부숴야 했다. 이 주제에 대해 엘륄과 큰 논쟁이 있었다."[15] 교리의 광적인 옹호자인 장 보스크와 자크 엘륄은, 자신들의 표현에 따르면 세상 속으로 소멸할 위험을 무릅쓰는 마시 팔레조의 해결사들과 맞서 교회의 입장을 고수한다. 엘륄은 카잘리스 · 리쾨르 · 시몽의 파문을 요구할 정도로 그들의 입장을 심하게 공격한다. "보스크와 엘륄은 정통파의 기사였다."[16]

---

10) 루이 시몽과의 대담.
11) 디트리히 본회퍼, 《저항과 복종》, 라보와 피데스, 제네바, 1973년.
12) 로제 멜, 《개신교, 어제와 내일》, 앞의 책, 147쪽.
13) 디트리히 본회퍼, 《저항과 복종》, 앞의 책, 167쪽.
14) 루이 시몽과의 대담.
15) 위의 대담.
16) 위의 대담.

1968년, 루이 시몽의 설교 세계에 네번째 단계가 열린다. 이번에는 독일 루터파 신학자인 게르하르트 에벨링으로부터 영향을 받는다. 시몽은 사건으로서 말의 우월성을 주장하는 그의 입장에 매료되지 않을 수 없다. 이것은 그가 의도한 설교 스타일에 완전히 부합한다. 그의 설교는 항상 창조와 재발견된 놀람, 그리고 행동에서 찾아진 효과에 열려 있다. 에벨링에 의하면 말이 먼저이고, 글은 다음이다. 그러므로 말은 신적이건 혹은 인간적이건 실체로서 외부로부터 보장받을 수 없다. 말은 자체에 고유의 힘과 해석될 능력을 담고 있다. 말기의 하이데거, 즉 '말하는 말'의 하이데거의 영향을 받은 에벨링은 신학을 해석학으로 정의한다. 그는 또한 성서를 읽기보다는 복음서를 듣는 것을 택하겠다고 말한 루터에게서 말의 우월성을 찾았을 것이다. 에벨링과 함께하는 이 입장은 《구약성서》, 구약을 글로 간주하고 《신약성서》, 신약을 말로 간주한다. 말이 말로 남아 있어야 함에도 불구하고 글로 변화된 것은 나약함과 필요성 때문이다. 그러므로 말의 역사로서 텍스트를 다시 찾는 것이 중요하고, 텍스트는 독자에 의해 해석되고 이해된다. 새로운 말과 새로운 설교의 가능성을 보장하는 것은 이 움직임이다. "리쾨르 또한 이 단계를 매우 좋아했다. 이것이 그와 함께한 나의 도정이다."[17]

충실한 신자인 리쾨르는 프랑스 개신교를 이끄는 단체에 자리하고 싶은 추호의 욕구도 갖지 않는다. 그는 개혁교회 전국의회나 프랑스 개신교연맹의회에 결코 자리를 맡지 않는다. 1968년과 1977년 사이 프랑스 개혁교회 회장이며, 1977년과 1987년 사이 연맹의 회장을 역임한 자크 모리는 1968년부터 팔레조의 신도이다. 그에게 리쾨르는 지도 단체에 자리를 차지할 충분한 자격이 있었다. 그는 리쾨르로 하여금 개신교에 충분히 기여할 수 있도록 하지 못한 것을 아쉬워한다. 하지만 그는 20여 년 동안 최고의 지위에 있으면서도 리쾨르를 그의 작업에 방해될까 두려워 끌어들이지 못한다. "나는 아주 사랑스러운 그의 평범한 신자로서의 자질 때문에 큰 감동을 받았다."[18] 자신의 교구에서 리쾨르는 주로 듣는 편이다. 설교가 끝난 후 토론에 참가하지만 교훈을 던지거나 박식한 체하는 것은 그와는 거리가 먼 행동이다. 반대로 그는 필기를 하고, "아주 평범한 신도처럼 행동한다. 그는 항상 이렇게 말을 하곤 한다. '제가 무엇을 증명하기 위해 이 자리에 있는 것은 아

17) 루이 시몽과의 대담.
18) 자크 모리와의 대담.

니지요, 그것이 전부입니다.' 그와 같은 사람이 그렇게 말할 수 있다는 것은 매우 놀라운 일이다."[19] 아주 밀도 있는 대화가 신도 리쾨르의 침묵과 목회자 시몽의 말 사이에 오간다. "내가 말을 하고, 그는 들었다. 아주 결정적이었다. 그는 들으면서 창조했다. 아주 놀라웠다. 설교가 끝난 후 그는 일어나 그가 들은 것을 말했다. 그것은 내가 말한 것과 전혀 달랐다. 그가 듣기 때문에 나는 말할 수 있었다. 그는 대가이다. 우리 모두는 그를 좋아했다. 하지만 충분히 표현하지 못했다."[20]

행동을 지향한 팔레조 교구는 1968년 이전부터 사크레센터의 단식 투쟁하는 사람들을 받아들였다. 사크레센터는 관리와 청소를 맡는 회사를 그들 대신 고용했다. 센터와 직원들 사이의 협상은 결렬됐다. "5명의 엔지니어가 청소부 아주머니들을 대변하기 위해 단식 투쟁을 했다. 이것이 아주 복음주의적으로 보였고, 게다가 그 중의 2명은 개신교도였다. 이것은 회유의 문제와는 전혀 달랐다."[21] 모든 단식 투쟁이 그러하듯이 이것도 밖으로 알려져야만 효과가 있다. 단식 투쟁을 하는 사람들은 교회의 지하에 머물러 있었다. 전교구에 이 사실이 알려진 것은 물론이고, 리쾨르와 피생보노는 《르 몽드》에 실린 글에 함께 서명을 했다. 그래서 상황은 호전됐고, 거의 만족스러운 협약이 이루어졌다.

팔레조 방창석에서 한 신도가 토론 때마다 아주 빈번히 발언을 한다. 그는 시칠리아 출신의 이탈리아인 엔니오 플로리스이다. 로마와 북쪽 지방 개신교센터의 탈주자인 그의 여정은 놀랍다. 그리스도교 원리에 대해 그가 겪었던 매번의 위기는 그의 삶의 조건을 송두리째 흔들었다. 그만큼 그는 온전성의 의미와 타협의 거절에서 철저했고, 자신의 계속되는 선택을 극단적으로 밀고 갔다. 개신교도가 되기 전에 엔니오 플로리스는 가톨릭이며, 신학 박사이고, 로마 베네딕트파의 교수이다. 그는 전쟁 도중 날마다 로마 산타델라미네르바 수도원 앞에 몰려와 눈물을 흘리는 유대인 여인들을 보고 첫번째 위기를 맞는다. 교황은 성소에 유대인을 보호하는 사람들을 얼마 전 파문시켰다. "나는 분노했다. 나는 눈물 흘리는 여인들과 사람들이 부르는, 자신의 아이들을 슬퍼하는 라셸을 노래하는 성서의 〈시편〉을 생

19) 자크 모리와의 대담.
20) 루이 시몽과의 대담.
21) 위의 대담.

각했다.” 절망한 엔니오 플로리스는 성당 창고에 커다란 공간을 발견한다. 창고가 성소는 아니기 때문에 규칙을 어기지 않고, 파시즘에 의해 쫓기는 유대 민족을 위한 피난처를 마련할 수 있다고 생각한다. “그렇게 해서 나는 창고에 40명을 피난시켰다.”[22] 성당 고위층이 그의 책략을 간파했을 때 엔니오 플로리스는 수도회 법정에 서게 되고, 재판을 받아 광인으로 판정된다. 그의 비난자들도 그를 서면으로 파문시킬 용기를 갖지 못한 것이다. 하지만 엔니오 플로리스의 인간주의적 행동은 계속된다. 로마에 미국인들이 진입할 때 수도원에 머문 유대인들은 1백여 명에 달한다. 그들은 공동체의 1백20명의 수도사들과 거의 같은 숫자이다. 그렇다고 성당 고위층에 대한 엔니오 플로리스의 실망감이 줄어든 것은 아니다. 그는 개신교 목사들과의 접촉을 더욱 빈번히 하지만, 그들은 이탈리아에서는 아무것도 움직일 수 없다는 그의 생각을 확고히 해줄 뿐이다. 미국이나 프랑스에 가서 정착할 것을 권유하는 몇 차례의 제안을 받는다.

그의 출발을 서두르게 한 것은 평범한 비둘기 이야기이다. “8월 어느 날 15시경, 무더위 속의 예배 때문에 나는 산타마리아 성당의 내진에 있었다. 비둘기 한 마리를 보고 왠지 모르게 측은함을 느꼈다. 나는 피렌체 출신의 보조수사를 만났다. 나는 그에게 비둘기를 밖으로 나가게 해야 한다고 말한다. 웃기 시작한 그는 나에게 불가능하다고 대답한다. 나는 곧 여덟 마리의 비둘기가 바닥에 널려 있는 예배당으로 들어간다. 보조수사는 나에게 웃으면서 말한다. ‘이보게 형제, 신의 성스러운 성당에 들어온 이상 살아서는 나가지 못하네.’ 그때 나는 내가 비둘기와 다를 바가 없다고 생각했다. 나는 방으로 올라가 샹봉에 교수로 있는 연락원의 주소를 찾는다. 나는 가방을 싸고 역으로 간다.”[23] 엔니오 플로리스는 살기 위해 느베르 지역에서, 그리고 독일에서 노동자로 일한다. 런던에서 그는 병원 짐꾼 일을 하고, 그후 제네바에 가서 개신교 신학 공부를 할 것을 제안받는다.

이러한 개종이 있은 후, 그는 북쪽 지방 개신교센터의 책임자로 지명된다. 그는 10년 동안 그 단체를 이끈다. 그가 리쾨르를 처음 만난 것은 센터 강의에 그를 초대했을 때이다. 하지만 엔니오 플로리스는 몽펠리에 개신교 잡지에 실린 신의 죽음에 대한 글 때문에 센터로부터 추방당한다. 그는 자크 모리 덕택에 박사과정을

---

22) 엔니오 플로리스와의 대담.
23) 위의 대담.

위한 장학금을 받고, 릴을 떠나 파리 지역에 정착한다. 그래서 그는 팔레조 신도들과 함께하게 되고, 루이 시몽의 우상 파괴 정신을 공감한다. 루이 시몽처럼 그도 그리스도교는 점점 더 진리가 아니라 가치를 추구해야 한다고 생각한다. 그는 리쾨르를 지도교수로 하여 낭테르대학교 박사과정에 등록하고, 이탈리아 철학자인 비코에 대한 연구를 한다. 그가 가족과 함께 집 없이 지내자, 리쾨르는 미국으로 떠나면서 자신의 집을 그에게 넘긴다. "리쾨르는 나에게 형 이상이었다."[24] 그는 동시에 출판사를 구하지 못해 원고 상태로 남아 있던 마가의 주석과 관련된 거대한 역사적 · 비평적 작업을 계속한다.[25] 엔니오 플로리스는 그리스도교가 자신에게는 삶에 적용된 의미 체계일 뿐인데 비해, 리쾨르는 그리스도교 신앙의 신학 제도에 너무 충실하다고 생각한다. 그에 따르면 그 의미 체계는 과학이나 철학의 영역이 아니라 시의 영역이다. 하지만 "나는 한번도 리쾨르를 반박하는 글을 써본 적이 없다. 나에게 그는 금세기의 성인 아우구스티누스이다."[26]

우리는 팔레조 교회 신도 모임에서의 주석 작업이 얼마나 창조적인지 어렵지 않게 상상할 수 있다. 그런데 70년대초, 개신교의 한 비판 세력의 대표가 된 루이 시몽은 친구들에 떠밀려 주(레지옹) 교구의장(개신교의 주교에 해당)의 반열에 오른다. 친구들은 그가 제도를 개혁할 수 있고, 변화의 희망을 구현할 수 있다고 생각한다. "당시 나는 무척 불행했다."[27] 조르주 카잘리스는 그에게 거절할 것을 강력하게 권고했다. "루이, 조심하게. 권력은 항상 사람을 부패시킨다네. 거절하게." 68년 이후 격동기에 임명된 루이 시몽은 임명되자마자 자신이 잘 해결할 수 없었던 고통스러운 사건과 부딪힌다. 팡탱 교구의 두 쌍의 목사가 함께 살면서 재산 · 프로젝트 · 일, 그리고 배우자 교환하는 일을 실천에 옮겼다. 이 교구는 무척 활동적이었기 때문에 신도들은 그들의 공동체적인 삶이 그러한 지경까지 이르렀다고 생각하지 않았다. 루이 시몽은 일반인에게 밝혀진 그 추문을 다뤄야 했다. 비엔에서 비공개리에 열린 특별 종교회의에서 4명의 목사는 그들의 성실성을 증언했다. 하지만 그럼에도 불구하고 그들은 재판을 받고 제명됐다. "나는 낭테르에서의 리쾨르와 같이 정리를 해야 했다. 직책은 우리를 질서의 유지라는 테두리 안에 가두

24) 엔니오 플로리스와의 대담
25) 엔니오 플로리스, 《그리스도 아래, 예수. 마가가 그린 예수의 초상》.
26) 엔니오 플로리스와의 대담.
27) 루이 시몽과의 대담.

고, 우리에게 상처를 준다."[28] 이 사건은 시몽과 카잘리스 사이에 갑작스럽고 완전한 결별을 초래했다. "그 사건이 우리를 루이로부터 단절시켰다. 그는 우리가 그와는 반대로 젊은 목사들 편에 선 것을 용서하지 않았다."[29] 제도를 적절히 다룰 줄 알아야 하는데, 루이 시몽이나 비슷한 역경을 겪은 리쾨르는 그렇지 못하다. 둘 다 제도라는 함정에 빠졌다. 리쾨르는 낭테르 문과대학의 학장으로 캠퍼스에 경찰이 들어오도록 허락하여 머리에 쓰레기 세례를 받는다. 그리고 프랑스 개혁교회의 주교구 의장을 맡은 루이 시몽은 순응주의자가 아닌 두 커플의 목사들을 제명시킴으로써 덕을 잃는다. "루이 시몽이 그러한 논리에 갇히게 된 자신을 방치하는 것을 보고 나는 무척 슬펐다. 그를 반대하는 것이라면 무엇이든지 거절했을 것이다. 하지만 그렇다고 그가 채택한 권위주의 형식이 옳다고 지지할 수도 없었다."[30]

루이 시몽은 팔레조를 떠나고, 리쾨르는 1966년경 세워지고 그의 제자인 장 마르크 생이 로빈슨이라고 이름 붙인 샤트네 말라브리 교구에 다닌다. 장 마르크 생은 신학 공부를 하고, 직업 세계와 종교적 세계의 다리를 연결할 목적으로 앙드레드 로베르가 주가 되어 시작한 연구 계획을 끝낸다. 그리고 아직 이름을 갖지 못했던 샤트네 말라브리 교구에 임명된다. 그에게 맡겨진 영역은 르 플레시 로빈슨·샤트네와 소를 포함한 지역이다. 부르라렌의 루터파 교회의 비위를 거스르지 않는 이름을 찾아야 했다. 장 마르크 생의 한 영국 친구가 영국에서 20만 부나 팔린, 로빈슨이라 불리는 성공회의 주교가 쓴 베스트 셀러 작품[31]을 읽어보라고 권했다. 본회퍼와 틸리히 사이에 로빈슨이 취한 그의 입장은 약간 이단 냄새가 나며, 특히 장 마르크 생의 마음에 들어 그는 그 이름을 교구명으로 제안한다.

로빈슨의 첫 목사인 장 아벨(올리비에 아벨의 아버지)은 1966년 가을에 도착한다. 그는 본회퍼를 읽고, 교구와 공동체의 생활 형태를 새롭게 함으로써 신학적 기여를 확대할 수 있다고 생각하는 바르트 세대 출신이다. 로빈슨 교구는 '장로회'를 없애고, 개방된 합의제 결정 구조를 갖춘다. 모든 결정이 그로부터 나오고, 교구는 자주적 경영을 기본 방침으로 한다. 아주 지적인 이 교구는 노동자 계층의 거주지인 라 뷔트루즈에 사는 열렬하고 농담 잘하며 과장된 행동의 이 목사에 매

28) 루이 시몽과의 대담.
29) 도로테 카잘리스와의 대담.
30) 피에르 앙크르베와의 대담.
31) 존 아서 토머스 로빈슨, 《신 없는 신》, 누벨 에디시옹 라틴, 1964년.

료된다. 리쾨르의 막내인 에티엔과 샤트네고등학교에 들어간 그의 아들 올리비에 아벨은 로빈슨, 그리고 고등학교의 다른 아이들과 쉽게 하얀 담을 드나든다. "1학년 때 악·비극과 인간의 나약함에 대한 발표 때문에 나는 《과오를 범하기 쉬운 인간》과 리쾨르가 의지에 대한 그의 책 마지막에서 '동의의 길'이라 부르는 것을 읽었다."[32] 그는 자신이 "신의 이미지와 인간의 서사시"[33]에 얼마나 감동을 받았는지 기억한다. 요약에 대한 신학적 사상에 의해 제기되는 행동의 서사적 의미는 그에게 특히 시사하는 바가 크다. "나에게 그것은 매 동작마다 요약과 같은 무엇이 있다는 사상이었다. 좀더 광범위한 이야기의 집합이며, 동시에 유보되어 우리가 알지 못하는, 하지만 곧 열린 무엇의 요약을 말하는 것이었다."[34] 그는 이 주제에 대해 리쾨르 위층에 살았고, 폴 무니에와 아주 친한 앙리 이레네 마루와 토론한다. "나는 항상 그녀를 보러 갔다. 1970년 우리는 고등학교에서 무니에 전시회를 열었다."[35] 아벨 목사와 리쾨르는 에마뉘엘무니에고등학교로 이름을 바꾼 샤트네 고등학교 운영위원회 외부 인사로 몇 해에 걸쳐 함께 일한다. 1971-1973년 고등학교에 잘 정착한 로빈슨 교구의 청년 단체는 당시로는 놀라운 1백50여 명의 회원을 두게 된다.

리쾨르는 팔레조의 충실한 신자로 남는다. 하지만 '로빈슨 공동체'의 목사가 되어 다시 돌아온 장 마르크 생은 1977년과 1980년 사이 리쾨르를 공동체의 신자로 다시 맞는다. "팔레조에서는 신학적 삶이 최대 관심사였다. 로빈슨은 삶의 형태들을 혁신하고자 했다."[36] 리쾨르는 교회의 영향력 감소를 막고, 지적인 활동을 활성화시키기 위해 1985년부터 매년 '로빈슨의 대담'을 기획한다. 매번 현실적인 주제가 신학·철학·기술의 서로 다른 세 가지 시각에서 다루어진다는 생각을 전제로 선택된다. 이 '대담'은 겨울철 일요일 3주 동안, 16시에서 18시 사이에 열린 강연을 뒤잇는 토론에 참석하기 위해 방문하는 많은 인파들의 관심을 끈다. 리쾨르는 복수주의·권력·정의·복잡성·노동·기억과 용서 등의 다양한 주제를

32) 올리비에 아벨과의 대담.

33) 폴 리쾨르, 〈신의 이미지와 인간의 서사시〉, 《사회그리스도교》, 1960년, 493-514쪽; 그리고 《역사와 진실》, 앞의 책, 112-131쪽에 재수록.

34) 올리비에 아벨과의 대담.

35) 위의 대담.

36) 장 마르크 생과의 대담.

가지고 세 강연 중의 하나를 맡는다. 이 '로빈슨의 대담' 은 4명의 소그룹을 동원하는데, 그들 중 경영 분야의 기술위원인 알랭 브리고디오가 기획의 책임을 맡는다. 오늘날 성공적인 강연이 20년 전 로빈슨 교구와 팔레조 교구의 끊어진 끈을 다시 잇게 했고, 그들은 이제 공동으로 강연을 기획한다. 시몽의 시대처럼 다시 사람들은 교회 안으로 정성을 다해 준비한 말을 듣기 위해 몰려든다. "리쾨르는 강연 준비에 대단한 노력을 기울인다. 그는 특히 관중을 존중하고, 매번 독창적인 작업을 한다."[37] 1985년부터 개신교 집단을 넘어서 조엘 로망 · 이브 카낙 · 마리 발마리 · 장 피에르 뒤피 등 많은 사람들이 그들의 주장을 펼치러 왔다.

37) 알랭 브리고디오와의 대담.

30

리쾨르 주재하의 사회그리스도교

엘리 로리올과 앙드레 모니에가 1957년 4월 총회 때 사회그리스도교 회장직을 포기한 것은 위기 상황 속에서이다. 라울 크리스팽이 모니에 뒤를 잇는 문제로 리쾨르의 의중을 떠보는 일을 맡았다. "리쾨르는 개신교 교수연합을 주재했고, 두 의장직을 겸하고 싶어하지 않았다. 그는 생각할 시간을 달라고 했다. '명목뿐인 의장직은 필요없다. 모든 참여는 진지하고 무게가 있어야 한다.'"[1] 리쾨르는 오랜 생각 끝에 사람들의 제안을 받아들인다. 그는 1958년부터 단체의 평신도 의장직을 맡고, 목회자 의장직은 루브르 예배당의 목사인 피에르 뒤크로가 맡는다. 12년 전부터 사무총장직을 맡고 있는 뛰어난 당원인 모리스 보주는 단체의 운명에 대해 점점 더 비관적이다. 그는 절망감 · 혼돈, 그리고 당원들의 손실을 초래하는 일반화된 무력감을 고발한다. "단체는 제자리걸음을 하고, 천천히 약화된다. 결국 참여적 그리스도교인은 도처에서 볼 수 있지만 사회그리스도교는 더 이상 찾아볼 수 없다. 집을 밝히기 위해 기름을 나누어 주는 대신 등대를 밝히기 위한 기름이 남아 있지 않다."[2] 낙심한 모리스 보주는 사무총장직을 떠날 의사를 표명한다. 하지만 미루어진 사임은 1961년에 수리된다. 옛 집행부에서 여전히 부의장직을 맡고 있는 라울 크리스팽만이 남는다.

1960년 전체 위원회는 목표와 마비 상태에서 벗어나기 위해 취할 수 있는 방법에 대해 묻는다. 몽펠리에 신학대학의 교수인 조르주 크레스피의 보고서, 리쾨르의 보고서, 그리고 라울 크리스팽의 보고서 등, 세 개의 보고서를 중심으로 토론

1) 라울 크리스팽, 《참여적 개신교도, 1945-1970년 사회그리스도교》, 앞의 책, 353쪽.
2) 모리스 보주, 라울 크리스팽, 같은 책, 355쪽에 인용된 1959년 9월 26-27일자 전체 총회 의사록.

이 이루어진다. 새로운 의장인 리쾨르는 사회그리스도교의 사명에 대하여 단체 내에 두 개의 상반된 개념이 대치하고 있다는 것을 알게 된다. 한편으로 사회 문제와 관련된 모든 개신교도들의 중심축을 이루자는 견해가 있고, 다른 한편으로 사회주의를 위한 투쟁에 참여하는 모든 개신교들의 만남의 장소, 즉 개신교 좌파의 중심축을 이루자는 견해가 있다. 리쾨르는 명확한 개념 정의를 권고하고, "개신교 좌파 개념을 택한다."[3] 하지만 강한 저항에 부딪힌 그는, 사회그리스도교가 개신교 좌파 단체로 정의되어야 하는지 알아보기 위한 질문을 표결에 부치는 것을 포기한다.

목사인 자크 로샤르가 모리스 보주를 대신한다. 그는 리쾨르의 부탁을 받고, 그가 지역 센터의 책임을 맡고 있던 몽벨리아르를 떠난다. 모리스 보주는 후임자들에게 "단체의 정체성의 위기"[4]를 초래할지도 모를 우유부단함을 비난하며 비판적인 태도를 취한다. 그는 이 비판을 통해 자신의 쓰라린 감정을 나타내고, 단체 활동에 불리한 60년대초부터의 일반적인 상황은 고려하지 않는다. 제5공화국의 대통령 중심 체제와 소비 사회의 확장은 정당 · 운동 단체, 그리고 다른 사회 단체에 나쁜 영향을 미친다. 자크 로샤르는 불가능한 재건의 주동 인물이 된다. 리쾨르는 자신의 다양한 활동에도 불구하고 아주 의욕적이다. 그들은 2주에 한 번씩 회합을 갖는다. "리쾨르는 이 일을 언제나 중요하게 생각했다. 그 점에 대해 그는 아주 세심한 배려와 시간을 물 쓰듯 하면서 나를 경악케 했다."[5] 자크 로샤르는 리쾨르에게 지방 강연을 권장한다. "나는 그의 도덕적 · 지적 영향력을 느낄 수 있었다. 사람들은 그를 쉽게 이해했다."[6] 게다가 그들은 작은 팀을 구성하여 긴 준비 작업이 필요한 잡지의 주제를 함께 준비한다. 조르주와 도로테 카잘리스가 합류하여 1965년부터 편집장을 맡고, 단체의 모든 활동에 의욕적으로 참가하는 라울 크리스팽이 함께한다.

리쾨르의 몇몇 발언은 커다란 반향을 불러일으킨다. 이미 언급된 〈사회와 이웃〉이라는 논문이 그러한 경우에 속한다. 그 논문은 1960년 《사회그리스도교》에 로

---

3) 라울 크리스팽, 같은 책, 357쪽.

4) 모리스 보주, 〈60년대 전쟁의 사회그리스도교〉, 《이티네리스》, 라보와 피데스, 제네바, 1983년, 115쪽.

5) 자크 로샤르와의 대담.

6) 위의 대담.

제 바스티드의 〈인간과 인간 관계 속에서의 그룹의 중요성〉에 대한 논문, 그리고 〈불복종〉과 〈신의 이미지와 인간의 서사시〉[7]에 대한 두 논문과 함께 다시 실린다. 이 주제는 "커다란 효과가 있었다. 나는 개인적으로 리쾨르의 논문에 대해 논평을 해달라는 요청을 받았다."[8] 사실 그것은 안으로 개신교를 괴롭히고, 밖으로 투쟁적 가톨릭을 괴롭히는 문제이다. "리쾨르를 무척 좋아하는 슈뉘 신부는 리쾨르를, 특히 **사회**와 이웃이라는 주제로 자주 인용했다."[9] 개신교는 그러한 유의 사고를 허락하지 않을 수 없고, 동시에 채택할 수도 없다. 사실 개신교는 개인주의에 바탕을 두고 세워졌고, 개인주의는 집단과 정치에 대한 관심을 통해 확산된다. 리쾨르에게 인간은 신과의 관계를 포함한 관계의 존재인데 비해, "개신교도들에게 이것은 의문점이며 살에 박힌 가시와 같다. 관계의 존재로서 인간에 대한 고찰은 신학 차원에서 너무 많은 것들을 뒤흔든다."[10]

단체가 겪은 또 다른 긴장된 순간들로 2백여 명을 규합하고 사회그리스도교의 주요 노선을 결정하는 총회들을 꼽을 수 있다. 1963년 5월 디종의 총회는 "그리스도교인은 책임 있는 시민이다. 어디서? 어떻게?"[11]라는 주제를 가지고 열린다. 리쾨르는 보고서의 비이념적이고 구체적인 특성과 연구회에서 실행한 작업, 그리고 개혁파와 혁명파 사이, 그리스도교 신자와 정치사회주의자 사이의 인위적인 대립을 초월할 가능성에 대해 칭찬하며 총회를 마감한다. "우리 자신을 재충전시키기 위해 설교와 성례를 위한 장소가 필요하고, 동시에 많은 참여의 장소가 필요하다는 느낌을 갖는다. 거기에는 선택의 여지가 없고, 그리스도교인의 삶의 근본적인 호흡이 있다."[12] 리쾨르는 추상적인 대립에 대한 기피와 그것을 실제적 체험을 통해 대체하는 것에 대해 만족해한다. 함께한다는 계획을 포기하지 않는 축소된 예언주의와 확장된 실용주의, 1963년 총회의 어조는 이러하다. 리쾨르가 훗날 발

---

7) 폴 리쾨르, 〈신의 이미지와 인간의 서사시〉, 《사회그리스도교》, 7-9호, 1960년, 493-514쪽.

8) 자크 로샤르와의 대담.

9) 위의 대담.

10) 위의 대담.

11) 두 개의 개회 보고서가 총회에서 발표된다. 하나는 라 시마드의 사무총장인 자크 보몽이 준비한 〈자비로운 행위에서 정치적 책임감으로〉라는 주제의 보고서이고, 다른 하나는 자크 말테르(미셸 로카르)의 〈내일의 사회에서 책임 있는 인간〉이다.

12) 폴 리쾨르, 《사회그리스도교》, 세3-4호, 1964년, 195쪽.

달시킬 책임감을 주제로 한 사고가 이 총회의 결론 보고서에서부터 언급된다. 그는 책임 있는 시민에 대한 확언에 내재하는 역설을 감지한다. 그것은 책임감의 영역이 너무 넓게 확장되는 것에서 비롯된다. 인간 고유의 유전적 자산을 비롯한 인간이 통제하는 모든 영역들이 발달했다. "그런데 책임의 주체는 어찌된 것인가? 누가 책임인가? 우리는 점점 더 그것에 대해 말할 수 없게 된다."[13] 인간의 책임감이 책임의 주체가 점차적으로 사라지는 것을 주목할 만큼 약화될 때, 사람들은 점점 더 인간의 책임감을 원용한다. 게다가 이념의 후퇴를 만족스럽게 지켜보았던 리쾨르는 이념의 급진적 퇴각이 불러올지도 모르는 비정치화 현상과 공동 기획의 부재 때문에 극단주의의 가능성에 대해 경고한다. 그는 총회 참석자들에게 "사려 깊은 신화 또는 신중한 유토피아"[14]를 간직할 것을 권한다. 그가 훗날 코셀레크의 뒤를 이어 기다림의 지평의 건설이라고 부르는 것이 바로 그것이다.

파리에서 1965년 총회를 개최한 사회그리스도교는 '국가에서 인간으로, 그리스도교인의 과업'을 주제로 불평등한 발전이라는 문제를 다룬다. 총회의 참석자는 여전히 2백여 명에 달한다.[15] 의장인 리쾨르는 의식이 세계화된 시기에 그리스도교인들의 책임감을 정의한다. 총회의 핵심적인 보고서에서 리쾨르는 세계화 의식의 출현을 현대성과 연결지어 분석한다. "우리는 자신의 운명에 대한 총체적인 시각을 갖는 최초의 역사적 시대를 살고 있다."[16] 세계화는 정치적 요인이 첨가된 보편적 특성을 띤 기술 · 과학적 토대 때문에 가능했다. "세계화 의식이 진전된 것은 폭력과 전쟁 수단을 통해서이다."[17] 20세기부터 전쟁은 세계화되고, 원자폭탄은 지구의 어느 지역도 제외됨이 없는 위협을 느끼게 한다. 탈식민지화 과정은 국제 공동체 속에 동등한 위치를 갖는 국가들의 숫자를 확대시켰다. "결과적으로 모든 국가들의 외교 정책은 인류의 내부 정치가 됐다."[18] 리쾨르가 그리는 것은 장애물 없는 앞으로의 행진이 아니다. 리쾨르는 오히려 세계화 의식의 실현을 방해하는 수많은 장애물들을 강조한다. 동질성으로서 인류에 대한 개념은 국가-민족의

13) 폴 리쾨르, 같은 책, 197쪽.

14) 같은 책, 201쪽.

15) 프랑수아 르 개와 앙드레 필리프가 개회보고서를 맡는다.

16) 폴 리쾨르, 〈국가에서 인간으로, 그리스도교인의 과업〉, 《사회그리스도교》, 제9-12호, 1965년, 494쪽.

17) 같은 책.

18) 같은 책, 495쪽.

범주를 선호하는 현실에 비해 앞선다. 국가의 특권은 오히려 점점 더 다양해진다. 민족은 제3세계 자유화 투쟁의 원천이며, 국민들을 매료시킬 유토피아를 잃은 산업 세계에서 피난처의 가치를 지닌다. 이러한 구조적 장애에 경제 · 사회적 차원의 확대되는 격차에서 기인한 경제 정세의 장애가 첨가된다. 리쾨르는 저개발을 로스토의 발달 구도와 마르크스주의에서 묘사된 단순한 후진화 단계가 아니라 "장애물"[19]로 내세운다. 이것에 유엔의 약화, 핵무기의 분산, 인종 차별의 존속 등이 덧붙여진다. 리쾨르는 이러한 모순적인 상황에 맞서 그리스도교인의 과업을 정의한다. 첫째, 그리스도교인들은 공동체의 충실한 신자들을 상대로 한 전통적 설교와 세계를 상대로 한 설교를 결합시켜야 한다. 이 문제와 관련하여 리쾨르는, 정신적인 것과 정치적인 것을 연결하는 새로운 단계로서 찾아야 할 것의 예로 유엔을 상대로 한 파울루스 6세의 발의와 메시지를 지지한다. "파울루스 6세가 자신을 '인류의 전문가'라고 소개할 때 그의 표현은 정확했다."[20] 둘째, 세계화 의식은 교회 자체에 대한 신학적 작업을 내포한다. 그것은 신학자가 세계를 상대로 한 설교에서 그리스도교의 보편적 본래의 메시지를 재발견하기 때문이다. 그리스도의 형상, "인간, 모든 인간과 관련된 우주적 비극으로서"[21] 십자가의 비극은 의지의 보편주의를 담고 있다. 그것은 사도 바울이 "유대인도 그리스인도 자유로운 인간도 노예도 없다"라고 말하면서 이미 표현한 것이다.

리쾨르는 보편성으로 가는 길 위에 놓인 장애물을 뛰어넘기 위하여 세 가지 차원에서 그리스도교인들의 참여를 권장한다. 성명과 글로 표현되는 항거의 몸짓에 이민, 국제 협력, 젊은이의 국제 교육 문제가 첨가되고, 행동으로 보편화의 핵을 형성하는 유엔식량농업기구 · 세계보건기구 · 유네스코 등의 기구에의 참여가 또한 첨가된다. 총회를 종결짓는 발언을 통해 리쾨르는 현대 사회의 비극을 장기 경제 계획에 필요한 모든 수단을 갖추는 능력과 미래에 대한 시각을 갖추지 못하는 무능력 사이의 왜곡과 연결시킨다. 현대 사회는 항상 한층 더 고조된 합리화 수단을 구비한다. 하지만 이 수단들은 의미가 없다는 느낌을 강화시킨다. 그럼에도 이러한 위기의 상황은 "총체성 속에서 인류를 규합하고, 각 개인에게 자신의 운명

19) 폴 리쾨르, 같은 책, 500쪽.
20) 같은 책, 506쪽.
21) 같은 책, 508쪽.

의 독특한 표현을 보장하는, 세계화하고 개인화시킬"[22] 수 있는 이중 초점의 유토피아를 채택하면서 부분적으로 극복될 수 있다.

1966-1968년 이론의 과격화는, 1968년 5월 12일 발랑스에서 '도시에서 사는 것' 이라는 주제로 마지막 회합을 가진 사회그리스도교의 위기를 가속화시킨다. 1968년 5월 운동의 가장 첨예한 시기에, 특히 바리케이드의 밤 다음날에 그러한 총회를 개최하는 것은 메시지 전달을 불가능하게 한다. 책임자들은 1백여 명 정도로 축소된 총회의 논쟁보다는 라디오를 통해 전달되는 라틴 가의 상황에 대한 정보에 더욱 관심을 쏟는다. 우선 순위는 한층 고조된 대중 운동의 운명으로 옮아갔고, 처음으로 총회의 보고서가 출판되지 않는다. "발랑스는 사회그리스도교 단체의 서른여섯번째, 그리고 마지막 총회가 될 것이다."[23]

리쾨르는 몇 차례에 걸쳐 의장직을 사임하겠다는 의사를 표명한다. 집행위원회가 시카고에서 편지를 받고 사임을 확정짓는 것은 1970년 6월, 그가 세번째 요구했을 때이다. 위원회는 더 이상 그의 사임을 거절하지 못한다. "최근 2년, 우리 단체가 가야 할 방향을 찾을 때 나는 맡은 소임을 다하지 못했습니다. 집행위원회의 인내심, 단체가 나를 위해 한 일, 집행위원회의 우정에 감사드립니다."[24] 그해의 대부분을 미국에서 보내는 리쾨르는 자신의 직무를 수행하지 못한다. 사회그리스도교는 그를 다른 사람으로 대체하지 못하고, 단순히 평신도와 목사가 함께 맡았던 공동 의장 제도를 포기한다. 1968년 10월부터 피에르 뒤크로를 승계한 자크 보몽은 홀로 단체의 운명을 책임진다. 그는 집행위원회의 이름으로 리쾨르에게 편지를 쓴다. "너는 우리들의 지도자였고, 늘 그렇게 남을 것이다. 우리가 필요한 것은 너의 창조적 영감이다. 네가 우리에게 준 것 모두에 대해 정말 감사를 표현하고 싶다. 너의 위대한 직관은 우리 모두에게 영감을 넘어 사회정치적인 삶의 규칙이 됐다."[25]

리쾨르는 1958년에 직책을 맡았고, 1970년 사임한다. 그의 재임 기간 자체가

---

22) 폴 리쾨르, 〈결산과 전망〉, 《사회그리스도교》, 제9-12호, 1965년, 596쪽.

23) 라울 크리스팽, 《참여적 개신교도》, 앞의 책, 401쪽.

24) 폴 리쾨르, 1970년 6월 집행위원회에 보내는 편지, 라울 크리스팽, 같은 책, 416쪽에 인용됨.

25) 자크 보몽, 사회그리스도교 집행위원회 이름으로 폴 리쾨르에게 보낸 편지, 라울 크리스팽, 같은 책, 417쪽에 인용됨.

드골의 재기와 종말 사이에 포함된 기간과 일치하는 하나의 프로그램이다. 물론 두 사건 사이에는 중요한 한 가지 사실을 제외하고 아무런 관계가 없다. 리쾨르와 단체 전부가 부딪힌 어려움은 드골의 제5공화국에 고유한 운동 단체의 무력화 과정 속에서 뿌리를 찾을 수 있다. 리쾨르는 1958년 5월 13일 알제에서 국가긴급위원회에 의한 정권 탈취에 대해 반대하고 일어섰다. 5월 25일, 공화국수호전국대학위원회가 리쾨르 · 카스틀러 · 슈바르츠 · 장켈레비치 · 로댕송 · 마돌 등을 비롯한 많은 좌익 교수들의 참여 속에 결성된다. 새로운 헌법은 1958년부터 리쾨르의 혹심한 비판을 받는다. 드골이 다시 권좌에 오른 방식으로 분노한 리쾨르는 새로운 제도들을 집단적으로 인가할 국민투표 전날, 제4공화국은 헌법 때문이 아니라 알제리 전쟁을 종식시키지 못했기 때문에 막을 내린다는 것을 환기시킨다. 그는 "평의회 의장이 국회에서 4백 석 이상을 차지했음에도 헌정 위기를 핑계삼은 군사 쿠데타에 의해 전복된 것을 환기시키는 것"[26]이 그가 요령이 부족해서인지 알기 위해 질문한다. 그는 입법 권한의 탈취 가능성에 대해 일부 좌파의 두려움을 공감한다. 리쾨르에 의하면 모든 것이 제도적 형태가 아니라, 그를 권좌에 올린 프랑스 알제리의 극우파의 포로가 될 위험이 있는 공화국 대통령이 의지할 세력에 따라 달라질 것이다. 알제리 정책이 실패한다면, 국민투표는 "알제를 통해 파리를 정복하는 한 단계일 뿐"[27]이다. 그것이 1961년 '일부 장성' 의 군사 쿠데타에 의해 벌어질 뻔한 일이다.

의장직을 맡고 있는 동안 리쾨르가 한 발언 주제 중에 사회주의의 위기에 대한 고찰이 중요한 위치를 차지한다. 1959년 영국 노동당의 실패는 그에게 서유럽에서 사회주의 사상의 운명에 대한 질문을 제기할 기회를 마련해 준다. 이것은 **개정**을 통해 가능해진다. 사실 "지난 세기에 물려받은 이데올로기 중에 유용한 것이 무엇인지 질문해야"[28] 한다. 현대적인 문제에 대한 그러한 적응은 그렇다고 사회주의자들이 모든 예언주의를 포기해야 한다는 것을 의미하지 않는다. "사회주의 이념이 광기의 씨앗, 유토피아의 씨앗을 품지 않는다면 어떻게 다시 태어나겠는

26) 폴 리쾨르, 〈합헌적 판단의 요소〉, 《사회그리스도교》, 제8-10호, 1958년, 573쪽.
27) 같은 책, 575쪽.
28) 폴 리쾨르, 〈사회주의의 위기〉, 《사회그리스도교》, 제12호, 1959년, 701쪽.

가?"[29] 사람들은 성장률 때문에 투쟁하는 것이 아니라 이념 때문에 싸운다. 그리고 사람들을 동원시킬 수 있는 이념은 노동자들 자신이 경제를 경영하는 시각이다. 단지 그러한 투쟁의 효율성은 그 세기의 담론을 말해야, 감지할 수 있는 현실에서 출발해야 다다를 수 있다. 리쾨르는 1961년 5월, 사회그리스도교 믈룅 총회에서 시회주의 재정의에 대한 필요성을 다시 말한다. 리쾨르는 앙드레 필리프에게 사회주의자들의 구체적인 과업을 정의할 것을 맡기고, 사회주의 참여의 몇 가지 항구적인 목표를 명확히 하는 데 전념한다. 그는 아주 드문 경우로서, 사회주의적 인본주의의 이념을 주장한다. "가장 근본적이고 가장 안정된 목표는 사회주의적 인본주의 속에 있다."[30] 리쾨르는 훗날 구조주의와의 대립 속에서 인본주의에 대한 참조를 전체적으로 회피한다. 1961년, 그가 의도하는 것은 세 가지 다른 차원으로 분리된다. 우선 옛날부터 언급된 주제인 일 속에 인간의 상실에 대한 투쟁이 그것이다. 그리고 인간의 경제적 메커니즘에 대한 통제, 즉 최선의 합리적 숙련이 다음이다. 이것에 새로운 세번째 영역이 추가되는데, 그것은 현실적 사회주의에서 주목할 수 있는 것, 즉 관료화의 경향, 부르주아 엘리트층의 소비 사회 계획의 재개에 대한 경계심이 그것이다. 이러한 이중적 일탈과 쇠퇴는 리쾨르가 니오르(1959년 3월) 총회에서 '외부의 가난한 자들'이라고 부른 사람들, 제3세계 국민들에 대한 국경을 초월한 지속적인 연대감의 활성화를 내포한다.

사회그리스도교 운동 내부에서 리쾨르의 발언의 또 다른 중요한 영역은 '영광의 30년' 가운데 위치한 1958-1870년 사이의 현대성에 대한 고찰이다. 그는 두 개의 암초를 피하는 입장을 취한다. 하나는 과학과 기술이 가져온 혜택과 그것들을 자유롭게 하는 능력에 대한 찬양이고, 다른 하나는 모든 혁신을 새로운 착취의 도구로 간주하여 체계적으로 비판하는 것이다. 기술에 대한 문제는 산업 혁명의 가속화와 함께 그것이 삶의 방식을 바꾸는 능력이 가중됨에 따라 더욱 급박한 사항이 된다. 매 단계에서 리쾨르는 기술의 변화가 갖는 모호성을 명확히 한다. 기술의 변화는 노동이 주는 고통을 상당히 감소시킨다. 동시에 그것은 각 개인이 맡은 업무를 의미가 상실될 정도로 세분화한다. 인간은 수행되는 과업에 대한 총체적인 시각을 회복하기 위하여, 직책의 다양성과 교체를 감내할 수 있는 최상의 직

29) 폴 리쾨르, 같은 책, 702쪽.
30) 폴 리쾨르, 〈오늘날의 사회주의〉, 《사회그리스도교》, 제7-9호, 1961년, 458쪽.

업 훈련을 개발함으로써 대응할 수 있다. 소비 차원에서 모호성도 유사하다. 우리는 삶의 수준의 향상, 더 나은 삶에 대한 접근을 쉽게 확인하고 기뻐할 수 있다. 하지만 더 나은 삶은 결과적으로 기계에 대한 의존도를, 특히 문화적 차원에서 미디어에 대한 의존도를 증가시킨다. "그렇다고 지나간 시대를 한탄하고 그리워할 무엇이 있는 것은 아니다."[31] 리쾨르는 보잘것없는 것들로 둘러싸인 엘리트 문화의 수호가 기초가 되는 하이데거적 비판을 함께하지는 않는다. 그는 이러한 안이한 생각이 아니라, 문화적 차원에서 증가하는 개방성을 익명의 하급 문화에 빼앗길 수 있다는 현실적인 위험을 무릅쓰고 대응책을 강구한다. 그리고 미디어를 최대한으로 활용하기 위해 그것이 제공할 수 있는 자원을 찾는다. 정치가 긍정적인 측면과 부정적인 측면 사이의 긴장으로부터 분리될 수 없는 것처럼, 노동하는 인간의 수준 향상은 무의미의 발달이라는 위협적인 그림자를 동반한다. 의미가 저항할 수 있는 수단 중의 하나는 교육을 통해서이며, 점점 더 기술적인 세계에서 고전적 인본주의의 위치를 재정의함으로써 가능하다. 리쾨르는 두 영역 사이에 종종 사용되는 이러한 대립(수학에 대립되는 라틴어와 그리스어)에 반대하여, 노동 분할의 부정적인 효과에 저항할 수 있는 수단으로써 산업 문명에 대한 일반적 문화의 필요성을 보여 준다. 그러므로 교육의 역할을 현대 기술과 일치하는 단순한 탐구에 축소시키는 것이 아니라, "현대 사회가 주는 압력과 인간이 시간이 지남에 따라 자신도 모르게 자신에게 갖는 이미지를 통해 하는 자신의 운명에 대한 고찰 사이의 긴장"[32]을 유지하는 것이다.

현대 사회에서 어떻게 개신교도일 수 있을까? 이것은 리쾨르가 1965년 보지라르센터에서 제기한 질문이다. 개종을 한다거나 다른 교도를 사로잡는 것을 말하는 것이 아니다. 호교론은 그의 스타일이 아니고, 그에게 혐오감마저 준다. "종교적 스트립쇼는 나에게 더 이상하게 느껴진다. 나 자신의 개인적인 선택을 '설명하는' 정도로 만족할 것이다."[33] 이 텍스트는 아주 중요하며, 사회그리스도교 의장인 리쾨르의 행동의 의미를 밝혀 준다. 텍스트는 마땅한 위치를 되찾을 것이다.[34] 항상 자신의 수단에 대한 좀더 세련된 통제로 특징지어지는 현대 사회에서, 교회

31) 폴 리쾨르, 〈기술의 모험과 우주적 지평〉, 《사회그리스도교》, 제1-2호, 1958년, 25쪽.
32) 폴 리쾨르, 〈현대 사회에서 인본주의의 가르침〉, 《믿음 · 교육》, 제46호, 1959년, 25쪽.
33) 폴 리쾨르, 〈오늘날 개신교도일 수 있을까〉, 보지라르센터, 1965년 12월, 타이핑한 텍스트.

의 첫번째 기능은 종말과 본질적인 의미의 증언이라는 형태 아래 무의미의 벌어진 빈자리에 맞서는 행동이라는 질문을 제기하는 것이다. 이때 의미는 현대 사회를 앞서는 것이고, 기다림의 지평, 완성된 인간의 목표로서 명확하게 표현된 유토피아의 정의 속에 구현된다. "의미를 줄 수 있는 것은 목표이다. 그리고 인류가 하나가 되기를 바라는 것, 인간성이 각 개인 속에서 실현되는 것을 바라는 것이 목표이다."[35] 교회는 두 전선에서 싸워야 한다. 함께한다는 세계화 의식을 고취시키면서 개인주의와 이기주의를 초월하는 것이 하나이고, 산업 사회의 익명성과 비인간주의에 빠지는 것을 경계하는 것이 다른 하나이다. 교회는 스피노자의 격언을 자신의 것으로 삼아야 한다. "독특한 것들을 알면 알수록 우리는 신을 더 알게 된다." 이러한 목적 속에서 윤리와 정치는 마키아벨리즘이나 도덕주의의 암초에 떨어지지 않기 위한 고유의 영역을 지닌다. 이 문제에서 리쾨르는 막스 베버로부터 확신의 윤리와 책임의 윤리의 필연적인 구별과 유기적 결합을 계승한다. 그리스도교인의 시각을 명확히 하는 것은 모순이 갖는 매력과 절망의 목소리에 의해 현혹되지 않는 것이며, 죄가 많은 곳에 은사가 충만하다는 사도 바울의 말을 기억하는 것이다.

그리스도교인이 되는 첫번째 이유들에 리쾨르는 두번째 영역, 언어와 문화의 영역을 덧붙인다. 이것은 언어의 문제인 그리스도교의 중요한 문제와 관련된다. "그리스도교는 최소한 언어의 사건이며, 언어를 통한 의미의 도래이다."[36] 신앙 공동체에 속하는 것은 이러한 언어를 체험하는 장소에 머무는 것이다. 물론 현대 문화와 정신 세계는 성서 시기의 그것과 다르고, 복음의 메시지를 듣는 것은 탈신화화 작업과 종교에 맞선 믿음의 비판적 긴장 상태 유지를 요구한다. 그리고 그리스도교가 원래 바빌로니아와 가나안의 종교 세계를 위반하고 비신성화한 것으로부터 출발했다는 것을 기억해야 한다. 하지만 그리스도교는 "성스러운 목적을 재건했고, 일련의 객관화와 분리 속에 종교인과 평신도의 낡은 대립을 새로운 방향으로 이끌었다."[37] 마르크스 · 니체 그리고 프로이트와 같은 의심의 대가들의 출현은

---

34) 이 텍스트의 중요성을 나에게 알린 사람은 프랑스 케레이다. 내가 텍스트의 내용을 또한 중요하게 취급하는 것은 프랑스 케레에게 감사를 표시하기 위해서이다. 프랑스 케레의 증언은 나에게 빛을 발했다.

35) 폴 리쾨르, 〈오늘날 개신교도일 수 있을까?〉, 앞의 책, 2쪽.

36) 같은 책, 4쪽.

신앙을 순화하고, 우상을 청산한 현대 문화적 범주 속에서 신앙을 재활케 하기 위해 절대적으로 필요하다. 그러한 범주 내에서 설교는, 리쾨르에 의하면 우선 강론이거나 진실이기 전에 말을 듣는 것이고 질문하는 것이다. 설교의 임무는 질문의 공간을 복원하는 것이고, 이것은 신화의 상징 체계를 다시 회복하는 것을 전제한다. 이러한 탐구는 해석학적 영역의 새로운 중요성을 부각시킨다. "파괴하고 해석하는 것, 이것이 현대해석학의 두 면이다."[38] 현대해석학은 그러므로 탈신화화와 그것의 긍정적인 측면인 의미의 재수집 기도의 이중적 움직임을 내포한다.

세번째 단계에, 리쾨르는 왜 신앙 공동체에 속하는 것이 필요하다고 생각하는지 명확하게 표현한다. 말은 전달될 때에만이 가치가 있고, 그 말은 홀로가 아니라 여럿이 들어야 한다. 해석의 모든 작업을 하는 것이 신앙 공동체이다. 의식적 행위나 동작의 상징 체계는 창조적 행위가 갖는 힘을 영원토록 한다.

리쾨르는 그리스도교인인 이유를 개진하면서도 개신교도가 된 이유에 대해서는 언급하지 않는다. 다음과 같이 확언하는 것으로 충분하다고 분명히 말하며, 그는 자신의 은밀한 정원을 드러내지 않고 조심스럽게, 하지만 단호히 자신의 발언을 끝낸다. "개신교는 내가 보기에 전체로 간주되는 그리스도교 교회 안의, 가장 진솔하게 확신과 책임감 사이 변증법적인 삶을 살아갈 수 있는 장소이다."[39]

37) 폴 리쾨르, 같은 책, 5쪽.
38) 같은 책, 8쪽.
39) 같은 책, 11쪽.

31

알제리 전쟁에 반대하며

전쟁 이후부터 《에스프리》지와 리쾨르 자신은 프랑스 연합이라는 그럴듯한 명목으로 화장한 제국에 포함되며, 파리의 지배하에 있는 프랑스 식민지의 정치적 독립을 지지하는 명백한 입장을 취한다. 모로코의 문제에 대해 《에스프리》는 1947년 앙드레 프레티의 글을 싣는다.[1] 그는 그 글에서 한편으로 프랑스의 모로코에 대한 기여에 대해 말하고, 다른 한편으로 보호 체제의 유지에서 오는 불안에 대해 말한다. 하지만 저울은 결코 평형을 유지하지 못한다. 프레티는 질문에 대한 대부분의 진부한 이야기들과는 달리, 모로코인들의 독립에 대한 열망이 소수 몇몇 지식인들로부터 나온 것이 아니라 점점 영향력을 확대시키고 있는 이스티크랄당으로부터 나온다는 것을 보이고 있다. 3개월 후, 이번에는 앙드레 망두즈에 의해 알제리가 유사한 분석의 대상이 된다.[2] 알제리가 완전히 내무부 소속 프랑스 영토임에도 불구하고 망두즈는 동화 정책을 허가하는 새로운 법령을 토의하는 동안 어떤 점에서 알제리가 프랑스 영토가 아닌지를 설명하고 있다.[3] 1948년 그는 《에스프리》에 알제리가 어떻게 법의 테두리를 벗어나 행정부와 군대의 온갖 종류의 비리(선거의 체계적인 부정, 위협과 암살)의 온실로 존재하는지 다시 설명한다.[4] 사람들은 물론 아직도 프랑스 연합, 특히 알제리와의 연합의 기회를 믿는다. 하지만 그것은 식민지의 옛 관습을 과감하게 청산할 때 가능하다. "반식민주의는 모니에가 주도하는 잡지의 가장 지속적인 투쟁 중의 하나가 됐다."[5]

---

1) 앙드레 드 프레티, 〈북아프리카의 전쟁을 방지합시다. 모로코의 독립과 프랑스〉, 《에스프리》, 1947년 4월.

2) 앙드레 망두즈, 〈알제리의 불가능, 또는 세 도의 신화〉, 《에스프리》, 1947년 7월.

3) 알제리에 대한 새로운 법령은 1947년 9월 20일 채택된다.

4) 앙드레 망두즈, 〈알제리의 딜레마, 자살 또는 공안〉, 《에스프리》, 1948년 10월.

1947년 9월 20일, 리쾨르는 이 분야에서 바른 정책을 이끌 원칙들을 정의하기 위해 개신교 주간지 《개혁》에 글을 싣는다. 그의 주장은 다섯 가지로 요약된다. "식민지화는 토착민의 자유를 목적으로 한다. 토착민들의 일반적인 공격에는 식민지화라는 근원적인 잘못이 선행됐다. 시기상조일지 모르지만 자유에 대한 요구는 식민 모국의 모든 문명화 작업보다 더 도덕적인 무게를 갖는다. 식민화된 국민들의 민족 의식을 대표하는 것은 소수의 사람들이다."[6] 리쾨르는 이 기회에 다른 이들의 역사가, 그들이 인도차이나인이건 마다가스카르인이건 모로코인이건 우리 자신의 역사에서 기인한다는 것을 보인다. 그들의 자유를 위한 투쟁은 1789년, 1948년이 있게 한 똑같은 자유에 대한 열정과 목마름에 의해 고취되고, 세계화 의식의 도래를 향한 임시 단계인 국가-민족을 초월할 가능성에 문을 연다. 이 분석이 "이제까지 있었던 것 중에 가장 완벽한 것"[7]처럼 보일지라도 식민주의의 경제적 수탈과 관련된 영역을 빠뜨린다. 그것을 모르지 않는 리쾨르는 상황의 현상들을 넘어 일련의 손댈 수 없는 원칙들을 환기시키고자 한다. 이러한 입장이 그의 정신적 가족인 사회그리스도교를 포함해서 다른 사람들과의 공감대를 형성하기 위해서는 몇 해를 기다려야 한다. 1951년에 다시 피에르 푸졸은 잡지를 통해 인도차이나와 북아프리카의 차이를 주장한다. 북아프리카는 본토로부터 가깝고, 본토로부터 북아프리카를 분리시키는 지중해는 오히려 둘을 연결시킨다고 말할 수 있을 것이다. 푸졸은 프랑스로부터 좀더 과감한 개혁 정치를 요구하는 제국주의자의 입장을 대변하지 않으며, 당시 좌파의 입장처럼 그 단계에 머물러야 한다고 생각한다. 하지만 부르기바의 신(新)데스투르와 이스티크랄의 운동에 대한 프랑스 정부의 강경화 정책은 변화를 가속화시킨다. 1954년, 알제리에서 전쟁이 확산된다. 1954년 11월 1일의 항거 이전에 모리스 보주는 일단의 지식인들과 행한 알제리 조사 여행에 참여한다. "우리는 경제 · 사회와 정치 상황의 심각성과 너무 늦기 전에 해결책을 제시해야 할 비상 사태를 확인할 수 있었다."[8]

상황은 심각해져서, 사회그리스도교는 1955년 리옹에서 열린 총회를 '북아프리

5) 미셸 비녹크, 《〈에스프리〉지의 정치적 역사》, 앞의 책, 333쪽.

6) 폴 리쾨르, 《개혁》, 1947년 9월 20일, 이브 브노, 《식민지 학살》, 라 데쿠베르트, 파리, 1994년, 141쪽에 인용됨.

7) 이브 브노, 같은 책, 143쪽.

8) 모리스 보주, 라울 크리스팽, 《참여적 개신교도》, 앞의 책, 253쪽에 인용.

카는 어디로 가는가?'라는 주제로 개최한다. 튀니지 문제는 피에르 망데스 프랑스 덕택에 많은 진전을 보았다. 하지만 모로코에서는 마다가스카르에 여전히 유배중인 모하메드 5세와의 분쟁이 지속된다. 알제리는 상황이 급전되어 전쟁이란 단어를 사용하지 않았을 뿐이지 비상령이 발동되며 전쟁으로 치닫는다. 총회 폐회식에서 집행위원회의 성명은 아직 매우 신중한 어조를 띤다. 집행위원회는 건설적 탈식민화를 행동으로 옮길 것을 호소하는 반면, 독립이라는 개념을 사용하지 않을 뿐 아니라 1954년 망데스 프랑스가 보호령에 약속한 내적 자율성의 개념도 언급하지 않는다. 내부 토론은 다시 사회당 사무총장인 기 몰레, 평의회 신임 의장의 해임으로 모아진다. 알제리에 평화를 정착시키기 위해 공화전선연합의 우두머리에 뽑힌 그는, 1956년 2월 6일 알제에서 극우파들이 던진 썩은 토마토와 계란 때문에 옷을 바꿔입는다. 그는 카트루 장군의 임명을 포기하고, 탄압 정치의 옹호론자인 로베르 라코스트를 임명한다. 그리고 선거 운동 당시 자신이 "출구 없고 바보 같다"고 한 전쟁 속으로 정부를 몰아넣는다. 앙드레 필리프는 "보수 반동적 성격을 띤 폭동의 압력으로 아무런 조건 없이"[9] 항복하는 것을 슬퍼한다. 유권자의 의지를 무시한 이러한 처사에 대한 모든 좌익과 계파를 초월한 혼란은 체제와 체제가 시행한 정치에 대한 신뢰감을 떨어뜨린다. 토론은 다시 시작된다. 사회 그리스도교에서도 마찬가지인데, 알제리 프랑스의 열렬한 지지자인 새로 들어온 피에르 그로스클로드[10]는 《새로운 도시》에서 자신의 소신을 표현한다. "알제리는 우리의 살과 피이다……. 알제리는 프랑스이다." 집행위원회는 그 기회를 이용해 내부 토론을 거친 후 단체의 집단적 입장을 재확인한다. "무니에 · 크자르네키 · 푸졸 · 그로스클로드 · 보주 · 리쾨르 · 로리올이 참여한다."[11] 이러한 입장 표명이 있은 후 그로스클로드는 더 이상 잡지를 위해 일하지 않는다.

하지만 분노를 일으키게 한 것은 공화국의 이름으로 프랑스 군대가 저지른 고문에 대한 폭로이며,[12] 1957년 《재소집병은 증언한다》라는 소책자가 유포될 정도이

9) 앙드레 필리프, 《배신당한 사회주의》, 라울 크리스팽, 앞의 책, 268쪽에 인용.

10) 피에르 그로스클로드는 문학 교수이고, 작가로서 에리오 · 루소 · 보브나르그 · 말제르브에 대한 저서를 출판했으며, 그리고 점령기의 샹봉쉬르리뇽에서 씌어진 시선집을 출판했다.

11) 라울 크리스팽, 《참여적 개신교도》, 앞의 책, 269쪽.

12) 《그리스도교 증언 수첩》은 1957년초 '장 뮐러 사건'을 출판한다. 프랑스가톨릭청년협회의 상근 직원인 장 뮐러는 가족에게 보내는 편지에서 그가 목격한 고문을 묘사한다. 피에르 앙리 시몽은 《1957년 고문에 반대하며…》를 출판한다.

다. 이 소책자는 리쾨르를 비롯한 장 마리 도므나크 · 르네 레몽 · 르네 카피탕 · 앙드레 필리프의 지원을 받는다. 1956년 4월 5일 《르 몽드》에 실린 '자유로운 발언'을 통해 사회당 정부의 특별 권력 사용에 대해 경고한 앙리 이레네 마루는 경찰에 의해 하얀 담에 있는 그의 가택을 수색당한다. 1957년 3월 12일 로제 멜 · 귀스타브 모노 · 앙드레 필리프 · 르네 레몽 · 폴 리쾨르 · 다비드 루세 · 앙드레 트로크메 · 피에르 신부 등을 포함한 3백57명의 서명을 받은 공개 서한이 대통령에게 전달된다. "무관하다고 보기에는 너무 빈번히 발생하는 사건입니다. 이것은 널리 자행되고 있는 행위입니다. 그리고 슬프게도 우리 모두와 관련된 집단 책임 의식을 위기에 빠뜨리고 있습니다."[13)]

법적인 제약 없이 고문 기술의 사용을 일반화하고, 점점 더 현장을 주도하는 군대에게 자유 재량을 주는 평화 정책은 국가의 논리에 반대하는 증가하는 지식인들의 반대에 부딪힌다. 알제대학교의 조교인 모리스 오댕은 고문을 당한 끝에 죽는다. 그는 1957년 6월 21일 '사라지고' 피에르 비달 나케와 로랑 슈바르츠가 모리스오댕위원회를 설립함에 따라 저항과 인권 옹호의 상징이 된다. 프랑스는 검열 국가가 되고, 체계적인 검열을 당한 언론은 검열당한 기사를 커다란 백지 광고로 대신한다. 출판도 마찬가지이다. 1958년 출판계에서 가장 성공적인 책은 미뉘 출판사에서 제롬 랭동에 의해 출판되자마자 판금된 앙리 알렉의 《질문》이다. 그것은 지하 출판물처럼 손에서 손으로 전달된다. 감옥에 갇혀 몇 달 동안 고문을 당한 《공화국 알제》의 편집장이며 공산당 당원인 그는 자신이 보고 겪은 것을 이야기한다.[14)]

프랑스라는 이름으로 자행된 고문 수단 앞에 구역질을 느낀 많은 지식인들은 민족해방전선을 적극적으로 돕는다. 그래서 《현대》의 협력자인 프랑시스 장송은 그를 중심으로 그 유명한 가방 배달인이라는 지하 조직망을 형성한다.[15)] 1960년 민

13) 《새로운 도시》, 제4호, 1957년 4월, 라울 크리스팽, 《참여적 개신교도》, 앞의 책, 279-280쪽에 인용.

14) 1958년 2월 미뉘에서 출판된 《질문》은 3월 27일 발매 금지당한다. 하지만 이미 7만 부가 팔렸다. (베르나르 드로즈와 이블린 르베, 《알제리 전쟁사》, 쇠이유, '푸앵' 총서, 파리, 1982년, 161쪽에서 얻은 정보.)

15) 에르베 아몽과 파트릭 로트망, 《가방 배달인》을 참고, 알뱅 미셸, 파리, 1979년, 푸앵-쇠이유, 파리, 1982년 새출판됨.

족해방전선에 대한 그의 후원망에 탄압이 가해지자 화약에 불을 붙이는 성명서와 함께 즉각적인 대응이 이루어지며, '불복종의 권리'를 외치는 1백21명의 예술가와 작가들의 성명서를 통해 진정한 탄원 싸움이 시작된다. 텍스트는 사르트르의 《현대》를 중심으로 준비됐고, 1960년 9월 5일 《르 몽드》에 실린다. 이러한 의견 표명은 내용의 극단성과 징집된 젊은이들에게 미칠 수 있는 영향 때문에 물의를 일으킨다. 그리고 가혹한 처벌과 억압에 대한 항의 데모를 불러일으키고, 프랑스 지식인 성명서에 대한 10월 7일자 반대 탄원서를 부추긴다.

리쾨르는 이러한 탄원서 싸움을 계기로 1백21명의 입장 표명과는 약간 어긋나는 《에스프리》의 어조를 보인다. 그는 전쟁과 표면상의 또는 감춰진 전쟁의 이유를 질책하고, 그리고 용납할 수 없는 전쟁의 잔인한 방식에 대한 전적인 비난을 함께 한다. 하지만 그는 불복종에 대해서는 1백21인을 좇지 않는다. 그의 의견에 따르면, 프랑스 젊은이들로 하여금 탈영하도록 권하는 것은 지식인으로서 자신을 반역과 탈영의 상태에 처하게 하는 것이며, 지하 운동에 참여하는 것이다. "리쾨르는 우리가 지하 운동에 참여하는 것을 피할 수 있도록 결정적인 역할을 한다. 그는 또한 우리로 하여금 우리 자신은 밖에 머물면서 젊은이들에게 탈영을 부추기는 행동을 피할 수 있게 한다."[16)]

사회그리스도교 의장인 리쾨르는 단체 발행지를 통해 입장을 표명한다.[17)] 그는 불복종에 의해 제기되는 두 가지 질문을 구별한다. 한편으로 젊은이들에게 이러한 태도를 취하도록 권해야 하는가, 그리고 다른 한편으로 이러한 선택을 한 사람들을 비난해야 하는가? 억압에 맞서 복종하지 않는 사람들을 변호하는 것에 대해 리쾨르는 분명히 그들의 깊은 소신에 전적으로 유대감을 느낀다. 그는 이 전쟁이 비합법적이라는 그들의 분석을 공감한다. 그들의 행위가 표현하는 비협력의 형태는 반식민지주의적인 그의 입장과 일치한다. 드골이 협상의 길을 택하지 않았고, 좌익이 무기력한 상태에 빠져 있는 상황에서 그러한 반역의 행위는 긍정적으로 평가되며 정당화된다. "복종하지 않는 사람들의 목적은 우리들의 목적과 같다."[18)] 리쾨르는 세 가지 이유를 들어 가면서 자신의 입장을 정당화시킨다. 첫째, 그는 불복

---

16) 장 코닐과의 대담.
17) 폴 리쾨르, 〈불복종〉, 《사회그리스도교》, 제7-9호, 1960년.
18) 같은 책, 586쪽.

종을 독재 국가라고 칭할 수 있을 정도까지 타락하지 않은 국가에 대해서 극단적인 행위라고 생각한다. 둘째, 민족해방전선을 돕는 것은 우리들의 것이 아닌 전쟁에 참여하는 것이다. "문제는 민족해방전선을 강화시키는 것이 아니라 프랑스인들을 전쟁에서 분리시키는 것이다."[19] 셋째, 협상에 도달하는 목적은 개별적인 반란의 행위가 아니라 집단 행위를 통해 이루어진다.

이러한 입장 표명은 불복종자들과의 토론, 그리고 연대 의식을 포함시킨다. 이 입장 표명은 1960년 9월 19일 1백21인의 성명서가 발표된 직후 작성됐으며, 즉각적으로 논쟁을 불러일으킨다. 리쾨르의 열렬한 추종자인 다니엘 갈랑은 리쾨르의 분석을 반박하는 논설의 기초를 작성하지만, 잡지에 글을 싣는 것을 포기한다. 그는 1백21인의 입장을 지지하며, "본회퍼와 폭군 살해 방식이 타당하다. 국가를 쓰러뜨릴 생각 없이 불복종할 수 없지 않은가?"[20]라고 자문한다. 그에게 프랑스는 경찰 독재의 위협을 받을 뿐 아니라 1954-1962년 사이 "외부의 파시즘, 알제리 파시즘"[21]으로 병들었다. 단체의 간사인 자크 로샤르도 불복종에 대한 리쾨르의 침묵에 동의하지 않는다. 좌익으로부터 비난을 받은 리쾨르는 《사회그리스도교》를 포함한 우익으로부터 또한 비난을 받는다. 대학 교수인 테오도르 뤼상은 그의 글에서 전쟁의 불법성이라는 개념을 비난한다. "알제리에 전쟁을 선포한 것은 프랑스가 아니다. 그리고 프랑스가 알제리에서 오늘 전쟁을 하는 것은 더더욱 아니다."[22] 그는 민족해방전선이나 "해변가에서 죄 없는 사람들에게 총질을 해대는"[23] 알제리 공화국 임시정부의 테러 행위에 대해 언급조차 하지 않는 리쾨르의 편파적인 논거에 대해 반대한다.

리쾨르의 입장은 '알제리에서 평화 협상을 위한 대국민 호소'를 외친 전국교육연합의 자주적 행동으로 연결된다. 세번째 탄원서가 돌고, 전국교육연합의 월간지인 《공교육》의 1960년 10월호에 게재된다. 이 탄원서는 1백21인과 다르게 불복종의 권리를 주장하지 않는다. 하지만 "더 이상 프랑스의 알제리는 존재하지 않는다." 그리고 "현재의 상황에서 젊은이의 위기 의식과 반항 정신은 어쩔 수 없는 것

19) 폴 리쾨르, 같은 책, 587쪽.
20) 다니엘 갈랑, 《유지된 희망》, 르 상튀리옹, 1979년, 85쪽.
21) 같은 책, 87쪽.
22) 테오도르 뤼상, 〈불복종에 대해〉, 《사회그리스도교》, 제10-11호, 1960년, 728쪽.
23) 같은 책, 729쪽.

이다"라고 발표하면서 그러한 행위를 용서한다. 세번째 탄원서는 많은 이들의 서명을 받는데, 무엇보다도 기존의 조직 속에서 식별이 불가능한 새로운 좌익 내에서 많은 서명을 받는다. 10월말 이전, 이 탄원서는 리쾨르의 서명을 포함한 16만이 넘는 서명을 받는다.[24)]

하지만 참여는 탄원서의 서명으로 그치지 않는다. 당국의 탄압이 당국의 입장을 함께하지 않는 사람들에게 가해진다. 그래서 모리스 보주는 1957년 '영토의 보존에 대한 침해'로 '북아프리카 문제의 평화적 해결을 위한 정보와 행동 전국위원회'에 참여한 9명의 그의 동료들과 함께 체포된다! 1957년 12월 13일, 자크 로샤르의 처남인 목사 에티엔 마티오가 민족해방전선의 지도자인 시 알리를 집에 감추고, 자신의 차로 스위스까지 데려다 준 혐의로 벨포르에서 체포된다. 경찰이 그의 집에 닥쳤을 때 마티오는 친구들과 가족을 보호하기 위해 혐의를 인정한다. "더 멀리서 찾지 마시오, 내가 그랬으니라고 말하며 선수를 친다. 그는 차의 트렁크에 시 알리를 태워 옮겼다는 이야기를 지어낸다. 그런데 사실 그 일을 내가 없는 사이에 내가 그렇게 했을 것이라고 생각하고 대신 해준 사람은 내 친구였다. 마티오는 그렇다."[25)] 마티오는 자신이 했다고 주장하며 죽을 때까지 비밀을 간직한다. 그는 적어도 두 사람이 괴롭힘을 당하는 것을 피하도록 하기 위해 떠들썩한 재판이 끝난 후 8개월의 감옥형을 받는다. "아버지는 체계적으로 생각할 줄을 모르신다. 아버지는 단순한 증인에 지나지 않으셨다."[26)] 전쟁 동안 에티엔 마티오는 뤼시앵 파이아르라는 이름의 레지스탕이었다. 하지만 그럼에도 불구하고 그는 전쟁이 끝난 후 독일군에게 수동적으로 협조한 사람들을 위해 증언했다. 브장송에 갇힌 그는 자신이 그랬다고 주장하며, 《르 몽드》에 다음과 같은 글을 게재한다. "나는 그가 정치적 지도자라는 것을 알았기 때문에 그를 보호하려 했다. 그가 살인자였다면 나의 행동은 달랐을 것이다……. 이것이 내가 시 알리를 경찰로부터

---

24) 리쾨르가 서명한 이 탄원서는 전국교육연합의 여러 단체 지도자들의 지지를 받는다. 인권보호연맹의 다니엘 메이에르, 프랑스전국학생연맹의 피에르 고데즈, 《에스프리》의 장 마리 도므나크 그리고 롤랑 바르트, 조르주 캉길렘, 장 카수, 장 드레쉬, 장 뒤비뇨, 로베르 에스카르피, 르네 에티앙블, 모리스 드 강디약, 피에르 조르주, 장 게에노, 블라디미르 장켈레비치, 에르네스트 라브루스, 조르주 라보, 클로드 르포르, 자크 르 고프, 모리스 메를로 퐁티, 에드가 모랭 등이 그들이다.

25) 자크 로샤르와의 대담.

26) 프랑수아즈 오크 마티오와의 대담.

벗어나게 한 이유이다."[27]

그가 체포된 다음 열린 재판에서 프랑스 개신교연합 대표인 샤를 베스트팔 · 앙드레 필리프 · 폴 리쾨르 · 팔라스 · 망두즈 · 르라 등 많은 사람들이 증언을 한다. 1958년 3월 7일 재판에서 목사 마티오, 의학 전공 학생 아브데르하만, 가톨릭 여성 운동원인 프랑신 라피네가 피고석에 앉는다. 그리고 수백 명의 군중이 재판정으로 몰려든다. 파리의 언론들은 아주 상징적인 이 재판을 위해 몰려왔다. "국가가 민족의 사기를 저하시킨다. 시민들이 우리 유산의 본질적인 가치를 지켜야 한다. 국가가 그것을 존중하지 않으면 합법적이지 못한 수단을 동원해서라도 그렇게 해야 할 것이다"라고 리쾨르는 방청석에서 선언한다.[28] 그는 에티엔 마티오와 아주 밀접한 관계를 맺고 있다. 우정과 투쟁에 함께 참여하는 것 말고도 그들은 가족 관계 속에서 연결된다. 리쾨르의 장남 장 폴이 마티오의 딸 프랑수아즈와 결혼했다. "아버지는 전혀 관념론자가 아니셨고, 리쾨르는 아버지의 그런 면을 좋아했다."[29] 앙드레 필리프도 방청석에서 증언한다. "내가 에티엔 마티오를 처음 만난 것은 1927년이었다. 모든 사람들처럼 나는 곧바로 그의 순수함에 반했다."[30] 그는 제자리로 돌아갈 것을 권유받고 어디에 앉아야 할지 둘러본다. 그리고 "여기 자리가 있네, 앉아도 될까요?"라고 말한다. 그는 웃음과 박수 속에 피고인석의 마티오 곁에 앉는다.

리쾨르는 리옹쉬르메르 공동 묘지의 에티엔 마티오 장례식에서 마티오 가족으로부터 우정의 인사를 해줄 것을 요청받고 다음과 같이 말한다. "그는 꿈을 가진 사람이었습니다. 나는 항상 그의 꿈이 배경과 요소들과 일치하는 것을 보고 놀랐습니다. 나는 그에게서 바슐라르가 물질의 상상력이라고 말한 것의 표현과 화신을 보았습니다. 그는 물이었고, 불이었으며, 구름이었고, 땅이었습니다. 이것이 그의 선함이 꿈꾸는 측면입니다. 하지만 다른 측면이 있었습니다. 꿈이 욕망과 환상 속으로 사라지는 것을 방해하는 것이었습니다. 그것은 바슐라르가 요구했듯이 이미지를 지각의 초월이 아니라 언어의 탄생을 가능케 하는 말, 시인의 말입니다."[31]

---

27) 에티엔 마티오, 《르 몽드》, 1957년 12월 15일.

28) 폴 리쾨르, 〈에티엔 마티오와 프랑신 라피네의 재판〉, 《사회그리스도교》, 제4-5호, 1958년 4-5월, 277-284쪽.

29) 프랑수아즈 오크 마티오와의 대담.

30) 앙드레 필리프, 《화해 수첩》, 1958년 6-7월, 25-26쪽.

이 사건에 대한 진실이 밝혀진 것은 1994년 자크 모리가 주최한 추모의 밤에서였다. 자크 모리는 몇 마디 하기 위해 목사 마티오의 친구들을 초대했다. 리쾨르는 장례식에서 했던 말을 이날 다시 했다. 마티오의 변호사인 앙드레 뒤마, 의사 르롱 등이 있었다. 자크 로샤르 차례가 되자, 자신이 마티오에게 갚지 못한 빚이 있으며 실제로 어떤 일이 있었는지 밝힘으로써 빚을 갚을 것이라고 서두를 꺼낸다. "민족해방전선의 몇 명을 도와야만 했던 에티엔은 국경 근처 몽벨리아르 지방의 젊은 목사인 나 로샤르를 불러 그들을 스위스까지 데려갈 수 있는지 물었다. 내가 없었기 때문에 젊은 신자 한 사람이 마티오의 자동차가 아니라 산길을 통해 시 알리를 스위스로 데려다 주었다."[32] 마티오와 친했던 그의 변호사와 리쾨르, 그리고 초대된 사람들은 그날 저녁 거짓말의 위대함을 알게 된다.

《에스프리》 팀이 보인 알제리 전쟁에 대한 확고한 반대 투쟁은 하얀 담을 포위된 성채로 변화시킨다. 군사비밀조직(OAS)은 속지 않고, 입구에 그들의 약자를 새기며 인격주의 공동체를 위협한다. 공동체의 안전을 책임져야 한다. 탁구장에 자리잡은 앙토니 대학생들의 도움을 받은 가족들은 폭탄 테러를 예방하기 위해 플래시를 들고 교대로 야간 순찰을 돈다. 1961년 수상인 미셸 드브레가 한밤중 지친 모습으로 텔레비전에 나타나, 파리 지역 시민들에게 도보나 자동차로 공수부대원들을 만나 그들의 군사 쿠데타 기도를 중단하도록 설득할 것을 요청할 때, "폴 리쾨르와 아버지는 즉시 빌랑쿠빌레로 차를 몰고 가서 몸으로 그들의 전진을 막았다."[33]

1961년 6월 9일, 철학교수자격시험 답안을 채점하던 리쾨르는 아침 6시 우유배달 시간에 경찰의 예상치 못한 방문을 받는다. 경찰은 하얀 담 그의 아파트를 수색하고, 그를 하루 동안 연행해 간다. 그는 국가의 안전을 위협한 협의로 연행되어 보호 감치된다. 즉각적으로 세 개의 대학교원노조 단체는 기자 회견을 조직하고, 많은 대학 교수들을 위협하기 위한 현장 검거에 항의하는 파업을 호소한다. 위협을 받은 사람은 리쾨르만이 아니었다. 같은 시각 니스에서 통일사회당연맹 지

31) 폴 리쾨르, 에티엔 마티오의 장례식 때 리옹쉬르메르 공동묘지에서의 메시지. 1994년 2월 3일, 파리 신학대학, 목사 에티엔 마티오의 추억을 중심으로 명상과 감사를 위한 전그리스도교인의 밤에서 다시 취해짐. 자크 모리가 전달한 타이핑된 텍스트에서 발췌.

32) 자크 로샤르와의 대담.

33) 장 뤽 도므나크와의 대담.

도자인 대학 교수 미셸 오리올이 유사한 경찰 작전의 희생자가 된다.

알제리에 대한 리쾨르의 입장은 많은 개신교 젊은이들의 지지를 받는다. 피에르 앙크르베는 베레모를 쓴 조르주 귀르비치와 높은 모자를 쓴 장켈레비치와 나란히 소르본 뜰에서 연설을 하던 리쾨르를 기억한다. "소르본의 좌파 교수들이었다. 나는 그들의 용기와 지성, 그리고 참여에 매료됐다. 한번은 리쾨르가 폭탄 테러가 시작된 순간 이렇게 말하였다. '지금까지는 다른 사람들의 자유를 획득하고 무엇인가를 획득하는 일이었습니다. 이제 우리의 자유를 수호해야 합니다.'"[34] 장성들의 군사 쿠데타 당시, 리쾨르는 소르본대학교에서 대학은 정치적 선언을 하는 장소가 아니지만 현금의 사태는 정치적 범주를 벗어나며 저항의 자세를 필요로 한다고 선언한다. 당시 그는 학생 운동과 완전히 생각을 같이한다.

공화전선이 알제리로 군대를 파견할 때 장 보베로는 리모주 교구에서 분노한 열다섯 살의 어린 고등학생이다. 교구는 그 지역 자기 제조공들이 주축이 된 유지들로 구성된 장로회에 의해 운영된다. "나에게 리쾨르와 같은 사람은 참여적 개신교 그리스도교인의 긍정적 모델이다."[35] 장 보베로는 신학대학 교과과정을 따르기 위해 1960년 파리에 도착한다. 그는 리쾨르의 수업을 듣는다. "나에게 가장 인상적이었던 것은 그와 같은 지적인 역량을 가진 사람이 또한 단순하고, 보통 사람과 다르게 대우받는 것을 극히 어색해하는 것이었다. 나는 그의 모습 속에서 민주주의의 윤리를 보았다. 즉 그가 헌신하는 지적인 역할과 나머지 시간, 익명의 다른 사람들 중에 자신을 익명으로 생각하는 시간을 구분하는 것이다."[36]

파리신학대학은 60년대초 전쟁을 반대하는 저항 운동의 명소이다. 또 다른 매우 참여적인 교수가 강의를 하고 학생들의 구심점 역할을 하는데, 그가 카잘리스이다. 당시는 학생들이 교실에 민족해방전선의 깃발을 걸어 놓고 민족해방전선과 입장을 같이하는 시기이다. 혁명적 낭만주의가 한 세대 전체를 풍미하고, 그 세대는 그들을 격분하게 하는 전쟁과 함께 정치에 참가한다. 많은 학생들이 인종 차별에 반대하고, 민족간의 우정을 위한 운동 단체(MRAP)와 평화 운동 단체의 위협받는 건물들과 군사비밀조직의 테러 대상이 될 수 있는 건물들을 수호하기 위해

34) 피에르 앙크르베와의 대담.
35) 장 보베로와의 대담.
36) 위의 대담.

사용할 줄도 모르는 소총을 처음으로 다룬다. 리쾨르는 그들의 투쟁과 확신을 함께 나누지만, 그들의 군사적 수훈에 거리감을 보이는 작은 미소를 입가에 띤다. 그는 성인으로서 젊은이들의 이야기를 듣는다. 하지만 도덕적 판단을 내리거나 청소년의 열정을 함께한다는 환상을 주지 않으려 애쓴다. 이 점에 대해, 그는 또한 심각한 것과 유희적인 것 사이의 구별을 위한 학습에서 나름대로의 역할을 했을 것이다. "정치를 절대시하지 않고 사물을 다루는 리쾨르의 방식은 우리에게 영향을 미쳤다. 우리는 알제리 레지스탕을 자처하지 않았고, 고문자 취급을 받는 알제리 귀환병들을 악마로 변모시키지도 않는다."[37]

사회주의에 참여한 개신교 젊은이 가운데 미셸 로카르는 알제리 전쟁에 대한 리쾨르의 분석과 입장을 공감한다. 오랫동안 통일사회당 당원인 그는 시앙스포 학생 당시 40여 명의 보이스카우트 단원으로 구성된 작은 그룹을 이끈다. 50년대초 프랑스 국립행정학교 입학을 준비할 당시 그는 사회당학생협회와 프랑스 전국학생연합의 활동적인 당원이다. 그는 신중히 조르주 세르베라는 가명을 사용하며 자유롭게 정치적 활동을 한다. 로카르는 칼뱅주의가 정체성의 바탕을 이루는 프랑스 개혁교회에 속하기 때문에 도발적 성향이 없지 않다. 미셸 세르베는 1553년 칼뱅의 명령으로 화형에 처해진 비정통파 개혁주의자였다. "나를 미셸 세르베라고 부르는 것은 물론 지나쳤다. 그래서 나는 조르주라는 이름을 택했다. 조르주는 내가 존경했던 외삼촌의 이름이었다."[38]

스물세 살의 미셸 로카르는 사회주의 학생들의 지도자가 되고, 그들과 함께 프랑스 전국학생연합을 손아귀에 넣는다. 50년대 중반에 국제노동당동맹 프랑스지부(프랑스 사회당의 옛 명칭)의 학생들이 추구한 노선은 프랑스 전국학생연합의 지도부를 공산당과 종교가 갖는 위험으로부터 수호하는 것이었다. 두번째의 투쟁은 로카르의 취향이 아니다. 자신의 개신교도적 소양 때문만이 아니라 그리스도교학생회의 가톨릭 집단 속에 좌파적인 것의 핵심이 남아 있음을 보기 때문이다. "두 가지 위험으로부터 프랑스 전국학생연합을 수호하려는 의도는 당시 장 마리 르 펜의 지지를 받은 무스롱이라 불리는 자와 미셸 페리카르가 이끄는 마조라 불리는

37) 장 보베로와의 대담.
38) 미셸 로카르와의 대담.

연맹이 구성하는 반동적 집행부와의 결탁을 의미했다."[39] 1956년 알제리 전쟁에 대한 참여가 결정되는 전날 밤, 로카르는 프랑스 전국학생연합의 집행부를 구성하는 마조를 뒤흔들어 공산당의 협력을 받은 사회주의자와 그리스도교학생회 사이에 체결된 연맹이 중심이 된 집행부를 구성한다. 8만 회원을 이끄는 커다란 단체인 프랑스 전국학생연합은 고문과 알제리 전쟁에 반대하는 비판과 젊은이들의 동원에서 최첨단에 선다. 로카르의 적극적 행동주의와 효율성은 사회그리스도교에서 주목받고 높이 평가된다. 그래서 그는 자연스럽게 단체의 의장인 리쾨르를 알게 되고, 1959-1961년에 열린 집행위원회와 총회에서 발언해 줄 것을 요청받는다. 그는 1958년부터 《새로운 도시》와 잡지 《사회그리스도교》의 정치 시평란을 맡는다. 하지만 반복되는 사회 참여와 알제리에서의 임무가 계속 글을 쓸 수 없게 만든다. 로카르는 몰레주의 정치를 격렬히 비난하며 가명을 바꾼다. "기 몰레의 식민 정책에 대해 내가 생각하는 모든 악"[40]을 말할 수 있기 위해 자크 말테르라는 사회민주주의 한 직원의 이름을 사용한다.

불복종에 대한 논쟁이 1백21인의 성명서에 의해 시작될 때 미셸 로카르는 리쾨르의 입장을 좇는다. "나는 분노했다. 위대한 학자라는 사람들이 아무런 위험도 없이 의자 깊숙이 앉아 프랑스 젊은이들에게 감옥에 가거나 추방당할 위험에 처할 것을 권장했다."[41] 그는 문제의 군사적인 측면에서도 무기력하게 남아 있지 않는다. 그는 올리비에 쉬브리옹 · 위베르 프레보와 더불어 지하 회보인 《편지》를 발간하고, 2천여 부를 찍어 알제리에서 활동하는 현역 장교와 하사관들에게 여섯 차례에 걸쳐 매월 배달하였다. 현지에서 프랑스 군대에 의해 범해진 비리를 폭로하는 이 회보는 사람들의 생각을 변화시키는 것을 목적으로 했다. "항의를 해야 했다. 하지만 프랑스 사회 내부로부터 시작되어야 했다."[42] 게다가 그러한 지하 활동이 로카르를 중심으로 한 그리스도교학생회의 옛 회원과 사회주의학생회 회원들에 의해 이루어졌다. "장성들의 군사 쿠데타와 파리의 공수부대 투하로 절박한 상황 속에서, 별로 아는 사람들이 없는 사실인데 알제리에서는 비행기가 이륙할 수 없었다. 병사들이 비행기의 프로펠러를 모두 떼어 버렸기 때문이다. 그 일을 한

---

39) 미셸 로카르와의 대담.
40) 위의 대담.
41) 미셸 로카르, 로베르 슈네데르, 《미셸 로카르》, 스토그, 파리, 1987년, 98쪽에 인용.
42) 미셸 로카르와의 대담.

지하 조직망이 내 친구들이다."[43]

리쾨르와 로카르는 세대간의 격차를 뛰어넘어 제2좌익이라 불리는 새로운 좌익 문화를 만든다. 그들은 행동의 가능성을 자유롭게 하기 위해 제도와 원칙을 비난하는 것으로부터 시작한다.

---

43) 미셸 로카르와의 대담.

32

상징은 생각하게 한다

1960년, 《의지의 철학》의 2권인 《유한성과 죄의식》이 출판될 때 리쾨르는 전환점을 맞는다. 사상가로서 그의 이력 속에서 이 시기는 그의 저서에서 불연속적인 두 시기를 분리시키는 극단적인 결별의 시기로 간주된다. 사실 인간 욕망의 다양한 존재 방식에 대한 질문이 계속되고 있다. 하지만 리쾨르는 그 뒤를 잇는 자신의 작업을 결정짓는 본질적인 방법론상의 변화를 시행한다. 그는 본질적 현상학에서 60년대에 계속해서 전개시킬 해석학적 현상학으로 옮아간다. 현상학적 프로그램에 해석학적 접목이라고 스스로가 명명한 이러한 이행은, 악의 상징성에 대한 분석에서 출발하여 전체적인 시스템을 건설하려는 철학가가 처한 막다른 골목에서 벗어나기 위해 필수적이라고 느껴진다. 신화의 섭렵은 근원의 추구가 무한하고 언제나 이미 존재하는 것을 지나치기 때문에 미완성, 체계적인 불가능성에 부딪힌다.

리쾨르의 긴 여정은 우회를 피할 수 없다. 《의지의 철학》의 마지막 부분은 상징을 최초의 순수함과 이상주의적 자아도취로부터 탈출한 주체에 접근하기 위한 필수적인 매개물로 간주한다. 그는 그 유명한 격언 '상징은 생각하게 한다'를 자신의 저서의 결론으로 사용하기 전에, 1959년 《에스프리》에 게재된 논문의 제목으로 사용했다.[1] 리쾨르는 상징을 접근 방식으로 가치 부여하면서, 50년대말 이미 잘 정리됐고 커다란 약속을 담고 있는 구조주의 프로그램의 자극을 받아 일반화된 프랑스적 **언어적 전환**에 참가한다. 클로드 레비 스트로스는 1955년 《슬픈 열대》 출판 이후 신성시되고 있다. '상징적 효율성'에 대한 그의 논문은 1949년에 씌어진 것이고, 1958년 구조주의 선언집인 《구조인류학》에 재수록된다.[2] 1960년,

---

1) 폴 리쾨르, 〈상징은 생각하게 한다〉, 《에스프리》, 1959년 7-8월, 60-76쪽.
2) 클로드 레비 스트로스, 《구조인류학》, 플롱, 파리, 1958년.

콜레주 드 프랑스가 레비 스트로스에게 문을 연다.[3] 리쾨르의 계획이 구조주의적 계획의 연장선에 있지 않다는 것을 보게 될 것이다. 하지만 언어학을 선도 학문으로, 그리고 소쉬르를 상징으로 갖춘 인문과학에 의해 언어에 부여된 중요성은 리쾨르에 의해서도 신중하게 취해진다. 이것은 사고적이고 현상학적인 전통의 철학가에게 새로운 도전이다. 《의지의 철학》의 마지막에서 리쾨르가 예견하는 변화의 두번째 영감은 불트만의 탈신화화 프로그램이다. 그것은 성서 전통의 철학적 · 해석학적 재질문을 위하여 바르트주의로부터 점차적으로 벗어나는 것을 의미한다. 세번째는 의지와 무의지 사이의 긴장이 둘 사이의 틈, 나머지를 볼 수 있게 하는데, 이것은 더 이상 현상학적이 아닌 무의식이라 불리는 정신분석학적 접근 각도에 의해 좀더 체계적으로 연구되어야 할 것이다. 상징에 대한 질문, 말하는 것의 이중적 의미에 담긴 질문을 다시 찾는 기술로서 해석학의 길이 리쾨르로 하여금 프로이트를 통한 긴 우회를 하게 한다. 그는 무의식이 정신분석학자에 의해 어떻게 읽히는지 탐구하고, 증후의 읽기가 무엇인지 이해하려고 애쓴다. 이 세 가지 영감의 원천은 상징을 "자신이 되기 위한 안내자"[4]로서 평가를 부여하며, 이때의 상징은 종교적 현상학 덕택에 수용될 수 있는 우주적 기능과 연결된다. 해석학적 순환은 발견적 수단으로서 정의된다. "나는 나 자신의 신성성을 세계의 신성성을 해석하면서 찾는다."[5] 개인적 관련이 현상학적 프로그램과 차이를 만든다.

상징이 생각하게 한다는 금언은 두 가지를 내포한다. 하나는 의미가 상징의 영역에 접근하는 사람에게 주어진다는 것이고, 다른 하나는 주어진 것은 생각하는 것이다. 이것은 "모든 것이 이미 수수께끼로 말해졌다. 하지만 생각하는 영역에서 모든 것을 항상 시작하고, 그리고 다시 시작해야 한다는 것을 의미한다."[6]

리쾨르는 《악의 상징학》에서 이중적 표현으로 주어진 상징의 모호함을 해석하는 것이 해석학의 소명이라고 정의한다. 기호와는 다르게 상징은 이중의 지향성을 나타낸다. 상징은 글자 그대로의 첫번째 의미를 지향하고, 그것을 통해 첫번째 의미에 의해서만이 접근 가능한 두번째 지향성이 접목된다. 맨 마지막의 의미는

---

3) 프랑수아 도스, 《구조주의의 역사》, 제1권, 앞의 책, 217-234쪽.
4) 폴 리쾨르, 《의지의 철학》, 제2권, 오비에, 앞의 책, 176쪽.
5) 같은 책, 176쪽.
6) 폴 리쾨르, 〈상징은 생각하게 한다〉, 인용된 논문, 61쪽.

항상 그 이전의 의미들을 보존하기 때문에 시간을 통한 의미의 분절이 그로부터 나온다. 악의 상징학과 관련하여 타락에서 죄로, 그리고 죄로부터 죄의식으로의 전이가 그러한 경우이다. "상징적 기호는 불투명하다. 첫번째 글자 그대로의 명백한 의미가 유추적으로 두번째 의미를 지향하기 때문이다."[7] 이 상징의 깊이, 신비가 생각하게 한다. 리쾨르는 상징의 중요성을 저항을 위한 수단으로서, 성스러움의 망각을 통해 특징지어지는 현대성에 대한 "대응"[8]으로 사용한다. 신성의 박탈 시기, 그리고 점점 더 기술적이고 적확하며 단의적인 언어가 승리하는 시기에 내재하는 모순은 상징이 우리에게 주는 언어의 충만함으로부터 출발하여 언어의 창조성을 재충전하는 것이다.

머시아 엘리아데의 종교현상학과 상징적 영역에 대한 그의 탐구는 리쾨르의 이러한 변화를 돕는다. "나는 엘리아데로부터 성과 속 사이의 구별이 아니라 종교 언어의 본질적 구조로서 상징의 개념을 주로 받아들였다."[9] 두번째 투자의 영역은 프로이트에 의해 주어진다. 프로이트는 욕망의 은닉과 가장의 다양한 출현으로부터 시작하여 주체의 개인적 고고학에 침잠한다. 이러한 철학적 여정의 세번째 영향은 언어가 출현하는 순간으로서 시적 상상력에 대한 바슐라르의 작업과 관련이 있다.

리쾨르에게 상징을 통한 우회는 즉각적인 해석을 가능하게 하는 투명한 의미로의 회귀가 아니다. 그가 부딪히는 문제는 바로 우의적으로 설명하는 예전의 해석을 피하는 것이다. "나는 창조적 해석의 길인 또 다른 길을 찾고자 한다."[10] 상징이 갖는 원래의 수수께끼를 존중하고 새로운 의미를 장려하는 이중의 필요성은, 리쾨르에 의하면 세 단계로 나누어지는 '이해한다'는 것의 고행을 내포한다. 첫째는 이미 익숙한 길인데, 머시아 엘리아데가 모델을 제공한 순수하게 현상학적 연구의 단계이며, 상징을 동질의 전체 속에 포함시킨다. 현상학적 수준은 아포리아에 부딪힌다. 인식의 주체가 자리잡지 않으면 상징적 의미를 어찌할 수 없다. 그러므로 두번째 수준인 해석학적 순환의 수준으로 넘어가야 한다. 해석학적 순환에 의하면 "믿기 위해서는 이해해야 하고, 이해하기 위해서는 믿어야 한다." 여기에서 리쾨르가 "2차적 순진성"[11]이라 부른 것의 도정에서 안내자 역할을 하는 것

---

7) 폴 리쾨르, 《의지의 철학》, 제2권, 앞의 책, 178쪽.
8) 폴 리쾨르, 〈상징은 생각하게 한다〉, 인용된 논문, 61쪽.
9) 폴 리쾨르, 《심사숙고한 끝에》, 앞의 책, 31쪽.
10) 폴 리쾨르, 〈상징은 생각하게 한다〉, 인용된 논문, 68쪽.

은 불트만과 그의 탈신화화의 기도이다. 마지막으로 **로고스**에서 **미토스**의 도정 이후 세번째 단계에서 우리는 상징으로부터 **로고스**로 변형되어 돌아온다. 이때부터 철학가는 현실의 탐지기처럼 상징을 이용할 수 있고, 진정한 경험을 생성할 수 있다. 상징은 자아 의식의 자아 도취적 단계에서 위험한 마법을 풀 수 있고, 혼자만의 위치에서 **코기토**를 깨뜨릴 수 있다. 상징은 인간을 전체 속에 다시 위치시킨다. "상징은 **코기토**가 존재의 내면에 있지 그 반대가 아니라고 생각하게 한다."[12] 상징은 인간에게 의미의 후광이 된다. 상징의 이러한 재평가는 상징의 또 다른 형태인 신화 연구에 대한 각별한 관심으로 가능하다. 신화는 유사의 의미 속에서 상징이 갖는 극단성과 자발성을 공유하지 못한다. 신화는 이야기와 시간성의 매개를 전제한다. 추방은 인간 소외의 원초적 상징이다. 반면에 천국에서 아담과 이브의 추방 이야기는 신화적 이야기이다. 신화적 구조가 부산물인데 비해, 상징의 기능은 더욱 근본적이다. "신화보다는 상징에 더 많은 것이 있다."[13] 리쾨르가 구조인류학의 견해를 함께하는 것은 신화가 부차적 합리화에 속하지 않고, 원초적 사고방식에 속하지 않는다고 생각할 때이다. "이 점에 대해 나는 레비 스트로스와 생각을 같이한다. 신화는 우리가 생각하는 것보다 더 합리성에 가까이 있다."[14]

신화적 사고가 학문의 대상이 되는 순간 리쾨르는 그것이 합리성의 원천일 뿐만 아니라 의미의 보고라는 것을 보인다. 그것은 세계의 순수한 과학적 설명을 위해 신화를 결정적으로 폐위시켰다고 생각하는 현대 사회의 경우에 특히 그러하다. 물론 세계를 신화로부터 설명하는 것은 불가능하다. 하지만 일단 그러한 순진한 접근으로부터 벗어난 이후, 리쾨르는 순수하게 철학적인 기여를 위해 상징적 자료에 더욱 전념할 수 있다는 것을 보인다. 상징은 그러므로 인간 조건의 수수께끼, 악의 수수께끼, 세계의 시작에 대한 수수께끼를 생각하게 한다. "리쾨르는 우주생성론적 신화와 인류학적 신화로서 성서 신화 사이에 있을 수 있는 차이를 가장 잘 보여 주는 사람 중의 한 사람이다. 악의 근원이 선과 악 사이, 또는 신들 사이의 갈등에 원인이 있는 것이 아니라 인간의 자유 속에 위치한다는 의미에서 그렇다. 그런데 인간의 자유는 악의 절대적인 시작이 아니다. 뱀의 형상이 항상 자유의

11) 폴 리쾨르, 같은 논문, 72쪽.
12) 같은 논문, 76쪽.
13) 폴 리쾨르, 〈상징과 신화〉, 《씨뿌리는 사람》, 제2호, 1963년, 49쪽.
14) 같은 책, 53쪽.

행사에 선행한다. 우리는 여전히 유혹과 욕망의 문제를 벗어나지 못한다."[15] 의미의 분절과 함께 의식을 선행하는 상징의 앞선 존재는 해석학적 우회를 유도하고, 즉각적 의식을 벗어나는 불투명한 지역에 대해 해석 방법의 사용을 권장한다. 이렇게 의식이 자기 주장에서 벗어나는 것은 예속 의지, "즉 **자신을 구속하고, 언제나 구속된 상태로 있는 자유 의지**"[16]를 설명하려는 목적 속에서 자신에게로 돌아온다. 이 **코기토**의 자기 주장에서 벗어나기는 주체의 해체라는 훗날의 기도와 동일시될 수 없다. 피에르 콜랭이 강조하듯이,[17] 해석학의 등장은 장 나베르에 대한 부채를 인정하는 데서 감지할 수 있듯이 반성철학에 대한 그의 소속을 다시 다짐하면서 이루어진다. 의식이 주어지는 데 필요한 매개에 접근하기 위해 좇아야 할 우회들은 인문과학이 이루는 철학 밖의 것들과 필요한 대화의 문을 열어 준다. 인문과학은 철학적 사유와 관련해 자율성을 획득했다. 그리고 그것들은 실증적 지식과 효율적인 실기를 포함한다.

《의지의 철학》 2권의 출판에 대한 신중한 반응은 리쾨르에게 자신의 철학적 작업에 대한 최초의 깊이 있는 연구를 하게 한다.[18] 자비에 틸리에트는 특수한 작업장을 형성한 독립적 학자의 모습을 칭찬한다. 그는 가브리엘 마르셀에게서 또한 발견되는 리쾨르의 영감의 원천을 특히 주의한다. 그는 존재한다는 선험적 기쁨과 그후에 있는 위협받는 세계의 심각성 사이에 불균형을 다시 취한다. 하지만 무엇보다도 장 나베르의 흔적이 감지된다. '나'를 '의식'으로, '증명할 수 없는'을 '잘못'으로, '판별'을 '고백'으로 대체하면 리쾨르의 명상의 중요한 주제들을 보게 될 것이다.[19] 둘 다 무한과 인간 조건의 유한성 사이 긴장의 내면에 머문다는 점에서 나베르와 리쾨르에게 칸트의 흔적은 공통적이다. 그것은 특히 3인 1조 형태의 사용에 의해 표현된다. 이렇게 반성은 감각적 인식으로부터 합리성으로 진

15) 클로드 제프레와의 대담.

16) 폴 리쾨르, 《의지의 철학》, 제2권, 앞의 책, 13쪽.

17) 피에르 콜랭, 〈해석학과 반성철학〉, 《폴 리쾨르, 해석학적 이성의 변신》, 세르프, 파리, 1991년, 15-35쪽.

18) 필리버트 스크레탄, 〈리쾨르 철학에서 모순과 화해〉, 《철학 연구》, 1961년; 자비에 틸리에트, 〈반성과 상징. 리쾨르의 철학적 기도〉, 《철학 자료실》, 1961년 7-12월, 574-588쪽; 가스통 페사르, 〈이미지, 상징과 역사성〉, 《철학 자료실》, 제1-2호, 1962년.

19) 자비에 틸리에트, 〈반성과 상징〉, 앞의 책.

보하고, 세번째 영역인 초월적 상상력의 영역으로 통한다. 마찬가지로 리쾨르는 악의 상징학의 세 층의 작업을 고려한다. 타락과 오점의 원초적 상징에 위대한 이야기, 위대한 신화로 형성된 두번째 층이 더해지는데, 이야기와 신화는 원초적 상징에 좀더 높은 단계의 명료함을 제공한다. 이 두 단계는 합리적 신학 담론에서 신화적 이야기의 합리화 단계라는 세번째 단계에서 다시 취해진다. 리쾨르의 계획은 단순히 자아 의식의 영역을 넓히는 것만을 목적으로 하지 않는다. 그것은 진정한 개종, "유한성의 존재론적 본질론에서 자기 존재"에 다시 빠지는 "제2의 코페르니쿠스적 혁명"[20]으로 이끌고, 두번째 순진함 · 탈신화화를 계승하는 재신화화에 접근하게 한다.

1960년 샤를 브랑셰는 렌에 《에스프리》 그룹을 결성하고, 브르타뉴에서 강연을 위해 몇몇 파리 사람들을 오게 한다. 렌에 초대된 리쾨르가 상징과 은유의 풍요로움에 대해 말하는 것은 어린 시절의 공간을 통해서이다. "그의 여정에서 놀랍게 느껴지는 것은 과학적 언어와 단절된 반성철학에 파묻히지 않았다는 것이다. 동시에 그는 자신이 필요하다고 생각할 때마다 철학적 응수, 창조적 응수를 제안했다. 사람이 언어의 사슬에 갇힌 기계일 수 없다. 말하는 '내'가 있다. 그가 렌에서 변호한 것은 이 말하는 '나'이다.[21] 리쾨르가 준비중인 작품에 끌린 샤를 블랑셰는 1966년 다시 강연을 준비한다.[22] 그는 항상 앞으로 향한 사고의 역동성을 강조한다. 리쾨르는 잃어버린 시간에 대한 향수를 전혀 갖지 않는 철학자이다. 그는 반대로 우리들 앞에 도달해야 할 순진함을 말의 영접의 힘 속에, 우상 파괴 이후에 위치시킨다. 샤를 블랑셰는 리쾨르가 시도한 의미의 재수집에 고유한 어려움을 파악한다. 그는 "자연은 넝마로 되어 있다"라고 한 모리스 메를로 퐁티의 말을 기억한다. 그리고 리쾨르가 아담 신화에서 출발하여 악에 대해 성공한 것이 서양 전통과 관련하여 중심에서 벗어나는 신화 언어와 함께 생각할 수 있는지 자문한다. "마지막 말은 인간 언어의 재수집이 아니라 찢겨진 언어의 발견일 것이다. 다시 취하려는 우리들의 노력에도 불구하고 우리들의 진실은 넝마로 남을 것이다."[23]

차이의 주제는 비환원성 속에서 이미 우회나 매개 없이 수용할 수 없는 도전처

---

20) 자비에 틸리에트, 같은 책.
21) 샤를 블랑셰와의 대담.
22) 샤를 블랑셰, 〈폴 리쾨르의 철학적 기도〉, 《ISEA 연구지》, 1966년 4월, 170-190쪽.
23) 같은 책, 189쪽.

럼 존재한다. 리쾨르는 언어학적 · 정신분석학적 · 인류학적 영역 속에서 구조주의적 프로그램에 의해 질문당한다. 《악의 상징학》의 후반에 시작되는 것이 이러한 새로운 모험, 즉 의식의 다른 면을 경험하는 것이다.

VI

의심의 대가들과 맞서
1960-1970

33

프로이트를 거치며

리쾨르는 스승인 달비에즈 덕택에 프로이트의 작품을 아주 일찍 접했다. 프로이트의 작품은 의지에 대한 철학적 작업을 하는 동안 그를 떠나지 않는다. 그리고 《악의 상징학》 후반부에서 피할 수 없는 우회처럼 제시된다. 1960년 구조주의적 패러다임에 대한 점점 더해 가는 관심은 무의식을 총체적인 인문과학의 해독을 위한 도구로 삼는다. 정신분석학과 더불어 현상학적 프로그램은 한계에 부딪힌다. 무의식에 대한 설명이 현상학이 갖는 야심을 꺾어 버리는가? 리쾨르는 프로이트의 작품을 검토하면서 이러한 도전을 극복하려는 것이다.

두 가지 접근 방식을 비교를 통해 실험하려는 그의 의도는 훗날 정신분석가가 될, 루뱅에 거주하는 젊은 철학가이며 신학자인 앙투안 베르고트의 논문 발표로 더욱 확고해진다. 그의 논문의 목적은 현상학으로 환원될 수 없는 정신분석학적 방법의 특수성을 보이려는 것이며, 두 접근 방식이 갖는 보완의 가능성을 강조하며 철학가와 정신분석학자 사이의 멸시와 경멸로 얽힌 관계를 넘어서려는 것이다. "리쾨르는 그 논문이 정신분석학을 생각하는 자신의 방식을 변화시키는 데 기여했다고 말했다."[1] 앙투안 베르고트는 언제나 철학의 문젯거리로 남았던 한 가지를 세심히 강조한다. 그것은 심리적 존재는 의미를 지니는 것이고, 동시에 의미의 결정적 원인이 되는 것이라는 프로이트의 논증이다. 그런데 베르고트에게 현상학은 정신분석학의 이러한 발견과 결코 양립할 수 없었다. 1958년 이 논문을 발표할 때 그는 철학박사 학위와 신학박사 학위를 소지하고 있다. 종교의 정신분석학을 강의할 것을 부탁받은 그는 진지한 정신분석학 강의를 들을 수 있다는 조건하에 강의를 받는다. 그는 1955년 루뱅에서 파리로 옮아와 라캉에게서 교수와 정

1) 앙투안 베르고트와의 대담.

신분석가의 모습을 발견한다. 그는 1958년까지 생트안에서 라캉의 세미나에 참석한다. 앙투안 베르고트는 각 학문 분야의 전문성을 존중하면서, 화해시키려는 몇 가지 절대적 필요성의 교차점에 위치한다. 그러한 정신 상태에서 그는 "프로이트 연구의 영혼"[2]을 파악하려 한다. 그는 후설과 프로이트의 프로젝트에 공통적인 기원을 의지의 범주에서 찾는다. 둘은 프란츠 브렌타노의 영향을 받았다. 베르고트에 의하면 "프로이트가 심리학이 의미에 의해 정의되고, 의미는 역동적이며 역사적이라는 것을 발견한"[3] 만큼 우리는 두 관점을 접근시킬 수 있다. 베르고트는 정신분석학적 방법의 특수성을 강조하면서 프로이트 현상학에 대해 말할 정도로 유사점을 접근시킨다. 그는 프로이트가 플리스에게 보낸 편지에서 표현한 철학적 야심을 상기시킨다. "나의 경우, 나는 같은 길을 통해 첫번째 목표인 철학에 도달하려는 희망을 마음속 깊은 곳에서 키우고 있다."[4] 앙투안 베르고트는 정신분석가의 자세를 양피지 해독가의 자세, 의미의 연속적인 침전 작용에서 앞선 것에 대한 추구에 비교하면서 정신분석학과 현상학 사이에서 유사성 이상의 것을 본다. 두 접근 방법은 동기의 연구에서 심리적 행위와 결심을 결합시킨다. 무의식의 모순은 후설에게서 역시 재현과 관련된 정신 반응의 분열로서 응답을 찾는다. "후설의 어휘를 사용하자면, 무의식은 그것에 일치하는 지각에 의해 결코 채워지지 않은 감정적 목표이다."[5] 앙투안 베르고트는 화해에 대한 이러한 심려에도 불구하고 두 시각이 지니는 비환원성을 잘 보여 주고 있다. 현상학적 기도가 주체의 결심-동기를 그의 앞에 위치시키는 반면, 프로이트는 그것을 주체의 과거, 그의 고고학에 위치시킨다. 그렇기에 정신분석학은 현상학의 단순한 변형으로 환원될 수 없다. 그것은 진정한 전위, 전혀 다른 실행을 초래한다. 리쾨르는 "현상학이 존재의 데카르트적 회의의 변화라면, 정신분석학은 자유 의지의 스피노자적 비판의 변화이다. 정신분석학은 의식의 명백한 자유 의지가 심오한 동기를 인식하지 못하는 한, 그것을 부인함으로써 시작된다"[6]라고 확언하면서 앙투안 베르고트의 논증을

2) 앙투안 베르고트, 〈프로이트 정신분석학의 철학적 관심〉, 《철학 자료실》, 제21권, 1958년 1-3월, 35쪽.

3) 같은 책, 38쪽. 폴 리쾨르는 《해석에 대하여》에서 이 말에 의존한다. 《해석에 대하여》, 쇠이유, 파리, 1965년, 370쪽.

4) 지그문트 프로이트, 1896년 1월 1일 플리스에게 보낸 편지, 앙투안 베르고트, 〈철학적 관심〉, 앞의 책, 55쪽에 인용.

5) 앙투안 베르고트, 같은 책, 49쪽.

취한다. 베르고트의 입장은 리쾨르로 하여금 프로이트의 방법론과 학설을 분리시켰던 달비에즈의 개념으로부터 벗어나 프로이트의 기도를 그의 통일된 의지 속에서 고찰할 것을 부추긴다. 게다가 앙투안 베르고트는 리쾨르의 박사 논문 주제인 인간 의지에 접근하는 두번째 길을 "다른 인식론적 지표인 에너지 넘치는 자연,"[7] 즉 모든 의미의 원천인 체험한 육체 속에서 정의할 것을 가능하게 한다. 그는 리쾨르에게 이렇게 의지를 형성하는 것의 탐구에 일정한 연속성을 유지하면서 건너야 할 새로운 단계를 제시한다.

1960년, 본느발에서 리쾨르는 자신이 정신분석학에 부여하는 중요성을 발표할 기회를 갖는다. 심리학자 앙리 에가 무의식에 대한 소규모 학회를 열고, 그의 친구 라캉이 자신의 비전통적 주장을 펼칠 수 있도록 하기 위해 심리학자 · 정신분석학자, 그리고 철학가를 초대한다. 라캉에게 목적은 자신이 생각하는 정신분석학의 과학성을 증명하는 것이다. 그는 철학가들의 지원을 구하고, 《기호》에서 정신분석학에 각별한 관심을 보이는 메를로 퐁티에게 희망을 건다. 하지만 그는 메를로 퐁티가 본질적인 문제, 언어처럼 구조화된 무의식과 관련해 그를 좇지 않는다는 것을 알고 실망한다. "나는 언어의 카테고리가 무의식을 대신하는 것을 보는 것이 불편하다."[8] 라캉은 물론 구조주의 물결을 타려 하고,[9] 본느발에서 발표 초대를 받은 리쾨르에게 철학적 정당성의 모든 희망을 건다. 앙투안 베르고트 역시 참석한다. 리쾨르는 현상학적 그리고 존재론적 전통 속에서 교육을 받은 철학가에게 정신분석학이 가하는 충격의 힘에 대해 말하면서 발표를 시작한다. "철학적 기도 전부"[10]가 영향을 받으며, 문제된다. 그는 프로이트에게 니체나 마르크스의 위치와 비슷한 위치, 의식에 의해 감춰진 진실을 드러내고 폭로하며 끄집어 내는 의심의 사상의 위치를 부여한다. 리쾨르는 발표를 세 가지 점을 중심으로 연결시킨다. 의식의 개념에 대한 질문은 의식의 **다른 것**에 대한 질문으로 대체되어야 한다. 정신분석학적 인식론의 절대적인 필요성은 칸트적인 의미로 기능성의 조건에 대한

---

6) 폴 리쾨르, 《해석에 대하여》, 앞의 책, 380-381쪽.

7) 앙투안 베르고트, 〈철학적 관심〉, 인용된 논문, 53쪽.

8) 모리스 메를로 퐁티, 본느발 제6회 학술회, 《무의식》, 데클레 드 브루에르, 파리, 1966년.

9) 프랑수아 도스, 《구조주의의 역사》, 제1권, 앞의 책 참조.

10) 폴 리쾨르, 〈의식과 무의식〉, 《무의식》, 앞의 책, 409-422쪽; 《해석의 갈등》, 쇠이유, 파리, 1969년, 101쪽에 재수록.

비판 작업을 내포한다. 마지막으로 철학적 인류학의 가능성이 의식과 무의식의 변증법을 보장한다. 이것은 프로이트에게서 리비도의 투자와 헤겔에게서 《정신현상학》의 형상들 사이에 교차로부터 만들어진다. 리쾨르는 갈등과 동시에 보완성의 상황에 있는 두 가지 가능한 해석학을 대립시킨다. 현상학과 더불어 새로운 상징을 향한 것이 하나이고, 정신분석학적 방법을 통해 탐색된 케케묵은 상징의 재출현 속에 뿌리를 내린 것이 다른 하나이다. 물론 리쾨르는 그러한 변증법을 높고 맑고 밝은 부분을 구현하는 의식에 대립되며, 인간의 깊고 어두운 부분을 형성하는 무의식에 환원시킬 모든 해석을 인정하지 않는다. "헤겔과 프로이트를 더하고, 그들 각각에게 인간의 절반씩을 줄 수는 없는 일이다. (…) 두 가지 독서는 정확히 같은 영역을 다룬다."[11] 각각의 해석학은 리쾨르가 인용하며 발표를 마치는 프로이트의 말, '이드'가 있던 곳에서 '내'가 이루어진다[12]를 밝히기 위한 총체성이다.

1960년부터 확실히 세워진 프로이트에 대한 미래의 저서의 이론적 틀은 라캉의 열렬한 갈채를 받는다. 라캉은 그 속에서 자신의 주장과 찰학가의 주장 사이 가능한 연대를 찾을 수 있다고 믿는다. "그는 라캉을 매료시켰다. 그리고 내가 기억하기에 리쾨르가 떠나려는 순간 라캉은 그에게 남아 있으라고 요구하며, 파리에 데려다 줄 것을 제안했다. 그래서 리쾨르는 남았고, 라캉이 파리에 들어설 때까지 한마디도 하지 않았다고 훗날 나에게 말했다. 그는 파리에 들어서며 단지 이렇게 말했다. "고약한 날씨로군!"[13] 돌아오는 길에 다정한 대화가 없었음에도 라캉은 리쾨르에게 생트안의 자신의 세미나에 참석해 달라고 초대한다. 리쾨르는 당시 프로이트의 저서를 체계적으로 읽고 있었기에 기꺼이 승낙한다. 그의 강연은 의심할 여지없이 정신분석학계에 강한 인상을 심었을 것이다. "나는 1960년 본느발학회에서 리쾨르가 한 발표가 라캉에게조차 얼마나 커다란 인상을 주었는지 기억한다."[14] 한 철학가가 무의식을 의식을 통해 아는 것에 환원시키지 않는 지식의 과업을 진지하게 받아들이며, 의식과 관련해 무의식의 극단적인 타율성을 이렇게 명확히 인정하는 경우는 드물다.

하지만 라캉-리쾨르의 연대는 극단적인 오해를 바탕으로만 형성될 수 있다. 리

11) 폴 리쾨르, 같은 책, 119쪽.
12) 지그문트 프로이트, 폴 리쾨르, 같은 책, 121쪽에 인용.
13) 앙투안 베르고트와의 대담.
14) 르네 마조르, 《윤리와 책임감. 폴 리쾨르》, 라 바코니에르, 뇌샤텔, 1994년, 175쪽.

쾨르는 1960년 자신의 본느발 발표에서 라캉의 고유한 이론화 작업에 대해 암시하지 않으며, 그와 전혀 상반될 수도 있다. 그는 반대로 라캉 계열의 정신분석가인 장 라플랑쉬가 본느발에서 표현한 비판에 공감한다. 장 라플랑쉬는 의식과 전의식에 대립되는 무의식에 대한 프로이트의 정의와 적절한 의미를 다시 취한다. 그는 프로이트의 담론을 깨닫기 위해 사물의 재현과 단어의 재현 사이 두번째 구조에 대한 개념을 옹호한다. 그로부터 언어로 표현되지 않는 첫번째 수준의 언어, 즉 사물의 재현의 언어와 두번째 수준의, 언어로 표현된 단어의 재현의 언어가 나온다. 장 라플랑쉬는 그로부터 "무의식은 언어의 조건"[15]이라고 결론짓는다. 그는 이렇게 "무의식이 언어처럼 구조화된다"라고 한 라캉의 제안을 뒤집고, 언어와 무의식의 실체를 고갈시키지 않는 언어의 은유적 그리고 환유적 기능 방식에 할애된 위치를 과소평가한다. "변화하고 전이되는 것은 명확하지 않은 순수한 상태의 충동적 에너지이다."[16] 명확히 라플랑쉬의 입장은 베르고트와 리쾨르가 언급하는 프로이트의 에너지론에 가깝고, 메를로 퐁티와 리쾨르가 의도하는 현상학적 접근의 문제 제기인 고유의 육체의 문제 제기에 더욱 일치한다.

리쾨르는 프로이트 학설로 들어간다. 그는 1954년 파리 13구에 정신위생보건 진료소를 설립하고, 병원 밖 심리치료의 선구자이며 《에스프리》의 친구인 필리프 포멜의 세미나에 참가한다. 리쾨르는 1958년 이래 소르본대학교에서 그의 강좌의 일부를 프로이트에 할애한다. 1965년에 발행된 그의 저서는 1961년 《테리 읽기》라는 제목으로 예일대학교에서 있었던 세 차례의 강연과, 1962년 앙투안 베르고트가 있는 루뱅대학교 철학연구소에서 있었던 여덟 차례의 강연의 결과이다. 장 자크 크리스는 다음과 같이 증언한다. "60년대초, 나는 그에게 왜 그렇게 정신병에 관심이 있는지 묻는다. 그가 대답하기를 '어떻게 이루어지는지를 이해하기 위해서는 어떻게 망가지는지를 이해해야 한다.' 내가 늘 기억하는 인상적인 문장이다."[17] 리쾨르는 의식과 무의식의 변증법을 넘어, 프로이트의 학설을 경험한 덕택에 《악의 상징학》을 관통하는 주제인 죄의식의 과소평가를 추구하고 발견한다. 그

15) 장 라플랑쉬, 《무의식》, 앞의 책, 115쪽.
16) 같은 책, 121쪽.
17) 장 자크 크리스와의 내담.

는 또한 정신분석학이 상징의 독서 속에 전개된 확대 해석과 대립되는 해석학을 지니고 있다는 것을 발견한다. "내가 해석의 갈등이라고 부른 것과 연결된 사유적 제약을 인식한 것은 프로이트에 대한 책을 준비하면서이다. 경쟁적인 해석 방식에 똑같은 권리를 인정하는 것은 반성과 철학적 사유의 진정한 직업 윤리의 일부를 이루는 것처럼 보였다."[18]

60년대초, 리쾨르는 장남 장 폴의 아내 프랑수아즈를 동반하고 라캉의 세미나에 참가한다. "리쾨르가 나를 데리러 왔다. 우리는 약속을 정했고, 사레트 가를 지났다. 우리는 1년 6개월 동안 함께 세미나에 참석했다. 의학 전공인 장 폴도 합류했다."[19] 라캉은 프로이트에 대한 책을 준비하고 있는 리쾨르가 자신의 수업에 충실히 참석하는 것을 보고 흡족해했고, 되돌려받기를 바랐다. 라캉은 또한 그에게 와서 인사를 하거나, 그의 이름을 여러 차례 인용하거나, 아니면 방청석을 향해 그가 얼마나 리쾨르에게 신세를 졌었는지 되풀이해서 말하며 저명한 손님인 리쾨르에게 각별한 신경을 썼다. "리쾨르가 세미나장에 들어서면 라캉은 그를 둘러싼 학자들의 곁을 떠나 그에게로 다가와 손을 잡고 칭찬을 늘어놓았다. 보기에 끔찍했다."[20] 리쾨르는 의무감으로 세미나에 참석한다. 그에게 세미나는 "고역이고 엄청난 실망감을 안겨 준다……. 어느 날 오후 집에 돌아온 나는 아내에게 '세미나에서 오는 길이야. 전혀 이해할 수가 없었어!' 라고 말한 기억이 난다. 그때 전화벨이 울린다. '내 강의에 대해 어떻게 생각했습니까?' 라고 묻는 라캉의 전화였다. 나는 그에게 '전혀 이해할 수 없었습니다' 라고 대답했다. 그는 갑자기 전화를 끊었다."[21] 현대판 구루나 샤먼으로 변신한 대사상가의 아첨하는 분위기는 정말 그의 취향이 아니며, 바로크적이고 불투명한 그의 스타일이 아니다. 리쾨르가 세미나에 열심히 참석하는 것과 달리 전기가 통하지 않는다. 리쾨르는 구루가 전화로 "리쾨르, 세미나에 더 이상 참석하지 않는군요. 당신이 (침묵) 별로 그립지 않았소……"[22]라고 말하며 귀찮게 굴 때, 조심스럽게 이 파리의 명소로부터 멀어진다.

---

18) 폴 리쾨르, 《비판과 확신》, 앞의 책, 37-38쪽.
19) 프랑수아즈 오크 마티오와의 대담.
20) 장 자크 크리스와의 대담.
21) 폴 리쾨르, 《비판과 확신》, 앞의 책, 109쪽.
22) 알렉스 데르잔스키와의 대담.

1964년 1월, 그들은 '기술과 결의론'이라는 주제로 열린 카스텔리가 주최한 학회에서 약간 긴장된 분위기 속에서 다시 만난다. 언제나 리쾨르의 지지를 희망하는 라캉은 극도의 흥분에 다다른다. 그는 카스텔리에게 리쾨르가 "그의 생각을 훔쳐 갈까 봐"[23] 예정된 강연을 취소하겠노라고 알린다. 앙리코 카스텔리의 친구이며 이러한 모임의 단골인 리쾨르는 효과적인 기술로서 정신분석학을 인용하고, 정신분석학의 대상을 초월한 모든 역할을 부인하는 발표를 한다. 그가 정신분석학을 받아들인다면, 정신분석주의는 거부한다. "정신분석학이 규정되고 규범적인 모든 생각에 찬성도 반대도 하지 않는 것처럼, 그것은 결의론에 특별히 찬성하거나 또는 반대할 말이 없다. 나는 이 점에 대해 그가 침묵하는 것에 감사하게 생각한다."[24] 라캉이 정신분석학자의 충동과 욕구에 대해 갑작스럽게 개입한다. 리쾨르는 어떤 면에서 정신분석가의 욕구가 정식분석학적 기술을 기술의 세계로 들어서게 하는지 알려고 괜한 노력을 하고, 은유와 환유·경계, 그리고 기표와 기의의 역할에 대해 그에게 질문한다……. 희귀한 만남은 귀머거리의 대화로 탈바꿈한다. 라캉이 공개적으로 도발적 행위를 하는 것은 이러한 회피를 전략으로 한 의견교환이 있은 다음이다. 그는 리쾨르와 그의 아내를 르 트라스테베레 식당으로 초대한다. 식사가 끝난 후, 라캉은 소리친다. "리쾨르, 지불하시오. 본느발에서 학회가 끝난 후 내가 당신을 **동성연애자** 식당에 초대한 것, 기억하지요." 리쾨르는 당황한다. 하지만 벌써 택시비를 냈음에도 다시 식사비를 지불한다. 다시 택시를 타고, 다시 멈춘다. 라캉은 옛 여자친구를 만나러 가야 한다고 말하며 부부를 티브르 강가에 내리게 한다. 철학가와 부인은 다시 택시비를 지불한 후 기다린다. 그리고 라캉이 다시 와서 호텔에 걸어갈 것이라고 결정한다. 다음날 그는 시몬 리쾨르에게 그가 교양 없는 사람처럼 행동했다는 것을 인정한다. 그 말로는 충분하지 않다.[25] 리쾨르와 장 브랭[26]은 매년 열리는 학회의 훼방꾼을 더 이상 초청하지 말 것을 카스텔리에게 부탁한다. 라캉은 더 이상 초대를 받지 못한다. 화가 난 그는

23) 자크 라캉, 엘리자베트 루디네스코, 《정신분석학의 역사》, 제2권, 쇠이유, 파리, 1986년, 401쪽.

24) 폴 리쾨르, 〈해석에서 기술과 비기술〉, 《기술과 결단론》, 국제학회보고서, 로마, 1964년 1월, 《철학 자료실》, 앙리코 카스텔리, 1964년, 23-37쪽; 《해석의 갈등》, 앞의 책, 194쪽에 재수록.

25) 엘리자베트 루디네스코, 《정신분석학의 역사》, 앞의 책, 402쪽.

카스텔리에게 배척의 이유를 묻고, 다음과 같은 답을 듣는다. "선생님, 니체가 살아 있다면 그는 천재일 것입니다. 하지만 우리 학회에 그를 초대할 수는 없겠죠. 당신도 마찬가지입니다."[27]

리쾨르는 1964년 프랑수아 발과 함께 쇠이유에 총서 '철학 영역'을 신설한다. 그가 프로이트에 대한 에세이 《해석에 대하여》를 출판하는 것은 이 총서의 범주에서이다. 그는 원고를 프랑수아 발에게 넘기고, 프랑수아 발은 '충동'이라는 단어보다 '본능'이라는 단어를 사용하는 것에 대한 간단한 주의말고는 어떠한 비판도 하지 않는다. 저자인 리쾨르에 대한 출판인으로서 프랑수아 발의 지적의 정확성은 둘 사이의 긴밀한 관계, 의견 교환의 평등함, 그리고 그들이 이끄는 총서에 대한 좋은 조짐을 보여 준다. "내가 보기에 당신에게 던질 수 있는 모든 질문은 단 하나로 귀결되는 듯하다. 본능·충동·욕구는 재현을 위한 투자 이전의 실체이다. 그래서 당신이 세운 일련의 대립은 피할 수 없다. 아니면 본능·충동·욕구는 자체들의 출현과 같은 수준에서 형성되고 구조화된다. 이 경우 에너지의 범주에 속하는 것과 의미의 범주에 속하는 것 사이의 대립은 더 이상 존재하지 않는다. (…) 물론 재현으로서 의식과 역동성으로서 의식 사이의 관계에 대한 질문, 우리가 피할 수 없는, 당신이 제기한 그 질문은 여전히 남을 것이다."[28] 라캉의 친구인 프랑수아 발은 리쾨르의 저서에서 정신분석학의 주장과 논쟁이 될 내용을 찾지 못한다. "나는 이 책 때문에 라캉이 어떻게 격분할 것인지 짐작했다. 그는 실제로 격분했었다. 그가 동의하지 않는 것이 문제가 아니었다. 그는 정말 격분했었다."[29] 프랑수아 발 자신도 대부분 리쾨르의 말을 지지하고, 이 경우에도 그의 편에 선다. "나는 아침마다 50여 페이지를 읽기 위해 당신과 매일 아침 시간을 아주 정확히 보낸다. 단순한 독자로서가 아니라 관련되었다고 느끼는 사람으로서 그렇게 한다."[30]

---

26) 철학자이며 오랫동안 부르고뉴대학 교수를 역임한 장 브랭은 1961년 이래 많은 저서들을 출판했다. 《인간의 정복과 존재론적 분리》, PUF, 파리, 1961년; 《손과 정신》, PUF, 파리, 1963년; 《디오니소스의 회귀》, 데클레 드 브로베르, 파리, 1969년; 《유럽 철학, 서양 사상의 25세기》, 스톡, 파리, 1988년; 《세계의 기슭, 침묵하는 진실로부터 말하는 진실로》, 데클레 드 브로베르, 파리, 1979년; 《철학의 역사》, 스톡, 파리, 1990년.

27) 앙리코 카스텔리와의 대담에서 앙투안 베르고트가 인용.

28) 프랑수아 발, 폴 리쾨르에게 보내는 편지, 1964년 4월 16일, 쇠이유 문서보관소.

29) 프랑수아 발과의 대담.

30) 프랑수아 발, 폴 리쾨르에게 보내는 편지, 1964년 4월 3일, 쇠이유 문서보관소.

리쾨르가 보인 논증의 주요 목적은 자신이 상징에 대한 연구를 시작한 이래 필요 불가결하게 된 해석학의 우회를 실현하는 것이다. 그래서 그는 언어 영역의 중요성을 평가하고, 언어 영역을 육체 · 에너지 영역과 연결시킨다. 그의 프로이트 저서에 대한 독서는 인식론적 취약성을 나타내며 모든 환원주의에 대한 반대를 보장하는, 충동적 축과 해석적 축 사이에 끼인 정신분석학이라는 인식론에 고유한 긴장을 보이려는 것이다. 프로이트 영역의 특수성은 육체적인 것으로 몰아가거나, 동시에 무의식을 단순한 언어 장난으로 환원시키는 것의 암초를 피해야 하는 둘 사이에 위치한다. 《해석에 대하여》는 그러므로 정신분석학의 야심의 이론적 정당성을 변호하는 주요 작품이다. 그리고 그것은 무의식이 언어처럼 형성된다는 구조주의의 핵심적인 주장에 대한 반박은 아니더라도 답변은 될 것이다.

리쾨르의 편력 중에 정신분석학의 접촉은 현상학적 프로그램에서 가장 극단적인 도전으로 제시되는 것과 씨름하는 수단이기도 하다. 그것은 정신분석학을 총괄적인 해석학의 하위 개념으로 포함시키는 것이 아니라 반대로 현상학적 철학이 부딪히는 한계와 장애를 보이고, 그리고 프로이트 방법론의 비환원성을 돋보이게 하려는 것이다. 프로이트가 의도하는 정신분석학은 리쾨르에게 에너지적 형태의 설명과 현상학적 스타일의 이해 사이에 정신분석학을 가두려는 잘못된 양자택일에 대한 거부처럼 보인다. "충동의 부침은 프로이트의 표현을 빌리자면 의미의 변천 속에서만 잡을 수 있다."[31] 이 단계에서 정신분석학이 상징학과 마찬가지로 글자 그대로의 의미와 감추어진 의미 사이에 내인성(內因性) 갈등의 선택된 장소처럼 고려될 때, 해석학은 리쾨르에 의해 이중적 의미의 설명처럼 정의된다.

라캉이 참지 못하는 것은 바로 리쾨르가 자신의 계획이기도 한 프로이트로의 회귀를 주장하는 것이다. 이러한 아주 조심스런 우회와 회귀는 시대착오적인 개념을 추출하자는 것이 아니라 전진과 후퇴, 그리고 암중모색을 통해 형성되는 하나의 도정을 재현하는 것이다. 프로이트의 텍스트 내부에서 이루어진 이러한 작업은 리쾨르에 의하면 프로이트에게서 변화를 나타나게 한다. 그의 《초안》(1895년)은 아직도 "현상학적이지 못한 상태의 시스템"[32]을 보여 주고 있다. 이 기간 동안에 프로이트는 물리 · 생리학적 설명 모델에 의존하며, 정서의 역학 이론을 주장

31) 폴 리쾨르, 《해석에 대하여》, 앞의 책, 16쪽.
32) 같은 책, 79쪽.

한다. 그렇다고 해석적 영역이 이 초기 단계에서 완전히 빠진 것은 아니다. 그것은 증후의 독해, 그리고 신경증의 병인과 은밀히 연결된다. 20년 후인 1915년에 씌어진 《메타심리학》의 글을 통해 리쾨르는 새로운 문제 제기, 즉 무의식-전의식-의식의 첫번째 변증론을 주제화한 덕택에 가능해진 힘과 의미의 또 다른 변증법으로의 발전을 파악한다. 프로이트는 무의식이 어느 점에서 의미의 영역에 포함될 수 있는지 보이고 있다. 이 단계에서 정서의 이론은 "경제학이 심리-분석에 지속적으로 포함될 수 있도록"[33] 해석학과 경제학의 관계를 끊지 않으면서 최대로 약화시킨다. 이러한 해석학과 경제학 사이의 이완은 프로이트로 하여금 1923년 두 번째 변증론인 이드·자아·초자아를 만들어 내게 한다. 《자아와 이드》에서 그는 정신분석학을 문화에 적용함으로써 필요 불가결하게 된 해석에 근본적인 수정을 도입한다. 물론 억압된 것은 역사가 없고, 무의식은 시간의 영역 밖에 위치한다. 하지만 억압하는 것은 역사가 있으며, 이것이 계보적 발생론적 공통 관점에서 프로이트를 니체에 접근시킨다. "기원은 원리를 대신한다."[34] 프로이트 학설의 거의 진화론적인 역사적 관점이 라캉의 순수하게 통시적이고 구조적인 모델과 대립된다. 20년대에 프로이트는 《쾌락의 원리를 넘어서》를 쓰고, 충동의 이론에 죽음의 충동을 도입함으로써 자신의 접근 방법을 개선한다. 이 당시 그는 정신분석학적 해석을 세계관의 수준으로 향상시킨다. 리쾨르는 프로이트의 작업을 긴밀히 연결된 세 단계로 구별한다. 충동의 에너지론을 명확한 의미의 해석이 뒤를 잇고, 마침내 에로스/타나토스를 중심으로 한 세계관에 이른다.

리쾨르는 프로이트의 여정을 일관성 있게 재생한 후, 정신분석학이 어떤 점에서 일반해석학에 공헌을 하는지 이해하기 위해 철학적 영역으로 끌어들인다. 이때의 해석학은 "종교를 탈신화화하는 해석학과 종교의 상징 속에서 부름의 가능성을 찾으려는 해석학 사이"[35]의 갈등으로 형성된다. 하지만 리쾨르는 정신분석학이 해석학에 어떻게 공헌했는지를 알아보기 전에, 정신분석학이 인식론의 차원에서 특히 앵글로색슨 세계에서 인정받지 못하는 시기에 정신분석학의 옹호자 역할을 한다. 논리학자들은 정신분석학을, 포퍼의 표현을 빌리면 '위조할 수 없는' 이론으로서

33) 폴 리쾨르, 같은 책, 153쪽.
34) 같은 책, 186쪽.
35) 같은 책, 335쪽.

적합하지 않다고 판단한다. 그러므로 정신분석학은 과학으로 자처하기에 적합하지 못할 것이다. 리쾨르는 이러한 주장에 맞서 정신분석학은 경험과학의 인식론과는 다른 인식론에 속한다고 응수한다. 해석적 영역은 정신분석학을 역사나 심리학과 공통적인 인식론에 접근시킨다. 특히 인과 관계는 같은 종류에 속하지 않는다. "핵심 영역이 모든 의식화로부터 어긋나 있고, 해석이 인과론적 해석과 유사하지만 결코 그것과 혼동되지 않으며, 모든 개념을 사물화하지 않고 해석 자체를 기만하지 않으려는 의도에서"[36] 오히려 동기라고 말하는 것이 나을 것이다.

리쾨르는 정신분석학의 비환원적인 성격을 잘 파악했다. 그리고 그는 정신분석학을, 그의 연구가 단순히 텍스트의 영역에 한정되며 정신분석학적 치료를 특징짓는 것을 벗어난다고 하는 비난과는 반대로 무엇보다도 실제 적용으로 간주한다. "분석의 영역은 분석적 상황 자체로부터 상호 주관적이다. 분석적 상황에서 주고받는 지난 이야기들 역시 상호 주관적인 성격을 띤다. 그렇기에 풀어야 할 이야기는 감정 전이를 통해 분석의 이중적 관계에서 전치될 수 있다."[37] 정신분석학이 경험과학에 고유한 인식론으로 환원될 수 없다는 것을 보인 후, 리쾨르는 인식론의 잠재적인 매체를 찾기 위해 현상학으로 방향을 돌린다. 그는 앙투안 베르고트가 행한 본질적 환원과 정신분석가에 의해 실현된 의미의 어긋남 사이의 비교를 다시 취한다. 하지만 그곳에서도 정신분석학은 반성적 전통에 머물며 의식의 어긋남이 정신분석학의 전의식, 즉 아직 일반 공리화되지 않은 무의식밖에는 이르지 못하는 현상학에 환원되지 않는다.

데카르트의 **코기토**는 정신분석학을 거치는 이러한 과정에서 무사히 벗어나지 못한다. "이러한 모험으로부터 **코기토**는 상처를 받는다."[38] 주체의 변증법은 주체 자신의 고고학과 주체를 미래, 기다림의 지평으로 밀어내는 목적론 사이 의식의 반성성의 삼각 관계를 중심으로 세워진다. 리쾨르는 의식이 타자를 통한 자아의 인식 과정 속에 어떻게 개입되는지 보여 주기 위해 헤겔의 《정신현상학》을 사용한다. 각각의 형상은 뒤따르는 형상의 의미를 받고, 한순간의 진리는 그러므로 다음 순간에 드러난다. 여기에 분명한 목적론을 가진 헤겔의 변증법과, 이분법적 모델

---

36) 폴 리쾨르, 같은 책, 352쪽.
37) 같은 책, 363쪽.
38) 같은 책, 425쪽.

의 사용과 동일화의 개념, 그리고 승화에 대한 질문과 같은 여러 가지 방식으로 전개되는 프로이트 학설의 암시적 목적론 사이의 접근 가능성이 있다. 분석의 최종 단계에서 리쾨르는 고고학과 목적론의 구체적 혼합물인 상징과 함께 연구의 발단이었던 것을 다시 발견한다.

프로이트는 의심의 해석학이라는 이름으로 우상의 파괴 작업을 수행했을 것이다. 그렇게 함으로써 그는 우상적 대상들을 제거하고 종교를 순화시키는 데 공헌했을 것이다. 프로이트는 리쾨르가 "자아도취에 대한 비판을 위안의 종교적 욕망과 관련된 결론에까지 밀고 가도록 도왔을 것이다. 프로이트에 대한 독서가 그로 하여금 성부의 포기를 믿음의 문제 제기의 중심에 옮겨 놓을 수 있도록 도왔다."[39] 프로이트는 그러므로 현상학적 프로그램에 해석학적 이식을 가능하게 했고, **자아**와 **코기토**의 중심을 어긋나게 하고 모든 자아도취적 신성화의 기도를 부수는 데 공헌했을 것이다. 동시에 리쾨르는《해석에 대하여》가 출판된 해인 1965년 구조주의 프로그램이 주장하는 것처럼 주체의 뇌사 상태의 혼수와 분해를 확인하는 데 발생하는 새로운 아포리아를 피하기 위하여 정신분석학의 접경을 감시한다.

39) 폴 리쾨르, 같은 책, 527-528쪽.

34

라캉파의 반대 시위

《해석에 대하여》가 출판될 때, 라캉은 철학 엘리트들의 명소인 울름 가의 파리 고등사범학교 뒤산 강의실에서 세미나를 열고 있다. 그는 연단에서 화를 억누르지 못하고 노발대발하며 리쾨르의 책을 흔들어댄다. "그는 손에 책을 쥐고 말했다. 이런 잡동사니로 어쩌자는 것인가? 이것은 유심론이다…! 철학가와 무슨 관련이 있는가?"[1] 그는 복수를 하려는 듯이 칠판을 향한다. 그리고 "리쾨르의 헌사를 정신분석하기 위해 칠판에 적는다."[2] 헌사에서 리쾨르는 라캉을 읽고 이해할 수 있기를 기다리며 이 모든 작업을 했다고 말했다. 라캉은 괴상한 흉내를 내가며 리쾨르의 저서를 비아냥거린다. "프로이트에게서 에너지론을 발견한 철학가가 있다. 부릉! 부릉! 부릉……."[3] 라캉은 이렇게 제자들에게 자신의 어조를 드러내고, 제자들은 리쾨르의 프로이트에 대한 해석을 스승의 주장을 표절한 것이라고 목청껏 외쳐댈 것이다. 상반되는 주장일지라도 개의치 않는다. 그리고 그들은 동시에 리쾨르가 정신분석적 실행 방법과 라캉의 주장에서 아무것도 이해하지 못했다고 폄하한다! 60년대 중반, 지적 테러가 번성하는 시기에 그들의 이러한 명예 실추의 기도는 성공할 것이다. 리쾨르 자신이 이러한 거부 반응, 대화의 거부에 의해 심한 상처를 받는 것은 물론이고, 그는 현행의 구조주의 혁명을 전혀 이해하지 못한 '복고풍' 유심론의 한 분파의 대표로 지목되어 오랫동안 프랑스 지식인 무대에서 소외당할 것이다.

논쟁의 주요 대상이 무엇인가? 사실 라캉은 분노한다. 그는 자신이 5년 동안 기

1) 미셸 아르와의 대담.
2) 로제 멜과의 대담.
3) 피에르 잉크르베와의 내담.

다려 온 저서에서 거의 언급되지 않는다는 것을 참지 못한다. 그는 그 책에서 자신이 찬양받을 이유를 찾고 싶었다. 표절 주장이 야비하고 완전히 사실 무근이지만, 그렇다고 덜 효과적이지는 않다. "소문은 빨리 전파된다. 순진한 라캉의 제자들은 리쾨르가 라캉의 생각을 훔쳤다고 굳게 믿는다. 그들이 리쾨르를 세미나에서 본 것이 증거이다."[4] 라캉파의 주장은 리쾨르의 책 첫장을 넘기는 순간 설득력을 잃는다. 리쾨르는 "이 책은 정신분석학이 아니라 프로이트를 대상으로 한다. 그러므로 그것은 분석적 경험 자체와 후기프로이트주의 계파에 대한 고찰이 이 책에 포함되지 않는다는 것을 의미한다"[5]고 조심스럽게 명시한다. 이것은 정말 치유의 실행 과정 밖에 있는, 자신이 '무모한 짓' 이라고 말한 것, 즉 분석가이거나 피분석가이지 않고 프로이트 읽기를 기도하는 철학가의 저서이다. 그렇게 분야의 경계를 넘어서는 행위가, 그 안에서 라캉만이 프로이트에 대한 해석을 할 수 있는 하나의 당파처럼 움직이는 라캉파에 의해 용서되지 않을 것이다.

리쾨르에게 모든 접근 방식은 타자를 향하는 길이며, 모든 비평 작업은 건설적 시각 속에서 구상되고, 첫번째 움직임은 항상 차이를 자기의 것으로 삼기 전에 타자를 이해·청취하려는 것이다. 그러한 그의 태도는 자신이 사상의 한 학파라고 생각했던, 실재로는 총을 꺼내기 바쁘게 목표물을 향해 쏘아대는 패거리에 지나지 않는 것으로부터 오는 거부의 태도와는 대립되는 것이다. 이러한 논쟁으로 심하게 마음의 상처를 받은 리쾨르는 정신분석학에 대한 논문을 발표하지 않고, 이러한 태도는 아주 늦게 루뱅라뇌브에서 알퐁스 드 발엔스를 추모하기 위해 열린 학회의 강연까지 지속된다.[6]

학문적 테러리즘으로부터 받은 고통은 리쾨르를 우울증의 지경까지 이르게 한다. 비판의 격렬함은 지적 위엄에 있어서 논란의 여지가 없는 전후에 생긴 두 잡지인 《비평》과 《현대》로부터 시작되기 때문에 더욱 강한 충격을 준다. 첫번째 사격은 《비평》에서 시작되는데, 장 폴 발라브르가는 독설 섞인 공격을 가한다.[7] 그

4) 엘리자베트 루디네스코, 《정신분석학 역사》, 제2권, 앞의 책, 403쪽.

5) 폴 리쾨르, 《해석에 대하여》, 앞의 책, 7쪽.

6) 폴 리쾨르, 〈프로이트의 정신분석학적인 글에서 증거의 문제〉, 《인간은 무엇인가?》, 생루이스대학교출판부, 브뤼셀, 1982년.

7) 장 폴 발라브르가, 〈프로이트 이후에 어떻게 살아남을 것인가?〉, 《비평》, 1966년 1월, 68-78쪽.

는 후기프로이트주의를 고려하지 않은 프로이트 해석에 대한 가능성을 인정하지 않고, 리쾨르가 자신의 분석을 아르트만 · 크리스 · 뢰벤슈타인 · 큐비 · 라파포르 · 매디슨 등의 작업에 의존하기 때문에 자신의 약속마저도 지키지 않는다고 언급한다. 하지만 무엇보다도 그는 리쾨르의 책이 "그림자처럼"[8] 거의 언급되지 않으면서 도처에 존재하는, 프랑스에서 정신분석학의 위대한 주관자이며 스승인 라캉을 글자 그대로 표절하고 복사한 것을 비난한다. "결론적으로 우리가 저자에게 비난하는 것은 카이사르의 것을 카이사르에게 돌려 주지 않는 것이다. 반면에 리쾨르의 그리스도교적 원천을 갖는 **또 다른 영감**은 그로 하여금 글의 마지막 부분에서 프로이트를 초월해 신에게 속한 것을 신에게 돌려 주도록 한다."[9] 이러한 비난이 있고 난 후 곧바로 발라브르가는 리쾨르를 정신분석학과 철학을 혼합할 야심을 갖고 있는 사람으로 소개하며 결정타를 던지려 한다. 하지만 리쾨르의 모든 지적 고행은 반대로 그로 하여금 한계에 대한 첨예한 감각을 극단적으로 이끌어 가도록 한다.

공격이 워낙 격렬하기 때문에 리쾨르는 자신의 도덕적 온전성을 건드리는 것에 대항하지 않고, 표절에 대한 소문이 퍼지도록 방치할 수 없다. 그래서 그는 《비평》의 편집장에게 편지를 보내고, 그 편지는 그 다음호에 게재된다. "장 폴 발라브르가는 내가 라캉의 생각을 훔쳤다고 비난한다."[10] 그는 자신이 라캉을 알기 이전부터 프로이트에 흥미를 가졌으며, 라캉이 옹호하는 무의식의 언어학적 개념을 그것보다는 라플랑쉬의 견해를 좇는 입장을 받아들이며 살피고 있다고 환기시킨다. "나는 그에게 무의식이 준(準)언어를 촉발한다는 아주 다른 개념을 대립시킨다."[11] 리쾨르는 생각의 도용이 있었다는 것을 기꺼이 인정한다. 하지만 그것은 헤라클레이토스 이후 모든 철학가에게 공통적인 것이다! 그리고 리쾨르는 일생 동안 그러한 부채를 인정했고, 또다시 그것을 인정할 마음의 준비가 되어 있다. 하지만 이것은 "생각에 전념하는 사람 누구에게나"[12] 고유한 실천 방식에 속한다.

라캉파의 두번째 공격은 《현대》를 도구로 하여 미셸 토르를 화염방사기로 사용

---

8) 장 폴 발라브르가, 같은 책, 75쪽.
9) 같은 책, 77쪽.
10) 폴 리쾨르, 〈폴 리쾨르의 편지〉, 《비평》, 1966년 2월, 183쪽.
11) 같은 책, 184쪽.
12) 같은 책, 183쪽.

한다. 그는 두 호에 걸쳐 대하 논문을 쓰고, 그것을 통해 "해석학 기계"[13]를 공격한다. 이 논문 겸 시평이 당시 지적 테러리즘을 요약한다. 그는 리쾨르를 실추시키는 모든 주장들을 종합하고, 상당수의 사람들로 하여금 철학가의 저서를 열어 볼 수 없게 만든다. 자신들이 과학 · 이론 · 인식론의 목소리와 길을 구현하기 때문에 진리를 쥐고 있다고 확신하는 많은 알뛰세와 라캉파의 지지를 받은 미셸 토르는 리쾨르의 저서가 "별볼일 없는 프로이트주의자의 교과서"[14]에 지나지 않으며, 프로이트의 단순한 '복사적 해석' 인 것을 고발한다. 첫번째 주장은 멸시이다. 정신분석에 입문도 하지 않은 사람들을 위한 별볼일 없는 교과서를 둘러싸고 왜 그렇게 시끄러운 것일까? 공격의 두번째 단계에서 리쾨르는 라캉을 표절했고 훔쳤으며, 달비에즈의 이름을 내세우며 부채를 감췄다. 그렇기 때문에 "그의 발전을 줄곧 점철하는 역사, 요구, 시니피앙, 이중적 관계, 몰이해, 대체 물건 등과 같은 라캉의 개념에 대한 의미를 적확하게 할 어떠한 필요성도 없다."[15] 도덕적 불신 다음에 인식론적 불신이 뒤따른다. 토르는 당시 지향성, 동기, 주체의 행동을 환기하는 모든 접근 방식을 비난하며 인식론적 단절의 옹호자를 자처한다. 알뛰세주의에서 주체에 속하는 것은 모두 이데올로기, 즉 부정 · 비과학 · 기만의 세계에 속한다. 이러한 명목으로 리쾨르의 저서는 "이데올로기가 본래 그 자체로 제시될 수 없기 때문에 이데올로기의 단순한 중복"[16]일 뿐이다. 이론의 적수는 미셸 토르에 의해 "반과학" 그리고 "프로이트주의의 꾀바른 부정"[17]이라고 특징지어진 해석학자가 지정된다. 그는 이렇게 《해석에 대하여》에서 프로이트주의에 대한 입문서, 아주 유용한 요약서를 발견하기를 희망하는 사람들을 경계하게 한다.

미셸 토르는 잠재적인 독자들로 하여금 정신분석학적 지식을 붕괴시키려는 위험한 의도를 지닌 이 책을 그냥 지나칠 것을 권한다. 토르는 자신이 의도한 대로 하나하나 들춰내고, 리쾨르가 제시한 개념이 불합리하다는 것을 말하기 위해 하나씩 비난한다. 고고학과 주체의 목적론 사이의 대립도 마찬가지이다. 그는 리쾨

13) 미셸 토르, 〈《해석에 대하여》 또는 해석학 기계〉, 《현대》, 제237호, 1461-1493쪽; 238호, 1629-1652쪽, 1966년.

14) 같은 책, 1463-1465쪽.

15) 같은 책, 1472쪽.

16) 같은 책, 1466쪽.

17) 같은 책, 1479쪽.

르를 지적 그리고 과학적 토론에서 영원히 축출한다는 공갈을 친다. 즉 그는 신자이며 그리스도교도이다. 그리고 이러한 명목으로 교회와 국가의 분리라는 이름으로 그의 말을 받아들일 수 없다는 것이다. "리쾨르의 해석학은 그곳을 벗어난 적도 없지만 자연스럽게 **종말론**과 만나고, 그곳에 이르는 것이 아니라 애초부터 그것의 동력이다. 그의 목적론에서 모든 의미의 추구를 설명하는 것은 말의 예언적이고 신성한 성격, 최후의 의미이다."[18] 미셸 토르는 1966년의 단호한 정교 분리의 원칙과 첨예한 과학주의의 이중적 분위기 속에서 자신이 과장하고 있다는 것을 잘 알고 있다. 한편으로 구조주의에 의해 구현되는 과학과 다른 한편으로 복고풍의 해석적 믿음, 이러한 종류의 단순한 사고방식이 가장 잘 통한다.

하지만 온갖 어려움에도 불구하고 리쾨르는 자신의 친구인 출판인 프랑수아 발에게 보낸 편지가 잘 보여 주듯이 대화의 창을 열려고 애쓴다. "《현대》에 실린 미셸 토르의 논문을 읽었습니다. 화낼 일보다는 배울 것이 많았습니다. 나의 철학적 의도에 대한 몰이해와 젊은이의 역정에 지나지 않는 것으로부터 학문적 엄격성에 대한 요구를 추출하는 데 몇 달은 아니라도 몇 주는 필요할 것입니다. 특히 '이미지와 담론' 에 대한 페이지들은 설득력 있어 보입니다. 올해 언어와 비언어적인 기호학적 구조에 관한 나의 작업은 이 방향을 향할 것입니다. 어쨌든 나는 의도적으로 '구조와 의미' 또는 '구조주의와 의미론' 이라는 대립을 벗어나, 아직도 나에게 남아 있을 수 있는 이해하다와 설명하다 사이의 치명적인 양자택일에 속하는 것을 청산합니다. 배움에는 나이가 없습니다. 나는 아직도 오랫동안 배울 수 있기를 바랍니다."[19] 몇 달 후 리쾨르는 프랑수아 발에 대한 배신감을 감추지 못하고, 1966년 이미 미국을 향해 파리의 무대를 벗어나는 '은밀한' 매력에 사로잡힌다.

리쾨르의 책에 대한 배척은 전적이고, 파리의 범주를 넘어선다. 장 자크 크리스는 1966년 자신이 속해 있던, 특별한 학설에 대한 경향이 없는 스트라스부르의 정신분석학 연구 그룹에서 그것을 경험한다. 리쾨르 가족의 친구인 장 자크 크리스는 자신이 어떤 지뢰밭에 빠져드는지도 모르면서 열렬히 리쾨르의 책의 요점을 발표하기로 결정한다. 그는 당시 라캉과 가까운 무스타파 사푸앙과 함께 분석을

---

18) 미셸 토르, 같은 책, 1645쪽.

19) 폴 리쾨르, 프랑수아 발에게 보내는 편지, 1966년 3월 5일, 쇠이유 문서보관소.

하는데, 강의실 맨 앞줄에 자리를 잡는다. "사푸앙은 나를 리쾨르 사상의 밀사로 취급하며 노발대발했다."[20] 그는 리쾨르가 의미의 추구를 통해 시니피앙과 시니피에의 부적절함에 품고 있는 환상에 대해 오랫동안 비난한다. 크리스는 완전히 사푸앙을 편드는 강의실에서 생각지 않은 대립의 난폭성을 멍청히 받아들인다.

라캉은 리쾨르의 에세이가 출판된 다음 그때까지 망설였던 《에크리》의 출판을 결정한다. 1963년부터 프랑수아 발은 라캉에게 쇠이유에서 그 책을 출판할 것을 제의하지만 실패한다. 하지만 그는 1964년부터 새로운 총서인 '프로이트의 영역'의 책임을 맡을 것을 받아들인다. 《해석에 대하여》의 출판과 그것이 야기시킨 분노가 그로 하여금 오랫동안 주저한 것을 결행하게 한다. "사실 라캉이 《에크리》를 출판한 것은 그 책 때문이다. 그렇지 않았으면 그는 출판하지 않았을 것이다."[21] 그는 리쾨르에 의해서 표절됐다고 확신했기 때문에 그만큼 절대적인 필요성을 느꼈다. 그는 자신이 투쟁하고 비난했던 것이 자신의 담론을 통해 자신에게로 되돌아오는 인상을 받았다. 당시에 라캉은 자신의 담론이 남용되는 것에 대응하는 가장 좋은 방법은 자신이 쓴 것을 공개하는 것이라는 생각을 했다.

《해석에 대하여》를 둘러싼 화약 냄새는 전혀 예기치 못한 결과를 낳는다. 첫번째 서평이 언론에 실리는 순간 이미 5만 부 이상이 팔린 라캉의 《에크리》는 새로운 **베스트 셀러**로 등극한다. 심한 상처를 받은 리쾨르는 1986년까지 정신분석학을 손대지 않을 것이며, 1995년까지 그의 저서를 문고판으로 재출판하자는 프랑수아 발의 제안을 받아들이지 않는다.

리쾨르와 가까운 정신분석학 임상 의사들도 리쾨르에게 가해지는 소송의 부당함과 난폭성에 역겨움을 느끼지만, 그렇다고 그의 정신분석학 해석에 전적으로 동의하는 것은 아니다. 1965년 자크 쇼트 그리고 몇몇 다른 정신분석학자들과 정신분석학 벨기에학파를 세우는 앙투안 베르고트는 정신분석학의 적용에 너무 멀리 있는 듯한 리쾨르와 생각을 같이하지 않는다. "그의 어린 시절부터 갖고 있던 사고방식이다. 그가 나에게 다음과 같이 말했다. '일곱 살까지 나는 언어 속에 살았다. 그 나이까지 현실은 언어였다.' 그는 여전히 2차적 단계에 있다."[22] 철학으로

20) 장 자크 크리스와의 대담.
21) 프랑수아 발과의 대담.
22) 앙투안 베르고트와의 대담.

부터 정신분석학으로 옮아간 미셸 베르트랑에게도 의미론과 에너지론 사이에서 리쾨르가 시행한 단절은 충분한 근거가 없는 듯하다. 리쾨르가 두 영역 사이에서 프로이트적 인식론에 내재하는 갈등을 보는 반면, 그녀에게 두 영역은 같은 현실을 표현하기 위한 서로 다른 언어로서 항상 연결되어 있다. 자크 세다는 리쾨르가 행한 프로이트 작업의 시대 구분에 대해 주저한다. "프로이트의 작업을 시대 구분하는 것은 불가능하다."[23] 1896년부터 프로이트는 오이디푸스의 문제, 문화의 대상이 되는 주체의 문제, 상징에 부딪힌다. 그에 따르면 에너지론을 중시하고 단계를 밟아가며 문화적 수준까지 옮아가는 첫번째 단계의 프로이트를 구별할 수 없다. "프로이트는 에너지론이 아니라 항상 재현이라는 표현으로 사물을 생각했다."[24] 디디에 앙지외 역시 《해석에 대하여》 출판 직후 있었던 리쾨르와의 토론에서 유사한 신중함을 보이며, 오이디푸스 신화는 프로이트 연구의 출발점이며 에너지론에서 신화까지의 여정을 밝히는 것은 불가능하다고 강조한다. 이러한 반론에 리쾨르는 프로이트의 저서 초기에 그리스 신화에 대한 언급이 있지만, 그것은 그의 여정의 말기에서처럼 조작적인 사용을 위해서가 아니라고 응수한다. "마지막에서 타나토스와 에로스가 해석의 원칙으로 사용되는 반면에, 오이디푸스 신화는 비신화적인 개념으로 설명된다. 하지만 내가 보기에 신화는 해석되는 입장에서 점차적으로 해석하는 입장으로 옮아가는 듯하다."[25]

또 다른 근본적인 의견의 차이점으로서, 자크 세다는 프로이트의 여정을 해석으로부터 점차적인 일탈로 감지한다. 그는 1912년 프로이트가 감정 전이의 신경증을 정의할 때부터, 피분석가와의 관계를 벗어난 꿈과 일상 생활의 정신병리학의 해석가로서 치유가의 입장은 더 이상 존재하지 않는다고 생각한다. "분석적 상황은 공통적 동시성의 관계를 만들고, 피분석가가 분석가로 하여금 어떠한 담론을 들을 수 있도록 그를 시간 속으로 전이시킨다."[26] 프로이트가 가공의 개념을 만드는 것도 이때이다. 그것은 관계의 망상이나 질투의 발작에서처럼 타자의 지배에 대한 지속적인 기도와 동일시된 해석의 개념을 점차적으로 대체한다. 지배와 합리화에 대한 근심을 동반하는 심리적 활동의 항상성은 편집광의 수식과 일

23) 자크 세다와의 대담.
24) 위의 대담.
25) 폴 리쾨르, 《프랑스철학학회보》, 1966년 1월 22일 모임, 제1호, 1966년 1-3월, 99쪽.
26) 자크 세다와의 대담.

치한다. "감정 전이의 신경증에서 무의식의 해석이 꿈보다는 피분석가가 분석 속에서 다시 보는 것에 의해 이루어지는 순간부터, 분석가의 입장은 그러므로 더 이상 해석가의 입장이 아니다."[27] 자크 세다는 정신분석학이 무엇보다도 치유 장치이기 때문에 리쾨르의 접근 방식을 본질적으로 철학적이라고 간주한다. 분석가는 해석가의 입장이 아니다. "피분석가가 자신이 망각했거나 억눌렀던 것을 전혀 기억하지 못하고 단지 활성화시키기 때문에 그러하다. 그는 그것을 기억으로서가 아니라 활동으로서 재생한다."[28] 디디에 앙지외가 1966년에 표현하는 똑같은 의견의 차이이다. 그는 리쾨르에게 정신분석학적 해석은 "감정 전이 속에서만 의미와 영향력을 발견할 수 있는 해석이다. 그런데 당신은 철학적 텍스트나 또는 종교적 텍스트의 해석과 관련될 때 감정 전이 관계를 가질 수 없다"[29]고 반박한다.

좀더 뒤에 장 라플랑쉬도 정신분석학을 "반-해석학"[30]으로까지 소개한다. 그는 리쾨르에게 정신분석학을 무시해 버리는 많은 해석학자들과 다르게 그것을 '국부적 해석학'으로 진지하게 고려한 점을 인정한다. 하지만 그는 정신분석의 실재 적용을 해석학에서 고유한 의미의 재수집과 정반대쪽에 위치시킨다. 프로이트의 방법론은 연상을 침묵하게 하고, 억제 쪽에 위치한 기호화된 생각을 담는 상징주의와는 반대로 탈해석·탈관계의 작업이다. "방법론은 언어의 본래적 의미대로 정신분석적, 즉 상식을 벗어나고 연상적이며 분열적이다……. 이 방법론의 의미 깊은 좌우명은 종합화를 추구할 때 무의식은 침묵한다는 것이다."[31] 정신분석학의 영역에 적용된 현상학적 방법은 라플랑쉬에 의하면 억제를 증가시킬 뿐이다. 정신분석적 방법론에는 열쇠가 없고 "나사돌리개만이 있다. 그러므로 자물통을 분해할 수는 있지만 열 수는 없다."[32] 정신분석학의 분해적 단계, 라플랑쉬가 강조한 탈관계의 작업은 리쾨르의 시각과 대립되지 않는다. 리쾨르는 해석학을 이미

---

27) 자크 세다와의 대담.

28) 지그문트 프로이트, 〈재기억, 반복, 그리고 가공〉(1914년), **《정신분석학의 기술》**, **PUF**, 파리, 1977년, 80-104쪽; 자크 세다, 〈행동으로의 이행〉, **《지중해 임상진단》**, 제29-30호, 1991년 1사분기, 101쪽.

29) 디디에 앙지외, **《프랑스철학학회보》**, 앞의 책, 98쪽.

30) 장 라플랑쉬, 〈반해석학으로서 정신분석학〉, 해석학회보고서, 스리지, 1994년 9월, 저자에게 전달된 텍스트.

31) 장 라플랑쉬, 같은 책.

32) 같은 책.

존재하는 상징 위에 고정된 해석의 도구로 정의하는 것이 아니라 한편으로 해체와 탈신화, 그리고 다른 한편으로 자신의 **고고학**과 **목적론** 사이에서 유한한 존재의 긴장을 통한 의미의 회복이라는 이중적 측면으로 정의한다.

리쾨르는 특히 감정 전이와 관련지어 정신분석학 임상 의사들로부터 나온 몇 가지 비판의 타당성을 인정한다. "나는 모든 것이 그것에 달렸다고 점점 더 생각한다."[33] 그는 《해석에 대하여》에서 이미 치유의 중요성을 감지했고, 1966년 앙지외와의 논쟁에서 그것을 다시 사용한다. "감정 전이와의 관계에서 기인한 정신분석학적 해석의 특수성이 있다. 나 자신이 정신분석학이 해석학에 환원되는 것을 거부하기 위해 이 주장을 사용했기에 기꺼이 그것을 인정한다. 정신분석학을 해석학에 환원시킬 수 없는 것은 감정 전이 때문이다."[34] 몇몇 정신분석학 임상 의사들은 정신분석학의 해석학적 측면을 부정하지 않는다. 60년대 필리프 포멜의 경우 설명 세미나에 리쾨르와 함께 참석했던 세르주 르보비치의 예가 그러하다. 그는 자신의 개인적 발달에 대해 리쾨르를 원용한다. "그의 저서는 나로 하여금 정신분석학에서 해석학을 생각하게 했다."[35]

정신분석학자이며 리쾨르의 소르본대학교 제자인 모니크 슈네데르는 리쾨르가 프로이트와 스피노자 사이의 긴장을 배열하는 방식에서 특히 정신분석가로서 자신에게 아주 유용한, 타자를 단절과 교차를 통해 이해하는 방법을 발견한다. "폴 리쾨르가 강조하는 것은 이타성과의 결합 속에서 곧바로 접근된 유한성이다. 스피노자의 유한성은 그 자신만으로 고려된 어떤 존재에게도 전가할 수 없다. 그것은 또 다른 존재와의 비교나 대립의 장소에만 나타난다."[36] 모니크 슈네데르가 기억하고 있는 것은 단절의 주제, 타자와의 만남에 고유한 긴장이다. 교차의 문제는 정신분석학 치유의 중심에 있으며, 정신분석학은 분할하는 사람의 시선을 통해 타자의 담론을 해독하는 것이다. 리쾨르는 스피노자에게 있어서 어떻게 이타성이 교차 속에서 행해지고, 그 이타성이 "내가 프로이트의 의도처럼 발견하고 싶은 주제를 어떻게 추출하는지 보여 준다. 그는 아주 뚜렷하면서도 거친 모델을 생각했

---

33) 폴 리쾨르, 《비판과 확신》, 앞의 책, 112쪽.
34) 폴 리쾨르, 《프랑스철학학회보》, 앞의 책, 100쪽.
35) 세르주 르보비치와의 대담.
36) 모니크 슈네데르, 〈비극적 에로스〉, 장 그레쉬와 리처드 커니, 《해석학적 이유의 변신》, 세르프, 파리, 1991년, 55쪽.

다."[37] 모니크 슈네데르는 리쾨르가 의심의 과정을 통과하고 듣기의 시간인 초기의 시간에 모든 중요성을 부여하는 진실의 기술을 권장할 때, 정신분석가의 입장과 리쾨르의 입장 사이에 유사성을 감지한다. "나는 리쾨르에게서 몇 가지 듣기 기술에 대한 조언을 발견했다."[38] 리쾨르의 지적인 접근 방식이 새로움에 부딪히는 것을 허용하고 탈관계를 시도하는 체계적인 방식에 바탕을 둔 이타성의 수용 방식이기 때문에, 정신분석학과 리쾨르가 의도하는 해석학 사이에는 대립이 존재하지 않는다. 그의 해석학은 이미 존재하는 의미를 전개하는 것이 아니다. 리쾨르가 정의하는 것처럼 그것은 현상학적 기도 위에 이식이다. "이식의 개념이 중단·절개의 중요성을 잘 보여 준다."[39]

라캉파 공격의 격렬함이 주는 거부의 인상에도 불구하고 리쾨르의 저서에 대한 반응은 전반적으로 긍정적이다. 그때까지 그의 작업은 제한된 전문가 집단에만 수용됐었다. 그런데 프로이트에 대한 그의 에세이의 출판은 그에게 커다란 반향을 불러일으킨다. 1965년 프로이트주의는 정신분석학계를 넘어서 중요한 질문들의 중심에 있고, 관련된 많은 시평들이 언론에 등장한다. 《누벨 옵세르바퇴르》는 한 페이지 전체를 할애한다. 리쾨르의 저서 내용과는 조금 어긋난 〈프로이트는 그리스도교인인가?〉라는 놀라운 제목 아래, 철학가 프랑수아 샤틀레는 프로이트를 상대로 가능한 세 가지 태도를 묘사한다. 반동적 수정주의, 신성화, 프로이트를 철학적으로 이론화시키려는 리쾨르와 같은 사상가들의 접근이 그것이다. 하지만 세 번째 기도는 샤틀레에 의하면 프로이트 계획의 의미를 저버리고 욕망을 욕망에 대한 개념으로, 성을 성에 대한 개념으로 환원시킨다. "우리는 프로이트 다음을 살고 있다. 그리고 프로이트는 확실히 철학가가 아니다. 우리가 그를 정말 과학자로 받아들인다면?"[40] 일간지 역시 리쾨르의 책에 대한 소문을 퍼뜨린다. 《르 몽드》에서는 리쾨르의 친구인 장 라크루아가 그에게 시평을 할애한다. 리쾨르를 잘 알고 있는 그는 《해석에 대하여》를 프로이트가 상징했던 장애의 여정을 포함한 리쾨르의 철학적 여정의 논리 속에서 재조명한다. 그의 논문의 서두에서 그는 다음과 같

37) 모니크 슈네데르와의 대담.
38) 위의 대담.
39) 위의 대담.
40) 프랑수아 샤틀레, 《라 누벨 옵세르바퇴르》, 1965년 7월 28일, 24쪽.

이 쓴다. "20여 년 전 에마뉘엘 무니에와 어느 모임에 참가했을 때 무니에는 멀리 일단의 젊은 철학가들을, 특히 그들 중의 한 사람을 가리키며 말했다. '많은 젊은 이들이 훌륭한 책들을 출판할 것이다. 하지만 리쾨르라고 불리는 저 사람은 작품을 남길 것이다.' 무니에는 좋은 판관이었고 예언가였다. 리쾨르는 그의 친구가 예상했던 것을 실천하고 있다."[41] 피에르 콜랭은 《십자포화》에서 긴 지면을 할애하는데, 글의 제목은 리쾨르의 '철학적 내기'의 의미를 내적으로 이해한 듯하다.[42] 《레 누벨 리테레르》에서 앙드레 로비네는 자신이 "현대 프랑스 철학의 명예"[43]라고 부른 리쾨르의 작품을 세밀히 검토한다. 프랑스 공산당의 문화 주간지 《레 레트르 프랑세즈》 역시 아주 "독창적인 발상"[44]이라며 리쾨르의 에세이를 긍정적으로 평가한다.

잡지를 통해 좀더 심도 있는 연구들이 출판됨에 따라 호의적인 수용에 대한 인상은 좀더 확실해진다. 예수회 잡지인 《철학 자료실》에서 필리프 쥘리앵은 예전에 데카르트 · 칸트 또는 헤겔이 그랬듯이 자기 시대의 학문에 대해 고찰할 때, 그것은 리쾨르가 철학가의 역할을 아주 충실히 수행하는 것이라고 생각한다. 그는 "반성철학의 가치와 한계를 우리에게 밝혀 준다는 의미에서"[45] 리쾨르의 공헌이 아주 중요하다고 판단한다. 예수회의 또 다른 중요한 잡지인 《연구》에서 루이 베르나에르의 서평은 좀더 비판적이다. 그는 리쾨르가 제시하고 있는 에너지론적 모델과 해석학에 의해 얻어진 의미 사이의 긴장을 납득하지 못한다. 철학가가 정신분석학에 대해 질문하는 것이 틀리지는 않더라도 정신분석학이 철학가에 항상 질문을 하는 것에는 변함이 없다. "정신분석학은 역사의 이 시간에 리쾨르가 세운 사고 속에서 리쾨르 자신에 대해 질문한다. 그래서 정신분석학은 리쾨르와 책 전체에서 암암리에 읽히는 라캉과의 논쟁을 수수께끼로 제시한다."[46] 《에스프리》는 1966년 3월 리쾨르의 출판에 중요한 지면을 할애한다. 집행위원회의 임원이며 정

---

41) 장 라크루아, 〈욕망과 언어〉, 《르 몽드》, 1965년, 6월 6-7일.

42) 피에르 콜랭, 〈현상학에서 해석학으로〉, 《십자포화》, 1966년 12월 4-5일.

43) 앙드레 로비네, 〈고고학자의 나르시스〉, 《레 누벨 리테레르》, 1965년 9월 30일.

44) 자크 브로스, 〈프로이트는 프랑스에서 여전히 잘못 알려져 있다. 왜?〉, 《레 레트르 프랑세즈》, 1966년 6월 22일.

45) 필리프 쥘리앵, 〈지그문트 프로이트를 만난 폴 리쾨르〉, 《철학 자료실》, 1966년 10-12월, 626쪽.

46) 루이 베르나에르, 〈프로이트에 대한 에세이〉, 《에튀드》, 1965년 7월.

신과 의사인 이브 베르트라의 긴 시평 이외에 자크 M. 포이에는 잡지의 두 호에 걸쳐 정신분석학 · 믿음, 그리고 철학 사이의 관계에 대한 긴 논문을 싣는다.[47] 이브 베르트라는 자신의 글에서 정신분석학을 현상학으로 만들 의사가 전혀 없는 리쾨르의 통합주의에 대한 거부를 강조한다. 베르트라에게 라캉은 프로이트의 해석과 언어학 사이의 접근을 통해 현대 정신분석학에 가장 열정적인 공헌을 한 사람이다. 그는 리쾨르가 언어의 법칙과 무의식의 법칙을 아주 밀접하게 하면서 '언어' 보다 '처럼' 을 강조하는 것이 얼마나 중요한지 보여 주기[48] 때문에 리쾨르와 라캉을 대립시키지 않는다.

전체적인 잡지들의 어조는 리쾨르가 전념한 프로이트의 독서에 대한 반응이 긍정적임을 확인시킨다. 하지만 이 편싸움에서 라캉은 《에크리》를 프로이트로 돌아가는 유일한 적자임을 강요하며 일시적으로 승리한다. 정신분석학은 자신을 심리학적 사변만큼이나 임상의학에 묶어두었던 탯줄을 끊고 있는 중이며, 라캉은 그러한 정신분석학이 철학을 극복하는 길을 제시한다. 정신분석학은 언어학 그리고 구조인류학과 나란히 구조주의 프로그램의 첨병으로서 자율적이고 적법한 과학의 견장을 얻으려 한다.

---

47) 자크 M. 포이에, 〈성부의 이름으로…〉, 《에스프리》, 1966년 3월, 480-500쪽; 1966년 4월, 947-970쪽.

48) 이브 베르트라, 〈프로이트 해석에 대해〉, 《에스프리》, 1966년, 475쪽.

35

구조주의와의 대결

프랑스에서 인문과학은 긴 역사를 지닌 소르본대학교를 중심으로 한 전통적 형식주의에 직면해 대학의 보호 체제로부터 벗어나는 데 어려움을 겪는다. 보수주의를 뒤흔들고, 학문적 그리고 제도적 적법성의 견장을 단 효과적인 제3의 문화 양식으로 인정받기 위해 인문과학은 고전문학 연구와 연결된 탯줄을 가차없이 잘라야 한다. 구조주의는 인문과학의 해방에 깃발 역할을 한다. 60년대 내내 인문과학은 구조주의 프로그램을 통해 과학적 취향을 강조하고, 그렇게 해서 시사 논설을 통해 논쟁을 벌이고 주변에서부터 혁신을 부추기며 보수적인 제도권을 우회한다. 인문과학은 철학적 공론을 지양하기 위해 주도자로 자처한다. 많은 사람들이, 그것이 언어학이든 인류학이든 아니면 정신분석학이든 변화의 효율성과 연결된 좀더 실용 가능한 학문을 채택하기 위해 철학 연구를 멀리한다.[1]

인문과학의 절대적인 도전에 맞선 철학가들의 태도는 전위적인 소수와, 그들 분야의 정상에서 무례한 젊은 새싹들의 공헌을 거만하게 무시하려는 대다수로 나뉜다. 에마뉘엘 레비나스와 같은 위대한 철학자도 1992년에 다시 다음과 같이 자문한다. "어떻게 아인슈타인의 과학적 지성을 야만적인 사상과 비교할 수 있겠는가…? 구조주의가 물론 나를 매혹시킬 수 없었을 것이다. 구조주의가 놀랄 만한 영향을 미치고 있는 것을 알고 있다. 리쾨르와 같이 우리 시대에 최고의 재능을 지닌 사람을 포함해서 아주 뛰어난 사람들이 그것을 심각하게 생각하고 있다."[2] 또 다른 접근 방식은 상당수의 철학가들로 하여금 구조주의 프로그램을 탈취하여

---

1) 프랑수아 도스, 《구조주의의 역사》, 제1권과 제2권, 앞의 책.

2) 에마뉘엘 레비나스, 프랑수아 푸아리에, 《에마뉘엘 레비나스》, 라 마뉘팍튀르, 브장송, 1992년, 121쪽.

새롭게 형성된 철학의 내용으로 삼는 것이었다. 그것은 인간을 자연에 복귀시키려는 니체의 의도를 다시 취하고, 인간에게 부여된 전통적 독창성과 우월성을 포기하는 것을 포함한다. 이것이 60년대 많은 사상의 대가들에 의해 취해진 태도이다. 이러한 철학가들은 방법론으로서 주어진 것을 철학의 진정한 혁신적 시각으로 승격시키는데, 이때의 철학은 행위의 사상, 역사성이나 주체와 같은 찌꺼기들을 털어 버린 순수 개념의 사상을 예고하는 기호학이나 경험과학의 인식론, 그리고 형이상학의 토대를 해체시킬 수 있는 분야로서 정신분석학과 인류학을 바탕으로 한다. "인문과학에 비해 정신분석학과 인류학은 오히려 반-과학적이다. 그것들은 인문과학 속에서 실증성을 찾고, 또 찾는 인간을 끊임없이 해체시킨다."[3]

인문과학의 도전에 직면한 리쾨르는, 그들의 프로그램에 거부의 태도를 취하거나 비판 없는 지지를 보내지 않는다. 그는 그들과 철학가의 입장에서 대화하기 위해 긴 우회를 시작한다. 우리는 정신분석학과 그를 비교하였다. 그는 권력을 탈취한 뒤, 갑자기 정신분석가로 자처하지 않는다. 그는 정신분석학에 철학가로서 질문을 제기한다. 역으로 철학이, 정신분석학이 가능케 한 전진과 비교할 만한 질문들을 어떤 면에서 장려해야 하는지 주의를 환기시킨다.

그는 당시의 과학주의에 고유한 아포리아에 속아 넘어가지 않는 반면, 인문과학이 언어학을 모델로 삼고 있는 만큼, 그리고 50년대말 그가 《악의 상징학》을 쓸 때 텍스트라는 매체의 중요성을 가늠하고 자신의 개인적 여정에 고유한 언어적 전환을 실행하는 만큼 인문과학 내에서 일어나는 일들에 더욱 귀를 기울인다. 자연과학에 대해 칸트가 실천한 것, 즉 자연과학의 정당성의 조건에 대한 검토가 그에게 문화적 현상에 대한 개방적 태도를 취하는 데 모델이 된다. 딜타이는 자연과학에 비해 특수한 정신과학의 인식론적 구성 계획을 다시 취했다.[4] 에른스트 카시러 역시 상징적 형태를 인간의 외면화 양식으로 연구할 때 이러한 신칸트주의 관점을 채택했다.[5] 리쾨르는 신칸트주의 전통과 함께 개방적이고 토론적인 태도를 회복한다. 그러한 전통에 대해 "철학과 사회학은 공통적인 입장을 취하는데, 그것은 철학이 사회학에게 인간성에 대한 의무를 환기시키기를 바라기 때문이다."[6]

---

3) 미셸 푸코, 《말과 사물》, 갈리마르, 파리, 1966년, 391쪽.
4) 빌헬름 딜타이, 《정신과학 내에서의 역사적 세계의 건립》(1910), 세르프, 파리, 1988년.
5) 에른스트 카시러, 《상징적 형태의 철학》, 3권(1929년), 《지식의 철학》, 미뉘, 파리, 1972년.
6) 장 미셸 베스니에와의 대담.

리쾨르는 독립된 의식의 연구에서 회의론적인 지평에 대한 검토를 막 끝낸다. 그는 구조주의 프로그램이 가져다 주는 기회를 곧바로 포착한다. 그에게 구조주의 프로그램은 주체와 능력 있는 인간, 그리고 의지에 대한 처음의 문제 제기의 대체로서가 아니라 그것의 가치를 높이기 위한 이식으로서 기능한다. 그는 폐쇄적이며 위축된 태도를 보이지 않는다. 반대로 그는 데카르트의 **코기토**에 의문을 품고, 문제를 제기하며, 복합적으로 만들 수 있는 것을 아주 호의적으로 받아들인다. 그의 해석학적 이식은 구조주의를 통과하며 자양을 얻는다. 이러한 우회를 통해 해석학적 이식은 체험의 세계를 더욱 잘 이해하려는 현상학적 의도를 풍요롭게 만든다. 물론 심리주의에 빠지거나, 하이데거의 경우처럼 이러한 목표를 존재론적 질문으로 변형시키는 것을 피해야 한다. 리쾨르가 생각하는 해석학은 사물 자체, 체험의 세계, 후설의 현상학이 길을 트고 인문과학이 탐구하는 삶의 세계로의 회귀를 주도한다. "나는 오늘날 우리가 1945년의 철학을 반복할 수 없다는 것을 의식하고 있다. 나는 우선 철학이 **인문과학**과의 **밀접한 대화**를 통해서만이 살아남을 수 있다는 것을 인정한다. 찬란한 고립의 시기는 끝났다."[7] 1970년 리쾨르는 자신의 철학적 사고의 축이 **코기토**에 대한 질문으로 형성되어 있으나, **코기토**가 매번 새로운 철학적 상황에 의해 다시 고려된다는 조건하에서이다. 그런데 "오늘날 그것이 말해지는 것은 인문과학의 영역으로부터이다."[8] 철학과 인문과학 사이에 시작된 대화를 통해 리쾨르는 모든 객관화에 대한 근심으로부터 단절된 실존적인 사상과, 모든 철학적 문제 제기로부터 분리된 자급자족형 객관주의 사이의 치명적인 이분법을 거부하고자 한다. 그는 기하학과 대화하는 플라톤, 대수학과 데카르트, 뉴턴과 칸트, 심리학과 베르그송 등, 동시대 과학적 발견으로부터 항상 자양을 얻은 철학 사상의 긴 전통과 함께한다. 리쾨르는 철학가를 유배자의 처지로 남게 하는 것을 거부하고, 그것이 그로 하여금 이해하는 것과 설명하는 것 사이 딜타이의 구분을 새로운 대가를 치르고 다시 취하게 한다.

이렇게 해서 언어학적 모델은 생물학이나 기계물리학의 신세를 지지 않고 설명 모델로서 제시된다. 언어학적 모델은 구조주의 시기에 인문과학의 중심에 자리잡

---

7) 폴 리쾨르, 〈철학〉, 《프랑스의 종합 평가, 1945-1970년》, 외국언론단체학회, 플롱, 파리, 1971년, 57쪽.

8) 같은 책, 58쪽.

고, 설명을 근간으로 하는 자연과학과 원동력을 이해의 영역에서 찾는 인문과학 사이에 딜타이에 의해 세워진 구분을 다시 문제삼는다. 딜타이와 베버 그리고 넓은 의미의 사회학의 모든 경향의 장점은 객관주의적 환원주의, 사회적인 것의 사물화 · 대상화를 피한 것이다. 리쾨르의 근심은 이해의 장에 설명을 다시 도입하는 것에 있다. 그는 이 두 가지 접근 방식이 대립적이고, 전혀 다른 성질의 두 가지 인식론을 보여 주고 있다고 생각하지 않는다. 그와는 전혀 반대로 이 두 가지 필요성 사이에는 보완성이 있다. "우선 나는 인식론의 차원에서 설명적 방법과 이해의 방법, 두 가지 방법이 있다고 말하지 않을 것이다. 엄밀히 말해 설명만이 방법적이다. 이해는 해석의 과학에서 설명의 방법적 요인과 결합되는 비방법적 요인이다. 이 요인이 설명을 선행하고, 동반하며, 종료시키고, 그리고 **감싼다**. 거꾸로 설명은 분석적으로 이해를 **전개시킨다**."[9] 설명하는 것과 이해하는 것의 변증법이 리쾨르로 하여금 주체의 적절성을 거부하지 않게 한다. 그런데 주체는 구조주의 속에서 자신에게 다가갈 수 없는 막힌 주체, 또는 단순히 주체 없는 소송의 취소로 환원된다. 그렇다고 그가 **코기토**에 즉자성의 관계에서 손댈 수 없는 출발점으로 **코기토**의 특전을 변호하는 것은 아니다. 리쾨르에 의하면 주체는 도착점이다. 언어학 · 문학분석 · 사회학 · 인류학, 그리고 역사의 가르침을 긴 도정과 우회를 통해 획득한 후에 되찾아지는 주체이다.

리쾨르는 메를로 퐁티에 의해 시작되었고, 그의 갑작스런 죽음으로 중단된 인문과학과의 대화를 추구한다. 그래서 그는 60년대에 사상의 첨병을 상징한다. "내가 1960년 파리신학대학의 학생이었을 때, 리쾨르는 세상을 바꿔 놓은 세 사람은 프로이트 · 니체 · 마르크스라고 말했고, 가끔 한창때의 키에르케고르를 덧붙였다."[10] 하지만 구조주의 패러다임의 힘찬 전진은 알튀세 · 라캉 · 바르트 · 레비 스트로스 · 푸코 · 부르디외 등 철학 전통과 단절을 급격화하는 소그룹과 다른 방향으로 가게 한다. 리쾨르에게 충실하면서 동시에 부르디외의 주장을 지지하는 피에르 앙크르베에게는 어려운 시기이다. "부르디외는 나의 리쾨르에 대한 관심을 개인적인 엉뚱한 생각의 표현으로 보았고, 프로테스탄트로서 나를 용서해야 했다.

---

9) 폴 리쾨르, 〈설명하는 것과 이해하는 것〉, 《루뱅의 철학 정기 간행물》, 제71권, 1977년 2월, 126-147쪽; 《텍스트로부터 행동으로》, 쇠이유, 파리, 1986년, 181쪽에 재수록.

10) 피에르 앙크르베와의 대담.

하지만 그에 의하면 정신주의자인 리쾨르와 함께할 어떤 이유도 없었다."[11]

자신의 소신을 빙자한 이러한 불신은 리쾨르가 구조주의의 최첨단에서 실행된 연구에서 진전을 보이는 만큼 더욱 몰상식하다. 1937년 콜레주 드 프랑스에 들어와 오랫동안 장엄한 고독 속에 머무는 벤베니스트의 주장을 받아들이는 것도 마찬가지이다. 그의 발화 행위에 대한 분석[12]이 구조주의 옹호자들에게 진정으로 전파되기 위해서는 70년대초까지 기다려야 한다. "벤베니스트와 관련된 총체적 이론으로서 발화 행위는 1970년 이전 프랑스 언어학자들에 의해 거의 또는 전혀 알려지지 않는다."[13] 반대로 리쾨르는 그의 가르침을 아주 빨리 소화했다. 클로딘 노르망은 1966-1967년 당시 가장 첨단에 있던 언어학자 장 뒤부아의 강의와 리쾨르의 강의에서 한 필기 내용을 비교 연구할 수 있었다.[14] 이 비교는 놀라운 모순점을 명백히 드러내 준다. 당시 낭테르대학교 학생들은 언어학자인 뒤부아가 아니라 철학가 폴 리쾨르를 통해 벤베니스트의 문제 제기에 대해 알게 된다. 리쾨르의 수업중에 한 노트는 담론의 위상과 동시에 발화하는 주체의 위상에 대한 질문이 제기된 것을 보여 준다.

이 강의는 소쉬르 · 옐름슬레우 · 벤베니스트와 기욤의 계속되는 공헌뿐만 아니라 오스틴과 스트로슨의 언어행위론을 소개한다. 리쾨르는 언어의 언어학에서 사건/구조의 대립을 초월할 수 있게 하는 담론의 언어학으로 넘어갈 자신의 의도를 먼저 제시한다. 그가 통사론에 대한 촘스키의 연구마저도 동원하는 것은 이러한 여정 속에서이다. 소쉬르에게서 언어와 말 사이 근본적인 대립의 초월은 리쾨르에게 구조주의 패러다임에서 사각을 형성하는 것, 즉 지시 대상 · 문장 · 주체 등을 다룰 수 있게 한다. 그리고 벤베니스트의 발화 행위의 이론 속에서 논증의 재료들을 되찾을 수 있는 가능성을 준다. 같은 시간에 장 뒤부아는 언어 연구의 구조주의적 범주에 갇혀 있다. 좀더 기술적이며 덜 역사적인 그의 강의는 그린버그 · 해리스와 함께 촘스키에 입문을 제안한다. 물론 그도 벤베니스트를 암시하는데, 그것은 발화행위론에 대한 것이 아니라 수준에 따른 구조적 분석의 원칙에 대한 것이다. 클로딘 노르망은 그로부터 결론을 짓는다. 그 결론에 따르면 "철학가가 새

---

11) 피에르 앙크르베와의 대담.

12) 에밀 벤베니스트, 《일반언어학 개론》, 갈리마르, 파리, 1966년.

13) 클로딘 노르망, 〈언어에서 주체〉, 《언어》, 제77호, 라루스, 파리, 1985년, 9쪽.

14) 클로딘 노르망, 〈언어학과 철학, 그들 관계의 역사에서 한순간〉, 《언어》, 앞의 책, 33-42쪽.

로운 언어학 이론의 중요성을 이해하기 위해 언어학자들보다 더 잘, 더 빨리 무장한 듯하다. 언어학자들은 전통적 또는 최근의 접근 방식을 전환시키느라 너무 몰두해 있기 때문에 그것들을 다시 변화시킨다는 것은 엄두도 내지 못한다."[15] 언어학적 혁신의 차원에서 니콜라 뤼베가 행한 촘스키 도입의 선구적 작업 이외에, 촘스키의 연구가 프랑스에서 실질적인 반향을 일으키게 되는 것은 리쾨르 덕택이다. 그는 1969년부터 프랑수아 발과 함께 이끈 쇠이유의 총서 '철학적 영역'에서 촘스키를 출판한다.[16]

리쾨르는 언어학의 영역에 국한되지 않는다. 경험심리학의 영역에서 그는 1966년 장 피아제 · 이브 갈리프레 · 폴 프레스, 그리고 르네 자조와 토론한다. 이와 같은 전문 심리학자들 앞에서 그는 또다시 철학 영역과 과학적 발견의 진정한 유기적 결합을 변호한다. "지혜와 과학의 모든 대립은 비이성주의로 향한다"[17] 토론중에 리쾨르는 후설에 대한 피아제의 해석의 잘못을 지적한다. 심리학자는 현상학의 아버지를 본질적 환원 덕택에 감각적 직관으로부터 벗어나려는 야심을 가진 철학가로서 소개한다. 정반대로 후설에 의한 환원의 철학적 행위는 세계로부터 벗어나는 것이 아니라 세계를 의미 관계의 확립체로서 포함시키는 것을 목적으로 한다. 그래서 반성적 영역이 리쾨르에 의하면 심리학자의 임상을 더욱 잘 생각하게 한다. 심리학자의 업무는 기표(시니피앙)로서 인간의 행동을 묘사하고 설명하는 것이기 때문이다. 그는 인문과학의 실무가들과 맞서 결코 철학적 입장을 포기하지 않는다. 그는 오늘날 양보하여 그들에게 이렇게 말한다. "철학이 물론 더 이상 라슐리에의 방식으로 가능하지 않다. (…) 철학은 대상이 없다. 철학은 다른 학문의 대상이다. 하지만 철학은 주체가 탄생될 작업 속에 대상을 끊임없이 다시 취한다."[18] 하지만 당시의 과학주의적이고 협소한 인식론적 분위기 속에서 이러한 개방성은 대가를 받지 못한다. 피아제는 심리학자들의 작업에 대한 리쾨르의 태도에 대해 그에게 감사하며, 자신들이 새롭게 발견한 것을 바탕으로 사고방식을 변화시킬 준비가 되어 있음을 밝힌다. 그리고 다음과 같이 덧붙인다. "하지만 내가 이

---

15) 클로딘 노르망, 같은 책, 42쪽.

16) 노엄 촘스키, 《데카르트파 언어학》, 쇠이유, 파리, 1969년; 《통사론적 구조》, 쇠이유, 파리, 1969년; 《통사론의 제상》, 쇠이유, 파리, 1971년; 《의미론의 질문》, 쇠이유, 파리, 1975년.

17) 폴 리쾨르, 〈심리학과 철학〉, 《현재 이성》, 제1호, 1966년, 56쪽.

18) 같은 책, 73쪽.

해하지 못하는 것은 그것이 우리에게 가져다 주는 것이다. 내가 말하고 싶은 것은, 각 학문이 고유의 인식론을 갖게 되면서 각자의 고유 분야에서 각 학문이 해야 하는 것과 어느 면에서 구별되는 문제인가 하는 것이다."[19]

구조주의와의 커다란 대립은 1963년에 일어난다. 그것은 《야만적 사고》가 출간된 지 1년 뒤 클로드 레비 스트로스와의 토론의 빌미가 된다. 토론은 리쾨르가 주동이 된 《에스프리》의 철학 그룹 내에서 세심하게 준비된다. 무니에의 인격에 대한 개념에 인류학적 토대가 매우 부족함에도 리쾨르는 사르트르가 그럴 수 있었듯이 공격당한 철학가처럼 구조주의적 인류학에 대한 열광에 대응하지 않는다. 반대로 이 토론은 그에 의하면 인격의 개념에 더 많은 토대를 마련할 계기가 된다. 그러므로 그는 그의 철학 그룹으로 하여금 구조주의 사상의 내면을 훑어볼 것을 권하고, 철학적 지평을 풍부하게 하기 위하여 필요한 지적 고행을 권장한다. "우리는 1년 동안 《야만적 사고》에 대해 작업했다. 우리는 자주 모여 레비 스트로스의 저서를 한 문장 한 문장, 한 장(章) 한 장 검토했다. 리쾨르가 아니었으면 구조주의를 그 자체로 받아들이고, 대부분의 이상주의 철학가들이 그랬듯이 배척하기보다는 우리를 살찌우게 해야 할 것이라고 말할 수 있는 능력을 지닌 사람은 아마 없었을 것이다."[20] 이러한 단체 작업은 1963년 6월 레비 스트로스와의 만남을 조직하고, 《에스프리》에 토론 내용을 게재하는 결정을 하게 한다.[21] 구조주의의 옹호자인 레비 스트로스는 폴 리쾨르 · 미켈 뒤프렌 · 장 피에르 페이 · 코스타스 악셀로스 · 장 로트만 · 장 퀴즈니에 · 피에르 아도와 장 코닐의 질문을 받는다.

리쾨르는 방법론에 대한 질문으로 토론을 시작한다. 그는 레비 스트로스의 연구를 다른 문화적 영역에 일반화시킬 수 있는 가능성에 대한 질문을 제기한다. "나는 당신의 방법론이 거둔 좋은 성과가 그것이 바탕으로 하고 있는 지리적 · 문화적 영역, 즉 옛 토템 숭배에 의해 어느 정도까지 도움을 받았는지 자문했다."[22] 구조주의가 문화적 다양성을 뛰어넘는 보편적 특성을 지닌 해독기처럼 받아들여질 때, 리쾨르는 아메리칸 인디언과는 다른 문화 영역에도 적합성의 조건을 갖추고 있는지 질문한다. 고정된 문화의 범주에서 레비 스트로스가 사용한 방법론이 문

19) 장 피아제, 위의 대담.
20) 장 코닐과의 대담.
21) 〈야만적 사고와 구조주의〉, 《에스프리》, 제322호, 1963년 11월.
22) 폴 리쾨르, 《에스프리》, 1963년 11월, 628쪽.

화적 자산이 지속적으로 새롭게 변화하는 문화권에서도 유효한지? 마찬가지로 리쾨르는 신화적 사상의 통일성이 있는지, 성서의 세계에 적용된 구조주의적 방법론이 환원될 수 없는 나머지·찌꺼기를 남기지 않는지 묻는다. 이러한 반론에 레비 스트로스는 과학적 접근의 토대이기도 한, 객관화를 위한 필연적 단절에 대한 뒤르켐의 고전적 주장으로 응답한다. 그는 학자와 대상 사이의 차가운 관계를 권장하고, 에드먼드 리치와는 반대로 자신의 신화 해석 방법을 '따뜻한' 사회를 제외한 '차가운' 사회에 제한한다.

리쾨르는 방법론과 그것의 타당성을 거부하지 않는다. 오히려 확신한다. "구조주의 없이 해석학을 할 수는 없을 것이다."[23] 하지만 그는 이러한 방법론적인 관점은 언어학 모델보다 반성적 사상, 의미의 회복, 그러니까 해석학의 노선에서 더욱 영감을 받은 다른 이해의 방식과 긴밀한 유대 관계를 유지해야 한다고 생각한다. 이러한 관점은 두 개념을 대립시키는 진정한 분할선처럼 보인다. 그리고 서로의 이야기를 들으려 하지 않는 무의미한 대화를 촉발시킨다. 리쾨르는 신화를 이야기하는 방식뿐만 아니라 내용, 잠재적인 철학의 수준까지 연구를 이끌기 위해 의미론적 범주의 고찰을 통해 통사론에 대한 고찰을 살찌게 할 것을 호소한다. 이에 대해 레비 스트로스는 다음과 같이 대답한다. "그렇게 해보았다. 하지만 좋은 결과가 없었다."[24] 리쾨르는 외면적 사상과 내면적 사상, 설명하는 것과 이해하는 것 사이 단절이 불가능하다고 생각하고 이를 주장한다. 해석하는 행위는 그 자체로 주체와 대상 사이 인위적인 단절을 부순다.

레비 스트로스에 맞서 리쾨르는 은연중에 현상학의 가르침을 동원한다. "그것을 이해하면서도 내가 나를 더 잘 이해하지 못한다면, 어떻게 여전히 의미를 말할 수 있겠는가? 의미가 자신에 대한 이해의 단편이 아니라면, 그것이 무엇인지 모르겠다."[25] 레비 스트로스가 다시 과학자에게 고유한 차갑고 외향적인 시선에 대한 주장을 내세울 때, 리쾨르는 거절에 부딪힌다. 레비 스트로스는 리쾨르가 "의미의 의미, 의미 뒤에 있는 의미"를 찾는다고 의심하며, "자신의 견지에서 의미는 근본적 현상도 아니고 언제나 환원 가능하다"[26]고 말한다. 리쾨르가 권장하는 본질

23) 폴 리쾨르, 같은 책, 635쪽.
24) 클로드 레비 스트로스, 같은 책, 636쪽.
25) 폴 리쾨르, 같은 책.
26) 클로드 레비 스트로스, 같은 책, 637쪽.

적 환원에 대해 레비 스트로스는 완전히 객관적인 사상의 과학적 환원으로 대답한다. 레비 스트로스는 리쾨르를 이분법에 가두려 한다. 그 이분법 속에서 구조주의적 인류학이 과학에 고유한 잠재성을 예를 들어 설명하는 반면, 리쾨르는 인상적 주관주의의 변호를 구현할 것이다. 하지만 리쾨르는 그러한 양자택일의 어휘 자체를 거부한다. "우리는 의미에 대한 즉각적인 의식의 주관주의와 형태화된 의미의 객관성 사이에서 선택할 필요가 없다. 둘 사이에 의미가 제안하는 것이 있다. (…) 그렇기 때문에 내가 구조에 대립시키는 것은 주관성이 아니라 내가 해석학의 대상이라고 부르는 것, 즉 계속되는 재현을 통해 열린 의미의 영역일 것이다."[27]

토론중에 제기된 또 다른 중요한 질문은 구조주의적 방법론에 내포된 철학에 대한 것이다. 공시성에 부여된 중요성과 구조주의 모델의 방해자 역할을 하는 통시성의 배척은 구조주의의 전체적 접근 방식에서 역사성이 갖는 모든 적절성을 빼앗는 것이다. 리쾨르는 거기에서 현대 불가지론의 극단적인 형태의 토대를 본다. "당신에게는 인공두뇌학적인 의미에서가 아니라 선언적 의미로 '메시지' 가 존재하지 않는다. 당신은 의미의 절망에 빠져 있다. (…) 당신이 의미를 구하지만 그것은 무의미의 의미, 아무것도 말하지 않는 담론의 통사론적인 놀라운 익명성이다."[28] 이러한 의미에서 레비 스트로스는 리쾨르의 눈에 매혹적이며 동시에 불안한 사람처럼 보인다. 무의미의 황혼철학의 표현으로 지각된 레비 스트로스의 비역사성에 대한 비판은 1963년 토론을 종결짓는다. 그 비판은 거의 예언적인 통찰력을 지닌다. 《야만적 사고》에서 아직 말해질 수 없는 것이 《벌거벗은 인간》의 '피날레' 속에 신화에 대한 4부작의 마지막에서 확실히 표명된다. 레비 스트로스는 작업 초기부터 그를 부추기는 역사적 비관주의를 자연적인 흐름에 맡긴다. 《신화 속의 인물들》은 사실 인간들의 조락으로 끝난다. 이러한 신화들은 "천천히 꽃을 피우고, 전혀 존재하지 않았던 것처럼 멀리 잠기기 위해 문을 닫는"[29] 복잡한 건축물을 드러나게 한다. 시간은 사라짐의 논리 속에서조차 펼쳐지고, '피날레' 의 마지막 단어는 '아무것도' 이며, 이 단어는 장 마리 도므나크의 표현을 빌리면 **진혼곡** 또는 **애도가**의 향기를 작품에 풍기게 한다.

---

27) 폴 리쾨르, 같은 책, 644쪽.
28) 같은 책, 653쪽.
29) 클로드 레비 스트로스, 《벌거벗은 인간》, 플롱, 파리, 1971년, 620쪽.

머리말에서 리쾨르는 자신이 구조주의 인류학의 작업을 전망하는 텍스트를 레비 스트로스에게 부친다. 그는 거기에서 "구조주의의 **정당성**과 동시에 **유효성의 한계**"[30]를 인정한다. 그러니까 리쾨르는 구조주의적 모델을 반박만 하지 않는다. 그는 구조주의의 한계를 더 잘 측정하기 위해 내부에 자리잡는다. 구조와 해석학을 대립시키기보다는 반대로 둘을 함께 생각하는 방법을 찾는다. 해석학자의 의미를 획득하는 작업은 인류학자의 발견과 일치할 수밖에 없다. 하지만 그는 정당화 작업 없이 일반화나 시스템화의 단계로 넘어갈 수 있게 하는 모든 한계의 변화에 대해 인류학자를 경계시켜야 한다. 리쾨르에게는 두 가지 접근 방식의 수준을 구별하는 것이 중요하다. 첫번째 수준은 리쾨르가 레비 스트로스 분석의 유효성을 인정하는 유사성의 기초적 시스템의 이항적 대립만큼이나 음성학의 이항적 대립에 의해 설명된다. "구조주의 학자의 기도가 유효성의 조건, 즉 한계를 의식하는 동안 그것은 나에게는 매우 정당하고 모든 비판으로부터 안전한 듯하다."[31] 그러므로 그것은 반성적 재연의 두번째 수준에 열려 있어야 한다.

《야만적 사고》와 더불어 레비 스트로스는 구조주의적 방식이 온화한 기후에서만큼 열대에서 통용되고, 논리적 사고와 상동 관계에 있는 범위 내에서 그것을 일반화시킨다. 하지만 리쾨르는 토템 사상이 통시성과 공시성 사이에 전도된 관계를 내포하기 때문에 그것을 성서적 사상과 대립시킨다. 구조적 과학으로부터 구조주의적 철학으로의 이행은 리쾨르에 의해 "초월적 주체가 없는 칸트주의 또는 절대적 형식주의"[32]로 특징지어진다. 리쾨르는 형태적 해석을 포함하면서, 의미의 해석적 과정을 통해 타자의 이해와 자아의 이해를 일치하게 하는 것을 목적으로 하는 해석학을 대안으로 제시한다. '초월적 주체가 없는 칸트주의' 라는 표현은 폴 리쾨르에게 주는 대답에서 레비 스트로스에 의해 다시 취해지고 수용될 것이다. 그는 그 어휘들을 받아들인다. "나는 리쾨르가 나의 입장을 비판하기 위해 '초월적 주체가 없는 칸트주의' 라고 정의할 때 그와 완전히 의견을 같이한다. 주체의

30) 폴 리쾨르, 〈구조와 해석학〉, 리쾨르가 몇 번이나 다시 사용한 아주 중요한 텍스트. 처음에는 〈상징과 시간성〉이라는 제목으로 출판됨, 《해석학과 해석》, 국제총회보고서, 로마, 1963년 1월, 《철학 자료실》(앙리코 스텔리, 편집), 1963년 3월, 12-31쪽; 《에스프리》, 1963년, 11월에 재수록, 《해석의 갈등》, 앞의 책, 31-63쪽에 재수록; 《강의 2》, 앞의 책, 351-384쪽에 재수록; 《강의 2》, 351쪽에서 발췌된 인용.

31) 폴 리쾨르, 같은 책, 《에스프리》, 1963년 11월, 605쪽.

32) 같은 책, 618쪽.

결여가 그에게는 의문을 불러일으킬지 모르지만, 나는 그 표현을 받아들이는 데 아무런 어려움도 느끼지 않는다."[33] 리쾨르가 해석학이 구조주의적 방법론을 수용하는 토대일 수 있음을 제안할 때 토론은 실패로 끝난다. 레비 스트로스에 의해 실행된 한계로의 이행은 방법론을 철학으로 승격시키고, 구조적 사고는 생각되지 않는 사고로 남는다. 리쾨르는 구조주의적 철학이 해석적 영역을 거부하므로 "언어학적 모델의 절대화"[34]에 그치는 것을 이해한다. 어떻게 두 관점을 화해시키며, 해석학과 구조적 인류학을 절충적 태도를 피하면서 함께 생각할 수 있을까? 1963년 리쾨르가 품은 야심은 그러하다. 그는 독특한 전체 속에서만이 의미를 갖는 상징적 세계에 대해 단순히 논리주의적인 접근이 갖는 회의적인 성격을 보여 준다. 상징에 고유한 모호성은 단일성의 요구에 바탕을 둔 연역의 기도에 저항한다.

《에스프리》의 그룹은 구조주의와 대립을 계속하고, 1967년 구조주의 패러다임의 승리가 최고조에 달했을 때, 전후 실존주의에 대한 열광만이 비견될 수 있는 지적인 지지를 받는 이 현상에 특별호를 헌정한다.[35] 장 마리 도므나크는 한편으로 체계를 절대화시키면서 다른 한편으로 기성 질서를 조건짓는 다양한 형태들을 불변의 것으로 간주하며, 체계의 비판자이기를 원하는 구조주의적 사고를 조롱한다. "구조주의는 실존주의적 신화에 찬물을 끼얹는다."[36] 그리고 인식론적 자급자족과 부재, 어둠의 엄습에 대한 불안감을 결합시키는 구조주의의 두 측면을 비난한다. 리쾨르의 수용소 시절 동료인 미켈 뒤프렌은 자신의 친구인 알튀세의 《마르크스를 위해서》에 대한 응답으로 같은 해 《인간을 위해서》[37]를 출판하며 구조주의를 반박한다. 그리고 "현대 철학이 인간을 공개적으로 규탄하는 것"[38]에 대해 놀라움을 금치 못한다. 미켈 뒤프렌은 구조주의의 현상을 앵글로색슨족의 논리적 실증주의를 뒤늦게 발견한 신실증주의와 하이데거에서 자양을 받은 비인간주의의

33) 클로드 레비 스트로스, 《에스프리》, 1963년, 633쪽.

34) 폴 리쾨르, 〈구조와 해석학〉, 인용된 논문, 《강의 2》, 375쪽.

35) 《에스프리》, 1967년 5월, 〈구조주의. 이데올로기와 방법론〉, 장 마리 도므나크의 논문, 〈시스템과 인격〉; 미켈 뒤프렌, 〈신실증주의 철학〉; 폴 리쾨르, 〈구조, 단어, 사건〉; 장 라드리에르, 〈의미와 시스템〉; 장 퀴즈니에, 〈단어, 이념과 도구의 구조주의〉; 피에르 뷔르즐랭, 〈지식의 고고학〉; 이브 베르트라, 〈무모한 사상〉; 장 코닐, 〈마르크스의 독서〉.

36) 장 마리 도므나크, 〈체계와 인격〉, 《에스프리》, 같은 책, 771-780쪽.

37) 미켈 뒤프렌, 《인간을 위하여》, 쇠이유, 파리, 1967년.

38) 미켈 뒤프렌, 〈신실증주의 철학〉, 인용된 논문, 781-800쪽.

만남으로 분석한다.

한편 리쾨르는 단어의 기능을 체계와 행위, 구조와 사건 사이의 교환 요소로 연구하면서 구조주의 영역으로 들어선다.[39] 그는 그러한 방식으로 구조주의가 간과한 것을 밝히는데, 구조주의는 일단 절대화되면 담론을 형성하는 행위의 이해에 더 이상 접근하지 않는 언어와 담론 사이 자율성을 전제한다. 그는 다시 한 번 구조적 시각의 쟁취는 아주 값진 과학성의 쟁취이며, 그러한 과학성의 획득은 (소쉬르의 언어 연구에서 제외된 말의 의미로) 언어 행위와 역사라는 두 가지의 커다란 배척이라는 비싼 대가를 지불한다. 그런데 언어는 행위 속에서 구조를 사건이 되게 하는 말의 사건을 통해서만 현실화된다. 담론의 수준만이 선택, 새로운 결합, 그리고 지시 대상과의 관계를 전제하는 각 부분들을 행위의 영역으로 도입시킨다. "말하는 것은 무엇인가에 대한 무엇인가를 말하는 것이다. 여기서 우리는 프레게와 후설을 다시 만난다."[40] 개별적 발화 행위는 누군가가 누군가에게 말을 하기 때문에 주체를 회복시킨다. 리쾨르는 자신이 일단계 구조주의라고 명명한 단순히 분류학적인 것, 촘스키와 기욤의 좀더 역동적인 접근 방식으로 대체되고 있는 그것을 추월하고 싶어한다.[41] 그래서 그는 정신주의나 심리주의의 악습에 빠지지 않고 구조주의 본래의 절단을 초월할 것을 제안한다. 그리고 그렇기 때문에 그에게 "언어를 생각하는 것은 소쉬르가 분리시킨 그것의 통일성, 언어와 말의 통일성을 생각하는 것이다."[42]

이 토론은 구조주의의 전적인 승리에 의해 방향 감각을 상실한 젊은 지식인 세대 전부에게 많은 것을 가져다 주었다. 그리고 그들에게 이러한 경향의 몇 가지 지나침과 관련하여 비판적 거리를 유지하면서 사고의 현대성을 표방할 가능성을 준다. 첫째로 60년대 젊은 그리스도교 학생들이 그러한 경우에 속한다. 1961년과 1965년 사이 생클루의 파리고등사범학교 역사학도였던 에티엔 푀이유는 당시 리

---

39) 폴 리쾨르, 〈구조, 단어, 사건〉, 인용된 논문, 801-821쪽; 《해석의 갈등》, 앞의 책, 80-97쪽에 재수록.

40) 폴 리쾨르, 같은 책, 87쪽.

41) 귀스타브 기욤, 언어의 구조와 특히 시간의 개념을 통해 파악된 생각의 구조 사이의 관계를 세운 프랑스 언어학자(1883-1960). 귀스타브 기욤, 《시간과 동사》, 샹피옹, 파리, 1929년.

42) 폴 리쾨르, 〈구조, 단어, 사건〉, 인용된 논문, 86쪽.

쾨르에게서 엄격하고 유용한 논리의 정립을 발견한다. "우리는 《에스프리》에 실린 그의 논문들을 읽었다. 그는 일찍부터 과격한 가톨릭 운동 단체의 구조주의 비판에 도움을 줬다."[43] 1965년과 1968년 사이 엑상프로방스에서 고전문학을 공부하던 젊은 예수교 학생인 장 루이 슐레겔은 특히 언어학에서 구조주의에 의해 매료된다. 학부를 마친 후 그는 이러한 혁신적인 분야로 뛰어들어 조르주 무냉과 앙드레 마르티네가 이끄는 수업에 참가한다. "나는 당시 철학을 포함한 구조주의에 흠뻑 빠져 있었다."[44] 하지만 의미의 영역을 제외시키는 주체가 없는 철학의 경향은 장 루이 슐레겔을 혼란에 빠뜨린다. 그는 "당시에 겨우 읽을 만한 유일한 지적 사고로 리쾨르의 그것"과 마주친다. "리쾨르는 나에게 많은 것을 주었고, 스물두 살의 나이에 당황하지 않도록 도왔다."[45] 레비 스트로스와의 대립은 많은 기여를 하면서, 동시에 "과학주의의 변모"[46]를 형성하는 한 흐름의 복잡한 문제점에 대한 그의 생각을 정리해 준다.

훗날 구조주의의 유행이 끝나갈 무렵인 1989년, 리쾨르는 함께 생각해야 할 쌍으로 간주한 기호와 의미를 역사적 관점에서 다룬다.[47] 철학적 전통은 오히려 서로 배타적인 의미의 이론과 기호의 이론에 배타적으로 헌정된 단계의 연속을 밝혀 준다. 두 경향이 대립된다. 하나는 의미에 중요성을 부여하는 것이고, 다른 하나는 기호의 논리를 우선시하는 전통이다. 구조주의 언어학과 그것이 낳은 사변은 의미를 기호의 지배 아래 놓는 해결책 중의 하나를 제시할 뿐이다. 그렇게 함으로써 구조주의는 형태의 개념을 강조했고, 수사학과 논리학 그리고 유명론으로 중세를 풍미했던 오래된 아리스토텔레스의 전통과 연결되고, 좀더 뒤에 촘스키가 명확히 계보로 인정한 포르루아얄 문법학과 연결된다.

현대 사상은 기호로부터 파생되지 않는 의미의 모델을 제시하는 칸트적 초월주의만큼이나 기호의 제국과 결별할 것이다. 한편 후설의 현상학과 프레게, 그리고 초기 러셀의 작업은 의미를 재현으로부터 분리시킨다. 의미는 정신적 내용으로부터 분리된 영역이며, 기호의 사용을 지배한다. 지배적 경향의 뒤바뀜은 매번 새로

43) 에티엔 푀이유와의 대담.
44) 장 루이 슐레겔과의 대담.
45) 위의 대담.
46) 위의 대담.
47) 폴 리쾨르, 〈기호〉, 《대백과사전》, 문집, 제20호, 1989년, 1075-1079쪽.

운 조명을 밝혔다. 하지만 리쾨르에 의하면 이러한 잘못된 양자택일, 의미와 기호의 딜레마에서 벗어나는 것은 불가능하다. 구조주의 시대에 대립적으로 보였던 이 두 개념은 혼돈 없는 화해의 길을 찾을 수 있을 것이다. 유기적 결합이 텍스트의 내적 배열을 규제하는 기호학적 분석과 함께 고찰될 것이다. 게다가 의미론에서 분리된 분석은 지시 대상 쪽에서 의미를 추출하고, 그렇게 함으로써 해석 영역에 문을 연다.

36

알튀세 경향의 마르크스주의와의 대결

리쾨르가 프로이트의 저서와 언어학자들의 작업을 체계적으로 섭렵했다면, 마르크스의 사상은 마찬가지로 30년대부터 그와 함께했다. 그는 마르크스의 경제주의와 합산적이고 체계적인 야심에 맞서, 이미 언급했듯이 침묵을 지킨다. 하지만 자크 텍시에 또는 솔랑주 메르시에 조자와 같은 마르크스주의 철학가들이 그와 함께 일하는 국립과학연구센터의 현상학연구소에 많은 마르크스주의 연구원들을 받아들인다.

1959년 소르본대학교와 파리고등사범학교 학생인 미셸 베르트랑은, 리쾨르의 지도하에 키에르케고르에게서 진리의 개념을 주제로 한 철학 박사과정 논문을 준비한다. 그녀는 공산당학생연합에 가입하고, 열렬한 마르크스 신봉자가 된다. 그리고 사회를 통한 미래 예측의 문제를 주제로 박사 논문과정에 등록한다. "리쾨르는 마르크스주의자인 것을 받아들일 수 있는 유일한 교수며 철학가였다. 동시에 그는 마르크스주의와 대립 관계에 있었다."[1] 자크 텍시에는 또한 프랑스 공산당 당원이며, 1978년까지 마르크스주의연구소의 편집책임을 맡는다. 1968년 국립과학연구센터로 들어올 당시 그는 이미 그람시에 관한 작업을 출판했고, 이것을 바탕으로 파르망시에 가의 리쾨르 세미나에 초대된다. 마르크스의 저서에 대한 역사주의적이며 그람시 성향의 독서에 열중한 자크 텍시에는 알튀세 추종자들의 주장과는 상반되는 주장을 전개한다.[2] 그는 리쾨르에게 자신의 비판적인 연구를 보내고, 리쾨르는 그에게 "완전히 균형을 잃게 할 만큼 아주 효과적인 편지"[3]를 보

---

1) 미셸 베르트랑과의 대담.

2) 자크 텍시에, 〈최후의 결정 기관의 결정에 대해(마르크스 또는 알튀세)〉, 《변증법에 대하여》, 마르크스주의연구소, 소시알출판사, 파리, 1977년, 251-308쪽.

3) 자크 텍시에와의 대담.

낸다. 리쾨르는 알튀세의 추종자들에 대한 그의 비판적 해석에서 그와 동의하며, 텍시에가 철학적 견지에서 최후의 결정 기관 또는 지배적 결정 기관의 결정에 대한 개념을 철저하게 비판하는 것이 옳다고 생각한다. 하지만 "리쾨르는 전체성의 개념을 재검토하는 의미에서 전체적인 비판을 했다."[4] 마르크스에 대한 다양한 해석이 사실 전체성의 내제적 배열의 차원에서 대립된다. 하지만 리쾨르가 텍시에에게 던진 극단적인 질문은 전체성을 가능하게 하고 생각할 수 있게 하는 것, 전체성의 언급이 지니는 적법성 자체에 대한 질문이다.

물론 리쾨르에게 마르크스는 의미를 드러내려는 불가피한 의도 속에서 중요하다. 프로이트와 같은 방식으로 마르크스는 사회적·정치적 차원에서 비판과 의심, 그러니까 본질적 순수함의 필연적 초월을 위한 무기를 제공한다. 그는 리쾨르가 70년대 중반에 사회적 상상력이라고 명명한 그것을 풍요롭게 하는 데 공헌하며, 이데올로기와 유토피아가 그것의 없어서는 안 될 두 가지 표현이라고 간주한다. 이데올로기는 과학의 단순한 은닉으로 유토피아는 현실의 도피로 폄하되면서 사회적 상상력의 두 가지 형태가 특히 비난받을 때, 리쾨르는 마르크스에게서 그것들이 지니는 동화와 전복의 이중적 기능을 복원시킬 방법을 찾는다. 그는 이데올로기의 개념을 세 가지로 정의한다.[5] 이데올로기는 우선 은닉 수단으로, 실천을 상상으로 변화시키는 현실의 전도된 이미지로서 고려된다. 이것은 《필사본》과 《독일의 이데올로기》를 쓴 젊은 마르크스에 속한다. 하지만 개인들의 이익을 적법화하고 보편화하는 과정을 통하는 두번째 의미가 있다. "지배 개급의 이념이 보편적 개념으로 설정되면서 지배 개념이 된다고 주장할 때 마르크스는 이러한 의미를 염두에 두었다."[6] 이러한 두 가지 기능에 세번째 기능이 첨가되는데, 그것은 추도식에서 특히 나타나는 동화의 기능이다. 이데올로기는 그러므로 긍정성, 건설적 목표를 담고 있다. 동시에 세 가지 수준은 서로 혼합될 수 있고, 이데올로기는 첫번째 위조된 발현으로부터 적법화 영역까지 형태 변화를 하면서 변질될 수 있다. 70년대의 상황 속에서 이데올로기의 역할에 대한 재평가는 지배적인 알튀

4) 자크 텍시에와의 대담.

5) 폴 리쾨르, 〈이데올로기와 유토피아, 사회적 상상력의 두 표현〉, 《철학적 교환》, 뉴욕, 1976년, 제2호, 《CPO 연구지》, 49-50호, 1983년에 재수록; 《텍스트로부터 행동으로》, 앞의 책, 379-392쪽에 재수록.

6) 같은 책, 382쪽.

세의 경향과 그 개념의 첫번째 의미인 헛된 체험과 은닉에 한정된 개념의 단순히 부정적인 해석에 비해 대안으로 제시된다.

마찬가지로 유토피아에 대해 리쾨르는 이데올로기와의 상보적 관계에서 세 가지 생산적 차원을 고려한다. 이데올로기의 동화적 기능에 맞서 유토피아는 자신의 이국(異國), 대안이 있다. 그것은 현실화될 종말론의 예고를 주장하는 병리학적 해석에 영감의 원천일 수 있다. 하지만 유토피아는 가능성의 영역을 유지하는 범위 내에서 해방적 기능을 되찾을 수 있다. "유토피아는 기다림의 지평이 경험의 장과 혼합되는 것을 방해하는 것이다. 그것은 희망과 전통의 사이 차이를 유지하는 것이다."[7]

또 다른 기회에 리쾨르는 알튀세에게 중요하며 단절의 테마를 바탕으로 한 과학과 이데올로기의 쌍을 질문한다.[8] 여기에서도 그는 거짓, 환상과 위조라는 어휘로 이 영역을 단순히 사회적 실용화와 비교할 때 마르크스주의가 사용하는 것과 같은 이데올로기의 제한된 정의에 반대한다. 타인의 규범성을 폭로하는 전략 뒤에, 리쾨르는 이러한 의심의 접근 방식을 채택하는 사람에게 그 자신도 거만한 태도에 의해 가려진 묵시적 가치의 이름으로 그것을 하는 것이라고 환기시킨다. 이때 "이데올로기, 그것은 내 적수의 사상이다. 그것은 **타자**의 사상이다. 그는 그것을 모른다. 하지만 **나는** 그것을 안다"[9]라는 것이 전제된다. 아리스토텔레스는 이미 플라톤주의자들에게서 모든 감염으로부터 벗어난 과학의 이름으로 언급된 그러한 주장을 비난했다. 그는 그들에게 방법과 진리 정도의 다양성을 대립적으로 제시했다. 물론 리쾨르가 과학과 이데올로기 사이 모든 형태의 대립을 포기하고자 하는 것은 아니다. 그 대립을 명확하게 다시 표명하고, 알튀세주의의 반론의 여지없는 성격으로부터 벗어날 때 그것은 가능할 것이다.

이데올로기는 여러 가지 기능을 포함한다. 그리고 마르크스의 해석은 복수의 현상을 형성하는 고리 중의 하나일 뿐이며, 현실의 변형 그리고 은닉이라는 부정적 측면일 뿐이다. 물론 마르크스는 이데올로기의 중요한 한 단면을 명확하게 설명

7) 폴 리쾨르, 같은 책, 391쪽.

8) 폴 리쾨르, 〈과학과 이데올로기〉, 《루뱅의 철학 정기 간행물》, 제72호, 1974년 5월, 326-358쪽; 《텍스트로부터 행동으로》, 앞의 책, 303-331쪽에 재수록.

9) 같은 책, 《텍스트로부터 행동으로》, 305쪽.

한다. 그는 그러한 단면을 기만적 기능이 접목되고, 그것을 "사회 존재의 초월할 수 없는 현상"으로 삼는 사회적 관계[10]의 상징적 구조에 비교한다. 그것은 "사회적 현실이 예전부터 상징적 구조를 갖기 때문에"[11] 가능하다. 리쾨르는 모든 거만한 태도를 버리면서 "**역사적** 성격의 모든 이해의 조건들을 바탕으로 한 **해석학**적 성격의 담론 속"[12]에서 학자적 시선으로부터 나온 균형화되고 역사화된 좀더 신중한 담론을 제안한다. 그러한 담론의 과학과 이데올로기가 이루는 쌍은 일련의 전제 조건들로부터 근본적으로 변형되어 나온다. 객관화시키는 지식은 포함 관계가 선행된다. 객관화 행위가 반드시 필요하기 때문에 우리는 그것에 자율성의 여지를 인정할 수 있다. 하지만 이데올로기에 대한 비판이 그것의 정착 조건들로부터 자유로워진다면, 그것은 부분적으로만 그럴 수 있고 "이데올로기 이론은 이해의 조건 자체 내에서 해석학적 이유를 갖는 비**완성**과 비합산의 인식론적 구속을 받는다."[13]

이데올로기적 국가 장치가 풍성한 시기에 있었던 이데올로기에 대한 토론은 리쾨르로 하여금 알튀세와 알튀세 추종자들의 주장을 체계적으로 읽게 했다. 1975년, 이렇게 알튀세주의를 공부한 리쾨르는 시카고대학교에서 일련의 강연을 한다. 이데올로기와 유토피아 사이의 관계에 바쳐진 열여덟 강의 중에서 세 강의는 알튀세만을 위해 열린다.[14] 리쾨르는 알튀세의 핵심적 개념들이 어느 정도까지 프로이트와 라캉에 의존하는지를 보여 준다. 다원 결정의 개념과 국가 장치의 그것은 초자아의 개념에서 찾아볼 수 있으며, 이데올로기의 비시간성은 무의식의 비시간성과 맞선다. 알튀세 덕분에 리쾨르는 일반화된 개념, 그리고 인과 관계의 단순히 기계적인 개념과 단절하게 된다. 결정 기관의 게임을 통한 결합은 "인과 관계의 더욱 풍부한 개념"[15]을 제공한다. 하지만 인과 관계를 복잡화하려는 의지는 구조주의화되고, "기계적인 무엇"[16]을 환기시키는 이데올로기적 장치의 개념을 채

---

10) 폴 리쾨르, 〈행위의 상징적 구조〉, 종교사회학 14회 국제학회보고서. 《종교적 상징성, 재속 성직자 그리고 사회 계층?》, 스트라스부르, 릴, CISR 사무국, 1977년, 29-50쪽.

11) 폴 리쾨르, 《텍스트로부터 행동으로》, 앞의 책, 314쪽.

12) 같은 책, 327쪽.

13) 같은 책, 330쪽.

14) 폴 리쾨르, 《이데올로기와 유토피아에 대한 강의》, 조지 H. 테일러가 리쾨르의 노트와 강의 필기를 위주로 복원한 텍스트, 컬럼비아대학교출판부, 뉴욕, 1986년; 조엘 로망과 미리암 르보 달론의 프랑스어역, 《이데올로기와 유토피아》, 쇠이유, 파리, 1997년.

15) 같은 책, 《M》, 제43호, 1991년 1월, 16쪽에 재수록, 조엘 로망 역.

택하면서 실패한다. 기실 정당화 또는 적법화의 문제들은 장치의 분야라기보다는 동기 부여의 분야에 속한다.

리쾨르는 이따금 체계를 뒤흔드는 몇 가지 질문을 제시하면서 알튀세주의 입장을 조심스럽게 복원시킨다. 알튀세는 사회주의적 휴머니즘의 개념이 개념적으로 기형적인 성격을 갖고 있다고 생각한다. 그는 1968년 바르샤바 조약기구의 군대가 체코슬로바키아를 침공했을 때 침묵을 지킨다. 마찬가지로 인간이 알튀세와 푸코가 똑같이 생각하듯이 재로 환원될 이론적 신화라면, 권리를 부정하는 사람들에게 무슨 명목으로 항의를 할 수 있겠는가? 구조화된 마르크스주의에 대한 리쾨르의 전체적 시각이 비판적이라면, 1968년에 씌어진 소외에 대한 논문에서 감지할 수 있듯이 부분적으로 그것으로부터 영감을 얻는다.[17] 그는 개념에 대한 알튀세의 해석에 멈추지 않는다. 그는 의미론적인 중압감을 견뎌내며 루소에게서 사용된 표현의 최초의 현대적 의미와, 법적 차원에서 정치적 수준으로 의미의 다양한 변동까지 거슬러 올라간다. 알튀세의 흔적은 그가 전통의 역사적 주기를 완결하는 젊은 마르크스와 《자본론》의 마르크스, 젊은 마르크스의 인류학과 결별하는 성숙기의 마르크스를 대립시킬 때 드러난다. 그는 그렇게 두 마르크스에 대한 알튀세의 주장을 밑받침하는 그 유명한 인식론적 단절을 조금은 빨리 지지한다. 하지만 리쾨르는 알튀세주의자들이 권장하는 거만한 과학주의 입장의 적법성을 반박하며 좀더 먼 길, "역사적 이해의 해석학의 길"[18]을 정의한다.

알튀세의 비판에서 한층 더 극단적인 현상학자 미셸 앙리는 1976년 마르크스에 대한 대전서를 출판한다.[19] 그의 계획은 마르크스 본래의 언어를 다양한 마르크스계파에서 행해진 후기의 해석들을 분리하는 것이다. "마르크스주의는 마르크스에 대해 행해진 전체적인 오해들이다."[20] 미셸 앙리는 마르크스에게서 철학적 의도의 통일성과 존재론 범주의 본질적 개념들의 사용을 발견한다. 그런데 마르크스주의자들은 그의 철학의 부산물에 지나지 않는 것들을 마르크스의 주요 철학

---

16) 폴 리쾨르, 같은 책, 19쪽.
17) 폴 리쾨르, 〈소외〉, 《대백과사전》, 1968년, 660-664쪽.
18) 폴 리쾨르, 《텍스트로부터 행동으로》, 앞의 책, 328쪽.
19) 미셸 앙리, 《마르크스》, 1권 《현실의 철학》; 2권 《경제의 철학》, 갈리마르, 파리, 1976년.
20) 같은 책, 9쪽.

(생산적 힘, 생산의 사회적 관계, 사회적 계층 등)으로 취급했다. 마르크스에게로 돌아간다는 것은 그가 말하고자 했던 것을 더 잘 이해하기를 요구한다. 그리고 앙리는 "마르크스를 진지하게"[21] 다루면서 그의 철학적 의도를 되찾을 야심을 갖고 있다. 그는 이 작업에 10년을 바치고, 다음과 같이 설명한다. "마르크스의 분석은 매번, 전체는 개인 · 개별적인 생생한 노동에 의해 설명된다고 확신하는 데 있다. 그의 모든 논증은 단 1명의 개인을 이해하는 데 있다. 《자본론》의 모든 분석은 단 1명의 노동자에 의존한다."[22] 그의 눈에 알튀세주의자이든 그렇지 않든, 체계에 의한 설명을 환기시키는 마르크스주의자들은 마르크스를 벗어난다. 마르크스의 목적은 체계를 통해 설명하는 것이 아니라 체계를 설명하는 것이다. "마찬가지로 마르크스는 계층을 구성하는 개인을 통해 계층을 설명한다. 반면에 마르크스주의자들에게 개인은 노동자이기 때문에 노동을 한다. 그것은 어이없는 말이다. 마르크스주의는 어이없는 말들의 모임이다."[23]

리쾨르는 미셸 앙리의 저서에 대한 긴 서평을 쓴다.[24] 리쾨르는 장 발 · 장 이폴리트 · 앙리 구이에, 그리고 페르디낭 알키에와 함께 1963년 앙리의 논문 심사위원으로 참석했기 때문에 자신이 잘 알고 있는 철학적 계획의 범주 내에서 앙리의 분석을 묘사한다. 앙리의 논문은 〈발현의 본질〉이라는 제목으로 출판됐다.[25] 이 논문은 서구 철학을 지배하는 드러냄의 개념과 감성의 수준에 있는 또 다른 드러내기 양식을 그것에 대립시키는 것을 비판한다. "거기에는 간격 · 차이와는 완전히 다른 것이며, 감정적인 것으로 저절로 흐르는 삶인 절대적 · 독자적 밝힘이 있다."[26] 그는 마르크스를 자신의 철학적 논증의 방향 속에 위치시킨다. 앙리에 의하면 마르크스에게 현실은 객관성의 존재론에 동일시될 수 없다. "자신의 《마르크스》를 쓰면서 미셸 앙리는 소위 의식의 초월성이 갖는 우월성, 달리 말하면 대상을 선택하고 마침내 의식 자체가 투명성 속에서 빠져들기 위해 대상에 종속되는 의식의 우월성을 상대로 한 자신의 오랜 투쟁을 계속한다."[27] 리쾨르는 미셸 앙

21) 미셸 앙리, 같은 책, 32쪽.

22) 미셸 앙리와의 대담.

23) 위의 대담.

24) 폴 리쾨르, 〈미셸 앙리의 마르크스〉, 《에스프리》, 1978년 10월, 《강의 2》, 앞의 책, 265-293쪽에 재수록.

25) 미셸 앙리, 《발현의 본질》, PUF, 파리, 1963년.

26) 미셸 앙리와의 대담.

리의 논증에 고유한 논리를 추적하고, 알튀세의 독서와 자신의 독서 사이에서 보이는 극단적인 대립을 강조한다. 앙리에 의하면 마르크스에게 다가설 수 있는 유일한 전체는 개인의 그것일 것이다. "그래서 마르크스는 무척 기묘한 방식으로 각자가 사냥꾼 · 어부 · 목동 · 화가 · 조각가 · 비평가여야 한다고 주장한다. 그것은 그의 분석이 절대적 주관성의 현상학적 분석이기 때문이다."[28]

리쾨르는 이러한 해석과 비교해 어떤 입장을 취할 것인가? 이러한 해석에 대해 말할 수 있는 최소한의 것은 그것이 독창성으로 말미암아 대부분의 해석가들의 시선을 자극한다는 것이다. 우선 리쾨르는 거기에서 단순한 인식론적인 해석 아래 항상 짓눌려 온 마르크스의 목소리를 재생시키는 창조적 해석을 발견한다. 그가 마르크스에서 행동하는 개인의 중요성에 대한 앙리의 입장을 좇는다면, 마르크스의 인류학적 영역을 소홀히 할 위험이 있는 내재론적 선택에 대해서는 침묵으로 대신한다. 마르크스에 의하면 인간은 언제나 역사 속에 이미 존재한다. 인간은 자신이 만들지 않은, 하지만 그 안에서 행동해야 하는 조건의 산물이다. 여기에서 다른 두 경향, 두 현상학의 길이 나타난다.

자신의 의지에 대한 논문에서 직접적으로 현상학을 다루는 데 실패한 리쾨르는 **코기토**에 간접적으로 접근할 수 있게 하는 매개물들, 즉 상징, 무의식의 발현, 텍스트성 등에 점점 더 관심을 쏟는다. 리쾨르에게 철학가는 특별한 대상이 없고, 주체에 대한 지식을 얻을 수 있는 모든 것을 이용한다. 하지만 이것은 세계를 통한 폭넓은 우회를 강요한다. 반대로 미셸 앙리에게 철학은 직관적인 지식을 담고 있다. "나는 반대의 선택을 했다. 리쾨르와 함께 우리는 현상학의 두 축을 형성한다."[29] 미셸 앙리는 현상학의 수많은 우회들을 본질에서 벗어난 방황이라고 간주하고, 똑바로 갈 수 있는 길을 열기 위해 노력한다. 그에 따르면, 근본적인 상징들을 얻기 위한 텍스트 해석 방법론에 대한 가치 부여는 텍스트의 진실성에 응답하기 위한 좋은 접근 방식이 아니다. "태도를 표명할 수 있기 위해 자체 내에서 답을 얻어야 한다."[30] 그러므로 그는 진리는 다른 곳에서 찾는 것이 아니라 우리 자체 내에 있기 때문에 세계를 통해 매개되지 않는 직접적이고 내적이며 급격한 자

27) 폴 리쾨르, 〈미셸 앙리의 마르크스〉, 《강의 2》, 앞의 책, 267쪽.
28) 미셸 앙리, 《마르크스》, 앞의 책, 제1권, 273쪽.
29) 미셸 앙리와의 대담.
30) 위의 대담.

신에 대한 접근을 권장한다. 후설이 "내가 세상에 있다"라고 단언할 때 그것을 말하는 것이고, 진리는 바로 그것이다.[31] 현상학적 계획의 해석에 대한 차이는 리쾨르로 하여금 마르크스에 대한 미셸 앙리의 해석의 여러 측면 앞에서 침묵을 지키게 한다. "내가 보기에 행동하는 것은 단순히 감정적 양태의 내재성으로 정의되지 않는다는 면에서 고통받는 것과 다른 것 같다. 행동하는 것은 목표, 그러므로 외면성의 순간을 갖는다. 그리고 이러한 목표를 달성하기 위해 행동은 자신이 만들지 않은 상황과 항상 화해해야 한다."[32] 행위의 현상학은 리쾨르에 따르면 행위가 만들지 않은 상황과의 화해를 암시한다. 그리고 동시에 그것은 목표를 좇아 행동하고, 저항을 동반한 힘든 여정을 표현하는 작품을 좇는 것을 전제한다. 리쾨르는 해석의 차원에서 앙리와 극단적으로 구별된다. 앙리는 실천을 "행위와 일치하고, 그 행위 속에서 지쳐 버리며, 완전히 주관적인 자체 내에 갇히는 것"[33]으로 간주한다.

리쾨르는 현상학연구소에서 함께 일하는 마르크스 전문가들에게 정기 간행물 《형이상학과 도덕》을 위해 미셸 앙리의 《마르크스》에 대한 자료를 정리할 것을 요구한다. 장 뤽 프티가 보고서를 작성하고,[34] 자크 텍시에는 "마르크스는 마르크스주의자인가?"[35]라는 제목으로 미셸 앙리의 수천 페이지에 달하는 작품의 해석에 몰두한다. 리쾨르의 지도 아래 역사와 주관성의 관계를 주제로 박사 논문과정에 등록한 자크 텍시에는 **우선적으로** 개별성의 형태에 중요한 위치를 부여하는 독서에 관심을 갖는다. 그는 개별성의 형태를 마르크스 저서로부터 시작하여 분석하고, 사회 조직과 연결시키려는 시도를 한다. 그의 연구 계획은 비판적 주체 이론을 정립하려는 기도의 범주에 속한다. 하지만 그는 미셸 앙리의 논증에 의해 전혀 설득되지 않는다. "그렇게 주장할 수 있었을 것이다. 하지만 좀더 정확한 논거의 제시가 필요했다."[36] 자크 텍시에는 미셸 앙리가 마르크스를 거의 비판하지 않는 것은, 자신의 논문을 위해 마르크스주의자들이 중요성을 과대평가한 마르크스

31) 미셸 앙리와의 대담.
32) 폴 리쾨르, 《강의 2》, 앞의 책, 283쪽.
33) 미셸 앙리, 《마르크스》, 1권, 앞의 책, 358쪽.
34) 장 뤽 프티, 〈마르크스와 실천의 존재론〉, 《형이상학과 도덕》, 3호, 1977년, 365-385쪽.
35) 자크 텍시에, 〈마르크스는 마르크스주의자인가?〉, 《형이상학과 도덕》, 3호, 1977년, 386-409쪽.
36) 자크 텍시에와의 대담.

의 역사 · 정치적 텍스트들을 소홀히 해서라고 강조한다. 무엇보다도 실천의 철학으로 자칭하는 사상이 이렇게 분석 대상의 일부를 제외시키는 것은 참 난처한 일이다. 앙리는 자신이 알튀세에게서 단호하게 비난한 마르크스에 대한 징후적 해석을 실행하게 된다. 그는 마르크스가 자신이 물질주의자이고 무신론자임을 자처한 것을 인정한다. 하지만 "그가 실재 그런 것과 그가 그렇다고 생각하는 것은 구별되어야 한다. 중요한 것은 마르크스가 생각했고, 우리가 모르는 것이 아니다. 그가 쓴 텍스트가 생각하는 것이 중요하다. 철학사에서 예외적이고 명확한 방식으로 그의 텍스트에 나타나는 것은 개인의 형이상학이다. 마르크스는 서구의 최초 그리스도교 사상가 중의 한 사람이다."[37] 미셸 앙리가 마르크스에서 마르크스주의적 관점이 아니라 마르크스적 관점으로 보는 것은 개인의 형이상학에 대한 전개이다. 이것이 그로 하여금 경제와 사회적인 것에 대한 모든 언급을 소외의 원천으로 생각하게 하고, 마르크스의 모든 역사적 유물론을 제쳐놓게 한다. 멘 드 비랑에게서 영감을 얻은 미셸 앙리는, 텍시에가 "그 안에서 존재는 영혼이고 영혼은 '순수한' 감성인 단자론적 이상주의"[38]라고 명명한 마르크스에 대한 해석에 이르게 된다.

비판적이며 적확한 자크 텍시에의 서평은 리쾨르에 의해 긍정적으로 받아들여진다. 기실 마르크스를 그의 운명과 분리시키는 것은 이렇듯 어렵고, 모든 개념에 대한 오랜 기간에 걸친 본질론적 환원이 있은 후에도 그의 저서를 단순한 설계도로 소개하는 것은 쉽지 않다. 이 점에 대해 리쾨르는 마르크스주의만큼 마르크스에 대해 비판적인 입장을 견지한다. 하지만 현상학적인 접근 방식을 명확히 밝히고, 의심을 갖는다는 측면에서 그들을 섭렵하는 것이 필요 불가결하다고 생각한다. 한편 미셸 앙리는 리쾨르를 '아주 지적인 마르크스주의자라고 (…)' 판단한다. "하지만 그는 마르크스주의자이다. 그가 나에게 마르크스에서 개인은 경제적 체계의 그물 속에 끼여 있기 때문에 중요한 것은 사회적 계층이다라고 반박하기 때문에 그렇다."[39]

미셸 푸코가 그를 소개하듯이[40] 추론적 성격의 창시자인 마르크스는 자신의 저

37) 미셸 앙리, 《마르크스》, 제2권, 앞의 책, 45쪽.
38) 자크 텍시에, 〈마르크스는 마르크스주의자인가?〉, 인용된 논문, 407쪽.
39) 미셸 앙리와의 대담.
40) 미셸 푸코, 〈저자란 무엇인가?〉, 1969년 2월 22일; 《연인 지대》, 9호, 1983년 6월, 18쪽.

서로부터 부여된 의미의 변신 속에 풀리지 않는 방식으로 끼여 있다. 알뛰세가 그렇게 하듯이 젊은 시절 마르크스의 글과 성숙기의 마르크스를 악인과 선인으로 구별하면서 인식론적 절단을 통해 이편저편으로 나누는 것, 또는 미셸 앙리가 그랬듯이 그를 역사적 운명으로부터 격리시키는 것 모두 헛된 환원주의에 속하는 듯하다.

37

그레마스와 '다정한 투쟁'

알지르다스 쥘리앵 그레마스가 이끄는 60년대 파리기호학파는 구조주의의 가장 형식화된 분파를 대표한다. 그레마스 의도는 의미화의 모든 체계를 총괄하는 하나의 학문, 기호학을 형성하는 것이다. 《구조기호학》[1]의 성공은 그레마스를 파리의 사회과학대학원(EPHE)의 사회인류학연구소와 콜레주 드 프랑스의 기호언어학 분과의 이름 아래, 그를 중심으로 모인 계파의 우두머리로 만든다. 리쾨르는 그러한 야심 앞에 신중한 태도를 보인다. 하지만 그들 사이에는 점점 더해 가는 협력과 우정의 원천이 되는 갈등적 대화가 생겨날 것이다. 그들의 관계는 야스퍼스가 '다정한 투쟁'이라고 부른 분위기 속에 자리잡을 것이다.

리쾨르는 두 가지 관점에서 대결을 벌일 생각을 한다. 한편으로 그레마스는 언어학적 구조주의의 가장 견고한 부분을 구현한다. 다른 한편으로 언어의 의미론적 측면에 대한 개방은 그를 해석학적 연구에 접근시킨다. 이러한 도전을 통해 그레마스는 선택받은 상대가 된다. 리쾨르에게 이 접근은 설명적 과정의 절대적 성격을 강조하는 수단이 된다. 기호학자들과의 대화는 구조주의가 권장하는 의미의 객관화 과정을 통한 긴 우회의 중심에 위치한다. 리쾨르는 이러한 경향과 정면으로 맞서지 않는다. 반대로 그는 기호학의 가르침을 자신의 것으로 만들려 하고, 기호학적 목표에 한계를 설정함으로써 기호학의 발달에 영향을 미친다. 레비 스트로스와의 대화에서처럼 그는 당시 지배적인 이러한 경향의 흐름을 바꾸고자 한다. 대화에 대한 플라톤적 철학의 오랜 전통 속에서, 리쾨르는 대립을 통해 자신의 발걸음을 안내하는 특정 사실들에 깊숙이 참여함으로써 자기 시대의 철학가일 수 있는 새로운 기회를 본다. "그레마스의 텍스트기호학은 설명에 대한 인과 관계

1) 알지르다스 쥘리앵 그레마스, 《구조기호학》, 라루스, 파리, 1966년.

가 아닌 구조적 개념에 따라 텍스트에 대한 객관적 · 분석적 · 설명적 접근 방식을 놀랍게 설명해 주는 듯했다."[2] 기호학과 현상학의 대립의 예를 들어 가면서 그레마스와 리쾨르의 관계는 60년대부터 시작된다. 1968년 사건이 있기 얼마 전, 리쾨르는 처음으로 그레마스 세미나의 테두리 안에서 발언해 달라는 초대를 받는다. 그는 그곳에서 짐승의 희생이 인간의 희생을 대신하는 아브라함의 희생에 대한 에피소드로부터 시작하여 성서의 이야기와 성서 해석에서 역사적 사건의 중요성에 대해 발표를 한다.

그레마스 계열의 기호학자인 장 클로드 코케가 이 모임에 참석한다. 1963년 레비 스트로스와의 토론 당시 리쾨르의 입장에 관심을 가졌던 그는 이 대립 속에서 선동적인 고찰을 발견했다. 그는 종종 주체는 세계가 드러나듯이 제시된다는 명제를 답습할 것이다. "그것은 세계 속에 주체의 정착에 대한 생각이다."[3] 지시 대상이라고 명명된 실체와 시간에 대한 이중적 개방은 의미화가 한 수준에서 다른 한 수준으로 저항 없는 전환을 수행하는, 닫힌 체계로 형성되려는 것 속으로 불법 침입한다. 1969년 장 클로드 코케는 그레마스를 방문하고, 그의 연구실에서 《해석의 갈등》을 발견한다. 그레마스는 이 책을 장 클로드 코케에게 주고, 코케는 이 책 덕분에 리쾨르의 저서 속으로 진정한 입문을 하게 된다. 그가 가져온 책에 담긴 헌사는 리쾨르가 그레마스와의 관계에 부여하는 중요성을 잘 보여 준다. "그레마스 선생에게, 여기 담긴 에세이들이 당신이 받아들이고 토론하고 싶어했던 생각과 주제들을 정리해 줄 것입니다. 감사와 존경의 마음으로, 폴 리쾨르." 강조된 존경심은 3인칭 객관적 표현으로 대화체의 모든 표현들을 규격화시키려는 경향에 대한 리쾨르의 거리감을 표현한다. 벤베니스트에 의해 발화 행위 이론 속에서 강조된 주어의 위치 영역은 덴마크 언어학자 옐름슬레우에 의해 정의된 길을 따르는 형식화를 위해 제외된다. 이러한 경향의 차이에도 불구하고 리쾨르는 자신의 다섯번째 연구서인 《살아 있는 은유》를 그레마스에게 헌정한다.[4] 이 기회에 그는 의미론이 구조적 방법을 의소 분석에 적용하는 것으로부터 얻을 수 있는 결과를

2) 폴 리쾨르, 《심사숙고한 끝에》, 앞의 책, 51쪽.
3) 장 클로드 코케와의 대담.
4) 폴 리쾨르, 〈은유와 새로운 수사학〉, 《살아 있는 은유》, 쇠이유, 파리, 1975년, 173-220쪽.

평가하고 싶어하는 독자에게 그레마스의 분석을 참고하라고 권한다. "우리는 이러한 작업의 설명을 위해 조건 없이 그레마스의 《구조기호학》을 참고한다."[5)]

리쾨르와 그레마스는 박사 학위 논문 심사위원으로 자리를 함께하고, 그때마다 발표가 끝난 후 식당 테이블에서 대화를 이어 나간다. 70년대말 프로테스탄트 연구 및 자료센터[6)]의 책임자이며, 1970년 이후 기호언어학 연구 단체[7)]의 범주 내에서 그레마스와 기호학 연구를 함께해 온 마리 루이즈 파브르는 그들의 대화가 공개되지 않은 것을 유감스럽게 생각하고, 리쾨르와 그레마스가 공개 토론을 열도록 설득하는 데 성공한다. 파리 프로테스탄트 신학대학의 주관하에 몽수리 공원의 별장에서 약속이 잡힌다. 이 대결이 불러일으킨 관심은 모든 기대를 넘어선다. 객석은 1백10여 명으로 가득 채워진다. 하지만 이 첫번째 만남은 약간 차가운 기운이 감돈다. 각자가 상대를 경계하는 입장을 확고히 한다. 누가 누구를 끌어넣는가가 쟁점이다. 리쾨르가 해석학이 갖는 폭의 종합적인 능력을 주장한다면, 그레마스는 기호학의 총체적인 성격을 대립시킨다. 점차적으로 부드러운 분위기가 토론을 감싸면서 리쾨르는 주관성의 함정을 피하면서 '자아' 속에 객관화된 '나'의 비판적 거리를 도입하는, 그에게 강력한 지렛대처럼 보이는 것에 한층 더 강한 관심을 보인다. 리쾨르가 그레마스파 기호학자들의 철학가로 등극하게 되는 것은 이때부터이다. 그의 이름은 세미나가 있을 때마다 인용되고, 권위를 나타내는 기준이 된다. "그레마스와 리쾨르 사이에는 전혀 감상적이지 않은 진정한 애정과, 그레마스가 죽은 후 그에 대한 애도의 자리에서 리쾨르가 말한 특별하고 결코 있을 수 없는 우정이 있었다."[8)]

이러한 만남은 80년대초 더욱 빈번해진다. 1980년 6월 4일, 새로운 대결이 프로테스탄트 연구 및 자료센터와 해석·표현·교육 단체[9)]의 주도하에 '기호학과 해석학' 세미나의 테두리 안에서 몽수리에서 이루어진다. 그레마스의 세미나는 아라고 가에 위치한 파리 프로테스탄트 신학대학에서 열린다. 마리 루이즈 파브르를 포함한 프로테스탄트들이 이러한 대화를 주도한다. 리에뱅 탄광촌 출신인 그

---

5) 폴 리쾨르, 같은 책, 175쪽.
6) CPED: 프로테스탄트 연구 및 자료센터.
7) GRSL: 기호언어학 연구 단체.
8) 마리 루이즈 파브르와의 대담.
9) ALEF: 해석·표현·교육 단체.

녀는 자신의 교구에서 카를 바르트의 《로마서》와 또 다른 카를의 《공산당 선언》을 읽는다. 그녀는 1959년 프로테스탄트 연구 및 자료센터의 책임자가 되고, 1984년까지 25년 동안 그 직책을 맡는다. 기호학에 대한 그녀의 열렬한 관심은 성서의 배타적인 역사적 · 비판적 독서에 대한 불만족으로부터 시작된다. 그러한 독서는 성서 텍스트와 성서의 이해 사이에 많은 차폐물을 설치했다. 그녀는 기호학적 접근 방식의 원전에 대한 좀더 직접적인 접근 속에서 탈출구를 찾고, 1970년부터 그레마스가 이끄는 기호언어학 연구 단체에 적극적으로 참가한다. 그녀는 기호학과 철학에 대한 이중적 열정을 함께 나누며 그 둘을 결합시키고, 그들 본래의 선입견을 초월하는 데 많은 공헌을 할 것이다. 1980년 대화에서 리쾨르는 자신의 발표를 상보적 시각에 위치시킨다. "텍스트의 해석학과 기호학은 두 개의 경쟁적 학문이 아니다."[10] 두 가지 접근 방식이 만나는 곳이 있고, 게다가 리쾨르는 해석학이 철학적 독서인데 비해, 적확한 공리 체계를 좇는 기호학에만 과학이라는 명칭을 인정한다. 하지만 그는 기호학의 단순히 비판적이고 인식론적인 야심보다 더 커다란 야심을 해석학에 부여한다. 이제 리쾨르는 설명하는 것과 이해하는 것의 대립을 넘어서고, 해석학은 방법론적인 시각에 등을 돌릴 필요가 없게 된다. 전혀 반대로 해석학은 세계에 존재하는 방식에 언어적 활동의 편입을 이해하기 위해 방법론적인 시각으로부터 교훈을 얻어야 한다.

리쾨르는 수용해야 할 두 경계의 면을 정의한다. 우선 언어적 중재의 중요성에 대해 주장하기 위해 무매개성의 모든 짧은 길에 반대하는 것이고, "기호로 된 어떠한 체계이든 모든 범주 전환"[11]을 피하기 위해 해야 할 저항이 두번째 면이다. 그는 그것이 그의 관심을 끄는 것이고, 그레마스와의 대결을 부추긴 것이라는 사실을 감추지 않는다. 그는 텍스트의 추상 차원까지 그를 좇을 준비가 되어 있다. 하지만 텍스트 자체 내 이데올로기의 범주 전환 속에서는 그렇지 않다. 《시간과 이야기》를 한참 준비할 때 리쾨르는 구조주의의 패러다임과는 반대되는 지시 대상을 다시 도입하고, 해석학적 기호에 따라 미메시스의 세 순간으로부터 텍스트와 주어진 현실 사이의 긴밀한 유대 관계를 권장한다.

---

10) 폴 리쾨르, 〈해석학과 기호학〉, 프로테스탄트 연구 및 자료센터, 1980년 11월 《회보》의 부록, I쪽.

11) 같은 책, II쪽.

1980년, 리쾨르는 기호언어학 연구 단체의 작은 회색 연구지에 "그레마스 서술 문법"[12]에 대한 연구를 게재한다. 복잡성을 축소시키려는 목적을 가진 그레마스의 논리적·비시간적 모델은 리쾨르로 하여금 그것의 타당성을 측정하게 한다. 리쾨르는 기초적 문법과 표면의 서술적 문법 사이에 그레마스가 행한 이분법에 대응하여 "서술적 발화 이론 속에 **전제된**"[13] 행위의 의미론이 담고 있는 분석적 철학의 가르침을 대립시킨다. 할 수 있는 능력, 또는 실현의 욕망의 수준은 의도성을 가리킨다. 그것은 그레마스의 기호학적 사각형을 앞서며, 관념적 측면이 현상학과 언어학으로 혼합된 실천 영역을 정의한다. 언어학을 언어의 대수로 만드는 데 가장 근접한 그레마스의 모델은 논리와 실천이라는 이중적 제약을 받는다. 그것은 근본적으로 절충적인 특성으로부터 벗어날 수 없다. "그것을 거부하는 것이 전혀 아니다. 반대로 그것의 적용 조건들을 당당히 드러내는 것이다."[14] 리쾨르가 표명한 신중함에 맞서 마리 루이즈 파브르는 과학주의적 환원에 대한 두려움으로부터 그를 안심시키기 위해 그레마스의 《모파상》[15]의 독서를 권한다. "그는 《모파상》을 읽지 않았다. 그것은 큰일이었다! 나는 그에게 그 작품을 읽지 않고 어떻게 그레마스에 대해 말할 수 있는지 물었다. 그는 곧 그 책을 샀다."[16]

모파상의 단편 《두 친구》에 대한 연구는 리쾨르의 생각 속에서 많은 진전을 보인 듯하다. 3백여 쪽으로 둔갑한 작가의 6쪽의 글은 리쾨르에 의하면 그레마스의 긍정적 변화를 보여 준다. 리쾨르는 1983년 그레마스에게 바쳐진 열흘 동안의 스리지학회에서 그 변화를 발표한다. 리쾨르는 프랑스 기호학파 창시자의 작품에 공동으로 보내는 경의에 참가한다. 이야기의 기호학이라는 개념을 둘러싼 새로운 대화의 기회가 열린다.[17] 리쾨르는 행동의 의미론과 시간의 현상학 사이 가능한 유기적 결합을 고찰한다. 그는 그레마스가 모파상의 분석에 사용한 상(相)의 구조 속에서, 시간과 이야기 사이의 관계를 생각하기 위하여 가능한 접속어를 검토한다.

---

12) 폴 리쾨르, 〈그레마스 서술문법〉, 기호언어학 연구단체, 사회과학대학원, 제15호, 1980년; 《강의 2》, 앞의 책, 387-419쪽에 재수록.

13) 같은 책, 402쪽.

14) 폴 리쾨르, 같은 책, 419쪽.

15) A.-J. 그레마스, 《모파상. 텍스트의 기호학, 실재 연습》, 쇠이유, 파리, 1976년.

16) 마리 루이즈 파브르와의 대담.

17) 미셸 아리베와 장 클로드 코케, 《게임 속에 기호학》, 스리지라살에서 열린 열흘의 보고서, 1983년 8월 4-14일, 하데스 벤자민, 파리, 암스테르담, 필라델피아, 1987년, 291-298쪽.

반대로 그는 역사성의 생생한 전통을 전혀 고찰하지 못하는 그레마스의 생성의 개념에 대해서는 불만족을 표시한다. 그레마스에서 작품의 내재적 역동성의 확인은 리쾨르로 하여금 자신의 《시간과 이야기》 2권의 상당한 부분을 그에게 바치게 한다. 이 작업은 서술성의 기호학적 제약에 대한 연구의 범주 내에서 이루어진다. 그는 그레마스 초기의 작업 《구조기호학》과 《모파상》 사이에서 감지되는 그레마스 모델의 변화를 밝힌다. 기호학 사각형에 적용된 변화 작업의 비시간적 모델은 상의 구조가 발달함에 따라 풍요로워진다. 이때 상의 구조는 지속성 · 기동성 · 종료성 · 긴장성, 즉 시간성의 분석 요소들로 이루어진 공시적 모델 속에 활력을 부여하기 위해 다시 도입할 수 있는 많은 수단들을 가리킨다. 게다가 그레마스는 실재적 하다와 인지적 하다로 나누면서 하다의 문법, 실천의 문법에 자리를 내준다. 그는 실제와 외관의 대립으로 형성되는 새로운 사각형, 진실성의 사각형을 도입한다. 이론의 풍부화는 지시 대상과 역사성에 더 큰 의미를 부여하며, "모델을 깨뜨리지 않고 팽창하게 한다."[18] 여전히 지배적인 그레마스 초기 모델은 인식론적 차원에서 리쾨르의 비판 대상이 된다. 그것은 그레마스가 통시성을 비시간적 시각으로, 담론의 표층을 심층 현상으로 환원시키기 때문이다. 리쾨르는 그레마스가 다루는 주제의 변화를 인정하지만, 그렇다고 그의 모델이 대상과 일치한다고 생각하지는 않는다. "그레마스의 완성된 모델 속에서 확인되는 내용의 개선은 본래의 무익함을 확인시킬 뿐이다."[19] 리쾨르는 매번 공개적인 대립이 있을 때마다 친구인 그레마스를 교묘하게 자극하기 위하여, 거의 빠짐없이 그에게 아우슈비츠 강제수용소를 어떻게 생각하느냐는 질문을 던진다. 물론 그에게 실재, 지시 대상의 영향력을 환기시키고 텍스트 안에 머무는 것을 경계하기 위해서이다. "왜냐하면 당시 그레마스 기호학자들과 구조주의의 큰 관심은 모의, 이론상의 존재, 현실의 효과를 다루는 것이었다. 그렇기 때문에 모든 것은 현실로부터 단절된 시간적 · 공간적 허상이었다."[20]

기호학과 해석학적 경향 사이의 지속적인 대립에도 불구하고 최후의 만남이 1989년 5월 23일, 안 에노가 책임을 맡은 프로그램의 일환으로 국제철학콜레주

---

18) 폴 리쾨르, 《시간과 이야기》, 제2권, 앞의 책, 106쪽.
19) 알랭 소당, 〈해석학과 기호학, 서술적 이해와 서사학적 합리성〉, 《폴 리쾨르. 해석학적 이성의 변신》, 앞의 책, 164쪽.
20) 장 클로드 코케와의 대담.

에서 성사된다. 강의장을 가득 메운 청중들 앞에서, 리쾨르와 그레마스는 일반 기호학 이론에서 열정의 위치에 대해 토론하기로 결정했었다.[21] 방청객들은 입장이 뒤바뀐 두 사람의 대화로 놀라움을 금치 못한다. 대화 도중 그레마스는 의미에 대한 자신의 깊은 관심을 드러낸다. "역설적이라 할 수 있는 당신의 표현을 빌리고 싶습니다. 의미와의 관계란 무엇인가? 우리가 찾는 것이 의미의 존재인가, 아니면 존재의 의미인가?"[22] 반면 리쾨르는 기호학자인 그의 친구에게 반대로 더 많은 엄격성을 권유하고, 정리해 줄 것을 요구한다. "당신은 지금 불분명한 것으로 빠질 위험이 있습니다. 열정은 나름대로 구별의 차원에서 다뤄져야 합니다."[23]

1990년에 다시, 리쾨르는 그레마스파 기호학 정기 간행물인 《최신 기호학 보고서》에 친구인 그레마스에게 헌정하는 텍스트를 게재한다. 그리고 그 텍스트는 자크 퐁타닐과 클로드 질베르베르처럼 잡지의 책임을 맡은 기호학자들과의 토론의 계기가 된다.[24] 그는 그 글에서 설명하다와 이해하다 사이 딜타이적 대립을 초월하고자 하는 자신의 의지를 환기하고, "설명하다와 이해하다 사이 **내적** 변증법으로 정의된"[25] 일반 해석학의 개념을 옹호한다. 리쾨르는 그렇게 가까운 두 수준 사이의 구별이 아직도 적법성을 갖는지 자문한다. 그리고 그는 서로 뒤섞이지 않고 긴밀하게 결합되어야 하는 것을 환원시킬 수 없는 방식으로 구별짓는 세 가지 한계를 주장하며 대략적으로 대답한다. 첫째는 의도성과 인과 관계를 이해하기 위해 그것들의 결합을 전제하는 행위, 둘째는 혼합된 모델을 담고 있는 일상적 이야기, 셋째는 내적 형상에서 외적 재형상으로 전이될 때 독자에 의해 의미가 파악되는 서술적 이해를 담고 있는 문학 이야기이다. 그러므로 기호학과 해석학은 양립 불가능한 것이 아니라 우선 순위가 전도됐을 뿐이다. 기호학자에게 중요한 것은 설명이고 이해는 표층적 효과에 지나지 않는 데 비해, 해석학자에게 설명하는 것은 이해를 위해 반드시 거쳐야 하는 것이다. 리쾨르가 기호학자들과의 대화를 반

---

21) 자크 퐁타닐과 알지르다스 쥘리앵 그레마스, 《열정의 기호학. 사물의 상태에서 정신 상태로》, 쇠이유, 파리, 1991년.
22) 알지르다스 쥘리앵 그레마스, 안 에노, 《열정으로서 권력》, PUF, 파리, 1994년, 202쪽.
23) 폴 리쾨르, 안 에노, 같은 책, 209쪽.
24) 폴 리쾨르, 〈해석학과 기호학 사이〉, 《최신 기호학 보고서》, 제7호, 1990년, 리모주대학교출판부, 리모주, 3-45쪽; 《강의 2》, 앞의 책, 431-448쪽.
25) 같은 책, 《강의 2》, 435쪽.

드시 해야 할 목적을 갖고 한 것은 아니다. 하지만 그는 1차적 인식론적 수준과 약속의 땅으로 이해된 2차적 존재론적 수준 사이 없어서는 안 될 관계를 변호하기 위해 기호학자들과의 대화의 필요성을 느낀다.

리쾨르의 이중적 야심은 그로 하여금 기호학계에 적극적으로 다가서고, 발표를 하게 했다. 많은 학자들이 둘 사이의 긴장 속에 처하게 된다. 60년대 낭테르대학교에서 리쾨르의 수업을 들은 알랭 소당도 마찬가지이다. 그는 스피노자에서 철학과 종교 사이의 관계에 대한 석사 논문을 리쾨르의 지도 아래 발표한다. "그리고 곧 나는 그레마스를 발견했고, 나는 그레마스를 통해 리쾨르를 다시 발견했다."[26] 그레마스 모델의 과학성에 매력을 느낀 알랭 소당은 그의 지도 아래 박사 학위 논문을 발표하고, 1978년과 1983년 사이 그레마스의 기호언어학 연구 단체에서 적극적으로 활동한다. 1988년 리쾨르에게 바쳐진 열흘 동안의 스리지학회에서 알랭 소당은 두 가지 접근 방식의 근접성과 특수성을 발표한다. 그리고 다음과 같이 결론을 짓는다. "리쾨르는 타협하지 말고, 그 어떤 해결의 유혹과도 동조하지 말 것을 권한다. 의미와 의미의 탐색이 우리를 생각하고 살게 한다면, 의미의 파악은 폭과 '진리' 면에서 엄격함을, 한층 더 엄격함을, 항상 엄격함을 요구한다."[27]

---

26) 알랭 소당과의 대담.
27) 알랭 소당, 《폴 리쾨르》, 앞의 책, 172쪽.

38

가톨릭의 탈신화화

리쾨르가 인문과학과 벌인 밀도 있는 대화는 종교적 텍스트의 탈신화화 작업과 중복된다. 그는 60년대 《악의 상징학》의 풍부함을 설명할 수 있게 된다. 그 책에 의하면 상징은 생각을 하게 한다. 그가 이 분야에 규칙적으로 공헌하게 되는 것은 노골적인 성격의 소유자인 앙리코 카스텔리를 만나게 되면서부터이다. 토리노 출신이고 비순응주의 당원이며, 이탈리아 귀족인 그는 자신의 계획을 실현하는 데 필요한 모든 재원을 로마로부터 얻어낼 만큼 재능이 있다. 그는 종교철학을 새롭게 하고, 매년 겨울 1월 5일부터 11일까지 뛰어난 사상가들을 규칙적으로 로마에 모이게 하기로 결정한다. 카스텔리학회는 탈신화화라는 총칭적 제목을 걸고 1961년부터 개최된다. 이 주제는 "존재론적 신앙, 어길 수 없는 신앙의 종국을 연기시키는 모든 핑계들을 없애고 벌거벗길 수 있는 가능성을 주기 때문에 그를 매혹시켰다."[1] 카스텔리는 이렇게 자신의 회의주의를 마음껏 표현할 수 있었고, 베네데토 크로체의 표현을 빌리면 매년 악마가 신성에 소금을 뿌릴 만큼 자리를 차지하지 못하는 것을 유감으로 생각하며 악동으로서의 명성을 키울 수 있었다. "악마가 없으면 신에게 소금이 부족할 것이다."

묘한 인물인 카스텔리는 반대파들로부터 악의의 화신으로 소개된다. 그는 자신이 원하는 것에 완벽한 기술을 지니고 있다. 상대자가 자신과 의견을 함께하지 않으면 가장 좋지 않은 불행에 빠질 것이라는 느낌이 들도록 그를 쳐다본다. 다른 사람들은 뾰족한 수염으로 얼굴이 길어 보이는 이 옛 시대의 군주를 바티칸의 비자금을 소지한 사람으로 취급한다. 어쨌든 "그는 사람들이 자신에게 부여한 신비로운 성격을 잘 소화해 냈다. 그리고 동시에 바티칸에 친구들이 있어 로마대학교

1) 지비에 틸리에트, 〈프랑스 친구에게 비치며〉, 《철학 자료실》, 1977년 4월, 11-14쪽.

의 정교수가 되지 않고도 대학부설연구소에 남아 있을 수 있었다."[2] 철학가이며 동창이었던 교황 파울루스 6세와 친구인 카스텔리는 《신학적 실존주의》의 저자이기도 하다.[3]

이 학회의 기원은 전쟁이 끝난 직후까지 거슬러 올라간다. 1948년 카스텔리는 로마 산타세실리아 근처에서 열리는, 북이탈리아 출신이며 로마에 귀의한 신부 라파가 이끄는 종합센터에 참석한다. 파시즘 계열에 참여한 뒤에 흩어졌던 이탈리아 **지식인**들 중에서 많은 사람들이 그곳에 모인다. 이러한 상황에서 카스텔리는 순화된 신앙의 길을 되찾기 위해 마비 상태에서 벗어나고, 유럽 규모에서 솔선수범할 것을 결정한다.

카스텔리는 더 이상 설교도, 글을 쓰지도 못하도록 형을 받은 존재론적 신학의 옹호론자인 뤼시앵 라베르토니에르와 연결되었다. 스타니슬라스 브르통은 지금은 위르뱅 7대학이라고 불리는 프로파간드에서 철학 교수로 10년째 강의를 하며, 1947년 로마에 머물고 있다. "덜 위험하다."[4] 당시 그는 카스텔리의 동료이다. "그레고리오 계열의 P. 로츠, 그리고 극작가 디에고 파브리와 함께 나는 카스텔리의 집에서 준비 작업에 참석했다. 카스텔리는 자신의 계획을 말했고, 그것을 실현하기 위해 구·신세계의 모든 능력 있는 지식인들을 부를 것이라고 말했다. '모든 성향' 이 로마적이지만 편협한 토마스 아퀴나스 신학으로부터 벗어난 좀더 자유로운 로마인 이곳에 함께할 것이라고 그는 말했다."[5] 로마의 저항할 수 없는 매력이 사람들로 하여금 학회에 충실하도록 하는 데 커다란 공헌을 했다. 로마의 고지대 주거 지역에 자리잡은 문과대학 소유의 미라피오리 별장과 카스텔리 가족의 주거지인 아란치니 호텔은 "일찍부터 《마법의 산》"[6]을 환기시켰다 경관의 아름다움과 주변의 조화는 가장 격렬한 비판의 부식력마저 둔화시킨다. "혁명가로 방문한 사람들이 교회법 교수가 될"[7] 만큼 매혹의 힘을 지닌 로마의 마법은 악령도 꺾지 못한다. 바티칸의 발 밑에 탈신화와 신의 죽음을 외치러 오는 것은 선동적인 측면이

---

2) 모리스 드 강디약과의 대담.

3) 앙리코 카스텔리, 《신학적 실존주의》, 에르만, 파리, 1948년.

4) 스타니슬라스 브르통과의 대담.

5) 스타니슬라스 브르통, 《로마에서 파리로. 철학적 여정》, 데클레 드 브로베르, 파리, 1992년, 127쪽.

6) 마리 안 레스쿠레, 《에마뉘엘 레비나스》, 앞의 책, 272쪽.

7) 스타니슬라스 브르통과의 대담.

없지 않다. 하지만 에트루리아의 향을 풍기는 로마의 분위기는 불멸의 원칙들로 무력화시키는 힘을 발휘하며, 이론을 후광으로 둘러싼다.

이 모임에서 관광적인 색채는 전혀 찾아볼 수 없다. 반대로 아주 밀도 있는 작업과 엄격함이 모임을 주도한다. 세미나는 매일 6시간씩 계속되고, 식사를 위한 시간과 1주일을 함께할 철학가 · 신학자 그리고 주석가들이 좀더 이완된 분위기 속에서 토론할 수 있도록 잠깐의 휴식이 허락될 뿐이다. 이 국제 지성인의 모임은 40여 명의 참석자가 커다란 테이블을 중심으로 자리잡을 수 있는 강의실에서 열린다. 발표 내용은 자동적으로 정기 간행물 《철학 자료집》에 실리고, 오비에출판사에 의해 간행된 두꺼운 책에 재수록된다. 오비에출판사가 간행한 책들은 철학에서는 하이데거, 신학에서는 불트만에 의해 고무된 해석학적 전환점의 영감을 받은 성서에 대한 집단적 재해석을 모은 것이다. 카스텔리가 직접 참가자들을 선별하고, 리쾨르는 그들 중에서 중추적 역할을 맡는다. 집주인격인 카스텔리가 서두를 장식하지만 학회의 주된 내용을 전달하는 사람은 리쾨르이다. 리쾨르는 매년 발표되지 않은 내용을 중심으로 주제를 세밀히 준비하며, 이 학회에서 1961년부터 그의 저서의 내적 움직임을 표시하는 중대한 발표들을 한다. 그의 발표들은 종종 여기저기 논문집에 재수록되고, 특히 《해석의 갈등》에 재수록된다.[8]

많은 프랑스인들이 이 학회에 참석한다. 1948년부터 카스텔리와 친해진 스타니슬라스 브르통은 학회의 단골이 된다. 그는 1956년 로마를 떠나 프랑스에서 강의를 하며, 알튀세의 가장 친한 친구들 가운데 하나가 될 것이다. "리쾨르에 대해서 나는 무엇보다도 얼굴 인상을 기억한다. 어린아이의 경이로움 속에 젊음이 넘치는 얼굴은 너그러움과 수줍음 때문에 친구들에게 감추고 싶어하는 우수 섞인 주름을 지니고 있다."[9] 자비에 틸리에트는 1965년과 1969년 사이 역사주의로 인한 죄 때

---

8) 카스텔리학회에서 발표한 리쾨르의 논문의 수와 중요성은 막대하다. 〈상징의 해석학과 철학적 반성〉, 1961년과 1962년; 〈상징과 시간성〉, 1963년; 〈해석에서 기술과 비기술〉, 1964년; 〈비난을 탈신화화하기〉; 1965년, 〈벌(罰)의 신화〉, 1967년; 〈종교적 자유의 개념에 대한 철학적 접근〉, 1968년; 〈부상, 환상에서 상징으로〉, 1969년; 〈사건과 의미〉, 1971년; 〈증언의 해석학〉, 1972년; 〈해석학과 이데올로기 비판〉, 1973년; 〈역사적 체험 속에서 객관화와 소외〉, 1975년; 〈탈종교의 해석학, 믿음 · 이데올로기 · 유토피아〉, 1976년; 〈서술적 기능과 시간의 인간적 체험〉, 1980년; 〈자기성. 이타성. 사회성〉, 1986년; 〈성서적 유래?〉, 1990년; 〈성서적 담론에서 말과 글의 얽힘〉, 1992년.

9) 스타니슬라스 브르통, 《로마에서 파리로》, 잎의 책, 173쪽.

문에 일시적으로 멀어지기는 하지만, 카스텔리학회의 또 다른 단골 중의 단골이다. 예수회 철학가인 그는 셸링에 대한 박사 학위 논문을 장 발의 지도 아래, 리쾨르 · 필로넨코 · 장켈레비치와 강디약으로 구성된 심사위원 앞에서 발표한다. 이때부터 그는 정식으로 파리 가톨릭연구소에서 강의를 한다. 하지만 1972년부터 로마의 간절한 부탁에 못이겨 로마와 파리 두 곳에서 강의를 한다. 틸리에트는 리쾨르의 저서에 대한 연구서를 처음으로 출판한 사람들 중의 한 사람이다. 리쾨르보다 열 살 적은 그는 스승인 피에르 아우브트만으로부터 일찍이 그에 대한 찬사의 말들을 들었다. "수용소 시절, 그는 지성과 노력 그리고 친절함으로 상당히 많은 죄수들을 말 그대로 사로잡았다. 그들 중의 한 사람이 생테티엔 명가 출신인, 훗날 예수회교도인 피에르 아우브트만이다."[10] 그가 장 발 덕택에 50년대 철학 콜레주에서 리쾨르를 만날 때, 그는 이미 리쾨르의 저서를 잘 알고 있다. 가브리엘 마르셀에 대한 그들의 공통된 우정과 카스텔리학회의 참석은 그들 사이에 우정 섞인 관계를 맺게 한다. 틸리에트는 리쾨르가 현실적인 유혹에 너무 자주 빠지는 것을 안타까워한다. "그는 무의식적으로 자기 시대의 정신이고자 했다. 그는 젊은 헤겔의 금언을 자기 것으로 삼았다. "너는 네 시대보다 나을 수 없다. 하지만 가능한 한 그래야 할 것이다." 그는 그렇게 했고, 그는 우리들에게 선생보다는 맏형, 아주 훌륭한 선도자 역할을 했다.[11] 이 학회의 단골 중에 리쾨르는 유일한 프랑스인 프로테스탄트가 아니다. 매우 규칙적으로 참석하는 장 브랭과 자크 엘륄 이외에, 카스텔리는 뉴욕 근처 시러큐스대학교에서 강의하는 프로테스탄트 신학자인 가브리엘 바아니앙의 참석을 부탁하러 갔다. 1962년 출판된 그의 저서 《신의 죽음》은 이 모임을 자극하기에 충분한 유황 냄새를 풍긴다.

바아니앙은 리쾨르를 알기 전부터 그의 이름과 친숙했었다. 1927년 마르세유에서 태어난 그는 발랑스에서 공부를 하고, 발랑스고등학교 전직 영어 교사였으며, 1914-1918년 전쟁 때 총에 맞아 죽은 리쾨르의 아버지를 기념하기 위해 이름을 붙인 리쾨르 강의실에서 영어를 배운다. 1946년, 파리 아라고 가의 신학대학 학생인 그는 샹봉쉬르리뇽에서 열린 프랑스 · 독일 대학생 캠프에 참가한다. 그곳에서 그는 처음으로 리쾨르를 만난다. 신학 공부를 마친 후 미국으로 떠난 그는 프린스

10) 자비에 틸리에트와의 대담.
11) 위의 대담.

턴에서 9년, 그리고 뉴욕에서 4백 킬로미터 떨어진 시러큐스에서 도합 35년을 머문다. 아주 키에르케고르적 단계를 거친 후 바아니앙은 같은 세대 많은 프로테스탄트들처럼 바르트의 영향을 받는다. 하지만 그는 "(자신의) 감성과 조화를 이루는 사상 구조"[12]를 가진 불트만에게 정말 한눈에 반해 버린다. 성상파괴론자인 바아니앙은 자신의 첫 저서인 《신의 죽음》을 1961년 미국에서, 그리고 1962년 프랑스에서 출판한다.[13] 그는 근본주의의 모든 형태들에 대한 반대를 자처하고, 현대성의 도래를 위한 전적인 탈종교화를 기쁘게 생각한다. "신의 죽음은 우리를 이 세계와, 이 세계를 중심으로 신을 말해야 할 필요성으로 돌아가게 한다."[14] 그러므로 신은 현대성에 내재해 있으며, 의학에서 병원처럼 공공 영역으로 떨어진다. "구원과 건강은 함께한다. 다른 세계에서의 구원이라면 그것은 전혀 성서적이지 못하다."[15] 바아니앙에 따르면 현대성은 인간과 세계의 관계를 깊이 흔들어 놓았다. "세계에 대한 그리스도교인의 시각은 초월적이다. 우리들의 시각은 내재적이다."[16] 기술은 더 이상 인간의 도구가 아니다. 인간이 기술의 도구가 되었다. "기술이 가능하게 만든, 유토피아의 정의를 현실의 유토피아주의로 전이시킨 개별성의 보편주의가 거기에 있다."[17] 바아니앙은 과거로부터 단호히 등을 돌리고, 이 점에서 프랑스 개신교에 함께 속해 있음에도 불구하고 리쾨르의 입장과 멀어진다. 그는 인간과 신의 관계를 역사화하는 개념에 반대하는 예언자들의 경고를 환기시키면서 역사를 소문과 분노의 공간으로 간주한다. "하루살이는 나에게 영원성의 상징이다. 나는 단 한번 산다. 예수는 가계를 형성하지 않는다."[18] 신의 죽음에 대한 테마는 서구 사회의 탈종교화에 부딪힌 그리스도교가 알고 있는 위기와 일치한다. 그는 《타임스》가 그 질문에 대한 자료를 '신은 죽었는가?' 라는 제목으로 검은 바탕에 그림 없는 겉장을 만들어 출판할 만큼 미국에서 아주 커다란 성공을 거둔다. 이 성상파괴론자는 카스텔리를 매료시킬 모든 것을 갖추고 있었고, 카스텔리는 1968년 로마에서 그를 초대한다. 그 뒤로 그는 세르지오 코타 · 스타니슬라스 브

12) 가브리엘 바아니앙과의 대담.
13) 가브리엘 바아니앙, 《신의 죽음》, 뷔세 샤스텔, 파리, 1962년.
14) 가브리엘 바아니앙과의 대담.
15) 위의 대담.
16) 가브리엘 바아니앙, 《신의 죽음》, 앞의 책, 133쪽.
17) 가브리엘 바아니앙과의 대담.
18) 위의 대담.

르통과 친해지면서 한번도 학회를 거르지 않는다. 로마에서 우리는 하이데거의 전문가인 알퐁스 드 발엔스 · 앙투안 베르고트와 함께 루뱅의 탁월한 대표들을 만난다. "바아니앙이 우리에게 신의 죽음을 설명하러 왔을 때, 약간 무덤 냄새가 났다! 드 발엔스와 베르고트는 나에게 이렇게 말한다. '정말 슬프다. 백포도주나 한잔하러 갑시다.' 그들은 보배 같은 사람들이고, 숭고한 이야기들이다!"[19]

카스텔리학회에 초대된 또 다른 저명인사인 에마뉘엘 레비나스는 1969년 '종교 언어의 분석, 신의 이름' 이라는 주제의 토론에 참석해, '신의 이름과 탈무드 텍스트' 라는 제목으로 발표한다. 그는 1986년까지 로마에서 10회의 강연을 하며 충실히 이 모임에 참석할 것이다. 레비나스는 이러한 만남을 행복하게 생각하고, 그리스도교적 토론의 중심부에 초대된 것을 기뻐한다. 하지만 그는 조심스럽게 행동한다. 언제나 융통성 있고 사교적인 리쾨르에 비해, 그는 아내를 동반하고 다른 사람들과는 얼마간의 거리를 유지한다. 카스텔리학회의 단골들 중에 앙리 구이에 · 클로드 브뤼에르 그리고 70년대부터 클로드 제프레와 장 그레쉬 같은 사람들이 또한 프랑스를 대표한다. 학회는 1977년 카스텔리가 사망한 후에도 계속되었다. 그의 제자인 마르코 올리베티가 모임의 책임을 맡은 후 데리다의 해체적 측면의 고찰은 상대적으로 축소되고, 학회는 점점 더 앵글로색슨의 세계로 문을 연다.

카스텔리학회에서 리쾨르의 초기 발표는 《악의 상징학》과 시작된 작업을 심화시킨다. 이미 살펴보았듯이 악에 대한 고찰의 본질적인 동기 중의 하나는 그리스도교에서, 특히 얀센파 또는 칼뱅파에서 종종 볼 수 있는 죄의 정착으로부터 해방되는 것이다. 탈신화화 계획은 그리스도교 세계를 짓누르는 죄의식의 압박감을 좀더 상대화하고, 질문을 다시 던질 수 있는 계기를 마련한다. 1961년 첫번째 카스텔리학회에 즈음하여, 리쾨르는 《의지의 철학》의 2권인 《유한성과 죄의식》을 출판한다. 그는 이 단계에서 상징에 관심을 쏟고 철학적 반성과 긴밀히 연결되는 상징의 해석학으로 방향을 전환한다. 그리고 발표를 통해 악의 기원에 대한 신화의 두 가지 전통 사이의 대립을 환기시킨다. 악이 인간보다 선행한다고 생각하는 사람들에게 인간 속에 악의 근원이 있다고 생각하는 사람들이 대립된다. 한편으로 바빌론의 신화와 인간 자신도 모르는 사이 인간을 짓누르는 가차없는 운명의

19) 스타니슬라스 브르통과의 대담.

비극성이, 다른 한편으로 인간으로 하여금 아담의 타락과 함께 위반과 악의 모든 무게를 짊어지게 하는 성서의 이야기가 서로 맞선다. 하지만 이러한 분리는 그렇게 단순하지 않다. 리쾨르는 뱀의 출현과 함께 도입된 아담의 신화에 내재하는 분열을 강조한다. 악의 다른 면, 인간의 대타자로서 뱀의 출현은 아담 신화 내부에 갈등이 포함되어 있음을 드러낸다. "인간을 유혹하고 절망케 하는 악, 인간보다 앞선 악이 이미 존재한다. 뱀은 인간 때문에 악이 시작된 것이 아니라는 것을 의미한다."[20] 상징학으로부터 생각하기 위해 리쾨르는 보조 단계로서 고찰되는 사고의 세 단계를 정의한다. 첫번째 단계에서 상징을 통한 상징의 이해는 현상학적 접근 방식으로부터 기인한다. 이러한 예비 단계 이후에 우리는 메시지의 독창성을 해독할 목적으로 현상학에 접근한다. 하지만 사고를 통해 상징을 정말로 이해하는 것은 순전히 철학적인 단계, "상징으로부터 사상"[21]의 세번째 단계가 첨가될 때에만이 가능하다. 악에 대한 이러한 도전에 리쾨르는 성 바울의 과잉 논리, '얼마나 더'의 논리를 대립시킨다. 탈신화화의 과정은 신화를 신화처럼 보여 주는 기능을 갖는다. 이러한 첫번째 부정적인 측면은 각성이라 불릴 수 있으며, 의심의 논리에 필요한 비판적인 작업, 때를 닦아내는 작업과 상응한다. 하지만 이것은 인간을 "자신의 인간적 삶의 생산자"[22]로 드러내는 긍정적 측면과 겹친다. 리쾨르가 실행한 작업은 비난의 대상과 선언적 측면에서 기인된 죄의식을 약속의 빛 속에 다시 돌려 놓는다. 종교는 더 이상 참회의 단순한 동의어로 소개되어서는 안 되고, 금지를 신성시하는 것을 멈춰야 한다. 여기에서도 리쾨르가 극단적인 탈신화화와 참회의 길을 발견하는 것은 사도 바울에게서이다. "죄의 반대는 도덕성이 아니라 믿음이다."[23]

1967년 로마에서, 리쾨르는 영벌의 신화를 사고의 대상으로 삼는다. 영벌의 신화는 죄와 벌을 동등하게 연결시키는 논리적 합리성으로 만들어진 절충적 의미를 담고 있다. 그리고 또한 더러움은 지워지기 위해 복원과 순화를 요구한다는 신화

---

20) 폴 리쾨르, 〈상징의 해석학과 철학적 반성〉, 인용된 논문, 《해석의 갈등》, 앞의 책, 291쪽에 재수록.

21) 폴 리쾨르, 같은 책, 295쪽.

22) 폴 리쾨르, 〈비난을 탈신화화하기〉, 인용된 논문, 《해석의 갈등》, 앞의 책, 330쪽에 재수록됨.

23) 같은 책, 342쪽.

적 측면으로 만들어진다. 그러므로 영벌 속에는 냉정한 합리성과 신성화가 결합되어 있다. 그로부터 영벌을 적합성의 영역으로 되돌리기 위한 신화의 해체 작업에 대한 필요성이 도출된다. 그리고 그것이 영벌의 "존재·신학론적 영향력"[24]으로부터 거리를 갖게 한다. 《법철학의 원칙》에서 헤겔이 보인 논증에 따라 리쾨르는 영벌의 탈신화화 작업을 한다. 해체적 첫번째 단계에서 리쾨르는 재해석의 대상이 되어야 하는 영벌의 탈신화를 철저히 고찰하지 않는다. 탈신화 작업은 리쾨르로 하여금 영벌의 '회상록' 이라는 개념을 제안하게 한다. 다시 한번 그에게 영감을 주는 것은 사도 바울이다. 그것은 긍휼의 극단에서 전도될 수 있도록 비난을 극한으로 끌고 가는 이중적 움직임을 통해서이다. "한 범죄로 많은 사람이 정죄에 이른 것같이 의(義)의 한 행동으로 말미암아 많은 사람이 의롭다 하심을 받아 생명에 이르렀느니라."[25] 그런데 잉여와 은혜의 논리에 부딪힌 영벌의 논리는 깨진 신화, '회상록,' 즉 초월된 과거를 존속하게 한다. "영벌은 부숴야 할 우상보다 더하고, 우상화해야 할 법률보다 덜하다."[26] 탈신화화는 그러므로 동치의 법적 논리나 잉여의 성스러운 논리에 의해 취해질 수 없는 무엇을 남긴다.

파리에서, 리쾨르는 1947년 프랑스 가톨릭 지식인센터[27]가 주최한 또 다른 가톨릭 모임인 가톨릭 지식인의 주간에서 발표해 줄 것을 부탁받는다. 마르크스 사상의 주간과 경쟁적인 이 주간의 파장은 60년대에 "공제조합의 대형 강의실을 꽉 채울 정도의 인파"[28]가 몰려들 만큼 크다. 1964년부터 프랑스 가톨릭 지식인센터의 의장인 르네 레몽과 가까운 리쾨르는, 1968년 바람의 영향에 휩쓸린 센터가 다른 많은 기관들처럼 피할 수 없는 조락의 길을 걷는 70년대초까지 이 주간에 적극 가담한다. 리쾨르는 프랑스 가톨릭 지식인센터에서 1956년 처음으로 논문을 발표한다. 당시 단체의 사무총장인 에티엔 보른에 의해 초대된 리쾨르는 1956년 3월 13일 '니체의 허무주의 해석가 하이데거' 라는 주제로 발표한다.[29] 리쾨르는 프로이트에 대한 에세이 《해석에 대하여》가 출판된 해인 1965년 11월 15일, 클로

24) 폴 리쾨르, 〈영벌의 신화〉, 인용된 논문, 《해석의 갈등》, 앞의 책, 354쪽.
25) 성 바울의 로마인에게 보내는 편지, 〈로마서〉 5장 18-19절.
26) 폴 리쾨르, 〈영벌의 신화〉, 인용된 논문, 369쪽.
27) CCIF: 프랑스 가톨릭 지식인센터.
28) 레미 리펠, 《성직자 단체》, 칼망 레비, 파리, 1993년, 419쪽.

드 브뤼에르 · 클로드 앵베르, 그리고 신부 베르나에르와 그 책을 중심으로 토론할 것을 부탁받는다.

같은 해인 1965년, 리쾨르는 인문과학과 믿음의 문화적 · 역사적 조건에 바쳐진 가톨릭 지식인의 주간에 참여한다. 그는 믿음의 조건화를 중심으로 한 조르주 발랑디에의 발표를 이어, 믿음의 현상을 감싸는 격정과 체험에서 이러한 규정을 벗어나는 것에 대해 질문한다. 종교와 믿음의 변증법조차도 자각과 탈신화화 과정을 내포한다. 강론을 통해 이미지, 우상의 숭배를 배척하는 신약성서가 그러한 영감의 원천을 제공한다. 산업 사회의 현대성은 그 자체에 믿음을 뒷걸음질하게 하는 더 많은 합리성을 지닌다. 하지만 현대성은 점점 더 증가하는 불합리와 목적의 부재라는 특징을 띤다. 그리고 "바로 이러한 단계에서 믿음은 정치의 생생한 윤리로서 현대 세계와 긴밀히 결합될 수 있다."[30] 리쾨르에 의하면 신자가 인문과학을 통해 질문을 하고 인문과학의 비판적 질문을 수용함에 따라, 인문과학 역시 객관화 작업이 본질적으로 인문과학의 능력을 벗어나는 믿음보다 종교적 대상을 관계한다는 것을 인정해야 한다. 종교적 의도가 자체의 고유한 조건을 초월하기 때문이다. 하지만 믿음의 현상이 인문과학의 투자 영역 밖에 위치하는 것은 아니다. 그것은 "존중, 섬세함, 형태와 구조 속에서 고갈되지 않는 **의미**, **의도**에 대한 배려를 통해"[31] 접근할 때 가능하다.

1967년, 리쾨르는 그에게 아주 중요한 테마인 폭력에 바쳐진 새로운 주간에 참석한다. 그는 인간의 말의 영역, 담론과 폭력으로 만들어진 중간 영역의 존재를 명확히 한다. 폭력의 대타자는 의미의 추구이다. 하지만 의미의 추구는 그것을 폭력의 그릇된 버릇에 떨어지게 하는 두 개의 암초를 피해야 한다. 그것은 단순한 도구적 · 계산적 이성으로 환원돼서는 안 된다. 비폭력적으로 담론과 함께한다는 것은 이치에 맞는 의미를 제시하기 위해 "언어의 복수성과 다양성을 존중하는

---

29) 리쾨르는 〈인간과 인간의 신비〉라는 주제로 1959년에, 그리고 〈인문과학과 믿음의 조건〉이라는 주제로 1965년에 다시 가톨릭 지식인의 주간에서 발표한다, **《오늘날의 신, 연구와 토론》**, 52호, 데클레 드 브로베르, 파리, 136-144쪽; 그리고 〈폭력과 언어〉라는 주제로 1967년, **《폭력. 연구와 토론》**, 59호, 데클레 드 브로베르, 파리, 86-94쪽; 그리고 〈의심받는 믿음〉이라는 주제로 1971년, **《믿음과 종교, 연구와 토론》**, 73호, 데클레 드 브로베르, 파리, 64-75쪽에 발표한다. 클레르 기요가 제공한 정보.

30) 폴 리쾨르, 〈인문과학과 믿음의 조건〉, 인용된 논문, 141쪽.

31) 같은 책, 143쪽.

것"[32]이다.

그런데 리쾨르가 참가한 주간 중에 가장 극적인 순간은 1971년 '의심받는 믿음'이라는 주제로 로제 가로디와 대립을 할 때이다. 이 대화를 통해 리쾨르는 의심의 사상의 영향력과 한계를 깨닫고, 불의 시련을 통과해야 할 필요성을 느낀다. 믿음의 역사에 무신론을 포함시킨 그에게, 무신론자에게 세례를 주는 것은 의미가 없다. "무신론자에게 믿음을 표명하게 하는 그 어떠한 회유를 위한 우회적 접근 방식보다 더 이상한 것은 없다."[33] 리쾨르는 마르크스가 인간을 분해시킬 정도까지 필요성에 대해 일방적으로 강조할 때 그와 차이점을 강조한다. 리쾨르에게 희망은 필요성이 아니라 가능성의 쾌거로만 생각되어질 수 있기 때문이다. 리쾨르의 마르크스에 대한 반대 입장은 철학적 차원에서 현실의 의미를 포화시키는 일반적 이론을 제공하겠다는 주장 때문이고, 정치적 차원에서 역사가 당, 전위로 승격된 일단의 개인에 의해 착복될 위험 때문이다. 이 두 가지 암초에 대해 리쾨르는 두 가지 공동체의 병존을 권장한다. 베버의 도식에 따라 책임 윤리에 속하는 정치 공동체가 하나이고, 확신의 윤리가 이끄는 말씀의 공동체로 남아야 하는 교회 공동체가 다른 하나이다. 한편 로제 가로디는 마르크스에는 전혀 존재하지 않는 스탈린의 타락을 만든 역사적 상황의 독특한 맥락을 내세우고, 논쟁적으로 리쾨르에게 그리스도교 역사 안에 고유한 타락을 제시한다.

20년대의 상황이 스탈린 유형의 현상을 설명하기에 충분하지 않다는 것을 우리는 알고 있다. 극단적인 탈신화화의 필연적인 고행은 그리스도교와 마르크스주의 두 공통체에게 제기된다.

---

32) 폴 리쾨르, 〈폭력과 언어〉, 인용된 논문, 94쪽.
33) 폴 리쾨르, 〈의심받는 믿음〉, 인용된 논문, 65쪽.

39

개신교의 탈신화화

루돌프 불트만은 믿음의 언어에 대한 고찰에 영감을 불러일으키고, 거대한 탈신화화 운동을 추진하며 한 세대의 모든 개신교도들에게 바르트로부터 거리를 취하게 만든다. 1951년까지 마르부르크의 신학 교수였던 그는 하이데거와의 친밀한 접촉으로 깊은 영향을 받았고, 자신의 성서 주해를 존재론적 해석의 범주에 통합시켰다. 그가 탈신화화의 프로그램을 심사숙고하여 구성한 것은 믿는 것과 이해하는 것의 이중적 목적으로부터 출발한다. 케리그마[1]는 그것이 담고 있는 존재론적 메시지의 시각에서 해석된다. 불트만은 해석학에 대한 관심의 소생에 참여하고, 성서의 주해에 바르트 때문에 잃었던 중요성을 되찾아 준다. 기실 바르트는 교의론의 형성에 모든 노력을 기울였다. 불트만은 역사적 · 비판적 방법과도 거리를 취한다. 복음서의 이야기는 예수의 삶의 현실을 접근하지 않는다. 불트만이 1926년 《예수》를 출판할 때 특히 고려하는 것은 그에게까지 와 존재론적 부름을 형성하는 말씀이다. 불트만이 행하는 탈신화화는 신화의 퇴거를 목적으로 하지 않는다. 그것은 실재 체험으로서 과학이 과거 믿음의 범주를 반박했기 때문에 필요 불가결하게 된 재해석으로 이끈다. "불트만의 주장은, 성서의 대부분의 계시가 우리가 더 이상 신화적이라고밖에 간주할 수 없는 우주론적 범위 내에서 주어진다."[2] 그리스도교의 강론은 다시 한번 현대성에 적응해야 하고, 비신화적인 언어로 인간들에게 전해지기 위해 루터의 몸짓을 반복해야 한다. 1941년 그의 강연 '신약성서와 신화'는 커다란 프로그램을 정의한다.[3] 불트만은 복음서에서 탈사회화의 시

1) 도래할 사건에 영향을 미치는 징후인 예언과 다르게 케리그마는 《신약성서》에서 예수의 왕림과 같이 거의 현재가 아닐지라도 실재적 사건에 영향을 미치는 징후이다.

2) 로제 멜, 《개신교, 어제와 오늘》, 앞의 책, 128쪽.

3) 루돌프 불트만, 《믿음과 이해》, 제1권과 제2권, 쇠이유, 파리, 1969년, 1970년.

각을 보고, 현재의 카테고리와 사건과 결정의 순간의 카테고리를 우선시하는 존재론적 결정에 부여된 길을 본다. 리쾨르에 의하면 불트만의 장점은 탈신화화를 통해, 그리고 해석학적 전통과 다시 관계를 맺으며 모든 텍스트와 관련된 작업을 강조하고, 근본주의의 모든 형태들과 극단적으로 단절하는 것이다. 그것은 60년대 리쾨르가 취한 의심의 대가들에 대한 섭렵, 그리고 언어학적 전환기에 아주 잘 일치한다. 불트만의 《예수》는 1968년 쇠이유에서 출판되고, 폴 앙드레 르조르는 리쾨르에게 이 책에 대한 서문을 쓸 것을 요구한다. "내가 그에게 예수에 대한 불트만의 작은 책에 서문을 쓸 것을 요구했다. 열정적이고 감탄할 만한 서문, 하지만 여러 해 동안 고집을 부려야 했다."[4)]

불트만은 해석학의 문제, 즉 글로 남은 자취를 생생한 말씀으로 변화시키는 것을 주로 제기한다. 본래의 강론으로부터 우리를 떼어 놓는 시간적 거리가 사실은 해석학의 범주에 속하는 문제의 근원이다. 우선 말씀이 성서가 되었다. 그리고 시간적 거리가 본래의 행위로부터 우리를 멀어지게 했다. 마지막으로 성경은 현대인들에게 똑같은 독서 규칙 아래 놓인 여러 텍스트들 중의 하나가 되었다. 불트만의 기도의 첫번째 측면은 강론을 덮고 있는 신화적 외장을 의식하는 데 있기 때문에 순전히 부정적인 듯하다. 이 첫번째 단계는 현대 사회에서 영원히 구식이 되어 버린 정신적 표현인 텍스트에 함축되어 있는 우주론의 특수성을 복원하는 것이다. 이것은 "글자 그대로의 의미 아래 구멍을 뚫는 형태, **탈구조**, 즉 문자의 해체,"[5)] 탈신화화의 인식론적 측면이다. 탈신화화의 두번째 순간은 설명적 · 기원적 기능의 명확한 의미 아래에서 신화의 부차적인 의미화를 드러나게 하는 것을 필요로 한다. 탈신화화의 긍정적인 측면이며, 그것이 해석학의 궤도로 들어갈 수 있게 한다. "탈신화화하는 것은 신화를 해석하는 것이다."[6)] 불트만은 **로고스**의 세계, 철학에 더 이상 등을 돌리는 것을 허락하지 않는다. 그는 성서일지라도 아무런 전제 없이 책의 내용을 흡수하는 것은 불가능하다고 생각하기 때문이다. 그러므로 딜타이가 이미 강조했듯이 객관적인 해석은 없다. 하지만 그는 또한 그것을 통해 텍스트와 가까운 인류학을 알고 있어야만 그 텍스트의 이해에 접근할 수 있다

---

4) 폴 앙드레 르조르와의 대담.

5) 폴 리쾨르, 루돌프 불트만의 《예수, 신화와 탈신화화》, 쇠이유, 파리, 1968년; 《해석의 갈등》, 앞의 책, 381쪽에 재수록.

6) 같은 책, 383쪽.

는 것을 분명히 한다. 《신약성서》의 존재론적 해석을 정당화시키는 것은 이 마지막 단계이다. 불트만에게서 철학과 성서 주해의 관계는 보완적인 관계로 생각된다. 그 관계 속에서 성서에 의해 선포된 사건은 철학의 가능성의 기교를 사실로 인정하고, 그것을 비난하는 동시에 실현한다. 이 단계에서 불트만의 한계를 리쾨르는 비판한다. 그는 불트만에게 신의 행위, 신의 말씀이 문제가 될 때 탈신화화의 작업에 안전 장치를 설치한다고 비난한다. "부름과 결말의 사건에서 신의 행위, 좀더 적확하게 우리를 위한 그의 행위는 비신화적 요소이다."[7] 초월성, 전혀 다른 것, 내세 또는 행위, 말씀, 사건과 같은 어휘를 빌려 표현되는 비신화적 핵심은 의미에 관한 질문에서 벗어난다. 리쾨르는 불트만에게서 생각되어지지 않은 것을 더욱 잘 생각하기 위해 불트만과, 하지만 그와 반대로 생각하려 한다. 그는 특히 불트만에게 객관화의 근심에 한정되는 언어에 대한 고찰에서 좀더 멀리 나아가지 않는 것을 비난한다. 60년대말 기호학과 구조주의 영역을 섭렵한 리쾨르는 불트만이 사상의 매우 중요한 하지만 이미 지난 흐름을, 여전히 존재론적 시기를 표현하고 있다고 생각한다. 자신의 사상적 소속감으로 불트만은 설명하다와 이해하다 사이의 딜타이적 이분법에 지나치게 의존하며, 넓은 의미에서의 언어에 대한 고찰보다는 이해하다의 심리학적·존재론적 성격을 높이 평가하는 경향이 있다. 하이데거와 마찬가지로 불트만은 짧은 길을 택했다. 그런데 "단번에 결말의 순간으로 달리는 해석의 이론은 너무 빨리 간다."[8]

아무튼 리쾨르가 얼마간의 유보에도 불구하고 믿음의 근본적인 실천으로서 성서 텍스트에 관심을 갖는 불트만의 행동에서 단단한 버팀목을 찾는 것은 틀림없다. 이때 성서 텍스트는 가능성의 영역에 대한 비판적 개방의 지속적 원천으로서 독자 앞에 자리잡는다. 불트만은 종교의 비판과 믿음의 언어에 대한 옹호라는 매우 개신교적인 주제를 심화시킨다.[9] 리쾨르가 강조하려는 생각은 믿음에 대한 종교 이후 시대의 그것이다. 의심을 하는 것은 현대 문화에서 그리스도교적 선포가 의미하는 것에 대한 이해로 귀착되어야 한다. 잘못된 의식의 폭로를 주도하는 의

---

7) 폴 리쾨르, 같은 책, 386쪽.

8) 같은 책, 389쪽.

9) 폴 리쾨르, 〈종교의 비판〉과 〈믿음의 언어〉, 《프로테스탄트 연구 및 자료센터 회보》, 제4-5호, 1964년, 5-16쪽과 17-31쪽.

심의 대가들은 일반적 텍스트 해석에 기여하고, 구조를 해독하는 그들의 능력은 수용돼야 한다. 마르크스의 탈신화적 작업을 "사실적이고 진실한 일"[10]로 이해해야 할 것이다. 리쾨르에게 마르크스 · 니체 또는 프로이트에게서 종교에 대한 극단적인 비판은 종교가 "두려움이라는 탈, 지배와 증오의 탈"[11]을 쓸 때 완벽하게 정당화된다.

이러한 종교 외적인 탈신화 작업에 불트만이 제시하는 탈신화화와 함께 내적 비판이 추가된다. 복음서의 세계로부터 우리를 떼어 놓는 문화적 거리가 탈신화화를 피할 수 없게 만든다. 과거를 벗겨내는 이러한 작업이 "해석학의 긍정적 임무인 의미의 재수집"[12]을 가능하게 한다. 이 의미가 드러날 수 있는 것은 잃어버린 과거에 대한 향수 속에서가 아니라, 반대로 질문 공간의 복원을 통해서이다. 믿음의 언어에 대한 선행되어야 할 이해는 다음의 세 단계를 거친다. 첫째로 리쾨르가 "현상학 또는 존재론적 전통을 좇아"[13] 시행한 철학적 인류학을 세우는 것이 바람직하다. 둘째로 총체성으로서 생각되어진 인간성에 대한 질문을 복원하는 모든 것을 중시하는 것이 바람직하다. 이 점과 관련해서 인간의 열정에 대한 칸트의 인류학(소유, 권력, 욕망)은 좋은 예가 된다. 셋째로 강론에 선행되는 이해는 언어 자체의 수준에 위치한다. "인간은 언어**이다**"라고 훔볼트는 말했다.[14] 언어 고유의 기능성에 갇힌 단순히 기술적인 복수의 언어로 분열되는 것을 막는 것이 중요하다. 이러한 보다 앞선 이해가 있을 때에만이 의미를 복원하는 작업을 전개할 수 있다. 믿음은 앞에, 열린 가능성 속에 있다. "그런 식으로 계시된 것, 그것은 존재의 열림이고 존재의 가능성이다."[15] 믿음은 인간을 신화적 · 시적 능력 속에서 자신을 형성하는 것에 대해 깨닫게 하고, 그것은 창조적 말씀을 통해서이다.

상상력과 창조성에 대한 재개는 상징적 상상력의 전문가인 질베르 뒤랑에 의해 전혀 이해되지 않았다. 질베르 뒤랑은 불트만과 리쾨르의 탈신화화에서 파괴적인 측면만을 받아들였다. "말할 필요도 없이 세속적인 우리의 현대 기술은 리쾨르와

---

10) 폴 리쾨르, 같은 책, 9쪽.
11) 같은 책, 12쪽.
12) 같은 책, 18쪽.
13) 같은 책, 21쪽.
14) 같은 책, 24쪽.
15) 같은 책, 31쪽.

불트만에게 성서 속에서 **시대에 뒤진** 것들을 드러내게 할 것이다. 이것이 그 유명한 불트만식 탈신화화의 임무이다. **베어내고**, **구멍을 뚫고**, **파괴하고**, 신화의 겉**껍질을 벗기는 것**, 리쾨르와 불트만의 가혹한 해석학의 접근 방식이 그러하다."[16] 이러한 격렬한 비판은 무의미의 모든 죄악을 지고 있기 때문에, 신화에서 제거해야 할 모든 것의 표현만을 보는 불트만과 리쾨르의 자기 민족 중심주의 성격과 의미 부재의 불가지론적 표명을 공격하며 계속된다. 하지만 이러한 비판은 편파적인 독서에서 기인한 반대 선언이다. 기실 리쾨르에게 탈신화화는 의미의 재수집이라는 고행 속에서 한 단계로 해석된다.

이 당시 리쾨르에게 아주 중요한 다른 신학자가 있었는데, 그가 게르하르트 에벨링이다. 불트만의 뒤를 이은 그는 특히 말씀을 강조했고, 언어적 사건과 말씀의 이루어짐으로써 예수를 강조했다. 리쾨르는 언어의 체계적인 논리만을 위해 말을 제외시킨 구조주의적 경향에 맞불을 놓기 위해 이러한 신학적 주장으로부터 얻어낼 수 있는 이점을 곧 발견한다.

리쾨르는 원리에 비해 성서의 현대화로서 강론에 중요성을 부여하는 목사인 루이 시몽과 뜻을 같이한다. 그러한 그는 하이데거가 50년대의 글에서 그랬듯이 에벨링과 함께 언어의 문제가 근본적이 되는 것을 높이 평가한다. 불트만이 여전히 실존주의에 젖어 있다면 에벨링은 사실 해석학적 전환을 강조하는 사람들을 대표한다. 게르하르트 에벨링과 에른스트 푹스는 각자 한 사람은 취리히에서, 그리고 다른 한 사람은 마르부르크에서 해석학연구소를 설립했다. 그들 둘 다 해석학적 문제를 새롭게 한 것은 루터로 다시 돌아와서이다. "에벨링에 의하면 종교개혁의 근본적 이념은 존재론을 말씀으로 대체한 것이었다."[17] 성유물 행렬을 포함한 모든 사물화에 반대한 종교개혁은 말씀인 사건과 그것을 해석하는 또 다른 말씀 사이에 연결의 장소로서 교회를 본래의 자리에 위치시킨다. "교회는 이쪽에서 저쪽으로의 주해의 장이다."[18] 이러한 교회의 역사화는 해석의 범주에 신학적 중요성을 부여하고, 말씀의 지속적인 현대화 과정에 이른다. 텍스트가 된, 그래서 다시 말씀으로 해석해야 하는, 말씀의 재전환과 관련된 해석학적 문제는 이러한 상황에

---

16) 질베르 뒤랑, 《인간의 과학과 전통》, 베르그 인터내셔널, 파리, 1979년, 67-68쪽.
17) 폴 리쾨르, 〈에벨링〉, 《믿음·교육》, 제81호, 10-12월, 1967년, 40쪽.
18) 같은 책, 42쪽.

서 제기된다. 그리고 이러한 요구는, 해석학이 하나이며 종교적 측면과 세속적인 측면의 단순한 병렬로 나눌 수 있는 것이 아니기 때문에 세속적 세계의 섭렵에 대한 모든 문제를 제기한다. 카를 바르트와 반대로 에벨링에게 신의 말씀은 인간의 말과 분리되지 않는다. 신과 인간의 극성을 분별할 수 있는 것도 유일한 말씀 속에서이다. "이러한 의미에서 에벨링은 성 요한의 말 '말씀은 살이 되었다'를 이해하려 한다. 그것은 역사의 시간이 있었고, 그리고 말씀이 완전히 이루어진 그리스도교적 선언이 그것이라는 것을 의미한다."[19] 이러한 의미에서 에벨링은 리쾨르가 위험하고 메마르게 하는 것이라고 특징지은 딜타이의 설명하다와 이해하다 사이의 구별을 청산하는 데 공헌한다. 그러므로 에벨링은 60년대말 그에게서 자신의 해석학적 전환의 튼튼한 버팀목을 발견한 리쾨르에 의해 준거로서 점점 더 인용된다.

리쾨르는 스위스 프랑스어권의 개신교 신학계에서 60년대 새로운 세대를 상대로 커다란 반향을 일으켰다. 특히 피에르 지젤 · 앙리 모튀 · 에릭 푹스 · 마르크 페슬러와 같은 제네바학파에서 그러했다. 1966년과 1970년 사이 제네바에서 신학도였으며 《개신교 백과사전》의 책임을 맡은 피에르 지젤은 자신의 학업을 마치는 논문을 〈거리와 소유〉라는 제목으로 리쾨르에게 바친다. 그가 리쾨르로부터 받아들이는 것은 거리의 개념에 대한 그의 주장이다. 그것은 리쾨르가 소유라는 어휘로 너무 빠른 독서를 하는 불트만의 유산에 대립시키는 개념이다. "리쾨르는 중재의 필요성을 강하게, 그리고 긍정적으로 강조했다."[20] 그가 채택하는 것은 무엇보다도 리쾨르의 칸트적 · 비판적 측면이다. 그러므로 그는 불트만의 《예수》 서문에서 리쾨르가 표현한 신중함을 전적으로 따른다.

스위스 프랑스어권에서 리쾨르의 주장을 받아들인 대표적인 또 다른 곳은 신학자인 피에르 뷜러가 강의하는 대학, 뇌샤텔의 불트만주의 신학자들로 대표된다. 로잔신학대학의 학장인 드니 뮐러는 뇌샤텔에서 1966-1970년 피에르 지젤과 함께 공부했다. 그는 그리스도교사 교수인 피에르 바르텔이 리쾨르에 대해 말하는 것을 일찍부터 듣는다. 피에르 바르텔은 스트라스부르에서 탈신화화에 대한 현상학으로 박사 논문을 발표했다. 그는 앙리 뒤메리 · 파울 틸리히 · 루돌프 불트만,

---

19) 폴 리쾨르, 같은 책, 48쪽.
20) 피에르 지젤과의 대담.

그리고 폴 리쾨르의 논문에 대한 비교 연구를 했었다. 드니 뮐러는 그의 가르침을 커다란 개방으로 느낀다. 바르트주의의 대부분 교수들은 불트만이나 틸리히 또는 리쾨르가 신학에 속하는 것도, 철학에 속하는 것도 아니라며 경멸조로 그들을 언급했다. 드니 뮐러는 후설과 하이데거를 포함한 철학가들의 독서를 통해 신학 교육을 보충한다. 1969년 리쾨르의 《해석의 갈등》이 출판될 때 그는 신학교 4학년이다. "4명의 친구들과 그 책 전체를 읽고 해석한 것을 기억한다."[21] 이 그룹의 학생들에게는 전통적 독서와 편협된 철학적 접근의 교조주의로부터 벗어나고, 자신들의 신학적 · 철학적인 이중 욕구를 만족시킬 수 있는 기회이다. "리쾨르는 때마침 나타나 우리 학교 교수들을 반박하고, 교조주의와 실증주의에서 벗어날 수 있게 했다."[22] 교의론 교수인 장 루이 뢰바와 〈프로테스탄트 신학에서 법률과 복음서〉를 주제로 논문을 발표한 드니 뮐러는 파넨베르크에 대한 박사 학위 논문을 준비한다.[23] 아카데믹한 연구 외에 그의 열정을 사로잡는 것은 교조주의와 객관주의적 재현으로부터 그의 마음을 멀어지게 하고, 전통에 의해 필연적으로 중재되어야 한다고 여겨진 신학과, 생각하게 하는 상징들을 새롭게 하는 상징의 이론과 해석학적 연장선이다. "이것은 매우 해방적이었다. 그리고 몇몇 철학가들의 근시성과 종교적 현상에 대한 무관심을 바탕으로 하는 정교 분리 원칙의 근시성에 문제를 제기할 수 있게 했다."[24]

교의론 교수이며, 카즈만에 관한 논문의 저자인 피에르 지젤[25]은 항상 리쾨르에 대한 자신의 첫번째 작업으로부터 벗어나지 못한다. "그것은 계속해서 내 안에 머문다. 그리고 내 안 저 깊은 곳에 있는 것들과 어울린다."[26] 그는 1974년 자신의 저서의 관점을 리쾨르에게 바친다.[27] 이 연구에서 그는 리쾨르가 해석학적 프로그램으로부터 취하는 객관화의 움직임과 그로부터 도래되는 긴 여정을 강조한다.

---

21) 드니 뮐러와의 대담.

22) 같은 대담..

23) 드니 뮐러, 《말씀과 역사. 볼프하르트 파넨베르크와의 대화》, 라보와 피데스, 제네바, 1983년.

24) 드니 뮐러와의 대담.

25) 피에르 지젤, 《진리와 역사. 현대성 속에서 신학, 에른스트 카즈만》, 보셴-라보와 피데스, 파리-제네바, 1977년.

26) 피에르 지젤과의 대담.

27) 피에르 지젤, 〈폴 리쾨르〉, 《신학적 · 종교적 연구》, 제1호, 1974년, 31-50쪽.

정신분석학을 통한 우회에 의해 한층 더 강화된 주관성과의 격차는 실증성과, (자신이) 그것에 대해 가지고 있는 의식에 환원시킬 수 없는[28] 차이 속에서 자율적 측면을 유지하려는 피에르 지젤의 의도를 확고하게 한다. 피에르 지젤이 신학자로서 1974년 리쾨르의 독서로부터 얻은 것은 낭만주의로부터 물려받고, 설명하다와 이해하다 사이의 엄격한 대립을 바탕으로 한 해석학적 계통과 단절할 수 있는 능력이다. 지젤에 의하면 불트만은 이원적이고 치명적인 이러한 시각을 굳게 하고, 지속적으로 추구한다. 반면에 리쾨르는 칸트적인 아포리아로부터 출발하고, 결코 비판적 순간 이전의 입장으로 되돌아가지 않는다. 그가 주장하는 모델은 단번에 잘못된 분열을 거부하며, 현대 신학자들을 괴롭혀 온 질문인 기원의 탐구에 대한 질문을 종식시킨다. 그는 이렇게 함으로써 형이상학에 대한 비판을 첨예화하는 데 공헌한다. "형이상학에 대한 소송은 진리 자체와 일치라는 표현으로 이해된 진리의 모델로 연명하는 모든 사상을 비난하는 데까지 진행되어야 할 것 같다. 명확성 · 통일성 그리고 기원에서 즉각성, 대상과의 가능한 일치라는 개념들은 여기서 유죄를 주장해야 한다."[29] 리쾨르는 이러한 기원의 탐구와 현실과 합리성의 공생에 대한 꿈에 실증성 · 자율성 그리고 복수성의 개념을 대립시킨다. 그는 진리와 세계를 함께 생각하는 것을 가능하게 하는 새로운 길의 안내자이다. 이러한 관점에서 "의미는 우발적이고, 매번 특별하며 구성적이지만 결정적이지 않은 실증성과 밀접하게 관련돼서만 존재한다."[30]

여전히 스위스에서 우리는 리쾨르의 샹봉 시기 제자인 알랭 블랑시(본명은 비엘쇼프스키)를 만난다. 그는 1971년과 1982년 사이 10년 동안 제네바와 로잔 중간에 위치한 보세연구소에서 전그리스도교의회 연구 주임을 맡았다. 이 연구소는 1946년 전쟁을 통해 분리된 그리스도교인들을 화해시키기 위해 설립되었다. 연구소는 정교분리주의의 의지와 정치 · 경제적 결정에 압력을 행사하려는 야심과 함께 학제적 대화를 조장한다. 정확한 주제를 바탕으로 모임이 이루어졌고, 알랭 브랑시가 이러한 모임의 일환으로 1974년 과학과 신학 사이의 관계에 대해 말하기 위해 리쾨르를 초대했다.

28) 피에르 지젤, 같은 책, 41쪽.
29) 같은 책, 47쪽.
30) 같은 책, 49쪽.

60년대 탈신화화 운동의 첨예화는 본회퍼의 주장과 어느 정도 근접한다. 바르트의 제자인 그는 우리가 이미 보았듯이 나치즘에 대한 저항의 영웅적 인물이 된다. 전쟁이 선포되자마자 미국에 머물던 그는 국민들과 함께하기 위해 독일로 향하는 마지막 배를 탄다. 히틀러 제거 음모에 가담할 정도까지 나치즘에 저항하던 그는 1945년 4월 9일 서른아홉 살의 나이에, 수감된 동료들 앞에서 마지막 맹세를 한 후 히틀러의 명령으로 처형된다. 바르트의 계승자인 본회퍼는 동시에 신의 죽음이라 불리는 신학 또는 비종교적 그리스도교를 낳을 일련의 고찰에 문을 연다. 반대로 불트만의 탈신화화 프로그램에 단호하게 맞서는 바르트와 다르게 본회퍼는 앙드레 뒤마가 《현실의 신학》[31]이라 부른 것을 정의하기 위한 비판적 작업을 받아들인다. 종교적 고찰의 깊은 변화에 원천이 된 것은, 특히 《저항과 복종》이라는 제목으로 1951년 출판된 그의 감옥에서의 편지와 글들이다. "그의 눈에 종교는 신을 만나려는 인간의 불가능한 노력과 죄를 지은 사람의 자신을 정당화하려는 기도일 뿐이다."[32] 성인이 된 현대인은 과학이 임시변통인 신에 대한 관념을 지워 버리는 시기에 전통적 종교 없이 지낼 수 있다. 한편 사회의 점차적인 탈종교화 현상은 형이상학을 황폐케 한다. 종교는 더 이상 "정신적 에로스의 자극을 위한 믿음의 아편"[33]에 지나지 않는다. 종교에 대한 이러한 극단적인 비판은 믿음을 문제시하지 않는다. 그것은 교회가 신의 유일한 약속 내에서 다른 외적인 도움 없이 신앙을 실천한다는 것을 암시한다.

리쾨르는 본회퍼의 입장을 해석했다.[34] 그는 바르트가 "그리스도교는 종교가 아니다"라고 썼을 때, 〈로마서〉의 주석에 이미 제기된 질문의 바르트적 가계를 바로 세운다. 하지만 본회퍼에 의하면 바르트는 확인된 사실로부터 모든 논리적 결론을 이끌어 내지 않았다. 탈종교화는 더 이상 세계에 대한 설명이나 해결되지 않은 질문들에 대한 탈출구로서 신께 기도하는 것을 허락하지 않는다. 현대 사회는 극단적인 환멸의 세계이다. 그리고 본회퍼는 고통받는 신의 신학, 또는 철학적 신의 무신론을 제안한다. 예수 그리스도는 형이상학적 이원성을 삭제시키고, 신이

---

31) 앙드레 뒤마, 《현실의 신학》, 라보와 피데스, 제네바, 1968년.

32) 앙드레 뒤마, 같은 책, 194쪽.

33) 같은 책, 195쪽.

34) 폴 리쾨르, 〈본회퍼에게서 그리스도교의 비종교적 해석〉, 《서부 프로테스탄트센터 회보》, 제7호, 1966년 11월, 3-20쪽.

없는 세계에서의 삶은 신의 아들을 십자가에 버림으로써 표면화된다. "신은 이 세계로부터 쫓김을 당하고, 십자가에 못박힌다. 신은 이 세계에서 무능하고 나약하다. 그리고 단지 그렇게 그는 우리와 함께하고, 우리를 돕는다."[35] 본회퍼가 하려고 하는 것은 종교 이후 시대의 현대성을 신학적으로 생각하는 것이다. 초월성은 우리들 세계에 내재해 있었고, 함께 나눈 고통 속에서 타인을 위한 삶에 바탕을 둔 윤리로 그리스도교인을 이끈다. "그리스도교인을 만드는 것은 종교적 행위가 아니라 이 세계의 삶 속에서 신의 고통에 참가하는 것이다."[36]

니체가 신은 죽었다라고 할 때, 본회퍼는 니체를 따른다. 하지만 예수 그리스도 안의 신이 남아 있다. 리쾨르는 니체에 의해 시작되고, 본회퍼가 실현한 허무주의에 대한 경험을 인정한다. 하지만 '신은 죽었다' 라는 확신과 '신은 존재하지 않는다' 라는 확신 사이의 대립을 잘 이해한다는 조건하에서이다. "이것은 종교, 형이상학, 그리고 주관성의 신이 죽었다는 것을 말한다. 그리고 십자가의 강론과 예수 그리스도의 신을 위한 자리는 비어 있다는 것을 말한다."[37] 그래서 본회퍼는 나약하고 고통받는 신을 경험케 하는 그리스도의 교리 연구를 정의하게 된다. 이렇게 그는 나약한 인간에 맞선 아주 강력한 신에 대한 니체적 관념을 다시 취해 정반대로 뒤집는다. 삶의 충만함에 내재하는 고통받는 신은 본회퍼가 '신으로 향하는 길'의 진정한 체험으로서 다성음악이라고 부르는 것에 길을 열어 준다. 이때 교회는 그리스도가 다른 이들을 위한 사람이듯 다른 사람들을 위한 교회가 된다.

이러한 복수적이고 대화체적인 지평에서 우리는 리쾨르의 세계와 아주 가까운 세계를 인식할 수 있다. 불가지론적 신학의 경계에 있는, 근본적으로 복수적 개념으로 만들어진 그 세계는 구원과 관련된 믿음의 측면을 포기하면서 참여와 세계의 현존에 대한 확신으로 향한다. "약속의 땅, 그것은 이 땅이다. 구약은 하늘에 대해 말하지 않는다……. 교회가 구약으로 돌아와야 한다면, 그것은 본회퍼에 의하면 강론으로 천국의 메시지를 전하는 유혹으로부터 벗어나 강론을 세속에 뿌리내리기 위함이다……. 우리가 구약에서 발견하는 것은 삶의 세속적 의미이며, 이 세상에서 살고 인간 공동체 안에서 행동하기 위한 땅으로의 회귀이다."[38]

---

35) 디트리히 본회퍼, 《저항과 복종》, 라보와 피데스, 제네바, 1973년, 366쪽.
36) 같은 책, 167쪽.
37) 폴 리쾨르, 〈본회퍼에게서 그리스도교의 비종교적 해석〉, 인용된 논문, 11쪽.
38) 같은 책, 17쪽.

이러한 탈신화화 프로그램이 개신교 공동체 속에서 비판적 반응을 불러일으키지 않을 수 없다. 프랑스 개신교회가 주장하는 자유주의와 현대주의에 반대하는 복음주의 경향이 특히 그러한 경우이다. 초기에 별로 대단하지 않던 개신교의 전통적·근본주의적 경향은 영국과 미국 교회와의 견고한 관계 덕택에, 그리고 특히 집단적 정체성의 위기에 힘입어 경쟁력을 갖춘다. 보쉬르센의 복음주의 신학의 개방대학과 노장 쉬르마른의 성서연구소가 침례교회의 목사들을 양성하는 것은 분열된 세력권 내부에서이다.

개신교파에 비할 때 침례교도들이 본질적으로 다른 점은 세례 성사와 관련된다. 침례교도들은 아기의 세례를 거부하고, 분별력이 있는 나이에만 신앙 공동체에 들어오는 것을 축성한다. 신학적 방침의 차원에서 또 다른 커다란 차이점은 사도신경을 외우는 방식에 결집된다. 개신교회가 신앙 고백에 대해 다원적 원칙을 확고히 한 데 비해, 침례 공동체에 속하는 것은 그리스도교 초기 단계의 의미로 예수의 부활에 대한 개념을 신봉하는 것을 전제한다.

신교대학 학장인 앙리 블로셰는 1961-1962년 알제리로부터 귀국 당시 선생님으로 모셨던 리쾨르의 책을 아주 잘 알고 있다. 게다가 그는 침례교회 목사이신 아버지 자크 블로셰로부터 아주 일찍 리쾨르에 대해 말하는 것을 들었었다. 그의 아버지는 포로수용소를 나와 귀향을 위해 재집결할 당시 또 다른 수용소에서 리쾨르를 만났다. 그때 리쾨르가 그에게 현대 실존주의에 대해 설명했다. 하지만 특히 스트라스부르 철학회보에 실린 야스퍼스에 대한 리쾨르의 논문을 읽고, 앙리 블로셰는 그의 강의를 들을 것을 결심한다. "나는 이 텍스트에 의해 무척 열광한 나머지 그의 강의를 들으러 갈 기회를 잡기로 결심했다."[39] 앙리 블로셰는 그의 강의를 열심히 듣고 리쾨르의 책을 해석한다. 하지만 개신교에서 리쾨르의 경향과 대립되는 경향의 일원으로 비판적 거리를 견지한다. 리쾨르의 해석학적 여정을 다시 그리는 아주 섬세한 연구에서 앙리 블로셰는 자신의 의견이 리쾨르와 심하게 대립된다는 것을 감추지 않는다.[40] 물론 그는 리쾨르에게서 커다란 신학적 기여, 불트만의 그것보다 뛰어난 일관성, 무의미하게 취급된 역사·비판적인 문제에 대한 특별한 감성, 그리고 아담 신화의 의도에 대한 견줄 데 없는 이해력을

39) 앙리 블로셰와의 대담.
40) 앙리 블로셰, 〈폴 리쾨르에 의한 해석학〉, 《호그흐미》, 제3호, 1976년, 11-57쪽.

인정한다. 하지만 그리스도 교리의 연구에 수동적인 앙리 블로셰는 성서의 사도의 가르침을 거부한다. 차이는 원죄에 대한 질문에 특히 초점에 맞춰진다. 우리는 이미 그것이 리쾨르의 반성과 이론의 아주 강력한 동기 중의 하나였다는 것을 보았다. 한편 앙리 블로셰는 철학을 믿음의 약속에 종속시키고, 전능하신 주님께 의존하는 성 아우구스티누스학파적 경향의 옹호자를 자처한다. 그래서 회보의 제목 〈호크흐마〉(히브리어로 '지혜')는 "주님에 대한 **외경**이 지혜의 시작이다"라는 부제를 달고 있다. 이 구절이 리쾨르의 여정을 두려움의 문화로부터 분리시키는 극심한 차이를 깨닫게 하기에 충분하다.[41] 앙리 블로셰에게 리쾨르는 악의 역사적 시작에 대해 자신이 '마치 ……처럼' 할 수 있는 환상에 빠진다. 그는 리쾨르에게 성서의 도덕적 시각을 격렬히 공격하는 것을 비난하고, "계율의 도덕성에 대한 그의 혐오감과 욕망으로부터 윤리를 끄집어 내려는 그의 노력"[42]을 비난한다. 다른 차이점으로 앙리 블로셰는 목격자들에 의해 증언된 역사적 사건의 현실감을 상실시키려는 기도라고 판단되는 것을 공격한다. 탈신화화 작업은 역사적 진리의 이름으로 비판의 대상이 된다. 그 진리에 비추어 상징, 사건-기호라는 표현으로의 전환은 객관성과 사건의 확실함을 흔드는 결과를 낳는다. 의심의 대가들에 대한 섭렵은 앙리 블로셰의 눈에 "유감스런 양보"[43]로 귀결된다. 그는 합리적 사고의 자율성을 옹호하는 리쾨르를 지지하지 않는다. 그는 그것을 단순히 환상적이라고 간주한다. 자율적 **코기토**와 그것이 담고 있는 지식이 추상적이고 무의미하며 공허하다는 확신에 대한 믿음에 고유한 긴장은 "어울리지 않는 한 쌍의 소"[44]와 다를 바가 없다. 불일치의 또 다른 주제로 앙리 블로셰는 리쾨르에게서 신을 **능산적(能産的) 자연**에 접근시키는 범신론적 잠재성을 인지한다. "그가 너무 기꺼이 받아들이는 이교도적 요소가 있다. 그 점에서 나는 그의 아리스토텔레스와의 친숙성에 반대한다."[45] 앙리 블로셰는 리쾨르의 경향에 "회개와 고백"[46]의 해석학의

---

41) 단순한 '두려움'과 혼동되지 않는 '외경'의 성서적 의미를 복원하면서 대립을 완화시키는 것이 적합하다. 성서에 의하면, '외경'은 존경·숭배 그리고 평화로운 신뢰를 바탕으로 한 인간과 신 사이 관계의 성격을 가리킨다.

42) 앙리 블로셰, 〈폴 리쾨르에 의한 해석학〉, 인용된 논문, 36쪽.

43) 같은 책, 45쪽.

44) 같은 책, 47쪽.

45) 앙리 블로셰와의 대담.

46) 앙리 블로셰, 〈폴 리쾨르에 의한 해석학〉, 인용된 논문, 51쪽.

경향을 대립시킨다. 하지만 이러한 경향은 회개 대신 이해에 도움을 청하는 리쾨르가 가능케 하는 새로움과는 거리가 멀다. 결정된 길은 "주에 대한 **외경**"[47]의 길이다. 그리고 이 길은 의지에 대한 논문 이래 리쾨르의 철학적 의도가 줄곧 반대해 왔던 것, 즉 역사의 이름을 빙자한 죄의식의 정착과 거의 같다. 탈신화화 프로그램은 반대로 과거의 우주적 불순물로부터 현재의 창조적 힘을 해방시키는 데 있다.

47) 앙리 블로셰, 같은 책, 57쪽.

40

해석학적 접육

요컨대 1960년은 리쾨르의 여정에서 전환점을 이룬다. 그는 이 시기에 "상징은 생각하게 한다"라는 칸트의 격언을 계승하고, 텍스트에 새겨진 것으로부터 존재론적 흔적을 좀더 잘 이해하기 위해 대규모 우회를 시도한다. 그리고 또한 탈신화화 프로그램의 실현을 기도하는 이 시기에, 그는 '철학적 해석학의 개요'라는 부제가 붙은 1960년에 출판된 독일 철학자 한스 게오르크 가다머의 《진리와 방법》을 발견한다. 현대 해석학의 진정한 주춧돌인 그 책이 그렇다고 리쾨르에게 영향을 미칠 것이라고는 말할 수 없다. 왜냐하면 리쾨르는 이미 상징의 해석학과 프로이트적 해석학에서 상당한 진전을 보이고 있기 때문이다. 하지만 가다머의 후기 하이데거적 해석학의 견해가, 리쾨르 자신이 훗날 현상학 프로그램 위의 '해석학적 이식'이라고 부를 만큼 리쾨르의 입장을 견고하게 했다고 주장할 수 있다. "가다머가 대작인 《진리와 방법》을 통해 잘 설명하고 뛰어나게 새롭게 한 해석학은 (…) 내가 가장 선호하는 참고 대상 중의 하나가 되었다."[1] 미적 · 역사적 그리고 언어적 경험 덕택에 가능해진 의미에 대한 삼중의 접근은 리쾨르로 하여금 현상학적 프로그램의 자기 중심적 논리가 갖는 자폐성에서 벗어날 수 있게 한다. 게다가 프랑스 특유의 지적 공간이 갖는 구조주의적 도전에 맞선 리쾨르는 가다머의 책을 통해 인식론적 방법주의의 모든 유폐를 거부하는 접근 방식의 든든한 지지를 얻는다.

리쾨르는 《진리와 방법》의 출판이 그에게 얼마나 큰 사건이었는지 프랑스 독자들에게 알리고 싶어한다. 자신이 프랑스 철학 무대에서 구조주의자들의 야심에 맞서 어느 정도 소외되었기에 리쾨르는 더욱 그것에 집착한다. 그는 1964년부터 프

1) 폴 리쾨르, 《심사숙고한 끝에》, 앞의 책, 38쪽.

랑수아 발과 함께 쇠이유출판사의 '철학적 영역' 총서의 공동 책임을 맡는다. 당시 프로이트에 대한 에세이를 끝내고 있던 그의 가장 큰 관심 중의 하나는 가다머의 책을 출판하는 것이다. 하지만 엄청난 책의 분량 때문에 그는 무엇보다도 상업적인 문제로 반대에 부딪힌다. "가다머의 일이 해결되기를 바랍니다. 달리 말하면, 책의 일부를 삭제하고 출판할 수 있게 계약을 맺었으면 합니다."[2] 프랑수아 발(가다머에 대한 리쾨르의 열정을 함께하지는 않지만)이 아니라 당시 쇠이유출판사를 경영하는 폴 플라망이 내용의 일부 삭제를 강요하였다. 출판은 지체되고, 리쾨르가 감수한다는 것을 전제로 에티엔 사크르가 번역의 일부를 맡는다. 하지만 1972년 리쾨르가 쇠이유에 원고를 넘길 때, 원고 전체를 출판할 수 있는 전권을 갖지 못한 프랑수아 발은 리쾨르에게 가다머의 동의하에 상당 부분을 삭제하는 것이 바람직할 것이라고 환기시킨다. "7백여 페이지의 번역본이 인쇄되어 도착했을 때 등에 식은땀이 흘렀다. 삭제를 해야 했다. 그것도 많이."[3] 여러 반대에도 불구하고 리쾨르는 가다머 책의 무삭제 출판을 얻어내기 위해 고집한다. 리쾨르가 이 주제와 관련해서 프랑수아 발과 주고받은 편지는 그가 이 책에 얼마나 애착을 갖고 있는지를 보여 준다. "가다머와 관련해서 나는 텍스트를 하나도 삭제하지 않고 출판하는 쪽으로 다시 생각해 보았으면 합니다. (…) 선집의 형태로 출판하는 것은 전혀 바람직하지 않습니다."[4] 총서의 일상적 책임을 맡고 있는 프랑수아 발은 당시 시카고에 거주하고 있는 리쾨르에게 곧바로 회신을 보낸다. 1972년 5월 3일, 그는 7백여 페이지의 책을 시장에 내놓는 일은 불가능하다고 거듭 주장한다. 결국 삭제 쪽으로 결정은 굳어진다. 리쾨르는 가다머의 동의하에 삭제 작업을 시행한다. 리쾨르는 힘들고 고통스러운 이 작업을 위해 1973년 여름을 희생한다. "가다머의 번역판을 위해 하루에 3시간 정도를 보냈습니다. 시카고에서 돌아올 때 완결본을 가져온다면 곧바로 출판이 가능하겠습니까? 5백 페이지 중에서 1백 80페이지를 삭제했습니다."[5] 1976년 마침내 쇠이유는 우여곡절 끝에 《진리와 방법》의 축소판을 출판한다.

그리고 《진리와 방법》의 출판과 관련된 역경의 행복한 결말은 20년이 지난 후

---

2) 프랑수아 발, 폴 리쾨르에게 보내는 편지, 1964년 6월 15일, 쇠이유 문서보관소.
3) 같은 책, 1972년 4월 7일, 쇠이유 문서보관소.
4) 폴 리쾨르, 프랑수아 발에게 보내는 편지, 1972년 4월 25일, 쇠이유 문서보관소.
5) 같은 책, 1973년 8월 14일, 쇠이유 문서보관소.

에 맺어진다. 1996년, 개정판이 완역본의 모습으로 쇠이유에 의해 출판된다. 이번에도 리쾨르가 출판을 주도한다. 그는 1992년 보르도에서 강의하고 있는 독일학 연구 철학가 피에르 프뤼숑에게 편지를 보내 에티엔 사크르의 번역판을 다시 보고 보충할 것을 제안한다. "번역을 끝내고 그에게 편지를 썼습니다. 그는 자신이 가지고 있던 회한 중의 하나를 없애 주었다고 말하며 일을 끝낸 것에 감사한다고 했습니다."[6]

《리베라시옹》은 《진리와 방법》의 완역본 출판을 3페이지에 걸쳐 축하하고, 리쾨르로 하여금 책에 대한 긴 서평을 부탁한다. 리쾨르는 가다머가 1976년경에 과학인식론의 '방법주의'에 대한 반응 서적으로 어떻게 읽혔는지 분석한다. 그는 이 책이 하이데거의 《존재와 시간》 이후 독일에서 출판된 가장 중요한 책[7]이라고 주장하며, 가다머에게서 예술 작품 존재론의 실마리로서 놀이와 플라톤의 대화 놀이 사이에 유사성을 지적한다. 예술 작품의 고갈되지 않는 특성과 대화의 항상 개방적인 성격은 가다머 해석학의 두 축이다. 가다머는 칸트와 헤겔의 이중적 형태를 지닌 독일 이상주의 주장에 맞서 플라톤의 도움을 요청한다.

리쾨르와 가다머의 발전은 영향 관계로 생각될 수 없다. 오히려 아주 근접한 위치에 있는 평행하는 두 사상의 발전으로 보아야 할 것이다. 이것이 리쾨르로 하여금 낭만적 해석학에서 가다머에 이르는 독일의 모든 전통을 동원할 수 있게 하고, 의미를 기호의 논리 속에 포함시키는 구조주의의 주장에 대하여 비판적인 입장을 뿌리내릴 수 있게 한다. 그런데 이미 보았듯이 리쾨르는 독일 해석학자 가다머의 아주 다른 입장으로부터 출발한다. 그는 반성적 목표, **코기토**의 확장을 포기하지 않는다. **코기토**의 내적 균열이 확실시되기는 하지만 그렇다고 **코기토**가 철학적 지평에서 사라지는 것은 아니다. 리쾨르는 해석학적 연구를 그만큼의 우회 · 심화, 그리고 철학적 주체를 다시 포착하기 위한 시추 수단으로 시도한다. 그러므로 이전의 실존적 그리고 현상학적 입장과 단절이 있는 것은 아니다. 리쾨르가 이식이라는 단어를 사용한다면 원래의 부식토, 즉 현상학이 그것에 적합하기 때문이다. "현상학은 해석학의 넘을 수 없는 전제 조건이다. 게다가 현상학은 해석학적 전제

6) 피에르 프뤼숑과의 대담.
7) 폴 리쾨르, 《리베라시옹》, 1996년 7월 4일.

조건 없이 형성될 수 없다."[8] 현상학은 의식 속에서 의미를 찾고 주관성을 실체화 시키는 경향이 있으며, 해석학은 이해의 존재론적 조건을 항상 흔적과 연속적인 해석으로 매개된 포함과 거리두기의 변증법의 조건처럼 설정한다. 그리고 리쾨르는 두 프로그램의 명확한, 어휘 하나하나의 대립으로부터 출발한다. 현상학은 발견의 끝인, 의도성의 보편적 특징의 발견에까지 이르지 못했다. 그에 따르면 의식은 의식 밖에서 자체의 의미를 찾는다. 주체 또한 의미에 대한 작업의 지평에 머물러 있어야 한다. 기원으로서 주체가 해석학을 통과하면서 사라진다면, 그것은 의미의 본원지로서 입장보다 좀더 겸허한 입장 속에서 그것을 되찾기 위함이다. 자아의 이해는 여전히 철학의 소임이며, 그것은 소유권의 박탈, 중심축에서 벗어나기 작업의 대가를 지불할 때 가능하다. 바로 이것이 자신의 고유한 세계로부터 벗어날 때에만이 소유할 수 있는, 텍스트의 낯섦 앞에 선 독자에게 펼쳐지는 과정이다. "그때 나는 **자아**, 자신의 **주인**을 텍스트의 **자아**, **신봉자**로 바꾼다."[9] 60년대에 구조주의자들이 현상학을 언어의 중요성을 고려할 줄 모르는 철 지난 프로그램으로 간주할 때, 리쾨르는 현상학적 직관을 간직하면서 언어의 중요한 성격을 인정하는 해석학적 현상학을 변론한다.

가다머가 독일에서 풍요로운 해석학적 전통에 의지할 수 있는 만큼, 리쾨르는 프랑스 철학 무대에서 많이 토론되지 않은 망령을 내세우는 듯하다. 그러므로 리쾨르는 모든 해석학적 전통의 생명력을 인식하고 인정하게 하는 데 공헌한다. 사실 사회과학이 콩트, 그리고 뒤르켐의 실증주의에 전폭적인 지지를 보내며, 구조주의에서 새로운 활력을 되찾은 프랑스에서 해석학은 오랫동안 잊혀졌었다. 해석학은 아주 오래된 전통을 갖고 있다. 어휘는 이해하는 행위와 텍스트 해석을 관계짓는 플라톤에게서 이미 발견된다. 당시 그것은 명확한 것 뒤에 감춰진 의미를 지시하고, 주석학적 작업 덕택에 종교과학 분야라는 특별한 영역에서 다시 관심을 끈다. 지역적 · 그리스도교적인 해석학이 이해의 일반적 이론이 되는 것은 19세기 초 슐라이어마허[10]과 함께이다. 슐라이어마허는 칸트의 비판적 관점과 천지창조와 지속적인 관계를 맺고자 하는 낭만적 부름을 화해시키려 시도한다. 그는 공간

8) 폴 리쾨르, 〈현상학과 해석학〉, 《현상학》, 베르라그 카를 알버, 프라이부르크임브라이스가우, 1975년, 31-71쪽; 《텍스트로부터 행동으로》, 앞의 책, 40쪽에 재수록.
9) 폴 리쾨르, 같은 책, 54쪽.

적 또는 시간적 이유 때문에 멀어진 것에 근접성을 회복시키며 몰이해의 다양한 형태에 맞설 수 있는 해석학을 권장한다. 저자의 축과 텍스트의 축 사이에서 생성되는 긴장 속에서 해석학은, 슐라이어마허에 의하면 낭만적 전통 속에서 심리주의적 해석을 중시하는 경향이 있다.

딜타이와 함께 해석학적 의도는 텍스트성의 설명 수준에서 역사적 이해의 수준으로 넘어간다. 그는 정신의 과학에 인식론적 위상을 부여하고자 한다. 기실 역사는 정신과학에서 가장 첨예한 학문이다. 그리고 그는 자연과학의 범위에 속하는 설명을 정신과학에 속하는 이해와 대립시킨다. "정신과학은 실체험 · 표현, 그리고 이해의 관계를 바탕으로 한다."[11] 물리적 세계와 그 법칙에 비하여 딜타이는 심리적 세계에 고유한 인식론을 구별한다. 물론 역사가 그 세계에 포함되고, 그 세계의 명료함은 각 개인의 심성을 이해하는 것으로부터 출발하여 찾는 것이다. 정신과학에 고유한 인식론은 심리학의 객관화된 기호들을 해석하면서 재건해야 하는 해석학적 순간, 행위를 내포한다. 리쾨르는 딜타이에게서 텍스트의 내적 구조에 대한 특별한 관심을 발견한다. 그에게 텍스트는 언어학의 전환기에 이루어진 연구와 반향을 이루는 독자로부터 독립된 실체이다. 딜타이는 세 가지 차원의 시간성 속에 각인된 삶의 의미라는 개념을 중심으로 해석의 개념을 일반화한다. 세 가지 차원의 시간성은 과거의 흔적으로서 퇴적된 의미의 차원, 현재의 가치 차원, 그리고 목표, 미래의 차원이 그것들이다. 보편적 역사와 밀접하게 연결된 그러한 이해는 타자의 우회를 통해서만 의미를 갖는다. "나를 이해하는 것, 그것은 모든 인간들에게 기표가 된 것을 담고 있는 커다란 기억력을 통한 우회, 가장 커다란 우회를 하는 것이다."[12]

가다머에 따르면 딜타이의 계획은 경험적 · 심리적 영역에 의해 영향을 받는다.

---

10) 프리드리히 슐라이어마허(1768-1834년), 프로테스탄트 신학자이며 철학자. 독일 초기 낭만주의 시대 사람. 1787년과 1789년 사이 할레대학교에서 공부를 하고, 후에 그곳에서 강의함. 낭만주의 계열과 밀접하게 연결됨. 특히 프리드리히 폰 슐레겔과 플라톤의 저서들을 번역할 것을 계획했으나 홀로 작업함. 이성이 소유할 수 없는 근원의 감정으로부터 출발한 그는 그의 저서에서 철학적 현상학을 개진한다. 크리스티앙 브르느르, 《슐라이어마허의 철학》, 세르프, 파리, 1995년.

11) 딜타이, 《정신과학 내에서의 역사적 세계의 건립》(1910), 세르프, 파리, 1988년, 86쪽.

12) 폴 리쾨르, 〈해석학의 임무〉, F. 보봉과 G. 루이에(책임), 《해석. 방법의 문제와 읽기 연습》, 들라쇼와 니에슬레/뇌샤텔, 1975년, 179-200쪽; 《텍스트로부터 행동으로》, 앞의 책, 86쪽.

삶의 철학이 지니는 반이성주의와 의미의 철학이 갖는 야심 사이에서 취해진 해석학에 고유한 입장은, 분석의 단순한 도구인 해석학의 개념에서 보편적·역사적 의식으로 전이되면서 딜타이에 의해 절정에 달한다. "이렇게 함으로써 딜타이는 결국 역사적 과거의 연구를 **역사적 경험이 아니라 해석으로** 생각한다."[13] 딜타이의 이분법을 계승한 가다머는 그것을 하이데거적 존재론의 측면에서 재해석한다. 그리고 그는 딜타이가 이상주의와 역사적 이해 사이에 내재하는 대립을 뛰어넘으려다 난관에 처하게 되었고, 그것은 두 방법론 사이의 갈등과 자신의 뜻대로 하려는 의식의 우월성에 사로잡혔기 때문이라고 생각한다. 리쾨르에 의하면 딜타이에 대한 가다머의 비판은 저자로부터 분리된 텍스트의 개념, 자신의 고유 의미와 고유 존재를 갖는 텍스트의 개념을 객관화시킨 딜타이의 업적을 정당하게 평가하지 못한다.

가다머와 다르게 리쾨르는 자연과학과 정신과학 사이에서 딜타이가 주장한 원칙적 대립을 점점 더 극단적으로 거부한다. 그는 그것을 치명적이라고 생각한다. 리쾨르의 모든 철학적 계획이 삶을 빈약하게 하는 이 양자택일을 초월하는 데 있다고 주장할 수도 있을 것이다. 가다머가 《진리와 방법》을 통해 이 분야에 새로운 것을 제공하는가? 리쾨르가 찾던 해결책이 그 안에 있고, 리쾨르를 가다머의 프랑스 제자라고 말할 수 있을까? 결코 그렇지 않다. 그리고 리쾨르는 자신이 권장하는 해석학의 입장 차이를 환기시키는 극단적인 질문을 제기한다. "자 이제 질문은 이 작품이 어느 정도까지 《진리**와** 방법》이라고 불릴 자격이 있으며, 《진리 **또는** 방법》이라고 불려야 되는 것은 아닌지 알아보는 것이다."[14] 물론 가다머의 계획은 낭만적 해석학의 아포리아를 넘어서는 것이다. 하지만 주관성에 대한 그의 적대감은 그로 하여금 편견과 전통 그리고 권위를 재평가하게 하고, 비판적·반성적 철학에 대해 극단적인 비판을 하게 한다. "선동적이라고 말할 수는 없지만 도전적이라고 표현할 수 있는 이 변론은 반성적 순간에 대한 역사적 영역의 회복에 관심을 갖는다."[15] 당시 리쾨르가 가다머의 접근 방식에 제기하는 문제는 객관

---

13) 한스 게오르크 가다머, 《진리와 방법》(1960), 쇠이유, 파리, 1996년, 261쪽.
14) 폴 리쾨르, 〈해석학의 임무〉, 앞의 책, 97쪽.
15) 같은 책, 98쪽.

적 시각을 거부하는 종속적 의식 속에 어떻게 비판적 심급을 다시 도입하는지 알아보는 것이다. 낭만적 해석학의 구습에 다시 빠지지 않는다는 것은 리쾨르에 의하면 객관적 시각의 순간, 소유의 움직임에 내재하는 비판적 순간을 단호히 재확인하는 것이다. 구조주의 역시 그에게는 소속의 좀더 넓은 과정의 논리적 단계로 생각되어진다. 리쾨르는 설명하다와 이해하다 사이의 분리를 거부하는 만큼 진리와 방법 사이의 결합 쪽에 단호하게 위치한다. "가다머의 책 《진리와 방법》의 제목에 암시된 양자택일은 이렇다. 방법론적 태도를 취하는 대신 우리는 연구하는 실체의 존재론적 비중을 잃는다. 아니면 진리의 태도를 취하는 대신 우리는 인문과학의 객관성을 포기해야 한다. 나의 개인적 생각은 그러한 양자택일을 거부하고 초월하려는 시도를 하는 것이다."[16]

하버마스와 가다머 사이에 벌어진 토론에 참가한 리쾨르는 양자택일의 어휘들을 거부한다. 그리고 그는 그들 두 사람이 구현하는 상반된 두 길, 즉 칸트의 유산 속에서 비판적 의식을 실행하는 길과 전통에 등을 기댄 해석학의 길을 화해시킬 수 있는 길을 정의하고자 한다.[17] 가다머가 권장하는 전통의 해석학에 하버마스는 이데올로기 비판의 대체 계획을 돋보이게 하기 위하여 여러 가지 논거를 대립시킨다. 칸트주의 노선에서 현대적 계획의 옹호론자인 하버마스는 의사소통의 문제점을 조절하는 이념을 개발한다. 그는 합의의 개념을 집단적 계획으로 우리들 앞에 과감하게 제시한다. 그리고 가다머가 의사소통의 출발점에서 본래적 합의를 고려할 때 그에 의해 실행된 존재론화를 거부한다. 하버마스는 의사소통의 행위 속에서 지배·조작의 현상들과 연결된 본래적 폭력과 검열을 고려할 수 있게 하는 이데올로기 이론의 길을 정의한다. 하버마스는 그러므로 비판적 사회과학, 그리고 특히 정신분석학에 현대 철학에서 아주 중요한 위치를 부여한다. 하지만 가다머는 그러한 것들을 무시하고 정신과학과 자연과학 사이의 구별을 계승하며, 비판적·설명적 측면을 자신의 일반화된 해석학 계획에서 포기한다. 이 논쟁은 1971년 독일에서 일어난다.[18] 리쾨르는 문제가 되는 입장들 각각의 배타적인 성격에 만족하지 못하고, 그들로부터 "비판적 해석학"[19]을 정의할 것을 권장한다. 리쾨

16) 폴 리쾨르, 같은 책, 101쪽.

17) 폴 리쾨르, 〈해석학과 이데올로기 비판〉, 앙리코 카스텔리(책임), 《탈신화와 이데올로기》, 오비에, 파리, 1973년, 25-64쪽; 《텍스트로부터 행동으로》, 앞의 책, 333-377쪽.

18) 《해석학과 이데올로기 비판》, 프랑크푸르트, 1971년.

르의 가장 순수한 학문적 전통 속에서, 리쾨르에게 중요한 것은 주된 입장에 지속적으로 안주하면서 두 적수를 총괄하는 초월적 시스템을 건설하는 것이 아니라 좀더 겸손하게 각자로부터 타자의 경청을 얻어내는 것이다. 똑같이 절대적인 두 가지 요구를 대표하는 두 경향 사이의 대화를 가능하도록 하기 위하여, 리쾨르는 해석학적 질문이 처음 제기된 장소의 이전을 권장한다. "그렇게 함으로써 소속의 경험과 비인간적 거리두기 사이의 대화는 원동력 자체, 해석학의 내적 생명의 열쇠가 될 것이다."[20] 그러므로 그는 여러 가지 방식으로 비판적 측면의 해석학적 접근을 풍요롭게 할 것을 제안한다. 첫째로, 거리두기를 더 이상 단순한 존재론적 실추로 간주하지 말고, 해석 행위의 꼭 필요한 수단, 조건 자체로 간주하는 것이 적합할 것이다. 둘째로, 해석학은 딜타이로부터 물려받은 설명하다와 이해하다 사이 치명적인 이분법[21]을 포기해야 한다. 그러므로 객관화 과정을 항상 좀더 멀리, 깊이 자리한 의미론이 노출될 때까지 진행시켜야 하고, 진리와 방법을 결합시키는 대화 형식을 새롭게 만들어야 한다. 셋째로, 이해는 더 이상 텍스트 안으로 주관성을 단순히 운송하는 것이 아니라 텍스트에 주관성을 전시하는 것이어야 한다. 그것은 하버마스가 이데올로기 비판에 초해석학적 영역을 부여할 때 권장하듯이 잘못된 의식에 대한 비판을 내포한다.

한편 비판적 축은 해석학적 축으로부터 자신을 풍요롭게 하고, 두 접근 방식의 긴밀한 연결을 가능하게 할 수 있는 무엇인가를 얻어내야 한다. 해석학은 비판이 처음도 마지막도 아니라는 것과 항상 문화 유산의 재해석, 적극적 역사성으로 변신되고 새롭게 비춰진 전통에 의존한다는 것을 환기시킨다. "그렇기 때문에 역사적 해석학은 **전통과 역사적 과학, 역사와 역사에 대한 지식 사이의 추상적인 대립을 없애면서** 시작돼야 한다. 생생하게 남아 있는 전통의 작용과 역사적 투자의 작용은 분석이 상호 작용의 조직만을 발견하게 되는 유일한 작용을 형성한다."[22] 역사적 · 해석학적 이해의 대상은 먼저 주어지지 않고, 의미는 대상에 초월적이지 않다. 의미의 점차적 드러남과 대상의 건축은 함께 진행된다. 하버마스의 비판적 접근 방식이 구현하기를 원하는 해방의 계획은 그러므로 과거에 대한 재해석, "문

---

19) 폴 리쾨르, 〈해석학과 이데올로기 비판〉, 앞의 책, 362쪽.
20) 같은 책, 365쪽.
21) 같은 책, 367쪽.
22) 한스 게오르그 가다머, 《진리와 방법》, 앞의 책, 304쪽.

화적 유산의 창조적 재연"[23]으로부터 시작되어야 한다. 리쾨르는 비판적 접근 방식이 말하지 않은 것을 강조하면서 자신의 논증을 끝낸다. 즉 비판적 접근 방식이 앞선 위치에 있다고 자처함에도 불구하고 그것 역시 전통, 해방의 전통에 속한다는 것을 부인할 수는 없다는 것이다. "전제된 합일의 존재론과 해방의 종말론 사이 모순이라고 일컬어지는 것보다 더 기만적인 것은 없다."[24]

리쾨르에 의하면 해석학은 독창적이다. 그것은 해석들을 단 하나의 유일하고 총괄적인 해석학으로 통일시키는 오래된 낭만적 꿈을 포기한다. 리쾨르는 반대로 해석적 갈등들의 환원될 수 없는 복수성을 보여 준다. 해석의 갈등은 특수한 지역적 적법성을 갖는 주장들을 유발하는, 질문하는 양식의 복수성을 밝힌다. "행위 또는 문학 텍스트를 읽는 여러 가지 방식이 있다."[25] 이러한 이유로 오이디푸스의 신화는 똑같이 설득력 있는 두 가지 해석의 대상이 된다. 퇴행적인 프로이트의 해석은 오이디푸스 신화에서 우리들의 경험을 앞서는 것의 표현, 오이디푸스 콤플렉스를 보고 소포클레스의 해석에서 오이디푸스 신화는 일련의 통과 단계를 거치는 것을 전제하는 진리의 비극성을 보여 준다. 미래를 향하는 두번째 해석은 부친살해나 근친상간을 범하는 것에 중요성을 부여하지 않는다. "이 두 가지 해석은 배타적이지 않다. 둘을 함께 생각해야 한다."[26]

한편 가다머는 자신의 해석학에 존재론적인 목적을 부여한다. 해석은 이해와 완전히 같은 존재 자체에 포함된다. 물론 그는 해석학자의 투자 영역을 결정하는 친근함과 낯섦 사이 극성을 설정한다. "**해석학이 자신의 진정한 공간을 갖는 것은 그 둘 사이이다.**"[27] 그는 하이데거를 좇아 전통에 소속, 참여하는 축을 선호한다. 해석학의 가능성 있는 보편화 양식으로서 미학을 선호하는 가다머는 언어 속에서 심리적 범주에 속하는 것이 아닌 내적 로고스의 길을 찾는다. 가다머에게 내적 로고스는 플라톤에서처럼 대화 안에 이미 항상 자리잡은, 의미의 모든 열쇠를 상실한 주체를 세계에 참여하게 하는 바로 그것이다. "우리의 유한성이 말을 더듬고,

---

23) 폴 리쾨르, 〈해석학과 이데올로기 비판〉, 앞의 책, 375쪽.
24) 같은 책, 376쪽.
25) 폴 리쾨르, 《개신교적 현존》, 올리비에 아벨과의 대담, 앙텐 2, 1991년 12월 15일.
26) 같은 책.
27) 한스 게오르크 가다머, 《진리와 방법》, 앞의 책, 317쪽.

해석학의 철학적 보편성을 세우는 것은 말해지는 것과 이야기되지 않은 것의 대화 속에 언어가 뿌리내리는 것이다."[28] 그러므로 주체는 가다머를 번역한 피에르 프뤼숑이 "윤리적 플라톤주의"[29]라고 부른 본질적 존재론 속에서 극단적으로 중심을 벗어난다. 한편 리쾨르는 주체의 그러한 과격한 추방을 거부하고, 대립적으로 보일 수 있는 해석학의 두 경향, 즉 가다머가 더 높은 가치를 부여하는 소속, 뿌리내리기의 경향과 비판적 · 거리두기의 경향, 말하는 가능성의 조건에 대한 칸트적 · 방법론적 순간을 어울리게 한다. 그로부터 철학과 인문과학 사이 전혀 다른 관계가 도출된다.

이러한 대립 속에서 우리는 감성의 차이를 구별할 수 있다. 가다머의 가톨릭적 측면을 띤 존재론은 소속의 개념을 높이 평가한다. 반면에 리쾨르의 개신교는 그로 하여금 동일성과 이타성, 전통과 관련해 주장된 소속과 거리두기 사이 방정식이 균형을 이루게 한다. 가다머와 리쾨르가 의견을 전적으로 같이하는 것은 세계에 참여를 가능케 하는 텍스트의 매개 속에서이다. 이것이 《진리와 방법》의 출판에 중요성을 부여하고, 리쾨르에게 하이데거에 대한 대안을 제공한다. 이해의 문제를 존재론적으로 해결하려는 기도는 궁지에 처하게 되고, 가다머의 텍스트 영역에 대한 관심 때문에 그로부터 벗어나게 된다. 딜타이에게서 심리적 영역에 갇혀 있던 이해의 문제를 역사성의 영역으로 옮기면서 가다머는 자기 중심의 논리가 갖는 암초를 피한다. 리쾨르는 의심의 해석학을 중시하며 감춰진 부분을 추구하는 텍스트의 시발점으로부터 텍스트의 종착점, 즉 텍스트를 앞에 놓고 독서 행위를 하는 그 순간에 이루어지는 텍스트의 수용에 대한 문제까지 고유한 해석학적 여정을 지난다. 가다머는 확실히 리쾨르의 그 여정이 만드는 움직임 속에서 리쾨르의 입장을 공고히 한다. "작품은 독서 행위 속에서 행정을 마친다……. 독서는 일종의 갈등의 장소이다. 작품이 제안하는 것과 독자가 기대와 거절을 통해 얻는 것 사이의 갈등이 주된 갈등이다."[30]

리쾨르의 해석학적 시도는 자신의 예전 철학적 입장을 문제삼지 않는다. 그것은 예전 입장의 적법성을 실험하기 위한 보조적 시추점이다. 주체, 그리고 초기의

28) 장 그롱댕, 《현대 사상의 해석학적 지평》, 브랭, 파리, 1993년, 249-250쪽.
29) 피에르 프뤼숑과의 대담.
30) 폴 리쾨르, 알랭 뱅스탱의 방송, 프랑스 퀼튀르, 1994년 5월 17일.

반성적 충동과의 연결고리를 끊기는커녕 리쾨르는 예정된 수많은 우회에서 길을 잃지 않기 위해 원천으로 되돌아갈 필요가 있는 것처럼 장 나베르에 대한 발언을 되풀이한다. 어떤 이들이 리쾨르가 자신의 신칸트주의 전력을 포기하고 새롭게 태어날 것이라고 예측할 때, 피에르 콜랭은 정반대의 논증을 펼친다.[31] 사실 해석학적 전환의 이 순간은 장 나베르에게 회귀하는 순간이기도 하다.[32] 어떤 절충주의를 표방하지 않고 리쾨르는 두 입장을 밀접하게 연결하려 하고, 그들의 양립성을 실제로 생각한다. 반성적 철학을 단순한 직관이나 **코기토**의 즉각적 투사와 구별한다는 전제하에 두 입장은 같은 철학적 계획에 서로 협력하며 참가할 수 있다. "반성적 철학은 당장의 철학과 반대된다."[33] 왜냐하면 자아의 입장은 단순한 심리적 투명성으로 축소될 수 없고, 행위를 통해서만 파악될 수 있기 때문이다. 사고가 대상·작품, 그리고 행위 속에서 **자아-코기토**를 포착하려 할 때부터 그것은 **자아**의 인식 속에서 해석학적 중재의 지평으로 남는다. 장 나베르가 "감각적 세계 전부와 우리가 관계하는 모든 존재들은 이따금 해석해야 할 텍스트와 같다"[34]라고 단언할 때, 리쾨르는 그의 입장에 의해 자신의 입장이 공고해지는 것을 느낀다. 리쾨르는 나베르에 대한 논문의 결론을 다음과 같이 짓는다. "나베르의 언어가 아니라 그의 저서가 독려하는 다른 언어를 빌려 표현하자면, 사고는 자아에 의한 자아에 대한 직관이 아니다. 그것은 해석학일 수 있고, 일 것이다."[35] 그러므로 두 철학적 패러다임 사이에는 중간 휴지가 없다. 상징적 사고, 무의식의 논리, 기호학적 규칙들이 인간의 존재에 대해 우리에게 가르치는 것으로 향한 장기간에 걸친 이동이 있다면, 반성적 철학의 지평은 리쾨르에게 근본적으로 남아 있다. 리쾨르는 구조주의와 해석에 대한 갈등이 한창일 때 다음과 같이 말한다. "반성적 철학 속에 미래는 무엇일까? 나는 이렇게 대답한다. 정신분석학과 기호학이 가져온

31) 피에르 콜랭, 〈장 나베르의 유산〉, 《에스프리》, 제7-8호, 119-128쪽; 〈해석학과 반성적 철학〉, 《폴 리쾨르. 해석학적 이성의 변신》, 세르프, 파리, 1991년, 15-35쪽.

32) 폴 리쾨르, 장 나베르, 《윤리를 위한 요소들》의 서문, 오비에, 파리, 1962년, 〈장 나베르에게서 행위와 기호〉, 《철학 연구》, PUF, 파리, 1962년, 제3호, 339-349쪽; 《해석의 갈등》, 앞의 책, 211-221쪽에 재수록; 〈상징의 해석학과 철학적 고찰〉, 《철학 자료집》, 1962년, 19-34쪽; 《해석의 갈등》, 앞의 책, 311-329쪽에 재수록.

33) 폴 리쾨르, 《해석의 갈등》, 앞의 책, 322쪽.

34) 장 나베르, 《윤리를 위한 요소들》, 앞의 책, 48쪽.

35) 폴 리쾨르, 〈장 나베르에 의한 행위와 기호〉, 《해석의 갈등》, 앞의 책, 221쪽.

교정과 수단을 소화하고, 우리를 형성하는 존재하는 욕망과 존재하기 위한 노력이 표현되고 명확히 진술되는 개별적이고 공적인, 심리적이고 문화적인 기호들의 해석으로부터 길고 우회된 길을 취하는 반성적 철학이어야 한다."[36]

리쾨르에 의해 열린 길의 독창성이 오해를 불러일으키지 않는 것은 아니다. 몇몇 반성적 철학의 옹호자들은 리쾨르가 훗날 《타자 같은 자아》를 통해 자신으로 돌아오기 전에 우회 속에서 길을 잃었다고 생각한다. 해석학의 전문가이며 가다머의 제자인 장 그롱댕과 같은 다른 이들은 그들 눈에 "리쾨르가 체계적인 해석학을 발전시키지 않았다"[37]는 이유로 그에게 현대 해석학의 영역에서 부차적인 위치만을 부여한다. 물론 장 그롱댕이 리쾨르에게 현대 해석학의 파노라마 속에서 작은 자리를 부여하는 것은 사실이다. 하지만 그것은 그에게 할애된 장에서 그를 다른 것, 즉 정신분석학 · 기호학 그리고 방법주의의 다른 형태들에 맞서 해석학적 접근 방식을 방어하는 호교적 토론에 제한된 긍정적 해석학의 옹호자로 소개하기 위해서이다.[38] 그러므로 리쾨르는 엄격히 방어적인 입장에서 해석학을 주장했을 것이고, 자신의 통합 의지에 갇혔을 것이다. 반면에 그롱댕에게 한편으로 기호학과 구조주의, 다른 한편으로 해석학 사이의 대립은 불가피하다. "나는 리쾨르에게 그의 공헌을 평가하기 어렵게 만든 것을 비난한다."[39] 리쾨르의 작업을 단순한 변론으로 폄하하는 것은 그의 공헌의 독창성을 정당하게 평가하지 않는 것이다. 그의 독창성은 그의 모든 계획에 생기를 불어넣는 "더 설명하는 것은 더 잘 이해하는 것이다"라는 해석학적 경구를 예증한다. 하지만 그러한 야심찬 프로그램의 실현만이 오랜 우회의 전략 속에서 '변론의 논리'라는 표현만을 보기를 원하는 판단[40]을 반박한다. 장 그롱댕의 비판적 입장은 사실 가다머의 경향과 리쾨르의 경향 사이의 차이와 일치한다. 가다머는 기실 리쾨르가 딜타이와, 즉 인문과학의 방법론이라고 생각되어진 해석학과 아주 단호히 결연하지 않았다고 생각한다.

---

36) 폴 리쾨르, 〈주체의 문제. 기호학의 도전〉, 1967년, 피에르 콜랭에 의해 인용됨, 〈해석학과 반성적 철학〉, 앞의 책, 30쪽.

37) 장 그롱댕과의 대담.

38) 장 그롱댕, 〈폴 리쾨르의 실증적 해석학: 시간에서 이야기로〉, 《현대 사상의 해석학적 지평》, 앞의 책, 179-192쪽.

39) 장 그롱댕과의 대담.

40) 장 그레쉬, 〈철학 회보. 토론중인 해석학적 이성〉, 《철학과 신학 정기 간행물》, 제78권, 3호, 1994년 7월, 브랭, 파리, 450쪽.

여기서 문제가 되는 대립은 리쾨르의 긴 여정과 하이데거나 가다머의 좀더 직접적이고 짧은 여정 사이에 위치한다. 하이데거와 가다머에게 해석학은 단번에 삶의 세계, 세계에 존재하는 것의 전체와 관계되기 때문에 과학적 지식의 문제 제기에 종속되어서는 안 된다. 이것이 리쾨르가 포기한 것이고, 또한 극단적 원리로 감히 자처하는 존재론에 대한 포기이다. 그의 해석학적 계획은 존재와 의미, 저자의 정체성과 그가 생산한 것, 사회·역사적 상황과 거기서 행동하는 주역들 사이 매개의 설명 작업으로 기록된다.

가다머와 리쾨르는 그들 경향의 대립에도 불구하고 1983년과 1985년 사이《시간과 이야기》의 출판이 서술적 정체성의 주요 개념으로 증명하듯이, 역사성의 관계와 전통의 생생한 역사성으로의 변형 속에서 공통된 관심사를 찾는다. 라인 강을 사이에 둔 해석학의 두 대표자의 암묵적인 동조는 결코 멈추지 않았다. 1993년 11월 파리에서 개최된 모임이 다시 한번 그것을 잘 보여 주었다. 가다머는 소르본대학교의 초만원을 이룬 대형 강의실에서 〈언어와 초월성〉이라는 주제로 강연을 했다. "언어는 항상 대화이다"[41]라는 그의 발표는, 상호 이해와 대화의 문제를 둘러싸고 리쾨르와 공통된 관심의 또 다른 지평을 연다. 그 다음날 파리대학 기숙사에서 가다머를 중심으로 한 토론에 리쾨르·데리다·풀랭·리요타르·마리옹·라뤼엘 그리고 레더가 참가한다. "1993년 이 모임에서 가다머는 자신과 리쾨르 사이에 그가 생각한 것보다 훨씬 더 강한 의견의 일치가 있다는 것을 깨달았다."[42] 얼마 후인 1995년 2월 11일, 리쾨르는 가다머의 95회 생일을 맞아 하이델베르크를 방문하고, 가다머는 그를 반갑게 맞이한다. 우정어린 이 모임에서 리쾨르는 자신의 발표를 통해 가다머가 이미 개진시킨 권위와 인정에 관한 주제를 가다머에게 적용하기 위해 반복한다. "사람들 사이의 권위는 복종이나 이성의 포기와 같은 행위 속에서가 아니라 인정과 앎 속에서 근본적인 바탕을 찾는다. (…) 권위는 주어지는 것이 아니라 획득되는 것이다.[43] 항상 대화를 두둔하는 리쾨르는 3명의 유대인 사상가들의 영향력을 언급한다. 프란츠 로젠츠바이크·한스 요나스, 그리고 에마뉘엘 레비나스에 대한 언급은 점점 더 번성해 가는 유대-독일 문화를

41) 한스 게오르크 가다머, 〈언어와 초월성〉, 소르본대학교 강연, 자크 풀랭이 주최함, 1993년 11월 17일.

42) 자크 풀랭과의 대담.

43) 한스 게오르크 가다머, 《진리와 방법》, 앞의 책, 300쪽.

공격하는 그러한 독일에서 반향이 없지 않다. 독일 철학가들 앞에서 레비나스를 언급하고, 사랑을 말하며, "나를 쏘지 마시오"라고 덧붙이는 것은 죄의식을 느끼게 하기 위해서가 아니라 또 다른 유산의 존재에 대해 사고할 것을 권장하기 위해서였다.[44] 리쾨르는 그 유산들이 아주 다를지라도 방법론적 차원에서 사건과 구조, 언어와 말, 코드와 메시지, **로고스**와 **크로노스** 사이에서 선택하는 것을 피하는 것이 바람직한 것처럼 그들 사이 가능한 일치점을 제시한다. 과거의 가장 비극적인 찢김마저도 새로움을 만드는 생생한 대화의 원천으로 변화시키는 것, 이것이 몰이해와 문화들 사이 대화를 막는 장애물에 대한 투쟁의 전통 속에 남을 리쾨르의 해석학적 야심이다.

44) 제프레 비리쉬와의 대담.

41

성서적 해석학

성서의 상징과 관련된 해석학의 동향은 《악의 상징학》에서 이미 엿보였다. 그러한 동향은 다양한 성서 주해 작업으로부터 시작하여 성서 언어의 해석을 목적으로 폭넓게 전개될 것이다. 특히 70년대부터 리쾨르는 신학적 해석학의 발달에 커다란 기여를 한다. 이 분야에서 그의 영향력은 잘 알려져 있지 않지만, 철학 분야에서 떨친 그의 명성만큼이나 결정적이다. "리쾨르의 공로는 우리로 하여금 **텍스트**의 중요성, 텍스트의 객관적 구조와 내적 구성, 텍스트가 만들어진 여건 등에 관심을 갖게 한 것이다."[1] 이 분야 역시 구조주의적 고행을 거침으로써 성서 주석가와 신학자들은 낭만적 해석학이 제공한 심리적 전이의 야심으로부터 벗어날 수 있었다. 그는 저자나 역사적 상황에 비해 텍스트 세계의 자율성을 보였다. "일반적으로 해석학의 대상이 끊임없이 텍스트와 그것의 의미, 그리고 지시 대상으로부터 텍스트 내에서 표현되는 체험으로 옮아가는 데"[2] 비해, 리쾨르는 해석학자의 그러한 시각을 바꾸는 데 폭넓게 기여했다. 이렇게 함으로써 그는 진리의 탐구를 텍스트 이전으로, 감춰진 텍스트의 외적인 근원으로 향하는 것이 아니라 텍스트의 앞으로 향하게 한다. "이때부터 이해하는 것은 텍스트 앞에서 자신을 이해하는 것이다."[3] 텍스트 이전에서 이후로, 작가와의 연관성에서 독자로 향한 이러한 대전환과 함께 리쾨르는 모든 절대적 존재론과 의식이 의미의 근원이라는 모든 주장을 포기한다. 깨어진 존재론의 구조 속에 비판적 접근 방식과 기호학적 권고를 연루시킴으로써 성서 자료집은 해석학적 다양성과 복수성, 다양한 귀속의

1) 클로드 제프레, 《해석을 무릅쓴 그리스도교》, 세르프, 파리, 1983년, 10쪽.
2) 폴 리쾨르, 《주해. 독서의 방법과 연습에 대한 문제》, 앞의 책, 189쪽.
3) 같은 책, 214쪽.

의미를 획득한다. 독서 행위의 순간에 찾아지는 이러한 협화음은 리쾨르 철학적 여정의 초기에 나타나는 존재론적인 절대적 필요성에 접목된다. 리쾨르는 오늘날의 해석학에도 여전히 영향을 미친다. 그러한 의미에서 베르너 G. 장롱이 "리쾨르와 함께 철학적 해석학이 맞이한 전환은 종교적 텍스트의 해석을 심각한 인간적 · 존재론적 고찰 속에 포함시킬 필요성을 밝혔다"[4]고 확신할 때, 우리는 그에게 동의한다.

신학적 고찰의 변화는 그리스도교 신학에서 이론의 여지가 없는 뿌리를 형성하는 투박하고 불투명하며 무거운 개념, 즉 계시의 개념에 대한 리쾨르의 발언 속에서 감지된다. 리쾨르는 브뤼셀에 있는 생루이대학교의 종교 · 철학과에서 열린 철학 프로그램을 통해 1976년 2-3월에 이 내용을 발표한다.[5] 그의 논증은 계시의 일사불란한 특징을 파괴하고, 그것이 언급된 담론의 어조와 뗄 수 없는 다의성을 나타내게 하는 데 있다. 그는 예언적 담론 속에 담긴 신의 계시를 서술적 담론 속에 담긴 그것의 의미와 분리시킨다. 사실 "예언적 담론은 계시의 개념을 목소리 뒤의 목소리로 이해된 영감의 개념과 연결시키려는 경향이 있다."[6] 서술적 담론의 어조는 관심을 아브라함의 선택, 출애굽기, 다윗의 도유식처럼 역사로부터 생겨난 사건들에 쏟게 한다. 이러한 서술적 수준은 너무 배타적으로 말씀에 초점을 맞춘 신학에 맞서 역사적 지시 대상의 존재를 강조한다. 그런데 우리가 서술적 또는 예언적 극성에 집착한다면, 계시에 대한 개념이 "신의 생성에 대한 개념과 동일시될"[7] 위험을 갖는다. 그러한 암초를 피하기 위해 우리는 규범의 담론, 지혜의 담론, 찬가의 담론과 같은 종교적 담론의 다른 형태들을 사용한다. 계시의 개념은 그것을 동반한 서술의 양식에 전적으로 의존한다. "우리는 계시의 다의적 · 다음적 개념에 접근한다."[8] 그것은 예언적 담론으로부터 시작하여 유사한 방식으로 다른 담화의 어조에 전개된다. 그러므로 예언적 담론만이 그 안에 계시의 개념을 담고 있으며, 예언적 담론을 성서 텍스트 전체에 일반화시키는 것은 자의적이다.

---

4) 베르너 G. 장롱, 《신학적 해석학 입문》, 세르프, 파리, 1995년, 109쪽.

5) 폴 리쾨르, 〈계시의 개념에 대한 해석학〉, 《계시》, 생루이스대학교출판부, 브뤼셀(1977), 1984년 재판, 15-54쪽, 에마뉘엘 레비나스, 에드가 올로트, 에티엔 코르넬리, 클로드 제프레의 발표가 포함됨.

6) 같은 책, 18쪽.

7) 같은 책, 22쪽.

8) 같은 책, 32쪽.

이러한 다원화 덕택에 리쾨르는 "계시된 진리를 지니고 있다고 주장하는 권위의 모든 전체주의적인 형태"[9]를 파괴한다. 교조주의에 대한 문제 제기는 해석학으로 이해된 신학의 쇄신에 길을 연다. 그리고 클로드 제프레는 계시의 개념에 대한 세 가지 방식의 철저한 연구를 통해 그것을 증명한다. 그에 의하면 해석학적 전환점은 다음의 세 가지 의식화를 강조한다. 첫째로, 신의 말씀은 성서의 글자와 동일시되지 않는다. 둘째로, 계시는 위로부터 변함없는 고정된 지식의 전달이 아니다. 그리고 마지막으로 "계시는 그것을 받아들이는 믿음 속에서만이 충만함 · 의미 · 현실성에 도달할 수 있다."[10] 그러므로 그것은 가능한 체계가 아니라 성서 메시지를 획득할 수 있는 조건 자체이다.

성서 어조의 독특함은 신의 명명에서도 나타난다. 리쾨르는 이 질문에 철학과 신학 사이에서 중요한 위치를 부여한다. 그리고 그러한 명명이 궁극적인 지시 대상과 관련되기 때문에 텍스트는 자체 내에서 폐쇄될 수 없다. 이러한 의미에서 리쾨르는 구조주의자들에게 무엇을 누구에게 전달하는 행위로서 담론의 기능을 환기시킨다. "이것이 침해할 수 없는 담론의 지시 대상의 기능이다. 글쓰기는 그것을 없애지 않고, 단지 변형시킨다."[11] 계시가 다양한 담론의 어조 속에서 얻어지듯이 신의 명명도 다양하다. 리쾨르에 의하면 신의 명명은 시적 활동에 속하며, 성서의 다음성과 통한다. 성서의 다음성은 신을 명명하는 것이 언어 속에 침전된 지난 경험의 존재를 가리키기 때문에 해석학에 속한다. 성서 텍스트는 다른 텍스트들뿐만 아니라 다른 상황, 다른 세계와도 개방적 관계를 맺고 있다. 그런데 신은 단순한 지시 대상이 아니라 간접적으로 텍스트의 화자이다. 이러한 부차성은 세상을 간접적인 관계, 묘사적이 아니라 계시적으로 말하는 시(詩) 안에서 발견된다. 계시는 단조롭지 않다. "믿음의 본래적 표현 속에서 신의 명명은 단순하지 않고 다양하다."[12] 성서적 다음성을 듣는다는 것은 절대적 지식의 주장에서 벗어나는 것을 가정한다. "'신' 이라는 단어는 '존재' 라는 단어보다 더 많은 것을 말한다."[13] 이러한 경청은 겸소, 자아의 포기, 자기 통제의 고행을 요구하고, "절대

---

9) 폴 리쾨르, 같은 책, 34쪽.

10) 클로드 제프레, 《해석을 무릅쓴 그리스도교》, 앞의 책, 20쪽.

11) 폴 리쾨르, 〈철학과 신학 사이 II, 신을 명명하는 것〉, 《신학과 종교 연구서》, 개신교신학연구소 정기 간행물, 1977년, 《해석 3》, 앞의 책, 285쪽에 재수록.

12) 같은 책, 290쪽.

적 대상과 절대적 주체의 이중적 포기"[14]를 요구한다. 또 다른 지평이 가능하고, 우리는 그것을 생각할 수 있다. 그것의 발현은 바로 다음성을 통해서이다. 신은 때로 구원의 행위자로 나타나고, 때로 아브라함과 이삭을 매개로 하여 행동하는 '그'로서 나타나고, 때로 예언자들의 말에 내재하는 말씀의 타자로서 나타난다. 종교적 언어는 상위 지시 대상인 신이 "텍스트를 통제하고, 동시에 그것으로부터 벗어나는"[15] 한정된 지점까지만 시적이다. 신의 명명은 여러 다른 어조에 의해 제기된 대답보다 더 폭넓은 질문을 결국 던진다. '신'이라는 단어는 발화하는 양태의 다양성을 넘어 보편성의 추구를 가리킨다.

리쾨르가 떨기나무 불꽃의 에피소드(〈출애굽기〉, 3장 13-15절)에서 하느님이 모세에게 "나는 스스로 있는 자니라" 하셨을 때, 이 질문의 핵심이 되는 곳을 발견한다. '나는 (…) 이다'의 반복은 전형적으로 해석학적인 상황으로 향하며, 그 안에서 말하는 것은 다시 말하는 것이다. 그리고 동사 '이다'는 외적인 해석의 다양성 앞에 놓이게 되며, '자신을 위한' 비밀을 지키려는 신의 이름을 박탈할 가능성을 제공한다. 신이라는 이름은 명확한 투명성 속에서 주어지면서 모든 지배에서 벗어나고, 언어를 한계 표현까지, 지시 대상의 무한한 회피까지 밀고 나간다. "신은 거기에서 왕국과 동시에 명명된다. 하지만 왕국은 단지 잠언 · 격언 · 역설에 의해 표시되며, 어떤 문자에 의한 전통도 그것의 의미를 고갈시키지 않는다."[16] 이러한 이름의 부여와 헤아릴 수 없는 특징이 신이 우상이 되는 것을 막는다. 명명의 유추적 형태는 은유적 언어로서 신학적 언어의 모태를 형성하고, 시적 신학으로 통한다. 신의 명명처럼 계시의 신학적 개념에 수용의 구조를 제공하는 것은 언어의 시적 기능이다.

리쾨르는 성서 자료 속에서 신앙 선서가 표현되는 담론 형태의 다양한 특징을 환기시키며, 성서해석학을 "철학적 해석학에 비해 **지역적** 해석학"[17]으로 간주한

---

13) 알랭 토마세, 《폴 리쾨르, 도덕의 시학》, 루뱅대학교출판부, 루뱅, 1996년, 261쪽.
14) 폴 리쾨르, 〈신을 명명하는 것〉, 인용된 논문, 290쪽.
15) 같은 논문, 301쪽.
16) 같은 논문, 296쪽.
17) 폴 리쾨르, 〈철학적 해석학과 성서적 해석학〉, 《주해. 독서 방법과 연습에 대한 문제》, 앞의 책, 216-228쪽; 《텍스트로부터 행동으로》, 앞의 책, 119-133쪽에 재수록.

다. 리쾨르는 신학자 게르하르트 폰 라트[18] 덕택에 담론의 형태와 신학적 내용 사이 분리할 수 없는 특성에 관심을 가졌고, 《악의 상징학》에서 그를 많이 인용하고 있다. 폰 라트는 자신이 〈신명기〉 26장에서 읽은 원시 교의 속에서 구원의 역사에 대한 위대한 이야기의 핵을 감지한다. "내 조상은 유리하는 아람 사람으로서 (…) 애굽에 내려가서 (…) 여호와께서 (…) 우리를 애굽에서 인도하여 내시고, 이곳으로 인도하사 우리에게 이 땅을 주셨나이다." 사건의 영역 속에서 전통의 신학은 이후의 전개 속에서 서술 자체의 기본적인 지점으로 소개된다. 그러므로 성서는 자체의 창작 규칙과 함께 특별한 담론의 공간을 제공한다. 따라서 "신학적 의미는 담론의 형태와 상관 관계가 있다."[19] 주해의 영역에서 일반해석학의 2차적 수준의 조작성은 말씀과 글의 관계에 위치한다. 성서연구가는 글로의 이행을 고려하지 않는 말씀의 신학의 짧은 길로 들어서지 말아야 한다. 그리스도교를 해석 문제의 중심에 위치시키는 것도 말씀에서 글로, 글에서 말씀으로 변화의 이중적 움직임이다. 처음부터 말씀과 글의 사슬은 메시지를 화자로부터 분리시키는 거리의 문제와 전통의 중재 덕택에 독자 또는 청자에 의한 메시지 획득의 문제를 제기한다. 해석학의 존재론적인 의미, 즉 세상에 소속되는 의미는 언어와 메시지의 사전에 이루어진 관계 속에서이다. 구조주의가 텍스트의 폐쇄성을 강력하게 변호했을 때, 리쾨르는 그에 맞서 전통의 이미 존재하는 것을 제기해야 했다. 이 당시 해석학자는 표현 뒤에 숨겨진 진리를 강조하려 애썼다. 하지만 70년대에 리쾨르는 《해석의 갈등》(1969년)에 출판된 해석학에 대한 초기 에세이를 통해 자신이 그렇게 강조했던 텍스트의 이전을 선호하는 시각에 만족하지 못한다.

리쾨르의 접근은 '텍스트의 세계'라는 개념으로, 즉 독자 앞에 가능성으로 제시되는 텍스트 이후로 향한다. "해석하는 것은 텍스트에 의해 전개된 하나 또는 여러 개의 가능한 세계를 상상하는 것이다."[20] 존재론은 존재하는 것과 행동하는 것의 가능성을 부여하며 앞으로 향한다. 그것은 약속의 땅으로서 시학과 통한다. 자신의 고고학으로 향한 의심의 시기는 그러므로 상상으로 향한 긍정적 목표의

18) 게르하르트 폰 라트, 《구약에서 신학》, 뮌헨, 카이저, 1957년; 라보와 피데스, 제네바, 1963년 프랑스어로 번역.

19) 폴 리쾨르, 〈철학적 해석학과 성서적 해석학〉, 앞의 책, 123쪽.

20) 올리비에 아벨, 〈해석 속에서 무엇을 향할 것인가?〉, 《장벽 없애기의 경험으로서 주해》, 프랑수아즈 스미드 플로랑탱에게 헌정된 논문집, 토마스 로머, 하이델베르크, 1991년, 7쪽.

부정적 측면, 필연적인 어긋나기를 형성하고, 텍스트와의 관계를 통해 변형된 자아로의 회귀로 이어진다. "텍스트가 말하는 것은 무엇보다도 나의 상상력이다. 그것은 상상력에 내 해방의 형상적인 것들을 제안한다."[21]

이러한 담론의 다양화와 시학으로의 열림은 노트롭 프라이[22]의 작품에서 리쾨르를 강렬하게 매혹시키는 통일된 표현을 발견할 것이다. 이 캐나다인 영문학 교수는 신학자도 해석가도 아니다. 그는 학생들이 문학에 암시된 성서적 의미를 점점 더 모르고 지나는 것을 확인하고, 성서의 예형론적 독서에 전력을 기울인다. 그는 자신의 문학적 비평 능력을 사용하여 성서에 고유한 텍스트 구조를 명확히 하고, 상상적 통일성을 파악한다. 리쾨르는 프라이에게서 언어의 은유적 측면의 중요성과 성서시학 구성의 초안을 다시 발견한다. 성서시학 속에서 성서적 의미의 유형과 원형 사이의 관계를 둘러싼 구심력이 지배적이다. 구약과 신약의 무대들은 출애굽기와 그리스도의 부활, 시나이의 율법과 산상 수훈처럼 전조를 짐작하게 하는 유사성을 제공한다. 전체적 구조는 에덴, 약속의 땅, 율법의 증여처럼 천당과 세상 종말의 축과 실낙원, 이집트의 억류, 속물들, 두번째 신전의 신성모독과 같은 악마의 축, 심연의 축을 대립시키는 극성에 따라 U자 형태를 제공한다. 성서는 전체적 구조를 모든 위대한 시적 이야기와 공유하며, 위대한 코드라는 어휘조차도 위대한 시인인 윌리엄 블레이크에게서 빌린 것이다. 여기서 중요한 것은 독자에게서 위대한 코드에 비추어 자신을 이해하려는 욕구를 촉발시킬 수 있는 힘이다. "이 책을 이해하는 자아는 중심에서 **어긋나고 재창조된 자아**이다."[23]

리쾨르는 성서적 해석과 철학적 해석의 보완성에 대한 일반적 고찰의 수준에 머무르지 않는다. 그는 성서 읽기를 반복하면서 체계화시키지 못한 주해 작업에 뛰어든다. 서술성과 상상적 형상 사이의 관계에 매달린 그는 이야기의 삽입과 관련된 이반 알메이다의 작업에 의존하여 〈마가복음〉에서 살인을 범한 포도 재배자와 씨를 뿌리는 사람, 두 비유의 상호 작용의 정확한 해석에 몰두한다.[24] 리쾨르는 두 개의 상반된 진행을 대립시킨다. 한편으로 살인을 범하는 포도 재배자들의 비유는 불쾌감을 주는 진행이다. 포도를 수확하지 못하는 포도밭 주인은 자식을 보

21) 폴 리쾨르, 〈철학적 해석학과 성서적 해석학〉, 앞의 책, 133쪽.
22) 노트롭 프라이, 《위대한 코드, 성서와 문학》, 쇠이유, 파리, 1984년.
23) 알랭 토마세, 《폴 리쾨르. 도덕의 시학》, 앞의 책, 335쪽.
24) 폴 리쾨르, 〈성서와 상상력〉, 《종교사와 철학》, 제4호, 1982년, 339-360쪽.

내는데, 그는 하인들에 의해 죽음을 당하고 포도밭 밖으로 던져진다. 다른 한편으로 씨를 뿌리는 사람의 비유 이야기는 "앞의 것이 불쾌감을 주는 만큼 행복감을 주는"[25] 서술적 전개에 속한다. 연속적으로 장애물에 부딪힘에도 불구하고 놀라운 성장을 보이는 주체(씨를 뿌리는 사람)와 대상(수확) 사이에 실현된 결합의 행복한 과정이다. 리쾨르는 "말씀이 자라기 위해 육체는 줄어들어야 한다"[26]는 확신 속에서 두 비유를 감싸는 커다란 은유를 감지한다. 이 두 비유의 삽입 속에서 우리는 예수를 그리스도로 점차적으로 **인정**하는 것을 읽을 수 있다. 육체의 불쾌한 여정과 말씀의 행복한 여정 사이의 마주 보는 거울 형태의 관계 속에서 살인을 하는 포도 재배자들의 비유는 죽음을 향하는 예수의 걸음을, 씨를 뿌리는 사람의 비유는 말씀의 파종을 흉내낸다. "감싸는 이야기와 삽입된 이야기들이 모두 말씀의 삶은 육체의 죽음을 통한다는 것을 말하고 있다."[27]

리쾨르는 자신의 논증에서 종종 사도 바울의 〈로마서〉 5장을 사용할 것이다. 그 속에서 그는 예수의 논리 표현을 감지한다.[28] 범한 죄에 형벌을 맞추려는 형법이 내포하는 염려로 표현되는 대등의 인간적 논리에 사도 바울의 논리는 전혀 다르게 응답한다. "그것은 과도와 넘침의 논리이다."[29] 리쾨르는 홍수의 이야기에서 그것이 작품화된 것을 재발견한다.(〈창세기〉, 6장 5-7절) 그 이야기는 범죄에 상응하는 처벌의 표현인 듯하다. 하지만 또 다른 논리가 길을 트고, 홍수의 옛 신화는 물로부터 부활한 인간의 비유로 변화된다. 넘침의 논리는 예언자들과 시편에서 표현된 또 다른 범주, 신적인 범주에 속하는 것처럼 인정된다. 그것은 상상력의 비유·역설·과장의 사용을 통해 관대함의 논리를 일반화시키는 윤리적 상상력·시학에 속한다.

리쾨르의 근심은 독서 방법의 각각에 특별한 가치를 주는 것이 아니라 그것들을 수렴시키는 것이다. 그것이 자비에 레옹 뒤푸르가 계획한 성서 주해와 해석학 사이의 관계에 헌정된 총회에서 그의 발표를 이끄는 주된 관심사이다.[30] 개막과

---

25) 폴 리쾨르, 〈성서와 상상력〉, 인용된 논문, 351쪽.
26) 같은 논문, 354쪽.
27) 같은 논문, 357쪽.
28) 폴 리쾨르, 〈예수의 논리〉, 《신학과 종교 연구서》, 제3호, 1980년, 420-425쪽.
29) 같은 책, 420쪽.

폐막 강의를 맡은 리쾨르는 〈창세기〉 1장에 대한 고찰 속에서 자신의 수렴에 대한 의지를 실험한다.[31] 성서 주해의 장은 역사·비평적 방법, 구조적 방법과 해석학적 방법 사이 대립의 장소이다. 방법들 각각은 효율성과 한계를 지닌다. 역사·비평적 방법은 성서해석가들 사이에서 가장 지배적인 방법이며, 대체할 수 없는 커다란 기여를 이룬다. 하지만 해석가는 그 방법이 역사화하는 것에 머무는 한 그것에 만족하지 못한다. 왜냐하면 그 방법은 철학적 역사주의, 그리고 헤겔 철학의 붕괴와 이해 관계를 함께하기 때문이다. 두번째 모델은 기호학적 모델이다. 이것은 60년대에 성행했는데, 성서학자들로 하여금 성서 텍스트의 내적 구조를 끌어낼 가능성을 제공한다. 롤랑 바르트가 이 학회에 참여한 것은 구조주의와 성서학 사이 관계에 대해 의미하는 바가 크다. 문헌학적 계보를 선호하는 전통적 접근 방식과는 반대로, 이 접근 방식은 통시성보다 공시적 논리를, 메시지의 내용보다 코드를 중시한다. 반역사주의적인 이 방식은 또한 반심리주의적이고 반사회생물학적이다. 그러므로 이 방법은 인과 관계를 텍스트에 단순히 내재하는 대응 관계로 축소시킨다. "그러므로 형태와 의미의 움직임이 전개되는 것은 이야기의 울타리 내부에서이다. 오늘날 분석가들의 관심을 끄는 것은 통합 작용이다."[32] 이러한 설명적 차원에 성서 주해의 특별한 영역을 넘어서는 세번째 차원이 더해진다. 해석학이 그것인데, 모든 것이 담론의 통일성 위에서, 담론의 정방형의 땅에 의해 행해진다. 담론은 방법론적인 목적으로 다른 차원의 분석에서 제외되었던 것들, 즉 말씀·화자·지시 대상·수신인을 분석의 장에 재통합시킨다. 그리고 이것들은 개별적 발화 행위가 말 또는 글에 의해 이루어짐에 따라 구별된 특성을 지닌다. 기호학의 창시자인 찰스 샌더스 퍼스는 이 점에 대해 대상과 기호, 그리고 해석가의 삼각 관계는 잠재적으로 무한하다는 것을 강조했다.[33] 그러므로 해석학은 근본적으로 원근법주의적인 특징으로 말미암아 항상 열려 있고, 방법론적 필요성에 대해 배타적이지 않다. "해석학이 역사·비판적 접근과 구조적 접근을 검증하고, 경우에 따라서는 방법론적 단계로써 통합하는 것은 유효성 인정의 도정 위에서이

---

30) 자비에 레옹 뒤푸르(감수), 《성서 주해와 해석학》, 쇠이유, 파리, 1971년.
31) 폴 리쾨르, 〈창세기 1장, 1-2절과 4절의 해석에 대해〉, 같은 책, 67-84쪽.
32) 폴 리쾨르, 〈성서 해석 방법들의 갈등으로부터 수렴으로〉, 같은 책, 42쪽.
33) 찰스 샌더스 퍼스, 《기호에 대한 저서》, 쇠이유, 파리, 1978년. 퍼스의 주요 텍스트 선집, 제라르 늘르날의 설명과 번역.

다."[34] 외면적 의미론에서 심오한 의미론으로 의미 이해의 관점을 바꾼 장점을 지녔고, 해석학을 오랫동안 갇혀 있던 심리주의의 구습으로부터 벗어날 가능성을 제공한 구조적 방법을 상호적 도움이 수렴하게 했다. "객관화, 거리, 구조적 분석의 혹독한 수업료를 지불한 해석학은 텍스트에서 접근 가능하고, 함께 종속되어 있는 것이 화자와 청자가 아니라 텍스트의 의미와 독자라는 것을 더 이상 무시할 수 없다."[35]

신학보다는 성서 주해에 보다 가깝게 느낀다고 말한 리쾨르는 두 가지를 연결시키기 위해 애썼다. 그리스도의 수난 이야기에 대한 연구에서 그는 문학비평가 프랭크 커모드의 작품[36]에서 영감을 받아 내적인 연결을 시도한다. 전개된 개념은 복음서의 이야기가 카리그마의 목적과 동시에 해석적 기능을 갖고 있으며, 그렇기 때문에 성서 주해와 신학은 텍스트 자체 내에 이미 존재한다는 것을 보인다. 복음서의 이야기는 "케리그마된 이야기, 또는 서술된 케리그마"[37]의 형태 아래 소개된다. 해석가의 임무는 서술 기법과 케리그마적 기능 사이 상응을 파악하는 것이다. 리쾨르는 세 단계의 독서 가능성을 전개한다. 우선 프로프와 그레마스로부터 영감을 얻은 이야기의 기호학 차원이 그것이며, 행위자, 기능의 어휘로 분석을 하는 것이다. 다음으로 그는 텍스트를 발화자와 "바흐친이 대화체 원칙의 계열까지 끌어올린"[38] 시점의 교차 움직임을 중심으로 한 개별 담화 행위라는 어휘로 분석한다. 마지막으로 서술적인 말에 대한 개념은 글쓰기에서 말의 내재적 특징을 인지하게 한다.

리쾨르는 〈마가복음〉에서 그리스도 수난사를 **예로 들면서** 이야기는 명확히 밝히기보다는 모호하게 한다는 것을 보여 준다. 왜냐하면 서술적 차원에서 부활의 선포를 해석하는 방식이 **자리에 없는 깨어 있는 자, 텅 빈 무덤**처럼 사건 자체의 수수께끼 같은 특징을 강화시키는 것이다. 이러한 특징은 살인을 범한 포도 재배자와 씨를 뿌리는 사람의 이중적 비유에 대해 이미 언급된 육체의 감소와 말씀의

---

34) 폴 리쾨르, 〈성서 해석 방법들의 갈등으로부터 수렴으로〉, 앞의 책, 51쪽.
35) 같은 책, 53쪽.
36) 프랭크 커모드, 《비밀의 창세기. 서술의 해석에 대해》, 하버드대학교출판부, 1979년.
37) 폴 리쾨르, 〈해석적 이야기. 그리스도 수난 이야기 속의 성서 해석과 신학〉, 《종교학 연구》, 제73/1호, 1985년, 19쪽.
38) 같은 책, 28쪽.

증가를 가리킨다. "마르코의 천재성이 고통받고 십자가에 못박힌 사람의 아들, 그리스도 연구를 위해 서술 기법의 부정성과 모호함이 갖는 모든 가능성을 이용했다는 것을 말할 필요가 있을까?"[39]

성서 해석에 대한 지속적인 관심은 비슷한 길을 가는, 예수회 수사인 폴 보샹과의 본질적으로 텍스트적인 만남의 계기가 된다. 위에 언급된 학회 때 자비에 레옹 뒤푸르의 요구에 따라 리쾨르는 〈창세기〉 1장에 대한 박식한 주석을 담은 폴 보샹의 첫번째 출판[40]에 응답했다. 당시 리쾨르는 보샹의 접근 방식에 대한 관심을 구조적 분석과 기원의 재구성 사이 관계의 전환에서 찾는다. 폰 라트가 태초에 대한 고찰 이전에 이야기가 존재하며, 이야기는 발생론적 방법을 정당화시킨다는 생각에 의존한 반면, "나는 폰 라트의 문제 제기를 약간 뒤집었다. 창조에 대한 첫번째 장을 통해 나는 우주에 대한 설명이 이야기에 종속될 수 없으며, 둘 사이를 오가는 일시적이나마 순환적인 무엇이 있다는 것을 보였다."[41] 이야기 문제에 대한 성서연구가 보샹의 관심은 그로 하여금 리쾨르와 평행한 선을 좇게 했다. 그는 리쾨르와 협력해서 일하지는 않았지만 그의 작업을 줄곧 지켜보았다. "리쾨르와 나는 수중 음파탐지기로 서로 교신하는 두 잠수정 같았다. 그는 언젠가 우리 각자가 평행을 긋는 두 개의 회랑 속에 있다고 말했다."[42]

폴 보샹은 로마에서 예수회 교육의 전형적인 도정을 밟았다. 프랑스에 돌아온 그는 1965년부터 1974년까지 리옹에서 강의한다. 세브르센터가 문을 열자 폴 보샹은 창설 멤버로 참여한다. 그는 그레마스와 함께 연구하는 프랑스 성서해석학자 모임에 참여하지 않으면서, 그들의 작업과 종교담론분석센터(CADIR)의 작업에 대단한 관심을 보인다. "나는 구조주의와 거리낌이 없었다. 하지만 밀렵을 한다는 기분으로 편안함을 느끼지도 못했다. 사람들이 그렇게 말하기 전에 어쩌면 나는 이미 그랬다. 항상 전체적인 문제 처리, 장기간에 걸친 변화에 대한 분석에 관심을 가졌다."[43] 보샹은 단 하나의 의미만이 가능하다고 말할 정도로 과학주의

39) 폴 리쾨르, 같은 책, 38쪽.

40) 폴 보샹, 《창조와 분리》, 오비에, 세르프, 데클레 드 브로베르, 들라쇼와 니에슬레, 파리-뇌샤텔, 1969년.

41) 폴 보샹과의 대담.

42) 위의 대담.

자나 실증주의자이기를 원하는 성서해석가들의 경향을 비판했다. "오래전부터 나는 그러한 것들을 생각하지 않는다. 나에게 해석학과 구조주의는 분리된 것이 아니다."[44] 리쾨르는 성서 텍스트 가운데 담론이 지니는 어조의 다양성, 그것의 다음적 특성을 강조한다. 그리고 폴 보샹의 독서에서 정리 통합과 유형론적 설명의 세밀한 작업을 통해 절대적 해체, 의미의 분산을 피할 수 있는 방법을 발견한다. 이것이 특히 그가 《두 성서》[45]에서 얻은 것이다. "박식한 성서해석가는 랍비들의 삼위일체, 모세 5경, 예언서, 다른 책들로 돌아갈 것을 제안한다. 이것은 무한히 세분화할 수 있는 순수한 의미의 문학 장르가 아니라 말씀과 성서를 연결시키는 세 가지 다른 방식이다.[46] 구조적 분석은 보샹과 리쾨르에게서 공통적 영역에 위치한다. 공통적 영역은 "비종교적 영역과 신학적 영역 사이 **전이**가 관찰될 수 있는 **중간적** 영역이며, 성서 텍스트가 두 영역 사이에서 이룬 **협상** 덕택에 가능하다."[47] 한편 보샹은 철학과 성서 주해를 구별하지 않고 리쾨르를 읽는다. 왜냐하면 그는 리쾨르에게서 성서연구가가 이야기와 율법, 이야기와 결말 사이의 관계를 연구할 때, 그에게 적합한 독서 방식이 전개되어 있는 것을 감지하기 때문이다. 언어와 언어의 다양한 형태에 대한 리쾨르의 모든 고찰은 해석가의 사고를 풍요롭게 한다. "나는 리쾨르가 성서에 대해 말하는지 알기 위해 자문하지 않는다. 그를 읽으면 즉각적으로 나의 내부에서 반향이 생겨난다."[48]

리쾨르와 보샹은 1994년 옛 동독의 할레에서 할레대학교 3백 주년 기념식 때 다시 만났다. 이 기념식은 17세기까지 거슬러 올라가 프리드리히 슐라이어마허까지 연결되는 해석학 교육의 오랜 전통을 기념했다.[49] 그러나 의미 있는 만남은 세브르센터에서 폴 보샹에게 헌정된 기념 논문집 출판을 계기로 이루어진다.[50] 리쾨

43) 폴 보샹과의 대담.

44) 위의 대담.

45) 폴 보샹, 《두 성서, 읽기 실험》, 쇠이유, 파리, 1977년.

46) 폴 리쾨르, 〈종교적 담론에서 경험과 언어〉, 장 프랑수아 쿠르틴, 《현상학과 신학》, 크리테리옹, 파리, 1992년, 29쪽.

47) 폴 리쾨르, 〈성서적 담론에서 말과 글의 얽힘〉, 《철학 자료실》, 1992년, 《강의 3》, 앞의 책, 308쪽에 재수록.

48) 폴 보샹과의 대담.

49) 국제학회: 〈낯섦과 친근감. 유럽에서 해석학〉, 할레, 독일, 1994년 9월.

50) 피에트로 보바티와 롤랑 메이네(감수), 《성서를 펼치는 것. 폴 보샹에게 헌정》, 세르프, 파리, 1995년.

르는 1995년 10월 5일 보상에게 경의를 표하는 일을 맡는다. 그는 자신이 생각하기에 보상의 고유한 흔적이라고 생각하는 것, **이루다** 동사를 발전시킨다. 그는 회상을 통한 혁신을 언급하며 경의의 표현을 마친다. 답사를 통해 보상은 지금까지 보이지 않는 그들 사이 공통점이 어느 정도까지 밝게, 그리고 명확하게 조명되었는지 그날 저녁 깨닫게 되었다고 말했다. "당신의 말을 들으며 내가 느끼는 것을 표현하는 것은 거의 불가능합니다. 내가 쓴 것이 내 것이 아니고, 나에게 진실한 것이 진실하기 위해서는 다른 사람에게도 진실해야 한다는 것을 느꼈습니다."[51] 그 역시 《타자 같은 자아》에 멋진 경의를 표한다.

---

51) 폴 보상, 세브르센터, 폴 보상을 위한 야회, 1995년 10월 5일.

42

온건한 하이데거주의

하이데거에 대해 논하면서 레비나스는 다음과 같은 두 가지 사항이 확실하다고 말한다. 그는 20세기의 가장 위대한 철학자이며 나치당원이었다. 따라서 그는 철학자들을 난처한 구렁에 빠뜨릴 수만 있을 뿐인 유산을 남긴다. 이 두 가지 단언을 어떻게 함께 생각해야 할까? 리쾨르가 하이데거의 작업과 맺는 양면적인 복잡한 관계가 이해된다.

1955년 8월, 장 보프레와 코스타스 악셀로스가 주관한 하이데거에 헌정된 열흘간을 계기로 하이데거와 리쾨르 간의 만남이 스리지에서 이루어진다. 이 만남으로 54명의 참가자들이 모이게 되는데, 그 중에는 질 들뢰즈 · 뤼시앵 골드만 · 모리스 강디약 · 장 스타로뱅스키 · 가브리엘 마르셀 등이 있다. "반감을 표명하기 위해 사르트르와 메를로 퐁티는 모임에 참석하지 않았다. (…) 뤼시앵 골드만으로 말하자면 그는 참가자들의 전반적인 비난에도 불구하고 회의가 한창이던 중에 대학 총장직 기간의 텍스트들을 읽었는데, 참가자들은 중요한 만남의 합의로 이루어진 매력을 깨뜨렸다고 그를 비난하였다."[1] 첫날 저녁, 외르공 부인은 의례를 시작하며 선생께서 청중에게 인사를 할 것이라고 알린다. 하이데거는 연단 층계로 나와 쪽지를 꺼내고는 독일어로 이렇게 공언한다. "중요한 것은 언어의 신속함이 아니라 침묵에 귀기울이기입니다." 리쾨르는 "철학이란 무엇인가?"[2]에 관한 하이데거의 발언에 대하여 근본적인 이의를 제기할 목적으로 입회한다. 사실 그는 하이데거의 지평의 사각(死角), 즉 헤브라이의 모든 유산이 그의 작업에 부재함을 지

---

1) 엘리자베트 루디네스코, 《자크 라캉》, 페야르, 파리, 1993년, 299쪽.

2) 마르틴 하이데거, 《철학이란 무엇인가?》, 코스타스 악셀로스와 장 보프레 번역, 갈리마르, 파리, 1957년.

적한다. 리쾨르는 어째서 불가사의한 사건과 우리의 서구 문화의 필수적인 주요 부분을 이루는 것을 철학에서 배제하는가를 이해하지 못한다. 하이데거는 그것은 자신이 최근에 형이상학의 존재-신학적 특성이라고 명명한 것과 일치한다고 반박하며, 자신은 아리스토텔레스의 문제 제기가 "그리스 사상에 뿌리를 두고 있으며, 성서 교의론과는 아무런 관련이 없다"[3]는 것을 확신한다고 말한다. 물론 리쾨르는 이러한 지연적인 답변에 만족하지 않는다. 《악의 상징학》을 집필하는 이 시기에 그는 마침 그리스와 유대 그리스도의 두 유산을 함께 생각하려고 애쓴다. 독일의 거장에 대한 시의에 적절하지 않은 모든 질문을 피하기 위해 보프레와 그의 동료들이 세운 바리케이드에 격분한 리쾨르는 보다 직접적인 교류를 요구하기 위해 모든 참가자들의 이름으로 발언하기까지 한다. 정신분석학자 앙투안 베르고트는 그의 훌륭한 독일어 구사력 덕에 얻는 '특혜'로 식사 동안 하이데거 곁에 머물 것을 권유받는다. 하이데거는 라캉과 함께 잠시 기트랑쿠르에 들른 참이었다. 호기심 많은 베르고트가 하이데거에게 질문한다. "그는 나에게 이렇게 대답한다. '네, 라캉이오? 그는 아주 정확하게 사유하기 시작하고 있지요.' 그 말에 나는 우리 모두는 영원한 초보자라는, 《위기》에 있는 후설의 문장으로 응수한다. 그는 후식을 먹을 때도, 커피를 마실 때도 더 이상 말을 하지 않았다. 사람들은 일본 사람들처럼 서로 인사를 나누었다. 그는 힘들어했다."[4] 하이데거에게 있어서 스리지의 그 열흘간은 특히 그가 급속도로 우정을 맺는[5] 르네 샤르를 처음으로 알게 되는 계기가 될 것이다.

따라서 리쾨르가 일찍부터 하이데거와 거리를 두는 것은 성서적 토대의 철저한 회피에서 기인한다. 그에 따르면 어떤 것도 하이데거가 소크라테스 이전의 사람들에게 갖는 관심의 독점적 성격을 정당화할 수 없다. 그리고 그가 이스라엘의 예언자들, 사도 바울이나 성 아우구스티누스로부터, 다시 말해 사상의 진정한 보고(寶庫)뿐만이 아니라 자신의 나치즘 가입을 초래할 수 있는, 그에게 부재하는 가능한 윤리의 기반 역시 제공하는 유대 그리스도의 모든 기억으로부터 벗어나 있음을 정당화할 수 없다.

---

3) 마르틴 하이데거, 장 보프레가 인용, 〈하이데거와 신학〉, 리처드 커니(주관), 《하이데거와 신의 문제》, 그라세, 파리, 1980년, 22쪽.

4) 앙투안 베르고트와의 대담.

5) 루제르 사프란스키, 《하이데거와 그의 시대》, 그라세, 파리, 1996년.

그럼에도 불구하고 하이데거에 대한 참조는, 특히 리쾨르가 그의 친구 가브리엘 마르셀과 나눈 1968년의 대화가 입증해 주듯이 해석학적인 접목이 이루어지던 때에 그의 작업에 편재한다. 그는 야스퍼스를 단념하고 하이데거를 택하는 경향마저 있는데, 그는 나중에 그 점을 후회할 것이다. "제가 당신에 관한 글을 썼을 때, 저는 당신이 하이데거보다는 야스퍼스에 가깝다는 것에 훨씬 더 예민한 반응을 보였습니다. 그런데 거리를 두고 판단해 보건대, 오늘날 저는 예전에 인식했던 야스퍼스와 당신 사이의 거리와 대립마저 강조하는 경향이 있고, 정반대로 확실히 아주 강한 상반된 외양에도 불구하고 당신을 하이데거에 접근시키는 모든 것을 부각시키는 경향이 있습니다."[6] 리쾨르는 해석학적인 접목과 앞에서 연구된, 슐라이어마허에서 딜타이에 이르는 계보 쪽으로의 우회를 통해 하이데거의 중심사상에 대한 관심을 되살린다. 그는 거기에서 해석학의 여전히 축소된 개념, 즉 딜타이의 정신과학의 단순한 인식론이 하이데거의 저서 《존재와 시간》[7]에서 이해의 존재론을 겨냥하는 사고로 이동하는 것을 간파한다. 리쾨르는 하이데거에 따른 현상의 감춰진 특성에서 현존재, 주체도 대상도 아니라 "존재의 문제가 출현하는 장소, 발현의 **장소**"[8]를 가리키는 현존재(dasein)에서 해석학적 현상학을 이해하는 수단을 간파한다. 현상의 만남을 지배하는 불투명화, 존재 문제의 망각은 해석학적 우회를 정당화한다. 이러한 필수적인 명시는 정신과학이 근거하는 존재론의 토양을 겨냥하면서 더 깊이 파들어가는 데 성공한다. 틸타이와 관련된 하이데거의 두번째 변화는 이해의 개념을 여전히 지나치게 심리화하는, 너무 낭만적인 지배에서 벗어나는 것이다. "《존재와 시간》에서 이해의 문제는 전적으로 타인과의 의사소통의 문제에서 벗어난다."[9] 하이데거는 주관성의 개념을 중복시킬 위험이 있는, 타자와의 관계의 문제를 세상-속-존재의 개념으로 대체한다. "따라서 이해하기를 **세속화**하면서 하이데거는 그것을 **탈심리화**한다.[10]

이러한 근본적인 변화는 하이데거로부터 나오지는 않지만 그의 철학을 언어 쪽

6) 폴 리쾨르, 《폴 리쾨르, 가브리엘 마르셀 대담집》, 앞의 책, 83-84쪽.
7) 마르틴 하이데거, 《존재와 시간》(1927), 알퐁스 드 발엔스와 루돌프 뵘(번역), 갈리마르, 파리, 1964년.
8) 폴 리쾨르, 〈해석학의 임무〉, 앞의 책; 《텍스트로부터 행동으로》, 앞의 책, 89쪽에 재수록.
9) 같은 책, 90쪽.
10) 같은 책, 91쪽.

으로 돌린다. 사실 하이데거의 삼위일체——상황-이해-해석——는 정착으로부터, 방향 능력으로 구상된 이해하기를 가능케 하는 모든 언어 체계로부터 나온다. 텍스트들의 주해보다 "사물들의 주해가 먼저이기"[11] 때문에 해석의 개념이 개입하는 것은 제3의 장소에서일 뿐이다. 2차적인 분절로서의 언어의 문제가 개입하는 것은 사고의 삼중 움직임의 항에서일 뿐이다. 이러한 종속성은 리쾨르를 구조주의와 맞서게 하는 논쟁에서, 언어 차원을 실체화하는 그의 경향에서 함축적인 방식으로 그 논증에 도움이 된다. 이러한 경기(景氣) 양상 이외에 진술에서의 우위를 **귀기울이기-침묵하기** 쌍에 부여하는 것이 바람직하다는 하이데거의 명제는, "이해하기는 듣기이다"[12]라는 리쾨르의 확신과 관련하여 설득력 있게 울린다.

따라서 리쾨르는 조건 없이 하이데거의 존재론에 동조하는 것일까? 전혀 그렇지 않다. 왜냐하면 그러한 진전의 모든 풍부함을 제시하고 난 후, 그는 해결되지 않고 단순히 관점만 바뀐 '바로 그 때문에 더 악화된' 아포리아를 고발하기 때문이다. "아포리아는 더 이상 이해하기의 두 양상간의 인식론 속에 있는 것이 아니라 존재론과 전부 차용된 인식론 **사이**에 있다."[13] 그가 인정하지 않는 것은, 존재론의 기반으로의 그 거슬러 올라가는 것이 인식론을 향한 역운행을 불가능하게 하기 때문이다. 그러므로 방법의 문제와 유리된 편도는 과학에 등을 돌리고, 철학 자체를 단순한 독백 속에 가둔다. 존재론적 해석학은 비판의 문제를 불가능하게 하지만, 물론 마음에 드는 길을, 빠른 길을 제공한다. 하지만 그 길은 너무 짧아 철학과 과학 간의 상호 관계를 통해 필수적이 된 긴 우회로를 생략한다.

그럼에도 불구하고 하이데거는 리쾨르가 시간에 관해 시도하는 고찰에서 결정적인 요소를 이룬다. 그는 사람들이 아우구스티누스 · 후설과 함께하는 내적 시간의 측면에, 또는 아리스토텔레스 · 칸트와 함께하는 우주론의 측면에 위치하는가에 따라 하이데거가 시간의 두 가지 아포리아를 해결하는 데 성공하는지 아닌지 검토해야 할 문제를 스스로에게 제기한다. **현존재**의 개념은 물질계와 정신계 간의 전통적인 대립을 뛰어넘을 수 있는 여지를 준다. 하이데거는 적용 범위가 넓은 세 가지 연장(延長)을 시간성에 관한 고찰에 제공한다. 첫째로, 그는 시간의 문제

11) 폴 리쾨르, 같은 책, 92쪽.
12) 같은 책.
13) 같은 책, 94쪽.

를 **관심**의 근본적인 구조에 포함된 총체성으로 생각한다. 둘째로, 그는 시간의 세 가지 차원——과거·현재·미래——을 외재화의 공통 과정인 **외적-정태적** 단위 안에서 연관짓는다. 셋째로, "이 외적-정태적 단위의 전개는 순서대로 마치 시간의 **층상(層狀)** 같은 구성, 시간화 차원의 계층화를 보여 주는데, 이것은 별개의 명칭, 즉 **시간성·역사성·내부-시간성**을 요구한다."[14] 하이데거는 시간의 다원화 원칙, 시간을 과거·현재·미래로 분해하기를 관심[15] 그 자체 속에 설정한다. 그는 미래의 차원에 두 가지 다른 시간 관계에 대한 우위를 부여했을 것이다. 하이데거의 의도는 한편으로는 역사적 사고의 두 가지 고전적인 장애물을 피하는 것, 역사적 현상들을 단번에 공적인 영역에 속하는 현상들로 고려하는 것이며, 다른 한편으로는 과거를 그 미래와 분리함으로써 역사를 단순한 회고가 되게 하는 것이다. 정반대로 하이데거는 "어떻게 모든 회고가 근본적으로 이전을 향한 결심에서 나오는지"[16]를 암시하는 물려받은 유산의 개념을 강조한다. 반복의 개념과 함께 하이데거의 해석학은 잠재성이, 과거의 미확인된 또는 억제된 가능성이 미래의 방향으로 다시 열리게 한다. 그러나 그의 해석학은 그럼에도 불구하고 리쾨르가 시간성의 모순에 부딪친 것으로 규정짓는 것에 봉착하는데, 이것은 우주론의 시간과 하이데거의 용어로 내적인 시간, 즉 과학의 일상성의 평범한 시간과 **현존재**의 내적인 시간을 함께 생각하기 위한 적합한 매개들을 여전히 발견하지 못한다. "사람들은 이 의미 향상의 두 극단, 죽음을 위한 존재와 속세의 시간을 강조하지만 모든 속임수를 공격하는 해석학의 과정을 통해 역설적으로 숨겨진 극의 대립, 한편으로는 죽음의 시간, 다른 한편으로는 우주론의 시간을 발견한다."[17]

리쾨르는 하이데거의 시간에 관한 고찰을 주요한 것으로 간주하긴 하지만, 하이데거가 특히 그의 중간 시기인 50년대에 존재의 본질을 실천할 때는 그의 추이에 관심을 갖지 않는다. 그러므로 하이데거에게서 존재는 자율성을 획득하고 물러나거나 동시에 드러내면서 자신의 역사를 만든다. 하이데거의 사상에서 존재에

14) 폴 리쾨르, 《시간과 이야기》, 제3권, 앞의 책, 116쪽.

15) 현대 철학의 의미에서 관심은 무엇보다 후설의 지향성과 관계가 있다: "모든 의식은 무언가의 의식이다." 하이데거에게 있어서 지향성은 **현존재**의 **선험적**(실존적)이고 총체적인 구조로서의 관심이 된다. 관심(Sorge)은 그 자신의 실존적 특성을 파악하려고 시도하는 곤경이다.

16) 폴 리쾨르, 《시간과 이야기》, 제3권, 앞의 책, 136쪽.

17) 같은 책, 173-174쪽.

부여된 이러한 근본적인 우위는 그것이 모든 것을 병합하고 체계의 구실을 할 위험이 있는 새로운 절대를 받아들이게 하면서, 리쾨르가 관심을 갖는 철학적이고 신학적인 영역 사이의 구분을 혼란에 빠뜨리는 만큼 더욱더 그에게는 생소하다. 게다가 존재의 절대화는 과학 세계와의 모든 대화를 방해한다.

리쾨르의 제자이자 하이데거의 전문가인 미셸 아르는 그의 박사 학위 논문에서 존재의 역사의 본질에 대한 리쾨르의 유보와 유사한 유보를 상술한다.[18] 그가 하이데거의 작업에 대하여 느끼는 열광에도 불구하고 그는 다음과 같이 생각한다. 하이데거는 "존재에 인간의 모든 속성을 부여한다. 존재의 기억, 일종의 존재의 재능이 있다. 그런데 인간에게는 어떤 부분이 있는 것일까?"[19] 여기에서부터 미셸 아르는 일종의 역사적 숙명으로 돌아가는 하이데거의 입장에 대한 내적 비판을 이렇게 전개한다. "모든 망각의 기원이 존재의 고정시키기라면 망각하는 것은, 그리고 그 망각을 잊으면서 방황에 빠지는 것은 바로 인간이다. 인간만이 방황한다. 존재는 방황하지 않는다."[20] 물론 이 방황은 바로 운명, 역사성의 조건이지만 하이데거는 이 조건으로부터 모든 주관성을 떼어 놓는데, 왜냐하면 인간의 자유의 실천은 실천적이거나 이론적인 모든 존재자 관계로부터 떼어 놓기에 있으며, 완전한 박탈에 이르기 때문이다. "인간은 특별한 목표의 완전한 포기에서가 아니고는 아무것도 원하지 않고, 아무것도 추구하지 않는다."[21] 인간의 준(準)사망으로부터 발생하는 이 생소한 자유란 무엇인가, 미셸 아르는 자문한다. 그 점에 대해서는 하이데거가 사용한 다음과 같은 은유가 명확히 밝혀 준다. 인간은 존재의 목자, 존재의 증인이다. 인간은 무능력이라는 순전히 수동적인 처지에 놓여 있다. 하이데거는 모든 것이 달려 있는 존재와, 개체성이 무조건으로 제거되어 있는 인간 사이의 부조화한 균형을 실행한다. 하이데거식 해석학의 지름길이 인식론을 향한 반대 길을 뚫고 지나가지 못하는 식으로, 존재와 인간 사이의 첨예화된 불균형 역시 존재론에서 윤리로 거슬러 올라가는 것을 불가능하게 한다. 하이데거의 분석철학은 실제로 타자의 자리를 인정하지 않으며, 바로 그런 이유로 윤리적 차

18) 미셸 아르, 《하이데거와 인간의 본질》, 밀롱, 그르노블, 1990년.
19) 미셸 아르와의 대담.
20) 미셸 아르, 《하이데거와 인간의 본질》, 앞의 책, 191쪽.
21) 같은 책, 196쪽.

원에 지위를 부여하지 않는다.

더욱이 리쾨르는 하이데거가 그의 선배들이 갇혀 있다고 생각하는 형이상학의 울타리로부터 탈피하려고 하는 그의 의도에 대해 화가 나 있음을 느끼게 한다. 그는 하이데거의 길을 따르지 않으며, 1975년 《살아 있는 은유》에서 마치 존재가 사건에서 사라지듯이 존재의 역사에 종지부를 찍으려고 하는 "그(하이데거)의 용인할 수 없는 의도"[22]를 고발한다. 그는 훗날, 1991년 그러한 태도를 '교만한' 것으로 규정지을 것이며, "내(리쾨르)가 보기에 하이데거에게서 용납할 수 없는 듯이 보이는 것이 바로 그 점이다"[23]라고 덧붙일 것이다.

그렇기는 하지만 리쾨르는 강의와 연구의 대부분을 하이데거에게 할애했을 것이다. 60년대초에 소르본대학교에서 하는 프로이트에 관한 강의에서 그는 언어적 전환점에 많은 관심을 기울이며, 《언어로의 전진》[24]의 시기에는 아직 나타나지 않은 '최근의' 하이데거를 자주 거론한다. 그렇게 해서 그의 학생 프랑수아즈 다스튀르가 그의 지도 아래 최근의 하이데거에 할애된 석사 논문에 착수한다. "그는 곧바로 나에게 이렇게 말했다. '좋아요, 그 점에 대해 논문을 쓰시오.' 따라서 나는 그 시기의 텍스트들을 해석하였고, 그는 내가 해석한 것들을 재검토하곤 했다."[25] 리쾨르는 특히 하이데거 사상의 두 시기, 즉 실존적 분석철학의 시기와 언어의 시기에 예민한 반응을 보인다. 반면에 신화, 뿌리내리기에 관한 그의 고찰은 리쾨르의 관심사에 전혀 부합하지 않는다. 현상학 세미나에서 그는 하이데거에게 있어서의 시간성에 대한 연구에 꼬박 한 해를 할애한다.

리쾨르는 그의 측근 중의 한 사람인 아일랜드인 리처드 커니가 기획한 하이데거와 신의 문제에 관한 학회[26]에 파르망티에 가의 그의 현상학자들의 그룹과 함께 참가하기로 결정하기도 한다. 파리에서의 이와 같은 만남을 기획하고, 한 테이블에 레비나스 · 리쾨르 · 마리옹 · 브르통 · 그레쉬 등 옆에 장 보프레 · 프랑수아 페

---

22) 폴 리쾨르, 《살아 있는 은유》, 쇠이유, 파리, 1975년, 397쪽.

23) 폴 리쾨르, 〈폴 리쾨르와의 대담. 타자 같은 자아〉, 그웬돌린 자르체크가 기록한 말, 《데카르트 가, 철학국제학교, 그리스어》, 알뱅 미셸, 파리, 1991년, 234쪽.

24) 마르틴 하이데거, 《언어로의 전진》(1959), 갈리마르, 파리, 1976년.

25) 프랑수아즈 다스튀르와의 대담.

26) 리처드 커니와 조제프 스테판 올레리(주관), 《하이데거와 신의 문제》, 그라세, 파리, 1980년.

디에라든가 프랑수아 베쟁 같은 하이데거 지지자들 중의 지지자들을 규합하기 위해서는 아일랜드인 한 사람밖에 없었다. 리쾨르의 서론적인 단평은 문제를 피하지 않으며, 단지 다음과 같은 스리지에서 나온 질문을 다시 제기할 따름이다. "어째서 《구약성서》의 〈시편〉·〈예레미야〉가 아니고, 단지 횔덜린만을 연구하는 것일까요? 바로 이것이 나의 질문입니다."[27] 리처드 커니는 이러한 도발적인 서두를 듣고 놀라기마저 하며 이렇게 말한다. "리쾨르는 항상 친절한 중재인이자 조정자이기 때문에 나는 더욱 충격을 받았다. 그러나 비판을 할 때 그는 퉁명스러울 수도 있다."[28] 1980년 아일랜드의 학회에서 전개되는 이러한 대면에서 격렬한 긴장이 참가자들 사이에 흐른다. "페디에가 '오늘은 성 요한의 축일입니다'로 발언을 시작하는 동안 레비나스는 구석 자리에서 이렇게 말한다. '어떻게 저 사람이 감히 성자를 끌어대느냔 말야! 자기가 성 요한의 축일에 대해 뭘 안다고!'"[29] 한편 보프레는 하이데거와 리쾨르가 서로의 의견을 무시하며 대화하던, 1955년 9월 4일의 유명한 스리지 회의를 상기시킨다. 그는 그리스인들이 부여하는 뜻에 따라 하이데거가 완전히 동의적(同義的)인 것으로 간주하는 형이상학과 서양 철학을 리쾨르가 《살아 있는 은유》에서 분리하고자 한다고 비난한다. 연단에서 연거푸 담배를 피우고 있는 그가 마침내 리쾨르를 불쾌하게 하자, 리쾨르는 커니에게 다음과 같이 짤막하게 이야기를 건넨다. "미칠 지경이니, 보프레에게 담배 좀 그만 피우라고 말해 주겠소?" 리쾨르의 말이 보프레에게 전달되자마자 보프레는 담뱃갑에서 다시 새 담배를 꺼내 불을 붙인다. 일반적으로 아주 정중한 레비나스가 자신이 든 구약의 예문의 한 구절을 읽고자 한 스타니슬라스 브르통에게 그 예문을 빌려 주기를 거절할 정도로 분위기는 대단히 긴장되어 있었다. 갑자기 이교도로 돌변한 브르통 신부의 요구를 거절하기 위해 그는 "빌어먹을 텍스트예요!"라고 응수한다. 다음과 같은 두 노선이 정면으로 대립하고 있었다. 하이데거의 제자들을 집결시키는, 신의 문제가 존재에 달려 있다는 노선과 다른 모든 사람들을 규합하는, 신의 문제를 존재의 문제로 돌릴 수 없는 것으로 보는 노선으로 여기에는 레비나스와 리쾨르가 속해 있다. 이 학회의 연장선에서 리쾨르의 관점을 공유하는 장 뤽 마리옹이 이

---

27) 폴 리쾨르, 같은 책, 17쪽.
28) 리처드 커니와의 대담.
29) 위의 대담.

러한 의미로 씌어진 저서 한 권을 출판한다. “신은 존재의 영역에 속해 있지 않기 때문에 우리에게 하나의 선물로서, 그리고 하나의 선물처럼 생겨난다.”[30]

빅토르 파리아스가 하이데거의 나치당 참여에 관해 이미 널리 알려져 있으나 거의 접근이 불가능한 자료를 일반 대중에게 보급하면서 하이데거에 관한 자신의 책을 1987년에 출간할 때,[31] 리쾨르는 여전히 매우 신중한 태도를 보인다. 그가 이 저서에 관한 토론에 참가하지 않는 것은 프랑스 철학자들에 대한 평가 하락의 기도를 추측하기 때문이다. “내게는 파리아스의 책이 반프랑스적인 작업이었던 것처럼 보인다. 그것은 대상에 맞추어졌던 저서이다. (…) 그것은 모든 철학적 공언에 대한 일반적인 조롱인 것 같았다. (…) 따라서 그러한 논쟁에 빠져들지 않는 것이 바람직하다.”[32] 리쾨르는 아주 신중한 태도를 취하면서 “위협적인 순환에 속하는 말”[33]로 대체될 수 있는, 하이데거의 침묵에 의한 결함, 특히 유대 그리스도교 전통에 대한 참조의 전적인 부재에 관한 자신의 질문의 타당성을 굳힌다. 하이데거 작업의 더 적은 저항 방침과 특히 그의 도덕적 차원들의 중립화에 관한 질문은 세심한 거리를 유도하기 마련이며, 어느 정도의 범용과 “철학적 천재성”[34]을 공존시키는 불가사의를 미결 상태로 남겨둔다.

후설에 대한 하이데거의 용인할 수 없는 행동에 관해 자신이 알고 있는 바에 의해 확고해진 리쾨르는 하이데거의 사상에 대해 정통한 대부분의 철학자들처럼 심한 반감을 느끼며, 약간은 잊혀진 야스퍼스와 같은 사람에 대하여 그에게 어느 정도의 양심의 가책을 불러일으키는 분명한 경직 상태를 느낀다. 그러나 동시에 그는 저자로서 하이데거의 작업 계획과 전기를 혼동하지 않기 위해 그것을 부인한다. 파리아스의 서책에 대한 논쟁이 한창이던 중에 《에스프리》에서 회의가 열린다. 올리비에 몽쟁은 마르크 리시르에게 토론을 도입하기 위한 발언을 준비해 줄 것을 부탁한다. 리시르는 한 편의 논문이 될 자신의 발표에 “철학에서의 과대망상적 어조에 대하여”라는 제목을 붙이며 다음과 같이 아주 신랄해진다. “따라서 저는 하이데거를 포함하여 그의 사상의 양상을 비판하였으며, 하이데거와 관련하

30) 장 뤽 마리옹, 《존재 없는 신》, 페야르, 파리, 1982년, 12쪽.
31) 빅토르 파리아스, 《하이데거와 나치즘》, 베르디에르, 파리, 1987년.
32) 폴 리쾨르, 그웬돌린 자르체크와의 대담, 《데카르트 가(街)》, 앞의 책, 236쪽.
33) 같은 책, 235쪽.
34) 같은 책.

여 너무 현저한 거리두기에 대한 심한 망설임을 리쾨르에게서 느꼈습니다."[35] 리쾨르는 파리아스의 서책에 대하여 공격적인 표현을 다루기를 거부한다. 하지만 궁극적인 구조들을 끌어내려고 하는 의도 속에서 하이데거의 언어 및 사상의 과장된 폭력과 마주하여 그의 불신은 커져 간다. 그의 불신에는 그래도 자신의 개인적인 모든 진전을 수행했을 한 철학자에 대한 깊은 감탄도 섞여 있다.

35) 마르크 리시르와의 대담.

43

시적 지평

구조주의에 대한 응답은 세 단계에서 전개되었다. 해석학적인 접목 이후와 역사적인 것을 통한 우회 이전에 텍스트의 종결을 텍스트 자체에서 밝힐 수 없다는 논증이 자리한다. 이 기회에 리쾨르는 1975년에 《살아 있는 은유》를 출간하자마자 텍스트의 전(前)단계를 다시 시적인 차원에서의 다양한 가능성의 장(champ)에 열어 주면서 그것을 후속 단계 쪽으로 완전히 전환한다.

리쾨르는 항상 이 시적인 차원을 필수적인 것으로 주장하였다. 그것은 의지의 철학에 관한 그의 명제 이래로 그의 전 작업의 지평에 속한다. 그는 이미 그 무렵에 의지의 시학이 곧 발행될 것임을 예고했었다. 그는 해석학적 순환, 믿기와 이해하기를 연결하는 순환 관계를 강조하는 것과 마찬가지로 은유의 창조적인 측면과 개념의 사변적인 측면 간의 상보성을 다음과 같이 밝힌다. "은유는 그것이 상상력의 비약을 개념의 차원에서 '더 많이 생각하기' 속에 새긴다는 점에서 살아 있다. 그것은 해석의 '영혼' 인 '생기를 주는 원칙' 의 지휘하에 '더 많이 생각하기' 위한 투쟁이다."[1] 창조는 사변적인 작업과 관련되어 있으므로 리쾨르는 시적인 출현, 자동-시학에 완전히 주요한 자리를 부여한다.

기 프티드망주는 그라나다대학교에서 리쾨르에 할애되어 있던 1주일을 위해 올리비에 몽쟁과 함께 스페인으로 리쾨르와 동행했던 것을 회상한다. 학장이 거기에서 멀지않은 곳에 있는 가르시아 로르카의 묘지 방문을 예정해 두었다. "리쾨르는 사람들은 시인들만을 죽인다는 테마에 관한 아주 기이한 연설을 간단하게 하였다. 사람들은 아연실색하였다. 언어에 대한 그 모든 이해 방식은 엄청난 것, 즉 성찰과 행동을 요구한다."[2]

---

1) 폴 리쾨르, 《살아 있는 은유》, 앞의 책, 384쪽.

모든 것이 문식(文飾), 그것도 특히 텍스트의 종결의 한계를 드러낼 구실이 되는 두 가지 문식——은유와 환유——으로부터 해결되는 그 구조주의의 시기에, 리쾨르는 은유에 대한 연구에 전념할 것이다. 은유 연구는 그로 하여금 은유의 가장 깊숙한 곳이 어떻게 'être' 동사의 계사를 가리키며, 하나의 지시 대상을, 그로 하여금 진실의 개념과 같은 긴장 역할을 맡게 하는 언어의 외재성을 향해 있는가를 밝히게 한다. 리쾨르는 은유에 중요한 역할을 부여하며, 동시에 그 한계를 다음과 같이 제시한다. "은유적인 진실이라 일컬어졌던 것을 **정당화하는 것**은 시적인 담화를 **한정하는 것**이기도 하다."[3]

《살아 있는 은유》는 수사학적인 범주의 고찰에서 존재론적인 명시에까지 이르게 하는 여덟 개의 층위에 따라 일관성 있는 여정을 이루는 일련의 연구를 통합한다. 요컨대 이 연구들은 키뤼스 햄린 교수가 리쾨르를 초청한 캐나다에 있는 토론토대학교에서 1971년 가을 리쾨르가 연 세미나에서 유래한다. 그러나 이 분야에서의 연구들은 1975년에 발행되기까지 루뱅대학교와 파리-10-낭테르대학교에 뒤이어 시카고대학교 존 뉴벤 강좌와, 마지막으로 그의 현상학 연구 세미나에서 리쾨르가 한 강의의 일환으로 계속되었다. 리쾨르는 그의 연구 하나하나를 그가 가깝게 느끼는 이 분야의 연구자에게 바친다.[4] 그는 아리스토텔레스가 자신에게 대단한 야심, 공적인 말의 사용을 지배하려는 야심을 불어넣어 주었음에도 불구하고 어떻게 은유, 수사학이 속하는 장르가 효력을 잃었는가를 상기시킨다. 형식은 메시지와 관련하여 부차적이다라는, 그리고 은유를 근거 없이 사고를 장식하는 지위로 돌려보내는 일반적인 생각과는 반대로, 리쾨르는 아리스토텔레스에게 있어서 어느 정도로 다시 **미메시스**의 기반 위에 놓인 은유가 "미메시스의 특징을 이루는 이중 긴장, 즉 현실에의 복종**과** 가공의 허구, 복원**과** 상승에 관여하는"[5]지를 밝힌다. 그의 첫번째 연구의 결말에서부터 아리스토텔레스에게 있어서의 수사학과 시학의 상관 관계를 다루면서 리쾨르는 행동하기에 관한, 은유적 담화의 존

---

2) 기 프티드망주와의 대담.

3) 폴 리쾨르, 《살아 있는 은유》, 앞의 책, 12쪽.

4) 따라서 이 여덟 개의 연구는 연이어 몬트리올대학교 비아네 데카리; 파리고등연구실용학교 제라르 주네트; 토론토대학교 키뤼스 햄린; 콜레주 드 프랑스 에밀 벤베니스트; 파리고등연구실용학교 알지르다스 쥘리앵 그레마스; 파리대학교 미켈 뒤프렌; 시카고대학교 머시아 엘리아데; 루뱅대학교 장 라드리에르에게 바쳐졌다.

5) 폴 리쾨르, 《살아 있는 은유》, 앞의 책, 57쪽.

재론적 기능소 자체로서의 행동의 감춰진 능력과 휴면의 잠재성의 가능한 활동 재개에 관한 문제를 시작한다.

리쾨르는 수사학적 전통의 흐름을 계승하며, 특히 이 분야에서의 마지막 개론인 1830년으로 거슬러 올라가는 피에르 퐁타니에의 개론[6]에 의거한다. 그가 구조주의 명제들과 갖는 대결의 근본적 양상들 중의 하나는, 벤베니스트의 명제들에 의거하면서 리쾨르가 말의 기호학과 담화의 의미론 사이에서 실행하는 이동 속에 설정되어 있다. 벤베니스트에게 있어서의 발화행위론의 고려와, 화자에게 의미를 띠는 말에서의 언어 현동화 방식으로서 핵심적인 것 같은 담화 단위의 개념은 리쾨르에게 있어서는 앵글로색슨 분석철학의 작업들의 동화와 겹치는데, 이러한 동화는 70년대 프랑스의 맥락에서는 완전히 예외적인 것이다. 리쾨르는 잇달아 피터 프레더릭 스트로슨[7] · 존 설[8] · 존 랑쇼 오스틴[9] · 루트비히 비트겐슈타인[10] · 맥스 블랙[11] · 먼로 C. 비어즐리[12] · 넬슨 굿맨[13]의 작업들에 의거한다. 올리비에 르불이 그의 《에스프리》 시론에서 다음과 같이 적듯이. "저자는 그가 누군가에게 그 공을 인정할 수 있는 이상 어떤 생각을 결코 자신의 것이라고 주장하지 않는 예외적인 정직함을 지니고 있다. 그의 **코기토**는 **코키타무스**이다."[14]

은유들은 하나의 의미, 하나의 지시 대상을 가리키며, 그 점에서 문맥화되어져야 한다. 은유들은 노후를 겪으며, 그러므로 대체로 평범한 의미에 이른다. 그때 그것들은 죽은, 동화된, 그것들의 은유적 부분을 잊은 언어에 완전히 흡수된 은유이다. 예를 들면 '의자의 다리' 라는 진부한 표현도 마찬가지이다. 마찬가지로

6) 피에르 퐁타니에, 《담화의 문식》(1830), 플라마리옹, 파리, 1968년.

7) 피터 프레더릭 스트로슨, 《개체: 기술적 형이상학 시론》, 매슈엔, 런던, 1959년; 프랑스어역, 《개체들》, 쇠이유, 파리, 1973년.

8) 존 설, 《언어 행위》, 케임브리지대학교출판부, 1969년; 프랑스어역, 《언어 행위》, 에르망, 파리, 1972년.

9) 존 랑쇼 오스틴, 《어떻게 말로써 행위하는가?》, J. O. 움슨(출판사) 클라렌든, 옥스퍼드, 1962년; 프랑스어역, 《말하는 것이 행동하는 것일 때》, 쇠이유, 파리, 1970년.

10) 루트비히 비트겐슈타인, 《철학적 탐구》, 1953년, 맥밀런, 뉴욕, 1963년; 프랑스어역, 《철학 연구》, 갈리마르, 파리, 1961년.

11) 맥스 블랙, 《표준과 은유》, 코넬대학교출판부, 이타카, 1962년.

12) 먼로 C. 비어즐리, 《미학》, 하코트, 브라스와 월드, 뉴욕, 1958년.

13) 넬슨 굿맨, 《예술 언어, 상징 이론으로서의 접근》, 봅스-메릴사, 인디애나폴리스, 1968년.

14) 올리비에 르불, 〈시평. 문식에 관한 연구〉, 《에스프리》, 1976년 1월, 177쪽.

"우리는 더 이상 '이해하다(comprendre)' 에서 '취하다(prendre)' 를 듣지 않는다."[15] 그러나 시인이 '시간은 비렁뱅이이다' 라거나 노화는 '그루터기의 새싹이다' 라고 주장할 때 새로운 의미 작용들이 출현하며, 새로운 세계가 그와 같은 은유들 앞에서 독자에게 드러나는 것처럼 보이는데, 그와 같은 은유들을 언어의 관습을 무너뜨리고 시선에 새바람을 불어넣을 수 있는 그들의 능력에 의해 살아 있는 것으로 규정지을 수 있다. 살아 있는 은유는 단순한 유사함과는 거리가 멀며, 그것은 일반적인 동일시와의 일탈에서 특히 좋아하는 장소를 갖고 있다. "진실된 은유들만이, 즉 살아 있는 은유들이 동시에 사건이자 의미이다."[16] 은유는 그것이 변질되지 않는 오래된 의미와, 자신의 잠재적인 타당성을 통해 자신의 길을 개척하는 새로운 의미 간의 갈등을 자기 안에 지니고 있는 한 동시에 일탈이기도 하고, 그러한 일탈의 축소이기도 하다. 은유가 의미의 융합처럼 보이는 데 반해, 사실 그것은 오래된 것과 새로운 것 간의 의미의 갈등의 장소 자체이다. 따라서 리쾨르는 은유인 이 비유(다시 말해 두 개가 다 유사 관계에 있기 때문에 한 기의를 다른 한 기의로 대체하는 것인 문식)의 내부에서 변화의 내적인 역학과 변화에의 저항을 찾아낸다. "은유는 화자가 단어들 중의 한 단어의 의미를 바꾸면서 일탈을 축소하는 방식이다."[17] 이러한 의미의 변화를 리쾨르는 "의미론의 부적합함이 나타내는 파괴의 위협에 대한 담화의 응수"[18]로 이해한다. 다른 가능한 세계들을 항상 목표로 하는 이러한 창조성은 의미의 과잉에 존재한다. 원래의, 본래의 의미 파괴가 가하는 위협은 새로운 가능한 의미들을 향한 이러한 새로운 전개에서 하나의 해결책, 창조적인 재개를 발견하기 마련이다. 은유는 문체의 제로에서가 아니라 침전된 의미에서 나온다. 새로운 일탈은 쇄신하기 위해 이러한 오래된 의미로부터 도약한다.

은유는 전통과 새로움과의 단절의 자의적인 특성을 의미하며, 현재·현대성의 문제들을 통해 재해석된 살아 있는 전통으로서의 가다머의 전통성 개념이 타당함을 보여 준다. 은유의 기능은 개별성을 표현하는 것, 개별성을 보이게 하는 것이며, 따라서 리쾨르의 마지막 연구에서 전개되는 존재론적인 차원과 연결되는데, 이 차원은 아리스토텔레스에게 할애된 1부의 결말에 이미 개괄적으로 기술되어

15) 폴 리쾨르, 《살아 있는 은유》, 앞의 책, 372쪽.
16) 같은 책, 127쪽.
17) 같은 책, 195쪽.
18) 같은 책.

있다. 그러므로 철학적인 담화는 반성적인 능력 덕분에 시적인 담화의 의미론적 목적을 다음과 같이 이해한다. "이 반성적인 지식을 통해 언어는 존재 속에서 알려진다.[19] 시적인 지평은 정체성의 기반보다는 더 약속의 땅의 위치에서 존재론에까지 이르게 한다. 이 은유화 과정의 시초에, 의미론적 목적의 "존재론적인 격렬함"[20]은 의미의 지시만을 처분할 뿐이지 의미의 한정은 아니다. 이러한 중단 운동은 정확하게 현상학적 전통 속에 있는 세계로의 복귀 운동에서 다시 하나의 지시 대상을 향해 있다.

《살아 있는 은유》는 리쾨르가 연구를 시작한 이래로 지향하는 이 시적인 지평을 규정하기 위해 대륙철학의 탐구와 분석철학의 교훈의 유기적 결합을 통합한다. 이 저서는 다음과 같이 그의 작업에서 교량 역할을 한다. "내가 보기에 《살아 있는 은유》는 리쾨르의 작업에서 중추가 되는 책이다. 그것은 그의 방식들이 교차하는 곳이다."[21]

은유의 지위에 대한 이러한 해석은 리쾨르와 소르본대학교의 그의 옛 조교인, 70년대에는 장황하게 이야기하는 철학자가 되었으며 국제적인 명성을 얻었던 자크 데리다 간에 여러 해에 걸친 유난히 강도 높은 교류를 야기할 것이다. 그 토론의 핵심에서, 철학적인 것의 해체의 지평으로서의 시적인 것에 관한 하이데거의 입장에 부여하는 지위로 말할 것 같으면 어떤 의견 대립을 간파할 수 있다. 데리다는 1971년 은유에 관한 첫 텍스트인 〈백색 신화〉[22]를 저술한다. 하이데거의 입장을 급진적이게 하면서 데리다는 형이상학의 세계가 감각 세계의 유추적 전이일 뿐이라고 생각한다. 이처럼 그는 은유로 하여금 철학적 담화의 신화적 특성을 드러내는 역할을 맡게 하고자 한다. **로고스**는 자의적인 주장에 의하면 다른 **신화**들 중의 하나일 뿐일 것이다. 이성의 담화는 시간에 의해 약화된 은유들의 단순한 전달을 은폐할 것이며, 진짜 속임수일 것이다. 이러한 논증은 담화의, 특히 허구적인 다른 역들과 구분이 없을 것을 권장하는 철학적 담화의 한계를 해체하려는

---

19) 폴 리쾨르, 같은 책, 385쪽.

20) 같은 책, 379쪽.

21) 올리비에 아벨과의 대담.

22) 자크 데리다, 〈백색 신화〉, 《시학》, 제5호, 1971년, 1-52쪽; 《철학의 여백》, 미뉘, 파리, 1972년, 247-324쪽에 재수록.

방대한 계획 속에 새겨져 있다.

게다가 1971년 몬트리올대학교에서 열리는 프랑스어 철학학회연합 5차회의를 계기로 리쾨르와 데리다 간에 아주 활발한 교류가 이루어진다. 개회식 강연의 책임자인 리쾨르가 '담화와 의사소통'[23]에 대해 이야기하고, 데리다로서는 SEC[24]라는 별칭이 붙은 '서명(signature), 사건(événement), 맥락(contexte)'이라는 그의 유명한 강연을 한다. 원탁회의로 르네 쉐레르 · 폴 리쾨르 · 자크 데리다 · 롤랑 블룸 · 질 란과 앙리 데클레브가 모인다. 리쾨르의 비판적 문제 제기들에 직면하여 데리다는 담화의 문제에 적용된 분석 방법의 난관들을 강조할 자신의 것인 의도를 상기시킨다. 그는 강연에서 오스틴이 의사소통 불능인 심연의 진가를 측정하지 못하여 얼마나 의사소통과 수행적 발화들에 관한 명상에서 실패하고 있는가를 밝히고자 하였다. 리쾨르로서는 데리다에게, 의미론의 부재를 보충하기 위해 글쓰기에 의해 제기된 과다한 문제를 실행한다고 다음과 같이 비난한다. "당신은 기호학에 머물러 있었지 의미론에, 다시 말해 기호의 조건들이 무엇인지 생각해 보는 기호학에는 결코 있지 않았습니다. 그러므로 그것들이 음성의 차원에서는 만족스럽지 못하기 때문에 그것들을, 그래서 자취 · 거리 설정 · 간격 등인 다른 차원에서 찾아야만 하지요."[25] 그럼에도 불구하고 데리다는 그가 정반대로 안으로부터 해체한다고 주장하는 기호학에, 서명의 반복 가능한, 읽기 쉬운, 모방할 수 있는 특성을 강조하기 위해 고유 명사에서 서명을 분리하면서 그가 서명에 대하여 실행하고자 하는 것, 그리고 그로 하여금 다음과 같은 아주 **무미건조한** 설명으로써 그가 말하는 의사소통을 결론짓도록 이끄는 것에 틀어박히는 것을 거부한다. "글쓰기로서의 의사소통은 이 말을 꼭 간직하고 싶다면 의미의 전달 수단, 의도들과 의미하기(vouloir-dire)들의 교환이 아니다."[26] 정반대로 리쾨르의 관점에서는 "고유 명사가 없다면 서명도 없다. 서명은 고유 명사의 표시이다"[27]는 서명의 분석은 의미와 고유 명사의 이론 구성인 표현 매체를 거치며, 데리다에게 주체에 관한 앵

---

23) 폴 리쾨르, 〈담화와 의사소통〉, 《커뮤니케이션》, 프랑스어 철학학회연합 5차회의 발표 논문집, 몬트리올대학교출판부(1971), 몬트리올, 1973년, 23-48쪽.

24) 자크 데리다, 〈서명, 사건, 맥락〉, 같은 책, 49-76쪽; 《유한책임회사》, 갈릴레, 파리, 1990년, 15-51쪽에 재수록.

25) 폴 리쾨르, 〈철학과 의사소통: 원탁회의〉, 《커뮤니케이션》, 앞의 책, 393-431쪽.

26) 자크 데리다, 〈서명, 사건, 맥락〉, 《유한책임회사》, 앞의 책, 49쪽.

27) 폴 리쾨르, 《커뮤니케이션》, 앞의 책, 407쪽.

글로색슨어의 풍부한 문학을 상기시킨다.

리쾨르는 비판적인 방식의《살아 있는 은유》에서 다음과 같은 입장에 반응한다. 데리다에 의해 표현된 해체주의는 그가 답변을 제시할 필요성을 느끼는 제2의 전선을 촉발시키는데, 왜냐하면 그는 철학의 붕괴를 철학의 개별성에, 그리고 철학의 약화를 모든 지시 대상과 차단된 텍스트성에 연루시키기 때문이다. 데리다는 담론의 폐쇄에서 문학 작품을 만들려는 구조주의적 야심을 최고로 표현한다. 해체의 전략은 철학 전통 속에, 그 기반을 뒤흔들고 그 오류를 드러내는 것을 합목적성으로 삼는 일련의 결정 불능의 것을 심어 놓는 것을 목표로 한다. 데리다는 은유에 관한 자신의 발언을 하이데거의 영향하에 두는데, "은유는 형이상학 안에서만 존재한다"는 하이데거의 문구가 그의 〈백색 신화〉의 명구에 삽입되어 있다. 리쾨르의 모든 논증은 사변적인 것과 시적인 것의 유사성에도 불구하고 시인의 발언과 철학자의 논증의 울림이, 두 영역을 분리시키는 지속적인 경계가 무엇인가를 밝혀 줄 것이다. 이러한 차원에서 리쾨르는 그의 영감의 원천 역시 이루는 하이데거의 행위를 되풀이하기는 하지만 그것이 예측할 수 있는 무차별의 유혹, 즉 "사변적인 것과 시적인 것의 차이가 다른 식으로 위기에 처해 있을 때 피해야만 하는 유혹"[28]을 뿌리치면서이다. 데리다를 통하여 리쾨르가 비판적인 방식으로 겨냥하는 것이 하이데거의 이 산포이다. 데리다와 자신 사이에서 리쾨르는 무엇보다도 은유의 세계에의 접근의 차이를 주목한다. 리쾨르의 모든 계획이 은유의 여전히 살아 있는 특성을 재발견하는 것인 데 반해, 데리다는 죽음의 문을 통해 들어가기로 작정한다. 그 침식 과정은 그것이 '계승'을 구체화하고자 하는 개념의 요구에 의해 은폐되기 때문에 중시된다. "그때부터 은유를 되살아나게 하는 것은 개념의 가면을 벗기는 것이다."[29] 데리다가 옹호하는 이론은 은유가 사라지는 곳에서 형이상학의 개념이 일어난다고 간주하는 것이다. 소위 말하는 개념의 자율성은 전적으로 헛된 것인데, 왜냐하면 개념 그 자체가 은유에 의해 생성되기 때문이다. 즉 이러한 순환성은 은유를 제어하려는 의도와 마찬가지로 개념의 야심들을 불가능하게 만든다. 이러한 순환성의 본질은 다음과 같은 유명한 태양의 은유에

28) 폴 리쾨르,《살아 있는 은유》, 앞의 책, 393쪽.
29) 같은 책, 363쪽.

《신천지》:
폴 리쾨르의 초기 논문을 실은,
30년대(1935-1939년)의 그리스도교
극좌파 정기 간행물.

30년대, 에마뉘엘 무니에와 아내 폴레트

아른스발데 포로수용소 205호.
윗줄, 오른쪽에서 왼쪽으로: 슈발리에, 사비나스, 랑그랑, 르조르.
아랫줄, 오른쪽에서 왼쪽으로: 데비에즈, 리쾨르, 뒤프렌, 이코르.

함께 억류됐던 옛 동료들과의 모임,
1965년 20주년 석방 기념일을
맞이하여 자크 데비에즈 집에서.
뒤쪽에서 앞쪽으로:
슈발리에, 리옴, 뒤프렌, 리쾨르,
슈발리에 부인.

카를 바르트

파울 틸리히

1947년 샹봉쉬르리뇽의 중학교 교정, 뤼케 농장(왼쪽: 학생용 도서관, 중앙: 교무실 · 서무실 · 교실, 오른쪽 옛날 창고: 체육관, 아래쪽에 구내 식당, 빵 굽는 화덕, 1947년 국제노동캠프 이슬람교식 텐트).

1959년 샹봉쉬르리뇽 중학교
20주년 기념,
옛 물리 선생님이신
M. 티소와 함께한 폴 리쾨르.

1955년, 스리지학회: '철학이란 무엇인가? 마르틴 하이데거를 중심으로.'
오른쪽에서 왼쪽으로: 가브리엘 마르셀과 폴 리쾨르.

앙드레 뒤마

장 마리 도므나크

앙리 이레네 마루

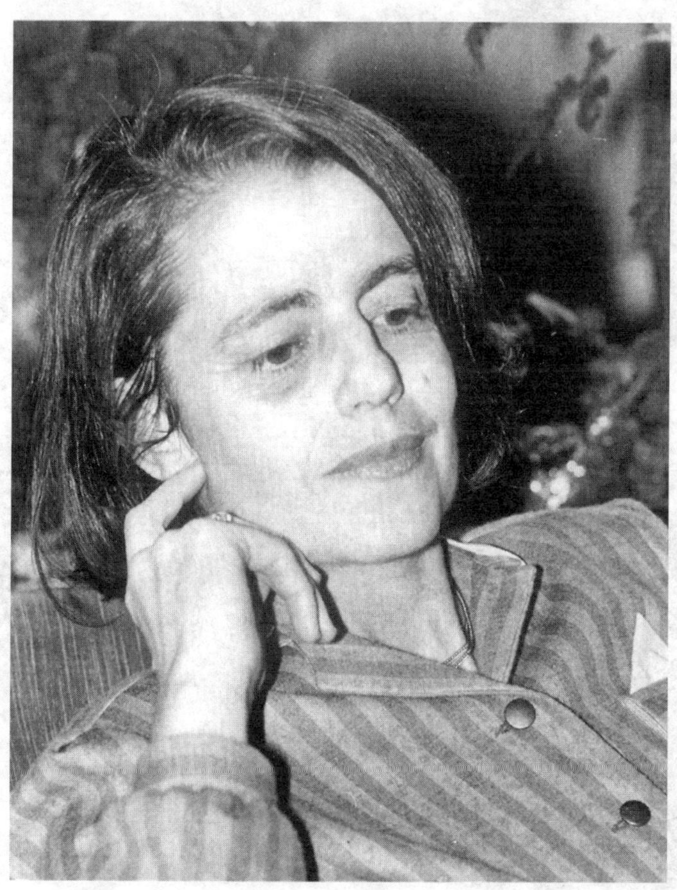

프랑스 케레

샤트네 말라브리의 하얀 담의 집: 리쾨르의 아파트가 있는 황색관.

1970년 3월 7일, 관리회의에 참석한 낭테르대학교 학장, 폴 리쾨르.

1970년 1월 29일, 낭테르대학교 캠퍼스에 진입한 보안기동대.

머시아 엘리아데, 1978년 9월.

폴 리쾨르, 자신의 두 학생 마리아 빌라 프티와 장 뤽 프티의 결혼식 증인.

1988년 11월 친구들과 함께한 리쾨르와 라코크 부부.

1983년, 스리지학회 〈알지르다스 쥘리앵 그레마스의 저서를 시작으로, 중심으로 한 기호학〉.
왼쪽부터 오른쪽으로: 미셸 드 세르토, 알지르다스 쥘리앵 그레마스, 알랭 소당, 피에르 마랑다,
마리스카 쿠프만 퇼링, 모리스 강디약, 엘링 다비드센, 튀라 힐랑카.

1983년, 스리지학회 〈알지르다스 쥘리앵 그레마스의 저서를 시작으로, 중심으로 한 기호학〉.
왼쪽부터 오른쪽으로: 폴 리쾨르, 미셸 아리베, 장 클로드 코케, 알지르다스 쥘리앵 그레마스.

1988년, 스리지학회 〈폴 리쾨르 또는 해석학적 이성의 변신〉.
왼쪽부터 오른쪽으로: 리처드 커니, 폴 리쾨르와 장 그레쉬.

1988년, 스리지학회 〈폴 리쾨르 또는 해석학적 이성의 변신〉.
왼쪽부터 오른쪽으로, 아래쪽에서 위쪽으로: 마라 제르볼리노, 샤를 쿠르텔, 카를로 미글리아치오, 카트린 드 강디약, 파올라 사라 바티스티올리, 크리스티나 롤피니, 엘르나 그로시, 마리아 페로지, 포스카 마리아니, 조제프 스테판 올레리, 마르그리트 레나, 첫 열에 앉아 있는 사람들.
엘렌 아케르만, 장 그레쉬, 리처드 커니, 시몬 리쾨르, 폴 리쾨르, 파우지아 아사드, 모리스 드 강디약, 라파엘 드레퓌스, 파트마 하다드, 모니크 슈네데르, 조슬린 던피, 마리 테레즈 누벨롱, O.H.D. 블룸필드, 앙투안 베르고트, 가스통 기욤, 세르주 메팅제, 자크 쇼트, 릴리안 쇼트, 다비드 카, 도미니크 드 쿠르셀, 윈스턴 브루크만, 안 마리 마테, 마르틴 샤르티에, 이자벨 보셰, 아니 라퀴리에르, 마들렌 장 경, 클로드 제프르, 로베르 칸, 안 마리 핀느만, 니콜 칸, 테레즈 포셰, 프랑수아즈 다스튀르, 피에르 콜랭, 질베르 칸, 마담 제임스 다주네, 에마뉘엘 느구엔 반 투, 이와오 야나기다니, X, 올리비에 살라자르 페레, 마리아 빌라 프티, 도므니코 제르볼리노, 샤를 블랑셰, 프랑신 베스트, 프랑수아즈 부이용, 장 피에르 콜레, 두번째 열에 서 있는 사람들.
레미 푸이월, 벤트 크리스텐센, 카린 홀터, 미셸 드 에두빌, 마르텐 반 부렌, 프랑수아 발터, 알랭 소당, G.Y. 커븐, 피터 켐프, 피에르 마테, 한스 J. 아드리안스, 한스 C. 아스카니, 파트릭 기용.

1988년 스리지에서 리쾨르를 위한 열흘을 계기로, 올리비에 몽갱과 알렉스 데르잔스키.

1995년, 스리지학회 〈현대적 정체성, 찰스 테일러를 중심으로〉.
왼쪽부터 오른쪽으로: 폴 리쾨르, 찰스 테일러와 모니크 칸토 스퍼버.

에마뉘엘 레비나스, 1991년 6월.

한스 게오르크 가다머, 1993년 1월.

학회 〈사회 정의와 불평등〉, 1992년 11월 12-13일.
왼쪽부터 오른쪽으로: 마이클 월처, 폴 리쾨르, 장 바티스트 드 푸코.

올리비에 아벨과 폴 리쾨르, 1996년 2월.

의해 도달된다. "가장 눈부신 것, 특히 삽화가 존재하는 가장 자연스러운 광휘"[30) "태양의 회전은 항상 은유의 경로였을 것이다."[31) 리쾨르에 따르면 진부한, 죽은 은유들의 이러한 과대 가치 부여는 명칭의 우위를 인정하게 하고, 따라서 적합성과 의미론적 비적합성 간의 모든 일탈 작용을 피하는 기호학의 영역에 속한다. 데리다의 논증은 결국 본래의 의미와 비유적 의미의 은유적인 쌍과 가시적인 것과 비가시적인 것의 형이상학적 쌍 사이에 합의가 있다는 하이데거의 관점을 옹호하는 것이 된다. 리쾨르가 가능하기는 하지만 필연적이지는 않다고 판단하는 것이 이러한 연결이다. 그에 따르면 형이상학의 건물을 지탱하고 있는 것은 은유가 아니라 은유를 도구로 간주하는 형이상학이다.

관념과 시의 유사점과 그것들을 분리시키는 심연을 동시에 논증하기 위해 리쾨르는 장 라드리에르의 분석에 의거하는데, 리쾨르는 그의 《살아 있는 은유》의 마지막 연구를 그에게 헌정한다.[32) 라드리에르는 상징이나 은유에서의 의미 작용 특유의 활력을 강조한다. 그 과정은 동시에 개념과 지시적 장의 탐구 쪽으로 이끈다. 의미 작용이 의미와 지시 작용이라는 이 두 방향에서의 항상 불완전한 작업을 통해 자기 자신을 찾고 있기 때문에, 동시에 두 개의 지시 작용의 장에서 작용하는 "형이상학적 발화 행위는 그 의미론적 활력을 절정에 이르게만 할 뿐이다."[33) 물론 지시 작용과의 이 양분된 관계에서 밖과 안의 구분과 같이 다수의 구분은 불확실하다. 그러므로 시화하는 관념과 생각하는 시의 구분은 미세해지지만, 그러나 그럼에도 불구하고 좁힐 수 없게 된다.

데리다는 그가 오래전부터 존경과 대단한 존중 관계를 유지하고 있는 리쾨르가 자신에게 반론으로 내세우는 비판의 과격성에 당혹해한다. "그는 나의 발언에 대해 우정어린 동시에 신랄한 비판을 하였는데, 나는 그것을 부당하다고 생각한다."[34) 데리다는 답변하기로 결심한다. 그는 리쾨르가 참석할 예정이었던 '철학과 은유'에 할애된, 1978년 제네바대학교에서 기획된 학회 때에 답변할 기회를 갖

30) 자크 데리다, 〈백색 신화〉, 인용된 논문, 28쪽.
31) 같은 논문, 35쪽.
32) 장 라드리에르, 〈신학적 담화와 상징〉, 《종교학 잡지》, 제49권, 제1-2호, 스트라스부르, 1975년, 120-141쪽.
33) 폴 리쾨르, 《살아 있는 은유》, 앞의 책, 378쪽.
34) 자크 데리다와의 대담.

는다. 데리다는 1978년 6월 1일 "은유의 취소"[35]라는 강연을 한다. 그는 의견 대립을 표현하기는 하지만 공격적인 생각은 삼간다. 그럼에도 불구하고 그는 리쾨르가 하이데거의 입장과 자신의 입장 간의 과도한 동화로 간주하는 것에 이의를 제기한다. "그러한 관련짓기에 나는 깜짝 놀랐다."[36] 그는 그의 모든 철학 작업이 가시적인 것과 비가시적인 것의 쌍이라든가, 감각적인 것과 관념적인 것의 쌍과 같은 쌍들을 해체하는 것을 목표로 한다는 것을 상기시킨다. 그에 따르면 리쾨르가 은유적 쌍과 형이상학적 쌍 사이에서 실행된 유사성에서 하이데거와 데리다에게 공통된 이론적 핵심을 비난할 때 그는 표적을 착각하고 있다. 데리다는 그러한 유사 전이를 주장하지 않으며, 그는 정반대로 그것을 "해체적 방식에서"[37] 논하고자 함을 분명히 밝힌다.

리쾨르에게 있어서의 의미 회복의 의지와 데리다의 해체주의적 기획 간의 이러한 분쟁은, 때때로 두 방향 사이에서 고민하는 몇몇 철학자들에게는 어려운 딜레마로서 경험된다. 60년대 중반에 리쾨르와 함께 박사 학위 논문에 등록된 장 뤽 낭시의 경우가 그러한데, 그 당시 그는 '전투적 가톨릭학생회원' 학생들의 떠오르는 별이었다. 그는 스트라스부르대학교에서 강의를 하기로 되어 있는데, 이 대학에 그와 동시에 필리프 라쿠 라바르트가 온다. 그는 아주 신속하게 스트라스부르에 남기로 결정하여 1968년 3월에 조교로 뽑힌다. 비판 운동에 적극 참여한 장 뤽 낭시는 리쾨르의 옛 동료인 조르주 구스도르프와 정면으로 충돌하는데, 후자는 1968년을 참지 못하고 2년 동안 캐나다에서 강의를 하기 위해 떠난다. 1970년에 다시 돌아오자 그는, 대학 철학과의 같은 회의들에 참석하면서도 4년 동안이나 자신에게 말을 건네지 않는 장 뤽 낭시를 피한다. 장 뤽 낭시는 필리프 라쿠 라바르트와 마찬가지로 자신이 데리다의 작업에 공통된 열정이 있음을 알아차린다. 그들은 자신들이 1969년에 주관하는 한 학회에 그를 초대하기로 결정한다. "우리는 리쾨르와 함께 데리다에 관해 이야기한 적이 있다. 리쾨르는 내게 그를 대단히 존경하며, 그가 그의 세대 중에서 가장 뛰어나다고 항상 이야기했지만 그는 자신의

35) 자크 데리다, 〈은유의 취소〉, 《시》, 7, 1978년; 《프시케》, 갈릴레, 파리, 63-93쪽에 재수록.
36) 자크 데리다, 같은 책, 70쪽.
37) 같은 책.

차이를 분명하게 강조하곤 했다."[38] 리쾨르와 항상 교류하던 장 뤽 낭시는 그의 지도 아래 1973년 '칸트의 유사 담화'에 관한 박사 학위 논문을 발표한다. "그것은 상징에 관한 것이었으며, 따라서 그것은 리쾨르의 작업 양상과 일치하였다."[39] 샤트네 말라브리에 있는 하얀 담을 방문하면서 장 뤽 낭시는 리쾨르로부터 관대한 관계를 얻어내어 그러한 관계 속에서 리쾨르는 '낭시 씨의 [상당히] 질질 끄는 버릇'을 존중하는데, 그것은 리쾨르와 함께 박사 학위 논문에 10년 이상 전부터 등록이 되어 있지만 어느것도 결실을 맺어야 하는 것으로 보이지 않는다는 것을 의미한다. 그는 그것은 아마도 너무 큰 욕구로 추진된 연구 때문이라고 덧붙인다. 1975년 봄 장 뤽 낭시는 지시 대상과 단절된 언어의 자동 이해에 관한 한 텍스트에 반응을 보이며, 리쾨르가 그의 사무실 창문이 나 있는 정원을 가리킬 때 리쾨르로 인해 자신의 신념에 동요가 일었음을 회상한다. "그가 나에게 이렇게 말한다. '저 정원, 현실 세계란 무엇일까요? 만져서 알 수 있는 것, 손으로 만질 수 있는 것, 침묵하는 것일까요? 저것이 이 명제들 속에서는 무엇이 될까요?' 그 장면은 나에게 한 편의 영화처럼 남았다. 나는 정원을 밖에 내버려두는 것이 문제가 아니라고 확실하게 대답했지만, 그것은 어쨌든 나에게 죄의식을 느끼게 했다."[40] 그러나 장 뤽 낭시는 리쾨르와 데리다와의 자신의 이중적 관련을 모순적인 것으로는 보지 않는데, 그들의 두 방향 사이에 존재하는 긴장을 느끼지 않기 때문이다. 그럼에도 불구하고 하이데거의 발견은 그를 데리다의 명제들에 접근시킨다. "리쾨르에게는 나의 관점에서 보자면 하이데거의 급진성을 거부하는 어느 정도의 조심성이 있는 데 반해, 내가 하이데거와의 논쟁의 그 고집스러운 재개를 발견한 것은 데리다에게서이다."[41]

리쾨르와 데리다는 시적인 지평, 창조적 행위에 관한 그 주장에서 서로 다시 만난다. 그러나 데리다에게서 시적인 목표가 다른 역들의 해체의 근원인 것과 마찬가지로 리쾨르에게서 그것은 영감과 새로운 전개의 동기가 되며, 관념의 다양한 영역과 인간 실천의 효율성을 확고히 한다. '그리고' 접속사의 주위에서 상징적**이고** 시적인 차원, 참여**와** 시적인 것, 윤리**와** 시적인 것, 공동체, 행동하기**와** 시적인

38) 장 뤽 낭시와의 대담.
39) 같은 대담.
40) 같은 대담.
41) 같은 대담.

것을 함께 생각하려는 리쾨르의 관심이 재발견된다. 전망은, 자기들의 방법을 혼동하지 않고 서로를 강화하는 접근들의 상보성에 대한 전망이다. 상상력의 이 창조력, 리쾨르가 "신화적-시적 기능"[42]이라고 규정짓는 것은 바로 인간이 자기 자신에 이르는 과정의 원동력이다. 그의 시학은 참여 · 행동 쪽으로 열린 자유의 시학으로 해석된다. 그로부터 리쾨르가 덴마크 철학자 피터 켐프의 작업[43]에 기울이는 관심이 생겨난다. 피터 켐프가 1976년 자신에게 제기하는 문제들 중에서, 리쾨르는 상상력의 철학이 그의 참여론을 관통하고 있는 데 대해 고맙게 생각한다고 말한다. "당신은 참여로부터 시작하였는데, 그 점에 대해 저는 감사하게 생각하고 있습니다. 그렇게 해서 당신은 언어에 어떤 대좌를 부여하는데, 그것이 없이는 어떤 밑바탕도 없을 것입니다."[44] 그는 닫힌 언어 체계에서의 그러한 폐쇄의 부재에 전적으로 동의한다고 표명하는데, 정반대로 이 언어 체계는 단연 세계에 참여한 경험으로 해석되기 때문이다.

시적인 것과 윤리의 그 결합은 바로 합의/비합의의 장소, 오래된 것과 새로운 것의 융합, 공통 문제들의 출현지로서의 그 전형적인 표현을 은유에서 발견한다. 올리비에 아벨이 최후의 심판의 지위와 당위적인 판단의 지위의 유사성을 칼뱅과 리쾨르에게 있어서의 법적 상상력의 윤리적 표현으로 이해하는 것은 해석의 의사소통 기능에 대한 그러한 관심에서이다.[45] 질베르 뱅상은 이미 그의 박사 학위 논문에서, 특히 성서가 그것을 읽고 그것을 해석하는 사람의 맥락에서 유용성으로서 무엇을 지닐 수 있는가를 아는 문제에 전념한 칼뱅의 성서 읽기의 화용론적 특성을 강조한 적이 있었다.[46] 칼뱅의 관점에서는 주체가 어떤 규칙을 상상하기 위해 적합한 이미지를 사용하지 않는 데 반해, 논증이 그로 하여금 어떤 규칙을 상상하도록 도와 주면서 그에게 책임 의식을 불어넣는 한 법률은 무엇보다 상상력이다. 올리비에 아벨은 정의에 관한 리쾨르의 고찰들에서 상상적 변이들에 부여된 유사한 우위를 감지하는데, 판단의 은유적 기능에 대해 이야기할 수 있을 정도

42) 폴 리쾨르, 《해석에 대하여》, 앞의 책, 522쪽.

43) 피터 켐프, 《참여론, 1권: 참여의 비장미, 2권: 참여의 시학》, 쇠이유, 파리, 1973년.

44) 폴 리쾨르, 〈피터 켐프에게 보낸 서한〉, 《프랑스 철학학회지》, 제70회 연감, 제2호, 1976년 4-6월, 아르망 콜랭, 파리, 77쪽.

45) 올리비에 아벨, 〈최후의 심판과 당위적인 판단. 칼뱅과 리쾨르에게 있어서의 법적 상상력의 윤리〉, 《신앙과 생활》, 제5호, 1992년 9월, 111-120쪽.

46) 질베르 뱅상, 《칼뱅 작품에 나타난 윤리적 요구와 해석》, 라보와 피데스, 제네바, 1984년.

이다. "그러므로 당위적인 판단의 개입은 거의 시적이다. 그것은 법적 **타당성을 재구성하며**, 그렇게 해서 새로운 현실 재현의 길을 터준다."[47] 그러므로 이 판단은 더 이상 상황의 단순한 기계적 전환이 아니라 그러한 현실의 재구성이다. 리쾨르에게 있어서 시적인 지평을 구성하는 것은 항상 쇄신된, 존재 속에 항상 존재론적으로 뿌리내린 의미의 그 발생이지만, 그러나 기다림의 지평에서 다시 표명할 불명확한 상황으로부터이다.

이러한 의미에서, 의미론의 혁신으로서의 은유에 대한 연구는 담화의 범위를 넘어서 보편화 시도의 대상이 된다.[48] 리쾨르는 상상력의 일반론의 구성 시도를 이론적인 것과 실제적인 것을 연결하는 입장에서 개략적으로 그린다. 은유적인 언표는 지시 작용과 관련하여 어떤 관계와도 단절하는 것처럼 보인다. 그러나 실제로 없어진 것은 일반적인 담론과의 필연적인 관계이며, 삶의 세계에의 근본적인 소속을 진술되게 한다. 은유는 "우리의 존재의 다른 존재들과의, 그리고 존재와의 존재론적인 관계를 말해지게 한다. 따라서 듣는 것은 내(리쾨르)가 2차 지시 작용이라고 명명하는 것으로, 사실은 최초의 지시 작용이다."[49] 리쾨르는 존재를 관조적이거나 순전히 추론적인 차원에서 고찰하지 않는다. 존재는 어떤 행위를, 행동과 상상력의 그 내적이고 내부적인 상관 관계가 맺어지는 동기, 기획의 표명을 향해 있다. "상상력 없는 행동은 없다고 우리는 말할 것이다."[50] 그리고 존재는 또한 사회적 상상계의 불가분의 두 극, 즉 이데올로기와 유토피아를 허용한다.

---

47) 올리비에 아벨, 〈최후의 심판과 당위적인 판단〉, 인용된 논문, 119쪽.

48) 폴 리쾨르, 〈담화와 행동에서의 상상력〉, 《앎, 행위, 기대. 이성의 한계》, 생루이스대학교 출판부, 1976년, 207-228쪽; 《텍스트로부터 행동으로》, 같은 책, 213-236쪽에 재수록.

49) 같은 책, 《텍스트로부터 행동으로》, 221쪽.

50) 같은 책, 224쪽.

VII

낭테르대학에서의 모험
1965-1970

44

선택한 낭테르대학

1954년부터 리쾨르는 처음에는 연간 몇 주 정도, 나중에는 몇 개월씩 가르치도록 미국에 초빙되는 횟수가 잦아진다. 그는 미국 체제의 규율 속에서 미국을 이해하면서, 또한 외부의 시각으로 프랑스 대학 체제를 비판하게 된다. 프랑스 대학교의 기계 기능 장애에 민감한 그는 대학의 상태에 대하여 《에스프리》지에서 표현된 대규모의 앙케이트를 떠맡게 되는데, 그 결과들은 1964년 5 · 6월호에 출판된다. 대학의 세계는 점점 더 폭발적인 위기 상황을 자아내는 강렬한 압력에 굴복하게 된다. 대학은 한창 성장하고 있는 대중의 교육에 대한 요구에 답해야 한다. 게다가 그것은 최선의 선택 방법들이 경쟁력 있고 순수하게 남아 있도록 하기 위해서, 또한 연구의 정열적인 상태를 보존하기 위해 내부 방식들을 재구성해야 한다. "이 대답들은 **다양성 · 방향성 · 선별성**이라는 세 단계 목표로 불린다."[1] 처음에 리쾨르는 보충적인 선별 바리케이드를 세우면서 대학 입학을 제한하려는 생각을 받아들이지 않는다. 그와는 완전히 반대로 대학은 일반 문화 수준이 높아지려는 한 사회의 요구에 답해야 한다는 입장을 고수한다. 뿐만 아니라 그는 고등 교육이 가치가 떨어진 기술적 절차에 대립하려는 경향을 가진 차별적인 실험을 깨부수는 데 합의한다. 새로운 요구들은 더 이상 오래된 프랑스 체제의 단일성을 유지하는 걸 허락하지 않는다. "만일 모든 대학들이 같은 구조로 조직되고, 완전히 같은 수준이며, 전적으로 같은 시험을 준비한다면 점점 더 지지받지 못하게 될 것이다."[2] 그래서 건축하려는 새 대학은 목표와 대중의 이질감을 고려하는 유연한 방식에 따라 구별된 단계의 다양성을 제공해야 한다.

---

1) 폴 리쾨르, 〈대학 만들기〉, 《에스프리》, 1964년 5 · 6월호 강의에서 발췌, 앞의 책, 368쪽.
2) 같은 책, 371쪽.

그것은 중앙 집권의 포기와 주류권의 분산을 통과시킨다. 교육 수준에서 만일 교사의 수업이 비판받지 않는 상태에서 "그의 합법적인 직위"[3]를 유지한다면, 그에게는 "한정된 정원에서 한정된 분야의 특별 교육을 받게 하는 게"[4] 바람직하다. 매우 명백하게 그러한 개혁들이 환영받는 새 구조를 설립하고, 학생들이 공부하기에 더 좋은 환경에 필요한 수많은 교사들을 선정하기 위해 든든한 재정이 요구된다. 그 개혁들은 교사들이 포함된 영역인 만큼 물질적인 것이 실현된 차원에서 강의를 할 때, 학생들과의 더 활발한 대화를 전제로 할 수 있기 때문이다.

그렇지만 리쾨르는 이 개혁의 실행에 반대하는 많은 장애물들을 의식하게 된다. 유달리 권위적이고 중앙집권적이며 획일적인 행정 구조의 성격은 분산과 다양화를 실현하는 데 있어서 방해될 위험이 짙다. "오랫동안 사람들은 대학을 국민에게 봉사하려는 계획으로 생각하는 대신 끝끝내 하나의 행정으로 특징지으려는 식이었다."[5] 또한 그러한 인사 이동은 그들이 가르치는 곳에 거주하지 않거나, 여전히 그 교수 칭호의 획득을 이유로 내세울 수 있고, 더 이상 연구에 전념하지 않을 가능성이 있는 겸직하는 사람들로서 교수직의 특권을 포기하는 게 요구된다. 그러므로 리쾨르가 부르짖은 것은 바로 국민의 정치적 대표자들 쪽에서 자발적인 계획을 세우자라는 것이다. 만일 그 상황의 심각성을 고려했다면, 그 사건이 일어나기 4년 전에 이미 예측된 결말에서 그 답들을 알 수 있을 텐데. "만일 이 나라가 자기 대학의 발전을 합리적인 선택으로 다스리지 않는다면, 국가의 대이변과 같은 학교의 폭발을 치르게 될 것이다."[6]

공권력은 이 절실한 현실을 이해하지 못했고, 그리고 리쾨르는 학생들과의 진정한 대화를 하고 싶은 자신의 소망에 부합되지 않는 소르본대학 내에서 참고 지내게 된다. 군중들이 밀려드는 초만원의 계단식 강의실에서, 그는 이 상황을 점점 더 참지 못하고 숨막혀 한다. "그가 나에게 이같이 말했다. '내가 저 안에 들어갈 때면 일종의 혐오를 갖게 되네.' "[7] 그렇지만 그는 사람들이 배우는 장소인 학계를 떠나지 않기 위해 그것을 선택했다는 점에서, 교사라는 그의 직업을 매우 좋아한

3) 폴 리쾨르, 같은 책, 372쪽.
4) 같은 책.
5) 같은 책, 377쪽.
6) 같은 책, 379쪽.
7) 로제 멜과의 대담.

다. 리쾨르가 소르본대학의 부속 기관인 낭테르대학에 관심을 갖게 되는 것은 바로 이러한 불만족스런 상황에 있을 때이다. 그는 속칭 2류대학이라는 곳으로 가는 것을 마다하지 않는다. "우리 세 사람——피에르 그라팽, 피에르 보주, 나——은 거기에 가는 것을 받아들였다."[8] 리쾨르와 함께 피에르 그라팽은 자유기고가로 지방 소식의 기초 창립자를 맡도록 보내졌는데, 피에르 그라팽은 이미 스트라스부르에서 리쾨르와 사귀었고, 독일어 학자이자 프랑스 공산당의 행동 노선 동료이며 새 대학의 첫 학장이다. 두 사람이 여전히 명확하지 않은 빈민굴의 한복판에서 택시를 타고 떠났다. 약속된 날에 비가 억수같이 오고, 대지는 정말로 황폐한 늪으로 바뀌어 버렸다. 택시 운전사는 그의 차가 진창 속에 빠지지 않도록 하기 위해 멈춰 버린다. 그의 승객들이 자신들의 정류소로 무사히 도착하지 않았다고 항의하지만, 그 운전사는 고집을 피우며 그곳에는 택시 승강장이 없다고 말하며 떠나 버린다. 그라팽과 리쾨르는 진흙탕 속을 걸으면서 어떻게 해야 할지 자문하며 발 아래로 돌을 내려놓는다. 당황한 그들은 물의 판자 중 하나 속에 돌을 던져 버리는 것으로 끝냈다. "내가 그 황폐한 장소를 납득하지 못했다는 것은 매우 신기한 일이다."[9]

라 폴리는 유명해진 새 대학의 복잡한 기차역의 이름이다. 1964년 11월 2일 낭테르대학의 문을 열었을 때는, 문자 그대로 5층의 입방체로 된 건물 외에 여전히 거대한 공사 현장이었을 뿐이다. 철학과가 설립되어 폴 리쾨르에게 맡겨진 것은 1965년 가을쯤이다. 공사 현장은 그 대학이 임박한 급성장에 직면하여 학생들을 등록시켜야 하므로 한창 활기를 띠었다. 정원이 1968년까지 첫해의 배가 되었다.[10] 낭테르대학은 매우 대조적인 장소로서, 이주해 온 노동자들이 사는 빈민굴의 공용주택단지의 난간과 파리 서쪽의 멋진 교외가 함께 어우러진 지역이다. 대학생촌은 남학생 위주였고, 저녁 10시부터는 주위 장소에 조명과 기차가 없어서 세상과 단절된 상태인데 그래도 소년들을 정성껏 수용해 준다. 그렇지만 이러한 끔찍한 환경에도 불구하고 리쾨르의 희망은 동료간에 더 생동적이고 더 우애 있는 새로운 관계를 만드는 것을 한시도 잊지 않았으며, 미국에서 통용되는 교육적 모델에 관

---

8) 폴 리쾨르, 《비판과 확신》, 앞의 책, 57쪽.

9) 같은 책, 58쪽.

10) 1966년 3천8백 명에서 5천7백 명까지 기재되었다. 피에르 그라팽의 포플라 섬에게서 뽑은 성모, 낭시대학교출판부, 낭시, 1993년.

해 학생들과 그들의 연구 환경에서 진정으로 한결같은 관계를 유지하는 것이다.

이러한 열정은 철학과 신학 수업에서 그의 학생인 피에르 앙크르베에 의해 나누어지지 않는다. 그는 마시 팔레조라는 소교구에서 소란스런 싸움을 유발시킨다. "나는 성전에서 그와 언쟁하지 않았어요. 루이 시몽이 그것에 대해 깜짝 놀랐었죠. 나는 리쾨르가 낭테르대학에 가는 것에 분노하고 정치적으로 참여했던 학생이었죠."[11] 피에르 앙크르베에게 있어서 그것은 전적으로 역설적인 것이고, 좌익의 사람은 미국을 모델로 한 대학 캠퍼스가 주는 이미지에서처럼 매우 수치스러운 한계에 있는 사람이다. 그는 낭테르대학 사람들의 집단 탈출을 엄격하게 판단하고, 거기에서 학생들을 몰아내고, 라틴 가와 학생촌의 중심에서 차단된 소집단 속에 그들을 가두려는 정치권의 의지를 자각하게 된다. "리쾨르는 시카고에서 여러 해를 가르쳤어요. 그 캠퍼스는 흑인가의 중심부에 있구요. 그것은 그에게 결코 문제를 제기하지 않았어요. 그것은 그의 사상과는 전적으로 모순된 거예요."[12] 만일 피에르 앙크르베의 본심이 정치적인 측면에서 고려된다면, 그는 리쾨르에 의해 이해되지 않았을 것이다. 리쾨르는 우선 학생들과 다른 관계를 가지기 전에 마음 편한 교수로 인식되었고, 이러한 관계는 그에게 희망을 주었으며, 확실히 이러한 현상들 이후에 리쾨르는 소르본대학의 거대한 교육 자치 제도에 실망한 자신을 발견한다.

설령 교수들의 선거가 여전히 소르본대학에 의존한다 할지라도 리쾨르는 부분적으로 자신의 교수팀을 구성할 가능성이 있다. 그는 미켈 뒤프렌에게 사로잡힌 그의 친구와 동료를 낭테르대학에 오게 할 수 있었는데, 미켈 뒤프렌은 그때까지 푸아티에대학에 있었다. 그는 또한 1967년부터 1972년까지 낭테르대학 사람이 되고, 푸아티에에서 뒤프렌과 함께 가르쳤던 에마뉘엘 레비나스에게 도움을 청한다. 게다가 리쾨르는 두 전쟁의 중간기에 교수자격시험을 치를 수 없었던 실뱅 작을 지명하게 하는 데 성공한다. 그는 이방인인 유대인들에 대해 라발의 '옹호'라고 불리는 법의 이름으로 1935년부터 명부에서 누락되어졌었다. 이 법들은 교수자격시험의 지원자가 될 수 있기 위해서는 5년간의 정착을 필수 조건으로 내놓는다.

---

11) 피에르 앙크르베와의 대담.
12) 위의 대담.

그 반면에 사람들은 1940년 그를 군인으로 받아들였고, 전쟁의 포로가 많이 있었다. 석방이 되자, 실뱅 작은 중등교원자격증에 응시해 3등이라는 우수한 성적을 받았다. 이후에 그는 교수자격시험에 실패해서 한 번 더 시도해 보지만, 스피노자로 인정받는 전공자임에도 불구하고 결코 교수 자격을 취득하지 못한다. "나는 몇 년 후에도 여전히 나에게 다음과 같이 말하는 사람을 다시 만나게 되었어요. '이보게 레미, 실뱅 작이 교수 자격을 갖추지 못한 것에 대해 나는 아직도 양심의 가책을 느끼네.' 그는 나중에 소르본대학 교수가 되었답니다. 그는 스피노자와 유대 철학의 훌륭한 전문가이지요."[13] 실뱅 작을 보호하려는 열망에서, 리쾨르는 제도상으로 인정받은 그의 유일한 분야를 침해하지 않기 위해 스피노자에 대한 소개를 중단하기까지 한다. 리쾨르는 그가 이 분야에서 작의 해석에 동의한다고 표현하는 것으로 만족해한다. "그가 나의 명상과 나의 교육을 따르는 것을 멈추지 않음에도 불구하고 나는 스피노자에 대해 거의 쓰지 않았다. 나는 실뱅 작과 '우리는 삶이라는 개념에 스피노자 철학의 모든 주제를 중심에 둘 수 있다' 에 따른 신념을 공유한다.[14] 그러나 '윤리학' 이 한끝에서 다른 한끝까지 그것을 증명하는 것처럼 말을 하는 것은 곧 힘을 말한다."[15]

리쾨르는 1957년에 두드러진 신학 학위와 철학박사 학위의 직함을 가졌지만, 교수 자격을 갖추지 못하고 약간 학구적인 특성 때문에 질이 다른 연구자이기도 한 앙리 뒤메리를 철학과에 맞아들인다.[16] 앙리 뒤메리는 로베르 메를 · 앙리 르페브르와 같은 캉의 오랜 친구들에게 간청을 받는다. 앙리 르페브르는 "엑상프로방스에서 블롱델의 학생이었고, 나도 블롱델에 대해 썼기 때문에 이 학교 출신의 사람을 다시 만난다는 것은 그를 매우 즐겁게 했다."[17]

그때 리쾨르는 종교철학의 중심을 정리할 생각으로 낭테르대학에 대해 큰 야망을 품었다. 그 종교철학은 유대교에 있어서는 레비나스가, 가톨릭교에는 뒤메리, 개신교에는 리쾨르 자신 등 이 분야에서 인정받는 3명의 전공자 주위에서 연구의 커다란 중심이 될 수 있었다. 그렇지만 1968년 5월의 사건들과 연관 있는 다른 우

---

13) 레미 롱체프스키와의 대담.
14) 실뱅 작, 《스피노자의 철학에서 인생에 대한 생각》, PUF, 파리, 1963년, 15-16쪽.
15) 폴 리쾨르, 《타자 같은 자아》, 앞의 책, 365쪽.
16) 앙리 뒤메리, 《종교철학》, 제2권, PUF, 파리, 1957년.
17) 앙리 뒤메리와의 대담.

선권 있는 계획이 이 계획을 실현시킬 수 없게 한다. 그것은 "리쾨르에게 커다란 실망을 안겨 주었다."[18]

앙리 뒤메리가 다룬 비신화화 작업은, 1958년 그의 네 편의 작품을 폐지했던 생 오피스의 분노를 가져다 주었다. 그 작품의 주제는 다음과 같다. "그들은 종교 위에 철학, 즉 이성을 놓는 것은 잘못된 것이라고 나를 비난했다. 나는 행동철학이 행동이 아닌 것처럼, 종교철학도 종교가 아니라고 답했다."[19] 특히 높은 지위를 싫어하는 것은 몇몇 신학자들의 바른 양심과 방법의 비평이다. 《에스프리》지를 통해 리쾨르와 가까워진 앙리 뒤메리는, 1954년에 무니에를 알게 되어 1950년 그가 죽을 때까지 그 팀에 소속된다. 곧이어서 그는 장 마리 도므나크와 좋은 관계를 유지한다. "그는 매우 관대했죠. 내가 요주의 인물의 명부에 올랐을 때도, 내게 다음과 같이 말했어요. '당신은 우리들의 것이에요. 그 사실은 변하지 않아요.'"[20] 앙리 뒤메리는 그가 1966년부터 1986년까지 가르치게 되는 낭테르대학의 철학과에 진정한 정신적 지주가 된다. 그는 낭테르대학에서의 첫해부터 학생들의 특출한 쇄도를 기억한다. 도착하자마자 그는 가장 큰 계단식 강의실에서 철학-심리학-사회학 일반 공통 과정의 학생들을 가르칠 책임을 떠맡는다. 수천 명의 학생들을 말이다! "나는 그들 중에 콩 방디가 있었던 만큼, 어떻게 머물러 있을 수 있었는지 여전히 의문이다. 그곳은 사자들이 있는 진짜 동물 우리였지만, 나는 할퀸 상처 없이 거기에서 나왔다."[21] 레비나스가 그런 청중을 지도할 수 있었다는 사실과 자기 희생이 아니라도, 그렇게 강요하지 않았는데도 리쾨르는 자기 동료들의 짐을 덜어 주려고 다음해에 정원의 절반을 부담 인수하기로 결정한다. "우리의 친구 리쾨르는, 가르칠 때는 마음을 다해 열중하죠. 그는 운 좋게도 그에게 오는 영감에 따라 언어를 창조한답니다. 그는 숨가빠 했어요. 그것은 엄청난 분야의 학생들을 움켜쥐고 철학적인 열정을 자극시킬 수 있죠."[22] 리쾨르와 뒤메리 사이의 철학적 유사함은 특히 프랑스의 반성적인 전통——리쾨르는 나베르, 뒤메리에게는 블롱델——에서 같은 소속에 있다는 것과, 현상의 본질에 대한 목표 결정의 허세적

---

18) 앙투안 베르고트와의 대담.
19) 앙리 뒤메리와의 대담.
20) 위의 대담.
21) 앙리 뒤메리, 같은 책.
22) 같은 책.

인 의미에서 현상학적 묘사와 반성적인 차원을 연결하려는 그들의 열망에서 기인한다.

1954년 이래로, 그리고 오늘날도 여전히 뒤메리는 국제적 철학 기관에 관심을 가지고 있다. 그가 국립과학연구소에서 이 책임을 맡게 되었을 때는 그의 나이 마흔한 살 때였다. 이 기관은 데카르트학회에 즈음하여 파리에서 1937년에 룬드 스웨덴 대학과 소르본대학에 의해 설립되었다. 그것은 설립 때부터 공화국 대통령인 르브룅이 재임 기간중에 자신의 보호하에 두었기 때문에 완전히 공식적인 기관이다. 그의 목표는 세계적인 철학적 단체 대표자들의 노력을 한데 모으는 것과 생각의 교류를 그곳에 집약시키도록 공헌하는 것이었다. 1994년에 그 기관은 각기 다른 37개국을 대표하는 1백7명의 정식 멤버를 헤아린다. 그것은 3개월마다 보고서를 출판하고, 특히 해마다 하나의 주제에 할당된 국제적 회의를 조직한다. 그 회의는 매년 다른 나라에서 열린다.[23] 프랑스 철학에서 명성을 가진 대부분의 사람들은 이 기관의 활동에 참가했다. 참가한 다른 나라들처럼 프랑스도 7명까지만 구성원을 요구할 권리가 있었다. 리쾨르는 활동적인 의장이었고, 앙리 뒤메리는 모리스 메를로 퐁티와 뷔유맹 · 레비나스 · 그랑제와 같은 무리에 드는 이 기관의 이사였다.

---

23) 1955년 아테네회의, 《대화와 변증법》; 1956년 파리, 《책임》; 1957년 바르샤바, 《사상과 행동의 관계》; 1958년 베네치아, 《제12차 국제철학회의록》; 1959년 마이소르, 《가치 있는 전통문화, 동과 서》; 1960년 오버호펜, 《지식의 한계와 기준》; 1961년 산타 바바라, 《관용, 이론과 실제에서 그 기초와 한계》; 1962년 옥스퍼드, 《생각하는 것과 의미하는 것》; 1963년 멕시코, 《철학적 논리》; 1964년 라퀼라, 《인간의 권리 기초》; 1965년 예루살렘, 《역사의 이해》; 1966년 코펜하겐, 《키에르케고르와 동시대의 철학》; 1967년 리에주, 《예증, 실증, 정당화》; 1968년 빈, 《시간에 맞게》; 1969년 하이델베르크, 《진실과 역사적 사실의 가치》; 1970년 헬싱키, 《지식에 대한 이론》; 1971년 암스테르담, 《인문과학과 그 가치의 문제》; 1972년 케임브리지, 《행동》; 1973년 바르나, 《변증법》; 1974년 두브로브니크, 《진실과 다원론》; 1975년 메흐헤드, 《동양과 서양의 종교, 과학, 철학》, 1976년 베른, 《공간》, 1977년 예루살렘, 《스피노자의 저서와 사상》, 1978년 뒤셀도르프, 《논리와 철학》, 1979년 오슬로, 《언어철학》; 1980년 다카르, 《인간 권리의 철학적 바탕》; 1981년 알리칸테, 《철학적 심리학》; 1982년 벨라지오, 《합리성과 그 한계들》; 1983년 몬트리올, 《철학과 기술》; 1984년 옥스퍼드, 《불합리》; 1985년 팔레르모, 《진실의 실제 형태》; 1986년 아테네, 《코노스와 카이로스》; 1987년 스톡홀름, 《데카르트와 동시대의 마음의 철학》; 1988년 브라이턴, 《의미하는 것과 이해하는 것》; 1989년 산타마거리타, 《철학과 역사》; 1990년 프라하, 《책임》; 1991년 멕시코, 《집단과 개인의 동일성》; 1992년 리에주/헨트/브뤼셀, 《도덕적인 문제들, 사생활, 공적인 생활》; 1993년 모스크바, 《동시대의 철학에서 의미의 개념》; 1994년 교토, 《윤리학의 현재적 목적》; 1995년 헬싱키, 《철학에서의 방법과 철학의 역사》.

1968년의 재학기 도중, 실제 정원이 증가하기 전에 리쾨르는 클레망스 랑누[24]와 조르주 라비카를 부른다. 사람들이 그 시대에 말했던 것처럼 '사회적 요구'가 특히 강했을 때, 그의 당의 특별한 파벌심이 없는 프랑스 공산당의 멤버이자 마르크스주의 철학자인 조르주 라비카에게 의지하는 것은 이러한 빈틈을 메우게 해준다. "나는 강의실 앞에서 마르크스에게 정신이 빼앗긴 5백여 명의 학생들을 발견했다."[25]

브장송 출신에다가 철학에서 인식론의 자리에 선출되고, 모리스의 사촌인 자크 메를로 퐁티는 1967년 10월 낭테르대학 캠퍼스에 도착한다. 우리는 대학의 기관이 교수와 학생들 간의 진정한 대화 조건을 제공했는지를 말할 수는 없다. 왜냐하면 특별히 어려운 분야의 학문인 철학에서조차 "나는 1백 명의 학생들이 듣는 강의가 있었다. 사람들이 첫 강의 때, 내게 찬사를 보냈다. 나는 그것을 어떻게 받아들일 것인지 자문해 보았다. 그렇지만 나는 **프리마돈나**가 아니라서 깜짝 놀랐었다!"[26]

리쾨르는 장 프랑수아 리요타르와 마르셀 프랑수아라는 그의 조수들과 함께 낭테르대학에 도착한다. 1966년 그는 낭테르대학에서 직업을 갖고 있던 앙드레 자코브를 1961년부터 소르본대학의 또 다른 조수로 모집한다. 앙드레 자코브는 언어철학에 대한 그의 연구와 인식론의 문제에 대한 그의 흥미 때문에 리쾨르와 가까워진 사람이다. 앙드레 자코브는 사실상 1960년 2월 3일 귀스타브 기욤이 죽을 때까지 그의 교육을 따랐다. 앙드레 자코브의 모든 연구들은 기원적-구조적 관점에서 구조와 의미를 연결하는 것을 목표로 한다. 리쾨르는 이미 1958년에 국립과학연구소의 입후보 자격 서류의 보고 담당자였는데, 즉시 기욤의 논문 가치에 마음을 빼앗기게 된다.

자코브는 1967년, 폴 리쾨르 · 에밀 벤베니스트 · 장 피아제 · 제라르 무아녜 등이 참석한 가운데 레이몽 아롱에 의해 주재된 심사로 그의 논문을 지지받는다.[27]

---

24) 고대 철학의 전공자인 클레망스 랑누는 무엇보다도 소크라테스 이전 철학의 연구를 썼다. 클랭크시에크, 파리, 1970년; 《신화나 올림피아의 가족》, G. 몽포르, 생 피에르 드 살레른: 1982년; 《밤과 밤의 아이들: 그리스 전통에서》, 플라마리옹, 파리, 1986년.

25) 조르주 라비카와의 대담.

26) 자크 메를로 퐁티와의 대담.

27) 앙드레 자코브, 《시간과 언어, 말하고 있는 주제의 구조에 대한 이야기》, 아르망 콜랭, 파리, 1967년.

1964년, 리쾨르는 기욤 논문의 공헌을 소르본대학에 보여 주기 위해 거기에서 언어철학에 대한 그의 강의 틀에 앙드레 자코브가 참가하도록 요청했다. 그래서 그들의 공동 작업이 낭테르대학에서 계속된다. 앙드레 자코브는 1966년 리쾨르의 수업에 새로이 참여한다. 그들은 같은 연구 분야를 공유한다. 그래서 리쾨르가 1967년 구조주의에 열중해 있는 《에스프리》지를 특별한 기호 속에 적어넣을 때, 자코브는 진가를 인정받지 못했지만 그에게 있어서는 위대한 언어학자인 귀스타브 기욤에 대한 긴 발전을 써넣는다. 따라서 "형태상의 체계 이론, 즉 대화의 형태 이론은 생성문법의 한 종류이다."[28] 생성문법은 프랑스에서 촘스키적인 논문이 가능한 중계자를 구축한다. "이러한 언어학적 이론의 새로운 양상에 대한 철학적 관심은 명백하다. 모순되지 않은 성격을 가진 새로운 관계는 **구성 작용**과 **구조화된 목록**이 아닌 장르의 동태적 개념 덕분에 구조와 사건 사이, 규칙과 발명 사이, 대립과 선택 사이를 확립하고 있다."[29]

그의 개인적인 작품 외에도, 앙드레 자코브는——그것은 그가 많은 분산된 요소를 축적했던 세 권으로 된 변증법적 인류학을 실현하려는 그의 야망 때문에 오늘날까지 아직도 미완성이다——1975년부터 PUF출판사에서 네 권으로 된 대규모의 철학적 백과사전에 초점을 맞춘 프로메테우스의 계획에 동조한다.[30] 이 계획은 처음에 에밀 나메의 계획이었는데, 에밀은 1975년 아바그나노의 더 활동적인 연구에서 영감을 받은 '사전'을 통해 라랑드의 어휘를 바꾸려는 계획에 뛰어들 결심을 한다. 4년간 지속된 첫번째 공동 작업 후에 암으로 단기 선고를 받은 나메는, 그때까지 6백 페이지의 독특한 사전을 맡은 앙드레 자코브에게 그의 서류 다발들을 위임한다. 그래서 앙드레 자코브는 사후에 발표된 제목에서 편집장인 미셸 프리장에게 나메의 계획을 알린다. 라랑드가 계속 잘 팔렸으므로 미셸 프리장은 그것에 어떤 흥미도 보이지 않는다. "나는 다른 편집장을 보러 갈 것인지, 그 계획을 버릴 것인지, 아니면 그 계획을 개조할 것인지, 그 사이에서 선택의 기로에 있었다. 보름간에 걸쳐 나는 세번째 해결책을 택했다."[31] 자코브가 1980년 6

---

28) 폴 리쾨르, 〈문법, 낱말, 사건〉, 《에스프리》, 1967년 5월; 《해석의 갈등》에서 뽑음, 앞의 책 인용, 90쪽.

29) 같은 책, 92쪽.

30) 《철학적 개념 사전》, PUF, 파리, 1989년.

31) 앙드레 자코브와의 대담.

월에 그것을 채용하게 하는 데 성공하게 된 것은, 결국 보편적인 차원에서 진정한 백과사전적인 계획이다. 이 막대한 철학적 개요는 리쾨르에 의해 머리말이 씌어지는데, 그는 그 주동 인물이었던 사람을 치하하는 서문을 다음과 같이 쓴다. "이 짧은 서문 속에 보편적 철학백과사전의 책임자이며, 구상부터 완성까지 그 안내자였던 앙드레 자코브 교수에게 경의를 표하게 되어 기쁩니다."[32] 그날에 이 막대한 계획은 구상에 대한 갈등의 대상이 되고, 미완성인 채로 남아 있다. 앙드레 자코브는 실병 오루에 의해, 다른 방향으로 추구된 그 계획의 연장 권한을 빼앗겨 버렸다. 그리고 제4권의 실행에 관해서는 오늘날까지도 미결인 채로 남아 있다.

1968년 이전의 낭테르대학은 여전히 소르본대학 교육 방법의 모사품이고, 너무 많은 정원에 의해 빨리 휩쓸려 버린 단순한 부속물일 뿐이었다. 그렇지만 단계 수업에서의 연구 단계에서, 프랑수아즈 다스튀르의 경우처럼 몇몇 학생들이 그들의 교수들과 무척 친밀한 관계를 갖는다. 그녀는 소르본대학부터 낭테르대학까지, 1965년 10월부터 리쾨르를 따른다. "그래서 나는 낭테르대학에서 그의 첫 강의를 들었죠. 학생들에게 놀라웠던 것은, 마침내 그에게 말할 수 있다는 것이었어요. 소르본대학에서 그분과 말을 주고받기 위해서는 소논문을 작성해야 했어요. 낭테르대학에서 우리는 그분과 함께 대학 식당에 점심을 먹으러 갔었죠."[33] 1965년부터 1966년까지의 '기호와 언어의 문제 입문' 이라는 수업 외에도 리쾨르는 박사 심화학위의 실제적인 강의와 유사하고, 그의 구상에서 새로운 강의를 정리한다. 그리고 그는 그 학생들을 연구자들로 재편성한다. 이런 강의 환경에서, 1969년 소르본대학에 프랑수아즈 다스튀르가 스물일곱 살에 선정될 수 있게 해준 것은 바로 하이데거의 말을 향한 전진에 대한 매우 비중 있는 그녀의 발표 때문이었다. 교수 자격을 첫번째로 받은 빛나는 철학자인 그녀는 딱딱한 서류 뭉치를 처리했지만, 낭테르대학에서 리쾨르의 강의를 들었던 철학자들을 통해 이봉 벨라발에게 매우 진정어린 개념으로 추천된다. 이 강의는 각각 그녀의 작업의 진보를 높이 평가하게 해준다. 그것은 일관성이 없는 동시에 발표된 작업에 매우 개방된 성격을 제공했다. 그때 리쾨르는 학구적이지 않은 박사들을 맞아들이는 것으로 평

32) 폴 리쾨르, 《철학적 개념 사전》의 서문, 앞의 책.
33) 프랑수아즈 다스튀르와의 대담.

판이 나 있었다. "나는 충분히 놀랍고 아연실색케 하는 향락철학에 대한 발표와 바타유의 연애문학에 열중한 다른 회합을 기억한다. 그 모든 것은 소르본대학의 고전적 정신과는 거리가 멀었다"고 도미니쿠스회 철학자인 베르나르 켈크주는 떠올린다.[34]

1966년부터 1967년까지 리쾨르는 법의 철학과 헤겔에서 비중 있는 강의를 확립하는데, 그것은 그와 함께 석사학위와 동등한 고등 교육 졸업증서를 준비하던 장 루이 비에이야르 바롱이라는 학생이 수강하던 강의이다. 그 목표는 피히테의 《학자의 사명에 관한 몇 가지 강의》를 해석하는 것과 번역하는 것이었다.[35] "리쾨르는 장마다 번역을 다시 읽고, 그것을 수정했으며, 단순한 석사학위를 위해 내게 연중 여섯 번의 대담 시간을 내주었다!"[36]

리쾨르가 자아냈던 수많은 철학적 성향 중에서 모니크 카스티요는 즉각적인 열정을 증명했고, 결코 모순되지 않았다. 1966년 시골에서 올라온 그녀는 소르본대학에 들어가기를 희망했지만, 지방 출신과 외국인들은 여전히 공사 현장이 있는 낭테르대학에서 지도를 받는다. 그녀는 의지철학에 대해 리쾨르뿐 아니라 레비나스 · 리요타르 · 클레망스 랑누 · 실뱅 작의 강의를 듣는다. "내게 리쾨르와 함께 석사학위를 하고 싶다는 열망을 주었던 것은 바로 그의 수업이었어요. 내가 한없이 높게 평가했던 것은 일반철학을 결코 잊지 않은 철학 이야기로 만들고, 철학 이야기를 잊지 않은 일반철학으로 만드는 그의 방식이었죠."[37] 그녀는 옹졸한 박학의 결함으로도, 쓸모없고 추상적인 일반성의 결함으로도 떨어지지 않고, 실제적인 문제점부터 접근한 철학적 주제를 단계별로 기어오르는 이러한 감각을 거의 느껴 보지 못했다. 직관과 개념의 결합은 "언어에서 실질의 종류"[38]를 제공한다. 게다가 모니크 카스티요는 사회과학을 위하여 철학을 포기하고, 레비 스트로스를 위해 데카르트를 저버리려는 1966년대의 일상적인 사상에 활발히 반응을 보인다. 그녀는 철학적 언어와 문제성 속에서 그것들을 합치려는 인문과학의 책임을

---

34) 베르나르 켈크주와의 대담.

35) 피히테, 《학자의 사명에 관한 몇 가지 강의》, 장 루이 비에이야르 바롱 역, 브랭, 파리, 1969년.

36) 장 루이 비에이야르 바롱과의 대담.

37) 모니크 카스티요와의 대담.

38) 위의 대담.

리쾨르에게서 발견한다. 세상의 나누어진 성역이 더 이상 없었고, 동시에 리쾨르는 철학적 사변을 중상모략의 형태에 양보하지 않았다. 그의 강의가 자아냈던 진정한 열정이 그것에 덧붙여진다. "리쾨르의 수업에서 나오면서 우리는 만일 우리가 강하다면, 말하자면 개념을 회복시키거나 만들어 낼 수도 있다."[39)]

모니크 카스티요는 헤겔이 교수자격시험의 프로그램에 있다는 매우 사소한 이유 때문에 헤겔에 대한 석사학위에 뛰어든다. 그래서 그녀는 1970년 리쾨르를 보러 간다. "나는 그에게 변증법적 사상에서의 모순을 제안했어요. 그는 매우 유머러스하게 내게 말했죠. '고작 그뿐인가! 그러나 그것은 석사학위가 아니라 하나의 논문이야!' 그때 나는 그 주제를 유한과 무한의 변증법으로 한정시켰죠."[40)] 그녀는 자신의 관점에서 리쾨르의 처분에 전적으로 깜짝 놀란다. 그는 수많은 이상한 논문을 겸하였는데도, 석사학위 준비 범위 내에서 그녀의 집에서 그 논문을 여러 차례 받는다. "나의 석사학위 때 항상 매혹적이었던 두번째 요인은, 학생일 때조차 그가 본문 속에 있는 것보다 더 많은 것을 발견하도록 그것을 읽는다는 점이다. 그것은 완전히 놀라운 것이고, 또한 그것은 그가 존중할 만한 본문으로서 그 본문을 읽는다는 것을 증명한다. 그것은 윤리학을 사람의 응용된 법으로 만드는 방식이다."[41)]

1971년 모니크 카스티요는 교수자격시험에 합격하고, 샤르트르의 기술고등학교에 보내진다. 그렇지만 그녀는 자신의 연구를 계속해 나가고, 리쾨르와 함께 박사학위 과정의 논문에 등록한다. 석사학위로, 특히 칸트가 헤겔에게 가했던 비평에 대해 공부하면서 이 '몹시 심술궂은' 칸트와 닮은 사람을 만나 보기로 결심하고, 기막힌 철학자를 발견한다. "나는 질서와 법 사이의 대립을 주제로 택했죠. 내 눈에는, 질서의 세계는 힘과 존재의 철학으로 대표되죠."[42)] 처음에 리쾨르는 그러한 주제에 매우 놀라지만, 모니크 카스티요가 그를 보러 온 날 후설의 사료관에서 낭테르대학 라 폴리의 장소에 그렇게 잘 어울리는, '그래서 당신에게 있어서 질서는 법이 아니에요!' 라는 경구로 맞아들이기까지 서술되고 탐구된 역설에 불만스러워하지는 않는다.

---

39) 모니크 카스티요와의 대담.
40) 위의 대담.
41) 위의 대담.
42) 위의 대담.

45

'철학 총서'

쇠이유출판사에서 작가와 편집자로서 본격적으로 활동하기 전에, 리쾨르는 1950년에 자신의 논문을 출판했던 오비에 편집장과 친분이 두터워진다. 그의 고유한 출판들 외에도 리쾨르에게 출판사의 책임자들을 상담해 주거나 서문을 써주는 일이 가끔 생긴다. 1961년 리쾨르는 장 나베르의 《윤리학에 있어서의 요소들》을 심사할 때 서론 쓰는 것을 기쁘게 받아들이고, 자신이 중대한 작가로 생각하는 사람들의 완성된 작품들의 출판을 권하기까지 한다. 그러나 그 작업은 다수의 편집자들 사이에서 분산된 채로 남아 있다. 1961년에 여전히 그는 오비에출판사의 책임자 앞으로 피에르 프뤼숑의 논문을 매우 조심스럽게 추천한다. 그 논문은 리쾨르가 지도했던 〈그의 도덕적 관점하에서 검토된 가치 창조의 논문에 대한 비평 연구〉이다.

오비에판(版)은 무엇보다도 리쾨르의 《의지의 철학》의 일반적인 서문에서 1950년부터 알려진, 그 유명한 《의지의 시학》의 결말을 기다리고 있다. "그 주제에서 존재론의 완성은 발견할 새로운 현실에 부합된 **일종의** 의지 **'시학'에 접근**하는 방법에 있어서 새로운 변화를 요구한다……. 이러한 창작 질서는 우리에게 구체적으로 죽음과 부활로 나타날 수 있다. 그것은 우리에게 있어서 자신에 의한 자신의 위치의 착각과 같은, **자신의 죽음**과 자유의 침해를 보상하는 **존재의 선물**을 의미한다."[1] 어떤 점에서 우리는 리쾨르가 긴 철학적 탐구의 완성으로 이 제3권을 구상한다는 것을 느낄 수 있다. 그러나 1960년 리쾨르는 프로이트의 작품을 향해 함으로써 우회적인 표현으로 해석을 시작하고, 그가 쇠이유의 편집진에 가담할 결심을 한 만큼 《의지의 시학》에의 착수는 멀어진다. 그래서 그는 오비에 가바이

1) 폴 리쾨르, 《의지의 철학》, 제1권(1950), 앞의 책, 32-33쪽.

부인에게 다음과 같이 알린다. "당신과의 관계가 성실한 만큼 분명하도록 하기 위해, 저의 몇 가지 계획들을 부인께 알려 드리고자 합니다. 저는 해마다 두세 권을 출판하는 쇠이유에서 '철학 총서'를 위해 프랑수아 발의 충고를 받아들였죠. 그는 나의 《의지의 철학》의 속편이 부인께 약속되어 있고, 확정되었다는 것을 잘 이해했어요. 저는 《악의 상징학》을 뒤이어 작업하고 있고, 잘 이해하시겠지만 부인을 위한 그 차후의 《의지의 시학》을 항상 생각하고 있답니다. 프로이트에 열중해 있고, 이 시리즈물에 대한 완전히 엉뚱한 책의 출판을 쇠이유출판사에 맡기려고 합니다. 이것들은 과거에 미국에서 했던 강연들이지요."[2]

우리는 여전히 중요한 것으로 남아 있는, 리쾨르의 의지의 작업에 부합하는 결정적인 중요성과 예민한 충실성에 위배되지 않는 그의 걱정을 잘 느낄 수 있다. 리쾨르는 가브리엘 마르셀과 가졌던 라디오 방송 대담들을 오비에출판사에서 1968년에 출판한다. 그리고 리쾨르는 "그 다음해 말까지 끝내려는 굳은 결심 속에"[3] 자신이 《의지의 철학》을 규칙적으로 작업하고 있다는 것을 1968년 1월자 편지에서 알린다. 리쾨르가 1969년 쇠이유에서 《해석의 갈등》을 출판할 때, 그는 오비에 부인에게 이 기사들을 과거에 대한 단순한 청산이라고 말하면서 1969년 12월 15일 오비에의 편집책임자를 새로이 안심시키고, 그녀에게 《악의 상징학》을 기다린 속편을 최소한의 기한에 그녀를 위해 준비한다는 그의 확고한 의도를 되풀이한다. 《의지의 철학》의 제2권을 출판한 지 17년이 지난 1977년에도 여전히 오비에 가바이 부인은 "《의지의 철학》의 속편이 될 원고를 곧 출판할 수 있다는 희망"[4]을 표명한다. 리쾨르는 그녀의 기다림을 저버리지 않을 결심으로 두 권의 초판들과 아울러 자신이 거기에서 작업한다고 1977년 9월에 답장한다. 그후에 우리는 리쾨르가 거기에 감사를 표할 계획을 가졌기 때문에 모든 것을 넘어서 자신이 몹시 열망했던 제3판에 대한 계획의 흔적을 더 이상 발견할 수 없다. 그러나 그것은 여전히 리쾨르의 다른 작품을 격려하는 부재-출석이라는 약속의 땅으로 남아 있다. 프로이트와 구조주의자들에 의해 방해받지 않도록 리쾨르에게 말할 기회가 모자라지 않던, 베르나르 켈크주 같은 그의 학생들을 포함한 많은 사람들의

2) 폴 리쾨르, 오비에 가바이 부인에게 쓴 1964년 4월 27일자 편지, 오비에 문서보관소.
3) 폴 리쾨르, 오비에 가바이 부인에게 쓴 1968년 1월 29일자 편지, 오비에 문서보관소.
4) 오비에 가바이 부인, 폴 리쾨르에게 쓴 1977년 1월 17일자 편지, 오비에 문서보관소.

권유에 그는 다음과 같이 답한다. "여러분들도 알다시피 내가 책을 만들지 않겠다고 약속한 것은 내 일생에서 딱 한번이에요. 왜냐하면 우리는 성 베드로의 삶의 마지막에서처럼, 우리가 가고 싶지 않는 곳으로 불려 가기 때문이죠."[5)]

프랑스 해방 이후, 리쾨르는 미셸 뒤프렌과 함께 썼던 《카를 야스퍼스》를 1947년에 출판했던 쇠이유출판사와 가까워진다. 그러나 무엇보다도 쇠이유는 그에게 있어서 '에스프리' 총서와 마찬가지로 독립적인 《에스프리》지를 받아들여 준 출판사로서 주요 버팀대라고 할 수 있다. 50년대에 장 마리 도므나크와 알베르 베갱 외에도 앙리 시외베리가 창설했던 작은 출판사를 1937년에 장 바르데와 함께 다시 시작한 폴 플라망이 이 신중한 계획을 지도했다. 그녀는 《현대》의 이슈가 된 프랑시스 장송에 의해, '작은 혹성' 의 총서 창작자인 크리스 마르케에 의해, 그리고 장 케롤과 프랑수아 레지스 바스티드 · 뤽 에스탕 등에 의해 패배를 자인해야 했던 《현대》지를 편집한 폴 앙드레 르조르에 의해 추대된다. 리쾨르는 폴 앙드레 르조르를 쇠이유출판사에서 위대한 친구이며, 자신의 마음을 사로잡은 동료이자 그의 첫 편집자로 간주한다.

1950년부터 리쾨르는 자신이 중요하다고 판단한 미국인 대학 교수 랄프 할퍼의 《낙원으로부터의 여행》을 폴 플라망에게 보낸다. 폴 플라망은 그의 관점에서 로마노 과르디니의 《소크라테스》를 번역할 것을 리쾨르에게 제의한다. 그렇지만 쇠이유와 공동 작업을 하던 초창기에 문제가 없었던 것은 아니다. 1954년 리쾨르는 제의된 계획을 거절하는데, 그것은 그곳에서 출판할 가치가 없는 원고로 심사위원회에 의해 평가받은 《두 이야기와 노래 한 곡》이라는 제목으로 이 작품은 폴 앙드레 르조르에 의해 재평가되어진다. 1957년 리쾨르가 그리스 비극의 3부작을 제의하지만, 폴 플라망은 자신이 세 편으로 나누어진 전공 논문보다는 오히려 종합적인 개인 작품을 쓰는 것을 더 좋아한다며 속편을 주지 않는다.

1957년 프랑수아 발은 '철학 총서' 를 정리하기 위해 쇠이유에 도착한다. "그것을 지도하도록 리쾨르에게 요청하는 것은 당연한 것처럼 보였죠."[6)] 그래서 처음에는 그 총서가 쇠이유출판사에서 영원한 자격으로 출판의 주동 인물로 확신하고

5) 베르나르 켈크주와의 대담.
6) 프랑수아 발과의 대담.

있는 리쾨르와 프랑수아 발의 책임하에 놓이는 것이 관례였다. "리쾨르는 그러한 몫이 어떠한 근거도 없다고 평가하면서 원하지도 않았어요. 그는 발의 관점이 매우 다르다는 것을 알고서, 그 총서의 공동 관리에 나를 참여시켰죠."[7] 두 공동 관리자는 역할의 그 어떤 최소한의 규칙도 서로 합의한다. 이처럼 각각은 각자의 거부권을 가졌는데, 그것은 리쾨르에 있어서는 진정으로 필요한 것처럼 보이지 않는다.

약간의 계획들과 함께 새로운 총서는 1962년 여름에 시작되었다. 1964년 6월 17일에 공식화된 그 총서는 '철학 총서' 라는 제목이 붙여진다. "그것을 제의했던 사람은 바로 저예요. 나의 정신 속에는 철학 총서가 도리아식의 질서와 관련되어 있죠."[8] 새로운 문명의 시작과 같은 쇠이유의 이름을 새기면서, 총서의 창설자인 두 사람의 출발은 철학의 단순한 역사적 복고주의에 대한 개념의 장애를 극복하는 것이다.

그래서 이것은 인문과학과 같은 관계 있는 분야 쪽으로 자신의 변동을 측정하는데, 이는 프랑스에서 가장 혁신적인 연구 쪽으로 방향을 돌리면서 동시에 외국에서 행해지던 매력적이고 또한 가장 중요한 작업들의 번역을 촉진하는 과감한 현대적 총서가 될 것이다. 그것은 또한 아카데미의 규율을 넘어서기를 바라는 총서이다. 그의 관점에서 본다면, 대학에서 리쾨르의 위치는 새로운 미개척지에 대한 탐험에 호의적이다. "어느 누구건 리쾨르의 지도하에 인습적이지 않은 논문을 썼던 것은 바로 그 순간이다. 그것은 매우 분명하다."[9]

그렇지만 '철학 총서' 는 발과 리쾨르가 매우 대조적인 우정 조직과 개성을 가졌으므로 독특한 지도 방향이나 철학의 정해진 흐름을 있는 그대로 답습하지만은 않는다. 그러나 우리는 거기에서 가장 논리적이고 고려하지 않을 수 없는 철학적 토대를 구축하는 현상학적 구조를 인식할 수 있다. 리쾨르-발은 배타적인 것은 서로 내치려는 것에 대해 더 익숙한 파리학풍에 놀란다. 그들의 공동 작업이 편집자 측면에서 뿐만 아니라, 그들간의 교감에 있어서 예외적인 지적 활동 덕분에 풍부

7) 프랑수아 발과의 대담.
8) 위의 대담.
9) 위의 대담.

한 그 관계의 질적인 수준에 있어서 서로에 대한 평가와 정을 잘 나타내 줄 수 있음에도 불구하고 말이다. 우리는 발이 그의 친구인 작가 리쾨르와 이야기를 주고받을 때, 이 편집자적 파트너 관계가 편집자 관계와 겹친다는 점에서 프로이트에 대한 에세이에 관해 이미 볼 기회를 가졌다.

총서의 초판인 《하느님의 단언. 헤겔의 철학에서 그리스도교적 종교와 논리학》이라는 클로드 브뤼에르의 작품과 함께 《해석에 대하여》라는 프로이트에 대한 리쾨르의 작품을 발행한 것은 1965년으로 거슬러 올라간다. 롤랑 바르트와 자크 라캉 · 자크 데리다 · 알랭 바디우 · 필리프 솔레르스 중에서 매우 중요한 우정의 조직망 중앙에 있는 프랑수아 발은, 프랑스 철학의 유명인들을 자신의 총서에 끌어넣으려는 큰 열정을 발휘한다. 프랑수아 발이 일시적으로 쇠이유출판사에서 편집되는 것을 받아들인다면, 그것은 그가 질 들뢰즈에게 1965년 7월에 단도직입적으로 요구한 것과 같다. 왜냐하면 들뢰즈는 PUF와 관계가 깊기 때문이다. 1973년 프랑수아 발은 왜 레비나스가 쇠이유가 아닌 네이호프에서 출판되었는지를 비서를 통해 리쾨르에게 묻는다. 그래서 만일 우리가 그에게 벌써 제안했고, 그가 그것을 '훔칠' 가능성이 없지는 않았는지 알아보는 것이 마음에 걸렸다. 1978년 편집자 무통의 난점은, 발이 그 순간 레비나스를 되찾고 앞장서서 주도할 기회가 주어지지는 않았는지 하는 소식을 의아하게 생각하는 그런 것들이다. 리쾨르는 아마도 '되찾는다'와 다른 '진상을 가린다'로 그의 답장 속에서 정정한다. 그러나 그들의 공동 작업 속에서 레비나스 원고를 어떻게 총서에 편입시킬 것인가가 여전히 문제로 남아 있다.

그에게 있어서 리쾨르는 미국의 총서처럼 수많은 학위 논문 준비자들에게 '철학 총서'를 제공한다. 리쾨르가 규칙적으로 시카고에서 가르쳤던 때는 그 기간이다. 그의 미국에서의 체류는 프랑스 지역주의적 지식인 측면에서 단순화시키며 번역하는 부분들에 처해 있는 총서를 살찌우는 데 크게 도움을 준다. 그때 앵글로색슨족의 철학은 구조주의자들에 의해 가장 큰 멸시를 받았다. 그래서 프랑스어 독자가 존 오스틴의 작품을 읽을 수 있었던 것은 리쾨르 덕분이었다. 그는 우회적 활용론에 대해 주요한 영감을 주는 문제학을 수집하면서, 다음과 같은 경구로 그 제목을 변경시킨다. **말할 때는 바로 실행할 때이다.**[10] 그래서 리쾨르는 번역을 통

10) 존 오스틴, 《어떻게 말로써 행위하는가?》, 프랑스어판, 앞의 책.

해 프랑스에 오스틴을, 그후 1973년에는 피터 프레더릭 스트로슨[11]을 소개했다. 그에게 있어서 프랑수아 발은 그 총서 속에 나타나는 모든 주제를 통해 촘스키를 알 수 있게 해준다. 그리고 클로드 앵베르에 의해서 프레게가 번역된다.[12]

그 총서에서 출판된 리쾨르의 첫 학위 논문 졸업자는 장 그라니에이다. 1933년에 태어난 장 그라니에는 소르본대학에서 철학 수업을 받고, 이듬해에 교수자격시험을 준비하며 리쾨르식 교육 방법에 스스로 마음을 사로잡힌 것을 발견하고, 1957년 교육자 자격시험을 그만둔다. 그 순간부터 장 그라니에는 리쾨르와 함께 논문을 준비할 수 있기를 바라면서 그와 연락을 취한다. "그는 매우 호의적으로 나를 받아들였고, 니체에 대한 작업을 후원해 주기로 허락했죠."[13] 장 그라니에는 혁신적인 생각에 개방되어 있고, 젊은 연구자들과 위험을 함께할 준비가 되어 있는 전위문학 교수로서의 리쾨르의 명성을 알고 있었다. "나는 그에게서 강한 신뢰감을 느꼈죠. 리쾨르는 나의 연구 방향에 대하여 매우 호감을 가지고 있었어요."[14] 그 계획은 매우 빠르게 진행되었고, 장 그라니에는 2년 정도 노력한 끝에 1백여 페이지 정도의 상세한 연구 계획을 가져온다. 장 그라니에는 1961년 국립과학연구소에 들어가게 되는데, 리쾨르의 신뢰를 얻어 자신의 논문에 전념할 수 있게 된다. 1965년 그 계약이 끝났을 때, 리쾨르는 낭테르대학으로의 모험을 받아들일 것인지 그라니에에게 묻는다. 그라니에는 낭테르대학의 철학과에서 기초를 가르치는 교수팀 중 한 요원으로 결정된다. 그의 논문은 거의 완성되고, 그는 얼마 지나지 않은 1966년에 그것을 받아들인다. 극히 짧은 시간에, 이 논문은 폴 리쾨르 교수에게 바쳐진 "철학 총서"[15] 안에서 출판된 첫 작품들 중 하나가 된다.

그는 환대를 받는다. 《르 몽드》지에서 장 라크루아의 기사는 그에게 매우 호의적이었다. 그 대신 그는 만장일치를 받지는 못한다. 왜냐하면 1966년의 니체 철학자들이 특별히 리쾨르적이지 않고, 푸코-들뢰즈적인 방향에 보다 많이 있었기

---

11) 피터 프레더릭 스트로슨, 《개체: 기술적 형이상학 시론》, 쇠이유, 파리, 1973년.

12) 고틀로브 프레게, 《산술 기초 개념》, 쇠이유, 파리, 1970년; 《논리적이고 철학적인 작품》, 쇠이유, 파리, 1971년.

13) 장 그라니에와의 대담.

14) 위의 대담.

15) 장 그라니에, 《니체 철학 속에서 진실의 문제》, 쇠이유, 파리, 1966년.

때문이다. 우리는 프랑수아 샤틀레의 비평적 서평에서 그것을 잘 인식할 수 있다. 그 책은 9천 부 이상 팔린 견본과 함께, 1966년 그의 네번째 편집에 있다는 점에서 주목할 만한 편집적 성공을 갖는다.

그라니에의 생각은 풍부한 작품 속에서 철학적 일관성의 핵심을 끄집어 내는 것이었고, 언뜻 보아도 니체와 모순된 것이 없다. "우리가 니체의 모든 모순들이 전파되는 곳의 중심을 알아낼 수 없는 만큼 니체 철학의 반향은 수수께끼로 남아 있다."[16] 니체 사상에 대한 이러한 확고한 핵심은 한편에서는 심리학의 측면에서 연구되었고, 다른 한편에서는 거기에서 독단주의라는 암초를 피하기 원했던 실험주의적 형태의 전개를 보았다. 루카치와 같은 몇몇 사람들은 오히려 사회학적 질서를 설명하는 데 가치를 부여했다. 야스퍼스와 함께 그 설명은 이 경우에는 철학적이지만 실존주의의 측면에서 니체를 동원하게 된다. 해석의 이러한 모든 시도들은, 그라니에에 따르면 진정한 니체 철학을 가져오도록 밝히는 데 실패했다. 그것은 "초월성의 사상"[17]으로 설정된다. 초월성의 사상은 초월성의 행위 기원까지 거슬러 올라가도록 하면서 구조의 축에 따라, "역진적-구조적"[18]으로 규정된 방법에 따라 수직으로 이동한다. 거의 원형적인 움직임에서 타고난 진실을 향해 단행하기를 거절하게 된 이 방법은 "이 철학의 중심 문제"[19]처럼 진실의 문제를 장 그라니에에게 드러내 준다.

장 그라니에는 거기에 멈춰 있지 않고, 니체 철학의 비평을 관통한 후에 최초의 철학적 작업을 하는 데 아주 정통하게 된다. 그는 철학을 다시 끌어올리려는 야심적인 계획을 목표로 세우기까지 한다. 그것은 1977년 '철학 총서' 에서 리쾨르에 의해 출판된 그의 두번째 작품이라는 의미이다. "사상은 철학**처럼** 새로운 것에 의지하는 것을 가르쳐 주어야 한다."[20] 장 그라니에는 재설립된 두 가지 관점의 탐구를 권한다. 한편으로는 철학적 인류학에 연결된 해석학적 방법의 관점으로, 그것은 전체주의를 규정짓는다. 다른 한편으로는 자기 중심주의의 개인의 이름하에 개인의 이론을 기억할 수 있는 **코기토**, 니체 철학 비평 이후의 그 주체 사상이다. "철

16) 장 그라니에, 같은 책, 13쪽.
17) 같은 책, 27쪽.
18) 같은 책, 28쪽.
19) 같은 책, 29쪽.
20) 장 그라니에, 《세상 이야기》, 쇠이유, 파리, 1977년, 21쪽.

학은 세상처럼 표면화되는 전집을, 존재라는 암호에 따라서 그것을 내게 해석해 주는 이야기이다."[21]

리쾨르의 변함없는 지지에도 불구하고 장 그라니에의 이 새 작품은 반향이 없고, 그의 상업적 실패는 쇠이유에서의 그의 미래를 위태롭게 한다. 리쾨르에 의해 소개되고 지지받은 그라니에의 새 원고 《실천을 생각하기》를 출판하는 데 대한 발의 거절은, 리쾨르가 1979년 여름 총서의 공동 관리자 역할을 그만두려고 하는 결심과는 관계가 없다. "리쾨르는 그 책을 담당하고 있었고, 그것을 용감하게 변호했다. 그는 다음과 같이 말했다. '나는 사람들이 그라니에의 책을 이해하지 않는다면 총서의 관리에서 사직하겠어요.'"[22]

1932년에 태어난, 장 그라니에와 같은 세대의 또 다른 학생이며 도미니카공화국의 《철학과 신학적 학문》의 잡지 출판장인 베르나르 켈크주는, 1969년부터 그의 철학적 집념과 특별히 가까운 주제에 대해 리쾨르와 함께한 논문을 준비했다. 왜냐하면 그는 의지에 대해 공부하는 것을 선택했기 때문이다. 그는 또한 1972년 '철학 총서' 속에 자신의 논문을 출판하게 되는 혜택을 입는다.[23] 베르나르 켈크주는 처음에는 자신이 1953년에 합격한 파리이공과대학에서 기술자의 학문적 연수를 수강한다. 그리고 나서 그는 도미니카공화국의 체제 속에 들어가기로 결심하고, 철학과 신학 분야에 관심을 갖는다. "교수들은 철학적 접근에서 도덕이나 윤리학 쪽으로 나를 지도했죠."[24] 1964년 베르나르 켈크주는 리쾨르의 지도하에 자신의 논문을 준비하기로 결심하고서, 헤겔의 철학에서 의지의 개념에 대해 공부하기로 그와 결정짓는다. 그의 자료집은 1821년부터 1831년까지의 10여 년간의 성숙한 헤겔, 《철학백과사전》과 《법철학의 원리들》에 국한된다. 더구나 그는 자신이 《법철학의 원리들》의 첫부분에서, 헤겔에게 있는 고뇌의 순리성을 분석할 수 있는 흥미에 대해 리쾨르의 주의를 끌 기회를 갖는다. "내가 소르본대학 이후에 따랐던 낭테르대학에서 어느 날 그를 만났죠. 그는 내게 다음과 같이 말했어요. '8일 후에, 나는 고뇌의 신화에 대해 카스텔리학술대회에서 발표를 해야 하네. 그래서 나

---

21) 장 그라니에, 같은 책, 282쪽.
22) 장 그라니에와의 대담.
23) 베르나르 켈크주, 《헤겔의 철학 속에서의 의지》, 쇠이유, 파리, 1972년.
24) 베르나르 켈크주와의 대담.

는 어떻게 시작해야 할지 몰라 매우 착잡하다네.'"[25] 그 학술대회는 결정된 것이었고, 1967년 1월의 카스텔리학술대회에서 리쾨르는 추상적 권리에 한정된 차원에서 고통의 법을 회복하기 위해, 존재-신학의 영향력을 피하면서 헤겔이 실현해 놓은 고통의 신화의 파괴에 대한 일부를 발전시킨다. "우리는 결국 고통으로부터 **개념**을 이어받는다. 그래서 그것은 범죄와 같은 부정성의 결과이다."[26] 베르나르 켈크주는 헤겔에게 제기된 세 가지 질문에서 그의 연구를 진술한다. "인간의 학문들과 정신철학, 의지와 사상의 상호성의 철학, 결국 자유 의지에 대한 언어의 시적 규약의 철학을 통일할 수 있고 통일해야 하는 관계가 필요하다."[27] 우리는 이 세 차원에서 철학적 논증 앞에 놓인 시적 영역에까지 리쾨르의 사상을 잘 알아볼 수 있다. "이와 같이 철학적인 이야기는 인간을 시의 경지에까지 끌어올린다. 인간은 철학자이기 이전에 시인이고, 그후에 철학자가 되었다. 인간은 시 속에서 자기 존재의 고뇌를 인식하기 위한 철학자일 뿐이다."[28] 국민적 철학자이자 프러시아 국가의 아버지, 또는 전체주의의 시인인 헤겔의 관점에 대해 베르나르 켈크주는 에릭 베유처럼 반대하면서, 헤겔에게서 주관적 정신철학이 마찬가지로 대학의 자율적인 다양한 형태에 대해 심사숙고한다는 것을 나타내고 싶어한다. "그래서 나는 완전한 의지철학이 단어의 고전적 의미에서의 정신(주관적 정신)의 철학임과 동시에 헤겔 철학의 의미에서 객관적 정신의 철학, 즉 정신의 제도적 작품들의 내부에서 자율적인 권리를 기억해야 한다는 걸 나타내고 싶었다. 그리고 국가와 종교·예술·철학 그 자체와 사상의 사상과 같은 정치적 작품들의 독창성을 나타내고 싶었다."[29] 1968년 5월 4일 혁명적인 동요가 끓어오를 때 역사의 아이러니나 이성의 농간으로 된 헤겔에 대한 이런 논문은, 학장이 폐쇄해 버리고 교수들과 학생들이 떠나 버린 낭테르대학에서 지지를 받는다. 그의 출판은 리쾨르의 격려를 얻는다. 켈크주는 "내게는 논리적이고, 주제에 따른 청렴결백의 모델이라네."[30] 그렇지만 프랑수아 발의 희망에 따라 그 책을 출판하기 전인 1972년 보조금을 기다려

25) 베르나르 켈크주와의 대담.

26) 폴 리쾨르, 〈고통의 신화에 대한 해석〉, 앞의 책, 앙리코 카스텔리, 37, 1967년; 《해석의 갈등에서》 뽑음, 앞의 책, 355쪽.

27) 베르나르 켈크주, 《헤겔의 철학 속에서의 의지》, 앞의 책, 314쪽.

28) 같은 책, 340쪽.

29) 베르나르 켈크주와의 대담.

30) 폴 리쾨르, 1971년 5월 14일 프랑수아 발에게 쓴 편지, 쇠이유 문서보관소.

야 했다.

두 공동 관리자간의 적당한 합의에도 약간의 불화가 생긴다. 프랑수아 발에 의해 거절당한 장 그라니에의 책에 대한 세번째 계획 외에도 앙드레 자코브가 2명의 총집 관리자 사이에 논쟁의 대상이 되었다. "리쾨르는 자신의 총서에 나의 논문을 받아들이고 싶어했고, 거절을 정당화하는 마지막 편지를 강조하는 프랑수아 발과 무려 2시간 30분 동안을 다투었다."[31] 그들의 대립은 이 일반적인 사상에 대해, 정위치에 놓는 것이 실제적으로 상반된 구조주의의 전성기인 1966년에 매우 의미 있게 나타난다. 앙드레 자코브의 논문 〈시간과 언어〉는 '말하고 있는 주체에 관하여' 라는 부제를 달게 되는데, 그 주체가 부재된 상태는 바로 그 시대뿐이다. 프랑수아 발이 리쾨르에게 보낸 자신의 거절을 설명하는 편지에서, 그는 철학은 우선 인문과학의 구조주의적 프로그램에 적응시켜야 한다는 입장을 표명한다. "노골적으로 말하자면 적어도 지난 3세기 동안 물려받은 기본적인 개념이나 범주로 된 철학은 구조주의의 둘레에 펼쳐졌던 과학적 성향의 사실에서 주체의 문제로의 제기, 의미에 대한 기표의 이환, 그리고 자율성과 같은 합리적인 논쟁에서 서로 대치하고 있어요. 그때 철학에 떠맡겨지는 임무는 그 원리들을 수용하는 것과, 그 원리들을 가로지르면서 철학이 변경된 그 고유한 문제성을 어떻게 찾아낼 수 있는가를 알아보기 위해 그것들을 사실로 받아들이는 것이에요."[32] 그래서 프랑수아 발이 앙드레 자코브에게 가한 그 비난은, 자신의 언어학적 토대인 소쉬르나 야콥슨이 아니라 기욤의 철학인 언어철학에서 출발하는 것이다. 이 정박소 지점은 마지못해서 그가 자신의 연구 초기에 지원받은 심리학적 주제에 특별한 혜택을 주도록 한다.

두 공동 관리자 사이에는 여전히 프랭크 틴랜드의 논문 〈인류학적 차이〉에 대해 그들을 대립시켰던 것처럼 약간의 불화가 있다. 리쾨르가 오비에 가바이 부인으로 하여금 오비에출판사에서 그의 출판을 검토하도록 1976년 그녀에게 편지를 쓰는데, 철학적 인류학의 계획을 지지하는 것에 프랑수아 발은 거절한다. 1975년에도 마찬가지로 프랑수아 발은 베르나르 퓌엘의 논문 〈경험과 철학의 시대〉의 출

31) 앙드레 자코브와의 대담.

32) 프랑수아 발, 1966년 6월 2일, 폴 리쾨르에게 보낸 편지, 쇠이유 문서보관소.

판을 거절한다.

이러한 평가의 차이점에도 불구하고 리쾨르와 발 사이의 존경과 우정은 그대로 남아 있다. 그렇지만 미국으로 종종 쏠리는 리쾨르의 이러한 태도는 1979년 7월 12일 리쾨르가 '철학 총서'를 공동 지도하기를 포기하려는 자신의 의도를, 자신의 친구인 프랑수아 발에게 말하기 위해 편지 쓸 결심을 할 때에 총서의 공동 지도가 점점 더 어렵게 된다. "가장 거짓처럼 보이는 것에 대한 투쟁이 어려운 작품들의 보급에 대한 새로운 조건에 적용시킬 여력이 없는 시대에, 내게는 더 이상 이 책임을 발휘할 힘이 없다는 것이 분명하게 되었네. 나는 자네와 함께했던 공동 작업이 내게 있어서 매우 유익했었다는 걸 말할 수 있게 되어 행복하다네. 어떠한 심각하고 오래된 분쟁도 우리를 갈라 놓지는 못할 걸세."[33] 같은 날 리쾨르는 쇠이유의 편집장인 미셸 호트키에비치에게 자신의 결정을 알리기 위해 편지를 쓴다. 그때 그는 자신의 나이가 건강이 걱정되는 예순 살이라는 것을 강조한다. 총서에서 손을 뗀 지 얼마 지나지 않아, 리쾨르는 그가 프랑수아 발과 점심 식사를 함께 한 식당에서 나오면서 최근 유행하는 발작의 희생자가 된다. 보도 위에 쓰러지면서 그는 응급환자로 입원하게 된다. 그러나 리쾨르는 사임을 위해 작용하는 다른 이유가 있다는 것을 숨기지 않는다. 프랑수아 발에 따르면 그 이유들 중 하나는 시카고에서 느꼈던 사실로 간주된다. 그 사실은 프랑스에서 리쾨르에 의해 지도받은 논문들이 줄어드는 것은 그 총서를 위한 재료를 제공하지 못하게 했다는 것이다. 게다가 이 논문들은 더 이상 총서에서 출판의 혜택을 입도록 허용하지 않은 것 같다. 더구나 리쾨르가 영어와 독일어 철학에 친밀한 것은, 그에게 그 번역된 작품들이 프랑스에서 그들의 작품들을 발견하지 못했던 본문에서 더 이상 유용한 것 같지 않다. 또 그는 잡지나 출판물과 같은 매개자 곁에서 작품들을 더 많이 생산하는 데 필요한 개혁을 내세우고, 자신은 더 이상 그것을 처리할 시간도 에너지도 없다는 걸 내세운다. "나의 역할들을 포기하면서, 나는 철학 총서의 관리를 프랑수아 발과 함께 공유했다는 데 대해 내가 얼마나 특권을 받은 사람인가를 알고 있다는 걸 당신에게 말하고 싶어요. 우리는 우리들의 취향을 조화시키기 위해 항상 합리적인 논쟁을 생각했었죠……. 나는 그것을 출판하는 걸 포기한 것보다는 오히려 가다머의 중요한 작품을 삭제했다는 것에 대해 양심을 가지고 있을 뿐이에

33) 폴 리쾨르, 1979년 7월 12일, 프랑수아 발에게 쓴 편지, 쇠이유 문서보관소.

요. 그러나 나만이 이 실수에 대해 책임을 가지고 있어요."[34] 사직하면서 리쾨르는 여전히 자신의 이름이 프랑수아 발과 공동으로 출판하고 연구하기로 결정했던 이 마지막 작품, 장 뤽 프티[35]의 논문에 실리기를 바란다.

10년 후인 1989년 프랑수아 발은 은퇴하기로 결심한다. 그것은 총서가 1989년부터 두 대학 교수, 바르바라 카생과 알랭 바디우의 지도하에서 계속되고, 티에리 마르셰스의 편집책임하에 놓여진 때이기도 하다. 가장 많이 팔린 총서 작가는 리쾨르로 남게 되는데, 1990년에 나온 《타자 같은 자아》는 1995년 1만 부에 달하게 된다. 《시간과 이야기》에 관해서는 "사람들이 5만 부 이상을 구입해 주었기 때문에 그것을 문고판으로 옮겼다."[36] 문고판으로의 과정은 90년대 중반에 보편화된다. 왜냐하면 1965년에 나타난 《해석에 대하여》가 1995년 문고판으로 출판되고, 1996년에 《타자 같은 자아》가 그렇게 출판되었기 때문이다.

쇠이유출판사를 사임하기 전에 프랑수아 발이 떠맡았던 마지막 작품은 《타자 같은 자아》이다. 그가 공동 편집직에서 떠난 후에, 프랑수아 발은 그래도 역시 리쾨르라는 작가의 원고에 대하여 까다로운 관계를 추구했다. 이런 그의 태도에의 날카로운 비판은 리쾨르에게 있어서 매우 소중한 것이다. 리쾨르는 《타자 같은 자아》를 프랑수아 발에게 헌정하면서 "프랑수아 발에게, 감사와 우정의 증거로"라고 공개적으로 나타내며 감사하게 여긴다.

프랑수아 발은 독자에게 리쾨르 사상의 힘의 방향을 더 잘 끄집어 내도록 하기 위해 앞으로 더 주의를 기울여 쓸 것과, 자신의 인용적 장치를 자유롭게 하도록 리쾨르에게 자주 충고했다. 그러나 리쾨르는 많은 책임 의식과 독자들과 함께할 특권을 주면서도 거기에서 여전히 거절당했다. "생각해 보면 그는 나일 강의 헬레니즘 시대의 고대 조각과 같다. 위에서는 그의 수염을 잡아당기고 어깨 위에 올라타려는 각양각색의 어린이들이 있으며, 그는 또한 자기와 함께 데리고 온 아이들의 아버지이다. 그리고 마지막 최후의 승리자는 바로 리쾨르 그 자신이다."[37]

34) 폴 리쾨르, 쇠이유 사장, 미셸 호트키에비치에게 쓴 1979년 7월 12일자 편지, 쇠이유 문서보관소.

35) 장 뤽 프티, 《행동의 체계에서 살아 있는 작업》, 쇠이유, 파리, 1980년.

36) 티에리 마르셰스와의 대담.

37) 프랑수아 발과의 대담.

46

1968년 5월: 예언자적 시절

편집자적 활동 외에도 60년대에는 철학자의 참여를 유도하는 심각한 현실적인 문제가 더욱더 두드러지게 나타난다. 알제리 전쟁 반대에 대한 논쟁 이후로 대다수 젊은 세대는 사회의 전반적인 논평에 있어서 자신들의 관심을 다른 곳으로 쏟기 시작한다. 60년대 중엽에 일어난 베트남 전쟁의 시작은 이 분쟁의 과격화에 기여하게 되고, 특히나 젊은 대학생들에게는 논쟁의 불을 당기게 된다.

당장 개신교 운동의 내부에서 보면(그리스도교학생협회 프랑스연맹) 'P. D.'에 의해 1902년부터 출판된 《르 세뫼르》지는 젊은 신교도들 사이에서의 이러한 반체제주의적 급진성을 강조하는 잡지로 뒤바뀐다. 《르 세뫼르》지는 매호에 따라 1천5백만부터 3천만 부까지의 무시 못할 출판물을 판매하면서, 프랑스의 개신교(ERF) 대표자들과 연합주의자팀의 연맹 지도원들 사이에 공개적인 위압감을 조작한다.[1]

1963년 장 마르크 생이 운영한 편집팀은, 몇몇 교회 책임자들에 의해 받아들일 수 없다는 결론에 이른 세 편의 기사를 포함해서 새로운 기획 발표를 출판하지만 결국 그 호는 폐간된다. 물론 이때 비난받은 세 편의 논문 초본들은 성의 혁명을 다룬 것이었고, 그 기고가들은 장 보베로와 르네 니콜라스, 그리고 필명을 가진 칼뱅 오지노이다. (칼뱅 오지노는 사실상 《이웃 사랑의 거부》의 작가인 다니엘 주베르이다.)

그러나 반체제주의적인 젊은 개신교 세대는 자신들을 위협하도록 내버려두지 않는다. 이 호를 선동하는 강경한 어조는 논문의 구절에서 전혀 드러나지 않는

---

1) 장 보베로, 〈교회 기관의 재검토 예: (FFAC에 의해 출판된) 《르 세뫼르》지와 통일주의팀의 연맹 위기〉, 로제 멜, 《프랑스 개신교에서 제도적인 변화와 위기》, 그리스도교 사회학에 대한 세번째 국제학회, 1972년, 37-64쪽.

일반 혁명적 이야기가 되어 버렸고, 또 그렇게 보급된다. 1965년 《르 세뫼르》지는 장 프랑수아 에루아르에 의해 운영된다. 에루아르는 엘륄이나 보르도와 같은 지역 출신이고, 기 드보르의 국제적 상황주의자에 의해 매우 동등하게 표현된 노동자의 힘이라 불리는 비그리스도교 단체나 사회주의와 연결된 작은 무리들과 함께 투쟁한다. "이 작은 모임을 위해 엘륄은 이런 다양성을 흡수하면서 융합하는 대리인이다."[2] 1963년 파리에 '올라온' 장 프랑수아 에루아르는 시앙스포의 사회학과에 등록하고, 《르 세뫼르》지의 번창 또한 확신하는데, 결과적으로 그의 지도하에 《르 세뫼르》지의 마지막 호는 《파멸》이라는 제목으로 출판된다. 우리는 흐루시초프가 "사람들이 우리네 사제와 주교·교구장들을 이해한다고 생각지 않으십니까?"[3]라고 말할 때도 마찬가지로 그것을 읽을 수 있었다.

이 젊은 개신교도들의 특권적 언쟁은 물론 기성 세대와 바르트 세대를 대상으로 하는데, 교회학자로 알려진 반체제주의의 젊은이들은 '경건치 못한 그리스도교'를 그들과 대립시키고 '출애굽기를 경험하도록' 요구한다. 그렇지만 바르트적인 방법이 꼭 이 언쟁에 있어서 부재된 것만은 아니다. 그것은 무엇보다도 자연주의를 위해 우리가 합리주의가 호소하는 것을 거절하기 위한[4] 영감의 동기들을 찾을 수 있는 엘륄학파에서 발견되는데, 이러한 것들은 바르트 초기 이론에서 착상을 얻는다. 바르트 초기 이론과 자신의 신학적 급진주의에 대한 이러한 언급은 우상에 대한 과격한 도전과 같은 것으로서, 이 현상은 물론 변화할 수 있는 것이다. "우리는 자연에 대항한 문화를 말하기 위해 바르트를 사용한다."[5]

1966년과 1967년 《르 세뫼르》지에 생명을 불어넣은 사람은 바로 장 보베로인데, 그는 거기에서 1962년과 1967년 사이에 16편의 논문을 발표함으로써 이미 중요한 역할을 하게 된다. 그는 1965년 UEC의 이탈리아 성향의 선임자들을 모으면서, 그 수명이 짧은 작은 정치적 그룹인 CRIR(탐구와 연구의 혁명적 모임)의 창립에 참가한다. 그는 극좌파당의 완전한 구성 요소 같은 《르 세뫼르》지가 "정치적·문화적 그리고 일상 생활을 포함한 일상 생활"의 윤리적인 혁명을 위해 투쟁하고, "정치적인 것에 대한 저항을 위해 싸운다고 생각한다."[6] 그래서 그 혁명적 모델은

---

2) 장 프랑수아 에루아르와의 대담.
3) 〈붕괴〉에의 입문서, 〈젊은이〉라는 논문, 《르 세뫼르》, 제6호, 1964-65년 시리즈, 38쪽.
4) 장 프랑수아 에루아르와의 대담.
5) 위의 대담.

기성 세대에서조차 점점 더 강하게 호소하게 된다. 1967년의 《사회그리스도교》에 초점을 맞춘 이 출판물은 발생될 혁명의 선구자로, 루터와 동시에 레닌을 요구하면서 제목에 있어서 '1517, 1917, 1967'과 같은 의미 있는 방식으로 편집된다. 서부의 개신교 모임의 지도자인 장 피에르 샤르피에는 앞으로 다가올 혁명을 위하여, 국제적 차원에서 다루어진 다양한 싸움들을 자신의 노선에 놓으면서 "정치적으로 우리는 그것을 확신했기 때문에 혁명의 길로 전진해야 한다. 우리가 베트남에서의 미국에 대하여서뿐만 아니라 프랑스 내에서의 독점권에 대하여, 미국과 아프리카에서의 흑인들에 대한 시민의 평등을 위해, 그리고 교회의 교조주의에 대하여 처리해야 하는 것은 같은 이유에서이다"[7]라고 확대 해석한다.

설령 젊은 세대가 구세대를 뒤흔들기 위해 자신들의 비평적이고 신랄한 정신을 발휘하는 경향이 있더라도, 리쾨르는 《르 세뫼르》지에 정성을 쏟는 반체제적인 젊은이들에 의해 재해석될 뿐만 아니라 오히려 그들을 보호하는 입장이 된다. "리쾨르는 나의 정치적 선택들이 어리석지 않았다는 것을 입증해 주는 커다란 양상이었다."[8] 장 프랑수아 에루아르와 같은 수많은 진보주의자들에게는, 도미니카인인 카르도넬과 같은 가톨릭교도나 가난한 사람들을 위한 그리스도 재림의 선취권을 갖는 카잘리스 같은 개신교도라는 두 세계에 대항하는 카를 바르트 1세를 상기시킬 만큼 리쾨르는 뛰어난 명철성을 지녔다고 평가했다. 노동자 계급은 신의 축복을 받았다. "리쾨르에게서 그런 것은 전혀 없었다. 한편으로 우리는 반제국주의적인 급진주의자가 될 수 있었다. 그러나 오히려 성수체와 함께 검이나 총을 놓지 않으면 그는 좌파이다."[9] 그때 리쾨르는 사회그리스도교의 의장이었고, 그 기관을 대표하는 모든 사람들의 독설에 공격을 주저하지 않는 젊은 개신교도들을 위해 바르트적인 모든 정통성을 전혀 구체적으로 실현화시키지 않는다. 그렇지만 파리의 개신교 신학의 단과대학 교수들 대부분이 바르트적이었고, 잘못된 인생의 4분의 1을 이로 인해 보낸다. 장 보스크는 통속극 아라고에 대해 엇갈린 의견을 지닌 장 보베로와 피에르 앙크르베의 도발적인 질문에 답해야 한다. 그들은 장 보스크

---

6) 장 보베로, 〈관념론적인 조직의 창조를 위해〉, 《사회그리스도교》, 1967년, 제11-12호, 633-640쪽.

7) 장 피에르 샤르피에, 《참여하는 개신교도들》, 라울 크리스팽에 의해 인용, 앞의 책, 391쪽.

8) 장 프랑수아 에루아르와의 대담.

9) 위의 내담.

에게 다음과 같은 질문을 던진다. "그가 하느님 아버지라는 어떤 의혹에 대해 우리에게 말해 주겠소?" 그 반대로 장 보베로가 1966년 글을 쓸 때, 그는 신학적으로 바뀌어진 리쾨르가 1950년대에 발전시킨 논문들을 근거로 한다. "전통적인 도덕은 사적인 영역(개인적이고 가족적인)과 대중적 영역(경제-사회) 간의 간격을 남겨두는 경향이 있다. 우리들의 첫 운동은 **사회적** 영역에서 계율의 엄격성을 확산시키는 리쾨르(폴 리쾨르, 〈행동하기 위해 자각하는 것〉, 《르 세뫼르》, 1950년 5-6월)와 같은 신학자들을 뒤이어 이루어졌다."[10]

리쾨르는 젊은이들의 급진화를 반영시키는 결정적인 대상으로 부상한 베트남 전쟁에 대한 논쟁에 적극적인 방식으로 개입한다. 1966년 5월 14일 '베트남 국민을 지지하는 위원회'의 구성을 위해 70명의 서명자와 함께 호소문을 발표한 후, 리쾨르는 《르 몽드》지에서 정확히 밝힌 서명자로서, 그리고 1966년 5월 26일 협동조합에서 '베트남을 위한 6시간'이라는 민간인 조직 21명의 구성원으로서 활동하게 된다. "베트남 사건의 심각성은 우리를 혼란스럽게 한다. 미국인들이 그곳을 점령하기 위해 온 마을을 일격에 불태울 수 있는 B-52로 가득한 폭격기를 사용하며 온갖 비인간적인 방법들, 이 모든 것들은 우리에게 베트남의 운명은 국민 스스로가 자발적으로 선택할 수 있도록 그들을 도울 것을 요구한다."[11]

더 구체적인 방식에서 프랑스 사회를 변질시키고, 낭테르대학 캠퍼스를 폭발하게 하는 데 크게 기여한 주요 문제점이 있는데, 그것은 바로 한창 유행중인 '성의 혁명'이다. 여성 해방 운동과 함께 미국에서 일어난 이 운동은, 남-녀 관계라는 것은 더 큰 자유와 평등의 관점에서 다시 재고되어져야 한다는 논지를 가져다 준다. 리쾨르는 이 분야로의 개입에 별로 익숙하지는 않지만, 1960년대부터 '성' 문제를 특집으로 다룬 《에스프리》지에 자료를 소개했기 때문에 그것에 대한 중요성을 매우 일찍 알아차린다. 리쾨르는 이때부터 출산을 억제하려는 사회의 움직임 속에서 현대 사회에 의해 규정되어 가는 현실적인 변화를 인정한다. 그는 이 혁명을

---

10) 장 보베로, 《젊음이 지나갔기 때문에》, 《르 세뫼르》, 제6호, 1966-1967년 시리즈, 2-23쪽.

11) 《르 몽드》, 1996년 5월 25일, 서명자들: H. 바르톨리, P. 비카르, J. 드레쉬, R. 뒤몽, P. 프레스, A. 오리옹, J. 이방, V. 장켈레비치, J. -P. 카안, A. 케스틀러, E. 라브루스, J. -J. 메이우, J. -F. 날레, J. 오르셀, J. -O. 펙커, M. 르베리우, P. 리쾨르, R. 뤼만, J. -P. 사르트르, L. 슈바르츠, P. 비달 나케.

“신성한 고대인의 죽음을 부인할 수 없는 기호”[12]와 같은 것으로, 그리고 현대성의 회복할 수 없는 새로운 잉여물 같은 것으로 간주한다. 출생을 억제한 덕분에 재생산은 더 이상 애정의 차원에서 새롭게 탄생된 운명과 함께 자유로이 존재하지 않게 된다. 그것은 성과 출산 사이의 관계를 무너뜨린다. “애정윤리학은 개인 상호간의 관계에 있어서 **완성**의 의미를 부여하는 결론의 종말을 예시하면서 출산 문제에 있어서 성적인 문제를, 성 문제에서 출산 문제를 다루고 싶어한다.”[13] 이러한 능동적 변화는 성 문제가 기만에 대한 보상 방식과 감정 이탈의 대상인, 사랑하거나 미워할 수 없는 표현에 열중하게 될 때 의미를 상실할 위험과 무의미한 것을 상승시킬 오류를 초래하며 성장한다. “그때 에로티시즘은 여가적 차원으로 표출된다.”[14] 그래서 서양에서 형성된 연애 문화는 방황하는 욕망과 남성적 구조의 체제 속에서 다져진 현실, 참여라는 확고 부동한 사상에 의해 구체화된 두 틈 사이에서 진행된다.

그래서 진행중인 성의 혁명에 대한 잠재성과 그 한계점에 대해서는 60년대초에 이미 리쾨르에 의해 잘 분석되어진다. 낭테르대학의 학생 운동이, 같은 캠퍼스에 있는 여학생 기숙사에 남학생들이 진입하는 사건이 다른 요구와 함께 터질 때 리쾨르는 놀라지 않는다. 오히려 그는 학생들이 표현한 열정과 항의를 절실히 느끼기까지 했다. 1968년 4월 30일, 1천 명 이상의 학생들이 D1동 건물의 계단식 강의실 앞에 모였고, 다니엘 콩 방디는 이 자리에서 팸플릿을 배포한 것 때문에 경찰에게 체포된 동료 교수들을 석방하도록 선출된 서명 교수들에게 그의 의사를 표명하기 위해 단과대학위원회를 이용할 것을 제의하는데, 그 동요는 이미 낭테르대학 캠퍼스를 완전히 점령하고 있었다. 물론 후에 석방된 동료들은 계단식 강의실에서 영웅으로서 자신들의 모습을 드러낸다. 이 시기 동안 20여 명의 단과대학교수위원회는 본보기가 되는 제재를 가하도록 요구하는 탄원서에 서명을 한다. “그 반대로 폴 리쾨르와 알랭 투렌을 포함한 소수 그룹에서는 대화를 권한다. 고민으로 의기소침하게 된 그라팽 학장이 앞뒤로 흔들린다.”[15] 낭테르대학은 1968년 5월 2일부터 피에르 그라팽 학장의 결정으로 문을 닫게 된다. 그래도 법적인 정

---

12) 폴 리쾨르, 〈성: 불가사의, 방황, 수수께끼〉, 《에스프리》, 1960년 11월, 1669쪽.

13) 같은 책, 1671쪽.

14) 같은 책, 1673쪽.

15) 에르베 아몽과 파트릭 로트망, 《세대. 꿈 같은 시기》, 쇠이유, 파리, 1987년, 442쪽.

보 처리는 콩 방디와 3월 22일 사건의 몇몇 다른 지도자들에 대항하여 운영하고 있었다. 그때 적과의 대치가 파리 4구에 위치한 라틴 구역으로 이동한다. 낭테르대학에서 터뜨릴 수 없어 이미 계획한 반제국주의 모임이 5월 3일 소르본대학에서 열리는데, 그 모임은 압제에 대항하고, 그리고 낭테르대학을 다시 운영해야 한다는 모임으로 바뀐다. 경찰이 소르본대학에 투입되고, 모든 경찰대는 강의실 내부에까지 진입한다. 이 개입은 화약에 불을 붙이는 결과가 된다. 자발적으로 학생들은 다시 집결되고, "우리 동료들을 석방하라"는 외침에 잔인한 무력을 행사하는 수많은 행렬이 이루어진다. 데모대 중 가장 열성적인 '주모자들'이 마치 샐러드용 바구니 안으로 체포되었는데, 그것은 완전히 예상을 뒤엎는 폭동 첫날 밤의 양상이었다.

5월 6일 월요일은 열띤 새 하루가 되게 했다. 콩 방디와 그의 동료들 중 7명은 파리 대학교에서 모인 징계위원회 앞에 출두해야 했다. 시위 운동은 학생들의 심문을 시작하는 순간인 10시로 약속되어 있었다. 다니엘 콩 방디 · 장 피에르 뒤퇴이 · 이브 플레쉬와 그들의 동료들은 신문기자가 뒤따른 가운데 국제노동자연맹의 노래를 부르면서 생자크 거리를 자신 있게 행진한다. 징계위원회는 고등사범학교의 학장인 로베르 플라슬리에르에 의해 주재되고, 로슈 총장과 같은 단과대학 학장들의 동조를 받는다. 징계위원회는 이렇게 비현실적인 분위기 속에서 경찰에 의해 폐쇄되고, 그리고 텅 빈 소르본대학 내에 설치된다. "원칙적으로 학생들은 1명씩 출두해야 하지만, 공청회 시작부터 소르본대학 앞에서는 집회가 시작되었다."[16] 고소당한 학생들의 '변호인들' 가운데 앙리 르페브르와 알랭 투렌 · 폴 리쾨르는 별로 명예스럽지 않은 방식으로 자진 해산을 시늉만 하는 청중 앞에 나타난다. "12시 30분경에 공청회의의 의장은 약속한 5명의 심사위원 중 그를 포함한 2명의 심사위원만이 있었음을 우리에게 상기시켰고, 그리고 이 사실에 대해 그 어떤 결정 사항도 없음을 주지시켰다. 그리고 대학 총장은 다시는 나타나지 않았다."[17] 이때 그곳에서 나올 때, 신문기자들의 마이크 앞에서 콩 방디는 당당하게 다음과 같이 말한다. "우리는 매우 즐거웠어요." 그날은 시작일 뿐이었다. 왜냐하면 그날은 가장 과격하게 맞선 날 밤의 서막에 불과하기 때문이다. 우리는 사실 시위자들

16) 피에르 그라팽, 《포플라 섬》, 낭시대학교출판부, 낭시, 1993년, 256쪽.
17) 같은 책, 257쪽.

옆에서 4백 명 이상의 부상자들과, 경찰 중에서 2백 명의 부상자들을 일으켜 세운다. 그 시기에 벌어진 대학의 불합리성은, 1964년 리쾨르가 이미 그것을 염려했던 것처럼 후에 '국가적 대이변' 으로 뒤바뀌게 한다.[18]

낭테르대학의 철학과에서는 많은 교수들이 학생들의 급진적인 변화로 가져올 수 있는 희망을 공유한다. 특히 앙리 뒤메리 · 장 프랑수아 리요타르와 리쾨르의 친구인 미켈 뒤프렌이 그렇다. "리쾨르와 뒤프렌은 같은 길을 추구하지는 않았지만, 리쾨르는 뒤프렌의 열정과 진취적인 정신을 존경했다. 나는 그가 뒤프렌의 행실을 명백하게 비난하는 것을 들은 적이 없다."[19] 그 반대로 동료들의 의견 교환에 있어서 몇 가지 차이점들이 있는데, 그것은 그들간에 진실된 의견 제시가 부족하다는 것이다. 리쾨르가 소비 사회의 무절제한 물질주의로 인한 대학생들의 동요를 설명할 때 자크 메를로 퐁티는 그것을 위해, 우리는 조직의 문제나 지역의 문제 혹은 기술적 수단의 문제에 충분히 관심을 갖지 않는다는 뜻을 표명하며, "내가 생각하기에 그것으로는 충분치 않네"[20]라고 그에게 답변한다.

같은 시기에 스트라스부르대학에서는, 몇 가지 경우에 있어서 그래도 다른 학장에 비해 신학대학의 학장인 로제 멜이 '물든 학장' 이라는 별명을 얻는다. "나는 학생들에게, 그들이 결코 얻지 못하는 것이 두 가지 있다고 말했다. 그것은 교수 임명권에 참여하는 것과 시험관에의 참여권이다. 그들은 내게 그 이유를 물었다. 나는 그들에게 간단하게 그들이 그럴 자격이 없고, 특별하게 평가할 수 있는 점도 갖고 있지 않았다고 말했다."[21] 스트라스부르대학의 매우 품위 있는 신학생들은 대학 건물의 예술 작품들을 그들 스스로가 의식적으로 보호하는 데에도 열정을 쏟는데, 장식 양탄자와 그림들을 떼어내면서 항거하는 것을 잊지 않는다. 오히려 스트라스부르대학 사건의 한복판에서 회의를 개최하는 드골파 사람들이 급진주의자들을 그곳에서 몰아내기 위해 대학 본부 건물 쪽으로 일제히 몰려갈 때 몇몇 작품들이 훼손된다. 그들은 학장이나 총장 할 것 없이 학생들과 교수들을 공격했으며, 대학 강의실까지 침입했다. 경찰은 벽을 기어오르고 사무실에 침입하며 소란

18) 폴 리쾨르, 〈대학 만들기〉, 《에스프리》, 1964년 5-6월; 강의 1, 앞의 책, 379쪽.
19) 앙리 뒤메리와의 대담.
20) 자크 메를로 퐁티와의 대담.
21) 로제 멜과의 대담.

과 물질적인 손실을 유발시키는 몇 명의 공격자들을 붙잡을 수 있는 방법도 의지도 없이 약간은 주춤한 역할을 할 뿐이다. 이 사건은 1968년 5월 어느 목요일에 발생했다. "그리고 그 다음 일요일에, 스트라스부르 사람들은 그 장소들을 방문하러 오면서 내 사무실 안으로 들어왔다. 그들은 애도를 표하면서 문 밖으로 나가기 전에 내 손을 잡았다."[22]

1968년의 이런 폭발적인 사건은, 1968년 6월 9일과 11일 · 12일자의 《르 몽드》지에서 리쾨르가 열띤 논조로 분석할 수 있는 대상이 된다. 리쾨르는 진보된 산업사회에서 근본적인 문화 혁명의 입장을 표명하고, 자신이 현대 사회 속에서 의미의 급진적인 상실에 대해 이미 여러 번에 걸쳐 주지하였음을 상기시켰다. 리쾨르에 따르면 이 혁명은 관료 정치와 같은 자본주의에서 기인한다. 긴장감은 생생하게 감돌고, 그리고 개혁주의적 관점과 혁명주의적 관점은 보호되어져야 한다. "우리는 개혁주의를 만들어야 하고, 혁명적으로 남아야 하는 시대로 들어섰다. 앞으로의 시대에 있어서 입법부의 모든 권한들이라고 하는 것은 재검토의 내부적 과정과 논쟁의 외부적 과정에 의해 개방되어 있고, 만회할 수 있으며, 폐지할 수 있는 권력 축소의 자리에 있게 될 것이다."[23] 리쾨르는 교육자들과 피교육자들 간에 세워진 계급 관계를 재검토한다. 물론 그가 이 관계의 불균형과 이 관계에서 규정되어 버린 인습의 어려움을 모르는 바는 아니지만, 그는 "피교육자는 태도와 취향, 전세대의 지식들과 유사한 지식들, 그리고 무엇보다도 개인적으로 성취한 그 어떤 계획과 같은 그 무엇인가를 가져오는 것임을"[24] 몹시 상기시키고 싶어한다. 그 어떤 이러한 의견 표명에서, 그 어떤 민중 선동도 없는 1964년에 이미 그가 분석한 사항들에 대해 반복하지 않을 뿐만 아니라, 특히 자신에게 수강한 학생들이 매우 높게 평가했던 청취의 실천에 대해 강조한다. 그러면서 리쾨르는 사실상 "그는 그의 학생들에 의해 진정하게 교육받았다"[25]고 고백하면서, 특히나 교수들이 계속 배워야 한다는 점에 대해서 강조한다. 물론 피교육자의 모든 부분을 교육한

22) 로제 멜과의 대담.

23) 폴 리쾨르, 〈대학에서의 개혁과 혁명〉, 《르 몽드》, 1968년 6월, 9, 11, 12일; 강의 1에서 뽑음, 앞의 책, 381쪽.

24) 같은 책, 382쪽.

25) 같은 책.

다는 것은 하나의 이상이지만, "교육은 교수들을 위해 만들어진 것이 아니라는 것을"[26] 들을 줄 알아야 하는 것 역시 하나의 이상이다. 1968년 6월 교육자와 피교육자의 관계에 대한 그의 정의는 이처럼 이중적이다. 리쾨르는 사실상 각자가 다른 사람을 이해하기 위한 역동적인 대화의 기본은 항상 자신 스스로가 실천하는 것으로 묘사한다. 갈등 같은 양상으로 인식된 교육에서 "교육자는 더 많은 지식을 제공한다. 그는 의욕을, 즉 알 의욕, 말할 의욕, 존재할 의욕을 제공한다."[27] 확신과 전통의 전달자인 교육자는 자신의 잠재적인 논쟁에 대한 고려를 필요로 하는 능력의 관계를 확립한다. 그러므로 암암리에 교육의 표면에 깔린 갈등은 이 갈등들을 조정하는 기관의 장을 마련할 수 있어야 한다. 교육의 내용과 형식들에 대해 교육자들과 학생들의 노사 동수의 대표로 구성된 공동위원회를 정돈할 수 있는 학생들의 요구와 교육자들의 제공 사이에 최상의 합당성을 위해서는, '학과들'이 있는 대학 생활의 기본적 구조에서 특권을 조화시키면서 발의를 자유롭게 하고 경직화를 깨뜨리며, 전유물의 상황과 행정적 속박을 부수기 위해 1964년에 이미 희망했던 방법들의 다원성과 실제적 자율성을 실현시켜야 한다.

우리는 1947년 리쾨르가 그리스도교교육연맹을 맡은 이래 대다수가 집단적으로 참가했던 것을 숙고해 볼 수 있으며, 또한 교육 기관 집단을 재고하려는 끊임없는 걱정을 비로소 1968년 6월에야 리쾨르에게서 재차 발견한다. 그 기관을 방어하려는 걱정은, 그에게서 자신의 역할을 수용하기 위해 그 기관 자신이 본질적인 변화를 받아들여야 한다는 분명한 양심으로 계속해서 나타난다. 1968년 6월 대학은 언뜻 보아서 상반되는 두 명령을 수행해야 했다. 그 명령은 "교육자와 피교육자에 의한 공동 관리의 현존"과 "논쟁, 즉 비평과 창조의 현존"[28]이다. 1968년 6월, 리쾨르의 이상을 혁명적으로 지속시키기 위해 과감한 개혁주의자가 되는 방식을 구축한 것은 바로 개혁과 혁명에 민감한 이 변증법적 방법론에서이다. 그 목표는 그의 수업을 통해 문화적 혁명을 제공하는 것이며, 또한 대학 밖에서 추진되는 자신의 힘을 확산시키고, 산업 세계에서 계급의 관계를 변화시키며, "삶을 변화시킬 수 있는"[29] 새로운 세계를 여는 능력에 이르게 하는 것이다.

---

26) 폴 리쾨르, 같은 책, 383쪽.
27) 같은 책, 384쪽.
28) 같은 책, 394쪽.

그렇지만 유일한 명철성의 이런 분석은 1968년 6월의 상황에서 받아들여질 수 없는 위험성을 갖고 있었다. 일반적으로 높은 자리에 앉은 권위자들을 안전하게 보호하기 위해 억지로 젊은이들의 '반란' 을 진압하려는 당파들과, 거친 방식의 모든 지지자들에 의한 멸시와 함께 던져진 반란은 기관을 부수어서 그것을 매장하고, 혁명적인 거룩한 새벽의 모델에 대한 모든 사회를 바꾸기 위해 회복할 수 없는 단절을 견고하게 하는 걸 목표로 하는 주도권을 완화시키려는 끊임없는 계획과 회유의 조작처럼 반체제주의적 측면으로 기울어진다.

대학의 엄격한 분야에 있어서 제한된 것과는 거리가 먼 1968년의 운동은, 리쾨르에게 있어서 그리스도교의 다양한 종파들간의 분열에 대한 극복으로서 전세계 희망의 원천이다. 이 통합의 희망에 최소한의 구체적 관념을 주기 위해 리쾨르는 교회의 권위에 의해 표시된 것에 위배되는 것처럼 보이는, 사제들과 목사들과 평신도들이 함께 참여한 공동 성찬의 거행식에 기꺼이 참여한다. 성신 강림 대축일의 일요일 즈음에, 어느 개인 아파트에서 70명의 가톨릭교도들과 개신교도들, 그리고 대부분의 평신도들이 보지라르 가에 모이면서 이런 '무질서한 성찬' 이 펼쳐진다.

크세나키스의 음악에 이어 이 거대한 집단의 희망을 알리는 성찬식을 소개한 후에 참석자들은 〈시편〉 72편을 노래하고, 〈사도행전〉을 읽으며, 그 사건들에 집중한 중재 기도를 한다. 참석자들 중에서 우리는 3분의 2의 가톨릭교도들과, 개신교 연합회의 구성원인 자크 보몽과 파리 개신교 신학단과대학 교수인 조르주 카잘리스, 프랑스 개혁교회의 세번째 지역회의의 구성원인 로제 파르망티에, 사회그리스도교의 사무총장인 자크 로샤르 등과 같은 목사들의 참여로 3분의 1의 개신교도들을 만나게 된다. 당시 사회그리스도교의 의장이던 리쾨르가 성찬의 해설을 읽는다. "나는 우리가 공동 성찬식의 이 문턱을 뛰어넘은 순간을 매우 근심했어요. 동시에 나는 그것이 우리에게 명백한 방식을 보여 주었던 그 어느 날이 비로소 우리에게 이미 도래했다는 것을 알고서 오래전부터 그것을 희망했죠. 그날은 도래했고, 주저함도 보류도 없이 나는 당신들과 함께 기쁨 속에 젖어 있어요. 우리는 살아 있고, 이 순간에 우리들 곁에서 계속되는 혁명을 통해 우리가 이러한 행동에 자극되었다는 것은 의미 있는 일입니다. 혁명은 계속될 것입니다. 왜냐하면

29) 폴 리쾨르, 같은 책, 397쪽.

그것을 특징짓는 것이 바로 이 대화와 말이 하나의 공통이라는 것을 통용시키기 때문이지요. 그것은 온갖 장소에서 튀어나오고, 자유롭게 하고 자유로우며, 만나서 질문하고, 문제삼아서 시작되는 것입니다."[30] 봉헌이 있은 후에, 70명의 참가자들 중 61명이 손에서 손으로 포도주잔을 거치면서 각각 부스러진 보통 빵으로 성체식을 거행한다. 혁명적 행위를 하는 데 자각한 참석자들은 공동으로 서명해서 파리의 대주교인 프랑수아 마르티와 프랑스 개신교연맹의 의장인 샤를 베스트팔에게 보낸 편지에서 다음과 같이 밝힌다. "이 행동으로 우리 각자의 공동체에서 우리를 갈라 놓는 걸 바라지 않습니다. 우리는 그리스도교의 실제적 통일이 오늘날 종파의 한계를 넘어선다는 사실을 고려하고 있습니다."[31] 교회 지도자들을 안심시키는 발언임에도 불구하고 위배 행위는 권위자들의, 특히 가톨릭측의 분개를 초래한다. 파리의 대주교는 '우리가 인정할 수 없는 행위'라고 말하면서 공식 성명에서 단호하게 비난하고, 성찬식을 있게 하는 몇 가지 교리적인 원칙들과 성직자들의 원칙들을 상기시킨다. 그는 "우리 형제들의 이런 행위를 인식하는 것은 역부족이라는 결론에 이르렀으며, 더욱이 그것에 대해 후회할 것이라는 결론에 또한 이른다." 프랑스 개신교연맹에 의해 채택된 해결 방법은 더 신중하고 대화에 있어서 더 개방되어 있긴 하지만, 그 본질적인 문제에 대해 반대한다. 이런 경우에 만일 그 어떤 사람이 이런 전세계적 제안인 리쾨르편의 예언적인 행위를 보았다면, 어떤 경계를 넘어선 입장에서 본 그리스도교에 대한 일종의 완성적 행위가 바로 그곳에서의 이러한 비형식적 양태로 나타남을 알렸을 것이다.

---

30) 폴 리쾨르, 《성찬의 해설》, 참가자들 중 한 사람의 기억 속에서 재구성됨, 《사회그리스도교》, 1968년, 제7-10호, 400-401쪽.

31) 편지의 서명자들: 안나 오트레, 프랑수아 오트레, 안 바스티드, 장 바스티드, 모리스 바르토뫼프, 자크 보몽, 모니크 보켈, 장 피에르 보이에, 미셸 브뤼스통, 이브 뷔카스 프랑세, 장 카미나드, 조제프 카날, 도로테 카잘리스, 조르주 카잘리스, 미셸 가스텔랑, 페르디낭 샹팽, 베르나르 쇼몽, 니콜 쇼몽, 자클린 슈미네, 필리프 슈미네, 장 루이 클라브리, 로베르 다베지에, 노르베르 뒤크로, 자크 뒤퐁, 장 레미 뒤랑 가슬랭, 에메 에스포시토 파르스, 안 마리 이방, 마리 갈리베르, 마들렌 가리구 라그랑주, 클레망틴 글라지우, 장 고다르, 자닌 그리에르, 뤼시앵 그리에르, 실비 주베르, 앙드레 로랑탱, 도미니크 르그랑, 피에르 르브작, 자크 로샤르, 클로데트 마르케, 테오도르 모노, 아네트 파르망티에, 로제 파르망티에, 크리스티앙 페요, 앙드레 푸앵, 조제프 라울, 로베르 로레, 안 르텔, 자크 르텔, 올리비에 리쾨르, 폴 리쾨르, 시몬 리쾨르, 뤼 로드리게스 다 실바, 자클린 루송, 장 마르크 생, 베르나르 슈레네르, 모니크 슈레네르, 크리스티앙 도니에, 장 마리 드뤼아르, 조르주 벨랑, 이렌 벨랑, 알베르 비나.

1968년의 운동 전까지도 리쾨르는 벌써 자신의 테제〔국제연합교회 모임〕에 대한 전세계적인 희망을 높이 평가했다. 1967년 그는 테제에 대한 장 마리 포페르의 책에서 열광적인 후기를 다음과 같이 적는다. "테제에 가세요……. 그러한 것은 장 마리 포페르의 아름다운 책에 마음을 열고 닫는 초대입니다. 저는 테제에 갔어요. 저는 부활절의 전례에 참가했죠. 그 단체의 많은 구성원들이 지금 저의 친구들이지요. 그들과 나 사이에는 사상의 교류보다 약간 더 끈끈하고, 삶의 분배보다는 약간 덜한 관계를 만들었죠."[32] 리쾨르는 교회의 다원성에서 찾는 위대한 교회의 구축 초안을 이러한 공동체의 경험을 통해서 알게 된다.

젊은 개신교 학생들에 대하여는, 그들의 1968년 5월의 운동 전초에 매우 명백하게 된다. 파리의 개신교학생연맹의 중심부인 보지라르 가의 46번지는 1970년과 1980년 사이에 극좌파주의의 중요한 위치를 차지하게 된다. 1968년 폐쇄된 학생 기숙사는 모든 극좌파주의가 여러 형태의 모임인 연맹의 연합으로 바뀌었다. "우리는 가장 전형적인 연합이 오크어의 빨갛게 달아오른 갈보들의 연합이었다고 우스갯소리로 말했다! 그것은 남아프리카의 테러리스트들 쪽에서, 우리에게 폭탄을 가져다 주었던 팔레스타인위원회와 칠레, 프랑스-브라질의 MIR과 오크어였다."[33] 장 보베로는 그의 편에, 혁명 만세에 가입하고, 반(半)마오쩌둥주의와 반상황주의자를 집결시켰다. 논쟁은 조롱과 비꼬는 듯한 유머 방법을 인용한다. 그래서 파리의 신학대학은 이 분야에서 창의성이 높은 위치를 차지한다. 1975년 아라고 거리의 학생들은 《해방된 바리새인, 험담하는 신문》[34]이라는 어떤 신문을 지지해 준다. 그 신문은 풍자로서 분쟁을 논의한다. 사람들은 예를 들어 프랑스일주국제사이클대회를 위해 개신교팀을 정렬시키도록 제의한다. 단과대학의 교수들은 다소 풍자화되고 비판을 받는다. 또한 신성한 논문들이 단과대학의 성직자 수습생들에 의해 해학적인 소외로 선별된다. "우리들의 해석학의 항목들은 해학적이다: 베드로 사도는 수영할 줄 알았을까? 전문적인 어부에게 있어서(〈마가복음〉, 1장 16절), 그것은 명확하지 않다……. 그러나 그는 수영할 줄 몰랐다……. 더 나쁜 것은 그는 물에 대한 공포감을 갖고 있었다. 그는 몸을 씻지 않았던 것 같다. 그에

---

32) 폴 리쾨르, 장 마리 포페르의 책, 《테제와 내일의 교회》의 발문, 페야르, 파리, 1967년, 247쪽.

33) 장 프랑수아 에루아르와의 대담.

34) 편집위원회: 프랑크 네스풀레, 베르나르 스테르, 리샤르 베나미아스.

게 묻는 하녀에게(막 14.66-74, 마 26.69-75; 눅 22.56-62; 요 17-18, 25-27), 베드로는 예수를 알지 못한다고 대답한다. 왜냐하면 그는 자신이 부인함으로써 말려들고 싶지 않았기 때문이다. 그렇지만 그는 말려들게 된다. 왜냐하면 그는 비통하게 울게 되기 때문이다……."[35]

단과대학의 개신교 학생들이 조직한 정치적 논쟁의 중요한 시기가 교황 요한네스 파울루스(요한 바오로) 2세가 파리에 방문할 즈음인 1980년에 일어난다. 1980년 5월 30일 그들은 교황이 오는 것에 반대하기 위해 리볼리 가에서 세벤과 개신교의 성가를 부르며, 로마 지하철역에서부터 루브르의 오라토리오 사원과 콜리니의 가스파르 동상에까지 줄을 지어서 사제를 조롱거리로 만든다. '교황은 집으로 돌아가라' '사탄아 물러가라' 라는 플래카드 뒤에서, 그들은 성 바르톨로메오의 '가톨릭교도' 의 유명한 희생자인 콜리니 제독의 발에 꽃다발을 흩뿌리기도 하고 바치기도 한다.

이러한 사회적 부담을 끌어안을 수밖에 없는 상태에서 가끔은 독선적이면서도 아주 계획적이거나 더 심하게는 조르주 카잘리스나 앙드레 뒤마와 같이 존경받는 기득권층 교수들도 있었다. 그럼에도 불구하고 성경의 종교적 언어의 색채를 담고 있는 서술적 담론의 상황 연구에 공헌한 폴 리쾨르와 모리스 카레즈의 강의 이후에, 비록 그가 '올바른 안내자' 라는 칭송을 받는다 할지라도 분명한 것은 이 경우에 있어서 리쾨르는 일종의 대상으로밖에 취급되지 않았다는 것이다. "리쾨르는 우리를 자신의 그러니까, 그것이…… 단순성, 그렇다. 그 단순성으로 우리를 사로잡았다…! 리쾨르를 설명하는 것에 관해서는 주목할 만하다……. 결국 교육적 자질의 영역에서 리쾨르의 이야기는 통했다. 왜냐하면 그는 칸트를 인정했던 것과는 반대로, 청중에게 그의 시선을 맞추었기 때문이다."[36]

기관으로서의 교회에 대한 비평이 1968년 5월의 사건으로 명백하게 굳혀진다. 그 비판은 개신교도들 가운데서는 사회그리스도교와 시마드, 젊은 여성들, 대중선교의 책임자들에서 그러는 만큼 가톨릭교도 중에서는 특히 여호와의 증인이라는 집단 속에서 증가한다. 많은 제안들은 1969년도에 들어서 완전 복종을 추구하는 그리스도교인들 사이에 있어서 대화와 행동의 공동 구조를 세우는 것을 목표로

---

35) 《해방된 바리새인, 험담하는 신문》, 1977년, 제5호, 16-17쪽.
36) 브리지트 멜리에, 《해방된 바리새인》, 제7호.

한다. 사회그리스도교에 둘러싸여 순수하게 혁명으로 전진하는 급진적인 선택은 그를 미묘한 입장에 빠지게 하고, 그리고 리쾨르가 의장인 이 운동의 지도자들 자신이 소식지 역할을 하게 된다. 중국이나 쿠바의 중요한 목표들이 1968년 5월을 **위대한 밤**의 일반적인 반복으로 생각하도록 길을 제시하는데, 그에게 있어서 혁명적 노선은 철저한 개혁에 대한 계획을 단순히 제공해야 한다는 것이다. 반대로 1957년처럼 리쾨르는 정치를 절대화하는 위험성을 경계하고, 덜 정치적이지만 가치에 대해서는 더 철저한 미국 문화에서 일어나는 분쟁을 바라보도록 권고한다. 1970년의 간섭 후에 리쾨르는 권력이라는 명칭하에 그 기관들을 순수하게 소극적이고, 공유하는 진영으로 여기는 경향이 있는 사람들의 착각에 대해 적당한 간격을 유지한다. 이런 분석은 폭력적인 대치의 논리 방식에서 권력의 억압적인 면모를 폭로하려는 전략으로 이끈다. 더구나 두려움을 만드는 반사적인 욕망은, 명령에 대한 유일한 방어를 통해 존재와 반응의 태도를 조심스레 갖게 한다. 리쾨르는 그러한 양자택일을 거절하면서 듣는 것과 판별하는 것에서 만들어지는 성숙한 태도를 권한다. 그는 대립된 경험들로 인해 매우 민감해졌음을 느꼈다. "나는 나를 가장 감동시키고, 나에게 일종의 청년의 영혼을 소생시키는 것을 말하려 한다. 그것은 바로 오늘날의 무정부주의적인 이상향의 재생이다."[37] 그러나 그것은 리쾨르의 성인 역할에서 도망하도록 해서는 안 되며, 창조적인 태도와 어떤 상황의 가능성을 분간하도록 노력해야 한다. 그래서 리쾨르는 "돌파구의 전술"[38]을 추천한다. 그리고 거기에 항상 더 많은 조합 관리를 도입하려고 그곳에 쇄도하는 제도의 결함들을 수정하게 된다. 그러한 접근은 위대한 정치적 신화들을 포기함으로써 받아들여진다. "독특하고 전체적이며 총괄적인 사건과 같은 혁명에 대한 신화와 함께 그것을 끝마쳐야 한다."[39]

계속되고 있던 원탁회의 수업 때, 리쾨르와 도미니카공화국의 아버지로 불리는 폴 블랑카르를 대립시킨 논쟁이 정치에 대한 입장 차이를 잘 보여 주고 있다. 폴 블랑카르에게 있어서 문제는 분리파와 개량주의를 결합시키는 것이 아니다. 왜냐하면 권력 장악은 그것을 극복하기 위한 전환기와 의지 · 조직을 전제로 한다. "권

---

37) 폴 리쾨르, 〈시작하기 위해서는 기대해야 한다〉, 《젊은 여성들》, 119-120호, 1970년, 22쪽.
38) 같은 책, 24쪽.
39) 같은 책, 26쪽.

력 장악이라고 불려지는, 최소한 부여된 그 순간에는 단절이 있다. 그 결과 우리는 절약적일 수 없고, 그래서 결국 그것은 권력 조직을 가정한다."[40] 리쾨르의 입장에서는 19세기 혁명의 실현을 보여 주는 구조에 따라서, 단절보다는 오히려 그 반대로 유효 기간 동안 계속되는 변화를 선택한다. 그는 자신이 순수하게 개혁주의적인 태도를 선택하는 한 "낡은 개량주의는 낡은 혁명화만큼 죽은 것이나 다름없다."[41]

개혁과 혁명 간의 팽팽한 이러한 입장은, 프랑스 개신교의 간부 기관을 포함하여 1968년 5월 이후의 즉각적인 분위기 속에서 그 반응이 드러난다. 그것은 프랑스 개신교연맹이 교회와 권력 구조 간의 관계에 대해 구체적인 제안을 하도록 책임을 떠맡은 위원회를 정돈할 때, 리쾨르에게서가 아니라 '개량주의자'와 '혁명가' 들의 학술적인 집단의 도움에서 나타난다. 그것이 1971년 12월 18일자의 《르몽드》지 한 페이지에 '프랑스 개신교연맹은 받아들일 수 없는 실제 사회를 판단한다' 라는 제목하에 소개될 때, 6명의 편집자에 의해 작성된 이 문서는 개신교의 폭탄처럼 보인다. 정치적 측면과 평신도들과 성직자들 사이의 내부적 조합은 에어 리퀴드사의 부사장인 피에르 브뤼네통, 국가 재정과 계획의 아버지인 클로드 그뤼종, 그리고 알자스와 루터교파의 정교 조약을 승인한 성직자 알베르 프레이 등 3명의 개량주의자들의 선택에 맡겨진다. 혁명파측의 위원회에서 서로 다른 3명의 멤버들은 신학자인 조르주 카잘리스와 사회그리스도교의 사무국장인 자크 로샤르 목사, 대중 선교의 목사인 조르주 벨탕 등이 있다. 이런 인적의 복합 구조는 특별히 철저한 결심에 이르게 한다. "교회들은 (…) 권력에 대하여 매우 순응주의자적이고, 무기력한 개량주의자이며, 예외적으로 혁명적이지 않은 반체제주의자이다. 반란의 과격함은 교회들을 질겁하게 하고, 명령과 그 영원한 억압의 과격함에는 거의 질겁하지 않는다. 그들의 깊은 무의식의 차원에서 교회들은 **현상**의 포로들이며, 정의로우신 하느님께 무기력한 귀를 빌려 줄 뿐이다. 그때부터 교회는 자신의 해방을 위해 싸우는 사람들의 권력에 의해 멸시받고, 무엇보다도 그들을 억압하는 권력의 공범을 그 안에서 보는 것은 설명할 수 있는 것이며 당연한

---

40) 폴 블랑카르, 원탁회의, 《젊은 여성들》, 제119-120호, 1970년, 38쪽.
41) 폴 리쾨르, 〈시작하기 위해서는 기내해야 한나〉, 논문 인용, 42쪽.

일이다. 사실상 교회는 오실 분의 이름으로 논쟁에 있는 혼란에 반대하여, 교회의 보존을 위해 선택했다. 우리는 복음주의의 근원을 찾아야 한다. 그것은 무기력한 사회적 개량주의와 함께 동일화될 줄 모르며, 그 반대로 기쁜 종말론의 대담함에서 설명된다. 다른 세계, 즉 왕국을 기다림은 다른 그 세계를 회복하기 위한 끊임없는 노력을 포함한다."[42]

또 다른 사항이 '교회와 권력'이라는 이 자료를 만들 때 리쾨르의 편력에 매우 기여했고, 그리고 낭테르 캠퍼스를 경찰이 개입하도록 내버려둔 후에 리쾨르가 약간 흔들리는 것을 발견했던 카잘리스와 같은 급진적인 친구들을 포함해서 일시적으로 그의 신용을 떨어뜨렸던 것은 낭테르대학 학장으로서의 자신의 실패이다. 더구나 관리인들 쪽에 있어서 리쾨르는, 자신의 모순되는 논문들이 가져온 곤경의 쓴 경험을 맛보았다. 그리고 그는 자신의 분석 중 나약한 구절들이 있음을 다음과 같이 의식한다. "나는 낭테르대학에서의 경험을 통해, 오늘날의 기관을 결합시키는 일이 불가능하다는 것과 자유에 대한 꿈을 경험했다. 거기에 우리의 비극과, 동시대의 분열된 마음이 있다."[43]

---

42) 〈교회와 권력〉, 《르 몽드》, 1971년 12월 19-20일, 장 보베로의 비평, 《비판하는 권력》, 라보와 피데스, 제네바, 1983년, 15-16쪽.

43) 폴 리쾨르, 〈젊은이의 열망들〉, 1971년말, 나뮈르학회, 《신앙과 시대》, 제5호, 1972년 9-10월, 548쪽.

47

쓰레기통을 뒤집어쓴 영광의 학장직

리쾨르는 본의 아니게 감당할 수 없는 항해의 선두역에 서게 되고, 조롱의 낙인을 아로새긴 실패의 상징이 된다. 매우 오랜 시간을 두고 그는 '머리에 쓰레기통을 뒤집어쓴 학장' 으로서 대중에게 어필된다! 알랭 투렌이 그것에 대해 적절히 표현했던 것처럼 "리쾨르는 정치적 새 문화 양상에 대해 괴로워하는 모습이었다."[1] 우리가 어떻게 그 지경에까지 이르게 되었는가?

1968년과 1969년 사이 대학이 개강할 때 피에르 그라팽 학장은 사표를 제출하고, 장 보주가 학장직의 대리 직무를 맡게 된다. 그는 낭테르대학의 운영에 대해 새 이사회의 선거를 주최할 책임을 임시적으로 갖는다. 개강 분위기는 그러한 협의에 비해서 별로 평화롭지는 않았다. 왜냐하면 1968년 5월의 반체제주의자들은 결국 혁명을 좌절시켰던 격렬한 가을기에서 비밀스런 희망을 안고, 이번에는 권력 체제와 싸우기를 바랐기 때문이다. 이때의 분위기는 선거를 하는 데 있어서 '머저리들에게 덫' 이라기보다는, 오히려 혁명적 전위의 단순한 소외 책략이라는 사상 쪽으로 쏠려 있었다. 보주 학장은 약간은 위험성이 있는 이 선거를 주최하기 위해 행정 권력으로부터의 독립적인 조직을 정리한다. 선거위원회는 리쾨르와 르네 레몽에게 이중 의장직을 맡긴다.

리쾨르는 5월의 사상과 함께 단계적으로 그 운동과 역방향으로 갈 의심을 받을 리 없기 때문에 이 직무 수행자로 지명된다. 더구나 다양한 분야의 교육위원회간에 진정한 대화를 확립하려고 낭테르대학을 위해 소르본대학을 그만둘 생각을 하면서, 리쾨르는 선거 사상에서 합의의 방식을 추구하는 데 가장 적격인 인물로 선별된다. 르네 레몽을 선택한 데 대하여는 이미 선거협의회의 가장 위대한 전문가

1) 알랭 투렌과의 대담.

로 알려졌고, 그렇게 인식된 르네는 또한 역사학과의 책임자로 알려졌다. 그는 철학에 대하여는 달인이고, 현인들에 대하여는 전문가로 알려졌다. "우리는 협회를 효율적이고, 가능한 한 정도를 가는 단체로 만들기 위해 중요한 역할을 했어요. 우리의 의지는 모든 저항과 모든 장애물들을 능가했죠."[2] 가장 철저한 집단들은 이 선거들의 운영에서 의사 결정을 방해할 것으로 생각한다. 그러나 리쾨르-레몽의 듀엣으로 구체화된 의지는 점차로 확산되고, 증가하는 수많은 학생들의 협력을 얻는 데 성공한다. 그래도 그 작업은 역시 위험하고 벅찬 것이었다. 왜냐하면 선거가 무사히 치러지기 위해 필요한 까다로운 규칙과 함께 4일 동안 내내 치러졌기 때문이다. 투표함들은 한 집행관이 다음날 아침 꺼내질 봉인을 계속적인 감시하에서 그것을 놓을 장소로 그날 저녁 옮겨진다. 이 선거들은 최종적으로 1969년 2월말에 큰 말썽 없이 전개된다. 그것은 이미 쉬운 쾌거였다. 왜냐하면 같은 순간에 뱅센대학에서는 투표함들이 캠퍼스의 중앙 분수 속에서 떠도는 것이 발견되었기 때문이다. 주최자들은 외면하기에 잘 적응된 이 시대에, 이례적인 참가율에 만족하면서 도저히 실행 불가능한 자신들의 임무를 성공시켰다. "우리는 그래도 1만 2천 명 중에서 6천 명 이상의 학생들의 참가를 얻었다."[3]

장 보주의 대리 기간이 끝나가고 있었기 때문에 운영이사회는 새 학장을 선출해야 했다. 1969년 4월 18일, 이사회의 선택이 리쾨르 쪽으로 향하게 된다. 자크 메를로 퐁티가 이사회를 대표해서 이 제안을 리쾨르에게 알릴 책임을 맡는다. "내가 리쾨르에게 전화했던 것을 기억한다. 나는 '어떻게요? 아니오……. 그것은 가능한 일이 아니에요'라고 말하는 리쾨르 부인의 답변을 들었다. 나는 그녀에게 다음과 같이 답했다. '부인, 제가 부인께 부탁하게 되어 유감스럽게 생각합니다만, 이런 발걸음을 하게 한 것은 바로 대학의 이사회입니다.'"[4] 리쾨르는 이 제의를 달가워하지 않지만, 그렇다고 인수하게 될 책임 앞에서 도망치고 싶어하지도 않는다. 그는 당선자들 중에서 그러한 중심적인 신뢰를 갖는 유일한 사람이다. 운동에 활동적으로 참가했던 것처럼 대학의 개혁을 위한 자신의 의견 표명은 이런 권력의 입장을 허락받기 위해 투쟁으로 나타난다. 그렇지만 리쾨르는 직무에 대

2) 르네 레몽과의 대담.
3) 위의 대담.
4) 자크 메를로 퐁티와의 대담.

한 책임감을 함께 나누고 싶어서 르네 레몽을 보좌관으로 삼는 것을 이 임명에 대한 조건으로 제시한다. 왜냐하면 그 단짝은 위원회의 선거 조직에서 직무를 잘 수행하기 때문이다. "나는 몹시 주저했다……. 나는 그 무리 속에 돌아가기를 열망할 뿐이었다……. 그러나 내가 폴 리쾨르의 우정어린 권유를 피할 수 있을까?"[5] 결국 르네 레몽은 제안을 받아들인다. 그래서 리쾨르는 1969년 4월 공식적으로 낭테르대학의 학장이 된다.

그렇지만 레몽을 임명하는 것은 가장 급진적인 무리들의 취향이 아니다. 그들은 무엇보다도 레몽을 기득권층의 권리를 존중하는 데 집착하는 부류의 한 사람으로 생각한다. "그래서 그들은 나를 협박하려 했고, 4월 29일 내가 학생들을 집합시킨 조그마한 교실에 몰려들었으며, 나의 사퇴를 얻으려고 노력하면서 나를 모욕하고 떼밀며 때리기도 했지만, 결국 그들은 나의 사퇴를 얻진 못했다."[6] 이런 협박 행위는 그 목적을 달성하지 못했기 때문에 단짝인 리쾨르-레몽은 심리학자인 로베르 프랑세스와 영어학자 니콜라스 로스키를 자기들의 협력자로 만들고, 일종의 집단 체제를 형성하면서 직무를 수행할 수 있었다. 대학은 일시적으로 잠잠한 것처럼 보였다. "폴 리쾨르의 자유롭고 관대한 지도하에 대학은 회복기와 같은 상태로 들어갔다."[7]

운영에 대한 책임을 모두 인수하면서 리쾨르는 자신의 강의를 계속해 나간다. 어느 날 리쾨르가 학장 직무를 막 인수하고, 그가 헤겔에 있어서의 국가 개념을 주제로 한 중등학교 자격 과목인 수업을 하기 위해 계단식 강의실에 도착했을 때, 칠판 위에 대문자로 씌어진 '리쾨르, 늙은 피에로'라는 글을 발견한다. "나는 이 낙서를 발견하고서도 그것을 내버려두었다. 왜냐하면 그 낙서는 진실인 동시에 거짓이기도 했기 때문이다. 거짓이라고 말한 이유는, 나를 웃음거리로 만들면서 나의 신용을 해친 것이기 때문이었다."[8] 그러나 리쾨르는 셰익스피어에게 있어서 어릿광대는 왕에게 진실을 말하는 광대였음을 기억한다. 리쾨르는 거기에서 "광대의 고유한 역할을 상기시키면서 역설적으로 거리감을 유지하는"[9] 교훈을 이끌

---

5) 르네 레몽, 《규칙과 동의》, 페야르, 파리, 1979년, 108쪽.
6) 르네 레몽과의 대담.
7) 르네 레몽, 《규칙과 동의》, 앞의 책, 109쪽.
8) 폴 리쾨르, 《개신교의 존재》, 올리비에 아벨과의 토론, 1991년 12월 15일.
9) 같은 책.

어 낸다.

그러나 도중에 어떤 반체제주의자들도 벽에 낙서하는 것을 멈추지 않는다. 린뱌오〔林彪〕와 마오쩌둥〔毛澤東〕이 그 모델이었던 학생들과 중국 문화의 혁명은, 모든 형태의 지식을 받아들일 수 없는 권력의 표현과 동일시했다. 그들은 '공개 소송'을 목적으로, 계단식 강의실 앞에 리쾨르를 세우기 위해 사무실에 있던 그를 찾으러 왔다. 그들은 누가 그에게 수업을 하고, 교수가 될 수 있는 권한을 주었는지를 말하고, 그의 어떤 점이 다른 사람과 다르고 더 우수한가를 설명하도록 하기 위해 리쾨르에게 '대중들 앞'에서 해명할 것을 촉구한다. 리쾨르는 침착하게 있다가 "이런 상황은, 자신이 더 많은 책에서 읽었던 사실이라고 답한다. 그들은 완전히 깜짝 놀랐고, 리쾨르의 사무실까지 매우 공손하게 배웅했다."[10] 리쾨르는 끊임없이 온갖 논쟁을 자유로이 토론할 수 있도록 하기 위해 모든 경호를 거절했으므로 그의 사무실로 급습하는 일들이 더 자주 생긴다. 이러한 대화에 있어서의 가능성조차도, 결국은 학교가 결정적으로 경직화되어 버린 1969년에도 강의가 계속될 수 있도록 노력하는 선동자들을 침식시킨다.

그러나 그런 대치들은 1970년대초부터 조짐을 보이기 시작한다. 1월에 법과대학에서 마찰들이 생기는데, 그 열기는 "재발되었기 때문에 68년의 봄보다 실질적으로 더 심각한 상황 속으로 낭테르대학을"[11] 몰아넣으면서, 그 파문이 문과대학 쪽으로 급속히 퍼져 나간다. 법과대학이 일시적으로 폐쇄되었기 때문에 그 동요가 문과대학 쪽으로 이동하게 된 것이다. 그 사이 연극에 몰두해 있던 샹봉쉬르리뇽의 오랜 제자인 카트린 드 세느가 낭테르대학 캠퍼스에 올 때는 바로 이러한 악화된 분위기에 있을 때이다. 카트린은 자신이 오를레앙에서 여성들의 회의를 위해 준비했고, 공장들과 학교에서처럼 아비뇽의 축제에서 거의 전역에서 필요로 하는 구경거리를 줄 수 있는지의 가능성을 검토하기 위해 리쾨르와 만날 약속을 한다. 그녀는 낭테르대학에 그것을 소개하고 싶어했다. 카트린은 그것에 대해 리쾨르와 토론하고, 그 사무실에서 너무 늦지 않는 범위 내에서 그와 상담을 한다. 리쾨르는 빠른 시일 내에 카트린이 상연할 수 있기를 바라지만, 그것은 당분간은 어려울 것

10) 미리암 르보 달론과의 대담.
11) 르네 레몽, 《규칙과 동의》, 앞의 책, 109쪽.

처럼 보인다. “우리는 계단에서 나는 발자국 소리를 들었고, 리쾨르가 내게 다음과 같이 말했다. ‘그들이 도착했군요. 나는 당신이 차라리 떠나기를 바랍니다.’”[12] 카트린 드 세느는 남아 있기로 결심하고, 이런 장소에 익숙한 ‘구경거리’를 목격한다. 공격자들은 문을 밀쳐 버리고서 사무실에 있는 갖가지 서류 다발들을 헝클어뜨리고, 양탄자 위에 자신들의 담배꽁초들을 짓밟으며, 커튼을 억지로 떼어내고, 책상 위에 걸터앉는다. 카트린 드 세느는 1968년 이후에는 다시 돌아오지 않는다. 리쾨르는 그들에게 무엇을 원하는지를 묻고, 자신은 논쟁할 준비가 되어 있다고 말한다. 그는 그들이 많은 욕설로 답하는 것을 듣는다. “그가 스트라스부르 대학 교수였을 때, 이러한 이해의 분위기를 상봉의 분위기로 전환시켰다. 물론 그것을 보는 것은 하나의 착각이다!”[13]

1970년대초에도 여전히 리쾨르와 함께 논문을 준비하던 모니크 카스티요는 학생 기숙사촌에서 살았는데, 학생 무리들의 깨뜨릴 수 없는 시각과 캠퍼스에서의 다양한 투쟁 양식을 볼 수 있는 이점을 얻는다. 그녀는 리쾨르를 만나기 위해 모든 길가에 대기하고 있는 치안 기관들과 용감히 맞서기로 결심하고, 그리고 자신의 작업 상황을 그에게 보고하기로 한다. 그녀는 또한 리쾨르가 수업을 하는 계단식 강의실에 도착하기 위해 놀라우리만큼 학생들과 경찰들의 무리를 꿰뚫고 오기도 한다. “벽 위에는 리쾨르에 반대하는 엄청난 낙서들이 씌어져 있었어요. 그것은 한 용어에 대한 모든 의미를 해석하는 데 있어서 이 상황에 가장 적합한 방식이었고, 그리고 리쾨르의 역할을 규정하는 데 있어서 놀라운 방식이었죠. 그것은 훌륭한 것이었지요. 나는 그것이 어떤 고귀함에 가깝다고 생각했죠.”[14] 이런 반어적인 점잖은 방식에 따른 고귀성은, 우정어린 지지를 발견하기 위해 음산한 날이면 자주 리쾨르를 찾아가는 철학자 앙리 구이에에 의해 그의 정당성의 척도가 올바르게 평가된다. 구이에는 저녁식사에 리쾨르를 초대했다. “어느 날 리쾨르가 구이에 집에 도착하자 그에게 이렇게 말했죠. ‘리쾨르 선생님, 유감스럽게도 나는 당신이 정말로 마음 편하게 충분히 식사할 수 있도록 원했던 만큼의 음식을 준비할 시간이 없었어요. 화장실에 낙서해 놓았던 것을 그만 잊어버렸어요.’”[15]

---

12) 카트린 드 센과의 대담.
13) 위의 대담.
14) 모니크 카스티요와의 대담.
15) 장 그레쉬와의 대담.

캠퍼스에서 보통 마오쩌둥주의자들에 의해 공격을 받은 리쾨르는, 이뿐만 아니라 대학철학에 반대하는 풍자적인 격한 논조의 신문에 의해서도 같은 취급을 받는다. 그것은 1970년대에 나타난다. 그는 공격의 대상이 되었을 뿐만 아니라, 자신의 금욕적인 해석학은 더욱이 반은 종교적이고 반은 철학적인 신비론적 영감의 변이체로서 알려진다. "드라마는 탁월하게 전개된다. 그러므로 리쾨르 씨가 우리에게 넘겨 준 구체적인 경험들은 철학자가 아닌 일반 사람들이 알고 있는 세상의 한계들을 영원히 전환하는 걱정이나 번민을 나타내 준다. 그의 위대한 작업들은 교양 인문 과정과 같은 것으로 소개된다."[16] 작가인 피에르 퇼리에는 글자 그대로 반동적인 철학과 신화를 믿는 고대 모방에 푹 빠진 모습을 고발하고 다음과 같이 덧붙인다. "만일 그것이 철학이라면, 왜 우리는 신학대학에서 쉽게 그것을 가르치지 않는가? 학생들 또한 그것들을 원한다는 것을 알려야 한다."[17]

그해 1월 26일에 한 해 동안 자신이 지도한 80편의 논문과 그의 추가 강의, 그리고 대학을 이끌어 갈 제도의 걱정으로 인해 지쳐 버린 리쾨르가 커피를 마시기 위해 구내 커피숍으로 내려갈 때, 낭테르대학 캠퍼스에는 또다시 긴장감이 그 절정에 달하게 된다. 그는 낙서들로 뒤덮인 1층 복도로 다급하게 나가다 일명 'spontex'라고 불리는, 무정부주의를 신봉하는 몇몇 무리들과 해학적으로 여느 때처럼 인사를 주고받는다. 그때 그는 20여 명의 학생들에 의해 차단된 '감금 상태'에서 가까스로 도망친다. 그러나 이 학생들은 그가 돌아올 때를 기다렸다가 쓰레기통 속에 버려진 서류들을 모아두고서 그것을 이용한다. 리쾨르가 다시 나타났을 때, 그들은 그의 얼굴에 침을 뱉고, 그 머리에 쓰레기통 속의 내용물을 뒤집어씌운다. 어떠한 희생을 치르더라도 이런 새로운 선동에 양보하지 않기로 결심한 리쾨르는, 쓰레기통을 집어들어 자신의 수업을 하기 위한 강의실에 갖다 놓는다. 단상 위에 도착한 그는 평소대로 자신의 강의 준비물들과 강의 수첩을 펼친다. 그리고 나서 조금 전에 있었던 일을 전혀 알지 못하는 학생들에게 "아니오, 나는 수업을 할 수 없어요"라는 수수께끼 같은 말을 던지면서, 그의 태도를 바꾼다. 더 이상의 덧붙이는 말도 없이 그는 자기 강의 노트를 정리하고, 아주 당황스런 표정으로 계단식 강의실을 떠난다. 이번에는 선동자들이 이겼다. 그들은 그의 한계를 시험하려

16) 피에르 퇼리에, 《관리 소크라테스》, 라퐁, 파리, 1970년, 112쪽.
17) 같은 책, 113쪽.

애썼고, 결국 그의 한계점들을 발견했다. 그들이 학장에게 바라는 것은, 리쾨르가 속해 있는 작은 소수파가 열망하는 불가피한 상황을 연쇄적으로 몰아서 고소하는 것이 아니라 할 수 없이 상황을 양보하게 할 경우에 있어서 그가 희생자가 되게 하는 것이다. "그는 자기 사무실로 올라가다가 쓰러졌음에 틀림없어요."[18] 심장이 약해진 리쾨르는 의사에게서 2월 3일부터 17일까지 보름간의 휴식을 처방받는다.

리쾨르는 가까운 친구들로부터 빗나간 조언을 듣게 되는데, 그들은 그의 긴박감을 조장하고, 또 절대로 넘어서는 안 되는 그 어떤 한계점들에 대해서도 큰 소리로 떠들어대고 싶어한다. 객관적인 판단으로는 정당했지만, 그렇게 하는 것이 결코 좋지 않다는 평가는 르네 레몽에 의해 분명하게 인식된다. "대학의 소요 사태가 대중들에게, 심지어는 대학 내부에 있는 많은 대중들에게도 알려지지 않을 수 있다. 우리는 스스로 이 문제를 제기했고, 그리고 이 바보스런 행동을 폭로하는 것은 내부에서는 분개에 대한 놀라움을, 외부에서는 동정적인 움직임을 유발시켰다. 고백하건대 그것은 판단 착오였고, 전술상의 실수였다."[19] 최대한의 광고는 이런 행위에서 확실하다. 그는 언론 중의 하나에 재빨리 광고한다. 기대했던 놀라움을 유발시키는 대신에 그것은 전체의 웃음거리를 자아낸다. '쓰레기통을 뒤집어쓴 학장의 모습' 이라는 지워지지 않는 이미지가 리쾨르의 가슴에 아로새겨진다.

낭테르대학의 운영이사회는 위협과 모욕, 행위 목적을 위한 몇몇 사실들에 대해 고소하려고 결심한다. 리쾨르는 공격의 장본인을 알지만, 그러나 명목상의 탄핵을 바라지는 않는다. 결국 이런 관용의 결말은 매우 아름답고 감동적으로 다가온다. 1991년 리쾨르가 파리의 한 대학에 논문 심사위원으로 있게 되었을 때, 한 교수가 그를 만나러 왔다. "지난 20년 동안 당신에게 말씀드리고 싶은 게 있었어요. 당신을 때리고, 머리에 쓰레기통을 뒤집어씌웠던 사람이 바로 저예요." 울름가의 이 오랜 마오쩌둥주의자는 리쾨르에게 간곡한 마음으로 용서를 구한다. "나는 이 때늦은 속죄에 매우 큰 감동을 받았다."[20]

이 쓰레기통 이야기를 뽐내려던 실수는 리쾨르를 진짜 희생자로 만들게 된다.

---

18) 르네 레몽과의 대담.

19) 르네 레몽, 《규칙과 동의》, 앞의 책, 110쪽.

20) 폴 리쾨르, 질 파르세와의 대담, 《잡지의 의미》, 1992년 1월.

적어도 그 실수는 수많은 동정과 지지의 증인들의 격한 감정을 오히려 더 불러일으키게 된다. 각기 다른 성향의 교수들과 이사회 임원들 · 기술진들이 '리쾨르 학장님' 에게 자신들의 신뢰를 보여 주기 위해, 그에 대한 동의와 자신들의 선서들을 증폭시킨다. 1월 26일부터 리쾨르는 대학에서 그들의 몸싸움과 같은 과격한 모임들을 억제하고, 극단적인 실력 행사에 의지하는 것을 막기 위해 대학의 이사회에서 선출된 사람들 모두에게 호소한다. 공산주의자들이 선동하는 조합들은 선동에 반대하는 팸플릿을 배포한다. 그리고 그들은 "그 선동들이 파시스트의 방법들 중 가장 순수한 전통 속에서, 리쾨르라는 한 교수에 대해 이 최후의 날들을 가능케 하는 그의 인간 존엄성과 명예심"[21]을 단호히 비난한다. 이러한 일들은 그 결과로 생길 수 있는 어려움들을 경계케 하면서 리쾨르에 반대하여 저질러진 행위를 분명히 거부하게 한다. 사실상 "이러한 공격은 변명할 수 있는 어떠한 경우도 아니고, 오히려 그것은 강요받은 대중적인 투쟁에 반대하는 것"[22]이라고 밝힌 팸플릿에 적힌 공산주의연맹의 트로츠키파와 통일사회당, 좌익 인민의 마오쩌둥주의자들과 같은 서로 다른 세 가지 경향을 발생케 한다.

이런 연대성의 표명은 마르셀 다비드가 지도하는 노동연구소에서 극좌파의 강렬한 구성원과 함께, 프랑스민주노동동맹(FO)과 노동총동맹의 조합 책임자들이 리쾨르에 반대하여 일어났던 것을 비난하는 학생들을 저지하기 위해 이사회에 개입한다. 이때 만일 반대의 경우에 봉착한다면 그들은 가버린다고 위협한다. "회합의 중지. 학생들이 그들 편에 합류했고, 또 그들은 리쾨르와 관련된 것에서 집단적으로 결별한다고 말하기 위해 되돌아왔다."[23]

그렇지만 캠퍼스에 다시 평정이 찾아오진 않는다. 그와는 반대로 긴장감 도는 상황이 더욱 심해지고, 이번에는 폭력들이 사육제에 덜 어울리는 분위기로 흐른다. 2월 3일부터 17일까지 리쾨르의 부재로 인해 르네 레몽은 낭테르대학을 혼자서 운영해야 했다. 50여 명의 반체제주의자들이 법과대학에 의해 충원된 연구원들을 붙잡아서, 알 수 없는 대중 재판에 회부하기 위해 문과대학 쪽으로 끌고 가

21) 1970년 1월 28일자 팸플릿, 〈선동에 반대한다!〉, SNPES-CGT, Restau U의 개인의 CGT, FGEN-UNEF, SNAU-FEN, SNB-FEN, ARCUN.

22) 팸플릿, 〈26일 월요일에 리쾨르 혼란 위에 초점 맞추기〉, 좌파의 인민공산주의연맹, 통일사회당이 서명.

23) 마르셀 다비드와의 대담.

는 2월 3일부터 그 상황은 전환될 위험이 있었다. "우리는 그들에게서 서류를 압수했고, 그 위에 까만색 물감을 칠했다. 책상 위에 쓰러진 그들 중 한 명이 자아비판을 행하도록 강요받았다. 나는 불법 감금이 사형을 가하는 쪽으로 돌려질까봐 두려웠다."[24] 그러나 가장 과격한 대결들은 UEC의 전투적인 공산당들과 좌익무산 계급(GP)의 마오쩌둥주의자들 간의 싸움으로 전개되는 것이다. '수정주의 입장'에 대한 사냥은 어느 면에 있어서는 개방되어 있고, 어느 면에 있어서는 '마르셀랭 선동자들'을 사냥하는 데 주력하고 있다. 2월 12일 마오쩌둥주의자들에 반대하는 공산주의 학생들에게 도움을 주었던 르노 기업의 노동총동맹의 한 조합원이 이중골절로 인해 거의 죽은 거나 다름없게 되었다. 그는 8일 동안 혼수 상태에 있었다. 언젠가 그는 서류 뭉치를 엉망으로 만들기 위해 관리 사무실에 침투하기를 원했던 특공대원이다. 이때 그가 침투하는 것을 방해하기 위해 르네 레몽이 몸소 개입해야 했다. "나는 문을 가로질러 있어야 했고, 결국 그들은 나를 감히 떼밀지는 않았다. 그러나 그들은 침투해서 엉망으로 만들어 놓을 결심을 바꾸지 않았다."[25]

'강제 휴가'에서 복귀한 리쾨르는 사건의 윤곽이 잡힌 것에 깜짝 놀라고, 그 자신이 책임을 맡고 있는 대학 구역에서 자행되는 폭력들이 사람을 죽음으로 이끌지는 않을까 하는 두려움을 갖게 된다. 교육부 장관인 올리비에 기샤르와의 교섭이 이루어졌다. 대학 총장인 말레가 교육부에서 개최되는 회의에 참석한다. 그래서 우리들은 캠퍼스의 안전을 확보하는 문제를 가지고 리쾨르·레몽과 함께 가능한 해결책들을 검토한다. 르네 레몽이 지난 마지막 보름 동안 대학에서 자행된 습격 명단과 불법 행위·공격과 같은 '무시무시한' 보고를 모두 읽는다. 설령 경찰의 모든 해결이 리쾨르에게 만족스럽지 못하다 하더라도 그는 살인자를 보호해 줄 수도, 또 그러길 바라지도 않는다. 위원회는 토의 결과 세 가지 결정을 내린다. 학장이 비안전에 대하여 공식적인 선언(1명의 부재, 35표의 만장일치)을 한다. 더 중요한 두번째 결정은 위원회가 캠퍼스의 '정상화'를 요구하는 것이었다. 그리고 각각의 결정은 중요한 것이었는데, 그것은 사태에 따라서 대학의 자유를 포기해야 되고, 경찰력에 대학 캠퍼스의 질서 유지를 넘겨 주어야 하는 최악의 경우가

24) 르네 레몽, 《규칙과 동의》, 앞의 책, 112쪽.
25) 르네 레몽과의 대담.

발생할 수도 있기 때문이다. 그렇지만 리쾨르는 이런 조처가 정말로 실행되지는 않고, 단지 위협적인 효과만 가질 거라고 잘못 판단한다. 왜냐하면 그의 지성은 그런 대책이 매우 심각한 불법 행위의 경우와, 자신과 협의(위원회의 29명이 찬성, 2명이 반대, 3명이 기권)한 상황에서만 사용되어야 한다고 생각했기 때문이다. 만일 그것이 안전을 책임지는 데 충분치 않다면 대학을 폐쇄하려는 것(18명 찬성, 6명 반대, 10명 기권)도 검토된다.

2월 27일자의 《르 몽드》지에서는 '리쾨르 씨는 낭테르대학 교수들과 학생들의 안전을 더 이상 보장할 수 없다고 생각한다' 라는 제목으로 보도를 한다. 학장의 공식 성명이 과격한 소란을 불러일으킨다. 왜냐하면 리쾨르가 대학의 정상화를 알리면서, 그 어떤 순간에도 살인은 자행될 수 없다고 밝혔기 때문이다. 내무부에서는 레이몽 마르셀랭이 그에게 무사통과증을 보내기 위해 초초히 기다리고 있다. 26일 최종적으로 채택된 캠퍼스의 평범화에 대한 원고가 올리비에 기샤르에 의해 준비되었고, 2월 27일이 되자마자 내무부 장관은 대학 내에 다섯 대의 차를 보낸다. 리쾨르는 올리비에 기샤르의 사무총장인 앙드레 지로가 자정에 걸어온 전화 통화로 이 결정을 통보받았다. 앙드레 지로는 경찰이 아침 7시부터 실제로 캠퍼스에 투입될 거라고 리쾨르에게 알린다. "나는 그에게 똑같은 일을 반복하면 안 된다고 대답했다. '어제 당신은 당신의 권위하에 있는 대학 캠퍼스를 정리하면서 정해진 사항에 대해 투표를 했소. 당신은 당신의 권위를 포기했고, 그래서 개입하게 된 사람들이 바로 우리요' 라고 그가 말했다. 그리고 나는 바로 그 장소에서 경찰을 발견하게 되었다."[26] 반체제주의자들은 국가의 폭력을 폭로하기 위해 더 이상의 구실을 찾을 필요가 없었다. 그것은 모두에게 보였고, 그때까지 매우 분열적인 모든 학생 운동을 다시 일체감이 되게 했다. 무산 계급의 좌파가 선두에 서서 몇몇 바리케이드를 쌓기 시작한다. 혁명 핵심은 분노한다. '리쾨르도 똑같다' 라는 표제하에 마오쩌둥주의자의 무리들은 학장을 공격하자는 팸플릿을 배포한다. "경찰이 고용주와 유산 계급인 정부와 더불어 서로 협조하고, 리쾨르의 청탁을 받아 빈민굴 속으로 이주민들을 되돌려 놓으려 한다. (…) 리쾨르는 중립적이지 않다! 리쾨르는 인종차별주의자이며, 경찰관이라는 정체를 드러내고야 말았다. 여기에 오늘날 자유주의자의 얼굴이 있다." 낭테르대학은 전과 같이 또 다른 분쟁의 진

---

26) 폴 리쾨르, 《비평과 확신》, 앞의 책, 64쪽.

원이 된다. 단과대학의 정치적 성향의 학생들은 자기들을 도와 주고, 캠퍼스 밖으로 경찰을 밀어내도록 하기 위해 다른 대학의 행동파들을 부른다. 총회를 소집한 3월 2일의 유인물은 역시 '리쾨르의 사직과 운영위원회의 사임, 정상화 명령의 폐지'를 요구하는 내용으로 뿌려지는데, 그 유인물은 운동에 있어서 더 온건한 두 정당, 통일사회당과 공산주의연맹에 의해 서명되었다.

캠퍼스에서 경찰들과 학생들을 뒤섞은 폭탄물 범벅이 어느 날 폭발하게 되고, 이런 사건은 기이한 양상을 띤 폭력의 대결들과 함께 3월 3일부터 발생하게 된다. 우파 연합에서는 극우파의 투쟁가들이 경제학 분야에서 치러지기로 예정된 부분부분의 시험을 통과시키기 위해 외부에서 왔다. 그때 극좌파의 반체제주의자들이 법과대학 건물에 침입해서 그들을 몰아낸다. 대부분 참가자들이 캠퍼스에 벌써부터 나타난 경찰력의 보호에 구원 요청을 보내지 않으면 안 되었다. 그들은 경찰의 보호를 받으면서 몸을 구부린다. 첫번째 돌멩이들이 날아간다. 얼마 지나지 않아 문과대학에서 총회를 개최한다. 16시경 수많은 학생 무리들이 "경찰들은 캠퍼스 밖으로!"라고 소리치며 계단식 강의실 B-2동 건물에서 나온다. 경찰들이 단과대학을 따라 뻗어 있는 길 양옆으로 완전무장한 채 전면 대결이 시작된다. 학생들은 그들의 강의실 의자와 재떨이들, 그리고 책상다리를 치우면서 가능한 한 모든 던질 수 있는 물건들을 경찰들에게 던진다. 경찰 편에서도 그 던질 수 있는 모든 것들을 다시 던지면서 학생들 쪽으로 최루탄을 쏘며 반격한다. 르네 레몽도 무능력하고 괴로운 심정으로 그 광경에 참석한다. 할 수 있는 최상의 방법은 대학 경계선 내에 경찰이 침투하는 것을 막는 것이다. "행정 건물 2층에 있는 학장의 사무실에서 발견된 그 광경은 넋을 뺄 정도로 차라리 아름다웠고, 거의 환상적이었다……. 마치 무대에 오르기 전 몇몇 분쟁의 행동파들은 (…) 악마처럼 날뛰면서, 아래쪽으로 몰려든 경찰력을 다양한 발사물들로 저지한다……. 건물 밑에서는 플라스틱으로 된 헬멧과 투구를 중세 기사들과 비슷하게 쓴 1백여 명의 경찰들이 햇볕을 받아 눈부시게, 그러면서도 치밀하고 규칙적인 형태로 정렬하고 있다."[27]

르네 레몽은 도지사와 마찬가지로 내무부 장관이 그랬던 것처럼 교육부 장관의 사무실과 여전히 지속적인 교섭을 한다. 왜냐하면 경찰들이 그날 하루 동안에 발생한 60명의 부상자들을 처리할 다른 방편도, 그렇다고 그 어떤 처리권도 갖고 있

27) 르네 레몽, 《규칙과 동의》, 앞의 책, 110쪽.

지 않은 상태에서 저격당한 사람들을 발견한 장소를 거의 분간할 수 없으면 없을수록 더욱더 건물 내부에는 습격하기 위한 더 많은 경찰력이 동원되기 때문이다. 19시경 조금은 긴장 상태가 완화된데다, 때마침 두 단과대학이 텅 빈 상태가 되었을 때 몇몇 학생들이 대학 식당으로 향한다. 대학 식당에는 그날의 충돌에 무관심한 이들이 앉아 있었다. 그때 분노가 절정에 달해 있던 경찰이 식당 안으로 황급히 피신한 학생들을 쫓는다. 그들은 식당 안에 최루탄을 터트리고, 가스에 질식한 학생들을 치우기 위해 창유리를 공격한다. 나가자마자 포위군들은 "학생들을 죽여라!"고 소리치면서 땅에 떨어지는 이들을 악착스레 따라다니고, 캠퍼스 입구에 나타난 앰뷸런스를 '영구차' 로 취급하는 경찰들을 곤봉으로 후려치며 기습한다. 중재의 구실을 하고, 경찰력의 광기로부터 학생들의 퇴장을 보호하기 위해 헌병의 개입이 필요했다. 미친 듯이 날뛰던 경찰력은 캠퍼스 주차장에 주차된 차들을 공격하고, 곤봉으로 후려쳐서 창문을 부수었으며, 타이어를 터뜨리고, 차체를 찌부러뜨렸다. 결국 물질적인 손실 외에도 1백87명의 부상자들을 일으켜 세워야 했다!

리쾨르는 공권력으로 경찰력 투입을 허락한 판단의 경솔함에 반대하는 공식 성명을 통과시킨다. "나는 대학의 정상화가 서둘러 실현되리라는 것에 반대한다. 어떠한 협상도 적절한 순간의 선택과 그 적용 방식에 대하여 그것을 명시하지는 않았다. 나에게 미리 청구도 하지 않고 대학 건물의 침입을 자초하면서, 무력의 힘을 증명하려는 경찰의 이러한 즉각적인 행위는 우리의 안전 문제에 대한 계획을 앗아가 버렸다."[28] 이런 조정은 리쾨르가 경찰을 불렀다는 소문이 퍼지는 것을 막지 못한다. 그는 살육에 대한 책임자이다! 극좌파에 의해 비판을 받은 리쾨르는 온건파들에 의해 분명히 버림을 받는다. 프레데릭 고상은 낭테르대학의 문과대학 학생으로부터 받은 편지 내용으로《르 몽드》지의 3월 5일자 기사를 작성한다. "'말 없는 다수' 는 경찰력에서보다 무정부주의자들 가운데서 더 잠잠하고, 더 잘 공부할 수 있으며, 읽거나 토론할 수 있다. 무질서 속에 있던 두 학기보다도 이 이틀 동안 더 많은 상처와 더 많은 생명을 위협받았다." 그리고 고상은 다음과 같이 덧붙인다. "우리들은 지난주의 선언에서, 모든 형태의 '억압' 에서의 그 자유화와 반감이 리쾨르 씨에 의해 이끌렸던 것에 대해 오랫동안 비난할 것이다. 이러한 부르

28) 폴 리쾨르, 〈학장의 공식 성명〉, 《르 몽드》, 1970년 3월 4일.

짖음의 근심스런 어조는 사건들에 어울리지 않는 심각성을 명확하게 막으려는 희망에서, 그 사건들을 부분적으로 극소화하기 위한 학장의 계속적인 노력과 매우 대조를 이룬다."[29]

철학과에서도 수많은 동료들이 대학 정상화와의 결정에 동의하지 않는다. 앙리 뒤메리 · 미켈 뒤프렌과 장 프랑수아 리요타르의 경우가 그러한데, 특히 장 프랑수아 리요타르는 체제에 도전하는 교육으로 질서를 가다듬고, 리쾨르와 기샤르의 공통점인 비정치성을 고발하기까지 한다. "대학은 자본주의적이고 관료주의적인 체제로서, 그 체제 구조 속에 소속된다."[30] 시사 잡지 《렉스프레스》에서의 프랑수아 지루의 해설은 낭테르대학 학장이 운영했던 방식과는 매우 거리가 멀다. "폴 리쾨르는 문과대학과 법과대학, 이 두 대학의 운영위원회와 함께 낭테르대학의 쇠퇴기 때 성스러운 것을 도입하려는 위험스러운 일을 범했다."[31]

3월 3일자의 흥분하여 씌어진 원한과 유감으로 가득 찬 한 통의 편지가 오비에 출판사를 통해 리쾨르에게 전해진다. 그 편지는 '폴 리쾨르는 끝났다' 라고 경고한다. "나는 20년 가까이 당신의 작업을 지켜보았습니다. 물론 그것만이 나에게 이렇게 편지를 쓰게 하는 것은 아니에요. 그러나 나는 거기에서 진실한 이의 표현을 발견한 거라고 생각했었죠……. 또한 불분명한 장관의 공식 성명이, 어제와 오늘의 부상자들이 암살자로서의 비명의 가차없는 결과가 있는 것보다는 당신을 덜 실망시킬 때, 나는 오늘 저녁 우스꽝스러운 광대밖에 발견할 수 없는 것에 대해 깜짝 놀랐죠. 당신에게 있어서 진실은 더 이상 문제가 아니에요. 당신은 지성인의 세계에서 제명된 자이고, 지성이 타올라야 할지 오그라들어야 할지도 모를 때 제거해야 하는 지식의 더러운 종양입니다. 그러니 굴복하세요! 왜냐하면 당신이 행하고 말하고자 했던 모든 것으로부터 당신의 운명과 결정적인 의미는 표시 없이 날인되었으니까요. 머리가 약간 돈 철학자인 당신은 희미한 종처럼 울리는 고전적인 형식들을 기억하고 있지요. 어떤 종류의 범죄가(내가 당신의 말을 들을 때, 당신은 이렇게 물었죠) 사회의 쓰레기들을 말할 수 있고, 언제 그것을 판단할 수 있겠습니까? 그 범죄들이 경찰의 곤봉을 겪었을까요?"[32]

---

29) 프레데릭 고상, 《르 몽드》, 1970년 3월 5일.

30) 장 프랑수아 리요타르, 〈낭테르대학: 여기에, 지금〉, 《현대》, 제285호, 1970년 4월; 《마르크스와 프로이트로부터의 표류》에서 발췌, UGE, 파리, 1973년, 204쪽.

31) 프랑수아 지루, 〈그들의 네 가지 진실〉, 《렉스프레스》, 1970년 3월 9-15일.

카잘리스와 같은 그의 친구들에 의해서까지 리쾨르는 비난받고 인정받지 못했으며, 경찰의 폭력에 대한 책임을 떠맡게 된다. "물론 우리는 리쾨르가 일종의 함정에 빠졌다고 생각했으나, 그러나 그가 경찰에 도움을 청한 것은 매우 잘못된 판단이라고 여겨진다."[33] 리쾨르가 폭력의 격화로 크게 실망하고, 어떤 값을 치르더라도 피하고 싶어하면 할수록 학장의 입장은 더욱더 고립된다. 더구나 그는 하얀담 아이들의 입장에 있는 자기 아이들과의 내부적인 갈등에 맞서야만 한다. 그 비운동권 학생들은 그가 어떻게 경찰력을 행사하도록 허락할 수 있었는지를 이해하지 못하기 때문이다. 동요되고 지쳐 버린 리쾨르는 자신의 취향보다는 의무감으로 앉아 있던 이런 권력의 자리에 대해 특별히 애착을 갖고 있지 않았으므로 공과 사, 이 두 가지 측면에 대한 싸움에 그리 오랫동안 저항하지 않았다.

그렇지만 사회주의와 비그리스도교성에 대한 원문 강의를 중심으로 형성된, 샤트네나 마리 퀴리 그리고 라카날 등과 같은 고등학교 활동가 무리들과 함께 올리비에 아벨이 다음과 같은 '정치적 역설'을 발견하게 된 것은 이처럼 같은 시대이다. "이 본문 내용은 그 무리가 결정적으로 권력에 대한 외부의 비평적인 저항을 인식하면서 자신의 견해를 잃지 않으려는 이중 태도에 관한 것이다. 그리고 그것은 확신의 지평적 사고와 고전적 마르크스주의가 취급하고 싶지 않았던 이런 영역에서 공동 계약이라는 합리적인 제도를 유지시킨다."[34] 그러나 두 입장 중의 각각이 순수한 환상을 위해 다른 것을 끌어들일 때, 과연 그것은 유지될 수 있는 것일까?

그래서 리쾨르는 사직하고자 한다. 게다가 그는 3월 3일의 대결이 있기 전날 르네 레몽에게 더없이 솔직했다. 마지못해 결정한 대학 정상화에 대해 고통스런 결정을 한 후에, 2월의 마지막 일요일 리쾨르는 르네 레몽에게 전화하여 오후 늦게 자신의 자택에 모인다. "나는 한계에 이르러 다음과 같이 말하는 지쳐 버린 한 남자를 맞아들였다. '나는 더 이상 육체적으로도 정신적으로도 그것을 감당할 수가 없네.' 그는 기진맥진해 있었다."[35] 그러나 레몽은 리쾨르가 그 결정을 연기하도록 하는 데 성공했다. 항해를 포기하기에는 상황이 너무 심각했기 때문이다. 그것

---

32) X, 폴 리쾨르에게 쓴 1970년 3월 3일자 편지, 오비에 문서보관소.

33) 도로테 카잘리스와의 대담.

34) 올리비에 아벨과의 대담.

35) 르네 레몽과의 대담.

을 극복할 필요가 있었다. 분명히 계속적으로 행해지던 폭력들은 리쾨르가 처해 있는 생각을 혼란 속에서 증가시켰고, 단지 그들이 할 수 있는 일은 리쾨르를 위로하는 일뿐이었다. 리쾨르가 운영위원회에 돌이킬 수 없는 결정을 알린 것은 3월 9일 월요일이다. 그의 퇴임은 3월 16일에 효력이 발생하는 것이었고, 그는 자기의 계승자를 미리 준비하도록 하기 위해 위원회를 초빙한다. 샤트네의 고등학교 위원회 회합이 끝나고, "리쾨르가 눈물을 머금고 낭테르대학의 학장직에서 사임할 것을 알렸을 때, 우리 모두는 그와 함께 1시간 동안을 계속해서 그에 대해 말하고 그를 격려했다."[36]

리쾨르의 영원한 지지자인 르네 레몽 또한 사임을 하고, 그 대리자로 하여금 그의 뒤를 잇도록 하기 위해 즉시 사전 교섭을 벌인다. 그리고 역사적인 3월 22일, 그에게 맡겨진 그 임무에 대해서는 더 이상 그의 책임이 아님을 명시하는 어떤 조건도 없이 허락한다. 상당히 정치적인 레몽은 최초의 사건들에서 교육 문제를 확대시켜 상대적으로 더 강한 행정권을 요구한다. 그는 학장이 자기의 권력 배경으로 강하고 연대성 있는 다수와 더 많은 권력을 가지기를 원한다. 위원회가 할 수 없이 레몽의 굴욕적인 조건을 받아들이게 하는 데는 2개월이 필요했다. 상황이 심각한 만큼 그 조건들은 가혹했다. 여기에 대중의 결정들이 있다. 그것은 그의 지도팀을 구성하는 데 필요한 완전한 자유와 노동조합의 휴전, 사람들에 반대한 모든 구술적 비난에의 간섭, 영역의 일반화 유지, 내부 규정의 설립 등과 같은 것들이다. 더구나 레몽에게 있어서는 다른 사람들을 제거시키기 위해 필요한 그 어떤 방법도 문제가 될 수 없었다. 클레망소에게 있어서의 혁명 세력들이 유일한 문제가 된다. 그것은 빼앗아 버리거나 내버려두어야 했다. 모든 사람들에게 영광을 베풀기 위해서는 출석한 사람의 3분의 2라는 절차가 요구되었고, 모든 전술상의 계산과 흥정을 피하기 위해 레몽은 단 한번의 투표만을 치러야 한다고 덧붙인다. 38명의 투표자에서 24명의 당선자가 기명된다. 사람들은 재빨리 계산을 했다. 절대 다수보다는 4표가 많고, 3분의 한계보다는 2표가 모자랐다. 그래서 그는 그 제안을 거절하고 낭테르대학을 손상시키는 것은 선동가만이 아니라고, 앞뒤 가리지 않고 언론에서 선동한다. 그러나 "역시 위험 속에도 없고 드러나지도 않았지만 책

36) 올리비에 아벨과의 대담.

임져야 할 사람들이 있다."[37] 위기의 날들이 지난 후 1970년 5월 12일 또 다른 투표가 실시되는데, 이번에는 르네 레몽에게 상당한 신용을 안겨 준다. 그는 호의적인 37표를 얻고, 공식적으로 1976년까지 역임하게 되는 학장직을 맡게 된다. 리쾨르는 완전한 실패의 인상과 깊은 상처를 통해 생생한 고통의 느낌을 받는다. 쓰레기통의 무게를 뒤집어씌운 후, 사람들은 그에게 경찰의 개입에 대한 책임을 따진다. 공산주의연맹에 의해 '프랑스에서 가장 비겁한 학장' 이라고 지칭되었던 리쾨르는 '학장-경관' 으로서도 자주 표현된다.

리쾨르의 실패에 따른 감정에 대하여, 르네 레몽은 그의 관점을 함께 나누지 않는다. 리쾨르의 계승자가 된 보좌관에게 있어서 그것은 "틀린 만큼 부당한 인상이었다……. 나는 사람들이 낭테르대학에 그가 가져왔어야 할 평정을 내가 즉시 가져올 수 있을 거라고 신임한 그것이, 바로 나에게는 또 하나의 장점으로 작용했다고 생각한다……. 나는 그가 시작했던 것을 잘 이끌 수 있었다."[38]

이 사건들 이후로 리쾨르가 키워 주었던 낭테르대학의 희망들은 어디로 사라져 버렸을까? 그 건물들을 건축하기 전에 리쾨르가 피에르 그라팽과 함께 다졌던 이 초석처럼, 그것들은 결국 진흙탕 속으로 떨어져 버렸을까? 만일 리쾨르가 퇴직할 때까지 계속해서 낭테르대학에 남아 있었더라면, 아마도 그는 구토증에서 벗어나기 위한 공간을 덜 필요로 했을 것이다.

---

37) 르네 레몽, 《규칙과 동의》, 앞의 책, 124쪽.
38) 같은 책, 119쪽.

48

루뱅-파리: 후설 사료관

1961년 모리스 메를로 퐁티와 가스통 베르제가 사망한 후, 리쾨르는 소르본대학 내에 개설된 후설연구센터의 연구소장이 된다. 이미 특별히 기괴한 이야기를 가지고 있던 후설의 막대한 자료들을 재정리함으로써 지적 성과를 올리게 하고, 그것들을 보전할 책임이 그에게로 돌아온다.

이 사료관 창립의 근원은 네덜란드의 프란체스코회 신부, 다시 말해 네덜란드연합주가 스페인의 신탁통치하에 있었던 시대를 상기시켜 주는 이름인 반 브레다 신부의 열정에서 비롯된다. 이는 기질적으로 그가 정력이 넘치고, 그리고 그의 가톨릭 사상이 국적과 상관없음을 확인시켜 준다. 반 브레다는 30년대 당시 레옹 노엘의 지도하에 루뱅대학의 철학연구소에서 박사 논문을 준비한다. "어느 날 프랑스인 친구가 와서 우리에게 이렇게 물었다. '노엘 신부는 잘 지내시나요?' "[1] 그런데 노엘 신부는 《논리 연구》를 출판할 때부터 후설의 중요성을 평가했던 이들 가운데 한 사람이었다. 그는 '환원' 의 기본적인 개념에 대해 획을 그은 후설에 대한 작업을 하도록 반 베르다에게 충고했다.

그리하여 반 베르다는 후설을 만나기 위해 1936년 프라이부르크에 가서 이듬해인 1937년에 돌아온다. 그때 반유대주의자인 나치 당원들의 조처에 희생자가 된 후설은 자신의 교육을 그만두도록 강요당한다. (후설 자신은 유대인이 아니고, 그의 조부모들 중 한쪽이 유대인이었다.) 후설은 1936년 3월 교수진에서 제명되었고, 1938년 반 브레다가 프라이부르크에 돌아왔을 때는 이미 사망하였다. 후설의 부인은 사람들이 후설의 원고들을 불사르게 되는 지경까지 이를까 두려워했다. 왜냐하면 그의 작품 중 가장 위대한 4만 페이지에 달하는 막대한 양의 원고가 출판

---

1) 장 라드리에르와의 내담.

되지 않은 상태에 있었기 때문이다.

반 브레다는 나치화된 독일을 떠나 해야 할 일들을 후설 부인에게 제의한다. 그는 벨기에 대사관과 베를린 대사관을 찾아다니면서 그러한 문제를 설명하고, 외교적 수하물로 원고들을 통과시키는 일을 가능케 하기 위해 자기 나라의 대사관을 찾아간다. 대사관의 책임자들은 그들이 그 원고들을 베를린까지 직접 가지고 간다는 조건하에 동의한다. 그리고 프란체스코회 신부는 여러 수도원 생활에서 사용하던 자신의 짐들을 여행하기에 편리하게 꾸리고, 프라이부르크에서 베를린까지 그 자신이 가방 모두를 직접 옮기는 놀라움을 보여 준다. 일단 벨기에 대사관에 모인 문서들은 루뱅대학으로 발송되었다. 후설 부인은 반 브레다 신부에게 남편의 장서들까지 맡긴다. 왜냐하면 그녀 또한 독일을 떠날 의향이 있었고, 그리고 미국에 있는 두 아들을 다시 만날 생각이었기 때문이다. 일단 루뱅대학으로 안전하게 옮겨진 원고들을 베껴 쓰는 작업이 후설의 오랜 제자인 오이겐 핑크[2]와 루트비히 란트그레베[3]라는 두 독일 철학자와 함께 반 브레다 신부의 추진하에 시작된다.

이어 후설 부인은 자신을 미국으로 데려다 줄 배를 타기 위해 안트웨르펜으로 모든 개인 소지품을 보낸다. 떠나기 전에 그녀는 반 브레다 신부를 보기 위해 루뱅대학을 방문한다. 그러나 1940년 5월 10일의 뜻하지 않은 기습으로 인해 후설 부인은 벨기에의 한복판에서 발이 묶이게 된다. 그렇지만 그녀는 현실 상황에 비해 그런 심각한 위험에 처하지는 않고, 반 브레다 신부에 의해 보호받는다. 브레다 신부는 후설 부인을 루뱅대학 부근에 있는 수녀원에 묵게 한다. "1942년 나는 반 브레다 신부의 논문 구두 심사에 참관했던 것을 기억한다. 제1열에 후설 부인이 있었다. 그것은 환상적이었다."[4] 1943년 반 브레다 신부는 안트웨르펜에 가한 연합군의 폭격이 후설 부인의 개인 소지품들을 맡겼던 창고에 가해졌다는 사실을 알게 된다. 그는 그곳에 가서 정말로 뚫려 버린 상자를 발견하고서는 가져올 수 있는 만큼을 최대한으로 가져오는데, 철학자의 유해를 담은 유골 단지와 청동으

---

2) 오이겐 핑크, 《현상학에 대하여》, 디디에 프랑크에 의해 프랑스어로 번역됨, 미뉘, 파리, 1974년; 《가까움과 멂: 현상학적 회의와 이야기》, 밀롱, 그르노블, 1994년; 《여섯번째의 데카르트적 명상》, 밀롱, 그르노블, 1994년.

3) 루트비히 란트그레베, 《에트문트 후설의 현상학: 여섯 개의 이야기들》, 코넬대학교출판부, 이타카, 영국, 1981년.

4) 장 라드리에르와의 대담.

로 된 그 흉상과 더불어 후설의 상당 부분의 서신들을 건지게 된다. 브레다 신부는 루뱅대학에 돌아와서도 그 일에 대해 후설 부인에게 감히 털어놓지 못했다. "그래서 1943년 전쟁이 끝날 무렵, 브레다 신부는 후설의 유골을 이 수도원에 보존했다."[5] 일단 전쟁이 끝난 1945년 봄, 후설 부인은 스웨덴의 시민권을 얻어 첫 배를 탈 수 있었다. 고맙게도 후설 부인은 작업용 책상이나 의자와 같은 후설의 가구 몇 점과, 오늘날 루뱅대학 철학 기관의 후설 사료관 입구에 놓여진 후설의 청동 반신상을 반 브레다 신부에게 전해 준다. 이렇게 해서 반 브레다 신부는 루뱅대학에서 후설의 작업 세계를 재구성할 수 있게 된 것이다. 그가 1946년 후설의 원문에 대한 연구 세미나를 시작했을 당시의 연구자수는 20여 명 정도였다. 후설 숭배파와 함께 분위기는 특별했다. 반 브레다 신부는 서가로 둘러싸인, 재떨이가 있는 후설 책상의 안락의자에 앉아 있었다.[6] 이 시기에 핑크와 란트그레베는 독일 군대에 소집되었고, 그리고 전쟁 후에는 독일의 대학들에 임용된다. 전쟁중에 반 브레다 신부는 벨기에로 망명중이던 독일계 유대인 철학자 스테판 슈트라서를 전사 작업에 끌어들인다. 프란체스코회 신부가 스테판 슈트라서와 그의 아내, 그의 아이들을 절대 밖으로 나갈 수 없는 아파트에 숨겨 주었고, 반 브레다 신부가 그들에게 식량과 생필품들을 가져다 주러 왔다. 전쟁 후에 슈트라서는 네덜란드의 네이메헨대학에 임용되었다. 월터와 마를리 비멜 부부와 루돌프 뵘은, 반 브레다에 의해 정리된 세미나에 대해 총괄적인 숙고 작업이 시작될 때 전사 작품을 탐구하게 된다. 그들은 거기에서 《후설 어록》의 출판을 맡은 사람들, 즉 하이데거에 대한 글을 처음으로 썼던 알퐁스 드 발엔스뿐만 아니라 장 라드리에르와 몇몇 다른 사람들을 만나게 된다.

그때 고등사범학교 조교이던 모리스 메를로 퐁티는 반 브레다 신부와 교제하게 되고, 자신이 준비하던 《지각현상학》의 범위 내에서 《이념 II》의 타이핑 원고를 상의하고 싶어한다. 그래서 메를로 퐁티는 1939년 4월이 되자마자 루뱅대학에 간다. 1944년과 1948년 사이에 수많은 중요한 원고들의 전사본들이 고등사범학교에 맡겨진다. "반 브레다 신부는 대부분이 고등사범학교 학생 출신으로 구성된 파

5) 장 라드리에르와의 대담.
6) 위의 대담.

리에서의 젊은 철학자들 모임이 후설에 대해 진지한 관심을 가질 거라는 확신을 얻었다."[7] 사실 그 중에서도 모리스 메를로 퐁티와 트란 뒤크 타오 · 장 이폴리트로 이루어진 소규모 파리위원회가, 루뱅대학에서 파리까지로의 원고들을 인수받기 위해 구성되었다. 그러나 소르본대학에서 철학 연구의 지도자인 에밀 브레이에가, 1946년 그 문제에 대해 프랑스 대학 책임자들이 조금은 관심을 고조시켜 주는 편지를 반 브레다 신부에게 쓴다. "나는 우리가 후설 원고의 일부나 혹은 전부의 사본을 파리에 가지고 있는 게 유용한지를 자문해 봅니다."[8] 그래서 프랑스의 연구자들은 여행을 해야만 하게 된다. 메를로 퐁티와 트란 뒤크 타오는 1944년 루뱅대학에서 두 번 체류하게 된다. 리쾨르는 샹봉쉬르리뇽에서 가르칠 때, 1946년과 1947년 루뱅대학에 간다. 장 나베르는 후설의 원고들을 소르본대학에서 받아들이는 데 동의하지만, 르 산느는 마지막 순간에 그 계약에 서명하는 데 거절한다. 루뱅대학에서의 사료관에 대한 진단은, 리쾨르가 《이념 I》에 사로잡혀 번역 작업을 끝낸 후인 1949년 후설에 대한 그의 첫번째 위대한 비평을 쓰도록 허락함을 가능하게 한다.[9]

50년대 중반에 리쾨르는 스트라스부르에서 '현상계' 라는 새로운 총서를 막 출간한 반 브레다 신부의 방문을 맞아들인다. 물론 이때 그 총서는 후설의 원고들과, 그리고 《후설 어록》에 대한 비평적 출간이다. 반 브레다는 그 자신이 편집국 비서로 임명했던 젊은 철학자 자크 타미니오를 데리고 갔는데, 그 젊은 철학자는 처음으로 리쾨르를 그의 가족들과 함께 만났다. 그는 자신이 이 새 총서의 편집위원회에 참가할 수 있도록 간청한다.[10] "리쾨르는 우리들이 그에게 제안했던 원고들에 대해 매우 비평적인 독자였기 때문에 그는 총서 초기에 결정적인 역할을 하였습니다. 분명 그는 총서 출판의 리더 중의 한 명이었습니다."[11] 오이겐 핑크[12]의 첫

7) 장 프랑수아 쿠르틴, 엘리안 에스쿠바스와 마르크 리시르가 관리한 총괄적인 후설 사료관, 〈파리에서 후설 사료관의 설립과 최초의 설립〉, 밀롱, 그르노블, 1989년, 201쪽.

8) 에밀 브레이에, 장 프랑수아 쿠르틴에 의해 인용됨, 같은 책, 202쪽.

9) 폴 리쾨르, 〈후설과 역사의 의미〉, 《형이상학과 윤리학 잡지》, 54호, 1949년, 280-316쪽.

10) '현상계' 총서, 총서편집위원회: H. L. 반 브레다(루뱅). 구성원들: M. 파버(버펄로), E. 핑크(프리부르), J. 이폴리트(파리), L. 란트그레베(쾰른), M. 메를로 퐁티(파리), P. 리쾨르(파리), K. H. 볼크만 슐러크(쾰른), J. 발(파리). 비서: 자크 타미니오.

11) 자크 타미니오와의 대담.

12) 오이겐 핑크, 《진리 세계의 존재》, 마르티누스 네이호프, 라 에이에, 1988년.

작품을 출판할 무렵, 마침내 프랑스에서의 상황은 현상학자 가스통 베르제의 노력 덕분에 바뀌게 된다. 가스통 베르제는 1942년 후설에게 있어서의 **코기토**에 대한 자신의 학위 논문을 발표하고, 1957년에는 고등 교육과 철학연구소의 연구소장이 된다. 모리스 메를로 퐁티와 장 이폴리트 · 장 발 · 폴 리쾨르의 공헌으로 가스통 베르제는 1958년 5월에 원고의 위탁이 거행될 수 있는 소르본대학의 도서관에서, 후설연구센터를 공식적으로 개원하게 되었다.

1957년 소르본대학으로의 리쾨르의 도착은 그 일들을 촉진시킨다. 1961년 리쾨르는 후설연구센터의 연구소장이 되는데, 사람들이 파리에서 후설 사료관에 통과할 수 있는 곳은 연전히 회의 장소뿐이었다. 그 이후 두번째 단계는 리쾨르가 있던 낭테르대학과 함께 공동 직무를 수행하면서 국립과학연구소와 연합한 연구센터가 설립되던 1967년에 시작된다. 이 날짜부터 현상학을 위한 진정한 연구실은 리쾨르가 지도하는 정규적인 세미나와 함께 자리를 잡아 간다. 이 연구실은 여전히 매우 조촐한 조그마한 장소에 자리를 잡았는데, 이를 두고 프랑스 사람들은 구조주의자들이 판을 치는 해에 하나의 현상학을 기억하는 기념으로 오랫동안 그것에 대해 말했다. 그 장소에 도달하기 위해서는 인디언연구소에서 소르본대학 건물 아래쪽 지하로 내려가야 했다. 그래서 실험실의 연구자들은 인디언의 별명을 하나씩 가지고 있고, 정규적으로 바로 그곳 산비둘기들이 난간 위에 오물을 배설해 놓은 원형홀에서 모인다. 1969년 자기의 학위 논문에 대해 말하기 위해 리쾨르를 보러 온 프랑수아즈 다스튀르는, 주말을 '인디언들'의 포로로 남을 위험성을 가진 금요일 저녁 지하실 속에 리쾨르와 갇히게 되었다. 전화도 없는 곳에서 소리를 지르기도 하고, 문을 두드려 보기도 하고, 결국은 유리문을 부수고야 만다. "그것이 파르망티에 가로 이전한 이유 중 하나이다. 사람들을 삼켜 버릴 위험이 있는 이 저지대에서 강연을 한다는 것은 더 이상 불가능했다."[13]

그리고 1971년에 그 연구실은 파르망티에 가의 국립과학연구소 구역에 속해 있는 과학과 교리의 역사연구센터 중 가장 넓은 장소로 이전한다. 리쾨르가 시카고에서 강의했던 때의 상당 기간 동안의 부재에 대한 조처로, 그는 1956년 국립과학연구소에 지원한 도리앙 티페노라는 여선생에게 지도권 자체를 위임한다. 그녀

13) 프랑수아즈 다스튀르와의 대담.

는 은퇴할 때까지 그 사료관에 다양한 방식의 금기들을 만들고, 두 분야로 양분된 리쾨르의 시간을 활용하는 방식을 취하면서 실험실에 전념하게 된다. 티페노가 리쾨르의 전적인 보호와 신뢰의 혜택을 입었다 할지라도, 그녀는 연구자들을 보호하거나 아니면 제외시킬 절대적인 힘을 가지고 있었다. 자유 의지에 의한 그녀의 선택은 받아들일 수 없는 항목으로, 리쾨르에 의해 그것은 다소 저지되지만 이로 인해 연구소와 리쾨르 간의 간격이 약간 멀어지게 된다. 그것은 자크 가렐리나 장 제라르 로시의 경우도 마찬가지 현상으로 나타난다. 가장 자주 세미나에 참석하는 사람들은 도리앙 티페노의 권위에 저항하면서, 리쾨르와 함께 자신들의 특권받은 관계를 방어해야 했다. 이것은 열정을 가진 브라질 출신의 한 철학자인 마리아 빌라 프티의 경우인데, 그녀는 자신의 봉급으로 그것들을 살 수도 있다는 해석하에 연구실에서 책들을 빌려 오는 걸 금지당한다. 이런 이상한 운명의 희생물은 특히 미레이유 델브라치오에게였었다. 교수자격시험에 실패하고, 장 투생 드상티와 함께 후설의 형식 논리와 초월적 논리에 대한 연구 작업에 참여했던 1968-1969년 학기의 낭테르대학에서 철학과의 옛날 학생인 델브라치오는, 1976년 현상학연구실에서의 공식 자리를 위해 국립과학연구소에 의해 채용되었다. '시간제로 보충되는 사서들' 의 자리를 위해 1년 6개월 동안 견습중인 델브라치오는, 1개월에 1천2백 프랑의 저렴한 금액으로 정해진 20시간 대신에 매주마다 35시간의 출석을 하면서, 규정된 시간도 없이 자신의 개인적인 연구를 완전히 희생시켜 가면서까지 일해야만 했다. 더 심각한 것은 가장 힘든 세미나 준비 작업을 하고 수많은 외국 연구자들의 가입을 도와 주었던 그녀는, 도리어 도리앙 티페노의 명령하에 세미나에 참석할 권리마저 없어졌다는 것이다.

1977년 6월, 매년처럼 그해의 마지막 세미나가 하얀 담이 있는 샤트네에서 개최된다. 책상을 배치한 아름다운 공원에서는 축제 같은 분위기가 퍼진다. "시몬과 폴이 사람들을 맞아들였다. 자기 아내와 함께 있었던 리쾨르는 내게 다가와서 말했다. '미레일, 나는 마침내 이 연수 기간이 끝나서 매우 만족하고 있다네.' 그렇지만 도리아 티페노는 이틀 동안에 사람들이 나를 더 이상 붙잡지 않도록 하기 위해 확인하러 왔다. 내가 폴에게 말했다. '보세요, 이런 말하기는 좀 그렇지만 감히 말씀드려 보자면, 도리앙이 그러는데 당신이 나를 재임시키지 않는다라는 거였어요.' 그래서 도대체 도리앙이 무슨 말을 하려고 하는지 알 수가 없어 그녀를 만나러 갔다."[14] 대조된 개성으로 인해 서로 잘 어울리지 않은, 그렇다고 별로 심각하지도 않은 사이인 리쾨르-티페노에게 있어서는 내재되어 있는 여러 권력의 남용과 오해를 풀기 위한 이러한 대면이 필요했었다.

파리와 루뱅대학 간의 후설 사료관에 대한 의견 양분은 1968년부터 시작된 또 다른 분리, 즉 플라망 지역과 발롱 지역 간의 언어학적 분리와 관계하게 된다. 자크 타미니오는 후설의 모든 원고의 사본을 가지는 데 반 브레다의 동의를 얻는다. 수도원의 본원이 루뱅대학의 철학연구소에 여전히 남아 있었지만, 프랑스어를 말하는 사람들은 1969년과 1975년 사이에 루뱅라뇌브로 정착하러 떠나야만 했다. 루뱅대학과 긴밀한 협력하에 그 기능을 발휘하는 현상학연구센터(CEP)가 자리잡고 있는 반 브레다의 오래된 사무실에서, 후설의 가구와 서가를 맡은 사람은 후설 사료관을 1974년부터 맡아 왔던 네덜란드 출신의 사뮈엘 이즈셀렉이다. "리쾨르가 나의 임명에 전적으로 중요한 역할을 했다. 왜냐하면 나는 완전한 후설파가 아니었기 때문이다. 나는 하이데거에 대한 박사 학위 논문을 썼었다."[15] 1967-1968년에 파리에서 철학을 공부하던 그는, 데리다의 예리함과 라캉의 논문들에 더 많이 마음이 끌렸음에도 불구하고 리쾨르의 세미나와 수업을 들었다. 그는 이제부터 국제적으로 널리 알려진 한 연구센터의 지도자로서, 독일인보다 더 많은 외국 연구자들과 심지어는 미국인들 · 이탈리아인들 그리고 프랑스인들까지도 맞아들인다.

1980년 '철학 총서'라는 총서의 공동 책임직을 그만두었던 리쾨르는, 자신의 심장에 나타나는 여러 가지의 징후를 통해 건강상의 심각한 문제를 발견하게 된다. 리쾨르의 주치의는 그의 활동량을 억제시키고, 심지어는 노골적으로 파리에서 그의 교육 활동을 방해하려고 결심한다. 틀림없이 곰곰이 생각한 끝에 했을 이 결심은 무계획한 행위처럼 보였을 수도 있다. 1979년 11월 리쾨르는 억수같이 내리는 빗속에서 1시간 거리의 샤트네를 출발하며, 낭테르대학교에서 자격시험 과목에 대한 수업을 준비한다. 그러나 리쾨르가 강의실에 도착하여 발견한 학생수는 단 한 명뿐이었다. "이렇게 비가 내릴 때, 집에 머무르지 않고 수업을 한다라는 것은 꿈같은 얘기에 지나지 않을 텐데도 그는 그 학생에게 다른 학생들은 어디에 있느냐고 물었다. 그리고 그는 망설임 없이 명퇴를 신청할 때 따라야 하는 절차를 밟기

14) 미레이유 델브라치오와의 대담.
15) 사뮈엘 이즈셀렉과의 대담.

위해 행정실과 서무계에 즉시 내려갈 정도로 깜짝 놀랐다."[16]

낭테르대학에서의 직무를 그만두면서, 리쾨르는 그를 의존하던 현상학연구실 또한 포기해야 했다. 그때 그의 뒤를 잇는 문제가 제기된다. 그에게 있어서 간섭주의자가 되고, 자기 뒤를 이을 자를 지명하는 것은 문제가 아니었다. 수많은 그의 동료들은 여전히 고등사범학교에서 조교로 있던 데리다를 부추길 것이 분명했다. 사실대로 그들은 리쾨르의 공석 자리를 데리다에게 주기 위해 빠르게 학위 논문을 통과시키도록 그를 부추긴다. "약간은 주저했지만, 나는 내 자신을 스스로 납득시켰고, 그래서 가장 짧은 기한 내에 박사 학위 논문을 발표했다."[17] 박사 학위 논문 구두 심사가 장 투생 드상티와 에마뉘엘 레비나스 · 피에르 오방크로 구성된 심사위원과 함께 소르본대학에서 행해진다. 자신의 박사 학위 논문 구두 심사를 지켜보던 같은 해 여름 데리다는 지원서를 제출하지만, 그가 낭테르대학에서 대비하던 지지는 사람들이 자신의 행동을 구속하고 싶어하는 대다수의 철학과 교수들에 의한 악감정으로 끝난다. '선거의' 집회는 데리다 후보를 소개하면서 캠퍼스에서 열렸다. "우리들은 그들에게 말하기 위해 사람들을 모았다: 저는 지원자가 될 수도 있었지만, 여전히 약간 망설였습니다. 그렇지만 여러분은 존경할 만한 사람들입니다. 그래서 여러분은 저로부터 존경을 받아야 마땅합니다. 그것이 바로 저를 화나게 합니다."[18] 표를 공개하는 순간에 선출된 행복한 사람은 데리다가 아니라 마르크스주의자인 조르주 라비카였다. 이 선거 결과는 알리스 소니에 세테의 압력으로 데리다에 반대했던 것처럼 보였는데, 이 행위에 있어서 알리스 소니에 세테는 1979년에 다시 모이게 된 철학 분과의 실적 평가 대가에 있어서 그 자신이 그 어떤 것도 바라지 않은 상태, 오직 열정들만으로 이 일을 치렀던 것이다.

바로 여기 현상학연구소의 계승자이며 헤겔과 마르크스의 전문가인 라비카가 있는데, 그는 결코 파르망티에 가의 그 어떤 세미나에조차 참가하지 않는다. 그 부분은 연합주의적 성격이며, 세계주의적인 리쾨르가 매우 다른 방향을 가지고 있는 성격들과 수시로 마찰되는 부분들을 통합시키는 것만큼 어려워진 상황이었다.

---

16) 장 그레쉬와의 대담.
17) 자크 데리다와의 대담.
18) 자크 메를로 퐁티와의 대담.

그 무엇보다도 개인의 역할이 중요시되는 때에 정말로 그를 대체할 사람은 아무도 없었다. 조르주 라비카는 급속도로 진퇴양난에 빠지게 된다. "나는 파르망티에를 계승했는데, 그것을 관리하는 것은 불가능하다는 판단과 함께 그럭저럭 2-3년을 이끌었다."[19]

사상의 공동체 주위로 얽혀 있는 연구실 운영에 있어서 공동으로 생존하는 데 성공하지 못한 라비카는, 1983년 전체 모임을 개최하기 위해 세미나의 모든 구성원들을 소집하기로 결심한다. 그는 한쪽은 현상학, 다른 한쪽은 정치철학의 극단이라고 하는 두 연구 구조를 구성할 것을 제안한다. 국민위원회는 리쾨르의 연구실을 대체하기 위해 두 개의 연합 분과를 창설하는 것을 받아들인다. 그것은 리쾨르의 연구소가 둘로 나눠는 것과 마찬가지였다. 한쪽은 여전히 낭테르대학교와 연관성을 갖고 있으면서, 라비카의 지도하에 있는 연구 분과는 파르망티에 가에 남아서 '정치적이고 경제적이며 사회철학' 적이라는 이름으로 역할을 한다. 그 연구 분과는 미레이유 델브라치오와 더불어 자크 텍시에 · 솔랑주 메르시에 조자 또는 카리스 카네풀로스와 같은 리쾨르 팀의 마르크스주의 연구자들을 재편성한다. 다른 한쪽은 현상학연구실의 본질을 뒤편에서 할당하면서, 파리제4소르본대학교와 깊은 관계가 있는 앙리 비로의 지도하에 놓인다. 비로의 해인 1983년과 1985년 사이에는, 비로 자신이 그 책임에 대해 의무감을 못 느끼던 그의 팀 또한 활력 있게 활동하지 못한다. 게다가 그의 우파에 대한 참여――한때 그는 극우파 사람이었다――와 철 지난 유대인 배척 사상은 무슨 의견에 있어서 만장일치를 보기 어렵게 하고, 오히려 더 이해를 동요의 기간으로 만드는 데 기여한다. 비로가 퇴직할 때, 그를 대체하기 위해 그 팀이 추천한 사람은 바로 파리제10낭테르대학교와 고등사범학교의 교수인 장 프랑수아 쿠르틴이다.[20]

현상학연구센터가 진정한 교육 기관으로서 공헌하고 진정한 연구에 몰두하겠다는 조건에서, 장 프랑수아 쿠르틴은 그 제의를 받아들인다. 그때 울름 가에 있는 고등사범학교로 그의 사료관과 함께 그 센터 이전이 이루어진다. 파리제4소르본대학교로부터 탈퇴 과정이 시작되었고, 그리고 이 이전의 주동 인물은 디디에 프

19) 조르주 라비카와의 대담.
20) 장 프랑수아 쿠르틴, 《수아레스의 형이상학 체계》, PUF, 파리, 1990년.

랑크이다. 1984년 고등사범학교에서 조교로 임명된 프랑크는 인문고등전문대학에서 한자리를 얻은 데리다를 계승한다. 앙리 비로는 사료관의 운명에 별로 흥미를 갖지 않았고, 프랑크는 고등사범학교가 그들의 자연스런 직장이라고 생각한다. 계승이 시작되었을 때, 장 프랑수아는 어느 날 나를 보러 와서 다음과 같이 말했다. "사람들은 사료관에서 고등사범학교로 오게 했고, 그리고 저는 소장직을 맡았으니, 당신은 소장 보좌관이 될 것입니다."[21] 프랑크는 그의 동료인 베르나르 포트라와 데니스 캄부슈네에게 그것에 대해 말했는데, 그들은 오히려 이런 사항들에 대해 호의적인 반응을 나타낸다. 그러나 고등사범학교 문학 부문의 행정관인 마르셀 롱카이올로는 그것에 별 흥미를 보이지 않았고, 더더욱 참여하고 싶어하지도 않는다. 과학 분야 쪽에는 프랑크 자신이 납득시킬 수 있는 수학자 조르주 푸아투에게 직접 알린다. 고등사범학교와 국립과학연구소의 동의와, 루뱅대학교 루돌프 베르네의 도움으로 이루어진 그 건물 이전은 결국 현상학연구실에 새로운 활기를 불어넣어 주게 된다. "리쾨르가 그것에 대해 매우 만족했다고 나는 생각한다. 그는 때때로 책을 빌리거나 원고들을 점검하러 오곤 했다. 우리는 강연을 하도록 리쾨르를 여러 번 초청했다. 그것은 그를 위해 적절한 방법이었긴 하지만, 그렇다고 그 결정을 가볍게 처리하지 않도록 하기 위해 그는 매우 신중했었다. 그는 한번도 그 자신의 권위를 유지하려고 애쓰지 않았다."[22]

후설의 원문에 대한 지속적인 연구와 《후설 어록》의 전사에서 나타나는 진보라는 개념은, 오늘날 현상학 연구의 첫 세대의 대본과 후설의 출판된 작품을 주내용으로 하는 리쾨르 · 메를로 퐁티 · 트란 뒤크 타오 등의 대본에 대하여서는 후설 작품에서 약간 정정된 대본을 허용한다. 더 생생한 해석들은 《삶의 세계》의 언어에서 모든 초월적인 언어를 재해석하는 것과는 상반되게 연구하면서, 우리들이 그것을 생각하는 것보다 자아론에 덜 갇히고 내적인 주저 상태에 놓여진 심한 작품과 관계되는 지점에서 더 잘 나타난다. 그래서 여전히 데카르트의 **코기토**의 포로인 후설주의의 프로그램에 대하여 꼭 필요한 해석의 접목 사상은 이런 새로운 현상학의 세대에게 있어서는 그것에 대한 절대성을 약간 부인하는 양상으로 나타난다. "후설은 이미 직관과 지각을 구성하는 해석의 질서에 있어서 모든 것에 대해

21) 디디에 프랑크와의 대담.
22) 장 프랑수아 쿠르틴과의 대담.

매우 주의 깊었다"[23] 그러므로 투명성과 직접성 그리고 단기성과 같은 특권을 부여하면서, 후설에 대한 이미지는 그의 표준적인 출판에 비추어 보아 합법적인 해석이 되었지만, 원고들을 해석하는 해석자가 가져오는 의미 변화에 따라 바뀌게 된다. 그렇다고 그것이 리쾨르가 후설에게 가하는 비평들의 가치를 퇴색시키는 것은 전혀 아니다. 그래도 그 비평들은 어떤 근거가 있는 것들이다. 왜냐하면 "사실 후설에게는, **코기토** 구조의 힘에 대한 이런 단언 속에서는 약간은 과장된 그 어떤 것이 있기 때문이다."[24] 그러나 후설 내면으로의 리쾨르의 진입은, 후설이 현상학의 과학적 성격을 대학의 권위자들에게 보여 주려는 깊은 배려가 있던 원문들, 논리적 연구들, 데카르트적 명상이나 여전히 형식적이고 초월적인 논리학들과 마찬가지로 리쾨르에 의해 번역된 《이념 I》처럼 가장 위대한 공식적인 원문에 의해 결합되었다는 사실로부터 온 세대적인 결과를 고려시킨다. 후설에게 있어서 오늘날 너무 독단적인 것으로 생각하는 이 대중 작품에서의 만족은 절반 정도밖에 안 된다. 《후설 어록》 30권과의 비교 작업은, 오늘날 초월적 자아 역할에 대한 그의 방어 속에 모든 문제들이 있었던 것을 의식하게 하면서 더 잘 평가할 수 있는 전문가들을 참가시킨다. "후설의 작품은 군도로 된 작품이다. 사람들은 1년 내내 긴긴 기간 동안 더 작은 섬이, 특히 감추어진 대륙 같은 것이 있었다는 걸 알지 못하고, 그것에 대한 몇몇 큰 섬만을 보았다."[25]

그래서 후설의 작품은 본질적으로 다성적이다. 그리고 그의 기본 작품들이 속하는 자아론은, 후설의 잠재성이었던 가능한 잠재성의 초안 중 하나일 뿐이다. 1973년 이소 케른에 의한 30년대[26]의 원고 출판은 마지막 《데카르트적 명상》에서 자아론에 도망하는 것을 더 잘 설정하게 하고, 반대로 이 원고들에서 발전되고 점묘적으로 요구된 상호 주체성과 감정 이입의 이론 쪽으로 가져다 준다. "이소 케른은 자신의 출판물을 우리에게 소개하도록 리쾨르의 세미나에 초대받았다."[27] 사람들은 상호 주체성에 대한 이 논문이 1905-1906년부터 매우 일찍 시작했다는 것을

23) 장 프랑수아 쿠르틴과의 대담.

24) 마르크 리시르와의 대담.

25) 위의 대담.

26) 이소 케른, 《에트문트 후설, Zur phënomenologie. Dern intersubjektivität Dritter Teil 1929-1935》, 단 하그 마르티누스 네이호프, 루뱅가톨릭대학교출판부, 1973년.

27) 장 뤽 프디와의 대담.

인식했다. 케른은 현상학의 근원으로 거슬러 올라가기까지 했고, 장 뤽 프티에 따르면 하이데거의 이의를 통과하지 않고[28] 분석적 철학과의 깊은 관계를 가능하게 하였으며, 또한 역사와 공동체에서 그 관계를 모두 결합시키면서 주제를 거절하는 논리적 궁지를 피하게 한다. 사실상 후설에 의해 이해의 영역으로 이해된 미래-세계에 대해 열린 공동체의 생성과 공유화의 이론이 만들어졌음이 증명된다.

그래서 만일 후설 철학의 잠재성들이 세대적인 이성들을 위해 리쾨르에 의해 제지되었다면, 그것은 그가 다른 선택, 즉 원문 그대로와 부합된 우위와 자신의 성경 강의와 함께 이 문장보다 더 해석학적 관점을 따르려는 선택을 했기 때문이다. 그러나 "후설에게는 의미의 고고학이 있는데, 그는 우리가 그것을 말하는 것처럼 일종의 의식적인 **코기토**에 대해 매우 긴장하지 않았다."[29] 그 원고들은 근본적이지 않지만, 반대로 변화의 접근에 따라 깨달음의 단계의 전체 부분을 이루면서 충동적인 지향성의 이론에 대한 자신의 관심을 드러내기까지 한다. "그의 표준적인 입장에서의 의미는 변화의 실마리일 뿐이다. 분명히 리쾨르는 그런 관점을 빌려오지 않았다."[30]

리쾨르의 지도하에 있던 현상학연구실은 후설에게서 그의 영감의 근원을 잘 발견했지만, 그렇다고 엄격한 후설주의를 다른 교수들에게 강요하지는 않았다. 70년대는 해석학적 접목의 해이면서도 분석적 표현의 해였다. 게다가 여전히 새로운 이런 지도는, 철학의 중요한 역사적 시대에 있어서 일종의 전공자이니까라는 전문인으로서의 역할 속에 멈추어 있지 않으면서 자신을 그곳에 갇히도록 내버려두지 않은 리쾨르의 의지와 부합된다.

---

28) 장 뤽 프티, 《유아론과 상호 주체성. 후설과 비트겐슈타인에 대한 열다섯 개의 강의》, 세르프, 파리, 1996년.

29) 장 뤽 프티와의 대담.

30) 위의 대담.

49

파르망티에 가에서의 세미나

파르망티에 가 소르본대학 내에 자리하고 있는 '인디언들'의 강의실에서, 리쾨르는 수많은 외국인 연구자들을 수용한다는 관점에서 보면 국제적인 명성의 혜택을 입었으나, 그러나 아직은 파리의 지적인 무대에 거의 알려지지 않은 세미나를 추진한다. 1967년부터 1971년까지 계속된 소르본대학에서의 '인디언의' 시대는 스트로슨이나 오스틴, 앙스콩브, 제2의 비트겐슈타인의 작품들에 대한 연구와 함께 분석철학에 초점이 맞추어졌던 시기이다. 파르망티에 가에 정착된 세미나는, 1972년부터 1973년의 1년 동안에는 해석학에 몰두하게 된다. 그후 2년 동안(1973-1974년과 1975-1976년) 세미나는 상상력에 대한 주제로 진행된다. 그 사이에 1년 동안(1974-1975년) 세미나는 행위 의미론에 몰두하게 되고, 지난 두 해들(1977-1978년과 1978-1979년)을 역사성으로 끝내기 위해 서술체로 밀고 나간다(1976-1977년). 이 논문의 주제들에 이어서, 우리는 리쾨르의 작품을 북돋아 주는 은밀한 작품을 알고 있다. 그러나 세미나 또한 폴 리쾨르와 도리앙 티페노가 공동으로 지도한 '현상학과 해석학'의 총서를 편집하기 때문에[1] 종합적인 출판물에 그 근거를 둔다.

세미나는 소르본대학에서 20여 명의 연구자들이 모이면서 11월부터 5월까지 전개된다. 세미나가 파르망티에 가에 정착되었을 때, 이곳의 실제 수강 정원은 40여 명까지 증가하게 된다. 종합 토론은 1시간 정도 진행되면서 집단 토론을 두 번째 강연 시간으로 남겨 놓는다. 운영의 책임자들은 토론을 준비할 수 있도록 미

1) 《행위 의미론》, 국립과학연구소, 파리, 1977년; 《서술체》, 국립과학연구소, 파리, 1980년; 장 그레쉬, 《해석학과 문자학》, 국립과학연구소, 파리, 1977년; 《신화와 시대 묘사》, 국립과학연구소, 파리, 1985년.

리 발표문을 보낸다. 매번 세미나가 끝난 후에는, 의전서라는 이름하에 간결한 요약문이 작성되어 각 참가자들에게 보내진다. 리쾨르는 그해의 주제를 준비해서 전반적인 문제들을 제시하는 첫 강연을 두세 개 맡게 된다. 그래서 리쾨르는 이해에 선정된 주제로 연구를 시작한 이후로 또 다른 작업을 시도하는데, 그것은 그 자신이 필수 불가결한 것이라고 인정하는 일고여덟 권의 책을 해석하는 것이다.

미국에서 더 잘 환영받았던 리쾨르에게 있어서, 파르망티에 가에서 보낸 70년대는 힘든 기간이었다. 1969년 콜레주 드 프랑스에서 그가 행한 푸코 반대 입장이 낭패를 당한 이후, 프랑스에서 자신이 이행한 프로이트에 대한 담론 해석이 초래한 논쟁으로 충격을 받게 된다. 이에 대해 우리는 그처럼 어려운 60년대말 프랑스의 철학적 상황 속에서 리쾨르가 구현했던 점들을 고려해 보면서 떠오르는 진정한 별의 사라짐이라고 말들을 하는데, 그것은 낭테르대학에서의 리쾨르의 운영이 실패한 것과 마찬가지의 결과를 낳는 데 불과하다. "나는 파르망티에 가의 세미나를 리쾨르가 거쳤던 곳으로서 경험했다. 그가 프랑스에서 인정받지 못한 시기가 바로 이 기간이다. 그것은 완전히 자유로운 분위기였으면서도 매우 제한된 세미나였다."[2] 소르본대학과 낭테르대학까지 리쾨르를 따라다녔던, 프랑수아즈 다스튀르는 그 세미나의 열렬한 신봉자였다.[3] 1967년부터 독일에 정착한 다스튀르는 1969년에 다시 돌아오는데, 이때 그녀는 마치 우리들이 피해야 할 사람으로 각인되어 있는 현상학의 전문가 알튀세적인 분위기에 휩싸여 있는 소르본대학에서 전임교원으로 선출된다. "만일 리쾨르의 세미나가 없었다면, 나는 완전히 고립되었음을 느꼈을 것이다."[4] 그곳은 사람들이 진지하게 공부하고, 그리고 외국인들의 기운, 특히 리쾨르가 앵글로색슨족의 모든 사람들에 대하여 나타낸 솔직함 덕분으로 파리의 폐쇄된 모임동인에서 나오게 한 장소이다. "그는 우리에게 원문들을 읽도록 강요했다. 우리에게 그것들을 제안했던 사람이 바로 리쾨르였기 때문에, 나는 그 원문들을 읽었다. 나는 독일철학의 전통 속에서 길러졌는데, 내가 분석철학의 모든 위대한 원문들을 읽었던 것도 바로 리쾨르 때문이었다."[5]

---

2) 프랑수아즈 다스튀르와의 대담.

3) 프랑수아즈 다스튀르, 〈K. O. 아펠에 의한 이해와 설명의 변증법〉, 《행위 의미론》, 같은 책, 271-284쪽.

4) 프랑수아즈 다스튀르와의 대담.

5) 위의 대담.

그때 낭테르대학 내에서 리쾨르의 학생 가운데 하나인 올리비에 아벨은, 에마뉘엘 레비나스가 소르본대학에서 지도한 모임에서 박사 심화 학위인 DEA 과정중에 자신의 학생들을 남겨 놓고서 리쾨르가 봄에 시카고로 가버린 것을 기억한다. 학사 과정을 준비하기 위해 3년 전 몽펠리에로 떠난 올리비에 아벨은, 리쾨르의 지도하에 석사 과정을 밟으러 1975년 다시 파리로 되돌아와서, 그때 당시 파르망티에 가에서 개최되고 있던 상상적 세계에 대한 세미나를 듣게 된 것이다. 리쾨르는 바슐라르의 시론에서 상상 작용에 대한 주제를 아벨에게 맡긴다. 그후 아벨은 국가고시에서 조교로서 리쾨르를 낭테르대학에서 다시 만나게 되는데, 바로 이 낭테르대학에서 그는 교수자격시험을 준비하게 된다. 쇼펜하우어에 대한 시험에서 최고 점수를 받았음에도 불구하고, 1978년도의 시험기에 처음으로 낙방한 아벨은 중등교원자격증을 얻는 데 만족한다. 그는 가능한 한 파리에서 멀리 벗어나(그는 이스탄불의 갈라타사레이의 고등학교에서 여러 해 동안 가르치게 된다), 시적 몽상의 현상학적인 양상을 계승하기 위해 박사 학위 과정에 등록한다. 그의 흥미를 끈 것은 "현상학이 자신의 과학적 개념 이론 속에서의 인식론의 절단과 같은 역할을 상상에 대한 바슐라르적 이론에서도 한다는 것을 보는 것이다."[6] 리쾨르의 의견 제시에 따라, 아벨은 구조화와 단순화에 대한 이런 국면이 어떻게 질 가스통 그랑제의 문체 구조에 접근시키는 것이 가능한가라는 문제이다.

세미나에 자주 드나드는 사람들 가운데 파리의 가톨릭대학 철학 단과대학의 당시 학장이며, 리쾨르 작품의 최고 전문가 중 한 사람인 장 그레쉬는 1972년부터 규칙적으로 파르망티에 가의 세미나들을 계속 주최한다. 룩셈부르크 공작 출신인 그레쉬는 철학적이고 신학적인 이중 교양을 갖추고 있었다. 독일이나 파리에 정착하는 것에 주저하면서, 완벽하게 2개 국어를 구사할 수 있는 그는 결국 파리를 선택한다. "내가 파리에 오기로 결정했던 이유 중 하나는 리쾨르의 사상을 더 깊이 파고들 수 있다는 점에서이다."[7] 그는 70년대초에 리쾨르가 처하게 된 소외 상태를, 마치 그를 단번에 파리의 당파 밖으로 놓아 버린 자신의 민족인 룩셈부르크인들의 '야만적'인 처사에 대처한 자신의 입장에 비유해 보는데, 그러나 파리에서의 이러한 상황은 그를 덜 방해하는 것으로 여겨진다.

---

6) 올리비에 아벨과의 대담.
7) 장 그레쉬와의 내담.

자크 콜레트는 파리에서 1960년대초부터 리쾨르와 가깝게 지낸다. 그후에 그는 1970년부터 브뤼셀에 위치한 생루이대학에서 가르치게 되었는데, 레비나스와 리쾨르는 여러 번 그곳에 초대받는다. 콜레트는 1974년 국립과학연구소에 합류해서 규칙적으로 파르망티에 가의 세미나에 출석한다. 그는 또한 레비나스와 리쾨르·콜레트 등 위 3명의 프랑스인을 제외하고는 모든 구성원들이 독일인으로 구성된 '언어와 종교' 라는 모임에 열을 올리던 1976년과 1980년 사이에, 해마다 열렸던 프랑스-독일인의 모임에 참가한다. 독일인들이 이 만남들의 주최자였고, 독일에 가고 싶어하지 않은 레비나스가 참가하기를 몹시 바랐다. 그래서 독일인들이 매우 구조화된 발표를 준비하고, 프랑스인들은 그들의 질문에 말로 답하면서, 토론들은 비정형적인 틀 속에서 프랑스에서 행해졌다. 물론 이때 그 질문들은 성경적인 언어와 철학적이고 상상적인 언어를 목표로 하고 있었다.

자크 콜레트는 미셸 드 세르토가 《역사의 기술법》(1975)을 출판하고, 리쾨르가 《시간과 이야기》를 준비할 때인 1970년대말에 그들(리쾨르와 미셸 드 세르토)의 세미나에 참석한다. 콜레트는 두 철학자의 공통된 사실성의 테마 연구에 대하여 1977년 6월 12일 리쾨르의 세미나 범위 내에서 강연을 하게 된다.[8] 자크 콜레트는 미셸 드 세르토가 발전시킨 입장, 즉 서술체와 수행성 사이에서 흔들리는 현재에 대한 충격과 과거 서술 사이에서 역사를 기술하는 입장을 연상시킨다. 그래서 역사적 기술법이 시간성에 대해 구조화된 개념을 제시하지 못할 때 그것은 일종의 응집력 생산을 초래하는데, 이때 이러한 현상은 시간성이 갖는 "조건보다는 덜 연구된 결과처럼 작용한다."[9] 자크 콜레트는 이런 입장과, 미셸 푸코에게서 나타나는 허구와 진실 사이의 관계와 관련된 입장을 표명한다. "나는 결국 허구들밖에 쓰지 않았다. 나는 그것이 진실 밖에 있는 한 말하고 싶지 않다."[10] 허구적 이야기에 비해 역사적 이야기의 규약은 자크 콜레트에게 다음과 같은 질문을 제기하는 리쾨르 관심의 초점을 차지한다. "역사적 담론의 논증성이라고 하는 것은, 역사학자라고 하는 '나' 에 의해 적응된 이야기라는 의미에서 지시적임을 내포하는 것입

8) 자크 콜레트, 〈서술체의 이야기와 시대성을 갖는 놀이. 이야기의 우발성에 대한 철학적 반성〉, 《서술체》, 앞의 책, 71-83쪽. 또 다른 〈순간적인 역설과 사실성〉이라 출판된 논문이 있다. 신화와 시대의 대표, 앞의 책, 109-134쪽.

9) 미셸 드 세르토, 《역사의 기술법》, 갈리마르, 파리, 1975년, 20쪽.

10) 미셸 푸코, 《라 캥잰 리테레르》, 제247호, 1977년 1월 1일.

니까, 아니면 그러한 논리성이 단순히 일관적인 관심에 의해 창조된 이야기의 연쇄에서 기인하는 것입니까?"[11] 이런 질문은 리쾨르에게 있어서, 역사적 담론의 구성에 있어서 반성적인 글자가 갖는 중요성을 일깨워 준다. "개괄적으로 정리해 보면, 리쾨르 생각에는 미셸 드 세르토가 너무 푸코의 관점으로 쏠리고 있다고 생각했다. 그는 이 점에 대해 망설였고, 언어철학을 통합하면서 반성철학과 동시에 현상학적 서술과 해석학적 차원을 실행하려는 차원으로 자기 길을 추구했었다."[12]

리쾨르의 개방 정신은 그를 포함한 수많은 마르크스주의의 연구자들과 함께 자신의 세미나에서 공동 작업을 가능하게 한다. 《마르크스의 실체》지의 실제 공동 책임자인 자크 텍시에의 경우가 그렇다. 1968년 국립과학연구소에 들어가고, 그람시 연구 전문가인 텍시에는 리쾨르의 연구실 세미나에 가입한다. 1978년까지 프랑스 공산당의 멤버이자 CERM의 책임자인 자크 텍시에는, 회의론적인 철학으로서의 마르크스주의가 사상의 본질적인 구성 요소라는 것에 대해 리쾨르와 그 어떤 충돌도 없었다. "그가 회의적인 이론들에 대해 말했을 때 그 방편을 발견했던 사람은 바로 리쾨르였고, 그리고 그것은 또한 그의 사고 속에서 매우 긍정적으로 작용했었다."[13]

솔랑주 메르시에 조자 또한 그 세미나를 통해 마르크스주의자의 감수성을 끌어안게 된다. 그녀에게 있어서 리쾨르에 대해 매우 애착을 갖게 된 것은 분명히 논문 지도교수 이상의 그 무엇, 마치 아버지 같은 모습 때문이었다. 그녀가 리쾨르와 처음 만난 것은 1959년 교수자격시험에서 구술시험 때로 거슬러 올라간다. 학생 사회보장을 위한 시위 운동 때, 1954년 곤봉으로 맞아 피해자가 된 그녀는 시력을 잃어버리고 두개골 수술을 받을 위험을 무릅쓴 상태로 결국은 고등사범학교 문과시험 준비반을 떠나야만 되고, 그리고 2년 동안을 불안 속에 있게 된다. 그래서 그녀는 1958년 느지막이 국가고시에 통과했고, 교수자격시험에 첫번째로 붙은 석차에 대한 보상으로 중등교원자격증을 얻는다. 교수자격시험에 있어서 두번째로 통과한 그녀는, 이제는 아름다움이 도덕적 가치가 있는지를 알아보려는 질

11) 폴 리쾨르, 파르망티에 가에서의 세미나, 1977년 6월 2일, 자크 콜레트에 의해 기억된 말.
12) 자크 콜레트와의 대담.
13) 자크 텍시에와의 대담.

문에 대해 '답변을 해야만 한다.' 그녀는 미학이 필연적으로 윤리학에 이르게 하지는 않는다는 것을 주장하기 위해 모든 예증을 설정한다. 심사위원회에서 수리오는 이러한 일방적인 위치 측정에 대해 만족하지 않고 두 분야간에 전제된 이원론에 이의를 제기한다. 그러나 심사위원 가운데 한 사람이었던 리쾨르는, 그 지원자에 의해 설정된 분리주의적 입장을 정당화하면서 솔랑주 메르시에 조자에게 도움을 준다. 그녀는 이러한 지지 덕분에 부분적으로 국가고시를 통과하게 된다.

같은 시기에 그녀가 리쾨르와 친해지도록 한 것은 바로 그 어떤 실패 때문이었다. 그녀는 《레트르 누벨》에 펠리니의 《카비리아의 밤》에 대한 논문을 보내지만, 그녀의 논문은 문제를 제기당하고 모리스 나도라는 비서에 의해 '은총'의 개념을 표현하는 논문을 출판할 수는 없지만, 그러나 그런 성격의 논문은 《에스프리》지의 관심을 끌 거라고 설명해 준다. 바로 그녀 자신은 《에스프리》지의 그 누구도 알지 못하는 상태이긴 하지만 그 충고를 따른다. 솔랑주 메르시에 조자는 즉시 카사메이오와 장 마리 도므나크에 의해 인정받게 되는데, 그들은 그녀의 논문이 나타내는 특성 자체로 그 잡지에서 수용할 수 있도록 선처를 해준다.[14] 그때 그녀는 회합들, 특히 1958년과 1964년 동안에 리쾨르와 가까워지면서 철학 모임의 회합에 빈번히 드나들게 된다. 그러나 그녀는 이따금씩만 출석하게 되는데, 자신이 파리와 멀리 떨어져 있었기 때문이다. 우선 에피날에서 철학 교수이던 그녀는 자신의 과거를 되살리고 싶어한다. 베트남에서 자신의 모든 어린 시절을 희생당한, 식민지 행정관의 딸이었던 그녀는 알제리인들이 초래하고 그것을 아주 가까이에서 보고 싶어하던 반식민지주의의 싸움 속에 참가하는 이유를 자각하게 된다. 그래서 솔랑주 메르시에 조자는 알제리에서 한자리를 얻게 되는데, 그녀는 그곳에서 2년을 보낸다. 그녀가 1963년 프랑스로 돌아온 후에 프랑스 공산당 당원이 되면서 마르크스를 발견하고 가르치게 되는데, 이것은 바로 그녀 자신의 이러한 내면의 갈등 상태가 이루어진 곳이다.

결국 그녀는 《에스프리》지에서 더 이상 찾아볼 수 없고, 정치적 측면에서는 너무 온건한 입장을 표명한다. 그녀는 리쾨르 지도하에 논문을 쓰기로 결심한다. 그래서 낭테르대학에서 그를 만나게 된다. 이렇게 하여 솔랑주 메르시에 조자는 헤겔 이전의 원문들의 은유적인 해독에 있어서 매우 리쾨르적인 관점을 표명하는 세

14) 솔랑주 메르시에 조자, 〈카비리아의 은총〉, 《에스프리》, 257호, 1958년 1월, 115-116쪽.

력과 종속, 자유와 자신의 양심 문제에 대해서 재해석을 가하는 헤겔의 《정신현상학》 제4장에 대한 연구 A팀에서 일할 것을 검토한다. 그녀는 플라톤과 아리스토텔레스 · 홉스 · 루소가 어떻게 헤겔의 원문들을 마치 예언자적인 입장에서 읽었는지를 알고 싶어한다. 이렇게 리쾨르와 함께한 철학적 교류는 자신의 삶을 빛 속에서의 삶으로 체험하게 한다. "나의 작업에 대해 그와 이야기하곤 했을 때, 나는 세상의 나머지가 그를 위해 존재할 뿐이라는 인상을 받았다. 그는 내게 그다지 말을 많이 하지는 않았지만, 그것이 바로 그가 보여 준 그의 길이었다. 진정으로 내게 값진 시간들을 부여했던 사람은 다름 아닌 리쾨르였다. '결국은 자네가 최상으로 생각하는 그것은 바로 마르크스에서부터 헤겔까지의 관계 규명에 있다네.'"[15)]

1963년부터 1968년까지의 전 기간 동안, 솔랑주 메르시에 조자는 정성들여 쌓아 놓은 자신의 모든 전성기를 희생시키면서 학위 논문에 전념하게 된다. 박사 학위 논문의 구두심사 준비를 거의 마쳤을 때 그녀는 아파트를 옮기게 되는데, 불행하게도 이사 도중 자신의 차 속에 있던 모든 것을 도둑맞게 된다. 단지 종이 상자들 속에서 하나만의 물건을 찾게 되는데, 그것은 유일한 논문 견본용 한 권이었다. 결국 그녀는 모든 것을 잃어버릴 것인가! 그렇지만 1968년 남편의 도움으로 그녀는 그나마 그 어떤 것을 발표하여 성공하게 되는데, 다행히도 그것을 통해 그녀는 국립과학연구소 내의 현상학연구실로 들어가게 된다. 그때 그녀는 리쾨르의 세미나에 자주 드나드는 사람이 되었다. 이러한 상실과 빈약한 조직이 주는 의미로부터, 솔랑주 메르시에 조자의 논문 통과 과정은 논문 제출에서부터 박사 학위 논문의 구두심사까지 무려 30여 년이라는 세월을 질질 끌게 된다. 그러니까 1963년에 시작하여 1993년도에 박사 학위 논문에 통과한다. 이것은 리쾨르의 인내심을 최대한으로 보여 준 사건인 것이다. 구두시험 날 리쾨르는 은퇴하게 되고, 조르주 라비카에게 그의 지도 책임을 넘긴다. 솔랑주 메르시에 조자는 매번 그 자신의 전제 가설들을 반복하는 데 있어서 결코 만족하지 않았기 때문에, 라비카는 그것을 끝내도록 독촉하고 '기한' 이 존중되지 않는다면 그녀의 작업 방향을 더 이상 수용할 수 없다고 위협하면서 엄한 아버지 같은 역할을 했다. 마침내 1993년 3월 16일의 대망의 날이 다가오고, 솔랑주 메르시에 조자는 조르주 라비카와 폴 리쾨르 · 자크 동트 · 베르나르 부르주아 · 니콜라스 테르튈리앙으로 구성된 심사위

15) 솔랑주 메르시에 조자와의 대담.

원 앞에서 자신의 논문을 발표한다. 박사 학위 논문의 구두심사에서 그녀의 논지는 마르크스주의에 그대로 남아 있는 애착을 증명해 준다. "우리를 위해서 마르크스는 헤겔이 세계 대정신이라고 외친 1845년보다 1993년에 더 말할 게 많은데, 그것은 세계적 시장으로서의 혼 없는 정신의 세계라는 점에서 그렇다."[16] 그녀의 첫 연구는 니체의 일반론과 프로이트의 초심리학, 그리고 마르크스주의에 관계하여 헤겔의 원문을 인용했다. 결국 그 시도는 헤겔과 마르크스주의의 원문 대조에 그 초점이 모아지게 된다. 심사위원이 퇴장하고 관습에 따라 위원들끼리 토의하며 발표자에게 국가의 석학이라는 칭호를 수여하게 된다. 그런 장면은 기억 속에서 강렬한 흥분의 순간으로 남는다. 솔랑주 메르시에 조자는 리쾨르에게 다가가서 그의 손을 잡고, 그리고 "그녀는 리쾨르의 손에 입을 맞춘다. 나는 그것이 매우 아름답다고 생각했다."[17] 이러한 행동은 좀 미묘한 점이 있어 때로는 매우 강한 행동임과 동시에 때로는 별로 예의에 맞지 않는 것처럼 보이기도 한다. "그들이 내게 논문 통과 발표를 했을 때, 나는 리쾨르의 손에 입을 맞추었다. 베트남에서는 사람들이 누군가를 존경할 때, 그 사람의 손에 입을 맞춘다. 나는 아이처럼 그렇게 했고, 물론 아무도 이해하지 못했다. 모든 사람이 '그녀는 미쳤어' 라고 말했다. 그것은 극동 제국에서 경의의 감정이지, 결코 성적인 것이 아니었다. 너무도 오랜 시간 후에, 어린 시절이 내게 되돌아온 것에 대해 매우 신기함을 느꼈다. 나는 내 인생을 완수하도록 도와 준 그에게 감사를 표한다."[18]

유럽 정신분석학은 세미나에서 정신분석학자인 모니크 슈네데르에 의해 소개된다. 리쾨르의 오랜 제자인 그녀가 리쾨르와 처음 만나게 된 것은 고등사범학교의 입학시험으로 거슬러 올라간다. 그때는 리쾨르가 입학 허가 심사위원 자리를 맡게 된 때이다. 그녀는 자신의 '심사관' 과 함께 그의 지적 호기심을 자극하고 있는 플로탱에 대해 이미 이야기를 주고받았다. 소르본대학에 자신의 지원서를 제출했던 리쾨르가 장 기통을 좋아하게 된 것은 바로 그때이다. "나는 작은 혁명을 유발시키는 학생들에게 소속되었다. 몇 명의 사람들은 국제노동자연맹의 노래를

16) 솔랑주 메르시에 조자, 박사 학위 논문 구술심사회에 대한 이야기, 1993년 4월 16일.
17) 그웬돌린 자르체크와의 대담.
18) 솔랑주 메르시에 조자와의 대담.

부르면서 기통의 강의에 참석했다."[19] 모니크 슈네데르는 국립과학연구소에서 리쾨르의 세미나를 한번 청강하고, 그의 지도하에 박사 학위 논문을 준비한다. 슈네데르는 그 어떤 언어를 통해 비극적인 또 다른 언어를 취하는 식의 철학적인 그의 분기점의 기술과 함께, 또한 철학을 통하여 시론을 회복하려는 그의 능력과 함께 정신분석학의 전문가가 공부하는 방식과 철학적 순이론에서 리쾨르와의 관련 사항에 있어 많은 유사점을 발견하게 된다. 그녀는 이때 재생되지 않는 어려운 언어들을 가지고 정신분석학상에 존재하는 유사한 단절들을 증명한다. 이때 실무 전문가로서 그녀는 다른 사람에게 자신의 고정된 언어들을 옮아가면서, 완전한 재생성을 실현시키는 것과 마찬가지로 그 의미를 충족시키는 것 같은 똑같은 무능력함을 발견한다. '심술궂은 신'이라는 주제에 대해 폴 리쾨르가 이끌어 낸 의문은 그에게 그의 통합적인 힘의 한계를 인식하게 한다……. '심술궂은 신'이라는 주제는 마치 정착이 필요하면서도 동시에 금지된 것처럼 철학 분야 속에서 그 문제점을 제시한다.[20]

모니크 슈네데르는 또한 리쾨르가 청취하는 데 동의하고, 그에게 있어서 반응의 생각보다 더 중요한 우월성의 분석에 적합한 다른 사람들의 언어를 청취하려는 자세를 발견하게 된다. "리쾨르에게서 우선권이라고 하는 것은 아마도 자신의 고유한 언어를 구축하는 것보다는 청취하는 일일 것이다."[21] 이런 부차적인 고지식함, 즉 우선권이 초래하는 개방과 이동에 맞는 이런 우선권, 이러한 놀라운 능력은 분석자들을 주의 깊게 담화할 수 있도록 유도한다. "그는 그를 깜짝 놀라게 하는 모든 것에 매우 민감하다. 그에게서 이러한 놀라움의 현상은 내게는 중요한 요소가 되어 나타난다."[22] 리쾨르처럼 모니크 슈네데르는 문학을 그 어떤 예외적인 것으로 생각지 않는다. 그녀는 그와는 반대로 프로이트적인 원문에 대한 문학의 관계들을 연구한다. 파르망티에 가의 세미나에서 그녀는 시간성의 개념을 공부했다.[23] 리쾨르와 함께 모니크 슈네데르가 끝낸 논문은 분리 시간을 나타내고, 예기

---

19) 모니크 슈네데르와의 대담.

20) 모니크 슈네데르, 〈비극적 에로스〉, 장 그레쉬와 리처드 커니(지도), 《폴 리쾨르. 해석학적 근거의 변형》, 세르프, 파리, 1991년, 53쪽.

21) 모니크 슈네데르와의 대담.

22) 위의 대담.

23) 모니크 슈네데르, 〈단편소설의 시간〉, 《서술체》, 앞의 책, 85-123쪽; 〈시간성과 무의식, 반복〉, 《신화와 시대의 대표》, 앞의 책, 13-36쪽.

치 않은 연장을 따르기 위해 충동과 지성 간의 관계에 대한 문제를 제기하는 수많은 작품들[24]에 이식시키게 된다. 이러한 관계는 탈구조주의적 관점에서 분석되고, 이 탈구조주의적 **코기토**에 대한 리쾨르의 개념과 만나게 된다. "리쾨르에게 있어서 과거 존재 사실이라고 하는 것은 분리 순간을 분산시키는 것이 아니라는 것을 나에게 인식시켜 준다."[25]

리쾨르의 주요 연구 분야에 그의 세미나의 영역 중 하나는 분석철학으로 귀결된다. 물론 앵글로색슨족의 이 분야에 대한 열린 시각이 리쾨르가 미국에서 더 체류할 수 있도록 하는 혜택을 가능하게 한다. 그러나 그는 또한 현행되는 화용론적인 전환기에서 특별히 설명될 수 있는 연구자들과 함께 자신이 주도하는 세미나의 내부적인 차원에서 몇몇 세대 교대 작업을 한다. 자크 풀랭의 경우가 바로 그것으로, 그녀는 분석철학과 종교철학에 몰두해 있던 1962년 박사 학위 과정을 리쾨르의 지도하에 시작한다. 1969년에 학위 논문을 발표하고 뒤이은 1973년에 책으로 발간하는데, 이 도서는[26] 러셀과 비트겐슈타인의 중심 작업인 종교적인 명제들의 연구에 기초를 세운다. 세미나에서 사람들이 오스틴을 공부하던 시기가 바로 그때이다. 자크 풀랭의 목표는 종교적 접근이 가능한 범위 내에서 수행 이론과 자신의 적용 이론 간의 유대 관계를 보여 주는 것이었다. "리쾨르는 같은 시기에 비트겐슈타인과 하이데거, 비트겐슈타인과 후설, 비트겐슈타인과 칸트를 비교하면서"[27] 카를 오토 아펠에 대한 작업을 했었다. 즉 분석철학에 대한 이러한 시도는 리쾨르가 미국에서 강의하는 기간을 연장하려던 70년 이전에 이루어진다.

리쾨르의 세미나에서 분석철학의 또 다른 전문가는 장 뤽 프티이다. 앙굴렘 출신인 프티는 생클루의 고등사범학교에 등록하기 위해 1964년 푸아티에에서 파리로 도착한다. 1964-1965년부터, 그는 리쾨르가 후설의 이념에 대하여 소르본대학에서 실시하던 강의에 참석한다. 그후 그는 후설의 구조 논문에 대한 고등 교육

---

24) 모니크 슈네데르, 《말과 근친상간》, 오비에, 파리, 1980년; 《프로이트와 쾌락》, 드노엘, 파리, 1980년; 〈아버지, 당신은 알지 못하십니까?〉, 드노엘, 파리, 1980년; 《외상과 역설적 혈통》, 랑세이, 파리, 1988년.

25) 모니크 슈네데르와의 대담.

26) 자크 풀랭, 《논리학과 종교》, 무통, 라 에이에-파리, 1973년.

27) 자크 풀랭과의 대담.

졸업 증서를 준비하면서, 후설에 대해 계속 공부할 생각으로 낭테르대학에 출석한다. 게다가 그가 자신의 미래 신부인 마리아 빌라 프티를 만나게 된 곳은 바로 낭테르대학의 박사 학위 과정의 이 세미나에서이다. "나는 소르본대학에서 이미 세미나를 들었는데도, 한 브라질 친구가 낭테르대학에서 개최되고 있는 리쾨르의 세미나를 청강하도록 내게 충고해 주었다. 장 뤽은 발표를 했고, 우리들은 토론했으며, 리쾨르는 우리 결혼에서 내 증인이 되었다."[28] 후설의 강의 입문 외에도 장 뤽 프티는 리쾨르의 강의 덕분에 분석철학의 기초를 배웠다. "리쾨르는 그가 우리에게 복사해 주었던 원문들과, 그가 관대하게 빌려 주었던 작품들을 미국에서 가져왔다."[29] 이 세미나의 범위 내에서 장 뤽 프티가 1972년에는 맥스 블랙[30]에 대하여, 1975년에는 앨빈 I. 골드만[31]에 대하여, 1977년에는 게오르크 헨리크 폰 라이트[32]에 대하여 발표할 기회를 갖게 된다. 특히 이 마지막 작가(게오르크 헨리크 폰 라이트)로부터 장 뤽 프티는 분석철학에서 현상학적 본질의 행위 이론과 행위 개념 간의 유사성을 인식한다. 장 뤽 프티가 이 철학에 접근할 수 있었고, 그리고 오늘날 가장 독창적인 연구가 가운데 한 명으로 간주된 것도 바로 리쾨르에 의해서이다. 아리스토텔레스의 합리성 이론과 철학적 논리학을 모두 수정한 폰 라이트는 인과성과 설명의 개념을 새롭게 정의하면서, 행위 이론에서 나타나는 의무 수행자라는 논리를 개발한다. 그래서 결국 이 전환은 이성의 개념을 유발시키는 논리적 관계의 개념과, 원인의 개념을 들춰내는 비본질적이며 그러면서도 비논리적 관계의 개념을 구별할 수 있게 하는데, 이는 모두가 엘리자베스 앙스콩브 덕택이며, 그리고 리쾨르의 《시간과 이야기》를 편집할 때 영감을 불어넣게 된다.

1975년 이봉 벨라발과 장 투생 드상티 · 리쾨르 등으로 구성된 심사위원 앞에서 낭테르대학에서 계속하던 박사 심화 학위 논문 발표를 끝내는데, 이 논문은 이 시기 리쾨르의 책임하에 발간되고 있는 '철학 총서'라는 모음집의 최근 작품으로 쇠이유출판사[33]에서 간행된다. 또한 그는 장 라드리에르와 마테롱, 올리비에 르불,

---

28) 마리아 빌라 프티와의 대담.

29) 장 뤽 프티와의 대담.

30) 맥스 블랙, 《모형과 은유》, 코넬대학교출판부, 이타카, 뉴욕, 1962년.

31) 앨빈 I. 골드만, 《인간 행위 이론》, 프랜티스 홀, 잉글우드 클리프스, 뉴저지, 1970년. 장 뤽 프티의 발표를 보다. 〈행위 이론: 그것을 어떻게 하는가? A. I. 골드만〉, 《행위 의미론》, 앞의 책, 189-222쪽.

32) 게오르그 헨리그 폰 라이트, 《설명과 이해》, 루틀리지와 키건 폴, 런던, 1971년.

그리고 물론 리쾨르도 함께 장 투생 드상티의 지도하에 행위 의미론에 대한 박사 학위 논문을 소르본대학에서 발표하게 되는데, 그해가 바로 1988년이다.[34]

장 뤽 프티의 논문은 유물론자와 물리주의자의 공리, 특히 윌러드 콰인과 도널드 데이비드슨 제자들의 공리가 그때까지 그에게 강한 망설임을 불러일으켰던 입장에 대해 리쾨르의 입장을 설득시키기에 이른다. 의미론의 전통을 구체화하는 이런 사조의 기여에 대한 이같은 재평가는 《타자 같은 자아》에서 보여 주는 장 뤽 프티의 시선에 대하여 일종의 의무감을 인식으로서 나타낸다.[35] 장 뤽 프티는 그가 비트겐슈타인에게, 그리고 "효과 행위 이론을 위해 그 근원을 결코 찾을 수 없는 상태에서 이 문장 저 문장 사이를 헤매면서 결국은 결론을 이끌어 내는 데 성공하지 못했던"[36] 후 비트겐슈타인학파 사이에 공존하는 폐쇄적 의미론에 반대하는 이 입장을 밝힌다. 또한 모든 언술에 부여된 언어 외적 세계나 최후의 지시 대상의 조건들을 다시 찾기 위해 그 자신에게 있어서 폐쇄적인 입장이었던 의미론적 분석을 시도해 보고, 그리고 그 의도성을 도출해 내는 응집력 같은 현상학에 연결되어 있는 행위 의미론간의 대립을 또한 자신의 논문에서 제시한다. "거기에는 그 어떤 존재론의 요구가 있다. 그래서 우리는 그것을 리쾨르가 표현하는 식의 '격렬한 존재론'의 요구로 받아들인다."[37] 그는 그래서 마치 행위에 부여되었던 것이 언어 사용의 효과일 뿐이고, 세상에서 실험적이고 유형적인 정착과 더 이상 관련이 없는 언어놀이 속에 가두어 놓으려는 비트겐슈타인의 경향을 비판하면서 또 다른 견해를 주장한다.

파르망티에 가에서 열리는 세미나에 대해 회고해 볼 때 가장 큰 독창성 중의 하나는 수많은 외국인들이 참여한다는 것이다. 어떤 사람들은 단지 청강생 입장으로 다녀가고, 또 어떤 사람들은 각기 자기 나라에서 리쾨르의 작품을 알리는 것에 있어서 최고의 민간인 외교관 역할을 하기도 하며, 또 더러는 그 세미나의 주춧돌이 되기도 한다. 마지막 부류의 경우는 리우데자네이루 출신인 마리아 빌라 프티

---

33) 장 뤽 프티, 《행위 체계에서 살아 있는 작품》, 쇠이유, 파리, 1980년.
34) 장 뤽 프티, 《분석철학 속에서의 행위》, PUF, 파리, 1991년.
35) 폴 리쾨르, 《타자 같은 자아》, 앞의 책, 86, 350, 376쪽.
36) 같은 책, 350쪽, 주 1.
37) 장 뤽 프티와의 대담.

의 입장과 잘 맞아떨어진다. 그녀는 장학금으로 1963년 프랑스에 도착하여, 개신교도들에 의해 경영되던 생미셸 거리에 위치한 국제학술 기숙사촌에서 기거하게 된다. 마리아 빌라 프티는 소르본대학에서 리쾨르의 강의를 듣는다. 그녀는 소르본대학에서 그의 세미나를 듣도록 그녀를 초대한 한 철학자와 접촉을 취하면서 리쾨르와 쉬잔 바슐라르 · 레비나스 앞에서 1968년 5월 바로 직전에 발표한 후설에 있어서의 상호 주체성에 대한 논문을 그 철학자와 함께 준비한다. 국립과학연구소에 자리잡은 그녀는 파르망티에 가에서의 세미나에 매우 적극적으로 참여하면서[38] 또한 파리 가톨릭대학에서 강의를 한다. 나중에 마리아 빌라 프티는 이미 오래전부터 상당한 부분의 리쾨르 작품이 출판된[39] 브라질에서 그 작품 번역에 있어서 그다지 만족스럽지 못한 여러 번역서들을 수정하게 된다.

제프리 앤드루 바라쉬나 데이비드 펠라우어 · 찰스 리건 등과 같은 미국의 모든 '동향인' 은 세미나에 그냥 들러 보는 사람들이다.[40] 파르망티에의 세미나에 정규적으로 참석하는 또 다른 미국인 캐슬린 맥 로린은 샌프란시스코에서 교수이고, 리쾨르 작품의 번역가이다. 영어로 데이비드 펠라우어와 함께 《시간과 이야기》의 번역에 전념한 사람은 바로 그녀이다. 그녀는 또한 세미나의 지도원 가운데 한 명이었다.[41]

벨기에 출신 철학자인 라파엘 셀리스는 또 다른 열성가 가운데 한 명이었다. 그는 학생이었던 시기 루뱅에서 리쾨르를 알게 되었는데, 1970년과 1972년 사이 그의 강의와 세미나를 그 대학에서 청강한다. 그때 루뱅에서 리쾨르는 해석학에 대한 그의 위대한 강의를 했는데, 그는 슐라이어마허로부터 가다머에 이르기까지의 사조 맥락을 정리하고, 1975년에는 《살아 있는 은유》의 출판 준비를 하면서 예비

---

38) 마리아 빌라 프티, 〈역사의 시론. 헤이던 화이트의 발표〉, 《서술체》, 앞의 책, 161-182쪽.

39) 브라질에서의 첫 출판물은 1968년 《역사와 진실》의 번역이다: 번역 F. A. 리베이로 포렌스 리오. 곧이어서 우리는 《해석에 대하여: 프로이트론》을 발견하게 된다: 번역 H. 자피아슈, 이마고, 리우, 1977년; 《O conflito des interpretaçœs: ensaios de Hermenêutica》, 번역 H. 자피아슈, 이마고, 리우, 1978년; 《O Si-Mesmo como un Outro》, 번역 뤼시 모레이라 세자르, 파피루스, 상파울루, 1992년.

40) 찰스 리건, 〈D. 데이비드슨과 분리된 영역의 논문〉, 《행위 의미론》, 앞의 책, 161-174쪽.

41) 캐슬린 맥 로린, 〈역사의 지식에 적합한 자율이 있습니까? L. O. 밍크에게 있어서 방법의 문제〉, 《서술체》, 앞의 책, 203-218쪽.

적인 문학 언어의 특수성과 은유에 대해 처음으로 숙고하게 된다. 그의 또 다른 수업은 오스틴이나 설이 쓰는 일상 언어로 된 앵글로색슨의 철학에 근거를 두고 이루어진다. "그것을 이해했던 교수들은 많지 않았다. 그들은 전적으로 분석철학에 참여했지만, 역으로 보면 유럽철학은 알지 못했다."[42] 그는 리쾨르가 헤겔의 《법철학의 원리》들과 가다머의 《진실과 방법》에서처럼 몇몇 위대한 원문들 해석에 공헌한 1970-1972년 루뱅에서 개최하는 그의 세미나에 꾸준히 참여한다. 라파엘 셀리스는 하이데거가 칸트의 《실천 이성 비판》을 해석했던 것에 대해 리쾨르와 함께 연구 작업을 시작하고, 상상력이 행위 표상의 생산자가 되도록 이끄는 관계의 상상력과 도덕 사이에 있는 사상에 관심을 갖는다. "나는 그를 따르고 싶다는 바람을 매우 빨리 표명했다. 사실대로 말해서 나는 그가 가는 그 어느곳에서건 그를 조금 따랐었다. 그렇다고 리쾨르라는 사람에게가 아니라――왜냐하면 그는 매우 신중했기 때문에――그가 발전시켰던 논지들에 대해 나는 한눈에 반해 버렸다."[43] 그래서 라파엘 셀리스가 철학 분과에서 다른 연구를 계획할 때 나타나는 리쾨르의 논문들에 대한 그의 열광적인 반응이 결국 그를 리쾨르와 함께 박사학위 논문 준비를 선택하도록 한다. 그는 벨기에 국립과학연구소에 들어갔고, 그리고 이 연구소는 그에게 파리국제학생 기숙사촌에 정착할 수 있고 1972년부터 파르망티에 가의 세미나에 참여할 수 있는 5년간의 장학금을 허락한다. 그는 자신의 첫 연구들을 시작했던 상상적 세계의 이런 주제에 대한 기회를 재발견하게 된다. 그는 행위 속에서 나타나는 역사적 예술 작품에 관심을 갖고, 특이한 장르의 미술학적 주제 속으로 뛰어든다. 왜냐하면 그 주제는 그를 행동하도록 감동시키기 때문이다. 사실상 라파엘 셀리스는 수평적 행위 이론을 규정함으로써 그의 선견지명적인 성격으로 예술 작품을 검토한다. 이를 위해 그는 민감한 외형과 조형적인 형태 속에서 직접 구현되는 이성의 접근을 시도한다. 1991년 로잔대학으로 떠나기 전에 그가 가르치고, 그의 지도교수 리쾨르와 그의 학위 논문 심사위원장이던 반 리에 그리고 자크 타미니오 · 장 라드리에르 등의 심사위원과 함께 1976년 그의 논문을 발표했던 곳은 바로 루뱅대학에서이다.

라파엘 셀리스는 감각논리학을 발전시켰던 현상학자인 프랑스 철학자 앙리 말

---

42) 라파엘 셀리스와의 대담.
43) 위의 대담.

디니의 작품에서 강한 영감을 받는다. 그는 예술가들이 그것들을 그들의 능력 내에서 나타내게 할 수 있다는 점에서 일종의 특권적 혜택을 부여받은 선각자들이라 보고, 거기에는 형태들의 지각적 창조 차원이 있다는 것을 보여 주었다. 그는 문학의 방법론으로 아마추어로서가 아니라 그의 작품 내에서 상당히 많은 질문을 시사받고 있는데, 이런 연구는 리쾨르에게 있어서 문학의 미학 분야와 조형 예술 분야로의 침입을 나타내고 있음을 보여 준다. 그렇지만 리쾨르는 이 작업을 가치 있게 평가하고, 그 작품을 출판할 때 서문을 써준다.[44] 만일 셀리스가 리쾨르의 입장을 공유한다면, 그는 말디니와 데리다 같은 탈구조주의적 하이데거파의 논점으로 더 가까이 다가갈 것이다. "셀리스에게 있어서, 탈구조주의적 철학들은 싸울 수 있는 외부적 상대가 있는 것이 아닌 상태에서는 명상놀이의 영역도 결정한다."[45] 그 실증은 그러한 존재 상태와 함께 본래의 의사 소통의 상실로 인해 확인된다. 예술은 이렇게 인간이 상실의 경험을 할 수 있는 특권적 현장이다. 그렇지만 매우 하이데거적인 이런 주제는 가능한 숨겨진 부분과, '집' '피난처'의 부재로 인하여 균형이 잡히게 된다. 영원히 하이데거에 뿌리를 내리는 것과는 반대로, 셀리스는 단순한 반복으로서가 아니라 필수적인 원천으로 되돌아가려는 표현조차 창조적 독서를 향해 그 방향이 주어진 의미 내에서, 혹은 창조의 방향에 있어서 리쾨르적인 방식의 의미를 추구한다. "명시하는 것은 결코 보도록 부여해 주는 것이 아니라 의미의 영역을 끝없이 펼치는 것이다."[46]

파르망티에 가에서 개최되는 이 세미나에는, 리쾨르가 '아일랜드인'이라고 부르는 리처드 커니가 있다. 그는 상상 체계의 현상학에 대해 공부하면서, 프랑스에서 그의 연구들을 계속하기 위해 한 명의 아일랜드인에게 1년에 한 번 주어지는 유일한 장학금 혜택을 받는다. 몬트리올의 맥길대학교에서 근무하고 있는 찰스 테일러 교수의 충고로, 커니는 3년 기간으로 1977년 파리에 도착한다. 그가 현상학 연구실에 갔을 때, 리쾨르는 시카고에 있었다. 그래도 그는 연구자들의 모임에 합류하게 되었는데, 지도자격인 도리앙 티페노가 일종의 음모를 품고 있는 것을 알

44) 폴 리쾨르, 라파엘 셀리스에게 써준 서문, 《작품과 상상 체계》, 앞의 책; 《강의 2》에서 발췌, 앞의 책, 457-463쪽.

45) 폴 리쾨르, 같은 책, 458쪽.

46) 같은 책, 461쪽.

고는 깜짝 놀라게 된다. 미국에서 돌아온 리쾨르는 그 세미나팀의 중심 역할을 다시한다. "그는 자주색 넥타이와 아이스하키복 상의 같은 매우 혼합되고 이상한 미국식 의상을 입고 도착했었다!"[47] 리쾨르의 작품 속에서 이미 친근하게 만났다고 생각했지만, 외모적으로는 한번도 보지 못했던 엄격한 철학자의 이미지와는 매우 대조적이었다. 그는 자신의 논문 방향에 대해 리쾨르에게 터놓고, 그의 지도하에 공부하기 시작한다. "그는 나를 '아일랜드인' 이라고 불렀다. 그는 아일랜드인이고 가톨릭교도인 내가 성 토마스 아퀴나스와 중세 철학의 전문가가 되었다라고 생각해 주었는데, 그것은 전혀 그렇지가 않았다."[48] 리처드 커니는 자신이 파리에 머물러 있는 기간을 최대한으로 활용한다. 그는 보프레의 세미나에 자주 드나드는데, 그곳은 약간 기초 창조주의의 분위기가 흐르는 바르트와 들뢰즈 그리고 가장 멋진 라캉의 세미나가 이루어지고 있었다. 그가 '하이데거와 신에 대한 질문' 을 가지고 1980년 국제토론을 계획하도록 했던 것은 바로 이런 국외적인 상황에서였다.

리처드 커니는 자신이 출판하고, 1984년 리쾨르에게 바친 박사 학위 논문을 리쾨르의 지도하에 발표하게 된다.[49] 그는 거기에서 지각·상상력·의미라는 지향성의 3분야로부터 다양한 맥락 속에서, 상형에 대한 양상의 현상학적 묘사부터 시작하면서 가능성 있는 시론의 정의를 시작한다. 그는 그것들이 상형의 중요한 어떤 창조 기능을 모두 공유하고, 상형의 미학과 상형의 윤리학, 마침내는 상형의 존재론을 구별하는 것으로 결말짓는다. 더 근본적인 상형의 존재론 차원은 또한 종말론으로 규정된다. 리처드 커니는 실제와 상상 체계 간의 전통적 교체를 넘어서는 통찰력에 특별한 특권을 부여하고 창작의 영역 쪽으로 의미를 이전시킨다. "자신의 근본적인 의미(존재론이나 종말론)에 따라 세상을 이해하기. 그래서 오히려 그것은 실현된 세상으로라기보다는 가능성 있는 세상으로 이해하는 것이다."[50] 그의 논증에서 암묵적으로 제시하는 방식으로, 리처드 커니는 그가 파리에 체류하도록 자신을 붙들어매는 요소들, 즉 하이데거의 현상학과 레비나스의 윤리학, 데리다 논증의 공헌들을 교차시키면서 리쾨르를 이 세 가지 입장간의 중개자로 놓는다. 이런 논리에 감동을 받고, 리쾨르는 동시에 이 젊은 철학자의 대담함에 마

47) 리처드 커니와의 대담.
48) 위의 대담.
49) 리처드 커니, 《가능성 있는 시론. 상형의 해석학적 현상학》, 보센, 파리, 1984년.
50) 같은 책, 258쪽.

음이 끌린다. "그는 박사 학위 논문의 구두심사가 끝난 후에 내게 다음과 같이 말했다. '리처드, 자네도 알다시피, 자네는 3년 전에 여기에 왔네. 아일랜드인인 자네는 현상학과 해석학 속에 빨려들어서 종국에는 상상력의 시론을 내놓았지. 나는 40년 전에 상상력의 시론으로 끝나는 의지 시론을 만들 의무를 느꼈는데, 그것은 항상 나의 비밀이었네.' "[51]

이러한 지적 묵계는 리쾨르와 리처드 커니 사이의 우정의 묵계를 낳는다. 그것은 우회적인 방법을 통하지 않고도 예민한 유머의 의미와 함께 그것들을 에워싸고 있는 놀라운 시선을 갖게 한다. 그래서 그는 1978년 자기 나라를 여행할 때 리쾨르와 그의 아내를 동반한다. 그들은 우선 리쾨르가 '허구와 역사'에 대한 발표를 준비하도록, 아일랜드의 철학회가 조직한 토론회에 참석한다. 이 토론회는 아일랜드 남부에 있는 코크의 작은 호텔에서 개최되었다. 리쾨르의 주제 발표는 저녁식사 후 밤에 행해졌다. "참석한 모든 아일랜드인들이 그들의 큰 기네스 맥주잔을 가져왔다. 나는 리쾨르를 소개했고, 리쾨르는 그의 청중들이 매우 자주 자기들의 의자 밑으로 사라진다는 것에 주목했다. 리쾨르가 내게 그 이유를 묻자, 나는 그들은 정중해서 발표자 정면에서 공공연하게 기네스를 마실 수 없어서 그렇다라고 설명해 주었다."[52] 그 학회는 별로 학구적이지 못한 분위기 속에서 개최되었는데, 그때 그 상황을 보면 옆방에서는 사람들이 오케스트라와 춤으로 결혼식을 축하해 주는 그런 날이었다. 리쾨르는 이 여흥적인 분위기를 매우 가치 있게 평가한 것 같았다. 그 발표가 끝난 후에, 그는 분야별 사람들과 대담 시간을 가졌다. 말로 표현하지는 않지만 매우 호의적임을 알고서, 그는 사람들이 그에게 제안하는 모든 초대들을 받아들인다. "리처드와 함께 의논해 보세요. 그가 모든 것을 정리할 거예요." 리쾨르가 아일랜드를 더 자세히 알고 싶어하고, 특히 애런의 섬들을 보고 싶어하는 열망을 보여 주었으므로 그 주는 매우 분주할 거라 예상되었다. 또한 그는 개신교도들에 의해 오랫동안 시달린 가톨릭 공동체와 프랑스 정부에 대해 반대되는 입장을 취하고 있는 어처구니없는 슬픈 역사적 광경을 목격하며 더블린대학교에서 또 다른 주제 발표를 갖는다.

역시나 아직은 학생들의 지적 수준에서는 조금 어려운 《해석에 대하여》를 읽도

---

51) 리처드 커니와의 대담.
52) 위의 내담.

록 자신의 학생들에게 권유했던 어느 고등학교 교사가 프로이트에 대해 간략한 발표를 요청하자, 리쾨르는 기꺼이 오이디푸스 콤플렉스를 상기시키기 시작한다. 리머릭의 종교대학에서, 매우 잘 훈련된 2백 명의 고등학생들이 그의 말을 주의 깊게 듣는다. 그는 갑자기 이해할 수 없는 벽에 직면한다. 한 소녀가 먼저 리쾨르에게 오이디푸스 콤플렉스가 무엇인지를 설명해 달라고 요청한 것이다. 리쾨르는 다음과 같이 정의했다. "**어린 소년이 자기 아버지를 죽이고 싶은 것은,** 그것은…… 자기 어머니와 함께 자고 싶어할 때이다." 그는 이 마지막 명제에 적합한 동의어를 영어로 생각하기 위해 리처드 커니 쪽으로 몸을 돌린다. "그때 나는 and screw his mother라는 매우 저속한 단어를 사용했다. 그가 'and screw his mother' 라고 말을 잇자 모든 소녀들의 얼굴이 빨개졌고, 일제히 교실에서 나가 버렸다. 그렇지만 리쾨르는 그 이유를 이해하지 못했다."[53]

이미 아일랜드의 서부쪽에서, 리처드 커니와 리쾨르는 바라던 목적지인 애런 지역의 섬들에 가까이 다가갔다. 그러나 거기에 도착하는 것이 불가능할 정도로 폭풍이 몰아쳤다. "먼 길, 많은 우회와 도착할 때의 안개와 폭풍. 그것은 리쾨르에게 있어서는 운명적인 것이었다. 그것은 차단된 존재론과 같은 것이다."[54] 리쾨르가 그 옆에서 그의 매우 생생한 유머에 깜짝 놀랄 정도로 리처드 커니의 성격은 따뜻했으며, 그로 인해 리쾨르의 긴장을 풀어 줄 수 있었다. "당신들은 담배를 피우고, 술을 마시며, 스테이크의 짠맛을 맛보더군요. 당신네 아일랜드인들은 어떤 방탕도 거절하지 않는군요!"[55] 새벽 3시까지 술을 마시던 밤이 지난 후, 아침식사 때까지도 여전히 취한 상태에 있던 리처드 커니는 두 언어를 뒤섞어 쓰면서 일종의 폭탄어들을 쏟아뱉는다. 잼 바른 빵에 버터를 바르고 있던 시몬 리쾨르를 보고서, 그는 그것이 그 자신을 위해 일상 생활에서 매일 하고 있는 행동인지 그녀에게 묻고 싶어졌다. 잼을 영어 단어로 preserve라고 가르쳐 준 짓궂은 친구가 있었다. 커니는 리쾨르 부인에게 아침이면 바로 이 영어 단어 preserve, 콘돔을 먹는 습관이 있는지를 물었다! 정말로 놀람과 살맛나는 이 여행에서는 넘치는 폭소가 가득했다.

---

53) 리처드 커니와의 대담.
54) 위의 대담.
55) 위의 대담.

리처드 커니는 아일랜드에서 뿐만 아니라 철학자의 대부분이 분석철학 사조에 속해 있던 영국령 제도에도 리쾨르를 알리는 데 크게 공헌했다. 그는 1984년 다른 논문들과 주제 발표의 논문들을 편집하고,[56] 리쾨르의 원문과 《폴 리쾨르의 행위 해석학》 속에 같은 사조의 또 다른 발표자들의 논문들을 정리한다.[57] 그는 리쾨르와 레비나스, 그리고 브르통에게 바친 그의 최근 작품인 《현대성의 시론》[58] 출판에 있어서 전적으로 기여한다.

파르망티에 가의 세미나에 자주 방문하는 이같은 '아일랜드인' 과는 완전히 대조된 또 다른 인물이 있다. 오데트 라푸크리에르는 자신의 손실을 보는 것에 대해 험악해진 이 세기에 고조자적 탐구열을 올리게 된다. 그녀는 이 점에서 그 별명이 '존재의 목자' 인 하이데거와 동일시된다. 가톨릭적 환경에서 태어난 오데트 라푸크리에르는 전쟁 기간중에 현상들의 문제에 관심을 갖고 그리스도청년농민동맹[59]의 국가 비서직을 맡게 된다. "나는 일종의 종교적 사명을 가지고 있었다."[60] 1942년에 체류했던 리옹에서, 그녀는 철학 과정과 가톨릭 단과대학의 신학 수업을 시작으로 앙리 이레네 마루의 강의를 듣는다. 프랑스의 해방 때, 그녀는 에마뉘엘 무니에와 접촉하기 위해 하얀 담 집에 가고, 그리고 《에스프리》지의 회의에 참석한다. 그녀는 1947년부터 프랑스 가톨릭 지식인센터에 참가하여, 1958년이 되는 해에는 리쾨르의 지도하에 박사 학위 논문 연구에 몰두하게 된다. 그리하여 낭테르 대학에서 1968년의 해가 끝날 무렵 논문 발표를 끝내고, 같은 해에 그 작품을 리쾨르에게 바친다.[61]

그녀는 근거 없는 소문의 피해자가 되고 잠재적인 요소에 대해 일반적인 거부를 목표로 하는, 한 베일에 싸인 금기를 하이데거에서 그의 진정한 학구적인 경력의

56) 리처드 커니, 《동시대의 대륙 사상가들과의 대화》, 스타니슬라스 브르통 · 자크 데리다 · 에마뉘엘 레비나스 · 에르베르 마르퀴즈 · 폴 리쾨르, 맨체스터대학교출판부, 1984년.

57) 리처드 커니, 《폴 리쾨르, 행위의 해석학》, 세이지 간행, 런던, 사우전드 옥스, 뉴델리, 1995년.

58) 리처드 커니, 《현대성의 시론》, 인문주의성의 신문, 애틀랜틱 하이랜즈, N. J, 1995년.

59) 그리스도교청년농민동맹.

60) 오데트 라푸크리에르와의 대담.

61) 오데트 라푸크리에르, 하이데거에 의한 니체에게 있어서의 사상의 운명과 《신의 죽음》, 네이호프, 리 에이에, 1968년.

부재성을 추출해 내는 데 공헌한다. 그렇게 하여 그녀는 수많은 관계망의 중심 역할을 하게 되고, 60년대와 70년대에 모임들을 구성하는데, 그 모임들은 생자크 가에 있는 몇몇 성공한 전문 분야의 사람들을 만날 수 있게 하는 '오파와의 대담들'이다. 물론 생자크 가의 이 모임은 리쾨르만큼 역시 그의 친구와 함께 토론장으로 결합시켰던 곳이다. 리쾨르의 확고한 지지를 받으면서 그녀는 시기적으로 거의 그 어떤 사람도 하이데거를 이해하지 못했다고 단언하면서, 적절하지 못한 시기임에도 불구하고 파르망티에 가의 세미나에 활발히 참가한다. 그녀가 리쾨르를 재발견해 내는 노력에도 불구하고 리쾨르는 일반적인 대립에 협력하기까지 한다. "나는 어느 날 그에게 다음과 같이 말했던 것을 기억한다. '당신이 하는 것은 오컴의 면도날보다 해로워요. 그것은 날이 잘 들죠.'"[62] 간섭과 비난에 매우 예민한 라푸크리에르는 금세기가 "세기초에 제기되었던 질문들을 잊어버리고서"[63] 니체주의와 데카당스로 장식을 한다는 것을 알리기 위해 전분야에서 하이데거의 대변인이 되고 싶어한다.

62) 오데트 라푸크리에르와의 대담.
63) 위의 대담.

VIII

침묵: 미국으로의 우회

1970-1985

50

제도권에서 탈락된 한 철학자

리쾨르는 순진무구와 경험, 그리고 희망이라는 관계 속의 세 단어가 무엇을 의미하는가를 정의하기에 이른다. 그는 자신의 개인적 체험으로 이 세 가지 요소들 간의 논리적 연관성을 예증한다. 순진무구함이라는 것은 일종의 원초적인 순수함 같은 것으로 타고난 양심과 관련되어 있는 것이고, 경험이라고 하는 것은 고난의 위험을 무릅쓰고서 현실에 맞서 있는 냉혹함과 장애물들을 동반하면서 인생을 항해하는 것이다. 그리고 희망이라고 하는 것은 자신의 길을 계속해서 가고, 그것을 끊임없이 추구하는 용기이다. 1969년부터 1970년까지 리쾨르는 모국에서 예언자도 될 수 없고, 오히려 주위에서의 악덕을 인식할 수밖에 없는 자신의 무력함에 원초적인 순진무구의 희생자로서의 슬픈 경험을 하게 된다. 그러나 결국에는 희망이 그를 구해 주고, 길고 부당했던 침묵만큼이나 끝내는 그만큼 화려하게 되돌아올 수 있게끔 해준다.

리쾨르가 프랑스어권의 철학 세계에서 중심적인 위치를 차지하게 되는 60년대 초, 모든 상황들이 그로 하여금 그가 생각하는 것을 실행할 수 있도록 허락되었음에도 불구하고 많은 사건들이 실질 모습과는 다르게 나타난다. 우리는 벌써 알튀세-라캉식의 분석법으로 해석한 프로이트에 대한 리쾨르의 수상록을 출판할 즈음에 받은 충격에 대해 이미 언급했다. 역설적이게도 결국 그것들은 리쾨르를 변하게 하는 결과가 되었고, 그래서 그는 그때까지 구조주의의 핵심 논쟁거리가 되었던 구시대적 산물들로부터 해방되는 계기와 새로움을 여는 현대성을 맞이할 수 있었다.

이런 상황에서 리쾨르에 대한 무지한 시선이 첨부된다. 그는 자기 주위에서 시작되는 음모와 적의를 의심하지 않았다. 이러한 혼란은 콜레주 드 프랑스에서, 1968년 10월 27일에 사망한 장 이폴리트의 후계자를 선출할 즈음인 1969년 리쾨르가 조작당했다는 것을 잘 설명해 준다. 이 계승의 후보자인 미셸 푸코는 구조주의와 함께 1968년의 학생 운동에도 영향을 준 《말과 사물》이라는 저서로 1966년 최고의 영광을 안는다. 그는 현대적인 것과 혁신적인 것을 확립하고, 뱅센의 실험적 학교에 철학과를 신설한다. 게다가 그는 콜레주 드 프랑스의 요새에 여러 명의 중요한 지지자들을 파견한다. 리쾨르는 이미 1966년 이래로 인기를 얻고 있는 어느 시골에서 가르치기 시작했던 장 이폴리트가 작고한 이후 그의 후임자가 되는 것에 대해 의심하지 않았는데, 이때 푸코의 친구인 조르주 뒤메질이 쥘 뷔유맹과 페르낭 브로델의 강력한 지지를 받는다. 그래서 푸코가 합법적인 후계자로 보이지만, 콜레주 드 프랑스로의 취임은 그렇게 단순하지마는 않았다. 취임 관례는, 유권자들을 방문하면서 자신들의 수업 계획안을 주장하는 방식으로 지원자들의 의무인 수업과 행정적 절차인 선거 운동을 동반한 이중 구조의 선거를 치르는 것으로 되어 있었다. 그러나 선거시험이 어려우면 어려울수록 승리자의 가치는 더욱 크다. 그래서 그는 미셸 푸코가 주역으로 돋보이게 하는 사람처럼 조직되었음을 알아차렸다. 장 이폴리트의 자리를 계승할 수 있는, 그래서 구조주의자들의 '향연'은 클로드 레비 스트로스와 조르주 뒤메질이 이미 가르쳤고, 머지않아 1975년에는 롤랑 바르트가 가르치게 되는 콜레주 드 프랑스에서 그대로 따르게 된다. 그래서 미셸 푸코가 선출되리라는 것을 거의 확신하게 된다. 설령 1969년의 지적인 분위기 속에서 그가 승리할 수 있다 할지라도 리쾨르는 어떻게 이 구덩이 속에서 사자들에게 덤벼들려고 했을까? 리쾨르가 가장 힘든 체험을 했던 것은, 그의 입후보자로서의 계획에 실패만 한 것이 아니라 오히려 푸코에게 무조건적으로 큰 가치를 부여하는 자율적 의지들에 자신이 조작당했다는 것이다. 콜레주 드 프랑스에 있는 많은 교수들은, 특히 리쾨르를 혹평한 마르시알 게루는 피선되었노라 부추기며 그의 선출을 단언했지만, 사실상 그는 그 다음날 당연히 푸코를 지지하게 되어 있었다.

1969년 11월 30일 콜레주 드 프랑스의 교수회의에서 경쟁하는 세 사람의 지원서를 심사할 때, 푸코의 지원서가 철학자인 쥘 뷔유맹에 의해 지지를 받고, 이봉 벨라발의 것은 신경생리학자인 알프레드 페사르에 의해, 리쾨르의 것은 라틴문학 교수인 피에르 쿠르셀에 의해 지지를 받는다. 각각의 후보자들은 특수 교육에 대한 수업 계획을 발표한다. 푸코는 사상 체계의 역사 강좌로 21표를 얻었고, 이봉 벨라발은 합리 사상의 역사 강좌를 추천하는 데 10표를 얻었으며, 리쾨르는 행동

철학 강좌의 설립 계획을 제출함으로써 11표를 얻는다. 과반수가 되려면 24표가 필요했는데, 그들은 리쾨르가 10표, 벨라 발이 9표를 얻은 데 비해 25표를 얻은 푸코가 선출되어 2차 투표에 착수하게 된다. 결정은 확정적이었고, 이는 1960년대말에 있어서 해석학에 대한 구조주의의 승리임을 나타내 준다. 이미 어떤 부대현상과는 거리가 먼 이런 싸움은, 그것이 전개되는 과정을 통해 볼 때 그 어떤 순간을 나타내는 매우 의미 있는 기준점이 된다. 더 은밀하게는 또한 리쾨르를 제외시키는 데 한몫할 수 있었던 것은 고등사범학교 입학에 실패한 일종의 과거의 실패에 대한 회상이다. 그런 관점에서 본다면, 콜레주 드 프랑스의 오래된 사범학교 출신들의 클럽인 협회의 성격으로 자신들의 역할을 다한 셈이다. 이런 부분에 덧붙여진 사실은 리쾨르가 수많은 엉뚱한 논문을 지도하면서 인정받고 행복한 대학교수역을 수행한다는 것이다. 별로 규범적이지 않은 구조 속에서 연구자를 대접하는 콜레주 드 프랑스는 오로지 그 전통에 충실할 뿐이며, 43년 동안에 이미 그 경력이 좋은 후보자에게 불리하도록 선정하고 있다.

푸코에 비해서 불명예스러울 게 없고 재능 또한 뒤지지 않은 리쾨르는 자신이 경멸의 대상이 된 것에 대해 무척 충격을 받는다. 자신에게는 이상적이었던 학교를 완전히 사임하면서, 리쾨르는 결국 지난 일을 청산하고서 다른 일에 몰두하리라 다짐하고 더 이상 학교에 대해 말하는 것을 듣고 싶어하지 않는다. "내가 그에게서 학교에 대해 들었던 유일한 말은, '그들이 나에게 여러 번 간청하는데도, 나의 입후보 자격을 다시 놓을 생각이 전혀 떠오르지 않았다' 라는 말이다."[1] 그 상태 그대로 멈춰 있으려는 의지로 인해 더욱 심각해진 이 실패는, 리쾨르에게 갑자기 새로운 전개를 보이도록 강요한다. 결국 그의 수많은 풍부한 사상의 출처가 되는 미국으로의 우회는, 자신의 지속적인 연구에 더 유리한 환경을 제공하게 된다.

68년 후반에 리쾨르의 반감은 여러 가지 면에서 나타난다. 《에스프리》지에서 최후로 그는 자신의 지적 동질성을 가장 잘 나타낸다. 1963년 레비 스트로스에 맞선 잡지의 위치를 확립시키고 철학 집단을 고무시켰는데, 1968년부터 분명하게 적당한 거리 유지를 지켜 나간다. 1969년부터 1978년까지, 그는 그곳에 더 이상 논문을 기고하지 않는다.[2] 새로운 동일성을 찾는 데 있어서 그 잡지는 보통 이반 일리

1) 올리비에 아벨과의 대담.

치의 논문에서 영감을 받으면서 오히려 반문화적인 측면을 반영하고 있는데, 이는 순간적으로 이루어진다. 그 잡지는 또한 마오쩌둥주의를 신봉하는 경향으로 어떤 측면에서는 68년 후반 분쟁의 움직임에 활동적으로 참가한다.

1937년에 태어난 미셸 비녹크가 도므나크의 후계자로 생각할 수 있는 그 무리의 최연소자로 나타나면서, 장 마리 도므나크의 제의하에 그 잡지의 국장으로 위원회에 들어가게 된 것은 1969년이다. 리쾨르는 여전히 회합에 오고 토의에 참석하는 무리 속에서 드문 노인 가운데 한 사람이지만, "그는 우리의 정치적 문제에 대하여 항상 약간은 바뀌었다."[3] 비녹크는 1972년 하얀 담 집에 정착하러 온다. 노란 별장 속에 있는 리쾨르의 가까운 이웃인 비녹크는 그에게 우정과 경탄의 유대를 공고히 하지만, "순결한 정신, 그것은 영속적인 변동이 아니라 영속적인 사랑이다"[4]라고 그를 생각하면서 약간의 거리를 유지한다. 이 큰 사상의 부근에서 살아가는 것에 감명받은 그는 이웃방에서 타이프라이터 소리의 리듬이 전달되는 것을 들었고, 그 소리로 인해 어떤 양심의 가책을 품게 되었다.

철학의 무리들로 이루어진 《에스프리》에 5,60년 후에도 존재하는 무리들은 자신들의 역할을 채웠던 것처럼 보이고, 그들의 자리를 새로운 세대에게 양도하기 위해 사방으로 흩어졌다. 미셸 비녹크는 자크 쥘리아르 · 장 피에르 리우 · 앙투안 프로스트와 몇몇 다른 이들과 함께 역사학자들의 새로운 그룹을 창설한다. 1968년의 운동 세력들은 1971년말 세대 교체를 단행하면서 일단은 그 상징적인 단절로 작용할 것이다. 뤼스 지아르는 철학과 신학 분야의 서평을 정규적으로 쓰기 위해 참여하게 되었다. "리쾨르는 적극적으로 참여하지 않았다. 사람들은 그때 철학적 논쟁 속에서 더 이상 설명하지 못했다. 이 와중에서 나의 강의는 공허함의 산출이었다."[5] 리쾨르가 편집위원회에 출석하는 기간은 회의 기간뿐이다. 그에게 있어서는 너무나 친근한 이 장소에 그는 가끔씩만 들른 것이다. 《에스프리》는 장 마리

---

2) 리쾨르는 《에스프리》지에, 1947년부터 1957년까지 스물여덟 편의 논문을, 1958년부터 1968년까지 열네 편의 논문을, 1969부터 1979까지 한 편의 논문을 썼다. 그가 정규적인 공동 집필가가 되기 위해서는, 《에스프리》의 1988년 7~8호인 〈폴 리쾨르〉를, 1988년에 그에게 부여된 특별호를 기다려야 했다. 리쾨르는 1988년과 1992년 사이에 《에스프리》에 여섯 편의 논문을 쓴다.

3) 미셸 비녹크와의 대담.

4) 위의 대담.

5) 뤼스 지아르와의 대담.

도므나크가 1977년 폴 티보를 교대제 작업에 넘길 때, 최초의 인격주의는 아주 아득한 시대의 표현처럼 나타난다는 점에서 진정한 이데올로기적인 변화라고 설명한다. 그래서 미셸 비녹크는 잡지가 아니라 "동의의 목소리인 주체의 목소리만을 울리는, 장점이 있는 해결"[6]이라는 표제를 폐쇄하라고 권하기까지 한다. 그렇다 해도 단절보다는 훨씬 더 나은 것임에는 틀림없다. 그래서 잡지의 성격은 이 시대의 다른 것들과 같게 되어져 우선은 폴 티보와 함께 새로운 반독재적 인사들을 참가시키는 방법으로 개선해 나가게 된다.

장 클로드 에슬랭이 1976년 편집위원회에 들어간 것은 바로 이러한 분위기와 이런 새로운 인식에서이다. 그는 예수회에서는 철학과 신학을 공부했으며, 정치학과 법학이라는 복수 전공을 겸했다. 종교회의 후 교회의 위기라는 상황 속에서, 장 클로드 에슬랭은 1971년 사제라는 자신의 소명을 포기해 버렸다. 교회라는 안전지대를 떠나면서 그는 《에스프리》에서 아주 자연스럽게 정착할 곳을 찾고, 그가 희망하는 사상 교류와 의견 제안의 장소를 발견한다. 장 클로드 에슬랭은 폴 티보가 반독재주의와 반대자들을 돕는다는 전제하에, 그의 정치로의 복귀와 솔제니친의 기록에서 나타난 시대 정신의 계승을 통합한다. 그래서 그가 정치에 대해 "활동하지 않는 것은 공허한 자리이다"와 "부재 형상"[7]이라고 쓰는데, 이때 이 인용 원문은 마르셀 고셰의 것에서 비롯된 것이다. 고셰의 이 논문은 등불이 되고, 집합점이 되며, 다가올 10년 동안의 정치에 대한 새로운 민감성에 참고가 된다. 리쾨르의 '정치적 역설'에 대한 유명한 논문은 20년 후에는 약간 잊혀지기는 했지만, 이것의 철학적 바탕은 클로드 르포르[8]나 한나 아렌트[9]에게서 더 깊은 자리를 잡게 된다.

단절까지는 가지 않더라도 약간의 거리를 두고서 리쾨르에게 매우 동질성을 부여한 곳은 바로 자신이 1958년부터 지도를 맡았던 사회그리스도교 단체이다. 그

---

6) 미셸 비녹크와의 대담.

7) 마르셀 고셰, 〈나누어지지 않은 사회에 대한 불가능과 민주주의의 바탕에 대한, 전체주의 국가에 대한 숙고〉, 《에스프리》, 제7-8호, 〈정치적 귀환〉, 1976년 7-8월, 23, 25쪽.

8) 클로드 르포르, 《너무한 인간, 탄압 정치 체제의 열도에 대한 수필》, 쇠이유, 파리, 1975년; 푸앵-쇠이유, 1986년.

9) 한나 아렌트에 대한 《에스프리》 특집호, 1980년 6월호.

는 1970년 그 운동의 회장직을 그만둔다. 좌파의 순수한 신교 환경 속에서 그것을 이해한 리쾨르는 낭테르대학의 캠퍼스 내에 경찰의 개입이 있을 때 미묘한 입장에 처하게 된다. 이 어두운 상황은 그의 친구들인 카잘리스와 같은 이들과 함께 일시적으로 그의 대체 방안에 영향을 끼친다. 경찰들에게 싸움을 걸었다라는 식으로 우리가 그를 잘못 보았던 의견이 보지라르라는 소교구의 학생들까지 선동한 것으로 오해된다. 사람들은 1985년 이처럼 그를 초대하기 전까지는 학생들의 평가에 있어서 70년대에는 너무 극단적인 혁신파 같은 신교 중심의 학생들로 간주했다. 리쾨르는 "나는 1968년 이래로 초대받지 않아서 돌아오지 않았다. 내가 여러분에게 해야 할 말은, 나는 이 장소에 돌아온 것이 행복하다는 것이다"[10]라는 고통의 쓴맛을 뒤로 하며, 바로 68년 그 장소에서 강연을 하도록 초빙받은 것이다.

혁명적인 경향의 학생들에 의해 신용을 실추당한 리쾨르는 또한 대학 설립의 책임자들로부터 대학 정상화와 단계적인 대학의 회복을 요구받게 된다. 문교부 장관인 알리스 소니에 세테는 그를 60년대 중반 프랑스 대학의 기능에 있어서 정치적인 부정적 비평을 발전시켰던 대학의 혼란에 책임이 있는 자로 여기기조차 했다.

리쾨르의 관대함 부분에서 뒤틀린 하나의 효과가 이 결판내기식 판단에 영향을 미친다. 그는 그렇게 많은 논문을 지도했다. 그리하여 이런 점에 있어서 그는 연구욕이 왕성한 학생들에게 귀를 기울이면서 그들이 희망하는 데로 갈 수 없음에도 불구하고 수많은 추천서를 써주었으며, 결국 그 자신의 영향력을 떨어뜨리게 된다. 70년대에는 감독관과 국립대학연합회[11]를 중심으로 더욱 강화된 중앙집권화가 실시되어 학교의 상황은 폐쇄되고 차단된 양상을 띠게 되지만, 오히려 교수직은 스승의 지원 덕택에 안전한 자리로 생각하면서 그의 추천을 원하게 되는데, 결국 리쾨르는 그로부터 추천을 받은 사람들에게 많은 실망을 안겨 준다. 그의 추천은 68년 이후 그 권위를 잃어버렸다. "리쾨르는 좋은 편이 아니었고, 솔직히 다른 편도 아니었기 때문에 잘못 비춰졌다. 그것은 자유 선거였었다."[12] 그때 과학만능주의가 전적으로 지배하고, 자크 뮐리오니에 의해 철학 기관의 방향이 지휘되었다. 현상학적 또는 해석학적인 방향을 구체화하는 모든 사람들은 페스트 환

---

10) 폴 리쾨르(1985년 샤를 블랑셰의 세미나에서 언급됨)와의 대담.
11) 국립대학위원회는 고등 교육자들의 의무를 맡게 된다.
12) 디디에 프랑크와의 대담.

자들처럼 그 벽을 무너뜨리기에는 너무 약해 있었다. 파르망티에 가의 연구소에서는 이 환상을 가질 수가 없었다. 그 평판이 아직은 국제적으로 매우 고립된 상태였고, 작은 모임에 불과했기 때문이다.

보르도의 철학 교수인 베르나르 퀴엘은 레비나스를 논문 발표 심사위원으로 위촉하고, 리쾨르의 지도하에 1973년 〈경험과 철학의 시대〉라는 논문을 발표한다. 그의 예증은 완전히 리쾨르의 지도와 반대된다. 왜냐하면 "그것은 철학적 관점을 재구성하는 결정적인 비평이다"[13]라는 현상학적인 접근의 난관을 보여 준 후, 라캉적인 정신분석학에 귀착되어 있기 때문이다. 그렇지만 리쾨르는 그를 설득하려 하지 않고, 오히려 논문을 발전시키기 위해 완전한 자유를 그에게 제공한다. 프랑수아즈 돌토와 그것에 대해 분석한 퀴엘은 라캉의 세미나를 듣고 결국 1975년에는 프로이트학파의 신봉자가 된다. 다른 연구 방향으로 그를 유도함에도 불구하고 리쾨르는 많은 주의와 정밀함으로 그의 작업에 관심을 쏟는다. "자네는 경험을 삭제하고 배제와 외연성의 관계로 정의된, 반성적인 지식에 대한 논문을 마지막 부분으로 남겨두게. 자네는 의미와 지식의 관계를 가지고 확고한 단서를 주고, 그것을 절단할 때까지 경험과 의미 사이의 간격을 깊이 연구하게나."[14] 베르나르 퀴엘의 야망 있고 주의 깊은 변론인인 리쾨르는 별다른 성과 없이 1973년 프랑수아 발에게 그의 논문을 격려하며 도와 준다. 그러나 놀라우면서도 여전히 더 명확히 드러나는 대학의 분위기에서 리쾨르는 "기초 철학"[15]을 규정지었고, 또한 "매우 영예로운"이라는 등급을 받은 이 논문은 베르나르 퀴엘이 국립대학 명부에 교수가 되려는 의사 표시를 기명하도록 허락조차도 하지 않는다. 그 지원자는 1974년과 1975년에 여러 번 되풀이하여도 결국 낙제까지 했다. 그래서 오랫동안 전임강사로 남아 있을 수밖에 없었다. 그러면서 그에게는 더 빈틈없고 명백한 논증의 의미라며 자신의 논문을 교정하는 게 요구된다. 그것이 리쾨르를 놀라게 하지 않은 것은 아니다. "자네를 낙제시킨 이유를 나로서는 이해할 수가 없네."[16]

1979년, 아비 개혁은 단기 효과의 목표를 위한다며 철학 교육을 위협한다. 우리는 이 변화에 항의하는 사람들 가운데서 리쾨르를 발견한다. 철학의 보편적 상태

13) 베르나르 퀴엘과의 대담.
14) 폴 리쾨르의 베르나르 퀴엘에 대한 편지, 1968년.
15) 같은 편지, 1972년 3월 29일.
16) 같은 편지, 1974년 2월 4일.

의 유지를 앞장서서 주도했던 데리다에 의해 분쟁이 조정된다. 리쾨르는 이 모임에서 예비위원회에 소속된다. 이 위원회의 호소는 2천 명의 서명을 받는다.[17] 이 위원회는 완전히 퇴보하고 위축된 위치 속에 있는 철학 교육의 필수적인 분발을 주장한다. 1979년 6월 16일과 17일 그 발의는 상당한 성과를 가져오고, 1천2백 명의 참가자들이 소르본대학의 극장식 강의실 속에서 공격적인 태도로 시작된다. 블라디미르 장켈레비치가 개회사를 하고, 자크 데리다가 발언을 하며, 그리고 첫 논쟁이 있은 후에 리쾨르는 이 모임의 동업조합주의적인 역할을 경계시키기 위해 다음과 같이 덧붙인다. "여기에서 우리의 문제는 교육자 집단의 단순 방어와, 전문적이고 범주적인 주장 속에 우리가 스스로 갇혀 버리도록 내버려두지 않는다는 것입니다."[18]

낭테르대학의 운영에 대한 아픈 경험을 한 후, 리쾨르는 1970-1971년부터 3년간을 그곳에서 대학교수로 재임한 공로로 후설 사료관 옆에 있는 루뱅의 가톨릭대학에서 제공하는 자연스러운 예후와 편안함의 장소를 제공받는다. 인문과학과 현상학 사이의 관계를 규정하기 위해 그를 루뱅에 초대하도록 주장한 이들은 바로 그의 친구들인 앙투안 베르고트와 알퐁스 드 발엔스이다. 그때 플랑드르어를 말하는 학과와 프랑스어를 말하는 학과가 아직 세분된 것은 아니었는데, 철학 기관의 학장은 인식론을 전공한 조르주 반 리에로서 공식적으로 리쾨르에게 초빙을 알리고, 아울러 그에게 루뱅대학에서 결정적으로 정식 교수직까지 제안한 사람 또한 그이다. 프랑스 대학과의 관계를 끊어 버리는 것을 원치 않은 리쾨르는 3년의 교육 계약의 중간 해결점을 선택한다. 파리에서 멀리 떨어져 있었던 것은 리쾨르에게 유익했다. 그는 루뱅대학에서 친구들뿐만 아니라 그의 가까이에 있는 연구자들을 발견한다. 앙투안 베르고트 이외에도 거기에는 장 라드리에르 · 자크 타미니오 · 알퐁스 드 발엔스 등이 있다. 그는 자신이 행동의 현상학과 의미론이라는 이중적인 경향을 나타내면 낼수록 더욱 긍정적이고 이성적인 청중을 얻는다. 그렇지만 나머지 기간을 샤트네로 되돌아가기 위해 역 근처에 있는 호텔에 묵으면서,

17) 다음 참가자 중 지명으로 구성된 일반 계열 준비위원회: J. 데리다, V. 장켈레비치, F. 샤틀레, G. 들뢰즈, Ph. 라쿠 라바르트, J. T. 드상티, G. 라비카, J. -L. 낭시, E. 드 퐁트네, P. 리쾨르, H. 베드린….

18) 폴 리쾨르, 《1979년 6월 16-17일의 철학 개요》, 플라마리옹, 파리, 1979년, 55쪽.

그의 수업과 세미나 시간에의 안배를 위해 노력은 하지만 완전히 루뱅대학에 정착하지는 않는다.

그는 프로이트에 대해 여덟 개의 강의를 하던 시기인 1962년 가을 루뱅대학에서 이미 《해석에 대하여》의 일부를 가르쳤다. 1970년부터 1973년의 기간 동안 그는 《살아 있는 은유》의 집필 작업을 한다. 그래서 현상학과 해석학에 대조된 언어철학에 그의 수업을 바친다. 루뱅대학에서의 그의 첫 강의는 〈행동의 의미론〉이라는 표제가 붙여지고, 1977년 같은 이름하에 국립과학연구소의 출판사에 의해 간행되기도 한다. 그가 해석학에 대한 비중 있는 강의를 제공하는 것도 역시 루뱅대학에서이다. 그 강의의 요점은 《텍스트로부터 행동으로》라는 제목으로 간행될 것이다.

리쾨르가 1970년 루뱅에 도착할 때, 네이메헨에 있는 가톨릭대학의 신학부에서 1968년부터 이미 **명예박사**가 되어 있었다. 이 칭호는 자신의 고유한 분야에서 요구되는 자율성과 논쟁적인 정확성으로 나타낸 사상에 경의를 표하는 철학자에게 부여된다. 물론 이 명예학위는 리쾨르가 차지하는 신학부에서의 영향력을 감안한 점을 배제할 수는 없다. 그래서 이 학위 수여의 첫번째 효과로는, 사람들이 종교에 대한 비판을 그리스도교 신앙에 대한 역동적 운동으로 그의 해석학 연구를 통해 수용할 수 있게 되었다라는 것이다.[19)]

게다가 1960년대말은 그의 작품을 네덜란드어로 처음 번역한 시기이다.[20)] 네덜란드와 벨기에 지역에 리쾨르 작품에 대한 플랑드르어로의 번역 출판은 그의 오랜 제자들 가운데 하나이고, 그의 작품의 번역가인 네덜란드 출신 아드리안 페페르자크에 의해서였다. 그는 리쾨르가 현상학 세미나에 참가했던 파리와 루뱅대학에서 철학 공부를 한 제자 가운데 한 명이었다. 그렇지만 이 지역에서 리쾨르의 번역 작품은 앵글로색슨어라는 언어상의 한계에 의해 제한되어진다. 자크 타미니오가 루뱅에서 발표했던 첫 논문은 리쾨르에게 바쳐졌다. 그러나 그 논문은 그가 3,4명 정도의 전문적인 철학자를 가질 수밖에 없는 26만 명의 거주인이 있는 작

---

19) 〈철학자 폴 리쾨르의 신학적인 이론〉, 1968년 10-12호, 《사회그리스도교》, 639-645쪽.

20) 폴 리쾨르, 《Politick en geloof. 폴 리쾨르에 대한 에세이》, A. 페페르자크 번역, 암보, 위트레흐트, 1968년; 《Wegen van de filodofie. 구조주의, 정신분석, 해석학》, A. 페페르자크 번역, 암보케켄, 빌토벤, 1970년; 《Symbolen van het kwaad》, J.-A. 메이에르 번역, 렘니스카트, 로테르담, 1970년.

은 나라에 살면서 아이슬란드어로 실현되어졌다. 팔 스퀼라종의 경우를 보면, 그는 리쾨르의 작업에 매우 친밀감을 가졌지만, 그의 작업으로 자신을 괴롭혔던 문제들에 대해 해명할 수 있기를 원했다. 수많은 미로에서 이 긴 수난의 문제점들은 그에 의해서 현상적인 핵심 문제를 과정의 개념으로 재현하는 생각으로 대체되는데, 이는 그로 하여금 헤겔과 함께 충분히 깨뜨리지 못한 일종의 과정으로서 지식에 대한 생각을 주장하게 된다.

최근 루뱅라뇌브의 교수인 버나드 스티븐스는 리쾨르에 대한 논문을 발표하여, 반 브레다에 의해 운영되는 유명한 현상학 연구 기획편으로 출판된다.[21] 그것은 20세기 사상의 복잡한 실타래에 의미를 재부여할 수 있는 일종의 일관성으로 리쾨르의 작품을 파악한다. 그래서 그는 그 철학자의 사상 속에서 두 요인을 구분한다. 그 하나로는 "세계와 인간에 대한 탐구가 해석학적 접목을 시도하면서 이루어지는 것이고, 또 다른 하나는 그 어떤 정의에 대한 가능성을 찾는 제2의 리쾨르가 나타나게끔 배려하는 것이다."[22] 그래서 그때 방법론과 인식론의 관점을 빌려온다. 리쾨르의 철학적 여정에 대한 매우 치밀한 연구에 따르면, 버나드 스티븐스는 리쾨르가 그의 첫번째 반성적인 영감에서 아직도 매우 자유롭지 않다는 것을 나타내 주는 근본적인 근심과, 근원적인 정의에 대한 생각에 너무 깊이 배어 있는 것에 대해 충분히 비판적이고 난처한 채로 남아 있는 것처럼 받아들인다. "우리는 파멸한 것처럼 보인다"[23]라는 부정철학과 특이한 주장 사이에 제기된 진퇴양난을 스티븐스는 이같이 단언한다. 그것은 현대적 이성의 특징이 기저층 확보 부재라고 생각한 장 라드리에르에 의해 표현된 관점에 부합된 입장이다.[24] 리쾨르에게 있어서 기본적인 요구 사항이라고 하는 것은, 스티븐스에 따르면 형이상학적 동기 부여의 명시적 의미로 이동하는 것뿐이었다.

리쾨르는 또한 루뱅라뇌브대학에서 **명예박사**가 되었다. 그리하여 가톨릭대학에서 열리는 수호성인 축제에 즈음한 1994년 2월 2일 루뱅으로 돌아온다. 그에게

---

21) 버나드 스티븐스, 《기호학 입문》, 클루워 아카데미사, 〈현상학〉 컬렉션, 제121호, 도르드레흐트, 보스턴, 런던, 1991년.

22) 같은 책, 11쪽.

23) 같은 책, 296쪽.

24) 장 라드리에르, 〈심연〉, 《지식, 실천, 희망. 이성의 한계》, 제1권, 생루이스대학교출판부, 브뤼셀, 1976년.

는 "매우 중요한 발언"[25]의 기회인 《에스프리》[26]에 대한 이런 개념 속에 하나 혹은 여러 파동을 예상할 수 있음을 발견한다. 이런 의미에서, 그리고 그의 연구 방향에 대한 비평에 반대하여 그에게서 그 어떤 절대적인 지식의 흔적도 없지만, 그렇지만 통용되는 논리의 발휘는 어디에서고 미리 그 의미를 축소하려는 것을 불가능하게 한다. 그렇다고 그것이 완전 포기를 의미하는 것은 아니다. 진실에 접근하는 방식의 다양성을 고수하는 것은 바로 알고 싶어하는 욕망의 단위이다. 그렇게 행동하는 측면에서 정당한 의지와 논리적인 재능은 또한 많은 특별한 상황을 해명하는 데에서 실현되어져야 한다. 똑같은 방식으로 신학적 측면에서 보면 "모든 곳에서부터"[27]라는 초점을 맞추는 것도 바로 정신에서이다. 강의의 결론에서 리쾨르는, 정신이라고 하는 것은 바람이 어디에서 부는지 전혀 모르는 것과 같은 것이라고 말한다.

벨기에에서 1970년대 이후에 얻은 영광은 그를 정신적으로 죽이려고 생각했던 반대자들에게 되돌려 준 멋진 교훈이다. 그는 그들에게 파리식 사상과 다른 관점이 또 다른 세계에서 또 다른 사상의 측면에 존재한다는 것을 주장함으로써 그 실례를 입증해 준다. 그러나 아직도 그것은 단계일 뿐이다. 미국에서의 강의는 매우 다른 여유를 제공해 주었고, 마침내는 저 유명한 긴 여로에의 '귀국'이라는 그의 역사에 공헌하게 된다.

---

25) 장 라드리에르와의 대담.

26) 폴 리쾨르, 〈에스프리에 대하여〉, 《루뱅 철학 잡지》, 제2-3호, 1994년 5-8월, 246-253쪽.

25) 폴 리쾨르, 〈에스프리에 대하여〉, 논문 인용, 251쪽.

51

시카고: 틸리히의 계승과 친구 엘리아데

미국에 발을 들여놓기 위해, 리쾨르는 낭테르대학의 학장직 사임 때까지 기다리지 않았다. 그의 미국인들과의 접촉은 전후 박사 학위 논문을 발표하러 왔던 세벤대학의 수많은 퀘이커교도들과 뜻이 맞았던 샹봉쉬르리뇽에서 이루어지고, 이 사건은 그에게 용기를 북돋아 준다. 심지어 그는 소르본대학에 임명되기도 전인 1954년 필라델피아 부근에 있는 해버퍼드대학에 초빙받으면서, 퀘이커교도의 입장에 따라 미국의 체제 속으로 들어간다. "나는 미국의 관대한 형식으로 인하여 별다른 문제 없이 그곳에 접근할 수 있었다. 거기에서는 관용을 진정한 종교적인 신념으로 내세운다."[1] 퀘이커교도들의 기원은 17세기로 거슬러 올라간다. 그들은 영국의 국교회가 아닌 수많은 분파 중의 하나를 형성한다. 핍박받은 희생자들 대부분이 미국으로 이주하는데, 그곳에서 그들 무리 가운데 한 명인 윌리엄 펜이 1680년 펜실베이니아에 교회 하나를 세운다. 물론 그들은 창시자인 조지 폭스의 교리 정신을 이어받는다. 그들은 내적인 영감의 세계를 맛볼 수 있는 내용의 설교가 특징적이다. 그리고 전쟁을 거부하는, 허가받지 않은 평화주의자들이다.[2] 종교적인 친구들로 맺어진 퀘이커교도들은 목사들이 없었다. 그래서 일요 예배 때, 그들은 그 순간의 영감에 따라서 서로 자유롭게 말한다. "내가 목요 '모임'을 회상해 보건대, 강제성 없이도 충분히 많은 학생들로 붐볐다. 그곳에서는 명상이 유행했었다. 즉 거기에서는 각자가 자발적으로 어떤 것을 말하거나, 종교적인 문구를 읽기 위해 발언할 수 있었다. 다시 말해서 성경 본문을 인용하고 말해야 하는

---

1) 폴 리쾨르, 《비판과 확신》, 앞의 책, 67쪽.

2) 그럼에도 불구하고 주목할 만한 예외가 있다. 리처드 닉슨이라는 전 미국 대통령도 퀘이커교도였다.

것은 필수적인 것이 아니었고, 그것은 단지 자기 표현을 확실히 밝혀 줄 수 있는 방향적 텍스트일 수도 있었다. 그러나 그것은 소설 작품의 그 어느 구절일 수도 있었다."[3] 리쾨르의 첫 미국 수강생들은 열아홉 살에서 스물두 살까지의 젊은이들이었는데, 프랑스에서 중등 교육의 최종 학력과 고등 교육의 1년 과정에 등록된 수강생들로 생각하면 그 이해가 쉽다. 다시 말해 연구 과정에 들어가기 전에 미리 졸업할 자격 준비를 갖추게 하는 기관의 등록생을 말하는 것이다.

그리고 1960년대초, 미국 북서부에 있는 가톨릭대학교에서 리쾨르를 초대한다. 교회 관할에서 분리된 미국 대학들의 부권 행사로 인해 많은 가톨릭 철학자들이 1950년대에는 유럽에서 공부를 하게 된다. 그때 토마스주의(토마스 아퀴나스)는 사라지기 직전이었고, 그들은 대륙철학과 동시에 실존주의와 현상학을 발견하는 시기가 된다. 미국에 들어와 보니 한때는 논리적 실증주의가 지배하는 지적인 분위기 속에서 이 철학자들은 마치 대륙철학의 노예처럼 보이게 된다. 그들은 유럽의 지적 사조를 알리려고 노력한다. 그래서 1957년 시카고의 디폴대학교에서 《오늘의 철학》이라는 잡지까지 만들게 되고, 사람들은 그곳에서 사르트르와 가브리엘 마르셀의 작품을 번역하고, 곧 폴 리쾨르의 초기 작품에도 흥미를 갖기 시작한다. 리쾨르가 1963년 가을 시즌 작품 순회 강연을 하도록 초빙된 것은 바로 이런 상황 속에서이다. 이런 기회가 있을 때는 밀워키라는 마을에서 시카고 북쪽에 위치한 마켓예수회대학교를 거치게 된다. 현상학적 철학자인 로버트 D. 스위니가 피츠버그의 두케인대학교에서 리쾨르를 처음으로 만난 것은 바로 이 여행 도중이었다. "리쾨르는 이 대학교에서 의지철학에 대한 그의 최근 작업을 소개한 강연을 네 차례나 했다. 이 강연들은 나의 철학적 방향의 근원이 되기조차 했다."[4] 1950년대초 뉴욕 포드햄가톨릭대학교의 졸업 학년이었을 때, 스위니는 리쾨르의 텍스트 원문에 접근했다. 리쾨르에 대한 한 편의 기사가 가톨릭에 속한 잡지 《크로스 커런츠》에 의해 번역 출판된다. "나는 그의 실존주의적 논문들의 위력에 절대적인 인상을 받았다."[5] 1953년, 프랑스 동부에 주둔한 미국 군대의 육군으로 차출되어 온 로버트 스위니는 당시 리쾨르가 가르치던 스트라스부르대학교에서 공부를 마

---

3) 폴 리쾨르, 《비판과 확신》, 앞의 책, 68쪽.
4) 로버트 D. 스위니와의 대담.
5) 위의 대담.

치고 싶어했지만, 꿈은 실현되지 않는다. 그는 마침내 뉴욕에서 막스 셸러에 대한 박사 학위 논문을 발표하게 되고, 클리블랜드의 존캐럴대학교에 임명된다. 그 대학은 또한 그가 1967년 언어철학 강의를 위해 리쾨르를 초빙한 곳이기도 하다.

그러나 리쾨르가 미국의 대학 체제에 합류하게 되는 것은 결국 신교도 입장에서이다. 시카고에 임명되기 전, 그는 청교도들이 세운 예일대학교에서 가르친다. 그곳은 1961년 가을, 프로이트에 대한 그의 예비 에세이인 《테리 강의》를 집필했던 곳이다. 1965년부터 1966년까지 그는 예일대학교에서 한 학기의 강의를 맡고, 뉴욕의 유니언신학대학에서 교육에 전념하게 된다. 유니언신학대학은 디트리히 본회퍼가 가르친 바 있는 유명한 학교이며, 무엇보다도 사제들을 육성하는 대학으로 명성이 나 있다.

1967년 시카고대학교는 레이몽 아롱과 클로드 레비 스트로스와 함께 리쾨르에게 명예박사 학위를 수여한다. 다음해 세미나를 지도하기 위해 시카고에 돌아온 리쾨르는 이곳에서 삼중의 일을 떠맡는다. 우선 첫번째 일로는 디비니티 스쿨의 초대에 응하는 것이다. 이 대학의 총장인 제럴드 C. 브라우어는 1962년 파울 틸리히가 존 누빈의 자리를 계승하기를 부탁했었다. 1965년 가을 틸리히가 사망하였을 때, "나는 즉시 폴 리쾨르가 틸리히의 자리를 계승하도록 설득하려 했다."[6] 이 계승은 즉흥적인 것이 아니라 프랑스에서의 리쾨르가 담당하고 있는 책임감을 충분히 고려한 이후 결정한 것이었다. 어찌되었건 리쾨르는 1966-1967년의 학기 중 한 학기 동안의 강의 초청을 받아들인다. 연이어서 리쾨르가 1992년까지 존 누빈의 자리를 공식적으로 맡게 된 것은 바로 1970년부터이다. 그는 파울 틸리히의 집에서 알게 된 한나 아렌트의 소개로 사회사상위원회[7]와 관계를 맺고, 그리고 시카고대학교 철학과에 들어간다.

리쾨르가 틸리히의 자리를 계승하게 된 것은 결코 우연한 일이 아니다. 설령 리쾨르가 여전히 신학자들보다는 주석가들과 더 오랫동안 이론적으로 이야기했다 할지라도 그들 사이의 친근한 관계는 대단한 것이었다. 브란덴부르크 지방의 작은 마을 슈타르체델에서 태어나 유대인 아내와 결혼한 독일 출신의 파울 틸리히는,

---

6) 제럴드 C. 브라우어와의 대담.
7) 사회사상위원회는 한나 아렌트, 사울 벨로, 앨런 블룸, 스티븐 트루먼 등으로 구성되어 있다.

1933년 이래로 나치즘을 멀리한다. 그는 유대인 출신 가운데 능력 있는 이들을 대학에서 쫓아내는 추방 운동에 항거하고, 《사회주의자의 결정》을 출판한 것 때문에 프랑크푸르트의 문과대학 학장직에서 즉시 해임당하게 된다. 그리하여 영어를 전혀 구사할 줄 모름에도 불구하고 조금 망설이다가 결국 미국의 망명길에 오른다. 다행히도 프랑크푸르트 학교에 있던 몇몇 동료들이 그가 적응할 수 있도록 도와준 결과, 6개월 후에는 그도 영어로 강의를 할 수 있게 된다. "조금 멀리서 그의 강의를 들었을 때, 모든 이들이 그가 독일에서도 강의를 했을 거라고 확신했다는 소문이 떠돌았다."[8] 시카고에서 아직 알려지지 않은 1955년까지는 뉴욕의 유니언신학대학 교수 세미나에서, 그의 나이 예순다섯 살에 시카고대학교 철학과 교수직에 임명되기 전에는 하버드대학교에서 먼저 가르친다.

주변들이 정리된 상태에서 틸리히가 지지하는 입장들은 리쾨르의 입장과 가깝다. 틸리히는 사실상 카를 바르트와는 반대로 철학적 사변을 받아들이지 않는 게 아니라 오히려 한편으로는 헤겔과 셸링 사이에 합류하고, 다른 한편으로는 신교도의 신학을 추구하는 신학자이다. 유명한 《조직신학》[9]에서 그는 상관 방법을 규정짓는 이론을 다음과 같이 열거한다. "그리스도교 변증론의 신학은 신학의 보증인이다. 그것은 상황이 제기하는 문제에 답하고, 또한 문제를 제기하는 상황이 산출해 내는 방법들의 도움과 영원한 메시지의 힘으로 답한다."[10] 틸리히에 의하면, 철학과 그리스도교 사이에는 대화가 필수적인 것이다. 상보성의 접근은 신학 덕분에 우리들에게 있어서 존재의 운명과 철학적 관점으로 존재 구조에 대한 탐색인 존재론을 구별하게 한다. 이런 대화체 외에도 틸리히는 현대 문화와 신앙 사이의 분리에 대해 인정하지 않는다. 그는 철학의 권리이고 많은 현대적인 요소를 가지고 있는 문화를 직시하며, 심지어는 신학에서 극단적인 현실에 대한 탐색의 흔적들을 밝혀낸다. 틸리히처럼 칸트 사상의 계승자인 리쾨르는 《악의 상징학》의 끝부분에서 '상징이 생각하게 하는 것' 이라는 사상을 재발견한다. 그래서 틸리히는 이성의 심오함과 같은 표현으로 나타나고 있는 상징에 대해 여전히 흥미를 느꼈

8) 장 마르크 생과의 대담.
9) 파울 틸리히, 《조직신학》, 제1-5권, 라보와 피데스, 제네바, 1991년.
10) 같은 책, 제1권, 12쪽.

다. 종교적 수사학에서 상징들은 달리 설명할 수 없는 상태에 직면했을 때 의식을 여는 역할을 한다. 그의 체계는 문제 제기에 있어서 합리적인 처리에 필요한 시간이 있는 것처럼 사상을 둘러싸고 구축되지만, 실제로는 막다른 골목에 걸려들었을 때 기적적으로 그것이 우리가 제기했던 문제들의 답을 제공한다는 것을 깨닫고 기대해 보는 것, 다시 말해 상징학 쪽으로 쏠리게 된다. 틸리히가 인문과학, 특히 정신분석에서의 결과들을 기대해 보는 것만큼 그는 실존주의에 의해 매우 잘 설명되어진다. "정신적 원인과 연관된 정신병을 연구하는 현상학과 프로이트에 의한 무의식을 발견한 우리가, 이제부터 인간을 서로 잘 구별된 의식과 신체로 나누는 것을 금지시킨다."[11] 이런 진보는 1952년 틸리히가 신앙과 자신의 관계에서 나타나는 용기의 개념을 설명한 《존재하려는 용기》[12]를 출판하는데, 이는 이미 1950년에 발표한 인간 의지에 관한 리쾨르의 논문과 같은 양상을 띠고 있다. 리쾨르가 틸리히를 만나기 전인 1960년대초, 그들은 벌써 의외의 유사성들을 확인했다. 이 문화 속에서 더 현대적인 것을 구축하는 것에 대하여 틸리히는 신학적인 질문을, 리쾨르는 철학적인 질문을 매번 적절하게 표현하기를 추구하고, 두 분리된 공간 사이에 존재하는 완전한 공백 사상을 거부하면서 동시대의 모든 문화 형식들에 대하여 같은 입장을 가지고 있다.

독일과 앵글로색슨의 문화 세계에 습관화되어 있는 롤랑 캉피쉬는 시카고에서의 틸리히의 세미나와, 난롯가를 에워싸고 사람들이 스승에게 질문을 제기하는 식의 토론에 참가했다. 그래서 우리는 파울 틸리히를 "동시대인들의 문제와 사회과학의 수용에 있어서 매우 열린 사람"[13]으로 기억한다. 어떤 신학자에게 있어서 그는 사회과학의 위상이 될 수 있는가라는 질문에서, 틸리히는 롤랑 캉피쉬에게 다음과 같이 답한다. "이보게, 나는 신학적인 담론이라고 하는 것은 그 어떤 부분을 제어하게 되면서 동시에 사회과학의 담론이 아닌 다른 곳에서 시작한다고 생각하네. 그래서 분열이라는 것은 없네. 이것이 바로 두 가지 관점이지."[14] 담론에 대한 이 두 기록의 전체적인 관점은 전적으로 그 질문에 대한 리쾨르의 입장과 부합된다. 우리는 또한 무제약자의 탁월함을 유지시키면서 상대론의 위험을 피하는 칸

11) 파울 틸리히, 《경계에서》, 플라네트, 파리, 1971년, 150쪽.
12) 파울 틸리히, 《존재하는 용기》, 캐스터맨, 파리, 1967년.
13) 롤랑 캉피쉬와의 대담.
14) 파울 틸리히, 롤랑 캉피쉬에 의해 덧붙여진 화제, 작가와의 대담.

트주의와, 동시에 그들의 특수성을 인간 상황의 다양성에서 회복시키려는 존재론의 목표 사이에서 내면적인 긴장을 찾아낼 수 있다. 자유와 책임에 대한 윤리학의 탐색 속에서는 도덕주의가 설 자리가 없다. 그래서 틸리히는 "우리 자신의 소유가 되지 않고, 우리 자신 위에서 힘을 가지는 것이 곧 그가 자신에게 뛰어드는 도전이다"[15]라는 도덕주의를 연구의 목표로 놓는다. 이 시도는 오로지 리쾨르의 모든 연구 노력을 그에게 집중시켜 주는 역할을 한다.

스트라스부르에서 생폴 소교구의 사제이자 틸리히의 번역자인 프랑스 신학자 장 마르크 생은, 1959년 아라고 거리에서의 수업중에 틸리히에 대해 말했던 리쾨르 덕분에 이 작가를 발견하게 되었다. 나중에 그가 틸리히 작품의 체계학 강의에 심취하게 된 것은 1970년대 초반이다. 그는 바르트 입장을 고수하는 그의 논문 지도교수인 장 보스크에게 논문 주제의 변경을 알리러 가지만 거절당한다. 장 마르크 생은 앙드레 뒤마의 지도하에 틸리히가 문제 제기한 논문, 〈유신론의 초월에 대한 시론〉을 발표하기 위해서는 장 보스크가 죽을 때까지 기다려야만 했다. "나는 리쾨르가, 우리가 그를 연구했던 것보다 훨씬 더 틸리히에 의해 더 많이 강조되어지지는 않았는지 항상 자문해 보았다."[16] 프랑스에서 신학과 철학 분야 사이의 근원적인 단절은 아마도 리쾨르 분석에 있어서 틸리히의 근원적인 빈약성에서 기인한 것이다.[17] 이 조심스런 평가는 스트라스부르의 청교도 신학대학 학장인 마르크 리엔하르트라는 한 신학자에 의해 증명된다. 1957년 그 신학대학 설립 5주년이 되었을 때, 그는 미국에 가고 싶은 희망을 표명한다. 리쾨르는 우선 그가 틸리히 작품들을 읽었는지를 묻는다. 물론 이때 그에 대한 리쾨르의 염려는 철학과의 단절을 내포하면서, 정확하게는 바르트적인 신학으로 유혹받는 그의 태도의 위험함을 다음과 같이 표명한다. "틸리히에게서 우리는 한편으로는 철학적인 존재론과, 다른 한편으로는 계시록을 중심으로 성립된 성경-신학적인 접근에서의 관계를 설립하려는 그의 의도를 볼 수 있다."[18] 이 친분 관계는 틸리히와의 사제간의

15) 로제 멜, 파울 틸리히의 서문, 《도덕의 종교적 기초》, 백부장, 들라쇼와 니에슬레, 파리-뇌샤텔, 1971년, 9쪽.

16) 장 마르크 생과의 대담.

17) 그러나 폴 리쾨르는 조슬린 던피의 책 《파울 틸리히와 종교적 상징》의 서문을 쓴다. 장 피에르 들라르주, 파리, 1977년, 11-14쪽.

18) 마르크 리엔하르트와의 내담.

관계에서가 아니라, 오히려 동등한 관계에서의 두 작품의 존재를 표명해 준다.

시카고에서 리쾨르는 벨기에 출신의 라코크 부부와 매우 가깝게 지낸다. 그들은 매년 강연을 계획했던 프랑스의 시마드에서 전후 이래로 알고 지냈었다. 리쾨르는 여러 차례 되풀이하여 강연하던 연사 가운데 한 사람이었다. "그것은 우리의 첫 교제였지요. 우리는 떨어져 있으면서도 많은 공통된 추억들을 발견했답니다."[19] 사실 앙드레 라코크는 리쾨르가 도착하기 바로 전인 1945년과 1947년 사이에 스트라스부르대학교에서 신학 공부를 계속했다. 곧이어서 그는 12년 동안 브뤼셀의 청교도 신학대학에서 신학을 가르쳤다. 몇 년 후 시카고대학교에서 마치 **교수로서의 방문**처럼, 그는 최종적으로 아내 클레르와 아이들을 데리고 1969년 시카고에 정착한다. 당시 그는 시카고대학교 신학연구소에서 교수직을 맡았으며, 그의 아내는 프랑스어를 가르쳤다. 시카고에서 보내던 첫해 동안, 리쾨르 부부는 대학에서 가까운 곳에 위치한 가구 딸린 아파트에서 거주한다. 나중에 라코크 부부는 같은 건물 내에서 매우 큰 아파트를 마련하게 되고, 리쾨르를 그들 집에 살 수 있도록 해준다. "시카고에서 라코크의 집에 갔을 때, 리쾨르 씨의 방을 보았어요. 그의 책들과 개인 물건들이 있었지요. 정말 리쾨르다운 방이었어요."[20] 이리하여 결국 시카고에 정착하면서 리쾨르는 자신이 텍스트의 근원지나 그의 텍스트의 원문에 대해 의심을 가지고, 그것이 더 이상 원문인지의 여부에 대해 알 수 없을 때, 앙드레 라코크 씨에게 그 정보를 요구하기로 한다. 시카고에서 라코크 부부와 리쾨르 그리고 엘리아데는 서로 만나서 함께 토론할 기회를 넓힐 뿐만 아니라 일종의 조그마한 프랑스인의 친목회도 만든다.

1984년 1학기중에 앙드레 라코크와 리쾨르는 노스캐롤라이나대학교 내셔널휴머니티센터에서의 연구 활동을 위해 서로 만나게 된다. 노스캐롤라이나대학교는 이 센터를 수용하는 데 필요한 재정적인 혜택을 고려하는 데 있어서 중추적인 역할을 하고 있는 세 대학 사이에 지리학적으로 놓여 있었다. 리쾨르가 3부작인 《시간과 이야기》를 완성하고, 동시에 분석철학에 대한 토의 자체는 별로 진척되지 않았지만 리처드 로티와 토론하게 된 곳도 바로 이 대학교에서이다. 앙드레 라코크

19) 앙드레 라코크와의 대담.
20) 피에르 지젤과의 대담.

의 요청으로 리쾨르는 《다니엘서》를 집필하게 되고, 이때의 서문은 라코크가 쓴다.[21] 그는 이 추천문을 성경적인 글에서 인용하였으며, 이곳에서 등장하는 다양한 이야기의 기록에 대한 규정은 그들에게 있어서는 그들 대화의 연장 부분으로 여겨진다. 그렇지만 《다니엘서》는 3인칭으로 교훈적인 문학을 돋보이게 해주는 여섯 개의 '콩트'와 다니엘이 1인칭으로 자기의 감정을 나타내는 데에서, 네 개의 '꿈'이라는 서로 다른 장르의 병렬 상태를 보여 준다. 실제 작가 출신이라는 입장과 그의 문맥과 최초의 수신자를 재발견하는 의미로 앙드레 라코크는 역사비평 작업에 착수한다. 그는 이 단계에서 작업을 멈춰서기는커녕 "이상적인 형태의 〈요한계시록〉의 글"[22]에 있어서 암시에 대한 주석 작업을 시작한다. 이런 점에 있어서 폰 라트의 결정론 강의를 수정하면서, 앙드레 라코크는 말의 행위와 예언의 '수행 문제'에 대한 규명에 역점을 둔다.

성경에 대한 독서의 이런 공통된 의견 외에도, 리쾨르는 디비니티 스쿨에서 1967년부터 규칙적으로 가르치게 된다. 물론 이것은 설령 그가 파울 틸리히의 신학 교수 철학직을 보유한다 할지라도 거기에서 신학을 가르친다는 것을 의미하지는 않는다. 이 학교는 미국의 많은 다른 학교처럼 교회(침례교)에 의해 세워졌던 특수성을 지니고 있다. 만일 그것이 종교의 역사와 구신약의 연구 대상이 되어 수많은 강연으로 강조된 종교적 현상계의 감수성을 유지한다 할지라도, 그곳은 세속적인 교육의 장소이다. 디비니티 스쿨은 우리가 거기에서 사제들을 육성하지 않는다는 점에서 평가해 보면, 사실상 어떤 상업학교나 법률학교처럼 전문학교이다. "1965년 디비니티 스쿨에 도착했을 때, 사람들은 체계적 신학이나 교의신학에 대해 결코 말하지 않았다."[23] 그러므로 대륙철학을 가르치도록 부름받은 리쾨르는, 그가 확신한 지지, 그 중에서도 제럴드 C. 브라우어 학장의 지지를 얻을 수 있는 디비니티 스쿨에 어떤 문제도 제기하지 않는 철학자로 남아 있게 된다. "나는 틸리히가 작고한 후, 리쾨르가 세계에서 가장 창조적인 신학철학 사상을 가지고 있다고 생각했다."[24] 진한 우정의 친분이 브라우어와 리쾨르 사이에 싹트게 된

21) 폴 리쾨르, 앙드레 라코크의 서문, 《다니엘서》, 들라쇼와 니에슬레, 뇌샤텔, 1976년, 5-11쪽.

22) 같은 책, 8쪽.

23) 데이비드 펠라우어와의 대담.

24) 제럴드 C. 브라우어와의 대담.

다. "나는 리쾨르에게서 항상 친구와 훌륭한 동료, 그리고 인간의 진정어린 지지를 발견했다."[25] 1970-1971년 학기중에 리쾨르는 브라우어에게 다음과 같이 말한다. "당신은 나의 대부예요. 당신은 프랑스에서는 불가능한 일을 내게 해주었어요."[26] 반면에 실증주의 논리학이 강한 리쾨르의 강의는 시카고대학교의 철학과 중에서 가장 변동적인 것이었다. "내게는 까만 양 몇 마리가 있었다."[27] 분석 사상 쪽으로의 지대한 관심을 갖고서 그는 가끔 어떤 정신의 폐쇄성에 대해 분노했다. "그가 내게 이렇게 말하였다. '나는 그 사람들이 어떻게 그렇듯 편협되어 있는지를 이해하지 못하겠어. 학생들은 다른 것을 추구하는 것처럼 보이지만, 그들이 시카고대학교에서 찾을 수 있는 것은 그게 전부야.'"[28] 학생들은 세상을 거부할 수도 있다는 점에서 전혀 색다른 관점을 발견하고는 완전히 넋을 잃었다.

장차 시카고대학교출판부의 편집인이 될 T. 데이비드 브렌트는, 1971년과 1976년 사이 리쾨르의 지도하에 논문을 준비하면서 그의 첫번째 박사 과정을 밟은 학생이 되었다. "리쾨르는 1970년대초 시카고대학교에서 철학으로 졸업한 학생인 나에게 매우 중요했었어요. 그분이 없었다면, 박사 학위 논문까지 나를 이끌어야 했던 연구를 계속해 나갈 수 없었을 겁니다."[29] 사실상 후설이나 하이데거를 정확히 가르칠 사람은 없었다. 왜냐하면 모든 연구들이 분석철학에 몰두해 있었기 때문이다. "칸트와 논리적 경험론 사이에는 거대한 공간이 있었습니다. 그리고 칸트의 비인식론적이지 않은 작업들은 여전히 알려지지 않았었죠."[30] 데이비드 브렌트는 학생들 집에서 저녁식사를 한 후, 리쾨르가 밤 늦은 시간임에도 그의 아파트까지 차로 전송해 주는 것을 거절했을 때 학생들에게 불러일으켰던 염려를 기억한다. 특별히 위험한 구역을 통과해야 했었다. "우리는 그처럼 혼자 걷는 그의 습관이 위험을 초래하지 않을까 두려워했죠. 그러나 그는 그 구역에서 어떤 다른 사람을 만나게 되지는 않을까 하는 두려움 따윈 없다고 말했어요. 사실상 내가 알기로는 정말로 그가 군자였다는 것을 우리 각자에게 증명한 셈이었고, 여하튼 그

25) 제럴드 C. 브라우어와의 대담.
26) 위의 대담.
27) 폴 리쾨르, 《비판과 확신》, 앞의 책, 79쪽.
28) 앙드레 라코크와의 대담.
29) T. 데이비드 브렌트와의 대담.
30) 위의 대담.

에게는 아무 일도 일어나지 않았어요"[31]

1970년 낭테르대학을 일시적으로 그만두었을 때, 리쾨르는 일리노이에 있는 마이애미대학교에서 **명예박사** 학위를 받는다. 그때 그는 시카고에 있었고, 플로리다에서 마이애미로 갈 생각을 하며 대학 내 여행사에서 항공권을 구입한다. "돌아오는 길에 그가 어디 있는지 알지도 못한 채, 추위가 엄습해서 웃옷을 걸치지도 못한 채 그대로 비행기에서 나왔다고 말했죠."[32] 때늦은 여행자, 리쾨르는 그를 맞아들이는 나라들을 더 잘 알기 위해 이런 초청들을 활용하는 걸 마다하지 않았다. 그 때문에 그랜드 캐니언을 보기 위해 덴버까지 자동차로 혼자 가서 비행기로 돌아온 일도 있었다. 호기심이 강한 리쾨르는 또한 미국의 엄청난 사유지 속에 파고드는 것을 대단히 좋아한다. "그는 이것에 대해 내게 다음과 같이 말했어요. '나는 큰 죄를 지을 수는 없지만, 작은 죄들을 매우 좋아해요.' 그것은 그에게 있어서 위반이었다."[33] 거대한 사유지에 들어갔다가 그의 복부를 향해 기관총을 쏜 야경꾼에게 발각되어 '금지된 곳'으로 몰래 빠져나가려다 붙잡힌 적도 있었다. 리쾨르는 청교도 세력이 우세하긴 하지만, 가톨릭 세력의 참여로 전세계적인 장소가 되어 버린 시카고의 록펠러 교회에서 일요일마다 성경을 주해하는 일을 하게 된다. "그는 그곳에서 종교에 대해 말하면서 잠언 구절들을 해석하긴 하지만, 항상 철학적인 견해에서 발표가 이루어졌다."[34]

시카고의 사회사상위원회 모임에서 리쾨르는 머시아 엘리아데를 만나게 되는데, 그는 프랑스어와 대륙철학을 잘 아는 몇 안 되는 교직자 가운데 한 사람으로서 나중에 친구가 된다. 리쾨르에게 특혜받은 교육의 자유와 그 연구를 계속할 수 있도록 이 대학이 구성하고 있는 이상적인 틀을 언급하면서 사람들이 제안했던 디비니티 스쿨의 자리를 받아들이도록 결정적인 충고를 한 이는 바로 엘리아데이다. 리쾨르와 엘리아데는 이미 서로를 알고 있었고, 1955년 이래로 엘리아데가 있던 시카고에 리쾨르가 도착할 때에는 상호간의 신뢰도와 존경심이 함께하게 된다. 엘리아데가 고등교육기관의 다섯번째 분과에서 강의하던 1947년 이래로 친분

---

31) T. 데이비드 브렌트와의 대담.
32) 데이비드 펠라우어와의 대담.
33) 장 그레쉬와의 대담.
34) 제프리 비리쉬와의 대담.

이 두터워진 그들은, 1953년 〈현시대의 번민과 정신의 의무〉[35]라는 주제에 공헌한 제네바에서의 국제회의에 참석했다. 리쾨르는 〈상징은 생각하게 한다〉[36]라는 그의 중요한 논문에서 엘리아데에 있어서 종교의 역사적 특징에 대해 언급한다. 엘리아데에 대한 해석 작업은 동질적임과 동시에 더 광대한 전체 속으로 상징을 자리매김하면서, 상징적으로 상징을 이해하는 현상학적 첫 단계를 밝혀내고 있다. "여러 방식 중에서 상징의 현상학은 상징적인 체계처럼 그 어떤 고유한 일관성이 나타나도록 해준다."[37] 머시아 엘리아데의 일기는, 리쾨르가 강조한 상징의 접근에서 즉각적으로 그가 느꼈던 흥미를 증명해 준다. "1959년 10월 15일: 〈상징은 생각하게 한다〉라는 흥미진진한 논문에서, 리쾨르는 사람들이 종교적 상징에 대해 어떻게 생각할 수 있는지 자문한다. 그리고 그는 나의 《종교사 개론》에서 그 실례들을 선택한다. 그들의 첫번째 주석은 내 자신이 시도한 것이다. 철학자인 리쾨르는 나로서는 감히 《개론》 속에서 사용할 수 없었던 해석학에 도움을 청한다. 나는 우선 학자들을 설득해야만 했었다."[38] 1968년부터 1969년에 리쾨르는 시카고에서 처음으로 정기적인 강의를 한다. 그 중에서 그는 머시아 엘리아데와 함께 공동 세미나를 주최한다. 또한 신약 성서를 연구하는 노르망 페랭 교수나, 체계신학 교수인 데이비드 트레이시와도 공동 세미나를 갖는다. 그러나 50여 명의 열정적인 학생들 앞에서 2명의 위대한 신화 전공가들의 대립은 환상적인 장면처럼 연상된다. "1968년 11월 14일: 폴 리쾨르와 나, 곧 우리가 지도하는 공동 세미나에서 우리는 '융'에 대해 말한다."[39] 이러한 교육의 실천은 두 사람에게는 그다지 놀라운 일이 아니었다. 미국에서는 토론과 논증의 질에 대해 가치를 부여하는 경향이 있고, "학생들은 자신들의 두 교수가 점잖게 서로 대립하는 것을 보는 데 넋을 잃는다."[40] 그래서 이와 같은 신화에 대한 공동 연구 세미나가 리쾨르와 엘리아데를 연

35) 《현시대의 번민과 정신의 의무》, 제네바, 1953년, 페르디낭 드 소쉬르, 폴 리쾨르, 머시아 엘리아데, 로베르 슈만, 구이도 갈로제로, 프랑수아 모리악 등이 참가한 국제회의. 폴 리쾨르의 강연 〈진실되고 거짓된 번민〉과 머시아 엘리아데의 강연 〈종교적 상징과 번민의 가치 부여〉, 라 바코니에르, 뇌샤텔, 1954년.

36) 폴 리쾨르, 〈상징은 생각하게 한다〉, 《에스프리》, 제8-9월호, 1959년.

37) 같은 책, 69쪽.

38) 머시아 엘리아데, 《일기의 단상》(1945-1969), 갈리마르, 파리, 1973년, 298-299쪽.

39) 같은 책, 558쪽.

40) 폴 리쾨르, 《비판과 확신》, 앞의 책, 79쪽.

결시켜 주게 된다. 그들은 차례대로 말하지만 항상 함께 있고, 한 사람이 강의를 할 때 다른 한 사람은 자신의 관점과 토론의 틀을 논의한다. 그러므로 교직자는 토론에 활발히 참가하는 동료나 학생들, 병적인 청취자들과 마찬가지로 다른 사람으로부터 배우는 자의 위치에 놓이게 된다. "나는 이렇게 훌륭한 칸트 철학의 분석적 형성을 가지고 판단 능력에 대한 비평을 가르쳤던 것을 기억한다. 게다가 나는 방식이 분석적인 철학자들이 그 철학의 이야기 방식을 가르쳐 왔다는 것을 많이 배웠다."[41] 엘리아데와 함께한 이 공동 교육은 여러 해 동안 영향을 미칠 것이다. 1973년에도 그들은 자신들의 학생들과 여전히 함께 있었다. "1973년 10월 17일: 철학과 종교 이야기 속에서의 해석학에 대한 폴 리쾨르와의 **공동 세미나**에서, 리쾨르는 아리스토텔레스로부터 칸트에 이르기까지 훌륭한 역사적 분석을 가지고 발표를 했다."[42] 그들이 함께 여행한다는 점에서, 그들의 우정이 공고히 된 것은 바로 이 공동 작업을 한 결과로도 볼 수 있겠다.

1976년 9월, 그들은 이집트를 방문한다. 관광객들이 피라미드를 방문하고, 엘리아데가 가장 오래된 문명에 마음을 빼앗기게 되었을 때조차도 현대인들의 말을 경청하려는 리쾨르의 의욕은 참으로 놀라운 것이었다. "룩소르, 1976년 9월 11일: 감탄하지 않을 수 없는 훌륭한 리쾨르! 그는 신문을 읽지 않고는 매일매일을 지낼 수 없다……. 다음과 같은 헤겔의 유명한 격언은 그 어느 누구에게보다도 리쾨르에게 더 잘 들어맞는다. '독자가 보편성을 가지고 공감하는 것은 바로 그날 아침 신문을 읽고서이다.' 아침나절 폴은 불안스레 무언가에 몰두했으며, 심지어는 슬퍼 보였다. 왜냐하면 다리의 기슭에서처럼 다리의 가장자리에서도 언어 표현이 불가능할 정도의 상태에 처해 있었기 때문이다. 그리하여 그는 바자에 가볼 결심을 하고, 30분 후 명랑한 모습으로 돌아왔다. 마침내 그것을 찾아낸 것이다. 그것은 다름 아닌 지방 신문이었다. 물론 아랍어였지만, 그 마지막 장은 프랑스어로 요약된 최근 소식을 담고 있었다."[43] 1978년말, 친구인 리쾨르와 엘리아데가 함께 간 곳은 멕시코 인근 과테말라에 있는 유카탄 지역이다. 이 여행은 야간 공연과 레스토랑이나 박물관 관람, 파리나 시카고에서의 저녁이 곁들여진다. 리쾨르

41) 폴 리쾨르, 같은 책.
42) 머시아 엘리아데, 《일기의 단상》, 제2권(1970-1978), 갈리마르, 파리, 1981년, 152쪽.
43) 같은 책, 292쪽.

가 처음으로 춤을 춘 것은, 파리의 생루이 섬에 있는 '목신의 플루트' 라는 루마니아 식당에서 엘리아데 부부의 결혼 25주년을 기념하기 위해 마련된 축하연 때이다! 루마니아의 인기 음악이 연주되고, 모든 사람들이 춤 속에 빠져든다. "그가 춤추는 것을 처음 보았다고 하는 시몬의 엄청난 놀라움과 함께, 그곳에서야 비로소 폴 리쾨르를 이해한 듯싶었다."[44]

이러한 우정 외에도, 리쾨르가 시카고에 도착했을 때 엘리아데는 그가 본회퍼의 논문 영향을 받아 날카로운 종교적 비판의 입장을 고수했다는 점에 주목했는데, 바로 이런 점에 있어서 머시아 엘리아데의 작품은 리쾨르에 의해 재평가받게 된다. 그때 리쾨르는 이미 바르트에게서 나타나고, 본회퍼에 의해 추구되고 강조된 관점 속에서 과격하게 비판하는 우상 숭배적 표현을 이러한 신앙의 종교적 표현에서 생각하지 않고 종교 없는 신앙으로 인식하고 있었다. 그래서 그는 구조주의자들이 취하는 극단적인 그들의 입장에 대해 거리를 유지하면서 형식주의자들의 입장에 다가갈 수 있는 절호의 기회를 갖게 된다. 엘리아데와의 유사성은 원형성을 갖추고 있는 듯한 다양한 종교 형식에서 발견되는 의미 양상에 대한 입장에서 찾아지고, 우상 숭배적 표현과는 달리 우주적 차원에서 검토된다. 《레 누벨 리테레르》지에서 〈엘리아데의 종교 사상과 신앙의 역사〉의 서평을 써준 이는 바로 리쾨르이다.[45] 리쾨르는 그 서평에서 자신의 종교 역사론과 함께 1949년에 출판된 성전물들을 순수하게 형태론상의 한 분야로서, 보충적이고 역사적이며 계보적인 일면으로 인정한다. 1976년, 머시아 엘리아데를 중심으로 40여 명의 참가자들이 보빌리에 레스토랑에서 모이는데, 이는 엘리아데의 작품 출간을 축하하기 위한 저녁 초대 형식으로 나타난 것이다. 물론 그 자리에는 다른 사람들과 함께 앙리 코르뱅과 외젠 이오네스코, 그리고 조르주 뒤메질 등이 있었다. 엘리아데를 치하하면서, 리쾨르는 그의 《개론》은 "카를 바르트의 지나치게 배타적인 영향에서 해방되도록 도와 주었고, 그것이 나를 깊이 감동시켰다"[46]고 그에게 말하였다.

이 점에 있어서는 리쾨르가 사물에 대한 그의 개념과 조화를 이루는 관점으로 엘리아데의 종교적 현상학을 통하여 재발견한 칼뱅주의자를 이해할 수 있는 몇

44) 폴 리쾨르, 같은 책, 220쪽, 1975년 1월 10일.
45) 폴 리쾨르, 〈신들이 있는 한〉, 《레 누벨 리테레르》, 제2546호, 1976년 8월 19일.
46) 머시아 엘리아데 《일기의 단상》, 제2권, 앞의 책, 262쪽.

가지 요인이 있다. 이런 형이상학적 핵심이 그의 친구 앙투안 베르고트와의 심각한 두 논쟁을 유발시켰다는 점에서, 엘리아데와의 만남은 리쾨르를 소생시켜 주는 역할을 하게 된다. 1972년의 카스텔리학회에서, 앙투안 베르고트는 같은 맥락에서 형이상학의 방향성에 대해 이의를 제기한다.[47] 그는 학회에서 형이상학은 그 근원에 도달하는 것이 불가능하다는 것을 받아들일 수가 없는 부분이고, 그리고 그 의지 또한 이 근원을 재발견하는 것은 무의미하다는 생각을 발전시킨다. "리쾨르는 우리들이 토론 과정을 거치지 않았던 것에 몹시 분노했다. 그는 매우 공격적이었다. 나는 리쾨르의 열정에 감동적인 인상을 받았다."[48] 두번째 감동은 1980년대초에 소개되는 머시아 엘리아데 작품의 상기에서 볼 수 있다. 그들이 루뱅 거리를 산책할 때, 앙투안 베르고트는 그것이 모든 연구 분야의 시점을 폐쇄해 버릴 수도 있다는 염려를 하면서 엘리아데 작품에 존재하는 원형의 사용들에 대한 비평을 시작한다. "리쾨르는 그것 때문에 즉시 예민한 반응을 보였고, 나는 또 한번 거기에 대해서 내가 핵심을 건드렸다고 생각한다."[49] 두 경우에 있어서 근본적인 불일치가 설명된 것은 현상학에서이고, 이런 측면에 대해 리쾨르가 1978년 머시아 엘리아데의 작품에 행한 찬사는 엘리아데가 그와의 관계에 있어서 했던 마지막 역할로 조명된다. "당신과 함께 신성한 우주의 이런 위대한 견고성을 발견하면서, 나는 무엇보다도 그들의 내용의 의미에 무관심한 형식 구문의 바탕 위에 신화적인 총체를 재건하려는 유혹들에 저항하기 위해 무장되었다. 당신 덕분에 나는 이 성스러움이 우리 존재 중심에 자리한 강인함이고 존재의 영역이라는 것과, 그리고 언어가 신성한 것에 길들여진 이런 심오한 존재의 경계에서 죽게 된다는 것을 알았다."[50] 그러므로 리쾨르의 삶에서 시카고는 단순히 지나가는 장소나 일시적인 은거지가 아니라, 그 어떤 뿌리내리기의 재창조적 기회였다고 볼 수 있다.

---

47) 앙투안 베르고트, 〈본래적인 것의 탐구로 본 기원의 정념〉(1972), 《종교 언어의 해석》, 쇠이유, 파리, 1974년.

48) 앙투안 베르고트와의 대담.

49) 위의 대담.

50) 폴 리쾨르, 《머시아 엘리아데》, 가이에 드 에른, 파리, 1978년, 276-277쪽.

52

미국에서 가르치는 기쁨

리쾨르가 교사와 학생들 간에 개방된 대화 교육의 방식을 채택한 결과는 마침내 미국 캠퍼스에서 그 결실을 맺게 된다. 미국 대학 체제 내에서 보호받고 있는 소규모 집단과 작은 연구 사회의 모습은 리쾨르에게 지난날 스트라스부르대학교에서의 행복한 기억들을 상기시켜 준다. 학생들과의 친밀성을 돈독히 해주는 것은 연구실의 출입을 자유로이 하는 것이다. 더구나 실제적인 조건들에 있어서 미국에서의 그의 연구 작업은 이상적이다. 그는 개인 연구소를 소지했으며, 여기에 한 명의 조교와 비서가 있었다. 프랑스에서는 가능하지 않은 도서관 시스템을 언제나 이용할 수 있는 것도 그 하나였다.

낭테르대학에서의 아픈 경험 이후, 시카고는 리쾨르에게 있어서 진정한 삶의 원천이었다. 리쾨르는 1996년 미국에서 출판된 전기를 자기에게 바친 작가이자 친구가 된 그의 오래된 제자, 찰스 리건에게 어느 날 내면의 말을 솔직하게 털어놓는다. "폴은 그것에 대해 이렇게 말하면서 끝냈죠. '미국에서 가르치는 것은 글자 그대로 내 삶을 구원해 주었네. 나는 낭테르대학 사건이 있은 후 매우 의기소침해 있었지. 나는 내 삶을 대학과 교직에 바쳤다네. 또한 낭테르대학에서 끔찍한 경험을 한 후, 시카고에 가서 교육을 계속해 나가는 게 내게는 매우 중요했었지.'"[1)]

피난처로서의 미국의 역할과 리쾨르의 우호적인 성격은 1965년 라캉파들이 가했던 과격한 행위가 있은 후부터 이미 가슴 깊이 느껴졌었다. 1970년 3월, 그가 낭테르대학 학장직에서 물러난 직후 시카고대학교의 초청장에 대해 리쾨르는 즉각적으로 긍정적인 대답을 하게 된다. 불과 몇 시간 만에 리쾨르는 철학과 신학·

---

1) 찰스 리건, 《폴 리쾨르. 그의 삶과 그의 일》, 시카고대학교출판부, 시카고와 런던, 1996년, 58쪽(개인적인 번역).

정치사상 등 세 학과에 소속되어 있는 디비니티 스쿨에서 틸리히의 자리를 계승하도록 하는 구체적인 초청에 수락하고, 그 결정에 만족해한다. "나는 여기 시카고에서 가르치는 기쁨을 발견했네……. 나는 시카고에서 매우 행복하다네. 자네도 알다시피 내가 인간이 갖고 있는 두 가지 권리, 즉 자신의 욕망의 실현과 타인의 인정을 발견하게 된 것은 미국에서라네. 그러나 내 자신이 망명자라는 느낌에서는 결코 만족스럽지 않네."[2)]

시카고에서의 최초 학생들 가운데 하나인 데이비드 펠라우어는 리쾨르의 작품 번역의 특권을 갖는다. 1965년 디비니티 스쿨에 합류하게 된 펠라우어는, 1968-1969년에 리쾨르와 머시아 엘리아데의 첫 공동 강의를 듣는다. 그리고 1969년 여름부터 1970년 한 해를 프랑스에서 보낸다. 그는 이때 프랑스어로 그 어떤 강의도 받지 못했는데, 그가 프랑스어를 배운 것은 바로 리쾨르의 작품에서이다. 설령 그가 자신의 파리 체류중에 이루어진 교육 기간 동안 현상학연구실에서 리쾨르의 세미나에 참가한다 할지라도 리쾨르를 자주 보지는 못하였는데, 이유인즉 리쾨르는 낭테르대학을 운영하는 데 너무 열중해 있었다. 시카고로 돌아온 펠라우어는 계속해서 리쾨르의 수업에 출석하는데, 리쾨르는 문제가 있을 때 자신을 도울 수 있도록 펠라우어에게 첫번째 줄에 앉을 것을 권유한다. 왜냐하면 그는 영어로 강의를 하기 때문이다. 후에 리쾨르는 영어로 자신의 작품들을 번역하도록 데이비드 펠라우어를 격려한다. "나는 리쾨르가 해석학에 대해 1971년 프린스턴대학교에서 가졌던 세미나 내용을 필두로 시작했다. 그것은 《텍스트로부터 행동으로》 속에서 발췌된 네 개의 원문들이다."[3)] 특히 데이비드 펠라우어는 1975년과 1977년 사이에 리쾨르 가까이에서 일했다. 그는 1965년경 실존주의와 현상학 연구에 몰두했던 여러 가톨릭대학 가운데 하나인――그렇지만 종교의 성격을 상실한――시카고의 디폴대학교에서 철학을 가르친다. 데이비드 펠라우어는 리쾨르의 현상학연구실에서 파리를 방문했던 미국인 연구자 가운데 한 사람이었고, 마침내는 미국에 리쾨르 사상을 가장 잘 소개한 인물이 되었다. 시카고 북부 밀워키의 마켓예수회대학교에서 현상학의 전문가이자 철학 교수로 있는 리쾨르의 초기 제자 데니스 새비지 역시 《해석에 대하여》를 영어로 번역하기에 이른다.

---

2) 폴 리쾨르, 프랑수아 발에게 쓴 1970년 4월 27일자 편지, 쇠이유 문서보관소.
3) 데이비드 펠라우어와의 대담.

정작 리쾨르가 자신의 가장 우수한 학생 가운데 하나로 소개하는 제프리 바라쉬는 파리에 정착하고, 결국에는 아미앵대학교에서 가르치게 된다. 레오나르트 크리거의 학생이었던 역사학과 출신——일찍이 레오나르트 크리거는 헤겔과 하이데거에게 역사를 가르쳤었다——바라쉬는 1973년과 1974년에 리쾨르의 강의를 듣기 시작한다. 바라쉬는 엘리아데와 리쾨르의 공동 세미나에 참석한다. 그는 파르망티에 가의 세미나에서, 그후에는 피렌체의 유럽 대학기관에서, 그리고 독일의 빌레펠트대학교에서 대륙철학으로의 연구들을 깊이 하기 위해 파리로 간다. 1981년 시카고로 돌아온 바라쉬는 리쾨르의 조교가 된다. 바라쉬는 헤겔 이후의 역사철학에 대한 강의를 리쾨르와 함께 정리하는 책임을 맡기도 했다. 그해에 리쾨르는 건강상의 문제를 안고 있었고, 결국에는 병원에서 3주를 보내야 했다. 제프리 바라쉬에게 있어서, 프랑스 철학 사상을 듣기를 기대하는 많은 학생들 앞에서 강의를 하는 것은 매우 미묘한 느낌이었지만, 그는 훌륭하게 이 고난을 넘긴다. 제프리 바라쉬의 리쾨르에 대한 우정은 시카고 캠퍼스에서 싹튼다. "리쾨르는 항상 그를 보고 싶어하는 학생들을 맞아들일 준비가 되어 있었다. 그와 같은 해석자를 만날 수 있다는 것은 행운이었다."[4] 제프리 바라쉬는 리쾨르의 제자들에 의해서가 아니라, 브렌타노나 후설 등과 같은 그의 선임자들의 하이데거에 대한 연구 방식에 매우 흥미가 있었다. 그래서 그는 하이데거에 대한 논문에 뛰어드는데, 그 논문에서 자신의 철학적이고 역사적인 이중 능력을 보여 준다. 그는 1982년 그 논문을 발표하게 되는데, 예의 논문은 리쾨르의 서문과 함께 반 브레다에 의해 추진된 유명한 총서 속에서 1988년에 나타난 작품의 첫 부분을 구성하고 있다.[5] 그는 하이데거에서 발전한 새로운 논리적 접근과 그의 맥락 속에 하이데거의 주요 이론 속으로 다시 빠져드는 《존재와 시간》이라는 책을 재발견하는데, 《존재와 시간》에 대한 열광적인 환영이 있은 후 그 자신의 신분상의 위기를 겪는다. 왜냐하면 그 논리적 새 접근은 인류학의 잘못된 해석의 바탕에 나타나기 때문이다. "인류학적 해석에 오해가 있다고 어떻게 증명할 것인가? 이러한 논지에 입각하여 인간의 모습에 의해 구조화된 재현 세계를 펼치면서, 조심스레 인류학적인 것은 모든

---

4) 제프리 바라쉬와의 대담.

5) 제프리 바라쉬, 《마르틴 하이데거와 역사적 의미의 문제》, 클루워 아카데믹사, '파에노메놀로지카' 총서, 루뱅, 1988년. 그는 《하이데거와 그의 세기》라는 제목하에 여덟 편의 에세이 시리즈를 프랑스어로 출판했다. 《존재의 시대, 역사의 시대》, PUF, 파리, 1995년.

서양의 형이상학에서 비롯됨을 역설한다."[6]

찰스 리건은 1962-1963년 리쾨르의 수강생이었던 이후 그와 가장 친한 미국인 교수이다. 당시 그는 소르본대학교에서의 정규 교육 외에도, 리쾨르가 파리의 유럽 연구기관에서 주관한 철학 수업에 참석한다. 레이건은 1983-1985년의《시간과 이야기》의 출판 일자와는 아직 거리가 있는, 아리스토텔레스와 성 아우구스티누스에게서 나타난 시제 연구에 그의 강의를 바친다. 찰스 리건은 리쾨르의 의지 철학에 대한 학위 논문을 준비하면서도, 소르본대학교에서의 리쾨르의 강의에 출석한다. 그가 맨해튼의 캔자스주립대학교에서 학위 논문을 발표한 것은 1967년도이다. 그리고 리쾨르가 자신의 집 근처에 있는 오클라호마대학교에서 개최될 학회에 참석하기 위해 올 거라는 정보가 있던 1973년의 어느 날까지, 레이건은 리쾨르와 더 이상 만나지 못했다. 리건은 리쾨르를 만나러 갔고, 거기서 그가 해마다 시카고에 온다는 것을 알았다. 그는 1973년 학기말에 그의 대학에서 학회를 개최하도록 리쾨르를 초청한다. 그러나 체육학회에 관한 모임으로 인해 모든 호텔들이 만원이어서 리쾨르를 그의 자택에 맞아들인다. 리건이 안식년인 1974년 프랑스에 다녀올 계획을 언급했을 때, "리쾨르는 가을 넉 달과 봄 두 달 간을 시카고에 있겠노라고 말했다. 그리고 내게 자신의 아파트에서 지낼 것을 제안했다."[7] 그렇게 해서 1974년 9월 샤트네 말라브리의 하얀 담 집에 정착한 리건 가족이 리쾨르의 아들 가운데 하나인 올리비에와 함께 지내게 되는데, 리쾨르의 아들은 매우 친절했다. 12월에 리쾨르 부부가 돌아오면서 리건 부부는 파리에 아파트 하나를 얻고, 찰스 리건은 파르망티에 가의 세미나에 참석한다. 찰스 리건은 이렇게 해서 비녹크 부부와 마찬가지로 하얀 담 집의 단골이 되었을 뿐만 아니라, 리쾨르 가족이 대부분의 여름을 보내는 낭트 근처의 휴가철 가족용 집 프레파유에 자주 드나드는 사람이 된다. 설령 수많은 가족이 프레파유에서 만난다 할지라도, 이런 휴식과 평온을 주는 장소는 그래도 역시 리쾨르에게 있어서는 작업의 장소이다. 날씨가 계속해서 좋고, 아이들이 바깥이나 해변에 있을 때, 리쾨르는 독서와 글쓰기의 혜

---

6) 폴 리쾨르, 제프리 바라쉬에게 써준 서문, 《마르틴 하이데거…》, 앞의 책, 《강의 2》에서 발췌, 앞의 책, 301쪽.

7) 찰스 리건과의 대담.

택을 놓치지 않는다. 물론 하늘이 구름으로 뒤덮여 있고, 비가 계속해서 내릴 때도 있다. 가족 공동 생활의 이런 문제에서 재치 있는 해결책이 나오는데, 그것은 온갖 종류의 식물로 가득 찬 정원 중앙에 있는 온실에서 조용히 자신의 작업을 가능하게 하는 것이다. 온실이 비었을 때는 찰스 리건이 함께해 주었고, 때로는 그의 아들 가운데 하나인 마르크와 그의 몇몇 친구들과 함께 온실 수선에 나서기도 하였다.

리쾨르와 리건 간의 이러한 관계들은, 그의 고유한 삶과 대서양 이외의 다른 관계 사이에 리쾨르 자신에 의해 가꾸어진 예외적인 삶의 양상임을 예시해 준다. 미국에서, 리쾨르는 또한 일시적으로나 영구적으로 정착해 사는 많은 유럽인들을 사귀게 된다. 1959년 소르본대학교에서의 그의 수업을 열성적으로 청강했던 헝가리 출신의 철학자 미클로스 베토는, 리쾨르가 정규적인 특강을 하러 갔던 1963년 밀워키의 마켓예수회대학교에서 학생들을 가르치고 있었다. 그때 베토는 리쾨르의 작품 번역 연구소장 역할을 하는데, 1965년에는 예일대학교에서 만나게 되고, 1966년에도 같은 대학에서 다시 만나게 된다. 1968년 10월에 사망한 이폴리트와 함께 파리에서 학위 논문 과정에 등록한 베토는, 1974년 5월 낭테르대학에서 발표한 셸링에 대한 학위 논문 과정의 지도교수로 리쾨르를 선정한다.[8]

뉴욕의 스토니브룩대학교 철학 교수이며, 수많은 작품들의 작가인 딕 하워드는 최근 칸트 연구에 전념하였다.[9] 물론 그 역시 1960년대초 휴스턴의 라이스대학교와 텍사스서던대학교에서 공부한 학생이다. 미국의 극좌파에 정치적으로 참가한 하워드는 SDS(민주 사회를 위한 학생들)에서 열성적으로 활동했으며, 대학 내에서 인종 분리 정책에 대한 제도에 비판할 수 있는 무기를 찾는 데 노력한다. 그러나 정치학과는 없었다. "그래서 나는 철학 쪽으로 방향을 바꾸었지만, 철학은 완전히 분석적 사조에 지배되어 있었다."[10] 그래서 그는 근본적으로 불만족스러운 상태에 있게 되는데, 1963년 그의 대학에 일시적으로 온 리쾨르가 개최했던 학회 역시 그를 그다지 납득시키지 못한다. 왜냐하면 여전히 프랑스 억양을 가진 리쾨르의 영어 표현이 그 내용을 받아들이는 데 유리하게 작용하지 못했기 때문이다. 연구 태도로 그를 인도한 것은 헤르베르트 슈피겔베르크[11]의 작품을 탐독하던 1964년이다.

---

8) 미클로스 베토, 《셸링에 따른 기본 이론》, 보셴, 파리, 1977년.
9) 딕 하워드, 《마르크스에서 칸트까지》, PUF, 파리, 1995년.
10) 딕 하워드와의 대담.
11) 헤르베르트 슈피겔베르크, 《현상학적 움직임, 역사적 소개》, 네이호프, 라 에이에, 1960년.

리쾨르에 대해 많은 양에 걸쳐 언급되어 있던 이 책의 마지막 장은, 메를로 퐁티가 사망한 이후로 사회적 문제에 관심을 가진 유일한 현상학자로서 리쾨르를 소개한다. 그리하여 딕 하워드는 자신의 연구 계획들을 리쾨르에게 알려서, 풀브라이트 장학금[12]을 얻기 위해 필요한 부분들에 있어서 그의 지지 혜택을 받고자 편지 쓰기를 결심한다. 그 다음달에 그는 리쾨르로부터 답장을 받고 장학금을 얻어, 현상학과 마르크스주의에 이중으로 영감을 받은 사회비평 연구의 원산지를 찾을 생각으로 1966년 가을 파리로 떠난다. 그가 낭테르대학에서 리쾨르의 세미나에 자주 참석하고, 《에스프리》지의 '다양한 목소리의 신문'을 공동 편찬하면서 장 마리 도므나크와 접촉하게 된 것은 바로 이런 상황 속에서이다.

미국에서 리쾨르를 만난 소문은 매우 빨리 퍼져 나갔고, 프랑스에서의 그의 작품에 대한 대우와는 아주 대조적인 양상이었다. 우리가 프로이트에 대한 그의 시평이 파리에서 얼마나 냉대를 받았는지 고려해 보면, 그것은 전문적인 철학자와는 거리가 먼 미국 대중들에게의 인기에서 비롯된 것이다. 그때 그는 미국에서 이미 유명한 철학자가 된다. 데니스 새비지가 번역한 《해석에 대하여》가 1970년 《프로이트와 철학》[13]이라는 제목하에 출판된다. 성공은 눈앞에 가까웠으며, 출판사는 **원판**을 계산하지 않고 제본된 2만 부 이상을 팔았다. 그리고 1977년 예일대학교출판부는 그 책의 세번째 출판에 들어간다. "미국에서 리쾨르를 유명하게 만든 것은 바로 그 책이다. 많은 사람들이 그 책을 가지고 있었고, 그것은 우리가 일반인의 책꽂이에서 발견하는 책이었다."[14] 정신과 의사이자 정신분석가인 제프리 바라쉬의 아버지는 이 시평서 덕분에 그의 대부분의 동료들처럼 리쾨르에 대해 알게 된다. 매년 미국의 정신과의사협회와 모든 의사들 및 프로이트학파들은 일반적으로 뉴욕에서 대내적인 학회를 개최하는데, 여기서 개방 연설을 할 수 있도록 그 직업과 무관한 여러 저명인사에게 초청장을 보낸다. 여기에 리쾨르가 초대되고, 1980년대초에 이러한 개방 토론 문화를 만든 것 또한 이같은 분위기 속에서이다. "아버지는 그때가 진정으로 찬란한 시기였노라고 내게 말씀하셨다."[15] 리쾨르 예증의

12) 풀브라이트는 다른 나라에 미국 학생들을 보내기 위해 국제교환장학금 계획을 제안한 미국 상원위원의 이름이다. 풀브라이트 장학금은 미국에서 꽤 신망 높은 교육보조금이다.
13) 폴 리쾨르, 《프로이트와 철학》, 예일대학교출판부, 뉴헤이번과 런던, 1970년.
14) 제프리 바라쉬와의 대담.

상당 부분이 비과학적이고 반박할 수 없는 지식으로서 정신분석학에 대한 타당성을 거부하는 경향이 있음을 볼 때, 분석철학에 대하여 비평적인 입장을 표명하면 할수록 정신분석학 분야 속에서 더 호의적인 접대를 받는다. 하지만 리쾨르는 이런 지식이란 위조될 수 있는 성질의 것이 아니라 오히려 진실에 대한 문제와 함께 생각해 볼 수 있고, 그리고 전반적인 해석학 분야에서 그의 위치를 발견하게 된다고 단언하면서, 철학이 프로이트의 이러한 공헌을 흡수해야 한다는 것을 주장한다. 파리에서 설령 그 독특성을 잃어버리게 했던 철학적 인식 속에서 정신분석학을 되찾고 싶어하는 것을 비난하면서 그의 의도를 잘못 생각했다 할지라도, 미국의 정신분석학자들은 사실 정신분석학과 프로이트 분석 방법의 성과에 대한 적절한 해명이 문제라는 것을 아주 잘 이해했다.

이러한 통찰력 이전에, 리쾨르는 이미 1960년대 중반부터 미국에서 대륙철학에 관심을 가진 몇몇 철학자들의 작품을 통해 알려졌다. 첫 번역 작품은 1965년에 출간된 《역사와 진실》이고, 1966년 《의지의 철학》이라는 그의 논문이 바로 뒤이어 출간되었다.[16] 리쾨르가 시카고에서 영구직을 얻을 수 있는 혜택을 입은 것은 바로 이런 실존주의와 현상학에 대한 관심의 토대 위에서이다. 그가 불러일으킨 관심은 철학과 신학의 연구가 활발한 대학에서 인기를 끌게 된다. 더욱이 전적으로 분위기를 사로잡는 것은 분석철학이다. 그러나 리쾨르는 자신을 대륙철학을 수출하는 외무사원의 역할로 생각지 않는다. 그는 1990년 《타자 같은 자아》의 집필에서 대단원을 구성하면서, 1975년 《살아 있는 은유》에서 많은 분석을 할 때 일리노이에 정착하기 전 앵글로색슨족의 입장에 서서 그들과 진정한 대화를 나누는 것이 잘된 결정이라 여기며 작업을 시작했다. 리쾨르에게 있어서 대륙의 입장과 앵글로색슨족의 입장을 진술하려는 의도는, 60년대 프랑스에서 알려지지 않은 모든 철학적 해석의 문학에 대한 우회적인 표현으로 추측된다. 미국에 있는 동안 리쾨르가 몰두한 것은 바로 이러한 대화 부분이다. 그 대신에 그는 별로 돈을 벌지 못했다. 데렉 파피트나 도널드 데이비드슨의 논문처럼 분석적인 논문에 대한 리쾨르의 토론은, 이런 미국 철학자들의 입장에서는 어떤 반응도 불러일으키지 못했다.

---

15) 제프리 바라쉬와의 대담.

16) 폴 리쾨르, 《역사와 진실》, Ch. A. 켈블리 역, 노스웨스턴대학교출판부, 에번스턴, 일리노이, 1965년; 《자유와 본성: 의지와 비의지》, E. U. 코학 역, 노스웨스턴대학교출판부, 에번스턴, 일리노이, 1966년.

대부분의 논리적 실증주의의 옹호자들은 대륙철학에 등을 돌리고 그들과는 어떤 대화도 바라지 않는다. 시카고에서의 취임 기념 강연회 때, 리쾨르는 헤겔의 변증법을 중심으로 논지를 전개했으며, 동시에 논평의 몇 부분에 있어서는 프로이트에 대한 그의 논평의 끝부분에서 그 분석을 발전시킨다. 이런 공식적인 발표 행사로 맞이하게 된 시카고대학교 철학과 교수에게 있어서, 헤겔은 그때까지만 해도 미비한 철학자였다. 리쾨르는 이를 계기로 다른 번역에 대한 이해력을 가져올 수 있는 계기를 열었고, 동시에 분석철학에 대해 설명하고자 노력했다. 이런 이해력은 그의 독자에게 있어서는 소중한 것이다. "왜냐하면 그는 후설의 방식에서만큼 엘리자베스 앙스콩브 방식에서도 마찬가지로 상호 의도성에 대해 잘 설명할 수 있었기 때문이다. 그만이 이것을 잘 설명할 수 있는 유일한 사람이다. 이처럼 다른 언어권에 있어서 그 번역을 매끄럽게 해낼 수 있는 다른 철학자는 없었다."[17] 더욱이 우리는 그것을 확인했고, 프랑스인에게 보편적으로 알려지지 않은 작가들의 원문들을 가져오면서 그의 앵글로색슨족에 대한 번역 작업은 파리 세미나를 더욱 풍부하게 한다. 미국에 현상학과 해석학을 소개한 그의 모든 작품이 자국 프랑스에서의 출판과, 그리고 프로이트에 대한 그의 비평서가 성공을 거둔 후 때때로 프랑스에서 출판되기도 전에 몇몇 작품은 이미 미국에서 번역되기도 한다.[18]

현상학을 도입하는 이러한 일련의 작업은 데이비드 카에 의해 실존주의적이고 현상학적인 미국 사회를 창조하게 되는데, 데이비드 카는 예일대학교 교수를 거쳐 캐나다의 오타와대학교에 재임중이었다. "그는 리쾨르 군단이 되었다. 리쾨르의 터전이 마련된 곳은 바로 거기이다."[19] 그리하여 매사추세츠에 살고 있는 폴란드

17) 제프리 바라쉬와의 대담.

18) 폴 리쾨르, 《해석의 갈등. 해석상의 에세이들》, D. 이데 역, 노스웨스턴대학교출판부, 에번스턴, 1974년; 《해석 이론: 이야기와 의미의 여분》, T. 클라인 역, 텍사스크리스천대학교출판부, 포트워스, 1976년; 《은유의 규칙》, R. 체르니 역, 토론토대학교출판부, 토론토, 1977년; 《리쾨르의 철학. 그의 작품 선집》, Ch. 리건과 D. 스튜어트 역, 비컨출판사, 보스턴, 토론토, 1978년; 《성경적 해석의 에세이들》, 포트레스출판사, 필라델피아, 1980년; 《해석학과 인문과학. 언어와 행동과 해석상의 에세이들》, 케임브리지대학교출판부, 케임브리지, 1980년; 《시간과 이야기》, 제1권, K. 맥 로린과 D. 펠라우어 역, 시카고대학교출판부, 시카고, 1984년, 제2권, 1985년, 제3권, 1988년; 《이데올로기와 이상향에 대한 강의》, 컬럼비아대학교출판부, 뉴욕, 1986년; 《텍스트로부터 행동으로》, 캐슬린 블라미와 존 B. 톰프슨 역, 노스웨스턴대학교출판부, 에번스턴, 일리노이, 1992년; 《자아 분신》, 캐슬린 블라미 역, 시카고대학교출판부, 시카고와 런던, 1992년.

19) 미클로스 베토와의 대담.

출신의 안나 테레사 티미에니에카는 리쾨르의 70회 생일을 맞이하는 1983년 6월, 파리에서 현상학연구회를 조직하여 국제학회 대토론회를 개최한다. '폴 리쾨르와 행위 이론의 해석학' 연구에 공헌한 제8차 국제회의가 4일 동안 개최된 곳도 바로 소르본대학교 루이리아르 강연실에서이다. 대서양 너머의 이 회의는 **명예박사** 학위들을 취득한 리쾨르의 학문에 대한 미국의 인정을 증명해 준다. 이미 수여된 것을 제외하고, 리쾨르는 몬트리올대학교와 시카고의 디폴대학교, 보스턴칼리지, 에번스턴의 시베리웨스턴신학교, 토론토대학교, 피츠버그의 두케인대학교, 컬럼비아대학교, 오타와대학교, 몬트리올의 맥길대학교 등에서의 절도 있는 미국인들의 이러한 존칭을 연달아 받아들인다.[20] 그렇다고 이러한 인정[21]과 그의 일련의 노력들이 사람들에게 환상을 심어 주는 건 아니다. 단지 여기저기에 대륙철학에 관심 있는 몇몇 철학자들의 모임이 있다는 이야기이고, 그들 가운데 분석철학의 논문을 쓰는 이는 소수파에 불과하다.

정식 수업을 맡은 미국에서의 체류 기간 동안에도, 리쾨르는 파리 낭테르대학에서의 강의와 수업들을 동시에 진행시켜 나간다. 다시 말해 낭테르대학에서는 매년 미국에서의 강의 기간의 4분의 1(4반기)을 할애하고, 루뱅대학 이후 그가 정착한 곳인 파르망티에 가 연구실에서의 가르침을 다시 시작한다. 시카고로 가기 전 리쾨르는 자주 캐나다, 특히 몬트리올대학교에서는 시간을 쪼개어 강의하고, 오타와와 토론토대학교에서는 자신의 텍스트들을 많이 출판한 문학 이론 분야의 전문가인 마리오 J. 발데스와 친분을 쌓는다.[22] 그리고 1967년, 몬트리올대학교 철학과 학과장인 아리스토텔레스 전문가 비아네이 데카리에 의해 맞아들여진다. 퀘벡 학풍은 리쾨르의 현상학적인 개념으로 해석되는 개성주의와 그의 관점에 매우 우의적인 입장이었다. 게다가 리쾨르가 1968년과 1985년 사이에 강의하게 되는 몬트

20) 찰스 리건의 작품, 《폴 리쾨르, 그의 삶과 그의 일에서 인용된 정보》, 앞의 책, 42쪽.

21) '살아 있는 철학자의 서가' 총서의 작품은 비평에 대한 리쾨르의 답변과 스물다섯 편의 연구들, 그의 자서전을 나타내는 1995년의 《폴 리쾨르의 철학》에서 그에게 몰두해 있다. 루이스 에드윈 한을 비롯하여 돈 이데, G. B. 매디슨, 데이비드 펠라우어, 미첼 필리버트, 한스 H. 러드닉, 존 E. 스미스, 테마 Z. 러빈, 데브니 타운센드, 메리 게르하트, 유진 F. 카쉰, 마리오 J. 발데스, 조지프 비엔, 리처드 L. 라시건, 찰스 리건, 테드 클라인, 피터 켐프, 테리 F. 고들러브, 데이비드 스튜어트, 스티븐 T. 타이먼, 데이비드 뎃머, 버나드 스티븐스, 릭 쿠엔 통, 도메니코 저볼리노, 파트릭 L. 부르주아, 캐슬린 블라미 등의 참여로 이루어진 22권.

22) 《리쾨르 독자, 반성과 상상》, 마리오 J. 발데스, 하비스터 휘트쉬프, 1991년.

리올대학교에 임명되는 것도 바로 이러한 명성 덕택이다. 더욱이 그는 영어권인 몬트리올의 맥길대학교에서 철학 교수인 찰스 테일러와 뜻이 맞게 된다. 또한 리쾨르와 데리다 간에 이미 상기된 충돌이 싹튼 것도 바로 1971년 이곳 몬트리올대학교에서이다. 리쾨르의 오랜 제자 가운데 하나인, 루베 출신의 베르나르 카르누아는 1935년생으로 칸트에 대한 논문을 1973년 리쾨르의 지도하에 발표하고, 1964년부터 몬트리올대학교에서 강의한다. 그 논문은 쇠이유출판사의 "철학 총서"[23] 시리즈물로 출판되었다. 게다가 리쾨르가 루뱅에서 1970-1971년에 강의했던 행위 의미론에 대한 일부분이 칸트의 자율에 대한 개념인데, 이는 카르누아의 논문에 영향을 받은 것이다. 그리고 우리는 여전히 《타자 같은 자아》에서 그 흔적들을 계속해서 찾아볼 수 있다.[24] 그의 논문의 목표는 칸트 작품에서 자유의 다양한 의미를 문법적으로 조직하는 데 있다. 그는 칸트에게서 명료한 성격이 얼마나 실제적 자유와 관념적 자유 간의 종합을 목표로 하는가를 보여 준다. 베르나르 카르누아에 의하면, 칸트식의 형이상학은 자율 의지의 개념으로부터 그의 일관성을 발견한다.[25] 몬트리올대학교에서의 리쾨르와 카르누아의 수많은 접촉은 결국 우정의 관계를 싹트게 한다.

그리하여 리쾨르는 1970년대 미국에서 현상학과 해석학의 관계를 발전시킨다. 하지만 미국인들이 미셸 푸코와 자크 데리다 · 장 프랑수아 리요타르를 탈구조주의라 부르면서, 그는 1980년대를 휩쓴 이러한 데리다식의 탈구조주의적 논문들로 점점 더 거센 대립을 맞게 된다. "1970년대의 시카고에서 데리다는 그다지 알려져 있지 않았으나, 1981년 내가 돌아왔을 때는 모든 사람들이 그에 대해 말하였다."[26] 그렇지만 리쾨르의 영향은 철학과에 확실하게 남아 있었다. 그리고 데리다는 문학이론의 전문 지식인들이 있는 프랑스문학과에서의 자리들을 빼앗는 꼴이 된다. "프랑스에서 데리다와 리쾨르는 같은 입장에 있었지만, 미국에서는 그렇지 않았다."[27]

---

23) 베르나르 카르누아, 《자유에 대한 칸트 이론의 논리적 일관성》, 쇠이유, 파리, 1973년.
24) 폴 리쾨르, 《타자 같은 자아》, 위의 책, 칸트에 대한 베르나르 카르누아의 작품 언급, 241, 245, 248, 306쪽.
25) 베르나르 카르누아, 《자유에 대한 칸트 이론의 논리적 일관성》, 앞의 책, 118-132쪽.
26) 제프리 바라쉬와의 대담.
27) 찰스 리선과의 내담.

설령 데리다가 리쾨르에게 깊은 존경심을 품고 있었다 할지라도, 그는 리쾨르와 이론적 불일치 또한 지니고 있었다. 그렇다고 그것이 논쟁의 개념으로 표현되지는 않는다. 리쾨르에 대하여 강한 반대 의견을 표출한 것은 미국의 데리다파에서뿐만 아니라, 특히 TLS에서 《시간과 이야기》에 대한 독설적인 비평을 출판했던 서술학자이자 미국의 탈구조주의 신학자이며 데리다의 위대한 친구이고 캘리포니아대학교 교수인 힐리스 밀러의 경우에서도 마찬가지로 나타난다. "그렇게 해서 데리다와 가까운 사람들은 데리다학파를 유지해야 할 책임을 느낀 것이다."[28]

탈구조주의학파 참여자들의 논쟁 외에도, 다른 논쟁의 국면은 리쾨르의 입장에 대한 핵심적인 내용으로 시카고학파와 예일학파 사이의 신학적 입장에 대해 관심을 갖는 것으로 나타난다. 예일학파는 리쾨르가 지나치게 가치 부여된 우주적이고 시적인 차원을 위하여 너무 역사적인 것과 문자적인 것을 희생시킨다고 생각한다. 한스 프레이는 새로운 예일신학이나 혹은 예일학파의 특징을 통합한 사람이다.[29] 이 학파의 목표는 성경적 세계의 본질을 회복하기 위해 성경 원문의 글자 그대로의 해석을 시도하는 것이다. 이같은 성경적 서술들은 "절대자와 구원자로서의 예수의 실재와 신분을 밝히는 것이다."[30] 한스 프레이의 제자 가운데 하나인 G. 린드베크는 후기 자유주의학파[31]의 특징을 규정짓는다. 그런데 여기서 이 학파의 견해를 보면, 종교는 자율 규칙의 실현이고 믿음의 실현이라고 정의한다. 그래서 결국 이 학파는 철학이라고 하는 것은 그 어떠한 도움도 줄 수 없고, 그리스도교의 메시지를 왜곡하거나 증명할 수 있는 존재론적인 그 어떤 원리도, 성경 외적인 그 어떤 기초도 여기에서는 찾아볼 수 없다고 생각한다. "순수한 신앙주의가 아닌 **적절한** 이런 그리스도교 변증론에서, 철학과 원문 그대로와 문자 그대로의 비평 등과 같은 외부적인 원리들은 최종적으로 신학에 봉사한다."[32]

따라서 리쾨르는 예일학파에서 종교에 대하여 '경험주의적-표현주의'에 접근한 자유주의적 해석의 신학자로서 받아들여진다. 이러한 논쟁은 리쾨르의 논문에

---

28) 뤼스 지아르와의 대담.

29) 한스 프레이, 《성경적 이야기체의 실수: 18세기와 19세기의 성경적 이야기체의 연구》, 예일대학대학교출판부, 뉴헤이번, 1974년.

30) 알랭 토마세, 《폴 리쾨르, 도덕의 시학》, 앞의 책, 291쪽.

31) G. 린드베크, 《이론의 본성: 후기 자유주의 시대에서의 종교와 신학》, 웨스트민스터출판사, 필라델피아, 1984년.

32) 알랭 토마세, 앞의 책, 293쪽.

서 강하게 영감을 받은 신학적 해석학의 학파이고, 디비니티 스쿨의 신학자이며, 리쾨르의 동료이자 절친한 친구인 데이비드 트레이시를 가르친 시카고대학교에서처럼 그를 옹호하거나[33] 혹은 예일대학교에서처럼 중상모략자들이 있는 편협한 미국의 신학자들 사이에 리쾨르 영향의 중요성을 증명한다.

그리하여 대서양이라는 다른 쪽에서, 우리는 두 시련 사이에 놓여진 리쾨르를 발견한다. 즉 한편으로는 탈구조주의라는 불가피한 이름으로 그가 의미를 유지하는 것을 비난하는 것이고, 또 다른 하나는 그리스도교 변증법의 이름하에 의미를 버리는 것을 비난하는 것이다. 리쾨르의 영향은 바로 이러한 온갖 시련에서도 결코 그만둘 수 없다는 사실에서 끊임없이 파생되는 효과로 볼 수 있는 것이다.

---

33) 데이비드 트레이시, 《유추적 상상력: 그리스도교 신학과 플루랄 문화》, 크로스로드, 뉴욕, 1981년.

53

서술성

리쾨르가 그 대표작인 역사성에 대한 3부작, 《시간과 이야기》의 본질적인 점들을 정리한 것은 바로 이런 '미국에서의' 체류 기간 동안이다. 채펄힐에 있는 노스캐롤라이나대학교 내셔널휴머니티센터에 정착한 리쾨르는 그곳에서 예의 3부작을 쓰는데, 1984년 봄학기를 비롯 다른 긴 학기를 덧붙여서 전 대학 기간을 이 저술 작업에 바친다. 자신의 독자에게 그 작품을 대면시키고, 그 논문들이 불러일으키는 문제들을 토론할 수 있도록 풍부하게 구성을 짜는 리쾨르의 습관적인 글쓰기 방법에 따라, 《시간과 이야기》는 미주리-컬럼비아대학교[1]에서 했던 브리크 강의들과 테일러학회, 성 자일즈[2]에서 했던 자하로프 강의와 더불어 1979년으로 거슬러 올라가는 수많은 토론들의 결과물이다. 물론 파르망티에 가의 세미나와 시카고대학교 · 토론토대학교 등에서의 그의 교육과 연구들의 핵심은 1983년에는 제1권으로, 1985년에는 제2권과 제3권으로 출판된 《시간과 이야기》를 집필하기 위한 기본적인 내용이었다.

머리말의 첫 구절에서 리쾨르는 이렇게 피력하였다. "《살아 있는 은유》와 《시간과 이야기》는 한 쌍을 이루는 두 개의 작품이다. 하나 후에 또 다른 하나가 출판된 이 작품들은 쌍으로 여겨진다."[3] 이 두 책이 10년(1975-1985)에 걸쳐 나누어져 출판된 이중 구상은, 리쾨르가 구조주의에 반론으로 내세우는 이중 답변-공격 속에서 그 근원의 일체성을 찾아낸다. 그래서 그는 원문 외의 타당성과 지시 대상, 그

1) 《서술체》 속에서 프랑스어로 출판된 3장, 〈이야기 같은 역사〉 〈허구의 이야기〉 〈서술체의 역할〉, 앞의 책, 5-68쪽.

2) 폴 리쾨르, 《역사 이론에서 프랑스어의 사료 편집의 공헌》, 1978-1979년 동안의 자하로프 강의, 클라렌든, 옥스퍼드, 1980년; 옥스퍼드대학교출판부, 뉴욕, 1980년.

3) 폴 리쾨르, 《시간과 이야기》, 제1권, 쇠이유, 파리, 1983년, 11쪽.

리고 표현과 주제의 적합성을 회복시킨다. 《시간과 이야기》와 더불어 리쾨르는 통시적이고 시제적인 논리를 가진 모든 이야기의 동질성을 고정된 시간과 냉철한 시간성, 구조적 분석에 대해 순수하게 공시적인 논리에 대응시킨다. 그는 역사적 순서와 허구적 순서의 이야기를 존재론의 불분명함 속에서 혼동하지 않았다면, 서술체 구조에 대한 더 좋은 연구가 어떻게 역사상 체계성 연구 쪽으로 조명이 가능한 것인가에 대해 강한 포인트를 찍는다.

《시간과 이야기》에서 이상으로 내세우는 구조주의자 계열의 이러한 상호 교환적 작업들은, 역사에서 설명할 수 있는 도시들의 전개와 서술체 구조를 관련시키는 역사적 양심의 모든 인식론에 대한 시카고에서의 새로운 발견을 덧붙인다. 리쾨르는 구조주의자들에 의해 호응받는 답변을 가져오기 위해 분석철학에 대해 그의 연구자들이 말한 이런 흐름들을 인정한다. 그는 허구적 이야기의 유일한 모델에 한정되려는 경향을 갖고 있고, "모든 언어학 범주 외의 탈선에 대해 자동적으로 경멸심을 가지며, 그리고 마침내는 그런 까닭에 지나간 사건들의 실체에 대해 자문하는 것을 그만두게 했다."[4]

작품 《시간과 이야기》에서 리쾨르는 또한 하이데거의 작품과 그 어떤 대조를 이루는데, 역사성에 대한 심사숙고는 하이데거에 대해 중요성을 강조하는 점으로 나타난다. 우리는 《존재와 시간》에 대한 답변의 형태를 리쾨르의 3부작에서 밝혀낼 수 있다. 장 루이 슐레겔이 《시간과 이야기》가 하이데거에 대한 시도는 아닌지, 그리고 우리가 존재와 시간에 대하여 '언어와 시간'을 두 대립된 관점의 표현으로서 그것을 읽을 수는 없는지를 물었을 때, 이런 차원은 장 루이 슐레겔과의 대화에서 다음과 같이 명백하게 주장된다. "부분적으로는 그렇습니다. 하이데거는 현상학의 관점으로 나타내지만, 당신은 내가 모든 현상학에 대해 매우 회의적인 개념을 갖고 있다는 것을 주목해야 합니다. 시간을 함유하는 사상은 없습니다……. 나는 거기에서 하이데거의 오만한 방식이 시간의 사상에 대한 전체성을 시간의 통속적인 개념의 제목 아래 분류하는 것과 단절된 바로 그곳에 있습니다……. 다른 한편으로 나는 시간의 그 무엇이 언어에 놓여지는 것은 바로 이야기 속에서 이루어지는데, 나의 작업의 전제 조건에 대한 문제는 하이데거에게 있어 그 흔적을 찾아보지 못했습니다."[5]

---

4) 폴 리쾨르, 《심사숙고한 끝에》, 앞의 책, 65쪽.

리쾨르에 따르면, 이야기나 시간 개념을 세우지 못하는 것이 문제가 아니라 이야기-시간-행동 등의 삼각 관계를 어떻게 나타내느냐가 문제이다. 사실상 기초적 위치를 차지하는 것은 행동 이론이다. 왜냐하면 그것은 이야기의 형태하에서만 표현될 수 있고, 그리고 시간의 첫 구조층에 위치되어 행동 이론으로 표출되든지 아니면 잠식되기 때문이다. 의미론에 대한 이러한 존재론은, 리쾨르에게서는 언약적 표현 속에서 그들의 특권을 부여받은 표현 중의 하나로 발견된다. 이런 중심 주제는 독특한 언어 표현과 그의 시제의 노출에 대한 의문을 동시에 낳게 한다. 언약적 발언에서, 개인의 언어는 그 언술을 표명하는 순간과 그것을 실현하는 순간 사이에 개인이 바꾸지 않는다는 것을 전제로 하면서 미래 시제에 대하여 참여한다. "유머와 감각의 다양성에도 불구하고 단언할 수 있는 이런 능력, 그것이 바로 언어의 약속이다. 언어의 약속에서는 그의 언어 약속을 획득하려는 욕망을 이용하는 시제와, 내가 획득한 그러나 아직은 폐쇄된 상태로 다른 시제에 대면하고 있는 시제의 지배력이 내재되어 있다."[6] 타자에 의한 모든 변증화, 자아 구축의 모든 변증화는 《타자 같은 자아》의 대상이 되지만, 그것은 이미 《시간과 이야기》를 기술하는 데 필요한 사변적인 것만은 아닌 행위철학에 있어서 기초적인 역할을 하게 된 것이다.

그 작품은 아리스토텔레스 이후로, 시간에 관한 사상의 역사를 전개하는 그의 연구 방식에서는 고전적인 것 같다. 그러나 그것은 꼭 그렇지만은 않다. 리쾨르는 아우구스티누스나 아리스토텔레스와 같은 동시대인이 아닌 작가들과 그들 사이에서 대화하게 하는 대화체 장면의 특권을 보여 준다. 그러나 무엇보다도 그가 개인적 또는 집단적 정체성의 구성에 대해, 그리고 구성할 존재-전체에 대한 결과물인 모든 형태의 목적론과 불안을 함축하고 있는 비극적 특성과 포기들은 20세기의 문제들인데, 그것은 서술 속에서 시제의 다양한 구조에 대한 반향의 전개를 경험하게 한다. "우리는 이야기하기 위해 이야기하는 게 아니고, 어떤 사물이 본래 그가 제시하는 시간과 유한성보다 훨씬 더 광범위하다는 것을 증명하기 위해 이야기한다. 서술은 꿈속으로 밀어내지 않고, 오히려 현실로 나아가게 하며, 결국에는 의미 있는 세계를 제공한다."[7]

---

5) 폴 리쾨르, 《대양의》, 앙텐 2, 장 루이 슐레겔과 미셸 필드와 함께, 앙투안 스피르에 의해 방영된 방송, 1991년 1월 27일.

6) 폴 리쾨르, 《개신교의 현실》, 앙텐 2, 올리비에 아벨에 의해 방영된 방송, 1991년 12월 15일.

7) 뤽 파레트, 〈폴 리쾨르. 기억의 미래〉, 《연구》, 1993년 2월, 225쪽.

작품을 제작하는 전 과정에서 리쾨르가 '철학 총서'의 공동 책임자직을 그만두게 되었을 때, 프랑수아 발은 그의 친구이자 편집자로서 중요한 역할을 한다. 그들의 관계는 전혀 꾸밈이 없었고, 프랑수아 발은 세심하고 주의 깊고 소중한 독자로 남는데, 그는 리쾨르를 인정하거나——"당신은 폰 라이트의 행적을 밝히는 데 제일인자가 되었어요."[8]——다음과 같은 비평을 표명하기도 한다. "공고와 회상, 그러면서도 때로는 부가적인 설명에 있어서 주제와 그 흥미에 대한 약간의 망각, 그 점이 나를 매우 애통하게 합니다. 왜냐하면 그때부터 깨닫지 못할 위험이 있는데, 그것은 책 자체의 날카로움 때문이지요. 당신이 이 교리들에 대해 **왜**를 처음부터 분리해 내지도 않고, 또한 그들에게 제기했던 **철학적** 질문을 도용하지 않고도 그 수많은 교리들을 정리하고, 그들에게 대립적인 비평을 제기하였다는 것은 매우 감동적이군요"라고 프랑수아 발은 그 작품의 세번째 부분(제2권)에 대하여 리쾨르에게 편지를 쓴다.[9] 프랑수아 발이 자신의 이견을 솔직하게 표현함으로써 그와는 대응된 입장임에도 불구하고 리쾨르는 그것에 대해 감사히 여긴다. "그는 내게 있어서 항상 더 많은 것을 할 수 있게 하는 매우 날카로운 독자였다."[10] 프랑수아 발은 《시간과 이야기》의 제3권 가운데 하이데거와 후설에 대하여 서술하고 있는 단원들에서 자신이 감탄하고 있는 점들을 말하기 위해 1984년 7월 리쾨르에게 편지를 쓴다. 독서 후 리쾨르에게 날카로운 지적을 가할 때에도, 그는 격려와 열정을 아끼지 않는다. 프랑수아 발은 시간에 대한 이런 노력의 폭넓은 시도를 결론내는 데 있어서 결정적인 역할을 한다. "그가 나를 완전히 당황케 했던 마지막 장에 대해서 말해야 합니다. 제1권에서, 그리고 처음부터 시간이라고 하는 것은 서술 구조에서는 생각할 수조차 없는 것입니다. 그가 말하지 않는 것에 대해 우리가 처음부터 기다리고 있었고, 그래서 도달해야 하는 곳이 결국에는 바로 거기가 아닙니까…? 솔직하게 말하자면, 그것은 마치 당신의 견해가 분석의 미궁에 빠져 편협해졌고, 당신의 계획은 이와 같은 강도에서 역시나 편협하게 된 것 같습니다……. 한 장이 모자라는데, 그 장은 모든 가설들을 완결해야 합니다."[11]

그리하여 집필을 마친 1년 뒤, 리쾨르는 결론을 완성할 목적으로 프랑수아 발의

8) 프랑수아 발, 폴 리쾨르에게 쓴 1982년 8월 31일자 편지, 쇠이유 문서보관소.
9) 프랑수아 발이 폴 리쾨르에게 쓴 1983년 8월 17일자 편지, 쇠이유 문서보관소.
10) 폴 리쾨르, 《비판과 확신》, 앞의 책, 135쪽.
11) 프랑수아 발, 폴 리쾨르에게 쓴 1985년 1월 14일자 편지, 쇠이유 문서보관소.

충고를 받아들여 원고 전체의 교정을 받는다. 여기에서 프랑수아 발은 시간이라고 하는 것은 서술적 방식으로 진술되었을 때에만 인간이 인식할 수 있는 시간이 된다는 가정하에 그의 모든 이론의 첫 가설을 설정한다. 그러나 그것은 시간개념의 설정에 있어서 서술체의 영향을 받을 수 있다는 생각에 대처한 일종의 반동 작용과 같은 어떤 거리감을 표시하기 위한 것이고, 그것은 또한 그에게 있어서 해석학적으로의 전환의 필요성을 어렵게 했던 점들을 재구축할 주체의 요구로 다시 돌아오는 것을 의미했다. 시간의 불가해에 대한 칸트적 개념으로, 리쾨르의 3부작이 완성된 것은 시간의 개념 정의에 있어서 바로 이러한 무능에 대해서이다. "사실상 개념 정의의 실패 원인은 모든 수용에서 그 자체를 생각하는 것이 아니라, 단지 히브리어를 더 잘하기 위해서이거나 일종의 자극적 충동에서 비롯된다. 그것은 **나**가 아닌 **우리**의 사상이라고 하는 것을 **의미의 주체자로 취한다**."[12] 시간 개념에 있어서 개념을 상징하는 서술의 관계화에, 리쾨르의 〈잠언서〉와 〈예언서〉 그리고 〈시편〉 등과 같은 다른 형태하에서 시간의 관계를 특별화할 수 있는 경우인 성경 해독에서 반복했던 담화적인 방식의 다양성을 추가해야 한다. 저서의 마지막 결론에서 리쾨르는 피해야 할 두 암초를 암시한다. 그 하나로는 서술의 찬사는 의미를 지배한다고 믿고 있는 주체에 대한 모든 능력의 지위를 회복시켜 주지 않아야 하고, 또 다른 하나로는 '시간의 신비한 고백의 상관물' 인 이야기의 제한된 생각이 윤리적 · 정치적 함축으로 인하여 역사의 통일성에 대한 생각을 파괴하지 않아야 한다. 그것은 "몽매주의"[13]를 지지하는 데 일종의 담보로서 소용되지 않아야 한다.

역사에 대한 리쾨르의 관심은 《시간과 이야기》를 계획할 때부터이고 보면 이미 오래된 일이다. 언어학이나 정신분석학과 함께 역사는 리쾨르에게 있어서 계통적 철학의 대화를 이끌어 내는 세 개의 인문과학 중 하나이다. 1955년에 이미 《역사와 진실》을 출판하였는데, 그것은 역사적 방법론에 대한 연구로 시작된다.[14] 《시간과 이야기》의 실현과 이러한 첫 시도 사이에서, 우리는 "역사에 대한 **실체론의 철**

---

12) 폴 리쾨르, 《시간과 이야기》, 제3권, 쇠이유, 파리, 1985년 재판. 푸앵-쇠이유, 1991년, 467쪽.

13) 같은 책, 489쪽.

14) 폴 리쾨르, 〈역사에서 객관성과 주관성〉(1952년 12월), 《역사와 진실》, 앞의 책, 1964년, 23-44쪽.

학적 안목에 있어서의 리쾨르의 불신"[15]과 같은 많은 연속성을 발견한다. 그러나 50년대와 80년대 사이에 리쾨르는 해석학적 접목을 실현했고, 앵글로색슨계 분석 철학자들의 모든 역사적 인식론을 발견했다. 이와 같이 우리는 두 기간에 공통된 한 주제에 대해 《시간과 이야기》와 더불어 실현된 경로를 측정할 수 있다. 역사에서, 연속성의 전통적 개념 해석에 있어서 리쾨르는 시간 속에 이야기의 관계를 형상화하는 작용으로서 변형된 줄거리를 더 발전된 개념으로 대체시킨다. 역사성의 문제에 대한 그의 흥미를 동반하는 또 다른 중요한 연속성은 이미 이야기된 역사의 측면과 만들게 될 역사의 측면, 즉 행동에 대한 분절 등이 역사성에 대한 두 측면을 함께 수행하려는 관점에 있다. "계획을 실행하는 능력과 기억을 찾아 주는 능력 간에는 일종의 상호성이 있다……. 우리가 구성하는 근본적인 계획들은 우리가 이야기하는 것과 마찬가지로 역사를 의지한다."[16]

게다가 리쾨르는 주관성이 얼마나 객관성에 접근하는 데 필요한 안내자인지를 보여 주면서, 역사에서 주관성의 문제를 1950년대부터 특징지었다. 그래서 과거의 인간 행동과 지적 도구를 더 잘 이용하기 위한 역사학자의 객관성의 구성은, 사실은 역사학자의 주관성의 상관물로 이루어진 것이다. 그것은 새로운 해석과 새로운 독서에 항상 개방된 상호 주체성으로 귀착된다. 역사학자의 객관성의 결핍은 의미의 정의되지 않은 탐색 속에서 미래 세대에 역사적 유산을 토론에 부친다. 그렇지만 그것은 어떤 것도 허락하지 않는다. 왜냐하면 연구를 고양시키는 나와 비정신 영역에서 벗어나야 하는 나 사이에서, 리쾨르에 의해 선택된 분리 덕택에 역사학자의 객관성은 그의 논리적 환상에서 필연적인 윤리학 차원으로 지나가기 때문이다.

이해라고 하는 것은, 숙달이라는 입장에서 볼 때 그 어떤 주체성으로 깨우쳐지는 게 아니라 전달 과정에서 발생하는 삽입에서 이루어진다. 해석학적 입장에서는 전통을 구성하는 유별성과 친숙함 사이에서 이 둘 사이를 상승시켜 주는 야망의 역할을 한다. 그때 우리의 현재를 과거에 대립시키는 불연속성은 새로운 사료 편찬에 관한 양심을 펼쳐 보이기 위한 하나의 표적이 된다. "그래서 시간 차이는 극복할 장애물이 아니다……. 사실 이해력에 부여된 생산적이고 실증적인 가능성을 시

---

15) 마리아 빌라 프티, 〈《역사와 진실》에서 《시간과 이야기》까지. 역사의 문제〉, 장 그레쉬와 리처드 커니, 《폴 리쾨르. 해석학적 근거의 변형들》, 세르프, 파리, 1991년, 187쪽.

16) 폴 리쾨르, 〈이야기 같고 경험 같은 역사〉, 피터 켐프와의 대담, 《에스프리》, 1981년 6월, 157쪽.

간 차이에서 보는 것이 필요하다."[17] 시간성을 사물화하는 접근과 마찬가지로 시간성의 순수하게 사변적인 관점에 대한 많은 논리적 난점을 극복하도록 리쾨르를 자극시킨 것은 바로 외연성과 내연성, 외부 사상과 내부 사상 간의 긴장을 내부에서 이해하려는 이러한 노력이다.

현상들의 조건으로 표현된 시간과 나타내야 하는 시간 사이에 존재하는 분열의 분절을 생각하는 것이 《시간과 이야기》의 근본적인 목적이다. 폴 리쾨르는 그 영역을 넓히면서 시간의 움직임에 대해 순수하게 우주적인 개념과 시간의 내적 접근 사이에 제3의 시제, 제3의 서술로 표현된 역사성의 체제에 대해 숙고하기 시작한다. 아리스토텔레스는 한편으로는 현세에 적절하고 국한될 수 있는 변화 범위와, 다른 한편으로는 확고부동하고 단일하며 동시에 도처에 있는 시간간의 분리를 천체의 혁명과 함께 시간에 대한 플라톤주의의 동일화에 대립시킨다. 그래서 이와 같이 아리스토텔레스학파의 영역은 시간에서 벗어난다. 단지 아리스토텔레스는 움직임이 없는 시간과 그 시간의 움직임은 그의 조건 중 하나라는 역설에 부딪친다. "그래서 시간은 움직임도 없고, 움직임이 없지도 않다는 게 분명하다."[18] 아리스토텔레스는 자연 시계의 방식에서 하늘에 의해 측정된 시간과, 사물과 인간이 시간의 행위에 따르는 확실한 사실 사이의 밀접한 관계를 발견하지 못한다. 게다가 "시간이 다 써버리고, (…) 모든 것이 시간의 행위 아래 시들어 버린다"[19]는 표현법을 그의 설명에서 다시 시작한다. 시간에 대한 이런 우주적 측면에서 전면적으로 다음과 같은 질문을 표명했던 성 아우구스티누스에 따르면 내적이고 정신분석학적인 측면이 발견된다. "시간은 무엇인가고 아무도 나에게 묻지 않지만, 행여라도 누군가 그것을 묻고 내가 그것을 설명하고 싶다 해도 나는 그것을 더 이상 알지 못한다."[20] 과거가 더 이상 없고 미래도 여전히 없다는 역설에서부터 어떻게 시간이 있을 수 있다는 것을 알아차릴 수 있을까? 성 아우구스티누스는 현재 쪽으로 초점을 맞추어, 정지된 현재의 시간성이 지나간 것에 대한 기억과 미래에 대한 기다림을 포함한다고 답변한다. "과거의 현재 그것은 기억이고, 현재의 현재

---

17) 한스 게오르크 가다머, 《진실과 방법》, 앞의 책, 137쪽.

18) 아리스토텔레스, 《육체 IV》(219 a 2), 폴 리쾨르에 의해 《시간과 이야기》에 인용됨, 제3권, 앞의 책, 26쪽.

19) 같은 책(221 a 30; 221 b 2), 33쪽.

20) 성 아우구스티누스, 책 XI, 14장, 가르니에 플라마리옹, 파리, 1964년, 264쪽.

그것은 비전이며, 미래의 현재 그것은 기다림이다."[21] 성 아우구스티누스에게 있어서는 현재에 의한 미래와 과거만이 있을 뿐이다. 철학적 사변은 우주적 시간과 내적 시간 사이의 이율배반을 해결하지 못한다. 비교될 수 있는 논리적 난점에 이르면서, 이번에는 리쾨르가 칸트의 이론을 후설의 이론들과 대립시키는 대면을 취하면서 제시하는 것이 바로 그것이다. "현상학과 비평은 서로 양립하지 않는다는 조건하에서만 서로 도용한다."[22]

리쾨르는 시간의 윤곽을 실현하는 어떤 방식을 설명하기 위해 허구적 서술에 접어든다. 시간의 미메시스와 예시의 교차점에서, 그는 고전적 의미의 자료식 시간에서 해방된 단일 시간 개념의 윤곽을 설정한다. 원문의 모든 발췌문에서 떨어져 나온 시간의 허구적 경험은 아리스토텔레스의 《미메시스 II》의 단계와 부합하고, 모방적 기호하에 놓여진다. 그런 관점에서 본다면, 허구의 이야기는 공통된 줄거리 속에 놓여진 역사적 이야기와 유사성이 있다. "그런 의미에서 우리는 역사가 문학에서 차용했던 것을 문학에 돌려 주게 한 것뿐이었다."[23] 버지니아 울프의 《댈러웨이 부인》과 토마스 만의 《마의 산》, 그리고 마르셀 프루스트의 《잃어버린 시간을 찾아서》 등 세 작품에서부터 리쾨르에 의해 조사된 시간에 대한 우화들은 혼합된 시간의 종합을 실현한 아리아드네의 실 덕택에 기능을 발휘하고, 서술체의 윤곽에서 일관성이 없는 일치를 함께 생각하게 한다. 이 세 작품의 만남은 시간에 대해 상상할 수 있는 다양성 속에서 무수히 많은 또 다른 가능성 있는 생각들을 제공한다.

《댈러웨이 부인》에서 버지니아 울프는 불멸의 시간과 멸망할 시간 사이에 놓여진 시간의 다양한 경험성에 역점을 둔다. 그때 시간은 근본적으로 고독한 상태에 있는 의식의 그물망에 위치함을 가능케 하는 것이다. "이런 시간의 경험은 클라리사의 경험도, 셉티머스의 경험도, 피터의 경험도, 다른 어떤 등장 인물의 경험도 아니다. 그것은 다른 사람의 고독한 경험에서 고독한 경험의 여파로 인해 독자에게 암시되는 것이다."[24]

연대기적 시간에 대한 점진적인 사라짐으로 특징지어진 시간에 대한 소설, 토

21) 성 아우구스티누스, 같은 책, 20장, 269쪽.
22) 폴 리쾨르, 《시간과 이야기》, 제3권, 앞의 책, 506쪽.
23) 폴 리쾨르, 《시간과 이야기》, 제2권, 292쪽.
24) 같은 책, 211쪽.

마스 만의 《마의 산》 주인공 한스 카스토르프는 우주 진공 상태에서의 유기음과 같은 것이 되어 진행된다. 소설의 모든 구조는 7년 동안의 기간을 배경으로 흐르는 7장의 줄거리와 함께 이런 시간의 해체와 관련되어 진행된다. 일상 생활의 동요 속에 놓인 위의 움직이지 않는 시간과 지상의 고정된 시간과 지하의 시간 사이에 존재하는 그 간격은 벌어지게 된다. "역사적 법이 시간을 끌고 가는 지금, 그래도 역시 시간의 측정에 몰두함에는 변함이 없다. 현재에 증거는 더 이상 없다. 감각의 시간이 물리적 시간을 제거했다."[25]

프루스트의 《잃어버린 시간을 찾아서》는 한편으로는 시간이 시간의 정지나 영원성, 초시간적인 것으로, 다른 한편으로는 잃어버린 시간을 찾는 행동으로 발견된다는 두 타원형 모형 사이에서 긴장 관계에 놓여진다. 글쓰기의 마지막 결정은 이런 이원성으로 끝나고, 변함없는 작품 속에서 일시적인 순간의 고정과 되살아난 잃어버린 시간의 고정 등의 되찾은 시간의 부차적 의미를 생겨나게 한다. 그 소설은 그의 재인식적 시야를 구분하면서, 시간적 차이를 극복하게 하는 은유의 사용 때문에 잃어버린 인상을 회복하는 데 성공한다. 《잃어버린 시간을 찾아서》의 마지막 단어는 이런 모든 탐구가 "시간 속에서"[26] 사람들을 그들의 위치에 되돌려 놓으려는 갈망이 있다는 걸 상기시켜 준다.

이런 허구적 이야기의 연구에서부터, 그가 역사적 이야기 속에서 전개했던 방식에 관한 시간 처리에서 중요한 차이점이 생긴다. "허구의 이야기는 시간을 떼어 놓고, 상상력의 다양성이라는 활을 넓히며, 역사적 이야기는 그것을 통합하고 균질화하면서 시간을 압축시키는 데 기여한다."[27] 다른 차원에서 볼 때 《미메시스 III》는 우주의 시간과 내적 시간 간에 역사학자의 이야기된 시간이 설정된다. 그는 특수한 접속기를 사용해서 시간을 미메시스한다. 그래서 폴 리쾨르는 서술체의 신분과 진실의 갈망 사이에 놓여 있는 자신에게 적합한 긴장 속에서 역사적 이야기를 설정한다. 서술의 시론은 시간에 대한 철학적 우려의 논리적 차원을 넘어서려는 하나의 방식처럼 보인다. 그런 관점에서 보면, 리쾨르는 지시적인 개념에서의 미메시스의 개념을 선호한다. 왜냐하면 문제 없이 직업으로서의 역사학자들에

25) 같은 책, 230-231쪽.
26) 마르셀 프루스트, 《되찾은 시간》, 아셰트, '문고판,' 파리, 443쪽.
27) 올리비에 몽쟁, 《폴 리쾨르》, 앞의 책, 156쪽.

의해 자주 인용되는 제3의 역사적 시간에 필요한 접속기부터 역사적 '실체'의 개념 자체를 어떻게 재정의하는가가 문제이기 때문이다. 이 연결고리들 중에서 우리는 사실상 역사학자들에게 친숙한 범주들을 발견하게 된다. "달력식 시간의 범주는 우주적 시간과 경험적 시간 사이에 역사학자의 행동에 의해 제기된 첫번째 교량이 된다."[28] 그는 측정할 수 있는 물리적 시간에 의미를 두고, 이를 경험한 시간에서 차용한다. 달력식 시간은 "경험한 시간을 우주화하고" "우주의 시간을 인격화한다."[29] 세대의 개념이라고 하는 것은, 딜타이가 보여 주었던 것처럼 공적 시간과 사적 시간 간의 그러한 연관성을 구체화하는 것을 가능케 하는 역사학자의 중요한 교훈으로서, 리쾨르에 의해 고무되어진 영역으로 생각된다. 세대의 개념은 현대인으로부터 동시대인과 그 조상들을 떼어 놓는 죽음 저쪽에서, 존재의 유한성을 초월하는 빛을 증명한다. 결국 다음과 같은 흔적의 개념이 있다. 자료나 사료에 의해 구체화된 흔적의 개념이나 역사학자의 평범한 목표는 그래도 역시 시간의 미메시스에 대해서 수수께끼이며 본질적인 문제에 봉착한다. 리쾨르는 에마뉘엘 레비나스에게서, 표상되지 않는 의미의 질서 파괴에 있어서 혼잡으로서 그 흔적[30]의 의미적 표현을 차용한다. 그러나 그는 또한 그 역사적 장소에서 흔적의 개념을 발견하기도 한다. 흔적에 대한 역사과학의 이러한 개념은 의미의 폐쇄성에 저항하는 등가성에서 그의 지시소와 연결된다. 왜냐하면 그 발자취는 현재 속에 동시에 빠져들고, 더 이상 그곳에 뜻을 지닌 의미를 지지하지 않기 때문이다.

이상적이며 동시에 물리적인 뜻을 지닌 흔적의 이러한 개념을, 코셀레크는 과거가 현재를 되돌릴 거라는 가설을 경험 세계 영역에서 설정한 연구 분야를 구축한다. 그는 과거성의 수수께끼를 탐험케 한다. 왜냐하면 물리적이든 이상적이든 그의 위치에서 기억의 대상은 단순히 대표적 개념으로 묘사되는 것이 아니라, 리쾨르가 그것을 정의한 것처럼 "역사의 재건이 직접적인 질문에 답하면서 이룩하려는 것은 존재의 야망을 의미하는데, 이때 그것은 대표성이나 대신성"[31]의 개념으로 묘사된다. 그래서 리쾨르가 말하고자 하는 것은 관찰의 과거성이 그것 자체에 의해 관찰할 수 있다는 게 아니라, 단지 기억해야 할 것을 의미한다.

---

28) 폴 리쾨르, 《시간과 이야기》, 제3권, 앞의 책, 190쪽.

29) 같은 책, 197쪽.

30) 에마뉘엘 레비나스, 〈흔적〉, 《다른 사람의 인문주의》, 파타 모르가나, 몽펠리에, 1972년, 57-63쪽.

서술이 중단된 1970년대에 프랑스 역사 연구 단체인 아날학파의 시도는 리쾨르에 따르면 일종의 환상적인 것이었고, 역사학자들의 연구 계획과 상반되는 것이었다. 확실히 아날학파는 역사학자가 자신의 연구 대상에 대한 주체성을 반영하고, 문제화하며, 그것을 과감히 내던져 버리는 것을 허용한다는 면에서는 **선험적으로** 리쾨르의 입장에 접근하는 것처럼 여겨진다. 그렇다고 사실상 그것은 해석학적 관점을 이해적 설명에서 수용하기 위한 것은 아니었다. 아날학파들은 방법론적 연구를 필수적인 목적으로 삼는다. 그래서 그것은 사건의 기술에 시종하는 이야기를 깨뜨리기 위해 주제에서 벗어나거나 사회과학, 특히 뒤르켐주의에 의해 재생된 역사적 이야기의 과학성을 능가하게 하는 것과는 반대로 문제가 있었다. 아날학파에 의해 시도된 인식론의 단절을 더 잘 나타내도록 하기 위해, 그 창시자들과 제자들은 역사를 위한 역사라는 경멸적인 형태하에서 사건과 그의 이야기로서 역사 구성을 고집했다. 1930년대에는 경제학 현상들에 대해 재평가하고, 그후 1950년대에는 공간논리학을 중시하는 목표의 이동이 있었다. 페르낭 브로델은 지속적으로 지리-역사의 기틀을 다지는 데 영향력을 발휘했는데, 그 효과는 단시간에 나타났다. 그렇지만 폴 리쾨르가 그것을 잘 보여 주듯이 역사학자들의 글의 규칙들은 사회에서 동요하는 것을 막았다. 왜냐하면 긴 기간으로 지속되었기 때문이다. 역사학자로서 브로델은 역사적 원리에 적합한 수사학 형태에 의존하게 되었다. 번개처럼 강력한 그의 선언과는 반대로 그 또한 자신의 논문에서 이야기의 실현을 추구했다. "긴 기간의 역사 개념 자체는 극적인 사건, 즉 줄거리에 놓인 사건에서 유래한다……."[32] 확실히 주체적 존재로 더 이상 펠리페 2세는 없고, 유럽식 줄거리는 다른 형태의 줄거리이다. 그러나 그렇더라도 역시 그것은 줄거리가 남아 있다. 유럽은 우리가 대서양과 미국 쪽의 큰 변화를 목격하기 전, "지중해가 동시에 위대한 역사에서 나오는"[33] 시기인 16세기에서 그의 마지막 영광스런 시간을 알고 있는 비-등장 인물을 나타낸다. 그래서 줄거리로의 엮음은 모든 역사학자와 사실만을 기록하는 외교 정치적-공문서의 전통적인 서창부와 함께 가장 비밀을 유지해야 하는 사람에게조차 절실히 요구된다. 그러므로 이야기는 역사적

31) 폴 리쾨르, 《시간과 이야기》, 제3권, 앞의 책, 228쪽, 올리비에 몽쟁에 의해 인용, 《폴 리쾨르》, 앞의 책, 157쪽.

32) 폴 리쾨르, 《시간과 이야기》, 제1권, 앞의 책, 289쪽.

33) 같은 책, 297쪽.

작품을 만들기 위해, 그리고 코셀레크가 다음과 같이 말하는 경험의 공간과 기다림의 영역을 연결하기 위해 필요 불가결한 명상을 구성한다. "이와 같이 우리들의 작업 가설은 이야기될 뿐인 생각된 시간이며, 따라서 이야기를 시간의 관리자로 간주하게 되었다."[34] 시간의 재현성은 역사학자의 서술을 거친다. 이와 같이 검토된 역사학자의 미메시스는 가능한 한 다양성의 경로를 상기시키는 경험의 공간과 현재의 경험에서 유래한 단순성에 환원할 수 없고, 표현된 미래를 정의하는 기다림의 영역 사이에서 자리바꿈을 한다. "경험의 공간과 기다림의 영역이 극점으로 더 잘 대조시키게 하는 것과 마찬가지로 그들은 서로간에 상호 조절된다."[35] 역사적 시간에 대한 이러한 해석학적 구성은 더 이상 과학적 유한성만으로 짜여지는 게 아니라 인간 만들기, 세대간에 확립되는 대화, 현재를 향한 행동을 지향한 영역을 나타내 준다. 과거를 다시 열고, 그 잠재성을 다시 검사하는 게 적합하다는 것은 바로 이런 관점에서이다. 역사에서 순수하게 고고학자의 관계를 거부하면서, 역사적 해석학은 "우리의 기다림이 더 결정론을 따르게 하고, 우리의 경험이 더 비결정론을 따르게 하는 것"[36]을 목표로 한다. 현재는 그에게 멀리 떨어진 역사적 영역에서부터 과거를 다시 부여한다. 그것은 "의미를 발생시키는 전달"[37]에서 움직임이 없는 시간차를 변화시킨다. 이야기의 중심은 인과 관계의 기계론에 가까운 설명 속에 자신의 담론을 가두어 버리는 역사의 절대적 능력을 부인한다. 그것은 "의미를 지배하도록 구성하는 주체의 요구에"[38] 되돌아가지도, 그 "윤리적이고 정치적인 함축"[39]에서 역사의 총괄성에 대한 생각을 버리지도 않게 한다.

역사가 진실한 제도를 서술하는 것으로 원문 그대로와 서술체, 통사적인 절차에 주목하는 것은 앵글로색슨족의 세계에서 특별히 영향 있고, 폴 리쾨르 덕분에 프랑스에도 알려진 서술체주의자의 모든 관계 작업에서의 경험을 다시 제 것으로 삼게 한다.[40] 서술주의자들의 가설 발달은 사실상 **언어학적 차례**와 법치론의 모델

---

34) 폴 리쾨르, 같은 책, 제3권, 앞의 책, 435쪽.
35) 같은 책, 390쪽.
36) 같은 책, 390쪽.
37) 같은 책, 399쪽.
38) 같은 책, 488쪽.
39) 같은 책, 489쪽.

에 대한 비평, 그리고 지식의 지층과 같고 명료함에 대한 방편의 전개와 같은 이야기에 대한 설명을 마음의 양식으로 삼는 데서 비롯된다. 서술주의자들은 이와 같이 이야기의 양상이 해설적인 가치를 갖는 방식을 보여 주었고, 인과 관계와 그 결과라는 두 구별된 작용을 혼합하고 은폐하는 것은 '왜냐하면' 에 종속하는 결합의 계속적인 사용에 의해서뿐이다. 연대기적 관계와 논리적 관계는 문제화되지 않고 이와 같이 단언된다. 그렇지만 의미를 통하게 하는 이런 단어, '왜냐하면' 을 이미 사라진 용법으로 중복되지 않게 하는 게 적절하다. 보통의 서술체주의자들이 가져왔던 것은 바로 이야기에 적절한 해설적인 능력에 대한 이런 작업이다. 윌리엄 드레이는 흄의 원인성[41]에 대한 비평을 수정하면서, 원인의 사상은 50년대에 역사 분야의 법 사상에서 분리되어야 하는 것으로 보여 주었다. 그는 모든 형태의 설명을 제외시키는 사람과 이런 환원을 실행하는 사람을 동시에 비난하면서 법 체계에서 환원할 수 없는 원인 체계를 주장했다. 약간 더 나중에 게오르크 헨리크 폰 라이트[42]는 거의 원인을 나타내도록 말해진 설명에 기초한 혼합 모델을 일반적으로 역사와 인문과학에 가장 적당한 것으로 추천한다. 원인이 되는 관계는, 폰 라이트에 의하면 엄밀하게 거기에 함축된 행동과 그들의 맥락에 관한 것이다. 그래서 폰 라이트는 의도에 덧붙인 논리적 연관성과 체계의 상태에 근거를 두고 목적론적인 형태를 취하면서 순수하게 외부적이고 비논리적인 원인의 연관성을 대조한다. 혼합된 이 두 수준 사이의 관계는 이야기를 미메시스하는 특징 속에서 그 위치를 발견한다. "내 생각으로는 사상의 맥락은 혼합된 것의 종합으로서의 줄거리이다."[43] 아서 단토는 역사적 이야기의 내부에서 다양한 시간성을 밝혀내고, 역사학자의 시선만이 움직이는 것에 대하여 고정된 전체성으로서 과거에 대한 환상을 문제삼는다. 반대로 그는 이야기에서 내적 시간의 세 가지 입장을 구별한다.[44] 언술의 분야는 이미 묘사된 사건의 입장과 그것이 묘사되는 것과의 관련하에 사건의 입장이라는 두 다른 입장을 함축하고 있다. 여전히 시간의 다른 입장인 서술자의 입장에 있는 표현의 측면을 덧붙여야 한다. 시간의 그런 차별화에 대한 인식론

---

40) 같은 책, 제1권, 173-246쪽.
41) 윌리엄 드레이, 《역사에서의 법과 설명》, 옥스퍼드대학교출판부, 옥스퍼드, 1957년.
42) 게오르크 헨리크 폰 라이트, 《설명과 이해》, 루틀리지와 키건, 런던, 1971년.
43) 폴 리쾨르, 《시간과 이야기》, 제1권, 앞의 책, 202쪽.
44) 아서 단토, 《역사의 분석철학》, 케임브리지대학교출판부, 케임브리지, 1965년.

의 결과는 인과 관계의 역설처럼 보인다. 왜냐하면 뒤에 일어난 사건은 원인을 나타내는 상황에서 앞의 사건을 나타내 줄 수 있기 때문이다. 더구나 단토의 예증은, 그의 표현에 따르면 유일한 지지자가 있는 역사를 구별하기 어려운 설명과 묘사로 고려하게 된다. 어떤 사람들은 역사학자의 명부가 그의 서술체 구조의 측면에서 허구의 측면과 근본적으로 다르지 않다고 전제하면서, 역사의 시론에 대한 구성의 견지에서[45] 헤이던 화이트와 같이 여전히 관계없는 상태에 있었다. 그래서 역사는 무엇보다도 인위적 서술체이다. 이야기와 논증 간의 변화는 헤이던 화이트에 의하면 줄거리 구성의 개념 속에서 이행된다.

그러므로 폴 리쾨르는 이런 주장들에 매우 가깝다. 게다가 그는 서술체주의자들에게서 두 가지 중요한 지식을 맞아들인다. 첫째로 그들은 "이야기하는 것, 그것은 이미 설명하는 것이다……. 아리스토텔레스에 따르면, 줄거리에서 논리적 연관성을 만드는 '서로'는 이제부터 역사적 서술 위에서 모든 토론을 강요받는 출발점이다."[46] 둘째로 해설적인 모델에 대한 다양화와 계층화에서, 서술체주의자들은 서술체에서의 내적인 설명 수단의 풍부함을 대조시킨다. 그렇지만 역사학자의 담론이 무엇인지에 대한 이해 속에서 이런 두 측면에도 불구하고 폴 리쾨르는 그 두 측면이 역사와 허구 간의 불명료를 가정할 때 서술체주의자들의 비평적인 주장들을 공유하지 않는다. 그들과의 유사성에도 불구하고 그는 과거에 대하여 역사학자의 계약에 적절한 고유성 체제 위에 근거한 인식론적 단절을 강조한다. 헤로도토스와 투키디데스 이래로 역사학자를 그의 대상에 연결해 주는 사실에 대한 계약의 강조는, 과거에 대한 취급과 날조의 모든 형태에 대립시키기 위해 최고로 중요한 것이다. 그것은 일종의 기술법으로서의 역사와 논증적인 실증으로서의 역사에 주목한다는 사실과 모순되지 않는다.

담론 체제에의 주목은 진실의 체제가 만들어지는 방법을 되찾고, 잘못된 규약과 막대하든 막대하지 않든 과학적인 것으로 주어지는 다양한 주장의 성격이 무엇인가를 되찾기 위해 이런 불확정권에 들어가는 것을 내포하고 있다. 리쾨르는 미셸 푸코가 설정한 유혹적인 탈구조주의자와 의견이 맞지 않는데, 이때 푸코는

---

45) 헤이던 화이트, 《역사의 변화: 19세기 유럽에서 역사적인 상상력》, 존스홉킨스대학교출판부, 볼티모어와 런던, 1973년.

46) 폴 리쾨르, 《시간과 이야기》, 제1권, 앞의 책, 251쪽.

니체로부터 영감을 받고 해석에 대한 단순한 계보론을 격찬한다. 실증주의와 계보론의 유혹을 동시에 거부하면서, 리쾨르는 "허구와 실재라는 이중 신분을 강조하기 위해 표출의 기호: 부관직의 대리인 역할"[47]하에 둔 역사적 실재의 분석을 그것에 대한 반론으로 내세운다. 리쾨르는 그 자신에 대한 비밀 담론의 내부에 스스로 갇히지 않는다. "사실은 결국 언어학적 존재밖에 없다"는 것에 따른 롤랑 바르트의 선동적인 말투에서, 그는 자신이 야콥슨 이후에 '담론의 4변형' 을 다음과 같이 규정짓는 것을 대조시킨다. 다시 말해 그것은 사건처럼 독특한 말을 설명하는 화자, 담론의 대화체 성격을 가리키는 청자, 이야기의 주제가 되는 의미, 그리고 결국 우리가 말하는 것, 즉 이야기의 외재성을 가리키는 지시를 말한다.

분석철학 사조에 의해 만들어진 역사적 의미론은 행동 범위에 대한 최선의 출발을 제공해 주고, 물리주의와 인과론의 개념과 더불어 더 효과적으로 절단하게 한다. 역사적 사건의 구성은 이처럼 그 줄거리의 구성에 의존하게 된다. 그것은 "그 실행적 예시와 인식론적 구성의 예시, 해석학적 재구성의 예시라는 세 가지 차원에서"[48] 시간 경험의 의미의 구체화를 보장해 주는 매개물이다. 줄거리 구성은 혼합된 사건을 관계맺게 하는 연산자 역할을 한다. 그것은 물리주의자들이 말하는 설명의 원인 관계와 대체된다. 역사적 양심에 대한 해석학적 관점을 정의할 때 리쾨르는 라인하르트 코셀레크[49]의 작업에 크게 의존하는데, 그는 1970년대초부터 코셀레크의 작품을 알고 있었다. "내가 시카고에 있었을 때, 코셀레크의 작품을 알게 된 것은 리쾨르 덕분이었지요."[50] 리쾨르는이 빌레펠트학파를 잘 알았다. 코셀레크는 카를 로위트[51]와 함께 일하였는데, 로위트는 하이델베르크에서 그의 조교였고, 시간에서 역사적 관계와 시간성의 문제 접근에 중요한 역할을 했던 사람이다. 그들은 시간화한 구조의 역사성까지도 서로 질문하면서 함께 세미나에 활기를 불어넣어 주었고, 시간 경험의 역사성에 공통된 문제학을 만들어 냈다. 그들은 역사성이 생각할 수 있는 것부터 구조에 배타적으로 기울어진 《존재와 시간》

47) 폴 리쾨르, 〈역사와 수사학〉, 《디오게네스》, 제168호, 1994년 10-12월, 25쪽.
48) 장 뤽 프티, 〈사회적 사건의 구성〉, 《먼 앞날의 사건, 실천 이성》, 제2호, 1991년, 15쪽.
49) 라인하르트 코셀레크, 《지나간 미래》, EHESS, 파리, 1990년.
50) 제프리 바라쉬와의 대담.
51) 카를 로위트, 《1933년 이전과 이후의 나의 삶. 이야기》, M. 르브델 역, 아셰트, 파리, 1988년.

의 관점에 다른 관점을 제공하면서, 또한 순전히 존재론적 문제에 이런 구조들의 역사성을 보내면서 이처럼 그를 하이데거와 구별한다.

코셀레크의 관점에서 사건은 역사적 변화의 두 범주, 즉 경험 공간의 범주와 기다림 영역의 범주 간의 내적인 긴장 속에 놓여진다. 이 두 범주들은 서양의 현대 세계에서 경험과 기다림 사이의 진보적인 이동과 같은 의미 있는 이동과 함께 구체적 경험 속에서 읽도록 부여되는 역사적 시간을 주제화한다. 코셀레크에 의하면 사건의 의미는 역사적으로 정해진 상징적 형태와 시간의 경험에 대한 인류학의 구조를 구성한다. 코셀레크는 "시간화와 행동, 역사적 개체성의 보호로 그들의 신분을 위치시키는 사건의 개별화에 대한 문제"[52]를 발달시킨다. 그는 사건성의 가능 조건에 몰두하면서 단순한 묘사 수준보다 더 심오한 수준을 목표로 한다. 그의 접근은 이상한 입장에 의해 구조화된 동시에 구조를 성립시켜 주는 능력인 역사적 개념들의 작용성을 보여 주는 장점이 있다. 경험과 기다림의 전달자인 이런 개념들은 '진짜 존재한' 역사에 대립시킬 단순한 언어의 부대 현상이 아니다. 그 개념들은 "그것들이 각 상황과 사건에 영향을 미치거나 그것에 반응할 때부터 언어에 특별한 관계"[53]를 갖고 있다. 그 개념들은 어떤 수사학 형태에 환원할 수 있는 사상도, 그 범주에서 분류하기에 적합한 단순한 도구도 아니다. 그것들은 그들이 많은 의미를 포함하기 위해 처음으로 시작된 경험의 분야에서 정착한다. 이러한 개념들이 역사와 언어 사이에 전적인 결합을 실현할 때까지 역사의 의미를 충족시키는 데 성공한다 하더라도 우리가 그것을 단언할 수 있을까? 폴 리쾨르처럼 라인하르트 코셀레크도 거기까지 이르지는 않고, 역사적 과정이 그 논증적인 차원에 한정되지 않는다는 것과는 반대로 생각하게 된다. "역사는 언어가 그것을 이해하고, 그것을 서술하는 방식과 완벽하게 일치하지는 않는다."[54] 시간화의 활동에서 최상의 정착 경험이 되는 것은 바로 폴 리쾨르 사상과 같은 실천 분야이다.

시간의 현상학에 대한 논리적 난점이 펼쳐지는 역사적 양심의 이런 해석학은 부숴진 **코기토**를 가리키는 "전향된 시간"[55]의 개념에 귀착되고, "불완전한 매개물"로부터 비충족감에 이르게 된 이해 작업의 가능성을 지시해 준다. 게다가 리쾨르의

52) 루이 케레, 〈역사의 시간과 사건〉, 《먼 앞날의 사건, 실천 이성》, 앞의 책, 267쪽.
53) 라인하르트 코셀레크, 《지나간 미래》, 앞의 책, 264쪽.
54) 같은 책, 195쪽

문제학을 특징짓기 위해 장 그레쉬가 사용한 "전향된 시간"이라는 표현은, 질 들뢰즈에게 있어서 영화 속의 이미지-시간과 이미지-운동에 대한 연구에서 다시 발견된다.[56]

리쾨르의 3부작의 개념에서, 그 독자는 데이비드 카와 함께 어떤 철학적 규정이 이야기를 보유하는가를 아느냐는 질문을 제기한다. "그것은 인식론의 원리입니까, 아니면 오히려 동시에 존재론의 개념입니까?"[57] 다른 개념에서 이야기는 역사적 지식의 특별한 양태를 드러내 주는가, 아니면 목표로 삼은 역사적 실재를 구성하는가? 우리는 독일인들이 일어난 것을 **역사**로, 역사학자의 담론을 **역사 해설**로 나타내는 것을 프랑스어에서도 동시에 의미하는 역사 개념 자체에 대한 많은 양면성을 이 질문을 통해서 찾아볼 수 있다. 그러나 이런 구별은 인식론을 나타내는 이야기에 의한 시간의 구성 측면과, 존재론 측면을 표시해 주는 미메시스의 측면 사이의 차별화 속에서 리쾨르에 의해 다시 표명된다. 이런 두 가지 차원은 우리들의 세상에서 존재를 나타내 주는 도덕성에서, 이런 지식 덕분에 과거의 원문에 대한 이해와 참여 능력을 가리키는 해석학적 모임 속에 함께 공존하는 것을 발견한다.

그러므로 인식론이 '긴 여정'에서 설령 필요한 우회를 구성한다 할지라도 리쾨르의 의도는 순수한 인식론에 환원될 수 없다. 그 분야는 매우 존재론적이지만 "정복된 땅"[58]으로서가 아니라 여전히 "약속의 땅"으로 생각되는 존재론이다. 역사에 대한 지식은, 리쾨르에 따르면 결코 완성된 것이 아니다. 왜냐하면 그것은 준비중인 개인적 또는 공동 지위에 대한 단언과, 여전히 움직임중에 있는 적응 과정인 해설적인 회복에 이중으로 개방되어 있기 때문이다. 1980년대말 시간과 이야기의 교차점에서 연구원 자체성과, 그 자체의 성의 구별과 증명 · 제안 · 서술적 신분 등의 개념과 더불어 멈추지 않았던 개인적 신분과, 개인의 중요한 문제에 대한 이런 경험들은 리쾨르를 다시 제기하도록 인도하는 요소로 작용한다.

---

55) 장 그레쉬, 〈전향된 시간과 위기의 시간〉, 《에스프리》, 7-8호, 1988년 7-8월, 88-96쪽.

56) 질 들뢰즈, 《이미지-시간》, 미뉘, 파리, 1985년.

57) 데이비드 카, 〈이야기의 존재론과 인식론〉, 《폴 리쾨르. 해석학적 근거의 변형》, 앞의 책, 205쪽.

58) 장 그레쉬, 〈전향된 시간과 위기의 시간〉, 앞의 논문, 95쪽.

54

《시간과 이야기》에 대한 토론

리쾨르의 미국 대륙에서의 성공과, 1980년대초 구조주의 계열의 추락하는 기사와의 만남은 이미 역사성에 관한 광대한 3부작 《시간과 이야기》라는 저서가 철학적 정상에 있음을 확인시켜 주고, 리쾨르가 프랑스로 돌아올 때에는 본국의 지적 환경에 이미 공헌을 한 분위기에서이다. 같은 시기에 《역사와 진실》이 1985년 헤겔상을 받는다. 모든 계획 위에서, 리쾨르의 새 작품은 1983년 제1권을 출판할 때부터 상당한 반향을 얻는다. 그는 즉시로 좋은 독자들을 만나게 된다. 왜냐하면 그 책이 5천 부가 출판되어 첫 넉 달 동안 약 2천5백 부가 팔렸고, 제1권은 1986년부터 재판에 들어가게 된다. 이 작품은 완전히 기본적인 참고 지시 사항을 골자로 한다. "당신은 독자와의 관계를 무척 주목하고 있군요. 그렇지만 시대의 흐름 속에서 후설과 하이데거의 무시할 수 없는 맥락이었어요. 무시할 수 없는, 다시 말해 내가 말하고 싶은 것은 사람들이 당신을 왜곡할 수 없다는 것입니다."[1] 국립철학학교가 《시간과 이야기》의 제1권을 출판할 즈음인 1983년 '이야기된 시간'이라는 제목의 리쾨르의 학회가 개최되었을 때, 생트주느비에브 산의 경관과 더불어 5백 명 이상의 사람들로 붐볐다. "나도 그곳에 갔었어요. 2백50여 명만이 커다란 계단식 강의실에 들어갈 수 있었고, 문 앞과 밖에도 그만큼의 사람들이 있었지요."[2] 상황이 급변했고, 과격한 당파들이 리쾨르에게 던졌던 파문과 끝나 버린 과거의 흐름은 더 이상 추종자들을 만들지 않는다. "파리의 철학 명사들이 거기에 있었어요. 나는 낭테르대학에서 리쾨르를 비판했던 장 프랑수아 리요타르가 그의 이름을 부르며 껴안는 모습을 보았어요. 그것은 일종의 승리였지요. 리쾨르는 일에

1) 프랑수아 발, 폴 리쾨르에게 쓴 1985년 4월 26일자 편지, 쇠이유 문서보관소.
2) 장 그레쉬와의 대담.

전념한 자신의 삶에서 깊이 느낀 행복을 현대의 지식인들에게 보여 주었어요. 그것은 매우 아름답고 감동적이었지요."[3] 오랜 굴곡 끝에 리쾨르는 1980년대초의 성공을 되찾게 된다. 마침내 그는 중개적인 입장에서가 아닌, 결국 모두에게 필요 불가결한 힘든 작업을 단순히 계속해 나가는 사람으로 인정을 받는다.

그때까지만 해도 침묵 상태에 있던 언론이 《시간과 이야기》에 커다란 관심을 갖기 시작한다. 이러한 관심은 단연 리쾨르와 평소 친분 관계에 있던 그리스도교 신문의 몇몇 기관지나 철학 잡지 속에 나타난 전문가들을 위한 관례적인 논문들에 대한 것이다. 현실을 간파한 《르 몽드》지는 제1권의 출판을 기다리지 않고, 미국에 가장 잘 알려진 프랑스 철학자 가운데 대표적인 인물로 표현된 리쾨르와의 대담을 싣는다. 리쾨르는 〈폴 리쾨르, 은유와 서술의 철학자〉[4]라는 제목하에 크리스티앙 들라캉파뉴와의 대담에서 소개된다. 《르 몽드》와의 대담에서 항상 리쾨르의 공적을 인정한 사람은 다니엘 살나브와 미셸 콩타였다. "우리들은 프랑스에서는 여전히 그 진가를 지나치게 인정받지 못한 이 철학자를 만났다."[5] 더욱이 "콜레주 드 프랑스, 사람들은 그곳에서 폴 리쾨르가 결코 선출되지 못했다는 것에 깜짝 놀랐다."[6] 다니엘 살나브는 문학과 철학의 조정을 《시간과 이야기》의 제2권에서 소개한다. 그것은 그때까지 우리가 단순한 이데올로기적 상층 구조에서 의미가 축소된 문학의 표현을 막아 버렸던 문제점들을 깨끗이 해결한다. 구조주의에 의해 자리바꿈을 하게 된 문학비평 속에서 의미와 주체, 지시체, 그리고 작가의 문제에 대한 의문은 그의 구조와 의미 분절의 입장을 취하면서, 다니엘 살나브에 의하면 리쾨르 덕분에 전과 같이 생산적인 요소가 될 수 있었다. 미셸 콩타가 '리쾨르의 시기'가 온 것을 느낀다고 말했을 때, 리쾨르는 "그것은 선임순의 늦은 진급일 뿐입니다"[7]라는 유머로써 답한다. 《리베라시옹》에서는 전 페이지에 걸쳐 〈폴 아저씨의 아름다운 이야기들〉이라는 제목 아래, 《시간과 이야기》 제1권의 출판에 집중된다. 질문을 받는 2인의 폴, 폴 리쾨르와 폴 베인은 두 "집중적인 시도"[8] 같은 경우로

3) 폴 티보와의 대담.
4) 폴 리쾨르, 크리스티앙 들라캉파뉴와의 대담, 《르 몽드》, 1981년 2월 1일.
5) 미셸 콩타, 《르 몽드》, 1986년 2월 7일.
6) 다니엘 살나브, 《르 몽드》, 1986년 11월 21일.
7) 폴 리쾨르, 미셸 콩타와의 대담, 《르 몽드》, 1986년 2월 7일.

친숙화된 신문기자 디디에 에리봉에 의해 같은 그룹에 모이게 된다. 《누벨 옵세르바퇴르》지는 그 주요 기사 내용이 되는 긴 대담을 위해 시카고에 프레데릭 페르니를 보낸다.[9] 파리의 정기 간행물인 《르 코티디앙 드 파리》에서는 제1권을 해설한 후,[10] 뤼실 라베기가 리쾨르의 《시간과 이야기》와 크리츠토프 포미앙의 《시간의 질서》의 상당한 출판 유사성을 비교한다.[11] 또한 《라 크루아》에서는 장 모리스 드 몽트레미와 마르셀 뇌쉬가 〈리쾨르 종합비평〉을 게재한다. "폴 리쾨르: 아마도 20세기 우리의 철학자 가운데 가장 위대한 한 사람. 확실히 유행과 학파들에 의해 가장 등한시되고 가장 엄폐당한 사람. 20여 년 동안 그의 작품은 틀에 박힌 생각에서 철학자들을 잘 끄집어 냈다. 그러나 그 어떠한 폭력 행위도 리쾨르에게는 없었다. 그것이 우리의 위대한 책이며, 이 시대의 위대한 사건인 《시간과 이야기》에 경의를 표하는 좋은 이유이다."[12] 3부작의 종결은 리쾨르와 장 모리스 드 몽트레미와의 대담을 전 페이지에 싣는 계기가 된다.[13] 이 비평에 《마가진 리테레르》와 《라 캥잰 리테레르》를 덧붙인다. 《개혁》이라는 개신교 주간지는 1985년에는 리쾨르를 언급하지 않는다. 그것은 초창기부터 리쾨르의 모든 출판물들을 지지했기 때문으로서, 이후 그 주간지가 길게 칭찬의 비평을 실은 일은 지극히 자연스런 것이었다.[14]

이렇듯 다양한 반향이 있은 후 밀도 깊은 분석이 《에스프리》[15]와 《연구》[16]에 실린다. 리쾨르와 절친한 철학자이며 파르망티에 가 현상학연구실의 연구자인 장 그레쉬로 말하자면, 《에스프리》에서의 논문 외에도 《철학과 신학 잡지》에서 리쾨르

---

8) 디디에 에리봉, 〈폴 아저씨의 아름다운 이야기들〉, 《리베라시옹》, 1983년 3월 9일.

9) 〈모든 의혹 위에 있는 한 철학자〉, 프레데릭 페르니와 폴 리쾨르의 대담, 1983년 3월 11일.

10) 뤼실 라베기, 〈폴 리쾨르: 사용 설명서 시대〉, 《르 코티디앙 드 파리》, 1983년 6월 14일.

11) 뤼실 라베기, 〈문제의 시대〉, 《르 코티디앙 드 파리》, 1985년 3월 5일.

12) 마르셀 뇌쉬, 〈말의 청자〉; 장 모리스 드 몽트레미, 〈인간과 그의 수수께끼〉, 《라 크루아》, 1983년 3월 26일.

13) 〈그의 시대에서의 폴 리쾨르〉, 장 모리스 드 몽트레미와 폴 리쾨르와의 대담, 《라 크루아》, 1986년 1월 25일.

14) 마르틴 샤를로, 〈폴 리쾨르에 따른 시간과 이야기〉, 《개혁》, 1984년 6월 2일; 에릭 블롱델, 〈시간과 이야기의 철학〉, 《개혁》, 1986년 7월 5일.

15) 앙리 자크 스티케르, 〈문체와 시대〉, 《에스프리》, 1984년 1월, 173-179쪽; 장 그레쉬, 〈이야기를 생각하기〉, 《에스프리》, 1986년 5월.

16) 폴 빌라디에, 《연구》, 1983년 4월.

의 3부작에 많은 연구를 바친다.[17] 장 그레쉬는 리쾨르가 사료 편찬 문학비평과 현상학 간에 이끌었던 대화의 삼각 구조적 특징을 강조하면서, 또한 설명하기와 이해하기 사이에 딜타이적인 유명한 이분법을 반박했다. 그리고 나서 그는 《아날로그》라는 표제하에 리쾨르의 사상과 들뢰즈의 사상 간에 '제3의 유형'을 만들어 내기 위해 노력한다. 사실 이러한 만남은 프루스트에 대한 그들 각자의 독서가 빚어낸 교차 속에서 이미 행해졌는데, 그렇다고 그것이 '시간의 기호학'을 규정짓는 들뢰즈의 사상과 "시간적 현상의 표시 시론"[18]에 대한 리쾨르 사상 사이에서의 혼동을 의미하지는 않는다.

그렇지만 실질적이고 긍정적인 이러한 반응은, 이같은 간섭이 부분적으로 예정되었다는 데서 표시의 부재가 가장 명백한 방식으로 역사학자들에게서 나타난다. '새로운 역사'를 다시 명명한 아날학파의 압도적인 승리에 대한 안일과 자기 만족 속에 정착해 버린 역사학자들은, 여전히 리쾨르의 질문에 대한 동적인 수행성과 힘을 측정할 수 없게 된다. 여기에서 적절성과 힘은 프랑스 역사학자들이 일반적으로 철학자와 모든 형태의 인식론자들 사이에서 거리를 유지하면 할수록 받아들여지는 데 시간이 걸린다. 물론 그들은 방법론을 갖고 있지만, 그 전통은 그들로 하여금 19세기말부터 과학적 이야기에 쏟아붓기 위해 근본적으로 탯줄을 잘라 버렸던 문학에서처럼 철학에서도 등을 돌리게 한다. 그렇지만 그 분열로 인한 아날학파의 위기의 전조는 이미 거기에 있었다. 1988-1989년에 이루어진 비평의 전환기는 조금씩 리쾨르의 질문들에의 적응을 가능하게 해준다.[19]

그래서 《시간과 이야기》에 대하여 시작된 논쟁은 철학자의 영역에서 비롯된다. 그러나 리쾨르는 뜻밖의 의용군을 만나게 되는데, 그는 다름 아닌 철학자이자 역사학자이며, 정신분석학자이고 예수회파이며, 밀입출국자 안내인인 미셸 드 세르토이다. 그는 또한 사실상 역사에 대한 고찰에서 중요한 역할을 하는 작품의 저자이기도 하다.[20] 그리하여 역사에 대한 인식론자인 세르토는 16,7세기의 그리스도교

---

17) 장 그레쉬, 〈철학의 보고서. 줄거리에서 사건의 얽힘까지. 서술체에 대한 최근의 몇 가지 연구들〉, 《철학과 신학 잡지》, 제68호, 1984년, 250-264쪽; 〈갈라진 시대. 이야기에 의한 시간의 미메시스와 영화의 영상-시대〉, 같은 책, 제70호, 1986년, 419-437쪽.

18) 장 그레쉬, 〈갈라진 시대〉, 같은 논문, 436쪽.

19) 아날의 비평 전환기에 대하여, 크리스티앙 들라크루아의 〈절벽과 해안. 비판적 전환의 역사〉, 《공간 · 시간, 사려 깊은 시간〉를 보라. 《공간 · 시간》, 제59-61호, 1995년, 86-111쪽.

신비신학을 재구성하는데, 가장 뛰어난 부분에 있어서 그의 전문적인 연구들에 몰두한 완전한 역사학자[21]일 뿐만 아니라 "역사의 작용"[22]을 정의하기 위해 1974년 《역사 만들기》에 참여하면서 '새로운 역사' 연구 방법의 동반자이자 라캉학파의 멤버이며 정신분석학자이기도 하다. 리쾨르와는 반대로 세르토는 또한 역사 연구기관과 직업으로서의 역사학자로 결속되어 있다.[23] 《시간과 이야기》의 제1권을 출판할 때, 《콩프롱타시옹》지에 의해 개최된 첫 대토론에 참가한 이가 바로 세르토이다. 세브르센터의 철학 단과대학장 때 리쾨르와 미셸 드 세르토 · 장 그레쉬 · 피에르 장 라바리에르 등의 참가와 더불어 리쾨르의 작품에 대한 토론이 세브르센터에서 행하여진 것은 1983년 12월 2일이다.

이런 대면은 미묘한 시기에 설정되는데, 왜냐하면 미셸 드 세르토와 리쾨르가 프랑스와 미국이라는 양쪽 나라에서 잘 알려졌고, 또 그들이 그리스도교 사회에 소속되었다는 것, 그리고 역사에 대한 입장이 잠정적으로는 경쟁 상태에 있지만 동시에 매우 가깝기 때문이다. 당시 미셸 드 세르토는 샌디에이고대학교의, 리쾨르는 시카고대학교의 교수였다. 리쾨르가 1984년 시련의 시절에서 막 벗어났을 때 "긴장된 대화를 바꾸는 데 기여한 다른 요인은, 미셸 세르토가 후기 68명의 정신"[24]과 상당히 대등했다는 사실과 '새로운 역사'를 해체하는 방향들과 마찬가지로 라캉주의와 함께 단계적으로 발견되었다는 사실에서 기인한다. 그 모임의 주최자인 피에르 장 라바리에르는 예상치 못했던 위기감을 재빨리 느끼게 된다. "나는 리쾨르와 세르토 사이에 있었어요. 그들은 화가 나서 서로를 노려보았지요. 나는 그것을 잘못 평가했어요. 그들은 약간의 경쟁심에 사로잡혀 있었으며, 각자 자신이 중심 인물이며 다른 사람은 그의 작품에 대해 말하러 온 것으로 여기고 있었지요. 설령 그 논쟁이 잘못 행해지지는 않았다 하더라도 거기에는 엇갈리고 약간 비극적인 오해가 있었어요. 그러나 충분히 자신 있는 두 개인의 잘 조화된 연구와, 다른 사람의 의미에 접근하려는 적절한 연구는 없었지요. 그들은 그 망설임에 대해서도 제각각이었지요."[25]

---

20) 미셸 드 세르토, 《역사의 부재》, 맘, 파리, 1973년; 《역사의 기술》, 갈리마르, 파리, 1975년.

21) 미셸 드 세르토, 《16,7세기의 신비주의적 우화》, 갈리마르, 파리, 1982년.

22) 미셸 드 세르토, 〈역사의 작용〉, 《역사 만들기》, 갈리마르, 파리, 1974년, 제1권, 《새로운 문제들》, 3-41쪽.

23) 미셸 드 세르토, 도미니크 쥘리아와 자크 르벨과의 공동 작업, 《언어의 정치. 프랑스 혁명과 사투리》, 갈리마르, 파리, 1975년.

24) 미셸 드 세르토, 《말의 결정(선택)》, 데클레 드 브로베르, 파리, 1968년.

리쾨르는 1975년과 1978년 사이 파르망티에 가의 세미나에서, 미셸 드 세르토의 역사에 관한 논문들을 이미 토론했었다. 자크 콜레트나 장 그레쉬와 같은 몇몇 연구자들은, 우리가 목격한 바에 따르면 리쾨르의 세미나와 미셸 드 세르토의 세미나에 번갈아 가며 참가했다. 그렇지만 리쾨르는 역사적 상대주의 형태를 북돋우는 입장에 대하여 망설이는 태도를 보여 준다. 게다가 세르토가 저해 요소 및 직관의 논리와 더불어 직관에 관련된 실천으로 역사 작용을 놓고 볼 때, 그가 역사학자들의 작품 해독을 그 분석 속에 통합한다 할지라도 관점의 차이는 고유하게 철학적 개입의 한계 속에 남아 있는 리쾨르의 원문 내용에 더 충실한 접근과 대조적이다. "이런 차원은 전혀 리쾨르의 관심을 끌지 못한다. 리쾨르에게 있어서 유형이나 단체의 실체로서 직관적인 분석이란 결코 존재하지 않는다."[26] 미셸 드 세르토는 다음과 같은 리쾨르와의 대화를 통해 역사학자로서 자리를 잡는다. "나의 관점은 바로 역사학자의 관점이고, 그것은 철학자에게 있어서는 종종 그 어떤 목표가 되는 것은 아니다."[27] 그는 다양한 측면에서 그 질문을 설정한다. 첫째로, 그 역사학자는 역사적 대화의 문제 방식에 대한 질문을 제기한다. 그래서 그는 그 점에 관해 제작기관에서 역사학자의 대화를 유효하게 하는 대화의 칭호와 제도적 장치, 학술적인 공동체에 의한 모든 인식의 기호들과 함께 원문의 버팀대를 상기시킨다. 그렇지만 이런 리쾨르의 연구 부재의 차원은 역사적 대화의 분석을 법칙론과 서술체론 사이의 양자택일로 몰아넣는 게 헛되다는 것에 의해, 드 세르토가 다른 관점으로 리쾨르의 관점과 유사한 종결에 이르게 하는 데 있어서 부조화로 나타나지 않는다. 둘째로, 드 세르토는 리쾨르의 비평을 배척하면서 '새로운 역사'의 변호인이 되는데, 거기에서 그 사건에 대해 침묵하려는 시도를 엿볼 수 있다. 그때 그는 역사의 여운으로 나누어지는 사건들의 적절성으로 계획된 연작들을 고려하면서 일련의 역사를 옹호한다. 이와 마찬가지로 1789년 7월 14일은 민주적 혹은 경제적 역사와는 아무런 관련성이 없고, 오히려 그것은 정신 구조들의 기본 골격이 된다. 그는 전체 역사와 전 시대에 있어서 존재하는 총체적 역사의 가치에 대해 푸코와 같은 방식을 따르는데, 그것은 문제들을 토의에 부치고 역사가의 대화가 진

25) 피에르 장 라바리에르와의 대담.

26) 뤼스 지아르와의 대담.

27) 미셸 드 세르토, 〈폴 리쾨르의 책 《시간과 이야기》에 대한 논쟁〉, 《콩프롱타시옹》, 1984년, 17쪽.

행되는 도중에 발생하는 분열을 공식적으로 인정한다. 반대로 서술의 고유한 논리 영역에 관해서 드 세르토는 리쾨르의 종결들과 예증을 따른다. 리쾨르는 제도적인 개념으로 모든 분석에 대하여 간격을 유지하고, 현재의 흔적을 그와 대체시키고 싶어한다. 그러나 "그 흔적은 제도화될 수 없는 놀라운 요소인 것 같다. 그것은 저항하는 그 어떤 것이다."[28] 그 제도와 연결된 이런 문맥상의 차원을 제외하고, 우리들은 역사적 사건이 무엇인지에 대한 정의에의 충격 후에 정신분석학적 개념에 대한 리쾨르의 사용을 통해서나, '엮음무늬' 의 개념이 드 세르토에 의해 사용된 것으로 많은 합의점을 얻게 된다. 드 세르토는 리쾨르의 일치하는 동시에 일치하지 않은 형상으로서 균형 상실로 이루어지는 서술 구조에 참여한다.

이 논쟁이 있은 지 얼마 지나지 않은 1985년 미셸 드 세르토가 세상을 떠났고, 리쾨르는 그에게 마지막 경의를 표하러 온 수천 명 가운데 한 참여자로 장례식 미사에 나타난다. 월요일 아침 뤼스 지아르는 "아연실색한 리쾨르의 얼굴을 떠올린다. 그리고 나는 리쾨르의 장례식 참석은 미셸 드 세르토의 마지막 해 작업 내용을 더 잘 이해했음을 구체화하려는 방식이었고, 그것은 또한 가장 상식적인 행동이기도 했다고 스스로에게 말했다."[29] 재빨리 중단된 이러한 대화의 초안은 리쾨르에게 있어서 부분적으로 미셸 드 세르토의 작품에 기대했던 기억과 역사 · 망각 · 용서 사이의 관계에 대한 그의 더 생생한 기억 속에서 그 전진을 계속해 나가게 한다. "역사학자의 임무는 정신적인 충격을 반복하는 것이 아니라 그것을 적당한 자리에 놓는 것이고, 데리다가 말하는 위협이나 지나가고 싶지 않은 이런 과거를 피하는 것이다. 세르토는 《역사의 부재》 속에서 그것을 보았었다. 역사학자의 처신은 그의 고유한 역사적 대화의 부재와 함께 행동해야 하는 것이다."[30]

논쟁의 다른 면은 하버마스의 제자들인 크리스티앙 부쉰돔과 라이너 로슐리츠와 더불어 시작되었다.[31] 부쉰돔은 계몽주의자, 오프클레러의 선서와 반대 방향으로 《시간과 이야기》에서 변화를 인식하게 되는데, 그 계몽은 하이데거의 주제에

---

28) 폴 리쾨르, 같은 책, 26쪽.

29) 뤼스 지아르와의 대담.

30) 폴 리쾨르, 〈역사, 기억, 망각〉, 《레 레뷔 파를레, 보부르센터》, 1996년 1월 24일.

31) 크리스티앙 부쉰돔과 라이너 로슐리츠, 《논쟁중인 폴 리쾨르의 시간과 이야기》, 세르프, 파리, 1990년.

그의 실질적인 동의로 인해 1983-1985년 그 주제의 단념과 1965년의 그의 작품에서 유래한다. "《시간과 이야기》 속에서 발견되는 하이데거와의 유사함은 정말 놀랄 만한 일이다."[32] 그에 따르면 리쾨르는 영감에 대한 시초에 복귀하고, 시간은 유추에 의해 악의 자리를 정돈하게 할 뿐이었다. 게다가 부쉰돔은 종교적 신념을 빙자하여 리쾨르의 신용을 떨어뜨리는 것을 목표로 하는 비평을 행한다. "어떻게 신앙을 드러낼 수 있을 뿐인 가정에 대해, 리쾨르는 논증에 의해 그것을 납득시키기를 바랄 수 있을까?"[33]와 같은 의미로 매우 대립적인 이러한 비평 속에서, 라이너 로슐리츠는 《살아 있는 은유》와 《시간과 이야기》 사이의 보수성을 구별한다. 그 첫 작품은 《시간과 이야기》가 시간 속에서 인간의 관계를 진술하는 철학적 대화의 무능력한 가정에 대해 전개할 때, 사변적인 사상이 시적 은유의 최후 의미를 유일하게 진술할 수 있다고 여전히 단언했다. '해석의 갈등' 속에서 누가 결단을 내릴 수 있을까? 가능한 의미의 유출에서 누가 결론을 지을 수 있을까? 그것은 한편으로 의심의 사상가를 전복하려는 작업에도 불구하고 부서지지 않은 채로 남아 있는 신앙과 성스러운 것이다. 그러나 다른 한편으로 그것은 시이다.[34] 그는 해석학적 전통으로 하이데거나 가다머로 대표되는 인문과학과의 대면을 더 중시하는 자신의 방식 내에서 리쾨르를 인정한다. 그러나 방법에 투영된 자리는 부차적인 것으로 남는다. 그렇지만 그는 "진정한 존재의 시간을 초월하는 본질을 향한"[35] 내용을 능가하게 하려는 현대성에 등을 돌리고, 비시간화하는 쪽을 지향하는 것과 같은 비현실적인 관점에서 하이데거의 모습을 찾아낸다. 그래서 라이너 로슐리츠는 그가 현대성에 대하여 전통을 옹호하려는 수단으로 인식하는 《시간과 이야기》의 철저한 비평에서 해방된다. 그러므로 여기에는 보수주의를 대표하는 가다머와 계몽에 대한 현대 계획의 추구를 구현하는 하버마스 사이 독일인의 입장에 대한 프랑스인의 대변이 있었다.

같은 작품에서, 리쾨르는 그 비평들에 있어서의 답변을 가져온다. 그는 자신의 시간에 대한 첫 주제화가 성 아우구스티누스의 《고백록》과 아리스토텔레스의 《시학》 사이의 대면에서 왔다는 것을 상기시키면서, 《시간과 이야기》의 본질적 영역이

32) 크리스티앙 부쉰돔과 라이너 로슐리츠, 같은 책, 177쪽.
33) 같은 책, 181쪽.
34) 같은 책, 141쪽.
35) 같은 책, 147쪽.

하이데거와의 변증법적 싸움과 대결이라는 것으로 그 기본 가정을 수정한다. 게다가 그는 자신에게 행해진 반역사주의의 비평에 직면하여 그 조사 영역을 정의한다. 사실상 "나의 연구들이 역동적인 것은 바로 과거가 없이 완전히 머물러 있는 **비역사주의**와, 머무르지 않고 완전히 지나가는 **역사주의** 간의 중개자인 **역사의 변화권**에서이다."[36] 리쾨르가 의미의 보장을 성경의 신(神)에서 바라본다는 부쉰돔의 제안으로 말하자면, 그 제안은 견고한 토대와 창립 초석을 구축할 수 있는 존재론을 리쾨르에게서 찾으려는 완전히 헛된 시도를 설명하게 할 뿐이다. 사실상 부쉰돔은 그러한 것을 더 이상 발견할 수 없었다. 왜냐하면 우리는 이미 리쾨르에게서 존재론이 정복된 땅이 아니라 깨어지고 다원적인 존재론이라는 것을 보았기 때문이다. 하버마스학파와의 이러한 논쟁은 그의 신념의 이름으로 리쾨르 사상을 낙인 찍는 형태를 매우 명확히 나타낸다. 리쾨르는 항상 논쟁에 대한 다양한 범위를 정하는 데 크게 신경을 썼다. 그는 자신을 중상모략하는 이들에게 이같이 답변한다. "성경의 신 속에서 신앙은 나의 철학적 투자들의 전제 조건에 따르지 않는다."[37]

《시간과 이야기》는 현상학적 연구를 받아들이는 방향에서 새로운 균열을 깊이 파헤치게 된다. 두 관점은 그 신분이 유형의 신분을 대신하는 것처럼 서술체라는 개념에서 리쾨르가 정의한 긴 관점에 따라 명상에 가치를 부여하려는 경향에 열려 있는 것 같다. 게다가 해석학적 접목에서 떨어진 후설 계열에서 현상학의 다른 계열은 유형성에 더 직접적인 접근과, 그 자신의 경험에서 더 내부적인 도약의 혜택을 준다. '원문의 세계'가 여전히 리쾨르에 대한 염려뿐만 아니라 그의 고유한 연구 작업장 내부에서 그 원문을 재창설하고 다듬어 내면서, 그 원문들을 말하게 하는 청취를 자신의 철학적 독특성과 고유한 존재에 연결짓는다. 장법의 위험에 직면해서도 항상 주저하고 시간성의 최후 구성 조건으로 거슬러 올라가는 모든 시도와 모든 직접적인 경험에서 오는 회의주의적 성격을 납득한 리쾨르는, 이미 거기에서 구축된 그래서 필수적으로 완벽하지 못한 시간성에 접근하는 명상에 특권을 부여한다. 짧은 길은 반드시 차단되어 있다. 그것은 《악의 상징학》 이후로부터 해석학적 접목에 대한 가장 큰 교훈이기도 하다.

---

36) 크리스티앙 부쉰돔과 라이너 로슐리츠, 같은 책, 206쪽.
37) 같은 책, 211쪽.

55

파리-프라하: 철학적 교량 역할

스탈린식 관리주의 체제하에 체코슬로바키아에서의 지식인의 삶은 1950년대 들어 점차로 소멸되기 시작한다. 만일 체코슬로바키아가 프라하의 봄을 계기로 재정립되었다면, 후삭에게 있어서 체코슬로바키아의 정상화를 위한 노력은 진전되었을 것이다. 그렇지만 체코슬로바키아에 두 번이나 실시된 무력 행사에도 불구하고 자유의 광장을 정복당하지 않으려는 의지를 결코 꺾지는 못했다. 이러한 상황에서 수많은 지식인들이 말살 작전에 대항할 수 있는 방법을 발견한 것은 바로 철학에서이다. 철학 사상의 모든 지하 활동은 그 활동을 속박하기 위해 휘둘러대는 장애물에도 불구하고 존속할 수 있었다. 감시와 검열, 추방의 방법으로도 "자유의 수호자 역을 맡은 것으로 보였던"[1] 위협받은 철학에 몰두해 유사한 삶을 가져온 몇몇 반대자들을 방해할 수 없었다. 대학에서 추방되고 서양 철학의 영역에서 단절된 지식인들은 야간 수위나 난방공이 되고, 아파트에 고용되어 다락방이나 오두막집 혹은 철학 모임의 집단 회담 장소로 쓰이는 아파트에서 생활을 유지해 나간다. 이런 비공식 세미나들은 철두철미하게 경찰당국의 추격을 받는다. 왜냐하면 그곳은 획일화와 사고의 대중화 양상 정책 이래로 "대중 문화 생산에 있어서 그 책임감을 통감한 철학자들의,"[2] 철학의 문제를 사색하는 유일한 장소들이기 때문이다.

가장 평판 좋은 세미나 가운데 하나는 철학자 라디슬라프 헤다네크의 철학 세미나이다. 사람들이 대학에 등장하는 것을 금지하여, 결국 운하 건설 회사의 노동자가 된 헤다네크는 프라하 사태의 과도기인 1952년 철학 연구를 완간한다. 그렇지만 인문과학연구소의 도서관에서 12년간 맡게 되는 일자리를 받아들이면서 지

1) 발레리 로위, 〈비공개 사상〉, 《프라하, 오트르망》, 제46호, 1990년 5월, 223쪽.
2) 같은 책, 224쪽.

속적으로 책의 세계에 다가간다. 이와 같이 그는 연락을 취하고, 그의 비밀 조직을 유지하는 데 이 조건을 활용할 수 있었다. 60년대의 자유화를 이용하여 그는 출판을 시작하고, 마침내는 아카데미철학연구소에 입소하게 된다. 그러나 1968년 8월 소련의 점령과 그 결과가 몰고 오는 획일화 정책은 1971년 그를 추방케 한다. 헤다네크는 다시 난방공이 되고, 그후에는 문학 등에서, 그리고 건설 회사에서 야간 수위로 일하게 된다. 그렇지만 그는 철학자라는 자신의 신분을 보존하려고 애쓴다. 그래서 이러한 공적인 직무에도 불구하고 1980년부터 1989년까지 자신의 아파트에서 세미나를 개최한다.

헤다네크는 견해가 다른 철학자, 마르크스주의자인 율리우스 토민에 의해 이미 정리되어 버린 철학 형태를 약간 실용적으로 바꾸면서 자신의 것으로 만든다. 토민의 세미나들은 사람들에게 잘 알려져 있고, 폭넓게 개방되어 있었다. 그러나 회합이 시작된 지 불과 몇 분 뒤 경찰이 조직적으로 내려와서 참석자들을 체포했고, 그들을 2-4일간 투옥하였다. 세미나를 계속하는 것이 불가능한 상황 속에서 토민은 망명을 하게 되고, 헤다네크가 그의 뒤를 따른다. 당시 그는 비밀 장소에서 개최되는 '신중한 사람들' 이라는 세 차례의 세미나를 가졌는데, 경찰에게도 개방된 세미나를 개최하기로 결심하기에 이른다. 그렇게 해서 경찰의 한 대표자가 그 세미나에 규칙적으로 참석하게 되었는데, 한 외국인 손님이 그 모임에 참가했을 때는 민주적 체제의 인상을 주기 위해 사라져 버린다.

이러한 상황에서 방문하게 되는 첫 외국인은 리쾨르로서, 그는 1979년 여름 프라하에 간다. 헤다네크가 리쾨르를 안 것은 1947년, 그것은 그가 세계그리스도학생연맹회의가 개최되던 벨기에의 작은 마을 루스탱에서 리쾨르를 만난 연도이다. 신교도 속으로의 공동 참여는 그들의 철학적 · 정치적 대화로써 더욱 강화된 관계를 맺게 해준다. 이 방문 때 리쾨르는 또한 가톨릭 철학자이며, 리쾨르 작품의 대단한 숭배자인 노보에의 환대를 받는다. 이와 같은 외국인 철학자의 도착은 프라하의 철학자들에게 있어서 활력을 불어넣어 주는 것이었다. 그것은 또한 체코슬로바키아 땅에서 금지된 새로운 출판들에 접근할 수 있는 가능성이기도 했다. "초청을 받은 대부분의 철학자들은 엄청난 짐과 함께 도착했고, 우리들은 이렇게 해서 책들을 가질 수가 있었지요."[3]

---

3) 라디슬라프 헤다네크와의 대담.

파토카의 조카이며, 그 역시 철학자인 얀 소콜은 노보에의 개인 주최 세미나에 참석하고, 《해석의 갈등》에 대한 강의를 준비한 리쾨르의 회합에도 참석한다. "직접 와서 회합을 개최하는 것은, 우리가 바랄 수 있는 최상의 도움이었지요. 그는 항상 책들을 가져왔지만, 가장 중요한 것은 그 사람을 보는 것이었고, 그의 강의를 듣는 것이었으며, 더욱 중요하게는 우리가 부분적으로만 알고 있는 지식에 대해 리쾨르와 함께 토론할 수 있다는 것이었어요."[4] 텍스트들은 동부의 다른 국가에서처럼 체코슬로바키아에서도 지하 출판의 형태로 전해진다. 수많은 리쾨르의 글들이, 특히 얀 소콜이 번역한 《해석의 갈등》의 중요한 요약문이 손에서 손으로 전해지게 된 것은 바로 이런 불안정한 상황에서이다. 당시 리쾨르의 명성은 현상학자들의 작은 모임을 능가하지는 않았지만, 그가 보여 준 정규적인 출석과 그의 지지가 가져다 준 효과는 사상의 자유에 대한 연약한 불꽃을 유지시키는 데 충분한 것이었다. 돌아와 '벨벳 혁명'이 있은 뒤, 리쾨르는 여든 살을 맞이하던 1993년 카렐대학교로부터 **명예박사** 학위를 받는다. 얀 소콜에 의해 번역된 그의 학회 발표 논문들은 '유럽식 구조의 기초로서의 대학'에 근거를 둔다. 리쾨르의 도착과 회복된 자유스런 분위기 속에서 《해석의 갈등》과 《역사와 진실》에 기초한 논문집이 공식적으로 출판되는데, 그것은 이미 비공식적으로 지하 출판 형태하에서 1986년부터 돌려보던 것이었다.[5]

1958년 편집자의 직위를 박탈당한 또 다른 저항지식인 이르지 펙카르는 문학적 양식 쪽으로 상당한 관심을 보였는데, 나라가 한창 획일화 정책으로 과도기를 맞이했을 때 만난 프랑스 지식인들과 매우 긴밀한 관계를 맺었다. 그는 루이 뒤몽과 장 피에르 베르낭 · 에티엔 발리바르 등을 맞아들였고, 죽기 전 프라하에 가보고 싶은 의향을 드러냈던 미셸 푸코의 도착을 사람들이 그에게 알리기까지 했다. 이르지 펙카르는 50여 편의 프랑스 작품을 번역하였는데, 그 중 프루스트의 불후의 저작 《잃어버린 시간을 찾아서》도 그가 번역한 것이다. 공식적인 번역가인 펙카르는 지하 조직 형태로 몇 권의 개인 책들을 유통시키게 된다. 그리고 그는 리쾨르의 흔적을 강하게 상기시켜 주며, 또한 서술체의 정체성에 대한 문제에 관한 입장

4) 얀 소콜과의 대담.

5) 폴 리쾨르, 《Zivot, pravda, symbol》, 오이코이멘흐, 1993년, 밀로스 레이흐르트와 얀 소콜 역.

을 토의했던 책 《타자 같은 자아》와 《정체성의 개념과 그 한계》를 1995년 겨울 출판한다. 그에 대해 지나친 주의를 끌지 않게 하고, 자신의 번역물의 출판 허락을 위해 이르지 펙카르는 몇 가지를 미리 대비는가 하면, 그 친구들의 충고를 받아들여 《헌장 77항》에 서명하지 않는다. 세 차례의 신문을 제외하고는, 여전히 기상천외한 그는 이와 같이 경찰관들의 수많은 중상들을 피했다. 1980년초 그는 치안대장의 출두 명령을 받고서, 체제 저항적인 친구들에 대한 질문에 다음과 같이 답변한다. "나는 그에게 이렇게 말했죠. '물론 이 사람들은 제 친구들이고, 호감을 느끼는 사람들입니다.'"[6] 언뜻 보아서는 부드러운 대화의 순간인 듯싶으나 치안대장의 어조가 갑자기 바뀌고, 조서 작성 때에는 더욱 엄하게 다루어진다. "그는 내게 이 같은 말을 던졌어요. '국가 차원에서 행한 정치적 활동 때문에 비난받았던 사람들과 교제했을 때, 당신이 심각한 상황에 봉착했다는 것을 알아차렸습니까?' 나는 그에게 나의 답변을 받아쓰도록 했죠. '이 나라의 시민 각자는 어떤 사실에 대한 신중한 평가와 지식에 대한 각자의 생각을 각각의 사고 형태에 따라 표현해야만 한다고 저는 확신합니다. 제 생각으로, 그것은 바로 정의감 때문에 어려움을 겪고 있는 사람들과의 교제와 관계가 있습니다. 그래서 나는 내가 잘했다고 생각합니다.' 그는 내 말을 작성하는 걸 수락했죠."[7]

리쾨르는 오래전부터 슬로바키아의 철학자 요제프 시박과 관계를 맺고 있었는데, 시박은 그 자신의 연구를 수행하기 위해 1968년 프랑스 낭테르대학으로 리쾨르를 만나러 왔었다. 그는 렌대학으로 떠나게 되는데, "그것은 후설식의 현상학적 방법론으로 나를 지도하고, 메를로 퐁티의 책을 더 깊이 파고드는 데 결정적인 계기가 되었지요."[8] 이러한 과정 속에서 시박은 파르망디에 가 현상학연구실에 연구원 자격으로 들어가게 되는데, 그곳에서 몇몇 폴란드인 연구원들과 더불어 1975년과 1979년 사이 동부 국가 출신의 연구자들을 대표하게 된다. 1979년 시박이 체코슬로바키아에 돌아왔을 때, 리쾨르는 그가 무엇을 깨달았는지에 관심을 가졌으며, 다소 실업이 감소되어 브라티슬라바대학교 도서관에서 사서 직업을 갖기 전까지 획일화 세계에 깊이 빠져든 듯한 그와의 관계를 유지한다. 마침내 시박이 슬로

6) 이르지 펙카르와의 대담.
7) 위의 대담.
8) 요제프 시박과의 대담.

바키아 인문과학 아카데미 철학연구소에서 〈후설과 메를로 퐁티의 현상학적 기술의 비교〉에 대한 논문을 발표한 것은 1993년에 이르러서이다. 1990년 리쾨르는 브라티슬라바에서의 '정치적 윤리' 에 대한 심포지엄에 초청을 받았다. 그러나 이 심포지엄에 참석할 수 없었던 리쾨르는 자신의 발표 논문을 번역하고 읽어 주는 수고를 시박에게 위임한다.[9)]

경찰에 의해 완전히 저지된 세미나를 다시 개최할 때, 율리우스 토민은 서방의 몇몇 대학에 도움을 구했다. 호의적인 응답을 준 대학은 다름 아닌 옥스퍼드대학교이다. 바다에 던져진 빈 병들처럼 그렇게 절망에 빠진 프라하의 지식인들은, 영국인 앨런 몬티피오리와 프랑스인 카트린 오다르라는 성숙한 철학자 부부를 중심으로 프랑스-영국 철학 조직으로 다시 태어날 수 있는 계기를 맞이한다. 옥스퍼드대학교에서 그들은 루터의 종교개혁 이전 체코의 종교개혁 순교자의 이름으로 1980년초 얀후스협회를 창설하는데, 불행하게도 얀 후스는 자신들의 논문을 변론하러 갔던 콘스탄츠에서 1415년 이단으로 정죄해 화형을 당한다. 카트린 오다르와 그 남편 앨런 몬티피오리는 반대파와 맞서 영국인 대학 교수들이 프라하에 정규적으로 갈 수 있도록 옥스퍼드대학교의 소규모 예산을 가결시킨 후, 라디슬라프 헤다네크를 포함한 몇몇 친구들과 연락을 취하고 1979년 크리스마스에 그들을 만나기 위해 프라하로 간다. "나는 프랑스인들이 연루되지 않은 것은 바보 같은 짓이라고 생각했어요."[10)] 카트린 오다르는 리쾨르를 잘 알고 있었는데, 그녀는 1964-1965년 소르본대학교에서 프로이트에 대한 그의 강의에 출석하고, 연이어 낭테르대학에서 그의 지도하에 후설에 대한 석사 학위 과정을 준비하던 학생이었다. 1968년 5월 교수자격시험에 통과한 그녀는, 하버마스적인 관점에서 프랑크푸르트학파에 대해 레이몽 아롱과 함께 공부하면서 그 연구 방향을 바꾸기로 결심한다. 그렇다고 해도 그녀의 남편 또한 리쾨르와 잘 알고 지내는 사이였기에 1979년부터 다시 그와의 관계를 이어 나가게 된다. "그때 나는 리쾨르와 긴밀한 관계를 유지하고 있었죠. 우리들은 그에게 곧잘 충고를 부탁하곤 했어요."[11)] 그러나 프랑스의 지식인

9) 폴 리쾨르, 〈윤리학과 정치학〉, 《윤리학과 정치학. 전체성에 반대하는 행동. 슬로바키아 작가들의 전시》, 브라티슬라바의 성, 1990년, 49-62쪽.
10) 카트린 오다르와의 대담.
11) 위의 대담.

영역권 내에서 과감히 탈피한 리쾨르는, 소위 파리식이라는 소수의 행동들과 그 정도를 벗어난 일련의 노력들을 무시한다. 그래서 그는 프라하의 지식인 친구들이 어려운 상황에 빠져들지 않도록 카트린 오다르에게 매우 신중하기를 충고한다. 설령 리쾨르가 그녀의 도움을 받는다든지, 혹은 그 협회의 첫번째 초대자가 되는 것을 수락한다 할지라도 그는 표시나지 않게 조용히 있어야 한다. 그래서 리쾨르는 후원회에 조심스럽게 모습을 나타내고, 카트린 오다르가 창설한 프랑스 지도자들의 모임에는 나타나고 싶어하지 않는다.

영국 조직을 모델로 한 얀후스협회는 장 피에르 베르낭이 그 의장직을 맡고, 부의장직은 자크 데리다가 맡은 채 파리에서 시작된다. 이 협회는 프라하와 브라티슬라바 · 브르노측에서 요구한 관련 사항을 토대로 서방측에서 조직한 것이다. 이는 프라하 지식인들의 목멘 기다림에 전적으로 부응한 것이다. 철의 장막 속에서 이루어지는 이러한 노력은 경찰관의 중상모략으로부터 체코의 지식인들을 보호하고, 더욱더 그들을 성장시키게 된다. 그렇지만 자크 데리다의 프라하행은 1981년 구경거리가 될 만한 말썽을 빚는다. 여러 날 추격을 받아 오던 데리다는 비공식 세미나실을 나설 때 경찰관의 심문을 받게 되고, 결국 공항에서 체포된다. 철저한 소지품 검사 후 경찰이 갈색 분말을 찾아냈고, 그는 '마약 밀매와 밀수자' 로 고소당할 위기에 처하게 된다. 체코슬로바키아에서의 석방-자유를 얻어내기 위해서는, 프랑스 대통령 프랑수아 미테랑의 개인적인 개입과 탄원 활동이 필요했다. 그리하여 데리다 사건은 체코 지식인들의 가련한 상황을 알리는 데 있어서 최대 화두로 대두된다. "데리다 사건 이후, 특별히 프랑스 철학자들이 체코슬로바키아에 오기 위해 줄을 섰지요."[12] 그러나 그 결과는 영국에서는 반대 상황으로 전개된다. 만일 체코에서 어느 철학자가 데리다의 경우와 비슷한 상황에 처해 있다면, 영국 정부는 그를 위해 아무것도 할 수 없을 것이기 때문이다. 카트린 오다르는 런던연맹을 위해 프랑스연맹을 사직하는 1983년까지 얀후스협회의 프랑스지부를 떠맡았다. 그때 그 조직의 사무총장직을 떠맡으면서 그녀를 계승한 사람은 나탈리 루사리이다.[13]

체코 쪽의 이러한 항쟁은 후설의 제자이자 현상학자이며 철학자인 저항의 선두격 얀 파토카 주위에서 명확히 나타난다. 1932-1933년 프라이부르크임브라이스

---

12) 라니슬라프 헤나네크와의 내담.

가우에서 후설파 쪽 공부를 하고 하이데거의 수업에 출석한 후, 그는 1934년 높은 유럽 사상 계층 가운데 한 사람인 로만 야콥슨에 의해 활성화된 언어학 모임과 공동으로 구성된 프라하 철학 모임의 창설에 참가한다. 게다가 후설이 1935년말 《유럽 학문의 위기와 초월적인 현상학 위기》의 출판과 더불어 학회를 위해 그 유명한 회합을 하러 그곳에 온다. 얀 파토카는 1936년 학위 논문을 발표한다.[14] 1948년 대학에서 추방당한 후 다시 복직된 파토카는, 1968년 소련의 침공 이후 또다시 침묵하게 되고, 자신의 세미나를 이끌어 가는 데 있어서도 공격을 받는다. 그는 자유와 시민권을 위해 《헌장 77항의 선언》의 세 대변인 가운데 한 사람이 된다. 그럼에도 불구하고 친구 이반 흐바티크가 자신의 집에 숨겨둔 비밀 지하 출판 덕택으로 그의 철학적 연구물들이 은밀하게 전해진다. 1977년 체포되어 치명적인 고문에 시달리던 얀 파토카는, 1977년 3월 13일 감옥에서 뇌출혈로 죽고 만다.

리쾨르는 국제철학연구소의 활동 범위 내에서, 특히 변증법을 특집으로 한 불가리아의 바르나에서 개최된 1973년 국제회의 때 그를 만날 기회를 가졌다. 리쾨르가 1935년 대행한 후설의 이성 비판에 근거한 이런 호소와, 프라하에서 표명된 인간 존엄과 권리 존중의 요구 사항 간의 관계의 논리적 일관성을 서술하면서 "저항하는 철학자"[15]를 지지하는 경의를 표한 것은 바로 그가 죽고 난 후의 일이긴 하다. 이러한 경의의 표현을 통해 리쾨르는 또한 완전한 해체와 신학적 반인문주의의 허상적 매력에 빠져드는 대륙의 지식인들에게도 그 진실을 어필한다. 그는 '공동 묘지의 평화' 만이 다른 질서의 유지를 가능케 하며, 또한 타락하는 권력에 맞선 저항의 수단으로서 윤리학과 도덕 영역의 효능에 대해서도 상기시킨다. 얀 파토카는 그러한 관점에서 본다면 권리의 개념에 대한 힘의 본보기가 되는 모습이고, "그에 대하여 전개된 악착스러운 주체성을 위한 철학적 옹호만이 전제 군주에 대항하는 국민 의식이 약해졌을 경우 시민의 유일한 수단이 된다는 것을 증명해 준다."[16]

---

13) 얀후스협회는 1996년 영국측에서의 활동을 완성시키게 되었다. 그러나 그것은 프랑스측에서도 계속해서 존재한다. 의장 장 피에르 베르낭; 부의장 자크 데리다; 사무총장 나탈리 루사리; 사무실 구성원들로는 마리 크리스틴 라그랑주, 장 클로드 에슬랭, 모리스 드 강디약, 아니 골드만, 발레리 로위.

14) 얀 파토카, 《철학적 문제로서 자연의 세계》, 프랑스어역 자로미르 다네와 앙리 데클레브, 네이호프, '현상계' 총서, 제68호(1936), 라 에이에, 1976년.

15) 폴 리쾨르, 〈얀 파토카, 저항하는 철학자〉, 《르 몽드》, 1977년 3월 19일, 《강의 1》에서 발췌, 앞의 책, 69-73쪽.

체코의 지식인들에 대한 적극적 지지에 참가했던 리쾨르는 1981년 출판된 《이교도 이야기》라는 번역 작품의 서문을 쓴다.[17] 그는 표면상으로는 현상학적 관점을 유지하지만, 내용적인 면에서는 독자적인 방식으로 메를로 퐁티의 현상학과 유사한 대화식 방법을 파토카에게서 찾아낸다. 리쾨르는 특히 "역사적 인간의 문제성"[18]에 대한 그의 주제에서 역사성에 대한 후설주의적이고 하이데거적인 개념과의 단절을 본다. 파토카는 문제 제기가 없는 듯한 과거 세계와 인간이 모든 안전을 잃어버리고, 인간을 **자유**라는 이름하에 고독에 직면케 하는 현대성을 구별한다. 이렇게 고민하는 사람에게 있어서 "어떤 목표라고 하는 것은 고유한 학문이나 타인의 학문 그 자체로서 자유로운 삶 속에 존재하며, 그것은 또한 안전한 다른 곳에서가 아니라 삶이 있는 바로 그곳에서 이루어진다."[19]

이러한 현대성의 개념 해석은 인간의 비난을 받을 위험이 내포된 모든 의미를 수용할 수 있는 듯한 허무주의의 열광을 받는다. 파토카는 이에 대항해 '흔들린 연대성'을 부르짖었고, 1989년 슬로바키아 '벨벳 혁명' 때에는 혁명 총수로서 투옥된 극작가 바츨라프 하벨과 함께 승리를 거둔 이도 바로 그녀이다. 체코 국민의 이러한 노력이 얀 후스 · 코메니우스[20] · 마사리크[21] · 얀 팔라흐[22]와 같은 체코의 위대한 순교자 대열에 추가된 파토카의 죽음 저편에서 어둠을 밝히고 있다.

---

16) 폴 리쾨르, 같은 책, 73쪽.

17) 얀 파토카, 《역사철학에 대한 이교도 이야기》, 페틀리스, 프라하, 1975년; 프랑스어역 에리카 아브람스, 폴 리쾨르의 서문, 로만 야콥슨의 발문, 베르디에, 라그라스, 1981년.

18) 같은 책, 《강의 1》에서 발췌한 폴 리쾨르의 서문, 앞의 책, 76쪽.

19) 얀 파토카, 《이교도 이야기》, 폴 리쾨르에 의해 인용됨, 같은 책, 79쪽.

20) 코메니우스(1592-1670), 폴란드로 망명해야 했던 체코의 인문주의자.

21) 얀 마사리크: 1918년부터 1935년까지 체코슬로바키아공화국의 초대 대통령을 지낸 건국공로자 토마슈 마사리크의 아들. 1945년과 1948년 사이 외무장관직에 머물렀고, 1948년 2월 공산당의 쿠데타 이후 자살하게 된다.

22) 얀 팔라흐, 1969년 1월 16일 평등주의자에 대항한 화재에 의해 희생된 체코 학생.

56

헤겔에의 단념

제목만큼이나 독특한 《시간과 이야기》의 제3권 가운데 일부인 이 장은 시간성에 대한 전체적인 의미를 이해하는 데 중요한 열쇠를 넘겨 준다. '헤겔에의 단념'을 다루는 장에서는 리쾨르에게 친숙한 철학적 행동, **더구나** 헤겔 철학의 중요성에 대한 사상이 문제일 때는 더욱 드러나지 않는다. 유머의 역동성과는 거리가 멀고, 오히려 그것과는 완전히 반대로 이 '헤겔에의 단념' 부분은 특별히 심사숙고된 것이었고, 《시간과 이야기》의 제3권 전체가 구성하고 있는 헤겔에 대한 대조와 평가 그리고 헤겔 이론에 대한 저항 부분을 다루고 있다. 우리는 이런 철저한 입장에 대해 어떤 의미를 부여할 수 있을까? 그것은 헤겔 체제의 힘에 대한 확실한 사실에서 출발한다. 모든 동시대 철학자에게는 "헤겔에의 유혹"[1]이 많이 있었다. 헤겔의 역사적 영역은 정신의 자아 실현 과정을 다루고 있다는 점에서 철학 분야에서의 유일한 위치를 차지한다. 특히 그의 변증법적 과정은 수많은 현실화를 통해서 획득된 정신에 대한 통일적인 시야를 전제로 이룩된다. 역사적 자료는 그에게 기록과 실현의 특권적 공간을 제공해 준다. 실재가 합리적이라는 것에 따른 가정에서 출발하면서, 세계 정신은 그 실행에 있어서 행위자들을 벗어난 전개 속에 작품이 존재한다. 역사가 이성의 술책에 대한 유명한 사상을 따르면서 행위자들에게 알리지 않고 반대 입장을 표명할 때, 그들은 자신들에게 있는 역사를 만드려고 생각한다. "손해를 맛보고 손실을 따르는 것이 역사가 존재에 이르는 유일한 방법이므로, 우리는 역사가 그 위치에서 열정을 움직이게 하는 사실을 **이성의 술책**이라 부를 수 있다."[2] 그의 뜻에 반하여 그것을 포함한 보다 광범위한 운명을 달

1) 폴 리쾨르, 《시간과 이야기》, 제1권, 앞의 책, 350쪽.
2) 헤겔, 《역사 속에서의 이성》(1830), 10/18, 크리스티앙 부르주아, 파리, 1965년, 129쪽.

성하게 할 뿐인데, 각 행위자들은 자기의 정열을 실현한다고 생각한다. "각 개인은 사람이 경작하는 세계에 있어서 절대적인 필요성의 사슬에 묶인 맹목적인 고리이다."[3] 악이라는 것이 정열과 폭력의 운명과 함께한 승리를 분리할 때, 이성의 실현이 지속적으로 영향을 받지 않는 역사의 한 작품에서 한 개인이, 한 국가가, 한 민족이 이런 정신을 구현하는 일이 생긴다. 비극과 전쟁, 병에 대한 헤겔의 설명에도 불구하고 역사의 실재가 되지 못한 것은 최소한의 그의 기술이다.

합리성이 행해지는 데에서, 통일적인 관점의 내부에서 악에 대한 이런 동화는 더 이상 우리 20세기의 비극적인 사상이 될 수 없다. 역사의 구현이 구조주의에 의해 이미 **목적론** 쪽으로 향해 가는 것처럼 유럽 중심주의의 주장과 서양 문명의 한 복판에서 나치에 의해 준비된 한 종족의 말살을 끌어내는 수업에서 구축된 이중 편심은 헤겔의 이런 낙관주의를 철저히 문제삼는 데 이르게 할 수 있을 뿐이다. 게다가 헤겔에게서 이성과 개념의 승리는 역사적 사건성과 서술체의 감소라는 비싼 대가를 치르는데, 리쾨르는 이를 참지 못한다. "현존재의 효율성에 대한 이런 등식은 역사의 현존재를 고려하는 서술체의 소멸을 상징한다."[4] 헤겔은 과거의 흔적에서 진정한 의미를 제공받지 못한다. 그는 "역사적 과거로부터 현재까지의 **관계**에 대한 문제"[5]를 결정하지 않는다라기보다는 오히려 그것을 해체한다. 그래서 헤겔 철학의 유혹은 무엇보다도 전체의 불가능한 조정에 부딪친다. 이에 대해 리쾨르는 역사에 대한 헤겔 철학의 신빙성 상실을 20세기의 중요한 사건으로 생각한다. 헤겔 철학의 역행은 1914년 20세기의 끝에서 유럽의 정치적 자멸 이래로 유럽 중심주의의 붕괴에 대한 역사적 맥락에 부합한다. 인류가 행한 분할의 다양성에 대한 지식은 더 이상 역사 작품을 놓고 볼 때 인간의 유일하고 독특한 정신 속에서 국민 정신의 총체성을 가능케 하지 않는다. 게다가 과거와 현재·미래 사이의 세 관계는 과거와 현재의 차이점의 소멸 과정에서, 그것을 표현하는 현재의 내부에서 생생한 과거만이 헤겔의 변증법 속에서 취해진다.

헤겔의 관점과는 반대로 개인과 국가와 국민들에 대한 이상한 관심이 우리에게 오늘날 "불가능한 총체성의 분리된 구성원"[6]을 생각케 한다. 헤겔식의 사고 유형

---

3) 헤겔, 예나의 회합, 자크 동트에 의해 인용됨, 《헤겔. 살아 있는 역사철학》, PUF, 파리, 1966년, 206쪽.

4) 폴 리쾨르, 《시간과 이야기》, 제3권, 앞의 책, 360쪽.

5) 같은 책, 364쪽.

에서 완전히 벗어나게 하는 이 시대의 집요한 사건이라고 하는 것은 훨씬 더 현대적이며, 완전한 의미의 매개 개념과 미완성적이며 불완전한 의미의 매개 개념 사이를 오가는 힘든 연구 작업으로 새로운 지평을 열어 주는 개념의 그 어떤 제한된 범위 내에서의 석학적 입장에 의한 역사적 의식의 다른 이식을 필요로 한다.

서술이나 말해진 시제의 시간성에 대한 이런 이중적 난점은 헤겔과 함께 시도된 이러한 대화의 틀을 취한 것인데, 헤겔은 정신현상학에서 언어와 개념 사이에 존재하는 일종의 동등성을 가정한다. "진실이 존재하는 곳에서 진정한 형상은 하나의 체제가 될 수 있을 뿐이다."[7] 그것은 결국 정신의 세계가 도달하고자 하는 최종 지점이다. 리쾨르에 의해 실현된 이런 자리바꿈은 이중적이다. 그는 중심 자리에 언어를 위치시키고 우리가 개념을 그것에 대체할 때 상징적 대상으로서의 언어가 사라지지 않는 그 어떤 언어 세계가 있음을 보여 준다. 의미의 포화 상황은 유일한 개념화에 의해 확보되지 않을 뿐만 아니라, 환원할 수 없는 사물이 존재하는 상징적 질서 밖의 개념적 영역에서 벗어난다. 3부작 내용 용어에서 상징적 질서의 풍부함을 살려내기 위해, 리쾨르는 "동기적 개념"[8]의 기초 위에 형성된 경험적 공간과의 관계로 인하여 과거에 의해 영향받은 존재의 중요한 범주로서 역사적 의식의 해석학을 정의한다. 헤겔 철학을 경험한 후 리쾨르가 나타낸 것은 생각을 부여하는 상징의 관점과 뒤이어 나타나는 줄거리 구성, 다시 말해 서술체 계열의 관점이라는 다른 시각에서이다.

헤겔에 대한 리쾨르의 이러한 관점은 때이른 것이었고, 매우 비평적이다. 왜냐하면 그는 1938년부터 마르크스 사상을 단순화시키는 양상에 대한 책임감을 그에게 전가하기 때문이다. "마르크스는 **형이상학의** 전제 조건뿐만 아니라 단순히 그가 헤겔과 흡사하다는 것을 과도하게 간략화한 **논리적** 정신의 희생자가 아니었다."[9] 그렇지만 리쾨르는 이런 기본적 관계에서만 머무르지 않는다. 그는 교육의 상당 부분을 헤겔 연구에 바친다. 헤겔에 의해 설명된 주체의 목적론에서 긴장 관

6) 폴 리쾨르, 같은 책, 371쪽.
7) 헤겔, 《정신현상학》(1807), J. 이폴리트 역, 오비에, 파리, 제1권, 8쪽.
8) 폴 리쾨르, 《시간과 이야기》, 제3권, 앞의 책, 414쪽.
9) 폴 리쾨르, 《존재》, 제5호, 1938년 3월, 8쪽.

계에 있는 원형적 주체에 대한 설명처럼 정신분석학적 담론 형태를 띨 때, 그는 1965년 프로이트에 대한 회고에서처럼 '헤겔 철학의 유혹'에 가끔은 강하게 이끌린다. 헤겔 작품 세계에 대한 진정한 인식은 때늦은 감이 있다. "절대적 악에 대한 개념에서 《악의 상징학》의 순간에 대해, 헤겔은 그의 염려의 영역을 넘어선 것 같습니다."[10] 리쾨르가 시간성의 문제에 직면하게 되었을 때, 헤겔은 그에게 있어서 명백하게 무시할 수 없는 존재가 된다.

1981년과 1987년 사이 세브르센터의 학장직을 지낸 예수회 철학자 피에르 장 라바리에르는, 1967년 로마에서 발표한 논문에서 헤겔에 대한 열정적인 관심을 표명한 바 있다.[11] 리쾨르의 맥락과 전혀 다른 철학적 맥락에 속하면서도, 그는 국가론에 대한 학위 논문 지도교수로 리쾨르를 선택한다. "그는 비정형적인 논문을 받아들여 준 유일한 분이었고, 대학의 획일화된 이념 속에서 벗어난 몇몇 사람에게 있어서 하나의 방편처럼 보였어요."[12] 그리하여 1973년, 미국에 자주 머물렀던 만큼 자신의 지도하에 진행중인 여든 편의 논문이 있을 뿐더러 그다지 한가하지 않음을 알리는 리쾨르로부터 마침내 허락을 얻어내고, 그와의 대담을 부탁한다. 피에르 장 라바리에르는 그렇게 해서 1979년 학위 논문을 발표한다.[13] "리쾨르는 자신의 견해와는 완전히 다른 반대 입장을 받아들였고, 내게 그것을 말했어요. 리쾨르의 놀랄 만할 점은, 자신의 세계가 아닌 세계를 발견하고서 방향을 바꾸게 하지도 않고, 오히려 그것을 존중하면서 그 스스로가 창의적인 호감과 함께 그것들에 동화되는 능력을 지녔다는 거예요."[14] 라바리에르는 리쾨르의 '헤겔에의 단념'에 역설적으로 헤겔 철학의 의미를 부여한다. 그것은 헤겔에 관한 작별이 아니라, 반대로 사라지는 것에 대한 안타까운 표현이다. 그는 리쾨르가 희생 속에서 이 죽음을 살리고, 그 고유한 죽음을 생각하게 하는 능력으로서의 공동 고백을 정의했던 방식으로 이 관계를 헤겔 체제와 연결짓는다. "헤겔 철학의 존재는 무엇입니까? 그것은 지식의 즉시적 포기, 즉 수행중에 발생하는 이중 부정으로서의 진입입니

---

10) 피에르 장 라바리에르와의 대담.

11) 피에르 장 라바리에르, 《헤겔의 정신현상학에서 변증법적 운동과 구조》, 오비에-몽테뉴, 파리, 1968년.

12) 피에르 장 라바리에르와의 대담.

13) 피에르 장 라바리에르, 《이타성의 담론》, PUF, 파리, 1983년.

14) 피에르 장 라바리에르와의 대담.

다. 헤겔 철학의 구성 내부에 머물러 있는 사람은 더 이상 사물을 이해하지 못했어요. 어떤 방식에서 보면 헤겔은 파멸의 영역에 있습니다. 그래서 헤겔에 대한 리쾨르의 입장은 헤겔을 무시했던 최초의 인식보다 더 많은 문제가 있지요."[15]

리쾨르의 사고 과정에 있어서 헤겔을 적당한 간격에 놓는 것은 많은 요인의 결합에서 기인한다. 20세기 비극의 영향 외에도, 만일 리쾨르가 다양한 지식의 형태에 대한 재통합의 걱정을 헤겔과 공유한다 하더라도, 그는 그것이 모든 철학자에게서 전제되는 지배의 입장에서와 마찬가지로 총괄적인 체계의 사상을 진보적으로 부인했다. 그러한 관점에서 보면, 그는 비트겐슈타인이 다양한 언어놀이에 참가한 것과 같은 태도로 존중하려는 그의 따뜻한 포용으로 다른 인식 영역에 열려 있는 철학 세계에서 더 모범적인 대화체의 입장을 채택한다. 이런 긴장감은 하나뿐인 존재 영역에서도, 그 어떤 다양성의 비환원성에도 양보하고 싶어하지 않는 리쾨르의 모든 작품 과정 속에 존재한다. 그런 측면에서 '헤겔에의 단념' 에서는 한 작품의 체계를 만들어 내는 결정이 창시자에게 있다는 것에서 벗어나는 게 적합하다는 의견에 따라 하나의 규율을 정립한다. 사고의 심오한 경지에 이르고 싶어하는 철학자의 강렬한 욕망에도 불구하고 리쾨르는 폐쇄되어 버릴 수 있는 사고의 체계적 거부에 반대한다. 이런 유혹 속에서 그는 "헤겔에게서처럼 완전히 주기적이거나 그렇다고 순환하지도 않는 나뭇가지식의 도식론"[16]의 전개를 더 좋아한다. 헤겔에게서 나타나는 이런 애매모호하고 일관성 없는 관계를 이해하기 위해서는 철학자로서, 신앙인으로서의 리쾨르의 이중 신분 또한 고려해야 한다. 어떤 틀에 박힌 통합을 목표로 하거나 권위의 논증을 이용함 없이 한 분야의 어떤 사람을 잠식하지 않고 두 명부를 함께 생각해 내려는 그의 노고는, 그들 각각의 존중할 만한 관점에 적절한 타당성의 핵심으로부터 그들의 대화를 허락하는 한계들의 범위 내에서 신학만큼 철학을 이해시키는 것을 필요로 하게 한다. 인간의 경험 체계를 서술화시키는 리쾨르의 능력에 의해 하나의 서술은 철학의 논리적 난점에서 어떤 대책 속으로 도망하고, 시간에 대한 특권을 부여받은 수호자의 위치에서 발견되는데, 여기에서 우리가 리쾨르의 예증을 재설정할 수 있는 것은 바로 이

---

15) 피에르 장 라바리에르와의 대담.
16) 베르나르 켈크주와의 대담.

런 그의 내면적 지성 세계에서이다. 20세기에 발생하는 비극의 문제는 철학에 던져진 하나의 도전이며, 이러한 문제는 리쾨르에 의하면 헤겔의 범리론은 의미의 총체성 속에서 그의 통합으로까지 이끌어 내는 최종 목적지에 이를 수 없다. 리쾨르는 무엇보다도 코제프가 헤겔에 관하여 해석했던 철학적 사상에서 벗어나고 싶어한다. 코제프의 헤겔 해석은 프랑스에서 헤겔 소개와 그의 이론을 크게 지배했다. "그는 조르주 바타유 · 레이몽 크노 · 가스통 페사르 · 모리스 메를로 퐁티 · 자크 라캉 · 레이몽 아롱 · 로제 카이유아 · 에릭 바유 · 귀르비치 · 레이몽 폴랭 · 장 이폴리트와 로베르 마르졸랭 같은 독자들을 가졌었다."[17]

그렇지만 리쾨르의 '헤겔에의 단념' 은 "20세기가 헤겔 철학이 될지 그렇지 못할지"[18] 리쾨르가 피에르 장 라바리에르에게 어느 날 비밀스럽게 말했다는 점에서, 헤겔 철학 사상의 모든 부분에 대한 적응을 묘사하고 있다. 또한 다른 사람들과의 관계에 있어서, 리쾨르는 우리가 제도와 객관적 도덕성에 대한 헤겔 철학의 근본 이념을 지킬 수 있다고 생각한다. 그래서 사실상 제도적인 매개물은 "무질서한 자유부터 분별 있는 자유까지"[19] 그 주체와 행위자의 윤리를 구성하는 범위 내에서 존재한다. 그래서 중요한 문제로 대두되는 점은 자유가 제도 속으로 어떻게 들어가는가를 아는 것이다. 헤겔로부터 리쾨르는 집단 의지와 제도의 효과적인 실행 사이에서 현실화됨으로써 화합을 이루는 근본 바탕 위에 그의 시범적 모델을 펼쳐 보인다. 그는 또한 사려 깊은 것에 비해 다른 지식이 없고, 즉각성의 사상에 대한 모든 유혹에서 벗어나는 게 적절하다는 확신에 의해, 그리고 매개물에 대한 그의 염려로 인한 점을 통해 볼 때 매우 헤겔적으로 남아 있다.

그러므로 그러한 의미에서 리쾨르는 모든 헤겔 철학의 방식을 체계화한 연후에 활용했으며, 게다가 에릭 베유의 용어들을 재인용하면서 '칸트 철학의 후기 헤겔 철학' 으로 정의하는데, 여기에서 그는 정치철학을 구현하는 데 있어서 헤겔의 작품을 해석하는 방식과 매우 근접해 있다고 느낀다.[20] 에릭 베유와 리쾨르의 공통

17) 그웬돌린 자르체크와 피에르 장 라바리에르, 《코제프부터 헤겔까지》, 알뱅 미셸, 파리, 1996년, 29쪽.

18) 피에르 장 라바리에르와의 대담.

19) 폴 리쾨르, 〈자유의 문제 앞에서 철학과 정치학〉, 《자유와 사회 질서》, 제네바의 국제적 모임, 1969년, 라바코니에르, 뇌샤텔, 64쪽.

20) 에릭 베유, 《정치철학》, 브랭, 파리, 1956년; 폴 리쾨르의 논문, 〈에릭 베유의 정치철학〉을 보라, 《에스프리》, 1957년 11월; 《강의 1》에서 발췌, 앞의 책, 95-114쪽.

된 철학적 행동은 헤겔에게서처럼 대립적 조정 내에서 변증법적인 방법으로 이율배반들에 대한 문제 제기에 귀착된다. 그들은 대립의 용어들을 초월하는 선에서가 아니라, 사상이 새로운 전개를 하도록 허용하는 자리바꿈에 의해 그 용어들의 과다한 출현을 항거할 수 없게 하는 절정점에까지 이르게 하는 모순 관계에서 긴장을 유지한다. 리쾨르에게서 찾아볼 수 있는 이러한 특징은 우리가 에릭 바유에게서도 찾아볼 수 있는데, 이는 모두가 행위 영역에 대해 특권을 부여하는 상호 관계자를 이끌어 내는 점에 있어서 전형적인 칸트 철학의 입장을 보여 준다. 1982년 5월 샹티이에서 열린 국제학술회의를 통해 에릭 베유에 대한 심화 연구를 하게 된 리쾨르는, 어떻게 베유가 절대 범주 너머에서 행동의 범주를 세우는가와 어떻게 의미와 지혜의 범주가 행동의 범주에 덧붙여질 수 있는가를 보여 준다. 베유에 의하면 철학자는 "그 행동이 철학과 함께 끝나는데, 왜냐하면 그것은 철학이 그렇게 해서 완성되기 때문이다."[21] 에릭 베유가 목표로 한 논리적 일관성의 계획은, 리쾨르에 따르면 제도적 틀 내에서 달성될 수 없다. 왜냐하면 그는 항상 교정과 충격 후와 해설적인 이해력에 의존하기 때문이다. 그래서 "순환하는 일관성은 그들의 태도들을 유지하는 최고의 두 교향악 작곡과 서로 소멸시키지 않고 평화로이 공존하는 범주들간에 이해된 많은 해석들을 열어 준다."[22]

리쾨르에게서처럼 베유에게 있어서 국가라고 하는 것은 단순히 사회의 부속 기관이 아니라 확장과 비극, 그리고 권리의 근원과 폭력의 근원이라는 이중 양상으로 엮어진 역사적 공동체 조직을 허용하는 제도 속에서 함께 살려는 욕망에 대한 하나의 토대이다. "권력에 접근하면서 한 단체는 구체적인 세계에 정확하게 밀착하고, 그리고는 특별한 단체로서 분발한다. 그러나 그것이 실행하는 합리성과 그것이 확신하는 보편적 기능은 그 지배적인 힘과 부합된다."[23] 질베르 키르셰[24]의 표현에 의하면 역사를 점령하는 폭력에서 벗어나기 위해 에릭 베유가 정의한 지혜 쪽으로 도망치는 듯한 인상은, 설령 신중한 판단으로 아리스토텔레스에게 상당히 의지하고 선한 삶을 바란다 할지라도 리쾨르의 생각과 가깝다. 우리는 리쾨르

---

21) 에릭 베유, 《철학논리학》, 브랭, 파리, 1967년, 419쪽.

22) 폴 리쾨르, 〈행동에 의한 절대자로부터 지혜까지〉, 《에릭 베유의 현실성》, 샹티이의 국제적 토론 보고서, 1982년 5월 21-22일, 보센, 파리, 1984년; 《강의 1》에서 발췌, 앞의 책, 132쪽.

23) 폴 리쾨르, 〈에릭 베유의 정치철학〉, 앞의 책, 107쪽.

24) 질베르 키르셰, 《에릭 베유의 철학》, PUF, 파리, 1989년.

에게서 내부와 외부, 단일과 집단 사이에 필요한 분절의 날카로운 의미와 함께 헤겔 철학의 입장을 발견하는데, 그는 외부의 조건을 결정짓는 영역을 지배하는 국가의 사상을 바로 이 견해에서 표명한다. "리쾨르가 주체성의 내부에 대해 가정할 때, 그는 한계의 조건들에 대해서도 언급합니다."[25] 그렇지만 만일 '칸트 철학의 후기 헤겔 철학' 의 특징 부여가 에릭 베유에게 적합하다면, 장 그레쉬는 리쾨르의 연구 과정을 규정짓기 위해 '칸트 철학의 후기 후설 철학' 의 형태를 더 좋아한다. "역사적으로 그것이 옳습니다. 왜냐하면 리쾨르에게 있어서는 철학논리학과 그것은 동등한 입장이 아니기 때문입니다. 헤겔에 대한 그의 관계는 파괴된 관계인 셈이지요."[26]

리쾨르는 헤겔에 대한 많은 논문을 지도했고, 그에 관한 수많은 강의를 하였으며, 1976년 현상학연구실 주최 세미나에서는 헤겔 전문 번역연구가로 그 삶의 전부를 보내려는 피에르 가르니롱을 맞아들였다. 피에르 가르니롱은 1981년까지 보훔에 있는 헤겔연구재단의 사료관에서 일한다. 번역 활동을 독점한 가르니롱은, 헤겔의 《철학사 강의》에서처럼 기대했던 것과 달리 국가에 대한 학위 논문을 발표하는 걸 단념한다. 이 3권이 프랑스어로 번역되지 않았고, 독일어판은 헤겔에 의해 씌어진 강의를 위한 산발적인 자료 모음의 출판물이었으며, 심지어는 그 청강생 가운데 몇 명이 기억해 둔 자료들이었다. 가르니롱의 노력 끝에 이 1천5백페이지의 번역이 시작되고, 예나에서 그의 강의를 재개할 때까지 계속되었다. 이 위대한 작업은 다른 사람들과의 교류 속에서, 특히 1820년과 1830년 사이 베를린에서의 헤겔의 청강생이었던 그리쉽의 특별한 자료 공급 덕분에 완성되었다.[27] 헤겔의 원문 연구 전공자인 피에르 가르니롱은 오귀스트 콩트의 실증주의와 헤겔 사이에서 존재하는 경계선만큼이나 리쾨르의 헤겔 철학적인 면보다 더 칸트 철학적인 특징을 구별해 낸다. "헤겔 이후로 역사는 끝이 아니라 실증의 시대가 도래한다. 사람들은 무엇에 만족하는가를 알고 있다. 그는 더 이상 형이상학자가 아니다. 헤겔은 형이상학이 끝나길 바랐다."[28]

---

25) 피에르 장 라바리에르와의 대담.
26) 장 그레쉬와의 대담.
27) 헤겔, 《철학사 강의》, 피에르 가르니롱 역, 브랭, 파리, 1971년부터, 제7권.
28) 피에르 가르니롱과의 대담.

헤겔에 대한 또 다른 전문가이며 1960년대 소르본대학교에서 리쾨르의 학생이었던 그웬돌린 자르체크는 헤겔의 《본질 선언》으로 학위를 취득하고, 계속해서 그의 지도하에 박사 논문을 준비한다.[29] "헤겔은 어쩔 때는 매혹하는 동시에 과도하거나 부족합니다. 여기에 그가 내게 말한 이야기가 있어요. 그는 환대하는 동시에 극도로 자유롭고, 논문에 대해 그의 무게를 재고 싶어하지 않았다는 점에서 그다지 명령적이지 않은 논문 지도교수였어요."[30] 그녀로서는 해석학 쪽으로 향한 리쾨르의 경로가 헤겔과는 다른 쪽으로 그를 인도했다는 것을 잘 인식했다. 그것은 과도하거나 부족한 표현에 대한 의미이다. 리쾨르에 따르면 헤겔은 과도한 총체성의 요구를 구체화할 때 동시에 부족함이 환원주의의 위험을 감싸 주는 보호막으로 이끈다. 그웬돌린 자르체크의 예증은 자유와 반대되는 헤겔 철학 체계가 그의 조건 자체에 있다는 것에 따른 논증이다. 그래서 그것은 근본적으로 개방된, 그리하여 자유로운 체제를 구성한다. "나에게 있어서 체제를 말하는 것은 폐쇄된 울타리를 말하는 것이 아니에요. 나는 에릭 베유의 다음 말을 인용합니다. '모든 철학 사상은 체계적이다.'"[31] 그녀에게 있어서 리쾨르의 '헤겔에의 단념'은 진정한 단념이 아니다. 왜냐하면 그는 동시에 우리가 철학의 미래를 고려해 볼 때 헤겔 없이는 철학을 생각할 수 없다는 것을 확신하고 있기 때문이다.

피에르 장 라바리에르처럼 그웬돌린 자르체크는 1981년 슈투트가르트에서 개최된 국제학술회의에서 리쾨르가 보여 주었고, 헤겔에게 있어서 절대적 앎이 앎의 절대가 아니라는 점과 리쾨르가 이에 비해 열린 기능을 가지고 있다는 훌륭한 방식에 마음이 사로잡힌다. "그는 나타나는 지식 대중 속에서 하나의 돌파구를 만드는 사람이다."[32] 《정신현상학》의 최종편에서 마치 지식이 절대적 앎으로 말해지는 순간에 그는 《논리학》으로 다가선다. 그래서 그는 완벽하게 불확정적이다. 다시 말해 "사상과 존재, 무한과 유한의 단일화인 이런 총체성은 지식과 경험의 축적으로서 이해되지 않아야 한다. 그것은 풍요임과 동시에 순수이다."[33] 리쾨르는 헤겔에게서 나타나는 이런 개방된 부분을 재구성할 줄 알았다. "나는 그가 발

---

29) 그웬돌린 자르체크, 《헤겔의 논리학에서 체제와 자유》, 오비에, 파리, 1980년.
30) 그웬돌린 자르체크와의 대담.
31) 위의 대담.
32) 그웬돌린 자르체크와 피에르 장 라바리에르, 《코제프부터 헤겔까지》, 앞의 책, 230쪽.
33) 베르나르 마비유, 〈헤겔〉, 《철학적 시법 사전》, 플라마리옹, 'GF' 총서, 파리, 270쪽.

표했던 절대적 앎에 대해 완벽한 기억력을 갖고 있어요."[34] 그래서 그것은 코제프 이래로 오랫동안 잃어버렸던 그런 무감각한 시야의 의미 속에서 잊혀지지 않는다. "리쾨르가 슈투트가르트에서 학회를 개최했던 날, 그것을 매우 잘 이해했어요. 나는 우리가 미리 결정짓지 못하는 미래에 대한 개방으로서, 헤겔 철학의 절대적 앎에 대해 매우 소박하면서도 겸손한 그러면서도 조화 있는 발표에 참석하는 진정한 기쁨을 맛보았지요."[35]

그렇지만 리쾨르가 선택했던 것은 다른 관점인데, 그는 요컨대 헤겔의 보편적인 도전에는 동의하지만 다원성과 상징 체계, 그리고 감각의 차원을 다른 방식으로 더 잘 재구성하고 싶어한다. 앎의 시론인 서술의 관점은 그에게는 단일한 개념의 관점보다 더 적당한 것처럼 보인다. 우리는 어떤 점에서는 헤겔이 그에게 유혹의 원천인 동시에 그가 왜 그런 거리감을 유지하는 데에 만족하는지를 이해한다. 리쾨르는 또한 개념화의 관점에 참여하게 되었던 상징적 표현의 문제에 대해서도 매혹당한다. 이러한 논지에서 《시간과 이야기》는 리쾨르가 이야기와 줄거리 구성으로 도망쳐 버린 방법을 발견한 순간으로 거슬러 올라가게 하는데, 그것은 곧바로 개념과 그의 논리화에 귀착된다. 리쾨르의 견해와 이란의 신비한 이슬람 철학을 내포한 문학연구가 앙리 코르뱅의 견해를 비교하는 장 루이 비에이야르 바롱의 연구에 의하면, 이 두 입장 모두 서술에 있어서 개념적 해석을 허용하면서 여전히 서술과 이미지의 범람을 야기시킨다.[36]

---

34) 그웬돌린 자르체크와의 대담.

35) 피에르 장 라바리에르와의 대담.

36) 장 루이 비에이야르 바롱, 〈리쾨르와 코르뱅에게 있어서 해석학적 현상학과 상상력〉, V. B. 가플링, 《종교철학에의 입문에서》, 세르프, 파리, 1989년, 293-310쪽.

IX

공 인

57

《에스프리》의 신규팀: 인격주의 없는 인격

1985년과 1988년 사이 《에스프리》지는 그 지적 정체성을 동요시키는 심각한 위기를 겪는다. 잡지의 독자가 갈수록 줄어들고, 재정적 어려움까지 가세해서 50주년 기념호[1]는 상속 경영 특유의 긴장 상태를 재출현시킨다. 경영진은 같은 기치 아래 무니에의 사업을 속행하면서도 더욱더 공공연하게 상속에 대해 어느 정도 거리를 유지했음을 인정한다.

1977년부터 《에스프리》지를 경영해 온 폴 티보는 잡지의 정체성을 다시금 반권위주의 투쟁에 걸었다. 이러한 방침을 기초로 새로운 회원들이 《에스프리》지 구상에 참여한다. 티보와의 교분에 힘입어 《에스프리》에 들어온 올리비에 몽쟁이 70년대말부터 편집장직을 맡는다. 그의 첫 논문은 클로드 르포르와 마르셀 고셰에 할애되었고, 그리하여 그가 참조하는 잡지는 《텍스튀르》와 뒤이어 1977년에는 《리브르》가 된다.[2] 티보와 몽쟁, 이 두 사람의 자극을 받아 잡지는 루이 뒤몽,[3] 프랑크푸르트학파,[4] 한나 아렌트[5]라든가 메를로 퐁티[6]에 관한 특별호들을 출판하면서 아주 철학적인, 특별히 까다로운 경향을 띤다. 그러나 《에스프리》의 대다수 대중은 잡지를 읽으면서 겪지 않을 수 없는 어려움 앞에서 거리감을 느끼며 포기하기에 이른다. "그것은 순전히 티보의 자랑거리에 속한다. 지금이 어렵고 철학적이며 무거운 느낌을 주는 텍스트들을 출판할 때이다. 루이 뒤몽에 관한 호에는

---

1) 《에스프리》, 1983년 1월, 제1호.

2) 《리브르》는 1977년부터 미겔 아방수르, 코르넬리우스 카스토리아디스, 마르셀 고셰, 클로드 르포르, 모리스 루시아니와 피에르 클라스트르를 재규합한다.

3) 《에스프리》, 1978년 2월.

4) 《에스프리》, 1978년 5월.

5) 《에스프리》, 1980년 6월.

6) 《에스프리》, 1982년 6월.

60쪽 분량의 뒤몽의 텍스트가 실려 있다! 동시에 이것 역시 잡지의 기능이다."[7]

《에스프리》지 탄생을 기념하고, 그 50주년을 축하하는 호는 잡지의 인격주의적 정체성을 재평가하기 위한 특별한 순간이 된다. 올리비에 몽쟁은 리쾨르가 지휘한, 1960년 11월에 출간된 성적 혁명에 관한 주지의 특별호를 제외하고 여전히 관습의 변화를 제대로 보지 못하고 있던 과거를 이렇듯 신랄하게 비판한다. "《에스프리》가 1968년의 어퍼컷에 정신이 혼미해진 듯 최근 15년의 박자를 맞춘 관습의 혁명에 느닷없이 체포당했다는 것 또한 주목하지 못한다는 것은 어려운 일이다."[8] 폴 티보는 그 나름으로 인격주의에 적합한 인간의 비전을 고무하는 통합에 대한 강한 집념과 거리를 유지하면서 《에스프리》의 그리스도교에 관해 자문한다. 복종이 함축하는 가치들의 현행 단계에의 복종은 인간 제도들이 진정한 기반에 이르는 것을 막는 도덕주의를 유발한다. 그 기반은 끊임없이 비난받는 이기주의가 아니다. 그것은 "인류학적 선택의 다양성이다."[9] 티보는 인격주의가 공식적인 그리스도교 세계의 순응주의를 깨뜨리게 해주었다는 것을 인정한다. 그러나 그 역사적 임무는 분명히 끝난 것으로 보인다. 왜냐하면 그것이 지니고 있는 믿음과 참여의 변증법은 "인격주의가 대중의 얼굴이라든가, 심지어 그리스도교의 대리인으로 작용했을 때 무미건조해지고 무뎌져 버렸기"[10] 때문이다.

《에스프리》가 행한 방향 전환의 가장 뚜렷한 신호는 에마뉘엘 무니에의 명성을 기리기 위해 무니에후원회가 개최한 학회중에 리쾨르가 한 발언이다. 그의 다음과 같은 제목은 그 자체만으로도 시사하는 바가 크고, 의도 또한 분명하다. "인격주의는 사라지고, 인격은 되살아난다."[11] 리쾨르만큼이나 충실한 무니에의 한 동료로부터 나온 이 발언은 신세대에게는 중요한 하나의 보증을 이룬다. 이 학회는 '어제와 오늘의 인격주의' 라는 주제로 1982년 만성절에 두르당 휴가촌에서 사흘 동안 개최되어, 1백50명의 참가자들과 더불어 대단한 성공을 거둔다.

박물관 수위의 역할에 갇혀 있을 의향이 전혀 없던 리쾨르는 무엇이 인격주의에

7) 올리비에 몽쟁과의 대담.

8) 올리비에 몽쟁, 〈감각과 미덕의 불행〉, 《에스프리》, 제1호, 1983년 1월, 153쪽.

9) 폴 티보, 〈《에스프리》의 그리스도교: 요인인가 잠재인가?〉, 같은 책, 175쪽.

10) 같은 책, 177쪽.

11) 폴 리쾨르, 〈인격주의는 사라지고, 인격은 되살아난다〉, 같은 책, 113-119쪽; 《강의 2》에 재수록, 앞의 책, 195-202쪽.

서 더 이상 현실적이지 못한가를 인정하며 철학으로 자처하는 이 흐름의 실패 사실을 확인한다. 단지 '-주의(-isme)'는 해로울 뿐만 아니라, 다른 '-주의들'과 경쟁 관계에 있는 인격주의 역시 개념적 차원에서 무장이 썩 잘되어 있지 못하다. 철학적 엄밀성의 결여 이외에 인격주의는 사건의 우연들에 노출되는 방식과, 끊임없이 불변의 실체론적인 가치들의 계층화된 등급에 따르는 방식 사이에서 모순적인 관점을 권장하였다. 이런 이유로 "인격주의는 계속해서 그 자신의 악마들과 싸우고 있다. 그 정도로 인격주의 용어의 과거는 네소스의 튜닉처럼 그의 몸에 달라붙어 버렸다."[12] 반면에 리쾨르는 인권 옹호를 위해 투쟁하는 모든 영역에서 그 중요성이 더욱더 요구되는 인간 개념의 타당성을 받아들인다. 이 인간 개념이 그에게는 '의식' '주체' '자아(moi)'의 개념들보다 더 적합한 것으로 보인다. 그러므로 그는 그것을 "태도"[13]의 진원으로 정의한다. 그가 이 태도의 등록 방법을 위기시의 참여에서 발견하게 되는 것은 파울 루이스 란츠베르크에게서이다. 무니에의 몇몇 동료들은 전수된 유산과의 거리두기 운동의 급진성에 놀라지만, 리쾨르의 이러한 행동에서 충성과 약속을 구현하는 철학자에게서 나타나는 배반이나 부정의 흔적은 보지 못한다. 그가 자신의 발언을, 무엇보다 미래를 직시하려는 자신의 결심을 공고히 하는 무니에의 다음과 같은 말로 분명하게 마무리하기 때문에 더더욱 그러하다. "어느 길 위에서 기진맥진해질 때까지 추진된 탐험들은 단지 더 늦게 그리고 더 멀리에서 재발견되고, 저 망각에 의해 그리고 저 망각에 의해 길이 트인 발견들에 의해 풍요로워지기 때문에만 포기될 뿐인 주기적 운행의 첫 우여곡절에 (…) 우리는 참여한다."[14] 따라서 같은 시기에 티보가 같은 말을 했기 때문에 심하게 거부당했던 데 반해 그는 박수갈채를 받는다. 그리고 사람들은 그에게 무엇을 창시자로 삼는지에 대한 해명을 요구한다.

이 시기는 신세대와, 이상하게도 그때까지 《에스프리》와 관련하여 중심에서 벗어나 있었으나 특히 1988년 위기에서 벗어난 이후 있는 힘을 다하여 되돌아올 리쾨르 간의 협력에 큰 몫을 한다. 자신들의 여정에서 역할 계승을 확신하는 대부분

12) 같은 책, 《강의 2》, 앞의 책, 197쪽.
13) 같은 책, 198쪽.
14) 에마뉘엘 무니에, 《인격주의란 무엇인가?》, 쇠이유, 파리, 1947년, 11쪽, 폴 리쾨르 인용, 같은 책, 202쪽.

의 사람들은 리쾨르를 뒤늦게 발견한다. 올리비에 몽쟁이 그를 알게 되면서 《에스프리》를 정규적으로 구독한다면, 70년대초 대학생으로서의 지적 계획을 양육하는 철학자들은 오히려 클로드 르포르 · 코르넬리우스 카스토리아디스와 특히 미셸 드 세르토이다. 역사와 문학 그리고 철학, 이 세 가지 공부에 뛰어든 몽쟁은 엘리자베트 드 퐁트네와 함께 문학에서는 에메 세제르, 철학에서는 레비나스에 관한 두 개의 석사 학위를 준비한다. 소르본대학교에서 프랑수아즈 다스튀르로부터 현상학의 기초를 배운 후, 후설에 대한 관심은 그를 파르망티에 가 리쾨르의 세미나로 이끈다. 주로 정치 사상에 고취된 몽쟁은 리쾨르를 찾아가 메를로 퐁티에 관한 박사 학위 논문을 지도해 줄 것을 부탁한다. 몽쟁이 스스로에게 제기하여 심화시키고자 하는 문제는, 어째서 현상학적 사상이 전체주의의 비판을 더욱 자극하였으며, 메를로 퐁티로 하여금 그 누구보다도 먼저 그 정치적 현상의 본질을 이해하게 한 그러한 통찰력을 가능케 하였는가를 아는 것이다. 미셸 드 세르토의 조언을 받아들인 올리비에 몽쟁은, 티보를 통해 《에스프리》팀에 합류하여 뤼스 지아르와 함께하는 철학 그룹과 전체주의에 대한 비판에 전력한다. 그는 대학 프로젝트를 포기해야 할 정도로 잡지에 매우 헌신적으로 매달린다. 따라서 《에스프리》에 전념하지만, 그가 성공하는 시기인 1976-1977년에 리쾨르는 그곳에 없다. 몽쟁의 잡지 지도자로서의 자질은 얼마 지나지 않아 인정을 받고, 순식간에 편집장으로서 출판물 하나하나의 핵심 인물이 된다. 티보 옆에서, 그는 더욱이 80년대 중반 모든 잡지에 파급되고 있는 판매 감소와 심각한 재정적 어려움으로 인한 상황들을 극복해야만 한다. 《에스프리》는 1백90쪽을 1백30쪽으로 축소한다. 잡지의 정기 구독자가 1974년 11월 7천5백 명이었던데 반해, "1988년말에는 그 수가 약 4천 명 선으로 떨어져 부수 판매는 3천 부 정도로 설정된다."[15] 티보와 몽쟁이 명의를 보호하고, 따라서 명의를 되사는 것을 막기 위해 법적인 대비를 취할 때 대차대조표 제출이 임박한다.

잡지 경영 10년 후, 티보는 경영권을 넘겨 주고자 그다지 좋지 않은 그러한 상황에서 팀에 관심을 갖는다. 그 후임자가 몽쟁일 수밖에 없다는 것은 그로서는 자명한 사실이다. 그러나 다른 이름들이 떠돌고, 대다수는 결정을 내리지 못한다. 장 마르크 페리는 심지어 결국은 채택되지 않을 독일-벨기에와 스위스의 자

15) 레미 리펠, 《지식인족》, 칼망 레비, 파리, 1993년, 352쪽.

금 운용의 조절과 함께 구제 계획을 제안한다. 내부적 갈등에 지쳐 버린 몽쟁은 자신의 책무를 끝내려는 공공연한 의도로 장학금을 이용해 3개월 동안 미국으로 떠난다. 초기에 그의 출발은 파리를 특히 흥분시키지만, 그 후퇴 정책은 결실을 가져온다. 다시 돌아왔을 때 그는 대다수의 눈에 가장 유능한, 가장 적법한 후임자로 보인다. 그들은 그에게 행운의 당선자, 적재적소의 인물이라는 사실을 알린다. 몽쟁은 팀을 증원하고 집단 지도 체제를 구현한다는 조건에서 티보의 후임자가 되기로 수락한다. 잡지의 편집위원회가 소수의 편집진과 토론을 위한 대규모의 편집위원회 구성원을 주축으로 재편성된다. 후자의 구성원수는 계속해서 늘어난다. 즉 1977년 7명, 1980년 19명, 1988년 25명이었던 것이 몽쟁의 경영하에서는 53명이 되고 그 주위에 4명의 편집장이 있게 되는데, 그들 중 2명은 이미 《에스프리》팀에 가담해 있었다.[16] 《리베라시옹》에 이어 《렉스프레스》에서 기자로 있던 에릭 코낭이 특히 명상란을 되살리며 여전히 지나치게 세분화된 분야들을 서로 연결시키는 특별 업무를 전담한다. 68세대 출신인 그는 렌에 있는 보건위생학교에서 교육을 받았으며, 《리베라시옹》에서 그 주제에 관한 탐방 기사를 쓰곤 하였다. 그는 1981년 《에스프리》에 들어간다. 또 다른 새 편집장인 장 루이 슐레겔은 《계획》지의 옛 사장이다. 20년 동안을 예수회 신자로 지내고 있는 그는 미셸 드 세르토와 절친한 사이로, 1976년 세르토가 그를 몽쟁에게 소개한다. 그는 1980년 잡지의 편집위원회에 들어간다. 신규팀 중 그가 리쾨르의 텍스트들에 가장 정통한 인물로, 그는 그 텍스트들을 자신의 예수회 교육의 일환으로 1968-1969년부터 알게 된다. "우리는 리쾨르의 많은 텍스트를 종교적인 영향 때문에 읽곤 하였다."[17]

이 2명의 최근 협력자에 2명의 신입 회원이 추가된다. 피에르 부레츠는 장 뤽 푸티에와 함께 이끌었던 소규모의 로카르주의 잡지 《엥테르방시옹》의 옛 편집장이다. 이 잡지가 사라지면서 《에스프리》와의 합병 절차가 시작되고, 《에스프리》는 《엥테르방시옹》의 정기 구독자들을 《에스프리》의 발행호들에 받아들이기로 결정한다. 편집진의 일부가 모두 올리비에 쪽에서 재회한다. 이렇게 하여 피에르 부

---

16) 《에스프리》지는 재정 위기에서 벗어나 90년대에는 1만 부에 이르며, 그 중 5천 부가 정기구독이다.

17) 장 루이 슐레겔과의 대담.

레츠가 권한 이양을 계기로 공동 편집 책임을 맡는다. 몽쟁처럼 그도 반권위주의 투쟁을 기초로 하여 《에스프리》에서 자신과 닮은 점을 발견한다. 그러나 그것은 "《에스프리》의 긴 역사 속에서도, 무니에의 인격주의 속에서도 아니다."[18] 그는 완전히 다른 영역의 출신이다. 68년 5월의 계승자이자 70년대 철학과 학생이었던 그는 로카르주의자가 되기 전 트로츠키주의 전사로서 러시아 혁명에 참여한다. 더욱이 그는 반스탈린주의 투쟁을 통해 '정치적 모순'에 관한 리쾨르의 기본서를 발견하고 다음과 같이 높이 평가한다. "그것은 부다페스트에 관한 텍스트였다. 따라서 그는 분명히 트로츠키주의자인 반스탈린주의자의 문화 속으로 들어가 있었다. 아렌트주의 리쾨르라는 사람과의 가능한 접목이 있었다."[19] 그러나 리쾨르와의 이러한 첫 접촉은 즉각적으로 그의 작업에 대한 인식에 의해 연장되지는 않는다. 1990년 《타자 같은 자아》가 출간되기를 기다려야 하는데, 그해에 그들은 지적이고 우정어린 대단한 공모의 근원인 법에 관한 공동 성찰을 기획할 것이다. 부레츠는 철학과의 학업 과정을 박사과정(DEA)까지 계속한 후 정치학연구소로 들어갔다. 소르본대학교 정치철학 강의 담당 조교수인 그는 1993년 리쾨르를 의장으로 한 심사위원 앞에서 막스 베버에 관한 정치학 박사 논문을 발표하는데, 이 논문은 아주 리쾨르적인 제목으로[20] 리쾨르의 서문과 함께 1996년 출판된다.

《에스프리》의 네번째 편집장인 조엘 로망도 부레츠처럼 《엥테르방시옹》의 로카르팀 출신이다. 1974년과 1979년 사이에 철학과를 나온 그 역시 리쾨르의 학생은 아니었다. 피에르 마슈레이의 지도 아래 다윈과 마르크스에 관한 철학석사 학위를 마친 후, 그는 후설에 관심을 갖고 몽쟁처럼 1976-1977년 《이념》과 《위기》에 관하여 작업하면서 현상학 덕분에 리쾨르의 작업과 마주친다. 가톨릭 집안의 출신이자 가톨릭청년학생연맹 JEC의 내부에서 활동중이던 그는 이미 리쾨르의 《역사와 진실》을 읽은 적이 있었다. 1974년 그는 로카르가 사회당으로 떠나기 직전 통일사회당 PSU에 가담한다. 따라서 조엘 로망은 로카르를 기반으로 하여 통일사회당에 남아 있던 극소수의 소그룹에 속한다. 그는 잠시 《사회주의적 비판》의 편집장이 되지만, 1979년 통일사회당을 떠난다. 뒤이어 80년대에 그는 《엥테

18) 피에르 부레츠와의 대담.
19) 위의 대담.
20) 피에르 부레츠, 《세계의 약속, 막스 베버의 철학》, 갈리마르, 파리, 1996년.

르방시옹》에 가담하고, 거기에서 부레츠를 만나 함께 몽쟁의 지휘하에 《에스프리》의 편집장이 된다. 부레츠와는 반대로 그의 가톨릭 문화는 그로 하여금 내림 전통의 소산을 다시 잇게 하며, 그 속에서 그는 완전히 자기 자신의 모습을 발견한다. “사실 나는 유산을 떠맡고서 왔다. 나는 약간 내 집에 있다는 느낌이 들었다.”[21] 1996년 봄 잡지사를 떠난 피에르 부레츠와는 반대였다.

따라서 이 새로운 경영진은 리쾨르와의 관계에 더욱 거리를 둔다. 이 팀은 완전히 다른 세대에 속하며, 이제 아무것도 이 팀을 하얀 담의 삶과 결부시키는 것이 없게 된다. 그런데 이 ‘적절한 거리’가 리쾨르를 잡지의 정규적인 공동 제작자이자 잡지의 상징으로 돌아오게 해줄 것이다. 많은 요소들로 인해 이 공동 작업은 용이해진다. 80년대 중반 이 팀이 확립된 것 이외에, 논쟁하기에 더 좋고 비난하기에 더 나쁜 보다 안정된 분위기는 리쾨르로 하여금 그가 제1선에 있었을 때 입었던 타격을 받을 수도 있는 위험을 무릅쓰지 않고도 논문을 통해 활동을 재개할 수 있게 해준다. 더욱이 《에스프리》 쪽에서는 자신들의 폭넓은 작업을 모색중인 신규팀이 그의 참여를 간절히 요청한다. 잡지 경영의 집단 지도 체제는 이 팀을 ‘위대한 철학자’에 대한 완전한 콤플렉스로부터 벗어나게 하는데, 그에 대한 어느 정도의 거리두기는 잡지의 정체성의 초석이 리쾨르 한 사람만으로 요약되는 것을 막기 위한 관례였다. “우리는 그 텍스트들 가운데서 가장 하찮은 것을 기고토록 하기 위해 리쾨르를 쫓아다니는 오류를 거꾸로 범하고 있는지도 모른다.”[22] 더군다나 리쾨르의 조수 업무를 맡고 있는 테레즈 뒤플로가 《에스프리》의 공동 제작자로 있음으로써 1988년부터 《에스프리》와 리쾨르의 관계가 용이해진다. 리쾨르는 이 잡지를 매우 높게 평가하며――“그는 우리의 가장 훌륭한 독자들 가운데 한 사람이다”[23]――잡지에 “나(몽쟁)에게는 약간은 이상형인 모범적인 모습”을 보인다. “그는 그 논문들 덕분에 줄곧 사건에 존재하게 되는 인물이다.”[24]

이 신세대는 일단 인간주의와 구조주의 간의 논쟁이 진정되자 곧바로 리쾨르를 발견하며, 반권위주의 투쟁이나 사회적 정의에 관한 다양한 토론에서 ‘정치적 모

---

21) 조엘 로망과의 대담.
22) 피에르 부레츠와의 대담.
23) 올리비에 몽쟁과의 대담.
24) 올리비에 몽젱, 프랑스 퀼튀르, 알랭 벵스텡의 방송, 1994년 5월 20일.

순'에 관한 그의 텍스트가 타당하고 시사적이어서든, 마이클 월처나 찰스 테일러에 대한 그의 인식에 의해서든 간에 당시의 모든 영역의 주요 쟁점들에서 그가 우위를 차지하고 있음을 인식한다. 단연코 《에스프리》 젊은 팀 내에서 서로가 마주치면 익살스럽게 이야기하듯이, 잡지는 '리쾨르의 작품이 아니면 아무것도 아닌 것'이 될 것이다. 들뢰즈·데리다·푸코에 의해 제기된 문제들을 자신들의 문제로 삼으면서, 마르크스·프로이트 혹은 니체든간에 의혹의 거장들을 헤쳐 나간 이 세대에게 리쾨르는 다양한 해체주의의 질문들에 귀를 막고 있을 칸트 철학의 사상가를 전혀 구현하지 않는다. "그에게서 나의 관심을 끄는 것은 매우 근대적이면서도, 즉 칸트 철학의 규범이 의미를 띠는 인물인 그가 우리에게 도덕을 윤리와의 관계에서 생각하도록 한다는 것이다."[25]

장 미셸 베스니에는 1979년부터 그의 50년대 텍스트들을 재발견하면서 1953년의 논문 〈노동과 말〉[26]을 들추어 낸다. 리쾨르의 이 발언은 프랑크푸르트학파, 호크하이머와 아도르노에 대한 그의 관심과 공명한다. 그는 노동의 영역에 의해 더욱더 짓눌린 말의 영역에 내재한 위험들에 대한 리쾨르의 경계가 근대 사회에서의 사물화에 대한 비판적인 표현 방식에서의 프랑크푸르트학파의 분석과 일치하고 있음을 깨닫는다. "이처럼 리쾨르에게는 약간의 예견, 비범한 동시에 개발되지 않은 선경지명이 있다. 그는 정말로 그의 시대를 멋지게 받아들였다."[27] 장 미셸 베스니에가 다음과 같이 정확하게 간파하듯이, 그는 대체로 주목받지 못하는 뛰어난 사상가인 체하기를 거부하지만 사유하는 거장으로서 주장된 "시대의 막후 추기경"[28]이었다. "단호한 혁신을 시도했음에도 불구하고 그의 작업이 부당하게도 주목받지 못한 것으로 알려지게 되는 것은, 그에게 있는 근본적인 겸손함 때문이다."[29]

티에리 파코가 올리비에를 만난 것은 잡지의 기능과 출판에 관한 고찰의 현장에서이다. 그는 이미 80년대 중반부터 잡지 《민족과 문화》의 설립자인 베니뇨 카세레스를 통해 《에스프리》 집단과 관련되어 있었다. 프랑수아 제즈 옆에서 라 데

---

25) 올리비에 몽쟁과의 대담.
26) 폴 리쾨르, 〈노동과 말〉, 《에스프리》, 제1호, 1953년 1월, 210-233쪽.
27) 장 미셸 베스니에와의 대담.
28) 위의 대담.
29) 위의 대담.

쿠베르트의 편집책임자로 있던 티에리 파코는 《에스프리》의 편집위원회에 들어가며, 1988년 잡지의 논문 모음집인 《20세기 횡단》을 출간한다.[30] 잡지들에 열중한 여러 편집위원회 회원인 티에리 파코는, 1983년 베르나르 콩도미나스와 올리비에 코르페와 함께 집단적 · 다원적 · '잡지주의적' 정신 속에서 사상 논쟁을 위한 공간을 창설하려는 야망을 품은 앙트르뷔라는 한 단체를 창립한 터였다.

신세대 대표자들 가운데 한 사람인 올리비에 아벨은 1984년 터키에서 돌아와 리쾨르가 자주 드나드는 장소인, 파리에 있는 아라고 가의 개신교 신학대학으로 돌아간다. 거기에서 그는 철학 및 윤리학 교수로서 앙드레 뒤마의 뒤를 잇는다. 1992년 올리비에 몽쟁이 아벨과 다시 접촉하였을 때는, 그가 오트르망에서 이끈 책 《용서. 빚과 망각을 청산하다》[31]를 출판한 이후이다. 이 책의 테마는 《에스프리》 경영자에게 아주 긴박한 것으로 보여진다. 프랑스개신교연맹윤리위원회 의장이자, 지금은 《다른 시대》로 개칭한 잡지에 리쾨르가 계속해서 정규적으로 게재하는 사회그리스도교 운동의 회장으로 있는 올리비에 아벨 역시 책임과 기억과 역사를 검토한다. 그리고 그는 "개신교 신학에 불고 있으나 많은 것이 리쾨르에 의해 끈기 있게 도입된 접근 방법, 즉 성서 정전 안에서의 텍스트 장르들의 다양성, 그 다양성에 의해 작동되는 주체 독자의 입장에서 나온 새로운 바람"[32]을 잡지에 불어넣고자 한다. 그가 《에스프리》팀의 법학자들과 피에르 부레츠와 특히 앙투안 가라퐁과 함께 작업을 하는 것은 또한 리쾨르를 본받아서이다.

새로운 회원들 가운데 다니엘 린덴베르크는 완전히 다른 성향인 알튀세-라캉주의에서 온 인물이다. 1968년 이전 공산주의해방운동청년연맹 UJCML의 옛 투사였던 린덴베르크가 리쾨르에 대해 갖는 이미지는, 1968년 이후 뱅센대학교 파리8대학 정치학과에서의 강의를 위해 프랑수아 샤틀레에 의해 채용될 당시에는 상당히 부정적인 것이었다. 《카이에 드 메》 집단에서 행동파적이었던 그는, 많은 사람들처럼 사회당 쪽으로 향할 것이다. 뤼시앵 에르에 관한 책을 출간할 무렵[33]

---

30) 《에스프리》 잡지, 《20세기 횡단》, 이브 베르트라, 마리아 다라키, 질 들라누아, 조엘 G. 그리스바르, 장 미셸 하이모네, 장 프랑수아 리요타르, 올리비에 몽쟁, 폴 리쾨르, 조엘 로망, 폴 티보, 자닌 베르데스 르루아의 논문들, 라 데쿠베르트, 파리, 1988년.

31) 올리비에 아벨(주관), 《용서. 빚과 망각을 청산하다》, 오트르망, 파리, 1991년.

32) 올리비에 아벨과의 대담.

33) 다니엘 린덴베르크, 《뤼시앵 에르, 사회주의와 그 운명》, 피에르 앙드레 메이에와 함께, 칼망 레비, 파리, 1977년.

그는 티보와 몽쟁으로부터 연락을 받고 사를 폐기에 대해 자신이 가하는 비판적 시선에 관해 토론한다. 토론이 시작되고, 그는 1977년 장 마리 도므나크가 티보에게 바통을 넘겨 준 이상 잡지를 위해 변혁을 해야 하는 결정적인 순간에 그들과 뜻이 통한다. 잡지와 가깝게 지내던 다니엘 린덴베르크는 1988년 새 편집위원회에 들어가고, 1991년부터 출판된 논문 모음집인 《강의 1, 2, 3》의 덕분으로 아주 뒤늦게 리쾨르의 텍스트들을 발견한다. 그리하여 리쾨르에 대한 그의 견해가 전적으로 바뀐다. "나의 과거를 고려해 볼 때, 나는 낡아빠진 한 유심론 철학자의 이미지를 지니고 있었다. 그것은 그의 과거 30년을 알게 되자 엄청나게 바뀌기 시작했으며, 그 과거는 나로 하여금 그를 매우 호감 가는 인물로 되생각하게 만들어 주었다."[34]

자신들이 느끼는 환멸 앞에서 보수주의나 견유주의를 가장 순수한 회의주의에 편입시킬 수도 있었을 이 세대 모두에게, 리쾨르는 그 원한과 울분 혹은 절망의 반응들로부터 그들을 보호하는 전형적인 인물이다. 무의미와 관련된 의미와, 악과 관련된 선의 선행성 사이에서 그가 실행하는 불균형에 의해 그는 희망을 항상 가능하게 활성화할 준비가 되어 있는 사람이다. 더욱이 숭배의 대상인 그의 텍스트 《정치적 모순》의 유효성은 충분히 나타나 누구도 정치적인 것과 결별할 수 없다는 것을, 악의 경험은 더불어-살기(un vivre-ensemble)의 조건을 새로 만들어내야 할 필요성을 문제삼지 않는다는 것을 훗날 의미한다. 그는 정치적인 차원을 버리지 말 것을 지시한다. 즉 80년대 중반에 이 메시지를 가장 잘 이해하는 것은, 구성해야 할 잠정적인 역사 공동체의 개념을 현재에 정박한 행동하기와 연결하는 것은 68 이후의 세대이다.

34) 다니엘 린덴베르크와의 대담.

58

1988년: 인정

1983년과 1985년 사이에 출판된 《시간과 이야기》는, 이미 우리가 보았듯이 리쾨르를 프랑스 지성의 무대 전면으로 화려하게 복귀시켜 주었다. 이 저서의 반향은 그의 이전 출판물들의 그것과는 비교가 안 되는 것이었다. 즉 리쾨르의 작업을 수용함에 있어서 커다란 변화가 역사 분야에서 이루어졌다는 것은 대단한 의미를 지닌다. 프랑스 철학자를 인정하고 찬양하는 움직임은 1988년 절정에 이를 때까지 계속해서 증폭될 것이다. 그리하여 리쾨르의 재발견은 어찌나 강렬하였던지, 그가 우리를 떠나 미국으로 갔다고 생각하는 경향이 대체적이었다. 그는 결코 진정으로 떠난 적이 없는데도 사람들은 그가 돌아왔다고 생각한다! 그럼에도 불구하고 그가 주지의 미국 생활에서 돌아온 결과는 분명히 있다. 그러나 그가 받는 이러한 환대는 60년대에는 존재하지 않았던 청취 상황에서, 특히 프랑스 지식인의 상황이 급변한 데서 유래한다.

그의 논문 모음집인 《텍스트로부터 행동으로》[1]가 받는 대접은, 이 '해석학 시론 II'가 철학자들에 조예가 깊은 대중에게 호소하고 있는 만큼 더욱더 대단한 의미를 지닌다. 그런데 이 저서의 수용은 단연 전문 언론의 한계를 넘어선다. 《르 몽드》는 "유럽 의식의 위기 속에서 최고의 중요성을 띠는"[2] 철학 작업의 뒤늦은 인정에 주목하는 미셸 콩타와의 대담과 함께 신문의 일면을 그에게 할애한다. 리쾨르는 자신의 귀환을 자신의 영감의 제1의 원천인 행동하기에 입각해 단언한다. 그는 이 대담에서 언어를 통한 우회를, 시 분야의 연구들을 개발하고 그것들을 고

1) 폴 리쾨르, 《텍스트로부터 행동으로》, 쇠이유, 파리, 1986년.

2) 미셸 콩타, 〈폴 리쾨르, 《텍스트로부터 행동으로》〉, 《르 몽드》, 1987년 6월 27일. 미셸 콩타는 이미 《텍스트로부터 행동으로》의 다음과 같은 서평을 쓴 적이 있었다. 〈전통과 유토피아 사이에서〉, 《르 몽드》, 1986년 11월 21일.

립이나 폐쇄로부터 벗어나게 하여 현실과의 유기적 결합으로 환원시키려는 의지의 표현으로 소개한다. 같은 시기인 1986년 리쾨르는 후설에 관한 연구들을 다른 논문 모음집에 재편성한다.[3] 《라 크루아》에서 마르셀 뇌쉬는 리쾨르의 이해에 대한 강한 집념을 다음과 같이 높이 평가한다. "지난 40년 동안 대단한 무엇인가가 철학 분야에서 씌어졌다면 리쾨르가 거기에 목소리를 보탠다. 그는 모든 투쟁에 가담했다."[4] 《목요일의 사건》에서 뤽 페리는 리쾨르의 베버식 계열과, 그가 설명과 이해의 쌍을 뛰어넘기 위해 텍스트와 역사적 행동 사이에 보증하는 유추의 풍부함을 이렇게 강조한다. "리쾨르의 사상은 그 자신이 강조하듯 기꺼이 이율 배반들에 제시된 '해결' 의 형태를 띤다."[5] 《라 캥잰 리테레르》에 기고한 엘리자베트 기베르 슬레지예프스키의 긴 논문은 리쾨르의 해석학의 두번째 단계를 분석하는데, 리쾨르는 그것을 1969년에서처럼 존재론적으로 수립하려는 것이 아니라 작동시키려고 애쓴다. 그녀는 60년대의 이념 비판 계열에 대한 거리두기와 그것을 해석학적 사상으로 대체한 것을 분명하게 이해한다. 해석학적 사상은 비판적 관점을 자기 것으로 삼으면서 더 이상 거짓 의식의 비난, 허위의 폭로에 설정되는 것이 아니라 "주체의 환상에 대한 포괄적인 비판"[6]이 된다. 폴 발라디에는 《연구》에서 감탄한 사실을 다음과 같이 알린다. "사상을 해석학의 관점들 속에 유지하면서 언어의 분석에서 행동의 분석으로 넘어가게 하는 그 주목할 만한 변화 동안 내내 우리는 무엇을 더 찬미해야 하는지를 모르고 있다."[7] 장 루이 슐레겔은 일반적으로 철학과 구분된 분야들에 대한 리쾨르의 독특한 관심을 다음과 같이 환영한다. "폴 리쾨르는 확산(인문과학과 전문 분야들)의 성서가 결정적으로 멀어진 것으로 간주하는 영역들을 철학적 위엄에 오르게 한다."[8]

주간지 《개혁》으로 말할 것 같으면, 이 잡지는 관계 자료를 리쾨르에 할애하면서 그의 사진을 표지에 싣는다. 단체로 존경을 표하는 진정한 기회는 '리쾨르에 대한 모임에서' 이다. 가브리엘 바아니앙은 자신의 논문에서 전통을 현재가 되게 할

---

3) 폴 리쾨르, 《현상학파에서》, 브랭, 파리, 1986년.
4) 마르셀 뇌쉬, 〈리쾨르, 이해에 대한 강한 집념〉, 《라 크루아》, 1986년 11월 21일.
5) 뤽 페리, 〈리쾨르의 저서가 아니면 아무것도 없다〉, 《목요일의 사건》, 1987년 6월.
6) 엘리자베트 기베르 슬레지예프스키, 〈폴 리쾨르, 사상과 행동〉, 《라 캥잰 리테레르》, 1987년 1월 15-31일.
7) 폴 발라디에, 《연구》, 1987년 2월.
8) 장 루이 슐레겔, 《계획》, 제207호, 1987년.

수 있는, 단지 자신에게서 현재의 발판과 현재 참여에의 권유만을 보게 하기 위해 과거에 대한 완전히 보수적인 모든 형태의 진술을 피할 수 있는 리쾨르의 능력을 강조한다.[9] 같은 호에서 올리비에 아벨과 장 프랑수아 푸렐은 정치적인 것에 대한 그의 이해 방식에 관하여 리쾨르와 대담을 갖는다. 이 대담에서 리쾨르는 다시 읽은 한나 아렌트의 사상이 매우 주입된 답변에서 행동의 절대적 필요성을 상기시키는데, "아렌트에게 있어서 정치적 기획은 근본적으로 불안정한 존재에게 최소한의 일관성을 부여하는 것이다."[10] 자료의 세번째 부분을 맡은 에릭 블롱델은 리쾨르의 최근 저서를 재전망하며, 위대한 철학자가 된 자신의 뒤에서 한 인간으로 머물 줄 안 사람에게 다음과 같은 온갖 경의를 표한다. "만일 우리가 어짊과 올바름과 유머라는 세 가지 기본 덕목을 발견하고 지킬 줄 알았다면, 우리도 리쾨르 같은 인간이다."[11]

리쾨르를 찬양하는 연장 행사가 크리스티앙 데캉의 진행으로 세브르센터와, 조르주퐁피두센터 '세미나 공간'에서 1987년 6월 25, 26, 27일에 거행된다.[12] 《에스프리》의 신규팀을 넘어 경의를 표하는 이 행사의 파트너들인 다수의 주최자들이 리쾨르가 획득한 새로운 중심에 대한 증명이 된다. 이 학회에서 비롯된 《에스프리》의 간행물을 구체적으로 준비하면서 조엘 로망은 진정으로 잡지에 동화되기 시작한다. "나는 전사와 교정, 서문 작성에 전념하느라 1987년 여름을 거의 다 잡지사에서 보냈다."[13] 올리비에 몽쟁과 조엘 로망이 주관한 이 간행물은 1988년 여름에 출판된다.[14] 이 간행물에는 리쾨르의 명제들에서 원천을 따온 연구 지침들이 대거 수록된다. 《에스프리》의 이 간행물은 리쾨르가 허용하는 정치적인 것에 대한 사상의 쇄신을 부각시킨다. 아마도 "전투적인 사상 가입에 빠지지 않으려

9) 가브리엘 바아니앙, 〈그것(전통)을 초월하지 않고는 아무것도 간직하지 않는 사람〉, 《개혁》, 1987년 6월 20일.

10) 폴 리쾨르, 올리비에 아벨과 장 프랑수아 푸렐이 기록한 말, 같은 책.

11) 에릭 블롱델, 〈활기에 넘치는 리쾨르. 텍스트로부터 행동으로〉, 같은 책.

12) 이 행사는 《르 몽드》 《개혁》 《에스프리》 《형이상학과 도덕 잡지》 《철학》 잡지, 쇠이유, 세르프, 오비에 몽테뉴, 파리그리스도교연구소 철학과, 세브르센터와 보브르의 세미나 공간의 후원을 받는다.

13) 조엘 로망과의 대담.

14) 《에스프리》, 1988년 7-8월.

는 의지"[15]에 의해, 그리고 사상이 구성하는 특별 영역의 자율성을 존중하기 위해 정치적인 것에 관한 특별한 책은 비록 쓰지 않았을지라도 여기에서 리쾨르의 어떤 정적주의의 표현을 조금이라도 보아서는 안 된다. 반대로 그의 연구들은 항상 그것이 에릭 베유와 한나 아렌트에 뒤이어 하버마스와 롤스의 정치철학이든간에 중간을, 제도화된 갈등에 의해 특징지어진 정치적인 것의 본래 공간을 나타내는 정치철학에 몰두하였다. "폴 리쾨르가 '서술적 정체성'을 통해 실행하는 우회의 교훈은, 우리의 정치적 정체성이 항상 물려받은 동시에 구성하는 것이라는 점이다."[16] 뒤이어 리쾨르는 자신을 후기 후설 칸트주의자와 같은 사람이 되게 하는 회귀 방식 속에서 전통의 흐름을 거슬러 올라간다. "리쾨르의 칸트에의 연결은 단연 후설과의 잦은 만남에 의해 좌우된다."[17] 따라서 그는 칸트로 돌아갈 것을 이렇게 권유한다. "후설은 현상학을 만든다. 하지만 칸트는 현상학을 **한정**하고 그 **근거**를 제공한다."[18] 그러나 리쾨르는 근대 사상의 창시자로서의 칸트에 머무르지 않는다. 그는 훨씬 더 오래된 철학적 전통에서 영감을 얻으며 아리스토텔레스까지 거슬러 올라가는데, 그러한 참조는 줄거리 · **뮈토스** · **미메시스**라는 아리스토텔레스의 개념들을 활용한 이야기에 관한 것이든 혹은 행위의 이론을 구성하기 위한 것이든 간에 그의 연구들에서 더욱더 현저하다. "아리스토텔레스에 대한 참조는 마치 리쾨르가 새로운 명제들을 규정하기 위해 전통의 담보를 필요로 하는 것처럼 단순한 습관이 아니다."[19] 마지막으로 세번째 부문은 리쾨르가 **로고스**의 요구들을 분명하게 구분하는 것에 신경을 쓴 영역, 즉 신학과 주해의 영역인 철

15) 조엘 로망, 〈정치적 행동에 대하여〉, 《에스프리》, 1988년 7-8월, 7쪽.

16) 위의 책, 8쪽. 정치적인 것에 할애된 이 부분에는 여러 기고들이 있다. 폴 티보, 〈대학의 위기 앞에서〉; 올리비에 몽쟁, 〈정치적인 것의 역설들〉; 조엘 로망, 〈한나 아렌트와 에릭 베유 사이에서〉; 피에르 리베, 〈보편적이면서 정치적인 의미〉; 폴 리쾨르, 〈악의 스캔들〉; 기 프티드망주, 〈절망과 이야기〉; 장 루 테보, 〈정치적인 소크라테스주의〉; 장 그레쉬, 〈갈라진 시대와 위기의 시대〉.

17) 장 미셸 베스니에, 앞의 책, 98쪽.

18) 폴 리쾨르, 〈칸트와 후설〉, 《Kans-Studien》, Band 46, Heft I, 1954-1955년; 《현상학파에서》에 재수록, 같은 책, 250쪽.

19) 장 미셸 베스니에, 위의 책, 99쪽. 이 부분에는 다음의 기고들이 있다. 필리프 레이노, 〈신중함과 정치: 아리스토텔레스에서 비코까지〉. 피에르 콜랭, 〈장 나베르의 유산〉, 마르크 리시르, 〈후설의 《위기》를 다시 읽다〉; 안 마리 로비엘로, 〈칸트의 지평〉; 여기에 도미니크 자니코의 논문 〈한스 요나스에 대한 소개〉와 1964년 한스 요나스의 강연인 〈하이데거와 신학〉과 더불어 하이데거에 관한 부분이 첨가된다.

학의 경계에 설정된다. 이 부분은 리쾨르가 《에스프리》에서 50년대부터 담당한 시평의 제목, 즉 〈철학의 경계에서〉를 되풀이한다. 카를 바르트의 신학인, 20세기 종교 사상의 최초 위기시의 신학에 크게 영향을 받은 "폴 리쾨르의 기여는 이러한 맥락에서 성서 주해(불트만, 폰 라트)와 신학의 영역에서 이루어진 재생을 철학 작업의 핵심에서 고려하는 것이다."[20] 악의 정당화에 대한 자신의 무능력 속에서 철학을 검토하면서 그는 두 가지 유산, 즉 예루살렘의 유대 그리스도교의 유산과 아테네의 로고스의 유산을 단단히 긴장시킨다. 유머로 그가 자주 그러한 입장을 자신을 어떤 정신분열증으로 몰고 갈 수 있는 것으로 소개한다 해도, 여기에서도 역시 유럽이 사실 이 두 가지 유산으로 빚어진 서양 사상의 한복판에 뿌리내려 있다는 흔적을 간파하게 된다.[21] 리쾨르에 할애된 이 호는 따라서 언어, 허구와 역사를 교차시키는 《시간과 이야기》의 최근 출판이 주원인인 성찰로 마무리된다.[22]

리쾨르가 어느 정도로 세계에 관한 동시대적 성찰을 이끌기보다는 더 많이 하고 있는가, 그것도 얼마나 앞서가고 있는가를 밝히는 《에스프리》의 이 호는 1987년 6월의 리쾨르 날에 있었던 발표들을 모두 싣지는 못한다.[23] 장 보베로는 자신의 발언에서 1984년 여름중에 서부의 개신교도센터에서 행한 발표에 다시 시사성을 부여하면서 그 발표를 재개하는데, 그 전의 발표에서 그는 리쾨르가 이데올로기와 유토피아 간의 대립을 몰고 가는 방식을 비판한 바 있다.[24] 그것은 다음과 같이 대중들로부터 놀라움과 반감이라는 강한 결과를 유발하였다. "나는 일종의

20) 장 클로드 에슬랭, 같은 책, 197쪽.

21) 이 부문에서는 다음의 발표들을 볼 수 있다. 폴 보샹, 〈성서와 언어 형식, 혹은 용서의 텍스트〉; 장 루이 슐레겔, 〈독일 신학 앞에서〉; 스타니슬라스 브르통, 〈그리스도교 신앙, 지성, 철학〉; 도미니크 부르그, 〈그리스도교 문법을 위하여〉.

22) 역사에 대해서는 에릭 비뉴 · 뤼스 지아르 · 로제 샤르티에 · 조엘 로망 · 장 볼라크가 있고, 이야기(récit)에 대해서는 다니엘 살나브 · 크리스티앙 데캉 · 모리스 무리에 · 미겔 앙젤 세비야가 있으며, 언어에 대해서는 알랭 피에로 · 장 그레쉬 · 장 라드리에르 · 프랑시스 자크 · 앙드레 자코브 · 자크 드비트가 있다. 리쾨르의 발표, 〈서술적 정체성〉은 리쾨르 자신이 장 마르크 페리 · 베르트랑 베르즐리 · 솔랑주 메르시에 조자 · 다니엘 살나브와 나누는 토론으로 이어진다.

23) 이미 두꺼워진(327페이지) 이 호에 프랑시스 자크 · 장 라드리에르 · 클로드 제프레 · 장 보베로 · 제프리 바라쉬와 클로드 르포르의 발표들과 자크 세다와 모니크 다비드 메나르가 진행한 정신분석연구회와 리쾨르의 주위로 장 피에르 뒤피 · 장 마르크 페리와 베르나르 마냉을 규합하는 사회적 정의에 관한 토론회의 발표들은 실릴 수가 없었다.

신성을 모독하는 듯한 느낌이 들었다."[25] 장 보베로는 이데올로기의 차원과 유토피아의 차원을 구별하는 리쾨르의 시도에 있어서 의견 대립을 표명한다. 보베로에 따르면 그 차원들 각각은 항상 권력의 쟁점들이 연루된 장소이다. 따라서 그는 리쾨르가 "이데올로기의 용도들의 **순환성**에 대해 분명한 견해를 갖고 있지 못하다"[26]고 비난하며, "이데올로기와 유토피아를 연결하는 선이 전자나 후자에서 이해로 가는 선보다 더 짧기"[27] 때문에 이데올로기/유토피아 이항식에 비이등변 삼각형을 대립시킨다.

1988년 여름은 단연코 리쾨르에게는 행운의 계절이다. 왜냐하면 《에스프리》의 그 중요한 호가 출간되는 바로 그때 그가 프랑스의 지적인 삶의 명소에서 찬양되기 때문이다. 사실 〈해석학적 이성의 변모〉[28]라는 제목으로 장 그레쉬와 리처드 커니가 기획한 열흘간은 1988년 8월 1일부터 11일까지 스리지라살에서 그에게 바쳐진다. 그것은 예를 들면 나중에 시간이 흘러도 변함없이 강하게 일관성을 보여주는 여정이 다수의 우회 뒤로 은연중에 나타나고 있음을 보여 주면서 은유적 진실, 이질적인 것의 종합, 자기(soi)의 서술적 정체성의 개념과 같은 리쾨르의 여러 중요한 개념들의 풍부함을 헤아려 보는 계기가 된다. 스리지의 열흘간은 또한 그의 사상의 국제적 차원을, 다른 국가적 현실 속에 정박한 철학자들의 작업을 보여 준다. 외국인들의 적극적인 참여는 이 열흘간의 특징들 가운데 하나이다.[29] 1988년 여름 《폴리티스》는 리쾨르에게 5페이지를 할애한다.[30]

---

24) 장 보베로, 〈이데올로기와 유토피아: 적대적인 자매인가, 아니면 미완성 삼각형인가?〉, 《다른 시대》, 1984년 여름, 제2호, 65-71쪽. 장 보베로의 이 텍스트는 리쾨르의 텍스트, 〈이데올로기와 유토피아: 사회적 상상력의 두 가지 표현〉, 같은 책, 53-64쪽 다음에 게재된다. 《텍스트로부터 행동으로》에 재수록, 앞의 책, 379-392쪽.

25) 장 보베로와의 대담.

26) 장 보베로, 〈이데올로기와 유토피아: 적대적인 자매인가 아니면 미완성 삼각형인가?〉, 논문 인용, 67쪽.

27) 같은 책, 71쪽.

28) 폴 리쾨르, 장 그레쉬와 리처드 커니(주관), 《해석학적 이성의 변모》, 세르프, 파리, 1991년.

29) 프랑스인 스타니슬라스 브르통 · 피에르 콜랭 · 프랑수아즈 다스튀르 · 미셸 앙리 · 세르주 메팅제 · 안 마리 플르티에 · 올리비에 살라자르 페레 · 알랭 소당과 모니크 슈네데르; 미국인 제프리 앤드루 바라쉬 · 데이비드 카와 찰스 리건; 벨기에인 라파엘 셀리스; 오스트레일리아인 조슬린 던피; 독일인 안셀름 하버켐프와 아다 네슈케 한슈케; 이탈리아인 도메니코 저볼리노; 아일랜드인 리처드 커니와 조제프 스테판 올레리; 덴마크인 피터 켐프; 브라질인 마리아 빌라 프티가 이 열흘간에 참가한다.

리쾨르가 다른 세 사람, 즉 조르주 코드 · 마들렌 바로 그리고 제임스 바와 함께 개신교 신학연구소[31]로부터 **명예박사** 학위를 받는 것도 역시 1988년 4월 21일이다. 엄숙한 그 기회에 파리 개신교 신학대학의 철학과 교수인 올리비에 아벨은, 그의 박사 학위 수여식에 앞서 〈폴 리쾨르 씨에게〉라는 연설을 한다. 그는 리쾨르를 이렇게 찬양한다. "그것도 율리시스처럼 보다 생생한, 보다 최고의 말을 찾아 의미의 대서양으로 떠난 우리 조상 가운데 한 사람. 50년 전부터 매 갈림길에서 그는 가장 긴 길을, 가장 많은 우회의 길, 가장 힘겨운 노동을 요구한 길을 택했습니다. (…) 리쾨르는 우리에게는 율리시스와 같은 사람이면서 모세와 같은 사람이기도 합니다. 그러므로 이 두 인물 사이에서 결론을 내리자면 저는 결정을 할 수가 없습니다."[32]

자신이 속한 개신교도 집단에서 리쾨르는 또한 루이 16세가 개신교도들을 국민의 삶 속으로 재편입시키는 쪽으로 진일보하게 되는 1787년의 왕의 칙령, 이른바 신교 자유의 칙령, 혹은 은혜의 칙령 기념식을 맞이하여 초청된다. 그리스도교를 공공연하게 내세우지 않는 모든 사람들이 초대를 받는다. 프랑스개신교역사회의 사무국장인 자크 푸졸은 리쾨르에게 학회의 마감 연설을 부탁한다. 그리고 바로 그날 친구인 알렉스 데르잔스키의 딸이 결혼을 하여, 리쾨르는 당연히 그래야 하듯이 반구형의 검은 모자를 쓰고 유대교 회당에 자리한다. 결혼식이 끝나고, 1987년 10월의 오후가 시작될 무렵 리쾨르는 서둘러 초만원의 튀르고 강당에서 학회가 진행되고 있는 소르본대학교로 향한다. 그가 연단으로 나가자 그곳에 있던 앙드레 뒤마가 깜짝 놀라며 이렇게 실수를 알려 준다. "이런, 자넨 지금 회당에 있는 게 아니라네!"[33]

모두에게 약간은 진부하고 낡은 듯해 보이는 주제에 관해 "리쾨르는 무언가 젊은, 역동적인 것을 발표하기에 이르렀다."[34] 사실 그는 매우 시사적인 발언으로 학회를 종결하는데, 발언 가운데 관용/불관용 대립에 제3의 항, 즉 용납할 수 없는 것이라는 항을 첨가하면서 의미론적 분류 작업에 힘을 기울인다. 그는 제도적 ·

---

30) 〈폴 리쾨르. 행동하라고 그는 말한다〉, 에릭 플루비에, 《폴리티스》, 1988년 10월 7일.
31) 개신교 신학연구소(IPT)는 파리와 몽펠리에 개신교 신학대학들을 대표한다.
32) 올리비에 아벨, 〈폴 리쾨르 씨에게〉, 《신학과 종교 연구》, 1989년, 제3호, 393-394쪽.
33) 앙드레 뒤마, 알렉스 데르잔스키가 기록한 말, 저자와의 대담.
34) 자크 푸졸과의 대담.

문화적 그리고 종교적 차원을 구분한다.[35)]

《에스프리》에게는 과도기적 해인 1988년은, 또한 리쾨르와 위기에 처해 고통을 겪으며 가치를 요구하는 시테에서 그를 앞세우는 신세대가 만나는 해이기도 하다.

35) 폴 리쾨르, 〈관용, 불관용, 용납할 수 없음〉, 《프랑스개신교역사회 회보》, 제134책, 1988년 4-5-6월, 435-450쪽.

59

절대악의 횡단

1986년 3월 22일 토요일, 올리비에 리쾨르는 강연을 위해 카트린 오다르와 함께 체류하였던 런던에서 돌아오는 아버지를 파리 공항에서 맞이한다. 얀후스협회의 초대를 받은 리쾨르는 곧장 프라하로 다시 떠난다. 착륙한 비행기에서 이륙할 비행기까지 그를 전송한 후 올리비에는 집으로 돌아간다. 리쾨르가 아들이 얼마 전에 세상을 떠났다는 사실을 알게 되는 것은 프라하에서이다. 그가 투신 자살을 했던 것이다. 그러나 철의 장막이 구축되어 있었기에 리쾨르는 체코슬로바키아에 억류된다. 곧장 떠날 수가 없게 된 것이다.

그와 같은 행동에 어떤 설명을 붙인다는 것은 순전히 무모한 짓에 해당된다. 돌이킬 수 없을 만큼 확고한 자살에의 결심과 마주하여, 그러한 행위를 단순한 몇 마디로 표현한다는 것은 터무니없는 짓이다. 그럼에도 불구하고 한 아버지의 심장을 뒤흔든 그 충격은 언급되지 않을 수 없다. 왜냐하면 그 충격으로 인해 철학자의 불가역적인 것, 회복할 수 없는 것에 대한 이해 방식에 상당한 변화가 일어날 것이기 때문이다. 작업초부터 리쾨르는 악, 죄의식의 문제들에 몰두했다. 이 문제들에 대한 그의 관심은 부재(Absence)의 얼굴을 가리키는 의문의 친자 관계와 무관하지 않다. 따라서 그 드라마는 또다시 리쾨르의 삶을 더욱 잔인하고, 한층 더 감당할 수 없는 방식으로 급변화시켰다. 그 드라마가 있은 지 불과 몇 주 후, 리쾨르는 친구 머시아 엘리아데의 임종에서 한 가지 문제, 업적을 남기지 못한 아들의 갑작스레 중단된 운명과 국제적인 인정을 받는 엘리아데의 운명 간의 대조라는 문제에 사로잡힌다. "운명들을 고르게 하면서 죽음은 무업적(non-œuvre)과 업적(œuvre) 사이의 뚜렷한 차이를 초월하게 한다는 것을 배워야 했다."[1] 아버지는 아들이 죽은 뒤에도 살아남기를 받아들일 수 있을까? 부모 없는 아들로 살아야 하는 방정식을 풀고자 애쓰던 유년 시절을 겪은 인간이 직면해 있는 고통스러운 문제가 그런 것이다. 리쾨르가 말할 수 없는 그 고통을 표현하는 것은 상처와 감정적 차원을 통해서가 아니다. 그러한 불행을 견디며 살아가기(sur-vivre) 위해 방책을 길어올리게 될 것은, 여전히 그의 유년 시절에서처럼 텍스트성(textualité)에서 철학적 작업을 속행하고 심화시킴으로써 그 죽음을 명예롭게 하는 행위에서이다. 텍스트성이 여기에서 위니코트의 용어에 따르자면 법, 아버지의 과도 대상(objet transitionnel)의 역할을 다시 할 것이다. 정체성의 대리 역할로 승격된 텍스트가 감당할 수 없는 일에 직면하여 중재와 보호를 동시에 확립한다.

그 아들 올리비에의 자살은 물론 용어의 라캉적인 의미에서 볼 때 아버지의 이름(Nom du Père)과 복잡한 관계가 없는 것은 아니다. 그러한 관점에서 아버지의 이름은 리쾨르를 그렇게 보이는 것처럼 특별한 상황으로 보내지는 않는데, 그것은 강렬함에서, 그리고 그의 고통의 고독과 아내 시몬의 그것에서 아무것도 끌어내지 못한다. 그러나 자신들의 연구를 통해 어떤 명성을 얻은 후 같은 드라마를 겪는 아버지들의 수는 엄청나다. 거의 같은 시기에, 리쾨르의 가까운 측근 가운데 낭테르에서 함께 박사 학위 과정 논문[2]을 발표한 적이 있는, 조르주와 도로테 카잘리스의 아들 마티외 카잘리스가 1986년 가을 자살한다. "우리는 두 구의 시체 앞에 있었는데, 그것은 참으로 가혹한 일이었다."[3] 조르주 라비카도 같은 드라마에 직면한다. 그는 그러한 선상에서 리쾨르와 말을 나누지는 않았지만, 그로부터 함께 나눈 고통 속에 자리한 애정어린 침묵이 그들 사이에 생겨났다. 리쾨르가 드라마를 경험한 지 몇 주 만에 그의 친구 앙리 바르톨리 역시 그 아들의 자살에 의연히 대처해야만 한다. 그때도 역시 불가능한 대화는 다음과 같은 한마디 외침으로 요약된다. "얼마 지나지 않아 그를 수플로 거리에서 만났는데, 내게 이렇게 말했다. '앙리, 끔찍한 일이네!'"[4]

올리비에 리쾨르는 그 아버지와 특별한 관계를 유지하고 있었다. 친구들의 몇몇 영화에서 조감독을 맡고 있던 그는 특히 아버지의 서신 교환을 관리하고, 원고를 타이핑하면서 드 작업을 돕곤 하였다. 또한 폴 리쾨르가 미국에 장기 체류

1) 폴 리쾨르, 《성찰》, 앞의 책, 79쪽.
2) 마티외 카잘리스, 《구조와 의미. 메소포타미아와 히브리의 몇 가지 신화에 관한 시론》, 1969년.
3) 도로테 카잘리스와의 대담.
4) 앙리 바르톨리와의 대담.

해 있었을 동안에는 그가 아버지의 출판과 관련하여 프랑수아 발과 교류해 왔다. 1968년, 종파간의 교류 때도 올리비에는 여전히 그 아버지 곁에 자리한다. 그러한 상황에서 그 개인적인 정체성을 개척한다는 것, 자신의 이름으로 유명해진다는 것은 물론 쉬운 일이 아니다. 그리하여 올리비에는 하얀 담에서 실패와 좌절감을 현실 이탈로 보상하는데, 그곳 공동체에 정착한 그의 한 무리의 친구들은 전반적인 수치의 대상이었다. 리쾨르 부부는 아들의 일탈과 그로 인해 발생하는 충돌로 괴로워하지만 판단도 비난도 하길 원치 않는다. 리쾨르는 그 아들을 단단히 보호한다. 긴장은 팽배해지고, 폴 프레스는 그 친구들 '무리'의 행동에 반대한다. 갈등은 증폭되고, 더욱 염려스러운 주제들에서와 마찬가지로 쓰레기통의 둘레, 수목과 장미나무의 중시와 같은 터무니없는 목적들에서도 갈등은 구체화된다. "올리비에는 나의 아버지에게서 적대자와 동시에 강한 부친상, 물론 추남상을 발견했다. 그는 나의 아버지에게로 부정적인 전이를 했다."[5] 미셸 비녹크가 미국에 있는 리쾨르에게 편지를 보내, 그러한 일이 중단되어야 한다고 알릴 정도로 1978년 상황은 심각해진다. 돌아온 리쾨르는 절망하며 폴 프레스에게 보낸 5월 26일자 편지에서 해결할 수 없는 문제를 해결하기 위해 하얀 담을 떠나겠다는 자신의 의도를 알린다. 상황이 참을 수 없게 되어 버렸다고 생각하는 사람들의 논쟁을 이해하면서도 그는 환대 원칙을 어길 수 없어 자신의 집에 아들의 친구들을 받아들인다. 그러나 특히 그는 아들의 친구들을 쫓아내기로 결심하면서도 불안정한 균형 상태에 있는 자식을 충격 속에 몰아넣고 그와 맞서 싸우는 것을 원치 않는다. 리쾨르가 떠날 거라는 예상은 하얀 담에 심각한 돌풍을 일으킨다. 결국 공동체 생활의 제약들에 대해 별반 열의가 없던 미셸 비녹크가 1978년 12월에 떠나겠다는 의사를 밝힌다.

올리비에의 친구들 가운데 크리스토프 도네가 하얀 담에 들어오면서 80년대 상황은 한층 더 심각해진다. 그는 자신이 찾고 있는 아버지상을 구현하는 리쾨르의 환대의 혜택을 입는다. 도네는 전쟁중에 사망한 자신의 할아버지 장 고세가 에마뉘엘 무니에 곁에서 마땅히 누려야 했던 자리를 리쾨르가 부당하게 차지하고 있다는 환상을 품는다. 따라서 하얀 담에의 입주가 그에게는 완전히 정당한 것으

---

5) 주느비에브 프레스와의 대담.

로 여겨진다. 그리하여 만일 자신이 그 철학자의 자리를 차지할 수 없다면, 대신에 '나쁜 아들' 인 친구를 몰아냄으로써 착한 아들의 자리에 앉으려고 애쓴다.

그가 자리를 잡기 위해 샤트네로 떠날 때, 크리스토프 도네의 어머니는 물론 이렇게 말하지는 않았다. "얘야, 가거라. 결국은 너의 것인 그곳을 소유하거라."[6] 그러나 그의 태도에서 모든 것은 그러한 방향으로 진행된다. 사실 올리비에가 하얀 담을 떠날 것이며, 새로운 삶을 시작하면서 한 친구와 함께 파리에 있는 텅플가로 가서 정착할 것이다. 그는 리쾨르 애호가들의 소규모 단체 근처로 와 거주하는데, 거기에는 미레이유 델브라치오와 리쾨르의 미국인 번역자 캐슬린 맥 로린이 있다. 그러한 출발은 그의 개인적 정체성을 전적으로 수용하는 방법일 수 있었을 것이다. "올리비에는 아파트를 얻고, 약간은 친구들의 그런 입장을 핑계삼아 이별을 받아들이기 시작하는 걸음마를 할 수 있었다."[7] 현상학연구소의 주요 인물이었으며, 게다가 올리비에가 아버지의 작업에 관여함으로써 리쾨르와 교류한 바 있는 미레이유 델브라치오와 아주 친밀한 관계가 이루어진다. 탈신화의 시작이 그러한 우정의 교류 속에서 시도된다. "그것은 성인 연구도 비루한 비평도 아니었기 때문에 내가 아마도 그 말을 함께할 수 있었던 유일한 사람들 가운데 한 사람이었을 것이다. 그런데 그 말은 올리비에와 나 사이에 무척 중요했다."[8] 그러한 관계로부터 진정한 유대가, 실질적이고 진정한, 헛된 상호 영향의 신경증에서 벗어난 유대가 올리비에와 그의 아버지 사이에 다시 이루어지기 시작할 수 있었다. 게다가 올리비에 리쾨르는 주목할 만한 성공과 더불어 현실의 시련을 건너기 시작한다. 영화적인 차원에서 당시 그는 한 영화의 조감독으로 있었고, 그리하여 그러한 개인적인 실현의 시작은 독립적인 분위기하에서 비중을 덜 두는 그의 타인 관계를 변화시키려 한다. 그러나 신경은 많이 쓰고 있지만 아직은 불안정한 균형 속에서 아들인 그가 그곳과의 관계가 끊어졌다고 생각하는 데 반해, 그의 '무리' 는 하얀 담에 거주하면서 아들의 위치에 자리잡고 있다는 것을 어떻게 감

---

6) 크리스토프 도네, 《복수심》, 그라세, 파리, 1992년, 206쪽. 이 책은 재판의 대상이 되었다. 아들에 대한 기억을 존중하기를 바라는 리쾨르는 책에서 올리비에의 이름을 빼달라고 요구했다. 그로부터 그라세출판사를 상대로 소송이 제기된다. 변호사 술레즈 라리비에르는 서점에서 책들을 수거하고, 리쾨르의 이름을 삭제하여 재출판하라는 판결을 얻어낸다.

7) 미레이유 델브라치오와의 대담.

8) 위의 대담.

당할 수 있단 말인가! "모두가 보기에 있을 수 없는, 이해할 수 없는 그런 상황이, 결국 올리비에가 떠나자 짐과 나로 하여금 폴과 시몬 그리고 개와 함께 있게 한 그런 상황이 그 집에서 벌어지고 있었다. 아들처럼, 왕위 찬탈자처럼이라고 말할 수 있을 것이다."[9] 반면에 그와 같은 상황이 자신의 친구에게 위험할 수 있으며, 그에 대한 배려로 먼저 떠나는 것이 현명하다는 생각이 도네의 '복수' 심에는 떠오르지 않았다.

그러나 리쾨르가 아들의 요구를 들어 준 바로 그때, 돌이킬 수 없는 그 행동이 벌어진다. 실제 연대기로는 보이지 않는 책에서 크리스토프 도네는 이렇게 적는다. "올리비에는 '그들이에요, 저예요' 라고 말했다. 그는 폴에게 선택을 하라고 요구했다."[10] 그런데 바라던 그 의무, 그 책임이 이행된다. 리쾨르는 올리비에의 친구들에게 제발 떠나가 줄 것을 부탁하기 위한 편지를 쓴다. 당시 여행중이었으며, 올리비에가 돌이킬 수 없는 짓을 저지른 바로 그날에 다음의 편지를 쓴 것이 분명한 크리스토프 도네로부터 리쾨르가 받은 답변은 그의 모순을 여실히 드러내 준다. "그것은 내가 올리비에의 잘못에 대해 말한, 아마도 나의 불행 또한 말한 편지였다. 그러나 특히 폴에게 이렇게 말한 편지였다. '이제 저는 당신의 마음속에 있습니다. 당신은 처음에는 샤트네에서, 아마도 철학사에서, 그 다음에는 제 마음속에서 할아버지의 자리를 차지했습니다. 그리고 이제 그 모든 대체에 대한 대가, 지불해야 할 아주 비싸고도 아주 대단한 아주 고통스러운 대가가 있는데, 그것은 제가 당신의 마음속에 있다는 것입니다.'"[11] 따라서 떠나 달라는 부탁에 대해 말하자면, 그것은 거절이었다.

1947년에 태어난, 안정을 되찾은 어린아이 같은 올리비에는 따라서 자살을 선택하고 부모를 끝없는 슬픔의 고통 속에 잠기게 한다. 리쾨르는 1995년에도 여전히 다음과 같이 그러한 죽음으로 인해 벌어진 상처란 아물지 않는 법이라고 이야기한다. "지금도 여전히 나는 두 가지 엇갈린 비난에 사로잡혀 있다. 하나는 적당한 때에 몇몇 일탈들에 아니라고 말할 줄을 몰랐다는 것이고, 다른 하나는 절망의 바닥에서 내지른 구조 요청을 느끼지도 듣지도 못했다는 것이다."[12] 그러한 행동

9) 크리스토프 도네, 《복수심》, 앞의 책, 316-317쪽.
10) 같은 책, 317쪽.
11) 같은 책, 317-318쪽.

에서 상황에 의한 무분별과 절망의 행위를 보기는커녕 리쾨르는 그것을 의지의 실현, 용기의 표현으로 높이 평가하면서 그러한 행위의 충만함, 순전히 인간적인 차원을 회복시켜 주기를 바란다. 그는 그러한 결정에서 완전히 부정적인 행동이 아니라 고상함의 증거를 높이 평가하며 지표를 찾고 있는 아들의 판결 재판소가 될 줄 몰랐던 것을 후회한다. 리쾨르는 그해 1986년에 《텍스트로부터 행동으로》를 출간하면서 권두에 〈올리비에를 기억하며〉라는 헌사를 바친다. 주의 깊은 독자라면 1990년에 출판된 《타자 같은 자아》의 중심부에 〈행동의 비극〉이라는 제목의, '소윤리'의 포문을 여는 간주곡이 "재차 올리비에를 위하여"[13] 씌어진다는 것을 잊지 않을 것이다.

이러한 몇 가지 공공연한 징후를 넘어 근본적으로 악과 유한성, 그리고 타인들에 대한 리쾨르의 태도는 그 아들의 사망으로 바뀌게 될 것이다. "리쾨르는 피에르 장 라바리에르와 나에게 전에는 이해할 수 없었던 많은 것들을 이해하게 된 것은 아들 덕분이라고 말했다."[14] 그 시련의 경험은 리쾨르에게서 다시금 작용을 일으켜, 그 어머니의 부재와 아버지의 급속한 사망으로 인해 유년 시절부터 이미 깊이 뿌리박힌 그의 공포에 대한 두려움을 첨예화시킨다. 그러한 고통의 경험은 이번에는 구체적인 것들에 보다 근접한, 보다 구체화된 생각과 행동의 출현을 야기할 것이다. 어떤 면에서는 인간 행동의 측정할 수 없는, 비극적인 부분의 중시는 현실에 부합하는 도덕적 판단, 신중한 판단, 아리스토텔레스 철학의 **프로네시스**의 보호하에서 선한 삶의 겨냥, 실천적 지혜를 향해 나아갈 것이다. 실존의 비극을 통해 회복된 리쾨르는 악의 내적인 동화에 대한 오랜 작업을 통해 철학적 지혜의 형태를 강조하기에 이른다. 비극의 지평을 건넌 후, 그는 그 치유책인 능력 있는 인간을 재탄생시키기 위해 악을 농락하고, 진정시키며, 중재하는 모든 것을 더욱 부각시킨다. 우울병에 대한 그의 저항은 행동력을 확증하는 것에서, 스피노자 철학의 영감에서 힌트를 얻을 것이다. 선한 삶의 겨냥과 자기(soi) 존중으로서의 자기(soi) 해석 사이에 있는 해석학적인 원 전체는 근사치의 한계 속에서, 리쾨르가 회색이라 부르는 것과, 선(le Bien)과 악(le Mal)의 정면 대립과 대조를 이루는

12) 폴 리쾨르, 《비판과 확신》, 앞의 책, 140쪽.
13) 폴 리쾨르, 《타자 같은 자아》, 앞의 책, 281쪽.
14) 그웬돌린 자르체크와의 대담.

회색 사이의 신중한 판단의 한계 속에서 나타난다. 신교도적 죄의식의 원래 주제 전체가 점점 줄어들었다. 《악의 상징》이 이미 원죄 개념의 국적 상실을 가능하게 해주었다. 1986년에도 여전히 인간의 무류성(infaillibilité)은 남아 있지만,[15] 그러나 이번에는 아리스토텔레스 철학의 **프로네시스**(실천적 지혜)로 방향 전환된, 다시 말해 죄의식에서 벗어난, 그리고 근본적으로 행동하기와 타자와의 수평적 관계로 전환된 것이며, 더 이상 수직적인, 초월적인 자기 통제의 관계에 묶이지 않은 관계이다. 물론 이 행동하기는 여전히 해석들의 갈등을 통해 드러나며, 결코 완전한 안정에 이르지 못한다. 그것은 역사가 우리에게 일상적 운명을 드러내는 격렬함의 원천인 상대적이고 정당한 신념으로 형성된다. 그럼에도 불구하고 시선은 더욱 차분해지며, 1995년 리쾨르가 죽음에 대하여 한 말은 그 자신에 관해 획득한 어느 정도의 내적인 평화의 표시이다. 구원에 대한 질문에 리쾨르는 이렇게 대답한다. "삶에서 죽음까지의 문제를 제기하기 위해서는 그러한 근심에서 벗어나야 한다는 생각이 점점 더 든다. (…) 종교적인 범주에서 아마도 나는 자기(le soi)를 버려 주십사 당부하는지도 모른다. (…) 이 '초연(détachement)'의 문화——거장 에크하르트의 어느 글의 제목을 빌리자면, 그리고 그와 함께 플랑드르파의 신비의 전통 속으로 들어가 보자면——가 개인적인 소생에 대한 관심을 차지한다는 것을 함축한다는 사실이 내게는 더욱더 확실해 보인다."[16] 아들의 죽음을 겪음으로써 《의지와 무의지》에서 이미 암시된 관심이 탄생 행위, 삶에 눈을 뜨는 기쁨 쪽으로 이동하는 것이 더욱 두드러진다. 죽음에 대한 그의 새로운 이해 방식은 그 자체로 아들에 관한 기억과 행위를 높이 평가하는 방식이다. "따라서 나는 사후(un après-la-mort)가 아니라 삶의 궁극적 긍정인 죽기(un mourir)를 기획한다. 생의 종말에 대한 나의 경험은 죽는 행위를 삶의 행위로 만들겠다는 가장 심오한 이 맹세를 마음의 양식으로 삼는다."[17]

이러한 평정 작업을 리쾨르는 철학 쪽에서 추구한다. 우리는 1986년에서 1988년까지의 해가 공인·인정의 해임을 보았다. 마침내 그는 그토록 정성을 쏟았던, 특히 1987년에는 《에스프리》 잡지 주위에서, 그리고 1988년에는 스리지에서 자

15) 폴 리쾨르, 〈과오를 범하기 쉬운 인간〉, 《유한성과 죄의식》의 책 I, 《의지의 철학》, 제2권, 오비에, 파리, 1960년.

16) 폴 리쾨르, 《비판과 확신》, 앞의 책, 235쪽.

17) 같은 책, 236쪽.

신들이 진 빚을 분명히 이야기하는 이들의 마음을 터놓는 따뜻함을 알게 된다. "스리지 이후 우리가 다시 만났을 때, 그는 나에게 이렇게 말했다. '올리비에가 죽은 후 행복은 타인들을 위한 것이라는 생각이 들곤 하였소.' 그러나 스리지에서 어찌나 행복한 분위기였던지 그가 다시 살고 있다고 느꼈다. 그것이 그런 효과를 낳았다면 그것은 준비할 만한 가치가 있었다."[18]

그 드라마가 있기 얼마 전인 1985년 가을, 리쾨르는 피에르 지젤로부터 로잔에 초대되어 악에 관한 강연을 한 적이 있었다. 강연은 끔찍한 사건이 있은 지 얼마 후 발행된다.[19] 주제의 흐름은 벌써 동의와 지혜 쪽으로 나아간다. 나중에 그는 거기에서 어떤 위안을 발견한다. "불현듯 내가 그 가혹한 명상의 예기치 않은 대화자임을 알아차렸다."[20] 사실 그의 강연의 결론은, 순전히 사변적인 표현으로 말하자면 다양한 형태로 된 악의 문제를 스스로에게 제기하도록 하는 것이 아니라 사유와 행동을 통하여 감정들의 정신적인 변화를 평가하도록 유도한다. 사유에 대한 도전인 악은 시기 상조의 종합을 거부하도록, 항상 더 많이 그리고 다르게 생각하도록 이끈다. 행동에 견주어 악은 공격받아야 하는 것이지만, 그러나 경계가 고통을 속이고 잊게 해서는 안 된다. 그럼에도 불구하고 실천적인 답으로는 불충분하다. 왜냐하면 그것은 욥의 "어째서 나인가?"라는 질문에 완전한 해결책을 제시하지 못하기 때문이다. 이 궁극적인 질문은 느끼기와, "프로이트가 《애도와 우울》이라는 제목의 에세이에서 설명하는 바 그대로 애도 작업"[21]의 필수적인 차원을 열어 준다. 따라서 리쾨르는 세 가지 《비판》인 이론적인 이성(이해하기), 실제적인 이성(행동하기)과 판단(느끼기)의 동의어를 잇달아 오게 하면서 아주 칸트식으로 악과 마주한 세 가지 순간, 세 가지 태도를 전개한다. 악의 설명, 이해의 시도는 매우 필수적인데도 현상을 설명하는 데 실패한다. 왜냐하면 시간과 악의 이중적 형상(figure)의 유약함이 우리 자신 안에 있기 때문이다. 설명적인 도식들 속에서 악을 한정하지 못하기 때문에 해석들의 피할 수 없는 갈등에, 갈등의 비극에 적합한 규칙들을 내세우면서 반대로 행동하는 것이 바람직하다. 그러나 이러

---

18) 장 그레쉬와의 대담.

19) 폴 리쾨르, 《악. 철학과 신학에 대한 도전》, 라보와 피데스, 제네바, 1986년; 《강의 3》에 재수록, 앞의 책, 80쪽.

20) 폴 리쾨르, 《성찰》, 앞의 책, 80쪽.

21) 폴 리쾨르, 《악…》, 《강의 3》, 앞의 책, 231쪽.

한 실천적인 장치들(dispositifs) 중의 어느것도 역사의 악, 폭력, 소음과 분노를 축소시키지 못하기 때문에 욥의 비극적인 지혜, 불가역성의 비극은 여전히 남아 있다. 이러한 제약으로부터 리쾨르는 사고, 행동, 그리고 감정의 공동 진전의 본보기가 됨을 주장하지 않는 가능한 여정을 규명한다. 그것은 불평을 야기하는 욕망 자체를 포기하는 지평으로 이끌며, 따라서 리쾨르는 욥이 이유 없이 하느님을 사랑하게 될 때 〈욥기〉의 마지막에서 그 지혜의 흔적들을 발견한다. "이유 없이 하느님을 사랑하는 것, 그것은 희생자가 자신의 운명의 부당함을 원망하는 만큼 가난 때문에 여전히 얽매여 있는 보수의 사이클에서 완전히 벗어나는 것이다."[22] 그 아들의 사망 이전의 이러한 성찰들을 읽어보면 어느 정도로, 그리고 어떤 강도로 그것들이 시작된 애도 작업의 대단히 중요한 반성적 표현 매체가 될 것인가를 이해하게 된다.

행동하기(l'agir)의 테마와 연관된 관조에 잠기기(le pâtir)의 테마는 이미 《의지의 철학》에서 나타나며, 그와의 관련은 행동하고 고통을 겪는 행위자(acteur)를 들여놓는다. 리쾨르는 그 문제를 주제로 한, 정신의학자들의 국내 학회를 맞이하여 프랑스정신의학협회 회장인 친구 장 자크 크리스로부터 그 고통의 테마를 재개할 것을 권유받는다.[23] 그러한 성찰은 그 자신의 애도 작업에 아주 많은 영향을 받는다. 고통의 기호들을 두 개의 축, 즉 자기-타인(soi-autrui) 관계의 축과 스피노자의 의미에서는 행동력에 관계되는 행동하기-관조에 잠기기의 축에 나누어 배치한 후, 그는 세번째 분석축인 가로축을 검토하는데, "여기에서 고통은 무언의 놀람과 가장 격렬한 질문인 '왜?' '왜 나란 말인가?' '왜 내 아이란 말인가?' 사이에서 탄성을 잃은 것으로 드러난다. 고통이 무엇을 생각케 하는가를 아는 두려운 문제가 지평에 떠오른다."[24] 여러 차례 리쾨르는 무언가에 대해 벌을 받는 거라고 생각하도록 이끄는 소중한 존재의 상실 상황을 떠올린다. "여기서 정신의학자는 우리로 하여금 지옥의 미로 속으로 들어가게 하는 부추김에 대하여 경계토록 한다."[25] 리쾨르는 도덕주의와 고통주의라는 두 가지 장애물을 피할 때 고통이 무엇을 생각케 하는가에서 발표를 마무리짓는다. 그리스 비극들은 이미 고통이 교훈을 주고

22) 폴 리쾨르, 같은 책, 233쪽.
23) 폴 리쾨르, 〈고통은 괴로움이 아니다〉, 《고통, 오트르망》, 제142호, 1994년.
24) 같은 책.
25) 같은 책.

질문을 한다는 것을 가르쳐 주었다. 그는 〈욥기〉의 가르침과 그것이 실행하는 보수 이론과의 단절을 되풀이한다. "희생자이지만 죄인은 아니라고 욥은 부르짖는다."[26] 따라서 반성적인 여정의 끝에 고통겪기의 근본 의미가 재발견된다. 즉 참을 것, 존재하려는 욕망, "그리고 ……**임에도 불구하고** 존재하려는 노력"을 통해 끝까지 밀고 나갈 것. "괴로움과 고통이 한 육체에 머무를 때마저 이 둘 사이의 최후 경계를 나타내는 것은 이 ……**임에도 불구하고**이다."[27]

가장 잔인한 가장 절대적인 고통의 경험을 통과하기는, 리쾨르가 기획한 성찰을 총체적이기는 하지만 자기(soi)와 무관한 단계에 설정된 완전한 악 쪽으로 이동시켰다. 아들의 자살 비극은 그를 그 균열, 영원히 분열된 주체의 그 상처, 영원히 상처받은 **코기토**를 이용하여 나베르에 따르면 본래적 긍정 개념으로 돌아가게 한다.

아들의 사망 몇 주 후, 리쾨르는 시카고로 가야만 한다. 실의에 빠진 그는 자신의 교육 프로그램을 그대로 유지할 수 있을지 자문한다. 그러나 정신분석학자인 아들 장 폴이 그에게 계획을 조금도 변경하지 말라고 충고한다. 그래서 그는 시몬과 함께 라코크 부부의 집으로 간다. "그들이 들어오는 모습이 지금도 눈에 선하다. 그들은 승강기를 탄다. 9층에 이르자, 클레르와 나는 밖으로 나가 그들을 맞이한다. 거의 믿어지지 않는 일이었다. 그들은 무덤에서 나오고 있었다! 석 달 동안 우리가 가족을 대신했는데, 그건 단연코 극적이었다."[28] 일단 리쾨르 부부가 프랑스로 떠나자, 앙드레 라코크는 친구를 돕기 위해 자신이 무엇을 할 수 있을지 자문한 후, 편지로 자신이 해석 부분을 쓰기로 하고, 리쾨르가 자신의 각 해설 뒤에 철학자의 관점을 넣는 성서에 관한 공동 출판 계획을 제안한다.

리쾨르는 그 계획에 긍정적인 답을 하지만, 진정한 애도 작업을 대표할 《타자 같은 자아》를 실현하는 일에 전적으로 매달린다. 그리하여 그 공동 계획의 실행은 그로 인해 상당히 지연될 것이다. 결코 두 영역을 뒤섞으려 하지 않으면서 성서주석가와 철학자 사이의 진정한 대화 조건을 준수하는, 상당한 분량의 저서 《성서를 생각한다》가 미국 시카고대학교출판부와 프랑스 쇠이유에서 장 루이 슐레겔 총서의 하나로 동시 출판된 것은 1998년의 일이다. 그런데 이 성서 해설은

---

26) 폴 리쾨르, 같은 책.
27) 같은 책.
28) 앙드레 라코크와의 대담.

그 두 영역이 공동의 주제들에 대해 서로 공명하는 바를 과다 · 과잉 시학의 성서처럼 보이게 한다. "복음서의 사상에 관해서 그는 의미의 과다를 제대로 이해했다. 그것은 그가 기상천외라 칭하는 것과 일치한다."[29]

29) 앙드레 라코크와의 대담.

60

자기에서 자기로 가는 가장 짧은 길은 타인을 경유한다

리쾨르의 모든 철학적 여정으로 간주되는 저서 《타자 같은 자아》는 주체에 관한 반성적 회고를 담고 있다. 이 회고는 지배의 입장에 있는 그 자체로 투명한 에고(ego)의 회고가 전혀 아니다. 그것은 단지 '하나의 타인처럼' 돌아올 뿐인 자기(un soi)가 나(le moi)를 대신했을 정도로 시도된 온갖 우회들로 풍요로워진, 수행된 기나긴 대항해에 의해 그 모습이 완전히 바뀐다. 구성을 늘린 어떠한 새로운 서적보다도 이 저서는 리쾨르의 모든 철학적 모험에 관한 전경을 보인다. 그 제작 과정은 《시간과 이야기》가 출판된 얼마 후, 1986년 2월 에든버러대학교에서 하였던 《지포르 강의》와 더불어 시작된다. "요컨대 주체의 문제를 정면에서 다시 시작해야 한다고 나는 생각했다. 그 때문에 요점을 간추려 대강 살펴볼 수밖에 없었다."[1] 따라서 리쾨르가 이 저서의 첫번째 준비 작업한 것은 그 아들이 사망하는 드라마가 발생하기 전이다. 극적인 사건이 그의 견해의 진정한 돌파구처럼 발생하며, 로마대학교인 사피엔차에서 강의를 하던 1987년에야 완성된 이 책의 윤리 부분은 그 아들 올리비에에게 바쳐진다. 리쾨르가 애도 작업을 완성하기 위해 실존적 동기들을 발견하게 된 것은 이 윤리 부분을 구성하던 중이다. 성찰의 지평에서 그는 베르나노스의 다음과 같은 구절을 떠올린다. "자신을 증오한다고 생각하기란 더 쉽다. 자신을 잊는 것은 은총이다. 그러나 그토록 완전한 자존심은 우리 안에서 죽어 있었다. 예수 그리스도의 번민의 요소들 가운데 어느것처럼이라도 자기 자신을 겸손하게 사랑하는 것이 은총들 중의 은총일 것이다."[2] 이 책의 준비 작업은 4년이란 오랜 기간이 걸릴 것이다. 그리고 그 아들 올리비에의 친구 테레

1) 폴 리쾨르, 《비판과 확신》, 앞의 책, 126쪽.

즈 뒤플로가 그를 도와 최종 원고가 완성되기에 이른다. 1984년 그녀가 일을 찾고 있을 때, 올리비에가 그 아버지의 비서 업무를 제안한 것이다. 1986년 올리비에의 사망은 알렉스 데르잔스키가 칭하듯, 그녀가 그의 '수호천사'가 될 정도로 가깝게 만들었다. "나는 《지포르 강의》에 대한 작업을 4년 동안이나 계속해 왔다. 그것은 출판 전 여러 차례의 수정, 재수정이 거듭되었다."[3] 설령 리쾨르에게서 새로운 현장, 새로운 탐구의 길을 야기하는 문제들이 끊임없이 예상치 못한 방향으로 전개된다 할지라도, 마지막 수정에 정성을 쏟으면서 상황은 이 저서를 그의 작업의 정수, 해석학적 원형의 완성형이 되게 한다.

'철학 분야'의 총서에 실린 이 책은 '감사와 우정의 표시로'라는 헌사와 함께 프랑수아 발에게 헌정된다. 리쾨르가 1989년 1월 조르주 베르나노스에게서 차용한 최종 제목을 암시하기 전, 가제(假題)는 《자기로의 귀환》이었다. 세심하고 까다로운 독자인 리쾨르의 발행인이 그의 모든 원고에 대해서처럼 이 저서의 전체 구성에 중요한 조언자 역할을 했다. 세 개의 초기 연구들을 읽은 후, 프랑수아 발은 리쾨르에게 다음과 같이 감탄했음을 알린다. "어째서 그것이 실제로 대륙적이고 해석학적이며 존재론적인 범주를 제외하고는 생각할 수 없는지를 보여 주기 위해 앵글로색슨어의 출발점을 전적으로 수용하는 당신은 결코 분명하게 **대서양 저 너머의 자리**를 차지한 적이 없었습니다. 그런 의미에서 당신의 길은 로티의 길과 평행인 동시에 교차하고 있습니다."[4] 두번째 연구에 대해서 프랑수아 발은, 일반 언어의 문제를 다루면서 하이데거와 한나 아렌트를 참조할 때 분석 차원들을 더 잘 구분할 것을 리쾨르에게 권유한다. 프랑수아 발은 난관이 있는 지점까지 나아가는 것을 그 임무로 삼으면서 타인의 사상을 인도하는 데 있는 리쾨르의 철학적 행위에 호의적으로 반응한다. 그렇게 통과된 사상들의 결함은 더욱 분명하게 나타나며, 그것은 "학설들을 멀리에서, 그리고 그것들이 거부당하는 곳에서 취하는 것이 아니라 내부에서, 그리고 그것들이 그들 자신의 계획 속에서 실패하는 지점에서 취하는"[5] 행동하기 방식의 결과이다. 그렇지만 프랑수아 발은 그것이 진정 자

---

2) 조르주 베르나노스, 《어느 시골 사제의 일기》, 폴 리쾨르 인용, 《타자 같은 자아》, 앞의 책, 36쪽.

3) 테레즈 뒤플로와의 대담.

4) 프랑수아 발, 폴 리쾨르에게 쓴 1988년 6월 2일자 편지, 쇠이유 문서보관소.

5) 같은 편지, 1988년 6월 9일자 편지, 쇠이유 문서보관소.

기(soi), 혹은 행동의 더욱더 내재화된 차원들의 문제인지를 알기 위해 몇몇 지점에서 자문한다. 그는 자기의 문제와 행동의 문제 사이의 원리적 동일화(l'identification principielle)가 정말로 적법한 것이었는지 의아하게 생각한다. 총 열 개의 연구들을 연결시키는 작업에서 프랑수아 발은 대단히 중요한 몫을 할 것이다. 그는 리쾨르에게 그 전체를 논증할 때 '소윤리'라 칭하는 바를 보다 잘 연결시키면서 이 저서의 기준선을 더욱더 부각시킬 것을 권유한다.

이 새로운 저서에서 리쾨르는 《시간과 이야기》의 결론에서 중단 상태로 내버려 두었던 중심 과제를 재개한다. 그에게 중요한 결론을 쓰게 함으로써 서술적 정체성이라는 주된 개념을 발견케 한 것 역시 프랑수아 발이었다. 리쾨르가 그 자신을 '능력 있는 사람' '나는 할 수 있다'의 문제와 대면시키기 위해 다시 시작한 것은 그 '나머지 부분'이다. 앵글로색슨 대중, 아메리카 철학의 또 다른 것을 구현하는 에든버러 대중과의 만남에서 그러한 자기 반성이 곧바로 이루어지는 것은 그의 전과정에서 의미가 있다. 혹자들은 리쾨르가 영국 언어의 분석철학을 지나치게 따른다고 비난하지만, 그가 이 분석철학의 내재 비평을 완성하기 위해 처음 겨냥했던 것은 그의 추종자들이다. 따라서 데카르트의 전통과 관련하여 리쾨르는 인칭을 그것의 외재성으로부터, 내(le moi)가 아닌 자기(un soi)로부터 재구성할 때까지 연구의 흐름을 거슬러 올라갈 것이다.

재귀대명사——자기(le soi)——의 이러한 횡단은 '나(je)'의 내재적 파악의 전통적 시도를 전근대적인 것이 되게 하는 깨어진 **코기토**(cogito brisé)의 개념을 분명하게 나타낸다. 인칭으로의 주체는 여전히 거기에 있지만, 그러나 그것은 3인칭에서, 그리고 담론(discours), 이야기(récit)와 행위(action) 영역에서의 '누구?'라는 질문에 대한 답변들에서 출발한 논증의 끝점으로 변한 것이다. 따라서 인칭은 정체성의 등록 형식들을 분리하는 시도 끝에 나타난다. 사실 리쾨르는 논증 과정에서 동일성(mêmeté)을 자기성(自己性; ipséité)과 구별짓는다. 동일성은 주체의 성격을 주체가 자신의 지문처럼 변함없이 가지고 있는 것에서 연상시키는 반면에, 자기성은 시간성 · 약속 · 변화에도 불구하고 유지된 정체성의 의지를 가리킨다. 그것은 시간과 악의 시련들을 통과한 정체성이다. "**입세**(ipse)의 의미에서의 정체성이란, 소위 인격(personnalité)의 변하지 않는 핵에 관하여 어떤 단언도 내포하지 않는다는 것이 우리의 변함없는 명제가 될 것이다."[6] 따라서 자기성은 외재성의 다른 것과의 상동 관계에서가 아니라 반립(伴立), 다른 것과의 진정한 얽힘 속에서 구성된다. 그것이 "……타인으로서의 자기 자신"[7]이라는 책의 같은 제목에 부여된 의미이다.

자기의 해석학은, 인칭의 개념이 리쾨르가 제시한 열 개의 각운 나누기(scansion) 하나하나에서 완성되는 과정에서 **이뎀**(idem)과 **입세**, 그리고 자기성과 이타성 간의 이중 변증법의 교차점에 있다. 그는 분석철학과의 대화로부터 그 자신의 과정의 철학적 원리를 재개한다. 그가 제안하는 구성은 여전히 아주 칸트적인 방식으로 세 가지 범주에서 전개된다. 첫째로 그것은 현상학과 앵글로색슨 화용론, 이 둘에서 착상을 얻어 '누가 말하는가?' '누가 동작주(agent)인가?' 라는 질문에 답하는 경험 서술(description)의 차원에 설정된다. 분석의 두번째 단계는 해석학의 구성 쪽으로 향하며, 개인의 정체성의 원천으로서 서술적 정체성을 검토한다. 셋째로 그가 '소윤리' 라고 규정짓게 될 것, 규정적 차원을 구상한다. 그리고 윤리와 도덕의 구분 끝에 그는 행동하기의 존재론으로 귀착되며, 항상 자기 자신을 발견한 반성적인 전통을 되살리면서 자기의 문제를 재발견한다. 자기의 과정은 따라서 자기의 출현 방식으로서 경험의 횡단을 책임지는 참여, 책임의 과정처럼 나타난다. 따라서 리쾨르는 존재론 및 반성적 철학과 함께 그의 중요한 영감의 원천인 가브리엘 마르셀 · 장 나베르를 재발견한다. 이러한 관점에서 자기는 모든 인칭대명사의 재귀적 차원이다. 그것은 나도, 너도, 그도 아니며, 따라서 그것은 이 대명사들을 동시에 그것들의 종속적 형태로서 총괄한다. 자기 개념의 또 다른 장점은 간접적일 수밖에 없는 인식에의 즉각적인 도달이 불가능하다는 것이다. 따라서 이 개념은 절대적인 신격화된 **에고**와, 모욕당한 파기된 주체 사이의 파멸적인 양자택일을 피하도록 해준다. 이 두 개의 장애물 사이에서 리쾨르는 그 자신의 입장을 다음과 같이 명확히 하고자 했다. "그 모든 것을 지나, 나는 뱃머리를 어느 방향으로 돌렸던가 하고 자문했다."[8] 그는 의식의 절대 권력에 그것을 파악하기 위한 필수적인 다양한 우회, 필수 불가결한 중심 이탈을 대립시킨다면, 의혹의 철학들과 마주해서는 그가 이미 1988년 스리지에서 현상학과 존재론 간의 설정 방식

---

6) 폴 리쾨르, 《타자 같은 자아》, 앞의 책, 13쪽.

7) 같은 책, 14쪽.

8) 폴 리쾨르, 〈그웬돌린 자르체크와의 대담〉, 《국제철학학회 연구지, 데카르트 거리》, 알뱅 미셸, 파리, 1991년, 227쪽.

으로서 정의한 바 있는 중요한 자기의 개념, 증명(attestation)의 개념을 내세운다.[9)]

증언(témoignage)을 이용하여[10)] 스스로를 표현하게 하는 활동적이고 고뇌하는 존재로서의 이 자기 증명은 "모든 의혹에 대한 최후의 수단으로 남는다."[11)] 따라서 그런 이유로 자기의 해석학은 리쾨르에 따르면 "데카르트에 의해 고양된 **코기토**와 니체에 의해 낙담한 것으로 공언된 **코기토**와 동등하게 거리를 둔다고 주장"[12)]할 수 있다. 증명은 리쾨르 자신이 335쪽에 있는 짧은 주석에서 "증명: 이 책 전체의 암호"[13)]라고 조심스럽게 알리듯이, 그의 논증에서 중요한 자리를 차지한다. 리쾨르는 10개의 단편적인 연구를 하는 동안 내내 주체를 구축하려는 모든 입장으로 애도를 수행하고 문제의 관점을 바꾼다. "새로운 유형의 **확실성**(certitude)을 정의하는 것이 관건이다. 여기에 **증명**의 개념이 개입한다."[14)] 그 개념을 자기성인 것에 대한 논증의 중심에 설정하면서, 리쾨르는 그러한 범주에서는 아무것도 결정적으로 입증할 수 없음을 이해시키고자 한다. 인간은 가차없이 불가능한 증언에 봉착하는데, 그 증언에 따라 인간은 자신의 정체성을 이러저러한 존재 양식 속에서 발견할 것이다. 반면에 증명할 수 있는 것은 개인이 타인에 대해서와 마찬가지로 자기 자신에 대해서 행동하기에 투입하는 신뢰 행위 속에서 발견된다. 증명은 **독사**(doxa)와 **인식 체계**(épistémè) 사이에서 딜레마를 피하는 신뢰의 순간을 내포한다. "여기에서 신뢰(croyance)란 **신조**(opinion)보다는 오히려 **신용**(créance)을 의미한다. 그러므로 설령 이 둘이 혼동된다 할지라도 증명과 증언, Bezeugung과 Zeugnis 사이에 존재하는 유사성을 이해하게 된다."[15)] 의혹에 사로잡혀 깨진 **코기토**처럼 파멸하는 상처입은 **코기토**를 잡아 주는 것은 신임(confiance) · **믿음**(fiance)의 형태와 같은 신용이다. 따라서 여정의 끝에서 자기-존재(l'être-soi)는 스스로를 항상 기다림의 지평을 받아들이게 할 수 있는 증명의 존재론적 참여라고 말한다. "증명은 자기성의 양태로 **존재한다**는 확신——신용과 믿음——이다."[16)]

---

9) 폴 리쾨르, 〈증명: 현상학과 존재론 사이에서〉, 《해석학적 이성의 변모》, 앞의 책, 381-403쪽.

10) 폴 리쾨르, 〈증거의 해석학〉, E. CASTELLI(출판), 《증거》, 오비에, 파리, 1972년, 35-61쪽.

11) 폴 리쾨르, 《타자 같은 자아》, 앞의 책, 35쪽.

12) 같은 책.

13) 폴 리쾨르, 같은 책, 335쪽, 주 1.

14) 장 그레쉬, 〈증거와 증명〉, 《폴 리쾨르. 현상학파의 해석학》, 보센, 파리, 1995년, 311쪽.

15) 같은 책.

증명의 테마는 리쾨르로 하여금 그가 보기에 분석철학의 대표자들 중 가장 흥미로워 보이는 사람들과 논쟁을 시작하게 한다. 그것은 도널드 데이비드슨과의 경우인데, 그는 '사물들 자체'로의 복귀를 통해 행동에 관한 인지과학의 성찰을 구상하게 했다. 리쾨르가 이해하는 대로의 행동 해석과 데이비드슨의 '극단적' 해석 사이에는 미묘한 차이만이 아니라 많은 중요한 관점의 차이가 있다. 리쾨르는 《타자 같은 자아》에서 데이비드슨의 명제들을 검토한다.[17] 그는 우선 데이비드슨이 논리적이고 존재론적인 이중의 환원을 실현하는 "괄목할 만한 엄밀성"[18]을 높이 평가하는데, 그 환원은 그로 하여금 행동 속에서 비인칭 사건의 존재론에 속해 있는 사건들의 아강(亞綱; sous-classe)을 보게 한다.[19] 따라서 인과적 설명의 기능은 본질의 차원과 같은 차원에다 사건의 개념을 세우는 존재론 속에 행동들을 통합하는 것이다. 1963년 데이비드슨의 논증은[20] 이유를 내세우는 설명이 인과적 설명과 비슷하다는 것을 밝히는 것인데, 그것은 반드시 법률학적인 이해를 가리키는 것은 아니다. 특이한 사건들을 지배하는 서술(description)/설명(explication)의 이 내적인 관계는 더욱이 《시간과 이야기》의 제1권에서 전개된 리쾨르의 입장들과 일치한다. 그러나 데이비드슨은 스스로 자신의 행위 책임자로서 살 수 있는 동작주에 의한 의식적인 방향 결정의 현상학적 차원을 놓치고 있다. 그는 지향성의 시간적 지위와 동작주에의 참조를 동시에 축소시킨다. 데이비드슨의 입장, "동작주가 인칭들이나 사건들에 의해 선동되고 이끌린다는 것이 사건 개념으로는 적합하지 않음에 따라 행동을 그 동작주에게 부여하는 것을 은폐하는"[21] 입장과 관련하여 리쾨르가 표명하는 주된 비판이 그것이다. 15년 뒤인 1978년 행동에 관한 새로운 시론을 쓸 때[22] 데이비드슨 자신이 지휘한 수정에서 그는 지향성의 필수적 차원들, 즉 미래를 향한 방향 결정, 동작주의 수행 유예 기간과 연루의 차원을 방치했었다는 것을 인정한다. 그러나 그렇다고 해서 그로부터 인과적 설명에 대한 그의

16) 폴 리쾨르, 《타자 같은 자아》, 앞의 책, 351쪽.

17) 같은 책, 93-108쪽.

18) 같은 책, 93쪽.

19) 도널드 데이비드슨, 《행위와 사건들에 관한 시론》, 옥스퍼드대학교출판부, 옥스퍼드, 1980년; 프랑스어역 파스칼 엥겔, 《행위와 사건》, PUF, 파리, 1983년.

20) 도널드 데이비드슨, 〈행위, 이유, 그리고 원인〉, 같은 책, 3-19쪽.

21) 폴 리쾨르, 《타자 같은 자아》, 앞의 책, 101쪽.

22) 도널드 데이비드슨, 〈의도하면서〉, 《행위와 사건에 관한 시론》, 앞의 책, 83-102쪽.

견해를 수정하는 것은 아니다. 인칭의 개념은 똑같이 부적합한 것으로 남는다. "귀속(ascription)도, 그것의 증명도 그것의 전략이 동작주 없는 행위의 의미론으로 머물지 않을 수 없게 만드는 행동의 의미론에서 여지를 발견하지 못했다."[23)]

텍스트와 행동의 유기적 결합을 생각하기 위해 리쾨르는, 요컨대 비트겐슈타인에 의해 고취되고 엘리자베스 앙스콩브[24)]에 의해 표현된 입장들을 후설 현상학의 논법들과 대조하면서 검토한다. 행동의 의미론에 대한 이 실험은 "행동과 그 동작주 사이의 관계라는 난해한 문제"[25)]를 제기하는 행위를 거친다. 이 두 개체는 많은 개념들, 즉 상황·의도·동기·심의, 자발적 혹은 비자발적 동의의 개념들을 포함하는 같은 개념적 지평에 속한다. 행동에서 인과성과 동기화를 구분하면서 언어의 작용들을 구별하고 다양한 역(registres)을 탐지하려고 하는 엘리자베스 앙스콩브의 비트겐슈타인적 입장은, 그럼에도 불구하고 리쾨르에 의해 개념적 인상주의로 규정된다. 엘리자베스 앙스콩브는 현상학의 중심 개념인 의도(intention)를 차용하지만 의식의 의식 자체에의 초월성이라는 후설적인 의미에서가 아니다. 내부, 내재성의 전망을 방치하고 있는 그녀는 관찰할 수 있는 공적 언어 공간의 기준들만을 판별 기준으로 인정한다. 그녀는 두 가지 상이한 언어 작용, 즉 동기와 계획이 연결되어 있는 행동의 역과 순전히 논리적인 구분을 나타내는 인과성의 역을 구별한다. 인과성의 영역과 동기화의 영역이 있을 것이다. 이러한 이분법은 리쾨르에 따르면 작위적이다. 그것은 물론 문제를 진정시키고자 하는 장점은 갖고 있지만 문제가 사라지게끔 하는 데에는 이르지 못한다. 설명/이해 이분법의 거부를 되풀이하는 이러한 논리적 변별의 거부를 통해 리쾨르는 《텍스트로부터 행동으로》에서 이미 보여 준 바와 같이 텍스트의 계열(le paradigme)과 행동의 계열을 수렴하게 한다. "인간의 행동은 많은 점에서 거의 하나의 텍스트와 같으며, 그것은 기술 행위(écriture)의 특징적인 고착에 필적할 만한 방식으로 외재화된다. 동작주로부터 분리되면서 행동은 텍스트의 자율성과 유사한 자율성을 획득하며, 행동은 흔적·자국을 남긴다."[26)] 현상학적인 움직임과는 달리 분석철학이 스스로에게 부과하는 서술적 제한은 따라서 "증명에 관련된 문제들"[27)]을 은폐하면서 질문(누

23) 폴 리쾨르, 《타자 같은 자아》, 앞의 책, 108쪽.
24) 엘리자베스 앙스콩브, 《의도》, 바실 블랙웰, 옥스퍼드, 1957년.
25) 폴 리쾨르, 《타자 같은 자아》, 앞의 책, 73쪽.
26) 폴 리쾨르, 《텍스트로부터 행동으로》, 앞의 책, 175쪽.

구인가?)과 관계를 끊는다. 그러므로 증명은 전망과, 따라서 오로지 서술적이기만 한 계열을 벗어난다. 그렇기 때문에 엘리자베스 앙스콩브는 브렌타노와 뒤이어 후설이 '……의 의도'라는 의미에서 이해했던 바 그대로 지향성의 용법을 이해하는 데 실패한다.

리쾨르는 또한 개인적 정체성이 무엇인가를 정의하던 중에 데렉 파피트와 대면하게 된다.[28] "그는 여전히 나의 서술적 정체성의 명제에 대해 가장 두려운 반대자——적이 아니라, 그것과는 거리가 멀다——였다."[29] 사실 파피트는 자기성의 부분은 제외하고 그의 동일성의 유일한 뜻에서 정체성을 이렇게 정의한다. "개인적인 정체성은 중요한 것이 아니다."[30] **반대로** 리쾨르의 모든 논증은 자기성의, 한 말을 충실히 지키기의 비환원성을 밝히려 애쓴다.

역사적인 경험 속으로 진입한, 자기성 형태의 정체성으로서 지킨 약속에도 변치 않는 타자와 시간에 대한 자신의 태도 속에 대면해 있는 이 주체는 딜타이가 체험적 경험을 상기(想起; anamnèse)의 과정을 통해서 정의하는 방식에 비유될 수 있다. 딜타이에게 있어서 인생에 대한 직관은 "의미 작용을 하는 총체성 계열"[31]의 의미를 지닌다. 딜타이가 모든 기표를 포착하는 것은 개인의 전기에서이다. "인생에 대한 직관을 구성하는 요소, 규칙성, 관계들은 모두 다 삶 그 자체 속에 포함되어 있다."[32] 자신의 논증에서 딜타이는 인간 존재가 유한하다는 것을 분명히 하고자 한다. 유한성은 인간 존재를 병든 존재로 만든다. 그런데 병든 그 상황은 삶의 계속적인 재구성을 끊임없이 재정비하는 최후의 빛으로 현재 속에서 현실화된다. 타자의 횡단과 마찬가지로 리쾨르에 따른 자기성은 딜타이의 이러한 접근과 거리가 멀지 않으며, 해석학적 대화를 유지한 덕분에 주체의 객관화하거나 유아론적(唯我論的)인 모든 유혹과 적당한 거리를 둔다.

아들의 사망과 더불어 심한 상처를 안겨 준 비극은, 리쾨르로 하여금 자신의 작

---

27) 폴 리쾨르, 《타자 같은 자아》, 앞의 책, 91쪽.
28) 데렉 파피트, 《이성과 인간》, 옥스퍼드대학교출판부, 옥스퍼드, 1986년.
29) 폴 리쾨르, 《타자 같은 자아》, 앞의 책, 156쪽.
30) 데렉 파피트, 《이성과 인간》, 앞의 책, 255쪽.
31) 나탈리 자카이 레이네르, 〈삶의 세계〉, 《딜타이와 후설》, 세르프, 파리, 1995년, 41쪽.
32) 빌헬름 딜타이, 《정신과학 내에서의 역사적 세계의 건립》, 《작품 III》, 세르프, 파리, 1988년, 95쪽.

업에 대해 아주 잘 알고 있으면서도 오랫동안 말하기를 회피했던 것, 그의 스피노자와의 유사성을 설명하게 한다. 1988년 스리지의 열흘간 때부터 "그는 그 기회에 행동에 관한 성찰을 통해 자신이 도달한 것과 가장 유사한 것이 스피노자였다고 말했다. 그는 그것이 자신이 말하고 싶었던 어떤 것이었다고 덧붙였다."[33] 《타자 같은 자아》에서, 하이데거의 해석 앞에서 느낀 상당한 실망감에서 출발하는 그는 스피노자의 **의욕**(conatus)에서 자기의 현상학과 자기성이 부각되는 실제적인 배경 간의 효율적인 교체를 발견한다고 말한다. "《윤리학》이 처음부터 끝까지 증명하듯이"[34] 그는 스피노자에게서 행동력을 발견한다. 의욕은 끈질기게 존재하기 위한 노력이며, 따라서 그것은 지킨 약속이라는, 인간의 통일성 · 정체성을 만드는 ……에도 불구하고, ……을 무릅쓰고 행동하기라는 리쾨르의 개념과 함께 울린다. 이 행동력은 스피노자에게서와 마찬가지로 리쾨르에게서도 공유된 힘이다. 관계, 대화 논리는 존재의 출발에서 제시된다. "스피노자가 그에게 대단한 역할을 하고 있다고 나는 확신한다."[35] 물론 리쾨르는 스피노자에게서 칸트에게서처럼 근본적인 악에 관한 성찰과 같은 것을 발견하지는 못한다. 그러나 절대악을 개인적으로 경험하면서 그는 행동력의, '능력 있는 인간' 보호의 회복 가능성을 자신의 것으로 삼는다. 게다가 리쾨르는 그 문제를 철저히 규명할 것을, 그 문제를 그것의 현대성(modernité) 속에서 생각하기 위해 그것을 자신의 것으로 삼을 것을 권유하면서 이렇게 바람을 표명한다. "아리스토텔레스의 **에네르게이아**에 대한 '스피노자의' 재점유를 아리스토텔레스 존재론에 대한 '하이데거의' 재점유가 당장에 이르렀던 차원에 필적할 만한 차원에 이르게 할 줄 아는 사상가는 아마도 환영받을 것이다."[36] 물론 자기성에 관한 성찰은 여전히 타자를 책임지지 못하며, 스피노자는 악, 죄의식, 타자가 자리를 갖지 못하는 너무 꽉 찬 세계에 대한 전망을 제시한다. 그러나 그는 행동력에서, 끈질기게 존재하기에서 근원적인 가치를 되찾게 하는 필수 불가결한 교체를 정립한다. 존재론과 함께 리쾨르는 그가 줄곧 관심을 둔 것, 즉 부정성, 의혹에 의해 변형된 반성적 전통의 본래적 긍정으로 돌아간다. 역사의 부침에 노출되어 있지만 그에게는 단 하나뿐인 길에 따라 자신의

33) 프랑수아 마르티와의 대담.
34) 폴 리쾨르, 《타자 같은 자아》, 앞의 책, 365쪽.
35) 미리암 르보 달론과의 대담.
36) 폴 리쾨르, 《타자 같은 자아》, 앞의 책, 367쪽.

실존을 생각해야 하는 한 개인의 제2의 순수함이라고 과거에 명명했던 것에의 여정이 끝날 무렵에 이르고 난 후, 리쾨르에 따른 자기(soi)가 자신의 세계에의 접근 방법 속에서 존재하는 것은 따라서 부정을 통한 긍정 속에서이다.

리쾨르의 작업에 있어서 중요한 이 저서의 출판은 언론에 일으킨, 일반적인 견지에서 지연된 큰 반향의 혜택을 입는다. 90년대초 언론은 리쾨르가 이번에는 확실하게 시테에서 차지한 자리를 공고히 한다. 그럼에도 불구하고 그토록 어려운 저서에 난처해하는 언론은 그의 책의 명제들을 설명하고 검토하기보다는 위대한 철학자를 더욱 찬양한다. 《르 몽드》에서 크리스티앙 들라캉파뉴는 리쾨르의 시도를 "3천 년이 되기 직전에 인간 행위의 모든 양상을 포괄할 수 있는 보편철학의 개념과 데카르트 이래 유럽 사상의 중심 테마를 구원하기 위한" 마지막 노력의 시도로 본다. 분량이 유난히 적은 이 기사에서 그는 거리를 두고 "영웅적인 노력"[37]을 높이 평가한다. 《리베라시옹》은 곧바로 반응하지 않는다. 즉 《타자 같은 자아》에 대해 아무런 반응도 하지 않는다. 그러나 로베르 마지오리가 "거장들로 인해 오랫동안 가려졌던"[38] 프랑스 해석학의 거장의 중요성을 평가하기 위해 입문서를 3쪽에 걸쳐 소개하면서, 이 일간지는 1991년말 무반응을 만회한다. 리쾨르의 작업 구상을 정규적으로 예의 주시하고 있는 마르셀 뇌쉬는 《라 크루아》에서 정확하게 다음과 같이 지적한다. 사람들은 "종합에 대해서 말하고 싶은 유혹을 받을 테지만, 그 용어는 다음과 같은 내용상의 이유로 적합하지 않을 것이다. 자기를 구성하는 이타성은 사고가 사고 자체에 대해 침묵하는 것을 막는다."[39] 필리프 드 생 슈롱은 현시대의 대사건들에 직면한 그의 반응과 그 여정을 중심으로 한 리쾨르와의 대담을 《르 코티디앵 드 파리》에 싣는다. 그는 "장켈레비치 이래 가장 중요한 프랑스 사상가"[40]로 소개되나, 사건으로 여겨지는 것은 특히 정치적인 것에 할애된 《강의 1》의 출판이다. 《르 피가로》에서 장 마리 도므나크는 모든 영역에서의 가치들의 상실에 관한 유감을 기술한다. 세상은 더 이상 옛날의 그것이 아니다……. 그 기회에 그는 한스 요나스의 책임 원칙의 절대 필요성과 마찬가지로 다

37) 크리스티앙 들라캉파뉴, 《르 몽드》, 1990년 4월 27일.
38) 로베르 마지오리 , 《리베라시옹》, 1991년 12월 19일.
39) 마르셀 뇌쉬, 〈자기의 모험〉, 《라 크루아》, 1990년 3월 31일.
40) 필리프 드 생 슈롱, 《르 코티디앵 드 파리》, 1991년 12월 23일.

른 필요성들에 대하여 《타자 같은 자아》에서 리쾨르가 행한 윤리에 관한 성찰을 내세운다.[41] 《르 누벨 옵세르바퇴르》에서 윤리의 회복을 내세우는 피에르 부레츠 덕분에 이 저서에 집중된 환영은 더욱 돋보인다. "여러 해 전부터 그것을 꾸준히 이어나갔기에 폴 리쾨르는 확실히 오늘날 논쟁의 선두에 있다."[42] 부레츠의 주의를 끄는 것은 특히 '소윤리,' 즉 공정한 제도 내에서의 타인과 더불어 그리고 타인을 위한 선한 삶의 바람이다. 《타자 같은 자아》가 우리를 이끄는 것은 민주적 삶의 진정한 입문 수업과 같은 이 3막극으로이다. "선한 사회의 신화에서 선한 삶의 추구로의 이행은 아마도 인간의 인간성 발휘의 욕구를 인간 주체 쪽으로 재유도하는 이행일 따름일 것이다."[43] 《르 푸앵》에서 장 피에라르는 명성으로 그가 어떤 특혜를 받게 되기까지 일흔 살이 되기를 기다려야 했던 "조용한 사람"으로 묘사한다.[44] 에릭 블롱델 역시 위대한 사상가들이 저마다 가능한 한 아주 뒤늦게서야, 혹은 데카르트처럼 일시적으로만 접근하는 윤리에 관한 그 부분의 중요성과 새로움을 강조하면서 《개혁》에 리쾨르의 저서를 소개한다. "훌륭한 것들은 귀한 만큼 어렵다"라는 스피노자의 말을 상기시키면서, 그는 "풍부하고" "참되고 명쾌한" "이 위대한 책"을 높이 평가한다.[45] 《에스프리》에서 조엘 로망은 "우리의 철학적 정체성의 무엇인가가 그 대목에서 우리를 부단하고 치밀한 작업으로 소환한다는 것을 예감하게만 할 뿐이므로 지적 수준이 여전히 우리의 이해력을 벗어나고, 또한 우리를 능가하는" 이 책을 오랫동안 재검토해야 할 것이라고 분명히 말한다.[46] 《연구》에서 폴 발라디에는 다시 펜을 들어 《타자 같은 자아》가 "분석철학과의 치열한 대결을 통해 (…) 쇄신된 인간철학"을 제시한다는 것을 알린다. 설사 그가 말의 무미건조함, 고리식(en boucle) 설명 기술, 리쾨르 자신이 자신의 '논증의 금욕주의'라고 부르는 것을 드러낸다 해도, 그는 거기에서 "타인들의 만남을 통해서만 자기 자신에 이르고 스스로를 증명하는 한 철학자의 기여를 뒷받침해 주

41) 장 마리 도므나크, 〈가치들의 위기. 세 개의 극: 도덕, 학문, 그리고 삶〉, 《르 피가로》, 1991년 5월 27일.

42) 피에르 부레츠, 《르 누벨 옵세르바퇴르》, 1990년 8월 2-8일.

43) 같은 책.

44) 장 피에라르, 〈폴 리쾨르: 조용한 사람〉, 《르 푸앵》, 1990년 4월 23일.

45) 에릭 블롱델, 〈리쾨르와 함께: 나, 자아, 자기 자신…, 그리고 타인들〉, 《개혁》, 1980년 8월 11일.

46) 조엘 로망, 《에스프리》, 1990년 5월.

는 좋은 증거"를 높이 평가한다.[47]

더 많은 공간을 마음대로 활용하며 각자의 이야기를 전개할 수 있는 서평들로 말할 것 같으면, 《타자 같은 자아》에 관하여 파리 그리스도교연구소 국제학회와 리쾨르에 관한 스리지의 열흘간의 학회를 주관한, 리쾨르 사상의 뛰어난 전문가인 장 그레쉬의 서평을 주목할 수 있을 것이다.[48] 그는 이 저서를 정체성의 문제에 관한 서술적 접근으로 구성된 전단계와 윤리적 행동의 분석을 중심으로 한 규정적 접근을 개략적으로 그리고 있는 후속단계의 결합으로 본다. 이런 이유로 그는 리쾨르의 현상학적 과거의 재출현을 "언어 분석에 대응하는 것으로"[49] 포착하는데, 그 재출현은 분석적 전통과 윤리와 "실천적 지혜의 옹호"[50]를 정립하려고 하는 현상학적이고 해석학적인 전통을 새롭게 결합하려는 전망 속에 들어 있다.

잡지 《철학 연감》에서 후설 전문가이자 마르셀 고셰와 함께 1977년 《리브르》지의 지도자였던 마르크 리시르는 《타자 같은 자아》의 오랜 연구에 전념한다.[51] 후설 저서의 번역가이자 해설가인 리쾨르와 같은 사람인 리시르의 리쾨르와의 만남은 현상학 입문을 근거로 하여 이루어졌다. 리쾨르보다 더욱 현상학의 초월적 차원에 끌린 나머지 그로부터 보다 근본적인 불일치의 신호인 철학적 스타일의 차이가 생겨난다. 리시르는 몇 가지 기본적인 점에서 리쾨르의 입장과 구분된다. "내가 항상 차이가 좀 있다고 느끼는 무언가가 리쾨르에게 있는데, 그것을 나는 아리스토텔레스주의로 규정할 수 있을 것이며, 따라서 그것은 《타자 같은 자아》에서 아주 뚜렷하다. 그는 중용을 추구하는 매우 신중한 사상가이다."[52] 마르크 리시르가 가장 많은 존경심을 갖고 있는 그러한 태도는 그럼에도 불구하고 "내가 과장법에 의미를 부여하는 경향이 있는 것 같은 반면에 리쾨르는 항상 지나친 것으

---

47) 폴 발라디에, 《연구》, 1990년 9월.

48) 파리학회, 파리그리스도교연구소, 1990년 1월 30일-2월 1일, 〈자기와 타인〉, 야수히코 수기무라, H. J. 아드리앙스, 테오 드 보르, 앙 드 브리에, 크리스토프 테오발트, 하인츠 위르겐 고르츠, 프랑수아즈 다스튀르, 아드리안 페페르자크, 프랑수아 마르티, 폴 리쾨르의 참여. 출판된 학회지: 장 그레쉬(주관), 《폴 리쾨르. 현상학파에서의 해석학》, 보셴, 파리, 1995년.

49) 장 그레쉬, 《철학 및 신학 잡지》, 제75호, 1991년, 120쪽.

50) 같은 책, 123쪽.

51) 마르크 리시르, 《철학 연감》, 1989-1990년, 41-63쪽.

52) 마르크 리시르와의 대담.

로 간주되는 철학적 과장법의 사용을 좋아하지 않는다"[53]라는, 그에 따르면 유감스런 결과를 낳는다. 그러므로 그것이 바로 중요한 불일치이다. 왜냐하면 마르크 리시르는 리쾨르가 그의 최근 저서에서 설명한 철학적 계획을, "과장법을 피하려는"[54] 단호한 의지로 반성적인 매개에 우월성을 부여하는 제3의 길에 관한 연구 계획으로 이해하기 때문이다. 리시르는 리쾨르의 하이데거와의 유사성과 동시에 대조를 매우 강조한다. 리쾨르는 그에게서 증명의 중심 개념을 차용하지만, "《존재와 시간》에서 하이데거가 사용한 아리스토텔레스 텍스트의 존재론화"[55]를 탈존재론화하려고 애쓴다. 따라서 통상적인 겸손의 이면에 리쾨르가 스스로에게 부여하는 프로메테우스적 임무는 절대로 "**입세**가 결국 존재자(étant)로 환원될 수 없다"[56]는 것을 보여 주는 것이 아니다. 다양한 방식으로 스스로에게 말할 수 있는 다형적 · 다의적 실체로서의 입세는 전혀 그 근원, 몇 가지 궁극적 원리로 환원될 수 없다. 과장법에 부여할 지위에 관한 철학적 스타일의 의견 차이에도 불구하고 마르크 리시르는 여전히 "《타자 같은 자아》가 자기성의 문제에 대단한 기여를 하고 있다는 사실은 의심의 여지가 없다"[57]고 생각한다.

더욱 거리를 두는 관점은 뱅상 데콩브가 잡지 《비평》에서 설명한다.[58] 그는 리쾨르의 관점과 엘리자베스 앙스콩브가 정의한 의도의 개념을 비교한다. 앙스콩브에 따르면 동작주의 행동은 의도적인 것도 의도 밖의 것도 아니며, 행동을 의도적이다 혹은 아니다라고 규정할 수 있는 것은 오로지 '서술에 따라(under a description)' 서이다. 그러므로 "여러 차례 되풀이하여 리쾨르는 이러한 의도성의 분석에 대해 느끼는 당혹스러움을 인용한다."[59] 뱅상 데콩브가 근본적으로 모순된 것으로 간주하는 두 가지 입장의 유기적 결합은 이루어질 수 없다. 즉 분석철학의 입장(앙스콩브)에 따르면 의도는 행동의 특성, '부사,' 어떤 사물들이 형성되는 방식, 언어의 작용이며, 현상학적인 입장(리쾨르)에 따르면 그것은 "그 주체에게 그의 의도에 의해 좌지우지되는 행동의 소유를 보장하는 주체의 행동"[60]이

53) 마르크 리시르와의 대담.
54) 마르크 리시르, 《철학 연감》, 앞의 책, 42쪽.
55) 같은 책, 43쪽.
56) 같은 책, 44쪽.
57) 같은 책, 62쪽.
58) 뱅상 데콩브, 〈자기로 존재하는 힘〉, 《비평》, 제529-530호, 1991년 6-7월, 545-576쪽.
59) 같은 책, 557쪽.

다. 데콩브는 그로부터 "앙스콩브의 비트겐슈타인적인 기준에 만족하는"[61] 편이 더 바람직하다는 결론을 내린다. 데콩브에 따르면 리쾨르의 분석의 기반이 되는 것은 존재론적 이원론, 인칭들의 이원론에 직면하여 사물들의 이원론을 공리로 내세우게 하는 실존주의 철학의 계보에 그가 속해 있다는 것인데, 이것은 그로 하여금 그의 두 가지 형태의 정체성, 동일성(사물들의 측면에서)과 자기성(인칭들의 측면에서)을 구별하는 차원에 그러한 이원론을 도입하도록 유도한다. 그러므로 분석 철학의 인식론적 면에서 일원론의 개념에 따르면, 그러한 이원성은 단지 인간의 행동들에 적용할 수 있는 두 가지 서술적 언어 사이의 이원성일 따름이다.

리쾨르가 주재한 심사위원단 앞에서 1985년 소르본대학에서 하버마스에 관한 박사 학위 논문을 발표한 장 마르크 페리[62]는 이 시기부터 그와 강도 있고 풍요로운 대화에 들어간다. 공격적이지 않은 이 논쟁은 두 가지 계보, 프랑크푸르트학파로 대표되는 이념 비평과 전통해석학인 한스 게오르크 가다머 비평의 유기적 정립을 목적으로 한다. 장 마르크 페리는 리쾨르가 가다머와 하버마스 간의 논쟁에 관한 논문에서 시도했듯이[63] 커뮤니케이션 화용론, 즉 '언어학의 전환'에 의해 쇄신된 선험철학의 관점에서 두 흐름을 접근시키면서 분열선들을 이동시키고자 한다. 장 마르크 페리가 합리성과 논증을 연결하는 매우 단단한 끈을 발견한 것은 하버마스에게서이다. 하버마스는 상호 주체성이 낳은 사회 질서의 가능한 조건들에 대하여 선험적인 문제 제기를 주장함으로써 보편적 화용론의 계획으로 진입한다. 그는 합리성을 상호 작용 속에서 교환된 말(parole)의 차원으로 설정한다. 따라서 그것이 마음을 터놓는 이성이라는 매개를 통해 드러나는 것은 대화적 실천 속에서이다.[64] 하버마스의 보편적 목적의 화용론은 언어 행위들의 진실의 주장, 그것들의 발화 내적인 힘을 검토한다.

화용론적 상호 작용의 주제는 승인을 위한 투쟁을 의미하지만, 헤겔의 철저한

60) 뱅상 데콩브, 같은 책, 558쪽.

61) 같은 책, 559쪽.

62) 장 마르크 페리, 《커뮤니케이션의 윤리》, PUF, 파리, 1987년.

63) 폴 리쾨르, 〈해석학과 이념 비평〉, 앙리코 카스텔리(간행), 《탈신화화와 이념》, 오비에, 파리, 1973년; 《텍스트로부터 행동으로》에 재수록, 앞의 책, 333-377쪽.

64) 위르겐 하버마스, 《의사소통적 행위론》(1981); 제1권, 《행위의 합리성과 사회의 합리성》, 프랑스어역 장 마르크 페리; 제2권, 《기능주의적 이성의 비평을 위하여》, 프랑스어역 장 루이 슐레겔, 페야르, 파리, 1987년.

투쟁역(域)보다는 덜 비극적인 관점에서이다. 그것은 의사 소통의 영역에서 행해진다. 특별한 대상들의 수단으로서가 아니라 기본 태도들의 상관물로서 해석된 세 가지 차원, 세 가지 계(界)가 재발견된다. 즉 합리성을 작업의 차원에서 기술적인(téchniques) 규칙들과 관련하여 규정하는 인식하는 주체의 그 환경과의 관계, 합법적인 규범들의 사회계에서 행동하는 도덕적 주체의 관계, 그리고 그 자신의 주체성과 타자들의 주체성과 관련된 주체의 관계가 재발견된다. 하버마스와 마찬가지로 칸트 · 베버의 체계화 기술을 구성하는 이 삼원의 변증론은 작업, 기억과 언어, 그리고 승인을 위한 투쟁인 사회화된 활동들 속에 매우 깊은 화용론적 뿌리를 내리고 있다.

그럼에도 불구하고 우리가 이러한 삼분법에 갇혀 있다고 생각하는 장 마르크 페리는 세 가지 다른 것들과 관련하여 반성적인 4차원을 고려할 것을 권유하는데, 그것은 언어나 상호 작용으로 환원될 수 없는 담론의 차원이다. 이 담론적 차원은 언어 속에 닫혀 있는 것보다도 더 근본적인 자연 질서의 문법에 의해 구성된다.[65]

따라서 장 마르크 페리의 계획은 피히테가 '인간 정신의 화용론적 역사' 라고 불렀던 것에 비추어 그 문법이 근본적으로 무엇을 의미하는지를 보여 주려는 것이다. 교환, 번역을 허용하는 것인, 의사소통적 정체성의 견고한 핵은 언어적이고 문화적인 그 변이체들보다 뿌리가 더 깊이 박혀 있는 문법 속에 있다. 따라서 여기서 체험계(le monde vécu)에서의 상호 이해의 조건인 문법적 존재론을 갖게 된다. 이러한 관점에서, 비트겐슈타인이 문법에서 특히 형태를 만드는 행동을 발견할 때 다음과 같이 명시한 입장들을 재발견하게 된다. "문법은 무엇인가가 어떤 유형의 대상인가를 말한다."[66] 그러므로 문법이 이러저러한 출현을 설정하고, 무엇이 어떤 행동과 관련이 있는가를 구분하거나 할 수 없는 것은 행동하기의 관점에서이다. 리쾨르가 정의하듯이 여기에 행동의 언어를 명시하는 모든 '행동의 자연적 의미' 가 있다. 이러한 관점은 상호 주체성과 '효과적인 실천들' 을 구성하는 과정에 주의를 기울이는 실제적인 문제 제기를 받아들이게 한다.

장 마르크 페리는 리쾨르와 함께 담론의 역과 정체성의 형태 간의 매우 밀접한

---

65) 장 마르크 페리, 《경험의 힘》; 제1권, 《주어와 동사》; 제2권, 《재인식의 영역들》, 세르프, 파리, 1991년.
66) 루트비히 비트겐슈타인, 《철학적 탐구》, 갈리마르, 파리, 1961년, 373쪽.

관계라는 개념을 공유한다. 그러나 그는 리쾨르가 다른 양태들을 희생시켜서 담론의 두 역인 서술적인 것과 해석적인 것을 지나치게 중요시한다고 생각하며, 그런 이유로 그는 우리의 금세기에 특별한 역, 재구성적 담론의 역을 제시한다. 이 담론의 역은 동시대적이라 규정된, 새로운 시대를 향한 현대성에 의해 확립되고 재구성적 담론에 의해 강조된 단절을 보다 잘 이해하기 위해 논증의 이론들의 재검토를 필요로 한다. 장 마르크 페리는 그것을 이전의 의사 소통들 속에서 저질러진 억압들을 주제로 삼기 위한, 무엇보다도 상호 주관적인, 협조적인 동시에 갈등적인 과정으로 정의한다. 사실 "**우리의** 재구성적 정체성이라는 말은 이전의 담론 형태들인 서술·해석·논증의 동원을 허용하는 반성성이며, 반성성은 그것들에 근거하며 그 자체의 출현은 그것들에서 유래한다. 게다가 재구성의 본의(本義)는 과거의 전통들의 반성적인 점유를 허용한다. 그럼에도 불구하고 이 점유의 전략은 서술적·해석적 혹은 논증적일 수 있다."[67] 이러한 접근의 목적은 의미의 원천으로서의 서술을 오로지 비판적일 수만 있을 논증적 담론과 대조를 이루게 하는 것이 더 이상 아니다. 이러한 관점에서 그는 리쾨르가 윤리론을 구성하면서 서술적 이론에 과도한 특권을 부여할 때 그와의 의견 대립을 이렇게 설명한다. "서술적인 정체성은 철저하게 자기 중심적이다. 타자를 인정할 준비가 별반 되어 있지 않는"[68] 데 반해 토론의 윤리는 정반대로 논증을 중요시한다.

《타자 같은 자아》의 방향에 대한 또 다른 점유는, 올리비에 몽쟁이 그의 《리쾨르》[69]에서 이 저서에 대해 하는 훌륭한 소개에서 발견된다. 그는 이 저서에 리쾨르의 모든 작업을 굽어보는 등대의 역할을 부여한다. "이 책은 과거에 차용된 무수한 우회의 길의 의미 작용을 이해하는 것이 가능해진 토대이다."[70] 이 책은 그때부터 윤리 없는 존재론(하이데거)과 존재론 없는 윤리(레비나스) 사이에서 변화하는 그의 사상의 동시대성을 구축한다. 이 제3의 길에 대한 탐구 이외에 《타자 같은 자아》의 완성은 그의 아들의 애도 작업을 경유하여 리쾨르에서 리쾨르로 가는 가장 짧은 길이었을 것이다.

---

67) 장 마르크 페리, 《경험의 힘》, 제2권, 《재인식의 영역들》, 앞의 책, 205쪽.
68) 같은 책, 207쪽.
69) 올리비에 몽쟁, 《폴 리쾨르》, 쇠이유, 파리, 1994년, 163-201쪽.
70) 같은 책, 164쪽.

61

자기에서 자기로 가는 가장 짧은 길은 또한 외국을 경유한다

리쾨르의 국민적인 공인 역시 우리가 아메리카의 측면을 환기한 바 있고, 점차적으로 전 대륙과 특히 유럽으로 확대되고 있는 승인의 보답 효과와 관련이 있다. 그의 동향에 열광하여 그 명제들의 국제적 확산에 적극적으로 기여하는 철학자들은 무수히 많다. 1988년, 그를 찬양하는 프랑스는 외국에서 이미 확고하게 확립된 명성에 장단을 맞추게만 할 뿐이다. 지구의 모든 풍토에서 타자와 함께 여행하고 발견하며 대화하려는 철저한 욕구를 갖고 있는 리쾨르의 철새와도 같은 기질에는, 자신의 저서들을 철저하게 자기 것으로 삼으려는 그런 움직임이 따른다. 대륙적이고 분석적인 중요한 두 전통에의 그의 이중 열림은, 그때까지는 프랑스를 거치지 않고 통과함으로써 결국 독일-아메리카의 대화로 한정되어 있던 국제적인 철학적 대화로 프랑스 철학이 열리는 것을 용이하게 하는 결과를 가져올 것이다. 60년대에는 그러한 대화 논리적인 입장 속에 고립되어 있던 리쾨르를 서서히 따라가게 될 것이다. "만일 그가 그런 일을 하지 않았더라면 우리는 무장이 덜 되어 있었을 것이다."[1] 따라서 국제철학회의나 크레아(CREA)와 같은 기관들이, 그가 단독으로 시작한 그러한 개방과 대화의 전형을 갖게 되는 것은 리쾨르 덕분이다. 무수한 외국 학생들의 방문지인 파르망티에 가의 신학교가 정기적으로 리쾨르의 저작을 전파하기 위한 특별한 장소였다. 그가 주재하였고, 매번 다른 나라에서 연 1회의 학회를 여는 국제철학연구소에서의 그의 참여는 자기 역할을 다하였다.

유명한 카스텔리학회에 관하여 이미 거론된, 리쾨르가 선호하는 나라는 이탈리아이다. 그는 가장 뛰어난 현상학자 및 해석학자들과 만나고 있는 앙리코 카스텔

---

1) 자크 풀랭과의 대담.

리의 권유에 따라 매년 1월 이탈리아에 가곤 했을 뿐만 아니라, 1983년부터는 8월에 교황의 초대객으로 로마 근처에 위치한 카스텔 간돌포에 있는 그의 여름 관저에 머물기도 한다. 교황 요한네스 파울루스(요한 바오로) 2세는 신교도 리쾨르와 유대인 레비나스 사이에서 식사를 하는 것이 즐겁다고 이야기한 적이 있다. 1978년 교황이 된 크라쿠프의 주교 카롤 보이티우아는 이탈리아 출신의 교황이 아니며(1523년 이래 이탈리아 출신이 아닌 첫번째 교황이다), 1959년 로만 잉가르덴의 지도 아래 막스 셸러의 현상학적 체계에 관하여 박사 학위 논문까지 발표할 정도로 상당한 철학적 지식을 갖추었다는 두 가지 특이점을 지니고 있다. "그로부터 그는 온갖 종류의 교단을 초월하여 위엄 있게 지위를 승인하곤 한, 인간적인 인간의 현상학을 끌어낼 것이다."[2] 1982년, 철의 장막으로 여전히 가로막힌 유럽 양 진영의 연구원들을 모아 한 인문과학연구소(l'IWM)가 빈에 설립된다. 이 연구소는 요한네스 파울루스 2세의 적극적인 지원을 받고, 이곳에서 요한네스 파울루스 2세는 전체주의에 대한 저항과 그리스도교 부활의 중심으로서 동유럽 국가의 지하 조직망을 부활시키려는 특별한 수단을 발견한다. 이 학술위원회의 프랑스 회원들 중 리쾨르는 레비나스와 에마뉘엘 르 루아 라뒤리의 진영에 속한다. 사전에 선택된 한 가지 주제에 관해 시도된 작업들을 마무리하는 세미나가 2년마다 카스텔 간돌포에서 열린다. 〈현대 과학의 관점에서 본 인간의 이미지〉라는 제목의 첫번째 세미나가 1983년에 열린다. "교황은 고개를 숙인 채 아주 주의 깊게 경청한다……. 그가 말하는 것은 교황청 I이 공표한 주교의 무류성 교리에 따라 밖으로 새어나가서는 안 된다.[3] 이 첫번째 정상회의 때 리쾨르는 교황의 초대를 존중하여 당연히 카스텔 간돌포에 참석하지만 부주의로 인한 사고가 원인이 되어 자리에 눕고, 열병에 걸리고 만다. 친구 그레마스에 할애된 스리지의 열흘간의 학회에서 돌아와, 밤늦은 시간에 성 주변을 산책하다가 그는 웅덩이 쪽으로 나 있는 지하실에서 흘러나오는 음악과 빛에 이끌려 더 가까이 가서 보기로 한다. 그리하여 그는 아래로 내려가려고 계단 쪽으로 간다. 그러나 "왼쪽 난간을 잡아야 한다는 것을 잊고는 반대쪽 난간을 잡다가 허공으로 떨어지고 만다."[4] 웅덩이에서 2미터 이상을 굴러떨어진 것이다! 그는 침착하게 느껴 오는 고통에 당황하지

2) 마리 안 레스쿠레, 《에마뉘엘 레비나스》, 앞의 책, 294쪽.
3) 같은 책, 299쪽.

않고 자리에서 일어나 그곳으로 들어가 모두에게 인사를 하고, 다음날 마치 아무 일도 없었다는 듯 학회에 참석하며 그레마스와 함께 기호학의 정사각형의 타당성에 대해 박식하게 토론한다. 그리고 나서 곧바로 비행기를 타고 교황이 기다리는 카스텔 간돌포로 출발한다. 마침내 그는 거기에 가서야 쓰러지고, 쇄골 골절이라는 진단을 받는다! 다음 회기인 1985년에 '병이 악화' 될 것이다. 그런데 교황은 의자에 앉아 성실하게 메모를 한다.

리쾨르의 주위에서 거의 가족적인 애정을 베푸는 아주 가까운 친구들의 소모임이 로마에서 구성되었다. 리쾨르가 1987년 《타자 같은 자아》에 실린 자신의 '소윤리' 를 강의할 기회가 있었던 사피엔자대학의 교수 프란체스카 게레로 브루치와 리쾨르의 번역자인 다니엘라 이아노타, 현상학자 안젤라 알레스 벨로가 이탈리아에 있는 리쾨르의 이 두번째 그룹에 속한다. 그는 또한 이탈리아의 또 다른 철학 명소인 나폴리에서 채택되는데, 게라르도 마로타는 베네데토 크로체가 강의한 적이 있는 한 도시의 위대한 철학적 전통을 부활시키고자 하는 이탈리아 철학연구소를 1975년 이 도시에 설립하였다. 한 멋진 궁전에 마로타는 세계 최초의 철학재단을 창립했던 것이다.

나폴리에서 리쾨르는 그의 열렬한 신봉자들 가운데 한 사람이자 그의 작업의 전문가가 된 철학자 도메니코 저볼리노와 재회한다. 1967년, 스무 살의 나이에 파리에 잠시 체류하면서 그는 서점에서 리쾨르에 대해서 찾을 수 있는 것은 모두 다 구입한다. 프랑스어를 한번도 배운 적이 없었는데도 그는 리쾨르를 읽으면서 프랑스어를 터득하는 훌륭한 성과를 거둔다. 당시에는 크로체의 역사주의적 노선을 뒤따랐던 나폴리의 철학자 피에트로 피오바니의 제자였지만 자신을 실존적인 방향으로 유도하면서, 그리고 도덕적인 실생활과 구체적인 개인들에 특별한 주의를 기울이면서, 도메니코 저볼리노는 1982년 비로소 리쾨르를 만난다. "나는 좀 주저했다. 그를 쳐다보면서 나는 이렇게 말했다. '선생님, 저에게 당신은 하나의 신화입니다.' 그가 나에게 이렇게 대답했다. '신화를 탈신화화해야 하네.' "[5] 저볼리노는 그를 나폴리에 초대하기 위해 마로타가 창립한 연구소의 이름으로 그 자신을 소개함으로써 자신의 신화에 과감하게 맞서는 대담성을 찾았다. 더군다나 정

4) 모리스 드 강디약과의 대담.

치적으로 이탈리아의 좌파에 적극적으로 참여한 그는, 약간은 70년대의 통일사회당과 마찬가지인 프롤레타리아 민주주의라는 아주 작은 정당을 대표하는 지역의원이다. 그에게 있어 리쾨르는 단지 위대한 현상학자일 뿐만 아니라 이탈리아에서 사회주의를 위한 그리스도교도들의 운동을 촉진하는 이들 중의 한 사람이었기에, 그가 자신의 그리스도교 사회주의와 마음이 맞는다고도 느낀다. 저볼리노는 자신의 마르크스주의를 리쾨르의 해석학적 태도로 조정하려고 한다. "나는 리쾨르가 나에게 강의한 것을 활용하면서 마르크스를 다시 읽을 수 있기를 기대한다."[6] 출발부터 저볼리노를 강하게 사로잡았던 것은 정치적인 것과 마찬가지로 종교적인 완전한 참여간의 그 결합이다. 반면에 리쾨르가 알고 있는 수용에서 저볼리노를 불안하게 하는 것은 그가 가톨릭 철학자로서 적응의 대상이라는 것이다. "많은 이들이 그가 신교도라는 사실조차 모르면서 리쾨르 예하 혹은 리쾨르 추기경으로 생각한다!"[7] 이것은 이탈리아에서 그의 작업의 대부분을 출판한 적이 있는 출판사 자카 북이 가톨릭교 성향을 띨 뿐만 아니라 또한 교황의 지위의 입장들에 가까운, 오히려 보수적인 그리스도교 대중 운동과 관련이 있다는 사실에 의해 조장된 회유처럼 보일 수 있다. "따라서 그는 이탈리아에서의 수용에 관한 오해의 소지를 검토한다."[8] 그리하여 저볼리노는 리쾨르의 '마르크스주의'와 그의 철학적 속화주의를 부각시키며 반대 방향으로 시선을 돌리게 함으로써 오해의 소지를 없애려고 한다.

리쾨르의 70회 생일에 경의를 표하여 파리에서 개최되는 현상학회에 초대를 받고 난 뒤, 저볼리노는 얼마 전에 완성한, 리쾨르의 작업에 할애된 원고를 그에게 전달한다. "그는 내게 아주 멋진 서문만이 아니라 개인적인 편지도 함께 넣어 원고를 돌려보내 주었다. 그 편지에서 그는 내게 자신의 여정을 재발견하도록 도와 준 무엇인가가 거기에 있었기에 얼마나 고맙게 생각했는지를 이야기하였다."[9] 저볼리노의 저서는 1984년에 출판된다.[10] 리쾨르는 이 책의 서문에서 자기 자신의 작업에 대해 느끼는 불연속성의 인상을 저볼리노의 면밀한 논증과 대조하는데,

---

5) 도메니코 저볼리노와의 대담.
6) 위의 대담.
7) 위의 대담.
8) 위의 대담.
9) 위의 대담.

저볼리노의 논증에 따르면 일관성의 원칙이 주체의 문제에 관한 40년간의 오랜 작업을 연결해 준다. "나는 저자가 **코기토** 비판의 연속성을 간파한 것에 대해 감사하게 생각한다. 이 비판이 주체의 문제 자체의 해결이 아니라 그것을 포함하는 대표적인 기능을 토대로 **나는 존재한다**(je suis)의 재정복을 구성한다는 것을 그가 알아차렸다는 것에 대해 특히 감사한다."[11] 리쾨르는 또한 저볼리노가 자신의 연구 목표를 실천의 해석학, 행동하기 철학의 보호를 받는 것으로 볼 때 그 분석의 타당성을 인정한다. 저볼리노는 세계의 해석에서 세계의 변화로 넘어가야 한다는, 마르크스에 의해 시작된 그 유명한 도전을 진작시킬 수 있는 자유의 시학을 구성하기를 기대한다는 표현으로 그의 저서를 마무리한다. 그러한 기대는 리쾨르를 "특히 감동시킬"[12] 것이다.

따라서 이탈리아는 자국의 다양한 지적 · 정치적 구성원들 중에서 가톨릭 좌파 전체의 영감의 원천이 된 리쾨르를 채택하였다. 그의 저작들은 체계적으로 번역된다. 출판사 자카 북의 저자가 되기 전, 후설과 메를로 퐁티를 출판한 바 있는 비종교적인 밀라노의 한 대형 출판사에 의해 1967년 그의 《해석에 대하여》[13]가 간행되기도 했다. 리쾨르는 전쟁 직후부터 이탈리아어로 번역된다.[14] 당시에는 아직 초라한 규모였던 자카 북은 1977년 《해석의 갈등》을 출판하기로 결정하고,[15] 뒤이어 리쾨르의 저서들이 프랑스에서 출판되는 바로 그 해에 그의 모든 저서의 번역권을 인수한다. 그리하여 《시간과 이야기》 3권이 1986년과 1988년[16] 사이에, 그리고 《타자 같은 자아》가 1993년[17]에 이탈리아에서 간행될 것이다.

흔히 보수적인 이탈리아의 수용과 균형을 이루기 위하여, 저볼리노는 1988년 리쾨르에 할애된 스리지의 열흘간 때 해방 윤리의 표명을 향한 가능한 전개를 검

---

10) 도메니코 저볼리노, 〈그는 해석학을 생각한다. 주체의 문제〉, 《리쾨르》, 프로카치니, 나폴리, 1984년. 소형 출판사에서 나온 이 간행물은 수동식으로 배급될 뿐이다. 그러나 미국에서 번역된 저서는 1993년 이탈리아의 대형 출판사인 카사 에디트리치 마리에티, 제노바에서 재발행된다.

11) 폴 리쾨르, 서문, 같은 책, 1984년, 7-8쪽.

12) 같은 책, 9쪽.

13) 폴 리쾨르, 《해석에 대하여》, E. 렌치 역, 일 사지아토레, 밀라노, 1967년.

14) 《K. 야스퍼스와 실존철학》의 이탈리아어 번역에 관한 계약은 1948년 6월 16일에 조인된다.

15) 폴 리쾨르, 《해석의 갈등》, R. 발조로티, F. 보튀리, G. 콜롱보 역, 자카 북, 밀라노, 1977년.

토한다. "나는 또 다른 방식──윤리적 자기 실현과 해방의 노력으로부터 현재의 우리인 존재의 존재론적 이해를 향해 나아가는 제2의 항해를 직감한다……. 그러므로 해방은 단지 사고된 것일 뿐만 아니라 말하자면 실천 속에서 실현된 것이기도 한 존재론의 약속의 땅을 향한 특별한 길일 것이다."[18] 열흘간의 막바지에 리쾨르와 대화를 계속하기를 갈망하던 그는 아내와 함께 샤트네에 초대된다. 그리고 나서 저볼리노는 이 해방의 주제가 라틴아메리카 철학자들 사이에서 이미 널리 활용되고 있다는 것을 알아차린다. 이들은 해방신학의 도약과 같은 시기에 아르헨티나에서 탄생된 '해방철학'이라 명명된 국제 운동을 창설하기도 하였다. 따라서 저볼리노는 이들과 접촉하여 1991년 나폴리에서 그 주제에 관한 학회를 조직한다. 〈현상학파에서의 해석학〉[19]이라는 테마에 관하여 리쾨르의 측근들을 초대하는 국제학회 때, 그 80회 생일을 축하하는 기념 행사가 개최되는 것 또한 그가 정규적으로 초대되는 나폴리에서이다. 저볼리노는 자신의 발표에서 당시의 해석학의 두 형태인 가다머의 해석학과 리쾨르의 해석학을 그 절대적인 요청과 대조하면서 실천의 문제를 재론한다.[20]

그럼에도 불구하고 리쾨르의 명제들에 대한 저볼리노의 지지는 비판적인 거리가 없지 않으나, 그 거리는 그들의 우호적이고 지적인 관계에 아무런 영향을 미치지 않는다. 리쾨르가 《타자 같은 자아》의 서문에서 **코기토**에 관하여 단언한 비판의 급진성에 약간 놀란 저볼리노는 "아주 우호적인 방식으로 〈리쾨르에 반대해 리쾨르와 함께 생각한다〉라는 제목의 일종의 **코기토** 옹호로서"[21] 반응하였다. 그는 또한 마치 죽을 때까지 사는 존재와 이후를 위한 신의 공헌 사이에 단절이 있는 것처럼, 리쾨르로 하여금 죽음의 이후를 포함해 미래 이후에 관한 희망적이고

---

16) 폴 리쾨르, 《시간과 이야기》, 제1권, G. 그랑파 역, 자카 북, 밀라노, 1986년; 제2권, 1987년; 제3권, 1988년.

17) 폴 리쾨르, 《타자 같은 자아》, 다니엘라 이아노타 역, 자카 북, 밀라노, 1993년.

18) 도메니코 저볼리노, 〈실천의 해석학과 해방의 윤리〉, 장 그레쉬와 리처드 커니(주관), 《현상학적 이성의 변신》, 앞의 책, 230쪽.

19) 폴 리쾨르, 장 그레쉬(주관), 《현상학파에서의 해석학》, 앞의 책, 183-344쪽. 나폴리학회는 한스 이네센, 장 그레쉬, 리처드 커니, 피터 켐프, 도메니코 저볼리노, 프랑수아즈 다스튀르, 베른하르트 발덴펠스의 참여와 함께 1993년 5월 7일과 8일에 개최되었다.

20) 도메니코 저볼리노, 〈실천의 해석학〉, 앞의 책, 261-281쪽.

21) 도메니코 저볼리노와의 대담.

낙관주의적인 단평(短評)을 포기하게 하는 초연 · 지혜의 범주에 관해 그의 뒤를 따르지 않는다. 리쾨르에 관한 최근의 저서에서[22] 저볼리노는 《타자 같은 자아》가 중단한 '철학적 불가지론'의 선언 앞에서 자신이 느끼는 좌절을 이렇게 설명한다. "부정의 신학과 일종의 그리스도교 무신론 사이에서 나 자신은 둘로 분열된다. 그러나 나는 그의 생활에서 괄목할 만한 신앙심, 신자의 태도를 보아 왔기 때문에 그것을 리쾨르의 탓으로 돌릴 수 없다. 이것이 내가 좌절에 대해 말한 이유인데, 왜냐하면 사람들은 어느 거장이 우리에게 마침내 희망 · 이상, 약간은 교훈적인 결론을 제시해 주기를 바라고 있기 때문이다. 그런 것이 없을 때 사람들은 다시금 약간은 혼자라는 느낌을 받는다."[23] 성서적 사고와 철학적 사고의 종합이 될 철학적 해석학을 정립함에 있어서 저볼리노가 스스로에게 부과하는 목표와 관련하여 리쾨르는 그와 의견을 같이하여 사고는 철학에 의해 고갈되지 않는다는 것을, 분명히 철학의 또 다른 것(un Autre)이 있다는 것을 긍정한다. 그럼에도 불구하고 그는 저볼리노에게 자신의 그리스도교 자체가 부분적이고 편파적이라는 것을 상기시키며, 따라서 또 다른 방식의 믿음과 사고를 받아들이기 위한 아주 많은 겸손함과 신중함의 타당성을 증명한다. 그로부터 그의 그리스도교를, 장 나베르가 빌린 레옹 브룅스비크의 표현에 따르자면 '철학자의 그리스도교'가 되게 하는 한계의 존중이 생겨나는데, "이것은 조금이라도 그리스도교 철학이나 혹은 그 대용품으로 간주되어져서는 안 될 것이다."[24]

라틴아메리카와 마찬가지로 에스파냐의 스페인 사회 역시 리쾨르의 명제들에, 아주 많은 영향을 받는다. 그의 저서들의 번역은 스페인에서는 60년대 중반[25]에, 특히 마누엘 마세라스 덕분에 스페인 그리스도교 사회에서 시작된다. 이탈리아와 약간 유사하게 스페인에서의 리쾨르의 수용은, 그의 작업에 보수적 · 전통주의적인 해석을 부친다. 프로이트에 관한 그의 시론은, 1970년에 출판된 후 멕시코 발행인이 1978년에 네번째 판을 간행함으로써 눈부신 반향을 일으킨다.[26] 이후로 그

22) 도메니코 저볼리노, 《리쾨르. 힘든 사랑》, 에디치오니 스튜디움, 로마, 1995년.

23) 도메니코 저볼리노와의 대담.

24) 폴 리쾨르, 도메니코 저볼리노, 《리쾨르. 힘든 사랑》의 서문, 앞의 책, 16쪽.

25) 《역사와 진실》, 스페인 출판사 과다라마와 1965년 2월 14일 계약 체결. 그리고 나서 《유한성과 죄의식》이 1969년 출판, C. 샨체스 질 역, 타우루스, 마드리드.

의 저서들은 프랑스에서 출판된 지 얼마 지나지 않아 곧바로 스페인 독자들을 위해 번역될 것이다.[27] 《타자 같은 자아》는 프랑스에서 출판되던 바로 그 해에 시글로 벤티우노와 계약하는 혜택을 누릴 뿐만 아니라 스페인 언론은 이미 대담과 서평들을 통해 그에게 찬동한다.[28] 한 국제 심포지엄이 〈폴 리쾨르: 자기 이해와 역사〉라는 주제로 그라나다에서 1987년 23일부터 27일까지 개최된 적이 있다.[29]

리쾨르는 스페인에 자주 초대되었으며, 마드리드의 마누엘 마세라스[30]와 같은 유명한 철학자들이 그와 가까이 지냈다. 90년대초의 스페인 여행 때 리쾨르의 전설적인 기분 전환이 대참사로 바뀔 뻔한 일이 있었다. 그는 한 무리의 프랑스 철학자들과 순회 강연에 참석중이었다. 그와 한창 논쟁중인 장 마리 도므나크와 함께 오를리 공항에서 비행기를 타면서, 그는 등록소에 가방을 둔 것을 잊고는 《르 몽드》를 구입한 후 탑승실로 향한다. 확성기에서 여러 차례 "리쾨르 씨"를 부르며 에어 프랑스 카운터로 급히 와 달라는 소리가 들린다. 그러나 리쾨르는 신문 읽기에 온통 정신이 팔려 그 소리를 건성으로 듣는다. 그러다 갑자기 그가 이렇게 말했다. "뭐, 리쾨르라고? 나잖아!"[31] 그는 서둘러 세관을 가로질러 가서는 방탄조끼를 착용한 사격수들과 경찰들이 모여 있는 곳 앞에 선다. 그들은 방금 전 가위로 그의 가방 끈 모두를 끊어 버리고는 폭파시키기 위해 그것을 방탄상자 속에 넣어둔 터였다. 그는 **최후의 순간에** 가방을 되찾을 수 있었지만 그것은 끈이 다 떨어진 가방이었다. "누군가가 그에게 이렇게 말하며 끈 하나를 주었다. '당신이

---

26) 폴 리쾨르, 《프로이트: 문화 해석》, A. 수아레스 역, 시글로 벤티우노, 멕시코 DF, 마드리드, 부에노스 아이레스, 1970년.

27) 폴 리쾨르, 《살아 있는 은유》, G. 마라블레 역, 메가폴리스, 부에노스 아이레스, 1977년; 《살아 있는 은유》, 네라 칼보 역, 크리스티안다드, 마드리드, 1980년; 《시간과 이야기 I》과 《시간과 이야기 II》, A. 네라 역, 크리스티안다드, 마드리드, 1987년.

28) 〈'해방이 관건이다' 라고 철학자 폴 리쾨르는 말한다〉, 《엘 파리》, 1991년 4월 28일; 잼드 살라스, 〈동일성에서의 근사치〉, 《ABC》, 마드리드, 1990년 6월 9일.

29) 리쾨르 참석. 참가자들은 다음과 같다. 마누엘 마세라스, 이시드로 무노즈, 페레즈 타피아스, 앙헬 에스피나, 안토니오 핀토 라모스, 토마스 칼보 마티네즈, 앙헬 가빌론도, 파트리키오 페날버, 호세 세코 페레즈, F. 비룰레스, 호세 아란구에즈, 후안 마누엘 나바로, 올리비에 몽쟁, 후안 호세 아세로, 카를로스 A. 발리나, 프란치스코 하라우타, J. L. 마티네즈 두에나스, 후안 카를로스 모레노, 마우리치오 보쵸, 호세 M. 루비오, 마리아노 페날버, 기 프티드망주.

30) 마누엘 마세라스, 《철학자란 누구인가? 암흑과 세상》, 폴 리쾨르의 서문, 킨켈, 마드리드, 1985년.

31) 장 그레시와의 대담.

알아서 어떻게 해보십시오!' "[32] 그리하여 스페인 여행 내내 그는 그렇게 구겨진 가방을 들고서 이 도시 저 도시를 "어슬렁거리며 돌아다녔다!"

리쾨르의 저작은, 특히 코펜하겐대학의 교수이며 그의 친구들 가운데 하나가 된 덴마크의 철학자 피터 켐프 덕분에 스칸디나비아 나라들에서도 마찬가지로 제대로 받아들여지는 혜택을 입는다. 덴마크에서 준비한 철학 학사 학위가 끝난 후, 피터 켐프는 철학 및 신학 박사 학위를 하려는 의도로 스트라스부르로 간다. 그리하여 그는 로제 멜과 피에르 뷔르즐랭의 강의를 이수하고, 이들로부터 리쾨르를 만날 것을 권유받는다. 피터 켐프는 리쾨르에게 작업 보고서를 제출한다. "그는 무척이나 엄격했다. 나는 나중에야, 1968년 5월에야 샤트네를 다시 찾았는데 그제서야 내가 작성한 것에 대해 긍정적인 반응을 보였다."[33] 1971년에 완성된 논문을 피터 켐프는 1973년 코펜하겐에서 3명의 덴마크 교수와 3명의 프랑스인인 리쾨르 · 미셸 드 세르토와 로제 멜로 구성된 심사위원 앞에서 발표한다.[34] 논문 발표를 하기 전, 피터 켐프는 리쾨르에게 여러 편의 논문을 번역해 덴마크에서 출판할 것을 제안한 적이 있었다. 이렇게 해서 1970년 코펜하겐의 언어학자들로부터 초대될 때 덴마크어로 된 그의 첫 저서가 발간된다.[35] 그러나 그가 도착했을 때 이목을 끄는 것은 완전히 다른 것이었다. 비행기에서 나오자마자 언론에 붙잡힌 그는 라디오와 텔레비전 방송에 초대되어 낭테르의 소요와 그 유명한 더러운 사건에 대해 말하게 되는데, 그것은 결국 그의 철학을 소개하기 위한 좋은 기회가 되었다. 호의적인 반향으로 1973년 두번째 출판이 가능해진다.[36] 1979년 코펜하겐대학의 5백 주년 기념일을 맞이하여 피터 켐프는 리쾨르를 **명예박사**로 선임시키는 데 성공한다. 그리하여 그는 아내와 함께 전 세계의 약 30명 가량의 연구자들에게 할애되는 아주 공식적인 기념 행사에 초대된다. 영광스럽게도 덴마크 왕비가 참석하기로 되어 있는 그 성대한 향연의 날, 피터 켐프는 식장으로 들어가서

---

32) 장 그레쉬와의 대담.

33) 피터 켐프와의 대담.

34) 피터 켐프, 《참여론》, 제1, 2권, 쇠이유, 파리, 1973년.

35) 폴 리쾨르, 《언어철학》, Gr. K. 소렌센과 피터 켐프 역, 피터 켐프의 서문, 빈텐, 코펜하겐, 1970년. 이 모음집은 리쾨르의 세 편의 논문을 재편성한다: 〈구조, 말, 사건〉 〈주체의 문제: 기호학의 도전〉 〈부성: 환상에서 상징까지〉.

는 모든 사람들이 제자리에 있는 것을 본다. 로만 야콥슨은 거기 다른 초대객들 사이에 있으나, 리쾨르에게 주어진 좌석은 실망스럽게도 비어 있다. 그렇지만 왕비는 정해진 시간에 도착할 것이고, 그리하여 피터 켐프는 불안해하며 시몬 리쾨르에게 문의하지만 그녀 역시도 남편이 어디로 갔는지 모른다. "예정된 시간의 몇 분 전에야, 아마도 2,3분 전쯤에야 나는 그를 위해 마련된 방 옆 다른 방의 마지막 줄에 앉아 있는 것을 발견하고는 제자리에 앉히기 위해 여러 차례 손짓을 했다. 나는 그에게 왜 거기에 있었느냐고 물었다. 그는 내게 이렇게 대답했다. '예루살렘대학의 총장과 다마스대학의 총장 사이에 있었기 때문이오. 그리고 그들은 서로 사이가 좋을 수 없었기 때문에 감히 자리를 뜨지 못했소!' "[37)]

피터 켐프가 그의 저작을 번역하면서, 그리고 1971년부터 1990년까지 20년 동안 글을 써온 《폴리티켄》지에서 그의 저서들을 알리기 위한 결정적인 역할을 했을지라도, 프랑스 철학자들은 일반적으로 덴마크에서는 단지 로마가톨릭교도들의 관심만을 끌 뿐이기에 승부가 쉽지 않았다. 이중의 장애가 있는데, 첫째 언어적인 장애로 이 나라에서는 특히 영어와 독일어를 읽기 때문이고, 둘째 철학적인 범주의 장애로 대부분의 철학자들이 분석철학의 지지자들이기 때문이다. 따라서 그의 작업은 특히 문학인들을 감동시키며, 번역된 그의 첫 논문들이 구조주의나 혹은 텍스트성과 이야기와 관련이 있는 논문들이라는 것은 대단한 의미를 지닌다. 피터 켐프는 또한 스웨덴의 예테보리에서 1년 동안 교수로 있었다. 리쾨르에 관한 최초의 방대한 박사 논문의 장본인이자 스톡홀름에서 살고 있는 벤트 크리스텐손과 더불어 피터 켐프는 1987년 가을 리쾨르를 초대할 것을 기획한다. 이 방문이 스웨덴에서의 그의 명성이 시작되는 지점이 될 것이며, 이 나라에서 켐프와 크리스텐손이 준비한 잡지 《레스 퍼블리카》의 특별호가 그에게 바쳐진다. 그리고 그의 방문 다음날 《텍스트로부터 행동으로》가 스웨덴에서 출판된다.[38)] 1995년 피터 켐프는 덴마크의 두번째 도시인 오르후스에서 스웨덴과 덴마크의 여러 철학자들이 참가하는 리쾨르에 관한 한 학회를 기획한다. 1996년 5월 그는 자신이 창설한 '생명 윤리와 생명법' 센터에 의해 기획된 대국제학회에 리쾨르를 초대하여

36) 폴 리쾨르, 《철학의 원천》, 네 편의 논문과 리쾨르와의 대담 모음집, 피터 켐프의 번역과 서론, 빈텐, 코펜하겐, 1973년.

37) 피터 켐프와의 대담.

개설 강연을 하게 한다.

그럼에도 불구하고 유럽의 모든 나라들이 리쾨르의 명제들에 수용적인 것은 아니다. 영국에서는 몇몇 문학학과를 제외한다면 분석철학이 거의 전적으로 지배한다. 이상하게도 "리쾨르는 이곳에서 유명하지만, 그러나 그는 정확성이 상당히 부족하다는 비난을 받는다!"[39] 만일 영국에서 누군가가 리쾨르를 존경한다면 그는 특히 그의 작업을, 모순적인 입장에 있는 아주 다른 사상가들을 같은 차원에 놓는 경향이 있는 통합주의의 시도로서 파악하기 때문이다. "그는 약간은 하버마스와 같이 모든 것을 포괄하는 독일의 성향을 갖고 있는데, 이것을 영국에서는 전혀 좋아하지 않는다."[40] 물론 미국에서 번역된 그의 모든 책들은 영국으로 전파되지만 대단한 영향력을 미치지 못한 채로 머문다.

독일은 리쾨르의 명제들에 좀더 수용적이다. 그러나 충분히 독일적인 철학적 문제와 독일 철학인 야스퍼스·후설의 점유로부터 시작된 연구에도 불구하고 리쾨르는 또한 라인 강 저편에 자신의 연구를 전파하는 데 몇 가지 난관을 경험한다. 프로이트에 관한 그의 시론에서 비롯된 논쟁은 유명한 슈르캄프[41]에서 《해석에 대하여》를 신속히 번역 출판하는 결과를 가져다 주지만, 이 출판사는 《살아 있는 은유》의 출판을 위한 접촉에는 응하지 않는다. 1973년에 《해석의 갈등》을 출판한 적이 있는 뮌헨의 쾨셀출판사[42] 역시 저서가 지나치게 앵글로색슨의 영역에만 근거하고 있기 때문에 독일에서 대중을 찾기가 어렵다는 이유를 내세워 부정적인 의견을 피력한다. 결국 그의 네번째와 다섯번째 연구들이 삭제된 판본은 프랑스에서 출판된 지 10년 이상이 지난 후에야 간행될 것이다.[43] 반면에 《시간과 이야기》는 아주 빠르게 출판될 것이며,[44] 《타자 같은 자아》의 번역 계약은 이 책이 출판되던 바로 그 해에 뮌헨의 쾨셀출판사와 체결된다. 출판의 측면에서 독일 지식인의 삶에 마침내 자리잡은 정착은, 대부분 뮌헨 출신의 독일 철학자이자 보훔대

---

38) 폴 리쾨르, 《텍스트로부터 행동으로》, 선집, 피터 켐프와 벤트 크리스텐손 역, 브루투스 오스틀링스 보크푀를로크, 심포전, 스톡홀름/스테하그, 1988년.

39) 카트린 오다르와의 대담.

40) 위의 대담.

41) 폴 리쾨르, 《해석. 프로이트에 관한 시도》, E. 말덴다우어 역, 슈르캄프, 프랑크푸르트암마인, 1969년.

42) 폴 리쾨르, 《해석학과 구조주의. 해석의 갈등 I》, J. 루트셰 역, 쾨셀, 뮌헨, 1973년.

학의 교수인 베른하르트 발덴펠스의 기여 덕분에 얻어진 것이었다. 현상학 저서들을 전문으로 하는 뮌헨의 빌헬름 핑크에서 '항해' 총서를 시작하면서 《시간과 이야기》《타자 같은 자아》《살아 있는 은유》를 받아들인 것도 그였다. "그 텍스트들을 모두 검토해 보았지만 독일에서의 수용은 아주 불확실하다. 메를로 퐁티의 경우가 그렇다. 그런 건 다 있다고, 현상학과 해석학은 독일의 유산이라고 말하는 경향이 독일에 있다."[45]

베른하르트 발덴펠스는 아주 일찍이 프랑스의 현상학에 열중하였다. 1960년과 1962년 사이 파리에 온 그는, 콜레주 드 프랑스에서 메를로 퐁티의 강의와 소르본대학에서 후설에 관한 리쾨르의 강의를 수강하였다. 역설적이게도 그는 후설에 관한 첫번째 책을 파리에서 구입한 후, 루뱅에 있는 후설의 사료관으로 향했다. 그는 1983년 프랑스에서 현상학에 관한 책을 한 권 출판할 것이며,[46] 〈의미 작용의 주변〉이라는 제목이 붙은 이 책의 5장은 리쾨르에 할애된다. 그리고 그 자신이 창립 그룹의 구성원들 가운데 한 사람으로 있는 현상학 연구자들을 위한 모임이 기획한 학회를 계기로 1973년 뮌헨에서 리쾨르를 개인적으로 만난다. 따라서 프랑스와 독일이라는 두 전통 사이에 있는 독창적인 입장을 통해 발덴펠스는, 자국에서 리쾨르의 명제들을 수용하게 하는 데 매우 중요한 역할을 할 것이다. 그렇지만 사람들은 한편으로는 가다머와 다른 한편으로는 하버마스 사이에서 여전히 매우 양분되어 있는 진영에 속한 그의 입장을 그리 잘 이해하지는 못한다. "나는 그의 해석학이 과학에 가깝기 때문에 리쾨르 쪽이다. 가다머가 방법론 없는 진리를 대표하는 반면에 리쾨르는 방법론들을 통한 진리이다."[47] 그렇기는 하지만 발덴펠스에 따르면 리쾨르는 아직도 여전히 지나치게 헤겔 철학적이다. 그는 진리의 범위는 다원화하지만 사고 공간들의 이질성은 충분히 고려하지 않고 있다. 이러한 관점에서 그는 미셸 푸코가 불연속성의 현상들, 중간 휴지들에 더 큰 가치를 부여하는 방식과 더욱 일치한다고 느낀다. 반면에 리쾨르의 접근이 그에게는 항상 지

---

43) 폴 리쾨르, 《살아 있는 은유》, R. 로슐리츠 역, 폴 리쾨르의 서문, 빌헬름 핑크 베를라흐, 뮌헨, 1986년.

44) 폴 리쾨르, 《시간과 이야기 I》, R. 로슐리츠 역, 빌헬름 핑크 베를라흐, 뮌헨, 1988년; 《II권》, 1989년; 《III권》, 1992년.

45) 베른하르트 발덴펠스와의 대담.

46) 베른하르트 발덴펠스, 《프랑스에서의 현상학》, 슈르캄프, 프랑크푸르트암마인, 1983년.

47) 베른하르트 발덴펠스와의 대담.

나치게 호의적이고 타협적인 것처럼 보인다. 정반대로 이러한 관점에서 발덴펠스는 독일에서는 전통적인 타자(autre)와 이방인(étranger)의 구분을 다시 시작하면서 대타자 형상의 비환원성을 강조하고자 한다. 게다가 이 주제에 관해 그는 1993년 리쾨르의 80회 생일을 맞이하여 열린 나폴리학회에서 발언한다.[48] 리쾨르에 가까운 그는 플라톤이 타자에게 부여하는 의미와 이방인의 경험을 구별하면서 다음과 같이 타자, 이타성의 축에 더한층 매달린다. "**나**(moi) 혹은 **자기**(soi)와 무관한 것은 단지 나 자신과 **다른 것**, 혹은 자기 자신과 **다른 것**만은 아니다. 그것은 나에게 열심히 호소하면서 나 자신을 피한다."[49] 나폴리학회에 참석한 리쾨르는 이러한 비판에 귀를 기울여 이방인에 대해서 말하는 다양한 방식들 사이의 필요한 구분에 대해 그가 옳다고 인정한다. 발덴펠스가 아리스토텔레스와 칸트, 가다머와 하버마스를 조정하는 리쾨르에게서 지나치게 헤겔 철학적인 것으로 여기는 중간적·타협적 입장은 독일에서는 받아들이기 어려운 이유들 중의 하나일 것이다. 독일에서는 더욱더, 설령 그것들이 엄격한 담론에서 표현된다 할지라도 과장법, 명료한 입장들의 경향이 있다.

그렇지만 보편적인 의견은 독일 국가의 아주 분산적인 특성을 고려하여 프랑스에서보다는 독일에서 가치가 덜하다. 독일의 현저한 지방 분산의 혜택을 입음으로써 리쾨르의 수용은 몇몇 지역과 지적 활동의 특별 구역들에서 이루어질 수 있었다. 이렇게 해서 뮌헨에서 출판이 된 그는 이 도시 대학의 **명예박사**이자 독일 현상학학회의 명예회원이 된다. 그의 저서들은 신학대학들에서 가장 많은 관심을 불러일으키는데, 단지 개신교도 사이에서만은 아니다. 게다가 그는 1974년 자신을 초대하는 빌레펠트의 역사학자들과 아주 풍부한 관계를 맺는다. 이 학파의 대표자들 중 한 사람인 라인하르트 코셀레크[50]는 역사 의식의 해석학을 정립하려는 그의 시도에 중요한 참고 대상이 되었다.[51]

리쾨르 사상의 메아리는 극동에서까지 들린다. 일본에서는 1977년 《악의 상징학》[52]이 출판된 이후 그의 대부분의 저서들이 번역되었다. 80년대에는 연속적으

---

48) 베른하르트 발덴펠스, 〈타인과 이방인〉, 장 그레쉬(주관), 《폴 리쾨르. 현상학과 해석학》, 앞의 책, 327-344쪽.

49) 같은 책, 344쪽.

50) 라인하르트 코셀레크, 《지나간 미래》, EHESS, 파리, 1990년.

로 1982년 《해석에 대하여》,[53] 1983년 《살아 있는 은유》,[54] 그리고 1987년과 1990년 사이에 《시간과 이야기》 세 권[55]이 출판된다. 한국에서는 상황이 더욱 미묘한데, 이 나라의 대부분의 철학자들이 미국 쪽이고 따라서 분석철학에 사로잡혀 있기 때문이다. 그렇지만 소수의 철학자들이 리쾨르의 명제들을 공부하고, 번역하며, 알리기 위해 조직되기 시작한다. 광주에 있는 전남대학교 인문대학 프랑스어과 구성원이자 프랑스문학 교수인 마들렌 장 경은 문학비평에 관심을 갖고 가톨릭연구소에서 철학 지식을 보완하기 위해 1983년과 1987년 사이 파리로 향한다. 이 연구소에서 그녀는 장 그레쉬의 지도 아래 '해석학과 문학비평' 에 관한 박사 학위 논문을 준비한다. 일단 한국으로 돌아오자마자 그녀는 혼자 《살아 있는 은유》의 번역을 시도하지만, 자신의 작업에 만족하지 못하여 여전히 출판사와 접촉을 하지 않았다. 학생들과 함께 그녀는 리쾨르의 저서들을 읽고 해석하며 활발하게 문학 및 해석학 한국학회에 참여하고 있다. 그녀는 성공적으로 4명의 리쾨르 전문가 교수 그룹을 배치하였다. 광주와 서울 각 2명의 교육자들로 구성된 이 '4인조 그룹' 이 리쾨르의 저서를 공동으로 번역할 생각이다.

---

51) 폴 리쾨르, 《시간과 이야기》, 제3권, 7장, 〈역사 의식의 해석학을 향하여〉 참조.

52) 폴 리쾨르, 《악의 상징학》, 케이세이사, 도쿄, 1977년.

53) 폴 리쾨르, 《해석에 대하여》, 신조사, 도쿄, 1982년.

54) 폴 리쾨르, 《살아 있는 은유》, 이와나미-쇼텐, 도쿄, 1983년.

55) 폴 리쾨르, 《시간과 이야기 I》, 1987년; II, 1988년; III, 1990년, H. 구메 역, 신조사, 도쿄.

62
《형이상학과 도덕 잡지》

1974년 리쾨르는 유서 깊은 《형이상학과 도덕 잡지》의 책임자인 장 발의 후임이 된다. 1893년 자비에 레옹과 엘리 알레비가 창간한 이 잡지는, 오로지 과학만의 일방적인 통치를 위하여 형이상학적 시대의 종말을 선언하는 오귀스트 콩트의 제자들의 철학인 실증철학에 내재한 환상 전선에 논쟁을 불러일으키면서, 세기의 전환점에서 프랑스의 철학적 삶에 다시 활력을 불어넣었다. 그러나 잡지의 주창자들은 또한 이성의 요청에 귀를 막고 있는 신비주의 속에 종교적 신념을 가두는 경향이 있는 비이성적인 태도와 비판적으로 대결하고자 한다.[1] 그럼에도 불구하고 19세기말의 이 젊은 철학자들의 투쟁 정신은 서서히 힘을 잃었으며, 잡지는 세월이 흐름에 따라 현시대의 해석의 쟁점과 갈등들을 감안하지 않고 순수 지식을 발전시킴으로써 합법성과 공인의 단순한 장소인 철학적 전통을 고수하는 금자탑이 되었다. 잡지가 속해 있는 프랑스철학협회와 그 발행인인 아르망 콜랭으로부터 이중의 구속을 받으면 받을수록 그러한 결함은 더욱더 부각되었다. 1981년말 알렉시 필로넨코의 후임이 된 잡지의 편집장 피에르 트로티뇽이 건강상의 이유 때문만이 아니라, 향후 5년으로 잡지의 생명을 건 출판에 의거해 계획된 논문 약속의 관리가 불가능해짐으로써 어려움에서 헤어나지 못하고 결국 1983년 사표를 냈을 때, 이러한 상황은 마비 상태에 이를 징조를 보인다!

1983년 트로티뇽의 사임을 계기로 1974년부터 잡지의 책임자가 된 리쾨르가 신세대 철학자들과 함께 이 제도에 젊은이다운 대단한 충격을 가할 것이며, 이들의 쇄신, 그렇지 않으면 재기반 작업을 지지할 것이다. 그리고 소그룹의 동료들이

1) 1893년 《형이상학과 도덕 잡지》의 첫번째 배본에는 다음과 같은 유명한 서명들이 있다. 앙리 푸앵카레, F. 로, 루이 쿠튀라, 레옹 브룅스비크, 빅토르 델보, 펠릭스 라베송.

리쾨르와 일치 협력하여 잡지의 경영에 관여할 것이다. 1962년과 1969년 사이 소르본대학에서 철학을 공부한 프랑수아 아주비는, 1979년 국립과학연구센터에 들어가 피에르 트로티뇽 곁에서 《형이상학과 도덕 잡지》의 비서직에 전념한다. 그가 리쾨르를 알게 되는 것은 이 잡지에서이다. 트로티뇽이 사직하자 프랑수아 아주비가 까다로운 편집책임과 더불어 최전선에 있게 된다. 그는 도미니크 부렐과 마르크 드 로네에게 도움을 청한다. "우리는 그럭저럭, 동료들의 팀인 것이 유리한 작은 팀을 하나 만들었다."[2] 프랑수아 아주비가 소르본대학에서 리쾨르의 몇몇 강의를 수강했었다면 낭테르대학의 옛 철학생도였던 마르크 드 로네 역시 리쾨르의 학생이었다. 그는 특히 그 유명한 강당 강의에 자발적으로 참석했다. "그때는 아시아의 발생 양태에 관한 한 강의에 3백 명의 수강생들과 레비나스를 포함한 3명이 모여들었던 시기로, 이들 중에는 나도 있었는데 칸트에 관한 공부를 하기 위해서였다. 대단한 탈중심적 사고가 있었다는 것을 우리는 분명히 이해할 수 있었다."[3] 독일 철학의 전문가인 도미니크 부렐로 말하자면, 그는 자신의 철학 연구를 계속하기 위해 하이델베르크로 가서 가다머의 지도 아래 석사 학위를 준비하였다. 그가 리쾨르의 의지철학에 관심을 갖게 되는 것은 1974-1975년에 이수한 가다머의 세미나에서이다. "내가 자주 만나곤 한 가다머가 이렇게 말했다. '물론 리쾨르를 읽어야 하지요.' 반면에 파리4대학교에서는 누구도 그에 대해 결코 말하지 않았다. 우리 세대에게 리쾨르와 레비나스는 일종의 작은 섬이었다. 흔히들 이야기했던 것과 달리 독단주의는 이처럼 볼테르의 불가지론에서가 아니라, 그러한 유형의 문제들에 대처한다는 공포에서 더한층 기인했다. 우리는 성직자에게 그리 적대적이지 않았다."[4]

이 3명의 동료들과 리쾨르로 구성된 소규모 편집진들 사이에 곧바로 아주 우정어린 관계가 이루어진다. 한편으로 미국에 자주 머무르는 리쾨르는 새로운 책임자들의 쇄신 의지와 효율성을 신뢰할 수 있었고, 다른 한편으로 후자들은 자신들이 필요하다고 판단한 결정권을 마음대로 가질 수 있었다. "그는 어떤 방식으로도

2) 프랑수아 아주비와의 대담.
3) 마르크 드 로네와의 대담.
4) 도미니크 부렐과의 대담.

우리를 압박하지 않았으며, 함께 일하는 이들에게 베푸는 그의 너그러움은 책임자로서의 임무를 포기하는 경우가 결코 없었으므로 더욱더 훌륭했다."[5] 리쾨르는 유례없는 지적인 지원을 해주었을 뿐만 아니라 또한 잡지로 하여금 자신이 알고 있는 세계 도처의 인맥의 혜택을 누릴 수 있게 하고, 국제적인 규모의 철학적 논쟁 상황에 관한 값진 정보를 제공하기도 한다. 동시에 어려움이 있을 때면, 그것이 해결해야 할 갈등이건 거절해야 할 서류이건 간에 "그는 매번 그 전투에 뛰어들었다. 그는 압박하지 않으면서 사임하지도 않는, 보기 드문 이 두 가지 능력을 지니고 있었다."[6] 설령 그 권한을 행사하지 않았다 하더라도, 리쾨르는 편집진의 전적인 동의하에 잡지의 방향 결정에 그 흔적을 새겨 놓았다. 그는 시사적 쟁점들과 단절된 철학사의 문제들과 보편철학의 문제들을 전문으로 하면서 빠져 있던 잡지의 구습, 아주 프랑스적인 단점인 구습으로부터 《형이상학과 도덕 잡지》를 끄집어 내고 싶어했다. 잡지 제목의 의미 자체를 내세우면서도 그는 편집진에게 시사적인 문제들을 더한층 책임질 것을 권유했다. 이러한 정착을 가능하게 하기 위해서 편집진은 그때까지 확립되어 있던 수동적인 관계를 무너뜨리기로 결심한다. 사실 잡지는 한 저자에 대한 충분한 수효로 출판이 이루어질 수 있을 때까지 받아들인, 대학 교수들이 보낸 논문들에 크게 의존하고 있었다. 이러한 경향과 배치되기 위해 공간은 주제별 호(號)를 위해 별도로 마련되고, 편집진이 그 내용을 구상하며 대학 교수들에게 자신들의 목표에 따라 줄 것을 부탁하면서 처음부터 끝까지 그 내용을 제어한다. 이로 인하여 생명 윤리, 전쟁 문제, 롤스의 명제들에 관한 토론[7] 및 과학철학,[8] 철학적 해석, 법해석학,[9] 신경과학[10]에 관한 것들과 같은 지적인 논쟁의 중요 쟁점들에 아주 잘 연결된 잡지들의 발행이 가능해진다. "요컨대 철학이 곧 철학사인 프랑스에서 받아들이게 하기가 어려웠던 것이 이것이다."[11]

더욱이 리쾨르는 논문들을 단지 영어로만이 아니라 독일어로도 발행하기를 주

5) 프랑수아 아주비와의 대담.

6) 위의 대담.

7) 〈존 롤스〉, 《형이상학과 도덕 잡지》, 제1호, 1988년, 존 롤스에 관한 논문들, 〈사실 확인에 의한 합의 개념〉; 찰스 테일러, 〈정의와 선〉; 미카엘 J. 상델, 〈절차 공화국의 정치 이론〉; 필리프 폰 파리지스, 〈앵글로색슨의 정치철학을 위한 짧은 변론〉; 코르넬리우스 카스토리아디스, 〈권력, 정치, 자율〉; 장 마르크 페리, 〈현대 과학의 구성에서의 사실, 의미, 유효성〉.

8) 〈과학철학〉, 《형이상학과 도덕 잡지》, 제4호, 1986년.

9) 〈법해석학〉, 《형이상학과 도덕 잡지》, 제3호, 1990년.

저하지 않으면서 잡지가 프랑스적이지 않을 것을, 외국의 저자들에게 많은 자리를 내줄 것을 주장한다.[12] 잡지의 방향 결정은 정규적으로 편집진과 그들의 책임자 사이에서 재결정되곤 하였다. "그는 우리가 바라는 대로 항상 모든 협력자들을 감싸 준 잡지의 주인이었다. 나를 무척이나 감동시켰던 것은, 그가 대단히 엄격한 욕구를 갖고 있었다는 것이다. 성과가 가장 없는 일들까지도 그는 결코 거절하지 않았다. 어느 원고와 문제가 있을 때마다 그는 우리에게 이렇게 말하곤 했다. '내게 넘기시오.'"[13] 잡지 제작의 기술적인 문제들에 대한 계획인, 그에게 아주 생소한 계획에 대해서조차 리쾨르는 판매 부수의 총액을 정하기 위해, 완료된 교정쇄를 출판인에게 넘기기 위해 현장에 자리한다.

그러나 철학사와의 거리두기는, 철학사를 역사적인 깊이가 없는 논증으로 대체하는 것을 의미하지는 않는다. 리쾨르는 동시대의 명제들에 대한 토론을 변호하기 위해 가장 오래된 모든 철학적 전통을 재해석하고 동원하는 것인, 사상사의 아주 특수한 이용에 대해 그 자신의 견해를 앞세운다. 그리하여 그는 오늘의 쟁점들을 더 잘 이해하기 위해 어제의 사상가들을 대화하게 한다. "말로에게 가상박물관이 있었다는 의미에서 일종의 가상철학박물관의 활용이라 할 수 있는 철학사의 활용이 그에게는 있다."[14] 그들을 조명하거나 서로 비교하기 위해서 부처를 11세기 로마 시대의 그리스도에 접근시키는 말로처럼 리쾨르는 그들이 현대 세계의 쟁점들에 현존해 있고, 따라서 살아 있는 전통에 속하는 한 모두 다 필요한 철학자들인 아리스토텔레스 · 아우구스티누스와 후설 간의 시대착오적인 대화들을 활용한다.

잡지의 새로운 팀은 또한 반대자를 그의 가장 빈약한 입장으로 몰아넣는 것을 피하려는 철저한 태도를 갖고 있는 지도자에 크게 만족한다. 의혹의 철학을 자극하는 폭로 전략의 기성 전통과는 반대로 그의 모든 방식은 그 반의어 "타인에게 제공 가능한 모든 신빙성, 위대함을 그에게 제공하는 것인 거의 데카르트 철학의 의미에서의 관대한 철학"[15]이다. 그는 아주 겸손하게 팀을 이끌며, 주제를 고려할

10) 〈신경과학과 철학. 의식의 문제〉, 《형이상학과 도덕 잡지》, 제2호, 1992년, 클로드 데브뤼, 피에르 뷔제르, 미셸 주베, 한스 헬무트 코뤼베르, 피에르 카를리, 마르크 잔느로드, 벤저민 리베, 피에르 자코브의 논문들.

11) 마르크 드 로네와의 대담.

12) 〈영어의 정신철학〉, 《형이상학과 도덕 잡지》, 2호, 1994년; 〈독일의 철학들〉, 3호, 1994년.

13) 도미니크 부렐과의 대담.

14) 프랑수아 아주비와의 대담.

때마다 준비가 안 됐다는 그 문제에 관해 재차 통고할 게 전혀 없다라는 말부터 시작한다. 잠시 후 "우리는 마치 그 신경세포가 연접되는 것을 관찰하고 있는 것처럼 떠오르는 그의 생각이 그 머릿속에서 결합되는 것을 본다."[16] 리쾨르는 때때로 모든 가치를 정당하게 평가하려는, 잊혀진 사상가들을 되살리려는 욕구로 놀라게 한다. "때때로 절망적인 사태들에 집착하는 그가 어느 날 내게 이렇게 말했다. '프라딘을 구제해야 하오.'[17] 나는 그에게 이렇게 대답했다. '우리는 어디로 가고 있는 거죠?' 나는 농담이라고 생각했지만, 그는 고집하며 전혀 농담이 아니라 프라딘은 무척 중요하다고 말했다."[18] 이처럼 리쾨르는 옛 서류들을 다시 펼치거나, 혹은 지식의 분야들 속에 다시 침잠할 수 있는 모든 능력을 잡지를 위해 발휘하여 그로부터 그가 시사적이라고 판단하는 문제를 강조한다. "지식은 관대함이다. 그것이 우리가 사람들에게 베푸는 무엇인가이며, 리쾨르가 완전히 그러하다."[19] 《형이상학과 도덕 잡지》에 도착한 우편물들은 종종 콜레주 드 프랑스 교수 앞으로 보내진 것이었다. 잡지의 특파원들에게 그것은 너무나 자명한 것처럼 보였기에 그들은 그가 콜레주 드 프랑스의 일원이 아니라는 것이 잠시도 상상이 안 되었던 것이다.

도미니크 부렐은 세기의 전환점에 창간된 《종합 잡지》[20]의 편집책임을 맡기 위해 1993년 사임한다. 프랑수아 아주비와 마르크 드 로네로 말할 것 같으면, 대담집이라는 책을 만들기 위해 망설이는 리쾨르를 설복시킬 만큼 그와의 신뢰 분위기를 확고히 확립하는데, 이 대담에서 리쾨르는 결코 그런 것을 한 적이 없었기에 그의 평소의 신중함의 한도 내에서 그들에게 속마음을 털어놓는다.[21] 이 계획은 《르 몽드》를 대신하여 프랑수아 아주비가 나눈 리쾨르와의 대담에서 비롯되었

---

15) 프랑수아 아주비와의 대담.

16) 도미니크 부렐과의 대담.

17) 모리스 프라딘(1874-1958), 프랑스의 심리학자, 특히 1928년과 1934년 사이에 세 권으로 출판된 《감각의 철학》과 1943년과 1948년 사이에 세 권으로 출판된 《일반심리학 개론》의 저자. 이 저서들에서 그는 인간의 과학적 열망을 인간의 윤리적·종교적 열망과 조화시키고자 노력한다.

18) 도미니크 부렐과의 대담.

19) 위의 대담.

20) 1900년 앙리 베르에 의해 창간된 이 잡지의 제목은 당시에는 《역사적 종합 잡지》였으며, 세기초 사회과학에서 벌어지는 격렬한 논쟁의 특별한 장소였다.

다.[22] 마르크 드 로네는 특히 이 대담의 장점을 높이 평가하며, 칼망 레비의 총서 책임자인 프랑수아 아주비에게 한걸음 더 나아가 대화를 계속해서 그것을 책으로 엮으라고 충고한다. "그는 내게 아이디어가 좋다고 말하며, 정말 자기와 함께 그 일을 하고 싶느냐고 물었다."[23] 뒤이어 그들은 리쾨르의 심한 망설임을 물리치는 데 성공하여, 대담은 1994년 가을과 1995년 가을 사이 샤트네에서 전개된다. "그에게 질문을 하는 동시에 그가 숙고하는 모습을 보는 것은 아주 흥미진진했다. 그것은 다소 공개되지 않은, 예정되지 않은 무엇인가이며, 성찰이 이루어지고 있는 것이 보인다."[24]

기념식에 넓은 공간이 제공되는 이 나라에서 1993년의 잡지의 1백 주년 기념식은 의무적인 통과 의례이다. 순전히 역사적인 기념호는 모두를 지루하게 할 것이라고 생각하며 리쾨르는 그러한 견해에 흥분하지 않았다. "결국 그는, 오늘날 그를 깜짝 놀라게 하는 일종의 대담함 · 과감함 속에서, 거의 즉각적으로 중요한 질문을 하려는 그러한 의지로 1백 년 전의 철학적 문제 제기들의 급진적인 측면에 매우 흥미로워하고, 또한 강한 인상을 받았다."[25] 잡지의 1백 주년은 또한 리쾨르에게 있어서 과거에 대한 두 가지 반성을 하는 계기가 된다. 어떻게 잡지가 여전히 처음의 계획에 충실한가를 평가하기 위한 잡지에 대한 반성뿐만 아니라, 그 시기에 그가 여든 살이 되기에 그 자신에 대한 반성도 겸한다. 이 두 기념일에 참여하는 그의 방식은 완전히 현재 순간의 요구들에 부여하는 특권을 시사한다. 그가 발표하는 논문은 어떤 향수에 집중되는 것이 아니라 정반대로 최근 저서인 《타자 같은 자아》에서 전개된 테마들로부터 그의 전 여정을 철학적으로 조명하는 데 바쳐진다. 이런 점에서 애초에는 미국인들을 위해 씌어진 텍스트인 지적 자서전을 프랑스에서 출판하면서, 리쾨르가 이 저서를 《형이상학과 도덕 잡지》의 1백 주년호에 실린 그 자신의 논문의 재출판 다음에 나오게 했다는 것은 대단한 의미를 지

---

21) 폴 리쾨르, 《비판과 확신》, 프랑수아 아주비와 마르크 드 로네와의 대담, 앞의 책.

22) 〈악은 철학에 대한 도전이다〉, 프랑수아 아주비가 리쾨르와 한 대담, 《르 몽드》, 1994년 6월 10일.

23) 마르크 드 로네와의 대담.

24) 위의 대담.

25) 도미니크 부렐과의 대담.

니다.[26)]

리쾨르가 이 호에 기고하는 논문은 1백 년 전의 잡지 첫호에 실린 펠릭스 라베송의 논문 제목을 빌린다. 따라서 리쾨르는 잡지의 제목이 계속해서 가질 수 있는 의미에서 개인적인 답변을 하고, 그 자신의 여정을 따라 늘어선 필요한 명상들로부터 형이상학과 도덕 사이의 관계를 다시 생각하고자 한다. 매우 압축된 이 논문은, 처음부터 리쾨르의 전 작업을 가로지르는 진정한 실마리인 깨어진 존재론으로서의 그의 존재론의 형태를 밝힌다. 그의 모든 우회들 사이의 관계를 구성하는 질문은 바로 존재론적인 차원에서 행동하기를 생각하는 것이 무엇인가를 알려는 질문이다. "'엄밀하게 말하면 존재란 도대체 무엇인가?' 라고 라베송이 묻는다. 아리스토텔레스는 '행동하기이다' 라고 대답한다."[27)] 리쾨르는 메타 기능을 서로 별개이면서 보충적인 두 가지 전략, "하나는 원리들의 등급화와 다른 하나는 원리들의 다원화"[28)]에 따라 정의한다. 이 원리들의 다양화 원칙에 형이상학과 도덕 사이의 이행을 준비하는 동일자(le même)와 타자(l'autre)의 변증법 원칙이 첨가된다. 메타 기능은 《타자 같은 자아》에서 여러 차원에서 재발견된다. 전 단계에서 그것은 질문의 누구(le qui)와 답변의 자기(le soi)를 관련시키는 목적에 지정된다. 보다 총괄적으로 그것은 행동하기의 범주를 가리킨다. "제아무리 비슷하다 할지라도, 다른 관점들에서 말하고 행동하며 이야기하고 책임 전가에 따르는 것은 근본적인 행동하기의 별개 방식들로 간주되어질 수 있다."[29)] 이처럼 리쾨르는 행위(acte)와 권력(puissance)으로서의 존재의 아리스토텔레스적 뜻을 다시 자신의 것으로 삼는데, 그러나 무수한 우회를 통해서이다. 사실 이 자기 것으로 삼기는 크게 문제가 제기되는데, 리쾨르가 하이데거의 관심(Souci) 개념을 사용할 때 그것은 자신으로 하여금 이동을, 자신이 "존재자(étant)로서의 존재자의 다양한 뜻 중에서 행위와 권력으로서의 존재에 우선권을 부여하는 존재론"[30)]으로 변형시키는 진실(vrai)로서의 존재에 근거한 존재론의 진정한 출발을 받아들이게 하기 위해서이다. 따라서 리쾨르는 마르크 리시르가 제대로 이해했듯이, 하이데거와는 반대로 존재자와 관

---

26) 폴 리쾨르, 〈형이상학에서 도덕까지〉, 《형이상학과 도덕 잡지》, 제4호, 1993년, 455-477쪽; 《성찰》에 재수록, 앞의 책, 83-115쪽.

27) 같은 책.

28)같은 책, 88쪽.

29) 같은 책, 95쪽.

련하여 입세의 비환원성을 밝히고자 한다. 이러한 시도는 리쾨르가 내세우고, 그에게 용기를 주는 다음과 같은 전례들이 있다. 스피노자의 《윤리학》, 라이프니츠의 《단자론》과 리쾨르에게 있어서는 후설의 현상학의 기여와 해석학의 기여가 잇달아 접목된, 피히테로부터 나온 그 본래적 긍정 개념과 더불어 장 나베르가 있다.

30) 폴 리쾨르, 같은 책, 97쪽.

63

철학적인 것과 종교적인 것 사이에서: 혼동도 없고…

처음부터 리쾨르는 철학적 합리성을 신자로서 진작시켜야 할 도전으로 고려했다. 그는 더한층 믿기 위해서 더 많이 이해하고, 더한층 이해하기 위해서 더 많이 믿는 해석학적 원 안에서 조화 함수의 수단들을 모색했다. 그러나 어느 순간에도 그는 두 영역간의 상호 영향이라든가, 다른 것에 의한 한쪽의 회복이라든가, 혹은 물론 서로 반응할 수는 있지만 결코 뒤섞이지 않는 타원의 두 중심으로 항상 고려한 것들 간의 어떤 계층화라는 단순한 해결책을 선택하지는 않았다. 연구 영역의 자율성, 한편으로는 성서적이고 다른 한편으로는 철학적인 두 영역들 각자의 자료집을 보호하려는 관심이 그에게는 항상 있었으며, 시간이 흐름에 따라 부각되기도 하였다. 그는 심지어 여러 차례 이러한 의도적인 분리, 장르들의 모든 뒤섞임에 대한 이러한 원칙적인 거부에서 일종의 정신분열증을 환기하기도 한다. "나는 항상 두 개의 버팀목 위를 걸었다. 내가 장르들을 뒤섞지 않는 것은 단순히 방법론적인 조심성 때문만이 아니라, 나에게 있어서는 절대적으로 중요한 두 가지 준거를 명시하고자 했기 때문이다."[1] 따라서 설령 종교적인 차원이 마찬가지로 비판적인 일면을 내포하고 있고 철학이 신앙을 피할 수 없는 것이 바람직하다 할지라도, 비판의 영역과 확신의 영역 사이의 이러한 중간 휴지는 강력히 요구된다. 리쾨르는 성서 해석 작업에 대해서와 마찬가지로 그의 철학적 참여에 대해서도, 그것이 사변적이든 개념적이든 혹은 신학적이든 간에 환원적인 기초화 형식으로 보일 수 있을 모든 것을 거부하려고 노력할 것이다. 그가 동경하는 것은 이 두 중심 간의 대화 논리이다. 그 대화는 이러한 원칙적인 이타성 없이는, 영원히 불완전할

---

1) 폴 리쾨르, 《비판과 확신》, 앞의 책, 211쪽.

수밖에 없는 사고를 변함없이 활력 있게 고무하는 두 극 사이의 이러한 아주 뚜렷한 구별 없이는 확립될 수 없다.

두 영역 사이의 이 중간 휴지는, 심지어 더 강해지는 경향마저 있었다. 5,60년대에 리쾨르가 발표한 논문 모음집들은 두 역(registres)의 개입을 병치한다. 반대로 더 최근에 세 권의 《강의》는 영역들을 구별하며 《강의 2》가 철학자들의 영역에 속한다면 《강의 3》는 철학의 경계에, 철학자들의 영역 밖에 설정된다.

《타자 같은 자아》에서 리쾨르가 본질적으로 철학적인 자기해석학이 성서해석학의 영역에 속하는 두 항목으로 종결되는 것을 원치 않았던 반면에, 그의 발행인 프랑수아 발은 그것에 대해 아무런 이의도 없었다. 그럼에도 불구하고 이 저서는 요컨대 그가 에든버러에서 강연한 1986년의 《지포르 강의》에서 비롯된다. 그런데 《지포르 강의》는 〈성서 거울 속의 자기〉에 관한 강연과 〈위임받은 자기〉[2]에 관한 강연으로 종결되어 있었다. 왜 이러한 자기 제한을 하는 것일까? 리쾨르는 그것이 이론의 여지가 있고, 그래서 어쩌면 유감스러운 것임을 인정하면서 저서의 서문에서 그 이유를 설명하지만, 그것은 "내[그]가 마지막 행까지 자율적인 철학적 담론을 유지하고자 한 것에서 기인한다."[3] 따라서 리쾨르는 둘 다 철저한 두 영역 사이의 긴장을 같은 정도의 욕구로 보존하고자 한다. 이처럼 그는 모든 혼동과, 따라서 자신에게서 잠재적 신학의 표현을 보고 싶어할 철학자들뿐만 아니라 자신이 성서 교리를 잠재적 철학으로 변형시키는 것을 목표로 삼고 있다고 생각할 신학자들로부터의 모든 기피를 피하고 싶어한다. 철학적 논증의 엄격한 차원에 틀어박힌 이러한 금욕은 리쾨르의 전 작업을 가로지르고 있으며, 그것을 "신의 실질적인 명명이 없고 철학적인 문제로서의 신의 문제 그 자체가 불가지론적이라고 말할 수 있는 미결 상태로 있는 철학의 유형"[4]에 이르게 한다.

철학적 담론은 이 영역에서 그 범위를 제한하고, 그의 다른 것을 열어 주는 논리적 궁지에 봉착한다. 게다가 《타자 같은 자아》의 최근 연구가 다음과 같이 종결되는 것은 이러한 제한과 철학적 불가지론에서이다. "아마도 철학자로서의 철학자는 명령의 원천인 이 대타자가 내가 고려할 수 있거나 내 얼굴을 뚫어지게 쳐다

2) 이 강연은 다른 제목으로 출판된다. 〈소환된 주체. 예언자적 소명의 이야기들〉, 《파리 그리스도교연구소 잡지》, 제28호, 1988년 10-12월, 83-99쪽.

3) 폴 리쾨르, 《타자 같은 자아》, 앞의 책, 36쪽.

4) 같은 책.

볼 수 있는 어떤 타인인지, 혹은 전혀 표상(représentation)이 없는 나의 조상인지 말**할 줄도** 모르고 말**할 수도** 없다는 것을 고백해야만 할 것이다. 그만큼 내가 그들에게 진 빚은 나 자신이라든가 신――살아 있는 신, 부재하는 신――혹은 빈자리로 이루어져 있다. 대타자라는 이 논리적 궁지에서 철학적 담론은 중단된다."[5] 따라서 답변 없는 채로 남겨진 질문에서 철학적 담론은 종결된다.

리쾨르에 따르면, 경계의 개념은 가두는 것이 아니라는 조건에서 필수적이다. 경계를 위반하는 것은 바람직하지만 대가를 지불하면서, 세관을 통과하면서, 넘은 경계의 저쪽에 설정되어 있는 것의 논증 방식과 언어를 존중하면서이다. 아주 강하고 엄격한 확신으로 고무된 철학자의 이러한 경계의 존중은 그의 정직성을 아로새겨 준다. "니체가 이렇게 말하듯이, '어떤 이들은 더 깊게 보이게 하기 위해 자신의 물을 흐린다.' 그렇지만 리쾨르는 그 현상학자로서의 물을 신학과의 관계로 흐리지 않았다."[6] 그에게서는 최소한의 호교론적인 흔적도 발견할 수 없으나, 반대로 똑같은 욕구로 경계선의 양쪽에 위치한 영역들을 열심히 탐구하면서 아무것도 강요하지 않는 지속적인 겸손은 발견할 수 있을 것이다. "나는 둘 다 변함이 없다는 것과 다른 측면에서도 변함없는 리쾨르를 재발견할 수 있다는 것을 알기에 철학자 리쾨르에게 만큼 성서해석학자 리쾨르에게 관심을 가질 수 있었다. 변함없는 엄정성이 부재하는 시대에 이것은 놀라운 것이다."[7] 따라서 그는 **로고스**를 그 자체로 가둘 모든 철의 장막의 구축을 막기 위해 경계에 확실하게 매달린다. 신자와 철학자로서 그는 모든 교의론, 의미를 전체로 할 오로지 계층적이기만 한 모든 존재론을 거부한다. 따라서 두 영역의 문제 제기는 그것들의 구분과, 그 둘을 함께 생각하기 위해 불완전한 매개들을 허용하는 둘 사이의 긴장 보존을 전제로 한다. 경계를 존중하는 그에게 밀수입의 흔적은 전혀 없다. "그는 그리스도교인이라는 조건을 문제삼는 질문을 스스로에게 제기하지 않는 사람으로, 이것은 그의 경계의 의미를 설명해 준다."[8]

리쾨르에게 있어서 이 두 영역 사이의 경계의 의미는 어디에서 기인하는 것일

---

5) 폴 리쾨르, 같은 책, 409쪽.
6) 미셸 아르와의 대담.
7) 프랑수아즈 다스튀르와의 대담.
8) 알렉스 데르잔스키와의 대담.

까? 그는 바로 이 점에서 개신교 전통에, 그리고 카를 바르트의 가르침에 크게 영향을 받은 개신교 세대에마저 충실한 것으로 보인다. 물론 우리는 그가 바르트주의에 대해 거리를 두었다는 것을 보았으나, 그로부터 루터가 확립한, 두 왕국의 분리를 단호히 되풀이하는 그 행위는 남았다. 19세기의 자유주의 신교가 행한 혼동은 그리스도교를 약화시키고, 그것을 순전히 개인적인 영역에 틀어박히게 하는 결과를 낳았기 때문에 그러한 위험은 피하는 것이 바람직하다. 텍스트들, 그것들의 논증 방식을 매우 존중하는 개신교의 전통으로 인해 구별이 되지 않는 추론적 성격의 제도들 앞에서 그러한 망설임은 더욱더 두드러져 보인다. 이러한 관점에서 리쾨르는 분명 가톨릭의 전통보다도 더 '혼동하지 않음' 에 민감했던, 인간성과 신성 사이의 관계 확립에서 '구분이 없음' 을 더한층 강조한 전통의 계승자이다.

이러한 신교에의 소속에 리쾨르의 정교 분리 원칙, 공립학교에의 집착이 추가된다. 고아였던 그는 자신이 학생으로서, 그후에는 교육자로서 항상 좋아한 이 학교에 빚을 지고 있다는 것을 알고 있다. 이런 이유로 그는 논증의 엄정성과 각자의 확신의 존중에 집착한다. 결코 그는 어떤 종교적 확신을 전달하기 위해 교수의 권위를 행사하지 않았으며, 그렇기 때문에 그가 종교와 무관한 제도에 적합한 연구를 하는 나(moi)와 탈의실에 버려진 비장한 나로 규정짓는 것 사이의 중간 휴지를 극단으로까지 몰고 갔을 것이다.

개방적인 정교 분리 원칙의 지지자인 리쾨르는 60년대에는 특히 폐쇄적인 정교 분리 원칙의 속죄의 희생자였다. 그것은 교회와 국가의 엄격한 분리로 귀착된 대혁명 이래 긴 정면 전투이자 자기 정체성 전투라는 프랑스의 맥락과 관계가 있다. 적극 추진된 사회의 이 탈종교화는, 다음과 같이 대학이 단호하게 반계몽주의적인 것으로서 역사의 쓰레기 속으로 내던져진 모든 종교적 문화에 등을 돌렸을 정도로 종교적인 것을 오로지 사적인 영역으로 물러나게 했다. "페르디낭 알키에의 강의에 외무부의 장학금을 받아 와 있던 아르헨티나의 한 망명자가 있었다. 그는 자주 이런 식으로 끼어들곤 했다. '알키에 씨, 저는 존재론적인 직관이 있는데요.' 알키에는 교정받은 말더듬이였기에 악센트가 있는 타르브의 억양으로 그에게 이렇게 대답했다. '여보게, 나는 10페이지가 필요하다네. 그리고 학생들과의 면담은 월요일 오후 5시에서 6시까지라네.' 20분 뒤, 그 친구가 다시 말했다. '알키에 씨, 저한테 존재론적인 직관이 있답니다.' 그러자 그가 대답했다. '여보게, 그런 것을 위한 수도원이 있나네. 우리는 여기 소르본대학에 있다네. 그리니 직관은 평판이 나쁘다네.'"[9] 따라서 철학적인 담론은 자동-지시 대상(auto-référent)으로 간주된다. 구분, 두 영역의 완전한 분리라는 이러한 맥락에서 리쾨르가 변함없는 단호함으로 집착하는 두 국적 사이의 긴장적 입장은 오랫동안 이해를 받지 못하고 비난받았다. 이미 보았듯이 리쾨르는 특히 알튀세-라캉주의자들과, 뒤이어 하버마스주의자들로부터 무척이나 많은 공격을 받았다. 근본적인 이유는 그들이 이 두 영역을 분명하게 구분하려는 그의 관심에도 불구하고 그 사상의 가치를 떨어뜨리고 실추시키기 위해 그에게서 신자를 겨냥했다는 사실에서 기인한다. 이러한 맥락에서 그는 당연히 더욱더 신중해졌고, 빠르게 실행된 환원과 마주하여 불안해하며 경계를 하게 되었는데, 언론에서 그를 그리스도교 철학자라든가 혹은 개신교 철학자로 소개하는 악의들처럼 반드시 악의가 있었던 것이 아니었음을 이해할 수 있다. "나는 이렇게 말하고 싶다. 철학자이자 개신교라고."[10]

따라서 분명히 그에게는 이 두 정체성, 이 두 국적의 결합, 그러나 같은 차원에 놓일 수 없는 이질적인 두 영역간의 결합이 있다. 그에 따르면 성서 신앙의 전통들 중의 하나에 속해 있다는 것이 역사적 정착의 영역에 속하는, "지속적인 선택으로 변한 운명"[11]을 함축하는 데 비해 철학자의 국적은 더한층 공개 토론의 보편적인 것에 속한다. 그로 인한 긴장은 보편적인 것과 개별적인 것을 변증법적으로 발전시키는 것에 속하는데, 이것은 어떤 궁극적인 종합을 세우기 위한 것이 아니라 반대로 1과 배수의 논리를 가장 먼 곳으로 밀고 나가기 위한 것이다.

리쾨르가 조심스럽게 이 두 영역을 구분한다 해도 그에게서 그 자신의 정체성의 분리를 볼 수 있는 것은 아니다. 그에게 있어서 종교적인 확신은 어느 역사 속에 깊이 뿌리 내린 선행 동기, 이전 동기의 역할을 한다. 그것은 존재를 운행시키며, 존재를 더 훌륭한 정의를 위해 추론케 하고, 활동케 하며, "밀가루의 효모"[12]가 되게 한다. 그러나 논증의 차원에서 종교적인 것은 그의 철학 작업에 개입하지 않는다. 이러한 입장을 앙리 구이에의 입장과 비교할 수 있다. 구이에에게 있어서 철학은 철학권 밖의 두 가지 문화 원천, 즉 과학과 믿음에서 자라난다. 따라서 철학은 철학 자체로부터 탄생하지 않는다. 그것은 그 자신의 대상을 구성하지 못한

9) 도미니크 부렐과의 대담.
10) 폴 리쾨르, 프랑스 퀼튀르, 카테리나 폰 빌로우의 방송, 1993년 9월 13일.
11) 위의 방송.
12) 폴 리쾨르, 프랑수아 아주비와의 대담, 《르 몽드》, 1994년 6월 10일.

다. 철학이 숙고하고 문제 제기하는 소여들은 철학의 창조물이 아니다. 철학은 철학의 또 다른 것, 즉 과학과 종교적 믿음에 의해 변형된 세계라든가, 미학적 경험에 관한 제2의 성찰이다.

게다가 프랑스의 반성적 전통을 타고난 리쾨르는 두 영역 사이의 경계선의 수립을 필요로 한다. 경계선은 세기초의 그리스도교 철학자들이 철학 용어로 재조정된 영성(靈性)의 형태 속에 틀어박혀 있었던 만큼 더욱더 절실히 요구된다. 이러한 관점에서 그는 스스로를 그리스도교 철학자로서 주장하곤 한 에티엔 질송이 처했던 선례 속에 빠지는 것을 원치 않는다. 그가 후설을 읽으면서 그 개념 장치의 엄정성과 분명함에 대해 즉각적으로 느끼는 열광은, 또한 그러한 혼합에 의해 동화되지 않고 진정한 철학 작업을 정립하려는 그런 의지의 성격을 띤다. 이러한 긴장적 입장은 또한 그로 하여금 그것이 신학의 측면에 속하든 혹은 철학의 측면에 속하든 간에 흡수되는 것을 피하면서 그 개별성을 분명하게 내보이게 한다.

이 미묘한 방정식의 풀이는 칸트의 저서 쪽에서 연구될 것이다. 리쾨르가 서로 다른 사물들의 일체성의 문제가 가장 날카롭게 제기된다고 생각하는 것은 그의 저서에서이다. 그는 구원의 사건들의 그리스도 연구적 해석에 근거를 두는 바르트 신학의 독특함에 동의한다. 반면에 종교철학은 또 다른 차원의 질문을 설정한다. "신학이 그리스도 연구의 증언의 중심에 지정하는 것을 종교철학은 인간 존재의 욕망에 지정한다. 그리고 여기에서 나는 칸트 철학의 분석들, 《이성의 한계 내에서의 종교》의 분석들을 재발견한다고 말하기를 서슴지 않는다."[13] 그는 칸트와 함께 이타성이라는, 별개의 철학적 지평이라는, 그리고 "종교의 철학적 해석학"[14]을 시도하고 종교를 희망의 철학적 정당화의 전망 속에 등록시킬 철학적 관점의 가능성이라는 그 개념을 공유한다. 그는 칸트에게서 근본적인 악의 테마와 희망, '……에도 불구하고' 의 테마의 교차를 재발견한다.

합리성이 칸트에 따르면 불가해한 영역인 악의 기원을 이해할 수 없다는 고백은 철학의 또 다른 것인 종교해석학을 필수적인 것이 되게 하는데, 그것만이 "근

13) 폴 리쾨르, 〈고발을 탈신화한다〉(1965), 《해석의 갈등》에 재수록, 앞의 책, 338쪽.
14) 폴 리쾨르, 〈종교의 철학적 해석학: 칸트〉, 《해석하다. 클로드 제프레에 대한 우정어린 경의》, 세르프, 파리, 1992년, 《강의 3》에 재수록, 앞의 책, 19-40쪽.

본적인 악의 고백에 대한 유일한 유형의 응수로서 희망의 예지를 구체화"[15]할 수 있다. 그는 칸트에게서 자신에게 중요한 선의 선행성에 대한, 악의 근본성보다 더 근본적인 본래적 어짊(bonté)에 대한 확신을 재발견한다. 이 악의 근본성은 '경향(penchant)'으로 이해되며, 이런 이유로 그것은 그것이 접목된 선에의 '성향(disposition)'보다는 뿌리가 덜 깊다. 리쾨르에게 있어서 매우 생생한 칸트주의의 또 다른 중요한 유산은 사변적 · 철학적 생각, 사고함(Denken)이 앎(Erkennen)에 의해 고갈되지 않는다는 생각이다. 종교적인 것과 철학적인 것의 이 관계를 생각하기 위해 칸트의 중요성은 특히 한계의 개념과, 따라서 그것들을 생각하기 위한 매개 찾기에서 기인한다. 타원의 두 중심은 리쾨르의 존재론에 항상 굴절된 특성을 부여한다. 어떤 원리도, 어떤 체계도, 어떤 개념도 존재의 이 두 원천을 포섭할 수 없다. 칸트와 헤겔의 편에서 리쾨르는 어떻게 이 별개의 철학이 문제 제기될 수 있는가를 더 잘 이해하기 위해 철학적 대륙의 내부로 나아간다. 그것의 성서해석학과의 구별은 엄격하게 확립되어 있으며, 특히 각자 자기들의 고유한 일관성을 갖고 있는 담론의 두 역을 대립시킨다. 신학자처럼 철학자도 분명히 같은 사고 영역 속에 있으며, 그러나 철학자가 단 하나의 논증 방식을 중시하는 데 반해 신학자는 서술적 · 성가적 · 예언적 · 지혜적 방식들이 활용되는 이야기들의 이환율(la prévalence)에 직면해 있다. 이러한 경계에서 사고하게 하는 수많은 상징들의 기능에 도달하게 되는데, 물론 철학적인 것도 사고하게 하지만 종교적인 역(registres)들의 특수성을 존중한다는 조건에서이다.

그럼에도 불구하고 이 두 영역은 끊임없이 서로에게 영향을 미치며 의미의 점진적인 변화들이 항상 일어날 수 있다. 5,60년대에 리쾨르에게서, 그리고 더 보편적으로는 《에스프리》지에서 "플라톤적인 의미에서의 철학적인 것과 신학적인 것의 이러한 유형의 혼합 개입은 칸트식으로, 희망의 표현으로 이루어진 답변들과 더불어 아주 빈번하며 혼동을 유발할 여지가 있을 수 있었다. 그런 점에서 리쾨르는 확실히 그리스도교-마르크스주의의 논쟁 맥락에 의해 함정에 빠졌다."[16] 오늘날 종말론적 · 유토피아적 범주는 분명히 사회에서 강도가 덜하며, 한층 더 악

15) 폴 리쾨르, 같은 책, 40쪽.
16) 올리비에 몽쟁과의 대담.

을 법과 책임 원칙에 의해 제한하려고 애쓰는 진정된 사고로의 리쾨르의 변화는 두 영역을 보다 분명하게 분리하는 데 기여한다. 게다가 리쾨르는 무엇보다 철학자이므로 그가 속한 학술단체의 규칙들에 동의하고자 한다. "리쾨르는 성수 세례를 받은 철학자가 아니다. 설령 그 신자라는 존재가 그로 인해 약화된다 할지라도 그는 완전한 의미에서의 철학자이다."[17] 비록 희생이 따른다 할지라도, 그리고 비난의 대상이 된다 할지라도 항상 시대의 시련을 헤쳐 나아갈 준비가 되어 있는 그는 한치의 철학적 욕구도 양보하지 않을 것이다. 물론 이러한 자세는 리쾨르에게서는 겸손을, 어떤 돌출적인 지배적 입장의 포기를 거치기 때문에 쉬운 길은 아니다. 그리스도교 영향을 받은 철학자(그러므로 그리스도교 철학자가 아니다)로서 그의 신비한 유토피아는 "누군가가 철학자인 경우에 그는 다른 식으로 신자라는 것을, 철학자인 사람에게는 남다른 믿음의 자질이 있다"[18]는 것을 가능한 것으로 느끼게 하는 것일 터이다. 그것은 이미 문제가 된 저 제2의 순수함을 가리킨다. 그러므로 이러한 이중적 정체성의 결과인 형상은 에릭 베유가 환기하며 정상에 올려 놓는 형상인 현자의 형상으로, 이것은 자신들의 상호간의 상호성 덕분에 근본적으로 변형되는 대상들인 이 두 영역을 결합하게 한다. 그로부터 시선의, 무언가를 실행하는 시선의 진정한 쇄신이 일어난다.

이러한 변신의 지평에서 리쾨르는 나베르에게서 종교적인 것이 철학적인 것에게 하는 선물과 같은, 교차소와 같은 그의 증언의 범주와 함께 하나의 모델을 발견한다. 불가지론자인 나베르는 평범한 사람들의 역사적 경험의 횡단역에서 만큼 성서역에서는 채택되지 않는 이 증언의 개념을 사변적인 영역 속에 넣는다. 나베르는 "존재하기 위한 우리의 노력"[19]을 자신의 것으로 삼기 위해서 타자의 삶의 흐름을 조사할 것을 권한다.

구분에 대한 이러한 예외적인 관심은 도미니크 자니코가 소개하는 대로 프랑스의 현상학적 상황에서는 리쾨르를 제외하고 논하게 하였다. 아주 논쟁적인 한 시론에서 사실 그는 리쾨르에게 다음과 같이 아주 특이한 지위를 부여한다. "리쾨르는 난관 극복을 무척 경계하였다. 방법론적인 불안으로 인해 그는 현상학에서 신

17) 그웬돌린 자르체크와의 대담.
18) 위의 대담.
19) 폴 리쾨르, 《상징의 해석학 II》(1962); 《해석의 갈등》에 재수록, 앞의 책, 323쪽.

학으로의 어떤 이행보다도 선결되어야 할 해석학적인 조심을 더하게 되었다."[20] 리쾨르에게 있어서 후설 정신의 글자 그대로의 존중은, 사물들의 출현 · 나타남에 한정되어 있는 현상학적 프로그램의 점유로서 평가된다. 이런 이유로 현상학은 현상의 횡단으로서 철학의 전부이며, 철학의 또 다른 것을 한층 덜 포함한다고 주장할 수 없게 된다. "여기에서도 역시 리쾨르는 우리에게는 적절한 것으로 보이는 다음과 같은 표명을 하였다. '현상학이 철학이 될 수는 없지만 단지 철학의 시작일 수는 있을 것이다.'"[21]

도미니크 자니코는 장 보프레의 먼 사촌이며, 열일곱 살 무렵 《파르메니데스의 시》[22]를 읽고 난 후 무척이나 만나고 싶어한 사촌에 대한 신화 속에서 유년 시절을 보냈다. 그렇게 선택한 철학적 운명은 그를 보프레에게로 이끌며, 1961년 교수자격시험을 치르기 위해 1958년에 들어간 울름 가에 있는 고등사범학교에서 보프레를 교수로서 다시 만난다. 자니코는 리쾨르의 지도 아래 하이데거가 헤겔의 《정신현상학》 서설에 붙인 해설을 검토하고자 한다. 보프레가 리쾨르에게 그것에 관해 이야기를 하지만, 리쾨르는 첫 연구 과제로는 너무 어려운 작업이라고 생각한다. 그리하여 자니코는 베르그송의 대가인 프랑스 철학자 펠릭스 라베송에 관한 연구에 몰두하기로 한다. 우연하게도 그는 교수자격시험을 치를 때 리쾨르를 만난다. 그는 심사위원석에 있는 리쾨르 앞에서 아주 리쾨르적인 주제인 '습관과 의지' 에 관한 문제를 풀어야 했다. 그리고 나서 자니코는 두 개의 박사 학위 논문의 공개 구두심사를 받는다. 하나는 소르본대학에서 1966년에 심사를 받은 라베송에 관한 사상사이고,[23] 다른 하나는 장 이폴리트에 이어 피에르 오방크의 지도를 받은 헤겔에 관한 국가박사 논문이다.[24] 자니코가 더 특별하게 현상학에 관심을 갖고 리쾨르의 후설 강연과 자신의 시간에 관한 성찰을 통해 그의 작업과 마주치는 것은 한참 후의 일이다. "그의 모음집, 《현상학파에게》에서 나에게 큰 충격을 준 것은 방법론적인 대단한 엄정성이다. 마침내 사람들은 아주 분명하게 그의 종교

---

20) 도미니크 자니코, 《프랑스 현상학의 신학적인 전환》, 에클라, 파리, 1991년, 13쪽.

21) 같은 책, 85쪽. 폴 리쾨르의 인용, 《현상학파에게》, 앞의 책, 77쪽.

22) 장 보프레, 《파르메니데스의 시》, PUF, 파리, 1955년.

23) 도미니크 자니코, 《프랑스 유심론의 계보. 베르그송 사상의 원천에서: 라베송과 형이상학》, 네이호프, 라 에이에, 1969년.

24) 도미니크 자니코, 《헤겔과 그리스의 운명》, 브랭, 파리, 1975년.

적 참여에 무관심할 수 있다. 나는 현상학적인 엄격함을 옹호하고 싶었던 만큼 더욱더 그를 높이 평가했다. 그것은 내가 현상학에 대해 그를 비판하는 것을 방해하지는 않았을 테지만, 나는 그에게서 오류를 발견하지 못했다."[25] 따라서 리쾨르는 자니코의 비판을 면한 유일한 사람이다. 현상학 프로그램의 소수파의 정의에서 출발한 자니코는, 형이상학으로의 비약에 반대하기 때문에 매개 없이 겉으로 드러나지 않는 것으로 넘어가는 사람들을 공격한다. 그는 레비나스 · 장 뤽 마리옹 · 미셸 앙리와 장 루이 크레티앵에게서 나타나는 현상학의 신학 분야로의 그러한 이동을 검토한다.

장 뤽 마리옹은 비판의 타당성에 이의를 제기하는데, 왜냐하면 현상학이 대상의 구성 이론, 선험적 관념론의 형태일 것이라는 생각으로 그 기반이 이루어져 있기 때문이다. 반면에 후설로부터 현상학의 중요한 문제는 객관적이지 않은 현상들, 즉 시간성 · 육체 · 상호 주관성을 기술하는 것이다. 그런데 만일 자니코가 가정하는 것처럼 신학적인 것이 객관적일 수 없는 것을 의미한다면 모든 철학적 전통은 고발장처럼 보이는 위험에 빠진다. "궁극적 회의는 아주 추상적이다. **에고 코기토** 역시, 칸트의 초월적 자아(Je) 역시 추상적이지 않은 원리적인 유일한 철학적 언표가 있을까?"[26] 따라서 자니코의 논증을 타당치 못한 것으로 간주하는 자신의 책이 큰 반향을 일으키자, 그는 1992년 5월 15일 울름 가의 후설 사료관에서 현상학과 신학의 관계에 대한 장 프랑수아 쿠르틴이라는 세미나의 날을 개최하고, 뒤이어 그 발표 논문집을 출판할 결심을 한다.[27] 목적은 바로 현상학을 종교의 해석학으로서 한계 현상들과 대조 · 검토하고, 종교의 현상학이 단순한 존재론의(국부적인) 과학인지 또는 "중요 목표로서 그것의 임무와 그것의 고유한 스타일 속에서 고려된 현상학 자체에"[28] 영향을 미치는가를 자문하는 것이다.

이 문제에 관하여 가톨릭교도이자 철학자인 장 뤽 마리옹은 입장을 바꿀 것이다. 그는 그러한 분리를 신교에 적합한 것으로 판단하지만, 자주 바르트주의로 규정지어지는 자신의 초기 저서들 중의 하나에서 그것을 옹호할 것이다.[29] 이러

25) 도미니크 자니코와의 대담.

26) 장 뤽 마리옹과의 대담.

27) 장 프랑수아 쿠르틴(주관), 《현상학과 신학》, 장 루이 크레티앵 · 미셸 앙리 · 장 뤽 마리옹 · 폴 리쾨르와 함께, 크리테리옹, 파리, 1992년.

28) 같은 책, 10쪽.

한 구분을 제시하고 난 뒤, 그는 오늘날 대부분의 철학자들이 그것을 거의 존중하지 않았다는 사실에 더욱 민감해한다. 더욱이 그는 그러한 유보가 자신의 명목을 말하지 않고, 욕망 · 사랑 · 죽음의 문제들을 점령하는 우발적인 철학에게 먹이로 남겨진 영역들을 포위하기를 거부하는 철학을 약화시키는 결과를 가져온다고 생각한다. "내게 철학은 그것이 형이상학이든 혹은 현상학이든 간에, 계시신학의 텍스트들이 마치 세계와 현상의 지평에 속하지 않는 것처럼 이루어질 수 없는 것으로 보인다. 그것은 불가능할 따름이다."[30] 그럼에도 불구하고 장 뤽 마리옹이 설교하는 것은 철학과 신학의 불분명이 아니다. 전제할 대상의 차이가 없다면 구분은 태도의 차원에서 발견된다. 철학은 성서 텍스트의 외양에 대해서만 말할 수 있을 뿐이다. 왜냐하면 그 텍스트들이 진실을 말하는지 아닌지를 말하는 것은 철학의 역할이 아니기 때문이며, 그것은 신학자의 영역에 속한다. 그럼에도 불구하고 철학자는 인간의 경험을 보다 잘 이해하기 위해서 소포클레스의 시나 희곡을 빌릴 수 있는 것처럼 성서 텍스트를 독점할 수도 있다. "이것이 리쾨르가 아담 신화를 분석할 때 하는 방법이다."[31] 신학자로서는 그의 성서 자료집이 진실을 말한다는 것을 전제로 한다. 두 영역간의 모든 차이를 이루는 것이 이것이다.

1967년에 들어간 고등사범학교의 졸업생인 장 뤽 마리옹은 일찍이 고전철학, 아리스토텔레스, 데카르트 및 하이데거에 친숙해졌으며, 따라서 "짐짓 꾸민 것이지만 아주 단호한 무관심으로"[32] 인문과학에 대한 신랄한 논쟁에서 완전히 벗어난다. 그는 오전에는 그리스어로 된 아리스토텔레스와 독일어로 된 하이데거를 읽고, 거리나 국회에서 오후를 지내면서 68년 5월을 보낸다. 따라서 그는 리쾨르가 언어학자들 · 정신분석학자들 · 기호학자들 및 인류학자들과 이끄는 무수한 논쟁의 뒤를 따르지 않는다. "주체성의 비판은 균열을 낳는다. 리쾨르는 곤란한 일을 떠맡고 있나. 그 때문에 그는 20년을 소비하여 《시간과 이야기》와 함께 다시 그 자신이 되며, 그의 의지의 철학을 다시 만들기 시작한다."[33] 데카르트에 관한 두 편의 논문의 저자인 장 뤽 마리옹은 현상학에 뒤늦게 도달한 사람이다. 그가 후

---

29) 장 뤽 마리옹, 《존재 없는 신》, 페야르, 파리, 1982년.
30) 장 뤽 마리옹과의 대담.
31) 위의 대담.
32) 위의 대담.
33) 위의 대담.

설을 다시 읽기 시작하면서 리쾨르의 번역과 주해에 친근해지는 것은 1981년 푸아티에대학 교수로 임명되면서이다. 그는 이렇게 말한다. "후설에 관한 그의 모든 기술적인(technique) 작업은 시대에 뒤지지 않았다."[34] 뒤이어 그는 카스텔리학회에 참여하며, 1984년부터는 리쾨르와 레비나스 편에 있게 된다.

그는 뜻밖의 상황에서 시카고에 있는 리쾨르의 계승자가 될 것이다. 1987년 시카고 강연에 초대되어 그 대학의 철학과 책임자인 친구와 함께 시내를 산책하다가, 그 친구에게 이틀 이상을 예정으로 아름다운 그 도시에 다시 오고 싶다는 의사를 알린다. 그날 저녁 그는 강연을 하기 위해 대학으로 가고, 입구에서 자리에 앉아 자신을 기다리고 있는 신학교 교수인 데이비드 트레이시와 리쾨르를 만난다. "나는 시험을 치르고 있다는 것을 그 당시에는 이해하지 못했다. 나는 강연을 했고, 그로 인해 변화가 시작되었다."[35] 몇 년 뒤인 1990년 리쾨르가 퇴임하자, 대수롭지 않은 이력서 한 장을 보내기만 했을 뿐인 장 뤽 마리옹이 그의 뒤를 잇게 된다. 공식적으로 시카고대학의 철학과 교수가 되면서 리쾨르처럼 마리옹도 신학교와 사회주의사상위원회의 학생들에게 강의를 한다. "나는 리쾨르가 한 일을, 현상학이 존재한다는 것을 알고 있는, 이미 교육을 받은 학생들을 알게 됐다. 그는 자료집과 스타일을 받아들이게 했다."[36] 자신의 선임자에 대한 존경을 표하기 위해 장 뤽 마리옹은 마지막 시간의 노동자들의 우화를 떠올린다. "리쾨르는 우화에서 이야기하듯 낮과 태양의 무게를 짊어진 대단한 인물이다. 하루 종일 일을 하고 똑같은 보수를 받는 마지막 시간의 노동자들과 처음 시간의 노동자들이 있다. 리쾨르는 처음 시간의 노동자이다. 50년 전부터 그는 태양 · 낮 · 백치와 바보들의 무게를 짊어지고 있으며, 그것 때문에 고약해지지도 않았다. 나는 그 점을 존경한다……. 무척."[37]

리쾨르와 미셸 앙리 사이에 현상학적 방향의 차이는 보다 뚜렷하다. 리쾨르가 텍스트의 매개, 필수적인 우회를 강조하는 데 반해, 미셸 앙리에 따르면 텍스트 접근은 답변이 이미 거기, 그 자체로 있기 때문에 텍스트의 진정성을 보증할 수

34) 장 뤽 마리옹과의 대담.
35) 위의 대담.
36) 위의 대담.
37) 위의 대담.

없다. 따라서 그는 직접적 · 근본적인 접근을 권장하는데, 이것이 그에게 있어서는 신학자들에 의해서와 마찬가지로 철학자들에 의해서도 이해되지 않는 그리스도교의 큰 교훈이다. 미셸 앙리의 계획이 전개되는 것은 내재성의 개념에 대해서다. "내재성은 초월성의 계시 그 자체가 실현되는 최초의 방식이며, 그 자체로서 계시의 최초 본질이다."[38] 그러므로 발현은 자기 사랑(auto-affection)으로서의 계시이다. 따라서 진리는 우리들 자신 안에서 내재적 · 절대적이다. "이런 관점에서 모든 철학은 비정상적이다. 철학은 우회이다. 진리는 우리들 안에 있다. 후설조차도 그것을 이렇게 말한다. 진리는 '나는 세상에 있다' 라고."[39] 따라서 미셸 앙리의 철학 방향은 리쾨르의 그것과 반대이다. 그것은 유아론(唯我論)을 가두고, 모든 매개에 등을 돌리는 심각한 경향이 있다. "나에게 있어서 철학은 고유한 대상을 갖는다. 왜냐하면 철학은 환원을 통해 처리하기 때문에 철학적이지 않은 지식들을 전혀 만들지 못한다."[40] 따라서 그는 철학이 모든 현상적인 파악, 모든 흔적을 피한다는 그 내적인 논점에서 수용성으로 거슬러 올라가는 철학자에 속한다. 리쾨르가 대화 논리적 전개에서 타자를 통한, 그리고 타자 속에서의 자기(un soi)의 구성에서 의미를 파악하는 데 비해 앙리에게 있어서 "고독은 삶의 본질이다."[41] 그의 관점에서 성서와 철학의 영역 사이에 타당한 중간 휴지란 있을 수 없다. 왜냐하면 단 하나의 세계, 삶의 세계가 있을 뿐이기 때문이다.

물론 그에게 근본적인 분리를 내세우지 않으면서도 리쾨르의 전 작업이 이의를 제기하는 것은 바로 그러한 방법, 불분명의 전제 방법이다. 리쾨르에게는 산의 양쪽 비탈 사이에서 철학을 부르고 종교를 부르는 메아리가 울린다.

---

38) 미셸 앙리, 《발현의 본질》, PUF, 파리, 1963년, 279-280쪽.
39) 미셸 앙리와의 대담.
40) 위의 대담.
41) 미셸 앙리, 《발현의 본질》, 앞의 책, 354쪽.

64

철학적인 것과 종교적인 것 사이에서: …분리도 없다

철학적인 명령과 종교적인 명령 사이에 사실 난해한 분리란 없다. 반대로 리쾨르의 모든 칼뱅 철학의 뿌리는 그로 하여금 두 세계를 보다 정확한 조화 속에서 울리게 한다. 만일 그가 엄격하게 평행한 두 흐름의 한계를 설정한다면, 그는 또한 이 둘을 분리시키는 경계에 더 많은 침투성을 부여하는 데 기여한다. 이처럼 리쾨르의 두 정체성은 서로를 견고히 할 수 있다. 철학이 성서 해석 분야에서 그에게 더 많은 개념적 엄정성을 부여해 주는 데 반해, 그의 성서적 문화는 철학적 입장들에 더 많은 무게를 심어 주고 부여한다.

성서 텍스트에 부여된 지위에 대하여 리쾨르가 실행하는 초월이 아니라 이동을 고려하면서, 그의 정체성의 두 중심 사이에 첫번째 디딤판을 설정할 수 있다. 그는 맥길대학 **명예박사** 학위 수여식을 계기로 몬트리올에서 그것에 대해 이렇게 설명한다. "나는 종교적인 것을 시적 장르의 아종, 다시 말해 완전히 창작으로 삼는 경향이 있다. 나는 종교적인 것의 회복을 우리보다 더 멀고 더 깊은 곳에서 나오며, 내가 자주 '재능의 경제(une économie du don)' 라고 부르는 것에 의해 우리가 이끌린다는 발견, 혹은 어떤 이들에게는 재발견으로 해석하고 싶다."[1] 성서 텍스트에 부여된 이러한 시적 지위는 리쾨르가 노트롭 프라이의 접근에 부여한 중요성을 설명해 준다.[2] 종교 쪽에서 철학적 사변의 논리적 궁지와 한계들을 탈신화화하고 지적하려는 관심은 시적인 것 쪽으로의 이중 출구라는 지평을 예상하게 하는데, 그것이 항상 리쾨르가 지향하는 바였을 것이다. 그것은 근본적으로 두 영

1) 폴 리쾨르, 대담, 《그리스도교인의 삶》, 캐나다에 있는 장로파 교회의 신문, 1992년 9월.
2) 노트롭 프라이, 《위대한 코드》, 쇠이유, 파리, 1984년.

역을 함께 유지하려는, 있을 수 있는, 오로지 암시적이기만 한, 개략적으로 그려진 화해의 약속된 땅을 예상하려는 의지와 관련이 있다. 따라서 철학적 연구 분야에서만 적용될 것이고, 단지 종교적인 신앙 절대주의와 나란히 놓이기만 할 뿐일 합리성을 리쾨르에게서 독단적으로 반박할 수는 없다. 두 차원에서 자기 자신에게 그처럼 까다로운 그는 마주치는 모든 주요한 문제들, 즉 악, 정치적인 것, 윤리에 이 두 가지 원천을 제공한다.

철학 쪽에서 함께 유지하려는 이러한 관심은, 하이데거와 하이데거의 존재의 존재론에 대하여 그의 망설임이 보여 주는 존재론의 치유할 수 없을 정도로 상심한 특성을 연장 부분으로 삼는데, 하이데거의 존재론에 리쾨르는 의미 '론(logie)'을 대립시킨다. 그 신념은 그로 하여금 스스로를 '후기 헤겔주의 칸트주의자'로 지칭하면서 에릭 베유의 표현을 빌릴 정도로 칸트와 헤겔 사이에서 망설이게 한다. 이러한 긴장으로 인해 그는 가능성의 조건들에 대한 칸트의 선험론적 형식주의와, 결국 정신 혹은 존재의 존재론을 구축하게 되는 헤겔과 그에 이어 후설, 하이데거와 가다머의 반대 행위 사이에 위치한다. 이런 점에서 사람들은 리쾨르에게서 나타나는 동요에 주의하게 되는데, 그는 칸트의 행위에 어느 정도의 이환율을 부여하고 난 후 최근의 연구들에서는 더 기꺼이 존재론적 차원을 따른다. 게다가 존재론적 차원은 프랑스의 반성철학에 뿌리를 내리고 있다는 사실과 함께 그의 작업의 초기 단계에서마저 감지된다. 그럼에도 불구하고 이것은 초기의 영향으로의 단순한 복귀로 환원할 수 없는데, 왜냐하면 이것은 그의 자기(soi)해석학으로부터 출현하는 상심한(brisé) 존재론이기 때문이다. 여기에서 방법론적인, 논증적인 차원을 신념의 차원과 융합하려는 배려를 파악할 수 있다. 그렇게 해서 그는 하버마스가 자신의 분석들을 의사 소통적 행동하기의 유일한 규칙들로 환원할 때 그 입장을 만족스럽지 못한 것으로 평가한다. 그 규칙들은 토론을 설정된 관점들, 신념, 다양한 존재론적 격렬함으로부터 검토한다는 조건에서 리쾨르에 의해 근대성의 근본적인 경험으로 간주된다. 이런 이유로 서술역(le registre narratif)은 시대에 뒤떨어진 과거 속으로 물러나는 것이 아니라 논증적인 것을 서술의 지평에 재등록하는 초서술성(hypernarrativité)에서 다시 활기를 띠는 것이다. 이 영역에서 리쾨르는 주어진 것을 받아들이는 입장을, 그를 존재론 쪽으로 기울어지게 하는 이 세상의 사물들, 발생하는 것, 구체적인 것에 대한 긍정을, 가능하고 합법적인 의미 작용의 조건들의 차원에 설정되어 있고 의미의 전개에 필요한 모든 매개들로 대체되어야 하는 보다 초월적인, 보다 비판적인 순간과 양립시킨다.

전 작업을 가로지르는 두 극 사이의 이러한 긴장으로 인해 리쾨르는 가톨릭적이고 개신교적인 두 전통의 교차점에 위치한다. "그는 선하게 행동하기(le bien faire)의 기준이 자기(soi)와의 일치 형태라는 생각에 이끌린, 비판주의적·형식주의적 윤리에 의해 개신교이다. 반면에 그는 그 존재론에 의해 주어진 것, 구현된 것에 대한 존중에 의해 가톨릭교에 더 가깝다."[3] 존재하는 것, 헤겔 철학의 결정성의 환영, 존중과 정당화, 칸트 철학의 자율성의 자기와의 일치 움직임 사이에서 리쾨르는 선택을 하지 못하며 반대로 연결의 수단을 찾는다.

그렇기 때문에 철학과 종교 사이의 문제가 제기된 관계는 신앙을 합리주의적인 용인 가능성으로 환원할 수도, 이성을 초월적인 범주들에 허용할 수도 없을 것이다. 그의 해석학은 성서해석학으로 확장되며, 성서해석학이 그 비판적 시선, 구별 감각 및 다원론의 의지의 혜택을 입게 한다. 해석학은 "이처럼 경계-지표(terre-frontière)로 나타나는데,"[4] 이것은 비판적 단계를 고려해야 하며, "유한의 슬픔 속에서의 긍정의 기쁨"[5]인 제2의 순수성을 약속한다. 리쾨르에게 있어서 두 영역의 순환은 종교현상학의 내부에 설정되는데, 이것을 그는 "수도회의 소환 및 응답 구조와 밀접한 관계가 있는 태도와 감정들이 요구할 수도 있을 **직접성**(immédiateté)의 지위"[6]와 맞선다는 조건에서 가능한 것으로 평가한다. 이것은 언어와 문화 매개를 거치기 위해 현상학자를 해석학파에 가입하도록 이끈다. 그의 역사적인 실행과는 관계없이 종교적인 현상이 보편성의 증거가 되지 못한다는 사실에 의해 불가피하게 된 이 우회는, 특별한 전통에 속하는 현상학자의 설정된 특성에 대한 고려를 의미하며, 따라서 이것은 그로 하여금 돌출적인 입장의 이름으로 말할 수 없게 한다. 게다가 철학자는 성서 자료집을 가로지르는 다수의 역(registres)을 식별하는 데 기여할 수 있다. 리쾨르의 성서해석학 전체가 전념한 것이 다음과 같은 것이다. 그로 하여금 《지포르 강의》의 대상인 예언의 장르와 함께 철학적 대륙의

---

3) 하인츠 비스만과의 대담.

4) 앙드레 뒤마, 〈해석학〉, 《신앙과 생활》, 제5-6호, 1969년 12월, 73쪽.

5) R. P. 실베크, 《사회그리스도교》, 제10-12호, 1968년, 639-645쪽.

6) 폴 리쾨르, 〈종교적 담론에서의 경험과 언어〉, 장 프랑수아 쿠르틴(주관), 《현상학과 신학》, 앞의 책, 18쪽.

가장 먼 경계들에 이르기까지 숙고하게 한 다성성(polyphonie)을 재현하는 것.[7]

이 영역에서 그는 《에스프리》에서 50년대중에 시도된,[8] 그리하여 스트라스부르의 옛 동료인 앙드레 네에르[9]의 작업에 강하게 영감을 받은 성찰들을 계속해 나간다. 앙드레 네에르는 예언주의의 특수성이 어떤 점에서 보편적인 것을 향해 나아가는 조건 자체가 되며, 의미 작용의 차원에서 **로고스**와 성서를 함께 생각하게 하는지를 상기시킨 적이 있었다. 다음의 여러 구성 요소들이 예언의 역을 명확히 해준다. 예언자의 자신의 말에 대한 전적인 동의, 이중적 말의 존재, 예언자가 ……의 이름으로 말하는 이상 그의 말에서의 내적인 대화 논리의 존재, 그리고 예언자의 시간의 특수성. 예언의 역은 경과된 시간이 아니라 진행중인 시간성(temporalité)이다. **로고스**와 관련하여 가장 많이 중심을 벗어난 이 형상(figure)은 "**해명**(Aufklärung) 다음에 오는 우리를 위해 긴장이 자율적인 의식의 축과 신앙의 **복종** 사이의 대화 논리적 구조의 내부에서 첨예해졌다"[10]는 것을 설명하기 위해서 리쾨르에 의해 동시에 중시된다. 리쾨르는 '소환된 주체'의 형상에서, 그리스도교 단체가 예언자의 말에 비추어 그리스도의 사건을 이해한 것으로부터 스스로를 해석하기 위해 취한 계열체 자체를 본다. 그것의 대화 논리적이고 비대칭적인 구조는 소환(l'appel)과 파견(l'envoi)의 구조이다. "소환은 고립시키고, 파견은 연결시킨다. 사실 파견의 공동체 관계는 소환의 고독에 의해 가려질 수 없을 것이다."[11]

이처럼 리쾨르는 화용론의 자원을 성서 텍스트를 이해하기 위해 동원한다. 그 신념이 그로 하여금 텍스트가 텍스트 자체로 종결되는 구조주의의 시기에 화자(locuteur), 언술 행위(énonciation)의 타당성의 부정을 거부하게 한 식으로 수행적 발화의 연구인 '행동하기가 무엇을 의미하는지'에 관한 오스틴의 가르침은 그에게 신앙의 언어를 밝히는 데 소용된다. 이러한 관점에서 그는 철학자 장 라드리에르와의 유사성을 재발견한다. 장 라드리에르는 50년대 루뱅의 맥락인 또 다른 맥락에서, 철학연구소에서 실행된 철학과 신학의 근본적인 단절에 만족하지 않았다.

---

7) 폴 리쾨르, 〈소환된 주체. 예언적 사명의 이야기들의 학파에서〉, 《파리 그리스도교연구소 잡지》, 제28호, 1988년 10-12월, 83-89쪽.

8) 폴 리쾨르, 〈철학과 예언주의 I〉, 《에스프리》, 1952년 11월; 〈철학과 예언주의 II〉, 《에스프리》, 1955년 12월, 《강의 3》에 재수록, 앞의 책, 153-185쪽.

9) 앙드레 네에르, 《아모스, 예언주의 연구에 대한 기여》, 브랭, 파리, 1950년.

10) 폴 리쾨르, 〈소환된 주체. 예언적 사명의 이야기들의 학파에서〉, 기사 인용, 98쪽.

11) 같은 책, 88쪽.

"그것은 내게 약간은 단순하고 급히 행해진 것처럼 보였다. 이러한 전통과 이 점에 관한 질문 때문에 내가 리쾨르를 읽기 시작했을 때, 그가 이 관계에 관해 이야기한 것과 신학에 대해 말한 방식은 나의 불안에 아주 분명하게 답변을 해주는 것으로 보였다."[12] 이러한 교차점은 "의미의 분절"[13]을 파악하기 위해 신앙의 말과 마찬가지로 가장 형식적인 과학적 담론을 포괄하는 라드리에르의 명제의 대상이 될 것이다. 합법적인 지식의 유일한 형태가 과학적인 지식, 환원주의에 이르게 하는 것일 터라는 생각과 관련하여 반응을 보이면서 그는 "과학적인 방식과 신자의 방식 사이의 철저한 대조"를 계획한다. "언어 분석은 이러한 유형의 연구를 위한 아주 적합한 도구를 제공한다."[14]

해석학은 다양한 담론역의 의미의 분절을 허용하며, 장 그레쉬가 밝히듯 리쾨르가 종교철학의 주창자로 간주될 수 없다 할지라도 반면에 그는 "종교철학의 해석학적 모델"[15]을 제시한다. 이 해석학적 방법은 상형적인(figurative) 사고와 개념적인 사고 사이에서 자신의 길을 스스로 개척한다. 리쾨르는 헤겔이 어떻게 재현(représentation)——상형(figuration)(Vorstellung)——과 개념을 대립시키는가를 밝힌다. 그러나 헤겔에 따르면 계층적인 관계는 상형적인 사고를 상위 단계인 개념적 사고의 단계로 이끌기 때문에 오로지 개념만을 위한 것이 된다. 반대로 리쾨르는 사변(思辨)이 계속해서 상형적 사고를 필요로 한다는 것을 보여 주면서 둘 사이의 중앙 지대를 다음과 같이 정의할 것이다. "절대 지식이 지식의 보충이 아니라 그것을 생성하는 모든 방식들의 생각할 수 있고 사고된 특성을 구성한다면 이때 종교적 사고의 해석학을 끝없는 과정으로 재해석하는 것이 가능해지며, 이러한 과정 덕분에 재현적인 사고와 사변적인 사고는 상호간에 서로를 발생시킨다."[16] 포괄하는 사변적 체계의 구성이 있을 수 없다는 것과 마찬가지로 리쾨르는 해석학적인 종합에 철학적인 것과 종교적인 것을 포함시키는 일반적인 해석 이론의 가

12) 장 라드리에르와의 대담.

13) 장 라드리에르, 《의미의 분절》, 오비에, 세르프, 들라쇼와 니에슬레, 데스클레 드 브로베르, 파리-뇌샤텔, 1970년.

14) 같은 책, 12쪽.

15) 장 그레쉬, 〈종교철학의 해석학적 변신〉, 장 그레쉬와 리처드 커니(주관), 《폴 리쾨르. 해석학적 이성의 변신》, 앞의 책, 314쪽.

16) 폴 리쾨르, 〈헤겔의 종교철학에서의 표상의 지위〉, 《신이란 무엇인가?》, 생루이스대학교 출판부, 브뤼셀, 1985년, 205쪽; 《렉뛰르 3》에 재수록, 앞의 책, 326쪽.

능성을 예상하지 않는다. "해석학적 철학이 '의혹의 거장들'의 길을 가로막는 것이 바로 여기에서이다."[17] 해석의 다원화와 절대적 지식의 포기에 길을 열어 주면서 리쾨르가 계속해 나가는 것이 해석들의 갈등과 그 초월의 불가능성에 관해서이다. 그는 상처입은 **코기토**와 자크 풀랭의 표현에 따르면 진실의 세분화로 망가진 해석학[18]의 방법을 정의한다.

자크 풀랭에 따르면, 리쾨르는 하이데거의 진정성의 문제에서 철학적 해석학을 그리스도교 신앙의 해석학으로 바꾸는 수단을 발견하였다. 이러한 차원은 세계에 대한 그의 이해 방식에서 스스로를 자기(soi)와 일치한다고 생각해야 할 필요성의 영향을 받는다. 신앙에의 이 자기 등록은, 진실하다고 생각지 않고는 의미를 생각할 수 없는 한 인류학의 일반적인 경향으로 통한다. 이 자기의 고정을 하나의 해석 안에 세우기 위한 움직임의 내부에서 타자를 통한, 그리고 타자의 타자들에의 소속의 일종의 객관적 토대를 통한 이행은 필수적이다. 따라서 객관주의적 환원주의에 빠지지 않기 위해서는 코기토의 착오 가능성, 불가피하게 분할된 진실의 특성을 평가하는 것이 타당하다. 리쾨르가 구조주의, 에너지 기계론과 다양한 형태의 과학주의의 기여를 자신의 것으로 삼으면서 그것들을 비판할 때 이러한 교훈은 그의 모든 해석학적 계획의 기반이 된다. "왜냐하면 신앙이 허용하지 않는 완전하게 안심시키는 움직임이 있기 때문이다. 리쾨르는 대상이 무엇이든간에 항상 똑같은 코스를 되풀이할 가능성과 함께, 위기 속에서 일어나는 것과의 공모 속에서 의문적인 태도의 준(準)-안정화(méta-stabilisation)를 생기게 한다."[19]

철학적이고 종교적인 두 연안을 연결하는 또 다른 다리는 실천적 지혜의 다리로, 이것의 훌륭한 기여는 **로고스**에서 벗어나는 것임을 그리스 비극은 우리에게 가르쳐 준다. 이 지속적인 영감의 원천으로 리쾨르는 철학적인 것과 종교적인 것의 특별한 교차점들 중의 하나를 설정한다. 《타자 같은 자아》에 있는 그의 '소윤리'가 다음의 막간(un interlude)보다 앞에 나오는 것은 의미심장하다. 국가(Cité)의 적인 폴리네이케스를 까마귀의 먹이로 던져 주고자 하는 크레온 왕의 단호한 의지

17) 장 그레쉬, 〈종교철학의 해석학적 변신〉, 앞의 책, 326쪽.

18) 자크 풀랭, 〈진실성의 탐구. 진실의 세분화 혹은 망가진 해석학〉, 《오타와대학 잡지》, 제55권, 제4호, 1983년, 210-229쪽.

19) 자크 풀랭과의 대담.

에도 불구하고 안티고네가 그 오빠 폴리네이케스에게 통용되는 의식에 맞는 장례식을 치러 주려는 것을 막는 의무에 관한 성찰인 '행동의 비극.' 신의 법칙과 세속적인 법칙 사이의 해결책 없는 이 갈등은 가차없이 안티고네를 죽음으로 이끌며, 크레온의 가족 모두에게 해를 끼치는 불길한 운명, 종말의 재앙으로 몰고 간다. 신생의 도시국가(*la Cité*)가 강요하는 새로운 규범과 씨족 관계의 규범 간의 대결이라는 경과성의 피안에서, 그리스 비극은 계속해서 근대인들에게 시련의 경험을 통한 교훈의 원천으로서 해결할 수 없는 갈등이 무엇인가를 보게 하면서 그들에게 가르침을 준다. 따라서 근대인들을 향한 그리스 비극의 교훈은 상황에 맞는 도덕적 판단, 신중한 판단의 실천적 지혜(실천적 **프로네시스**)를 중시하도록 유도한다. "도덕적 확신을 일의성 혹은 자의성의 파멸적인 선택으로부터 벗어나게 할 수 있는 교훈이 이것일 것이다."[20] 철학과 악인 신학에 대한 이중의 도전에 직면하여 그 해로운 결과를 막으려는 단호한 의지 속에서, 리쾨르는 한편으로는 그리스 · 라틴 세계와 다른 한편으로는 유대 그리스도교 세계의 교차점에서 유럽의 문화인 이 교차점에 관한 명상과 마찬가지로, 장 나베르가 암시하듯 삶의 증언을 끌어내야 할 교훈 속에서 두 영역에 공통적인 실천적 지혜 탐구의 응수를 중시한다.

리쾨르의 이러한 국경적인(*frontalière*) 입장은 그를, 특히 이른바 근본적이라고 하는 신학에 의해 제기된 문제들, 즉 계시 · 증언, 하나님의 이름에서 기인하는 질문들에 관해 신학자들 사이에서 상당히 영향력 있고, 특히 지적으로 풍부한 사상가가 되게 하였을 것이다. 경계들의 탐험이라는 이 영역들에서 철학자들은 자주 그들 시대의 가장 뛰어난 신학자들로 간주된다. "어제는 키에르케고르에 대해, 그리고 오늘은 레비나스와 리쾨르에 대해 나는 그렇게 생각한다. 그들은 신학 사상에 가장 중요한 사람들이었을 것이다"라고 성 도미니크회 수도사 장 피에르 조쉬아는 단언한다.[21] 엄격한 교의론 분야에 관한 자신들의 발언에서 즐거움을 덜 느끼는 이 철학자들이 신학적 성찰을 쇄신하는 근원이다. 따라서 리쾨르가 두 영역의 역들을 분리하고자 할 때마저 그가 실현하는 것은 철학적일 뿐만 아니라 신학적이기도 한 의미 작용의 양상을 띤다. 그렇기 때문에 그는 "신학적 예지의 결정적 형태인 신앙 속에서의 이성의 전투, 신앙의 찬반에"[22] 참가한다. 가톨릭 신

20) 폴 리쾨르, 《타자 같은 자아》, 앞의 책, 290쪽.
21) 장 피에르 조쉬아와의 대담.

학자이자 성 도미니크회 수도사이며, 신학 시평을 정기적으로 쓰고 있는 개신교 주간지 《개혁》의 편집진들 가운데 한 사람이 된 지 12년이나 되는 프랑스 케레의 절친한 친구인 장 피에르 조쉬아는, 리쾨르가 성 아우구스티누스에게 부여하는 중요성을 그와 함께 공유하며 성 아우구스티누스와 밀접한 관계를 맺고 있다. "나는 아우구스티누스 덕분에 그리스도교 신앙에 이르렀다."[23] 리쾨르가 아우구스티누스로부터 그의 신의 의미, 그의 정신교육학, 그의 상징의 이해를 유지하는 데 반해, "나[그]는 죄의식의 신학으로서의 얀센파의 교리를 버렸으며 20년 전부터 그것을 무너뜨리는 데 주력했다."[24] 루터와 칼뱅에 의해 재해석되고, 원죄의 개념에 더 큰 가치를 부여하는 얀센파 교리의 무게를 감당하여야 했던 리쾨르에게서 그 영향력을 재발견할 수 있다. 따라서 죄의식의 이입과의 이 대결은 그들에게 공통적이며, 경계의 양쪽에서 그들은 마침내 유사한 목적을 추구한다. 더욱이 리쾨르는 상징들의 접근 덕분에 흔히 경직화된 교의론의 엄격함으로부터 무수한 신학자들을 해방시켜 주었을 것이다. "리쾨르는 우리 신학자들이 신학을 전체적으로 생각하도록 도와 주었다."[25]

리쾨르가 강의한 적이 있고 올리비에 아벨이 철학 및 윤리 교수가 된, 아라고 거리에 있는 파리 개신교 신학대학에서 "신학과 학생 모두가 리쾨르를 만난다"[26]고 라쉬드 부베그라라는 학생은 증언한다. 성서신학과 해석적 성찰에 관한 강의들을 포함한 여러 강의들에서 《살아 있는 은유》와 《시간과 이야기》는 대단한 관심의 대상이 된다. 다른 종교적 전통들을 받아들이는 리쾨르의 태도는 열다섯 살의 나이에 신교로 개종한, 카빌리에서 태어난 이 학생을 무척 감동시킨다. "그는 정녕 모든 교조주의를 해체시키는 철학자이다."[27]

따라서 리쾨르는 시테에서 개신교 교회의 입장 변화를 이끌었을 것이다. 50년대에 그의 논문들은 개신교의 소교구들이 교회 밖으로 나아갈 필요성이 있음을 역설한다. 당시 그는 분명하게 그 말의 배경을 교회의 내부로 설정하였다. 80년대

22) 장 피에르 조쉬아와의 대담.
23) 위의 대담.
24) 위의 대담.
25) 드니 뮐러와의 대담.
26) 라쉬드 부베그라와의 대담.
27) 위의 대담.

에 그는 한층 더 보다 보편적인 지적 차원에서 스스로에게 문제를 제기하는 교회의 성찰이 필요하다고 지적한다. "그는 교회의 지위에 관한 견해를 바꿨다. 50년대에는 교회와 세상이 있는 데 반해, 최근에 사람들은 교회와 세상이 같은 본질에 속한다는 느낌을 갖는데, 이것은 같은 기반이다."[28] 그 사이에 제2의 프랑스 혁명인 토지 프랑스의 종말이라는 혁명이 일어났을 것이고, 그러므로 정교 분리주의가 인구의 도시화와 함께 이루어졌다. 교회의 안팎 사이의 경계는 점차적으로 사라져 근대 사회에 자리를 내주었는데, 여기에서 교회는 치외법권의 지위를 상실했기 때문에 많은 구성원들 중의 하나가 된다.

리쾨르가 제도화된 세계 그리스도교 통합 운동에서 개신교와 가톨릭 간의 차이를 초월하는 데 많은 관심을 기울이지 않는다 해도, 그는 최근에 다음과 같이 단언한다. "나는 세브르센터의 예수회교도들과 파리 그리스도교연구소의 내 친구들 곁에서 아주 편안한 느낌이 든다. 그들은 나와 똑같은 문제들, 의미와 무의미의 문제들을 안고 있다."[29] 리쾨르가 이 가톨릭교도들에 대해서 내세우는 이웃지간의 가까움이 그들에게서는 그의 명제들의 열성적인 채택으로 표출된다. 그 정도로 그는 많은 사람들에 의해 수도사로 간주된다. "이곳 프랑스로 오는 외국인 예수회 학생들로 말하자면, '폴 리쾨르'라는 말이 리쾨르 신부를 의미하는 것이 아니라는 바를 그들에게 말해야 한다."[30]

뿐만 아니라 리쾨르는 장 그레쉬 · 피에르 콜랭 · 마리아 빌라 프티와 같은 파리 가톨릭연구소에서 강의를 하는 아주 가까운 친구들이 있으며, 또한 예수회교도들 중에서 세브르센터에서 가장 많이 연구되는 저자들 중의 한 사람이기도 하다. 이런 강력한 영향력은 교황의 권위하에 있는 수도회에게는 당혹스러운 것으로 보일 수 있다. 세브르센터의 많은 예수회교도들은 소르본대학을 거쳤다. 철학과 신학이라는 이중 교육은 어쩔 수 없이 그들을 리쾨르와 만나게 했으며, 게다가 리쾨르는 우리가 보았듯이 폴 발라디에 · 피에르 장 라바리에르의 박사 학위 논문과 같이 예수회교도들이 후원한 많은 박사 학위 논문을 지도했다.

60년대에는 리쾨르를 참조함에 있어서 얼마만큼의 비판적 거리를 둘 것이 권장

28) 라쉬드 부베그라와의 대담.
29) 폴 리쾨르, 《비판과 확신》, 앞의 책, 251쪽.
30) 프랑수이 미르디외의 대담.

되었다. 개신교의 관점에 대한 경계가 여전하였다. "그 당시 많은 가톨릭 해석학자들은 가톨릭의 신교화를 고발하곤 하였다."[31] 그렇지만 샹티이의 예수회교육센터는 《철학 고문서》의 책임자인 레니에 신부가 에릭 베유와, 강연에 자주 초대된 가다머의 절친한 친구였던 만큼 리쾨르를 더욱더 호의적으로 받아들였다. 해석학에 대한 이러한 개방은 리쾨르의 명제들의 올바른 수용에 적절한 상황을 만들어 주었는데, 이것은 소르본대학과 뒤이어 낭테르대학에서 그의 강의를 수강하고 있던 사람들의 반향에 의해 이어진 것이었다. 어떤 이들은 심지어 리쾨르가 이러저러한 성서 구절을 주해하던 성서 회기에 참가하곤 했다. 그의 발언들은 모두 다 성서의 해석 관점들에 관한 명쾌한 설명으로서 은밀히 전해지고 있었다.

리쾨르의 가르침에 크게 영향을 받은 신세대가 실시한 예수회교도들의 교육 쇄신은 더욱 그의 명제들의 수용 조건을 용이하게 할 것이다. 그때까지 교육은 분할되고 지형학적으로 정확하게 범위가 정해진 두 시기로 구상되어 있었다. 즉 학생들은 리옹 근처에 있는 푸르비에르에서는 신학을 배웠고, 샹티이에서는 철학과 학업 과정을 이수하였다. 1973-1974년에 폴 코르세 · 폴 발라디에 · 기 프티드망주 · 피에르 발랭이 새로운 프로그램을 구상한다. "새 프로그램은 철학과 신학을 하나로 하는 것을 목표로 하였다. 그 결과 세미나들과 하이데거 입문에서 개신교 신학이 도입된다. 이렇게 해서 70년대부터 리쾨르가 예수회교도들을 위한 성찰의 대상으로 등장한다."[32]

개신교와 예수회의 접근을 대립시키는 차이점들을 부인하지는 않을지라도 상당수의 공통점은 리쾨르가 혜택을 입는 이러한 열광을 이해하게 해준다. 사회적 · 정치적 문제들에 답변을 하기 위해 도시의 중심에 있으려는 관심은 두 가지 전통에 의해 공유된 요구이다. 사회 문제에 대한 하나의 사상가로 만족하지 않고 결연히 행동하기로 나아가려는 리쾨르의 의지를, '사회와 이웃'을 사람들은 기억하고 있다. 예수회교도들의 문화 동화적 · 대화 논리적 전통은 사회 문제에 대한 이렇듯 강한 성향과, 단순한 자비로 환원할 수 없는 데카르트적 의미에서의 그 관대함과 협화음을 이룬다. 더욱이 예수회교도들은 항상 그들 시대의 문화에의 현존을 16세기에 그들의 수도회가 탄생된 이래로 하나의 요구와 하나의 의무로마저 삼았다.

31) 기 프티드망주와의 대담.
32) 폴 코르세와의 대담.

리쾨르에게서 보이는 우회의 고행과, 완전히 새로운 지적인 도전을 독점할 수 있는 그의 능력은 단지 동조만을 유발할 수 있을 뿐이다. 예수회교도들의 전설적인 교육학 방침이 추가되는데, 이 방침은 리쾨르에게서 가장 두드러진 특징인 논증에서의 정확함과 함께 효율적인 학생 교육의 수단을 발견한다. "그는 학생들에게 해독하는 것을 가르쳐 준다. 그렇기는 하지만 이것은 예수회의 위대한 전통이다."[33] 성서 주해의 중요성과 성서해석학을 위한 역사 비평 계보와의 얼마만큼의 거리두기는, 리쾨르의 작업과 예수회 신부 폴 보샹의 작업을 연결하는 그 텍스트 관계처럼 상호 접근을 불러일으켰다.

특히 르네 마를레의 불트만에 관한 박사 학위 논문[34] 이래 예수회교도들이 개신교 신학의 기여를 자신들의 것으로 삼는 더 최근의 현상은, 불트만의 《예수》에서 리쾨르가 쓴 서문[35]에 대한 예수회교도들의 비상한 관심을 불러일으켰다. "쇠이유 출판사에서 일하기 전, 1985-1986년까지 나 역시 예수회교도였기에 그의 《예수》의 서문은 불트만에 관하여 나에게 많은 도움과 가르침을 주었다."[36] 단연 신학의 해석학적 전환은 가톨릭 사회에서 리쾨르의 작업을 수용하는 것을 용이하게 해줄 수밖에 없었다. 세브르센터 철학학부 수석사제인 폴 코르세의 연구 테마들의 변화를 따라가다 보면 분명히 관심의 핵심들이 집중됨을 가늠하게 된다. 일찍이 하이데거에 관심이 끌린 그는 60년대초 《존재와 시간》에 나타난 역사성에 관하여 박사 학위 논문을 쓸 생각이었으며, 뒤이어 가다머와 해석학에 관심을 쏟는다. "신학에서 나는 특히 불트만과 이야기, 서술적 신학의 문제에 관심을 가졌다."[37] 뒤이어 서술적 정체성이라는 간접적인 수단을 통해 그는 기억 의무의 문제로 향한다. 신교가 악의 과잉을 설명하는 식으로 그는 "리쾨르가 행한 탈신화화의 모든 작업의 중요성"을 평가한다.[38]

교황청 II 이래의 가톨릭교도들과 개신교도들이 바르트에서 불트만으로의 이행

---

33) 크리스토프 테오발트와의 대담.

34) 르네 마를레, 《불트만과 신약성서의 해석》, 오비에, 파리, 1956년.

35) 루돌프 불트만, 《예수, 신화와 탈신화화》에서의 폴 리쾨르의 서문, 쇠이유, 파리, 1968년; 《해석의 갈등》에 재수록, 앞의 책, 373-392쪽.

36) 장 루이 슐레겔과의 대담.

37) 폴 코르세와의 대담. 〈불트만의 현존. 르네 마를레 S. J.를 추모하여〉, 《종교학 탐구》, 제83권, 제4호, 1995년 10 12일.

에서 보이는 이중적 변화는, 그들간의 새로운 공모와 성서해석학에 대한 만남을 촉진하였다. "이러한 관점으로부터 개신교도들과 가톨릭교도들은 독일의 관념론의 사상인 근대 사상에 속한다. 만남은 여기에서 이루어진다."[39] 1988년과 1994년 사이에 세브르센터 철학대학의 주임사제였던 프랑수아 마르티는 그 여정에서 아주 일찍이 리쾨르를 만난다. 그는 자신이 운영하고 있는 《철학 고문서》 잡지의 탄생지인 발르퓌의, 현재는 폐쇄된 옛 예수회 성당에서 철학 교육과, 뒤이어 앙갱에서 신학 교육 과정을 이수한다. 그 첫 단계가 1957년에 끝나자마자 그는 로마——그 당시에는 로마에서 연수를 해야 했다[40]——로 가는데, 거기에서 요한네스 23세의 교황직이 시작되는 중요한 시기에 자신을 발견한다. 1960년에 교시를 시작하는 프랑수아 마르티는, 그가 받는 아주 스콜라학파적인 교육과 성서 해석에 대한 증폭되는 관심을 관련짓는 데 이르지 못하고 그것을 자비에 레옹 뒤푸르[41]와 함께 시도한다. "나는 상징에 대해 이야기하는 것이 필요하리라고 생각했으며 여러 사람들이 이 문제에 관심을 갖고 있었다는 것을 알았는데, 이들 중에는 리쾨르도 있었다."[42] 1962년 발르퓌의 성당이 폐쇄되고 샹티이에 자리를 잡자, 프랑수아 마르티는 대세에 순응하며 칸트에 관한 자신의 박사 학위 논문을 리쾨르가 지도할 수 있도록 간청한다. "리쾨르는 대답하기를, 원한다면 그렇게 하겠지만 소르본대학에서 칸트에 전념하고 있는 분은 알키에이니 그를 만나러 가라고 하였다."[43] 결국 마르티는 알키에의 지도 아래 1975년 논문 발표를 하게 될 것이다.[44]

1985년 8월 프랑수아 마르티는 리쾨르가 하루를 참석하는, 전적으로 리쾨르에게 할애된 한 회기를 샹티이에서 기획한다. 1주일 동안의 토의(강연 · 연구회 · 토론회)는 모두 그의 작업에 대한 것이었다.[45] 세브르센터의 주임사제로서 그는 리쾨르를 두 번 되풀이하여 초대한다. 첫번째는 '도덕의 원리' 에 대해서 이야기하기 위해 다른 학사 과정의 학생들을 모두 집결시키는 개강 강연을 위한 것이고,

38) 폴 코르세와의 대담.
39) 프랑수아 마르티와의 대담.
40) 위의 대담.
41) 자비에 레옹 뒤푸르, 《요한복음 읽기》, 제3권, 쇠이유, 파리, 1988-1993년.
42) 프랑수아 마르티와의 대담.
43) 위의 대담.
44) 프랑수아 마르티, 《칸트에서의 형이상학의 탄생: 칸트의 유비 개념에 관한 연구》, 보셴, 파리, 1980년.

뒤이어는 《타자 같은 자아》의 출간 이후의 증언의 테마에 관한 것이다.

예수회 잡지 《연구》에서 클로디 라보는 《시간과 이야기》의 출판을 맞이하여 "본질적으로 철학적인 리쾨르의 사상이 어떤 점에서 종교적인 문제로 관통되어 있는가를 밝히지만, 합리적인 고전적 신학론들과는 완전히 다른 형태하에서이다. 그 사상은 우리 시대의 다양하고 때때로 모순적인 흐름을 참을성 있게 헤쳐 나가는 듣고 대화하는 사상이다."[46]

《연구》지의 옛 편집장인 폴 발라디에의 박사 학위 논문 지도교수는 리쾨르였다. 그는 1968년 니체에 관한 연구 작업을 하여 그것을 1974년에 출간할 것이다.[47] 그리하여 그는 리쾨르와 함께 작업을 한 모든 사람들처럼 자유롭고 독단적이지 않은, 그러나 그럼에도 불구하고 세심한 지도를 경험한다. "나는 그에게 1년에 두 번 여러 장(章)을 보내곤 하였는데, 그것이 그에게 제기한 문제들에 관해 교과서적이 아닌 아주 암시적인 지적을 하면서 항상 아주 자세하게 읽어 주곤 하였다."[48] 리쾨르가 니체를 3명의 의혹의 거장들 속에 두는 데 반해, 폴 발라디에는 오히려 그에게서 근본적인 긍정의 철학자를 보는 경향이 있다. 《트루바두르의 시》에서 "나는 긍정적 진술이기만을 바랄 뿐이다"라고 쓸 때, 발라디에에 따르면 의혹의 입장이 그에게서는 단지 그의 긍정적인 의지에서 파생된 부차적인 것일 뿐임을 밝힌다. 폴 발라디에는 또한 리쾨르가 다수의 신학자들과 성서해석학자들의 지도자들 가운데 한 사람이었을 것이라고 생각하는데, 그 정도로 리쾨르는 그 대화적인, 우애 있는 성격으로, 그리고 그를 신학적인 대립을 넘어서거나 혹은 벗어나 있게 하는 철학자의 입장으로 용이해진 지위인 "어떤 이들에게는 교회의 아버지, 일종의 권위가 되었다."[49]

우리가 검토한 바와 같이, 역시 리쾨르의 지도 아래 헤겔에 관한 박사 학위 논문을 발표한 또 다른 예수회 철학자인 피에르 장 라바리에르는 자신이 이성적인 것과 종교적인 것을 연결하는 그의 방식과 전적으로 일치한다고 느낀다. 자신이

---

45) 1985년 8월 25일부터 31일까지의 회기: 〈폴 리쾨르의 철학〉, 폴 리쾨르 · 장 그레쉬 · 프랑수아 마르티 · 마리아 빌라 프티 참가.

46) 클로디 라보, 〈폴 리쾨르의 작업에서의 철학과 종교〉, 《연구》, 1985년 4월, 519-520쪽.

47) 폴 발라디에, 《니체와 그리스도교 비판》, 세르프, 파리, 1974년.

48) 폴 발라디에와의 대담.

49) 위의 대담.

속한 고해 단체에 대해 지속적인 관심을 가지면서 그는 리쾨르에게서 "단체는 그 자체가 본래 끝이 아니다. 단체는 소멸, 사라지게 되어 있다"[50]는 의미를 발견한다. 리쾨르는 교계 제도의 복원이라든가, 어느 정도의 제도적 재편이라는 말로 종파간의 관계의 문제를 제기하지 않는다. 그는 정치적 차원을 서임된 지위(niveau institué)로서의 종교, 서임하는 실재(réalité instituante)로서의 신앙과 구분한다. "이 점에서 나는 리쾨르가 정확하게 겨냥하고 있다고 생각하며, 설사 시간이 걸릴지라도 옳은 건 그이므로 그것은 절실히 요구될 것이다. 그는 여기에서 부식성의 힘을 갖는데, 반종교적일 새로운 의혹의 거장의 힘이 전혀 아니라 진정한 긍정적 의도이다."[51] 피에르 장 라비에르는 마침내 서양의 서임된 종교들의 리쾨르식 미래가 가능할 것임을 예감하기에 이른다.

1996년에 임기를 마치는 세브르센터 신학대학의 주임사제이자 블롱델에 관한 박사 학위를 한 독일 예수회교도인 크리스토프 테오발트는 19세기에 신학대학들이 탄생한 문제에 대한, 따라서 그때까지는 오히려 전체론적인 가톨릭 지성이 실현해야 하는, 다양한 규율들의 필수적인 차별화와 자율성에 대한 인식론적인 범주의 문제들에 관심을 가졌다. 그가 1969-1970년대에 리쾨르의 작업을 발견하는 것은 이러한 인식론적인 수단을 통해서이다. 그는 1978년 예수회로 들어가면서 세브르에서 설교하기 시작한다. 1990년에 장 그레쉬가 《타자 같은 자아》에 대해 주관하는 프랑스-독일학회에 초대를 받은 그는 리쾨르의 '소윤리'의 중심점, 그 금과옥조의 해석을 자세히 검토한다.[52] 테오발트는 본질적인 점에 있어서는 충분히 동의하기는 하지만, 리쾨르가 오히려 '혼동하지 않음'의 비탈에 있는 데 반해 '분리하지 않음'을 한층 더 강조하는, 가톨릭 전통에 적합한 경향을 보여 주는 상당한 견해차를 나타내기도 한다. 철학에 대한 그의 이해 방식에서 신학에 부여된 자리가 리쾨르에 의해 주로 부정적인 방식으로 검토되기 때문에, 역으로 그는 '하나님의 이름'과 함께 '과잉의 논리'를 철학의 영역에서[53] 배제하는 것처럼 보인다. 물론 테오발트는 리쾨르가 사회적인 것과 정치적인 것에 관한 사유에 대하여 주장하는 불가지론에서는 그의 뒤를 따르기는 하지만, 철학적인 차원에서는 "과

50) 피에르 장 라바리에르와의 대담.

51) 위의 대담.

52) 크리스토프 테오발트, 〈폴 리쾨르에게 있어서의 금과옥조. 신학적인 질문〉, 장 그레쉬(주관), 《폴 리쾨르. 현상학파에서의 해석학》, 보센, 파리, 1995년, 139-158쪽.

잉, 과도한 것, 완수의 범주에"[54] 속하는 사유의 수단들을 발견하는 것이 적합하다고 생각하며, 이런 이유로 분리를 지나치게 중시하는 리쾨르의 방식을 너무 금욕적 · 개신교적이라고 평가한다.

이 논쟁은 몇몇 예수회교도들이 리쾨르의 인간적 면모와 작업을 꽤나 인정하면서도, 그의 개신교적 감성이 어떤 점에서 자신들의 것이 아닌가를 강조하고 싶어 한다는 것을 상기시킨다. 《오늘을 믿기 위한 수첩》의 편집장이자 세브르센터의 철학 교수이며, 리쾨르에 관한 훌륭한 논문[55]의 장본인인 뤽 파레트의 경우가 그러하다. "나는 다음과 같은 일과 관련하여 화가 난다. 리쾨르는 너무 친절하기 때문에 결코 보충에 대해 말한 적이 없었다. 몇 년 전부터 나는 리쾨르의 가톨릭-유심론적 번역을 순진하게 실행하는 예수회 학생들에게서 나타나는 아주 굉장한 경향을 관찰하고 있다. 어느 날 교회의 사회적 교리에 관한 박사 학위 논문을 준비하고 있는 한 학생이 나에게 설명하기를, 자신은 리쾨르에게서 '자신의 연구의 상징적인 실행자' 를 발견했다고 한다. 도대체 그들은 어디로 가고 있는 것일까?"[56] 리쾨르가 가톨릭과 관련하여 여전히 맹렬한 한 계보에 가입해 있기 때문에 뤽 파레트는 많은 점에서 대립된 두 전통간의 차이를 존중하고자 한다. 그런 점에서 그는 리쾨르의 대화의 의미가 모든 타협의 거부와 관련 있다는 것을 높이 평가한다.

리쾨르는 분명하게 개신교 전통의 특성을 지니고 있으며, 그것이 그에게서는 특히 모든 신학 체계 앞에서의 망설임으로 나타난다. 이러한 거부는 불가지론적 신학의 근원인데, 초월의 부정에 의한 것이 아니라 역들의 다원화에, 다양한 문화들의 다양한 언어 작용의 전개에 부여된 특권에 의한 것이다. 그에 따르면 우리 사회는 무엇보다 다양한 정체성들의 이 대화 논리로 짜여져 있다.

신학에 대한 리쾨르의 또 다른 차원의 태도는 전과 후 사이의, 나베르에게서 그의 철학적 동의어를 발견하는 본래적 긍정과 희망 사이의 긴장을 유지하는 것이다. 그렇게 해서 그는 이러한 긴장의 한가운데서 칸트의 것과 같은 한계, 유한성의 철학을 몰트만의 것[57]과 같은 희망의 신학과 연결한다. 리쾨르는 이 두 입장의

53) 크리스토프 테오발트, 〈폴 리쾨르에게 있어서의 금과옥조. 신학적인 질문〉, 앞의 책, 149쪽.

54) 크리스토프 테오발트와의 대담.

55) 뤽 파레트, 〈폴 리쾨르. 기억의 미래〉, 《연구》, 1993년 2월, 221-230쪽.

56) 뤽 파레트와의 대담.

상보성을 보여 주고자 한다. "동시에 전체화의 실천적 요구이기도 한 한계의 철학, 이것이 나의 생각으로는 희망을 전도하는 철학의 복사(服事)이다."[58] 우선 희망을 생각하기 위해 한계를 생각하는 것이, 뒤이어 희망 테마의 "의미 **재조직력**"[59]이 유발하는 체계들에 대한 '**분열적** 힘(vertu fissurante)'에 이끌리는 것이 적합하다. 이 '힘'은 닫힌, 완성된, 종합적인 체계 속에 그것을 항상 안정시킬 수가 없는 의미의 변증법을 매번 새로운 방식으로 재개한다. 이러한 재개로부터 리쾨르는 에릭 베유 이후 '후기 헤겔 철학 칸트주의자'라고 자칭한다. 말(parole)의 신학에서 희망의 신학으로의 이러한 변화는 마르틴 부버가 《구약성서》에서 약속의 개념을 중시할 때 그와 마찬가지로 유대신학에서 그 동의어를 발견한다. 리쾨르가 그로부터 끌어내는 가르침은 인간 인식의 유한성과, 따라서 신 · 영혼 · 자유에 대해 무언가를 알려고 하는 인간 야망의 허영에 관한 두 권의 이성 《비판》에서 칸트가 주는 가르침과 일치한다. "따라서 어느 정도의 무신론이 요구된다. 희망의 첫번째 철학적 양상은 개념들과 철학적 신에 대해 실망하는 것이다."[60] 리쾨르는 이러한 차원에서 유한성과 희망을 연결시켜 주는 다음과 같은 칸트의 세 가지 근본적인 질문을 재발견한다. 나는 무엇을 알 수 있을까? 무엇을 해야 할까? 무엇을 기대할 수 있을까?

개신교 전통 속에 깊게 뿌리 내린 영감으로 돌아가는 리쾨르에게서 나타나는 철학적인 것과 종교적인 것 사이의 또 다른 긴장 효과는 본래적 긍정의 근본적인 불균형, 근본적인 악을 통과할 때의 선(Bien)의 '얼마나 더(le combien plus)'이다. 여기에서 개신교의 주장이 재발견되기는 하지만, 가톨릭 문화와 비교하여 "구별적인(différenciante) 특수성은 더 이상 아니다."[61]

1989년 리쾨르는 루카치상 수여식을 맞이하여 튀빙겐에서 〈사랑과 정의〉[62]라는 중요한 강연을 한다. 이 강연에서 그는 같은 시기에 《타자 같은 자아》에 실린, 그리고 신학의 비탈에서 경계의 반대편에 있는 그의 '소윤리'의 영감의 원천을 진

57) 위르겐 몰트만, 《희망의 신학》(1964), 세르프, 파리, 1970년.
58) 폴 리쾨르, 〈희망에 따른 자유〉(1968); 《해석의 갈등》에 재수록, 앞의 책, 403쪽.
59) 같은 책.
60) 폴 리쾨르, 〈오늘날의 신앙과 철학〉, 《믿음 · 교육》, 제100호, 1972년, 10쪽.
61) 베르나르 켈크주와의 대담.

술한다. 게다가 그는 두 세계——철학적이며 신학적인——가 분리되어 있지 않은 독일이라는 다른 환경에서만이 아니라 한 신학대학에서도 발언한다. 리쾨르는 그 성찰을 두 개의 개념인 정의의 개념과 사랑의 개념의 불균형한, 비대칭적인 영향하에 설정한다. 그는 보수(rétribution)의 관념인 정의와 관련하여 사랑의 과잉으로부터 출발한다. 사랑 표시의 방식에 적합한 이 불균형은 칭찬의 담론인 사랑 담론의 기묘함, 명령법의 사용, 사랑의 은유화 능력을 통해 다양한 방식으로 드러나 보인다. 이 모든 특성들은 판단의 실천을 이끄는 교환에서의 합리적인 비례의 개념, 이 개념의 형식주의적 담론 방식과 대조를 이룬다. 리쾨르는 이 두 극간의 가능한 교량 역할을 고찰하는데, 어떤 식으로도 역들의 미분화를 겨냥하지는 않지만 타인과 대면하여 스스로 채무자라고 느끼는 감정에서의 과다 논리인 또 다른 논리를 따르도록 강요하는 단순한 공정성을 넘어서, 진정한 타인 인식의 차원에 이르는 수단인 정의감의 원천으로서 사랑의 기능을 설정하면서이다.

의미에 대한 진정한 집착의 근본을 이루는 겉으로 드러나지 않는(un rapport souterrain) 관계는, 리쾨르의 절대자 없는 철학적 인간론과 속화된 근대 사회에 새겨진 신앙 사이의 변증법의 실행을 가능하게 해준다. 둘 사이의 분할선은 전혀 분열된 정체성을 가리키지 않는다. 반대로 그것은 자기와의 일치를 찾는 근본적으로 엄격한 사고를 배양한다. 따라서 리쾨르의 정체성은 하나이다. 그리고 그가 개신교의 인자에 집착한다 해도, 현재의 그의 모습인 그리스도교인이자 철학자는 시간이 감에 따라 이 소속을 덜 배타적인 것이 되게 한다. 그는 그것을 또 다른 종교적 신념, 진리의 다원론 쪽으로, 그리고 다른 신앙에도 상당한 진리가 있다는 인식 쪽으로 성공리에 개방하였다. 철학적이고 주석학적인 이중의 여정 끝에 이러한 긴 진전은 차이를 받아들이게 하는, 그것을 스스로의 것으로 삼게 하는 근대 문화 세계의 다원성을 한층 더 고려하면서 그로 하여금 그리스도교의 기여를 상대화하도록, 그리스도교의 메시지, 따라서 그리스도교 서구 전체의 메시지를 탈절대화하도록 이끈다. "그러므로 나는 특히 기본 텍스트들의 다양성과 단체들의 다양성 개념에 집착한다. (…) 종교적인 것은 어디에서도 보편적인 모습으로 존재하지 않는다."[63]

그리스도교의 근원 자체에서 그리스도의 수난을 다르게 이야기하는 네 개의 복

62) 폴 리쾨르, 《사랑과 정의》, 2개 국어 사용지, J. C. B. 모흐르, 튀빙겐, 1990년.

음서를 통해 설명된 이 해석의 다원주의는, 철학자를 그의 또 다른 것을 내포하는 새로운 해석학적 이성으로 진입하도록 이끈다. 인간의 운명에서 의미를 띠는 것은 바로 이러한 대결이다.

63) 폴 리쾨르, 프랑수아 아주비와의 대담, 《르 몽드》, 1994년 6월 10일.

65

인문과학의 화용론적이고 해석적인 전환의 참조

프랑스에서의 인문과학은 오랫동안 기계론적 물리학의 모델인 돌출적인 모델과 함께 존속해 왔으며, 이 모델은 고전인문학과 근본적으로 단절하면서 인과성의 법칙과 사용을 통해 과학성의 진수를 대표하는 것처럼 보였다. 그로부터 사회물리학을 구축하려는 열망이 생겨났다. 즉 콩트의 실증주의 시대에 속하는 19세기와 그후 20세기에 기능주의, 마르크스주의나 구조주의와 같은 대규모의 단위 계열들의 지배와 함께 이 인간에 대한 과학이 향했던 것은 불변식, 규칙성, 재생 기계론, 정태적 현상, 이항 논법의 발견에 관해서이다. 오늘날 이 과학은 인간의 조건을 규칙 속에 가두는 것을 목표로 할 때 빠지는 곤경을 예측하기 시작하는데, 인간 조건의 특수성은 바로 이 조건을 구속하는 조절력으로부터 벗어날 수 있는 능력과 관계가 있다. 인문과학은 해석학적인 횡단을 추론하고, 출현하는 현상들, 변화 과정들, 사건 중심화, 의미, 상호 주체성, 사회적 행위자들의 능력, 관습들의 중시로 향하는 반성성의 단계를 거친다는 조건에서만 인문적이 될 수 있을 뿐이다.

이러한 큰 변화는 리쾨르가 해석학적 방식의 필수 불가결한 계기로서 방법론의 단계를 자기 것으로 삼으면서 항상 철학의 관계를 그것의 타자, 인문과학에 의해 구성된 그것의 대좌(vis-à-vis)와 함께 생각한 만큼 더욱더 강한 영감을 그에게서 발견한다. 1977년부터 리쾨르는 한참 나중에, 80년대 말경에 전적으로 신사회학에 대한 내용으로 가득할 한 논문에서 그것을 증명한다.[1] 그는 이 논문에서 19세기말에 독일에서 설명, 객관화, 인식론의 지지자들과 이해, 정신과학, 존재론의 옹

1) 폴 리쾨르, 〈설명과 이해〉, 《루뱅 철학 잡지》, 제25권, 1977년 2월, 126-147쪽; 《텍스트로부터 행동으로》에 재수록, 앞의 책, 161-182쪽.

호자들 사이에 일어났던 '방법론 논쟁'의 용어 자체를 수정한다. 그는 "별개의 두 인식론적인 진영을 이해와 설명이라는 두 용어에 지정하는 이분법을 문제삼는"[2] 객관적인 사람이라고 자처한다. 따라서 딜타이가 제시한, 설명의 진영에 속할 자연과학과 이해론(Verstehen) 쪽으로 향한 정신과학 사이의 양자택일을 거부하면서 리쾨르가 구축하고자 하는 것은 항상 둘 사이의 공간, 중앙 공간이다. 그는 텍스트 이론에 유용한 매개들이 어떻게 그토록 행위 이론과 역사 이론의 구성 매개물이 될 수 있는가를 보여 준다. 인식론적인 차원에서 리쾨르는 대립되는 두 가지 방법론이란 있을 수 없다, "설명만이 체계적이다."[3] 하지만 설명은 제2의 차원, 반성성의 차원, 이해하는 차원으로 나아가야 한다고 생각한다. 왜냐하면 이러한 관심은 "인식론의 중심에서 모든 객체화, 객체의 주체에 대한 모든 저항을 선행하는 존재에 우리의 존재가 속해 있다는 것의 증거이기"[4] 때문이다.

인문과학의 입장이 자신의 철학적 표현을 의혹의 사상들, 드러내기의 전략들, '비판적 계열체'에서 과학적 진리란 이해할 수 있는 것이지만 감추어져 있고 베일에 싸여 있다는 관념에서 발견할 때, 방법론 정신의 중심에서마저 요구되는 해석학적 횡단은 이해가 되지 않을 것이다. 이 시기 동안 향상된 인문과학은 현존을, 자기(soi)의 증명을, 그리고 첫째로 행위, 언어 행위의 영역에 속하는 모든 것을, 기표 작용을 이끄는 모든 경우를 수용할 수 있는 가장 큰 능력을 갖춘 과학이었다. 이러한 범위에서 구조주의는 주체의 해임이라는 이론적 의도의 효과와 과학에 적합한 객관화하는 이해에 대한 야심을 결합하게 해주었다.

80년대쯤 큰 변화는 완전히 다른 지적 단체에 의해 사실로 입증되어 나타나는데, 이 단체에서는 역사성의 테마가 구조의 테마를 대신한다.[5] 이 새로운 시기는 특히 "행위의 분명하고 의도적인 부분의 회복"[6]으로 강조된다. 그렇다고 해서 과거에 그의 전제된 지배력의 절정 속에서 고려되었던 바 그대로의 주체의 단순한 회복과 가능한 투명성에 관한 것은 아니다. 탐구를 의식, 그러나 문제 제기된 의식의 연구로 이동시키는 것이 문제이다.

---

2) 폴 리쾨르, 같은 책, 161쪽.
3) 같은 책, 181쪽.
4) 같은 책.
5) 프랑수아 도스, 《의미의 제국. 인문과학의 인간화》 참조, 앞의 책.
6) 마르셀 고셰, 《토론》, 제50호, 1988년 5-8월, 166쪽.

탐구 프로그램은 무엇보다도 비환원주의적이며, 행위의 분명하고 의도적인 부분으로의 이 이동은 특히 신사회학에서 현저하다. 이러한 동향은 '언어학적인 전환' 을 중요시하며 리쾨르가 명명하는 바와 같이 행위에 관한 담론들, 서술, 행위들의 '줄거리(mise en intrigue)' 에 많은 주의를 기울이는데, 그로 인해 담론성에 틀어박히는 것은 아니다. 이 프로그램을 실현하고 견고한 모든 형태의 해석을 피하기 위해 신사회학은 새로운 계열체 쪽에서 진행중인 전복에 대하여 통일성을 출현시키는 데 기여하는 교차 흐름들, 관련 분야들과 마찬가지로 분석철학 · 화용론 · 인식주의 · 정치철학 쪽에서 여러 번의 우회와 둘러싸기를 해야 한다.[7] 새로운 계열체란 그것이 모든 개념망, 행위에 적합한 모든 의미론적 범주들, 즉 의도 · 의지 · 갈망 · 동기 · 감정을 재해석하면서 행위의 구조화에서 해석의 위치를 드러나게 하는 한 해석적 계열체로 규정지어질 수 있다. 이렇게 사회학의 대상은 지정된 것에서 지정하는 것으로 옮아가며, 사회성의 분산되고 다양한 형태들과 마찬가지로 일상적인 일의 대상들을 다시 둘러싼다.

해석의 행위를 재발견하는 인문과학은, 기계적인 인과 관계들과 결정론적인 도식들로부터 벗어나려는 데 관심을 갖고 있는 사회과학 연구자들을 무관심하게 내버려둘 수 없었던 리쾨르의 까다롭고 엄격한 여정과 연결된다. 사회학자 루이 케레는 1965년 《해석의 갈등》을, 출판이 되자마자 읽은 적이 있었다. 그리고 80년대초 캐나다에서의 체류를 계기로 1971년으로 거슬러 올라가는, 영어로 된 리쾨르의 텍스트[8] 한 권을 발견한다. 이 논문에서 리쾨르는 "인문과학이 해석학적이라고 규정지어질 수 있"[9]을 정도로 텍스트들의 접근과 행위의 접근 사이에 존재하는 유사성을 논증한다. 담론의 다양한 층위는 사건으로서의 파롤의 특수성, 대화로서의 담론, 전달된 것의 내용을 통한 담론의 의미, 그리고 마지막으로 지시대상, 즉 이야기되는 것을 고려하는 사변형처럼 유기적으로 구성되어 있다. 이러한 텍스트 모델은 또한 행위의 고정 과정으로 말하자면 활동중이다. "행위 그 자

7) 〈행동하기가 의미하는 것〉, 《공간 · 시간》, 제49-50호, 1992년.

8) 폴 리쾨르, 〈텍스트의 모델: 하나의 텍스트로 간주된 의미심장한 행위〉, 《사회 탐구》, 38/3, 1971년; 〈텍스트의 모델: 하나의 텍스트로 간주된 행위〉라는 제목으로 재수록, 《텍스트로부터 행동으로》, 앞의 책, 183-211쪽.

9) 같은 책, 183쪽.

체, 이치에 맞는 행위가 기술 행위(écriture)에 의해 실행된 고정과 유사한 일종의 객관화 덕분에 그의 의미의 특성을 상실하지 않으면서 과학의 대상이 될 수 있다는 것이 나의 명제이다."[10] 오스틴과 설이 연구한 언어(langage) 행위들은 막스 베버가 해석한 것들과 유사한 이상적인 유형들의 구성을 가능하게 한다. 마찬가지로 하나의 텍스트는 "하나의 행위가 동작주로부터 분리되어 그 자신의 결과를 전개하"듯이 그의 저자와 관련하여 자립적이다. "인간 행위의 이 자립은 행위의 사회적 측면을 구성한다."[11] 게다가 텍스트의 세계와 같이 인간 행위의 세계는 다양한 적응의 무한수 쪽으로 이끌린다. "하나의 텍스트처럼 인간 행위는 의미가 '미결인 채로' 있는, 열려 있는 하나의 작품이다."[12] 이러한 분석으로부터 리쾨르는 해석학적인 원 안에서 설명과 이해를 결합하는 해석의 모든 특수한 방법론을 정의한다. 설명/이해의 이항식의 이 이동은 결정적이며, 이것은 리쾨르로 하여금 저자의 의도를 간파하려는 야심에 찬 포괄적 사회학과 낭만적 해석학이 봉착하는 논리적 궁지를 극복하게 해준다. 사실 리쾨르는 하나의 텍스트의 이해가 특히 이러한 대조를 통하여 텍스트 자체에서 발생하는 텍스트의 독자와의 관계의 영역에 속한다는 것을 밝힌다. 따라서 독해(la lecture)의 계열체가 인문과학의 방법론적인 모순에 대한 해결책과 딜타이의 설명과 이해의 이분법에 대한 가능한 답변으로 떠오른다.

이러한 일치점은 1985년에 한편으로는 윤리사회학센터와, 다른 한편으로는 사회운동연구센터와 리쾨르 사이에 있을 만남의 원인이 될 것이다. 초청장에서 폴라드리에르 · 루이 케레와 파스칼 그뤼종은, 사회학 학문을 구성하는 체계적 가설들이 사회 행위자들이 미결 상태로 내버려져 있는 자신들의 행위에 부여하는 의미에 이르는 것을 막기 때문에 사회학 연구들을 해석학적 철학의 주변에 설정한다. 사회학자들은 해석학적인 방식에서 이 의미의 문제를 재개하고, 사회적 상호 작용에서 언어 작용의 중요성을 보여 주었던 장점을 확인한다. 자신의 강연에서 폴 리쾨르는 설명과 해석 사이의 대립을 극복하기 위해 딜타이 쪽보다는 막스 베버 쪽에 한층 더 위치한다. 이러한 관점에서 그는 베버의 "설명적 이해"[13]라는 표현을

---

10) 폴 리쾨르, 같은 책, 191쪽.

11) 같은 책, 193쪽.

12) 같은 책, 197쪽.

상기시킨다. 사회학자들 앞에서 리쾨르는 기호학을 포괄하는 행위 이론이라든가, 적어도 이 분야들 중의 하나인 언어 행위 이론의 분야를 옹호한다. 그런데 이 행위 영역은 원인과 결과 사이의 함축 관계가 단지 외적인 상관 관계에 불과할 뿐인 한 기계적 인과 관계에는 부적합하다. 그러므로 어떠한 물리주의적 환원도 불가능하며, 이 환원 불가능성으로 인해 설명과 이해 사이의 항상 보완적인 접근에 대한 관심은 정당화된다. "더 많이 설명한다는 것은 더 잘 이해한다는 것이다."[14)]

프랑스 사회학자들에 의한 리쾨르의 작업의 발견은 현상학, 화용론과 민족 방법론(éthnométhologie)이라는 세 가지 영향으로 용이해진다. 리쾨르는, 특히 그들 각자의 지향성 개념에 관하여 분석철학과 현상학 간의 치열한 문제를 다시 제기하면서, 행위에 관한 그들의 입장들을 대조하기 위해 이 흐름들의 중앙에 위치하였다. 이 대화는 80년대에 요구할 수 있기 위해 60년대에 끊임없이 철학의 종말을 선언한 인문과학들간의 관계에서 이루어지는 근본적인 수정을 시사한다. "나는 철학이 대단히 필요하다고 느끼는 사람들에 속한다. 모든 사람들이 멈춰 서서 다시 숙고하기 시작한다. 리쾨르가 대두되기 시작하는 것은 이때부터이다. 내가 그에 대해 기대하는 것은 그가 다양한 문화 계획으로부터 일반적인 방침을 도출해 내는 것이다."[15)] 많은 사람들처럼 알랭 투렌도 개념적으로 잘못 무장된, 세계의 경험에서 경험적 차원으로의 단순한 횡단에 대한 한계를 느낀다. 그는 자기 자신이 한편으로는 비극적인 20세기에 행복해하는 낙관주의의 순진함에 대해 경계하게 하고, 다른 한편으로는 근대성의 문제들과 비교 대조되는 사상에 가깝다고 느낀다. "리쾨르에게는 극적인 측면이 있다. 모든 것이 항상 위험하고 절박하다. 거기 한쪽에 의료구급대가 있다. 나는 이러한 이해 방식에 전적으로 찬동한다. 사상은 의료구급대의 차원에 속한다."[16)]

리쾨르는 또한 사회학자들이 사회 행위자들의 능력과 그들의 것인 사회 세계를 기술할 수 있는, 따라서 사회 세계에 어떤 설명을 제시할 수 있는 그들의 능력을 재평가하는 한 이들 사회학자들에게서 어떤 반응을 보게 된다. 뤽 볼탄스키와 로

---

13) 폴 리쾨르, 《철학과 사회학. 만남의 역사》, 윤리사회학단체, 사회운동연구센터, EHESS, 파리, 1985년, 24쪽.

14) 같은 책, 37쪽.

15) 알랭 투렌과의 대담.

16) 위의 대담.

랑 테브노도 마찬가지이다. 이 신사회학은 분쟁에 관한 조사를 진행시키고, 언쟁과 정당화의 사회학을 구축하기 위해 행위자들을 진지하게 받아들여야 했다.[17] 같은 식으로 브뤼노 라투르와 미셸 칼롱의 과학인류학은 과학적 인식과 규범성, 사실 판단과 가치 판단 사이의 커다란 분할을 문제삼았다.[18] 그러므로 일반적인 인식·상식이 지식과 능력의 보고로 받아들여진다.

사회학의 재해 영역인 종교사회학은 최근에 괄목할 만한 도약을 하며 리쾨르의 저작에 몰두한다.[19] 장 폴 빌렘은 스트라스부르의 인문과학대학 개신교 신학학부에서 종교사회학을 강연하고 난 후, EPHE의 제5구역(종교학부)에서 연구 지도교수로 장 보베로의 뒤를 이었다. 그는 이 도시에 여전히 거주하고 있으며, 다른 사람들 중에서도 특히 다니엘 에르비외 레제와 질베르 뱅상[20]과 함께 작업하면서 "유럽에서의 사회, 법, 그리고 종교"에 관한 국립과학연구센터의 연구실을 오랫동안 이끌었다. 빌렘은 신학·철학과 사회학, 이 세 가지 교육을 받았다. 1984년에 공개 구두심사를 받은, 목사들에 관한 종교사회학 국가박사 학위 논문의 장본인[21]인 그는 자신의 연구 분야가 사회과학 영역에서 중심이 되게 한 큰 변화를 안으로부터 겪었다. "60년대에 종교사회학에 몰두한다는 것은 진행된 사향 분야로 나아갔기 때문에 사회학 단체에서 주변인이 되게 하였다. 반대로 오늘날 이 분야에서 작업하는 사람들은 사회과학의 문제 제기로 돌아갔다."[22] 그는 《유한성과 죄의식》을 읽으면서부터 철학자이자 개신교도로서의 리쾨르의 작업을 조사·연구한다. 그러나 그 자신의 연구에 가장 암시적인 것은 특히 리쾨르의 반환원주의와 그 행위 지향성에 대한 관심이다. "상징적 차원은 행위의 사회적 결정들로 환원할 수 없다는 사실을 이해하는 것이 나에게는 결정적인 것이었다."[23] 리쾨르의 의

---

17) 뤽 볼탄스키와 로랑 테브노, 《정당화에 대하여》, 갈리마르, 파리, 1991년.

18) 부뤼노 라투르, 《우리는 결코 근대적인 적이 없었다. 유사인류학 시론》, 라 데쿠베르트, 파리, 1991년; 그리고 미셸 칼롱, 《과학과 과학의 망》, 라 데쿠베르트, 파리, 1989년 참조.

19) 장 폴 빌렘, 《종교사회학》, PUF, 파리, 1995년.

20) 장 폴 빌렘과 질베르 뱅상, 《유럽의 종교와 변화》, 스트라스부르대학교출판부, 스트라스부르, 1993년.

21) 장 폴 빌렘, 《목사직: 20세기말에서의 성직자의 조건에 대한 사회학》, 라보와 피데스, 제네바, 1986년.

22) 장 폴 빌렘과의 대담.

미 목표에 대한 탐구에서와 같이 그 현상학적 관점에서 그는 70년대의 사회학에서 당시 폭넓게 통용된 기계론적인 도식들에 맞서는 수단을 발견한다. “객체의 고유한 일관성을 옹호해야만 했고, 상징계에 있는 특수한 논리들을 강조해야만 했었다. 그런데 리쾨르의 것과 같은 작업이 그것을 생각하도록 도와 주었다.”[24]

역시 종교사회학자이자 로잔대학의 신학부 교수인 빌렘의 동료 롤랑 캄피쉬는 1956년과 1960년 사이 로잔에서 시작한 신학 공부를 시카고에서 계속해 나갔으며, 거기서 틸리히 세미나에 참석하곤 했다. 《해석의 갈등》에서 리쾨르가 전개하는 명제들이 그에게는 아주 값진 것이 된다. “주체/객체 관계의 차원에서 그는 더 이상 해석의 독점이 아니라 오히려 다양한 해석의 가능성이 있을 것이라 생각하도록 이끌며, 따라서 그는 그 가능성들의 유기적 결합을 숙고할 것을 권한다.”[25] 롤랑 캄피쉬는 이 명제들에서 종교적인 것에 대한 신학적 접근을 포함시킨 덕분에 더 풍부한, 객체를 더 존중하는 단계에 이를 수 있는 가능성을 발견한다. 이러한 관점에서 그는, 모든 종교사회학자들이란 자신들의 객체에 사로잡혀 과학적 시선을 가질 줄 모르는 환속한 옛 사제들이라고 비난한 부르디외의 혹평[26]에 대하여 반박했다. 제1인자 사회학자의 돌출적인 과학성의 이름으로 행해진 이러한 명예 실추의 시도에 맞서 롤랑 캄피쉬는, “발견에 도움이 되는 지평으로서의 객관성”[27]의 규칙을 준수해야 할 필요성을 인정하면서도 오로지 과학적이고 중립적인 사회학의 소위 긍정을 관념론자들에게 내맡기고 있다고 반박한다. 종교사회학자들이 과학성의 상수패들로 대비된 종교의 옹호를 사회학보다 우선시할 때, 설사 부르디외의 비난이 정곡을 찌를 수 있다 해도 “객체에 대한 정신력 집중의 문제, 소속의 형태와 관련이 있는 가입의 문제를 제기하면서 종교 제도가 종교를 조직한다는 사실에서 종교 영역의 과학적 사회학이라고 부르는 것의 구상에 거의 지장을 초래하는 것을 볼 때 그는 횡설수설한다.”[28] 더욱이 롤랑 캄피쉬는 실재와 성서 메시지 사이에 풍부한 긴장을 일으킬 수 있도록 신학부 내에서의 사회학 교

23) 장 폴 빌렘과의 대담.
24) 위의 대담.
25) 롤랑 캄피쉬와의 대담.
26) 피에르 부르디외, 〈종교사회학자들과 사회학자들의 종교〉, 《종교사회학문집》, 제63-1권, 파리, 1987년, 155-161쪽.
27) 롤랑 캄피쉬, 〈종교적 영역의 사회학적 접근〉, 《신학과 철학 잡지》, 120호, 1988년, 123쪽.
28) 같은 책, 125쪽.

육의 필요성을 옹호하기 위해 리쾨르의 입장들을 지지한다. 따라서 같은 제도 안에 있는 두 문화의 내적인 대화에 열심이면서, 그는 리쾨르가 두 영역을 분리하고자 할 때 자주 표현한 신중함에는 찬동하지 않는다. 그는 장 폴 빌렘과 질베르 뱅상이 함께 추진한 사회학적 현장 조사를 중시하는데, 조사 도중에 그들은 다른 것들 중 특히 개인과 그의 종교적 행동 변화에 집중된 "스위스에서 신앙을 갖는다는 것"[29]이라는 테마에 관한 보다 특수한 조사와 아울러 소교구와 장로파 심의회의 기능을 연구한다.

역사학자들 쪽에서는, 1983년과 1985년 사이에 출판된 《시간과 이야기》는 그 당시 기대된 토론을 유발하지 못했다. 물론 1987년 《에스프리》가 주선한 만남은 로제 샤르티에와의 대면을 가능하게 하였으며,[30] 리쾨르와의 만남은 프랑수아 아르토그의 제안에 따라 1988년 6월 고등사회과학연구학교 역사연구센터에서 개최되어 자크 르벨 · 베르나르 르프티 · 로제 샤르티에가 참가하지만, 이 토론은 기록 없이 구두로만 진행될 것이다. 그럼에도 불구하고 역사적 기술 행위에 관한 리쾨르의 성찰은 50년대부터 프랑스에서 역사물을 전체적으로 파악한 《아날》 계열의 위기 덕분에 중요한 결과를 얻을 것이다.

《아날》지는 1988-1989년부터 아주 혁신적인 '비판적 전환'에 돌입한다. 당시 편집 실무책임자였던 역사학자 베르나르 르프티가 새로운 방향과 "해석학을 이론의 수단으로 동원한다든지, 아니면 오히려 해석학의 제1의 해석 가능성을 제1의 비판적 **전환 장치**와 맞물리게 하는"[31] 새로운 결합을 규정하는 데 중요한 역할을 담당할 것이다. 새로운 계열체가 구체화되며, 브로델의 장기간(longue durée) 현상과 르 루아 라뒤리의 불변의 역사 현상의 독점적인 이환율에 의해 강조된 이전 시기와 근본적으로 관계를 끊는 화용론적이고 해석학적인 이중의 대화가 실현된다. 1994년 '제도적' 차원에서 《아날》지의 집행위원회가 로랑 테브노와 앙드레 오를레앙을 편입시키면서, 1946년부터 사용되고 있는 부제 '경제, 사회, 문화'의

29) 롤랑 캄피쉬 외 다수, 《스위스에서 신앙을 갖는다는 것》(1), 인간시대, 로잔, 1992년.

30) 프랑수아 도스, 〈폴 리쾨르가 역사를 혁신한다〉, 《공간 · 시간, 사려 깊은 시간》, 第59-60-61호, 1995년, 6-26쪽.

31) 크리스티앙 들라크루아, 〈절벽과 해안. 비판적 전환의 역사〉, 《공간 · 시간, 사려 깊은 시간》, 앞의 책, 97쪽.

뜻을 분명히 하여 '역사, 사회과학'으로 바뀐다. 베르나르 르프티는 사회적 실천의 범주로서 고려된 사회에 특별한 관심을 쏟는다. 사회가 사회 자체의 준거를 만들어 내며 근본적인 어떤 자연성으로 돌려보내져서는 안 된다는 경제학자들의 협약 원리에서 출발하는 그는 합의의 문제에 이환율을 부여한다. 이 역사학자에게 있어 이러한 재편성이 행위자들에게 미치는 중요한 파급 효과는 단기간(la courte durée)에 설정된 행위, 상황에 맞는 행위의 재평가와 더불어 시간의 재배치이다. 상대화되어져야 하는 것은 시간과 무관한 관점이다. 적응의 개념에 의해 유도된 이러한 입장은 시간적인 것의 무게 중심을 현재에 놓는 결과를 낳는다. "따라서 과거는 변화하는 현재이다."[32] 구조적 정지 상태에서 벗어나는 새로운 역사 담론에 적합한 이 현재화는, 경제학자들이 현재 사회에 따른 협약을 무엇으로 삼는가의 실례를 따르면서 과거 행위자들의 시간적 행위 모델들을 중시하는 것을 목표로 한다. 베르나르 르프티는 사회과학의 화용론적 전환을 자기 것으로 삼는다. 그는 새로운 계열체의 구체화를 확인하고, 여기에 합의나 협약 개념의 문제 제기에 따른 변형되고 수정된 역사를 분명히 가담시키고자 한다. 그는 그때까지 인문과학 분야에서 지배적인 모델이었던 제도들 속에서 경직되는 집단적 표현들의 개념보다 협약의 개념을 선호하는데, 이것 역시 제도나 객체들 속에서의 정착을 가리킨다. 그러나 제도나 객체들은 가변적인 형식과 기간들의 영역에 속하는 사회적 상호 작용의 의미 및 산물 배정과 분리할 수 없다. "《사회과학 분야에서의 연구 보고서》에 실린 〈상속자는 고인의 재산을 즉각 소유한다〉라는 제목의 부르디외의 한 논문을 참조하기 바랍니다. 아비투스(habitus)에 의한 결정이 선택의 공간의 연이은 감소로 인해 일종의 종(種)의 빙하기로 몰고 간다는 것을 여러분은 거기에서 보게 될 것입니다."[33]

협약의 힘은 그것의 시간적인 두께, 긴 과거 유산의 영역에 속하는 것으로 보이나, 베르나르 르프티가 주목하듯이 그것은 또한 그리고 특히 그것의 현실화 능력에서 기인한다. 따라서 협약은 연구 차원에서 볼 때 맥락에 따른 가변적인 의미 배정과 다의적인 능력의 영역에 속한다. 사료 편찬의 새로운 순간의 화려하고 명

32) 베르나르 르프티, 《경험의 형태》, 알뱅 미셸, 파리, 1995년, 296쪽.
33) 베르나르 르프티, 〈사회 문제: 사회학자들의 전망, 역사학자들의 전망〉, 《사회 생활》, CEDIAS, 제6호, 1996년, 30쪽.

백한 수사학적인 급변 속에서 베르나르 르프티는 "유용하게 오늘날의 역사적 의식의 해석학"[34]의 성격을 지닌 역사학자라는 직업에 유효한 시간적 모델을 적극 권한다. 이러한 해석학을 정의함에 있어서 그의 준거는 아주 명백하게 《시간과 이야기》에서 차용된 분석이다. 현재는 의미의 상실을 감수한다. 왜냐하면 그것은 누구도 재생하기를 원치 않는 지나간 과거와 완전히 불투명한 미래 사이에서 이러지도 저러지도 못하는 상태에 있기 때문이다. 이 역사성 의식의 위기 앞에서 베르나르 르프티는 가능한 두 가지 태도를 구분한다. 첫번째 태도는 이러한 단절을 법적으로 인정하면서 역사의 작용을 기억의 박물관화의 위험 속에 가둘 태도이다. 그러나 그것은 다른 방식이다. "리쾨르의 필치에서 행동도덕의 영역에 속하는 두번째 가능한 태도의 지시를 발견할 수 있다. 그는 기다림과 경험이라는 두 극 사이의 긴장이 분열되지 않도록 하는 것이 바람직하다고 말한다. 그렇게 하기 위해서 한편으로는 '빨리 흘러가기를 기다리는 지평을 막는다.' 다시 말해 결정된, 유한의, 대수롭지 않은, 정확하게 배열된 계획들을 스스로에게 부여해야 한다. 다른 한편으로는 이행되지 않은 과거의 잠재성에 정반대로 다시 활기를 부여하기 위해 과거를 지나간 것으로 간주하는 것을 중단하면서 '경험 공간의 축소에 저항' 해야 한다."[35]

역사학자들이 리쾨르의 분석들에서 도출하기 시작하는 또 다른 중요한 가르침은 역사 기술 행위 자체에 대한 더 많은 관심에서 기인한다. 역사에 관한 《오트르망》지의 발행호에서 프랑수아 아르토그가 한 발언은 이런 점에서 매우 의미심장하다. "한 철학자로부터 이야기의 문제(그것의 역사와의 관계에서)에 관한 중요한 성찰이 나왔다. 《시간과 이야기》에서 시간의 신비를 캐내는 데 관심을 갖는 폴 리쾨르는 잇달아 역사와 허구를 검토하면서, 제아무리 아주 적다 할지라도 이야기와 관련이 없는 역사란 있을 수 없을 것이라는 결론에 이른다."[36]

리쾨르의 발언은 또한 사건의 개념에 부여할 지위로 말하자면 역사학자들에게 무척 중요했을 터인데, 그는 구조의 효능을 고려한 이 개념의 해체 시도들도, 문맥상의 기반에서 완전히 분리된 것으로서의 그것의 단순한 강화도 인정하지 않는

34) 베르나르 르프티, 《경험의 형식》, 앞의 책, 297쪽.

35) 같은 책, 298쪽.

36) 프랑수아 아르토그, 〈역사 이야기의 기술〉, 《오트르망, 재구성된 과거》, 제50-151호, 1995년 1월, 185쪽.

다. 폴 리쾨르에 따르면 사건은 사건의 해석학적인 재개에서 기인하는 변신을 겪는다. 연속적인 접근과 불연속적인 접근을 양립시키면서 폴 리쾨르는 사건의 세 가지 접근 층위를 구분할 것을 제안한다. 1) 하위-명시적(infra-significatif) 사건. 2) 극단적인 경우에는 비-사건중심적(non-événementiel) 의미의 명령과 지배. 3) 상위-명시적(supra-significatifs), 초기표적(sursignifiants) 사건들의 출현.[37] 첫번째 용도는 단순히 '일어나는 것'의 기술적인(descriptif) 것에 해당하며, 놀라움, 제도화된 것에 대한 새로운 태도를 연상시킨다. 랑글루아와 세뇨보스 방법론파의 방향과의 유사함을 제시할 수 있다. 그것은 원천을 비판적으로 밝히는 단계이다. 둘째로 사건은 그것을 규칙성·규범들과 상관시키는 설명적인 도식들의 내부에 갇혀 있다. 이 두번째 순간은, 사건 부정의 한계에 속할 정도로 사건의 특수성을 사건이 속하는 규범역(le registre de la loi)하에서 포섭하는 경향이 있다. 여기에서 《아날》 계열의 방향을 재인식할 수 있다. 이 분석 단계에 뒤이어 출현으로서의, 그러나 이번에는 초기의적(sursignifié) 출현으로서의 사건 재개의 해석적인 세번째 순간이 올 것이다. 그러므로 사건은 토대적(바스티유 감옥의 탈취) 혹은 부정적(아우슈비츠 수용소) 정체성을 구성하는 서술적 구조의 구성 요소이다. 따라서 돌아와 있는 사건은 설명적 의미에 의해 축소되었던 것과 같은 것도, 담론과 무관했던 하위 기의적 사건도 아니다. 그것은 스스로 의미를 생성한다. "**초기의적 사건**의 이러한 유익한 재개는 그것이 과잉과 결여로, 즉 거만의 과잉과 체포의 부족으로 인해 실패로 돌아갈 정도로 의미의 한계에서만 순조로울 뿐이다."[38]

사건들은 단지 담론적이거나 그렇지 않은, 그것들의 흔적들로부터만 발견할 수 있다. 역사적 현실을 언어적 차원으로 축소함이 없이 사건의 결정――사건의 확정――은 사건의 지정으로부터 실현된다. 사건의 구성은 사건의 줄거리에 의존한다. 그것은 인간의 시간 경험의 의미를 구체화하는 것을 보장하고 연산자(opérateur)의 역할, 물리주의적 설명의 인과 관계를 대신하는 이질적인 사건들의 관련짓기 역할을 하는 매개체이다. 역사적 의식의 해석학은 사건을, 코셀레크가 포착하는 메타-역사적인 두 범주, 경험 공간의 범주와 기다림의 지평의 범주 사이의 내적인 긴장 속에 설정한다. 개념들은 여전히 많은 의미 작용을 포섭하기 위해 그

37) 폴 리쾨르, 〈사건과 의미〉, 《실천적 이성》, 〈예상되는 사건〉, 제2호, 1991년, 51-52쪽.
38) 같은 책, 55쪽.

것들이 태어난 경험의 장에 정착해 있다. 그렇다면 이 개념들이 역사와 언어의 완전한 융합을 허용할 정도로 성공적으로 역사의 의미를 충족시킨다고 단언할 수 있을까? 폴 리쾨르처럼 라인하르트 코셀레크도 거기에까지 이르지 않으며, 반대로 역사적 과정들은 그것들의 담론적 차원에 한정되지 않는다고 생각한다. "역사는 언어가 역사를 파악하는 방식과 완벽하게 일치하지 않으며, 경험이 역사를 진술한다."[39] 폴 리쾨르가 생각하듯 시간화 활동의 마지막 정착은 실천적 장이다.

사건 중심성이 그의 흔적과 그의 계승자들 쪽으로 이동하는 것은, 해석학적 원이나 사료 편찬의 전환이라고 규정지을 수 있을 것의 내부에서 역사학의 진정한 자성을 촉발한다. 이 새로운 계기는 사건 그 자체와 현재의 입장 사이에 있는 역사학자의 기술 행위의 연속적으로 일어나는 급격한 변화와 점진적인 변화 속에서 의미의 변화를 따르도록 유도한다. 그러므로 역사학자는 그의 텍스트 짜임으로부터 다양한 방식의 사건 제작과 지각에 대해 자문한다.

정보의 세계화, 그 리듬의 가속화에 시달리고 있는 현대 사회는 "역사의 놀라운 확장, 기본적인 역사 의식의 고조"[40]를 인식한다. 이러한 현재화는 역사성을 근대적으로 실험하는 결과를 가져왔다. 그것은 사건 중심성을 다양한 가능성, 가상적·잠재적 상황들의 접근으로 재정의하는 것을 의미하는 것이었지, 더 이상 그것의 불변성 속에서의 완료형으로서가 아니었다. 움직임이 과거에 대한 근대적 태도를 수정할 정도로 현재 시제를 독점하였다. 사건의 역사적 해석은 더 이상 연구된 사건으로 단순화할 수 있는 것이 아니라 사건의 흔적 속에서 검토되고, 사건 중심적 연쇄 속에서 설정된다. 한 사건에 관한 모든 담론은 일련의 이전 사건들을 전달·공시하는데, 이것은 그 사건들을 하나의 줄거리 속에서 연결하는 담론적 짜임에 그 모든 중요성을 부여한다.

1992년 5월 14일 리쾨르는 프랑수아 베다리다가 주관한 현재 시제의 역사에 관한 토론회에 참석하여, 그 자신의 비판적 거리두기의 부족 때문에 자주 이의가 제기된 이러한 형태의 역사의 합법성을 옹호한다. 그럼에도 불구하고 그는 짧은 시간적 간격의 전망 속에 기재된 배치의 어려움에 대해 주의를 환기시키며, 근접 과

---

39) 라인하르트 코셀레크, 《지나간 미래. 역사적 시간들의 의미론에의 기여》, EHESS, 파리, 1990년, 195쪽.

40) 피에르 노라, 〈현대사에서 역사적 현재까지〉, 《현대사의 기술》, IHTP, 파리, 1993년, 45쪽.

거에서 한편으로는 미완성의 시간, 강 한가운데에서 그 이야기를 할 때 진행중인 미래——이러한 사료 편찬에 불리한 조건을 이루는 것은 진행중인 역사의 이해에서 차지하는 예상과 예견의 중요한 자리이다[41]——와, 다른 한편으로는 제2차 세계대전, 식민지에서의 해방, 공산주의의 종말의 시간인 종결된 시간을 구분할 것을 권한다. 이런 점에서 1989년은 일단 한 주기가 끝나자마자 이해하기 쉬운 집합들의 배치를 가능하게 하는 종결의 흥미로운 날짜가 된다.

그러나 현재 시제의 역사는 또한 그러한 불리한 점들 중 몇몇을 이점으로 전환시킬 수 있는 능력을 지닌다. 미완성적인 것에 관한 연구 작업은 역사를 숙명에서 벗어나게 하는데, 이것은 해석 일람표들을 이루고 있던 인과적 연속들, 역사학자의 조립식 사고를 상대화하는 데 기여한다. 이런 점에서 현재 시제의 역사는 인과적 숙명론을 깨기 위한 좋은 실험실이다.

불연속성으로서의 시간 속에 기재된 현재는, 미셸 드 세르토가 사료 편찬 작업을 정의했던 것처럼 부재로서의 그 현존을 파악하기 위한 노력을 통해 그것을 역사화해야 하는 사람에 의해 다듬어진다.[42] 이러한 변증법은 지나간 시간이 문제일 때 더욱 자연스러운, 현재 시제의 역사를 위해 의지적으로 뒤얽힘을 풀어야 하는 만큼 실현하기가 더욱더 어렵다. "역사적이기 위해서 과거가 예전에 현재였던 과거의 힘으로 우리를 소환할 기반으로부터 현재 시제의 역사가 부재 속에서 유사한 추락 움직임을 전제로 하는지를 아는 것이 문제이다."[43] 여기에서 현재 시제의 역사가 어느 정도로 동시대의 이점으로의 단순한 접근 동기보다 더 근본적인 동기에 의해 고무되는가를 파악할 수 있다.

행동의 의미론은 역사적으로 설정된 하나의 동작주(un agent)를 필요로 한다. 왜냐하면 리쾨르에게서는 체험과 개념이 복잡하게 연결되어 있기 때문이다. 순전히 인식론적인 담론에 따른 폐쇄와 마찬가지로 하이데거식으로 본질적인 존재론에 관한 자성에의 이중 권유를 거부하면서 리쾨르는 〈미완성 변증법〉의 구상 원천인 '불완전한 매개들'을 등장시킨다. "아리스토텔레스에게서는 정확하게 '변증법'에 해당하며, **독사도 인식 체계**도 아닌 있을 법한 것(le probable)과 사실임직한 것

---

41) 폴 리쾨르, 〈한 철학자의 관찰〉, 《현대사를 기술한다》, 앞의 책, 38쪽.
42) 미셸 드 세르토, 《역사의 부재》, 맘, 르페르스, 파리, 1973년.
43) 폴 리쾨르, 〈한 철학자의 관찰〉, 앞의 책, 39쪽.

(le vrai-semblable)과 뒤섞이는 것인 공정한 견해의 범위를 나타내는"[44] **독사자인**(doxazein)의 영역이 설정되는 것은 독사와 인식 체계 사이의 이 매개 공간의 내부에서이다. 불완전한 매개들의 사용은 사료 편찬 작업이 미래 세대들을 위해 새로운 해석, 새로운 적응에 열려 있어야 하는 만큼 그 작업에 더욱더 적합하다. **아르케**(고대)와 **텔로스**(목적)의 변증법에 갇힌 역사성의 제도는 전적으로 경험의 공간과 기다림의 지평 사이의 긴장을 통해 경험된다. 따라서 리쾨르는 역사학자의 담론 가두기를 거부하는데, 이것이 오늘날에는 갑자기 권리를 상실해 버린 미래와 단절된 과거의 재개의 순전히 기억적인 관계에서 전개되는 것을 볼 수 있다. 그는 과거에 대해 역사가 진 윤리적인 빚, 행동하기의 기능을 상기시킨다. 미래를 향해 항상 열려 있는 역사성의 제도는 물론 더 이상 충분히 사고된, 그 자체로 마감된 계획의 방출이 아니다. 행동의 논리 자체는 가능성들의 장을 열어 놓은 채로 유지한다. 그런 이유로 리쾨르는 유토피아의 개념을 그것이 무모한 논리를 구체적으로 뒷받침해 주기 때문이 아니라 해방의 기능으로서 옹호한다. 해방의 기능은 "기다림의 지평이 경험의 장과 통합하는 것을 막는다. 그것은 희망과 전통 사이에서 거리를 유지하는 것이다."[45] 그는 변함없는 단호함으로 책임 윤리의 근원인 과거와 관련하여 현세대들이 진 빚, 의무를 옹호한다. 따라서 역사의 기능은 여전히 살아 있다. 흔히들 생각하듯 역사는 행동하기의 요구에 응한다는 조건에서 혼자가 아니다.

리쾨르가 특별히 인문과학과 늘 마주해 왔기 때문에 인문과학의 대표자들은 계속해서 그와 대화를 나눈다. 언어학의 영역에서, 그레마스의 제자이자 파리 기호학파를 조직한 장본인인 장 클로드 코케는 순전히 형식적이고 대상적인 언어학에서 벗어나 벤베니스트가 구현한 또 다른 방향으로 향하는데, 이것은 "주관적인 기호학"[46]을 생각할 수 있는 여지를 준다. 담론의 통일성과 발화자의 지위의 타당성에 대한 고려로의 전환은 이미 맺은 리쾨르와의 관계를 공고히 해준다. 그러나 이번에는 그의 철학적인 입장들과 매우 유사한 관점에서이다. 더욱이 리쾨르는 장 클로드 코케가 비주체(non-sujet)의 개념을 그것이 담론 혹은 행위의 주체의 기호

44) 올리비에 몽갱, 《폴 리쾨르》, 앞의 책, 27쪽.

45) 폴 리쾨르, 《텍스트로부터 행동으로》, 앞의 책, 391쪽.

46) 장 클로드 코케, 〈언어학과 기호학〉, 《기호학 보고서》, IX, 88, 1987년, 13쪽; 《의미의 탐구. 문제의 언어》에 재수록, PUF, 파리, 1997년, 31-43쪽.

학에서 생기는 바 그대로 사용할 때, 그의 자기(soi) 구성의 논증에서의 논거들을 지지한다.[47] 장 클로드 코케는 벤베니스트의 현상학과의 관계에 할애된 한 논문을 리쾨르에게 헌정한다.[48] 그는 현상학에서 온 벤베니스트의 불분명한 차용어들의 중요성을 밝힌다. 게다가 벤베니스트는 후설에 관한 독서가 어느 정도로 "젊은 시절 그가 좋아하는 독서들"[49] 중의 하나였는가를 리쾨르와 프랑시스 자크에게 이야기한 적이 있다. 장 클로드 코케는 이 논문에서 리쾨르의 올된 명철함에 경의를 표하는데, 1967년부터 리쾨르는 체계 속에서의 기호학으로 고려된 옐름슬레우의 방향과 마주하여 벤베니스트의 의미론이 언술 행위, 인칭의 현존, 입장과 논증의 개념들과 함께 내세웠던 바를 이해하였다. 리쾨르가 유감으로 생각한 지배적인 폐쇄적 의미주의에 벤베니스트는 양자택일을 제안한다. "과거에 폴 리쾨르가 제기한 언어학의 분석이 잠재적인 현상학이 아닌지를 아는 문제"[50]에 따라서 벤베니스트에 관한 이 단평은 긍정적인 답변 요소들을 제시한다.[51]

언어학자 장 클로드 코케로 말하자면, 그의 언어학과 같은 언어학에서 리쾨르의 중요성은 기본이다. 그의 언어학은 인칭, 시제, 생성의 개념들, 다시 말해 가능성과 장애물들로 가득 찬 세계인 어느 세계에 정착한 '나(Je)'를 소유하게 하는 모든 것에 언어학의 모든 타당성을 부여한다. 그의 반환원주의는 "담론들을 그것들의 다양한 접근과 주제 속에서 검토하는 데 특히 적용 범위가 넓다.[52]

게다가 더욱 긴장되고 더욱 갈등을 일으키는 토론이 정신분석학과의 관련 차원에서 계속된다. 프랑스정신의학협회 회장인 장 자크 크리스는, 1986년 리쾨르에게 국내 연합학회에 참여할 것을 권유한다. 이 학회의 논문들은 정신의학이 이론

---

47) 폴 리쾨르, 〈나는 여기에서 장 클로드 코케가 《담론과 담론의 주체》에서 사용한 어휘를 채택하고 있다. 1) 《양태 문법의 시론》; 2) 《양태 문법의 실천》, 클링크섹, 파리, 1984-1985년〉, 《타자 같은 자아》, 앞의 책, 제1권, 196쪽.

48) 장 클로드 코케, 〈벤베니스트와 현상학에 관한 단평〉, 《LINX》, 제26호, 1992-1년, 41-48쪽; 《의미의 탐구. 문제의 언어》에 재수록, 앞의 책, 73-79쪽.

49) 같은 책, 42쪽.

50) 폴 리쾨르, 《인문사회과학에서의 주된 연구 경향들》, 제2권, 무통-유네스코, 파리-라 에이에-뉴욕, 1978년, 1466쪽.

51) 장 클로드 코케, 〈벤베니스트와 현상학에 관한 단평〉, 논문 인용, 48쪽.

52) 장 클로드 코케와의 대담.

들과 맺은 관계에 관한 것이었다. 그는 마침내 망설이는 리쾨르를 설득하게 되고, 리쾨르는 〈인식론에 직면한 정신분석〉[53]에 관한 강연을 하여 매우 높은 평가를 받는다. 그는 이 강연에서 다시 정신분석에서의 증거 문제를 제기하며, 정신분석을 위조할 수 없는 특성 때문에 비과학으로 비난하는 인식론학자들의 고전적인 반론에 대하여 반박한다. 이 비방자들은 관찰과학의 기준들을 정신분석에 적용하는 실수를 범한다. 반대로 리쾨르는 정신분석의 옹호에서 욕망의 의미론적 차원을 중시하는 것으로서의 분석적 경험의 특수성과 치료에 의해 확립된 타인 관계에서의 전이 개념의 중요성을 강조한다. 그는 치료에 의해 시작된 과정을 애도, 잃어버린 대상의 내면화 작업에 결연시키며, 또한 기표가 되고 하나의 이야기, 하나의 삶의 역사로 정돈된 시퀀스들 덕분에 이행 실험이라는, 따라서 기억의 길의 재개라는 프로이트의 개념을 빌리면서 사후(事後)의 중요성을 상기시킨다. 리쾨르에 따르면 정신분석의 이 모든 특징들은 삶의 이야기, 해석을 중시하며, 따라서 "텍스트 해석의 규율들"[54]에서 통용되는 연구 방식들과 비슷한 실천이 되게 한다. 그러나 그는 프로이트에 관한 시론이 출간될 시기에 자신에게 가해진 비판들에 대하여 반박하면서, 거기에서는 단지 유사성만이 관련된다는 것과 정신분석이 일반적인 해석학의 영역으로 귀착되지 않는다는 것을 분명하게 밝힌다. "그러므로 우리는 연구 방법이 치료 방법으로 연결될 때에만 파악될 수 있을 뿐인 해석의 특별한 특성들을 생략할 것이다."[55]

정신분석은 정신분석만의 증거 장치를 갖고 있다는 사실에 대한 이러한 옹호와 설명에도 불구하고 리쾨르의 토론자로 되어 있는 정신분석학자 앙드레 그린은, 방어 태세를 갖추고 있고 철학과의 대화에 공격적으로 응하는 동업자의 여전히 강한 저항을 나타낸다. 앙드레 그린은 60년대의 라캉 공격에는 몰두하지 않았던 반면, 리쾨르의 강연이 자신에게 불러일으키는 "묘한 불안감"[56]을 거론하면서 강연 주최자들이 한 철학자에게 정신분석에 대해 논해 달라고 부탁했다는 사실에 대해 이렇게 자문한다. "오늘날 리쾨르가 우리의 토론에서 차지하는 지위를 내가 질투

---

53) 폴 리쾨르, 〈인식론에 직면한 정신분석〉, 《프랑스 정신의학》, 1986년 5월, 특별호, 11-23쪽.

54) 같은 책, 18쪽.

55) 같은 책, 19쪽.

56) 앙드레 그린, 〈정신분석은 과학일까?〉, 앞의 책, 26쪽.

하는 것일까? 어쩌면 그럴는지도 모른다."[57] 리쾨르가 정신분석의 과학적 성격을 장려했던 반면 앙드레 그린은 당당하게 과학이라는 그 개념을 버리는 편이 낫다고 판단하며, 그것을 빌프리드 비옹이 자신에게 제시하는 진리의 근사치라는 수식어로 대체한다.

학문들의 저항을 물리치는 데 성공하면서 리쾨르는 인문과학이 겪는 일반적인 해석의 큰 변화를 실현시키는 데 크게 기여했다. 인문과학의 진정한 인간화를 보장하는 새로운 대화 논리적 공간으로의 이러한 열림은 방법론적인 문제들을 넘어, 그것이 경제적이거나 국가적인 중요한 인과 관계들의 전체론적인 결정의 이름으로든지 아니면 개인적인 이익과, 따라서 보편화된 실리주의의 단순한 극대화의 이름으로든지 간에 다양한 형태의 환원주의를 위해 오늘날까지 헐값으로 처분된 사회적 관계라는, 그 '더불어 존재(être-ensemble)' 라는 이전에 해결된 수수께끼에 관한 인문과학의 최근의 문제 제기를 가능하게 한다. 단일 인과론들이 사회적 관계의 수수께끼를 간파할 수 없었다는 것과 설명적 다원론, 모델들의 결합, 해석들의 논쟁이 인문과학의 대상들에 더 적합하다는 것을 더 잘 이해할 수 있는 것처럼 보인다. 따라서 접근은 더 이상 직선로의 환상이 아니라 다양한 매개를 통한 우회의 길이며, 이 매개들 덕분에 행위자들은 필요한 장비를 갖춘, 대체할 수 없기 때문에 더 명백한, 더 생각이 깊은 행위자들로 고려된다. 진행중인 연구들의 공통점이 아래에 언급된 다수의 불완전한 매개를 중시하는 것은 그 때문이며, 이 매개들은 사회적 관계를 만들고 전체론과 개인주의 사이의 방법론적인 거짓 대립을 넘어선다. 즉 자기 반성적 사건들의 형태 탐구를 향한 인지과학과 새로운 과학 인류학, 새로운 행동사회학을 시작하는 현장들과 마찬가지로 자기의 담론 규칙과 독자들 쪽에서의 다양한 적응 장치들이 있는 텍스트, 기록과 그 효력, 다양한 실행 방식에서의 기억, 행동에서의 대상들, 규칙적이면서 변동하는 과정으로서의 협약, 국지적이면서 분배된 인식, 법규…… 이 많은 해석 프로그램, 매개들은 자기 자신에게 솔직하고 자신의 행동 의미의 주인인 주체에로의 단순한 복귀가 문제가 아님을 입증해 준다.

57) 앙드레 그린, 같은 책.

X

도시 속의 한 철학자

66

선한 삶의 소망

시테의 주요한 문제들을 명확히 하기 위한 리쾨르의 여러 발언들은 다른 언어에서 이루어지는 그의 철학적 활동의 직접적인 연장이며, 그가 이해하는 바 그대로, 그의 시대와 동시대적이어야 할 의무가 있는 철학자의 행동과 임무의 우위를 예증해 준다. 그의 존재론은 행동의 존재론이며, 확실성의 토대로서가 아니라 미래를 향해 항상 열려 있는 구성으로서, 그리고 우리의 기다림의 지평을 표명하는 데 기여하는 것으로서이다. 따라서 모든 사상사는 현시대의 요청에 응하기 위해 동원된다. 리쾨르는 그렇게 많은 의미의 저장고로서의 아주 먼 옛날의 철학자들의 업적을 자신의 것으로 삼고, 그리하여 그들을 통용되는 개념들의 필수적인 해명 작업에서 우리를 도와 주어야 하는 우리의 동시대인이 되게 한다. "그리스의 철학은 구식이 된 그리스의 경제나 정치가 갖지 못하는 근접성에서 우리와 함께 있다."[1]

사르트르에 의해 구현되었던 바 그대로, 확신의 윤리에 의해 야기된 단지 분개의 이름만으로 고발하는 전투적인 지식인으로서의 철학자의 모습과 절연한다고 해서 그가 앵글로색슨의 모델을 채택하는 것은 아니다. 이 모델에서 지식인은 자신의 범위에 틀어박혀 있고, 책임감이라는 단 하나의 윤리에 의해서만 고무되는 전문가요, 현자이다. 리쾨르는 물론 어렵게 다른 스타일, 비평가와 전문가 사이의 중간 스타일을 받아들이게 했다. "지식인들과 특히 철학자들이 줄 수 있는 첫번째 도움은 개념들의 해명이다."[2] 시테에서 하는 철학자의 발언은 사회의 더불어-존재를 지배하는 가치, 개념, 제도들 속에 세월이 흘러감에 따라 침전된 의미의

1) 폴 리쾨르, 프랑스 퀼튀르, 알랭 뱅스탱의 방송, 1994년 5월 17일.
2) 위의 방송.

중량에 관하여 필요한 해명을 해야 할 중요한 임무를 실행하는 것으로 귀착된다. 자유 · 평등 · 형제애 · 정의 · 외국인의 개념들이 내포하는 바를 분명히 하는 그 기능 이외에, 리쾨르에 따르면 철학은 각각의 특수한 언어를 자기 것으로 하려고 시도할 모든 제국주의적 시도로부터 그것을 보호하는 경계의 역할을 더욱 실행해야 한다. **철학자**는 로고스의 역할을 정의하는 플라톤의 야심과 일치하는 전망을 목표로 삼는 통합자라는 이중의 역할을 보유한다. 그러나 그는 또한 전체와 다원성, 다양한 언어의 풍부함을 보존하는 데 경계를 게을리 하지 않는 야간 경비원, 경계를 지키는 사람이기도 하다. 리쾨르에게서는 철학자와 시민을 구분할 수가 없다. 왜냐하면 그는 항상 시민으로서, 충실한 설명 작업 후 철학적인 문제들을 시테에 되돌려 주면서 이 문제들을 독점했을 것이기 때문이다. 그의 지평은 항상, 이미 아리스토텔레스에게 고유한 실천의 지평이다.

이러한 조건에서 철학은 일의적인 것을 버리고 다원성과 다양한 우회를 중시한다. 다음 책의 저자의 말에 따르면, 그의 철학적 탐구를 마무리짓는 저서인 《타자 같은 자아》는 다음과 같이 관점을 분명하게 명시한다. "**인간의 행동하기**가 이 연구 전체의 통일된 주제이며, 행동의 개념은 연구들이 진행됨에 따라 끊임없이 점점 확대되고 구체화된다고 말할 수 있다."[3]

따라서 이 행동하기는 다양한 문화로 나뉜 존재의 공통적인 본질의 분할에 기여하면서 차이들간의 대화를 용이하게 하는 것을, 그리고 같은 것과 다른 것, 가까운 것과 먼 것의 관계에서 적절한 거리를 발견하는 것을 목적으로 한다. 이런 점에서 리쾨르는 감정의 토로도, 모든 것을 총괄한다고 주장할 돌출적인 입장도 권하지 않는다. 다른 것과의 진정한 거리에 대한 인식은 실질적인 가까움을 향해 나아가기 위한 조건이다. 상대성의 의미의 원천인 이러한 관점들의 한계 원리는 그럼에도 불구하고 리쾨르에게서는 좀처럼 회의주의나 상대주의로 변하지 않으며, 허무의 시대에 관한 어떤 한탄으로는 더욱더 변하지 않는다. 반대로 그것은 "상대적인 절대"[4]로서 이해된 세계관의 근본을 이룬다. 고유한 것, 가까운 것과 먼 것의 변증법은 리쾨르로 하여금 선한 삶, 시민 공동체 규칙의 기본 원리로서의 선하게 살기라는 아리스토텔레스의 목표를 자신의 것으로 삼게 한다. 따라서 그

---

3) 폴 리쾨르, 《타자 같은 자아》, 앞의 책, 31쪽.
4) 폴 리쾨르, 레미 에브댕과의 대담, 《개혁》, 제2637호, 1995년 10월 28일.

는 행복이 없는 갈망을 주고-받기 교환에서의 집단적 수행 능력으로 이동시키면서, 이 선한 삶의 소원을 바로 더불어-살기의 영감의 원천이어야 할 것으로 정착시킨다. 시테에서 하는 리쾨르의 모든 발언의 궁극적인 목적은 행동 쪽으로, 현재 쪽으로 이끌리려는 갈망의 최초 숨결을 소생시키고, 활력을 불어넣으며, 되찾으려는 것이다. 그렇게 해서 그는 매번 "갈망의 목적론"[5] 덕분에 의지의 의무론을 에너지·활력으로 재충전한다. 증명적인 진리가, 다시 말해 미리 설정된 진리로부터 나오는 것이 아니라 담론이나 행동에 의해 산출된 증언의 가치를 가리키는 개념이 드러나는 것은 항상 존재의 앞에 놓인 이 행동 속에서이다.

리쾨르의 불안은 최근 대의 민주 정치가 겪는 위기[6] 쪽으로 향했다. 이미 1957년에 소련의 탱크가 부다페스트를 점령한 후 '정치적 부조리'에 관한 그의 유명한 발언과 함께 그는 정치적인 것 특유의 과오를 범하기 쉬움과 그 결정 기관의 자율성을 다른 차원의 인간 활동들과 관련하여 강조한 적이 있었다. 철학자는 시민들이 그들 힘으로 그 자신들의 운명을 담당할 수 있도록 여전히 경계를 게을리 하지 말아야 하며, 정치적인 것에 관한 특별한 성찰을 추진해야 할 의무가 있다. "시테는 근본적으로 소멸하게 되어 있다. 시테의 생존은 우리에게 달려 있다."[7] 여러 가지 위기의 징후들은 위급하므로 대의 민주 정치의 기능 장애를 타개하는 더불어-살기의 의지에 다시 활기를 불어넣기 위해 인식을 불러일으키기 마련이다. 시민들은 그들의 대표자들과 너무나 많은 거리감을 느끼며, 대표자들은 자기만의 논리를 갖고 있는 법인처럼 독립적이려는 경향이 있다. 미디어들로서는 직접성을 중시하는데, 그로부터 대중 토론의 구조화와 토론 선택에 책임이 있는 여론에 필요한 모든 매개들의 쇼트 사고가 발생한다.[8] 실천하는 시민들을 정치 계급과 갈라놓는 이 심연 속으로 모든 일련의 전문가들이 쇄도하였으며, 사회의 장래에 관한 전략적인 선택들로 말할 것 같으면 이들 전문가들이 마침내 대부분의 결정권을

5) 폴 리쾨르, 〈행복은 어디에 있는가?〉의 테마에 관해 《르 몽드》-르망 제5차 심포지엄에서 한 발표, 1993년 10월 28-30일, 《르 몽드》, 1993년 11월 5일.

6) 〈위기〉의 개념에 관해서는 폴 리쾨르, 〈위기: 특수하게 현대적 현상인가?〉, 《신학과 철학 잡지》, 제120호, 1988년, 1-19쪽 참조.

7) 폴 리쾨르, 로제 폴 드루아와의 대담, 《르 몽드》, 1991년 10월 29일.

8) 올리비에 몽겡, 《회의주의에 직면하여》, 르 데쿠베르트, 파리, 1994년 참조.

장악한다. "오늘날 사람들은 전문가들을 위해 경제 · 재무 · 세무 등의 문제들에 관한 결정을 포기한다. 그들은 우리에게 이렇게 말한다. 그 분야들은 아주 복잡해졌기 때문에 아는 사람들의 판단에 맡겨야 한다. 사실 여기에는 시민의 일종의 수용이 있다. 따라서 대중 토론을 전문가들이 가로채고 독점한다."[9] 전문가들이 획득한 권한의 효용성을 부정하지는 않을지라도 리쾨르는 우리 문명의 총체적인 방향에 대한 주요한 쟁점들의 차원에서 볼 때 전문가들이 "우리보다 더 자격이 있는 것은 아니며, 그들에게 근본적인 결정권이 주어질 수 있는 것도 아니다"[10]라는 것을 상기시킨다. 선거 집단과 그 대표자들 사이에 증폭되는 거리와 관련이 있는, 전문가들이 혜택을 입는 이 주권의 이동은 대의 민주 정치에 실재적인 위험의 본질을 이룬다. 왜냐하면 그것은 다양한 실망과 적개심에 근거하기 때문이다. 이런 관점에서 리쾨르는 새로운 형태의 연대감을 재창출하면서 고전적인 선거 방식의 가치를 높이게 될, 보다 집단적인 보다 연합적인 다른 방식의 대표제들에 관해 깊이 생각해 봐야 하지 않을까 자문한다. 더욱이 계획 부족, 사회적 상상력의 결핍으로 신음하는 우리 사회는 기다림의 모든 지평과 단절된 현재에 틀어박혀 있는 것으로 보인다. 이 모든 위기 요소들의 결합은 우리에게 정치적인 것의 취약함과, 그것의 목적인 합법성의 위기를 참조케 한다.

이 합법성의 위기를 생각하기 위해 리쾨르는 한나 아렌트의 작업에서 영감을 얻는데, 그는 그녀를 미국에서 알게 되었으며, 한나 아렌트가 자신이 강의하고 있던 뉴욕으로 그를 영입하려고 애썼을 정도로 그녀와 아주 좋은 관계를 유지하고 있었다. 리쾨르가 보기에 한나 아렌트는 경제적 · 사회적 현상들로 단순화할 수 없는 정치적인 것에 대한 사유의 범위를 적절하게 정하는 장점을 지니고 있었다. 따라서 《근대인의 조건》은 전체주의에 대한 반박론이자 "철학적 인류학"[11]으로부터 나온 재구성의 시도로서 소개된다. 문제는 어떠한 조건에서 전체주의적이지 않은 세계가 가능한지를 아는 것이다. 정치적인 것이 그의 실현을 지속 속에 새기려는 의지와, 인간의 조건을 특징짓는 유한성 사이의 긴장 속에 설정되는 한 정치적인 것에게는 위기가 따르기 마련이다. 그로부터 무의미함과 지속성 사이에 갇혀 있는

---

9) 폴 리쾨르, 《르 몽드》, 1991년 10월 29일.

10) 같은 책.

11) 폴 리쾨르, 한나 아렌트, 《현대인의 조건》, 칼망 레비, 파리, 1983년의 서문; 《강의 1》에 재수록, 앞의 책, 51쪽.

인간사에 내재한 덧없음이 생겨난다. 시간에 대한 도전에서 나타나는 정치적인 것의 오만이 그 첫번째 특징이다. "정치는 자기 자신의 '명성을 영원히 전하기' 위한 인간 최고의 노력을 나타낸다."[12] 인간 행동의 그 무력함에 직면하여 대책들 역시 기대에 부응하지 못한다. 왜냐하면 그것들은 다음과 같은 두 가지 답변이 제시될 수 있는 불가역성과 예측 불가능성을 가리키기 때문이다. "불가역성에 대한 유일한 답변은 **용서의 힘**이며, 예측 불가능성에 대해서는 **약속의 힘**이다. 용서는 묶인 것을 풀어 주며, 약속은 불확실한 것을 억제한다."[13] 비극적인 것을 겪은 후 다시 생긴 희망의 원천일 수 있는 것은 보다 단호한 기다림에 관해서와 같이 과거의 탈숙명화 작업, 과거의 미확인된 가능성들의 활성화 작업이라는 시간적 매개를 통한 답변이다. "사회 속에서의 이 희망과 이 믿음은 아마도 '한 아이가 우리에게서 태어났다' 라는 '희소식' 을 알리는 복음서들의 짧은 문장에서 가장 간략하고, 가장 영광스러운 표현을 발견했을 것이다."[14] 은총으로서의 이 탄생 테마는 이미 유한성에 관하여 리쾨르가 한 의지에 관한 초기 작업들 속에 있다. 그는 한나 아렌트와 함께 감사, 행동을 통해 이 은총에 응수하려는 자신들의 공통된 관심에 의해 입증된 대단한 공모를 만들어 낸다.

리쾨르는 성찰을 그가 정치적 권력 행사의 맹점인 "권위의 모순"[15]이라고 규정지은 것 쪽으로 돌린다. 권위는 통용되는 정의에 따르면 명령할 승인된 권리이며, 따라서 이것은 권력의 진영과 그것을 믿는 사람들의 이중적 합법성을 내포한다. 이 점에서도 한나 아렌트의 고찰은 그녀가 실행하는 폭력, 강압에 의거한 힘, 권력, 그리고 근대 사회에 의해 잊혀진, 합법성의 특성과 결부된 신뢰성 · 신빙성에의 호소에 근거한 권위 사이의 분리에 유용하다.[16] 건국의 개념에 대해서 아렌트는 고대 로마를 정치적인 것에 활용된 진정한 권위의 역사적 탄생지로 설정한다. 유례없는 건국으로서의 로마 창립은 차세대들에게 가치들의 공동체 주위에서 더불어-살기를 받아들이게 한다. "공화국의 시작에서부터 신성로마제국 시대의 종말에 이르기까지 로마 정치의 중심에는 건국의 신성성에 대한 확신이 있다."[17] 중

---

12) 폴 리쾨르, 같은 책, 62쪽.
13) 같은 책, 65쪽.
14) 한나 아렌트, 《현대인의 조건》, 앞의 책, 278쪽.
15) 폴 리쾨르, 대의 민주 정치의 위기에 관한 강연 모임에서의 개회식 강연.
16) 한나 아렌트, 〈권위란 무엇인가?〉, 《문화의 위기》, 갈리마르, 파리, 1972년, 120-185쪽

세 그리스도교 세계의 이상형에 의해 계승된 모델을 이루었던 것은 이러한 **권위**, 이러한 과거 확대이다. "성직자는 정치적인 것에게 도유식을 봉헌해 주고, 정치적인 것은 보답으로 세속 재판권을 승인해 주면서. 도유식과 승인, 이 이중 항은 그로부터 분열된 신학-정치의 실천적 작용을 최선으로 보장해 준다."[18] 계몽주의의 근대성이 의문을 제기하며 전복시키는 것이 이 모델이다. 근대성과 함께 사라지는 것은 오로지 지배의 관계만을 중심으로 한 권력의 개념이다. 그런데 계몽주의는 또 다른 형태의 권위의 이름으로 그 이상형에 반대했지만, 이 권위는 건국의 개념과 권위의 확대 추구에 대해 신학-정치적인 것의 옹호자들이 품었던 것과 똑같은 환상을 공유했다. 그것은 권위의 실현을 오로지 지배의 수직적 관계에서만 발견한다. 이러한 의미에서 "요컨대 신학-정치적인 것의 전복은 여전히 지배 관계의 내부에서의 혁명이었다. 변혁된 것은 지배 관계이기는 하지만 반드시 수평적 협력 축과의 지배 관계는 아니었다. 물론 백성은 신의 입장에 놓여졌으나, 수직적 지배 관계와 수평적 협력 관계 사이의 관계가 재검토되지 않은 절대 권위의 원천으로서이다."[19]

신학-정치적인 것의 붕괴와 더불어 근대인들은 민주 정치에 직면하는데, 그 권위의 장소는 클로드 르포르가 분석하듯 "사회적인 것의 상징적 차원"[20]이 된 정치 권력에서 구체화된 상징적 장소이다. 그러므로 정치 권력은 "상징적인 것과 실제적인 것의 간격"[21]을 유지하는 것을 임무로 삼을 그러한 빈 장소가 될 것이다. 리쾨르가 여는 관점은 그때까지 방치되어 있던 차원, 수평적 · 협력적 관계의 차원을 중요시하면서 권력의 장을 재편성한다. 전체주의의 경험이 우리에게 교훈을 주듯이 정치적인 것의 자리는 성서에 근거한 신성한 정당화를, 모든 것을 총괄하고 관리하려고 하는 유사한 야망을 갖고 있는 세속 종교의 정당화로 대체한 절대 권력이 없어야 한다. 신학-정치적인 모델과 유사한 예속 상태로 몰고 가는 이러한

17) 한나 아렌트, 같은 책, 158-159쪽.
18) 폴 리쾨르, 〈오늘날 정치적인 것은 무엇으로 만들어지는가?〉, 앞의 책.
19) 폴 리쾨르, 〈신학적-정치적인 것의 종말〉, 로빈슨의 회견, 샤트네-말라브리, 1992년 2월 9일.
20) 클로드 르포르, 《정치적인 것에 관한 시론》, 쇠이유, 파리, 1986년, 14쪽.
21) 같은 책, 265쪽.

위험에 직면하여 리쾨르는 다른 방법, "더불어-살기의 정치신학의 장을 열어 주는"[22] 방법을 인지한다. 그러므로 시테 안에서의 각각의 토론과 반박은 모두 노후에 시달리는 더불어-살기의 습관을 "마치 매일매일 사회 계약서를 다시 만들듯이 자발적 행위로"[23] 바꾸는 기회로 이해되는데, 이것은 르낭이 "매일 하는 국민 투표"에 대해서와 같이 국가에 대해서 했던 정의와 일치한다.

오늘날 리쾨르는 이러한 위기에 직면해 있는 정치적인 책임자들의 선택을 해명해 주기 위한 임무를 더욱더 자주 맡는다. 오로지 사변적인 작업에만 파묻히는 대신 그가 받는 무수한 요청에 긍정적으로 응한다. 따라서 그는 브뤼셀에서 유럽의 정체성에 관한 공동 고찰에 참여한다. 프랑스 특유의 장소에서 그는 1993년 12월 3일, 책임과 국가 기구에 관하여 장 픽크가 주재한 임무의 일환으로 질문을 받는다. 그의 발언은 이 임무를 담당하는 9명의 자문회의에 크게 영향을 주는데, 이들은 1993년 11월과 1994년 5월 사이에 7백 명 이상을 회견하는 긴 연구를 추진했다. 수상에게 제출된 마지막 보고서인 《프랑스에서의 국가》에는 리쾨르의 고찰 흔적이 있으며, 그의 다음의 인용을 첫머리에 싣는다. "시민들의 의식 속에 국가의 위치는 더 이상 분명하지가 않다."[24]

고위공무원인 장 픽크는 세브르센터에서 신학 교육을 받으려고 시도할 때 리쾨르의 작업과 마주친다. 그때 그는 이미 회계감사원 고문이었다. 마지막 해에 신학 학위를 받게 되는 5년간의 그 교육 기간 동안 매월 함께 논점을 명확히 하는 그의 지도교수는 피에르 장 라바리에르이다. 그가 리쾨르의 작업을 간파하는 것은 라바리에르와 프랑수아 자비에 뒤모르티에와 함께이다. 같은 시기에 고급공무원으로서 그는 외무성의 개혁에 관한 고찰을 담당하여 2개월간 발로 뛰며 그 일을 훌륭하게 처리한다. 당시 외무부 장관 알랭 쥐페가 지원하여 그가 성공적으로 마치는 자료는 3개월 만에 시행된다. 이러한 성공으로 인해 그는 당시 수상인 에두아르 발라뒤르로부터 국가에 관한 고찰에 착수해 달라는 제안을 받는다. "따라서 발라뒤르를 만나러 가서야 나는 임무가 축소된 것을 알게 되었다. 국가의 실제 위기

---

22) 폴 리쾨르, 〈신학적-정치적인 것의 종말〉, 앞의 책.
23) 폴 리쾨르, 마티외 카스타그네와의 대담, 《라 크루아》, 1993년 3월 14-15일.
24) 폴 리쾨르, 《프랑스에서의 국가》, 다큐멘테이션 프랑수아스, 파리, 1995년, 13쪽.

가 있다는 변하지 않는 직감이 있었기에 나는 임무를 진지하게 받아들일 것을 간청했다."[25] 절반만을 납득한 수상은 안건을 갖고 다시 오라고 부탁한다. 공식적인 임무 임명이 있기 전날 밤까지 장 픽크는 초조해한다. 그러나 그는 마침내 상당한 국가 윤리를 지니고 있고, 변화의 필요성을 확신하는 현장 위주의 활동가들로 주로 구성된 '현자' 들의 팀을 배치하는 데 성공한다. 장 픽크는 철학자들을 면담하고, 클로드 르포르 · 폴 티보 · 알랭 핑켈크로트에게 문의한 뒤 리쾨르와 접촉한다. "나의 비서가 두 번을 거절당하고 난 뒤, 내가 그에게 전화를 걸었다. 나는 그에게 세브르센터에서 만난 적이 있다고 말하며, 그를 필요로 하는 이유를 설명했다. 그가 자진해서 이렇게 대답했다. '제가 졌습니다. 그리로 가지요.' 이것은 모든 이해 관계에서 벗어난 그 사람의 차원을 나타낸다. 그건 진한 감동이었다."[26]

리쾨르는 1993년 12월 3일, 청문회에 제도적 장이 대단히 다원화된 국가의 실제 지역의 시민들 의식 속에 있는 불투명한 특성을 강조한다. "우리에게 그것은 약간은 공산주의적 노선이었다. 국가의 문제가 제기되는 것은, 누구도 국가가 어느쪽에 위치하는가를 그리 잘 알지 못하기 때문이다. 용어의 모든 의미에서 그것은 나에게 많은 것을 가르쳐 주었다."[27] 이미 해결된 그 다원주의를 예증하기 위해 리쾨르는 다양한 승인 명령에 관한 장 마르크 페리의 연구들과 롤스 · 월처 · 볼탄스키 · 테브노의 연구들을 언급한다. 그의 성찰의 두번째 축은 전체의 부분이기는 하지만 공익의 구현으로서, 그리고 법치국가와 합법적인 폭력, 권위의 수직적 논리와 더불어-살기의 수평적 논리의 엇갈림으로서 국가의 이중적 모순에 집중된다. 리쾨르는 일반적인 규칙을 정해야 할 절대적인 필요성을 주장하면서 청문을 마친다. 왜냐하면 "동의의 범위들의 분열적 특성이, 범위들 가운데서 규칙을 발견하는 어려움이 갈등을 인정할 것과 그것을 깨끗이 해결하기 위해서 규칙을 취소할 것을 의무화하기"[28] 때문이다.

리쾨르의 전(全) 여정은 시테의 중심에서 행하는 이러한 참여들로 점철된다. 이 참여들의 특별한 배경은 오랫동안 1954년에 건립된 개신교 교육 연구 기관인 상

25) 장 픽크와의 대담.
26) 위의 대담.
27) 위의 대담.
28) 폴 리쾨르, 1993년 12월 3일의 발표회, 장 픽크 통역.

리스 근처의 빌메트리센터였다. 이 기관은 비순응주의 신학자 목사인 앙드레 드 로베르를 포함해서 저명한 신교도들의 그룹인 부아소나들간의 만남을 계기로 건립된다. "부아소나들은 개성 있는 인물이었던 앙드레 드 로베르가 그곳을 대화와 공동 성찰의 장소로 만들게 하기 위해 자신들의 건물을 그에게 맡기고 싶어했다."[29] 구상은 복음서와 근대 사회 사이의 단절에 관해 숙고하는 것이다. 1969년 앙드레 드 로베르가 은퇴하자 부아소나들은 프랑스의 계획 경제 통계 기관들의 창시자이자 명성 있는 경제학자인 클로드 그뤼종[30]에게 빌메트리센터의 원장직을 맡아 줄 것을 의뢰한다. 1964년 3월에 클로드 그뤼종은 '장기 경제 전망과 계획'이라는 주제에 관하여 정책감사위원장인 피에르 마세와 리쾨르 간의 빌메트리 토론을 기획한다. 리쾨르는 더욱더 합리적으로 되어가는 사회에서의 집단적 선택의 절대적 필요성을 강조하면서 토론에 참가한다. 이때는 정부 정책이 모두에게 강요되는 드골 장군의 시기이다. 피에르 마세는 사람들이 어떠한 경제 체제를 바라는지를 알기 위해 스스로 질문을 제기하고, 리쾨르는 답변에서 힘 · 여가 · 소비 · 창조 혹은 연대감의 경제 체제를 위해서 해야 할 선택의 '윤리적 반향'을 강조한다.[31] 발언 중 리쾨르는 클로드 그뤼종에게서 많은 것을 끌어온다. 그뤼종은 경제학자의 요구 사항과 철학자의 의미 요구의 어려운 결합에 부딪쳐 그들 사이에 마무리되지 않은 채로 있던 대화로 근본적인 유사함을 나타낸다. 1964년 리쾨르는 "수단을 증가시키는 사회에서 심화되는 목적의 부재가 틀림없이 우리의 불만의 근본적인 원인임"[32]을 상기시킨다.

복음서들과 근대 사회의 교훈들 간의 엇갈림 속에서 1958년부터 리쾨르는 빌메트리에서 정의[33]와, 더 직접적으로는 과학과 신앙의 대조[34]에 관한 고찰을 이끈다. 이 센터의 원장인 클로드 그뤼종으로 말하자면 보다 정당한 하나님의 왕국,

29) 클로드 그뤼종과의 대담.

30) 클로드 그뤼종은 1950년에 경제 · 재무교육부(le SEEF)를 창설하였으며, 국립경제 · 재무교육연구소(l'INSEE)를 1961년부터 1967년까지 이끌었다.

31) 폴 리쾨르, 〈사회의 장기 경제 전망과 그리스도교적 관점〉, 《카이에 드 빌메트리》, 제4호, 1964년, 20쪽. 리쾨르는 《에스프리》에 기고할 다음 논문에서 이 주제를 재개할 것이다. 〈경제 예측과 윤리적 선택〉, 1966년 2월, 178-193쪽.

32) 같은 책, 31쪽.

33) 폴 리쾨르, 〈처벌권〉, 《카이에 드 빌메트르》, 제6호, 1958년, 1-21쪽.

34) 폴 리쾨르, 〈과학 사회와 신앙 사회〉, 《카이에 드 빌메트리》, 제8호, 1958년.

구제받은 세상을 알리는 설교의 내용과 무정부 상태의 사회적 영역에서 무질서·혼란·폭력이 더욱더 확대되고 있는 현실 사이에 더욱 깊어가는 골을 용인할 수 없기에 그 역시 항상 참여적이다. "여기에 완전한 파렴치함이 있다. 그것이 내가 말하려는 것이다."[35] 빌메트리센터의 원장으로서 그는 1983년에 앞장서서 유럽 규모로 확산된, 여러 언어로 번역된 "희망의 남녀에게 호소"를 한다.[36] 리쾨르는 다른 활동에 참여하고 있는 사람들, 즉 사회학자·경제학자·철학자·기업가·고급공무원들을 결집시키는 이 호소에 서명한 36명 가운데 한 사람이다. 그들은 더 많은 자제를 하게 하고 공동의 희망을 재창출하는 합리적인 해결을 주장하면서 장래에 대한 자신들의 불안을 표현하며, 확인된 기능 장애의 해결에 도전하기 위해 여러 가지 해결책을 공동으로 숙고할 것을 제안한다. "우리는 폭력과 거짓과 불의가 숙명적인 속박의 결과라는 생각과 타협할 어떠한 계획, 어떠한 행동에도 동의할 수 없다."[37] 이 호소에 대한 찬동으로 특히 독일·덴마크와 네덜란드의 개신교 사회에서 윤리적인 고찰이 시작된다. 그리하여 클로드 그뤼종은 제라르 마르코프와 함께 1986년 4월 8일부터 10일까지 열리는 빌메트리센터[38]학회를 기획하여, 정치 윤리에 관한 고찰[39]을 위해 40명 이상이나 되는 유럽 여러 나라의 인사들을 초청한다.

빌메트리센터에서 리쾨르는 철학자이자 성 도미니크회 신학자인 베르나르 켈크주와 사회학자 폴 라드리에르와 재회한다. 그러나 클로드 그뤼종과의 대화는 여전히 좀 어려워 보인다. 더 최근에 그것은 클로드 그뤼종과 폴 라드리에르가 발표한 한 저서[40]의 출판을 계기로 표면화되었다. 경제학적이고 사회학적인 자신들의 두 관점을 연결하면서, 저자들은 폴 라드리에르가 폭넓게 근거로 삼는 리쾨르의 '소윤리'에 많은 빚을 지고 있는 행동 일반론의 구성에 들어간다. "리쾨르는

35) 클로드 그뤼종과의 대담.

36) 《희망의 남녀에게 호소함》, 상티르용, 파리, 1983년.

37) 〈남성과 희망적인 여성들에의 호소〉, 제라르 마르코프(책임), 《정치 윤리를 향하여》, 빌메트리센터, MSH, 파리, 1987년, 263쪽.

38) 센터는 지금은 빌메트리에 있지 않으며, 그 이름은 그대로 사용하지만 파리 16구에 위치해 있다.

39) 제라르 마르코프, 《정치 윤리를 향하여》, 앞의 책.

40) 클로드 그뤼종과 폴 라드리에르, 《윤리와 정부 중심주의. 유럽의 계획》, PUF, 파리, 1992년.

내가 40년 전부터 기다렸던 것을 현실화할 수 있는 여지를 주었다. 그는 항상 하나의 윤리를 예고했다. 규범에 앞서 자유를 설정하는 그의 중심 개념이 나에게는 본질적이다."[41] 그는 리쾨르로부터 윤리란 규범의 실험을 거치며, 단지 **사회**의 내부에서만, 제도들의 운행 자체에서만 존재한다는 협력자라는 옛 테마의 재개를 받아들이기도 하는데, 그렇다고 해서 윤리와 정치를 혼동하는 것은 아니다. 그는 또한 리쾨르로부터 윤리가 도덕에 선행한다는 것을 받아들인다. "윤리적 목표가 도덕적 의무를 선행한다는 것을 강조하는 것은 경제학적 분석들과 관련된 윤리적 호소가 차지하는 지위의 특징을 드러내게 한다."[42] 의도와 목적의 유사함은 클로드 그뤼종이 《에스프리》나 다른 잡지에 실릴 이 저서의 서평을 위해 리쾨르를 신뢰한 바 그대로이다. 소르본 광장에 위치한 브랭출판사의 지하층에서 만날 약속이 정해지고, 거기서 리쾨르와 이 두 저자 간에 긴 대화가 이루어진다. 그러한 대화에도 불구하고 저서의 서평은 없을 것이다. "이 책을 읽으면서 자신은 그 의미를 완벽하게 이해했기 때문에 표명할 비판거리가 없었다고 더 훗날 그는 나에게 말할 것이다. 내가 지지하는 명제들이 지배 체제와 너무나 상반되어 그가 잠시 망설인다. 그건 충분히 이해된다."[43] 의견 대립 이상으로 클로드 그뤼종과의 대화의 어려움은 분명히 상이한 역(registres)과, 차이가 있는 동화 사회(milieux d'insertion)에의 소속감에서 비롯된다. 그것에 클로드 그뤼종의 단호한 바르트주의가 추가되는 데 반해 리쾨르는 바르트에 대하여 점차적으로 거리를 두었으며, 시테에서 행한 자신의 발언 방식을 오로지 철학자의 관점에서만 나오는 것으로 이해한다.

사회주의적 참여에 충실한 리쾨르는 미셸 로카르가 1988년 수상이 되자 정부의 정책 실행에 많은 조언을 하는데, 그것은 옛 제자인 언어학자 피에르 앙크르베가 문화·언어와 프랑스 혁명 2백 주년의 임무를 맡아 수상의 내각에 속해 있기 때문이었다. 당시 로카르는 누벨-칼레도니아에서 벌어지고 있는 멜라네시아인들과 유럽인들 간의 대립이라는 까다로운 사건을 맡는다. 그는 상호 공동체적 대화의 조건을 회복시키기 위해 그 지역에 있는 개신교도 조직망을 이용한다. 갈등은

41) 폴 라드리에르와의 대담.
42) 폴 라드리에르, 클로드 그뤼종과 폴 라드리에르, 《윤리와 정부 중심주의》, 앞의 책, 39쪽.
43) 클로드 그뤼종과의 대담.

마티뇽 협정의 체결로 다행스러운 결말을 찾는다. 마티뇽 협정은 반대 진영이지만 같은 개신교 신앙을 공유하는 공통점을 갖고 있는 두 지도자, 자크 라플뢰르와 장 마리 티바우 간에 다시 고안된 협약에 조인한다. 로카르의 고문인 피에르 앙크르베는 이러한 갈등 해결에서 "정치 분야에서의 리쾨르주의가 로카르에게서 직접적으로 적용"[44]되고 있음을 본다. 이처럼 리쾨르주의는 그 실천적 해석을 그의 윤리 이론에 제시한다. 이러한 관점에서 피에르 앙크르베는 베버가 확립한 책임 윤리와 확신 윤리 사이의 구별에 크게 영향을 받은 미셸 로카르 곁에서 자주 중재에 나서, 그에게 "그 둘 사이의 교차 지점을 찾아내야 한다는 리쾨르의 입장"[45]을 상기시킨다.

그의 신념의 대부분을 공유하는 한 사람의 대리로 권력에 출현한다는 그 느낌은, 로카르와 리쾨르로 하여금 공동 저서 계획의 실행을 시작할 수 있게 해줄 것이다. 그 저서의 제목은 《철학자와 정치인》으로 할 예정이었다. 자유 시간을 낼 수 없을 정도로 몹시 바쁜 수상 때문에 그 계획은 단 한번 가진 대화의 내용을 《에스프리》에서 출판하는 것으로 축소되었다. 제안은 모두 《에스프리》지와 피에르 앙크르베에게서 동시에 나온다. "우리는 수상 관저에서, 예산 조정이 이곳에서 이루어지기에 고통의 테이블이라 일컬어지는 원탁에 둘러앉아서 토론을 했다."[46] 이 토론에서 리쾨르는 자본주의와 사회주의를 대립시키는 전통적인 분석의 축을 완전히 바꾸면서 시장 경제에 따르는 단 하나의 논리를 극복해야 할 필요성을 강조한다. 그렇게 하기 위해서 그는 "무엇보다 생산과 상충되는 분배 용어의 엄밀하게 경제적인 의미에서가 아니라 모든 종류의 자산, 물론 상품 자산뿐만이 아니라 건강, 교육, 사회보장, 국가의 정체성이나 시민권과 같은 자산들을 분배하는 체계의 의미에서 제도의 조직망으로서의 사회가 거대한 분배 체계로 이루어져 있다는 견해"[47]를 제시한다. 마이클 월처의 명제들에서 많은 영감을 얻은 리쾨르는, 분배 자산의 성격에 따라 이러저러한 정의의 영역에 적용된 분배의 규칙들을 검토한다. 따라서 그는 로카르로 하여금 전체주의 체제들의 관리 경제를 우선적으로 비판해

---

44) 피에르 앙크르베와의 대담.

45) 위의 대담.

46) 미셸 로카르와의 대담.

47) 폴 리쾨르, 〈정의와 시장. 미셸 로카르와 폴 리쾨르의 대담〉, 《에스프리》, 제1호, 1991년 1월, 6쪽.

야 한다는 명목하에 너무 오래전부터 지연된 임무인 자본주의에 대한 보다 신랄한 비판을 가하게 한다. 그렇지만 완전히 합법적이고 유용한 이 비판은 "모든 사회적 상상력을, 사회적 변화의 모든 상상계를 고갈시키는"[48] 역효과를 낳았다. 논리 자체에 몰두하는 경제 논리와 순전히 도덕적인 비난의 담론을 병치하는 것이나 다름없는 이러한 삭제 위기에 누구도 더 이상 만족하지 못한다. 미셸 로카르는 리쾨르와 마찬가지로 "시간을 낭비해서도, 될 수 있는 한 빨리 자본주의의 비판을 감행해서도 안 된다"[49]는 것을 인정하며 시장 경제권의 내부 자체에 책임의 윤리를 추가할 것을 옹호한다. 그렇지 않으면 장기적인 선택들이 금융권의 오로지 단기적인 수익성의 명목에 희생될 것이었다. 동시에 "후기 프랑코 장군파의 스페인이 이룩한 경이로운 민주 정치의 재건"이 지식인들을 무관심 속에 침잠시키는 데 반해, 미셸 로카르는 자신으로 하여금 갈등 해결의 극단적인 수단을 중시하게 하고, 예를 들자면 피델 카스트로에게 무분별한 권한을 승인하게 하는 확신이라는 단 하나의 윤리에 의해 고무된 예언자적인 지식인의 모습을 비난한다.[50] 정치 행위가 포함될 수 있을, 오랜 시일이 걸리는 상징적인 계획의 필요성에 관해 리쾨르가 제기한 문제에, 미셸 로카르는 좌파가 지식인들이 좋아하는 이데올로기들의 종말에 만족해할 수 없다는 것과, 그러나 민주 정치의 재건이 더 이상 엄격한 국가적 틀에만 한정될 수 없다는 것을 인정한다.

리쾨르는 사회당의 다른 고위 책임자들에게도 많은 영향을 주었다. 아라고 거리에서 거행되는 사회주의 그리스도교 1백 주기를 맞이하여 피에르 족스는 강연 요청을 받아 연설을 하던중에 3명의 거장, 즉 공제조합과 협동조합의 창시자인 샤를 지드와 앙드레 필리프와 폴 리쾨르를 내세운다. "단언하건대, 그 설명이 많은 인용들로 뒷받침된 걸 보면 그가 리쾨르의 저서를 모두 다시 읽은 것이 분명했다."[51] 피에르 모로이가 CERES를 떠난 지 얼마 되지 않아 미셸 샤르자가 1985년 사회주의 계획을 완성하는 임무를 그로부터 위임받게 되자, 그는 여러 청문회를 기획하며 도중에 리쾨르를 외부의 도움 없이 참가시킬 뿐만 아니라 〈시테에서의

48) 폴 리쾨르, 같은 책, 8쪽.
49) 같은 책, 9쪽.
50) 같은 책, 14쪽.
51) 자크 모리와의 대담

시민권과 연대감〉이라는 주제에 관해 자신이 기획한 화학관에서의 토론회 때도 그렇게 한다.

리쾨르는 사회당의 장래에 관련되어 있는데다 또한 열중해 있었기에 계속해서 많은 신경을 쓰는데, 이 당에서 더 이상 투사가 아닐지라도 그의 귀속 정치 집단을 발견할 수가 있다. 그는 장 뤽 도므나크의 아내인 주느비에브 도므나크가 그 시부모를 만나기 위해 샤트네에 올 때마다 그녀와 이 당에 관해 토론할 기회를 자주 갖는다. 주느비에브 도므나크는 국가원에 있는 약 20명 가량의 사람들을 재규합하여 매주 수요일마다 모이는 사회당의 집행부에 속해 있었다. "아주 솔직하고 인간적이며 순진무구한 태도로 그는 사회당의 상황을 알기 위해 나에게 질문을 한다."[52] 유네스코 국제 관계 공무원인 그녀는 사회 문제 국내 서기관이었으며, 뒤이어 로카르 정부에서는 마약 퇴치 각부 공동 대표단의 책임자로서 직무를 맡은 적이 있다. 오염된 혈액에 관한 토론 때에 리쾨르는 "책임은 있지만 죄인은 아니다"라는 조르지나 뒤푸아의 말을 정확하게 이해했으나, 이 말은 일반의 비웃음의 대상이었다. "나는 조르지나 뒤푸아와 함께 일을 하고 있었기 때문에 그 사람과 그 문제에 관해 토론을 했다. 그는 그녀가 사회부 장관으로서는 책임이 있지만, 법적 · 사실적 의미에서는 죄인이 아니라는 사실을 받아들였기 때문에 그녀에게 무척 관대했다."[53]

1994년 12월, 좌파 전체가 대통령 선거에 당선되기를 기대할 수 있는 유일한 후보자이기는 하지만 여전히 출마 결정을 내리지 못하고 있다고 밝히는 자크 들로르 쪽으로 눈길을 돌리자, '제2의 좌파' 성향의 비공식 소그룹——여기에서 특히 주느비에브 도므나크 · 조엘 로망 · 세르주 드파키 · 파트릭 비브레를 찾아볼 수 있다——은 그에게 대통령 선거전에 나가야 함을 납득시키기 위해 선수를 쳐야 한다는 결정을 내린다. 그를 결심시키기 위해 누가 가장 많은 영향력을 행사할 수 있을 것인지를 아는 문제에 토론이 집중된다. 참가자들은 사회당의 지도자를 개입시키려는 생각을 버리고, 리쾨르를 개입시키기로 선택한다. "따라서 나는 리쾨르에게 전화를 걸고는, 도므나크 부부의 집에서는 모두가 '삼촌' '이모'로 호칭되듯이 그에게 이렇게 말했다. '폴 삼촌, 삼촌을 반드시 만나야 합니다. 들로르

52) 주느비에브 도므나크와의 대담.
53) 위의 대담.

에 대해 말씀드리고 싶습니다.' 그는 당장에 오라고 말했다. 나는 30분 뒤 하얀 담으로 가서 그에게 이렇게 말했다. '들로르에게 전화를 해서 선거에 나가라고 말씀하셔야 합니다.' 리쾨르가 이렇게 대답했다. '물론이지요. 나도 전적으로 동의합니다. 반드시 들로르가 나가야 하지요.' 그리고는 이렇게 덧붙였다. '이건 좌파의 명예이고, 사회주의 계획의 부흥을 위해 의미가 있는 일이지요.'"[54] 그리하여 리쾨르는 안 생클레르가 진행하는 유명한 프로인 〈셋 쉬르 셋〉이 방송되기 이틀 전에 들로르에게 전화를 건다. 이 방송중에 들로르는 대통령 선거에 출마하지 않겠다는 분명한 의사를 알린다.

시테 속의 철학자인 리쾨르는 도시화와 탈종교화 간의 교섭 문제[55]에 관하여 1967년 시테에서 발언에 나선다. 그의 발언은 미국 신학자 하비 콕스[56]의 관점을 이해시키고 옹호하는 것을 목표로 한다. 도시에 내재한 위험들에 관해, 소외와 억압과 타락의 장소로서의 도시의 해로운 결과들에 관해 개탄하는 전통적인 관점과 정반대의 입장을 취하는 하비 콕스는 반대로 "자유의, 따라서 도시가 그리스도교인들을 필두로 개인들에게 선사하는 개인적인 성숙의 무수한 가능성들"[57]을 찬양한다. 자크 엘륄이 60년대초부터 도시화의 부정적인 측면들을 주장하는 데 반해,[58] 더 나중에서야 자신의 비판적 입장들을 종합하는 리쾨르는 도시의 현대성에 대한 환영의 입장을 규명하기 위해 하비 콕스의 연구에서 크게 영감을 얻는다. 그렇다고 해서 도시의 현대성의 있을 수 있는 기능 장애들을 은폐하는 것은 아니다. 탈종교화의 지지자인 리쾨르는 대도시의 효과에 적합한, 교회 제도들의 그 아주 미약한 영향력을 호의적으로 생각한다. 도시 집중으로 인해 가속화된 유동성과 비인간화는 모두 다 그것들의 잠재적인 실증성(positivité) 속에서 고려된 사회적 현상이다. 도시는 "그 자신의 미래 쪽으로 기울지면서 계획"되었다. "도시는 인간이 변화를 인간의 계획으로 이해하는 장소이자, 인간이 그 자신의 현대성을 깨닫

---

54) 주느비에브 도므나크와의 대담.

55) 폴 리쾨르, 〈도시화와 탈종교화〉, 《사회그리스도교》, 제5-8호, 1967년, 327-341쪽.

56) 하비 콕스, 《세속 도시. 도시 해방의 축하와 도시의 규율에의 초대》, 맥밀런, 뉴욕, 1966년; 프랑스어역 《세속 도시: 탈종교화와 도시화에 관한 신학론》, 카스트르망, 투르네, 1968년.

57) 베르트랑 레몽, 〈신교와 가시성: 이율배반이란 말인가?〉, 《도시 계획》, 제291호, 1996년 11-12월, 69쪽.

58) 자크 엘륄, 《의지할 곳 없이, 대도시의 성서적 의미》, 갈리마르, 파리, 1975년.

는 장소이다."[59] 리쾨르는 더불어-존재의 공간을 보다 훌륭하게 잘 제어하기 위해서 경계, 책임의 근원이어야 하는 모든 가능한 형태의 도시병리학을 부정하지 않는다. 그러나 도시 사회의 내부에서 성역과 속세의 영역 구분이 점차적으로 사라진다는 것은 해방 신앙의 쇄신과 심화의 기회일 수 있다. 이러한 변화는 하비콕스에 따르면 "본질의 환멸, 정치의 비신성시와 가치들의 부인"[60]이라는 세 가지 형태를 채택하는 세속 도시의 신학이 진실임을 확인시켜 준다. 그것은 소교구의 세계와 그밖의 생활 공동체의 구분을 다시 문제삼는데, 개신교의 근대성과 잘 부합하는 것이 그것이다. 도시의 발전과 더불어 복음서의 메시지는 새로운 의미를 띠며, 그 의미는 도시에서 가시성보다는 한층 더 현존을 거친다. 따라서 리쾨르가 권유하는 것은 "인간 관계의 비거주적(non résidentiels) 측면들"[61]을 고려하는 교회의 형식들에 관한 고찰이다.

그는 더 이상 이 분야에 개입하지 않을 것이다. 그러나 잡지 《도시 계획》의 발행인이자 파리 라데팡스의 건축학교 교수인 티에리 파코는, 건축계가 전세계적인 문명으로의 행진과 물려받은 국가 유산의 보존 사이의 긴장에 관한 1961년의 한 논문[62]에 대하여 리쾨르를 언급하고 있음을 확인한다. 이후로 건축가·도시공학자와 도시사회학 전문가들은 시간성 속에 기재된, 도시에 대한 서술의 근거를 찾기 위해 더한층 《시간과 이야기》를 활용하는 공간기호학의 관점에서 오히려 리쾨르의 작업을 거론한다. "이 분야에서 리쾨르가 채택하는 우회는 유용하다."[63] 설령 도시공학자들의 집단이 하이데거와 레비나스의 명제들에서 착상을 얻는다 할지라도 "도시가 하나의 이야기로 간주될 때 참고가 되는 이론가는 리쾨르이다."[64]

투르 시의 과학관 도시 정책 연구원인 미셸 뤼소는 결정론적이고 기능주의적인 모델들을 단념하고, 국토 정책의 기호학적 접근에 전념한다. 그의 논증은 리쾨르의 관심을 끈다. **미메시스**의 3단계(전-형상화, 공-형상화, 재-형상화)는 모두 다 모든 구획 정리 계획의 기표적 장치에서 정지로 이해된다.[65] 이처럼 해석학적 차

59) 폴 리쾨르, 〈도시화와 탈종교화〉, 논문 인용, 330쪽.

60) 같은 책, 333-334쪽.

61) 같은 책, 341쪽.

62) 폴 리쾨르, 〈보편적인 문명과 국민 문화〉, 《에스프리》, 1961년 10월; 《역사와 진리》에 재수록, 앞의 책, 286-300쪽.

63) 티에리 파코와의 대담.

64) 위의 대담.

원이 도시공학자들의 사고의 영역으로 들어감으로써 국가적 경계를 넘어 리쾨르는, 건축학의 구성을 은유처럼 '삶의 진실임직함'으로 이해하면서 횔덜린에게서 차용한 **거주하다**의 개념에 깊이를 부여하는 늘어나는 연구자들[66]에게 지식의 원천이 된다.

리쾨르는 오로지 국내 문제에만 개입한 것은 아니었다. 세계 무대의 차원에서 그는 여러 가지 명분을 위해 능력을 발휘함으로써 방관자로 머무는 것 또한 원치 않는다. 밀로세비치가 보스니아에서 추진한 정책에 관하여 리쾨르는 80년대초 레흐 바웬사와 결속 단체 쪽으로 이미 동원된 모든 사람들과 함께 분명하게 입장을 취한다. 리쾨르는 세르비아인들이 저지르는 살인 행위가 절정에 달할 때 정체를 폭로하고, "그를 심판하기 위한 국제재판소"[67] 앞으로 소환해야 마땅한 "히틀러와 스탈린주의의 축소판"으로 자신이 묘사한 자를 공격하기 위해 《에스프리》지와 함께 참여한다.

요란한 선언을 하는 일이 없이 90년대에 리쾨르는 자신이 만나는 지식인들이 생존할 수 있도록 두 가지 일을 하지 않을 수 없다는 것을 목격하고는 무척이나 놀라 그들에게 물질적인 도움을 주면서, 그곳이 모스크바이든 상트페테르부르크이든 간에 러시아를 자주 방문한다. "그는 그들의 수치심에 무척 충격을 받는다. 그에 따르면 그들은 모욕당한 민족이다. 그러므로 그는 오늘날 동구권 나라들의 운명에 무척 관심을 기울이고 있다."[68]

1994년 올리비에 몽쟁은 이란에 있는 잡지와 그 활동들에 관한 조사의 일환으로 테헤란에 사절로 파견된다. 그 기회에 그는 이란과 서구 사이에 진정한 대화를 재창출하고자 하는, 자유의 바람을 일으키고자 하는 계간지인 《고프트-오-구》

65) 미셸 뤼소, 〈(이행) 기호로 나타낸 토지 정책〉, 《시간 · 공간》, 제62-63호, 〈Penser/figurer〉, 1996년, 92-103쪽.

66) 피에르 펠레그리노, 《공간과 문화》, 생 사포링, 게오르기, 스위스, 1983년; 피에르 펠레그리노(주관), 《건축학의 형상. 도시의 형태들》, 제네바학회보고서, 앙트로포스, 파리, 1994년; 조제프 뮌타놀라 토른베르그, 《지형 생성, 살아 있는 건축학의 기반》, 앙트로포스, 파리, 1995년; 앤드루 벤저민, 논문, 《미메시스와 아방가르》, 루틀리지, 런던, 1992년; 에두아드 S. 캐세이, 《공간의 운명, 철학사》, 캘리포니아대학교출판부, 1997년.

67) 폴 리쾨르, 《세기의 감시병》, 자크 샹셀의 방송, 1992년 12월 27일.

68) 테레즈 뒤플로와의 대담.

('대화')의 발기인인 라민 자한베글루와 재회한다. 이 잡지의 목표는 이란으로서는 새로운 개념들이며 서구에서 보다 통상적인 시민 사회, 대중 공간, 표현의 자유, 정의의 개념들을 소개하면서 이란 사회의 문제들에 해결책을 제시하는 것이다. 올리비에 몽쟁은 〈프랑스 소설〉에 관한 강연으로 강당을 5백 명 이상의 청중으로 채우며, 강연마다 "민중의 노래"[69] 1절로 끝을 맺는다. 그 자리에 모인 대중은 참여 공간의 실재적인 요구와 가능성을 나타낸다.

라민 자한베글루가 리쾨르를 초청하려는 의도를 알리자 파리로 돌아온 올리비에 몽쟁은 리쾨르에게 테헤란 방문을 권한다. "우리로서는 행운이었다. 서구에서 성찰의 근본을 이루는 개념들은, 만일 그들이 그것을 이해하기 위해 애를 쓴다면 이곳에서도 완벽하게 적용될 수 있다. 리쾨르는 우리에게 망각과 용서에 대해 이야기하였다. 용서할 수 있기 위해서 일어났던 일을 잊지 말 것."[70] 1995년 2월 리쾨르는 〈기억, 망각, 역사〉라는 주제에 관하여 테헤란에서 강연을 하며, 대단한 성공을 거둔다. 이 강연중에 이슬람교 공화국의 주요 인사인 한 차관이 등장해 예기치 않은 연설을 하며 현대 사회들의 타락을 거론한다. 즉 자신이 구현하는 신학-정치의 모델에 효과적인 무기로 해를 끼칠 수 있는 것에 직면하여 권력의 경계를 나타내는 회유를 시도한다.

사회보장 제도에 관한 쥐페 정책에 비판적인 지지 탄원을 하기 위해 1995년 11월 《에스프리》로부터 부탁을 받은 리쾨르도 서명자들에 속한다. 특히 프랑스 민주노동동맹(CFDT)의 보좌관인 니콜 노타와의 연대감을 표명하기 위해 시작된 이 탄원은, 《르 몽드》의 추진력으로 2백만 이상의 사람을 거리로 유도한 사회 운동이 한창 상승 국면에 있을 때 이 신문에 게재된다. 리쾨르는 약간은 자신이 친구들에게 서명한 때와, 그 당시에는 아직 진정으로 파악할 수 없었던 운동의 명료해지는 의미의 괴리에 갇혀 있다고 느낀다. 그리하여 여러 명의 지식인들이 사회 운동에 대한 지지를 표명하기 위해 솔선하여 두번째 탄원을 한다.

1995년 12월 표현된 열망에 나타난 대혁신은 정치 계획과 희망의 표현으로 구성된 '모두 함께'라는 이 구호 속에 들어 있는데, 이것은 특히 리쾨르가 1991년

69) 올리비에 몽쟁과의 대담.
70) 무라드 사가피, 《고프트-오-구》의 편집장, 《르 몽드》, 1996년 6월 8일.

10월 29일 《르 몽드》에서 전문가들이 시민권을 수용할 위험이 있다고 언명했을 때 시테에서 한 그의 발언들과 함께 완벽하게 울린다. 오로지 동업조합주의적이기만 한 운동으로 비난받았던 것과는 반대로, 표현되었던 것은 바로 사람들의 더불어-살기의 다방면의 의지이다. 1968년 5월에 생각할 수 없었던 것, 즉 아주 다른 지평의 사람들간의 이 관계맺기, 이 대화가 1995년에 전개되었다. 공공업무인 체신부(PTT), 프랑스국유철도(SNCF), 파리교통공사(RATP)의 임금노동자와 학생·교수들을 규합하는 토론들, 위원회들이 탄생되는 것을 볼 수 있었다. 모든 종류의 체제들의 약화는 이러한 대화를 가능하게 해주었으며, 1995년 12월이라는 이 달의 전대미문의 사건을 만들어 낸다.

일반적인 분석 오류는 사전에 구성된 해석 일람표를 버림으로써 일어난 일에 사건이라는 명칭 부여 자체를 부정하는 데 있다. 반대로 돌출적인 모든 입장을 버리면서 겸손하게 사건의 출현에서 새로운 의미를 읽어내는 것이 타당한데, 이것은 행위자들 자신의 발언의 '줄거리'가 행하여지는 식으로 그들의 말, 그들 자신의 정당화에 대한 수용성을 보존하기 위해 설사 그것이 일시적인 것에 지나지 않는다 할지라도 분석의 옛 도구들을 보관소에 맡기는 것을 전제로 한다.

사회적 관계의 수직적 차원과 수평적 차원을 유기적으로 구성하려는 그 열망은 무엇보다도 리쾨르의 경계에서 벗어나는데, 그는 그 처음 입장과 두 탄원들 간의 싸움에 들어박힌다. 이런 사정으로 그는 1968년 운동의 기준으로 1995년 12월의 사건들을 평가하며, 그로부터 "비극적인 5월"[71]이라는 결론에 도달한다. 이러한 명칭 부여의 실수는, 사회 운동을 지지하는 탄원을 자신을 위하여 독차지할 정도로 그를 운동의 대변인으로 소개하는 부르디외의 비난에 조금도 구실을 주지 못한다. 부르디외는 모든 서명자들의 이름으로 12월 12일에 참가할 자격이 있다고 생각하고는 리옹 역에 있는 파업노동자들 앞에서 자신에게서 반동적 사상의 정수를 보는, 리쾨르가 은연중에 암시된 '《일요신문》의 철학자'를 비난한다. "식견을 갖춘 '엘리트'의 장기적 전망과 민중이나 민중의 대표자들의 근시안적인 충동 사이의 이 대립은 모든 시대와 모든 나라의 반동적 사상의 전형이다."[72] 물론 이와 같은 말들은 오래전부터 리쾨르가 옹호한 입장들에 대한 전적인 무지를 나타낸다. 부르디외는 심지어 자신이 우위에 있다고 생각하는 바를 추진하려고 애쓰며,

71) 폴 리쾨르, 《일요신문》, 1995년 12월 10일.

리쾨르에게 텔레비전 결투를 제안함으로써 그를 궁지에 빠뜨린다. 그러한 유형의 미디어와 토론을 대담하게 거부한다고 말하는 사람으로부터 나온, 그만큼 예기치 않은 요청에 리쾨르는 응하지 않는다.

싸움은 리쾨르를 대신해 계속되고, 1996년 봄 아주 은밀하게 리쾨르는 창고에서 열리는 다수의 협의회의에 출석하여 해결책을 찾으려고 애쓰면서 신분증명서가 없는 3백 명의 말리인들에 관하여 중개자로서 개입한다. '신분 증명서가 없는 자' 들을 위한 동원에서 리쾨르는 그의 정신적인 개신교 그룹과 의견이 일치한다. 프랑스개신교연맹의 의장인 자크 스트워르 역시 거기에서 아주 적극적이고 전투적이 된다. "사람들은 배척에 배척으로 응하고 있으며, 따라서 그것은 더 이상 용납할 수 없는 일이다. 개신교는 용기를 내어 세계 신경제 질서의 우상을 고발해야 한다. 이러한 우상이 증가하는 사람들과 사회 그룹 전체를 짓누르고, 소외시키며, 인간성을 상실시키고 있다."[73]

물론 타인들의 사고, 다양성을 폭넓게 받아들이는 자신의 철학적 입장의 방향 자체를 나타내는 리쾨르의 태도는 지적인 차원에서 더욱더 보편적이다. "일신론자일수록 인간의 일체성에 찬성을 잘하지 않으며, 다양성에 찬동한다."[74] 그의 지적 욕구와 철학적 작업은 종교의 국경을 초월한다. 그럼에도 불구하고 리쾨르는 확고하게 자신의 개신교의 정체성에 집착하며, 1993년 교황 요한네스 파울루스 2세의 회칙 베리타티스 스플린도르('진실의 광채')에 비판적인 태도로 반응할 때 그것을 공개적으로 알릴 기회를 갖는다. 회칙의 실마리인 부유한 젊은이의 일화(〈마태복음〉, 19장, 16-22절)를 되풀이하면서 리쾨르는 요한네스 파울루스 2세의 해석이, 〈마태복음〉에서는 교회와 유대교 사이의 여전히 끝나지 않은 단절로부터 완전히 역사적인 긴장 상태에 있는 진리에 대해 일의적이고, 확고부동하며, 보편적인 의미를 부여하고 있다고 지적한다. "역사적인 것의 불변적인 것으로의 그 점진적인 변화는 회칙의 일반적인 어조에까지 미친다. 그것은 탐구라기보다는 몇몇

---

72) 피에르 부르디외, 〈나는 우리들의 지지를 알리기 위해 여기에 있는 것이며…〉, 《리베라시옹》, 1995년 12월 14일.

73) 자크 스트워르, 앙리 탱과의 대담, 《르 몽드》, 1996년 7월 2일.

74) 폴 리쾨르, 〈새로운 인간주의를 찾고 있는 일신교들〉, 르네 레몽 · 자크 엘륄과 함께, 《유일신에 관한 심포지엄》, 부셰/샤스텔, 파리, 1986년, 159쪽.

신학자들에 대한 견책이다."[75] 리쾨르의 성서 해석의 관점은 텍스트의 온갖 풍부함, 역사적인 깊이, 다성성과 텍스트에 내재하는 긴장, 망설임을 텍스트에 회복시키는 것이다. 반대로 같은 텍스트와 마주한 교황의 입장은 "일관성을 추구하는 독단적인 교육을 위해"[76] 긴장을 안심시키고, 재안정시키며, 완화하려는 입장이다. 리쾨르에 따르면 성윤리의 표현에서 나타나는 교황의 관점의 반복은 본능의 개념에 대한 세 가지 정의의 계속적이고 문제가 제기되지 않는 사용, 즉 이성적 본능, 인격의 전체와 마지막으로 생물학적 요소와 같은 그 사용에 근거를 둔다. "사람들은 생물학적으로 설명하는, 본능이라는 말의 사용을 정당화하기 위하여 인격의 존엄성이나 혹은 인간 조건의 보편성에 의거할 것이다. 교황의 부정에도 불구하고 나는 그것이 성윤리의 영역에서 일어나고 있는 바라고 생각한다."[77]

결정되지 않은 텍스트 해석에서 텍스트의 문자를, 도덕을 공포하기 위해 자신의 권력 입장을 방패로 삼는 말과 비교하면서 리쾨르는 완전히 개신교도적인 행동을 취한다. 자신이 복음서의 증인이라는 것을 어떻게 이해하는가를 아는 문제에 리쾨르는 이렇게 대답한다. "나에게 있어서 그것은 삶의 모델의 선택이다. 하지만 나는 그것을 칸트처럼 말할 수 있다. 그것은 십자가에 매달린 예수의 삶의 모델이다. 나에게 있어서 복음서의 증언은 인간 사회의 노력과 실패에 대한 온정의 시선이며, 인간 사회에 대한 그리스도의 연민·관대함의 시선이다. 우리가 현재에도 지속되는 전통에 의해 인도되지 못한다면 우리의 유토피아는 헛되고 덧없다. 부정은 항상 도전이다. 그러나 실존의 기반은 예라고 말하는 힘, 의미의 수단들을 사용해 긍정하는 위력이다. 미래는 열려 있다. 우리는 항상 약속의 땅을 생각할 필요가 있다. 왜냐하면 우리가 만일 화해를 생각지 않는다면 갈등도 생각할 수 없을 것이기 때문이다. 우리에게는 화해의 계획이 있지만 현실 체제에서는 돈이 될 만한 것이 못된다. 그것은 사회적 상상계의 자리이다. 나는 내가 어디에 있는지 안다. 나는 높은 허공에 있지 않다. 왜냐하면 나는 정확히 말해 온갖 모순들을 포괄할 탁월한 관점이 있다는 것을 부정하기 때문이다. 여기에, 나는 있다.[78]

---

75) 폴 리쾨르, 〈성서는 회칙이 성서로 하여금 말하게 하는 바를 말하는가?〉, 《세상에서의 종교 현황》, 제116호, 1993년 11월 15일, 18쪽.

76) 같은 책, 19쪽.

77) 같은 책.

78) 폴 리쾨르, 올리비에 아벨과의 대담, 《개신교도적 현존》, 앙텐 2, 1991년 12월 15일.

67

정의에 대한 관심

1990년 정의의 기능 장애에 대한 국가 최고층에서의 인식, 큰 반향을 일으키는 소송들의 증가는 "법에 의해 제기된 공화국"[1]에 특수한 상황을 유발한다. 수상 미셸 로카르는 힘없는 정의가 처한 파국적인 상황을 헤아리며 이듬해를 정의의 해로 삼기로 결정한다. "나는 프랑스의 정의가 심한 시설 부족의 상태에서 어떻게 작용하고 있는가를 인식하고 있다."[2] 로카르는 1991년도 사법 예산을 12퍼센트 인상한다는 중요한 사실을 발표한다. 그러나 위기가 한창일 때 수락된 이 노력은, 로베르 바딩테르가 특별히 전개해 왔던 부문인 형무소 건설 분야에서의 25퍼센트 예산 삭감으로 인해 약화된다. 따라서 법무부에 배당된 총괄적인 인상은 그로부터 5퍼센트라는 적은 수준으로 축소된다. 약속 불이행이라는 비난을 받은 로카르는 정의에 관한 한 심포지엄에서 정치인·법률가·사회학자들을 앞에 두고 해명을 하여야 했다. 리쾨르도 참가자들 가운데 한 사람이었다. "그는 눈부신 활약을 하였다. 예기치 않은 그 사건은 내가 겪었던 가장 멋진 사건들 중의 하나였다."[3]

정의에 대한 리쾨르의 관심은 상황에 의한 것이 아니다. 그것은 먼 옛날로 거슬러 올라간다. 그가 1958년 빌메트리센터에서 "처벌법"[4]에 관해 발언한 것을 떠올릴 수 있다. 50년대말, 그는 파리 법과대학의 법철학 세미나에 참가한다. 이 분야

---

1) 앙투안 가라퐁, 《약속의 수호자》, 오딜 자콥, 파리, 1996년, 29쪽.

2) 미셸 로카르와의 대담.

3) 위의 대담.

4) 폴 리쾨르, 〈처벌법〉, 인용된 논문. 이 논문에서 그는 세 가지 계획에 관한 분석을 전개한다. 1) 죄형(罪刑)의 법정(法定) 문제, 다시 말해 중죄(un crime), 범죄(un délit), 적법성 위반(une infraction)이 무엇인가를 아는 문제. 2) 이 처벌법의 근거가 되는 권력 기관은 무엇인가? 3) 형벌의 목적은 무엇인가?

전문가이자 여러 권의 법철학서의 저자인 미셸 빌레가 자주 리쾨르의 입장들을 지지한다. 그는 또한 프랑스에서 중요한 개신교도 인사이자 명성이 자자한 또 다른 법학자인 장 카르보니에와 마주친다. 1937년과 1955년 사이 푸아티에 법과대학의 옛 학장이었던 그는 1955년 파리에서 당선된다. 프랑스 개신교연합단체 지도부의 구성원인 그는 1966년부터 개신교의 기념 명소인 세벤에 있는 칼뱅파 신교도 지방의 중앙에 위치한 데즈르 박물관의 관리자로 재직한다. 장 카르보니에는 공민권의 전문가인 자신이 설사 공법이 한층 더 고찰의 근원이 되는 법철학과는 종종 거리가 먼 복잡한 기술적인 분야에 직면한다 할지라도, 법학자로서 영감의 소재를 리쾨르의 작업에서 발견한다. 그런 괴리에도 불구하고 그는 리쾨르의 작업으로부터 "책임 · 해석과 더 최근에는 정의에 관한 이미 오래된 그의 고찰"[5]을 받아들인다.

이러한 영향력은 장 카르보니에가 이혼을 규제하는 소송 절차의 수정을 발의할 때 분명히 나타난다. 1975년의 법률에 의해 채택된 시민법의 수정으로 '협의 이혼' 이나 '청구 승인 이혼' 으로 규정된 유형의 이혼이 제정된다. 법률의 초안은 각자 필기 청원서에 자신들의 생활을 이야기하도록 소환된 부부의 병력(病歷)의 필요성을 거론하였는데, 이것은 그들 부부 생활의 실패의 잘못을 상대에게 전가시키기 위해서가 아니라 단순히 이야기에 따른 조서를 작성하기 위한 것이었다. 이 새로운 소송 절차는 서술과, 따라서 서술적 정체성에 리쾨르의 작업에서 크게 착상을 얻은 중요성을 부여한다. 그렇지만 법안의 의도와 일상적인 법 수행 사이에는 대단히 큰 차이가 있다. 변호사들이 협의 이혼의 오랜 지연을 필요로 하지 않는 소송 절차의 장점을 보여 주는 그 원문을 독점하였기 때문에 "그것은 특히 파리에서는 가장 빠른 협의 이혼이 되는 경향이 있다."[6]

프랑스 사회의 더욱더 간절한 정의의 요구는 다른 부족, 물질적인 부족이 아닌 지적인 부족을 드러낸다. 법철학에 대해 개방적인 몇몇 실무자들을 제외하고 법조계의 대부분 사람들은 여전히 매우 경험주의적이며, 중요한 국제 토론과 멀리 떨어져 있다. 사회적 실천이 행해지는 이 분야를 문제 제기하는 데 대한 명백한 무관심에는 두 가지 이유가 있다. 한편으로 법률가의 교육은 결국 대체로 문과대학

5) 장 카르보니에와의 대담.
6) 위의 대담.

과 법과대학 사이의 양분을 고려하여 제도적으로 문과학생들과 멀리 떨어져 기술 능력의 습득으로 귀착된다. 다른 한편으로 철학자들은 오랫동안 특히 구조주의의 시기에 지배 전략, 기관 통제의 단순한 위장으로 간주된 법률-정치 체제를, 푸코의 의미에서는 권력의 생물리학이라든가 더 단순하게 마르크스주의 성서에서는 사회-경제적 하부 구조의 갈등 관계의 반영을 폭로하는 방식을 중시해 왔다. 이러한 상황에서 법철학은 대학에서 소재가 될 수 없었으므로 "결국 정의가 오랫동안 **지적으로 실재하지 않는** 문제로 밀려나 있었기 때문에 드워킨이나 롤스를 번역하는 데 거의 20년이 걸렸을"[7] 정도로, 정반대로 아주 풍요로운 국제적 고찰에 대한 지연이 누적되었다.

이러한 뒤처짐을 따라잡기 위해 앙투안 가라퐁의 제안에 따라 1991년 고등정의연구소가 설치된다. 과거 청소년 사건 담당 판사였던 앙투안 가라퐁은 실무자로서 재판의 판결이 자신에게 제기하는 문제들에 대해서 뿐만 아니라, 장 카르보니에의 지도 아래 판례 원칙에 관한 박사 학위 논문을 준비했기 때문에[8] 재판의 인간론적인 차원에 대해서도 관심을 갖는다. 그는 인간론의 고전들인 프레이저·카즈뇌브에 깊이 빠지나, 특히 리쾨르를 읽으면서 해석학의 개념을 발견한다. 이 개념은 그로 하여금 상징과 행동의 유기적인 관계를 인지하게 해준다. 1972년부터《에스프리》의 독자가 된 그는 후에 올리비에 몽갱을 만나 1990년 이 잡지의 편집위원회에 들어간다. 이 시기에 그는 고등정의연구소를 설립하는데, 이 연구소의 활동 가운데 하나는《에스프리》및 국립사법학교와 협력하여 편성한 법철학 세미나를 매년 개최하는 일이 될 것이다. 이러한 새로운 틀 안에서 앙투안 가라퐁은 이 세미나에 적극적으로 가담하기 위해 리쾨르를 끌어들인다. 그 교섭은《에스프리》의 편집장 가운데 한 사람인 피에르 부레츠가 앙투안 가라퐁과 함께 세미나 프로그램의 감독자가 된다는 사실에 의해 용이해진다.[9] 리쾨르는 개회식 강의의 제안을 받는다. "그 개회식 강의는 지금의 우리, 우리의 정체성의 토대였기에 진정한

7) 앙투안 가라퐁,《약속의 수호자》, 앞의 책, 30쪽.

8) 앙투안 가라퐁,《항변을 가하는 바보. 판례론》, 상티르용, 파리, 1985년.

9) 피에르 부레츠(주관),《법의 힘. 동시대 토론들의 파노라마》,《에스프리》, 파리, 1991년. 1990-1991년의 고등정의연구소 세미나에 기여한 사람들로는 피에르 부레츠, 앙투안 가라퐁, 자크 르노블르, 프랑수아 오스트, 알랭 르노, 조엘 로망, 드니스 살라스와 미셸 트로페가 있다.

개회식이었다."[10] 그 개막 강의를 준비하기 위해 앙투안 가라퐁은 샤트네로 가서 리쾨르와 토의한다. 가라퐁은 리쾨르에게 채권자와 채무자, 이혼한 부모와 그들의 자녀, 고용자와 피고용자 간의 정확한 차이를 발견하는 것을 목적으로 하는 법률 수행에 의해 야기된 어려움을 알려 준다. "거기에 법률가의 경험과, 그것을 따르고 변화시키며 내가 매우 과민하게 반응하는 것인 인지(認知)와 확신을 법률가에게 돌려 주는 리쾨르 간의 진정으로 풍요로운 만남이 있다. 요컨대 그는 민주정치의 사회 행위자들의 자격을 그들의 사고할 수 있는 행위자 역할에 따라 부여한다."[11]

1991년 3월 21일의 강연 개회식 발언에서, 리쾨르는 법적인 것과 선한 것 사이의 긴장의 내부에 정의로운 것을 설정한다.[12] 이러한 방법으로 그는 정의 개념의 반성적인 접근에서 이 개념이 그리스 사상에 깊이 뿌리 박힌 신학적 개념인 선한 삶의 추구와, 계몽주의 시대와 특히 칸트의 자극을 받은 의무론적 개념의 영역에 동시에 속한다는 것을 분명히 하는데, 후자의 개념은 법률-정치의 관계를 법·적법성의 보호 아래 둔다. 그러므로 정의는 두 개의 상이한 인간론의 교차점에 있다. 첫번째 모델에서 지배하는 것은 선한 삶의 목표이며, 정의가 인간의 행동을 마무리짓는다. "선하게 살기가 그것의 목적(telos)이다.[13] 의무론적인 두번째 모델은 더 겸손하게 악을 피하는 것이 목적이라고 자처한다. 그러므로 정의는 목적으로서보다는 한층 더 수단으로서 간주된다. 그것은 심의의 원칙, 더불어-살기에서 비롯된 문제들을 피하기 위한 절차들의 구상이다. 이러한 접근은 루소·칸트와 훗날에는 롤스에게서처럼 계약의 중시로 나타난다. "계약 협정은 가상적 심의 절차를 소위 공익이라는 이익과 관련된 모든 사전 계약으로 대체하면서 정의로운 것과 선한 것을 분리하는 것을 목적과 기능으로 삼는다."[14] 따라서 리쾨르에 따르면 정의는 두 모델 사이에 갇혀 있으므로 다른 하나를 희생시켜서 둘 중의 하나를 절대화해야 할 유혹에 무너지는 것일 위험을 바로잡아야 한다. 이처럼 그는 정의를, 아리스토텔레스의 신학적인 것과 칸트의 의무론적인 것을 풍부하게 종합시키는

10) 앙투안 가라퐁과의 대담.
11) 위의 대담.
12) 폴 리쾨르, 〈법률과 선 사이의 정의〉, 《강의 1》, 앞의 책, 176-195쪽.
13) 같은 책, 178쪽.
14) 같은 책, 184쪽.

실천적인 중재의 장소 자체로 이해한다. 이러한 관점에서 그는 두 모델의 유기적 결합을 가능하게 하는 가라퐁의 적절한 거리의 개념을 빌린다. "소송 자체로 말하자면 그것은 일종의 오해인 충돌과, 토론으로부터 벗어나게 하는 멸시로 가는 도중에 양측 사이에서 취하는, 앙투안 가라퐁이 '적절한 거리' 라고 명명하는 것을 새로이 만들어 낸다."[15] 리쾨르는 법률 수행에서 비롯된 이 적절한 거리의 개념에서 아리스토텔레스가 이미 한 '과잉' 과 '불충분' 의 구분과, 그가 정의의 미덕을 정의한 중앙선을 발견한다. 그는 또한 "말의 공적 사용에서 있을 법한 논법을 사용하는 기술"[16]과 같은 아리스토텔레스의 수사학의 뿌리와 관련——흔히 입증하지 못해서 환심을 사지 못한 채 납득시켜야 하는 당위성을 이야기하는 기능 특유의 인식론적인 취약함 때문에——짓는다.

따라서 진정한 만남은 이러한 공동 연구 덕분에 이루어진다. 리쾨르는 가라퐁이 스스로에게 제기하는 구체적인 문제들을 평가하며, 또한 법철학자들의 다양한 참고 문헌을 발견한다. 그는 이미 롤스와 드워킨을 알고 있었기는 하지만 법률가들이 그에게 다른 실마리들, 스페인인 마누엘 아티엔자의 연구[17]라든가 독일인 로베르트 알렉시의 연구[18]의 실마리를 가르쳐 준다. 이 저서들에 몰두하면서 리쾨르는 강한 계약주의적 · 절차주의적 경향을 발견한다. 그의 발언들은 지배적인 법철학에서 억제된 다른 축인 선한 삶의, 아리스토텔레스의 신학적 목표의 축을 강조한다. 그 대신 리쾨르는 법률가들에게 "전통을 부정하지 않으면서도 현대적이게 해주는 것, 방법론적이기는 하나 구체적이지는 않은 공동체주의"[19]로 규정지을 수 있는 완전히 특이한 독창적인 법 이론을 제시한다. 리쾨르는 가라퐁에게 칸트와 아리스토텔레스 사이의 이러한 긴장 유지를 통해서, 다양한 전통들 속에서 그들에 근거함으로써 현대성의 민주적인 자주적 결정을 담당할 수 있는 가능성을 제공해준다. "법학자에게 있어서 그것은 매우 값진 것인데, 왜냐하면 그는 소송 절차가 불충분하다는 것을, 소송 절차에 따라서가 아니라 정서, 이야기들에 따라서 가족

---

15) 폴 리쾨르, 같은 책, 192-193쪽.

16) 같은 책, 194-195쪽.

17) 마누엘 아티엔자, 《근절의 이유: 사법적 논거 제시론》, 센트로 드 에스튜디오스, 컨스티튜셔널, 마드리드, 1991년.

18) 로버트 알렉시, 《사법적 논거 제시론》, 슈르캄프, 프랑크프루트, 1978년; 영어 번역, 클라렌든, 옥스퍼드, 1989년.

19) 앙투안 가라퐁과의 대담.

이 움직인다는 것을 알기에 유리한 입장에 있기 때문이다. 이러한 점에서 변론에 이르기까지 재판의 전 과정을 리쾨르의 명제로부터 다시 채택할 수 있을 것인데, 그에 따르면 이 과정은 이야기들의 대질에서 기인한다."[20]

선한 삶의 목표와 필요 불가결한 규칙 사이의 이러한 대조에서 리쾨르는 신중한 판단, **프로네시스**(지혜) 혹은 실천적 지혜의 길을 제시한다. 《타자 같은 자아》의 결말에서 이미 분명하게 확립되어 있는 칸트-아리스토텔레스 쌍이 정의 실천의 경험 덕분에 리쾨르에게서는, 법률가들에게서 나타나는 지배적인 소송 절차적 경향과 균형을 이루기 위해 아리스토텔레스의 축을 강조하는 쪽으로 이동한 것으로 보인다. 리쾨르는 규범을 세우기 위해 가능한 한 가장 선험적인 칸트의 보편주의와 실천적 지혜, 신중한 판결 사이의 긴장을 양극단으로 몰고 가는데, 이러한 긴장은 그것들을 구체적인 상황들에 적용시키는 것, 따라서 문제를 사법관의 구체적인 실천에 위탁하는 것이 문제일 때 중시된다. 법률 수행에 관한 이러한 고찰은 "《타자 같은 자아》 이후 그의 사상의 변화 속에서 적절한 시기에 나왔다. 거기에서 그는 법률가들의 관심을 끄는 그 개념들의 번역 가능성을 실천하면서 상황을 받아들이는 침착한 방식을 취한다."[21]

법은 리쾨르 사상의 요점을 간추릴 수 있는 것으로 실재적이고, 따라서 끊임없는 해석학적 경계를 요구하는 상황들과 관련하여 지속적으로 적용이 되는 영역에서 서술, 논거 제시, 목적과 규범을 유기적으로 결합할 수 있는 특별한 장으로 보인다. 대신 "리쾨르는 법률가로 하여금 그 입장에서 행복할 수 있게 해준다. 그는 법률가의 행복을 가능하게 한다."[22]

동시대의 이혼을 분석하면서 이렌 테리는 흔히들 개인적인 영역에 법률이 등장하는 것을 하나의 침입으로 간주한다는 사실에 놀라며 법에 새로운 가치를 부여할 때가 아닌가 자문한다.[23] 새로운 법의 정립이라는 이러한 관점에서 그녀는 《시간과 이야기》에서 리쾨르가 한 분석에 크게 의지한다. "서술적 정체성에 관한 리쾨르의 작업이 우리에게는 명확히 설명해 주는 것으로 보였다."[24] 그녀에 따르면

---

20) 앙투안 가라퐁과의 대담.
21) 피에르 부레츠와의 대담.
22) 앙투안 가라퐁과의 대담.
23) 이렌 테리, 《이혼》, 오딜 자콥, 파리, 1993년.
24) 같은 책, 256쪽.

이야기에 의한 배치라는 매개의 덕분으로 이루어진 시간적 경험의 재형상화의 개념은 개인적 정체성에 대한 실체론적인, 항구적인 모든 전망에서 벗어나는 장점이 있는 명제이다. 개인적인 정체성은 무엇보다도 줄거리를 통하여 완성되는 서술적 정체성이다. 그것은 이혼에서 행해지는 것이 오로지 개인적 행동의 정당화만도, 심지어 친권을 되찾기 위해 조정된 전략만도 아니라는 것을, "정체성이 결혼의 실패로 인해 혼란에 빠져 있을 때조차도 그것을 회복하는 것 또한 중요하다"[25]는 것을 의미한다.

따라서 중요한 확정의 순간, 모든 것이 행해지는 순간은 판단의 공식화에서이다. 판단 행위에서 리쾨르는, 거짓과 관련하여 진실을 구별하는 데카르트의 의미에서의 오성에 직면하여 자신이 의지의 명제인 자신의 명제 이후로 꾸준히 계속해 온 테마가 작용하고 있음을 본다. 동시에 리쾨르는 판단 행위와 그 결과인 체계화와 그 모든 절차를 그것들이 자리를 차지하고 있는 부식토인 다양한 형태의 갈등의 부식토 내부에 정착시킨다. "소송의 이면에는 갈등 · 분쟁 · 다툼 · 논쟁이 있으며, 갈등의 배경에는 폭력이 있다."[26] 따라서 판단 행위에 관한 고찰은 철학적 인간론의 필수적인 지평을 열어 준다.

법 사상의 이러한 쇄신은 앵글로색슨 토론과, 무엇보다 존 롤스의 보편주의 명제들과 마이클 월처의 공동체주의 명제들 간의 논쟁을 적응시키는 과정을 거친다. 리쾨르는 법 존재론의 정립에서 롤스의 저서인 《정의론》[27]에 더 많은 중요성을 부여한다. 롤스의 명제들은 모두 다, 그가 정의의 원칙을 소송 절차에 관한 규칙의 구상에 삽입하는 덕분에 법조계에서 만연하는 실증주의에 대한 논거일 이점이 있다. 사실 그는 의미가 형평의 실현인 계약주의적 절차를 야기하는 신-칸트학파적 · 보편주의적 · 의무론적 법 개념을 옹호한다. 롤스는 자유롭고 합리적이며 공리주의적인 구조에 따라 자신들의 개인적 이해 관계를 증진시키는 것을 염두에 두고 있는 개인들간의 무지를 구실로 체결된 계약 협정인 하나의 협정으로부

---

25) 이렌 테리, 같은 책, 259쪽.

26) 폴 리쾨르, 〈판단 행위〉, 정의고등연구소의 일환으로 한 발언, 《에스프리》, 1992년 7월; 《정의》에 재수록, 《에스프리》, 파리, 1995년, 189쪽.

27) 존 롤스, 《정의론》, 하버드대학교출판부, 케임브리지, 1971년; 프랑스어역, 쇠이유, 파리, 1987년.

터 출발한다. 각자는 사회에서 어떤 자리를 차지할 것인가를 모르기 때문에 그로부터 여러 규제 요소들이 채택된다. 사회는 두 가지 원칙에 의해 유도된, 합리적인 선택을 자유로이 할 수 있는 분배 체계와 같이 구상된다. 첫번째 원칙은 동등한 자유의 분배이다. 즉 "개인은 저마다 만인에게 평등한 기본적 자유들의 가장 광범위한 체계에서 동등한 권리를 가져야 하며, 이 체계는 다른 모든 이들을 위한 같은 체제와 양립할 수 있다."[28] 게다가 재산의 분배 원칙은 이른바 기본적이라고 하는 재산에 대한 평등주의의 이론과 차별의 원칙을 구별하는데, 이 원칙에 따르면 몇몇 불평등이 완전한 평등주의라든가 아니면 심각한 불평등주의의 대비의 승인이라는 극단적인 해결책보다 더 바람직하다. 사회적 불평등을 수정할 합법성을 승인하는 원칙을 인정하는 것이 무지의 미명 아래서 롤스에 따른 합리적인 입장일 것이며, 이 합법성에 근거해서 파트너들은 최소의 할당분을 극대화하는 타협을 선택할 것이다. "부와 소득의 분배가 동등할 필요가 없다 할지라도 그것은 각자에게 유리해야 하며, 동시에 당국과 책임자의 입장은 모두가 이해할 수 있는 것이어야 한다."[29] 형평으로서의 이 정의의 원칙에는 무지의 미명 아래 다음과 같은 네 가지 제약이 있다. 일반적인 원칙이어야 하며, 범위는 보편적이어야 하고, 정의의 공적인 개념 형태로 나타나야 하며, 마지막으로 사회적으로 갈등하는 개인들의 요구를 조절해야 한다. 롤스는 사회 전체를 불가피하게 나타나는 합의적/갈등적 현상으로 간주하며, 따라서 그의 목적은 갈등을 평등의 덕분으로 포섭하는 것이 아니라 이 갈등으로부터 출발하여 갈등에 계약 문안으로 된 절차적 답변을 제시하는 것이다. "모든 개인을 동등하게 취급하기 위해, 진정한 기회 균등을 제공하기 위해 사회는 타고난 그들의 재능으로 말하자면 가장 재능이 없는 자들과 출생에 의해 사회적으로 가장 혜택을 받지 못하는 자들에게 더 많은 주의를 기울여야 한다."[30]

칸트학파의 이 모델이 그를 매료시킴에도 불구하고 리쾨르가 제기하는 반론은, 무지의 미명 아래 불공정한 것과 공정한 것의 이해에 전제되어 있는 것에 집착하는 롤스에 따른 계약에 잠재된 암묵적 발화 내용이 있음을 지적하는 것이다. 그런

28) 존 롤스, 같은 책, 91쪽.
29) 같은 책, 92쪽.
30) 같은 책, 131쪽.

데 이러한 비판은 계약주의적 방식이 선택된 규칙을 이러저러한 정의의 개념에 대한 찬성과는 무관한 것으로 삼을 때 그 방식의 핵심 자체에 영향을 미친다. 따라서 리쾨르는 순전히 절차적인 접근을 가장하여 자신의 윤리적인 차원을 은폐하는 계약주의적인 논증의 순환 논리적 특성을 겨냥한다. 더욱이 방법론적인 오류는 기계적인 방식으로 개개인에게 가치가 있는 것을 집단적인 것으로 바꾸는 데 있다. "사회의 기본 제도들에 적용된 정의의 오로지 절차적이기만 한 구축 시도는 도덕의 목적론적인 관점을, 윤리의 신학적인 전망에서 벗어나게 하려는 야심을 극한으로 끌어올린다."[31]

리쾨르는 이러한 절차주의적 해결에 필수적인 대위법으로서 마이클 월처가 옹호한 명제들에 동의한다. 미국의 좌파 성향의 잡지 《디센트》의 공동 책임자인 월처는 공동체주의적이라 규정된 롤스의 명제들에 대한 한 비판적 흐름의 특별 대변인이 되었다. 롤스의 형식주의를 드러내며 그는 다원론, 재산 분배의 비환원성을 대립시킨다. 이 약분 불가능성은 재산의 단순한 계산에서 기인하는 선택의 정당성을 불가능한 것이 되게 한다. 다원주의는 재산의 본질 자체에서와 마찬가지로 사회 행위자들에 따른 정의의 다양한 목적들에서도 설정된다.[32] 롤스의 모델과는 반대로 월처의 모델은 다양한 공동체들에 적합한 목적에 의해 명시된 그들의 다원적인 단계에 더 큰 가치를 부여한다. 따라서 절차적인 가능한 합의는 겨냥된 대상들에 따른 보다 근본적인 비합의와 관련하여 단지 이차적인, 부차적인 지위일 뿐이다. 물론 월처와 롤스는 정의가 배분의 문제라는 생각을 공유하기는 하지만, 월처에 따르면 지배적인 선의 이러저러한 정의 범위에의 소속에 따라서 이 선의 위치에 무엇을 놓는 것이 정당한가를 결정하는 것이 문제가 될 것이다. 평등이 무릅쓴 주된 위험은 다양한 정의의 범위 속에 지배적인 위치가 항상 누적될 수 있다는 데 있으며, 그로부터 잠식을 피하기 위해 그 범위들 하나하나를 분명하게 정하려는 관심이 생겨난다. 따라서 평등은 더 이상 단 하나의 원칙에 의해 지배받지 않는다. "그가 복합적인 평등 원칙이라고 칭하는 원칙에 따라서, 다시 말해 배분하는 것이 문제인 다양한 재산에 따라서 차별을 두지 않는 것이 문제가 될 것

31) 폴 리쾨르, 〈존 롤스: 도덕적 자율성에서 사회 계약의 협정까지〉, 《도덕과 형이상학 잡지》, 제3호, 1990년; 《강의 1》에 재수록, 앞의 책, 212쪽.

32) 마이클 월처, 《정의의 범위. 다원주의와 평등의 옹호》, 베이직 북스, 블랙웰사, 옥스퍼드, 1985년.

이다."[33] 월처에 따른 구조를 결정하는 세 가지 중요한 분배 원칙은 시장과 가치와 욕구이다. 이 유기적 결합은 정의의 보다 구체적인, 보다 실질적인 전망 속에 뿌리 내린 시민권의 기초가 되며, 정의는 다른 윤리적 선택들에 따라서 경쟁권들 사이에서 중재를 해야 한다. 재산의 다양성에 근거한, 롤스의 도식에 대한 이러한 반론은 리쾨르로 하여금 절차적인 것에, 계약과 그 내용의 개념 자체에 신학적인 것을 재도입할 수 있게 해준다.

공동체주의의 진영으로부터 나오는 다수의 비판의 영향으로[34] 롤스는 그의 계약 개념을 수정하기에 이르렀는데, 그 모델의 형식주의를 포기함으로써가 아니라, 따라서 특이하게 그 모델의 보편화하는 가치를 제한하는 자유민주주의 국가들의 그것인 어떤 유형의 사회로 그 적용 범위를 한정함으로써이다.[35] 이러한 상대화는 그의 총괄적인 목적 속에서 역사에 등을 돌렸던 롤스의 모델을 보다 역사적으로 다시 읽게 하는 원인이 될 수 있다. 그의 도식은 다른 전통들, 다른 계보들과 비교 대조될 수 있으며, 그러므로 신학적인 것과 목적론적인 것의 유기적인 재결합을 가능하게 한다. 이러한 변화로 인해 리쾨르는 롤스의 "여러 가지 전통이 고갈되지 않는 의미들의 생성 기반을 이루게 되는 일종의 마감 손질로서"[36] "일치에 의한 합의"[37]의 개념을 다시 책임지면서, 이 일치에 의한 합의가 "합리적인 불일치"의 관념인 롤스의 최근의 또 다른 주된 관념으로부터 실현된다고 덧붙인다. "합리적인 불일치란 합리적인 사람들, 다시 말해 그들의 두 가지 도덕적 능력(이 능력은 정의감과 선의 개념을 갖출 수 있는 능력이다)을 어느 민주 정치 안에서 자유롭고 평등한 시민이 되기에 충분한 단계에서 발휘한 사람들, 평생 동안 사회의 충분히 능동적인 구성원이 되려는 지속적인 갈망이 있는 사람들 사이의 불일치라고 우리는 말할 수 있다."[38]

정의의 범위들의 다원화에 관한 고찰을 하면서 리쾨르는 경제학자 로랑 테브노

---

33) 조엘 로망, 《법의 힘》, 앞의 책, 107쪽.

34) 마이클 산델, 《자유주의와 정의의 제한》, 케임브리지대학교출판부, 1982년; 찰스 테일러, 《철학적 해설》, 케임브리지대학교출판부, 1985년.

35) 존 롤스, 《정의와 민주주의》, 쇠이유, 파리, 1993년.

36) 존 롤스, 〈정치적인 것의 영역과 일치에 의한 합의〉, 같은 책.

37) 폴 리쾨르, 〈오늘날 정치인 것은 무엇으로 이루어지는가?〉, 프랑스국립도서관 강연, 1997년 2월 3일.

38) 존 롤스, 《정의와 민주 정치》, 앞의 책, 327쪽.

와 사회학자 뤽 볼탄스키가 펴낸 저서 《정당화에 대하여》[39]에서, 그들이 도시국가들을 개인들의 고귀함의 모델로 정립한 덕분에 행위 문법의 구상을 위한 중요한 시론을 발견했다. 사회적 현실이 하나가 아니라 다원적이라는 것과, 주관화의 과정들이 유기적으로 구성되는 것은, 행동 집단의 이 다원성으로부터라는 것을 밝히면서 이 저자들이 실현하는 명백한 쾌거의 배경은 특히 사회 집단을 다원화할 수 있고, 따라서 전체론과 개인주의 사이의 지속적인 딜레마에서 벗어날 수 있는 그들의 능력이다.

출발점에는 소송 사건들에 관한 경험적 조사와 논쟁의 사회학을 정립하려는 의지가 있다. 조사는 검토된 불만의 동기가 어떤 것이든간에 불평들이 정상 상태의 역에 속할 수 있도록 여러 개의 신성 불가침의 규칙을 구성하는 문법을 정립하는 것이다. 이 항의하는 문법을 확립하기 위해 조사는 고발의 행위자들을 약호화하도록 두 개의 축을 배치하였다. 즉 전통적인 축은 개인적/집단적 대립의 축으로, 이것은 사건들의 다양성을 축소하고, 따라서 이상형들에 이르는 것을 기능으로 삼았다. 첫번째 이동은 전통적인 축을, 자료의 총체를 다룰 수 있게 한 개별적/보편적이라는 다른 약호화 축으로 대체하는 것이었다.

당사자들이 한 정당화에 의해 구성된 원인에 직면하여 뤽 볼탄스키와 로랑 테브노는 그들의 진술, 그들의 명백한 의도, 그들의 동기 부여를 중시하지 않을 수 없었다. 이러한 척도에서 그들은 조사 자체 덕분에 의혹의 철학과, 비판적 사회학의 허위를 폭로하는 입장과 단절하였다. 이러한 단절은 실재적 능력을, 당사자들이 자신들의 사건을 정의와 관련하여 논증할 때 그들의 고유한 능력의 작성을 중시함으로써 더욱 심해졌다. 그들은 균형을 이루게 해야 했다. 그때까지 사회학자의 독점적 영역이었던 능력의 장을 당사자 쪽으로, 관할에 속하는 사람 쪽으로 이동시켜야 했다. 고소당한 사람들의 논거 제시를 정확히 조사함으로써 약자들에 대한 강자들의 힘에 의해서만 유지할 수밖에 없을 지배 상태로부터 모든 것이 나올 것이라는 일원론적 도식과 단절할 수 있었다. 그로부터 사회 행위자들의 발화수행적 활동에 관심을 기울이고, 포괄적이며 현상학적인 사회학의 흐름들과 연관되는 분석이 생겨난다. 동의를 받아내기 어려울 때 당사자들은 자신들의 사건이

39) 뤽 볼탄스키와 로랑 테브노, 《정당화에 대하여. 고귀함의 경제성 원칙들》, 갈리마르, 파리, 1991년.

개별적인 상황의 영역에 속하지 않는다는 것이 아니라, 개별적인 상황이 보다 보편적인 도식의 성격을 지닌다는 것을 증명해야 한다.

그러므로 정당화의 전개에서 내적 보편화의 모든 상승 과정이 시작된다. 따라서 위대함의 모든 경제성 원칙을 형성하는 장/단 축이 있다. 그로부터 조사자들은 위대함이 만인에게 똑같은 것이 아니라는 것을, 여러 가지 다른 종류가 있다는 것을 확인하면서 결정적인 단절을 실행할 터인데, 이것은 단일 대립에 근거한 전체론적 항들로 이루어진 분석 전체를 무효화한다. 그러므로 계획의 초점은 결합하는 두 개의 축, 개별적/보편적인 축과 다양한 위대함에 맞춰진다. 사실 공공 공간에 접근하려는 그들의 관심 속에서 검토된 논쟁들은 정의의 우선 원칙들을, 공유되고 공인된 가치들의 등급을 참조할 것을 필요로 한다. 게다가 이러한 보편성의 야심은 항상 더 많은 보편성을 향한 위대함과 국부적이고 개별적인 차원에 머물 수 있는 가치들 사이의 구분을 확립하는 것이다. 위대함은 서로간에 약분이 되지 않으며, 저마다 등가의 공동 사회, 보편적인 인류를 정의한다.

그러므로 문제는 이러한 위대함이나 이러한 도시국가들이 무엇인지를 규정하는 것이다. 사회의 해석 일람표는 각각 자기의 고유한 등가 원리에 토대를 둔 상이한 도시국가들이 구현한 변증론으로부터 만들어진다. 각각의 위대함의 합법성을 확립하는 것은 여러 구성 제약을 준수하는 각각의 능력이다. 이러한 기준이나 전제들은 집단적 정체성을 확립하는 보편적인 인류애의 전제들일 뿐만 아니라 이 공동 인류로부터 확립된 질서의 전제들이기도 하다. 질서는 경제성 원칙의 공식과 일치하는데, 이 공식에 따르면 고등 수준에의 도달은 비용이 들며 관련된 사회에서 위대함의 단계에 이르기 위한 희생을 요구한다. 그것은 또한 향상되면서 도달하는 행복과 도시국가 전체에 미치는 긍정적 파급 효과 사이의 등가를 요구한다. 게다가 개인들이 항상 가변적인 사회의 모든 위대함 속에 잠재적으로 존재한다는 분석의 전제들 중에서 불확정성의 원리는 필수적이다. 그로부터 구체적인 사례들을 이러한 도시 모델에 설정하기 위해 결정적일 것은 위대함의 실험일 것이다. 이러한 도시들의 모델화는 각각의 도시에 대해 발전의 원동력이 되는 신화의 구실을 한 정치철학의 성과를 통하여 연구된다. 예를 들면 성 아우구스티누스──와 그의 《신국》──는 계시를 받은 도시국가의 모델화를 가능하게 하는데, 여기에서 위대함은 우선 원칙과의 즉각적인 관계를 실현하는 은총의 상태에의 도달을 통해 획득된다. 보쉬에──와 그의 《성서의 말씀에서 이끌어 낸 정치》──

는 가족 도시국가의 모델을 제시하는데, 여기에서 위대함은 계층화된 질서 속에서의 하나의 지위에 해당한다. 홉스——와 그의 《리바이어선》——는 명성이나 여론의 도시국가의 변증론을 설립하는데, 여기에서 한 개인의 고귀함은 전적으로 타인들의 여론에 달려 있다. 루소——와 그의 《사회계약론》——는 시민 도시국가를 예시하는데, 여기에서 개인들간의 관계는 보편적인 의지에 의해 매개된다. 애덤 스미스——와 그의 《국부론》——는 상업 도시국가를 설명하는데, 여기에서 개인들간의 관계는 자유롭게 유통되는 희귀 재화에 의해 보장되며, 이 도시국가의 위대함은 부의 획득에 달려 있다. 그리고 마지막으로 생 시몽의 작업은 산업 도시국가를 보여 주는데, 여기에서 위대함은 효능성에 달려 있으며 직업 능력들을 결정짓는다.

따라서 철학 사상들은 모두 다 이러한 정당화 문법의 체계를 위해 발견에 도움이 되는 도구들을 만들어 내는데, 사회적인 것을 부차적인 차원에서 밝히기 위한 철학적 지식의 소환이라든가 혹은 철학사에 대한 관심에서가 아니라 한층 더 사회적인 것의 은유화로서, 실천적 이성의 전개에 필수적이고 원시 사회들에서의 우주 생성 이론들의 역할과 유사한 정치 형이상학들로서이다. 이론이 도중에 경험적인 관찰 작업에 접속되는 현장 조사에서 이러한 모델들은 다음과 같이 단언할 만하다. "따라서 정치철학을 통한 우회는 우리에게 도움이 되어, 당사자들이 자신들의 행동이나 비판을 정당화해야 할 때 그들이 사용하는 능력에 대한 이해에서 진전을 보았다."[40] 자유주의자들(롤스)과 공동체주의자들(월처) 간의 미국식 토론에서 유래하는 정의론들은 같은 관심의 성격을 지닌다. "이러한 다원주의는 우리의 입장을 마이클 월처가 전개한 입장에 접근시키며, 공공 복지를 명시하는 다양한 방식을 고려할 정의론에 관심을 갖게 한다."[41]

도시들의 서술적인 것은 여러 부분들간의 무언의 혹은 분명한 타협을 도중에 평가할 수 있는 하나의 접근에 도달한다. 여러 사회에 대한 실재적 실험은 이러한 차원에 설정된다. 따라서 뤽 볼탄스키와 로랑 테브노의 조사에서 서술적·해석적, 그리고 화용론적인 세 가지 분석의 결합을 재발견하게 된다. 게다가 그것은 "성찰의 화용론을 향하여"[42]라는 프로그램 형식의 접근 방법으로 끝난다. 이처럼

40) 뤽 볼탄스키와 로랑 테브노, 앞의 책, 26쪽.
41) 같은 책, 28쪽.

그들은 행동의 반성적 자성을 중시한다. 진행중인 것에 관한 당사자의 해석의 움직임은 특별한 계기, 즉 "현실의 의미가 없는"[43] 역설적인 계기들이 발현하는 순간에 파악된다. 이러한 위기 속에서 관심의 대상이 되는 것은, 그것이 제아무리 조직적이라 할지라도 카오스가 아니라 문제를 야기하는 그 현실을 확립하기 위한 파트너들간의 연합 추구이다. 불확정성의 원칙이 자리를 차지하는 것은 이러한 불안정한 틀 속에서이다. 명료한 행동에 연결된 역동적인 이 모델은 두 가지 난관을 모면하게 해준다. 즉 분명한 의도들의 자기 성찰의 난관과, 행동을 체계의 인과 관계들로 몰아가는 경향이 있는 기계론적인 객관화의 난관. 이 모델은 사회 분석에서 이 두 가지 위험을 항상 피하고자 한 리쾨르의 마음을 사로잡을 수 있을 뿐이다. 게다가 그는 《르 몽드》에서 이 모델에 열광했음을 알린다. "이 저서의 중요한 공헌은 그것이 갈등과 타협의 이론에 미친 기여이다."[44]

롤스와 월처, 볼탄스키-테브노의 명제들로부터 정의의 원칙에 관한 세 가지 고찰을 통해 리쾨르는 정책 기관들의 차원에서 기획된 공동 연구에 참여하게 된다. 1990년초 미셸 로카르는 불평등의 문제를 수정하기 위해 정책 기관에 위임한다. 수상은 급히 이론적인 조명을 요구한다. 그것은 국립행정학교 졸업생이며, 정책 기관의 보조위원인 장 바티스트 드 푸코로 이어진다. 그는 이재국(理財局) 고등공무원의 경력 이외에 그로 하여금 개인적으로 면직 반대 투쟁에 참여하게 하고, 실업에 대항하는 연대라는 한 단체를 창설하게 한 좌파 그리스도교인의 강한 확신으로 고무된다.

이 고찰의 다른 주요 인물은 로랑 테브노의 아내 조엘 아피샤르이다. 그녀는 국립경제재무교육연구소 출신으로, 이곳에서 70년대 고용 분담에 힘을 기울인 적이 있다. 뒤이어 그녀는 1982년에 들어간 CEREQ[45]에서 직업 교육 종합 평가를 실시한다. 사용된 통계들에 관해 비판적인 거리를 둘 것에 관심을 갖는 조엘 아피샤르는 항상 자신의 연구의 인식론적인 차원을 가장 중요시하였다. 그녀는 CEREQ과 연결된 약 10개의 센터들을 통괄하며, 싹트고 있는 신사회학의 형태적

42) 뤽 볼탄스키와 로랑 테브노, 같은 책, 425-438쪽.
43) 같은 책, 430쪽.
44) 폴 리쾨르, 〈시테들의 법〉, 《르 몽드》, 1991년 8월 17일.
45) CEREQ은 기능조사연구센터이다.

투자에 관한 분석을 확산시키면서 고등공무원과 대학인·연구실험실들 간의 연결을 권장한다.[46]

조엘 아피샤르가 로카르의 요청에 응하기 위해 요직인 정책연구부장의 직책에 있게 되는 것은 1989년에서이다. 그녀의 업무는 실용 가능한 문제들로부터 장려 연구의 출자 거래를 기획하는 것이다. 불평등에 관한 그 연구를 시작하는 것이 문제가 되자, "사람들은 곧바로 직업적으로 그러한 문제들과 연구 집단들 간에 중개자일 수 있는, 연구부장으로서의 그녀[나]에게 구원을 요청하였다."[47] 그녀는 곧바로 첫번째 자료에다 불평등의 문제를 70년대의 사고 범주들 속에서 고려하는 것은 불가능하다고 작성하고, 장 바티스트 드 푸코와 함께 〈사회적 정의와 불평등〉[48]이라는 테마에 관해 1991년 6월과 1992년 11월에 개최되는 2단계 세미나 계획을 구상한다.

회기 주재의 문제를 스스로에게 제기하면서 장 바티스트 드 푸코는 리쾨르를 떠올리며, 리쾨르는 평상시대로 세미나 주최자들과 함께 자신의 참가 계획을 세우고자 한다. "1991년 4월, 나는 장 바티스트 드 푸코와 함께 처음으로 리쾨르를 만나러 샤트네로 갔다. 그는 오전에 우리를 맞이했다. 우리는 장시간 토론을 했다. 주로 〈정당화에 대하여〉에 관해서, 그리고 그 정책이 정의론의 관점에서 면직과 관련된 불평등의 문제를 다르게 수정하려 노력하고 있던 방식에 관한 것이었다. 그는 곧 그 문제를 흥미진진하게 생각했으며, 우리에게 주재 약속을 허락했다."[49] 〈불평등의 문제에서 정의의 이론들까지〉라는 테마에 관한 첫번째 세미나의 마지막 회기를 주재할 책임을 맡은 리쾨르는, 3명의 참가자인 장 피에르 뒤피·조엘 로망·로랑 테브노와 함께 샤트네에 있는 그의 자택에서 열리는 준비 작업 모임을 주선한다. 두번째 세미나 때 리쾨르는 〈다원주의와 정치적인 것〉에 관한 첫번째 회기에 참가한다. 마이클 월처 역시 주최자들로부터 초대를 받아, 면직된 자들이 지속적으로 모든 범위의 정의로부터 배제되어 있는 것이 사실이라는 견해를 전개한다."[50] 그는 그러한 근본적인 불공평을 시정해야 할 의무가 있는 국가가 보

46) 프랑수아 도스, 《의미의 제국. 인문과학의 개선》, 앞의 책.

47) 조엘 아피샤르와의 대담.

48) 조엘 아피샤르와 장 바티스트 드 푸코(주관), 《사회적 정의와 불평등》, 《에스프리》, 파리, 1992년; 《다원주의와 공평성, 민주 정치들에서의 사회적 정의》, 《에스프리》, 파리, 1995년.

49) 조엘 아피샤르와의 대담.

다 확실하게 개입해 줄 것을 호소한다.

리쾨르는 정의의 원칙들의 다원주의적 개념들 속에서 정치적인 것의 문제를 제기하기 위해 발언한다. 이 분야에서의 각양각색의 세금 출자를 보고하고 난 뒤, 그는 그와 같은 구조 속에서 정치적인 것은 과연 어떻게 되는 것인지 자문한다. "정치 권력이 다른 것들 중에서 정의의 범위를 지정하는 것일까?"[51] 그러한 분석들은 주권의 문제인 정치적인 것의 비구상적인 것을 드러낸다. 그는 정치 권력이 많은 정의의 범위들 중의 하나로 간주된다는 사실과, 동시에 그 모든 범위들의 겉치레를 정치적 모순 및 대의 민주 정치의 위기의 징조로 규정한다. "정의의 다원론이 어떤 다른 것보다도 더, 불평등한 분배의 조정자로서의 정치 권력의 확고함에 관하여 특수한 고찰을 촉구하는 것은 여기에서이다. 최상의 계산이 불평등한 분배를 합법적이게 하기에는 충분치가 않다."[52]

오전 보고회에 뒤이은 토론에서 리쾨르는 정치적인 것의 포괄적 성격을 고려하여 정치적인 것을 다른 도시국가들 중의 한 국가의 법규로 축소할 수 없다는 것을 재론한다. 그렇지만 그는 볼탄스키-테브노의 이 명제에서 바로 국민-국가가 겪는 주권 위기의 징후 자체를 본다. 결국 그는 "우리로 하여금 공개되지 않은 상황, 여하튼 우리의 공화주의적이고 급진파적인 전통의 한계 속에서는 생각할 수 없는 상황을 인식하도록 도와 준" 이 저자들의 능력을 그들의 장점으로 평가한다. "즉 법의 원천으로서의 국가는 오늘날 전체와 부분으로서, 용기(容器)와 내용으로서, 포괄적인 심급과 포함된 영역으로서 동시에 처신하도록 되어 있는 본질의 곤란한 입장에 놓여 있다."[53]

리쾨르가 정의에 관한 고찰들에 참여하는 것은 우연한 일이 아니며, 그것은 책임의 문제에서 법적인 연장을 발견하는 '능력 있는 인간' 이라는 그의 모든 주제의 중심에 새겨 있다. 법의 주체가 누구인가를 아는 문제를 스스로에게 제기하는 리쾨르의 논증의 단서는 "(…) 능력의 개념"이다. "이 개념은 내[리쾨르]가 보기에

---

50) 마이클 월처, 〈면직, 부당함과 민주주의 국가〉, 조엘 아피샤르와 장 바티스트 드 푸코, 《다원주의와 공평함》, 앞의 책, 29-40쪽.

51) 폴 리쾨르, 〈정의의 원칙들에 대한 다원주의적 이해에서의 정치적인 것의 위치〉, 같은 책, 79쪽.

52) 같은 책, 83쪽.

53) 폴 리쾨르, 〈정의의 다양한 심급들〉, 정의고등연구소의 일환으로 한 발언. 《정의》에 재수록, 앞의 책, 141-142쪽.

도덕적 준수의, 그리고 법 주체로서의 인간 인식의 궁극적 지시 대상을 이룬다."[54] 그러한 행동이 지정될 수 있는 이 주체는 일단 그의 능력이 타인과의 대화 논리적 관계 속에서 구현되자마자 그 관계가 제도적 측면을 띨 때에만 진정으로 법의 주체가 된다. 《타자 같은 자아》에 배치되어 있는 나와 타인과 제도 사이의 3요소는, 또한 이타성을 개인 상호간의 이타성과 제도적 이타성으로 양분하는 것으로부터 이루어진 법철학의 구성 기반이다. "제삼자와의 관계는 너와의 관계만큼이나 기본적인 것으로 보인다."[55]

그런데 그때까지는 오로지 피의자로 추정되는 장본인에게만 집중되었던 시선이 최근에 바뀌는 것을 목격하게 되는데, 그는 오늘날 입힌 손해와 손해 배상 · 손해 보상을 직접적으로 연관짓기 위해 피해자에게 구원을 요청한다. 근대법의 이러한 급변은 법의 적용 범위가 확대되고 있다는 이유로 연대 책임의 개념에 더 큰 가치를 부여하는 유리한 결과를 가져오지만, 그것은 또한 해롭고 위험한 결과들을 내포한다. 특히 미디어라는 간접적인 수단에 의한 현행의 희생자 만들기는 필요한 배상을 떠맡게 하기 위해 죄인을 찾도록 사회를 부추기는 것이 사실이다. "엄청난 모순이 있다. 즉 선거에 의하여 위험의 철학을 공고히 하려는 관심에서 연대 책임만을 이야기하는 사회에서 책임자에 대한 보복성 수사는 신원이 확인된 피의자들로 하여금 재차 죄의식을 느끼게 하는 것과 같다. 조르지나 뒤푸아의 그 유명한 '책임은 있으나 죄인은 아니다' 라는 말을 공론이 어떻게 빈정거리며 받아들였는가를 보는 것으로 충분하다."[56] 이러한 상황을 수정하기 위해 법률가들은 책임 전가와 배상 청구를 보다 대규모적으로 분리시킬 것과, 그것들을 단지 2차 시기에서만 연계시킬 것을 권한다.[57] 따라서 미레유 델마 마르티는 형법 개념들의 다원화와 사회적 상황의 재구성에 대한 적응을 제시한다. 그녀의 목적은 그 개념들 중 어느것도 패권주의적 입장을 취하지 않도록 유의하는 것이다. 새로운 조화함수가 책임 · 연대 책임 · 위험성 · 재해 개념들 간의 관계를, 이 차원들 중 어느 하나도 희생시키지 않도록 하면서 보장해 주어야 할 것이다. 게다가 결정권의 점

---

54) 폴 리쾨르, 〈누가 권리의 주체인가?〉, 《정의》, 앞의 책, 30쪽.

55) 같은 책, 34쪽.

56) 폴 리쾨르, 〈책임의 개념〉, 《에스프리》, 1994년 11월, 41쪽; 《정의》에 재수록, 앞의 책, 59쪽.

57) 미레유 델마 마르티, 《보통법을 위하여》, 쇠이유, 파리, 1994년.

진적 확산을 목격하는 한 사회적 분업의 발달은 어떤 행동의 장본인들을 부각시키고, 그 행동을 특별한 한 개인의 탓으로 돌리는 데 있는 업무를 종종 어렵게 만든다. 그럼에도 그러한 어려움이 포기를, 일반화된 무책임과, 그러므로 법이 완전한 붕괴에 빠질 위험을 유발해서는 안 된다. 따라서 희생자 만들기에 의해 유발된 혼란으로 악화된, 확장되어 가는 이 불확실성의 지대는 법 지식을, 다시 말해 정의와 복수의 분리를 정당화하는 대부분의 것과 관계가 있는 급격한 퇴보의 원인일 수 있다. 따라서 사람들은 법이 회복시켜야 하는 '적절한 거리'와 리쾨르의 모든 철학이 향해 있는 필요한 매개들의 추구를 재발견한다. 희생자들의 비명과, 미디어에 의해 극한으로까지 추진된 희생자 만들기가 복수의 욕망에 사로잡힌 집단의 동일성을 재보장하는 장소인 속죄 행위, 희생양을 요구하는 조상 전래의 신성하고 과격한 속박을 부활시킬 역진적인 위험을 무릅쓰게 하는 만큼 더욱더 그러하다.

리쾨르가 직면해 있던, 책임과 관계가 있는 또 다른 중요한 동시대의 문제는 한스 요나스[58]에 의해 제기된 문제로, 이때 그는 과학 기술의 현대성이 생태계에 미친 공해와 파괴적 결과들의 영향력을 평가하면서 세대 상호간의 책임 연계의 지평으로 들어가기 위해 인간 존재 특유의 유한성을 초월해야 하는 책임을 무한정으로 하는 데 전념한다. 현세대들의 행동 능력을 먼 미래에 대한 그들의 책임에 따라 제한해야 하는 신형의 진정한 도덕적 의무인 새로운 절대적 요청이 그로부터 나온다. 따라서 책임은 시간적이고 공간적인 이중적 제한에서 벗어난다. "너 이후에도, 그리고 가능한 한 오랫동안 인류가 여전히 존재할 수 있도록 행동하라."[59] 한스 요나스는 환경과 미래의 인류에 대한 이중 책임을 확대한다. 이 무제한의 개념은 책임 전가를 전제로 하기 때문에 문제를 제기한다. 그런데 "모든 사건은, 마치 책임이 자신의 빛을 연장함으로써 그 효과를 감소시키듯 두려워할 해로운 결과의 장본인이나 장본인들을 파악할 수 없게 할 정도로 일어난다."[60] 시간적인 가까움과, 따라서 상호성의 윤리를 넘어서는 이 새로운 요청에 내재한 위험은 책임 원칙을 너무 보편성의 차원에 이르게 하는 것이기 때문에 그것을 인식할

---

58) 한스 요나스, 《책임 원칙》, 장 그레쉬의 프랑스어역, 세르프, 파리, 1990년.

59) 한스 요나스, 위의 책, 폴 리쾨르 인용, 프레데릭 르누아르, 《책임의 시대》, 페야르, 파리, 1991년에 수록된 발문. 《강의 1》에 재수록, 앞의 책, 283쪽.

60) 폴 리쾨르, 〈책임 개념〉, 인용한 논문, 45쪽.

수 있는 행위들에서 일단 벗어나자마자 그것은 사라질 정도로 모호해질 위험이 매우 크다. 리쾨르는 그에게 자세한 도덕적 판단, 보다 신중한 판단을 반론으로 내세우는 편을 택한다. "연대 책임과 위험의 개념들의 쇄도에 종속된 공정 개념의 유지를 가장 설득력 있게 옹호하는 것은 결국 이 **판단**에의 호소이다."[61]

리쾨르가 "법에 응"[62]하는 태도를 취하면서 근대성에 대한 새로운 질의에 제시할 진정한 답변을 지각하는 것은 법률 실행 자체에 대한 반성성에서이다. 그는 신중한 판단을 위해 해석과 논거 제시[63]를 유기적으로 구성할 수단을 법철학에서 인지한다. 리쾨르에게서 볼 수 있는 고전적인 논증에 의하면 그는 두 가지 논리적 궁지로 간주하는 것, 즉 해석의 단 하나의 측면만을 중시하는 흐름의 아포리마[64]와 로베르트 알렉시나 마누엘 아티엔자와 같은 순수한 논거 제시의 이론가들의 아포리마를 등장시킨다. "나는 토론의 주제에 집중된 법률해석학이, 해석과 논거 제시의 상관 관계에 대한 변증법적 이해를 필요로 한다는 명제를 지지하기 위해 고려된 각각의 입장들의 내적인 결함을 근거로 이용할 수 있다고 생각했다."[65] 리쾨르는 이 논쟁에서 자신이 설명하기와 이해하기 사이에서 줄곧 거부한 양자택일과 유사한 한계를 재발견한다.

드워킨은 단연 지배적이고 하트[66]의 실증주의적 모델에 의해 구현된 오로지 소송 절차적인 개념을 넘어섬으로써 법에 철학적 합법성을 재부여하는 데 많은 기여를 한 사람들의 일원이다. 법률 실행을 다수의 규칙들의 단순한 적용으로 고려하는 것과는 달리 드워킨은 정의의 원칙을, 통용법의 권리보다 앞서는 개인들에게 고유한 권리를 통합한다. 드워킨은 도덕철학 원칙의 관점에서 적법성에 대한 어떤 합법성의 선행성에 근거한 규칙들의 피안의 세계를 파악한다. 이러한 분리는 윤리와 규칙의 재구성을 가능하게 하지만, 또한 합법성의 원칙이 의무적인 정

---

61) 폴 리쾨르, 같은 책, 48쪽.

62) 폴 리쾨르, 《정의》, 앞의 책, 9쪽.

63) 폴 리쾨르, 〈해석과/혹은 논거 제시〉, 〈정의란 무엇인가〉라는 심포지엄에서 한 발언, 1993년 12월 6-10일, 드레스덴대학; 《정의》에 재수록, 앞의 책, 163-184쪽.

64) 로널드 드워킨, 《원칙의 문제》, 제2부, 〈해석으로서의 법〉, 옥스퍼드대학교출판부, 옥스퍼드, 1985년.

65) 폴 리쾨르, 〈해석과/혹은 논거 제시〉, 앞의 책, 164-165쪽.

66) 하트, 《법에서의 인과 관계》, 클라렌든, 옥스퍼드, 1959년.

의의 규칙에 의해 더 이상 준수되지 않을 때 시민의 불복종 사례들을 정당화한다. "우리의 제도적 체제는 특별한 도덕론에 근거한다. 즉 인간은 국가에 대하여 도덕적 권리를 갖는다."[67] 드워킨은 미묘한 소송들, **어려운 사례들**의 해결로부터 어째서 규칙이 판결을 통해 해결할 문제를 자기 힘으로 포섭할 수 없는지를 보여 준다. 따라서 법률가는 여러 차례 손질을 한 소설의 문체와 같이 진정한 재창조의 영감의 수단들을 발견하기 위해 이전의 관행과 본문들로부터 모든 해석을 동원해야 하며, 해석 끝에 그는 전대미문의 판결을 내릴 것이다. 규칙의 윤리적-법률적 차원에 더 큰 가치를 부여하는 드워킨은 하트에 따른 법적 실증주의에 의해 초래된 일의성·준엄함을 공격한다.

법에 윤리적 차원을 재도입할 것을 또한 목표로 삼는 리쾨르는 이 분야에서 드워킨의 추이에 관심을 갖는데, 그에게서 해석적 틀의 원천인 서술의, 얽힌 삶들의 줄거리 전개의 축어적 수단들을 중시하는 견해를 감지하기 때문이다. 그렇지만 그는 드위킨이 법에 대한 그 해석적 전망을 논거 제시의 이론에 연결할 궁리를 하지 않는다고 비난한다. "드워킨은 논쟁들의 형식보다는 본질에 더 많은 관심을 둔다."[68] 반대로 알렉시와 아티엔자는 그의 형식주의에서의 법적 논거 제시를 중시한다. 그 규칙들은 하버마스식으로 토론의 윤리를 담론의 보편적 화용론으로부터 정의한다. 따라서 모든 관심의 대상은 소송이 전개되는 특수한 기관으로서의 법정 안 특유의 체계화 유형이다. 이 기관은 역할 분담의 범위를 아주 엄격하게 정하는 장소이며, 그 안에서 심의는 아주 정확한 규칙들에 따른다. 그들의 명제는 결국 법적 논쟁의 엄정성의 요구가 규범적인 담론의 그것과 다르지 않다고 주장하는 것이 된다. 리쾨르에 따르면 그것은 분명히 법정 소송 절차를 명확히 해준다. 그러나 그는 오로지 논거 제시만을 옹호하는 자들의 추이에 관심을 기울이지 않는다. 그는 드워킨과 그 합목적성의 규칙, 즉 어떤 규칙의 적용은 사건 해석과 규범 해석의 혼합이라는 사실을 재발견한다. "이러한 의미에서 해석은 논거 제시와 무관하지 않다. 즉 그것은 논거 제시의 **기초적 도구**를 구성한다."[69]

따라서 법률상의 진리는 리쾨르가 모든 인문과학에서 줄곧 옹호한 긴장적 개념

---

67) 로널드 드워킨, 《법을 중요시할 것》, 하버드대학교출판부, 케임브리지, 1977년, 147쪽; 프랑스어역 마리 잔느 로지놀과 프레데릭 리마르, PUF, 파리, 1996년.

68) 폴 리쾨르, 〈해석과/혹은 논거 제시〉, 앞의 책, 170쪽.

69) 같은 책, 179쪽.

에 아주 가깝다. 그는 드워킨에 이어 그것을 합목적성의 진리로 규정한다. "즉 내적인 확신의 영역에 속하는 일종의 상황적 명백함을. 과연 객관성이란 말을 쓸 수 있을 것인가? 검증적인 의미에서가 아니라 하나의 상황 속에서 이 결정이 해야 할 최상의 일이라는 태도가 오히려 문제가 된다. (…) 그것은 무엇이 적절한 것인가에 대한, 무엇을 하는 것이 바람직한 것인가에 대한 **즉각적인** 확신이다."[70] 법정 소송 절차에서 관찰할 수 있는 바 그대로 진리의 이러한 긴장적 접근은, 해석과 논거 제시의 변증법을 행위로 변형시키기 위해 그것들을 유사한 방식으로 교차시켜야 하는 많은 다른 인간 활동들에서 문제가 된다. 자기 환자의 삶의 시작과 끝이라는 극단적인 상황에서 딱 잘라 해결하게 되어 있는 의사와 마찬가지로 시테를 관리함에 있어서 전략적인 선택에 직면한 정치인은 매번 특수한 상황에 가장 적합한 신중한 판단을 하기에 이른다.

따라서 실천적 지혜는 필수 불가결한 중재의 책임을 맡고 있는 사람들의 공통된 지평이며, 그 선택들은 점점 더 복잡해지고 있다. 그들은 점점 더 선과 악이라든가 흑과 백 사이의 구분이 아니라 "회색과 회색이라든가, 아주 비극적인 경우에는 악과 최악 사이의 구분을 하고 있다."[71]

---

70) 폴 리쾨르, 〈정의와 진리〉, 파리 가톨릭연구소 철학대학의 1백 주년을 맞이하여 연설한 강연, 1995년 10월 10일.

71) 폴 리쾨르, 〈양심과 법〉, 대성당파 파리 변호사단 소속 변호사들의 지시에 의해 개최된 세미나에서의 발언, 1994년 6월; 《정의》에 재수록, 앞의 책, 220쪽.

68

도덕에 앞선 윤리

1983년 2월의 법령이 생명과 보건위생학 국립윤리자문위원회를 창설하자, 윤리 분야는 국가의 관심사들 중 가장 높은 차원으로 들어간다. 이 위원회의 임무는 생물학 · 의학과 보건위생 분야에서 이루어지고 있는 연구에 의해 제기된 도덕적 문제들에 대해 의견을 피력하는 것이다. 아주 프랑스적인 전통에서 이 위원회는 여러 명의 책임자들, 주로 법률가와 의사들을 통합함으로써 피라미드식의 제도로 이해된다. 정부는 이들에다 모두 합해서 40명이나 되는 두 개의 프리메이슨단과 다섯 개의 종교 집단의 대표단을 추가하도록 신경을 썼다.[1]

국립윤리자문위원회는 출범 전부터 개신교 성향의 대표자인 프랑스 케레를 대표단으로 간주하였다. 1936년 몽펠리에에서 태어난 세벤 출신의 프랑스 케레(나는 운좋게도 1995년 3월 29일에 그녀의 모습과 보다 정당한 사회를 위한 그녀의 열띤 발표와 완전한, 정열적인 참여를 볼 수 있었다)는, 천식 발작의 후유증으로 1995년 4월 14일 롱쥐모의 병원에서 숨을 거두었다. 신학자인 그녀는 그 뿌리 깊은 개신교의 신앙을 다양한 윤리적 명분에 활용하였다. 청소년 시절부터 그녀에게 리쾨르는 줄곧 중요한 철학적 참고 대상이었다. 그녀에게 멋진 경의를 표한 바 있는 그 친구 샤를 블랑셰[2]와 함께 그들은 리쾨르가 강연할 것이라는 사실을 알게 될 때마다 습관적으로 서로에게 기별을 해주곤 하였으며, 장소가 어디든 테마가 무엇이든 간에 그들은 철저하게 강연장으로 가곤 하였다. 그들 중에 어느 한 사람이 책무로 시간을 낼 수 없을 때 다른 하나가 그에게 필기한 내용을 보내 주곤 했다. 리쾨르의 사상에 대한 이러한 관심은 오래전으로 거슬러 올라간다. "내 생각에

---

1) 필리프 루카, 《윤리를 말한다》, 액트 시드, 아를, 1990년 참조.
2) 샤를 블랑셰, 〈프랑스 케레의 모습〉, 《농민》, 제333호, 1995년 9-10월, 65-80쪽.

정확한 시기는 1958년이다. 나는 그의 이름조차 모르고 있었다. 그러던 어느 날 몽펠리에의 도시가 신학학부에서는 착오 가능성에 관한 강연과, 대학에서는 아리스토텔레스와 마키아벨리에 관한 강연을 알리는 포스터로 뒤덮였다. 나는 이제 막 학업을 시작한 터라 일반 교양에 대한 열의로 그 강연을 들으러 갔었다. 스물한 살 나이에 그것은 한번도 느껴 본 적이 없었기에 경탄이었다."[3] 그때에 프랑스 케레가 느끼는 환희는 조금도 변함이 없었으며, 어떤 암흑의 지대도 통과하지 않았다. 쉰아홉 살이 되어서도 그녀는 여전히 정열적으로 이렇게 말한다. 그가 그 작업의 주석학적인 부분을 어느 정도 등한시한 것을 유감으로마저 생각하기 때문에, "그 사람으로 말하자면 나는 항상 허기를 느낀다."[4] 이러한 심취의 원인에 대해 자문하면서, 그녀는 그것을 철학 분야의 비전문가들인 대중에게 명쾌하게 호소할 수 있는 그의 비할 바 없는 교육적인 기술("자신의 건축물을 세우는, 성당을 건설하는 그 방식. 그는 현장 감독으로서 유례가 없는 사람이다"[5])과 시적인 아름다운 표현과 독창적인 말의 결합으로 설명한다.

몽펠리에에서 프랑스 케레는 고전문학 및 신학 공부를 했다. 결혼한 지 얼마 되지 않았을 때 주거지를 떠날 수밖에 없었을 한 기관에 임용되자, 그녀는 자신에게 교부를 라틴어와 그리스어로 번역할 것을 제안하는 그라세 출판사의 제의를 받아들이는 편을 택한다. 그녀는 1962년부터 1972년까지 10년 동안 그 일에 전념한다. 그러나 1968년 5월은 그녀로 하여금 단호하게 동시대의 문제들 쪽으로 돌아서게 한다. 그녀는 《에스프리》에 가담할 것을 권유하는 장 마리 도므나크에게 1968년과 1974년 사이에 자신이 할 일을 편지로 알린다. 그때 그녀는 사회를 뒤흔드는 모든 문제들과 마주치면서 성찰의 집단들에 적극적으로 참가하고, 서적[6]에서도 개신교의 주간지 《개혁》에서 뿐만 아니라 또한 《라 크루아》와 《파노라마》에서의 정기적인 시평[7]에서도 그들의 쟁점을 설명하기 위해 자신의 출판물을 쌓아 나간다. 국립윤리자문위원회가 1983년에 창설된 이래 프랑스 케레는 여러 방

---

3) 프랑스 케레와의 대담.

4) 위의 대담.

5) 위의 대담.

6) 프랑스 케레, 《미래인 여성》, 쇠이유, 파리, 1976년; 《가족》, 쇠이유, 파리, 1990년; 《윤리와 인생》, 오딜 자콥, 파리, 1991년; 《사랑, 커플》, 샹티르용, 파리, 1992년.

7) 프랑스 케레의 시평들은 폴 리쾨르가 서문을 쓴 아주 훌륭한 한 책에 게재되었다. 《소금과 바람》, 바야르, 파리, 1995년.

면의 위원회, 심의회, 성찰위원회, 즉 인구 및 가족 고등심의회, 정책위원회, 노동-고용 단체, 핵에너지 분야, 장기 이식, 정신 장애와 신생아 의학에 뛰어들었다. "항상 '타인의 흐름에 따라' 살았기 때문에 사람들은 모든 힘든 상황에서 그녀를 목격한다. 그녀는 결코 거절한 적이 없었다. 타인의 요구가 항상 그녀의 삶의 스타일을 움직인 우선적 요청이었다."[8)]

그 저서인 《타인의 끈》[9)]이라는 제목은, 그 자체로 그녀가 리쾨르와 아주 유사함을 환기한다. 그녀는 리쾨르가 한 윤리와 도덕의 구분에 전적으로 동의한다. "특히 권위의 수단에 의해 진술되기를 바랄 도덕에 대하여 나는 그에게서 천재적인 지지자를 발견한다. 신중한 판단을 통해 결정해야 한다. 윤리의 독단론자는 없다, 그것은 위험할 것이다. 이 신중한 판단은 단지 가치들의 분쟁성에서만이 아니라 사람들이 연구하는, 결과를 모르는 것의 불확실성에서도 기인한다. 그러한 것은 항상 생명 윤리에서 보인다."[10)] 제기된 문제들의 복잡함은 단 하나의 개인이, 비록 그가 전문가라 할지라도 신중한 판단을 발설할 수 없는 바 그대로이다. 이러한 상황은 같은 구조 안에서의 여러 능력들의 필요한 협조 및 공유와, 따라서 그러한 위원회들의 증가를 정당화하고 합법화하는데, 이것을 리쾨르는 대중 토론을 준비하고 사교계의 대쟁점들에 관해 민주적으로 결정해야 하는 여론을 해명할 책임이 있는 '생각하기 위한 심의회 분임조'라 부른다.

그런데 시사 문제는 결단을 내리기 어려운 양심의 문제들을 증가시킨다. 환경 분야에서 단기 수익성의 고려와 생태학적 균형의 보호 요청은 흔히 대립되며, 한스 요나스가 강조했듯이 거주 공간 보호의 책임 문제를 쇄신하는 단계로 설정된다. 생명과학 특유의 급격한 변화와 피임, 인공 수정과 **시험관** 수정의 형태인 다양한 형태하에서의 인간 복제의 점진적인 지배와 유전자 분야에서 실현된 진보는 "개인의 정체성의 생존 기반"[11)]에 영향을 미치는 "인간 행동 **범위**의 변화"[12)]를 야기한다. 더 많은 지배를 향한 인간의 개입의 이러한 등급 변화는 더욱더 절실한

---

8) 샤를 블랑셰, 〈프랑스 케레의 모습〉, 기사 인용, 66쪽.
9) 프랑스 케레, 《타인의 끈》, 쇠이유, 파리, 1979년.
10) 프랑스 케레와의 대담.
11) 폴 리쾨르, 프레데릭 르누아르, 《책임의 시대. 윤리에 관한 대담》, 페야르, 파리, 1991년에 수록된 발문, 252쪽.
12) 같은 책.

윤리의 필요를 유발한다. 리쾨르는 자크 테스타르와 함께 그것을 신중함 · 조심성의 필수 불가결한 실천으로 이해함으로써 신중한 판단이라는 아리스토텔레스의 개념에 응답한다. 그렇지만 자기들의 해결책을 강요하는 윤리 관청들의 설립을 권유하는 것과는 달리, 리쾨르는 그 어려운 선택들에 의해 야기된 해석들의 갈등에서 민주 정치를, 그것의 중앙소인 정치적인 것에서 재활성화할 수단을 발견하는데, 정치적인 것이 차이를 존중하면서 그러한 문제들에 유일하게 답을 제시할 수 있다.

〈윤리와 정치〉에 관한 서부 지역 개신교센터의 한 회기를 계기로 1983년 7월부터 리쾨르는 윤리와 도덕을 분리한다.[13] 이 구분에 리쾨르는 도덕률에 부차적 · 이차적인 지위만을 부여하면서 윤리적 의도를 고려하여 비대칭을 첨가한다. 이때부터 그는 《타자 같은 자아》에서 재계할 나 · 너 · 그의 삼위일체를 배치한다. 자기 자신을 제기하는 1인칭의 자유로부터 출발하는, 행동할 수 있는 인간의 "나는 원한다" 또는 "나는 할 수 있다"는 "행위들의 세계를 통한 자유의 모험담"[14]인 윤리의 길을 제시한다. 이 의지는 즉각적으로 규범, 금기에 부딪친다. 그것은 펼쳐지고, 존재하려는 욕망과 그 실현 사이에서 느껴지는 무력감의 형태로만 부정을 통과한다. 윤리의 시작은 단지 요구하는 타자를 만남으로써만 진정으로 이루어진다. 부정성의 경험은 이 단계에서 구성적이며, 헤겔이 지적하였듯이 그것은 심지어 심각한 폭력의 근원일 수도 있다. 필수적 매개들인 규칙과 규범은 단지 상호주체성을 조절하기 위해 부차적인 방식으로만 작용한다. 중성인 제3의 극은 제도의 기원이 되는 계약 관계의 변화를 통해 이루어진다. 선과 악의 구별을 기능으로 삼는 법칙들 · 명령들을 만들 수 있는 능력으로 고려된 도덕에 직면하게 되는 것은 단지 이 과정의 끝에서일 뿐이다. 그러므로 '살인하지 말라'는 부정이 중시되며, 법률은 칸트 철학의 전통에서 지나치게 오랫동안 기초로 간주된 부정의 마지막 단계이다.

리쾨르가 《타자 같은 자아》의 한가운데 수록된 그의 '소윤리'를 규정짓는 것의

---

13) 폴 리쾨르, 〈윤리의 기초〉, 《서부 지역 개신교센터 연구지》. 이 발언은 중요한 것으로 다른 출판물에 같은 형태로, 또는 몇몇 이본으로 재수록될 것이다. 《다른 시대》, 제3호, 1984년 11월, 61-71쪽; 〈도덕에 앞선 윤리〉, 《백과전서》, 부록 II, 《쟁점》, 1985년, 42-45쪽.

14) 폴 리쾨르, 〈윤리의 기초〉, 《다른 시대》, 앞의 책, 63쪽.

구조를 구성하는 것은 이 삼위일체이다. 그것은 이 저서의 다음과 같은 세 가지 구획짓기를 특징짓는다. '자기와 윤리적 목표'(일곱번째 연구)인 성취 욕망의 구획짓기, '자기와 도덕적 규범'(여덟번째 연구)인 필수적인 금기, 규정의 구획짓기, 그리고 마지막으로 '자기와 실천적 지혜: 확신'(아홉번째 연구)인 구체적인 윤리, 일상적 선택의 시간. 그는 복잡한 쌍 3항식을 변증법적으로 관련지으며, 자기·타인 그리고 제도에 대한 관심 사이에서 분리된 윤리에 다음과 같은 3원(三元)의 다른 것이 연결된다. 3원의 전자 구성 요소들 각각을 통과하는 윤리 : 도덕, 그리고 실천적 지혜. 정치적인 것을 윤리적 본질 속에서 와해시키지 않도록 유의하면서 도덕의 기초로서의 윤리를 변증법적으로 발전시키는 것은 결국 《실천 이성 비판》의 칸트학파 입장들과 거리를 두는 것이 된다. 도덕이 단지 윤리의 마지막 단계, 윤리적 목표 속에 뿌리 내린 긴 과정의 단계일 뿐임에도 불구하고 칸트학파의 입장들은 곧바로 오성의 차원에서 규범의 차원, 실천적 이성의 기초로 승격된 도덕의 구성 차원으로 넘어간다. 따라서 리쾨르는 칸트의 이러한 형식주의적 관점에서 벗어나 자신이 계획한, 아리스토텔레스 철학의 목표와 같이 개별적일 수만 있을 뿐인 선한 삶에 대한 각자의 소망 속에 설정하는 신념, 욕망의 힘을, 존재론적 격렬함을 그에게 반론으로 내세운다.

매개에 대한 지속적인 관심에 의해, 결국 그 가능성의 조건을 중시하는 것으로 귀착되는 모든 문제의 예비 분석에 의해 리쾨르는 그래도 역시 칸트 철학적이다. 그가 실행하는 사유의 독립적인 형태 자체가 칸트 철학적이다. 그러나 그는 칸트의 형식주의가 자신을 욕망·가입·확신과, 따라서 선택의 구체적이고 문맥적인 차원을 배제하는 사고로 몰고 간다는 것을 고려하면서 칸트를 객관적으로 바라본다. "칸트는 그의 정화 전략을 쾌락이나 행복(혼합된 모든 감정적인 양상) 추구 성향의 반대로 이끈다."[15] 아무것도 배제하지 않으려고 조심하는 리쾨르는 철학의 지대에 인간 감정의 모든 표현들을, 열정의 범주에 속하는 모든 것을 받아들이고자 하는데, 그렇다고 해서 철학의 비판적 자세를 포기하는 것은 아니다. 욕망과 의무 사이의 칸트 철학의 대립을 그는 폭력과 의무 사이의 대결로 대체한다. 이러한 태도는 이 점에서는 '반영이 아닌 사고의 면소(免訴)에 있어서' 칸트와 의견이 같은 식으로, 신자와 철학자의 그것인 그 자신의 정체성의 두 영역을 함께 유지

---

15) 폴 리쾨르, 《타자 같은 자아》, 앞의 책, 332-333쪽.

하려는 의지 속에서 그가 항상 지녀 온 태도와 유사하다. "단지 어느 한쪽만을 생각하지 않기 위해 둘 다를 생각할 수 있는 것이 중요하다."[16]

《의식의 찬사》[17]를 집필한 폴 발라디에는 리쾨르의 윤리와 도덕 사이의 구분을 따르는 반면에, 그의 아리스토텔레스주의는 공유하지 않는다. 도덕적인 삶, 규범이 접목될 수 있을 안정 지대로서의 윤리를 구성하는 선한 삶의 목표에 더 높은 가치를 부여하는 타당성을 그는 믿지 않는다. "윤리 역시 우리가 다양성, 모순의 사회 속에 있기 때문에 구성될 필요가 있다."[18] 근대성에서의 윤리적 차원은 개인을 많은 다양한 영향력에 처하게 하며, 이 영향력은 "반드시 긍정적인 윤리적 가치를 지니고 있는 것은 아니다."[19] 게다가 "선하게 살 결심이 서게 될 것은 도덕적 차원에서이지 윤리적 차원에서가 아니다."[20] 이러한 분쟁에도 불구하고 폴 발라디에는 단일화되거나 연역적인 도덕을 불가능하고 바람직하지 못한 것이 되게 하는 리쾨르의 분열된 윤리들의 개념에 있어서는 그와 의견이 같다.

리쾨르에게 있어서 본래적 윤리의 역동설에 대한 규명과 윤리와 관련된 도덕의 이 종속화는, 드니 뮐러가 하듯이 칼뱅주의적이기보다는 더욱 루터주의적인 영감과 비교될 수 있다. 칼뱅주의의 전통에서 자주 확인할 수 있는 바와 같은 신앙의 모든 도덕화에 반대하는 신학자 드니 뮐러는, 루터가 했듯이 법률과 분리된 복음서의 복음과 신앙에 의한 정당화를 주장하는 행위에서 완전히 해방적인 무언가를 본다. "윤리적 지향성을, 타인의 자유의 충돌 이전의 그 자유의 출현을, 윤리적 주체의 그런 유의 탄생을 이런 부류의 무상 속에 설정하는 리쾨르가 요컨대 신학자인 나에게 철학적인 용어로 신학이 존재의, 하나님 앞 존재의 은총의 본래적 특성을 주장할 때 신학이 말하는 것과 유사한 무언가를 말한다는 느낌이 든다."[21] 물론 윤리의 전문가인 드니 뮐러는 전혀 두 영역을 합치고, 리쾨르를 신학화하려고 애쓰지 않는다. 리쾨르의 영감의 원천은 한층 더 나베르의 본래적 긍정 개념이나 스피노자의 **코나투스**(노력)의 개념 속에 설정되어 있다. 그럼에도 불구하고 드

16) 모니크 카스티요와의 대담.
17) 폴 발라디에, 《의식의 찬사》, 쇠이유, 파리, 1994년.
18) 폴 발라디에와의 대담.
19) 폴 발라디에, 《의식의 찬사》, 앞의 책, 48쪽.
20) 같은 책, 49쪽.
21) 드니 뮐러와의 대담.

니 뮐러가 다음과 같은 말로 정의한 아주 별개인 이 두 영역은 매우 공모적이다. "우리는 여기에서 리쾨르 철학에서의 윤리 메타-도덕적 특성과 그리스도교 신학에서의 신앙적 관점의 메타-윤리적 특성 간의 비교가 가능하다고 생각한다."[22)]

윤리와 도덕의 이러한 구분의 이면에서 세상-속-존재의, 근본적이며 도덕에 의해 형성되지 않을, 말하자면 본래적 지향성을 볼 수 있다. 드니 뮐러가 유추적인 방식으로 신앙의 '메타-윤리적' 특성을 거론할 때, 그는 철학자로서 윤리에 대해 말하는 리쾨르와는 다른 차원에 위치한다. 자유의 인류학적인 출현에 앞선 무언가가 있을 것이라고 미리 상정하면서 여기에서 근원의 또 다른 증가를 가정하는 것은 신학자이다. 그러나 본질적으로 신학적인 이 분야는 철학자를 침묵하게 내버려둔다. 단지 유사한 입장을 환기하는 것만이 중요하다.

루터의 입장과의 이러한 유사성은 전통에서 발견할 수 있는 바와 같은 토론의 용어들을 혼란에 빠뜨리지 않는 것은 아니다. 사실 리쾨르는 아리스토텔레스에 근거해 윤리적 · 신학적 극에 더 큰 가치를 부여한다. 그런데 루터가 특히 행동을 통한 구원의 프로메테우스적인 특성에 반대하여 가톨릭신학을 공격하고자 했을 때, 그것은 '철학자,' 다시 말해 아리스토텔레스에게 사격을 집중하면서이다. 개신교의 신학적 전통에서의 아리스토텔레스의 수용은 신학적 토론을 통해 융합되었기 때문에 행위를 통한 정당화의 옹호와 동일시된다. 따라서 기원전 4세기에 행위나 은총만을 통한 정당화에 집착함이 없이 오로지 행동의 윤리이기만을 바랐던 것을 그리스도교화한 중세 가톨릭신학의 차후의 접목은 아리스토텔레스의 전망에 많은 부분 의지해서다. "리쾨르는 환상에 의해 가려졌던 사상의 잊혀진 부분과의 관계를 재창출해 내는 기술을 갖고 있다. **프로네시스**는 종교 토론들에 의해 가려져 있었다. 리쾨르가 철학적으로는 옳기 때문에 신학자로서 나는 그가 우리에게 다음과 같이 생각하는 데 대단한 도움을 주고 있다고 생각한다. 매킨타이어와 같은 신-아리스토텔레스 학설 지지자라든가 아리스토텔레스-토마스주의자를 즉각적으로 다루지 않고는 아리스토텔레스의 사상과의 토론을 계속할 수 없는 것일까."[23)]

리쾨르는 특히 아리스토텔레스에게서 어떠한 소송 절차적 규칙도 정의로운 것

---

22) 드니 뮐러, 《행동의 현장》, 라보와 피데스, 제네바, 1992년, 62쪽.
23) 드니 뮐러와의 대담.

을 결정짓기에는 충분치 않다는 생각을 발견한다. 따라서 오로지 행동의 윤리만이 그 지점일 수 있다. 그런데 폴 발라디에가 특기하듯이 상이한 윤리적 소속과, 마이클 월처가 지적하였듯이 분배할 재산의 다양성을 강조하는 근대 사회에서 오로지 대중 토론만이 보편화의 시금석을 이루고, 협약 · 동의의 원인이 되며, 더불어 살기의 합의/비합의의 조건을 만들어 낼 수 있다. 이것이 수많은 윤리심의회와 위원회가 스스로에게 부여하는 목적이다.

1990년부터 리쾨르는 여러 차례 의사 집단들로부터 요청을 받았다. 법률가들을 상대할 때보다도 더 냉담하게 그는 그들의 요청에 응하였으며, 정신과 의사이든 일반의이든 간에 개업의들이 마주치는 중요한 문제점들을 초연한 태도로 해명하는 데 기여하였다. 그는 정신병 테마에 관한 정신과 의사들의 한 중요한 학회를 맞이하여 1995년 가을 릴에서 그러했듯이[24] 일반적으로 개인의 정체성의 테마에 관하여 대체로 피에르 부레츠와 함께 이 집단들에 참여한다. "그러나 그의 개념들의 번역 가능성은 어쩌면 법률가들을 상대했을 때보다 덜 중요할는지도 모른다."[25]

생명 윤리의 분야에서 리쾨르는 그 제자 가운데 한 사람이자 《윤리와 의학》[26]의 저자인 덴마크의 철학자 피터 켐프에 의해 생명 윤리의 고찰에서 재개된다. 이 저서의 프랑스에서의 출판을 맞이하여 리쾨르가 도중에 발언을 하는 만찬회가 덴마크 대사관에서 마련된다. 피터 켐프의 명제는 도덕과 윤리의 구분에 있어서 리쾨르의 명제와 일치한다. "우리의 도덕적 규칙과 규범이 절대적 원칙에 근거할 수 없긴 하지만, 그렇다고 해서 우발적이고 독단적인 것은 아니다. 그것들의 기반을 이루는 것은 우리가 말하는 윤리의 실천적 현실인 **에토스**이다. 반복하건대 도덕적 규범과 윤리적 직관을 구분해야 하며, 전자는 우리의 실천적 삶 속에 통합되어 있는 후자보다 훨씬 더 일시적이며 시대에 종속되어 있다."[27]

---

24) 1995년 가을 릴학회. 세 사람의 강연은 다음과 같다. 폴 리쾨르, 〈정체성의 모순〉, 피에르 부레츠, 〈제대로 살기와 제대로 운영된 삶 사이에서〉; 쉬잔 파리조, 〈폴 리쾨르의 말을 경청하면서〉, 《정신의학 정보》에 게재, 1996년 3월.

25) 피에르 부레츠와의 대담.

26) 피터 켐프, 《윤리와 의학》(1985), 테르스 메디신, 파리, 1987년.

27) 같은 책, 29쪽.

28) 피터 켐프, 《윤리와 서술성》, 《아퀴나스》, 로마, 1986년, 211-232쪽.

이 주제에 관한 리쾨르와 피터 켐프 사이의 토론은 후자가 《윤리와 서술성》[28]을 출간할 때 시작된다. 그는 《시간과 이야기》에서 서술성과 시간성 사이의 관계에 관하여 리쾨르가 하는 고찰에서 가능한 서술적 윤리[29]가 탄생하는 것을 보면서, 그에게 거기서 은연중에 나타나는 윤리를 전개시킬 것을 권유한다. "나는 그 점을 강조했다. 리쾨르는 나에게 그러한 연결을 실현하려고 노력하고자 한다고 말했으며, 따라서 그는 《타자 같은 자아》에서 윤리의 문제로 들어갔다."[30] '소윤리'에서 리쾨르는 실천적 지혜의 분석을 통해 의사가 직면해 있는 시작하는 삶이라든가 끝나가는 삶의 그 극단적인 경우들에 응답한다. 죽어가는 사람들에게서 기인하는 진실에 관하여 그는, 그 문제에 관해 결정하기 이전에 행복과 고통 사이의 관계를 생각해야 할 필요성에 관한 피터 켐프의 명상에 근거한다. 하나는 죽어가는 사람의 진실을 받아들이는 능력이 어떠하든간에 진실을 말할 것을 전제로 하고, 다른 하나는 병에 대한 저항력을 약화시키지 않기 위해 환자에게 거짓말을 하는 것을 전제로 하는 대립하는 두 태도 사이에서 리쾨르는 피터 켐프의 분석에서 영감을 얻으면서 적합한 행동을 모색한다. 그는 이 두 개념이 불가피하게 절대적 모순의 상황에 존재한다고 밝힌다. "환자들의 삶의 종말에서 절대로 그들을 '고통스럽게 하지' 않으려는 배려로 죽어가는 사람들에게 거짓말을 할 의무를 규칙으로 삼는 결과를 낳게 되는 것은, 고통과 행복의 관계에 대한 그와 같은 명상이 부족하기 때문이다. 결코 실천적 지혜는 예외적인 규칙을 규칙으로 바꾸는 데 동의할 수 없을 것이다."[31] 이 영역에서의 법률은 어떠한 도움도 되지 못하며, 몇몇 경우에는 오로지 동정심에 의해 진실보다 거짓이 나을 수 있는 반면에, 의료적 수단에 의한 생명 연장의 경우와 같은 다른 경우들에서는 진실의 전달이 "죽음을 받아들인 분위기에서 말하고 받아들이는 것이 자유로운 공유의 기회가 될 수 있다."[32] 상황에 따라 변하는 이러한 태도는 피터 켐프가 고통의 개념에 상반되지 않는, "자유로운 개인들간의 말하고 받아들이는 공동의 실천"[33]에 대해서와 같이

---

29) 리쾨르에 할애된 스리지의 열흘간에서 1988년 피터 켐프가 뒤늦게 다시 채택한 테마. 피터 켐프, 〈서술적 윤리를 위하여. 리쾨르에게 있어서의 윤리와 서술적 고찰 사이의 중개 역할〉, 장 그레쉬와 리처드 커니(주관), 《폴 리쾨르. 해석학적 이성의 변신》, 앞의 책, 337-356쪽.

30) 피터 켐프와의 대담.

31) 폴 리쾨르, 《타자 같은 자아》, 313쪽.

32) 같은 책, 314쪽.

33) 피터 켐프, 《윤리와 의학》, 앞의 책, 64쪽.

행복에 대해서 제시하는 정의(定議)와 일치한다.

장 마리 카바다의 방송 〈세기의 흐름〉에서의 최근 토론 때, 리쾨르는 유전학자 다니엘 코앙과 생물학자 자크 테스타르와 함께 초대되어 유익하거나 유해한 수단으로서의 유전학에 관해 토론한다. 근대 과학을 인류에게 본질적으로 위험한 것으로 규탄하는, 대체로 하이데거학파들인 몇몇 철학자들이 흔히 취하는 입장과는 반대로 그는 과학의 발견에 호의적인 통상적 환영을 보인다. 단지 그는 그때까지 오로지 불확실한 것으로만 보였던 것을 대거 지배한다는 생각으로부터 발생할 수 있는 힘의 환상에 대해 경계하게 한다. 자신의 미래의 자손의 눈 빛깔이나 클론 추출의 가능한 선택을 예로 들면서 그는 인간의 의사 소통이 차이를 전제로 한다는 것을, 같은 것과 다른 것의 필연적인 변증법을 상기시킨다. 이런 이유로 같은 것의 복제는 조심하지 않는다면 파괴적일 수 있다. 이 경우에는 불확실성이 이타성을 보호한다. 또 다른 극단에서 리쾨르는 인간들 이외에 다른 것에 생명을 부여하는 것일 또 다른 금기를 찾아내는데, 인간 조건의 어떤 불변의 규범을 고려해서가 아니라 인류의 조건들이 자기 같은 타자, **제2의 자아**인 유사함을 전제로 하기 때문이다. 따라서 유전자 실험은 동일한 것과 근본적으로 다른 것의 이 두 가지 위험 사이에서 항상 불안정한, 취약한 균형 속에 있다.

실천적 지혜, 신중한 판단에 근거한 행동하기에 이르게 하기 위해 리쾨르가 규정한 이러한 방침은 실무자들에게 매우 유용하다. 그것은 또한 스위스에서 몇몇 윤리위원회에 참여하기로 되어 있는 드니 뮐러와 같은 윤리이론가들에게도 유용하다. 현실에 견디는 윤리적 원칙들을 수많은 영역, 즉 의료 비밀, 환자의 권리, 에이즈의 윤리적 쟁점들에 투입하는[34] 드니 뮐러는 단순히 법률 존중주의적이거나 이상주의적인 것이 아니라 지적인 태도, 신념의 중시, 전통들의 의미의 깊이를 바탕으로 하는 사회적 윤리의 계획을 규명한다. "리쾨르가 《악의 상징학》에서 오점의 다양한 차원의 분석에 관하여 했던 모든 것인 신체의 표상 · 상징은 매우 중요하다. 의미의 층위들을 분석하는 것은, 경험의 차원들을 존중하기 위해 그것들을 구분하는 것은 바로 후설의 유산 속에서이다. 현상학적인 동시에 해석학적인 이 태도는 의미의 유기적 결합들의 추구를 가능하게 한다."[35] 큰 논란의 대상이

34) 드니 뮐러, 《행동의 현장》, 앞의 책.
35) 드니 뮐러와의 대담.

되는 생식기 이식의 문제에 관해서는, 추정되는 동의라든가 혹은 명백한 동의에 대하여 법률이 결정을 내려야 하는지를 아는 것만이 아니라 이식에 관해 이야기할 때 "자기, 신체, 전통적인 상징 체계의 이미지들을 위태롭게 하는지를" 아는 것 또한 문제이다. "생식기 이식을 수락함에 있어서 어째서 일본인들은 그리스도교인들보다 더 오랜 시간이 걸렸던 것일까? 불교적 전통을 알게 되면 그것을 설명해 주는 문화인류학적인 이유들이 있다는 것을 이해하게 된다."[36]

드니 뮐러가 반(反)법률 만능주의에 의해서가 아니라 법에는 한정된 권한밖에는 없기 때문에 법과 윤리의 필연적인 분리를 굳게 확신하는 데 반해, 실무자들은 매일 번복할 수 없는 결정이라는 비극적 상황에 직면해 있다. 어떤 주어진 순간에 의사는 특수한 경우를 스스로 해석해 내어 그의 사적인 확신으로 고독하게 삶 아니면 죽음을 선택해야만 할 것이다. 그의 즉각적인 실천을 연장함에 있어서 윤리적 차원이 요구되는 것은 바로 이때이며, 해결책은 대체로 리쾨르가 다음과 같이 말하듯 악과 최악 사이에 있을 것이다. "따라서 윤리적 결정의 비극적 차원을 회피하지 말아야 한다."[37]

윤리적 고찰에 대한 이 분야에서 푸코의 최근 작업인 《쾌락의 선용》과 《자기에의 배려》[38]는 사실 리쾨르의 관심 분야와 상당 부분 일치한다. 1978년부터 푸코는 다양한 양태의 권력에 의해 구속받는 자로서의 주체의 관점을 버리고 그것을 첫 단계에서는 통제성의, 그리고 다음 단계에서는 자기 통제의 사유 안에서 주체 그 자체를 문제 제기하는 것으로 대체한다.

콜레주 드 프랑스에서의 그의 강의 제목들은 설사 1984년 이전에는 어떤 출판 서적도 그것을 뒷받침해 주지 못할지라도 푸코가 행한 전환의 급진성을 보여 준다. 1980-1981년 강의는 '주관성과 진실'에, 이듬해는 '주체의 해석학'에 할애되며, 뒤이어 1982-1983년 강의는 '자기와 타자들의 통제'이다.

타자들의 통제에 대한 문제 제기화가 푸코에게서는 자기 자신의 통제에 대한 문제 제기화로 바뀐다. 그는 주체가 그런 식으로 구성되는 절차들을 분석한다. 푸코

36) 드니 뮐러와의 대담.

37) 위의 대담.

38) 미셸 푸코, 《쾌락의 선용》, 갈리마르, 파리, 1984년; 《자기에의 배려》, 갈리마르, 파리, 1984년.

는 자신의 계획을 욕망의 해석학, "행동이나 표상들의 역사와는 대조적으로 사유의 역사"[39]를 구성하는 계획으로 특징짓는다. 자신에게 억압적인 코드들의 영구불변함과 효율을 반론으로 내세우는 자들에게, 그는 "금기로부터 형성되었을 도덕 체계의 역사를 자기 실천으로부터 형성된 윤리적 문제 제기화의 역사로 대체하게"[40] 되었다고 응수한다. 이러한 문제 제기화의 관점을 그는 광기에 관한 작업으로부터 윤리에 관한 작업에 이르기까지 그 전(全) 작업의 일관성을 보여 주는 것으로 규정한다.

새로운 것은, 윤리에 대한 그의 이해 방식에서 나타나는 이러한 문제 제기화의 대상인 주체이다. 철학의 아주 고전적인 이 분야에서, 푸코는 리쾨르처럼 도덕과 윤리를 분리하면서 전통적 관점을 뒤엎는다. 외부로부터 강요된 도덕의 규정적 체계들이 주체-욕망을 억압적 코드에 대립시킬 때, 그는 더 이상 그 체계들의 고발이 아니라 자기의 윤리와 미학 속에서 주체 자신의 실존을 문제 제기하는 것을 통해 주체의 생성 방식을 지각하는 것을 겨냥한다. 그렇다고 해서 그가 그로부터 주체의 실체적이거나 보편적인 개념을 옹호하는 것은 아니다. 그는 주체를 그 경험적 특수성에서 복권시킨다.

자유 행사의 가능한 조건들을 하나의 구조 속에서 사유하는 것은 푸코에게 있어서 중요하다. 사유한다는 것은 결국 한계에, 변방 경계선에 이르러 그 선들을 이동시키는 것이 된다. 그것은 우리를 푸코가 체험하는, 그 자신의 신체에서 일어나는 죽음의 작용으로 인해 피폐에 시달리는 개인적 비극으로 돌아가게 한다. "《쾌락의 선용》에서 나는 쾌락과 건강 사이에 증폭되는 긴장이 있다는 것을 밝히고자 노력했다."[41] 푸코의 이 말은 자기 자신에 대한 자기 작용, 자기에게 충격을 주는 병에 대한 반발 작용을 허용하기 위한 철학적 문제 제기화의 우회가 여기에서 차지하는 자전적인 지평을 나타낸다. 그는 그리스도교 목회신학이나 정신분석의 내면화의 요청은 제외하고 "인습 이후의"[42] 또 다른 도덕의 원리를 실존의 미학으로 이해된 고대 사회의 윤리와, 따라서 "고대 사회의 생활을 하나의 행위로 만들기"[43] 위한 수업에서 찾을 것이다.

---

39) 미셸 푸코, 《쾌락의 선용》, 앞의 책, 16쪽.
40) 같은 책, 19쪽.
41) 미셸 푸코, 대담, 《르 누벨 옵세르바퇴르》, 1984년 6월 1일.
42) 라이너 로슐리츠, 〈실존의 미학〉, 《철학자 푸코》, 쇠이유, 파리, 1989년, 296쪽.

푸코는 그가 고대 로마에서 확인하는 윤리적 전환을, 맥락이 불확실해질 때 새로운 실천을 유발하는 자기에 대한 배려의 구상으로부터 이해한다. "주체의, 아니면 차라리 주체화의 위기를, 즉 개인이 자신의 행실의 도덕적 주체로서 구성될 수 있는 방식에서의 어려움을, 그리고 그로 하여금 규칙에 따르고 그 실존을 마무리짓게 할 수 있는 것을 자기에의 적용에서 발견하기 위한 노력을 오히려 생각해야 한다."[44] 따라서 그 자신과 타자들에 대한 그의 태도를 파악할 수 있는 것은 주체의 내부로부터이며, 그것을 그와 무관할 변형들의 단순한 집합소로 이해함으로써가 아니다.

신체들의 점진적인 병리화, 그리스도교의 교부학(敎父學)이 완수할 상승하는 죄의식화, 일부일처제 쪽으로 뒷걸음질치는 성행위를 침해하는 공포, 이 모든 위기 상황은 우리를 푸코가 격론을 벌이는 바로 돌아가게 한다. 푸코 철학의 지평은 가차없이 규범의, 지식/권력 관계의 폭로에서 주체의 자기 구성의 문제 제기화로, 윤리적 지향성으로부터 자기의 자기에 대한 이해 방식으로 이동하였다. 이러한 진전은 리쾨르의 해석학에 대한 푸코의 뒤늦은 접근을 연상시킨다. 리쾨르의 《타자 같은 자아》는 푸코의 《자기에의 배려》와 그리 거리가 멀지는 않으나, 그렇다고 해서 그들 각자의 입장을 터무니없이 동류시할 수는 없다. "리쾨르는 분명 푸코의 윤리적 탐미주의와 하버마스와 같은 사람의 의사 소통적 전망 사이에서 필요불가결한 매개를 형성하는 것으로 보인다."[45] 푸코가 맹렬하게 비판한 리쾨르의 철학인 이 주체의 철학이 더한층 대타자와, 타인과, 자기 박탈과 일치하게 되는 데 비해, 푸코는 유아론적인 관점에 갇히는 것처럼 보인다. "자기에의 배려는 그 자체로 윤리적이다."[46] 이러한 관점은 푸코가 그 사유로부터 제시하는 정립적 정의에서 뚜렷하다. "자기에의 배려 이전에 타자들에의 배려를 치르게 할 필요가 없다. 자기에 대한 이해 방식이 존재론적으로 으뜸인 한 자기에의 배려가 윤리적으로 으뜸이다."[47] 물론 자기에 대한 이해 방식에는 벗어나기, 자기 자신에 대한

43) 미셸 푸코, 《쾌락의 선용》, 앞의 책, 16쪽.
44) 미셸 푸코, 《자기에의 배려》, 앞의 책, 117쪽.
45) 드니 뮐러, 《행동의 장소》, 앞의 책, 57쪽.
46) 미셸 푸코, 〈자유의 실천으로서의 자기 배려의 윤리〉(대담), 《콩코르디아》, 제6호, 1984년, 104쪽.
47) 같은 책, 105쪽.

자기 작용이 따르게 마련이지만, 그러나 이타성은 물러나 있다. 푸코가 봉착하는 자기의 타인에 대한 이해 방식의 이 모순은, 자기와 타인의 관계를 진실된 대화 논리에서 균형을 이루게 하는 데 성공한 리쾨르와 같은 철학자와 대결을 계속할 수 없던 제2의 푸코에서 열린다.

푸코와 리쾨르 간의 이러한 논쟁과는 반대로, 그들 각자의 윤리 개념에 관한 레비나스와 리쾨르 간의 대화는 몇몇 의견의 불일치에도 불구하고 서로에 대한 대단한 존경 속에서 전개된다. 리쾨르는 항상 레비나스에게 애정을 보였다. 그가 낭테르대학에서 레비나스를 선정하게 했다는 것을 누구나 기억한다. 1991년 그는 여전히 "자신이 레비나스에 대해 갖고 있는 존경과 거의 숭배와 같은 마음"[48]을 환기한다. 구조주의가 승리하던 시기에 그들은 둘 다 자신들을 이해시키는 데 무척 많은 어려움을 겪었다. 80년대 중반에 그들 둘 다를 프랑스의 지적인 삶의 중심에 복귀시키는 것은 윤리적 질문이다. 같은 세대 출신인 그들 사이에는 현상학에 뿌리 내린 진정한 공통 계보가 있으며, 물론 상충하는 방법을 통해 후설의 가르침에 대해 거리를 유지하는 공통점이 있다. 그들은 자신들의 종교적 전통에 속하는 텍스트들에 관하여 비교론적 연구를 계속하면서 철학역(域)의 특수성을 존중하려는 엄격한 의지를 갖고 있다.

레비나스와 리쾨르는 윤리적 불안의 파란에 휩쓸리지 않으려는 데, 그리고 확고함을 보유함으로써 침몰당하지 말아야 하는 글자 그대로 정치적인 차원과 윤리를 분명하게 구분하려는 데 똑같은 관심을 갖는다. 리쾨르처럼 레비나스도 유사한 수용의 문제들에 처한다. 사람들은 단지 그에게서 유대인 사상가이자 《탈무드》의 전문가인, 예언자들의 독서가만을 기억한다던가, 이것은 그를 철학과 관련하여 외적인 상황에 위치시키는 것이나 다름없다, 혹은 정반대로 그의 종교적인 신념으로부터 분리된 글자 그대로 철학적인 텍스트들에만 관심을 갖는다던가 함으로써 절제된 생각을 갖고 있다. 리쾨르에게서처럼 지나치게 근본적인 이러한 중간 휴지를 시행한다면 경계의 양면의 다양한 반사 효과가 있다는 것을 깨닫지 못하게 된다. 리쾨르처럼 비극이라든가 '끔찍한 20세기'에 무엇보다도 크게 상처 입은 후기 헤겔 철학의 사상가인 레비나스는 유대교 전통과 철학적 전통, 아테네와 예루살렘이 대화하게 하는 것을 목표로 하는데, 불가능한 어떤 합을 실현하기

48) 폴 리쾨르, 《CPED회보》, 제7호, 1991년 11월, 25쪽.

위해서가 아니라 여기에서도 여전히 리쾨르의 것과 유사한 행동 속에서, 두 가지 전통 사이의 넘을 수 없는 긴장을 유지하기 위해서이다. 레비나스 역시 리쾨르의 맥락과는 다른 맥락에서이지만 똑같이 심하게 죄의식을 겪는데, 왜냐하면 그것은 계획된 죽음에 의해 목숨을 빼앗긴 집단 전체의 생존 경험의 고통을 나타내기 때문이다. 그렇지만 계획된 죽음이 그에게서는 절망 · 파괴력 · 회의주의로 변하지 않고, 그것은 정반대로 자기와 대면한 욕구의 증가와 어짊의 감정으로 전환된다. "나는 보상 없는, 완전한 무상으로서의 사랑이라는 파스칼의 말로 되돌아간다."[49] 이러한 일변은 리쾨르에게서 볼 수 있는 비극, 악의 경험이 물론 역사에 직면하여 행복하고 평화로운 완전한 낙관주의에서 벗어나는 방식을 떠올리게 하지 않는 것은 아니지만, 그것은 매번 '얼마나 더,' 죄악과 관련된 은총의 증가와 선을 고려한 원초적 불균형에 비추어 고려되어야 한다.

사람들은 유대인 레비나스와 개신교 리쾨르를 사이에 두고 식사하는 것을 기뻐하는 요한네스 파울루스 2세를 기억하고 있다. 90년대 중반 카스텔 간돌포에서 교황은 재차 리쾨르에게 자신의 존경심을 레비나스에게 전해 달라고 부탁한다. 따라서 이번에는 리쾨르가 레비나스를 방문하게 되고, "레비나스가 리쾨르에게 한 유일한 말은 '당신은 이론의 여지가 없으시군요' 이며, 그는 '이론의 여지가 없으세요' 라고 되풀이한다."[50] 그들은 거의 도처에서, 독일 철학자들과의 대화에서, 로마 카스텔리학회에서 재회한다. 어느 날 가톨릭연구소에서 리쾨르가 강연을 하기로 되어 있을 때, 레비나스는 안식일 시각이 다 되어가기에 서둘러서 잠시 들른다. 그는 이런 멋진 말만을 할 뿐이다. "설령 그렇다 해도 폴 리쾨르의 얼굴을 다시 보고 싶었기 때문에 안식일 문제로 떠나기 전에 들르고 싶었습니다."[51] 아버지의 사망 후 레비나스의 아들은 피터 켐프에게 그가 생존해 있던 최근 몇 달 동안 그 기억 속에 새겨져 있던 오로지 두 개의 고유 명사는 절친한 친구였던 모리스 블랑쇼와 폴 리쾨르의 이름이었다고 밝힌다.

1995년 크리스마스에 레비나스가 사망함으로써 자크 데리다가 그의 장례식에

49) 에마뉘엘 레비나스, 《레비나스의 행복한 즐거움》, 프랑스 퀼튀르, 1993년 3월 20일.
50) 피터 켐프와의 대담.
51) 에마뉘엘 레비나스, 샤를 블랑셰 인용, 지지와의 대담.

서 감동과 이례적인 농도로 추도사를 하게 된다. 데리다는 이같이 시작한다. "오래전, 아주 오래전부터 저는 에마뉘엘 레비나스와 작별(adieu)을 해야 하게 될까봐 두려웠습니다. 작별을 해야 할 순간에, 그것도 특히 여기, 그분 앞, 그분 아주 가까이에서 안녕이라는 이 말, '하나님께(à-Dieu)'라는 이 말을, 어떤 의미로는 저는 그분을 닮았는데, 그분이 저에게 다르게 사고하거나 말하는 것을 가르쳐 주었을 것이라는 이 말을 큰 소리로 말해야 할 순간에 제 목소리가 떨리리라는 것을 저는 알고 있었습니다." 그리고 다음과 같은 말로 끝을 맺는다. "하지만 저는 그분이 우리에게 하나님에 대해 토로했던 것을 상기시키고 싶었을 뿐만 아니라 무엇보다도 그분과 작별을 하고 싶었다는 것을, 그분을 그분의 이름으로 부르고 싶었다는 것을, 그분이 더 이상 대답을 하지 않는 것은 그분이 우리를 부르면서, 우리에게 '하나님께'를 상기시키면서 우리 안에서, 우리의 마음 깊은 곳에서, 우리 안에서이지만 우리 앞에서, 우리 앞 우리 안에서 대답을 하는 것이기도 할 때 그분이 불리던 그대로 그분의 성, 그분의 이름을 부르고 싶었다는 것을 말씀드렸습니다."[52)]

이 멋진 추도사는 우리가 보았듯이 상호간에 대단한 존경심을 갖고 있지만, 데리다만이 아니라 특히 그의 제자들을 다른 연안으로 끌고 간 해체의 모험들로 인해 오랫동안 갈라져 있던 리쾨르와 데리다를 가까이 지내게 한다. 리쾨르는 데리다에게 짧은 글을 보내 자신들의 친구 레비나스의 사망을 통해 함께 나눈 감동을 말하며, 자신이 얼마나 그의 추도사에 감동했었는지를 알린다. 이 편지에 데리다는 약속의 범주인 확고한 범주가 있다고 답하며, "그리고 그건 당신의 범주이지요"라고 그에게 편지를 써보낸다. 그런데 "누구도 그 약속을 지킬 수는 없다."

리쾨르와 레비나스 사이에 아주 많은 유사함이 있음에도 불구하고 1988년 리쾨르가 아주 분명하게 표명한 가장 중요한 불일치로 인해 그들은 대립하게 되는데, 그때 리쾨르는 자신이 레비나스의 사상에 반대하는 두 가지 점을 거론한다. 첫째로, 존재론이 포괄적일 것이라는 구실로 그의 존재론 없는 윤리의 개념에 따르지 않는다. "존재론을 실체나 본질에 맞추어서는 안 된다. 공허하고 미완성적인 존재론들은 윤리적 양자택일에 적용될 수 있다."[53)] 더 널리 알려진 두번째 반

52) 자크 데리다, 〈작별〉, 《리베라시옹》, 1995년 12월 28일; 자크 데리다, 《E. 레비나스에게 작별을》, 갈릴레, 파리, 1997년에서의 완본판.

대 요소는 레비나스가 아주 일관성 있게 '나'를 제거할 정도로 밀고 나가는, 그에게서 나타나는 이타성의 절대화이다. 책임의 범위에서 레비나스가 요구하는 절대적 수동성은 정당하게 의미의 개인적 · 주관적 지배의 개념을 이동시키기는 하지만, 그래도 "나 여기에 있다"라고 대답하기 위해서는 주관성에 주도권의 능력이 충분히 있어야 한다.

1976년 하나님의 계시[54]를 주제로 한 신학 회기를 위해 브뤼셀에 있는 생루이스대학교 학부의 철학 및 종교학파에 모였을 때, 리쾨르는 하나님의 계시 개념의 해석학을 권장하는, 담론 규정의 풍부함, 다양성을 밝히는 발표를 한다.[55] 유대교 전통에서 하나님의 계시를 다루는 레비나스로서는 규범적인 것의 원초적 특성을, 전망이기보다는 청취인 하나님의 계시의 외재성을 강조하며 완전한 수동성으로서의 주관성의 개념에 근거한다. "하나님의 계시——그것이 윤리적 관계로부터 묘사되는 바 그대로, 그리고 타자 관계가 하나님과의 관계의 한 양태인——는 **같은 것과** 인식 행위의 형상을 의미 작용의 유일한 장소라는 이들의 주장에 따라 드러낸다. (…) '자신의 영혼을 상실하는' 어떤 방식은 영혼보다 더한——혹은 더 나은——혹은 더 **숭고한** 것에의 **경의**를 의미하는 것은 아닐까?"[56] 레비나스가 실행한 '나'의 이 근본적인 편심이 그들 사이의 논쟁의 근원이다. 좀더 후의 《탈무드 해석》에서 레비나스는 리쾨르에게 바치는 한 연구에 이 테마를 재개한다.[57] 레비나스가 하나님의 계시에 관한 리쾨르의 발표에서 상상력의 자원을 밝혔기 때문에 그를 찬양하고, 또한 자기 자신의 탈무드 주해를 "폴 리쾨르에 의해 열린 종교적 언어에 관한 고찰에의 기여"[58]로 소개하는 것은 사실 실재적 불일치를 표현하기 위해서이다. 그는 《탈무드》로부터 초월성의, 하나님의 근본적인 외재성의, 하나님의 전지전능함의, 그리고 특히 하나님에 대한 두려움의 중요성을 긍정한다. "신성한 보물고의 유일한 보물은 하나님에 대한 두려움이다."[59] 하늘의 숭고함은

---

53) 폴 리쾨르, 조엘 로망과 에티엔 타생과의 대담, 《오트르망》, 제102호, 《철학자들은 무엇을 사유하는가?》, 1988년 11월, 181쪽.

54) 《하나님의 계시》, 생루이스대학교학부출판부, 브뤼셀, 1977년.

55) 폴 리쾨르, 〈하나님의 계시 개념의 해석학〉, 같은 책, 15-54쪽.

56) 에마뉘엘 레비나스, 〈유대교 전통에서의 계시〉, 같은 책, 76쪽.

57) 에마뉘엘 레비나스, 〈종교 언어와 하나님에 대한 두려움에 관하여〉, 《창구(唱句)의 피안의 세계. 탈무드 해석과 담론》, 미뉘, 파리, 1982년, 107-122쪽.

50) 같은 책, 109쪽.

타율적, 전적으로 다른 질서에의 복종으로써 평가된다. "리쾨르가 말하는 타율성 없는 의존에 우리의 텍스트는 타율성의 강화와 정확하게 독립을 의미할 복종의 강화를 대립시키는 것으로 보인다."[60]

《타자 같은 자아》의 결말에서 리쾨르가 한 존재론의 앞으로 다가올 지평을 그릴 때, 그는 타인에서 자기로 가는 레비나스의 전 작업에 내재한 움직임과의 대화에 돌입한다. 리쾨르는 그와 함께 후설 현상학의 자아론과의 단절을 공유한다. 그러나 그가 두 가지 형태의 정체성, **입세**와 **이뎀**을 구분하면서 그 장애물을 피하기 위한 한 방법을 보여 준다면, 레비나스로 말할 것 같으면 그는 단일한 동일자의 형상과 대타자의 형상 간의 단절을 설정하는데, 동일자는 대타자로부터 완전히 고립되어 있으며 끊어진 관계로부터 '살인하지 말라' 고 말하기 위해 자신의 모습으로 나타난다. 따라서 절대화된 이타성은 관련된 대타자의 죄를 사한다. "따라서 내가 보기에 절대적인 이타성에 대한 이러한 사유와 관련된 단절 효과는 이중의 과장, 동일자와 대타자를 **과장**하는 것처럼 보인다."[61] 이 두 극 사이에 깊이 파인 심연은 리쾨르가 실행하는 자아와 자기와, "접근 방법과 발견하는 기능에 의해 규정된 자기성 개념의 성립"[62] 사이의 구분을 생각할 수 없게 만든다. 그런데 리쾨르가 규정하려고 애쓰는 것은 대화 논리이며, 지속 기간에 관해 내기를 하는 자와 그를 믿고, 따라서 그가 약속을 지키는 것에 기여하는 타자 사이의 관계를 전제로 하는 약속의 교차 변증법이다. 물론 리쾨르는 레비나스와 함께 타인이 명령, 약속으로 가는 의무적 경로라는 확신을 공유하며, 그러한 의미에서 그는 계속해서 주관성의 모든 지배 환상에 반대했다. 그러나 반면에 과장이 미셸 앙리에게서처럼 내재성에서의 자아에, 또는 레비나스에게서처럼 외재성에서의 대타자에 영향을 미칠 때 문제가 되는 것은 상호성이다. 스타니슬라스 브르통과 함께 올리비에 몽갱의 집에 초대된 리쾨르는 유머로 "이렇게 훌륭한 지적을 한다. 레비나스와 함께 있을 때 우리는 너무 외부에 있기 때문에 어떻게 자기 안으로 들어가야 할지 모르며, 미셸 앙리와 있을 때는 너무 자기 안에 있기 때문에 더 이상 거기에서 나

59) 에마뉘엘 레비나스, 같은 책, 119쪽.
60) 같은 책, 120쪽.
61) 폴 리쾨르, 《타자 같은 자아》, 앞의 책, 388쪽.
62) 같은 책, 391쪽.

올 줄을 모른다."[63]

《타자 같은 자아》에서 리쾨르가 한 비판적 논거 제시에, 레비나스는 그들의 분쟁을 다시 확언하는 한 편지를 통해 다음과 같이 답변한다. "그러한 자기의 존중이나 자기 자신에 대한 그러한 무관심이나 그러한 **자존심**은 자비와 정의의 그것으로 귀착되지 않는다. 그것은 나에 따르면, 대명사 **나**의 인간적 **단일성** 속에서 진술되는——어떤 면에서는 타인의 모습과 관련된 종교적인 의미를 증명하며 하나의 유형의 보편성에 통합된 개인의 모든 정체성을 넘어——**선민의 자존심** 대신에 원래적이고 압도할 수 없는——마침내 인질의 대리 체험과 고통에까지 이를 정도로 양도할 수 없는——책임감에서 드러나 보인다."[64] 레비나스의 이러한 상세한 설명은, 자기의 존중을 일깨울 수 있음이 증명되는 순간부터만 가치가 있을 뿐인 호명의 개념으로 말할 것 같으면, 그들의 불일치를 확인시켜 준다. 그럼에도 불구하고 하나의 합의점이 확인되는데 그것을 리쾨르는 레비나스에게 보낸 답장에서 강조한다. "당신의 최근의 단언, 다시 말해 통합, 하나의 유형의 보편성으로 축소할 수 없는 '대명사 나의 인간적 단일성'에 있어서는 저도 당신과 의견이 같습니다. (…) 어떤 의미로는 저의 모든 기획의 관건인 증명 용어를 당신이 사용해 주기를 또한 바라고 있습니다."[65]

리쾨르는 장 나베르와 유사한 입장에서, 한편으로는 하이데거의 윤리 없는 존재론과 다른 한편으로는 레비나스의 존재론 없는 윤리 사이의 교차점에 있다. 레비나스에게 할애된 한 모음집에 협력하면서[66] 리쾨르는 두 축, 숭고함의 축과 외재성의 축에 따라 중간 입장을 설정한다. 하이데거에게서 리쾨르는 초월성의 이중적 환원으로부터 발생하는 숭고함의 중화를 그 내용, 그 격언을 통해서 뿐만 아니라 또한 상소인, 현존재, 거기-존재의 차원에서 인지한다. "하이데거가 우월

63) 스타니슬라스 브르통과의 대담.

64) 에마뉘엘 레비나스, 폴 리쾨르에게 보낸 1990년 5월 28일자 편지, 《윤리와 책임. 폴 리쾨르》, 라 바코니에르, 뇌샤텔, 1994년, 36쪽.

65) 폴 리쾨르, 에마뉘엘 레비나스에게 보낸 편지, 1990년 6월 25일, 같은 책, 37쪽.

66) 폴 리쾨르, 〈에마뉘엘 레비나스, 증언의 사색가〉, 《타자에 대한 책임, 에마뉘엘 레비나스》, 라 바코니에르, 뇌샤텔, 1989년, 14-40쪽; 《강의 3》에 재수록, 앞의 책, 83-105쪽.

성의 어떤 차원을 인정하는 것은 현존재의 자기 자신에의 완전한 내재성에서이다."[67] 부름은 자기 자신의 심층에서, 양심의 심판에서 받아들여지며, 그렇기 때문에 하이데거는 초월성 없는 숭고함에 이타성 없는 외재성을 대응시킨다. '누구'의 중화된 형태로가 아니고는 타자로 대체되지 않는 것이, 리쾨르의 견지에서는 하이데거 사상의 크나큰 결점, 크나큰 결함이다.

또 다른 극단에 있는 레비나스에게서, 리쾨르는 레비나스의 저서《존재와는 다르게, 혹은 본질을 넘어》[68]에서, 그것도 특히 대체에 관한 장에서 그가 증언의 개념을 규정하는 숭고함과 외재성의 일치를 성공리에 고정시키는 순간을 본다. 레비나스가 실행하는 하이데거와의 단절은 윤리적 차원을 전개하려는 그의 관심에서 뚜렷하다. "레비나스에게 있어서 윤리는 존재론적인 준비 없는 자기로부터 시작된다."[69] 레비나스는 자동 위치적 의식의 존재론의 두 가지 환원 방식에 의존한다. 첫째로 그는 **아르케**를, 이미 항상 우리보다 앞서 나타났고 우리를 숭고함과 연결시키는 시초를 상기시킨다. 둘째로 그는 과장된 언어, 과도한 언어를 사용하여 윤리적 차원을 표현한다. 따라서 하이데거에서 레비나스로 이르는 여정은 숭고함과 외재성에 있어서 나아지는 구배(勾配; gradient)를 따라서 설정된다.

리쾨르가 하이데거보다는 레비나스에 더 가깝다 해도 그는 동일자와 타자, 그리고 수평축과 수직축, 내재성과 초월성 간의 순환성과 상호성을 보유할 수 있는 중간 공간을 규정하려고 애쓴다. 가능한 서술적 윤리를 허용하는, 행위와 이야기 간의 그 증언의 개념과 함께 그가 자신과 닮은 점을 발견하는 것은 나베르에서이다. "증언은 행위에서 행위까지이다."[70] 이러한 접근은 행위들과 관련된 보증의 형태로서의 증명의 개념에 가장 가까운 곳에 설정되어 있고, 증언의 해석학으로 통한다.

---

67) 폴 리쾨르, 같은 책, 85-86쪽.
68) 에마뉘엘 레비나스, 《존재와는 다르게, 혹은 본질을 넘어》, 네이호프, 라 에이에, 1974년.
69) 폴 리쾨르, 〈에마뉘엘 레비나스, 증언의 사색가〉, 앞의 책, 97쪽.
70) 장 나베르, 《신의 욕망》, 오비에 몽테뉴, 파리, 1966년, 274쪽.

69

희망: 재해석된 기억

리쾨르는 법 덕분에 확산을 막고 평정하는 데 부분적으로 성공한 비극의 문제를 완전히 버리지는 못했다. 그는 그것을 90년대 중반부터 기억에 집중된 성찰을 통해 외상성 폭력으로 짜여진 과거와의 관련 속에서 재발견한다. 이 테마는 다른 방식으로 시간과 이야기의 관계에 관한 그의 옛 연구들을 재해석한다. 그러나 이번에는 정체성을 정착시키는 기능이라고 자처하는 집단적 기억의 구성에 대하여 사회적 실천으로 고려된 관계이다. 리쾨르에게 있어서 이 기억의 테마는 의지, 무의식, 개별적인 것과 보편적인 것의 상관 관계, 과거의 엄수와 기다림의 지평의 약속 간의 변증법에 관한 그의 모든 이전의 연구 주제들의 교차를 가능하게 한다. 게다가 기억은 해석적 도식들, 해석학의 풍요로움을 시험하는 특별한 예증의 대상이다. 기억은 반쯤 개인적인, 반쯤 집단적인 장소인데, 그것을 역사의 개념과 구별하는 것은 이야기가 재현할 매개, 접속어의 존재를 필수적이게 한다. 따라서 리쾨르는 계속해서 행동하기, 현재의 수신자 쪽으로 눈을 뜨면서 기억의 대상과 함께 이번에도 여전히 현상들 속으로 더 깊이 파들어가는 그의 해석학적 고리의 새로운 전진(용어 '합'은 그에게 적절하지 않을 것이다)을 실현한다.

기억 대상이 분명히 리쾨르의 작업 전개에 고유한 내생 논리에 속한다면, 그것은 또한 현재 시기를 특징짓는 기억의 순간에의 기여이기도 하다. 기억에 대한 이 심취, 이 긴박한 요청은 다양한 이유에 부합하는데, 여러 개의 기준이 자취를 감추어 버리는 것처럼 보이는 순간에 정체성 위기와 더불어-살기의 어려운 재구성의 실제 징후인 "기억의 압박"[1]에 대해 피에르 노라와 이야기를 나눌 수 있을 정

1) 피에르 노라, 〈고문서에서 상징까지〉, 《기억의 장소들》, 제Ⅲ권, 《프랑스 민족》, 제3권, 갈리마르, 파리, 1993년, 1012쪽.

도로 다양한 이유들의 결합은 프랑스를 진정으로 첨예한 기념 애호적 상황으로 몰고 간다.

프랑스인들의 시간에 대한 이해 방식을 동요시키는 진정한 대혼란은, 특히 프랑스에서 항상 반대 관계 속에서 작용했던 역사-기억 쌍의 최근의 분리에서 기인한다. 중세의 편년사가들로부터 최상의 사료편찬가들을 거치면서 국민적 기억을 책임지려는 국민-국가의 의지는 지속적으로 분명하게 드러났다. 역사와 기억 사이의 이 불분명한 늘임표는 역사 학문이 제3공화국중에 전문화되었던 시기에 달성되었다. 에른스트 라비스는 역사-기억의 저 황금기를, 국가의 구도가 완전히 역사학자의 기획과 그의 동일성 기능을 짊어졌던 시기를 구현했다. 20세기초에 해방의 선상에 있는 모든 사회과학에 의해서와 마찬가지로 1929년부터 《아날》에 의해 강력하게 이의가 제기된 이 모델은, 70년대 동안 과거에 대한 보다 비판적이고 다원적인 시선의 중시와 더불어 차츰 후퇴할 것이다.

국민-국가의 구조 결정력의 상실 이외에 또 다른 변화들이 추가되어 기억과 역사 사이의 이 불분명으로 하여금 그 본질을 상실하게끔 한다. 그것은 앙리 망드라가 1965년경으로 설정하는 토지 프랑스의 종말과 함께 "제2의 프랑스 혁명"[2]으로 규정짓는 것이기는 하지만, 토지 프랑스의 종말의 지연된 문화적 효과는 미디어의 전파에 의해, 그리고 그것과 더불어 지방의 전통을 상대화하는 세계적 규모의 또 다른 기준들의 난입으로 두드러지게 되어 특히 1975년부터 나타난다. 같은 시기에 혁명적 종말론들의 위기는 기다림의 지평을 어둡게 하고, 이전에는 단지 역사의 동인에 의해 활기를 띤 과거와 예정된 미래 사이의 과도적 장소로서만 이해되었던 현재에 부여된 안내인의 역할을 해체한다. 미래의 이 불투명화는 과거의 형상을 흐리게 하는 데 많은 기여를 했기 때문에 이제는 과거 속에서 잠정적이며 긍정적인 장래의 영역에 속하는 것을 계층화할 수 없게 된다. "현재가 우리 자신에 대한 이해의 범주가 되었다. 그러나 확장된 현재이다."[3] 국민-국가에 의해 지탱된 기억-역사의 단일하고 직선적인 특성의 붕괴는, 70년대부터 개별성을 주장하는 다원적인 기억들의 범람과 은밀한 실존에 오랫동안 내포되어 있던 풍부

2) 앙리 망드라, 《농민들의 종말》, 아르망 콜랭, 파리, 1967년.

3) 피에르 노라, 〈어떻게 프랑스사를 기술하는가〉, 《기억의 장소들》, 제Ⅲ권, 《프랑스 민족》, 제1권, 갈리마르, 파리, 1993년, 27쪽.

함을 불러일으켰다. "기억-역사의 종말은 자기들 자신의 역사를 주장하는 특별한 기억들을 증가시켰다."[4] 지방 분권의 압력과 유럽 결정권의 주장에 의해 야기된 급진파적인 국가의 틀에서 두 개의 치신경을 제거하는 상황은 또한 역사와 기억의 점진적 분리에 기여한다. 역사에 의한 기억과 기억에 의한 역사에 대한 가능한 문제 제기를 기초로 한 사료 편찬의 새로운 의식이 탄생된 것은 이러한 골절, 이러한 불연속의 내부 자체로부터이다.

그러므로 해석학적 방식에 고유한 거리두기와 자기 것으로 삼기의 움직임은 이 지대에서 전개될 수 있다. 이 지대에 대한 반성적 시기[5]에 역사학이 등장함으로써 기억과 역사 사이의 관계가 다르게 수정되는 데 반해 뒤르켐학파의 사회학자 모리스 알브와쉬는 그것을 전적으로 이율배반적인 것으로 예상했었다.[6] 역사가 절대적으로 비판적이고, 개념적이며, 불확실하고, 속화하는 특성으로 특징지어질 것인데 반해, 세기초에 그는 변화하는 모든 것, 구체적인 것, 체험된 것, 복합적인 것, 신성한 것, 이미지, 정서, 불가해한 것을 기억의 진영에 설정하면서 두 세계를 항별로 대립시켰다. 마찬가지로 근본적인 구분은 극단적인 경우에는 역사를 단지 기억이 끝날 지점에서만 고찰하는 결과를 낳는다. 물론 이와 같은 구분은 모리스 알브와쉬에게 있어서는 집단적 기억이 뿌리를 내려 구체적인 사회 단체들에 집착하는 방식에 관한 혁신적인 고찰의 출발점이었다. 그러나 그것은 체험된 것에서 벗어나 사회물리학 쪽에 속할 역사의 가정으로부터 출발한다. 결과가 "역사-비평에 의한 기억-역사의 내적인 전복"[7]으로 나타나는 사료 편찬의 전환으로 최근에 동요되었던 것이 바로 이러한 이분법이다.

기억의 사회사에 대한 최근의 연구들은 역사와 기억 사이의 이 표준적 대립이 어느 정도로 부적합한 것인가를 보여 준다. 이 두 개념의 접근 자체는 역사학의 인간적 측면을 상기시킨다. 모리스 알브와쉬가 실행한 근본적인 분리와 국민 국가가 실행한 두 영역의 겹쳐놓기에 대한 이러한 문제삼기의 결과는, 조르주 뒤비

4) 피에르 노라, 〈역사와 기억 사이에서〉, 《기억의 장소들》, 제1권, 《공화국》, 서문, 갈리마르, 파리, 1984년.

5) 〈신중한 시대〉, 《공간 · 시간》, 제59-60-61호, 1995년 참조.

6) 모리스 알브와쉬, 《기억의 사회적 틀》, PUF, 파리, 1925년.

7) 피에르 노라, 〈기억과 역사 사이에서〉, 앞의 책.

가 유명한 부빈 전투에 대한 연구에서 받아들인 역사적 시선의 이동이다.[8] 즉 그는 저 유명한 1214년 7월 27일 일요일에 실제로 일어났던 일, 다시 말해 대수롭지 않은 일을 복원하는 데 그치는 것이 아니라, 그날을 사건으로 설정하는 것이 특히 그날의 흔적들로 인해 중요하다는 것을 밝힌다. "흔적들을 제외하면 사건은 아무것도 아니다."[9] 아주 먼 부빈의 추억은 단지 그것이 집단적 의식 속에 유지, 삽입되어진 때부터만 보존되어질 수 있었다. 따라서 이러한 기억의 일변들은 엄밀한 시간적 한계 속에서의 사건의 유효성과 같은 이유로 역사의 대상이 된다. 기억과 흔적들의 망각 작용에 대한 이 연구는 어떻게 "체험 사실의 지각 작용이 연속적인 파동으로 전달되는가"[10]를 드러낸다.

역사학자의 시선의 이러한 이동은, 전통이 현재에 영향을 미치는 한 그것은 단지 전통성으로서만 가치가 있다는 해석학적 접근에 완전히 부합한다. 그러므로 시간적 거리는 더 이상 불리한 조건이 아니라 "초기의적(sursignifiés)"[11] 사건들로 변한 과거 사건들의 다양한 의미의 층을 자기 것으로 삼기 위한 하나의 상수패가 된다. 사건의 환원 불가능한 특성을 중시하는, 역사성의 이 불연속주의적인 개념은 방향이 정해진 축에 따라 행해지는 역사적 이성의 신학적 전망을 문제삼도록 이끈다. 사건 중심화에 대한 관심은, 프란츠 로젠츠바이크[12] · 발터 벤야민[13]과 게르솜 숄렘이 점진적인 연속주의와 인과성의 개념으로부터 나온, 불연속적인 오늘날의 시간이라는 자신들의 개념을 갖고 20년대에 독일에서 전개한 고찰에 응답한다. 이들의 공통점은 스테판 모제스가 지적하듯 "필연성의 시간에서 가능성들의 시간으로"[14] 이동한다는 것이다. 자신들의 직접적인 시간 경험에서 비롯된 실망감에 사로잡혀 있는 이 3명의 저자들에게 고유한 유대인의 메시아 신앙은 궁극목적

---

8) 조르주 뒤비, 《부빈의 일요일》, 갈리마르, 파리, 1973년.

9) 같은 책, 8쪽.

10) 같은 책, 14쪽.

11) 폴 리쾨르, 〈사건과 의미〉, 《실천적 이성》, 제2호, 1991년, 55쪽.

12) 폴 리쾨르, 〈프란츠 로젠츠바이크의 《구원의 별》에서의 '형상'〉, 《에스프리》, 1988년. 《렉튀르 3》, 앞의 책, 63-81쪽에 재수록.

13) 장 셰스노, 《시간에 거주하기》, 바야르, 파리, 1996년, 특히 〈막간 II. 발터 벤야민과 샤를 페기: 시간성에 대한 두 가지 비판적 사상〉, 173-184쪽.

14) 스테판 모제스, 《역사라는 천사》, 쇠이유, 파리, 1992년, 23쪽.

론에서 탈피해 역사의 찢겨진 상처들을 중시한다. 이렇게 해서 미학적 계열체는 발터 벤야민에게 도움이 되어 시간의 다양한 순간들 속에서 "인과성의 관계가 아닌 관계"[15]를 규정한다. 불연속적인 시간성 이래로 의미는 유력한 상황에 있는, 실제로 과거를 구성하는 현재의 심급에 매우 의존해 있는 해석학적 작업으로부터 드러난다. **선험적** 추리가 아닌 의미를 재파악한다고 주장할 수 있는 것은 나중, 흔적 속에서일 뿐이다. "역사의 미학적 모델은 역사주의의 기본 전제들, 즉 역사적 시간의 연속성, 현재를 향한 과거와 미래를 향한 현재의 일련의 사건을 지배하는 인과성을 재검토한다."[16]

역사에 대한 이러한 창조론적 접근은 대부분 사료 편찬의 전통들이 세운, 소멸한 과거와 그것을 객관화할 책임이 있는 역사학자 사이의 거리에 대한 재검토를 전제로 한다. 반대로 역사는 재창조해야 하며, 역사학자는 이 재창조의 중개자·안내인이다. 역사는 현실을 하나의 기술 행위로 읽는 해석학자의 작업에서 실현되는데, 기술 행위의 의미는 시간이 흘러감에 따라 그것의 다양한 현동화 국면에 따라서 바뀐다. 그러므로 역사의 대상은 현실의 기술 행위에 의해서 영원히 재개되는 구조이다. 따라서 역사는 무엇보다도 현재에의 기입으로서 사건 중심성인데, 현재는 역사에게 특수한 입장에 놓여 있기 때문에 항상 새로운 현실성을 부여한다. 발터 벤야민은 이미 기계론적 인과성에서 차용된 모델의 전환을 역사주의에 반론으로 내세우곤 했는데, 기계론적 인과성에서 어떤 결과의 원인은 시간적 사슬에 대한 즉각적인 선행성의 입장에서 규명되어진다. 벤야민은 "사건들의 해석, 다시 말해 그것들의 의미 규명을 지향하는 해석학적 모델"[17]을 이러한 과학주의적 모델과 대립시키곤 했다.

초기의적 사건의 이러한 반성적 재개는 프랑스의 경우에는 바스티유 감옥의 탈취와, 미국의 경우에는 메이플라워호의 상륙과 같이 토대가 되는 정체성을 구성하는 서술적 구조의 근본을 이룬다. 그것은 또한 극도의 악에 직면하여서는 아우슈비츠 수용소의 경우가 그렇듯이 국제 단체의 부정적 정체성이 될 수 있다. 방

15) 스테판 모제스, 같은 책, 122쪽.
16) 같은 책, 126쪽.
17) 같은 책, 161쪽.

법론적인, 비판적인 필연적 순간의 타당성을 부인하지 않으면서 역사의 해석적 부분을 중시하는 이러한 시선의 이동은 피에르 노라에 의해 정의되는데, 그때 그는 사료 편찬의 현재 순간의 특징을 이렇게 규정한다. "길은 완전히 다른 역사에 열려 있다. 즉 결정인자들이 아니라 그것들의 결과에, 기억에 남지도 기념되지도 않는 행위들이 아니라 그 행위들의 흔적과 그 기념들의 작용에, 사건 자체를 위한 사건들이 아니라 그것들의 시간 속에서의 구조에, 그것들의 의미 작용의 소멸과 재출현에, 지나갔던 바 그대로의 과거가 아니라 과거의 연속적인 재사용에, 전통이 아니라 그것이 구성되어 전달된 방식에 열려 있다."[18]

문제가 되는 것은 역사학자들이 그들 담론의 이차적 지위에 대해 행하는 인식이다. 그렇다고 해서 역사와 기억 간의 단절이 그것으로 채워지는 것은 아니다. 역사와 《시간과 이야기》에 관한 그의 3요소를 실현시킨 덕분에 리쾨르가 이 문제에 답하는 데 안성맞춤이다. 즉 그는 너무 넓은 구분으로 인해 봉착하게 되는 난관뿐만 아니라 두 개념의 겹쳐놓기를 피한다. 역사학자의 평가 가치를 강조하고 부정주의자들에게 반대하기 위해 역사학자의 연구에서 진리의 지위에 더 큰 가치를 부여하는, 기억에 정확성의 기능을 남겨두는 프랑수아 베다리다에게 리쾨르는 정확성 없는 진리라든가 진리 없는 정확성이 무슨 가치가 있을 것인지를 질문하면서 답변한다. 유기적 결합이 그 두 범주간에 실현될 수 있는 것은 이야기의 매개를 통해서이다.

기억과 역사를 유기적으로 구성하기 위해 허구와 역사성의 규정 사이의 경계에 대한 탐구를 넘어서는 그의 이야기에 관한 새로운 질문은, 리쾨르를 연대기적 설명과 정신분석을 결합시켰던 미셸 드 세르토의 작업에 접근시킨다. 사실 정신분석 치료법의 실천에서 영감을 얻음으로써 리쾨르는 그로 하여금 역사와 기억의 유기적 결합을 제시하게 하는 필수적인 가르침의 원천을 발견한다.

리쾨르가 정신분석적 실천으로부터 얻는 첫번째 교훈은 피분석자가 말을 한다는 사실과, 일관성 없는 단편적인 이야기, 꿈, 실패 행위들로 이루어진 그의 말 속에 무의식이 출현하는 것을 통해 이해하기 쉽고, 그럴듯하며, 그의 개인적 정체성을 구성하는 줄거리에 이르는 것이 목표라는 사실에서 기인한다. 프로이트에 따르면 이 탐구에서 환자는 두 가지 매개를 거친다. 첫째로 타자, 듣는 자라는 매개인

---

18) 피에르 노라, 〈프랑스사를 어떻게 기술할 것인가?〉, 앞의 책, 24쪽.

정신분석학자. "기억은 허락이 필요하다."[19] 이야기를 허락하는 제삼자의 현존은 가장 고통스러운 외상성 기억의 표현에 없어서는 안 된다. 환자가 증인 앞에서 말하고, 그가 기억의 장애물을 제거하도록 도와 주는 것은 이 후자이다. 두번째 매개는 특수한 집단의 언어인 바로 환자의 언어라는 매개이다. "나는 수단을 하나의 사회적 실천에서 끌어온다. 그리고 이야기의 이 사회적 실천에서 나는 나 자신을 이해하기에 앞서 이야기를 만났다. 나는 심지어 내가 말하기 이전에 이야기가 나에게 말해졌다고 말하고 싶다."[20] 이 두 매개는 이야기를 사회적으로 자리잡게 하여 그것을 실천으로 변환시킨다. 제삼자의 현존을 통해서 치료 장치는 상호주관성이라는 특별한 형태를 만들어 낸다. 따라서 환자의 말 그 자체로 말하자면, 그것에 앞서 나타나는 이야기들로 엮어진 그의 이야기들은 집단적 기억 속에 닻을 내리고 있다. "이야기는 환자가 자신을 표현하기 위해 그것을 사용할 때마저도 사회화된다."[21] 환자는 의사 소통, 세대간 전달에 대한 걱정에 의해, 《구약성서》 전통의 《자코르》의 명령("명심하라!")[22]에 의해 압도당한 자신의 개인적 기억과 교차하는 집단적 기억의 투사를 표현한다. 따라서 이 기억은 사적인 동시에 공적인 직조의 영역에 속한다. 그것은 기억을 공유된 기억으로 만드는, "사건들 속에 얽힌"[23] 개인적 정체성을 구성하는 이야기의 출현과 같이 발생한다.

리쾨르가 정신분석적 실천으로부터 받아들이는 두번째 중요한 교훈은 기억의 상처입은 특성으로, 그것의 복잡한 구조들은 함께 행동하는 것을 목표로 하며, 따라서 입은 정신적 외상과 너무 고통스러운 추억을 억압하는 것을 목표로 한다. 이 외상과 추억은 다양한 병리학의 근거를 이룬다. 프로이트의 두 권의 에세이는 리쾨르가 추억을 집단적 차원에서 논할 때 영감의 원천이 된다. 이 에세이들은 개인적인 층위에서 기억의 적극적인 역할을, 기억이 작업을 개시한다는 사실을 강조한다. 정신분석적 치료는 프로이트가 자신의 증상에 집착하면서도 저항할 수밖에 없는 환자의 반복적 강박으로 규정짓는 것으로 몰고 가는 장애의 원천인 추억-화

19) 마리 발마리, 〈기억과 기억 허가에서의 장애물〉, 로뱅송-팔레조의 대담들, 1996년 1월 14일.
20) 폴 리쾨르, 〈역사, 기억, 망각〉, 앞의 책.
21) 같은 책.
22) 요제프 하인 예루살미, 《자코르》, 라 데쿠베르트, 파리, 1984년.
23) 빌헬름 샤프, 《사건들 속에 얽혀서》, B. 헤이만, 비스바덴, 1976년; 프랑스어역 장 그레쉬, 세르프, 파리, 1992년.

면을 통과해야 하는 "추억 작업"[24]에 기여한다. 프로이트가 내세운 기억 작업의 두 번째 용도는 여전히 더 유명한데, "애도 작업"[25]이 그것이다. 애도는 단지 비탄일 뿐만 아니라 느리고도 고통스런 동화와 분리 작업에서 사랑받는 존재의 상실과 나누는 실제적인 협상이기도 하다. 추억 작업을 통한 회상시키기와 애도 작업을 통한 거리두기라는 이 움직임은, 상실과 망각이 혼란을 피하기 위해 기억의 바로 한가운데서 활동하고 있음을 보여 준다.

리쾨르는 이러한 현상에서 집단적 기억의 차원에서 있을 수 있는 유사성을 발견한다. 거기에서 또한 어떤 경우에는 '흘러가기를 원치 않는 과거'에, 그리고 다른 경우에는 도피적인, 의식적이거나 무의식적으로 은폐하는, 가장 외상적인 과거 순간들을 부정하는 태도들에 스스로를 대면시키는 아주 대조적인 상황을 확인할 수 있다. 기억의 집단적 병리학은, 프랑스에서 나타나는 나라의 과거를 세습 재산이 되게 하는 경향과 '기념 행위'가 좋은 실례를 보이는 너무도 많은 기억, 반복 상황으로, 그리고 조작된 기억이 지배하는 모든 전체주의적 국가에서의 경우가 그러하듯이 불충분한 기억의 반대적 상황으로 나타난다. "역사 작업은 충동의 경제 차원에서부터 지적인 노역, 추억과 애도라는 이 이중적 작업의 차원에 이르기까지 하나의 투영으로 이해된다."[26]

집단적 기억에 대한 체계적인 한 연구를 통하여 필리프 주타르는 이 분야에서 선구자가 되자 세벤 지방의 두 공동체를 대립시켰던 원한의 근거를 조사할 계획에 전념한다. 그는 그 분열이 사실상 19세기 후반부터 시작된 것일 뿐임을 확인한다. 과거에 사료 편찬은 한결같이 칼뱅파 신교도의 반란을 비판한다. 따라서 그것은 상처를 해소하는 데에도, 지역 공동체를 더욱 공고히 하는 데에도 성공하지 못했다. 그리하여 주타르는 숨겨진 구두 기억을 세벤 지방의 농부들에 대해 시험하는 가설로 삼아 1967년부터 최초의 실제적 사료 민족지 조사를 계획한다. 이 조사는 억압되어 있지만 뿌리 깊은 기억인 칼뱅파 신교도의 반란과 진압이라는 외상성 사건에 대한 구전의 존재를 밝힌다. "사료 편찬 연구가 집단적 사고 방식과

---

24) 지그문트 프로이트, 《재기억, 반복, 그리고 가공》(1914), 《정신분석학에 대하여》, PUF, 파리, 1953년, 105-115쪽.

25) 지그문트 프로이트, 《애도와 우울증》(1917), 《메타심리학》, 갈리마르, 파리, 1952년, 189-222쪽.

26) 폴 리쾨르, 〈기억과 역사 사이에서〉, 《계획》, 제248호, 1996년, 11쪽.

분리될 수 없는 것임을 이 연구가 밝혀 주었기를 기대한다."[27]

다원화된, 세분화된 기억은 오늘날 사방에서 '역사학자의 관할 구역'을 벗어난다. 사회적 관계의, 개인적이면서 집단적인 정체성의 주요 도구인 기억은 실제적 쟁점의 중심에 존재하며, 역사학자가 정신분석학자식으로 의미를 사후에 부여해 주기를 자주 기대한다. 오랫동안 조작의 도구였던 기억은 집단적 재적응의 원천이지 현재와 단절된 단순한 박물관지가 아닌 미래를 향해 열린 해석적인 관점에 재투입될 수 있다. 부재의 현존을 상정하는 기억은 여전히 과거와 현재 사이를 근본적으로 이어 주는 지점이자, 죽은 자들의 세계와 산 자들의 세계 사이의 그 어려운 대화의 지점이다.

따라서 연구는 국사(國史)의 그늘진 지대에서 증가한다. 앙리 루소가 비시 정권에 '전념'하는 것은 1940년부터 1944년까지 일어난 일을 열거하기 위해서가 아니다. 그의 역사적 대상은 비시 정권이 더 이상 직무 수행의 정치 체제가 아닐 때 시작된다. 비시 정권은 그것이 국가 의식 속에 발생시킨 분열의 잔존처럼 보인다. 그가 "과거의 미래"[28]를 거론할 수 있는 것은 그래서이다. 그가 하는 시대 구분은 설령 정신분석의 범주들이 순전히 유추적 방식으로 다루어진다 할지라도 분명하게 그 범주들을 활용한다. 1944-1954년의 애도 작업이 끝나고, 억압의 시대에 뒤이어 외상성 신경증이 강박적 국면으로 변형되기 전 억압된 것의 회귀의 시대가 도래한다. 신경증적 태도들의 반복을 피하기 위해 추구된 적절한 거리두기는 흔히 찾아보기가 어렵다. 그것은 우리인 현재의 통행자들과 무엇보다 역사학자들에게, 증인의 시대가 중단될 때 국가적 기억을 책임지고 전달할 것을 요구한다. 민족 학살의 역사와 프랑스의 비시 정권 시기가 그런 경우이다. 그런데 이 기억 의무는 역사학자에게 과거의 크나큰 집단적 · 정신적 외상들에 "냉담한 지식"을 남기지 않는 "보초를 서는 파수병"[29]의 임무인 그의 시민적 임무를 상기시킨다. "그는 구성에 뒤이어 사회적 기억의 전달에 참여한다."[30] 기억의 역사는 하나의 절대적 요청이며, 오랫동안 70년대까지 비시 정권에 관한 경우가 그러했듯이 너

27) 필리프 주타르, 《칼뱅파 신교도들의 전설, 과거적 성향》, 갈리마르, 파리, 1977년, 356쪽.
28) 앙리 루소, 《비시 정권의 증후군》, 쇠이유, 파리, 1987년; 재출판, '푸앵-쇠이유' 전집, 파리, 1990년.
29) 뤼세드 발밍시, 〈과거의 현존, 역사의 느림〉, 《아날 ESC》, 제3호, 1993년 5-6월, 498쪽.

무 자주 이성이 마비된 기억의 병리학들을 피하기를 원한다면 역사학자라는 직업의 모든 비판적 기여의 혜택을 입어야 한다. 역사와 기억 사이의 관련은 긴밀해졌으며, 이 관계가 없다면 역사는 전적으로 외재성일 뿐이기 때문에 이국적인 것에 불과할 것임에 반해, 리쾨르는 어느 정도로 현재가 과거에 영향을 받는지를 상기시킨다. 이러한 접근 덕분에, 그리고 뤼세트 발랑시가 다음과 같이 명확하게 말하듯이 역사학자는 독점권을 갖고 있지 않다. "심각한 정신적 외상의 가공 방식과 집단적 기억의 전달 방식은 다양하다."[31] 게다가 이러한 관점에서 피에르 비달 나케는 유대인 말살의 이해에 가장 중요했던 세 가지 저서는 역사학자들의 공적이 아니라 프리모 레비(소설가), 라울 힐베르크(정치학자)와 《쇼아》라는 영화로 제작된 클로드 란즈만의 저서라는 것을 상기시키면서, 역사란 너무 딱딱하기 때문에 역사학자들에게 맡겨질 수 없다는 것을 익살스럽게 알린다.[32]

80년대에 표면으로 떠오른 옛 대독 협력자들과 그들의 젊은 부정주의 모방자들의 말들은 역사학자를 그의 기억의 의무, 그가 속해 있는 학문의 진리 협약으로 되돌아가게 한다. 피에르 비달 나케가 부정주의자들의 그 명제들에 직면한 역사학자들의 대반격에서 결정적인 역할을 한 것은 이러한 배경에서이다.[33] 그 암울한 시기에서 살아남은 자들로 말하자면 그들은 절박감, 증언을 해야 할, 자신들에게 재량권이 맡겨진 모든 수단을 이용해 차세대들에게 그 기억을 넘겨 주어야 할 절박감을 느낀다.

기억의 역사는 특히 그것의 주요한 상황으로 인해 개인적인 것과 집단적인 것 간의, 모든 사회과학의 관점에서는 불확실한 상호 관련의 핵심 자체에서 복잡해질 우려가 있다. 미카엘 폴락이 대량 학살 강제수용소에서 돌아온 사람들의 기억에 대하여 분명하게 밝혔던 것이 그것이다. 아우슈비츠-비르케나우에서 살아남은 자들에 대해 조사하면서 그는 침묵이 망각이 아니라는 것을 증명한다. 감추어진 죄책감은 전달에 대한 격렬한 집착과 전달할 방도가 없음 사이에 갇혀 있는 생존자들의 증후군의 한가운데에 있다.[34] 그로부터 그 기억들을 관리할 사람들의 임

30) 뤼세트 발랑시, 같은 책.

31) 같은 책, 499쪽.

32) 피에르 비달 나케, 〈《쇼아》의 역사에 대한 도전〉, 《유대인, 기억과 현재》, 제II권, 라 데쿠베르트, 파리, 1991년, 223-234쪽.

33) 피에르 비달 나케, 《기억의 살인자들》, 라 데쿠베르트, 파리, 1987년.

무가 발생한다. 그들의 임무는 말해진 것과 말해지지 않은 것의 가능성 사이에서 변동하는 한계를 되찾는 것이다. 개인적 기억과 마찬가지로 집단적 기억은 여러 가지 모순, 긴장, 그리고 재구성의 경향이 있다. 그렇게 해서 "자기에 관한 침묵——망각과는 다른——이 전달의 필수적인 조건이 될 수도 있는 것이다."[35]

뤼세트 발랑시가 이슬람 세계와 그리스도교 세계 간의 16세기의 가장 피비린내 나는 대결들 중의 하나인 1578년의 3왕들의 대전투를 연구하는 방식은, 그녀로 하여금 기억의 사회적 용도를 재현하기 위해 리쾨르의 서술적 정체성에 관한 분석들을 바탕으로 한 질문을 하게 한다. "'우리는 서술이 기억을 내포한다고 말할 것이다.' 폴 리쾨르의 《시간과 이야기》에서 이러한 제시를 읽으면서 나는 마치 그것이 뒤바뀔 수 있는 것처럼 만들었다. 추억, 그것은 자기에게 어느 역사를 이야기하는 것이다. 아마도 단편적으로, 흩어진 파편으로. 그러나 (…) 어느 역사가 필요하다. 따라서 서술적 활동, '줄거리'의 형태가 있는데, 그것은 나로 하여금 포르투갈 사람들과 모로코 사람들이 우리에게 남겨 준 문서들에서 추억의 재출현을 찾아낼 수 있게 해주었다."[36]

줄거리는 의식화(儀式化)된 기념 형태들의 반복-기억에 도움을 줄 수 있다. 이 기념 형태들의 쟁점은 이야기의 장식술, 각색과 미화에 의해 현존하게 된 부재의 변증법에서 기인한다. 의식(儀式)은 집단적 정체성의 토대가 되는 사건의 창조적 부분을 재활성화하면서 기억을 유지하게 한다. "의식은 시간을 지배하려는, 시간이 유발하는 불안을 특히 그 불가역성을 고려하여 피하려는 소원에 해당하는 것처럼 보인다."[37] 필수적인 단절, 시간의 미분화된 흐름 속에서의 지표와 같은 이 의식의 기능은 생텍쥐페리에 의해 분명하게 지각되었다. "의식이 뭔가요?, 어린 왕자가 묻는다. 그것 역시 너무도 잊혀진 무언가란다, 여우가 대답한다. 그것은 어느 날이 다른 날들, 어느 시간이 다른 시간들과 다르게 만드는 것이란다."[38] 의식은 기억을 구조화할 수 있는 그의 능력에 의한 정체성의 표지(標識)이며, 의식

34) 미카엘 폴락, 《집단수용소의 경험. 사회적 정체성의 유지에 관한 에세이》, 메타일리테, 파리, 1990년.

35) 미카엘 폴락, 〈기억, 망각, 침묵〉, 《어느 상처입은 정체성》, 메타일리테, 파리, 1993년, 38쪽.

36) 뤼세트 발랑시, 《기억의 우화들. 3왕들의 영광의 전투》, 쇠이유, 파리, 1992년, 275쪽.

37) 제라르 델테유, 〈의식과 기억〉, 로뱅송-팔레조의 대담, 1996년 1월 28일.

38) 앙투안 드 생텍쥐페리, 《어린 왕자》(1946), 갈리마르, 파리, 1988년, 70쪽.

은 연속적인, 침전된 층들로 기억의 구체화를 나타낸다. 그럼에도 불구하고 집단적 기억은 오로지 기념의 축에서만 있지 않다. 왜냐하면 이야기의 매개 자체가 그것을 창의성 쪽으로 향하게 하며, 장 마르크 페리가 담론의 재구성적 역(域)에 부여하는 의미에서 볼 때 필수적인 재구성을 만들어 내는 데 기여하기 때문이다.

균형은 한편으로는 다른 것에 대한 폐쇄를 나타낼 수 있는 같은 것, 동일한 것의 되풀이와, 다른 한편으로는 니체식으로 과거, 전달된 기억 유산에 직면한 도피적 태도 사이에서는 찾아보기가 어렵다. "동물이 보여 주듯이 거의 아무런 기억 없이도 사는 것이, 그것도 행복하게 사는 것이 가능하다. 그러나 망각하지 않고 사는 것은 절대적으로 불가능하다. 또는 나의 주제에 관해서 한층 더 간단하게 설명하자면 한 개인, 한 민족, 한 문명이 관계되는 불면, 반추, 역사적 의미의 단계가 있는데, 이 단계를 넘어서 살아 있는 존재는 동요하게 되고 결국에는 무너진다."[39] 이러한 태도는 필수적인 망각을 상기시키는 장점을 갖고 있다. 그러나 극단으로 몰린 그것은 기억과, 따라서 정체성의 심각한 병리학의 원인일 수 있다. 망각은 구성적인 관점에서 이해될 수 있는데, 에른스트 르낭이 공유 유산에의 동의와, 과거의 상처 및 정신적 외상의 망각 사이의 그 긴장 속에서 매일 하는 국민투표인 국가적 정체성의 실제적 모순을 거론하면서 "국가란 무엇인가?"에 관한 그의 1882년의 발표에서 밝히는 것이 그것이다. "망각과, 말하자면 역사적 과오조차도 국가 창설의 필수적 인자이다."[40]

그러나 외상성 사건들의 망각은 또한 현재를 사로잡고 있는 유령의 모습으로 그 사건들을 되돌아오게 하는 결과를 초래할 수도 있다. 그러므로 기억은 지정되지 않은, 방황 선고를 받은 어둠의 지대에서 떠돌며, 필경 엉뚱한 폭력의 원인일 수 있기 때문에 예기치 않은 곳에서 위험한 방식으로 표출될 수 있다.

기억의 이 과잉과 이 과부족 사이에서 리쾨르는 다시 찰스 테일러라는 한 캐나다 철학자와 아주 유사한 입장에 놓이는데, 그 역시 같은 공간 속에서의 상이한 문화적 계보들의 공존을 고찰의 주요 대상으로 삼는다.[41] "리쾨르는 앵글로색슨 사

---

39) 프리드리히 니체, 《비현실적인 고찰》, 제II권(1874), 갈리마르, '폴리오' 총서, 파리, 97쪽.

40) 에른스트 르낭, 《국가란 무엇인가?》, 1882년 3월 11일 소르본대학에서 한 강연, 아고라, 파리, 1992년, 41쪽.

41) 찰스 테일러, 《다문화적임과 승인 정치》, 프린스턴대학교출판부, 프린스턴, 1982년; 프랑스어역, 《다문화 공존》, 오비에, 파리, 1994년.

회에서 자신이 가장 유사하게 느끼는 사람은 찰스 테일러라고 나에게 말했다."[42] 그들은 리쾨르가 몬트리올에서 강의를 하였을 당시 여러 차례 만날 기회가 있었으며, 시카고에 있는 라코크 부부의 집에서 교류를 계속했다. "찰스 테일러가 우리 집으로 왔다. 그는 폴에 대해 무척 감탄한다. 중요한 때 그들은 함께 이야기를 나누곤 했다."[43] 창조적인 관점에서 상이한 문화들 · 기억들을 대화시키려는 같은 의지로 고무된, 대서양의 양쪽에서 출발한 그들의 여정은 놀랄 만큼 유사하다.

찰스 테일러는 행동주의적 환원주의의 비판을 통해 철학자로서의 연구를 시작했다.[44] 《타자 같은 자아》가 프랑스에서 출간되기 1년 전 찰스 테일러는 《자기의 근원》[45]을 출간하는데, 이 저서에서 그는 자기의 긍정과 자기가 구성되는 다양한 경험적 차원 간의 상관 관계를, 다시 말해 그것이 가까운 것이든 먼 것이든 간에 타자의 내면화 관계 속에서 밝힌다. 리쾨르처럼 찰스 테일러도 그가 연결하려고 애쓰는 두 철학 전통의 분석적이고 대륙적인 통합에 열중하는데——나의 첫 저서는 메를로 퐁티만큼이나 비트겐슈타인의 영향을 받고 있다[46]——이것은 그를, 영어를 사용하는 대부분의 철학자들이 분석철학에 속해 있는 몬트리올에서 아주 개별적인 영어권 철학자가 되게 한다. 찰스 테일러와 리쾨르는 또한 리쾨르에게서는 개신교적이고 테일러에게서는 가톨릭적인 근본적인 그리스도교적 확신을 공유한다. 그들은 둘 다 행동하기와 참여 쪽으로 향하는데, 네 차례나 연속 캐나다의 국회의원 선거 후보자였으며 소수 사회민주당의 지도자인 진정한 정치 전문가가 된 테일러의 경우에는 한층 더 그러하다. 그는 독립파의 주장과, 캐나다의 나머지 영어권 진영과의 관계를 보존하려는 관심 사이에서 고심하는 퀘벡의 복잡한 상황에서 중요한 정치적 인물로서 무척 신뢰를 받는다. 찰스 테일러의 입장은 퀘벡의 정치판에서 독창적인 입장을 취하고 있는 국가주의라든가 연방주의의 이중적 장애물을 피하기 위해 "고독들을 접근시키는 것"[47]을 목표로 한다. "그는 국민

---

42) 카트린 오다르와의 대담.

43) 앙드레 라코크와의 대담.

44) 찰스 테일러, 《행동 해석》, 루틀리지와 키건, 런던, 1964년.

45) 찰스 테일러, 《자기의 근원. 현대적 정체성의 제작》, 하버드대학교출판부, 케임브리지, 1989년.

46) 찰스 테일러, 〈철학인류학에서부터 승인 정치까지〉, 필리프 드 라라와의 대담, 《르 데바》, 제89호, 1996년 3-4월, 211쪽.

47) 찰스 테일러, 《고독들을 접근시킬 것》, 라발대학교출판부, 라발, 퀘벡, 1992년.

투표 **반대**에 대한 지지 운동을 하였으며, 동시에 승인 정치와 정체성의 낭만적인 문화적 개념에 근거하면서 독립파들에 논거를 제공하였다."[48] 따라서 역사적 계보, 상이한 기억 유산의 테마는, 캐나다 내에서의 퀘벡의 구성에서처럼 다른 전통들 사이에서 찾아야 할 합의/비합의로부터 도출해 내야 할 어려운 유럽 구성에서 리쾨르와 찰스 테일러에게 공통으로 있는 테마이다. 그들은 공유된 기억의 여러 소산으로 짜여진 철학인류학을 구성하려는 같은 전망을 갖고 있다. "분석철학자들에게 있어서 철학이 완전히 동시대적인 기획인데 반해, 처음부터 나는 철학인류학은 역사를 거친다고 생각했다."[49]

1995년 6월 찰스 테일러에 관한 열흘간의 학회가 캐나다 쪽에서는 기 라포레스트와 프랑스 쪽에서는 그의 저서를 번역한 필리프 드 라라에 의해 기획되어 스리지에서 개최된다. 이 학회가 개최되기 1년 전, 필리프 드 라라는 리쾨르를 초청한다. "일반적인 견해로 리쾨르의 발표와 그들 사이에 벌어진 토론은 학회의 절정이었고, 그들간에 누리는 은총의 순간이었다."[50] 그들의 토론은 비록 비역사적인 접근과는 다를지라도 《자기의 근원》에서 유래하는, 리쾨르가 규정한 '이행 역사적인(transhistorique)' 차원의 문제를 떠나지 않는다. "찰스 테일러의 저서의 전체적인 여정은 거리의 의미가 계속해서 극복되어지기 위해서 가정되는 대규모의 탈거리두기(dédistanciation)의 훈련으로 이해될 수 있다."[51] 리쾨르의 발표에 뒤이은 발언에서 찰스 테일러는 그에게 진 빚에 대해 감사의 마음을 알렸다. 그는 리쾨르의 3권의 저서, 힘과 의미의 관계에 대한 이해를 위한 프로이트에 관한 에세이와 《살아 있는 은유》와 《시간과 이야기》가 그에게 중요한 것이었음을 이렇게 환기한다. "제가 기술한 바 있는 서술성에 관한 모든 글은 당신에게서 나온 것입니다. 그것이 근원이지요."[52] 그럼에도 불구하고 그는 《타자 같은 자아》의 분석들의 혜택을 입지 못한 《자기의 근원》을 너무 일찍 썼다는 후회를 이렇게 내비친다. "**입세**와 **이뎀** 사이의 중요한 구분을 생각해야 했습니다. 그것은 우리가 오래전부

48) 필리프 드 라라와의 대담.
49) 찰스 테일러, 필리프 드 라라와의 대담, 《르 데바》, 앞의 책, 212쪽.
50) 필리프 드 라라와의 대담.
51) 폴 리쾨르, 〈근본적인 것과 역사적인 것〉, 스리지의 열흘에서의 발표, 1995년 6월, 필리프 드 라라가 전달한 타이핑 텍스트.
52) 찰스 테일러, 리쾨르와의 토론, 스리지, 1995년 6월, 개인의 녹음에서 옮겨 적은 것.

터 싸우고 있던 문제이지요."[53] 그러나 저서들을 넘어서 입장의 공통점, 철학자인 방식, "솔직함과 겸손함의 좌우명으로 타자를 읽을 수 있기 위해서 한동안 자아를 침묵케 하려고" 애쓰는 타자를 읽는 방식이 있다. "그것이 나에게는 철학적인 모델이다. 그것은 인간의 덕목일 뿐만 아니라 철학자의 덕목이기도 하기 때문이다."[54] 찰스 테일러가 《자기의 근원》에서 옹호하는 명제는 비역사적인 구조들의 제거를 목표로 하는 것이 아니라 "현재의 역사적 두께, 꾸준히 활동중인 과거의 요소들을 이해하는 것"[55]이 문제인 한 리쾨르가 규정한 '이행 역사적인' 차원이다.

리쾨르가 역사와 기억 사이의 그 중앙 공간에 관한 시사적인 질문에서 재발견하려고 애쓰는 것이 이 역사적 밀도이다. 역사 의식의 해석학이 열어 주는 것은 같은 역사를 다르게 이야기하는 것이, 그리고 "자기 자신의 역사를 이야기하게 내버려두는 것"[56]인 매우 어려운 일을 무릅쓰는 것이 가능하다는 사실을 아는 행위이다. 그것은 우리의 어둠, 기억 상실, 집단적 의식의 억압 지대들의 가능한 치유와 동시에 우리의 현재 의미의 층으로 모색된 미확인된 가능성들의 잠재적인 풍부함과 다양한 이야기들의 개념을 전제로 한다.

찰스 테일러처럼 리쾨르도 대화 논리적인 것으로서의 민주 정치란 공백에가 아니라 반대로 지켜지지 않은 약속들을 재점검해야 하는 과잉 전통들에 토대를 두고 있다고 생각한다. 살아 있는 전통들의 이 재정당화 과정은 합의/비합의를 구성하기 위해, 롤스가 말하듯 '합리적인 불일치들' 의 승인에서 유래한다. 찰스 테일러처럼 리쾨르가 근대성의 단절을 수용한다 해도, 그렇다고 해서 그가 그러한 사실로부터 2천 년 이상이나 된 유산들의 탈정당화를 이끌어 내는 것은 아니다. 정반대로 민주 정치의 근대성은 단지 그것이 유대 그리스도, 그리스, 라틴, 르네상스, 종교개혁, 계몽주의, 낭만주의의 문화들이건 간에 죽은 것으로 간주된 이 유산들을 재활성화함으로써만 희망의 방법들을 재발견할 수 있다. 하나의 새로운 의미가 출현할 수 있고 다른 문화적 전통들에 열려 있는 유럽의 더불어-존재를 구성할 수 있는 것은 그것들의 교차, 그것들의 뒤얽힘으로부터이다. 보다 대범한 공동 의식의 출현은 망각의 결과가 아니라 구성되고 있는 중인 다원주의적 유럽

53) 위의 토론.
54) 위의 토론.
55) 찰스 테일러 , 필리프 드 라라와의 대담, 《르 데바》, 앞의 책, 220쪽.
56) 폴 리쾨르, 〈역사, 기억, 망각〉, 앞의 책.

의 중심으로 우리를 돌아가게 하는 용서의 요청을 기반으로 한 재구성적 기억의 결과이다. "한나 아렌트가 용서에서 또한 정치의 위대함을 보는 것은 틀린 것이 아니다. (…) 더욱이 브랜트 수상이나 하벨 대통령이나 심지어 스페인 왕과 포르투갈 대통령과 같은 몇몇 정치인들의 위대함은, 자신들의 조상이 저지른 권력 남용의 희생자들에게 용서를 비는 그 능력에서 확인된다. 정치적인 차원에서도 중요한 것은 빚을 청산하는 것이지 망각이 아니다. 용서가 용서의 관대함 자체에 의하여 기억 작업과 애도 작업의 접착제로 존재하는 것임이 드러나는 것은 그래서이다."[57] 리쾨르에게 있어서 결코 상실을 감수하지도, 기다림의 지평에 대해 절망하지도 않는 "희망, 그것은 다시 다듬은 기억이다."[58]

독자와 헤어질 때 저자는, 미카엘 바흐친이 이론화한 식으로 자신을 변화시킨 모험에 대한 고백을 스스로에게 해야 할 의무가 있다. 타인에 대한 이 탐구는 헤쳐 나간 작업의 창조력의 증명 자체인 이 연구의 장본인을 타인이 되게 함으로써 뒤바뀌었을 것이다. 전기의 대상이 된 개인 전체에 고유한 신비는 도달될 수 없는 것이며, 계획은 그것이 제아무리 총괄적이라 하더라도 막무가내로 자신에게서 벗어나는 한 타인의 어떠한 투명성에도 접근할 수 없다. 업적과 그 효과를 통과한 이 기나긴 여정은 단순히 리쾨르를 저자와 독자에게 보다 가깝게 해주었을 뿐일 것이다.

이런 부류의 기획이 안고 있는 위험이 리쾨르를 꼼짝 못하게 하여 그를 이러저러한 거주지 지정에 몰아넣는 것이었던 데 반해, 그의 노력은 그 작업에, 동시대의 문제와 쟁점들에 따라 다양한 적응에 항상 열려 있는 특성을 부여하기 위해 모든 한계를 벗어나는 것이었다. 따라서 리쾨르의 기여가 복원될 수 있는 것은 항상 탈출의 형태와 그의 참여 방식에 고유한 다양성에 근거해서이다.

이 탐구는 논의된 다양한 주제와 그 작업의 분열적인 특성을 넘어서, 진리의 새로운 개념 방식들을 규명하는 데 성공했을 한 철학자의 일관성인 명료해지는 일관성을 드러내고 있는데, 그 진리는 더 이상 돌출적인 진리도 이미 전통 속에 있

---

57) 폴 리쾨르, 〈용서로 치유될 수 있을 것인가?〉, 에투알 사찰에서의 강연, 〈신은 믿을 수 있는 존재인가?〉, 《에스프리》, 1995년 3-4월, 82쪽.

58) 앙드레 뒤마와의 대담.

을 진리도 아닌, 모순에 부딪친 입장들 사이에서 항상 긴장 상태에 있는 해석들의 갈등으로부터 유래하는 지평의 진리이다. 매우 중요한 이 이동은 진리들의 산출의 근원 자체인 차이들간의 대화 논리의 윤곽선들을 그려 보인다. 그것은 항상 귀속 정체성들을 불안정하게 하여 대화에 끌어넣는다. 그렇게 해서 개인적이고 집단적인 역사가 정체성들의 확신을 동요시키면서 앞으로 나아가기 시작하며 우리를 운행시킨다. 이러한 움직임은 "우리 자신의 이해하기 힘든 부분을 발견"[59]하게 해준다.

불가능한 투명성이라는 난관에 직면해 있는 전기 작가는, 자신의 의미를 가득 채우거나 결말지을 생각이 결코 없는 타인을 이해하는 수단을 기획한다는 비천한 감정만을 느낄 수 있을 뿐이다.

---

59) 폴 리쾨르, 〈이방인인 나 자신〉, 로뱅송-팔레조의 대담, 1997년 3월 23일.

역자 후기

무엇보다도 이 책은 열정과 사랑의 산물이다. 저를 비롯 한택수 · 김지혜 · 이봉지 선생님들이 각각 5년, 총 20여 년의 세월 속에서 한글로 다듬어져 새로 태어난 작품이기에 더욱 그러하다.

저자인 프랑수아 도스의 10여 년에 걸친 녹취 작업과 2백여 명에 달하는 생각하는 사람들과의 녹음기 담화를 통해 출판된 프랑스어판만큼이나 한글 번역본 역시 사명감 그 자체에서 태어난 것이다. 두 번에 걸친 저자와의 만남과 방대한 인명록에 대한 해설과 고유 명사에 대한 녹음 테이프 주고받기 등을 합친다면, 말 그대로 우리 번역진은 이 책에 자신들의 세월을 맡긴 셈이다.

그럼에도 미비하다. 리쾨르가 평생 추구한 사회 참여라는 삶의 태도를 경외하는 마음으로, 우리는 우리 한국 사회가 더 현실적이고 더 균형적이며 더 자율적인 방향으로 발전하는 데 읽혀질 수 있으리라는 희망으로 작업을 끝냈는데, 완성본을 눈앞에 두고 보니 번역 초기의 용기들이 부끄러워짐을 새삼 느낀다.

그러는 가운데에서도 커다란 위안이 되는 점은 번역의 처음과 끝을 우리 번역진과 함께 호흡을 맞춰 준 분이 우리 시대에 있다는 점이다. 다름 아닌 이 책의 한글판 출판을 위해 놀라우리만큼의 인내심을 보여 준 동문선의 신성대 사장님이 그분이신데 진심으로 감사드리며, 아울러 편집의 예술성을 보여 준 편집부에게도 깊은 감사를 드린다.

끝으로 리쾨르의 공부하는 사람들의 삶의 의미를 시대와 역사를 통해 조명해 나가면서 새삼스레 코끝이 찡해 옴을 느껴 본다. 어떠한 상황에서도 회의주의와 견유주의에 굴복하지 않고 생각하는 사람들의 원형에서 비롯되는 희망의 기억을 찾아 먼길을 기꺼이 떠나는 리쾨르적 사유 방식에 충분히 동감하며, 이 책을 접하게 되는 독자에게도 리쾨르의 삶의 의미가 현실적인 풍요로움으로 다가갔으면 하는 바람 또한 잊지 않는다.

2005년 4월

색 인

이봉지

서울대학교 사범대학 불어교육학과 학 · 석사
미국 노스웨스턴대학교 불문학 박사
현재 배재대학교 외국학대학 불어불문학과 교수
저서: *Le Roman à Editeur*, Peter Lang, 1989.
역서: 《수녀》《프랑스 혁명의 지적 기원》(공역)《공화정과 쿠데타》
《구조주의의 역사》(공역)《육체와 예술》(공역)《두 친구》

한택수

서울대학교 불어교육학과를 졸업, 동대학원에서 외국어 교육학 석사
파리8대학교에서 가브리엘 시도니 콜레트의 소설에 대한 연구로 불문학 박사 학위
현재 서울대학교, 서울여자대학교, 인천대학교에 출강
논문: 〈육체의 가소성—콜레트의 작품에 나타난 성의 차이와 여성의 정체성〉
〈등장 인물의 위기와 육체〉 외 다수
역서: 《증오에서 삶으로》《현대 미술과 색채》

선미라

전남대학교 불어불문학과를 졸업, 동대학원에서 인문학 석사
프랑스 파리8대학교에서 불문학 D.E.A.와 불문학 박사
그레마스와 바르트의 기호학 연구를 중심으로
인식론적 기호학 연구와 문화 현상의 기호 연구에 몰두
현재 광주대학교, 조선대학교, 전남대학교 평생교육원 출강
논문: 〈쥘르 미슐레의 문학 작품에 나타난 발화 언술 행위 주체의 기호학적 연구〉
〈기호학과 리쾨르〉〈제3행위자와 주관적 시제〉 외 몇 편

김지혜

충북대학교 불문과 졸업
이화여자대학교 불문학 석사
프랑스 파리-소르본대학교 불문학 D.E.A. 박사
현재 충북대학교, 공주영상정보대학교 강사
논문: 〈프랑수아 모리악의 소설과 저널리즘에 관한 연구〉
〈모리악의 전반기 저널리즘에 나타난 정치적 입장〉 외 다수
역서: 《차에 치인 개》

문예신서
229

폴 리쾨르

초판발행 : 2005년 4월 11일

東文選

제10-64호, 78. 12. 16 등록
110-300 서울 종로구 관훈동 74
전화 : 737-2795

ISBN 89-8038-297-9 94160
ISBN 89-8038-000-3 (세트 : 문예신서)

42	진보의 미래	D. 르쿠르 / 김영선	6,000원
43	중세에 살기	J. 르 고프 外 / 최애리	8,000원
44	쾌락의 횡포 · 상	J. C. 기유보 / 김응권	10,000원
45	쾌락의 횡포 · 하	J. C. 기유보 / 김응권	10,000원
46	운디네와 지식의 불	B. 데스파냐 / 김웅권	8,000원
47	이성의 한가운데에서—이성과 신앙	A. 퀴노 / 최은영	6,000원
48	도덕적 명령	FORESEEN 연구소 / 우강택	6,000원
49	망각의 형태	M. 오제 / 김수경	6,000원
50	느리게 산다는 것의 의미 · 1	P. 쌍소 / 김주경	7,000원
51	나만의 자유를 찾아서	C. 토마스 / 문신원	6,000원
52	음악적 삶의 의미	M. 존스 / 송인영	근간
53	나의 철학 유언	J. 기통 / 권유현	8,000원
54	타르튀프/서민귀족 〔희곡〕	몰리에르 / 덕성여대극예술비교연구회	8,000원
55	판타지 공장	A. 플라워즈 / 박범수	10,000원
56	홍수 · 상 〔완역판〕	J. M. G. 르 클레지오 / 신미경	8,000원
57	홍수 · 하 〔완역판〕	J. M. G. 르 클레지오 / 신미경	8,000원
58	일신교—성경과 철학자들	E. 오르티그 / 전광호	6,000원
59	프랑스 시의 이해	A. 바이양 / 김다은 · 이혜지	8,000원
60	종교철학	J. P. 힉 / 김희수	10,000원
61	고요함의 폭력	V. 포레스테 / 박은영	8,000원
62	고대 그리스의 시민	C. 모세 / 김덕희	7,000원
63	미학개론—예술철학입문	A. 셰퍼드 / 유호전	10,000원
64	논증—담화에서 사고까지	G. 비뇨 / 임기대	6,000원
65	역사—성찰된 시간	F. 도스 / 김미겸	7,000원
66	비교문학개요	F. 클로동 · K. 아다-보트링 / 김정란	8,000원
67	남성지배	P. 부르디외 / 김용숙	개정판 10,000원
68	호모사피언스에서 인터렉티브인간으로	FORESEEN 연구소 / 공나리	8,000원
69	상투어 — 언어 · 담론 · 사회	R. 아모시 · A. H. 피에로 / 조성애	9,000원
70	우주론이란 무엇인가	P. 코올즈 / 송형석	8,000원
71	푸코 읽기	P. 빌루에 / 나길래	8,000원
72	문학논술	J. 파프 · D. 로쉬 / 권종분	8,000원
73	한국전통예술개론	沈雨晟	10,000원
74	시학—문학 형식 일반론 입문	D. 퐁텐 / 이용주	8,000원
75	진리의 길	A. 보다르 / 김승철 · 최정아	9,000원
76	동물성—인간의 위상에 관하여	D. 르스텔 / 김승철	6,000원
77	랑가쥬 이론 서설	L. 옐름슬레우 / 김용숙 · 김혜련	10,000원
78	잔혹성의 미학	F. 토넬리 / 박형섭	9,000원
79	문학 텍스트의 정신분석	M. J. 벨멩-노엘 / 심재중 · 최애영	9,000원
80	무관심의 절정	J. 보드리야르 / 이은민	8,000원
81	영원한 황홀	P. 브뤼크네르 / 김웅권	9,000원
82	노동의 종말에 반하여	D. 슈나페르 / 김교신	6,000원
83	프랑스영화사	J. -P. 장콜라 / 김혜련	8,000원

번호	제목	저자 / 역자	가격
84	조와(弔蛙)	金教臣 / 노치준 · 민혜숙	8,000원
85	역사적 관점에서 본 시네마	J. -L. 뢰트라 / 곽노경	8,000원
86	욕망에 대하여	M. 슈벨 / 서민원	8,000원
87	산다는 것의 의미 · 1 — 여분의 행복	P. 쌍소 / 김주경	7,000원
88	철학 연습	M. 아롱델-로오 / 최은영	8,000원
89	삶의 기쁨들	D. 노게 / 이은민	6,000원
90	이탈리아영화사	L. 스키파노 / 이주현	8,000원
91	한국문화론	趙興胤	10,000원
92	현대연극미학	M. -A. 샤르보니에 / 홍지화	8,000원
93	느리게 산다는 것의 의미 · 2	P. 쌍소 / 김주경	7,000원
94	진정한 모럴은 모럴을 비웃는다	A. 에슈고엔 / 김웅권	8,000원
95	한국종교문화론	趙興胤	10,000원
96	근원적 열정	L. 이리가라이 / 박정오	9,000원
97	라캉, 주체 개념의 형성	B. 오질비 / 김 석	9,000원
98	미국식 사회 모델	J. 바이스 / 김종명	7,000원
99	소쉬르와 언어과학	P. 가데 / 김용숙 · 임정혜	10,000원
100	철학적 기본 개념	R. 페르버 / 조국현	8,000원
101	맞불	P. 부르디외 / 현택수	10,000원
102	글렌 굴드, 피아노 솔로	M. 슈나이더 / 이창실	7,000원
103	문학비평에서의 실험	C. S. 루이스 / 허 종	8,000원
104	코뿔소 〔희곡〕	E. 이오네스코 / 박형섭	8,000원
105	지각 — 감각에 관하여	R. 바르바라 / 공정아	7,000원
106	철학이란 무엇인가	E. 크레이그 / 최생열	8,000원
107	경제, 거대한 사탄인가?	P. -N. 지로 / 김교신	7,000원
108	딸에게 들려 주는 작은 철학	R. 시몬 셰퍼 / 안상원	7,000원
109	도덕에 관한 에세이	C. 로슈 · J. -J. 바레르 / 고수현	6,000원
110	프랑스 고전비극	B. 클레망 / 송민숙	8,000원
111	고전수사학	G. 위딩 / 박성철	10,000원
112	유토피아	T. 파코 / 조성애	7,000원
113	쥐비알	A. 자르댕 / 김남주	7,000원
114	증오의 모호한 대상	J. 아순 / 김승철	8,000원
115	개인 — 주체철학에 대한 고찰	A. 르노 / 장정아	7,000원
116	이슬람이란 무엇인가	M. 루스벤 / 최생열	8,000원
117	테러리즘의 정신	J. 보드리야르 / 배영달	8,000원
118	역사란 무엇인가	존 H. 아널드 / 최생열	8,000원
119	느리게 산다는 것의 의미 · 3	P. 쌍소 / 김주경	7,000원
120	문학과 정치 사상	P. 페티티에 / 이종민	8,000원
121	가장 아름다운 하나님 이야기	A. 보테르 外 / 주태환	8,000원
122	시민 교육	P. 카니베즈 / 박주원	9,000원
123	스페인영화사	J.- C. 스갱 / 정동섭	8,000원
124	인터넷상에서 — 행동하는 지성	H. L. 드레퓌스 / 정혜욱	9,000원
125	내 몸의 신비 — 세상에서 가장 큰 기적	A. 지오르당 / 이규식	7,000원

126	세 가지 생태학	F. 가타리 / 윤수종	8,000원
127	모리스 블랑쇼에 대하여	E. 레비나스 / 박규현	9,000원
128	위뷔 왕 〔희곡〕	A. 자리 / 박형섭	8,000원
129	번영의 비참	P. 브뤼크네르 / 이창실	8,000원
130	무사도란 무엇인가	新渡戶稻造 / 沈雨晟	7,000원
131	꿈과 공포의 미로 〔소설〕	A. 라히미 / 김주경	8,000원
132	문학은 무슨 소용이 있는가?	D. 살나브 / 김교신	7,000원
133	종교에 대하여—행동하는 지성	존 D. 카푸토 / 최생열	9,000원
134	노동사회학	M. 스트루방 / 박주원	8,000원
135	맞불·2	P. 부르디외 / 김교신	10,000원
136	믿음에 대하여—행동하는 지성	S. 지제크 / 최생열	9,000원
137	법, 정의, 국가	A. 기그 / 민혜숙	8,000원
138	인식, 상상력, 예술	E. 아카마츄 / 최돈호	근간
139	위기의 대학	ARESER / 김교신	10,000원
140	카오스모제	F. 가타리 / 윤수종	10,000원
141	코란이란 무엇인가	M. 쿡 / 이강훈	9,000원
142	신학이란 무엇인가	D. 포드 / 강혜원·노치준	9,000원
143	누보 로망, 누보 시네마	C. 뮈르시아 / 이창실	8,000원
144	지능이란 무엇인가	I. J. 디어리 / 송형석	10,000원
145	죽음—유한성에 관하여	F. 다스튀르 / 나길래	8,000원
146	철학에 입문하기	Y. 카탱 / 박선주	8,000원
147	지옥의 힘	J. 보드리야르 / 배영달	8,000원
148	철학 기초 강의	F. 로피 / 공나리	8,000원
149	시네마토그래프에 대한 단상	R. 브레송 / 오일환·김경온	9,000원
150	성서란 무엇인가	J. 리치스 / 최생열	10,000원
151	프랑스 문학사회학	신미경	8,000원
152	잡사와 문학	F. 에브라르 / 최정아	10,000원
153	세계의 폭력	J. 보드리야르·E. 모랭 / 배영달	9,000원
154	잠수복과 나비	J.-D. 보비 / 양영란	6,000원
155	고전 할리우드 영화	J. 나카시 / 최은영	10,000원
156	마지막 말, 마지막 미소	B. 드 카스텔바자크 / 김승철·장정아	근간
157	몸의 시학	J. 피죠 / 김선미	10,000원
158	철학의 기원에 관하여	C. 콜로베르 / 김정란	8,000원
159	지혜에 대한 숙고	J.-M. 베스니에르 / 곽노경	8,000원
160	자연주의 미학과 시학	조성애	10,000원
161	소설 분석—현대적 방법론과 기법	B. 발레트 / 조성애	10,000원
162	사회학이란 무엇인가	S. 브루스 / 김경안	근간
163	인도철학입문	S. 헤밀턴 / 고길환	근간
164	심리학이란 무엇인가	G. 버틀러·F. 맥마누스 / 이재현	근간
165	발자크 비평	J. 줄레르 / 이정민	근간
166	결별을 위하여	G. 마츠네프 / 권은희·최은희	10,000원
167	인류학이란 무엇인가	J. 모나건 外 / 김경안	근간

168 세계화의 불안	Z. 라이디 / 김종명	8,000원
169 음악이란 무엇인가	N. 쿡 / 장호연	10,000원
170 사랑과 우연의 장난 〔희곡〕	마리보 / 박형섭	10,000원
171 사진의 이해	G. 보레 / 박은영	근간
172 현대인의 사랑과 성	현택수	9,000원
173 성해방은 진행중인가?	M. 이아퀴브 / 권은희	10,000원
174 교육은 자기 교육이다	H.-G. 가다머 / 손승남	10,000원
175 밤 끝으로의 여행	L.-F. 쎌린느 / 이형식	19,000원
176 프랑스 지성인들의 '12월'	J. 뒤발 外 / 김영모	10,000원
177 환대에 대하여	J. 데리다 / 남수인	13,000원
178 언어철학	J. P. 레스베베르 / 이경래	10,000원
179 푸코와 광기	F. 그로 / 김웅권	10,000원
180 사물들과 철학하기	R.-P. 드루아 / 박선주	10,000원
300 아이들에게 설명하는 이혼	P. 루카스 · S. 르로이 / 이은민	8,000원
301 아이들에게 들려주는 인도주의	J. 마무 / 이은민	근간
302 아이들에게 설명해 주는 죽음	E. 위스망 페렝 / 김미정	근간
303 아이들에게 들려주는 선사시대 이야기	J. 클로드 / 김교신	8,000원
304 아이들에게 들려주는 이슬람 이야기	T. 벤 젤룬 / 김교신	8,000원

【東文選 文藝新書】

1 저주받은 詩人들	A. 뻬이르 / 최수철· 김종호	개정근간
2 민속문화론서설	沈雨晟	40,000원
3 인형극의 기술	A. 훼도토프 / 沈雨晟	8,000원
4 전위연극론	J. 로스 에반스 / 沈雨晟	12,000원
5 남사당패연구	沈雨晟	19,000원
6 현대영미희곡선(전4권)	N. 코워드 外 / 李辰洙	절판
7 행위예술	L. 골드버그 / 沈雨晟	절판
8 문예미학	蔡 儀 / 姜慶鎬	절판
9 神의 起源	何 新 / 洪 熹	16,000원
10 중국예술정신	徐復觀 / 權德周 外	24,000원
11 中國古代書史	錢存訓 / 金允子	14,000원
12 이미지 — 시각과 미디어	J. 버거 / 편집부	15,000원
13 연극의 역사	P. 하트놀 / 沈雨晟	절판
14 詩 論	朱光潛 / 鄭相泓	22,000원
15 탄트라	A. 무케르지 / 金龜山	16,000원
16 조선민족무용기본	최승희	15,000원
17 몽고문화사	D. 마이달 / 金龜山	8,000원
18 신화 미술 제사	張光直 / 李 徹	10,000원
19 아시아 무용의 인류학	宮尾慈良 / 沈雨晟	20,000원
20 아시아 민족음악순례	藤井知昭 / 沈雨晟	5,000원
21 華夏美學	李澤厚 / 權 瑚	20,000원
22 道	張立文 / 權 瑚	18,000원

65 朝鮮巫俗의 硏究(상·하)	赤松智城·秋葉隆 / 沈雨晟	28,000원
66 中國文學 속의 孤獨感	斯波六郎 / 尹壽榮	8,000원
67 한국사회주의 연극운동사	李康列	8,000원
68 스포츠인류학	K. 블랑챠드 外 / 박기동 外	12,000원
69 리조복식도감	리팔찬	20,000원
70 娼 婦	A. 꼬르벵 / 李宗旼	22,000원
71 조선민요연구	高晶玉	30,000원
72 楚文化史	張正明 / 南宗鎭	26,000원
73 시간, 욕망, 그리고 공포	A. 코르뱅 / 변기찬	18,000원
74 本國劍	金光錫	40,000원
75 노트와 반노트	E. 이오네스코 / 박형섭	20,000원
76 朝鮮美術史硏究	尹喜淳	7,000원
77 拳法要訣	金光錫	30,000원
78 艸衣選集	艸衣意恂 / 林鍾旭	20,000원
79 漢語音韻學講義	董少文 / 林東錫	10,000원
80 이오네스코 연극미학	C. 위베르 / 박형섭	9,000원
81 중국문자훈고학사전	全廣鎭 편역	23,000원
82 상말속담사전	宋在璇	10,000원
83 書法論叢	沈尹默 / 郭魯鳳	16,000원
84 침실의 문화사	P. 디비 / 편집부	9,000원
85 禮의 精神	柳 肅 / 洪 熹	20,000원
86 조선공예개관	沈雨晟 편역	30,000원
87 性愛의 社會史	J. 솔레 / 李宗旼	18,000원
88 러시아미술사	A. I. 조토프 / 이건수	22,000원
89 中國書藝論文選	郭魯鳳 選譯	25,000원
90 朝鮮美術史	關野貞 / 沈雨晟	30,000원
91 美術版 탄트라	P. 로슨 / 편집부	8,000원
92 군달리니	A. 무케르지 / 편집부	9,000원
93 카마수트라	바쨔야나 / 鄭泰爀	18,000원
94 중국언어학총론	J. 노먼 / 全廣鎭	28,000원
95 運氣學說	任應秋 / 李宰碩	15,000원
96 동물속담사전	宋在璇	20,000원
97 자본주의의 아비투스	P. 부르디외 / 최종철	10,000원
98 宗教學入門	F. 막스 뮐러 / 金龜山	10,000원
99 변 화	P. 바츨라빅크 外 / 박인철	10,000원
100 우리나라 민속놀이	沈雨晟	15,000원
101 歌訣(중국역대명언경구집)	李宰碩 편역	20,000원
102 아니마와 아니무스	A. 융 / 박해순	8,000원
103 나, 너, 우리	L. 이리가라이 / 박정오	12,000원
104 베케트연극론	M. 푸크레 / 박형섭	8,000원
105 포르노그래피	A. 드워킨 / 유혜련	12,000원
106 셸 링	M. 하이데거 / 최상욱	12,000원

107 프랑수아 비용	宋 勉	18,000원
108 중국서예 80제	郭魯鳳 편역	16,000원
109 性과 미디어	W. B. 키 / 박해순	12,000원
110 中國正史朝鮮列國傳(전2권)	金聲九 편역	120,000원
111 질병의 기원	T. 매큐언 / 서 일 · 박종연	12,000원
112 과학과 젠더	E. F. 켈러 / 민경숙 · 이현주	10,000원
113 물질문명 · 경제 · 자본주의	F. 브로델 / 이문숙 外	절판
114 이탈리아인 태고의 지혜	G. 비코 / 李源斗	8,000원
115 中國武俠史	陳 山 / 姜鳳求	18,000원
116 공포의 권력	J. 크리스테바 / 서민원	23,000원
117 주색잡기속담사전	宋在璇	15,000원
118 죽음 앞에 선 인간(상 · 하)	P. 아리에스 / 劉仙子	각권 8,000원
119 철학에 대하여	L. 알튀세르 / 서관모 · 백승욱	12,000원
120 다른 곳	J. 데리다 / 김다은 · 이혜지	10,000원
121 문학비평방법론	D. 베르제 外 / 민혜숙	12,000원
122 자기의 테크놀로지	M. 푸코 / 이희원	16,000원
123 새로운 학문	G. 비코 / 李源斗	22,000원
124 천재와 광기	P. 브르노 / 김웅권	13,000원
125 중국은사문화	馬 華 · 陳正宏 / 강경범 · 천현경	12,000원
126 푸코와 페미니즘	C. 라마자노글루 外 / 최 영 外	16,000원
127 역사주의	P. 해밀턴 / 임옥희	12,000원
128 中國書藝美學	宋 民 / 郭魯鳳	16,000원
129 죽음의 역사	P. 아리에스 / 이종민	18,000원
130 돈속담사전	宋在璇 편	15,000원
131 동양극장과 연극인들	김영무	15,000원
132 生育神과 性巫術	宋兆麟 / 洪 熹	20,000원
133 미학의 핵심	M. M. 이턴 / 유호전	20,000원
134 전사와 농민	J. 뒤비 / 최생열	18,000원
135 여성의 상태	N. 에니크 / 서민원	22,000원
136 중세의 지식인들	J. 르 고프 / 최애리	18,000원
137 구조주의의 역사(전4권)	F. 도스 / 김웅권 外	Ⅰ·Ⅱ·Ⅳ 15,000원 / Ⅲ 18,000원
138 글쓰기의 문제해결전략	L. 플라워 / 원진숙 · 황정현	20,000원
139 음식속담사전	宋在璇 편	16,000원
140 고전수필개론	權 瑚	16,000원
141 예술의 규칙	P. 부르디외 / 하태환	23,000원
142 "사회를 보호해야 한다"	M. 푸코 / 박정자	20,000원
143 페미니즘사전	L. 터틀 / 호승희 · 유혜련	26,000원
144 여성심벌사전	B. G. 워커 / 정소영	근간
145 모데르니테 모데르니테	H. 메쇼닉 / 김다은	20,000원
146 눈물의 역사	A. 벵상뷔포 / 이자경	18,000원
147 모더니티입문	H. 르페브르 / 이종민	24,000원
148 재생산	P. 부르디외 / 이상호	23,000원

번호	서명	저자 / 역자	가격
149	종교철학의 핵심	W. J. 웨인라이트 / 김희수	18,000원
150	기호와 몽상	A. 시몽 / 박형섭	22,000원
151	융분석비평사전	A. 새뮤얼 外 / 민혜숙	16,000원
152	운보 김기창 예술론연구	최병식	14,000원
153	시적 언어의 혁명	J. 크리스테바 / 김인환	20,000원
154	예술의 위기	Y. 미쇼 / 하태환	15,000원
155	프랑스사회사	G. 뒤프 / 박 단	16,000원
156	중국문예심리학사	劉偉林 / 沈揆昊	30,000원
157	무지카 프라티카	M. 캐넌 / 김혜중	25,000원
158	불교산책	鄭泰爀	20,000원
159	인간과 죽음	E. 모랭 / 김명숙	23,000원
160	地中海(전5권)	F. 브로델 / 李宗旼	근간
161	漢語文字學史	黃德實·陳秉新 / 河永三	24,000원
162	글쓰기와 차이	J. 데리다 / 남수인	28,000원
163	朝鮮神事誌	李能和 / 李在崑	근간
164	영국제국주의	S. C. 스미스 / 이태숙·김종원	16,000원
165	영화서술학	A. 고드로·F. 조스트 / 송지연	17,000원
166	美學辭典	사사키 겡이치 / 민주식	22,000원
167	하나이지 않은 성	L. 이리가라이 / 이은민	18,000원
168	中國歷代書論	郭魯鳳 譯註	25,000원
169	요가수트라	鄭泰爀	15,000원
170	비정상인들	M. 푸코 / 박정자	25,000원
171	미친 진실	J. 크리스테바 外 / 서민원	25,000원
172	디스탱숑(상·하)	P. 부르디외 / 이종민	근간
173	세계의 비참(전3권)	P. 부르디외 外 / 김주경	각권 26,000원
174	수묵의 사상과 역사	崔炳植	근간
175	파스칼적 명상	P. 부르디외 / 김웅권	22,000원
176	지방의 계몽주의	D. 로슈 / 주명철	30,000원
177	이혼의 역사	R. 필립스 / 박범수	25,000원
178	사랑의 단상	R. 바르트 / 김희영	20,000원
179	中國書藝理論體系	熊秉明 / 郭魯鳳	23,000원
180	미술시장과 경영	崔炳植	16,000원
181	카프카—소수적인 문학을 위하여	G. 들뢰즈·F. 가타리 / 이진경	18,000원
182	이미지의 힘—영상과 섹슈얼리티	A. 쿤 / 이형식	13,000원
183	공간의 시학	G. 바슐라르 / 곽광수	23,000원
184	랑데부—이미지와의 만남	J. 버거 / 임옥희·이은경	18,000원
185	푸코와 문학—글쓰기의 계보학을 향하여	S. 듀링 / 오경심·홍유미	26,000원
186	각색, 연극에서 영화로	A. 엘보 / 이선형	16,000원
187	폭력과 여성들	C. 도펭 外 / 이은민	18,000원
188	하드 바디—할리우드 영화에 나타난 남성성	S. 제퍼드 / 이형식	18,000원
189	영화의 환상성	J.-L. 뢰트라 / 김경온·오일환	18,000원
190	번역과 제국	D. 로빈슨 / 정혜욱	16,000원

191 그라마톨로지에 대하여 J. 데리다 / 김웅권 35,000원
192 보건 유토피아 R. 브로만 外 / 서민원 20,000원
193 현대의 신화 R. 바르트 / 이화여대기호학연구소 20,000원
194 중국회화백문백답 郭魯鳳 근간
195 고서화감정개론 徐邦達 / 郭魯鳳 30,000원
196 상상의 박물관 A. 말로 / 김웅권 26,000원
197 부빈의 일요일 J. 뒤비 / 최생열 22,000원
198 아인슈타인의 최대 실수 D. 골드스미스 / 박범수 16,000원
199 유인원, 사이보그, 그리고 여자 D. 해러웨이 / 민경숙 25,000원
200 공동 생활 속의 개인주의 F. 드 생글리 / 최은영 20,000원
201 기식자 M. 세르 / 김웅권 24,000원
202 연극미학—플라톤에서 브레히트까지의 텍스트들 J. 셰레 外 / 홍지화 24,000원
203 철학자들의 신 W. 바이셰델 / 최상욱 34,000원
204 고대 세계의 정치 모제스 I. 핀레이 / 최생열 16,000원
205 프란츠 카프카의 고독 M. 로베르 / 이창실 18,000원
206 문화 학습—실천적 입문서 J. 자일스 · T. 미들턴 / 장성희 24,000원
207 호모 아카데미쿠스 P. 부르디외 / 임기대 29,000원
208 朝鮮槍棒教程 金光錫 40,000원
209 자유의 순간 P. M. 코헨 / 최하영 16,000원
210 밀교의 세계 鄭泰爀 16,000원
211 토탈 스크린 J. 보드리야르 / 배영달 19,000원
212 영화와 문학의 서술학 F. 바누아 / 송지연 22,000원
213 텍스트의 즐거움 R. 바르트 / 김희영 15,000원
214 영화의 직업들 B. 라트롱슈 / 김경온 · 오일환 16,000원
215 소설과 신화 이용주 15,000원
216 문화와 계급—부르디외와 한국 사회 홍성민 外 18,000원
217 작은 사건들 R. 바르트 / 김주경 14,000원
218 연극분석입문 J.-P. 링가르 / 박형섭 18,000원
219 푸코 G. 들뢰즈 / 허 경 17,000원
220 우리나라 도자기와 가마터 宋在璇 30,000원
221 보이는 것과 보이지 않는 것 M. 퐁티 / 남수인 · 최의영 30,000원
222 메두사의 웃음/출구 H. 식수 / 박혜영 19,000원
223 담화 속의 논증 R. 아모시 / 장인봉 20,000원
224 포켓의 형태 J. 버거 / 이영주 근간
225 이미지심벌사전 A. 드 브리스 / 이원두 근간
226 이데올로기 D. 호크스 / 고길환 16,000원
227 영화의 이론 B. 발라즈 / 이형식 20,000원
228 건축과 철학 J. 보드리야르 · J. 누벨 / 배영달 16,000원
229 폴 리쾨르—삶의 의미들 F. 도스 / 이봉지 外 38,000원
230 서양철학사 A. 케니 / 이영주 29,000원
231 근대성과 육체의 정치학 D. 르 브르통 / 홍성민 20,000원
232 허난설헌 金成南 16,000원

233 인터넷 철학	G. 그레이엄 / 이영주	15,000원
234 사회학의 문제들	P. 부르디외 / 신미경	23,000원
235 의학적 추론	A. 시쿠렐 / 서민원	20,000원
236 튜링—인공지능 창시자	J. 라세구 / 임기대	16,000원
237 이성의 역사	F. 샤틀레 / 심세광	16,000원
238 朝鮮演劇史	金在喆	22,000원
239 미학이란 무엇인가	M. 지므네즈 / 김웅권	23,000원
240 古文字類編	高 明	40,000원
241 부르디외 사회학 이론	L. 핀토 / 김용숙·김은희	20,000원
242 문학은 무슨 생각을 하는가?	P. 마슈레 / 서민원	23,000원
243 행복해지기 위해 무엇을 배워야 하는가?	A. 우지오 外 / 김교신	18,000원
244 영화와 회화: 탈배치	P. 보니체 / 홍지화	18,000원
245 영화 학습—실천적 지표들	F. 바누아 外 / 문신원	16,000원
246 회화 학습—실천적 지표들	F. 기블레 / 고수현	근간
247 영화미학	J. 오몽 外 / 이용주	24,000원
248 시—형식과 기능	J. L. 주베르 / 김경온	근간
249 우리나라 옹기	宋在璇	40,000원
250 검은 태양	J. 크리스테바 / 김인환	27,000원
251 어떻게 더불어 살 것인가	R. 바르트 / 김웅권	28,000원
252 일반 교양 강좌	E. 코바 / 송대영	23,000원
253 나무의 철학	R. 뒤마 / 송형석	29,000원
254 영화에 대하여—에이리언과 영화철학	S. 멀할 / 이영주	18,000원
255 문학에 대하여—행동하는 지성	H. 밀러 / 최은주	16,000원
256 미학 연습—플라톤에서 에코까지	임우영 外 편역	18,000원
257 조희룡 평전	김영회 外	18,000원
258 역사철학	F. 도스 / 최생열	23,000원
259 철학자들의 동물원	A. L. 브라 쇼파르 / 문신원	22,000원
260 시각의 의미	J. 버거 / 이용은	24,000원
261 들뢰즈	A. 괄란디 / 임기대	13,000원
262 문학과 문화 읽기	김종갑	16,000원
263 과학에 대하여—행동하는 지성	B. 리들리 / 이영주	근간
264 장 지오노와 서술 이론	송지연	18,000원
265 영화의 목소리	M. 시옹 / 박선주	20,000원
266 사회보장의 발명	J. 동즐로 / 주형일	근간
267 이미지와 기호	M. 졸리 / 이선형	22,000원
268 위기의 식물	J. M. 펠트 / 이충건	근간
269 중국 소수민족의 원시종교	洪 熹	18,000원
270 영화감독들의 영화 이론	J. 오몽 / 곽동준	22,000원
271 중첩	J. 들뢰즈·C. 베네 / 허희정	18,000원
272 대담—디디에 에리봉과의 자전적 인터뷰	J. 뒤메질 / 송대영	근간
273 중립	R. 바르트 / 김웅권	30,000원
274 알퐁스 도데의 문학과 프로방스 문화	이종민	16,000원

275	우리말 釋迦如來行蹟頌	高麗 無寄 / 金月雲	18,000원
276	金剛經講話	金月雲 講述	18,000원
277	자유와 결정론	O. 브르니피에 外 / 최은영	16,000원
278	도리스 레싱: 20세기 여성의 초상	민경숙	24,000원
279	기독교윤리학의 이론과 방법론	김희수	24,000원
280	과학에서 생각하는 주제 100가지	I. 스탕저 外 / 김웅권	21,000원
281	말로와 소설의 상징시학	김웅권	22,000원
282	키에르케고르	C. 블랑 / 이창실	14,000원
283	시나리오 쓰기의 이론과 실제	A. 로슈 外 / 이용주	25,000원
284	조선사회경제사	白南雲 / 沈雨晟	30,000원
285	이성과 감각	O. 브르니피에 外 / 이은민	16,000원
286	행복의 단상	C. 앙드레 / 김교신	20,000원
287	삶의 의미—행동하는 지성	J. 코팅햄 / 강혜원	16,000원
288	안티고네의 주장	J. 버틀러 / 조현순	14,000원
289	예술 영화 읽기	이선형	19,000원
290	달리는 꿈, 자동차의 역사	P. 치글러 / 조국현	17,000원
291	매스커뮤니케이션과 사회	현택수	17,000원
292	교육론	J. 피아제 / 이병애	22,000원
293	연극 입문	히라타 오리자 / 고정은	13,000원
1001	베토벤: 전원교향곡	D. W. 존스 / 김지순	15,000원
1002	모차르트: 하이든 현악 4중주곡	J. 어빙 / 김지순	14,000원
1003	베토벤: 에로이카 교향곡	T. 시프 / 김지순	18,000원
1004	모차르트: 주피터 교향곡	E. 시스먼 / 김지순	18,000원
1005	바흐: 브란덴부르크 협주곡	M. 보이드 / 김지순	18,000원
1006	바흐: B단조 미사	J. 버트 / 김지순	18,000원
2001	우리 아이들에게 어떤 지표를 주어야 할까?	J. L. 오베르 / 이창실	16,000원
2002	상처받은 아이들	N. 파브르 / 김주경	16,000원
2003	엄마 아빠, 꿈꿀 시간을 주세요!	E. 부젱 / 박주원	16,000원
2004	부모가 알아야 할 유치원의 모든 것들	N. 뒤 소수아 / 전재민	18,000원
2005	부모들이여, '안 돼'라고 말하라!	P. 들라로슈 / 김주경	19,000원
2006	엄마 아빠, 전 못하겠어요!	E. 리공 / 이창실	18,000원
3001	《새》	C. 파글리아 / 이형식	13,000원
3002	《시민 케인》	L. 멀비 / 이형식	13,000원
3101	《제7의 봉인》 비평 연구	E. 그랑조르주 / 이은민	17,000원
3102	《쥘과 짐》 비평 연구	C. 르 베르 / 이은민	18,000원
3103	《시민 케인》 비평 연구	J. 루아 / 이용주	15,000원

【기 타】

▨ 모드의 체계	R. 바르트 / 이화여대기호학연구소	18,000원
▨ 라신에 관하여	R. 바르트 / 남수인	10,000원
▨ 說 苑 (上·下)	林東錫 譯註	각권 30,000원
▨ 晏子春秋	林東錫 譯註	30,000원

▨ 西京雜記 林東錫 譯註 20,000원
▨ 搜神記 (上·下) 林東錫 譯註 각권 30,000원
■ 경제적 공포〔메디치賞 수상작〕 V. 포레스테 / 김주경 7,000원
■ 古陶文字徵 高 明·葛英會 20,000원
■ 그리하여 어느날 사랑이여 이외수 편 4,000원
■ 너무한 당신, 노무현 현택수 칼럼집 9,000원
■ 노력을 대신하는 것은 없다 R. 쉬이 / 유혜련 5,000원
■ 노블레스 오블리주 현택수 사회비평집 7,500원
■ 딸에게 들려 주는 작은 지혜 N. 레흐레이트너 / 양영란 6,500원
■ 미래를 원한다 J. D. 로스네 / 문 선·김덕희 8,500원
■ 바람의 자식들—정치시사칼럼집 현택수 8,000원
■ 사랑의 존재 한용운 3,000원
■ 산이 높으면 마땅히 우러러볼 일이다 유 향 / 임동석 5,000원
■ 서기 1000년과 서기 2000년 그 두려움의 흔적들 J. 뒤비 / 양영란 8,000원
■ 서비스는 유행을 타지 않는다 B. 바게트 / 정소영 5,000원
■ 선종이야기 홍 희 편저 8,000원
■ 섬으로 흐르는 역사 김영회 10,000원
■ 세계사상 창간호~3호: 각권 10,000원 / 4호: 14,000원
■ 십이속상도안집 편집부 8,000원
■ 얀 이야기 ① 얀과 카와카마스 마치다 준 / 김은진·한인숙 8,000원
■ 어린이 수묵화의 첫걸음(전6권) 趙 陽 / 편집부 각권 5,000원
■ 오늘 다 못다한 말은 이외수 편 7,000원
■ 오블라디 오블라다, 인생은 브래지어 위를 흐른다 무라카미 하루키 / 김난주 7,000원
■ 이젠 다시 유혹하지 않으련다 P. 쌍소 / 서민원 9,000원
■ 인생은 앞유리를 통해서 보라 B. 바게트 / 박해순 5,000원
■ 자기를 다스리는 지혜 한인숙 편저 10,000원
■ 천연기념물이 된 바보 최병식 7,800원
■ 原本 武藝圖譜通志 正祖 命撰 60,000원
■ 테오의 여행 (전5권) C. 클레망 / 양영란 각권 6,000원
■ 한글 설원 (상·중·하) 임동석 옮김 각권 7,000원
■ 한글 안자춘추 임동석 옮김 8,000원
■ 한글 수신기 (상·하) 임동석 옮김 각권 8,000원

【만 화】

■ 동물학 C. 세르 14,000원
■ 블랙 유머와 흰 가운의 의료인들 C. 세르 14,000원
■ 비스 콩프리 C. 세르 14,000원
■ 세르(평전) Y. 프레미옹 / 서민원 16,000원
■ 자가 수리공 C. 세르 14,000원
▨ 못말리는 제임스 M. 톤라 / 이영주 12,000원
▨ 레드와 로버 B. 바세트 / 이영주 12,000원

東文選 文藝新書 201

기식자

미셸 세르
김웅권 옮김

초대받은 식도락가로서, 때로는 뛰어난 이야기꾼으로서 주인의 식탁에 앉아 식사를 하는 자가 기식자로 언급된다. 숙주를 뜯어먹고 살고, 그의 현재적 상태를 변화시키고 그의 생명을 위태롭게 하는 작은 동물 또한 기식자로 언급된다. 끊임없이 우리의 대화를 중단시키거나 우리의 메시지를 차단하는 소리, 이것도 언제나 기식자이다. 왜 인간, 동물, 그리고 파동이 동일한 낱말로 명명되고 있는가?

이 책은 우선 이러한 질문에 대한 대답으로서 이미지의 책이고 초상들의 갤러리이다. 새들의 모습 속에, 동물들의 모습 속에, 그리고 우화에 나오는 기이한 모습들 속에 누가 숨어 있는지를 알아서 추측해 볼 필요가 있을 것이다. 크고 작은 동물들이 함께 식사를 하는데, 그들의 잔치는 중단된다. 어떻게? 누구에 의해? 왜?

미셸 세르는 책의 마지막에서 소크라테스를 악마로 규정한다. 이 소크라테스의 초상에 이르기까지의 긴 '산책'이 기식자라는 화두를 중심으로 펼쳐진다. 세르는 기식의 논리를 라 퐁텐의 우화로부터 시작하여 성서·루소·몰리에르·호메로스·플라톤 등의 세계를 섭렵하면서 펼쳐내고 있다. 뿐만 아니라 그는 경제학·수학·생물학·물리학·정보과학·음악 등 다양한 분야를 끌어들여 기식의 관계가 모든 영역에 연결되고 있음을 드러낸다. 특히 루소를 기식자의 한 표상으로 설정하면서 그가 주장한 사회계약론의 배면을 그의 삶과 관련시켜 흥미진진하게 파헤치고 있다.

기식자는 취하면서 아무것도 주지 않는다. 말·소리·바람밖에 주지 않는다. 주인은 주면서도 아무것도 받지 않는다. 이것이 불가역적이고 되돌아오지 않는 단순한 화살이다. 그것은 우리들 사이를 날아다닌다. 그것은 관계의 원자이고, 변화의 각도이다. 그것은 사용 이전의 남용이고, 교환 이전의 도둑질이다. 우리는 그것으로부터 기술과 사업, 경제와 사회를 구축할 수 있거나, 적어도 다시 생각할 수 있다.

東文選 文藝新書 170

비정상인들

1974-1975, 콜레주 드 프랑스에서의 강의

미셸 푸코

박정자 옮김

비정상이란 도대체 무엇일까? 하나의 사회는 자신의 구성원 중에서 밀쳐내고, 무시하고, 잊어버리고 싶은 부분이 있다. 그것이 어느 때는 나환자나 페스트 환자였고, 또 어느 때는 광인이나 부랑자였다. 《비정상인들》은 역사 속에서 모습을 보인 모든 비정상인들에 대한 고고학적 작업이며, 또 이들을 이용해 의학 권력이 된 정신의학의 계보학이다.

콜레주 드 프랑스에서 1975년 1월부터 3월까지 행해진 강의《비정상인들》은 미셸 푸코가 1970년 이래, 특히 《사회를 보호해야 한다》에서 앎과 권력의 문제에 바쳤던 분석들을 집중적으로 추구하고 있다. 앎과 권력의 문제란 규율 권력, 규격화 권력, 그리고 생체-권력이다. 푸코가 소위 19세기에 '비정상인들'로 불렸던 '위험한' 개인들의 문제에 접근한 것은 수많은 신학적 · 법률적 · 의학적 자료들에서부터였다. 이 자료들에서 그는 중요한 세 인물을 끌어냈는데, 그것은 괴물, 교정(矯正) 불가능자, 자위 행위자였다. 괴물은 사회적 규범과 자연의 법칙에 대한 참조에서 나왔고, 교정 불가능자는 새로운 육체 훈련 장치가 떠맡았으며, 자위 행위자는 18세기 이래 근대 가정의 규율화를 겨냥한 대대적인 캠페인의 근거가 되었다. 푸코의 분석들은 1950년대까지 시행되던 법-의학감정서를 출발점으로 삼고 있다. 이어서 그는 고백 성사와 양심 지도 기술(技術)에서부터 욕망과 충동의 고고학을 시작했다. 이렇게 해서 그는 그후의 콜레주 드 프랑스 강의 또는 저서에서 다시 선택되고, 수정되고, 다듬어질 작업의 이론적 · 역사적 전제들을 마련했다. 이 강의는 그러니까 푸코의 연구가 형성되고, 확장되고, 전개되는 과정을 추적하는 데 있어서 결코 빼놓을 수 없는 필수 불가결의 자료이다.

東文選 文藝新書 203

철학자들의 신

빌헬름 바이셰델

최상욱 옮김

바이셰델의 《철학자들의 신》은 철학의 역사를 통해 나타난 신에 대한 다양한 해석들을 다루고 있다. 이를 위해 저자는 철학과 신학의 관계를 분석하고 있으며, 이때 철학적 신학은 철학이나 신학 그 어느 한편으로 경도되지 않아야 함을 강조하고 있다. 이를 통해 저자는 특정한 성향이나 교리에 얽매이지 않은 포용적이고 자유로운 신에 대한 해석을 독자들에게 제시하려고 한다. 그리고 이러한 전제를 바탕으로 저자는 고대 그리스 정신에서의 신에 대한 이해를 출발점으로 하여 교부시대, 중세와 근대, 그리고 니체와 하이데거의 신에 대한 이해를 철학사적인 맥락에서 소개하고 있다.

이러한 그의 노력은 다른 책이 줄 수 없는 몇 가지 강점을 지닌다. 우선 이 책을 통해 독자들은 '신'이란 단어가 인간의 역사를 통해 변화 혹은 확대되어 왔음을 확인할 수 있다. 그리고 이러한 확인을 통해 독자는 신이란 개념의 의미 역시 인간의 역사적 상황과 사유구조에 걸맞게 드러났음을 이해할 수 있을 것이다. 또한 이러한 이해는 신에 대한 우리의 고착된 확신을 반성하는 기회를 줄 수 있을 것이다. 흔히 우리는 신에 대해 자유로운 사고보다는 무비판적으로 주어진 확신에 안주할 때가 많은데, 이 책을 통해 우리는 신에 대한 인간의 이해가 매우 다양하고 상이했음을 알 수 있을 것이다. 그리고 이러한 앎은 독자들로 하여금 배타적인 신관으로부터 자유로워지는 기회를 제공할 것이다.

東文選 文藝新書 241

부르디외 사회학 이론

루이 핀토

김용숙 · 김은희 옮김

부르디외가 추천한 부르디외 사회학 해설서

본서는 수년전 부르디외가 한국을 방문하였을 적에 그에게 자신의 이론을 가장 잘 해설한 책을 한권 추천해달라고 부탁해서 한국 독자들에게 소개하게 된 책이다.

저술의 원칙이 되는 본질적인 행위들을 제시하고, 지성적 맥락을 재구성하며, 인류학이자 철학적인 영역을 명시하는 것이 루이 핀토의 글이 갖는 목적으로, 그의 연구는 단순한 주해서를 넘어서서 이러한 저술이 제안하는 교훈을 총망라한다.

피에르 부르디외의 이론은 결코 객관주의나 과학만능주의가 아니며, 관찰자의 특권을 중시하는 과학적 실천의 중심부의 성찰을 함축한다. 그의 이론은 사회 세계나 우리 스스로에게 향한 우리의 시각을 변화시키는 지적 수단을 제공하고 있다. 이런 의미에서 그의 이론은 개인적이자 보편적인 사물들을 파악하게 하고, 우리가 하는 유희와 그 이해 관계, 그리고 모르던 것을 인정하는 데 필요한 저항들을 이해하는 데에 도움을 주는 사회 분석의 작업이다.

사회 질서는 심층에 묻힌 신념들과 객관적 구조를 따르므로, 사회학은 사회 세계의 정치적 비전을 반드시 갖고 있다. 사회학은 우리에게 유토피아 정신과 질서의 사실적 인식을 연결하는 것을 가르쳐 준다.

사회학자이자 철학자인 루이 핀토는 국립과학연구소(CNRS)의 소장직을 맡고 있다. 그의 연구는 언론, 문화, 지성인과 철학 등을 다루고 있다.

東文選 文藝新書 251

어떻게 더불어 살 것인가

롤랑 바르트

김웅권 옮김

■ 롤랑 바르트의 풍요롭고 창조적인 기록들

본서는 바르트가 타계하기 3년 전 콜레주 드 프랑스에 취임하여 첫 해의 강의와 세미나를 위해 준비한 노트를 엮어낸 것이다. 따라서 강의를 위한 것과 세미나를 위한 것, 두 부분으로 나누어진다.

제도적 · 지적 차원에서 불가분의 관계에 있는 세미나와 강의는 대립과 보완의 작용을 한다. 더불어 살기의 어두운 면을 나타내는 것은 세미나이고, 반면에 그것의 보다 빛나는 면을 설명하고 하나의 유토피아의 의지적 탐구에 뛰어드는 것은 강의이다.

■동 · 서양을 넘나드는 지적 유희

"이 교수직의 취임 강의에서, 우리는 연구를 연구자의 상상계에 연결시킬 수 있는 가능성을 전제했다. 금년에 우리는 다음과 같은 특별한 상상계를 탐사하고자 했다. 그것은 '더불어 살기'의 모든 형태들(사회 · 팔랑스테르 · 가정 · 커플)이 아니라, 주로 동거가 개인적 자유를 배제하지 않는 매우 제한된 집단의 '더불어 살기'이다."

바르트의 본 강의는 그만의 독특한 양식(style)을 창조하는 하나의 예술 작품으로 이해해야 할 것이다. 어떤 주제를 놓고 우연에 의지하여 단상들을 펼쳐 가는 방식은 예술적 창조의 작업으로서 하나의 양식을 낳고 있다.

독자는 학자와 예술가-작가로서 원숙기에 다다른 바르트가 전개하는 자유자재롭고 폭넓은 사유의 움직임과 흐름을 맛보는 즐거움을 얻을 수 있을 것이며, 경우에 따라 그의 강의에 담겨 있는 독창적 발상들로부터 많은 아이디어를 얻을 수 있으리라 생각된다. 위대한 창조자들의 주변에는 아이디어들이 풍요롭게 맴돌고 있음을 기억하면서.